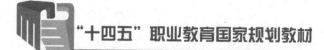"十四五"职业教育国家规划教材

"十二五"职业教育国家规划教材
经全国职业教育教材审定委员会审定
教育部高职高专规划教材
全国普通高等学校优秀教材

新编21世纪高等职业教育精品教材·法律类

刑法

（第九版）

主　　编　黄京平
副 主 编　肖中华
主编助理　王　烁
撰 稿 人　（以姓氏笔画为序）
　　　　　王　烁　阴建峰　肖中华
　　　　　吴　江　吴情树　张胜全
　　　　　黄京平　彭辅顺

中国人民大学出版社
·北京·

本书编写委员会

主　　任：黄京平　中国人民大学法学院教授

成　　员：（以姓氏笔画为序）

王　烁　北京化工大学文法学院副教授

石　磊　最高人民检察院检察理论研究所研究员

朱云三　山东省高级人民法院二级巡视员

阴建峰　北京师范大学法学院教授

肖中华　中国人民大学法学院教授

吴　江　苏州大学王健法学院副教授

吴情树　华侨大学法学院副教授

张胜全　河南科技大学文法学院副教授

陈鹏展　最高人民法院审判员

赵　剑　云南省高级人民法院审判员

徐俊驰　四川省人民检察院案管办主任

彭辅顺　湖南大学法学院教授

教育部高职高专规划教材法律类编委会

出版说明

　　教材建设工作是整个高职高专教育教学工作中的重要组成部分。改革开放以来，在各级教育行政部门、学校和有关出版社的共同努力下，各地已出版了一批高职高专教育教材。但从整体上看，具有高职高专教育特色的教材极其匮乏，不少院校尚在借用本科或中专教材，教材建设仍落后于高职高专教育的发展需要。为此，1999年教育部组织制定了《高职高专教育基础课程教学基本要求》（以下简称《基本要求》）和《高职高专教育专业人才培养目标及规格》（以下简称《培养规格》），通过推荐、招标及遴选，组织了一批学术水平高、教学经验丰富、实践能力强的教师，成立了"教育部高职高专规划教材"编写队伍，并在有关出版社的积极配合下，推出一批"教育部高职高专规划教材"。

　　"教育部高职高专规划教材"计划出版500种，用5年左右的时间完成。出版后的教材将覆盖高职高专教育的基础课程和主干专业课程。计划先用2～3年的时间，在继承原有高职高专和成人高等学校教材建设成果的基础上，充分汲取近几年来各类学校在探索培养技术应用型专门人才方面取得的成功经验，解决好新形势下高职高专教育教材的有无问题；然后再用2～3年的时间，在《新世纪高职高专教育人才培养模式和教学内容体系改革与建设项目计划》立项研究的基础上，通过研究、改革和建设，推出一大批教育部高职高专教育教材，从而形成优化配套的高职高专教育教材体系。

　　"教育部高职高专规划教材"是按照《基本要求》和《培养规格》的要求，充分汲取高职高专和成人高等学校在探索培养技术应用型专门人才方面取得的成功经验和教学成果编写而成的，适合高等职业学校、高等专科学校、成人高等学校及本科院校举办的二级职业技术学院和民办高校使用。

教育部高等教育司

总　序

曾 宪 义

　　中国是一个具有悠久历史和灿烂文化的国度。在数千年传承不辍的中国传统文化中，尚法、重法的精神一直占有重要的位置。中国古代虽然崇尚"礼治"，如《礼记·礼运》所说："圣人之所以治人七情，修十义，讲信修睦，尚辞让，去争夺，舍礼何以治之？"，但从《法经》到《唐律疏议》《大清律例》等数十部成文法典的存在，充分说明了成文制定法在中国古代社会中的突出地位，只不过这些成文法所体现出的精神旨趣与现代法律文明有较大不同而已。时至20世纪初叶，随着西风东渐，中国社会开始由古代文化文明和传统社会体制向近现代文明过渡，建立健全的、符合现代理性精神的法律文化体系方成为现代社会的共识。正因为如此，近代以来在西方和东方各主要国家里，伴随着社会变革的潮起潮落，法律改革运动也一直呈方兴未艾之势。

　　法律的进步和法制的完善，一方面取决于社会的客观条件和客观需要，另一方面取决于法学研究的深入和法律教育的发展。而法治观念的普及、法治素质的培养则有赖于法学教育和法学人才的培养。

　　中国古代社会素有法律研究和法学教育的传统。先秦时期，百家争鸣，商鞅、韩非好"刑名之学"。逮至秦汉，律学滥觞。秦朝"以吏为师"。中国传统律学的勃兴始自汉代。自一代硕儒董仲舒开"引经注律"之先河，律学遂成为一门显学。南齐崔祖思曰："汉来治律有家，子孙并世其业，聚徒讲授，至数百人。"（《南齐书·崔祖思传》）东汉以后，律学不限于律文的语义注释和儒经考据，领域拓展至法典名词术语和编纂体例。西晋张斐、杜预将中国古代律学发挥到私家注律之空前高度——"张杜律"为国家认可，具有法律效力。魏晋以后，律家流派纷呈，至唐而集大成。《唐律疏议》之"疏议"为传统中国律学之完备结晶。自宋至元，律学渐至衰落，直至清末西方外来法律文化的传入。

　　中国近代意义上的法学教育和法学研究，肇始于清代末年。清光绪二十一年（1895）开办的天津北洋大学堂，首开法科并招收学生，是谓"开一代风气之先"，为中国最早的近代法学教育机构。三年后，中国近代著名启蒙思想家、戊戌维新运动著名领袖、自号"饮冰室主人"的梁启超先生在湖南《湘报》发表宏文《论中国宜讲求法律之学》，号召国人重视法学、发明法学、讲求法学。数年之后，清政府被迫变法修律、实施"新政"。以修订法律大臣沈家本、伍廷芳为首的一批有识之士，艰难地在固有体制中运作、推行变法修律，同时不忘培植法治之基——引介法学译著、倡导法学研究、开展法学教育。20世纪初，中国最早设立的三所大学——北洋大学堂、京师大学堂、山西大学堂，均开设了法科或法律学科目，以期"端正方向、培养通才"。1906年，应修订法律大臣沈家本、伍廷芳之奏请，清政府在京师正式设立专门的法律教育机构——京师法律学堂。次年，另一所专门的法律教育机构——隶属清政府学部的京师法政学堂亦正式开科招生。

　　自清末以降，在外族入侵、民族危亡的紧急关头，中国人民上下求索，寻求实现民族独立和民主政治的发展道路。客观言之，政治社会变迁和长期社会动荡导致了法治建设的荒废、法律文化进步的中断。新中国成立以来，民主法治建设在艰难中曲折前进。以党的十一届三中全会的召开为标志，中国社会开始从政治阵痛中苏醒，转换思路进入法治轨道。中国的法学研究和法律教育事业迎来了春天。

　　回顾改革开放以来的法治建设，中国的法学教育事业取得了辉煌的成就。首先，社会主义法治理念确立并深入人心。中国法学界摆脱了"法律虚无主义"和苏联法学模式的消极影响，建设社会主义法治国家已成为共识。1999 年，第九届全国人民代表大会第二次会议通过的宪法修正案第一次确认"依法治国"的国家治理模式和"建设社会主义法治国家"的宏伟目标，从而为法学教育事业的发展奠定了稳固的思想基础和法律基石。其次，法学研究不断深入，法律科学渐成体系。老中青法学家组成了一个前后相继、以帮带进的学术群体，基础法学、部门法学和国际法学形成了较为成熟的理论体系和学术框架，边缘法学渐次成型。1997 年，国家教育主管部门调整原有专业目录，决定从 1999 年起法学类本科只设一个单一的法学专业，按一个专业招生，研究生专业目录新定为 10 个二级学科（含军事法学），从而使法学学科的布局更加科学和合理。同时，确定了法学专业本科教学的 14 门核心课程，加上其他必修和辅修课程，形成了一个传统与更新并重、基本适应国家和社会需要的教学体系。最后，法学教育规模迅速扩大，层次日趋全面，结构日臻合理。据初步统计，目前中国有 300 余所普通高等院校设置了法律院系和法律专业，在校学生达 6 万余人。除本科生外，在国内一些重点大学和全国的知名法律院系，法学硕士研究生和博士研究生已成为培养重点。高职高专法律教育日益受到教育主管部门的重视，成为高等法学教育的重要组成部分。

高职高专教育是社会经济发展和高新技术发展的必然结果，是促进经济、社会发展和劳动就业的重要途径。作为高等教育的一个重要组成部分，高职高专教育对于调整教育结构、广开成才之路、促进义务教育的普及、提高教育整体效益、全面落实教育方针、增进教育与经济的紧密结合，具有重要作用。加强法律教育，除了建设一流的法学院之外，还需要实现多元化模式和拓展多角度的渠道。高职高专法律教育是高等法学教育不可或缺的重要组成部分。高职高专法律教育，培养目标应当是"基础理论知识适度、技术应用能力强、知识面宽、素质高的专门人才"。换言之，即培养适应社会需要的应用型人才。因此，高职高专法律教育的专业设置、办学模式和办学思想都应当主动适应区域经济和社会发展的需要。高职高专法律教育的落实，对于我国目前法治观念的普及、群体法律意识的提高以及正在进行的司法制度改革均具有非同寻常的意义。

鉴于高职高专法律教育与高等院校法律本科教育的差异，高职高专法律教育教学科目的设置、教学体系的安排以及教学层次的选定均体现了培养目标的不同。但从目前看来，不少高职高专院校法律教育借用法律本科或中专教材，教材建设滞后于高职高专法律教育的发展需要。我们编写并出版这套适合高职高专教育的教材，期望能够既照顾到高职高专的教学层次，又能满足"高水准""高质量"的要求。本套教材邀请全国各高等院校、科研机构的优秀学者参加，形成了颇具实力的学术阵容。在编写这套教材时，我们吸收了改革开放以来我国法学界的最新研究成果，密切关注国内外学术发展动态，力争使教材基点立足于法学前沿。为了适应高职高专教学的实际需要，我们将教材定位于"应用性"层次，强调了高职高专法律教育培养应用能力的特色。

我们期冀，经过组织者、编写者和出版者的不断努力，高职高专法律系列教材能以"高质量、高水准、应用性强"的特色满足莘莘学子的求知渴望，为中国的法学教育和法治建设略尽绵薄之力。

是为序。

第九版前言

本教材在修订过程中一直秉持着关注刑事立法、司法实践和刑法理论的要求，及时根据刑事立法（包括刑法和刑事诉讼法）、司法实践和刑法理论的最新发展，以及社会情势的变化进行修订和完善。2020年第七版的修订中，教材除更新相关刑法规范外，还根据突发疫情的现实状况，新增了疫情相关犯罪的论述，增补了疫情期间发布的规范和政策精神，在相关教材中属首次。2021年第八版则根据《中华人民共和国刑法修正案（十一）》进行了相应修订。这种更新及时性与现实回应性，使得本教材得到了读者的广泛好评。2023年，本教材获评首批"十四五"职业教育国家规划教材，这是对本教材的极大肯定，也使得我们深受鼓舞。

党的二十大报告强调，"我们要坚持走中国特色社会主义法治道路，建设中国特色社会主义法治体系、建设社会主义法治国家"。2023年12月29日，第十四届全国人大常委会第七次会议表决通过《中华人民共和国刑法修正案（十二）》［以下简称《刑法修正案（十二）》］，自2024年3月1日起施行。此次刑法修正案从依法惩治民营企业内部人员背信犯罪和从严惩治行贿犯罪等两个方面对刑法进行了修订。鉴于《刑法修正案（十二）》的通过和施行，为使读者及时了解新近刑法规范变化，我们研究并策划了本次修订，除调整部分文字表述外，重点在以下几个方面进行调整：

其一，根据新近刑法规范的变化（主要为《刑法修正案（十二）》以及2021年4月至2024年9月间出台的司法解释、规范性文件和指导性案例等），细致检视新旧规范的价值传承与技术关联，重点对教材中涉及刑法规范变化的内容，进行了修改、补充。

其二，根据刑法规范变化，调整刑法分则论述罪名，增加论述了《刑法修正案（十二）》中修订的"为亲友非法牟利罪""徇私舞弊低价折股、出售公司、企业资产罪""单位受贿罪""对单位行贿罪""单位行贿罪"等多个罪名。

其三，根据教材使用群体的需求，进一步加强教材内容的产教融合特色和新形态教材特点，实现理论与实践的深度结合。选取了一定数量具有代表性的社会热点案例和司法典型案例，并通过二维码的方式呈现在教材中，方便读者扫码阅读。

其四，根据刑法理论和司法实践的发展，更新教材中部分内容论述。如在刑法的概念中增加了关于防治犯罪的专门性、综合性法律中的刑事实体规范的说明；在刑罚裁量中增加论述了刑事司法实务应遵守的量刑规则等。

本次修订工作由黄京平、王烁具体负责，最后由黄京平统稿、定稿。感谢本书编委会成员最高人民检察院检察理论研究所研究员石磊、山东省高级人民法院二级巡视员朱云三、最高人民法院审判员陈鹏展、云南省高级人民法院审判员赵剑、四川省人民检察院案管办主任徐俊驰等实务专家，在本书编写、修订过程中的积极参与和作出的重要贡献。

本教材的编写与修订始终得到了中国人民大学出版社的鼎力支持，在此谨致谢忱。唯因为编者自身水平所限，现有修订难免遗有不足，望各位同人和读者批评指正。

黄京平
2024年10月

目 录

第一章 刑法概述

【本章引例】

被告人张某将林某遗忘在银行营业厅 ATM 机里的储蓄卡更改密码后据为己有，分两次从 ATM 机上取走人民币共计 6 900 元。检察机关以被告人张某犯信用卡诈骗罪提起公诉。一审法院经审理认为，公诉机关以信用卡诈骗罪对被告人张某进行指控，定性不当，应予纠正，以诈骗罪判处被告人张某拘役 5 个月，并处罚金人民币 1 000 元。本案所涉及的储蓄卡（借记卡）是否属于刑法意义上的信用卡？张某的行为是构成诈骗罪还是信用卡诈骗罪？

【本章学习目标】

通过本章的学习，你应该能够：

1. 掌握刑法的概念；
2. 掌握刑法的任务；
3. 理解刑法的解释及其分类。

第一节 刑法的概念和任务

一、刑法的概念

刑法是规定犯罪、刑事责任和刑罚的法律。具体而言，刑法是统治阶级根据自己的意志，以国家名义公布的，规定哪些行为是犯罪，应当追究刑事责任并给犯罪人以何种刑罚处罚的法律。

犯罪、刑事责任和刑罚是刑法的规范内容。

刑法有广义和狭义之分。广义的刑法是指一切规定犯罪、刑事责任和刑罚的法律规范的总和，它包括刑法典、刑法修正案、单行刑法以及非刑事法律中的刑事责任条款（又称附属刑法、附属刑法规范）。狭义的刑法仅指把规定犯罪、刑事责任与刑罚的一般原则和各种具体犯罪、刑事责任与刑罚的法律规范加以条理化和系统化的刑法典，在我国即为 1979 年 7 月 1 日第五届全国人民代表大会第二次会议通过、1997 年 3 月 14 日第八届全国人民代表大会第五次会议修订的《中华人民共和国刑法》（以下简称《刑法》；对于修订前的刑法简称为 1979 年《刑法》，修订后的刑法简称为 1997 年《刑法》或《刑法》）。

刑法修正案，是指最高立法机关在保留刑法典原有体系结构的基础上，集中针对某些刑法条文作出的修改补充法案。全国人大常委会分别于 1999 年 12 月 25 日、2001 年 8 月 31 日、2001 年 12 月 29 日、2002 年 12 月 28 日、2005 年 2 月 28 日、2006 年 6 月 29 日、2009 年 2 月 28 日、2011 年 2 月 25 日、2015 年 8 月 29 日、2017 年 11 月 4 日、2020 年 12 月 26 日、2023 年 12 月 29 日通过了十二个刑法修正案。

除了采用刑法修正案修改补充《刑法》的具体规定以外，近些年，防治犯罪的专门性、综合性法律中的刑事实体规范，对刑法的某些具体规定做了实质性的修改补充。例如，《中华人民共和国反有组织犯罪法》（以下简称《反有组织犯罪法》）第 2 条第 2 款规定："本法所称恶势力组织，是指经常纠集在一起，以暴力、威胁或者其他手段，在一定区域或者行业领域内多次实施违法犯罪活动，为非作恶，欺压群众，扰乱社会秩序、经济秩序，造成较为恶劣的社会影响，但尚未形成黑社会性质组织的犯罪组织。"这实际上增设了"恶势力犯罪集团""恶势力犯罪团伙"的立法规范，并且是对成立某些具体罪名的前置条件的新增规定。再如，《反有组织犯罪法》第 69 条第 1 款的规定，实际为办理黑恶势力犯罪案件区分罪与非罪的界限提供了新的规范依据。刑法修正案，是典型的、传统的刑法修改补充方式；防治犯罪的专门性、综合性法律中的刑事实体规范，是对刑法进行修改补充的非典型方式，其对刑法的具体修改补充，法律效力与刑法修正案完全相同，没有区别。

单行刑法，是指为补充、修改刑法典而由最高立法机关颁布的单行刑法规范。单行刑法一般是针对某一类犯罪或某几种相关犯罪而作出的。例如，1998 年 12 月 29 日，第九届全国人大常委会第六次会议通过的《关于惩治骗购外汇、逃汇和非法买卖外汇犯罪的决定》，就是针对骗购外汇、逃汇和非法买卖外汇的犯罪行为而作出的。单行刑法的内容基本上是刑法规范，但也不排除在某些单行刑法中包含某些非刑法（如行政处罚）的内容。

附属刑法，是指非刑事法律中有关犯罪及其处罚的规定。这些法律中，刑法规范不是主体部分，刑法规范具有附属性。例如，《中华人民共和国产品质量法》是行政法律，但是其第五章"罚则"部分包括诸多刑事责任的内容，如其中第 50 条规定："在产品中掺杂、掺假，以假充真，以次充好，或者以不合格产品冒充合格产品的，责令停止生产、销售，没收违法生产、销售的产品，并处违法生产、销售产品货值金额百分之五十以上三倍以下的罚款；有违法所得的，并处没收违法所得；情节严重的，吊销营业执照；构成犯罪的，依法追究刑事责任。"附属刑法不规定独立的法定刑，因此，对于附属刑法的适用，最终应归结到其他刑法规范。如果其他刑法规范中没有相应的规定，即使存在附属刑法规定，也不能定罪处罚。

参考案例 1-1

被告人王某，系某国有企业负责人。因本单位财务管理存在重大问题，为规避审计部门的审计活动，王某于 1999 年 11 月 5 日指使单位会计人员将本单位依法应当妥善保管的大量财务会计报告予以烧毁，造成该单位审计工作无法正常进行的严重后果。检察机关于 2000 年 8 月指控被告人王某成立故意销毁财务会计报告罪，要求人民法院依法惩治。人民法院开庭审理过程中，被告人王某认为当时的刑法对自己的行为没有规定为犯罪，故意销毁财务会计报告罪是 1999 年 12 月 25 日第九届全国人大常委会第十三次会议通过的《中华人民共和国刑法修正案》增设的罪名，因此提出自己的行为无罪的辩护意见。公诉人则指出，对于被告人王某故意销毁财务会计报告的行为，在 1999 年 10 月 31 日修订的《中华人民共和国会计法》第 44 条已有追究刑事责任的规定，因而应当对被告人王某以故意销毁财务会计报告罪定罪处罚。人民法院审理后认为，尽管被告人王某做出故意销毁财务会计报告的行为时，《中华人民共和国会计法》有"构成犯罪的，依法追究刑事责任"的规定，但当时没有相应的刑法典、单行刑法等刑法规范的规定，因而其行为属于法无明文规定为犯罪的行为，故宣告被告人王某无罪。

二、刑法的任务

《刑法》第 2 条规定了刑法的任务："中华人民共和国刑法的任务，是用刑罚同一切犯罪行为作斗争，以保卫国家安全，保卫人民民主专政的政权和社会主义制度，保护国有财产和劳动群众集体所有的财产，保护公民私人所有的财产，保护公民的人身权利、民主权利和其他权利，维护社会秩序、经济秩序，保障社会主义建设事业的顺利进行。"

根据这一规定，刑法的任务可以概括为惩罚犯罪与保护人民的统一。惩罚犯罪与保护人民是手段与目的的关系。

三、刑法的机能

刑法的机能，也可称为刑法的作用，即制定、实施刑法对社会、个人所能够起到的效果。一般认为，刑法的机能包括两个方面的内容，即保护社会机能和保障自由机能。保护社会机能即法益保护机能，是指通过刑法可以实现对社会、个人利益（即法益）的保护，使其免受犯罪行为的侵害；保障自由机能即权利保障机能，是指通过刑法对公民个人的权利、自由进行保障，既保障善良国民的行动自由，也保障犯罪人的自由。

第二节　刑法的体系和解释

一、刑法的体系

刑法的体系是指刑法的组成和结构。我国《刑法》从总体上分为总则、分则和附则三个部分。其中总则、分则各为一编，各编之下再根据法律规范的性质和内容有次序地划分为章、节、条、款、项等层次。

《刑法》第一编总则分设 5 章，即刑法的任务、基本原则和适用范围；犯罪；刑罚；刑罚的具体运用；其他规定。第二编分则分设 10 章，即危害国家安全罪；危害公共安全罪；破坏社会主义市场经济秩序罪；侵犯公民人身权利、民主权利罪；侵犯财产罪；妨害社会管理秩序罪；危害国防利益罪；贪污贿赂罪；渎职罪；军人违反职责罪。《刑法》总则除第一章和第五章外，其余章下均设若干节；《刑法》分则大多数章下不设节，但由于第三章"破坏社会主义市场经济秩序罪"和第六章"妨害社会管理秩序罪"两章涉及具体犯罪众多、内容庞杂，因而该两章下均又分设了若干节。《刑法》除总则编和分则编外，还有附则。《刑法》附则部分仅一个条文，即《刑法》第 452 条。该条的内容包括两个方面：一是规定修订后的《刑法》开始施行的日期；二是规定修订后的《刑法》与以往单行刑法的关系，宣布在修订后的《刑法》生效后某些单行刑法的废止以及某些单行刑法中有关刑事责任的内容之失效。

概括地说，《刑法》总则是关于犯罪、刑事责任和刑罚的一般原理原则的规范体系，这些规范是认定犯罪、确定责任和适用刑罚所必须遵守的共同的规则。《刑法》分则是关于具体犯罪和具体法定刑的规范体系，这些规范是解决具体定罪量刑问题的标准。《刑法》总则指导《刑法》分则，只有把总则和分则紧密地结合起来研究，才能正确地认定犯罪、确定责任和适用刑罚。

刑法规范除附则外，按其内容属性，或者属于总则性规范，或者属于分则性规范。

组成刑法的诸规范，都以条文的形式出现。配置在各编、章、节中的刑法条文，全部用统一的顺序号码进行编号。刑法条文采用统一编号，既可以达到系统化的目的，又可以保证查阅方便、引用准确。条文之下分款、项。有的条文只有一款，如《刑法》第 1 条、第 2 条、第 3 条等。如果条文包含数款，则第 2 款、第 3 款、第 4 款等均以另起一行来表示。例如，《刑法》第 6 条包含 3 款，第 7 条包含 2 款，第 241 条包含 6 款。在款的后面，用（一）、（二）、（三）等基数号码标注的，则为项。例如，《刑法》第 240 条第 1 款包含 8 项，引用时应写成第 240 条第 1 款第×项；《刑法》第 315 条只有 1 款，包含 4 项，引用时应写成第 315 条第×项。刑法条文采用条、款、项这样的结构是非常严谨的，任何人都不能随便颠倒改动，引用条文时必须绝对准确。

有的条文在同一款里包含有两个或两个以上意思。例如，《刑法》第 53 条第 1 款规定："罚金在判决指定的期限内一次或者分期缴纳。期满不缴纳的，强制缴纳。对于不能全部缴纳罚金的，人民法院在任何时候发现被执行人有可以执行的财产，应当随时追缴。"该款包含三个意思，用句号隔开。一个条文的同一款中包含两个或两个以上意思的，在学理上称为前段、后段，或者前段、中段、后段，或者第一段、第二段……在具有这种结构的条款当中，如有用"但是"这个连接词来表示转折关系的，则从"但是"开始的这段文字，学理上称为"但书"。

我国刑法条文中的"但书"所表示的大致有以下几种情况：（1）"但书"是前段的补充。例如，《刑法》第 13 条在规定了什么是犯罪之后，接着"但书"指出："情节显著轻微危害不大的，不认为是犯罪"。这是从什么情况下不认为是犯罪的角度，来补充说明什么是犯罪。这个"但书"对于划清罪与非罪的界限，具有重要的意义。（2）"但书"是前段的例外。例如，《刑法》第 246 条第 2 款在规定侮辱罪、诽谤罪

"告诉的才处理"的同时，又"但书"指出："严重危害社会秩序和国家利益的除外"。（3）"但书"是对前段的限制。例如，《刑法》第 20 条第 2 款规定："正当防卫明显超过必要限度造成重大损害的，应当负刑事责任，但是应当减轻或者免除处罚。"在这里，"但书"对防卫过当人负刑事责任作了限制性的规定。

二、刑法的解释

刑法的解释，是指对刑法规范含义的阐明。

刑法的适用一刻也离不开解释，可以说，刑法适用的过程就是刑法解释的过程。刑法规范之所以需要解释，主要是因为：第一，刑法规范是用语言文字表达出来的，而语言文字的含义具有概念性、抽象性、发展性的特点，为了使抽象的法条适用于具体的案件，就必须对刑法规范进行解释。第二，刑法条文具有一定的稳定性，而现实生活则具有多变性，为了使司法活动能够跟上客观情况的变化，可以在条文用语的含义许可的情况下，对某些条文赋予新的含义。第三，立法的过程具有复杂性，阐明立法意图离不开刑法解释。

刑法的解释，可以从不同方面进行分类，主要有以下两种分类。

（一）立法解释、司法解释及指导性案例、学理解释

这是按解释效力所作的区分。

1. 立法解释。

立法解释是由立法机关对刑法的含义所作的解释。根据《中华人民共和国立法法》（以下简称《立法法》）第 48 条的规定，法律解释权属于全国人民代表大会常务委员会。法律有以下情况之一的，由全国人民代表大会常务委员会解释：（1）法律的规定需要进一步明确具体含义的；（2）法律制定后出现新的情况，需要明确适用法律依据的。所以，具体而言，立法解释是指全国人大常委会对刑法规范进行的解释。

自 2000 年 4 月 29 日至 2014 年 4 月 24 日，我国立法机关先后通过了 13 个立法解释：（1）2000 年 4 月 29 日全国人大常委会《关于〈中华人民共和国刑法〉第九十三条第二款的解释》；（2）2001 年 8 月 31 日全国人大常委会《关于〈中华人民共和国刑法〉第二百二十八条、第三百四十二条、第四百一十条的解释》；（3）2002 年 4 月 28 日全国人大常委会《关于〈中华人民共和国刑法〉第二百九十四条第一款的解释》；（4）2002 年 4 月 28 日全国人大常委会《关于〈中华人民共和国刑法〉第三百八十四条第一款的解释》；（5）2002 年 8 月 29 日全国人大常委会《关于〈中华人民共和国刑法〉第三百一十三条的解释》；（6）2002 年 12 月 28 日全国人大常委会《关于〈中华人民共和国刑法〉第九章渎职罪主体适用问题的解释》；（7）2004 年 12 月 29 日全国人大常委会《关于〈中华人民共和国刑法〉有关信用卡规定的解释》；（8）2005 年 12 月 29 日全国人大常委会《关于〈中华人民共和国刑法〉有关出口退税、抵扣税款的其他发票规定的解释》；（9）2005 年 12 月 29 日全国人大常委会《关于〈中华人民共和国刑法〉有关文物的规定适用于具有科学价值的古脊椎动物化石、古人类化石的解释》；（10）2014 年 4 月 24 日全国人大常委会《关于〈中华人民共和国刑法〉第三百四十一条、第三百一十二条的解释》；（11）2014 年 4 月 24 日全国人大常委会《关于〈中华人民共和国刑法〉第一百五十八条、第一百五十九条的解释》；（12）2014 年 4 月 24 日全国人大常委会《关于〈中华人民共和国刑法〉第三十条的解释》；（13）2014 年 4 月 24 日全国人大常委会《关于〈中华人民共和国刑法〉第二百六十六条的解释》。

需要指出，刑法中关于某些术语的释义，并非立法解释，而是刑法本身。例如，《刑法》第 93 条对国家工作人员的释义、《刑法》第 357 条对毒品的释义、《刑法》第 367 条对淫秽物品的释义，均是刑法本身。

2. 司法解释及指导性案例。

（1）司法解释。

司法解释是由司法机关对刑法的含义所作的解释。有权进行司法解释的是最高人民法院和最高人民检察院。1981 年 6 月 10 日，第五届全国人大常委会第十九次会议通过的《关于加强法律解释工作的决议》规定："凡属于法院审判工作中具体应用法律、法令的问题，由最高人民法院进行解释。凡属于检察院检察工作中具体应用法律、法令的问题，由最高人民检察院进行解释。最高人民法院和最高人民检察院的解释如果有原则性的分歧，报请全国人民代表大会常务委员会解释或决定。"《立法法》第 119 条第 1 款规定："最高人民法院、最高人民检察院作出的属于审判、检察工作中具体应用法律的解释，应当主要针对具体的法律条文，并符合立法的目的、原则和原意。遇有本法第四十八条第二款规定情况的，应当向全国人民代表大会常务委员会提出法律解释的要求或者提出制定、修改有关法律的议案。"《中华人民共和国人民法院组织法》第 18 条第 1 款规定："最高人民法院可以对属于审判工作中具体应用法律的问题进行解释。"《中华人民共和国人民检察院组织法》第 23 条第 1 款规定："最高人民检察院可以对属于检察工作中具体应用法律的问题进行解释。"1997 年《刑法》施行后，最高人民法院和最高人民检察院分别或者共同就办理刑事案件适用法律有关问题作出了非常多的司法解释。这些司法解释为审判工作和检察工作提供了具体适用《刑法》的依据。

关于《刑法》修订或者修正以后的司法解释适用问题，这里要作特别说明。司法解释作为相应法律规定含义的解释，当相关法律规定制定、修改或废除时，司法解释当然地自动失效，不再具有法律效力。2019 年 3 月 20 日修订的《最高人民检察院司法解释工作规定》第 26 条第 1 款亦规定："法律制定、修改、废止后，相关司法解释与现行法律规定相矛盾的内容自动失效。"这意味着，针对旧条文所制定的司法解释不能作为严格意义的有权解释适用于对新条文含义的阐明。但是，这并不否认旧的司法解释可能对理解新条文有参照价值。1997 年 3 月 25 日最高人民法院《关于认真学习宣传贯彻修订的〈中华人民共和国刑法〉的通知》第 5 条规定："修订的刑法实施后，对已明令废止的全国人大常委会有关决定和补充规定，最高人民法院原作出的有关司法解释不再适用。但是如果修订的刑法有关条文实质内容没有变化的，人民法院在刑事审判工作中，在没有新的司法解释前，可参照执行。其他对于与修订的刑法规定相抵触的司法解释，不再适用。"2003 年 7 月 29 日最高人民法院《关于九七刑法实施后发生的非法买卖枪支案件，审理时新的司法解释尚未作出，是否可以参照 1995 年 9 月 20 日最高人民法院〈关于办理非法制造、买卖、运输非军用枪支、弹药刑事案件适用法律问题的解释〉的规定审理案件请示的复函》亦有类似表态。依据前述通知及复函的精神，我们认为，在《刑法》发生修订或者修正的情况下，如果还没有出台相应的新司法解释，可以就"条文实质内容没有变化"的部分"参照"原有的司法解释予以适用。所谓"条文实质内容没有变化"，是指刑法条文某部分的文字表述被基本保留，规范内涵被基本继承而没有发生重大改变。如果刑法条文的修订或者修正属于增设特别规定或者补充规定的，就必须严格分析新的规范是否对原有规范作了限缩规定或者扩张规定、新的规范是否否定了原有规范，以便准确判断是否存在"条文实质内容没有变化"的情形。

（2）指导性案例。

《中华人民共和国人民法院组织法》第 18 条第 2 款规定："最高人民法院可以发布指导性案例。"《最高人民法院关于案例指导工作的规定》第 7 条规定："最高人民法院发布的指导性案例，各级人民法院审判类似案例时应当参照。"《〈最高人民法院关于案例指导工作的规定〉实施细则》第 9 条规定："各级人民法院正在审理的案件，在基本案情和法律适用方面，与最高人民法院发布的指导性案例相类似的，应当参照相关指导性案例的裁判要点作出裁判。"该实施细则第 10 条规定："各级人民法院审理类似案件参照指导性案例的，应当将指导性案例作为裁判理由引述，但不作为裁判依据引用。"相应的，《中华人民共和国人民检察院组织法》第 23 条第 2 款规定："最高人民检察院可以发布指导性案例。"《最高人民检察院关于案例指导工作的规定》第 15 条规定："各级人民检察院应当参照指导性案例办理类似案件，可以引述相关指导性案例进行释法说理，但不得代替法律或者司法解释作为案件处理决定的直接依据。"根据这些规定，最高人民法院、最高人民检察院发布的指导性案例，是刑事司法规则的重要组成部分，其基本功能是对立法规定、司法解释进行细化，它是统一法律适用标准、提高刑事司法质量、维护刑事司法公正的重要的、不可或缺的司法规范形式。事实上，指导性案例与司法解释对刑事司法判断、刑事司法活动具有效力相同的约束力，但约束力的实现方式存在区别，指导性案例只能作为裁判说理依据，而司法解释与法律、立法解释一样属于裁判引用依据。

3. 学理解释。

学理解释是由专家学者从学理上对刑法含义所作的解释。

立法解释和司法解释属于有权解释，有法律约束力。学理解释在法律上没有约束力，属无权解释。但是，必须指出，学理解释的重要性高于立法解释和司法解释。任何立法解释和司法解释都建立在学理解释的基础上。对于有立法解释和司法解释的刑法规范，仍然需要学理解释；合理的学理解释能够促进立法和司法完善。

（二）文理解释与论理解释

这是按解释方法所作的区分。

1. 文理解释。

文理解释，是根据刑法用语的通常含义、语法、标点等对刑法规范所作的解释。

在解释中，文理解释是最基本的解释方法，但这并不意味着文理解释简单、易于把握。文理解释能否运用，要看其解释结论是否合理。

2. 论理解释。

论理解释，是指联系立法渊源、立法目的及其他有关情况，按照立法精神，从逻辑上对刑法规范所作的解释。

论理解释又分为扩张解释和限制解释。

扩张解释是根据立法原意，对刑法条文作超过字面意思的解释。如对于《刑法》第 384 条中的"挪用公款归个人使用"，1998 年 5 月 9 日起施行的最高人民法院《关于审理挪用公款案件具体应用法律若干问题的解释》第 1 条第 2 款规定，"挪用公款给私有公司、私有企业使用的，属于挪用公款归个人使用"，从而对"挪用公款归个人使用"作了扩大解释，因为"个人"的字面意思仅限于自然人。

限制解释是根据立法原意，对刑法条文作狭于字面意思的解释。例如，根据《刑法》第 294 条的规定，参加黑社会性质组织的，构成犯罪，2000 年 12 月 10 日起施行的最高人民法院《关于审理黑社会性质组织犯罪的案件具体应用法律若干问题的解释》第 3 条则根据实践需要作出规定，对于参加黑社会性质的组织，没有实施其他违法犯罪活动的，或者受蒙蔽、胁迫参加黑社会性质的组织，情节轻微的，可以不作为犯罪处理。这一司法解释即是对参加黑社会性质组织罪所作的限制解释。

如果通过文理解释能够得到合理结论，则不应进行论理解释。但是，如果文理解释的结论不合理或者多样，则必须进行论理解释。

参考案例 1-2

被告人甘某系某个体印刷社负责人，为牟取暴利，共盗版印刷上海市实验小学、中学的英语、数学试用教材 20 万册，分两次批发给不法书商，违法所得 12 万余元。检察机关以侵犯著作权罪对被告人甘某提起公诉。辩护人认为，《刑法》第 217 条第 1 项规定的侵犯著作权罪的行为是"未经著作权人许可，复制发行其文字作品"，该表述说明，只有既复制又发行的行为才构成犯罪，而被告人甘某只有复制行为，没有实施发行行为，按照罪刑法定原则，应宣告被告人甘某无罪。法院审理后认为，《刑法》第 217 条第 1 项的规定，虽然"复制"与"发行"之间没有"、"分隔，但不能从文义上进行理解，而应从立法精神上把握，对于仅复制未发行、仅发行未复制以及既复制又发行的行为，只要达到定罪标准，都应当以侵犯著作权罪定罪处罚。最后，法院以侵犯著作权罪判处被告人甘某有期徒刑 3 年，并处罚金 20 万元。

我们认为，本案的判决是正确的，这也是此后相关司法解释所采纳的意见。例如，2007 年 4 月 5 日起施行的最高人民法院、最高人民检察院《关于办理侵犯知识产权刑事案件具体应用法律若干问题的解释（二）》第 2 条第 1 款规定："刑法第二百一十七条侵犯著作权罪中的'复制发行'，包括复制、发行或者复制又发行的行为。"

【引例评析】

1996 年 1 月 26 日起施行的《信用卡业务管理办法》未区分信用卡和借记卡的概念，统称为信用卡。

1999 年 3 月 1 日起施行的《银行卡业务管理办法》则废止前述规定，将银行卡明确区分为信用卡与借记卡。这种行政法规范的变化，引发借记卡能否成为信用卡诈骗罪犯罪工具的分歧。为解决司法实践的该项问题，2004 年 12 月 29 日全国人大常委会《关于〈中华人民共和国刑法〉有关信用卡规定的解释》规定："刑法规定的'信用卡'，是指由商业银行或者其他金融机构发行的具有消费支付、信用贷款、转账结算、存取现金等全部功能或者部分功能的电子支付卡。"据此，刑法意义上的信用卡既包括具有透支功能的信用卡，也包括不具有透支功能的借记卡。引例中张某的行为构成信用卡诈骗罪，检察机关的公诉意见是正确的，一审法院的判决适用法律错误，应予改判。

【本章小结】

刑法是统治阶级根据自己的意志，以国家名义公布的，规定哪些行为是犯罪，应当追究刑事责任并给犯罪人以何种刑罚处罚的法律。它以犯罪、刑事责任和刑罚为规范内容。《刑法》第 2 条对刑法的任务作了明确规定。刑法的体系是指刑法的组成和结构。《刑法》由总则、分则和附则共三部分组成。刑法的解释，按解释效力可分为立法解释、司法解释及指导性案例、学理解释，按解释方法可分为文理解释、论理解释。

【练习题】

一、名词解释

单行刑法　刑法修正案　立法解释　司法解释　指导性案例　扩张解释

二、思考题

1. 我国刑法的任务是什么？
2. 刑法解释的类型有哪些？

三、案例分析题

被告人吴某（男，19 岁）系某大学三年级学生。吴某因对本学院办公室行政人员蔡某不满，便产生报复念头。吴某事先窥探获取了蔡某的电子邮箱密码，在随后的 3 个月内，上网将蔡某的三十余封电子邮件删除，严重影响了蔡某的个人生活和工作。检察机关以侵犯通信自由罪对吴某提起公诉。吴某的辩护律师提出吴某无罪的辩护意见，理由是：《刑法》第 252 条规定的侵犯通信自由罪是指隐匿、毁弃或者非法开拆他人信件，侵犯公民通信自由权利，情节严重的行为，而被告人吴某实施的是删除他人电子邮件的行为，并非"毁弃他人信件"。

问题：

（1）辩护律师的辩护意见是否成立？

（2）法院应否采纳该意见？

分析要点提示：

（1）《刑法》第 252 条并未明确规定"他人信件"包括"电子邮件"，因此，该刑法用语存在如何解释的问题。

（2）从立法精神分析刑法规定侵犯通信自由罪的目的何在。

第二章 刑法基本原则

【本章引例】

　　被告人梁某个人出资在上海成立某商贸有限公司，经营范围为电脑及配件、电工器材、机械配件。公司股东名义上为梁某和秦某二人，但秦某为挂名股东，公司实为梁某一人所有，经营所得亦全部归梁某。后被告人梁某超出经营范围，从台湾购进空白移动电话 SIM 卡 27 500 张，并在上海生产可在空白移动电话 SIM 卡上复制移动电话号码及数据的配套复制器，之后，将空白移动电话 SIM 卡及配套复制器捆绑销售，销售金额达 58 万余元。经鉴定，被告人梁某销售的空白移动电话 SIM 卡及配套复制器必须以电信部门制作的移动电话母卡为基础，才能对电话号码进行复制，经复制后，空白移动电话 SIM 卡上可储存 1～16 个电话号码并切换使用，但使用之后不影响电信部门电话费的收缴，不会给电信部门造成损失。公诉机关指控被告人梁某构成非法经营罪，理由是《中华人民共和国电信条例》规定"未取得电信业务经营许可证，任何组织或者个人不得从事电信业务经营活动"，被告人梁某属于非法经营电信业务，且非法经营数额巨大。辩护人则认为，被告人梁某的行为并未侵犯电信业务的专营权，根据罪刑法定原则，应宣告其无罪。法院对此应如何处理呢？

【本章学习目标】

　　通过本章的学习，你应该能够：

1. 掌握刑法基本原则的概念；
2. 掌握罪刑法定原则的含义和要求；
3. 了解罪刑法定原则在我国刑法中的体现；
4. 掌握适用刑法人人平等原则的含义和要求；
5. 掌握罪责刑相适应原则的含义和要求。

第一节　刑法基本原则概述

一、刑法基本原则的概念

　　刑法基本原则，是指贯穿于整个刑法规范、指导和制约全部刑事立法和刑事司法的准则、规则。

二、刑法基本原则的特征

（一）刑法基本原则必须是贯穿于整个刑法规范的原则

　　在刑事立法和刑事司法中，存在许多原则。但是，并非每一个原则都是刑法的基本原则。只有贯穿于全部刑法规范中、具有根本性意义的原则，才能成为刑法的基本原则。例如，我国刑法中规定的对未成年人犯罪从宽处罚的原则，对累犯从重处罚的原则，虽然都是刑法中不可缺少的重要原则，但是，这些原则并不具有全局性的指导意义，只是刑法中局部性的原则，因此，不能作为刑法的基本原则。

（二）刑法基本原则具有指导和制约全部刑事立法和刑事司法的意义

首先，在功能上，刑法的基本原则应当是刑事立法活动必须遵循的准则，应当对刑法的制定、修改和完善具有直接的指导意义。其次，它也应当成为适用刑法时必须严格遵守的准则，应当对刑事司法活动的全过程具有直接的指导意义。例如，我国刑法中规定的从旧兼从轻的处理刑法溯及力问题的原则，对国家机关工作人员犯罪从重处罚的原则，因其仅适用于某些问题或某些案件，不具有根本性的指导意义，所以，也不是刑法的基本原则。

我国刑法的基本原则包括以下三个：罪刑法定原则，适用刑法人人平等原则，罪责刑相适应原则。

第二节 罪刑法定原则

一、罪刑法定原则的含义和要求

罪刑法定原则的基本含义，包括两个方面：一是"法无明文规定不为罪、法无明文规定不处罚"或者"行为时法无明文不为罪"；二是法律明文规定为犯罪的，必须依照法律定罪处罚。

《刑法》第3条明确规定："法律明文规定为犯罪行为的，依照法律定罪处刑；法律没有明文规定为犯罪行为的，不得定罪处刑。"这完整地揭示了罪刑法定原则的含义。

罪刑法定原则的基本要求是：（1）法定化，即犯罪和刑罚必须事先由法律作出明文规定，不允许法官自由擅断。（2）实定化，即对于什么行为是犯罪和犯罪所产生的具体法律后果，都必须作出实体性的规定。（3）明确化，即刑法条文必须文字清晰，意思确切，不得含糊其词或模棱两可。罪刑法定原则的上述基本要求，根源于刑法保障人权的需要。

二、罪刑法定原则的立法体现和司法适用

（一）罪刑法定原则的立法体现

由于立法技术等各方面的原因，罪刑法定原则的基本要求在立法中不可能完全达到，但不可忽视。罪刑法定原则的价值内涵和内在要求，在我国刑法中得到了较为全面、系统的体现。

1. 刑法典实现了犯罪的法定化和刑罚的法定化。

犯罪的法定化具体表现是：（1）明确规定了犯罪的概念，认为犯罪是危害社会的、触犯刑法的、应当受到刑罚处罚的行为。（2）明确规定了犯罪构成的共同要件，认为一切犯罪的成立都必须符合犯罪主体、主观方面、客观方面和犯罪客体四个方面的要件。（3）明确规定了各种具体犯罪的构成要件，为司法机关正确定罪提供了具体的法律依据。

刑罚的法定化具体表现在：（1）明确规定了刑罚的种类，即把刑罚分为主刑和附加刑两大类，主刑包括管制、拘役、有期徒刑、无期徒刑和死刑，附加刑包括罚金、没收财产、剥夺政治权利和驱逐出境。（2）明确规定了量刑的原则，即对犯罪人裁量决定刑罚，必须以犯罪事实为根据，以刑事法律为准绳，不允许滥用刑罚。（3）明确规定了各种具体犯罪的法定刑，为司法机关正确量刑提供了具体的法定标准。

2. 刑法在溯及力问题上采取从旧兼从轻的原则。

3. 在分则罪名的规定方面，刑法已相当详备。

从刑法典来看，《刑法》分则条文由1979年《刑法》的103条增加到1997年《刑法》的350条。1997年《刑法》一方面将1979年《刑法》及其后由国家最高立法机关制定的单行刑法、非刑事法律中的刑法规范所涉及的犯罪，经过必要的整理和编纂后纳入了其中；另一方面，还根据社会现实的需要增设了大量罪名。1997年《刑法》施行后，全国人大常委会又通过刑法修正案和单行刑法增设了若干罪名，使得刑法罪名更加详备。详备的罪名为贯彻罪刑法定原则提供了立法保证。

4. 在具体犯罪的构成要件或罪状以及各种犯罪的法定刑设置方面，1997 年《刑法》吸收了以往立法的有益经验，在细密化、明确化程度上迈进了一步。

例如，对于大量新增犯罪，尽量采用叙明罪状，使犯罪构成要素具体化。在犯罪的处罚规定上，注重量刑情节的具体化。如《刑法》第 263 条列举了下列情形作为抢劫罪的严重情节：（1）入户抢劫的；（2）在公共交通工具上抢劫的；（3）抢劫银行或者其他金融机构的；（4）多次抢劫或者抢劫数额巨大的；（5）抢劫致人重伤、死亡的；（6）冒充军警人员抢劫的；（7）持枪抢劫的；（8）抢劫军用物资或者抢险、救灾、救济物资的。这种规定大大增强了刑法规范的可操作性，有利于实现"刑"的法定化和明确化。

（二）罪刑法定原则的司法适用

由于刑法解释的客观困难，罪刑法定原则的基本要求在司法中也无法全面实现。但从我国的司法实践来看，切实贯彻执行罪刑法定原则，必须注意以下几个问题。

1. 正确认定犯罪和判处刑罚。

对于刑法明文规定的各种犯罪，司法机关必须以事实为根据，以法律为准绳，认真把握犯罪的本质特征和犯罪构成的具体要件，严格区分罪与非罪、此罪与彼罪的界限，做到定性准确、不枉不纵、于法有据、名副其实。对各种犯罪的量刑，亦必须严格以法定刑及法定情节为依据。

参考案例 2-1

犯罪嫌疑人尹某为甲公司职员，因甲公司长期与乙公司有业务往来，尹某利用工作上的便利，经常前往乙公司的办公室偷打 168 声讯电话，给乙公司造成经济损失 1 万余元。后乙公司人员发现尹某可疑，某日趁尹某打电话时将其抓获。犯罪嫌疑人尹某对自己偷打电话的事实供认不讳。检察机关审查起诉时，办案人员之间就犯罪嫌疑人尹某是否构成盗窃罪发生争议。有意见认为，《刑法》第 264 条规定的是"盗窃公私财物，数额较大的，或者多次盗窃、入户盗窃、携带凶器盗窃、扒窃的"，《刑法》第 265 条规定的是"以牟利为目的，盗接他人通信线路、复制他人电信码号或者明知是盗接、复制的电信设备、设施而使用的"，刑法对尹某的这种行为没有明文规定以盗窃罪定罪处罚。另有意见认为，对犯罪嫌疑人尹某的行为应直接适用《刑法》第 264 条。经研究决定，起诉部门作出了以盗窃罪起诉犯罪嫌疑人尹某的决定。起诉后，被告人尹某的辩护人以法无明文规定不为罪为由提出无罪的辩护意见。法院经审理认为，被告人尹某用乙公司的电话机偷打本应自己支付话费的 168 声讯电话，具有非法占有他人财产的目的，符合盗窃罪的构成，应解释为《刑法》第 264 条规定的行为，属于刑法明文规定为盗窃罪的行为，因此以盗窃罪判处被告人尹某有期徒刑 2 年，并处罚金 2 万元。

2. 正确进行司法解释。

对于刑法规定不够明确、不够具体的犯罪，司法机关通过进行司法解释，指导具体的定罪量刑活动，这对于弥补立法之不足，统一规范和指导司法实务，具有重要的意义。但是，进行司法解释不能超越其应有的权限，无论是扩张解释还是限制解释，都不能违反法律规定的真实意图，更不能以司法解释代替刑事立法，否则，就会背离罪刑法定原则。

第三节　适用刑法人人平等原则

一、适用刑法人人平等原则的含义和要求

《刑法》第 4 条明确规定："对任何人犯罪，在适用法律上一律平等。不允许任何人有超越法律的特权。"这就是适用刑法人人平等原则。

适用刑法人人平等原则的基本含义是：任何人犯罪，都应当受到法律的追究；任何人不得享有超越法律规定的特权；对于一切犯罪行为，不论犯罪人的社会地位、家庭出身、职业状况、财产状况、政治面貌、才能业绩如何，都一律平等地适用刑法，在定罪量刑时不应有所区别，应当一视同仁，依法惩处。

适用刑法人人平等原则的实质是适用刑法公平，因此它并不否定因犯罪人或被害人特定的个人情况而在立法上、司法上允许定罪量刑有其符合刑法公正性的区别。例如，依照法律规定，对累犯应当从重

处罚，对未成年人犯罪、中止犯、自首犯、立功的犯罪分子可以从宽处罚，对奸淫不满 14 周岁的幼女的要按照强奸罪从重处罚等。在司法上，犯罪分子的主体情况以及被害人的个人情况，如果是对犯罪行为的危害程度或犯罪人的主观恶性大小有影响的，也允许乃至要求在适用刑法上有所区别和体现。其关键在于犯罪人、被害人的身份等个人情况对犯罪的性质和危害程度有无影响，有影响的，在定罪量刑上应有所区别，无影响的，则不应有所区别。可见，适用刑法人人平等原则不是孤立地、机械地调节刑法的适用，它要和罪责刑相适应原则等相互配合来合理地调节刑法的适用。

二、适用刑法人人平等原则的司法适用

适用刑法人人平等包含立法和司法两个方面，但最为重要的，当指司法上的平等。党的二十大报告指出，"公正司法是维护社会公平正义的最后一道防线"，"努力让人民群众在每一个司法案件中感受到公平正义"。在刑事司法实务中贯彻适用刑法人人平等原则，必须着重注意以下两个问题：第一，做到刑事司法公正。刑事司法公正主要包括定罪公正、量刑公正和行刑公正。第二，反对特权。坚持适用刑法人人平等原则，在刑事司法活动中就必须反对形形色色的特权思想，做到只要是犯罪，就要平等地适用刑法，追究其刑事责任，予以惩处，不允许任何人有超越法律的特权。

参考案例 2-2

被告人朱某，原系 F 市副市长。1998 年 3 月至 2002 年 5 月间，被告人朱某历任 F 市物资公司副总经理、总经理、物资局局长等职。在担任上述职务过程中，朱某廉洁奉公，积极为 F 市的经济发展出谋划策，引进大量外资，为 F 市的发展作出了有目共睹的贡献，并于 2002 年 10 月受到国家表彰。2002 年 12 月，被告人朱某调任 F 市副市长，分管外贸工作。2003 年 2 月，被告人朱某为解决其原来任职的物资公司的资金短缺问题，擅自越权决定将救灾款项 500 万元划拨给物资公司周转，后物资公司因经营不善无法返还，致使 F 市数千灾民围堵市政府办公大楼，聚众闹事而发生重大伤亡事故，影响恶劣。检察机关以挪用特定款物罪对被告人朱某提起公诉，被告人朱某及其辩护律师对朱某的犯罪事实不持异议，但提出被告人朱某曾经为 F 市的经济发展作出巨大贡献，挪用特定款物也没有徇私动机，建议法院减轻处罚。法院经审理认为，被告人朱某挪用救灾款项情节特别严重，犯罪事实清楚，证据确实充分，其行为构成挪用特定款物罪；被告人朱某曾经对 F 市有过贡献，但是，国家和人民对其已有过肯定与褒奖，因而对被告人朱某及其辩护人提出应予以减轻处罚的辩护意见不予采纳。最后，法院以挪用特定款物罪判处朱某有期徒刑 4 年。

第四节　罪责刑相适应原则

一、罪责刑相适应原则的含义和要求

罪责刑相适应原则的基本含义是：犯多大的罪，就应承担多大的刑事责任，法院亦应判处其相应轻重的刑罚，做到重罪重罚，轻罪轻罚，罚当其罪，罪刑相称；罪轻罪重，应当考虑行为人的犯罪行为本身和其他各种影响刑事责任大小的因素。

《刑法》第 5 条规定："刑罚的轻重，应当与犯罪分子所犯罪行和承担的刑事责任相适应。"根据这一规定，首先，刑事立法对各种犯罪的处罚原则规定，对刑罚裁量、刑罚执行制度以及对各种犯罪法定刑的设置，不仅要考虑犯罪的社会客观危害性，而且要考虑行为人的主观恶性和人身危险性。其次，在刑事司法中，法官对犯罪分子裁量刑罚，不仅要看犯罪行为及其所造成的危害结果，而且要看整个犯罪事实（包括罪行和罪犯各方面因素）综合体现的社会危害性程度，讲求刑罚个别化。

二、罪责刑相适应原则的立法体现和司法适用

（一）罪责刑相适应原则的立法体现

我国刑法除明文规定罪责刑相适应原则外，在整个刑法立法内容上也始终贯穿着罪责刑相适应的思

想。这一原则在刑法中的具体表现如下所述。

1. 刑法确立了科学严密的刑罚体系。

我国刑法总则确定了一个科学的刑罚体系，此一刑罚体系按照刑罚方法的轻重次序分别加以排列，各种刑罚方法相互区别又互相衔接，能够根据犯罪的各种情况灵活地运用，从而为刑事司法实现罪责刑相适应奠定了基础。

2. 刑法规定了区别对待的处罚原则。

我国刑法总则根据各种行为的社会危害性程度和人身危险性的大小，规定了轻重有别的处罚原则。例如，对于防卫过当、避险过当而构成犯罪者应当减轻或者免除处罚；预备犯可以比照既遂犯从轻、减轻或者免除处罚；未遂犯可以比照既遂犯从轻或者减轻处罚；中止犯如没有造成损害的应当免除处罚，造成损害的应当减轻处罚。在共同犯罪中，刑法规定对组织、领导犯罪集团的首要分子应当按照集团所犯的全部罪行处罚；对于其他主犯应当按照其所参与的或者组织、指挥的全部犯罪处罚；对从犯应当从轻、减轻处罚或者免除处罚；对胁从犯应当按照他的犯罪情节减轻处罚或者免除处罚；对教唆犯应当按照他在共同犯罪中所起的作用处罚。凡此种种，都体现了罪责刑相适应原则。此外，刑法总则还侧重于刑罚个别化的要求，规定了一系列刑罚裁量与执行制度，例如累犯制度、自首制度、立功制度、缓刑制度、减刑制度、假释制度等。在这些刑罚制度中，累犯因其再犯可能性大而应从重处罚；自首、立功因其人身危险性小而可以从宽处罚；短期自由刑的缓刑之适用前提是根据罪犯的犯罪情节和悔罪表现认为适用缓刑没有再犯罪的危险，对所居住社区没有重大不良影响；减刑是因为罪犯在刑罚执行期间确有悔改或立功表现；假释是因为罪犯在刑罚执行期间确有悔改表现，认为假释后没有再犯罪的危险。

3. 刑法设立了轻重不同的量刑幅度。

我国刑法分则不仅根据犯罪的性质和危害性程度建立了一个犯罪体系，而且还为各种具体犯罪规定了可以分割、能够伸缩、幅度较大的法定刑。这就使得司法机关可以根据犯罪的性质、罪行的轻重、犯罪人主观恶性的大小，对犯罪人判处适当的刑罚。

（二）罪责刑相适应原则的司法适用

根据罪责刑相适应原则的基本要求，结合我国刑事司法的实际情况，司法机关在贯彻这一原则时，应当着重解决下列问题：

1. 纠正重定罪轻量刑的错误倾向，把量刑与定罪置于同等重要的地位。

为了切实贯彻罪责刑相适应的原则，必须提高审判机关和法官对量刑工作重要性的认识，把定性准确和量刑适当作为衡量刑事审判工作质量好坏的不可分割的统一标准，以此来检验每一个具体刑事案件的处理结果。

2. 纠正重刑主义的错误思想，强化量刑公正的执法观念。

在刑事审判工作中，一些法官崇尚重刑，迷信重刑的功能，认为刑罚越重越能有效地遏制犯罪。这种落后、愚昧的重刑主义观念与罪责刑相适应原则直接对立。因此，我们必须清醒地认识重刑主义的危害，促使每一个法官都树立起量刑公正的思想，切实做到罚当其罪，既不轻纵犯罪人，也不能无端地加重犯罪人的刑罚。

参考案例 2-3

被告人唐某，女，上海市松江区农民。因家境贫困，为了赚取 500 元生活费用，被告人唐某受人之托，帮助犯罪分子将 200 克海洛因随身携带从上海坐火车运往北京，在列车上即被查获。被告人唐某认罪态度较好，积极配合司法机关抓获其他毒品犯罪分子。上海铁路运输中级人民法院以运输毒品罪判处唐某死刑，剥夺政治权利终身；唐某上诉后，上海市高级人民法院经审理作出驳回上诉、维持原判的裁定，并依法报送最高人民法院核准。最高人民法院审理后认为，被告人唐某虽然运输毒品数量大，依法可以判处死刑，但被告人唐某为生活所迫帮助他人运输毒品，系初犯、偶犯，主观恶性不是特别巨大，且毒品没有流入社会，唐某犯罪后能够积极认罪并配合司法机关的侦查活动，因而对唐某不必判处死刑立即执行。最高人民法院作出改判唐某死刑缓期两年执行，剥夺政治权利终身的判决。

3. 纠正不同法院量刑轻重悬殊的现象，实现执法中的平衡和协调统一。

【引例评析】

本章引例中，公诉机关指控被告人梁某的罪名是非法经营罪。《刑法》第225条规定的非法经营罪是指违反国家规定，非法经营，扰乱市场秩序，情节严重的行为。该罪的本质特征是违反国家特许经营制度，扰乱市场秩序。被告人梁某是否构成犯罪，关键在于其行为是否属于侵犯电信业务专营权的非法经营行为。从被告人梁某成立的商贸有限公司的经营范围来看，电信业务显然不在其列，但是，被告人梁某销售空白移动电话SIM卡及配套复制器，是否属于电信业务性质呢？我们认为，答案是否定的。毋庸讳言，从移动电话SIM卡的功能看，SIM卡信息的唯一性决定了SIM卡的制作、出售是电信业务的有机组成部分，但是，被告人梁某销售的并非真正的移动电话SIM卡（真正的移动电话SIM卡即母卡事实上只有电信部门能够制作），而是可以将SIM卡母卡上的数据予以复制的空白卡，这种电子技术产品不属于电信部门垄断经营技术产品，也不会给电信部门造成损失。因此，被告人梁某的行为不属于非法经营罪，刑法中也没有其他任何犯罪可以评价被告人梁某的行为。根据罪刑法定原则，法院应宣告被告人梁某无罪。

【本章小结】

刑法基本原则，是指贯穿于整个刑法规范、指导和制约全部刑事立法和刑事司法的准则、规则。我国《刑法》第3条至第5条明确规定了罪刑法定原则、适用刑法人人平等原则和罪责刑相适应原则。罪刑法定原则的基本含义是："法无明文规定不为罪，法无明文规定不处罚"或者"行为时法无明文规定不为罪"以及法律明文规定为犯罪的，必须依照法律定罪处罚。适用刑法人人平等原则的基本含义和要求是：就犯罪人而言，任何人犯罪，都应当受到法律的追究，一律平等地适用刑法，不得享有超越法律规定的特权；就被害人而言，任何人受到犯罪侵害，都应当依法追究犯罪、保护被害人的权益，不得因为被害人身份、地位、财产状况等情况的不同而对犯罪和犯罪人予以不同的刑法适用。罪责刑相适应原则的基本含义是：犯多大的罪，就应承担多大的刑事责任，法院亦应判处其相应轻重的刑罚，做到重罪重罚、轻罪轻罚，罚当其罪，罪刑相称；罪轻罪重，应当考虑行为人的犯罪行为本身和其他各种影响刑事责任大小的因素。

【练习题】

一、名词解释

刑法基本原则 罪刑法定原则 适用刑法人人平等原则 罪责刑相适应原则

二、思考题

1. 什么是刑法基本原则？其有何特征？
2. 试述罪刑法定原则在我国刑法中的体现。
3. 适用刑法人人平等原则的基本要求是什么？
4. 罪责刑相适应原则的基本要求是什么？

三、案例分析题

梅某与人合谋于2004年9月3日凌晨对被害妇女阳某实施强奸，后被公安机关抓捕归案。梅某家属聘请肖某担任梅某的辩护人。肖某未经侦查机关许可，两次与阳某见面，以支付精神补偿费为条件，诱使阳某作出当时是自愿与梅某发生性关系的虚假陈述。肖某依该份违背事实的调查笔录向法院申请阳某出庭作证，并为梅某作无罪辩护。实情暴露后，检察机关以肖某犯妨害作证罪向人民法院提起公诉。但在法庭审理过程中，就被害人阳某是否属于《刑法》第307条第1款的"证人"发生争议。检察机关以《刑事诉讼法》第48条（2018年《刑事诉讼法》修订，现为第62条）"凡是知道案件情况的人，都有作证的义务"之规定来支持公诉意见。而辩方则提出，《刑事诉讼法》第82条（现为第108条）第2项规定"'当事人'是指被害人、自诉人、犯罪嫌疑人、被告人、附带民事诉讼的原告人和被告人"，第4项规定

"'诉讼参与人'是指当事人、法定代理人、诉讼代理人、辩护人、证人、鉴定人和翻译人员"，被害人是当事人的一类，而当事人和证人并列地属于诉讼参与人。所以，被害人阳某不属于"证人"，应当依"法律没有明文规定为犯罪行为的，不得定罪处刑"的原则宣布肖某无罪。

问题：

强奸案件的被害人阳某是否属于刑事诉讼中的"证人"？肖某是否构成妨害作证罪？

分析要点提示：

（1）罪刑法定原则的适用与刑法解释密切相关，刑法解释的操作要求恰当处理文义解释与论理解释的关系。

（2）立法机关设立妨害作证罪的目的在于保障刑事诉讼的正常秩序，保障事实认定与法律适用的正确性。在《刑事诉讼法》对"证人"概念的文义界定存有疑问的情况下，应当以规范目的为指引，对《刑法》第 307 条第 1 款作必要的扩张解释。

第三章 刑法的效力

【本章引例】

被告人陈某与成都某建筑公司签订劳动合同，成为该公司承建的科威特"228"项目工地员工。因工作条件、生活待遇等问题，陈某对"228"项目工段经理部不满，遂于某日下午外出乘车时，与吕某等工地员工商量欲采取行动，讨个说法。当晚，吕某因与工人打架，到工段经理部要求该部经理王某交出凶手，引起上百人围观、起哄，陈某乘机煽动工人闹事。后吕某持砖头殴打王某，并率众将王某强行带往中国驻科威特大使馆，途中引来三百余人围观，吕某的行为被当地警察阻止。次日，"228"项目工地工人不上工，并成立"工会"。陈某借工人对工资、生活待遇等方面有意见，煽动工人不满情绪，激化工人与工段经理部的矛盾，导致工人砸坏工地小食堂等财物。陈某还与吕某等人起草了"申诉书"，编造虚假事实欺骗工人，策划、组织工人签名。当公司总部为平息事件将《告"228"项目工地全体员工公开信》张贴出来时，陈某向围观工人散布谎言，歪曲事实，阻止工人上工。此次事件给成都某建筑公司造成严重经济损失。四川省某县人民法院以陈某犯聚众扰乱社会秩序罪，判处其有期徒刑2年。

【本章学习目标】

通过本章的学习，你应该能够：

1. 掌握刑法空间效力的概念和原则；
2. 了解我国刑法的属地管辖权；
3. 掌握我国刑法的溯及力原则。

第一节 刑法的空间效力

一、刑法的空间效力的概念和原则

（一）刑法的空间效力的概念

刑法的空间效力，是指刑法对地和对人的效力。它解决的是国家刑事管辖权的范围问题。刑事管辖权是国家主权的组成部分。刑法对地的效力和对人的效力不是截然分开的，二者既相互联系，又存在差异，构成刑法空间效力两个不同方面的内容。

（二）刑法的空间效力的原则

一个独立自主的国家，无不在刑法中对刑法的空间效力即刑事管辖权的范围问题作出规定。基于各国社会政治情况和历史传统习惯的差异，在解决刑事管辖权范围问题上各国主张的原则不尽相同。概括而言，包括下述几种：

1. 属地原则。

属地原则，亦称领土原则，即单纯以地域为标准，凡是发生在本国领域内的犯罪都适用本国刑法，无论犯罪人是本国人还是外国人；反之，发生在本国领域外的犯罪，均不适用本国刑法。这一原则多为英美法系国家所采用。

2. 属人原则。

属人原则，亦称国籍原则，即单纯以人的国籍为标准，凡是本国人犯罪，无论是发生在本国领域内还是发生在本国领域外，都适用本国刑法；反之，外国人犯罪，即使发生在本国领域内，亦不适用本国刑法，这一原则多为大陆法系国家所采用。

3. 保护原则。

保护原则，亦称自卫原则，即从保护本国利益出发，凡侵害本国国家或者公民利益的犯罪，不论犯罪人是本国人还是外国人，也不论犯罪地在本国领域内还是在本国领域外，都适用本国刑法。

4. 普遍原则。

普遍原则，亦称世界原则，即从保护国际社会共同利益出发，凡侵害由国际公约、条约所保护的国际社会共同利益，无论犯罪人是本国人还是外国人，也无论犯罪地是在本国领域内还是在本国领域外，都适用本国刑法。

上述四项原则，孤立地看，各具正确性又各有局限性。单纯实行属地原则，能直接维护国家领土主权，但一旦遇到本国人在本国领域外犯罪或者外国人在本国领域外侵害本国国家或公民利益，则无法适用本国刑法。单纯实行属人原则，就对本国公民实行管辖而言，无可非议；但一旦遇到外国人在本国领域内犯罪，则无法适用本国刑法，有违国家主权原则。保护原则，能最大限度地保护本国利益，但如果犯罪人在国外，犯罪地也在国外，刑法的适用便会受到他国主权的限制，涉及国家之间的刑事法冲突问题。普遍原则的法律基础并非本国刑法，而是国际公约、条约，其针对对象限于劫持航空器、侵害外交人员、灭绝种族等有限的国际犯罪，这说明其适用范围本身是狭窄的，同时，各国的阶级利益与政治观点不同都可能导致国际犯罪界定范围的差异。

基于此，当今世界上大多数国家在刑事立法上对上述原则予以综合采纳。目前，多数国家的做法是以属地原则为基础，以其他原则为补充。这种结合型的刑事管辖权体制的基本要求是：凡是在本国领域内犯罪的，不论本国人还是外国人，都适用本国刑法；本国人或外国人在本国领域外犯罪的，在一定条件下，也适用本国刑法。我国刑法有关空间效力的规定，采用的就是这样的刑事管辖权体制。

二、我国刑法的属地管辖权

《刑法》第 6 条第 1 款规定："凡在中华人民共和国领域内犯罪的，除法律有特别规定的以外，都适用本法。"这是我国刑法关于空间效力的基本原则，它涉及下述两方面内容。

（一）"中华人民共和国领域内"的含义

所谓中华人民共和国领域内，是指中华人民共和国国境以内的全部空间区域，具体包括：

（1）领陆，即国境线以内的陆地及其地下层。

（2）领水，即内水、领海及其地下层。内水包括内河、内湖、内海以及同外国之间界水的一部分（通常以河流中心线为界，如果是可通航的河道，则以主航道中心线为界）。领海，根据我国政府于 1958 年 9 月 4 日发表的声明，我国领海宽度为 12 海里。

（3）领空，即领陆、领水的上空。实践中，人们通常将国家领土上空的范围分为空气空间和外层空间，空气空间受国家主权管辖，外层空间不受国家主权管辖。因而，领空应指领陆和领水上部的空气空间。

此外，根据国际条约和惯例，以下两部分属于我国领土的延伸，适用我国刑法：

（1）我国的船舶、飞机或其他航空器。我国《刑法》第 6 条第 2 款规定："凡在中华人民共和国船舶或者航空器内犯罪的，也适用本法。"这里所说的船舶或者航空器，既可以是民用的，也可以是军用的；既可以处于停泊状态，也可以正处于航行途中；既可以航行或停泊于我国领域内，也可以行驶或停泊于我国领域外。总之，凡在我国船舶或者航空器内犯罪的，不论该船舶或者航空器航行或停泊在任何地点，均可以适用我国刑法。

（2）我国驻外使领馆。根据我国承认的 1961 年《维也纳外交关系公约》的规定，各国驻外大使馆、领事馆及其外交人员不受驻在国的司法管辖而受本国的司法管辖。因此，凡发生在我国驻外大使馆、领事馆内的犯罪，均适用我国刑法。

此外，《刑法》第 6 条第 3 款规定："犯罪的行为或者结果有一项发生在中华人民共和国领域内的，就认为是在中华人民共和国领域内犯罪。"这一规定进一步明确了隔地犯（犯罪行为地与犯罪结果彼此脱离）属地管辖的具体标准。这里包括三种情况：一是在我国境内实施犯罪行为，但犯罪结果发生在国外，如在境内开枪、射伤境外人员；二是在国外实施犯罪行为，但结果发生在我国境内，如从境外向我国境内投掷炸弹，投掷炸弹行为发生在境外，而炸弹爆炸、炸死、炸伤被害者的犯罪结果则发生在境内；三是犯罪行为与犯罪结果均发生在我国境内。上述情况都属于在我国领域内犯罪，应适用我国刑法。

参考案例 3-1

梅某、李某（均为美国籍）以引资为名，先后向我国某商业银行支行提交了虚假的引资承诺书及编造的美国某集团有限公司简介材料等，谎称公司具有雄厚的经济实力，可从国际市场引入巨额资金，某商业银行支行只需开具备用信用证作为引资的必要手续，不必承担任何经济和法律责任，引入的资金不还本、不付息等，从而骗取银行的信任，致银行开出了以美国某集团有限公司为申请人、某商业银行支行为开证行、莎物得投资（巴哈马）有限公司为受益人、一年期不可撤销、可转让的 200 份总金额为 100 亿美元的备用信用证。梅某、李某遂将信用证寄往境外。因我国有关部门采取相应措施，备用信用证在有效期限内未出现资金支付的情况。人民法院以诈骗罪（根据 1979 年《刑法》的有关规定）分别判处梅某、李某有期徒刑 15 年、10 年。

（二）"法律有特别规定"的含义

《刑法》第 6 条在确立属地管辖的同时还提出了法律特别规定的例外情况，即发生在我国领域内的犯罪一旦存在法定的特殊情况，则排除我国刑法的适用。此处的我国刑法，应当指广义上的刑法，包括刑法典、单行刑法及附属刑法规范。司法实践中主要存在如下两种情形：

1. 享有外交特权和豁免权的外国人的刑事责任，通过外交途径解决。

根据国际公约，在国家间互惠的基础上，为保证正常执行职务，驻在本国的外交机构及其工作人员享有外交特权和豁免权。外交特权和豁免权的法律基础是 1961 年《维也纳外交关系公约》和 1986 年《中华人民共和国外交特权和豁免条例》。在此需要注意以下两个问题：（1）外交代表和与外交代表共同生活的非中国公民的配偶及未成年子女享有的豁免权，可以由派遣国政府明确表示放弃。如果这样，则可以适用我国刑法。（2）享有外交特权和豁免权的有关人员应当承担尊重我国法律法规的义务，并不能任意违法犯罪。一旦违法犯罪，便应通过外交途径予以解决，如要求派遣国召回、宣布其为不受欢迎的人、限期离境等。

2. 在香港特别行政区、澳门特别行政区内发生的绝大部分犯罪，原则上适用当地的刑法。

党的二十大报告指出，"一国两制"是中国特色社会主义的伟大创举，是香港、澳门回归后保持长期繁荣稳定的最佳制度安排，必须长期坚持。我国香港特别行政区和澳门特别行政区的基本法规定，香港特别行政区、澳门特别行政区依法享有行政管理权、立法权、独立的司法权和终审权。因此，我国全国性刑法的效力原则上无法及于香港特别行政区和澳门特别行政区，这是对我国全国性刑法属地管辖权的事实限制。根据"一国两制"的构想和相应的法律规定，香港特别行政区、澳门特别行政区具有刑事立法权和刑事司法权，两个特别行政区均有自己的刑法。据此，对于发生在这两个特别行政区内的犯罪，原则上均适用当地的刑法。但是，全国性的刑法仍然存在对发生于该两个特别行政区范围内的部分犯罪进行适用的可能性。例如，对于内地机构派驻两个特别行政区的人员利用职务实施的犯罪，仍然适用全国性的刑法，由内地司法机关予以管辖。

要特别指出的是，民族自治地方所制定的变通或者补充性规定和国家立法机关制定的特别刑法规定均属于广义刑法的范畴，均适用我国刑法关于属地管辖原则的规定，不应作为属地管辖原则的例外情况。

也就是说，应当清楚、明确地将刑事管辖权中的属地管辖原则与刑法的法条关系予以准确界分。

三、我国刑法的属人管辖权

《刑法》第7条第1款规定："中华人民共和国公民在中华人民共和国领域外犯本法规定之罪的，适用本法，但是按本法规定的最高刑为三年以下有期徒刑的，可以不予追究。"第7条第2款规定："中华人民共和国国家工作人员和军人在中华人民共和国领域外犯本法规定之罪的，适用本法。"

根据上述规定，我国公民在我国领域外犯罪的，原则上都适用我国刑法；只是按我国刑法规定，其所犯之罪的法定最高刑为3年以下有期徒刑的，才可以不予追究。至于"可以不予追究"，并非绝对不追究，而是保留追究的可能性。此外，对于特殊主体即国家工作人员和军人在我国领域外犯罪的，不论其所犯之罪的法定最高刑是否为3年以下有期徒刑，我国刑法一律追究刑事责任。

参考案例 3-2

俄罗斯 LinCom 公司欠我国中机公司货款90余万美元。谢某在莫斯科私刻中机公司印章，伪造了中机公司追债委托书，将该委托书交给俄罗斯人阿卡冯采夫和安达拉贝克，让他们持此委托书向 LinCom 公司索债。谢某将索回的债款1万多美元全部挥霍。检察机关认为，谢某的行为构成伪造公司印章罪，本罪的法定最高刑为3年有期徒刑，根据《刑法》第7条第1款的规定，检察机关依法作出不批准逮捕的决定。

根据《刑法》第10条的规定，我国公民在我国领域外犯罪，依照该法应当负刑事责任，虽然经过外国审判，仍然可以依照该法予以追究，但是在外国已经受过刑罚处罚的，可以免除或者减轻处罚。这条规定既表明我国拥有司法主权，又从实际情况及国际合作角度出发避免使被告人员受过重的双重处罚，因而体现了原则性与灵活性的统一，较为合情合理。

四、我国刑法的保护管辖权

《刑法》第8条规定："外国人在中华人民共和国领域外对中华人民共和国国家或者公民犯罪，而按本法规定的最低刑为三年以上有期徒刑的，可以适用本法，但是按照犯罪地的法律不受处罚的除外。"适用这条规定，需要明确我国刑法对外国人在我国领域外对我国国家或者公民犯罪的刑事管辖权存在两条限制：其一，这种犯罪按我国刑法规定的最低刑必须为3年以上有期徒刑；其二，按照犯罪地的法律应受刑罚处罚。作出这种规定，对于保护我国国家利益，保护我国驻外工作人员、访问考察人员、留学生、侨民的利益，是完全必要的。

五、我国刑法的普遍管辖权

《刑法》第9条规定："对于中华人民共和国缔结或者参加的国际条约所规定的罪行，中华人民共和国在所承担条约义务的范围内行使刑事管辖权的，适用本法。"这条规定对国际犯罪确立了普遍管辖权原则。

适用普遍管辖权，应当注意把握我国缔结或加入的国际条约的相关内容，准确了解我国承担的义务。只要我国缔结或加入了某一规定有国际犯罪及其惩处的公约，我国便承担了对该国际犯罪进行刑事管辖的义务。当然，普遍管辖权的行使在实践中会受到一定限制，只有当犯有国际罪行的罪犯处于我国境内，我国刑法才可能对其适用。

第二节 刑法的时间效力

一、刑法的生效时间

关于刑法的生效时间，一般存在两种规定方式：一是从公布之日起生效。这种方式通常为单行刑法施行所采用。二是公布之后经过一段时间再施行。这样规定是考虑到人们对新法的学习与掌握需要一段时间的宣传、教育。例如，我国《刑法》于1979年7月1日通过，7月6日公布，自1980年1月1日起生效；1997年3月14日修订通过的《刑法》，其第452条第1款专门规定自1997年10月1日起施行。

二、刑法的失效时间

关于刑法的失效时间，通常存在两种规定方式：一是由国家立法机关明确宣布某些法律失效。例如，1997年《刑法》第452条第2款专门规定，列于附件一的全国人大常委会《关于惩治走私罪的补充规定》等15部单行刑法，自1997年10月1日起予以废止。二是自然失效，即新法施行后代替了同类内容的旧法，或由于原来的特殊立法条件已然消失，旧法自行废止。例如，1998年12月29日全国人大常委会通过的《关于惩治骗购外汇、逃汇和非法买卖外汇犯罪的决定》对1997年《刑法》中相关内容的取代。

三、刑法的溯及力

刑法的溯及力，是指刑法生效后，对其生效以前未经审判或者判决尚未确定的行为是否适用的问题。如果适用，就是有溯及力；如果不适用，就是没有溯及力。对此，当今世界各国刑事立法例有不同的规定，概括而言大致包括以下几种原则：

（1）从旧原则。即按照行为时的旧法处理，新法对其生效前的行为一律没有溯及力。

（2）从新原则。即对于生效前未经审判或判决尚未确定的行为，新法一律具有溯及力。

（3）从新兼从轻原则。即新法原则上具有溯及力，但旧法（行为时法）不认为是犯罪或者处刑较轻的，应按旧法处理。

（4）从旧兼从轻原则。即新法原则上不具有溯及力，但新法不认为是犯罪或者处刑较轻的，应按新法处理。

上述关于刑法溯及力的诸原则中，从旧兼从轻原则既符合罪刑法定原则的要求，又适应实际需要，因而为绝大多数的刑事立法所采用。我国刑法关于溯及力问题即采用从旧兼从轻原则。

《刑法》第12条第1款规定："中华人民共和国成立以后本法施行以前的行为，如果当时的法律不认为是犯罪的，适用当时的法律；如果当时的法律认为是犯罪的，依照本法总则第四章第八节的规定应当追诉的，按照当时的法律追究刑事责任，但是如果本法不认为是犯罪或者处刑较轻的，适用本法。"第12条第2款规定："本法施行以前，依照当时的法律已经作出的生效判决，继续有效。"根据这一规定，对于1949年10月1日中华人民共和国成立至1997年9月30日这段时间内发生的行为，应按如下不同情况分别处理：

（1）当时的法律不认为是犯罪，而1997年《刑法》认为是犯罪的，适用当时的法律。对于这种情况，不能因为现行刑法已经规定为犯罪而追究行为人的刑事责任。

（2）当时的法律认为是犯罪，但1997年《刑法》不认为是犯罪的，如果未经审判或者判决尚未确定，就应当适用1997年《刑法》。

（3）当时的法律和1997年《刑法》都认为是犯罪，并按照1997年《刑法》总则第四章第八节的规定应当追诉的，原则上按当时的法律追究刑事责任。但是，如果1997年《刑法》比当时的法律处刑较轻，则适用1997年《刑法》，即1997年《刑法》具有溯及力。关于如何认定"处刑较轻"的问题，1998年1月13日最高人民法院《关于适用刑法第十二条几个问题的解释》第1条规定："刑法第十二条规定的'处刑较轻'，是指刑法对某种犯罪规定的刑罚即法定刑比修订前刑法轻。法定刑较轻是指法定最高刑较轻；如果法定最高刑相同，则指法定最低刑较轻。"第2条规定："如果刑法规定的某一犯罪只有一个法定刑幅度，法定最高刑或者最低刑是指该法定刑幅度的最高刑或者最低刑；如果刑法规定的某一犯罪有两个以上的法定刑幅度，法定最高刑或者最低刑是指具体犯罪行为应当适用的法定刑幅度的最高刑或者最低刑。"

（4）如果依照当时的法律已经对行为作出了生效判决，该判决继续有效。即使按1997年《刑法》的规定，其行为不构成犯罪或处刑较当时的法律为轻，亦应如此。这主要是考虑到维护人民法院生效判决的严肃性和稳定性。

参考案例 3-3

1995 年 5 月 11 日，谭某使用空头转账支票，骗取某公司三菱空调 13 台，价值 15 万余元。本案于 2001 年案发。人民法院认为，按照 1997 年《刑法》的规定，谭某的行为构成票据诈骗罪，按照 1979 年《刑法》的规定，谭某的行为构成诈骗罪，两相比较，1997 年《刑法》规定的票据诈骗罪重于 1979 年《刑法》规定的诈骗罪。人民法院遂依据 1997 年《刑法》第 12 条第 1 款及 1979 年《刑法》第 152 条的规定，以诈骗罪判处谭某有期徒刑 5 年。

最高人民法院先后针对 1997 年 10 月 1 日施行的《刑法》，2011 年 5 月 1 日施行的《刑法修正案（八）》，以及 2015 年 11 月 1 日施行的《刑法修正案（九）》做过专门的司法解释，需要引起重视。

1997 年 9 月 25 日最高人民法院《关于适用刑法时间效力规定若干问题的解释》的主要内容包括：

（1）对于行为人 1997 年 9 月 30 日以前实施的犯罪行为，在人民检察院、公安机关、国家安全机关立案侦查或者在人民法院受理案件以后，行为人逃避侦查或者审判，超过追诉期限或者被害人在追诉期限内提出控告，人民法院、人民检察院、公安机关应当立案而不予立案，超过追诉期限的，是否追究行为人的刑事责任，适用 1979 年《刑法》第 77 条的规定。

（2）犯罪分子 1997 年 9 月 30 日以前犯罪，不具有法定减轻处罚情节，但是根据案件的具体情况需要在法定刑以下判处刑罚的，适用 1979 年《刑法》第 59 条第 2 款的规定。

（3）前罪判处的刑罚已经执行完毕或者赦免，在 1997 年 9 月 30 日以前又犯应当判处有期徒刑以上刑罚之罪，是否构成累犯，适用 1979 年《刑法》第 61 条的规定；1997 年 10 月 1 日以后又犯应当判处有期徒刑以上刑罚之罪的，是否构成累犯，适用 1997 年《刑法》第 65 条的规定。

（4）1997 年 9 月 30 日以前被采取强制措施的犯罪嫌疑人、被告人或者 1997 年 9 月 30 日以前犯罪，1997 年 10 月 1 日以后仍在服刑的罪犯，如实供述司法机关还未掌握的本人其他罪行的，适用 1997 年《刑法》第 67 条第 2 款的规定。

（5）1997 年 9 月 30 日以前犯罪的犯罪分子，有揭发他人犯罪行为，或者提供重要线索，从而得以侦破其他案件等立功表现的，适用 1997 年《刑法》第 68 条的规定。

（6）1997 年 9 月 30 日以前犯罪、被宣告缓刑的犯罪分子，在 1997 年 10 月 1 日以后的缓刑考验期间又犯新罪、被发现漏罪或者违反法律、行政法规或者国务院公安部门有关缓刑的监督管理规定，情节严重的，适用 1997 年《刑法》第 77 条的规定，撤销缓刑。

（7）1997 年 9 月 30 日以前犯罪，1997 年 10 月 1 日以后仍在服刑的犯罪分子，因特殊情况，需要不受执行刑期限制假释的，适用 1997 年《刑法》第 81 条第 1 款的规定，报经最高人民法院核准。

（8）1997 年 9 月 30 日以前犯罪，1997 年 10 月 1 日以后仍在服刑的累犯以及因杀人、爆炸、抢劫、强奸、绑架等暴力性犯罪被判处 10 年以上有期徒刑、无期徒刑的犯罪分子，适用 1979 年《刑法》第 73 条的规定，可以假释。

（9）1997 年 9 月 30 日以前被假释的犯罪分子，在 1997 年 10 月 1 日以后的假释考验期内，又犯新罪、被发现漏罪或者违反法律、行政法规或者国务院公安部门有关假释的监督管理规定的，适用 1997 年《刑法》第 86 条的规定，撤销假释。

（10）按照审判监督程序重新审判的案件，适用行为时的法律。

2011 年 4 月 25 日最高人民法院《关于〈中华人民共和国刑法修正案（八）〉时间效力问题的解释》的主要内容包括：

（1）对于 2011 年 4 月 30 日以前犯罪，依法应当判处管制或者宣告缓刑的，人民法院根据犯罪情况，认为确有必要同时禁止犯罪分子在管制期间或者缓刑考验期内从事特定活动，进入特定区域、场所，接触特定人的，适用修正后《刑法》第 38 条第 2 款或者第 72 条第 2 款的规定。犯罪分子在管制期间或者缓刑考验期内，违反人民法院判决中的禁止令的，适用修正后《刑法》第 38 条第 4 款或者第 77 条第 2 款的规定。

（2）2011 年 4 月 30 日以前犯罪，判处死刑缓期执行的，适用修正前《刑法》第 50 条的规定。被告人具有累犯情节，或者所犯之罪是故意杀人、强奸、抢劫、绑架、放火、爆炸、投放危险物质或者有组织的暴力性犯罪，罪行极其严重，根据修正前《刑法》判处死刑缓期执行不能体现罪刑相适应原则，而根据修正后《刑法》判处死刑缓期执行同时决定限制减刑可以罚当其罪的，适用修正后《刑法》第50条第2款的规定。

（3）被判处有期徒刑以上刑罚，刑罚执行完毕或者赦免以后，在2011年4月30日以前再犯应当判处有期徒刑以上刑罚之罪的，是否构成累犯，适用修正前《刑法》第65条的规定；但是，前罪实施时不满18周岁的，是否构成累犯，适用修正后《刑法》第65条的规定。曾犯危害国家安全犯罪，刑罚执行完毕或者赦免以后，在2011年4月30日以前再犯危害国家安全犯罪的，是否构成累犯，适用修正前《刑法》第66条的规定。曾被判处有期徒刑以上刑罚，或者曾犯危害国家安全犯罪、恐怖活动犯罪、黑社会性质的组织犯罪，在2011年5月1日以后再犯罪的，是否构成累犯，适用修正后《刑法》第65条、第66条的规定。

（4）2011年4月30日以前犯罪，虽不具有自首情节，但是如实供述自己罪行的，适用修正后《刑法》第67条第3款的规定。

（5）2011年4月30日以前犯罪，犯罪后自首又有重大立功表现的，适用修正前《刑法》第68条第2款的规定。

（6）2011年4月30日以前一人犯数罪，应当数罪并罚的，适用修正前《刑法》第69条的规定；2011年4月30日前后一人犯数罪，其中一罪发生在2011年5月1日以后的，适用修正后《刑法》第69条的规定。

（7）2011年4月30日以前犯罪，被判处无期徒刑的罪犯，减刑以后或者假释前实际执行的刑期，适用修正前《刑法》第78条第2款、第81条第1款的规定。

（8）2011年4月30日以前犯罪，因具有累犯情节或者系故意杀人、强奸、抢劫、绑架、放火、爆炸、投放危险物质或者有组织的暴力性犯罪并被判处10年以上有期徒刑、无期徒刑的犯罪分子，2011年5月1日以后仍在服刑的，能否假释，适用修正前《刑法》第81条第2款的规定；2011年4月30日以前犯罪，因其他暴力性犯罪被判处10年以上有期徒刑、无期徒刑的犯罪分子，2011年5月1日以后仍在服刑的，能否假释，适用修正后《刑法》第81条第2款、第3款的规定。

2015年10月29日最高人民法院《关于〈中华人民共和国刑法修正案（九）〉时间效力问题的解释》的主要内容包括：

（1）对于2015年10月31日以前因利用职业便利实施犯罪，或者实施违背职业要求的特定义务的犯罪的，不适用修正后《刑法》第37条之一第1款的规定。其他法律、行政法规另有规定的，从其规定。

（2）对于被判处死刑缓期执行的犯罪分子，在死刑缓期执行期间，且在2015年10月31日以前故意犯罪的，适用修正后《刑法》第50条第1款的规定。

（3）对于2015年10月31日以前一人犯数罪，数罪中有判处有期徒刑和拘役，有期徒刑和管制，或者拘役和管制，予以数罪并罚的，适用修正后《刑法》第69条第2款的规定。

（4）对于2015年10月31日以前通过信息网络实施的《刑法》第246条第1款规定的侮辱、诽谤行为，被害人向人民法院告诉，但提供证据确有困难的，适用修正后《刑法》第246条第3款的规定。

（5）对于2015年10月31日以前实施的《刑法》第260条第1款规定的虐待行为，被害人没有能力告诉，或者因受到强制、威吓无法告诉的，适用修正后《刑法》第260条第3款的规定。

（6）对于2015年10月31日以前组织考试作弊，为他人组织考试作弊提供作弊器材或者其他帮助，以及非法向他人出售或者提供考试试题、答案，根据修正前《刑法》应当以非法获取国家秘密罪、非法生产、销售间谍专用器材罪或者故意泄露国家秘密罪等追究刑事责任的，适用修正前《刑法》的有关规定。但是，根据修正后《刑法》第284条之一的规定处刑较轻的，适用修正后《刑法》的有关规定。

（7）对于2015年10月31日以前以捏造的事实提起民事诉讼，妨害司法秩序或者严重侵害他人合法权益，根据修正前《刑法》应当以伪造公司、企业、事业单位、人民团体印章罪或者妨害作证罪等追究刑事责任的，适用修正前《刑法》的有关规定。但是，根据修正后《刑法》第307条之一的规定处刑较轻的，适用修正后《刑法》的有关规定。实施修正后《刑法》第 307 条之一第 1 款规定的行为，非法占有他人财产或者逃避合法债务，根据修正前《刑法》应当以诈骗罪、职务侵占罪或者贪污罪等追究刑事责任的，适用修正前《刑法》的有关规定。

（8）对于 2015 年 10 月 31 日以前实施贪污、受贿行为，罪行极其严重，根据修正前《刑法》判处死刑缓期执行不能体现罪刑相适应原则，而根据修正后《刑法》判处死刑缓期执行同时决定在其死刑缓期执行二年期满依法减为无期徒刑后，终身监禁，不得减刑、假释可以罚当其罪的，适用修正后《刑法》第 383 条第 4 款的规定。根据修正前《刑法》判处死刑缓期执行足以罚当其罪的，不适用修正后《刑法》第 383 条第 4 款的规定。

上述规定中，前三项分别为关于《刑法》总则规定的从业禁止、死刑缓期执行期间故意犯罪和数罪并罚条款时间效力的规定；第四项和第五项是关于《刑法》分则规定的程序条款时间效力的规定；第六项和第七项是关于《刑法》分则部分新增罪名条款时间效力的规定；最后一项是关于贪污受贿罪中的终身监禁条款时间效力的规定。

【引例评析】

关于刑法的空间效力，我国刑法采取的是以属地原则为基础，以属人原则、保护原则和普遍原则为补充的结合型的刑事管辖权体制。其中，依照属人原则，对我国公民在我国领域外犯罪的情况，作了我国有管辖权但有所限制的规定，即《刑法》第 7 条第 1 款所规定的："中华人民共和国公民在中华人民共和国领域外犯本法规定之罪的，适用本法，但是按本法规定的最高刑为三年以下有期徒刑的，可以不予追究。"对此，应当注意如下几点：首先，所谓法定最高刑为 3 年以下有期徒刑，不是笼统地指《刑法》分则某个条文的最高刑，而是指某一条文中与具体罪行轻重相适应的法定刑幅度的最高刑，更不是指宣告刑。本章引例中，被告人陈某在科威特犯聚众扰乱社会秩序罪，因其不是首要分子，而是积极参加者，依照《刑法》第 290 条第 1 款的规定，法定最高刑为 3 年以下有期徒刑。其次，所谓可以不予追究，不是绝对不予追究，而是保留了追究的可能性。具体而言，是否追究，应根据被告人的犯罪事实，犯罪的性质、情节，以及对社会的危害程度确定。陈某的犯罪行为不仅使其所在公司的生产经营活动无法正常进行，造成了严重经济损失，而且损坏了我国企业在国外的形象，在国际上产生了恶劣影响，后果严重，因而应依法追究其刑事责任。人民法院以聚众扰乱社会秩序罪判处陈某有期徒刑 2 年，是正确的。

【本章小结】

刑法的效力范围，即刑法的适用范围，是指刑法在什么时间、什么地域以及对什么人具有效力。它不仅涉及国家主权，而且涉及国际关系和新旧法律的关系，是任何国家刑法都必须明确规定的内容。《刑法》第 6 条至第 12 条对刑法的效力范围作出了明确规定。刑法的效力范围包括刑法的空间效力和刑法的时间效力。刑法的空间效力，是指刑法对地和对人的效力。刑事管辖原则包括属地原则、属人原则、保护原则、普遍原则。我国刑法采取的是结合型的刑事管辖权体制，即以属地原则为基础，兼采其他原则。我国刑法在确立属地管辖权的同时，提出法律有特别规定的例外情况不适用我国刑法。刑法的时间效力，是指刑法的生效时间、失效时间以及刑法的溯及力问题。刑法的溯及力原则有从旧原则、从新原则、从旧兼从轻原则、从新兼从轻原则四种。我国刑法在溯及力问题上采取的是从旧兼从轻原则。

【练习题】

一、名词解释

属地管辖　属人管辖　保护管辖　普遍管辖　从旧兼从轻原则

二、思考题

1. 如何理解我国刑法关于空间效力的规定？
2. 我国刑法的属地管辖权的内容是什么？
3. 如何理解我国刑法关于溯及力的规定？

三、案例分析题

1. 我国某远洋客轮从上海港起航驶往美国。在船舶经公海时，客轮上一日本乘客因盗窃一英国乘客的 5 000 美元而被抓获。该船到达英国港口时，该英国乘客要求船长将实施盗窃的日本乘客绳之以法。

问题：

（1）船长应如何处理本案？

（2）本案应适用何种空间效力的原则？

分析要点提示：

根据《刑法》第 6 条的规定，凡在中华人民共和国船舶或者航空器内犯罪的，适用中国刑法。

2. 李某于 1997 年 12 月 8 日因涉嫌贪污罪被依法逮捕。经讯问，李某基于一个贪污意图，使用完全相同的手段，共贪污 4 次，总数额 6 万元，其中有 2 次发生在 1997 年 10 月 1 日之前，数额为 4 万元。另外，李某还交代 1997 年 8 月曾强奸一妇女，经查证属实。

问题：

对李某所犯的罪行，应如何适用法律？

分析要点提示：

（1）1979 年《刑法》和 1997 年《刑法》对强奸罪的规定没有变化。

（2）李某贪污 4 次、总计 6 万元的行为，构成连续犯。

（3）李某连续实施的贪污犯罪行为，跨越了 1997 年 10 月 1 日修订后《刑法》的生效日期。

第四章 犯罪概念与犯罪构成

 【本章引例】

犯罪嫌疑人金某、朱某在中国和朝鲜的界江鸭绿江龙头冰道上与朝鲜公民非法兑换物资时，见朝鲜公民咸某赶一个牛爬犁拉着粮食路过。朱某上前与咸某搭话，金某乘机将爬犁上的一袋大米（约20千克）拽下，背起来就往中国境内方向跑，中途又交给朱某背着跑。当时被我边防人员发现，将金某抓获，把大米归还了咸某。次日，朱某向公安机关投案自首。公安机关应否将此案作为刑事案件立案呢？

【本章学习目标】

通过本章的学习，你应该能够：

1. 掌握犯罪的基本特征；
2. 掌握犯罪构成与犯罪概念的关系；
3. 掌握犯罪构成的定义及犯罪共同要件。

第一节 犯罪概念

一、犯罪概念和犯罪的基本特征

犯罪概念，是对犯罪各种内在、外在特征的高度概括。

《刑法》第13条对犯罪进行了定义："一切危害国家主权、领土完整和安全，分裂国家、颠覆人民民主专政的政权和推翻社会主义制度，破坏社会秩序和经济秩序，侵犯国有财产或者劳动群众集体所有的财产，侵犯公民私人所有的财产，侵犯公民的人身权利、民主权利和其他权利，以及其他危害社会的行为，依照法律应当受刑罚处罚的，都是犯罪，但是情节显著轻微危害不大的，不认为是犯罪。"这个定义是对我国社会上形形色色犯罪所作的科学概括，是我们认定犯罪、划分罪与非罪界限的基本依据。

根据《刑法》第13条的规定，犯罪这种行为具有以下三个基本特征。

（一）犯罪是危害社会的行为，即具有一定的社会危害性

行为具有一定的社会危害性，是犯罪最本质、最基本的特征。

社会危害性，是指行为对刑法所保护的社会关系造成损害的特性。犯罪的本质就在于它危害了国家、社会和公民的利益；如果某种行为根本不可能给社会带来危害，刑法就没有必要把它规定为犯罪。

某种行为虽然具有社会危害性，但是情节显著轻微危害不大的，也不认为是犯罪。例如，小偷小摸，数额很小，不能认为是盗窃罪。由此可见，没有社会危害性，就没有犯罪；社会危害性没有达到相当的程度，也不构成犯罪。

《刑法》第13条通过列举犯罪所侵犯的客体，揭示了犯罪的社会危害性的各个方面的表现。概括起来，它主要表现在这样几个方面：（1）对于社会主义的国体、政体和国家安全的危害；（2）对于社会公共安全的危害；（3）对于社会主义市场经济秩序的危害；（4）对于公民人身权利、民主权利的危害；（5）对于社会主义制度下各种财产权利的危害；（6）对于社会秩序的危害；（7）对于国防利益、军事利益的危害；（8）对于国家机关行政、司法秩序及公务活动的廉洁性的危害。上述几个方面概括反映了我国刑法中犯罪的社会危害性的基本内容。

决定犯罪的社会危害性轻重大小的因素，主要包括：其一，行为侵犯的客体，即行为侵犯了什么样的社会关系。例如，故意杀人罪危害人的生命，故意伤害罪危害人的健康，二者的社会危害性就有所不同。其二，行为的手段、后果以及时间、地点。对某些犯罪来说，犯罪的手段是否凶狠，是否残酷，是否使用暴力，在很大程度上决定着社会危害性。犯罪造成的后果状况、犯罪所处时间和地点，也同样体现和决定着社会危害性的大小。其三，行为人的情况及主观因素。如是成年人还是未成年人，是故意还是过失，是有预谋还是没有预谋，动机、目的的卑劣程度，是偶尔犯罪还是累犯、惯犯。这些情况，在社会心理上的影响是不同的，所以它们对社会危害性也是起制约作用的。

那么，如何考察社会危害性呢？主要应当注意以下几方面：

（1）要用历史、发展的观点看问题。社会危害性是一个历史范畴。社会条件发生变化，可能导致某一行为是否具有社会危害性的评判结果亦发生变化。某一行为在过去具有社会危害性，现在却不具有社会危害性，甚至是有利于国家和人民的行为。反之亦然。

（2）要有全面的观点。社会危害性是由多种因素决定的。衡量社会危害性的大小，不能只看一种因素，如危害结果，而要全面综合各种主客观情况；不仅要看到有形的、物质性的危害，还要看到对社会政治、对人们的社会心理带来的危害。

（3）要透过现象抓住事物的本质。比如，某人把另一人杀了，就要问这是什么性质的杀人，有无社会危害性，危害性有多大等。杀人案件中有的是故意杀人，有的是过失杀人，也有的是正当防卫杀人，需要经过仔细调查予以判明。

参考案例 4-1

李某在 1982 年因违反国家工商管理法规，囤积布匹并高价倒卖牟取暴利，而被法院以投机倒把罪判处无期徒刑。1998 年 2 月，李某在服刑期间提出申诉，要求改判其无罪，理由是：国家已经实行市场经济，买卖布匹的行为并无社会危害性，反而有利于促进经济发展。受理申诉的法院认为：李某的行为在实施当时具有严重的社会危害性，且符合投机倒把罪的构成，当时法院以投机倒把罪判处其无期徒刑事实清楚、证据确实充分、定性准确、量刑适当。虽然现今买卖布匹的行为已无社会危害性，刑法也取消了投机倒把罪的罪名，但不影响法院根据当时刑法规定作出的有效判决的效力。法院最后驳回了李某的申诉。

（二）犯罪是触犯刑律的行为，即具有刑事违法性

犯罪是一种违法行为，但不是一般的违法行为，而是触犯刑律的违法行为，是刑事违法行为。

行为的社会危害性是刑事违法性的基础；刑事违法性是社会危害性在刑法上的表现。只有当行为不仅具有社会危害性，而且违反了刑法，具有刑事违法性时，才能被认定为犯罪。如果某种行为具有社会危害性，但没有触犯刑法，没有刑事违法性，那么应遵照罪刑法定原则不认定为犯罪。

（三）犯罪是应受刑罚处罚的行为，即具有应受刑罚惩罚性

犯罪是适用刑罚的前提，刑罚是犯罪的法律后果。因此，应受刑罚处罚也是犯罪的一个基本特征。应受惩罚性这个特征将犯罪与刑罚这两种社会现象联系起来，如果一个行为不应当受刑罚处罚，也就意味着它不是犯罪。

不应受惩罚和不需要惩罚并非一回事。不应受惩罚，是指行为人的行为根本不构成犯罪，当然就不存在应受惩罚的问题；不需要惩罚，是指行为人的行为已经构成了犯罪，本应惩罚，但考虑到具体情况，例如犯罪情节轻微，或者有自首、立功、悔改等表现，从而免予刑事处罚。免予刑事处罚说明行为还是犯罪，只是不给予刑事处罚罢了，它与无罪不应当受惩罚具有不同的性质，不能混淆。

犯罪的以上三个基本特征是紧密结合的。一定的社会危害性是犯罪最基本的属性，是刑事违法性和应受惩罚性的基础。社会危害性如果没有达到违反刑法、应受刑罚处罚的程度，也就不构成犯罪。因此，这三个基本特征都是必要的，是任何犯罪都必然具备的。这三个基本特征把犯罪与不犯罪、犯罪与其他违法行为区别开来。

二、犯罪概念的意义

犯罪概念是划分罪与非罪界限的总标准。一个行为究竟是犯罪还是不犯罪，是犯罪还是其他违法行为，是犯罪还是错误，从总体上说，就看这个行为是不是具有一定的社会危害性，并且是否达到触犯刑律、应受刑罚处罚的程度。在司法实务中，为了解决罪与非罪的界限，需要将犯罪概念这个总标准具体化。为了掌握这个标准，下面结合一些《刑法》分则条文具体说明。

从《刑法》分则条文看，除了杀人、放火、抢劫、强奸、爆炸等严重危害社会的行为，其本身的社会危害性程度足以构成犯罪外，多数危害社会的行为，必须是其社会危害性达到一定程度才能构成犯罪。因此，对这些行为来说，就有一个根据社会危害性程度大小决定罪与非罪的界限问题。《刑法》分则大体上是通过以下几种规定方式来体现社会危害性程度，从而解决罪与非罪界限的。

（一）以情节是否严重、是否恶劣作为划分罪与非罪的界限

例如，《刑法》第 180 条第 1 款规定的内幕交易、泄露内幕信息罪，第 243 条规定的诬告陷害罪，就以是否"情节严重"作为划分罪与非罪的界限；《刑法》第 260 条规定的虐待罪，第 260 条之一规定的虐待被监护、看护人罪，第 261 条规定的遗弃罪，就以是否"情节恶劣"作为划分罪与非罪的界限。

（二）以后果是否严重作为划分罪与非罪的界限

例如，《刑法》第 129 条规定的丢失枪支不报罪，第 131 条规定的重大飞行事故罪，第 132 条规定的铁路运营安全事故罪，第 136 条规定的危险物品肇事罪，第 142 条规定的生产、销售、提供劣药罪，均以是否"造成严重后果"作为划分罪与非罪的界限。

（三）以是否引起某种结果的严重危险作为划分罪与非罪的界限

例如，《刑法》第 134 条之一规定的危险作业罪，以"具有发生重大伤亡事故或者其他严重后果的现实危险"作为构成犯罪的要件；《刑法》第 330 条规定的妨害传染病防治罪，以"引起甲类传染病以及依法确定采取甲类传染病预防、控制措施的传染病传播或者有传播严重危险"作为构成犯罪的要件；《刑法》第 332 条规定的妨害国境卫生检疫罪，以"引起检疫传染病传播或者有传播严重危险"作为构成犯罪的要件。

（四）以数额是否较大、是否巨大或者数量是否较大作为划分罪与非罪的界限

例如，《刑法》第 266 条规定的诈骗罪，以"数额较大"为构成犯罪的要件；《刑法》第 158 条规定的虚报注册资本罪，以"虚报注册资本数额巨大、后果严重或者有其他严重情节"作为构成犯罪的要件；《刑法》第 348 条规定的非法持有毒品罪，以"毒品数量较大"作为构成犯罪的要件；《刑法》第 352 条规定的非法买卖、运输、携带、持有毒品原植物种子、幼苗罪，以"数量较大"为构成犯罪的要件。

（五）以行为是否多次作为划分罪与非罪的界限

例如，《刑法》第 290 条第 3 款规定的扰乱国家机关工作秩序罪，第 290 条第 4 款规定的组织、资助非法聚集罪，均以"多次"实施行为为构成犯罪的要件。

（六）以是否具有法律特别规定的犯罪对象作为划分罪与非罪的界限

例如，《刑法》第 329 条规定的抢夺、窃取国有档案罪以及擅自出卖、转让国有档案罪，只能以"国家所有的档案"为犯罪对象；《刑法》第 364 条第 2 款规定的组织播放淫秽音像制品罪，只能以"淫秽的电影、录像等音像制品"为犯罪对象。

（七）以是否使用法律规定的犯罪方法作为划分罪与非罪的界限

例如，《刑法》第 257 条规定的暴力干涉婚姻自由罪，以是否使用暴力方法作为是否构成犯罪的界限。

（八）以行为是否在特定时间内或地点实施作为划分罪与非罪的界限

例如，《刑法》第 112 条规定的资敌罪，以"战时"为构成犯罪的要件；《刑法》第 123 条规定的暴力危及飞行安全罪，以在"飞行中的航空器上"为要件。

（九）以是否"明知""故意"作为划分罪与非罪的界限

例如，《刑法》第171条规定的运输假币罪，以"明知是伪造的货币"为构成犯罪的要件，如果不知道是伪造的货币而予以运输，就不构成犯罪；《刑法》第229条第1款规定的提供虚假证明文件罪，以"故意"为构成犯罪的要件，否则便不构成此罪。

（十）以是否具有某种特定目的作为划分罪与非罪的界限

例如，《刑法》第240条规定的拐卖妇女、儿童罪，"以出卖为目的"为构成犯罪的要件；《刑法》第363条规定的制作、复制、出版、贩卖、传播淫秽物品牟利罪，"以牟利为目的"为构成犯罪的要件。

（十一）以是否具有首要分子、直接责任人员、领导人等身份作为划分罪与非罪的界限

例如，《刑法》第291条规定的聚众扰乱公共场所秩序、交通秩序罪，其构成仅限于"首要分子"；《刑法》第255条规定的打击报复会计、统计人员罪，其主体仅限于"公司、企业、事业单位、机关、团体的领导人"，非此类人不可能构成此罪。

以上这些规定方式，都是体现社会危害性程度的，不具备这些规定的条件，就说明行为的社会危害性没有达到触犯刑律、应受刑罚处罚的程度，从而也就不构成犯罪。

第二节　犯罪构成

一、犯罪构成的概念

犯罪构成，是指依照刑法的规定，决定某一具体行为的社会危害性及其程度，而为该行为构成犯罪或成立犯罪所必须具备的一切主观要件和客观要件的有机统一。

犯罪构成与犯罪概念的联系在于：犯罪概念是犯罪构成的基础，犯罪构成是犯罪概念的具体化。

犯罪构成与犯罪概念最主要的区别在于它们的功能不同：犯罪概念的功能是从行为的社会本质上、从整体上回答什么是犯罪、犯罪有哪些基本属性（特征），从而使我们得以从原则上将犯罪行为与其他行为加以区别。而犯罪构成的功能，是在犯罪概念的基础上进一步回答：犯罪是怎样成立的？构成犯罪需要具备哪些法定的具体条件？它所要解决的是构成犯罪的规格和标准问题。犯罪概念作为对各种犯罪现象的本质特征和法律特征的科学抽象与概括，本身并不能直接解决司法实践中所必需的认定犯罪的具体标准问题，它所具有的认定犯罪的原则作用和作为整个刑法制度及刑法理论的基础作用，必须通过犯罪构成才能具体实现。离开犯罪构成，犯罪概念就成了空洞和抽象的东西。

二、犯罪构成的特征

犯罪构成具有如下三个特征。

（一）犯罪构成是一系列主观要件和客观要件的有机统一

任何一种犯罪，都有许多要件（成立犯罪的条件）。在这些要件中，既包含犯罪主体方面的要件和反映行为人主观方面特征的主观要件，又包含犯罪客体要件和反映行为客观方面的客观要件。

在刑法理论上，为论述的方便，可以将犯罪主体要件和犯罪主观方面的要件统称为主观要件，将犯罪客体要件和犯罪客观方面的要件统称为客观要件。主观要件和客观要件的有机统一，就形成犯罪构成。

之所以说犯罪构成是主观要件与客观要件的有机统一，是因为犯罪构成并不是成立犯罪所需的各个要件的简单相加，而是由各个要件按照犯罪构成的要求相互联系、相互作用、协调一致而成。

《刑法》分则规定的各种犯罪，都具有由主观要件和客观要件有机统一而形成的犯罪构成。例如，依照《刑法》第263条和第17条第2款的规定，构成抢劫罪必须具备以下条件：（1）行为人是已满14周岁、具有刑事责任能力的人；（2）主观上具有抢劫的故意，以非法占有为目的；（3）客观上实施了使用暴力、胁迫等手段抢劫公私财物的行为；（4）抢劫行为侵犯了公私财产权。这几个要件有机结合在一起，就是抢劫罪的犯罪构成。又比如，《刑法》第305条规定的伪证罪，其构成要件是：（1）行为人是刑事诉讼中的证人、鉴定人、记录人或者翻译人；（2）主观上出于故意，意图陷害他人或者隐匿罪证；（3）客观上实施了对与案件有重要关系的情节作虚假证明、鉴定、记录、翻译的行为；（4）伪证行为妨害了国家的司法活动。这几个要件综合在一起，就是伪证罪的犯罪构成。

参考案例 4-2

犯罪嫌疑人罗某，女，25岁，上海市人，通过互联网交友网站与以色列商人赫思建立联系，在随后的2年中，双方频繁地通过在网络聊天室聊天和互发电子邮件进行交往，彼此产生好感，并互留联系电话。赫思还从境外2次汇款共2 000美元给罗某。后赫思来到上海旅游，在下榻的中亚饭店203房间给罗某打电话，问能否见一面。罗某于当日下午5点左右到达饭店与赫思见面。当两人交谈约2小时后，赫思接到上海其他朋友的电话，说有事要暂时离开饭店几个小时，让罗某在房间等候，可以随便看看电视、听听音乐。赫思离开后，罗某出于好奇，打开赫思放置于饭店客房书桌上的旅行包，发现里面有一沓美钞（100张100美元面额的），罗某抽取了5张，并写了一张小纸条留在桌上："赫思：我有事，不等你了，我拿点钱去用，有机会再联系。"赫思于晚上10点回客房后发现纸条即向公安机关报案。公安机关以盗窃罪立案侦查，并按赫思提供的电话找到犯罪嫌疑人罗某，罗某对于自己的行为不以为然，并表示如果赫思不愿意，钱可以返还。检察机关经审查认为，犯罪嫌疑人罗某客观上具有秘密取走他人财物的行为，但仅凭这种行为本身不能推断罗某具有非法占有他人财物的故意，盗窃罪的秘密窃取财物行为与非法占有目的存在内在联系，从犯罪嫌疑人罗某与赫思的关系、罗某留下声明的纸条以及罗某对公安机关讯问的态度综合分析，犯罪嫌疑人罗某不符合盗窃罪的构成，最后作出了不起诉决定。

（二）犯罪构成是行为的社会危害性的法律标志

任何一个犯罪，都可以用很多事实特征来表明，但并非每一个事实特征都可以成为犯罪构成的要件，只有对行为的社会危害性及其程度具有决定意义而为该行为成立犯罪所必需的那些事实特征，才是犯罪构成的要件。例如贩卖毒品罪，在具体案件中存在各种事实，但只有下列事实是其构成要件：（1）行为人已满14周岁且具备刑事责任能力；（2）主观上具有贩卖毒品的故意；（3）客观上实施了贩卖毒品的行为；（4）侵犯的是国家对毒品的管理制度。至于其他事实，如贩卖毒品的具体方法、贩卖毒品的时间、贩卖毒品的地点、贩卖毒品的动机等，均不属于贩卖毒品罪的构成要件，并不影响贩卖毒品罪的成立。

（三）犯罪构成由刑法加以规定

行为成立犯罪所必需的犯罪构成要件，必须由我国刑法加以规定。换言之，诸多事实特征必须经过法律的选择，才能成为犯罪构成的要件。在立法者看来，正是这些要件的有机统一，对于说明该行为成立犯罪恰到好处，缺少其中任何一个要件都不行，再附加什么也无必要。犯罪构成由刑法加以规定，可称为犯罪构成的法定性。通过犯罪构成的法定性，犯罪的社会危害性与刑事违法性达到了一致。

应当指出，刑法对犯罪构成的规定，是由刑法总则与刑法分则共同实现的。刑法总则规定一切犯罪必须具备的要件，刑法分则规定具体犯罪特别需要具备的要件。因此，根据刑法分则认定具体犯罪的时候，应当依照刑法总则的规定，对有关案件事实一一加以认定，以便得出正确的结论。

三、犯罪构成要件

（一）犯罪构成要件的概念及分类

犯罪构成要件，是指成立（或构成）犯罪所必须具备的条件。从认识论的角度看，可以将犯罪构成的要件区分为犯罪构成的共同要件和犯罪构成的具体要件。犯罪构成的具体要件，又称为犯罪的具体构成要件或具体犯罪构成要件，是指具体犯罪的成立必须具备的要件。每一个犯罪都有其具体犯罪构成要件。犯罪构成的共同要件，也称犯罪的共同构成要件，是指一切犯罪的成立都必须具备的要件。

犯罪构成的共同要件与具体要件是普遍性与特殊性、一般与特殊、抽象与具体的关系。具体犯罪是形形色色、千姿百态的，因而不同的犯罪，其构成的具体要件也是丰富多彩、各有差异的。但是，从理论上，我们可以从各种犯罪的具体要件中，科学地概括出各种不同犯罪构成的共同组成要素，这就是犯罪构成的共同要件。

犯罪的具体构成要件是具体犯罪的社会危害性的法律标志，是认定行为是否具有刑事违法性的具体根据。此罪与彼罪的界限，只有通过犯罪的具体构成要件才能解决。犯罪构成的共同要件虽然不可能成为认定具体犯罪的法律依据，但对具体犯罪的认定起着重要的指导作用。

在理论上将共同要件与具体要件联系起来研究，有助于犯罪构成理论的深化。

（二）犯罪构成共同要件的内容

关于犯罪构成的共同要件，我国刑法学界的通说认为具有四个方面的内容，即任何犯罪的成立，都必须具备以下四个共同要件：

（1）犯罪客体，是指我国刑法所保护而为犯罪行为所侵犯的社会关系。

（2）犯罪客观方面，是指刑法所规定的，说明行为对某种客体造成侵害的客观事实特征。它包括行为人所实施的危害社会的行为、一定的危害社会的结果等。

（3）犯罪主体，是指刑法所规定的、构成某个犯罪所必需的行为人（即犯罪主体）方面的要件。

（4）犯罪主观方面，是指犯罪主体对其实施的危害行为及其结果所抱的心理态度。

四、犯罪构成理论的其他模式

除作为我国通说的前述"四要件"的犯罪构成理论外，现今世界上，其他较为典型的犯罪构成理论还包括"三阶层"犯罪构成理论和"双层次"犯罪构成理论。

（一）"三阶层"犯罪构成理论

"三阶层"犯罪构成理论以德国和日本的犯罪构成理论为代表，即主张认定犯罪应当经过构成要件该当性、违法性和有责性三个层次的判断。构成要件该当性，是指行为符合刑法分则所规定的某具体犯罪的特征，即行为人的行为符合该具体犯罪所要求的危害行为、危害结果、因果关系、主体、构成要件的故意、过失等要素。违法性，是指符合刑法分则所规定的某具体犯罪的特征的行为违反法律的规定，为法律所禁止。有责性，则是指实施该符合刑法分则规定的某具体犯罪特征的违法行为的行为人应当受到谴责或非难。主流观点认为，一个行为符合构成要件该当性，原则上即可被视为违反法律规定，为法律所禁止，所以在违法性判断中主要是例外判断，即判断是否存在能够排除违法性的事由，如正当防卫、紧急避险等。而对于有责性的判断，既存在着积极判断的要素，如责任故意、过失，也存在着消极判断的要素，如责任能力。要判定一定行为构成犯罪，必须依次经过构成要件该当性、违法性、有责性三个阶段，不能有任何颠倒。

（二）"双层次"犯罪构成理论

英国、美国的犯罪构成模式包括两个层次，第一层次被称为犯罪本体要件，第二层次为责任充足条件，故也被称为"双层次"犯罪构成理论。

犯罪本体要件中的要素为犯罪行为（actusreus）和犯罪心态（mensrea）。犯罪行为要素具体可表现为作为（action）、不作为（omission）和持有（possession）。犯罪心态要素通常包括四种模式：蓄意（purpose 或者 intention），表现为自觉希望实施某种特定行为或者发生某种特定结果；明知（knowledge），表现为认识到行为的性质并自觉去实施该行为；轻率（recklessness），表现为已经意识到了法律禁止发生的某种危险，但选择漠视该危险，冒险实施了可能产生该危险结果的行为；疏忽（negligence），即行为人在行为时并没有意识到法律禁止发生的某种危险。

责任充足条件也被称为排除合法辩护要件，即行为人不具有合法辩护的事由，应当承担相应责任。合法辩护的事由主要包括正当化事由（justification）和免责事由（excuse）两个类型。正当化事由，是指行为表现看起来违法，但实际上该行为有益于社会，并不应当受到刑法处罚；免责事由，是指行为人虽然实施的行为违法，但是从道德角度上看，对该行为并不值得对其进行谴责，应当免除刑事责任。从内容上看，正当化事由主要包括正当防卫（justifiable defense）、紧急避险（necessity）；免责事由包括精神病（insanity）、未成年（infancy）、被迫行为（duress）等。

不论是德、日刑法的"三阶层"犯罪构成模式，还是英、美刑法的"双层次"犯罪构成模式，与我国的"四要件"犯罪构成模式均存在着较大的区别，不同的犯罪构成模式体现着不同的思维方式、司法实践状况。近年来，"四要件"犯罪构成模式受到了不少的质疑和批评，除部分学者主张对其进行改良外，也有一些学者认为应当全盘否定"四要件"犯罪构成模式，主张引入德、日刑法的"三阶层"犯罪构成模式。依次判断构成要件该当性、违法性、有责性的"三阶层"犯罪构成模式，体现了从客观到主观、由事实到价值的逻辑顺序，实现了形式和实质、理论和实践的有效统一。较之"四要件"犯罪构成模式，"三阶层"犯罪构成模式的确具有其解决某些具体案件的独特优势。比如甲（15岁）实施入室盗窃行为，让乙（20岁）为其望风。根据我国的"四要件"犯罪构成模式，共同犯罪的成立需要两个以上的具备刑事责任能力的人，但在前述案例中，甲并未达到完全负刑事责任年龄，其行为并不能认定为犯罪，而乙因为仅实施了望风的行为，并未实施盗窃的实行行为，在实行犯并不构成犯罪的情况下，难以对仅实施了帮助行为的乙进行认定，故该案无法认定为共同犯罪。而根据"三阶层"犯罪构成模式，符合构成要件该当性和违法性，即构成共同犯罪，则在该案中，甲、乙构成共同犯罪，甲因为未达到完全负刑事责任年龄，不符合有责性的要求，其不承担责任，而乙具备刑事责任能力，符合有责性的要求，可以进行有效认定。但是"三阶层"犯罪构成模式也并非毫无缺陷，内部也存在着诸多争论，同时也存在着为体系而体系的倾向。从解决案件的实际效果角度来看，除难办案件外的绝大多数案件，"四要件"犯罪构成模式和"三阶层"犯罪构成模式所得出的结论是完全一致的。我国犯罪构成模式的未来发展，必须秉持立足中国实际、解决中国问题的基本原则。

【引例评析】

本章引例中，犯罪嫌疑人金某、朱某的行为不构成犯罪，公安机关不应以刑事案件立案；如果已经立案应当撤销案件。犯罪的概念告诉我们，犯罪是具有一定社会危害性、刑事违法性和应受刑罚惩罚性的行为。犯罪嫌疑人金某、朱某只是将他人一袋约20千克的大米抢走，违法数额很小，而且又未有其他严重情节，其社会危害性显然没有达到相当的程度，属于"情节显著轻微危害不大"、不认为是犯罪的情形。从犯罪构成的角度来说，抢夺罪的成立，也要求抢夺公私财物"数额较大"。两犯罪嫌疑人抢夺约20千克大米，其数额没有达到犯罪构成要件所要求的数额标准。

【本章小结】

犯罪的概念是对犯罪各种内在、外在特征的高度概括。《刑法》第13条明确规定了犯罪的概念，根据这一规定，犯罪具有三个基本特征，即一定的社会危害性、刑事违法性和应受惩罚性。犯罪概念是划分罪与非罪界限的总标准。犯罪构成，是指依照刑法的规定，决定某一具体行为的社会危害性及其程度，而为该行为构成犯罪或成立犯罪所必须具备的一切主观要件和客观要件的有机统一。犯罪构成使犯罪概念及其基本属性具体化，它与犯罪概念在功能上有所不同。犯罪构成具有三个特征：其一，它是一系列主观要件和客观要件的有机统一；其二，它是行为的社会危害性的法律标志；其三，它由刑法加以规定。我国刑法中犯罪构成的共同要件有犯罪客体要件、犯罪客观要件、犯罪主体要件和犯罪主观要件。

【练习题】

一、名词解释

犯罪概念　犯罪构成　犯罪构成共同要件

二、思考题

1. 如何理解我国刑法中犯罪的概念？
2. 我国刑法中犯罪的基本特征有哪些？其含义是什么？
3. 什么是犯罪构成？犯罪构成与犯罪概念有什么联系与区别？
4. 我国刑法中犯罪构成的共同要件有哪些？

三、案例分析题

1. 被告人路某，于某日晚乘坐 11 时发车的江边村至南昌的列车，前往南昌。上车后，路某想抽香烟解乏，但发现自己因赶火车忘带香烟，而此时列车上小商品服务车已停止营业了。路某抬头看见离自己座位不远处有人（文某）在抽烟，遂上前搭讪，问文某能否给支香烟抽，遭到文某的拒绝。路某觉得"没有脸面"，便扇了文某一耳光，伸手从文某的上衣口袋中抢得了一盒香烟。文某报告乘警。检察机关以抢劫罪对路某提起公诉。

问题：

法院应如何处理？

分析要点提示：

（1）抢劫罪是以暴力、胁迫或者其他方法抢劫公私财物的行为，刑法没有规定构成本罪的数额标准。

（2）被告人路某的行为属于抢劫，但是是否构成犯罪，应当综合案件事实进行评判。

2. 被告人黄某长期与刘甲合伙做生意，刘甲拖欠黄某的货款 8 000 元，黄某多次催促刘甲还款，均被刘甲以种种借口推脱。2024 年 3 月，黄某又到刘甲家催要货款，刘甲不在家，黄某质问刘甲的父亲刘乙："你儿子为什么老是躲着不回家？"刘乙称不知道刘甲去了哪里。黄某便叫人来到刘甲家搬冰箱和电视机，刘乙进行阻拦，黄某用扁担朝刘乙胸部击打数下，强行将刘甲家的冰箱和电视机搬走。经法医鉴定，刘乙的伤势为重伤。检察机关以抢劫罪对黄某提起公诉。

问题：

（1）被告人黄某的行为是否构成犯罪？

（2）法院应如何处理？

分析要点提示：

（1）被告人黄某使用暴力强行将刘甲家的冰箱和电视机搬走，且暴力造成刘乙重伤，构成犯罪是无疑的。

（2）考察黄某的行为是否符合抢劫罪的犯罪构成，关键在于考察其是否具有这种犯罪的主观要件。

第五章　犯罪客体

【本章引例】

被告人彭某伙同数人在京广线上行线 K1416/100M 处，将正在使用中的 318 号至 332 号支柱杆之间的接触网回流线剪断，盗得回流线 340 米（19 股单芯钢线、18 股铝绞线），造成直接经济损失达人民币 5 250 元。当被告人彭某第三次爬上支柱杆欲剪回流线时，被高压电弧烧伤左上肢，即逃离现场，后被抓获。检察机关以被告人彭某犯破坏电力设备罪提起公诉。法院在审理过程中，有意见提出，作为铁路电气化设施的组成部分的接触网是电气化铁路交通设施的附属设施，应该认定为交通设施，而非电力设备，应该以破坏交通设施罪追究被告人彭某的刑事责任。请问，被告人彭某的行为是构成破坏电力设备罪，还是破坏交通设施罪？

【本章学习目标】

通过本章的学习，你应该能够：

1. 了解研究犯罪客体的意义；
2. 掌握犯罪直接客体的分类；
3. 掌握犯罪对象的概念；
4. 了解犯罪对象与犯罪客体的联系和区别。

第一节　犯罪客体概述

一、犯罪客体的概念

犯罪客体是我国刑法所保护的、为犯罪行为所侵害的社会关系。犯罪客体是构成犯罪的必备要件之一。如果某一行为并未危害刑法所保护的社会关系，就不可能构成犯罪。社会关系是人们在共同生产、生活中形成的人与人之间的相互关系。社会关系决定了社会的政治、经济、思想、文化的基本形态和人与人之间的基本关系。犯罪行为通过危害社会的基本形态和人与人之间的基本关系，从而使该社会的社会关系受到危害。

社会关系涉及社会生活的方方面面、各个领域，为犯罪所侵害的、受我国刑法保护的社会关系仅仅是其中最重要的一部分。概括而言，这部分社会关系包括国家安全，公共安全，社会主义经济基础，公民的人身权利、民主权利和其他权利，社会主义社会管理秩序，国防利益、军事利益等；而其他一些社会关系则由其他法律、道德和社会规范调整。

二、研究犯罪客体的意义

（一）有助于认识犯罪的本质特征

深入研究犯罪客体，可以揭示犯罪的危害本质，增强人们的社会责任感，自觉同犯罪行为作斗争，维护社会的稳定和安全。

（二）有助于准确定罪，分清此罪与彼罪的界限

侵犯客体的不同，决定了犯罪性质的不同，从而使此罪与彼罪得以区分。《刑法》分则将犯罪分为十大类，其依据即为犯罪侵犯客体的不同。司法实践中区分相近易混罪名，也往往借助犯罪客体确定此罪与彼罪的界限。

参考案例 5-1

赵某为了倒卖死牛牟利，购买气体灭鼠药，洒在菜叶或者馍块上，将毒物先后 7 次投放在路边、场地、菜地上，毒死耕牛 7 头；先后 55 次将毒物投放在村民家的牛槽中，毒死耕牛 55 头。人民法院认为，赵某将毒物投放于路边、场地等公共场所，侵犯了不特定多数人的生命、健康及公私财产安全，构成投放危险物质罪；赵某将毒物投放在村民家的牛槽内将牛毒死的行为，没有侵犯公共安全，而是侵犯了他人的财产权。人民法院遂以投放危险物质罪和故意毁坏财物罪对赵某判处了刑罚。

（三）有助于正确量刑

犯罪性质相同，但社会危害程度不可能完全一样。根据罪责刑相适应原则，犯罪的社会危害性和犯罪人的人身危险性大小不同，则行为人应承担的刑事责任大小和应受刑罚的轻重亦有异。分析、评估具体犯罪社会危害程度的一个重要方面，就是研究、考察具体社会关系受危害的情况。

第二节 犯罪客体的分类

按照犯罪行为侵害的社会关系的范围，刑法理论将犯罪客体划分为三个层次，即一般客体、同类客体、直接客体。对犯罪客体进行分类具有重要意义：第一，通过分类可以进一步揭示各类犯罪客体的属性，正确认识犯罪客体在刑事司法中的作用，以解决司法实践中各种定罪量刑的难题；第二，通过分类可以揭示犯罪的共性与个性特征，从更深的层面上认识犯罪、总结规律，制定正确的刑事政策。

一、犯罪的一般客体

犯罪的一般客体，是指我国刑法所保护的社会主义社会关系的整体。《刑法》第 2 条、第 13 条概括了犯罪一般客体的主要内容。犯罪的一般客体反映了一切犯罪客体的共性，它是刑法所保护客体的最高层次。因此，研究其他层次的犯罪客体应首先研究犯罪的一般客体。研究犯罪的一般客体，就是对刑法保护的所有社会关系作整体性研究，揭示一切犯罪的共同属性，认识犯罪的社会危害性。

二、犯罪的同类客体

犯罪的同类客体，是指某一类犯罪行为所共同侵害的我国刑法所保护的社会关系的某一部分或某一方面。划分犯罪的同类客体，是根据犯罪行为侵害的刑法所保护的社会关系的不同进行的科学分类。作为同一类客体的社会关系，往往具有相同或相近的性质。例如，生命权、健康权、名誉权等都属于人身权利的范畴，只要这些权利受到犯罪危害，人身权利就成了这些犯罪的同类客体。只有依据同类客体，才能对犯罪作科学的分类，建立严密、科学的刑法分则体系。《刑法》分则正是根据同类客体的原理，将犯罪分为十大类。值得注意的是，《刑法》分则第三章"破坏社会主义市场经济秩序罪"和第六章"妨害社会管理秩序罪"下分别设有 8 节、9 节犯罪。因此，这两章犯罪的每一节犯罪，在同类客体之外还有一个"下一层次"的同类客体。例如《刑法》分则第六章第四节"妨害文物管理罪"，其下一层次的同类客体为文物管理秩序。

三、犯罪的直接客体

（一）犯罪的直接客体的概念

犯罪的直接客体，是指某一犯罪行为所直接侵害的我国刑法所保护的社会关系，即我国刑法所保护的某种具体的社会关系。例如，故意伤害罪直接侵害的是他人的健康权利，强奸罪侵害的是妇女的性自由权利，因而，受故意伤害罪、强奸罪直接侵害的社会关系即这两种犯罪所侵害的直接客体。犯罪的直接客体揭示了具体犯罪所侵害社会关系的性质以及该犯罪的社会危害性的程度。犯罪的直接客体是研究犯罪客体的重点，也是司法实践中凭借客体区分罪与非罪、此罪与彼罪的界限的关键。

（二）犯罪的直接客体的分类

为研究和应用方便，理论上可以对犯罪的直接客体作进一步分类。

1. 简单客体和复杂客体。

根据具体犯罪行为危害具体社会关系数量的多少，可以划分为简单客体和复杂客体。简单客体，又称单一客体，是指某一种犯罪只直接侵害一种具体社会关系。例如，盗窃罪只危害公私财物所有权，伤害罪只侵害他人健康权。复杂客体，是指犯罪行为所直接侵害的客体包括两种以上的具体社会关系。例如抢劫罪，既直接侵害公私财产权，又直接侵害他人人身权。

2. 主要客体、次要客体和随机客体。

在复杂客体中，各客体有主有次，不能等量齐观。根据直接客体在犯罪中受危害的程度、机遇以及受刑法保护的状况，可对复杂客体进行再分类，包括主要客体、次要客体和随机客体三种。

（1）主要客体，是指某一具体犯罪所侵害的复杂客体中程度较严重的，刑法予以重点保护的社会关系。主要客体决定该具体犯罪的性质，从而也决定该犯罪在刑法分则中的归属。例如，抢劫罪的主要客体是公私财产所有权，因而应归入"侵犯财产罪"一章。司法实践中，认定侵害多种客体的犯罪时，应从犯罪的主要客体入手。一旦确定了犯罪的主要客体，犯罪性质也就明确了。

（2）次要客体，是指某一具体犯罪所侵害的复杂客体中程度较轻的、刑法予以一般保护的社会关系，也称辅助客体。次要客体虽不决定犯罪的性质，但会对某些犯罪的性质和主要特征产生重要影响。次要客体也往往是确定此罪与彼罪的界限，因为要在同类犯罪中区分此罪与彼罪，次要客体往往起决定性的作用。例如，抢劫罪与抢夺罪的区别在于：抢劫罪既侵害他人财产权利，又侵犯被害人人身权利；而抢夺罪只侵害他人财产权利，不侵害他人人身权利。

（3）随机客体，是指在某一具体犯罪侵害的复杂客体中可能由于某种机遇而出现的客体，也称随意客体、选择客体。一般情况下，随机客体往往是加重刑事处罚的原因和依据。例如，非法拘禁罪侵害的主要客体是他人的人身自由权利，如果非法拘禁致人重伤、死亡时，就危害到他人的健康权利、生命权利。随机客体也属于复杂客体的一种，但与主要客体、次要客体不同的是，主要客体、次要客体是某些犯罪的必备要件，而随机客体仅仅是选择要件，可能出现也可能不出现，一旦出现，它只影响量刑，不影响定罪。

第三节　犯罪客体与犯罪对象

一、犯罪对象的概念

犯罪对象，是指刑法分则条文规定的犯罪行为所作用的客观存在的具体人或者具体物。每一种具体的犯罪行为，都直接或间接地作用于一定的具体人或具体物，从而使刑法所保护的社会关系受到损害，进而阻碍、影响社会的正常运行，对社会造成危害。人们对行为是否构成犯罪的过程，往往开始于对犯罪对象的感知，进而认识到犯罪对象所代表的、受刑法保护的社会关系受危害的情况，从而确定该行为是否构成犯罪和构成犯罪的性质。下面介绍犯罪对象的基本含义。

（一）犯罪对象是具体的人或物

犯罪对象是具体的人或物。认定犯罪对象应以刑法条文规定为依据，以利于司法实践认定犯罪为宗旨。例如《刑法》第232条规定的故意杀人罪，犯罪对象是人；第264条规定的盗窃罪，犯罪对象是公私财物。

（二）犯罪对象是犯罪行为直接作用的人或物

作为犯罪对象的具体的人或物，具有客观实在性，但在人或物未受犯罪行为侵害时，仅是可能的犯罪对象。只有犯罪行为直接作用于某人或某物时，具体的人或物才成为现实的犯罪对象。因此，犯罪对象只能是犯罪行为直接作用的人或物，否则便不是犯罪对象。据此可以将犯罪对象与犯罪所得之物、犯罪所用之物区分开来。犯罪所得之物，指犯罪人通过犯罪所获得的财产或物品；犯罪所用之物，指犯罪人进行犯罪活动所使用的工具或物品。这些都不能认定为犯罪对象。

（三）犯罪对象是刑法规定的人或物

刑法分则条文大多数并不明确规定犯罪客体，而往往通过规定犯罪对象的方式来表明犯罪客体的存在。因此，刑法条文或者规定作为犯罪对象的人，或者规定作为犯罪对象的物，用以表明犯罪客体。前者例如杀人罪、强奸罪等，后者例如盗窃罪、抢劫罪等。

犯罪对象可以从不同角度作不同的分类。从物质表现形式上看，犯罪对象包括物体和人体两种。物体指货币、物品等一切具有价值、归属关系的东西。按其归属关系可分为国家所有物、集体所有物、混合所有物、个人所有物；按其作用可分为生产资料、生活资料；按其存在形态可分为动产、不动产。人体指人的身体，受犯罪行为作用主要表现在人的生命、健康、名誉受到损害或胁迫。从犯罪对象有无特殊限制来看，存在普遍犯罪对象与特定犯罪对象之分。前者是泛指人或物而不加任何限制，如故意伤害罪，犯罪对象是人。后者则指某种人或物，明确限制其范围，如盗窃、抢夺枪支、弹药、爆炸物罪，犯罪对象只能是枪支、弹药、爆炸物。

二、犯罪对象与犯罪客体的联系和区别

犯罪对象与犯罪客体是两个既存在联系又有区别的概念。

（一）犯罪对象与犯罪客体的联系

犯罪对象与犯罪客体的联系在于：作为犯罪对象的具体人是具体社会关系的主体或承担者，作为犯罪对象的具体物是具体社会关系的物质表现。犯罪行为作用于犯罪对象就是通过犯罪对象即具体物或人来侵害一定的社会关系。

（二）犯罪对象与犯罪客体的区别

犯罪对象与犯罪客体存在明显区别：

1. 犯罪客体决定犯罪性质，犯罪对象则未必。

仅从犯罪对象分析某一案件，并不能辨明犯罪性质。只有通过犯罪对象所体现的社会关系即犯罪客体，才能确定某种行为的性质。

参考案例 5-2

杨某伙同孙某、宋某携带脚扣、老虎钳、手电筒、邮政包等作案工具，采取攀登电线杆剪线等手段，先后盗割铁路通信线 4 次，盗割地方电信公司正在使用的通信线 2 次，总计盗割 3.0 型铜线 88.5 千克，价值 3 141 元，致使通信中断 6 181 分钟；还盗割地方电信公司尚未使用的通信铜线 3 次，共计 66 千克，价值 1 320 元。人民法院认为，杨某等人盗窃的对象虽然都是通信线，但是由于正在使用和尚未使用的通信线所体现的犯罪客体不同，前者侵害公共安全，后者侵犯公私财产所有权，故人民法院以破坏公用电信设施罪和盗窃罪对杨某等人实行数罪并罚。

2. 犯罪客体是任何犯罪的必要构成要件，而犯罪对象则仅仅是某些犯罪的必要构成要件。

例如，《刑法》第 328 条第 1 款规定的"盗掘古文化遗址、古墓葬罪"，其犯罪对象只能是古文化遗址、古墓葬。而像"妨害传染病防治罪""脱逃罪""偷越国境罪""非法集会、游行、示威罪"等，则很难说有什么犯罪对象，但无疑这些犯罪都具有犯罪客体。

3. 任何犯罪都会使犯罪客体受到危害，而犯罪对象则不一定受到损害。

例如，诈骗犯将他人的计算机骗走，侵犯了主人的财产权利，但作为犯罪对象的计算机本身则未必受到损害。一般情况下，犯罪分子往往把诈骗所得之物好好保存，以便自用或销赃。

4. 犯罪客体是犯罪分类的基础，犯罪对象则不是。

犯罪客体是犯罪的必要构成要件，其性质和范围是确定的，因而它可以成为犯罪分类的基础。我国刑法分则规定的十类犯罪，主要是以犯罪同类客体为标准划分的。如果按犯罪对象则无法进行分类。犯罪对象并非犯罪的必要构成要件，它在不同的犯罪中可以是相同的，在同一犯罪中也可以是不同的。正因为犯罪对象在某些犯罪中具有不确定性，加之少数犯罪甚至没有犯罪对象，所以它不能成为犯罪分类的基础。

 【引例评析】

《刑法》第 117 条规定的破坏交通设施罪的犯罪对象是轨道、桥梁、隧道、公路、机场、航道、灯塔、标志及其他交通设施，并且对前述设施的破坏可能造成使火车、汽车、电车、船只、航空器等发生倾覆、毁坏的危险。而何为电力设备?《刑法》第 118 条虽未予以明确，但参照国务院《电力设施保护条例》的规定，电力设施的保护范围包括发电设施、变电设施、电力线路设施及与上述设施有关的辅助设施。铁路电气化接触网回流线是牵引电流的重要通道，其作用相当于普通照明电路中的零线，被剪断后将会造成牵引供电系统回流电路不畅通，电路参数发生变化，电能损耗加大，牵引变电所不能可靠动作，严重时电流中断。因此，铁路电气化接触网回流线与轨道、桥梁、隧道、公路、机场、航道、灯塔、标志等设施不同，它实质上起着保障电力输送畅通的作用，盗割回流线有可能造成电力供应中断，牵引机车失去动力而停车，但本身并不会足以使列车发生倾覆、毁坏的危险。从犯罪行为所侵害客体的角度出发，被告人彭某的行为主要是危害了电力设备运行安全，故将铁路电气化接触网回流线认定为电力设备，将被告人彭某的行为认定为破坏电力设备罪是正确的。

 【本章小结】

犯罪客体是我国刑法所保护的、为犯罪行为所侵害的社会关系。研究犯罪客体，有助于认识犯罪的本质特征；有助于准确定罪，分清此罪与彼罪的界限；有助于正确量刑。刑法理论将犯罪客体划分为三个层次：一般客体、同类客体和直接客体。依不同标准，直接客体可分为简单客体和复杂客体，主要客体、次要客体和随机客体。与犯罪客体密切联系的是犯罪对象。犯罪对象是指刑法分则条文规定的犯罪行为所作用的客观存在的具体人或具体物。犯罪对象与犯罪客体既有联系又有区别。

【练习题】

一、名词解释

犯罪客体 同类客体 直接客体 犯罪对象

二、思考题

1. 为什么要研究犯罪客体?
2. 如何理解犯罪客体的三个不同层次?
3. 犯罪对象与犯罪客体的联系和区别是什么?

三、案例分析题

被告人伍某伙同他人趁夜深无人之机，盗窃当地通信公司设置于城区道路上的窨井盖（价值人民币400 余元）。在企图携赃逃离时，被告人伍某被巡警抓获并收缴全部赃物以及作案所用的三轮摩托车一辆。关于本案的定性，有意见认为是构成盗窃罪，也有意见认为构成以危险方法危害公共安全罪。

问题：

请从犯罪客体的角度分析本案。

分析要点提示：

（1）伍某盗窃的窨井盖价值较小，未达到盗窃罪的入罪数额标准。

（2）伍某盗窃窨井盖的行为侵犯了财产所有权，但更为重要的是侵犯了不特定多数人的生命权、健康权，即公共安全。

（3）我国《刑法》第 114 条规定："放火、决水、爆炸以及投放毒害性、放射性、传染病病原体等物质或者以其他危险方法危害公共安全，尚未造成严重后果的，处三年以上十年以下有期徒刑。"

第六章　犯罪客观方面

【本章引例】

被告人李某，浙江省蒲阳镇人，在一工厂打工时，与同厂女工项某相识、相恋，后项某怀孕。同年6月，李某向项某提出分手，项某不同意。同年9月5日中午，项某找到李某后，两人发生争吵，项某遂在李某寝室门口的走廊上喝下自备的"敌敌畏"农药，然后走进李某的房间内。5分钟后，李某见项某嘴角流出唾沫，竟独自锁门离开。后项某被送往医院，经抢救无效死亡。事后，李某在厂领导的陪同下到公安机关自首。本案应如何定性？

【本章学习目标】

通过本章的学习，你应该能够：

1. 掌握犯罪客观方面的概念与特征；
2. 理解危害行为的两种基本表现形式；
3. 理解我国刑法对危害结果的不同规定；
4. 理解刑法因果关系的基本特征和判断规则。

第一节　犯罪客观方面概述

一、犯罪客观方面的概念与特征

（一）犯罪客观方面的概念

犯罪客观方面，又称犯罪客观要件、犯罪客观因素，是指刑法规定的构成犯罪的客观外在表现。说明犯罪客观方面的事实特征是多种多样的，这些事实特征可以归纳为危害行为、危害结果，以及犯罪的时间、地点和方法等。

（二）犯罪客观方面的特征

犯罪客观方面具有如下特征：

1. 法定性。

这是指构成犯罪的各种客观要件必须是刑法规范明文规定的。犯罪是通过多种多样的客观、外在的事实表现出来的。但是，并不是犯罪所表现出来的任何客观、外在的事实，都是构成犯罪的客观方面。只有那些为刑法规范所明文规定的，能够充分表现犯罪行为的社会危害性质及其程度的客观事实，才是构成犯罪所必须具备的客观方面。犯罪客观方面的法定性，是罪刑法定原则在犯罪构成中的重要体现。

2. 客观性。

这是指犯罪行为是人的犯罪活动的表现形式，能被人们所直接感知。行为人的主观罪过，只有外化为犯罪行为时，才能认定为犯罪。我国刑法禁止"主观归罪"，禁止惩罚思想犯。只有在主观罪过外化成为不依人们意志而存在的客观犯罪事实时，才能对其定罪量刑。

3. 具体性。

我国刑法所规定的犯罪构成客观方面的要件，是具体的而不是抽象的。客观方面的要件具体表现为危害行为，危害结果，犯罪特定的时间、地点、方法（手段）等。这些具体的客观要件，以是否为各种犯罪必备的要件为标准，可以分为必备要件和选择要件两大类。必备要件是一切犯罪构成在客观方面都必须具备的要件。选择要件则不是每一种犯罪在客观方面都必备的要件，只是某些犯罪所必备的要件。

4. 多样性。

这是指犯罪客观方面的内容及其包含的要件复杂、多样。任何一种犯罪都有其独特的犯罪构成，尤其表现在犯罪客观方面即犯罪外在表现形式上。我国刑法分则规定的种种具体犯罪，在犯罪客观方面各有其特殊性，没有任何两罪的外在表现形式完全一样。有时虽然犯罪行为的方式及危害结果相同，但其客观方面仍有不同。如故意杀人罪在未发生他人死亡的结果的情况下仍然可以构成故意杀人罪（未遂），而过失致人死亡罪则要求必须发生他人死亡的结果。

二、研究犯罪客观方面的意义

在犯罪构成的诸要件中，犯罪客观方面处于核心地位。它既是直接联系犯罪主体与犯罪客体的纽带，也是认定犯罪主观方面的唯一客观依据。因此，研究犯罪客观方面具有极其重要的意义，具体表现在以下几个方面。

（一）有助于区分罪与非罪

如果不具备犯罪构成的客观方面，尤其是不具备危害行为这一最基本的要件，就失去了构成犯罪和承担刑事责任的客观基础，也就谈不到其他要件，谈不到犯罪。

参考案例 6-1

被告人吴某，男，40岁，原系某公司司机。某日，吴某驾驶某公司的小轿车，载着其所在汽车队保管员张某和唐某从唐山市新华西道新火车站向东行驶，在某商店门前违规超车时，将路旁正在系鞋带的郑某撞倒。吴某立即和张某、唐某一起将郑某送往医院。经法医鉴定，郑某胫骨骨折，属于轻伤。某人民法院认为，吴某交通肇事的行为没有造成严重的后果，不符合交通肇事罪的构成要件，因而宣告吴某无罪。

（二）有助于区分此罪与彼罪以及犯罪完成与未完成

在我国刑法中，当几种具体犯罪在犯罪客体、犯罪主体和犯罪主观方面基本相同时，此罪与彼罪的区分应以犯罪客观方面为标准。例如，我国《刑法》分则第五章规定的盗窃罪、诈骗罪、抢夺罪、敲诈勒索罪等，只有从犯罪客观方面去研究，才能正确加以区分。在有完成形态与未完成形态之分的犯罪中，不同形态的区分，其标准往往也在于犯罪客观方面的要件。例如，受贿罪的既遂与未遂，其区分标准就在于行为人是否收受了他人的财物。

（三）有助于正确分析和认定犯罪主观方面

考察犯罪的客观要件，可以为正确地判定犯罪主观要件中的罪过、动机、目的等内容提供可靠的客观基础。犯罪主观方面支配犯罪客观方面，犯罪客观方面是犯罪主观方面的外化，犯罪意图只有通过犯罪行为才能实现。因此，通过对行为人客观外在活动的考察，可以确定行为人的主观意图。

参考案例 6-2

被告人单某，男，25岁，原系某汽车修理厂工人。被告人单某在网上发现有报价非常低的桑塔纳轿车，便和卖主黄某（另案处理）电话联系。双方约定在郊外某公园门口见面。见面后，单某发现该车是新车，但是没有相关证明材料，在讨价还价后以2.5万元的价格购买了该车。后单某以9.7万元的价格将该车卖出。案发后，单某一直坚持认为他所购买的轿车不是赃车。某人民法院认为，从单某购买轿车的客观环境和交付的货款来看，足以认定其明知购买的是赃车，因此以收购、销售赃物罪（本罪名现已修正为掩饰、隐瞒犯罪所得、犯罪所得收益罪）判处单某有期徒刑2年。

（四）有助于准确量刑

就不同的犯罪而言，其法定刑轻重不同的重要依据之一，是由于犯罪客观方面不同进而影响到它们的社会危害程度不同，如抢劫罪与抢夺罪、故意杀人罪与故意伤害罪等即是如此。就同一种犯罪而言，从立法上看，刑法往往把是否具备某种危害结果作为加重处罚的根据。例如，故意伤害致人死亡的，刑法规定了较一般伤害结果加重的刑罚。从司法实践中看，同一种犯罪可能因实施的方式、手段以及时间、地点、条件的不同而量刑有所不同。

第二节　危害行为

无行为则无犯罪、无刑罚，已成为现代刑法的基本原则。特定的危害社会行为，是我国刑法中犯罪客观方面首要的因素，是一切犯罪构成在客观方面的必备要件，在犯罪构成中居于核心地位。研究我国刑法中的危害行为，应当了解危害行为的内涵及基本表现形式。

一、危害行为的概念和特征

我国刑法中的危害行为，是指犯罪构成客观方面中的行为，即由行为人的意识、意志支配的违反刑法规定的危害社会的身体动静。危害行为具有如下基本特征。

（一）主体特定性

危害行为是自然人或法人所实施的行为。我国刑法不将其他诸如动物、植物、物品或自然现象作为犯罪主体予以惩罚，因此，作为犯罪客观方面要件之一的危害行为，只能是自然人或法人的行为。

（二）有意性

从主观上看，刑法中的危害行为是表现人的意识或意志的行为。人的意识、意志与人的身体动静存在因果关系。只有这种因果关系客观存在时，才能作为行为来加以研究。同时，也只有这样的身体外部动静即危害行为才可能由刑法来调整并达到刑法调整所预期的目的。否则，只存在某种意识或意志，而未通过身体动静外化呈现出来，或者只存在某种身体动静，而非处于行为人的意志、意识支配或控制之下，都不属于犯罪客观方面的行为。

（三）有害性

危害行为是对社会有危害的行为。行为人的某种行为是否属于犯罪客观方面所研究的行为，关键在于看其是否对社会有危害。对社会有益无害的行为，根本不属于刑法所研究的行为。

（四）刑事违法性

危害行为是违反刑法规范的行为。这是危害行为的法律特征。所谓违反刑法规范，既包括违反禁止性规范，也包括违反命令性规范。其中，违反命令性规范的属于不作为的危害行为，违反禁止性规范的属于作为的危害行为。

二、不属于犯罪客观方面的危害行为

根据危害行为的基本特征，下列行为不属于犯罪客观方面的危害行为。

（一）欠缺有意性的行为

1. 反射动作。

这是指人在受到外界刺激时，瞬间作出的身体本能反应。例如，正在驾车行驶的汽车司机，由于突然受到强光刺激而闭上双眼，致使汽车撞伤行人。在这种情况下，由于司机缺乏意识、意志因素，其行为不属于刑法中的危害行为。

2. 睡梦中或精神错乱状态下的举动。

人在睡眠中，生理上会出现意识丧失状态，意识丧失程度随睡眠程度深浅而异。但是，睡眠者仍可能具备知觉和运动能力，如说梦话、梦游。由于处于睡梦中或精神错乱状态下的举动，并非人的意志或意识的表现，不能认定为刑法中的危害行为。

3. 身体受暴力强制的行为。

这是指不是出于行为人的意志，而是在身体受到他人暴力强制下实施或不实施的某种行为。例如，储蓄所值班人员由于被抢劫犯捆住手脚，因而无法保护现金不被抢劫走。这种情况下，由于缺少意志因素，因而不属于危害行为。但是，如果行为人不是由于身体受到暴力强制，而是由于精神上受到强制，是否应当排除于危害行为之外，则要具体情况具体分析。有些情况，符合紧急避险的条件，应按紧急避险对待。对于不符合紧急避险条件的，可以按照共同犯罪中的胁从犯处理。

4. 不可抗力引起的行为。

这是指不是出于行为人的意识、意志，而是由于不能抗拒的外力作用而实施的某种行为。对此《刑法》第16条明确规定不构成犯罪。例如，消防队员在执行救火任务中，因唯一通道上的桥梁被毁，未能及时赶赴现场灭火，造成严重损失。这是由于不可抗力造成的，因而不能视为刑法意义上的危害行为。

（二）欠缺有害性的行为

刑法中规定的正当防卫行为和紧急避险行为，就属于这种情况。此外，还有履行职务，从事正当业务的行为；执行命令的行为；经权利人同意的行为等。上述各种行为，因为不具有社会危害性，所以不属于犯罪客观方面的危害行为。

（三）欠缺刑事违法性的行为

行为人的行为虽然具有社会危害性，但由于未达到应受刑罚惩罚的程度，因而不能认为是犯罪行为，或者刑法未将其规定为犯罪。例如，我国《刑法》第13条规定的"情节显著轻微危害不大的"行为；不满12周岁的人实施的对社会有危害的行为等。

三、危害行为的基本表现形式

刑法理论上将形形色色的危害社会的行为归纳为两种基本表现形式，即作为与不作为。

（一）作为

所谓作为，是指行为人以积极的行为实施的违反禁止性规范的危害行为，即"不当为而为之"。我国刑法中规定的绝大多数犯罪，都可以由作为实施，而且有许多只能以作为形式实施，如抢劫罪、抢夺罪、强奸罪等都是如此。作为违反的是禁止性规范，即法律禁止去做而去做。例如，用刀砍人而构成的故意杀人罪，行为人的作为就是直接违反了"不得杀人"的禁止性规范。

作为的实施方式主要包括以下两类：

（1）利用行为人自身条件的作为。例如，利用自身的四肢、嘴、头部等的动作实施的行为。

（2）利用外力条件的作为。这包括下列几种情况：一是利用他人的作为，即行为人利用无责任能力的人实施的行为。这种情形下，行为人应负完全刑事责任，刑法理论上称为"间接正犯"。二是利用动物的作为。例如，唆使训练有素的猎犬咬伤或咬死被害人。三是利用物质工具的作为。例如，利用枪弹、爆炸物、毒药、棍棒等杀人、伤人。四是利用自然力的作为。例如，故意将不知情人置于山洪即将暴发的地带，致其被洪水淹死。

参考案例 6-3

被告人张某，男，39岁。马某在挖地窖的过程中占了张某家的地。在张某和马某争吵过程中，马某倚仗自己身体强壮，打了张某。张某便决心伺机报复。后张某见马某15岁的女儿在地里干活，便产生报复马某女儿的念头，但又怕自己打人犯法，于是让自己13岁的儿子去打马某的女儿。张某的儿子听了张某的怂恿之后，拿起一把铁锹冲过去，将马某女儿小腿上的动脉砍断，马某的女儿经医院抢救无效死亡。某人民法院以故意伤害罪判处张某有期徒刑12年。

（二）不作为

所谓不作为，是指行为人负有实施某种积极行为的特定义务，并且能够履行而不履行该种义务的行为，即"当为且能为而不为之"。构成刑法上的不作为，必须同时具备下述条件。

1. 行为人负有实施某种积极行为的特定义务。

这是构成犯罪的不作为的前提。特定义务是法律上的义务，而不只是普通的道德上的义务。如果不存在这种特定义务，则根本不可能构成刑法上的不作为。特定义务一般有三个来源：

（1）法律明文规定的特定义务。如依据《民法典》的规定，父母对未成年子女负有抚养、教育和保护的义务；成年子女对父母负有赡养、扶助和保护的义务。

（2）职责上或业务上要求履行的义务。如值班医生有救护病人的义务。

（3）行为人先行的行为使法律所保护的某种利益处于危险状态所产生的义务。

参考案例 6-4

被告人赵某，男，38岁，原系某省武警总队管理处副处长。被告人赵某在小天鹅餐厅喝酒后，驾驶面包车行驶至某市中山西路回民区医院东侧20米处，将同方向骑车行驶的王某撞倒在地。赵某停车将被害人王某抱上汽车，见被害人王某没有任何反应，便开车行驶至某市殡仪馆西侧20米处，把被害人王某拖下汽车后逃离现场。当晚，被害人王某被殡仪馆值班人员发现，经医院抢救无效，于次日下午死亡。经法医鉴定，死者王某系被大面积碰撞后致使颅骨骨折、颅内出血、脑疝而死亡。某人民法院认为，赵某交通肇事后产生救助被害人的义务，有能力履行而不履行导致被害人死亡，因而以故意杀人罪判处赵某无期徒刑，剥夺政治权利终身。

2. 行为人有履行特定义务的可能性。

如果行为人虽然具有实施某种积极行为的义务，但是由于某种客观原因存在，而根本不可能履行的，则不能成立刑法中的不作为。例如，某人由于患重病而丧失劳动能力，无法赡养年迈的父母，则不属于刑法上的不作为。

3. 行为人未履行特定义务。

在不作为犯罪中，虽然行为人有时也实施某些积极的动作，但其基本点是未履行特定的义务。这是区别作为与不作为的外在根本标志。例如，行为人负有救治他人的义务但未予救治，而是从事其他活动。这种情况下，并非行为人无所"作为"，而是未为当为之事。

作为和不作为在我国刑法中的表现形式多种多样，大多数犯罪只能由作为方式构成，但有一些犯罪只能由不作为方式构成，如《刑法》第261条规定的遗弃罪、第422条规定的拒传军令罪、第429条规定的拒不救援友邻部队罪等。对此，刑法理论上称为"纯正不作为犯"。此外，还有一些犯罪既可以由作为方式构成，也可以由不作为方式构成，如故意杀人罪、放火罪、交通肇事罪等，刑法理论上称之为"不纯正不作为犯"。

第三节　危害结果

一、危害结果的含义

根据我国刑法的有关规定和相关刑法原理，刑法意义上的危害结果，可以有广义和狭义之分。广义的危害结果，是指由行为人的危害行为引起的一切对社会的损害事实，包括危害行为的直接结果与间接结果。这种危害结果存在于各种形式的犯罪中，无论是实质犯罪还是形式犯罪，也无论是既遂犯还是预备犯、未遂犯。狭义的危害结果，是指作为犯罪客观方面构成要件的结果，通常也就是对直接客体造成的损害，它并非存在于任何犯罪之中。在行为犯、预备犯、未遂犯中，并不要求具备这种狭义的危害结果。狭义的危害结果是定罪的主要根据之一。我国刑法学界通常从狭义的角度去理解危害结果。据此，所谓危害结果，是指危害行为对犯罪直接客体造成的法定的实际损害或现实危险状态。

（一）危害结果是实际损害或者现实危险状态

危害结果与犯罪直接客体有着内在的有机联系。犯罪行为的社会危害性质及程度，主要是通过危害行为对犯罪直接客体的侵害或威胁体现出来，而这种侵害或威胁的客观表现形式，即是危害结果。它既包括对犯罪直接客体所造成的实际损害，也包括对犯罪直接客体所造成的现实的危险状态。这种危险具有现实的可能性，是一种客观存在的状态，而不是人们主观的任意推定。

（二）产生危害结果的原因只能是危害行为

原因和结果是相对而言的，它们是现象普遍联系中的特定环节。在刑法中，引起危害结果的只能是危害行为。非危害行为所造成的危害事实，如自然力、动物引起的损害，以及正当行为、人的非意志支配行为所引起的结果，都不属于危害结果的范畴。

（三）危害结果具有客观性

从哲学含义上讲，结果是由一事物引起另一事物的现象。无论这种现象以什么形式出现，它都具有客观现实性。刑法中的危害结果相对于哲学范畴的结果，属于特殊结果，但它必然具有结果的一切特征，因而危害结果也只能是一种客观存在的现实。

（四）危害结果具有法定性和多样性

危害结果不是一般意义上的结果，而是刑法规定的，由行为人实施的危害行为而引起的危害社会的结果。此外，由于刑法条文在犯罪构成中对危害结果有不同的规定，因而刑法中的危害结果还具有多样性。

二、我国刑法对危害结果的规定

我国刑法在总则和分则中根据不同情况对危害后果加以规定，反映了危害结果在不同犯罪中的不同意义。概括而言，大致包括下述几种情况。

（一）在故意犯罪和过失犯罪的概念中明确规定危害结果

《刑法》第14条第1款规定："明知自己的行为会发生危害社会的结果，并且希望或者放任这种结果发生，因而构成犯罪的，是故意犯罪。"第15条第1款规定："应当预见自己的行为可能发生危害社会的结果，因为疏忽大意而没有预见，或者已经预见而轻信能够避免，以致发生这种结果的，是过失犯罪。"由此可见，无论是故意犯罪还是过失犯罪，都存在危害结果，只不过前者不一定要求实际发生危害结果，后者则要求必须发生。

（二）以对直接客体造成某种有形的、物质性危害结果，作为某些故意犯罪既遂的标准

例如，故意杀人罪以被害人的死亡结果作为既遂标准；盗窃罪、诈骗罪、抢夺罪、敲诈勒索罪等以非法占有公私财物作为既遂标准。如果实施了上述犯罪行为而未能造成特定结果的，构成犯罪未遂。

（三）以发生特定的现实危险状态，作为某些故意犯罪既遂的标准

例如，根据《刑法》第117条的规定，破坏交通设施，足以使火车、汽车、电车、船只、航空器发生倾覆、毁坏危险，尚未造成严重后果的，构成破坏交通设施罪既遂。如果"造成严重后果"，则根据《刑法》第119条处以较重的刑罚。这种情况下，犯罪构成要件中并未直接要求犯罪结果，而是借助于特定的物质性危害结果来阐明其犯罪构成要件的客观内容。

参考案例 6-5

被告人刘某，男，18岁，学生，来到沈阳铁路分局管内浑（河）揽（军屯）线3公里912米处，想看看"往铁道上摆石头，火车能不能压碎"，便在两股钢轨的轨面上摆放路基石29块。后由浑河站开来的43424次火车司机及时发现了前方的路障而紧急制动，才避免了列车脱轨事故的发生。某人民法院以破坏交通设施罪（既遂）判处刘某有期徒刑4年。

（四）以发生严重的物质性危害结果，作为罪与非罪的标准

我国刑法对过失罪的构成，采取慎重态度，以发生法定的严重危害社会的结果为标准。例如，根据《刑法》第134条第2款的规定，强令他人违章冒险作业，或者明知存在重大事故隐患而不排除，仍冒险组织作业，因而发生重大伤亡事故或者造成其他严重后果的，才构成强令、组织他人违章冒险作业罪。

（五）以发生特定的严重危害结果，作为此罪与彼罪区分的界限

例如，《刑法》第238条第1款规定："非法拘禁他人或者以其他方法非法剥夺他人人身自由的，处三年以下有期徒刑、拘役、管制或者剥夺政治权利。具有殴打、侮辱情节的，从重处罚。"该条第 2 款后段规定："使用暴力致人伤残、死亡的，依照本法第二百三十四条、第二百三十二条的规定定罪处罚。"这就是说，如果行为人非法拘禁他人，构成非法拘禁罪时，又使用暴力致使被拘禁人伤残、死亡的，应以故意伤害罪或故意杀人罪论处。

（六）以造成物质性危害结果的轻重，作为适用轻重不同的法定刑幅度的标准

例如，《刑法》第 234 条规定的故意伤害罪，依伤害的结果分为轻伤（包括轻伤一级、轻伤二级）、重伤（包括重伤一级和重伤二级）、致人死亡和以特别残忍手段致人重伤造成严重残疾四种情况，并分别规定了轻重不同的量刑幅度。

总之，虽然危害结果并非犯罪构成的共同要件，只是某些犯罪即结果犯的构成要件，但是，危害结果在犯罪构成客观方面要件中占据重要地位，对定罪和量刑具有重要意义。

第四节　危害行为与危害结果之间的因果关系

危害行为与危害结果之间的因果关系，又称刑法中的因果关系，是指犯罪客观方面中的危害行为与危害结果之间存在的引起与被引起的关系。根据罪责自负原则，行为人只能对自己的危害社会行为所引起的危害社会结果承担刑事责任。

一、因果关系的基本特征

当危害结果发生后，查明这一结果是由何人实施的危害行为所引起的，对于解决刑事责任（定罪和量刑）问题，具有非常重要的意义。刑法中的因果关系问题，只有在辩证唯物论的因果关系的基本原理指导下，结合刑法科学的具体实际，才能加以解决。为此，应当注意掌握以下几个基本特征。

（一）因果关系的客观性

辩证唯物主义认为，因果关系作为客观现象之间引起与被引起的关系，是客观存在的，并不以人们主观是否认识为准。因此，在刑事案件中查明因果关系，就要求司法人员从案件事实出发，客观地加以判断和认定，而不能主观臆断。

参考案例 6-6

被告人申某，男，27 岁，原系某中学体育教师。申某上课时发现学生王某不遵守纪律，便提出批评。在王某不接受批评的情况下，申某一气之下朝王某腰部打了一拳，王某当即疼痛异常，经抢救无效死亡。经尸检发现，王某肾脏比正常人大一倍，属一种病态，申某又正巧打在王某肾脏上，故导致其死亡。在这个案件里，申某虽然不知道学生的肾脏有病态，也认识不到自己的一拳会导致学生死亡，但教师的行为与学生死亡之间的因果关系却是客观存在的。

（二）因果关系的相对性

辩证唯物主义认为，原因与结果的区别在现象普遍联系的整个链条中只是相对的，而不是绝对的。因此，要确定哪个是原因、哪个是结果，必须把其中的一对现象从客观现象普遍联系的整个链条中抽出来研究，这样才能显现出一个是原因，另一个是结果。刑法中研究因果关系的目的，是要解决行为人对所发生的危害结果应否负刑事责任的问题。因此，这里所研究的因果关系，只能是行为人的危害行为与危害结果之间的因果联系，这就是刑法上因果关系的特定性。理解刑法因果关系的特定性需要注意：

其一，刑法因果关系中的原因，是指危害社会的行为。因此，如果查明某人的行为是正当、合法的行为而不具有危害社会的性质，那么即使该行为与危害结果之间具有某种联系，也不能认为是刑法意义上的因果关系。

其二，刑法因果关系中的结果，是指法律所要求的已经造成的有形的、可被具体测量确定的物质性危害结果。犯罪构成中不包含、不要求物质性危害结果的犯罪，以及尚未出现法定危害结果的犯罪的预备、未遂和中止等犯罪的未完成形态，一般不存在解决刑法因果关系的问题。

（三）因果关系的时间序列性

所谓时间序列性，就是从发生时间上看，原因必定在先，结果只能在后，二者的时间顺序不能颠倒。因此，在刑事案件中，只能从危害结果发生以前的危害行为中去找原因。如果查明某人的行为是在危害结果发生之后实施的，那就可以肯定，这个行为与这一危害结果之间没有因果关系。

参考案例 6—7

被告人邵某，女，34岁。邵某和于某婚后感情不好，于某经常打骂、折磨邵某，邵某便产生杀害于某的想法。某日，于某外出喝酒大醉而归，在当天夜里11点半左右，邵某拿起准备好的铁锤猛砸躺在床上的于某头部数十下。然后邵某去公安机关投案自首。后经过法医鉴定，于某由于饮酒过量引发脑出血在10点半左右已经死亡。本案中邵某的杀人行为和于某的死亡结果之间不存在因果关系。

（四）因果关系的条件性和具体性

刑法因果关系是具体的、有条件的。在刑事案件中，危害行为能引起什么样的危害结果，没有一个固定不变的模式。因此，查明因果关系时，一定要从实施危害行为的时间、地点、条件等具体情况出发作具体分析。例如，甲、乙两人因口角发生纠纷，甲愤怒之下打了乙一拳，乙当时倒地死亡。尸体解剖表明乙患有高血压，在遭外力打击时极易发生脑出血。在这个案件中，如果乙未患高血压，在一般情况下一拳不会造成死亡的危害。但并不能由此否定甲的拳击行为与乙的死亡之间的因果关系，因为甲的拳击行为正是发生在乙这个特异体质的对象上造成了乙的死亡。

（五）因果关系的复杂性

辩证唯物主义认为，客观事物之间联系的多样性决定了因果联系的复杂性。社会生活中，事物或过程相互联系相互作用，使得原因与结果的联系形式更为复杂多样，表现为直接的或间接的、内在的或外在的、必然的或偶然的，等等。刑法中的因果关系形式亦概莫能外。这是由危害行为和危害结果的表现形式以及二者相互作用的方式多样性决定的。刑法中的因果关系形式，可以概括地归纳为以下几种：

（1）一因一果。一因一果，是指一个危害行为直接地或间接地引起一个危害结果。

（2）一因多果。一因多果，是指一个危害行为同时引起或先后引起多个危害结果。例如，甲侮辱了乙，不但损害了乙的名誉、人格，还导致乙自杀身亡。

（3）多因一果。多因一果，是指多个危害行为共同引起一个危害结果。如共同犯罪或者二人以上共同过失犯罪等情况。

（4）多因多果。多因多果，是指多个危害行为同时或先后引起多个危害结果。多因多果的典型表现形式存在于集团犯罪中。在多因一果、多因多果情况下，根据各种原因对结果发生所起的作用不同，可以区分为直接原因与间接原因、主要原因与次要原因、内在原因与外在原因等。这种划分对于正确解决行为人的刑事责任问题具有重要意义。

（六）因果关系的必然联系与偶然联系

因果关系的必然联系与偶然联系问题，实际上就是必然因果关系与偶然因果关系的问题。社会现象是十分复杂的，因果关系的表现也不例外，除大量存在的必然联系的因果关系之外，在客观上还可能发生偶然联系的因果关系（通常简称偶然因果关系）。后者所指的情况是某种行为本身不包含产生某种危害结果的必然性（内在根据），但是在其发展过程中，偶然又有其他原因加入其中，即偶然地同另一原因的展开过程相交错，由后来介入的这一原因合乎规律地引起了这种危害结果。刑法中的因果关系，应当是必然联系与偶然联系的统一。刑法中的偶然因果关系，是指危害行为对危害结果的发生起非根本性、非决定性作用，二者之间存在外在的、偶然的联系。通常表现为两种情况：一是出现在两个正在进行的必然发展过程的交叉点上。例如，甲欲伤害乙，乙逃跑时被丙开车撞死。甲的行为与乙的死亡结果存在偶然因果关系。二是出现在两个前后的必然发展过程的汇合点上。例如，甲重伤乙，致乙昏倒在马路上，后乙被丙开车轧死。甲的行为与乙的死亡结果之间，也是一种偶然因果关系。一般情况下，偶然因果关系对量刑具有意义，某些特殊情况下也可能对定罪产生影响。

（七）不作为犯罪中的因果关系

不作为的危害行为与危害结果的因果关系是客观存在的，并非法律拟制的。不作为的原因，在于应该阻止而没有阻止事物向危险方向发展，从而引起危害结果的发生。不作为犯罪因果关系的特殊性在于：它以行为人负有特定的义务为前提。除此以外，它的因果关系问题应与作为犯罪一样解决。否认不作为犯罪因果关系的客观性，实质上也就是否认了不作为犯罪负刑事责任的客观基础。

（八）刑法因果关系与刑事责任

查明危害行为与危害结果之间存在刑法因果关系，只是解决了犯罪构成的客观方面问题，为追究行为人的刑事责任提供了客观基础，并不等于解决了其刑事责任问题。要使行为人对自己的行为造成的危害结果负刑事责任，行为人还必须具备主观上的故意或过失。也就是说，即使具备因果关系，如果行为人缺乏故意或过失，仍不能构成犯罪并使其负刑事责任。那种把因果关系与刑事责任混为一谈，认为只要有因果关系就应负刑事责任的观点是客观归罪的观点，是不正确的。

二、刑法因果关系的判断规则

刑法因果关系不同于事实因果关系，需要使用具体的判断规则将刑法因果关系从事实因果关系中抽取出来，以正确认定行为人是否需要对危害结果承担责任。常见的刑法因果关系的判断规则有以下几种。

（一）条件说

条件说认为，实行行为与结果之间的刑法因果关系的判断标准为"没有前者就没有后者"的条件关系，如果没有前者（实行行为），后者（结果）仍然会发生，则意味着前者并非导致后者的原因。

（二）原因说

原因说认为，应当以某种标准，在诸多条件当中选取某个条件作为原因，只有该原因与结果之间具有因果关系，其他的条件与结果之间不具有因果关系。不同的学者根据不同的标准提出了不同的原因说，如最终条件说、异常行为原因说、优势条件说、最有力原因说、动力原因说等。①

（三）相当因果关系说

相当因果关系说又称为相当说，是指根据一般人的社会生活经验，认为某种结果的发生由某种行为引发，是具有相当性的，则该行为和结果之间具有因果关系。所谓"相当"，即指该行为通常情况下会引发该结果的发生。相当因果关系说内部又可分为主观说、客观说和折中说。主观说认为，以行为人当时认识到的及可能认识到的情况为判断基础，判断该行为是否在通常情况下能够引发该结果的发生；客观说认为，应当以行为时存在的全部情况以及一般人可能预见到的情况为判断基础；折中说以客观说为基础，辅之以主观说，认为一般人不能预见到的情况不能作为判断基础，但是行为人本身可以预见到，则该情况应当作为判断基础。如甲与乙发生口角，甲用拳头击打乙的胸部，乙倒地后死亡，后鉴定发现乙有心脏疾病，甲的击打，导致乙心脏病突发而死亡。根据主观说，如果甲在当时的情况下，并不能认识到乙患有心脏疾病，以此为判断基础，轻微击打乙胸部的行为在通常情况下并不能够引发乙死亡结果的出现，故不能认为存在因果关系；根据客观说，不论当时甲是否能够预见到乙患有心脏疾病，乙有心脏疾病是客观存在的情况，以此为判断基础，轻微击打患有心脏疾病的乙的胸部的行为，在通常情况下能够引发乙的死亡结果，则甲的击打行为与乙的死亡结果之间存在因果关系；根据折中说，如果一般人均不能预见到乙患有心脏疾病，则不存在因果关系，但是如果甲可以预见到该心脏疾病的存在，则仍然应当认为存在因果关系。

（四）客观归责理论

客观归责理论认为，只有行为人的行为制造了法所不容许的风险，且该风险被现实地实现，导致了符合构成要件的结果出现，该行为与结果之间具有因果关系。客观归责需要具备三个条件：第一，行为人制造了法所不容许的风险；第二，该法所不容许的风险被实现；第三，风险实现所产生的结果在具体

---

① 张明楷．外国刑法纲要．2版．北京：清华大学出版社，2017.

犯罪的构成要件的保护范围或者目的范围内。

对于上述几种刑法因果关系的判断规则，条件说采取没有前者就没有后者的判断方法，认为所有影响结果出现的条件均具有同等的价值，由此导致条件说面临着两个主要的问题：一是对于一些特殊的案件难以处理，如甲伤害乙，导致乙脸上留下疤痕，乙感觉到无法见人，自杀身亡，按照条件说的规则，则会认为甲需要对乙的死亡结果承担责任，因为没有甲的伤害行为，乙便不会自杀身亡；二是可能导致因果关系范围的扩张，如前例中，甲的父母生下甲也可能被认为与乙的死亡结果之间存在因果关系，因为没有甲的父母便不会有甲，自然不会有后继的伤害乙的行为。原因说和相当因果关系说都是为了避免条件说的上述缺陷，限缩因果关系成立的范围而出现的。不同之处在于，原因说认为原因和条件是存在本质上的区别的，而相当因果关系说则认为影响结果出现的诸多条件并无本质上的区别，只是在引发结果发生的量上存在着差异，只有具有引发结果相当性的条件才与结果之间具有因果关系。客观归责理论认为应当与原因说、相当因果关系说等限定因果关系的目的论概念进行区分，因果关系的概念应当在自然科学与社会科学的意义上进行讨论。

我们认为，作为哲学意义上的因果关系是一种引起与被引起的关系，刑法因果关系当然也应当是一种引起与被引起的关系，从这个角度上看，以"没有前者就没有后者"作为判断标准的条件说最为符合该内涵。但是条件说的确也存在着为人诟病的缺陷，为避免该缺陷，在条件说运用中，需要注意以下几点：

第一，刑法因果关系是定型的危害行为与危害结果之间的因果关系。

为避免不当扩张刑法因果关系的范围，需要限缩刑法因果关系中的因，即将因定位为定型的危害行为或实行行为。只有刑法中所规定的定型的危害行为或者实行行为才有认定存在因果关系的可能。所以，前例中所举甲的父母生下甲的行为，由于并非刑法中所规定的定型的危害行为或者实行行为，因而不可能认定与危害结果间存在刑法因果关系。类似的例子包括，意图杀害他人而劝告他人乘坐飞机，后飞机果然失事，导致他人死亡；意图伤害他人而赠送旱冰鞋，后他人果然因为穿着该旱冰鞋滑旱冰时跌倒受伤。这些例子都因为不存在刑法所规定的定型的危害行为或实行行为，而不能认为行为人需要对危害结果承担刑法上的责任。

第二，条件说判断中的特殊规则。

对于特殊案件，需要对原有的条件说规则进行一定的修正，即存在一些特殊的判断规则。

（1）因果关系的中断。

因果关系的中断，是指在某个行为向结果发展的因果关系进程中，介入了其他因素，如自然事件、被害人自身因素、第三人行为等，该介入因素中断了前行为的因果关系发展进程。如甲意图杀害乙，持刀将乙砍成重伤，后乙被送入医院进行救治，当晚医院发生大火，将乙烧死。判断因果关系是否被中断，需依序考虑以下三个问题：1）存在介入因素，如果并不存在介入因素，则该因果关系进程未受其他因素影响；2）该介入因素异常，如果介入因素属于正常，则意味着前行为的实施通常都会附随该介入因素出现，则该因果关系进程仍为前行为引发；3）该异常介入因素能够独立导致结果的发生，这意味着不需要前行为，该因素也可引发结果。若对这三个问题的判断都是肯定的，则前行为与结果的因果关系中断。

（2）择一的因果关系。

择一的因果关系，是指两个以上的行为均可以独立导致结果的发生，但在并无意思联络的情况下，共同导致了结果发生。对此应当认为这两个以上的行为均与结果具有因果关系。如并无意思联络的甲、乙两人都向丙开枪射击，均击中丙的要害部位，导致丙的死亡。虽然根据"没有前者就没有后者"的规则，即使没有甲或者乙的开枪行为，丙也会死亡，但仍然应当认定甲、乙的行为均与丙的死亡结果具有因果关系。

（3）累加的因果关系。

累加的因果关系，是指两个以上的行为均不能独立导致结果的发生，但在并无意思联络的情况下，共同实施合并导致了结果发生。对于这两个以上的行为，也应认为均与结果具有因果关系。如甲、乙并无意思联络，均向丙的茶水中投毒 5mg，该毒药必须达到 10mg 才可致死，甲、乙所投毒药相加刚好达到致死量，导致了丙的死亡。按照"没有前者就没有后者"的规则，没有甲或乙的行为，丙就不会死亡，因而应当认定甲、乙的行为均与丙的死亡结果具有因果关系。

（4）假定的因果关系。

假定的因果关系，是指虽然某行为导致了结果的发生，但是即使没有该行为，结果仍然会发生。如甲意图开枪向丙射击，在开枪前的一刻，乙从甲手中夺过枪支，继而开枪击毙丙。即使没有乙的开枪行为，甲也会开枪导致丙的死亡。但是由于甲开枪的行为实际上并没有发生，换句话来说，即所谓的甲也会开枪导致丙的死亡是被假想出来，客观上真正存在的仍然是乙开枪击毙丙，所以乙的开枪行为与丙的死亡结果之间具有刑法上的因果关系。

第五节　犯罪的其他客观要件

任何犯罪都是在一定时间、地点并采取一定的方法（手段）实施的。犯罪的其他客观要件，就是指犯罪特定的时间、地点和方法（手段）等因素。由于多数犯罪构成并不以特定的时间、地点、方法为要件，因而它们是犯罪客观方面的选择要件。

一、时间、地点、方法对定罪的意义

在法律把特定的时间、地点和方法明文规定为某些犯罪构成必备的要件时，这些因素就对特定行为是否构成该种犯罪具有决定性作用，即具有犯罪构成必备要件的意义。例如，《刑法》第340条和第341条第2款规定的非法捕捞水产品罪和非法狩猎罪，就把"禁渔期""禁猎期""禁渔区""禁猎区""禁用的工具、方法"等规定为构成这些犯罪必备的条件，因而实施的行为是否具备这些因素，就成为这些案件里区分罪与非罪的重要条件。再如，按照《刑法》第277条第1款的规定，只有用暴力、威胁方法阻碍国家机关工作人员依法执行职务（国家安全机关、公安机关依法执行国家安全工作任务时除外）的，才构成妨害公务罪。在这里，是否使用暴力或者威胁的方法，就成为区分罪与非罪的标志。

二、时间、地点、方法对量刑的意义

虽然对大多数犯罪来说，犯罪的时间、地点、方法等因素不是犯罪构成的要件，但是，这些因素往往影响到犯罪行为本身社会危害程度的大小，因而考察它们对正确量刑也有重要意义。以抢劫罪为例，虽然时间、地点、方法等因素并不影响定罪问题，但是，战时、社会治安状况不好时期与正常时期相比，公共场合、要害部门、单位内与偏僻地区相比，持械与徒手的方法相比，前者的社会危害性显然大于后者，因而对适用刑罚的轻重也应有一定的影响。此外，在刑法条文中，有的犯罪则是直接而明确地把特定的方法、地点作为加重刑罚的条件。如依照《刑法》第237条的规定，强制猥亵他人或者侮辱妇女的，处5年以下有期徒刑或者拘役，但聚众或者在公共场所当众强制猥亵他人或者侮辱妇女的，则应当在更高的量刑幅度内裁量刑罚，处5年以上有期徒刑。

参考案例6-8

被告人刘某，男，28岁，无业。刘某从小商品市场上购买了一支仿真的塑料假枪，想利用这支假枪来吓唬别人以抢劫钱财。某日，刘某隐藏在郊外的树林里，看到被害人孟某一个人骑车过来，便蹿出树林，将孟某打倒在地，并用假枪指着孟某的头部，抢走孟某现金1 000元。某人民法院认为被告人刘某持假枪抢劫不属于《刑法》第263条规定的加重构成之一"持枪抢劫"，故判处被告人刘某有期徒刑5年。

【引例评析】

现代刑法理论通常认为，危害行为的基本表现形式应区分为作为和不作为两种。本章引例中李某故意杀人案即属不作为犯罪。我们认为，根据本章引例所介绍的案情，李某的行为构成故意杀人罪（不作

为），理由为：

第一，李某在知悉项某服毒后，负有实施救助项某的特定义务。这是认定李某成立不作为的故意杀人罪的前提。我国刑法理论界通常认为，特定义务一般有三个来源，即法律的明文规定、职务或业务上的要求、行为人的先行行为产生的义务。本案中，李某与项某相识、相恋，并致项某怀孕，可以说，李某、项某两人之间的关系，虽不属合法夫妻，但李某在项某服毒后具有救助义务是应当肯定的。

第二，李某在项某服毒后，有予以救助的实际可能性，而未予以救助。这是认定李某成立故意杀人罪的关键所在。项某喝的是农药"敌敌畏"，且服毒5分钟后即出现嘴角流出唾沫的现象。李某应当是明知项某服毒的。李某在发觉项某服毒时如及时予以救助或送医院抢救，一般来讲是能够避免项某死亡的。但李某非但不予救助，反而锁门离开。这一方面说明了李某对救助项某义务的逃避，另一方面也说明了李某对项某的死亡结果所持的放任的态度。

本案经浙江省蒲江县人民法院审理后，以李某犯故意杀人罪（不作为），判处其有期徒刑5年。

【本章小结】

犯罪客观方面，是指刑法规定的构成犯罪的客观外在表现。它具有法定性、客观性、具体性、多样性等特征。危害行为是由行为人的意识、意志支配的违反刑法规定的危害社会的身体动静。作为与不作为是危害行为的两种基本表现形式。危害结果是指危害行为对犯罪直接客体造成的法定的实际损害或现实危险状态，这是对危害结果的狭义理解。刑法因果关系是指犯罪客观方面中的危害行为与危害结果之间存在的引起与被引起的关系。研究刑法因果关系，应当注意把握因果关系的客观性、相对性、时间序列性、条件性和具体性、复杂性，以及因果关系的必然联系与偶然联系，不作为犯罪中的因果关系，刑法上的因果关系与刑事责任等问题。犯罪的其他客观要件是指刑法规定的构成某些犯罪必须具备的特定的时间、地点和方法（手段）等客观条件。

【练习题】

一、名词解释

危害行为　不作为　危害结果　因果关系

二、思考题

1. 危害行为的特征有哪些？
2. 成立不作为犯罪需要哪些条件？
3. 我国刑法对危害结果有哪些不同的规定方式？
4. 刑法中的因果关系有哪些基本特征？

三、案例分析题

被告人林某，男，21岁，学生。被告人林某和被害人阮某是高中时期的好朋友，两人经常在一起打闹玩耍。某日，阮某到林某家玩，在玩耍过程中林某一拳打在阮某腹部，阮某当时脸色惨白。林某见状便送阮某去医院，但是未到医院阮某就已经死亡。经鉴定表明，阮某先天性脾脏过大，林某的一拳致使阮某脾脏破裂。

问题：

（1）林某的行为与阮某死亡结果之间是否具有因果关系？

（2）林某是否构成犯罪？

分析要点提示：

（1）因果关系具有客观性，它是不以人的意志为转移的。林某没有认识到阮某特殊的体质，并不会对林某的行为与阮某死亡结果之间的因果关系产生影响。

（2）危害行为与危害结果之间具有因果关系仅仅解决了行为人承担刑事责任的客观基础。危害行为与危害结果之间具有因果关系，行为人不一定就构成犯罪，不一定就应承担刑事责任。本案中被告人林某对阮某死亡结果的发生是不可能预见到的，属于意外事件，所以林某不构成犯罪。

第七章 犯罪主体

【本章引例】

被告人肖某，系被告单位某图书音像策划公司总经理。肖某单独或者伙同他人以某音像出版社出版发行的《知心爱人》磁带、某唱片公司出版发行的《还珠格格音乐全记录》磁带等为版本，进行非法复制，先后盗版发行《知心爱人》磁带10万盒、《还珠格格音乐全记录》磁带15万盒，并向深圳、昆明等地以本单位——某图书音像策划公司的名义大量销售，非法经营数额共计人民币100万元，非法所得完全归肖某个人所有。检察机关以侵犯著作权罪对某图书音像策划公司和肖某提起公诉。法院认为检察机关指控不完全正确。本案应如何定性呢？

【本章学习目标】

通过本章的学习，你应该能够：

1. 掌握刑事责任年龄的概念及刑事责任年龄阶段的划分；
2. 掌握已满14周岁不满16周岁的人应当负刑事责任的范围；
3. 掌握我国刑法对未成年人犯罪、老年人犯罪从宽处罚原则的内容；
4. 掌握刑事责任能力的概念、内容与程度；
5. 掌握单位犯罪的特征与处罚原则。

第一节 犯罪主体概述

一、犯罪主体的概念

犯罪主体，是指实施危害社会的行为、依法应当负刑事责任的自然人和单位。

自然人主体是我国刑法中最基本的、具有普遍意义的犯罪主体。单位主体在我国刑法中不具有普遍意义。本章第五节专门对单位犯罪加以阐述，其余各节均限于阐述自然人犯罪主体问题。自然人犯罪主体，是指具备刑事责任能力，实施危害社会的行为并且依法应负刑事责任的自然人。

二、犯罪主体的共同要件

犯罪主体与犯罪主体要件并非等同的范畴。犯罪主体是实施犯罪和承担刑事责任的主体（即自然人和单位），而犯罪主体要件是指刑法所规定的、构成某个犯罪所必需的行为人（即犯罪主体）方面的要件。并非犯罪主体概念包括的所有内容都是犯罪主体的要件，而只有其中的实施犯罪和承担刑事责任者的人身特征才属于犯罪主体要件的范畴。

犯罪主体（当然是就自然人犯罪主体而言）的共同要件有两个：

（1）犯罪主体必须是自然人。自然人是指有生命存在的人类独立的个体。自然人的人格即资格，始于出生，终于死亡。

（2）作为自然人的犯罪主体必须达到刑事责任年龄和具备刑事责任能力。并非有生命的人类个体即每个自然人都能够成为犯罪主体，而只有那些达到一定年龄、具备刑事责任能力的自然人，才能够成为犯罪的主体。刑事责任年龄和刑事责任能力是犯罪主体的核心和关键要件。

第二节　刑事责任年龄

一、刑事责任年龄的概念和意义

刑事责任年龄，是指刑法规定的行为人对自己实施的危害社会行为负刑事责任必须达到的年龄。一个人只有达到一定年龄，才能够辨认和控制自己的行为，并能够适应刑罚的惩罚和教育。刑事立法根据人的年龄因素与责任能力的这种关系，确立了刑事责任年龄制度。可以说，达到刑事责任年龄，是自然人具备责任能力而可以作为犯罪主体的前提条件。我国刑法中关于刑事责任年龄的规定，主要解决不同年龄人刑事责任的有无问题，同时也包含了对未成年人犯罪、老年人犯罪从宽处罚的内容。司法实践中处理案件时，必须严格遵守这些规定。研究刑事责任年龄问题，对于从理论上认识刑事责任年龄与刑事责任能力的关系，把握犯罪主体要件的本质，以及在司法实践中正确定罪处罚，都有重要意义。

二、刑事责任年龄阶段的划分

《刑法》第17条对刑事责任年龄作了较为集中的规定，把人的年龄划分为完全不负刑事责任年龄、相对负刑事责任年龄与完全负刑事责任年龄三个年龄阶段。

（一）完全不负刑事责任年龄阶段

按照《刑法》第17条的规定，不满12周岁，是完全不负刑事责任年龄阶段。此年龄阶段的人实施危害社会的行为，概不追究刑事责任。但是，应当注意，对于因不满12周岁实施了危害社会行为不予刑事处罚的人，应依法责令其父母或其他监护人加以管教，在必要的时候，依法进行专门矫治教育。

（二）相对负刑事责任年龄阶段

《刑法》第17条第2款规定："已满十四周岁不满十六周岁的人，犯故意杀人、故意伤害致人重伤或者死亡、强奸、抢劫、贩卖毒品、放火、爆炸、投放危险物质罪的，应当负刑事责任。"第3款规定："已满十二周岁不满十四周岁的人，犯故意杀人、故意伤害罪，致人死亡或者以特别残忍手段致人重伤造成严重残疾，情节恶劣，经最高人民检察院核准追诉的，应当负刑事责任。"据此，已满12周岁不满16周岁，为相对负刑事责任年龄阶段，也称相对无刑事责任年龄阶段。同样，对因不满16周岁实施了危害社会行为而不予刑事处罚的未成年人，应依法责令其父母或者其他监护人加以管教，在必要的时候，依法进行专门矫治教育。具体而言，《刑法》第17条第2款、第3款规定的相对负刑事责任年龄存在明显区别：已满14周岁不满16周岁的人，对8种犯罪行为应当负刑事责任，刑事追诉程序没有特别限制；已满12周岁不满14周岁的人，只有经过特别程序核准追诉之后，才对情节恶劣的2种犯罪行为应当负刑事责任。

根据全国人大常委会法制工作委员会2002年7月24日给最高人民检察院的《关于已满十四周岁不满十六周岁的人承担刑事责任范围问题的答复意见》，《刑法》第17条第2款规定的8种犯罪，是指具体犯罪行为而不是具体罪名。依据或参照该答复意见，《刑法》第17条第2款中"犯故意杀人、故意伤害致人重伤或者死亡"，《刑法》第17条第3款中"犯故意杀人、故意伤害罪，致人死亡或者以特别残忍手段致人重伤造成严重残疾"，分别是指已满14周岁不满16周岁的人，只要故意实施了杀人、伤害行为并且造成了致人重伤、死亡后果的，已满12周岁不满14周岁的人，只要故意实施了杀人、伤害行为造成死亡，或者以特别残忍手段导致他人严重残疾的，都应负刑事责任，而不是指只有犯故意杀人罪、故意伤害罪的，才负刑事责任。

（三）完全负刑事责任年龄阶段

根据《刑法》第 17 条第 1 款的规定，已满 16 周岁的人进入完全负刑事责任年龄阶段。这一年龄阶段的人除其他特殊要求的外，原则上可以构成刑法中所有的犯罪，要求他们对自己实施的刑法所禁止的一切危害行为承担刑事责任。

社会热点：

低龄未成年人杀人事件

三、未成年人犯罪案件的处理

我国刑法对刑事责任年龄所作的上述规定，解决的是认定犯罪方面的问题。考虑到未成年人由其生理和心理特点所决定，既有容易被影响、被引诱走上犯罪道路的一面，又有可塑性大、容易接受教育和改造的一面，因此从我国适用刑罚的根本目的出发，并针对未成年违法犯罪人的特点，我国刑法对未成年人犯罪案件的处理有下述要求。

（一）从宽处罚的原则

根据《刑法》第 17 条第 4 款的规定，已满 12 周岁不满 18 周岁的人犯罪，应当从轻或者减轻处罚。可见，已满 12 周岁不满 18 周岁是一个法定的必须从宽处罚的情节。至于是从轻还是减轻以及从轻、减轻的幅度，则由司法机关根据具体案件确定。根据《刑法》第 65 条的规定，不满 18 周岁的人犯罪的，不构成累犯。即构成累犯的主体在犯前罪和后罪时都应当是年满 18 周岁的人，如果犯前罪时不满 18 周岁，即便在已满 18 周岁以后犯后罪的，也不构成累犯。根据《刑法》第 72 条的规定，对不满 18 周岁的人犯罪，只要符合缓刑条件的，应当宣告缓刑。

（二）不适用死刑的原则

根据《刑法》第 49 条第 1 款的规定，犯罪的时候不满 18 周岁的人不适用死刑。应当注意，这里说的是"犯罪的时候"不满 18 周岁，而非审判的时候。如果某人实施犯罪时不满 18 周岁，审判时已满 18 周岁，也不能对其判处死刑。

（三）前科报告义务的附条件免除

《刑法》第 100 条第 1 款规定："依法受过刑事处罚的人，在入伍、就业的时候，应当如实向有关单位报告自己曾受过刑事处罚，不得隐瞒。"第 2 款规定："犯罪的时候不满十八周岁被判处五年有期徒刑以下刑罚的人，免除前款规定的报告义务。"也就是说，被免除前科报告义务的主体，仅限于犯罪时已满 12 周岁不满 18 周岁，被判处 5 年以下有期徒刑、拘役、管制、单处附加刑及适用缓刑的人。要注意的是，这里的免除前科报告义务，并不是彻底消灭前科记录，而是有条件地对这些记录予以封存。根据最高人民法院、最高人民检察院、公安部、国家安全部、司法部联合制定的《关于建立犯罪人员犯罪记录制度的意见》，犯罪时不满 18 周岁，被判处 5 年有期徒刑以下刑罚的未成年人的犯罪记录被封存后，不得向任何单位和个人提供，但司法机关为办案需要或者有关单位根据国家规定进行查询的除外。依法进行查询的单位，应当对被封存的犯罪记录的情况予以保密。根据 2022 年 5 月 24 日最高人民法院、最高人民检察院、公安部、司法部《关于未成年人犯罪记录封存的实施办法》的规定，犯罪的时候不满 18 周岁，被判处 5 年有期徒刑以下刑罚以及免予刑事处罚的未成年人犯罪记录，应当依法予以封存。对在年满 18 周岁前后实施数个行为，构成一罪或者一并处理的数罪，主要犯罪行为是在年满 18 周岁前实施的，被判处或者决定执行 5 年有期徒刑以下刑罚以及免予刑事处罚的未成年人犯罪记录，应当对全案依法予以封存。

正确处理未成年人的违法犯罪案件，还应当明确以下三个问题：

第一，周岁的计算方法。

根据 2006 年 1 月 11 日最高人民法院《关于审理未成年人刑事案件具体应用法律若干问题的解释》的规定，实施犯罪时的年龄，一律按照公历的年、月、日计算；过了周岁生日，从第二天起，为已满××

周岁。例如，行为人于 2006 年 12 月 1 日出生，至 2020 年 12 月 2 日为已满 14 周岁，至 2022 年 12 月 2 日为已满 16 周岁，至 2024 年 12 月 2 日为已满 18 周岁。因此，行为人在 12 周岁生日当天实施危害行为的，应视为不满 12 周岁，不能追究刑事责任；行为人在 14 周岁生日当天实施危害行为的，只能追究其故意杀人、故意伤害，致人死亡或者以特别残忍手段致人重伤造成严重残疾的行为的刑事责任；行为人在 16 周岁生日当天实施危害行为的，只能令其对法定的 8 种犯罪负刑事责任；行为人在 18 周岁生日当天犯罪的，应视为不满 18 周岁，对其适用"从轻或者减轻处罚"的原则。

第二，未成年人犯罪和处罚的法定年龄界限不能突破。

例如，即将满 14 周岁，甚至差几天就满 14 周岁的人实施了强奸、抢劫等行为，不能作为犯罪追究刑事责任；即将满 18 周岁的人所犯罪行极其严重的，也不能处死刑。对此，2006 年 1 月 11 日最高人民法院《关于审理未成年人刑事案件具体应用法律若干问题的解释》第 12 条第 1 款规定："行为人在达到法定刑事责任年龄前后均实施了犯罪行为，只能依法追究其达到法定刑事责任年龄后实施的犯罪行为的刑事责任。"这是我国刑法罪刑法定原则的必然要求。如果允许突破这种界限，刑法关于责任年龄的规定就失去了其限制作用。

第三，关于跨年龄段的危害行为的刑事责任问题。

其中主要问题有两点：

（1）行为人已满 16 周岁后实施了某种犯罪，并在已满 14 周岁不满 16 周岁期间也实施过相同的行为，应否一并追究刑事责任，应当做具体分析。如果在已满 14 周岁不满 16 周岁期间所实施的是《刑法》第 17 条第 2 款规定的特定严重犯罪，则应一并追究刑事责任；否则，就只能追究已满 16 周岁以后犯罪的刑事责任。

（2）行为人在已满 14 周岁不满 16 周岁期间，实施了《刑法》第 17 条第 2 款规定的特定严重犯罪，并在未满 14 周岁时也实施过相同行为，或者是行为人在已满 12 周岁未满 14 周岁期间，实施了《刑法》第 17 条第 3 款规定的特定严重犯罪，并在未满 12 周岁时也实施过相同行为，对此不能一并追究刑事责任，而只能追究已满 14 周岁或者已满 12 周岁后实施的特定严重犯罪的刑事责任。此外，2006 年 1 月 11 日最高人民法院《关于审理未成年人刑事案件具体应用法律若干问题的解释》第 12 条第 2 款规定："行为人在年满十八周岁前后实施了不同种犯罪行为，对其年满十八周岁以前实施的犯罪应当依法从轻或者减轻处罚。行为人在年满十八周岁前后实施了同种犯罪行为，在量刑时应当考虑对年满十八周岁以前实施的犯罪，适当给予从轻或者减轻处罚。"

参考案例 7-1

被告人甲（1996 年 5 月 1 日出生）、乙（1997 年 10 月 5 日出生）、丙（1997 年 12 月 25 日出生）原为中学同班同学，后均辍学在家。2010 年 6 月 27 日，甲、乙二人相约潜入原来就读学校办公室，窃得一台笔记本电脑（价值 13 000 元），甲销赃后分给乙 3 000 元，自己分得 5 000 元。2011 年 10 月 5 日晚 10 时，甲、乙、丙三人携带凶器抢劫了他人手表、首饰等财物。2013 年 10 月 20 日，甲、乙、丙盗窃某电信公司仓库中价值 3 万余元的电缆线。检察机关以抢劫罪、盗窃罪对甲、乙、丙提起公诉。法院审理后认为，2010 年 6 月 27 日甲、乙二人实施盗窃行为，因二被告人均未满 16 周岁，依法不应追究刑事责任；2011 年 10 月 5 日晚甲、乙、丙共同实施了抢劫行为，但当时只有甲年满 14 周岁，甲一人成立抢劫罪，乙、丙二人无罪；2013 年 10 月 20 日甲、乙、丙共同实施盗窃，甲、乙二人成立盗窃罪的共同犯罪，丙因未满 16 周岁无罪。法院最后以抢劫罪和盗窃罪对甲实行数罪并罚，以盗窃罪对乙定罪处罚；根据《刑法修正案（十一）》施行前《刑法》第 17 条第 3 款的规定，对甲、乙二人予以从轻处罚。

四、老年人犯罪案件的处理

基于宽严相济的刑事政策，《刑法修正案（八）》对已满 75 周岁的人犯罪的刑事责任作出特别处理，以体现对犯罪的老年人的适当宽宥。

（一）从宽处罚的原则

《刑法》第 17 条之一规定："已满七十五周岁的人故意犯罪的，可以从轻或者减轻处罚；过失犯罪的，应当从轻或者减轻处罚。"这里的"可以从轻或者减轻处罚",是指对老年人故意犯罪的,要根据犯罪的具体情况决定是否从轻或者减轻处罚,而不是必须从轻或者减轻处罚;"应当从轻或者减轻处罚",是指对老年人过失犯罪的,法律规定一律予以从轻或者减轻处罚,这主要是考虑到过失犯罪的主观恶意较故意犯罪的小。而从轻或者减轻处罚的幅度,应该根据老年人犯罪的具体情况加以把握,做到宽严适当,罪责刑相适应。根据《刑法》第72条的规定,对已满75周岁的人犯罪,只要符合缓刑条件的,应当宣告缓刑。

(二) 附条件不适用死刑的原则

《刑法》第49条第2款规定:"审判的时候已满七十五周岁的人,不适用死刑,但以特别残忍手段致人死亡的除外。"这里的"不适用死刑",既包括不能判处死刑立即执行,也包括不能判处死刑缓期2年执行。"以特别残忍手段致人死亡"是指犯罪分子所使用的犯罪手段极恶劣、极残酷,如肢解、毁容、制造痛苦折磨被害人等。该款的但书规定表明,对老年人犯罪排除死刑适用是附条件的,与犯罪时不满18周岁的人、审判时怀孕的妇女不适用死刑的规定不同。

第三节　刑事责任能力

一、刑事责任能力的概念和内容

(一) 刑事责任能力的概念

刑事责任能力,是指行为人构成犯罪和承担刑事责任所必需的,行为人具备的刑法意义上辨认和控制自己行为的能力。简言之,刑事责任能力就是行为人辨认和控制自己行为的能力。

一般来说,当人达到一定的年龄之后,智力发育正常,就自然具备了这种能力。当然,这种能力可能因精神状况、生理功能缺陷的原因而不具备、丧失或者减弱。具备刑事责任能力者可以成为犯罪主体并被追究刑事责任;不具备刑事责任能力者即使实施了客观上危害社会的行为,也不能成为犯罪主体,不能被追究刑事责任;刑事责任能力减弱者,其刑事责任也相应地适当减轻。

(二) 刑事责任能力的内容

刑事责任能力的内容,包括行为人对自己行为所具备的刑法意义上的辨认能力与控制能力。

刑事责任能力中的辨认能力,是指行为人具备对自己的行为在刑法上的意义、性质、后果的分辨认识能力;刑事责任能力中的控制能力,是指行为人具备决定自己是否以行为触犯刑法的能力。

控制能力的具备是以辨认能力的存在为前提条件的,不具备辨认能力的、未达到刑事责任年龄的未成年人和患严重精神病的人,自然也就没有刑法意义上的控制能力。控制能力是刑事责任能力的关键,在具有辨认能力的基础上,还需要有控制能力才能具备刑事责任能力。

二、刑事责任能力的程度

概括地说,影响和决定人的刑事责任能力程度即人在刑法意义上的辨认和控制自己行为的能力的,有两个方面的因素:一是知识和智力成熟程度,二是精神即人的大脑功能正常与否的状况。

《刑法》第18条和第19条对于刑事责任能力问题作了专门规定。根据这两条的规定,刑事责任能力分为完全刑事责任能力、完全无刑事责任能力以及处于中间状态的限定(减轻)刑事责任能力三种程度或情况。

(一) 完全刑事责任能力

根据我国刑法,凡年满16周岁、精神和生理功能健全、智力与知识发展正常的人,都是完全刑事责任能力人。完全责任能力人实施了犯罪行为的,应当依法负全部的刑事责任,不能因其责任能力因素而不负刑事责任或者减轻刑事责任。但如前所述,如是未成年人犯罪,因其未成年因素应当从轻或者减轻处罚;老年人故意犯罪可以从轻或者减轻处罚,老年人过失犯罪应当从轻或者减轻处罚。

（二）完全无刑事责任能力

完全无刑事责任能力，指行为人没有刑法意义上的辨认或者控制自己行为的能力。《刑法》第18条第1款规定："精神病人在不能辨认或者不能控制自己行为的时候造成危害结果，经法定程序鉴定确认的，不负刑事责任，但是应当责令他的家属或者监护人严加看管和医疗；在必要的时候，由政府强制医疗。"可见，不能辨认或者不能控制自己的精神病人是无刑事责任能力的人。

（三）限定刑事责任能力

限定刑事责任能力，又称减轻刑事责任能力、限制刑事责任能力、部分刑事责任能力，是完全刑事责任能力和完全无刑事责任能力的中间状态，指因精神状况、生理功能缺陷等原因，而使行为人实施刑法所禁止的危害行为时，虽然具有责任能力，但其辨认或者控制自己行为的能力较完全责任能力有一定程度的减弱、降低的情况。我国《刑法》明文规定的限定刑事责任能力人有三种情况：（1）尚未完全丧失辨认或者控制自己行为能力的精神病人；（2）又聋又哑的人；（3）盲人。

三、决定和影响刑事责任能力的因素

决定刑事责任能力的有无及影响刑事责任能力程度的因素，包括人的精神状况和重要的生理功能状况等。

（一）精神障碍

根据《刑法》第18条第1款、第2款和第3款的规定，精神病人的刑事责任能力存在三种情况。

1. 无刑事责任能力的精神病人。

根据《刑法》第18条第1款的规定，当精神病人在不能辨认或者不能控制自己行为的时候造成危害结果的，不负刑事责任。判断行为人是否属于无刑事责任的精神病人，应当注意以下几点：

（1）行为人须是精神病人。

（2）精神病人必须实施了特定的危害社会的行为，即实施了刑法所禁止的危害行为，如果这些危害行为是精神健全者实施的，就会构成犯罪和应负刑事责任。

（3）精神病人实施刑法所禁止的危害行为须是基于精神病理的作用，由于精神病理的作用，使其行为时丧失了辨认或者控制自己触犯刑法之行为的能力。

2. 完全负刑事责任的精神病人。

《刑法》第18条第2款明确规定："间歇性的精神病人在精神正常的时候犯罪，应当负刑事责任。"所谓"间歇性的精神病人的精神正常时期"，是指精神病的非发病期。间歇性的精神病人在精神正常的时候实施刑法所禁止的危害行为的，其辨认和控制自己行为的能力即责任能力完全具备，因而法律要求行为人对其危害行为依法负完全的刑事责任。需要指出的是，根据《刑法》第18条第2款的规定，间歇性的精神病人的行为是否成立犯罪，应以其实施行为时是否精神正常、是否具有辨认与控制自己行为的能力为标准，而不是以侦查、起诉、审判时是否精神正常为标准。

3. 限制刑事责任的精神病人。

《刑法》第18条第3款规定："尚未完全丧失辨认或者控制自己行为能力的精神病人犯罪的，应当负刑事责任，但是可以从轻或者减轻处罚。"根据这一条款的规定，限制刑事责任的精神病人犯罪的，只是"可以"从轻或者减轻处罚，而不是应当从轻或者减轻处罚。在司法实践中，是否对限制刑事责任的精神病人从轻或者减轻处罚、从轻或者减轻的幅度如何掌握，应以行为人所实施的犯罪是否同辨认与控制行为能力减弱有直接联系，有多大的影响为标准。如果没有联系，则可以不予从轻或减轻处罚。

参考案例 7-2

被告人白某（男，35岁，农民）与其妻子的弟弟刘某驾驶小四轮拖拉机去本村煤矿捡煤块。该矿矿长李某因从矿井中吊出一节坏矿车要往煤堆旁放，怕碰了白某的拖拉机，于是让白某将拖拉机开到一边。白某误认为李某不让自己捡煤，便与李某纠缠吵骂，并将李某摔倒。李某与众人反复解释均无济于事，李某遂转身向绞车房走去。这时白某拿起一根道木追上去朝李某猛击一下，李某倒地以后，白某又连击两下，致李某死亡。白某作案后跳井未遂。经司法精神病鉴定，白某有癫痫性精神障碍（癫痫混合型发作），作案时癫痫病未发作，但其责任能力在一定程度上受到限制。法院认为，被告人白某仅因琐事便将他人故意杀害，情节恶劣，本应判处死刑立即执行，但鉴于其属于限制刑事责任能力人，依法可以从轻处罚，因此以故意杀人罪判处被告人白某死刑缓期 2 年执行，剥夺政治权利终身。

（二）生理功能丧失

《刑法》第 19 条规定："又聋又哑的人或者盲人犯罪，可以从轻、减轻或者免除处罚。"这是我国刑法对生理功能缺陷者即聋哑人、盲人刑事责任的特殊规定。这一规定意味着，聋哑人、盲人实施刑法禁止的危害行为，构成犯罪的，应当负刑事责任，应受刑罚处罚，但又可以从轻、减轻或者免除处罚。

正确适用《刑法》第 19 条关于聋哑人、盲人犯罪的刑事责任规定，应当注意以下几点：

（1）本条的适用对象有两类：一是既聋又哑的人，即同时完全丧失听力和语言功能者，其中主要是先天聋哑和幼年聋哑者；二是盲人，即双目均丧失视力者，主要也是指先天和幼年丧失视力者。

（2）对聋哑人、盲人犯罪坚持应当负刑事责任与适当从宽处罚相结合的原则。

（3）对于聋哑人、盲人犯罪，原则上即大多数情况下要予以从宽处罚；只是对于极少数知识和智力水平不低于正常人、犯罪时具备完全能力的聋哑人、盲人（多为成年后的聋哑人和盲人），才可以考虑不予以从宽处罚。

对应予以从宽处罚的聋哑人、盲人犯罪案件，主要应当根据行为人犯罪时责任能力的减弱程度，并同时考察犯罪的性质和危害程度，来具体决定是从轻处罚还是免除处罚，以及从轻、减轻处罚的幅度。

参考案例 7-3

被告人王某，系先天聋哑人。王某经常遭受向塘镇居民聋哑人刘某的打骂欺负，便预谋报复杀人。被告人王某以到新乡游玩为名，将刘某从向塘乘火车骗至临江火车站，又沿铁路向北站方向行走，当走到一铁路桥时，被告人王某乘偏僻无人之机将刘某摔倒在地，从地上取石头猛击刘某的头部，并用事先准备好的剃须刀狠割刘某的颈部，将刘某杀死。法院审理后认为，被告人王某实施了报复杀人的犯罪行为，且造成被害人刘某死亡的严重后果，但被告人王某是又聋又哑的人，其生理缺陷使其责任能力在一定程度上受到限制，具有法定从轻处罚的条件；且被告人王某因无故经常遭受被害人刘某的打骂欺凌，终因不堪忍受而报复杀人，可酌情从轻处罚。故法院以故意杀人罪判处被告人王某有期徒刑 15 年，剥夺政治权利 3 年。

（三）生理醉酒

《刑法》第 18 条第 4 款规定："醉酒的人犯罪，应当负刑事责任。"这一规定对于防止和减少酒后犯罪，维护社会秩序，具有重要的意义。适用这一条款应当注意，醉酒存在生理醉酒和病理性醉酒两类情况，该款所说的"醉酒"，仅指生理醉酒，而不包括病理性醉酒。病理性醉酒属于精神病的范畴。病理性醉酒人实施危害行为的刑事责任问题，适用《刑法》第 18 条第 1 款至第 3 款关于精神病人刑事责任的规定。

须提及的是，《刑法》第 133 条之一规定的危险驾驶罪的罪状描述本身就包括了在道路上醉酒驾驶机动车的行为。此处的醉酒情节，非但不否定行为人的刑事责任能力，更应该作为具体犯罪的构成要件来加以强调。

第四节　犯罪主体的特殊身份

一、犯罪主体特殊身份的概念

犯罪主体特殊身份，是指刑法所规定的影响行为人刑事责任的行为人人身方面特定的资格、地位或状态，如国家机关工作人员、军人、司法工作人员、辩护人、诉讼代理人、证人、依法被关押的罪犯、男女、亲属等。

特殊身份不是自然人犯罪主体的一般要件，而只是某些犯罪的自然人主体必须具备的要件。

以主体是否要求以特定身份为要件，自然人犯罪主体分为一般主体与特殊主体。刑法规定不要求以特殊身份作为要件的主体，称为一般主体；刑法规定以特殊身份作为要件的主体，称为特殊主体。

在刑法理论上，通常将以特殊身份作为主体构成要件或者刑罚加减根据的犯罪称为身份犯。身份犯可以分为真正身份犯与不真正身份犯。真正身份犯，是指以特殊身份作为主体要件，无此特殊身份该犯罪则根本不可成立的犯罪。例如，《刑法》第399条第1款规定的徇私枉法罪的主体必须是司法工作人员，因此，如果行为人不是司法工作人员，其行为就不可能成立徇私枉法罪。不真正身份犯，是指特殊身份不影响定罪但影响量刑的犯罪。在这种情况下，如果行为人不具有特殊身份，犯罪也成立；如果行为人具有这种身份，则刑罚的科处就比不具有这种身份的人要重或轻一些。例如，《刑法》第243条规定的诬告陷害罪的主体，不要求以特殊身份为要件，即任何年满16周岁、具备刑事责任能力的自然人，均可构成本罪；但是，如果主体具备国家机关工作人员身份，依照《刑法》第243条第2款的规定，则应从重处罚，换言之，国家机关工作人员身份虽然不是诬告陷害罪的主体要件，但这种特殊身份却是诬告陷害罪从重处罚的根据。本节中论述的犯罪主体的特殊身份，既包括真正身份犯中的特殊身份，也包括不真正身份犯中的特殊身份。

二、犯罪主体特殊身份的分类

犯罪主体的特殊身份，从不同角度可有不同的分类，主要有以下两种分类。

（一）自然身份与法定身份

从形成方式上加以区分，犯罪主体的特殊身份可以有自然身份与法定身份之别。

自然身份，是指人因自然因素而形成的身份，例如，基于性别形成的事实可有男女之分，有的犯罪如强奸罪仅男性可以单独成为犯罪的主体，或者强奸罪仅男性可以成为直接实施犯罪的主体（实行犯），女性只能构成此罪的共犯或间接正犯（又称间接实行犯）。

法定身份，是指人基于法律所赋予而形成的身份，如军人、国家机关工作人员、司法工作人员、依法被关押的罪犯等。

（二）定罪身份与量刑身份

这是根据犯罪主体的特殊身份对行为人刑事责任影响性质和方式所作的划分。

定罪身份，即决定刑事责任存在的身份，又称为犯罪构成要件的身份。此种身份是某些具体犯罪构成中犯罪主体要件必须具备的要素，缺此身份，犯罪主体要件就不具备，因而也就没有该具体犯罪构成，不构成该种犯罪，不存在行为人应负该罪之刑事责任的问题；有此身份，犯罪构成中的主体要件就可具备，此时如果犯罪构成的主客观要件都存在，就可认定行为人的行为构成该罪并应负刑事责任。

量刑身份，即影响刑事责任程度的身份，又称为影响刑罚轻重的身份。按照刑法的规定，此种身份的存在与否虽然不影响刑事责任的存在与否，但影响刑事责任的大小，其在量刑上表现为从重、从轻、减轻甚至免除处罚的根据。

三、犯罪主体特殊身份的意义

根据我国刑法规定和司法实践经验，犯罪主体的特殊身份对正确定罪量刑具有重要的意义。

（一）犯罪主体特殊身份对定罪的意义

影响行为的定罪是犯罪主体特殊身份的首要功能：

（1）主体特殊身份的具备与否，是区分罪与非罪的标准之一。

（2）主体特殊身份具备与否，也是某些犯罪案件中区分和认定此罪与彼罪的一个重要标准。例如，同是隐匿、毁弃或者非法开拆他人信件的行为，具有邮政工作人员身份并利用其职务便利实施者构成《刑法》第253规定的私自开拆、隐匿、毁弃邮件、电报罪，一般公民则构成《刑法》第252条规定的侵犯通信自由罪；同是窃取或者骗取公共财物的行为，具有国家工作人员身份且利用其职务上的便利实施者构成贪污罪,无此等身份的人则只能构成盗窃罪、诈骗罪或侵占罪等犯罪。这类规定,主要是以对犯罪主体特殊身份的要求与否,来作为区分性质和危害程度不同的犯罪之间的界限。

(3) 主体特殊身份影响无特殊身份者的定罪。这主要是无特定身份者与有特定身份者共同实施要求特殊主体之罪的情况。例如,一般公民可以与国家机关工作人员一起构成要求特殊主体的贪污罪的实行犯。

参考案例 7-4

被告人陈某,原系某市交巡警支队副支队长。被告人何某,原系被告人陈某的专职司机。由于陈某分管市道路交通设施的设置、养护、维护,何某在工作中逐渐与多家建筑公司负责人交往频繁、关系密切。何某向陈某介绍华户交通器材有限公司承包某路段道路设施工程,得到陈某的许可。华户公司为感谢何某的帮助,给予何某好处费 5 万元。由于华户交通器材有限公司资质存在问题,施工质量较差,次年,其施工的路段信号灯基本上报废,路基也质量低劣,未通过验收,给国家造成 500 多万元的经济损失。检察机关以玩忽职守罪对陈某起诉,以受贿罪对何某起诉。法院审理后认为,被告人陈某身为国家机关工作人员,对自己的工作严重不负责任,给国家利益造成重大损失,其构成玩忽职守罪;被告人何某为他人谋取利益,收受了请托人的财物,但由于何某没有职务上的便利,不具有国家工作人员身份,因而不成立受贿罪,最后宣告何某无罪。

(二) 犯罪主体特殊身份对量刑的意义

犯罪主体的特殊身份对量刑也有一定的影响,这主要表现在:

(1) 在我国刑法中,对行为类似的特殊主体的犯罪一般都较一般主体的犯罪规定的刑罚相对重一些。例如,包含窃取、骗取行为的国家机关工作人员贪污罪的刑罚,重于一般主体的盗窃罪、诈骗罪的刑罚;军人战时造谣惑众罪(《刑法》第 433 条)的刑罚,重于非军人战时造谣扰乱军心罪(《刑法》第 378 条)的刑罚。这些要求特殊主体的犯罪之所以较一般主体的犯罪的刑罚重,当然不仅仅是由于主体特殊身份,但主体的特殊身份无疑是影响行为社会危害程度并进而影响其刑罚轻重的重要原因之一。

(2) 在我国刑法规范中,规定对某些犯罪若行为人具有特殊身份的就要从重处罚。例如,根据《刑法》第 243 条第 2 款的规定,国家机关工作人员犯诬告陷害罪的,从重处罚。

第五节 单位犯罪

一、单位犯罪的概念及特征

(一) 单位犯罪的概念

单位犯罪是相对于自然人犯罪而言的一个范畴。我国刑法采用总则与分则相结合的方式确立了单位犯罪及其刑事责任,其中总则第二章第四节"单位犯罪"用两个条文规定了单位犯罪的总则性问题。

《刑法》第 30 条规定:"公司、企业、事业单位、机关、团体实施的危害社会的行为,法律规定为单位犯罪的,应当负刑事责任。"这是关于单位在多大范围内可以成为犯罪主体的规定。

单位犯罪,是指由公司、企业、事业单位、机关、团体实施的依法应当承担刑事责任的危害社会的行为。单位犯罪,需要与法人犯罪进行区别。法人犯罪是国外刑法中的主体概念,总体上看,两者所包含的主体范围基本一致,但法人犯罪与法人相关联。而我国的单位犯罪的认定中,以单位的分支机构或者内设机构的名义实施犯罪,违法所得亦归分支机构或者内设机构所有的,应当认定为单位犯罪。这些分支机构或者内设机构可能并没有独立的法人资格,但仍然属于我国刑法单位犯罪中的单位。

(二) 单位犯罪的特征

1. 单位犯罪的主体包括公司、企业、事业单位、机关、团体。

根据 1999 年 6 月 25 日最高人民法院《关于审理单位犯罪案件具体应用法律有关问题的解释》的规定,这里的"公司、企业、事业单位",既包括国有、集体所有的公司、企业、事业单位,也包括依法设立的合资经营、合作经营企业和具有法人资格的独资、私营等公司、企业、事业单位。

2. 单位犯罪具有法定条件。

只有法律明文规定单位可以成为犯罪主体的犯罪，才存在单位犯罪及单位承担刑事责任的问题，而并非一切犯罪都可以由单位构成。规定单位犯罪的"法律"，指的是刑法分则性条文，包括刑法典分则、单行刑法中的规定。从我国刑法分则的规定来看，单位犯罪广泛存在于危害国家安全罪，危害公共安全罪，破坏社会主义市场经济秩序罪，侵犯公民人身权利、民主权利罪，妨害社会管理秩序罪，危害国防利益罪和贪污贿赂罪等章中。这些单位犯罪多数是故意犯罪，但也有少数属于过失犯罪。

3. 单位犯罪必须体现单位的整体意志。

这是单位承担刑事责任的基础。根据 1999 年 6 月 25 日最高人民法院《关于审理单位犯罪案件具体应用法律有关问题的解释》的规定，个人为进行违法犯罪活动而设立的公司、企业、事业单位实施犯罪的，或者成立公司、企业、事业单位后，以实施犯罪为主要活动的，不以单位犯罪论处。盗用单位名义实施犯罪，违法所得由实施犯罪的个人私分的，依照自然人犯罪的规定定罪处罚。

可见，如果以单位名义实施的犯罪，但并未体现单位整体意志，并不属于单位犯罪。在司法实践中，对于经济犯罪的单位犯罪与个人犯罪的区分，利益归属是认定是否体现单位整体意志的一个重要参考因素。

理解单位犯罪的构成特征，并据此认定单位犯罪，尤其是准确区分单位犯罪与自然人犯罪，依法追究刑事责任，需要特别注意全国人民代表大会常务委员会《关于〈中华人民共和国刑法〉第 30 条的解释》的规定。全国人民代表大会常务委员会根据司法实践中遇到的情况，讨论了《刑法》第 30 条的含义及公司、企业、事业单位、机关、团体等单位实施刑法规定的危害社会的行为，法律未规定追究单位的刑事责任的，如何适用《刑法》有关规定的问题，解释如下："公司、企业、事业单位、机关、团体等单位实施刑法规定的危害社会的行为，刑法分则和其他法律未规定追究单位的刑事责任的，对组织、策划、实施该危害社会行为的人依法追究刑事责任。"该立法解释，对于解决涉及单位犯罪的重大司法分歧，统一刑事司法认定标准，具有重要的意义。

参考案例 7-5

被告人胡某，系 A 电子设备进出口公司总经理。A 电子设备进出口公司与 B 电视机厂签订了长期合作从韩国进口彩色电视接收机显像管的协议。后被告人胡某为牟取个人利益，私自与 B 电视机厂的业务人员梁某（另案处理）约定从韩国走私显像管。被告人胡某和梁某从天津海关、上海海关以 A 电子设备进出口公司进口货物的形式，走私了大量显像管，偷逃关税 50 多万元。走私物品在境内销售后，被告人胡某和梁某各分得部分赃款。法院审理后认为，本案中走私行为是被告人胡某和梁某的个人行为，被告人胡某盗用单位名义走私，反映的是其个人犯罪的意志，而非单位的意志，故以走私普通货物罪判处胡某有期徒刑 11 年，并处罚金 200 万元。

二、单位犯罪的处罚原则

《刑法》第 31 条规定："单位犯罪的，对单位判处罚金，并对其直接负责的主管人员和其他直接责任人员判处刑罚。本法分则和其他法律另有规定的，依照规定。"这是我国刑法对单位犯罪的处罚原则的规定。根据这一规定，对单位犯罪，一般采取双罚制的原则。即单位犯罪的，对单位判处罚金，同时对单位直接负责的主管人员和其他直接责任人员判处刑罚。

但是，当刑法分则性条文另有规定不采取双罚制而采取单罚制的，则属例外情况。在我国刑法分则中，有少数几种单位犯罪，采取的是单罚制，如《刑法》第 162 条规定的妨害清算罪，不处罚作为犯罪主体的公司、企业，而只处罚其直接责任人员。

根据 2002 年 7 月 9 日最高人民检察院《关于涉嫌犯罪单位被撤销、注销、吊销营业执照或者宣告破产的应如何进行追诉问题的批复》，涉嫌犯罪单位被撤销、注销、吊销营业执照或者宣告破产的，应当根据刑法关于单位犯罪的相关规定，对实施犯罪行为的该单位直接负责的主管人员和其他直接责任人员追究刑事责任，对该单位不再追诉。

【引例评析】

检察机关指控被告单位某图书音像策划公司构成侵犯著作权罪不能成立，法院应只追究被告人肖某的刑事责任。本案中，被告人肖某虽然是被告单位某图书音像策划公司的总经理，但肖某实施侵犯著作权的行为并不当然地被视为单位犯罪行为。从非法所得完全归肖某个人所有这一点来看，肖某的行为没有体现单位意志，根据 1999 年 6 月 25 日最高人民法院《关于审理单位犯罪案件具体应用法律有关问题的解释》的规定，应属于个人犯罪。

【本章小结】

犯罪主体是指实施危害社会的行为、依法应当负刑事责任的自然人和单位。我国刑法中最基本的、具有普遍意义的犯罪主体是自然人主体。犯罪主体要件是指刑法所规定的、构成某个犯罪所必需的行为人（即犯罪主体）方面的要件。刑事责任年龄和刑事责任能力是自然人犯罪主体的核心和关键要件。我国刑法中刑事责任年龄制度将人的年龄分为完全不负刑事责任年龄、相对负刑事责任年龄与完全负刑事责任年龄三个阶段，不满 12 周岁为完全不负刑事责任年龄阶段，已满 12 周岁不满 16 周岁为相对负刑事责任年龄阶段，已满 16 周岁为完全负刑事责任阶段。决定和影响刑事责任能力之有无及程度的因素，有精神状况及重要的生理功能状况等。犯罪主体的某些特殊身份，对定罪量刑有重要影响。我国刑法中单位成为犯罪主体，以《刑法》分则性条文规定为限。单位犯罪的处罚以双罚制为基本原则，单罚制为例外。

【练习题】

一、名词解释

犯罪主体　刑事责任年龄　刑事责任能力　定罪身份　单位犯罪

二、思考题

1. 自然人犯罪主体有哪些共同要件？

2. 什么是刑事责任能力？其内容是什么？

3. 我国刑法对精神病人的刑事责任作了怎样的规定？

4. 简述我国刑法中单位犯罪的特征和单位犯罪的处罚原则。

三、案例分析题

1. 甲出生于 2005 年 3 月 4 日，2018 年 12 月 2 日至 2019 年 3 月 1 日期间，先后盗窃他人财物共计 2 万元；2019 年 4 月 5 日至 2021 年 3 月 1 日期间，先后盗窃他人财物 1 万元、抢劫他人财物 3 000 元；2021 年 3 月 5 日至 2023 年 2 月期间，又先后盗窃他人财物共计 5 000 元。

问题：

对甲的行为应如何定罪处罚？

分析要点提示：

（1）根据刑法对刑事责任年龄阶段的规定，可以分析哪些行为构成犯罪。

（2）在构成犯罪的前提下，应注意实施犯罪时行为人的年龄，以准确适用有关处罚原则。

2. 1997 年 1 月至 1998 年 7 月间，被告人林某纠合同案犯姜某、张某、李某、陈某，以宏威公司（林某与其妻兄共同注册的有限责任公司）名义，先后委托粤海公司、利法公司从境外进口轻柴油、汽油、燃料油等成品油。成品油从境外运抵湛江港后，林某指使姜某串通他人接船和伪造单据，并利用虚假商检单，以新泽公司、新立新公司（均是以虚假资料骗取工商登记设立）以及经安公司（无工商注册登记）等单位的名义，委托湛江港第二作业区将油卸入二区油库及外贸码头油库。林某随后将油提走在国内销售，并指示李某按代理合同书等审核、支付购油款，购买进项增值税发票以抵扣在国内销售油的税款。被告人林某采取上述方法走私成品油 44 船，共计 75.38 万余吨，价额 9.9 亿余元，从中偷逃应缴税额 3.47 亿余元。

问题：

本案所涉及的走私普通货物罪是单位犯罪，还是林某等人的自然人共同犯罪？

分析要点提示：

单位犯罪的成立须确定单位资格与单位意志。新泽公司、新立新公司是以虚假资料骗取工商登记而设立的，经安公司是无工商注册登记的虚构公司。宏威公司虽是经登记设立的有限责任公司，但该公司实际由林某出资、控制，实施走私犯罪系林某个人决定，违法所得亦归林某个人所有。所以，本案应认定为林某等人的自然人共同犯罪。

第八章 犯罪主观方面

【本章引例】

被告人李某，男，38岁，货车司机。李某驾驶装有5吨水泥的解放牌货车，在没有路灯照明的某乡村道路上与某工程队司机梁某驾驶的解放牌空车相遇。因道路狭窄、凹凸不平，公路两侧又堆着大量碎石，有效路面只有1.5米宽，双方被迫停车。梁某主动将车向后退让了一下，李某示意梁某再往后退让，因汽车后轮后方有一块大石头，梁某便说不能再让。因李某出言不逊，梁某赌气熄火下车。李某着急赶路，说："反正我的车子快报废了，要撞大家一起撞。"随即进入驾驶室，准备冒险通过。梁某为阻止李某开车，便站到自己汽车左边的脚踏板上，说："要撞就撞我，碰车不行。"李某不顾梁某的阻止和在场行人的劝告，强行开车通过，致使梁某被挤进两个车厢之间，当场死亡。

【本章学习目标】

通过本章的学习，你应该能够：

1. 掌握犯罪主观方面的概念及内容；
2. 掌握犯罪故意及其基本类型；
3. 掌握犯罪过失及其基本类型；
4. 掌握意外事件的概念与特征；
5. 掌握犯罪目的与犯罪动机对定罪量刑的意义。

第一节 犯罪主观方面概述

一、犯罪主观方面的概念和特征

犯罪主观方面，是指犯罪主体对自己的危害行为及其危害社会的结果所持的心理态度。犯罪的主观方面作为犯罪构成的重要组成部分，具有以下两个方面的特征：第一，它是行为人的心理态度，这是犯罪主观方面的表现形式；第二，它以一定的危害行为与危害结果为内容，这是犯罪主观方面的法律含义。从外延上说，犯罪主观方面包括罪过（即犯罪故意和犯罪过失）以及犯罪目的和犯罪动机这几种因素。其中，行为人的罪过是一切犯罪构成都必须具备的主观要件；犯罪目的只是某些犯罪构成所必备的主观要件；犯罪动机不是犯罪构成必备的主观要件，它一般不影响定罪，但影响量刑。意外事件与刑法上的认识错误，作为犯罪主观方面的相关问题，对行为人的行为是否构成犯罪以及构成何罪有一定的影响，因此，也有必要纳入犯罪主观方面来进行了解。

二、理解犯罪主观方面应把握的重点内容

为正确理解和深入把握犯罪主观方面的概念，应当明确以下两方面内容。

（一）罪过是行为人负刑事责任的主观根据

根据《刑法》第14条和第15条的规定，某种行为构成犯罪在主观方面必须具备犯罪故意或者犯罪过失。如果行为人的某种行为不是出于故意或者过失的心理态度，即使在客观上造成了损害结果，也不构成犯罪。犯罪的故意与过失，是认定行为人构成犯罪的主观依据，是行为人对自己所实施的犯罪负刑事责任的主观基础。因为，以辩证唯物主义原理为指导的刑事责任理论认为，对于是否实施危害社会的犯罪行为，任何正常人都有选择的相对自由，实施或者不实施犯罪行为，都是通过人的意识和意志的积极作用，通过相对自由意志的选择和支配来实现的。行为人在相对自由的意识和意志支配下，选择实施危害统治阶级利益的犯罪行为，不仅从客观方面危害了社会，而且在主观上也具有犯罪的故意或过失的心理态度，这就使他对国家产生了罪责。国家据此对行为人认定有罪并追究其刑事责任，不仅合乎情理，也是必要的。与此同时，通过对行为人定罪处刑，还可以促使行为人今后正确地进行行为选择，不再选择实施危害社会的行为，进而收到预防犯罪的效果。

参考案例 8-1

李某乘其妻上夜班之机，乔装打扮后外出作案。当李某来到一昏暗僻静之处，见前面有一妇女，便尾随其后乘机将其击倒并实施奸淫。奸毕，又强抢该妇女的挎包（内有现金230余元），然后逃离现场。被害妇女连夜到公安机关报案。当被害妇女报案后回到家中，发现自己的挎包已在家中桌上，方知是自己的丈夫所为，遂与丈夫发生争吵。李某发现自己所奸之人系自己的妻子，所抢之物为家中财物，以为无事，第二天便偕同妻子前往公安机关说明情况并主动交代前一晚上所做之事。公安机关依此逮捕了李某。不久，检察机关依法向法院提起公诉，要求追究李某的刑事责任。法院以李某犯强奸罪和抢劫罪对其判处了刑罚。本案中，李某明知强奸、抢劫为刑法所禁止，属于犯罪行为，但为达到奸淫和非法占有目的，故意实施此种犯罪，既具备负刑事责任的主观根据，又具备负刑事责任的客观根据，因此，法院判决李某负刑事责任并对其判处刑罚是正确的。

（二）犯罪的不同罪过形式及其意义

从我国刑法所规定的犯罪来看，其罪过形式主要包括犯罪故意和犯罪过失两种类型。其中，某些犯罪只能由犯罪故意构成，如危害国家安全罪、侵犯财产罪等；某些犯罪只能由犯罪过失构成，如交通肇事罪、重大责任事故罪等。行为人实施犯罪是故意还是过失，反映其主观恶性不同并进而直接影响到犯罪社会危害性的大小和刑罚目的实现的难易，因而，刑法对故意犯罪和过失犯罪规定了轻重大不相同的刑罚。

第二节　犯罪故意

一、犯罪故意的概念和构成因素

根据《刑法》第14条的规定，犯罪故意，是指明知自己的行为会发生危害社会的结果，并且希望或者放任这种结果发生的一种心理态度。

根据这一定义分析，犯罪故意包括两个因素：一是认识因素，即行为人明知自己的行为会发生危害社会的结果；二是意志因素，即行为人希望或者放任自己的行为导致危害社会的结果发生。两者缺一，犯罪故意就不能成立。下面分别对这两个构成因素加以阐述。

（一）犯罪故意的认识因素

行为人明知自己的行为会发生危害社会的结果，这是构成犯罪故意的认识因素。虽然一个人的行为在客观上发生了危害社会的结果，但如果其行为时并不知道自己的行为会发生这种结果，就不构成犯罪故意。对于犯罪故意的认识因素，要注意把握以下两个方面：

1. 认识的内容。

即"明知"的内容。根据我国刑法理论界的通说，"明知"包含以下三个方面的内容：一是对行为本身的认识，即对刑法规定的危害社会行为的内容及性质的认识。一个人要明知自己的行为会发生危害社会的结果，首先必须对行为本身的性质、内容与作用有所认识。二是对行为结果的认识，即对行为产生或将要产生的危害社会结果的内容与性质的认识。由于具体犯罪中的危害结果就是对直接客体的侵害，因而这种对危害结果的明确认识，也包含了对犯罪直接客体的认识。三是对危害行为和危害结果相联系的其他构成要件事实的认识，这主要包括行为人对特定的犯罪对象、时间、地点和方法等因素的认识。

关于"明知"的内容，在刑法学界存有争议的问题是，明知是否包括行为人对违法性的认识。我国刑法理论界的通说认为，认识行为的违法性一般来说并不是犯罪故意的内容。因为，我国刑法规定，故意的认识因素是明知自己的行为会发生危害社会的结果，而没有规定构成犯罪故意要求行为人明知行为的违法性。同时在司法实践中，对于所谓"大义灭亲"的案件，只要行为人明知符合该种犯罪构成要件的一切事实情况，即使行为人误认为自己的行为被法律所允许，也仍然被司法机关认定为故意杀人罪。这是因为行为的社会危害性与违法性是互为表里的，认识行为的社会危害性，自然也会知道这种行为是为法律所禁止的，不需要把违法性的认识专门列为故意的内容，以免被人借口不懂法律而逃避应负的刑事责任。但是在这个问题上，也不能绝对化。如果原来并非法律所禁止的行为，一旦被特别法规定为犯罪，在这个法律实施的初期，行为人不知道有这种法律，从而没有认识到自己行为的违法性，是可能发生的。根据行为人的具体情况，如果行为人确实不知道有这种法律，而认为自己的行为是合法的，那就不应认为具有犯罪故意。

2. 认识的程度。

即明知自己的行为"会发生"危害社会结果的含义。所谓"会发生"，包括两种情况：一种是明知自己的行为必然会发生某种特定的危害结果，例如，甲想杀死乙，用枪顶在乙的脑袋上射击，即是明知这种行为必然致乙死亡；另一种是明知自己的行为可能会发生某种特定的危害结果，例如，行为人甲欲枪杀乙，但枪法不佳，又没办法接近乙，只好在远距离开枪射杀，甲明知开枪可能会打死乙，也可能打不死乙。

（二）犯罪故意的意志因素

行为人希望或者放任自己的行为导致危害结果发生是犯罪故意的意志因素，也是成立犯罪故意的决定性条件。因为，如果某人只有认识因素，而无意志因素，就不会实施危害行为，因而也就不会有故意犯罪。所谓"希望危害结果发生"，是指行为人对危害结果发生抱有积极追求的态度，并通过一系列犯罪活动促使这种结果发生。例如，在直接故意杀人案中，行为人所希望的具体危害社会的结果是他人的死亡，而不是他人健康的损害。所谓"放任危害结果发生"，是指行为人不希望危害结果发生，但也不阻止和避免危害结果发生，而是顺其自然，任凭其发生，不论危害结果发生与否，都不违背行为人的意愿。

二、犯罪故意的类型

按照犯罪故意的意志因素的不同，刑法理论上把犯罪故意区分为直接故意与间接故意两种基本类型。

（一）直接故意

犯罪的直接故意，是指行为人明知自己的行为会发生危害社会的结果，并且希望这种结果发生的心理态度。直接故意的构成因素有二：其认识因素是行为人明知自己的行为会发生危害社会的结果；其意志因素是行为人希望危害结果发生。根据行为人的认识程度不同，直接故意有以下两种表现形式：

（1）行为人明知自己的行为必然发生危害社会的结果，并且希望这种结果发生。

（2）行为人明知自己的行为可能发生危害社会的结果，并且希望这种结果发生。

（二）间接故意

1. 间接故意的概念与特征。

犯罪的间接故意，是指行为人明知自己的行为可能发生危害社会的结果，并且放任这种结果发生的心理态度。间接故意的特征是：

（1）在认识因素上，表现为行为人认识到自己的行为可能发生危害社会的结果。即行为人通过对自身犯罪能力、犯罪对象、犯罪工具，或者犯罪的时间、地点、环境等情况的了解，认识到行为导致危害结果发生只是具有或然性、可能性，而不是具有必然性。

（2）在意志因素上，表现为行为人放任自己的行为导致危害结果发生。所谓放任，是指行为人不希望、不积极追求危害结果发生，而是在明知自己的行为可能发生特定危害结果的情况下，仍然决意实施这种行为，对阻碍危害结果发生的障碍不去排除，也不设法阻止危害结果的发生，而是听之任之，任凭危害结果的发生。

2. 间接故意的三种情况。

在司法实践中，犯罪的间接故意大致有三种情况：

（1）行为人为追求某一个犯罪目的而放任另一个危害结果的发生。

参考案例 8-2

被告人刘某不能忍受妻子与他人通奸，便生杀妻之念。某日，刘某在妻子饭碗内投下剧毒药。刘某明知妻子可能喂饭给孩子吃，但他因杀妻心切，听任孩子被妻子喂食有毒的饭。结果，妻子一边自己吃饭一边给孩子喂饭，5分钟后，母子均中毒而死。此案中，刘某为追求杀死妻子而放任了其孩子的死亡，其主观心理态度，对妻子死亡而言是直接故意，对孩子死亡而言是间接故意。

（2）行为人为追求一个非犯罪的目的而放任某种危害结果的发生。

参考案例 8-3

李某与王某在校园里用枪打鸟。李某见一只麻雀停在校门口的台阶上，欲举枪射击，王某制止说："不能打，如果有人出来会打中人的。"李某说："谁叫他这个时候出来，打死该他倒霉。"他边说边开枪，恰好将一出门的学生邓某打死。此案中，李某为追求打麻雀而放任了邓某的死亡，其对邓某死亡的主观心理态度为间接故意。

（3）突发性的犯罪，不计后果，放任严重结果的发生。

（三）直接故意与间接故意的关系

直接故意与间接故意均属故意的范畴，二者在认识因素上对自己的行为发生危害结果都有明确的认识，在意志因素上对危害结果的发生都不是排斥、反对的态度，这是两者的相同点。它们的区别主要在于：

（1）在认识因素上有所不同。直接故意既可以是行为人明知自己的行为必然发生危害结果，也可以是行为人明知自己的行为可能发生危害结果；而间接故意只能是行为人明知自己的行为可能发生危害结果。

（2）在意志因素上不同。直接故意的行为人是希望危害结果发生；而间接故意的行为人则是放任危害结果发生。

（3）在犯罪成立条件上不同。在直接故意的情况下，特定的危害结果是否发生，并不影响犯罪的成立；而在间接故意的情况下，只有发生了特定的危害结果，才能构成犯罪。区分直接故意与间接故意的意义在于：一般来说，直接故意的主观恶性大于间接故意，因而在其他条件相同的情况下，对直接故意犯罪的判刑一般应重于间接故意犯罪。但这也不是绝对的。在司法实践中，有的案件间接故意所表现的主观恶性也很严重，因而对间接故意犯罪的判刑并非都要比直接故意犯罪轻。需要注意，无论是直接故意犯罪还是间接故意犯罪，由于它们同属于故意犯罪范畴，属于相同罪质的犯罪，因而在确定罪名时无须作出区分。

第三节 犯罪过失

一、犯罪过失的概念

根据《刑法》第15条的规定，犯罪过失，是指应当预见自己的行为可能发生危害社会的结果，因为疏忽大意而没有预见，或者已经预见而轻信能够避免，以致发生这种结果的一种心理态度。据此，犯罪过失是对危害结果的一种心理态度。它总是同危害结果的发生联系在一起，没有危害结果发生，就谈不到犯罪过失的存在。应当指出，即使发生了一定的危害结果，如果法律认为发生的结果的社会危害程度未到需要作为犯罪给予惩治的地步，因而没有把这种过失行为规定为犯罪，那么，这种过失也就不能说是犯罪过失。

通过犯罪过失的概念，我们知道，行为人在过失犯罪的情况下所实施的危害社会的行为并非自觉自愿，那么，追究行为人的刑事责任的根据何在？这是由于人的意志具有相对的自由，人可以凭借自己对客观事物的正确认识，在客观条件许可的范围内自由选择自己的行为。在过失犯罪的情况下，行为人本来能够通过对客观事物的认识，慎重从事，选择自己的行为，从而避免危害结果的发生。但是，行为人却在自己的意志支配下，对社会利益和群众的安危采取了严重不负责任的态度，从而造成了严重危害社会的结果。因此，国家有充分的理由要求行为人对自己这种严重不负责任的态度支配下的行为承担刑事责任。

二、犯罪过失的类型

按照犯罪过失心理态度的不同内容，刑法理论上把犯罪过失区分为疏忽大意的过失与过于自信的过失两种基本类型。

（一）疏忽大意的过失

疏忽大意的过失，是指行为人应当预见到自己的行为可能发生危害社会的结果，因为疏忽大意而没有预见，以致发生这种结果的心理态度。这种过失又叫无认识的过失。它具有如下两个基本特征：

1. 行为人应当预见自己的行为可能发生危害社会的结果。

应当预见，是指行为人在行为时对危害结果的发生既有预见的义务，又有预见的能力。这是疏忽大意的过失有别于意外事件的关键所在。所谓预见的义务，是指行为人在行为时对危害结果的发生负有预见的责任。预见的义务一般是由法律或者规章、制度规定的，在没有相应的法律或者规章时，一般应根据共同生活准则或生活经验来确定。所谓预见的能力，则是指行为人在实施行为时对危害结果的发生有预见的现实条件和实际可能性。一般来讲，预见义务与预见能力是有机的统一，法律只对有条件可能预见的人才会提出预见的义务。因此，即使行为人对危害结果的发生负有预见义务，但在当时的情况下不具有预见的条件，不存在预见的能力，即使发生严重的损害结果，也不能要求行为人对此负刑事责任。

关于判断能否预见的标准问题，刑法理论界尚未达成共识，主要有以下三种观点：一是客观标准说，即主张以社会上一般人的水平来衡量；二是主观标准说，即在当时的具体条件下以行为人本身的能力和水平来衡量；三是以主观标准为根据、以客观标准作参考的观点，这是我国刑法理论界较为通行的主张。我们赞同第三种观点。据此，一般理智正常的人能够预见到的危害结果，理智正常的行为人在正常条件下也应当能够预见到。但是，判定行为能否预见的具有决定性意义的标准，只能是行为人的实际认识能力和行为时的具体条件。就是说，要根据行为人本身的年龄状况、智力发育、文化知识水平、业务技术水平和工作、生活经验等因素判定其实际认识能力，以及行为当时的客观环境和条件，来具体分析行为人在当时的具体情况下，对行为发生这种危害结果能否预见。按照这个标准，一般人在普通条件下能够预见的，行为人可能因为自身认识能力较低或行为时的特殊条件而不能预见；反之，一般人在普通条件下不能预见的，行为人也可能因为自身认识能力较高（如有专业知识和这方面的经验等），或者行为时的特殊条件而能够预见。因此，既不应无视行为人的实际认识能力，而以一般人的认识能力来衡量行为人能否预见，也不宜脱离行为当时的具体条件，而按普通情况来判断行为人能否预见，而只能按照行为人的实际认识能力和行为当时的具体客观条件，来分析、判定行为人能否预见。

2. 行为人由于疏忽大意，而没有预见到危害结果的发生。

所谓没有预见到，是指行为人在行为时没有想到自己的行为可能发生危害社会的结果，而不是说行为人从来就不知道会发生这种结果。所谓疏忽大意，就是粗心、马虎，不留意、不负责任。疏忽大意是导致没有预见的根本原因，它既是此种过失的重要心理特征，也是行为人承担过失责任的根据。

（二）过于自信的过失

1. 过于自信的过失的概念与特征。

过于自信的过失，是指行为人已经预见自己的行为可能发生危害社会的结果，但轻信能够避免，以致发生这种结果的心理态度。这种过失又叫有认识过失，它具有如下两个特征：

（1）行为人已经预见自己的行为可能发生危害社会的结果。

在过于自信的过失的场合，行为人对自己行为的危害社会结果的预见，只能是预见这种结果发生的可能性，而不能是预见这种结果发生的必然性。因为过于自信的过失的根本特征是轻信能够避免这种结果的发生，而只有在预见危害社会结果可能发生的条件下，才会轻信能够避免这种结果发生。否则，如果行为人预见危害结果不可避免地发生，那就不会相信能够避免这种结果发生了。

（2）行为人轻信能够避免但未能避免，以致发生了危害结果。

轻信能够避免，一般包含以下三个方面的意思：

其一，行为人相信危害结果不会发生，即对危害结果的发生，行为人是持否定态度的。

其二，相信能够避免危害结果的发生有一定的实际根据。这就是说，行为人不是毫无根据地认为不会发生危害社会的结果，而是有实际的根据才相信可以避免，如行为人本人的熟练技巧或较强的体力，行为人对客观环境或自然规律的熟悉等。

其三，相信能够避免危害结果发生的根据并不可靠。这就是说，行为人过高地估计了能够避免危害结果发生的根据，以致最终还是发生了危害结果。正因为如此，这种过失才叫作过于自信的过失。

参考案例 8 - 4

被告人刘某，家住某镇集贸市场附近一宿舍楼（距地面高 8 米）。某日晚上 10 时许，刘某与朋友胡某、陆某在自己家喝酒。刘某欲将空啤酒瓶往窗外扔，胡某劝道："下面可能有人经过，当心砸到人！"刘某却说："这时候下面走的人少，没那么巧。"于是将一空啤酒瓶扔向窗外，正好砸中李某头部，致李某脑部出血，倒地不起。刘某听说后即与朋友胡某等一起下楼将李某送往医院抢救，避免了李某的生命危险，但造成了李某重伤。此案中，刘某已经预见自己的行为可能发生危害结果，但轻信能够避免，以致发生了李某重伤的结果，对于这种结果，刘某是持反对态度的，因此，其主观心理态度为过于自信的过失。

2. 过于自信的过失与疏忽大意的过失、间接故意的区别。

过于自信的过失作为过失犯罪的主观罪过形式之一，与疏忽大意的过失在意志因素上对危害结果的发生均持反对、排斥的态度，因此，两者有相似之处。它们之间的区别在于认识因素不同。过于自信的过失在认识因素上对危害结果的发生是已经有所预见；而疏忽大意的过失对危害结果的发生则是应当预见而实际上没有预见。

在认定过于自信的过失时，还应当将其与间接故意区别开来。二者在认识因素上对危害结果的发生均有认识，在意志因素上对危害结果的发生均持不希望的态度。但它们是性质截然不同的两种罪过形式，在认识因素和意志因素上都有着重要的区别。它们之间的区别主要表现在两方面：

（1）对危害结果的认识程度不同。过于自信的过失的行为人仅仅是预见到危害结果可能发生，认识程度相对较低；而间接故意的行为人则是明知危害结果的现实可能发生，认识程度相对较高。

（2）对危害结果的发生所持的心理态度不同。过于自信的过失，行为人在主观上对危害结果的发生不仅不存在希望的心理，而且轻信能够避免危害结果的发生，因此，危害结果的发生是违背行为人的本意的；间接故意的行为人虽然也不希望危害结果发生，但却放任了危害结果发生，危害结果的发生并不违背行为人的本意。

第四节　与罪过有关的几个问题

一、意外事件

（一）意外事件的概念和特征

在现实生活中，不仅有罪过实施的犯罪会产生危害社会的结果，无罪过实施的行为同样会导致对社会造成损害的结果。根据《刑法》第16条的规定，行为在客观上虽然造成了损害结果，但不是出于故意或者过失，而是由于不能预见的原因所引起的，不认为是犯罪。这种情况就是刑法理论中所说的意外事件。

意外事件有以下三个特征：（1）行为人的行为在客观上造成了损害结果；（2）行为人对自己行为所造成的损害结果，主观上既无故意也无过失；（3）损害结果的发生是由于不能预见的原因所引起的。其中，"不能预见"是意外事件最本质的特征。这也是意外事件区别于犯罪行为的最重要的标志。所谓"不能预见的原因"，就是行为人在其行为引起损害结果发生的当时，根据客观环境和主观条件，他根本没有也不可能预见这种损害结果。

参考案例 8－5

秋季某日午夜，农民涂某拿着锯子到离村3公里远的山林中偷锯松树。涂某在林中锯树的声音被另一过路的同村农民李某听见。因月色暗淡，看不见锯树人，李某便向发出锯树声音的地方走去。当李某走到涂某锯树处6米远时，树正好被锯断，树倒下打中李某的头部，致李某当即死亡。根据当时的情况，涂某不可能预见到锯断的树会将人打死。因而，对涂某来说，致李某死亡，就是意外事件。由于意外事件缺乏犯罪故意和过失，因而不属于犯罪，行为人不负刑事责任。

（二）意外事件与疏忽大意的过失的区别

意外事件与疏忽大意的过失有相似之处，二者都是行为人对结果的发生没有预见，并因此发生了这种结果。但是，它们有着原则的区别。意外事件是因为行为人对损害结果的发生不能预见而没有预见，而疏忽大意的过失则是行为人对危害结果的发生应当预见，因为疏忽大意而没有预见。这一区别也正是缺乏认识因素的意外事件不认为是犯罪，而疏忽大意的过失却是犯罪的根本原因所在。疏忽大意的过失犯罪与意外事件的界限，是罪与非罪的界限。正确划清、严格区别这一界限，不仅可以防止将那些工作草率马虎、敷衍了事，因而给国家造成损失的过失犯罪行为误认为是意外事件，放纵犯罪分子，又可以避免在认定犯罪问题上出现"客观归罪"的错误，将意外事件误认为过失犯罪，使无辜者负担刑事责任。

二、不可抗力

（一）不可抗力的概念和特征

除了不能预见的原因所导致结果发生的意外事件外，《刑法》第16条还规定了另外一种无罪过事件，即不可抗力。不可抗力，是指行为虽然在客观上造成了损害结果，但是不是出于故意或者过失，而是由于不能抗拒的原因所引起的。不可抗力具有以下三个特征：（1）行为人的行为在客观上造成了损害结果；（2）对于该损害结果，行为人主观上既不是故意，也不是过失；（3）该损害结果是因为不可抗拒的力量所导致的。所谓"不可抗拒的原因"，是指行为人虽然预见到自己的行为可能会造成损害结果，但是根据当时的客观环境和主观条件，行为人无法阻止危害结果的发生。

（二）不可抗力与过于自信的过失之间的区别

不可抗力与过于自信的过失之间的相似之处在于，二者可能都已经预见到了结果的发生，且结果也实际发生了。二者的区别在于，过于自信的过失中，行为人已经预见到了结果的发生，但是行为人却过于轻信自己的能力，认为自己可以避免结果的发生，但结果却未能避免而实现；而不可抗力中，行为人即使预见到了结果的发生，对自己的能力也未发生错误的认识，若无该无法抗拒的力量出现，行为人也有能力阻止结果的发生，但是正是因为出现了该无法抗拒的力量，导致结果的发生无法避免。

三、期待可能性

期待可能性，是指从行为当时的情况来看，可以期待行为人实施合法行为，而不实施非法行为的情形。如果在当时的情况下，无法期待行为人实施合法行为，即欠缺期待可能性，即使行为人对于结果的发生主观上具有故意或者过失，亦丧失了对行为人追究责任的基础。除是否存在着期待可能性的问题外，期待可能性也存在着程度上的区分，当认定行为人的期待可能性小或低时，对行为人的可谴责性降低，应当对行为人从宽处罚。我国刑法中，以欠缺期待可能性而不对行为人进行追责的情况较少，仅在一些特殊情况下存在，如有配偶者因遭受自然灾害外流谋生而重婚的，不以重婚罪论处。

四、严格责任

严格责任，是指对于某些法律所规定的犯罪行为追究刑事责任，检察机关并不需要证明行为人的主观罪过。严格责任并非是指行为人主观上没有罪过，而是检控机关在证明责任的分配上不需要证明该具体罪过。被告人能够证明自己的行为欠缺任何一种犯罪心态，即可免除刑事责任。[①] 我国刑法中并没有严格责任，对于刑法中所规定的所有罪行，检察机关均需要证明行为人具备故意或者过失的主观心态。但近年来亦有学者提出，我国刑法中应当引入严格责任，如认为《刑法》第133条之一规定的危险驾驶罪应当界定为严格责任。对于这种主张引入严格责任的观点，我们并不赞成。

第五节　犯罪目的与犯罪动机

一、犯罪目的和犯罪动机的概念

任何故意实施行为的人，都是在一定的动机支配下，去追求一定的目的的。一般来讲，动机是指推动人去追求某种目的的内在动力或内心起因，目的是在一定动机的推动下希望通过实施某种行为达到某种结果的心理态度。刑法学研究的动机和目的，不是人的一般故意行为的动机和目的，而是作为行为人故意犯罪活动主观因素的犯罪动机和目的。

（一）犯罪目的的概念

所谓犯罪目的，是指行为人希望通过实施犯罪行为达到某种结果的心理态度。如盗窃犯在实施盗窃行为时，就是以非法占有他人财物为目的。根据我国刑法理论的通说，犯罪目的一般只存在于直接故意犯罪过程中，间接故意和过失犯罪不存在犯罪目的。从我国刑法的规定来看，绝大多数直接故意犯罪并没有明文规定犯罪目的。只有少数犯罪，刑法对其主观目的作了明文规定。例如，《刑法》第363条规定的制作、复制、出版、贩卖、传播淫秽物品牟利罪，应以牟利为目的；《刑法》第240条规定的拐卖妇女、儿童罪，应以出卖为目的。刑法之所以作出这种规定，是因为构成某种犯罪不仅要求行为人在主观上存在故意的心理，而且还必须有特定的目的。

参考案例 8-6

被告人陈某、曹某将刚出生的女儿卖给辛集市某村的张某，得款2 300元。两年后，被告人陈某、曹某又将刚出生的儿子通过同厂工人苏某介绍卖给宁晋县某村的刘某，得款8 800元。法院判决陈某、曹某犯拐卖儿童罪。此案中，陈某、曹某的行为之所以构成拐卖儿童罪，而不构成其他罪，关键原因就在于其主观上具有出卖儿童的目的。

（二）犯罪动机的概念

所谓犯罪动机，是指刺激行为人实施犯罪行为以达到犯罪目的的内心冲动或起因。心理学告诉我们，动机是激励人去行动的主观原因，它激励人确立某种目的，推动人去达到某种目的。犯罪动机当然也具有心理学上的动机的特点，但它与一般动机的不同之处在于，它是刺激人去实施犯罪行为，推动人确立和去达到犯罪目的。例如，对强奸罪的实行犯来讲，非法强行与妇女发生性关系是其犯罪目的，而促使行为人确定这种犯罪目的的内心起因即犯罪动机，可以是贪色、仇恨、报复甚至极端的嫉妒心理等。因此，如果不弄清犯罪的动机，就不能真正了解行为人为何去追求某种犯罪目的。应当明确，我国刑法对犯罪动机没有明文规定，但《刑法》分则不少条文规定了情节严重、情节恶劣或情节轻微等，犯罪动机无疑是重要情节之一。

---

① 储槐植，江溯. 美国刑法. 4版. 北京：北京大学出版社，2012：54.

二、犯罪目的和犯罪动机对定罪量刑的意义

犯罪目的和犯罪动机存在于直接故意犯罪中，对定罪量刑具有重要的意义。

（一）犯罪目的对定罪量刑的意义

犯罪目的主要影响直接故意犯罪的定罪问题，表现为以下两种情况：

（1）在法律标明犯罪目的的犯罪中，特定的犯罪目的是犯罪构成的必备要件。对法律标明犯罪目的的犯罪来说，特定的犯罪目的是这些犯罪构成主观方面的必备要件。其作用或是作为区分罪与非罪的标准，或是作为区分此罪与彼罪的标准。

（2）对法律未标明犯罪目的的直接故意犯罪来说，犯罪目的是犯罪故意中必然存在的一个重要内容。由于每种直接故意犯罪都有其犯罪目的，因而在剖析具体犯罪构成的主观要件时，明确其犯罪目的的内涵并予以确切查明，无疑对定罪具有重大作用。例如，抢劫、盗窃、抢夺犯罪都是以非法占有公私财物为目的。行为人虽有客观上相应的行为，但如果不具有这个犯罪目的，就不构成犯罪或者不构成此种犯罪。可见，查清这些直接故意犯罪的犯罪目的，有助于正确区分罪与非罪、此罪与彼罪的界限。

另外，由于定罪正确是量刑适当的前提，而犯罪目的影响定罪，因而也可以说它对正确适用刑罚也具有一定的意义。

（二）犯罪动机对定罪量刑的意义

犯罪动机作为犯罪主观方面的构成因素，不仅对于量刑有重要影响，而且对于定罪在某种程度上也有一定的影响。

（1）犯罪动机对定罪的影响。根据《刑法》第13条规定的"但书"的内容以及《刑法》分则规定的对某些"情节犯"的要求，某些行为是否构成犯罪，除了必须具备犯罪构成的其他要件外，还要视其情节是否轻微或是否显著轻微。这样，作为犯罪重要情节之一的犯罪动机，自然在一定程度上成为可以影响犯罪成立与否的一个因素，也就是说，犯罪动机在一定条件下也影响定罪。

（2）犯罪动机对量刑的影响。犯罪动机是犯罪的重要情节之一，由于不同的犯罪情节对于量刑有着非常重要的影响，因而不同的犯罪动机在司法实践中对量刑的轻重必然会带来一定的影响。

第六节　刑法上的认识错误

人的认识是对客观现实的反映，因而判断人的认识是正确或错误，就应当看这种认识是否正确地反映了客观实际。所谓认识错误，就是人对客观实际的不正确反映或认识。刑法上的认识错误，是指行为人对自己的行为在法律上的意义或是否影响犯罪成立的事实上的不正确认识。因此，在性质上它与一般的认识错误有着根本的不同。刑法上的认识错误可以分为两类：一是行为人在法律上的认识错误；二是行为人在事实上的认识错误。

一、法律认识错误

法律认识错误，即行为人在法律上的认识错误，是指行为人对自己的行为在法律上是否构成犯罪、构成何种犯罪或者应当受到什么样的刑事处罚的不正确的理解。这类认识错误，通常表现为以下三种情况。

（一）行为不构成犯罪，但行为人误认为是犯罪

这种认识错误不影响行为的性质。因为行为是否构成犯罪，应当以法律的规定为准绳，而不是以个人的评价为标准。刑法既然规定这种行为不是犯罪，就不能因为行为人误认为是犯罪而使之负刑事责任。

（二）行为构成犯罪，但行为人误认为不是犯罪

由于违法性认识一般不是犯罪故意的内容，因而行为人误认为自己的行为不构成犯罪，不影响故意

犯罪的成立。但在某些特殊情况下，如果行为人确实不了解国家刑事法律的某种禁令，从而也不知道行为具有社会危害性的，就不能让其承担故意犯罪的刑事责任。

（三）对定罪量刑的误解

即行为人误认为对他的行为应定甲罪名，实际上应定乙罪名；或者误认为对他的罪行应处较轻的刑罚，实际上应处较重的刑罚。由于这种认识错误所涉及的情况不影响犯罪构成和行为的社会危害性，因而不影响行为人的罪过，也不影响其刑事责任。

二、事实认识错误

事实认识错误，是指行为人对自己行为有关的事实情况所产生的不正确的认识。这类认识错误是否影响行为人的刑事责任，要区别情况具体对待：如果行为人对属于犯罪构成要件方面的事实情况认识错误，则影响行为人的刑事责任；如果行为人对属于犯罪构成要件以外的事实情况认识错误，则不影响行为人的刑事责任。行为人对事实的认识错误，主要有以下几种情况。

（一）对客体的认识错误

即行为人意图侵犯一种客体，而实际上侵犯了另一种客体。对于客体认识错误案件，应当按照行为人意图侵犯的客体定罪。例如，便衣警察甲追捕扒窃犯乙，乙的好友丙看到后，误认为是甲、乙发生殴斗，便上前对甲进行打击，导致甲重伤。丙未能认识到甲正在执行公务活动，其意图侵犯的仅为甲的身体健康权，但是实际上侵犯了国家机关工作人员正常的公务活动。对于丙，应当认定为故意伤害罪，而不能认定为妨害公务罪。

（二）对行为对象的认识错误

行为人对行为对象的认识错误，通常表现为以下四种情况：

（1）误把甲对象当作乙对象加以侵害，而两者体现相同的社会关系或反映相同的犯罪客体，即属于同一犯罪构成内的错误。例如，行为人意欲杀甲，却误把乙当作甲杀死。对于此种对象错误如何处理，理论界有不同的观点。持"法定符合说"的学者认为：由于两个对象体现的是相同的社会关系或犯罪客体，因此该不同的对象在法律性质上并没有差别，该错误不阻却故意，也不影响既遂犯的成立。持"具体符合说"的学者则认为：主客观的一致应当是具体对象上的一致，行为人主观上意图杀甲，但实际死亡的是乙，对于甲，行为人应当构成故意杀人罪未遂，对于乙应当认定为过失致人死亡罪。持"具体符合说"的学者认为：虽然意图杀害的对象和实际死亡的对象并非同一人，但是从行为当时的情形上看，行为人意图杀害的是"那个人"，实际死亡的也是"那个人"，所以仍然应当认定为故意杀人罪既遂。现阶段的主流通说是"法定符合说"。

（2）误把甲对象当作乙对象加以侵害，但两者体现不同的社会关系或体现不同的犯罪客体，即属于不同犯罪构成间的错误。例如，误以为他人提包中装的是钱财而盗走，实际上提包中装的是手枪和子弹。就行为人实际侵害的对象而言，由于他没有意识到自己的行为会给此种对象及其所体现的特定社会关系（犯罪客体）造成侵害，当然，也就谈不上有此种犯罪的故意。若行为人主观上存在过失，而刑法又有处罚过失犯的规定的情况下，成立过失犯。对意欲侵害的对象而言，行为人主观上有犯罪故意，客观上实施了危害行为，一般是由于认识错误而使犯罪未得逞，因此通常属于犯罪未遂。如果行为人对实际侵害的对象和意欲侵害的对象来说，都构成犯罪，那就属于想象竞合犯，应从一重处断。如果只成立一罪，则按照一罪定罪量刑。就上例而言，行为人无盗窃枪支、弹药罪的故意，不能构成盗窃枪支、弹药罪，而刑法又无处罚过失盗窃枪支、弹药行为的规定，所以，行为人只对其盗窃财物的行为承担刑事责任。

（3）误把甲对象当作乙对象加以侵害，侵害乙对象的行为刑法规定为犯罪，而侵害甲对象的行为刑法没有规定为犯罪。

参考案例8-7

个体户朱某因准备去广州做生意，特邀被告人蔡某等几个朋友来家饮酒聚会。席间朋友高某提出要朱某从广州捎回一台数码相机，在高某表示先给钱时，朱某声称不用先给钱，并从沙发底下取出腰包，露出很多钱让众人看，随后又将腰包当众放回原处。第二天上午，被告人蔡某乘朱某去火车站购买车票、家中无人之机，撬门将腰包窃走，内有伪造的人民币 2.3 万元。2 个月后，被告人蔡某用所盗的假币 1 000 元购买商品时，被营业员检验为假币，因数量较大，遂将蔡某扭送到公安机关。随后，朱某也被公安机关抓获归案，并承认被盗的是假人民币。此案中，蔡某误将假币当作真币盗窃，虽然盗窃假币的行为在刑法上未规定为犯罪，但就其意欲侵害的对象而言，行为人主观上有盗窃真人民币的犯罪故意，客观上实施了盗窃行为，只是由于其对盗窃对象的认识错误而使犯罪未得逞，属于犯罪未遂。因此，对此种对象错误，应以行为人意欲侵害的对象所实施的行为定性，以犯罪未遂论处。

（4）具体的犯罪对象不存在，行为人误以为存在而实施犯罪行为，因而致使犯罪未得逞的，应定为犯罪未遂。

（三）对行为的认识错误

即行为人实施某种行为时，误认为自己的行为能造成危害结果，实际上不能，或者误认为自己的行为不能造成危害结果，实际上造成了危害结果。对行为的认识错误包括如下两种情况：

（1）对行为性质的认识错误。即行为人对自己的行为是否具有危害社会的性质的不正确认识。在这种情况下，如果行为人应当并能够预见危害后果的发生，应对所造成的危害结果负过失犯罪的责任；如果不能预见时，属于意外事件，不负刑事责任。

（2）对手段的认识错误。即行为人对所采用的手段或方法能否造成危害结果的不正确认识。它可能表现为所采用的手段不足以造成危害结果，行为人误认为能够造成危害结果。这种情况下，对行为人应依犯罪未遂负刑事责任。它也可能表现为所采用的手段足以造成危害结果，行为人误认为不能造成危害结果。对此，如果行为人应该并能够预见危害后果的发生时，构成过失犯罪；如果不能预见时，属于意外事件，不负刑事责任。它还可能表现为因为愚昧而使用的手段根本不可能导致危害结果发生，但行为人误认为可以导致危害结果发生。这种情况属迷信犯，应认定为无罪。

（四）对因果关系的认识错误

所谓对因果关系的认识错误，是指行为人对自己所实施的行为和所造成的结果之间的因果关系的实际发展有错误认识。对此应按照主客观相统一的刑事责任原则的要求，分析这种错误认识是否影响行为人的刑事责任。对因果关系的认识错误主要包括以下几种情况：

（1）行为人误认为自己的行为已经达到了预期的犯罪结果，事实上并没有发生这种结果。这种情况属于犯罪未遂。

（2）行为人所追求的结果事实上是由于其他原因造成的，行为人误认为是自己的行为造成的。这种情况下，应以犯罪未遂追究行为人的责任。

（3）行为人的行为没有朝他预想的方向发展及其预想的目的停止，而是发生了行为人所预见、追求的目标以外的结果。这种错误不影响行为人原有的故意心理，但对实际发生的超出故意范围的结果要排除故意，只应负过失的责任。

（4）行为人实施甲、乙两个行为，伤害结果是由乙行为造成的，行为人误认为是由甲行为造成的。这种情况属于对因果关系的错误认识，不属于犯罪故意的内容，因而对行为人定罪量刑不产生影响。

（五）打击错误

打击错误，是指行为人实施侵害行为意欲侵害某一对象，但是由于行为发生偏差，导致侵害到另一对象。所以打击错误也被称为方法错误。打击错误具体包括两种情形：

（1）同一犯罪构成内的错误。即行为人意欲侵害的对象和实际侵害的对象体现着相同的社会关系或者相同的犯罪客体。如甲意欲对丙实施开枪杀害行为，但由于枪法不准，击中了丙旁边的乙。与对象错误相似，处理同一犯罪构成内的打击错误，不同的符合说的结论也不一样。"法定符合说"认为：丙、乙均是故意杀人罪中的法律意义上的人，从该意义上说，行为人主观认识和客观事实是一致的，应当认定为故意杀人罪既遂。"具体符合说"则认为：从具体的人角度上看，行为人主观认识和客观事实是并不一致，对于丙，应当认定为故意杀人罪未遂；对于乙，应当认定为过失致人死亡罪。

（2）不同犯罪构成间的错误。即行为人意欲侵害的对象和实际侵害的对象体现着不同的社会关系或者不同的犯罪客体。如甲意欲对乙实施开枪杀害行为，但由于枪法不准，击中了乙身边其所养的狗。对于甲应当认定为故意杀人罪未遂，对于过失导致狗（乙的财物）死亡的行为，并不是犯罪行为。

社会热点：
未认识到所持有的为刑法中所指枪支应如何处理？

 【引例评析】

本章引例中被告人李某对被害人梁某的死亡主观上具有间接故意。间接故意是认识因素和意志因素的统一。其认识因素是行为人明知自己的行为可能发生危害社会的结果，其意志因素是放任危害结果的发生。李某对梁某死亡的主观心理态度符合间接故意的认识因素和意志因素特征。首先，从认识因素上说，李某作为汽车司机，对有效路面只有1.5米宽不便开车通过是明知的，对梁某站在他自己汽车左边的踏板上也是明知的，进而对自己开车强行通过可能导致将梁某挤压在两车之间致死的严重后果也是明知的，因而具备间接故意的认识因素。其次，从意志因素上说，李某为急于开车通过，在与梁某协商不成的情况下，明知开车强行通过可能导致将梁某挤压在两车之间致死的严重后果，仍然未采取任何避免危害结果发生的措施而强行开车通过，致使梁某被挤死。对于梁某的死亡，李某虽然主观上不持希望态度，但却持有听之任之、不发生也可以发生也可以的心理态度，因而他具有间接故意的放任意志态度。因此，对李某开车强行通过将梁某挤死于两车之间的行为，应认定为故意杀人罪。

需要注意的是，李某对梁某死亡的主观心理态度不应认定为过于自信的过失。因为李某作为汽车司机在当时的环境下对自己开车强行通过可能会将梁某挤死于两车之间具有较为明确的认识，在认识因素上已经超过过于自信过失的认识因素内容；另一方面，在明知强行开车通过可能致梁某死亡的情况下，李某强行开车通过，既没有轻信能够避免梁某死亡的主客观根据，也没有采取一定的措施避免梁某被车挤死，因而不符合过于自信过失的"轻信能够避免"的特征。因此，对李某的行为，不应以过失致人死亡罪论处。

【本章小结】

犯罪主观方面，是指犯罪主体对自己的危害行为及其危害社会的结果所持的心理态度。它包括罪过（即犯罪故意和犯罪过失）以及犯罪目的和犯罪动机等因素。犯罪故意，是指行为人明知自己的行为会发生危害社会的结果，并且希望或者放任这种结果发生的一种心理态度，分为直接故意与间接故意两种基本类型。犯罪过失，是指行为人应当预见自己的行为可能发生危害社会的结果，因为疏忽大意而没有预见，或者已经预见而轻信能够避免，以致发生这种结果的一种心理态度，分为疏忽大意的过失与过于自信的过失两种基本类型。犯罪目的，是指行为人希望通过实施犯罪行为达到某种结果的心理态度。犯罪动机则是刺激行为人实施犯罪行为以达到犯罪目的的内在冲动或者起因。刑法上的认识错误，是指行为人对自己的行为在法律上的意义或是否影响犯罪成立的事实上的不正确认识。在刑法理论上，一般将其分为法律认识错误和事实认识错误两种情况。认识错误因内容的不同，而对行为人的刑事责任产生不同的影响。

【练习题】

一、名词解释

罪过　犯罪故意　犯罪过失　意外事件　犯罪目的

二、思考题

1. 犯罪故意的认识因素和意志因素是什么？如何理解两者的关系？

2. 过于自信的过失与间接故意的区别何在？

3. 疏忽大意的过失与意外事件的区别何在？

4. 犯罪目的和犯罪动机对定罪量刑有何意义？

5. 刑法中的事实认识错误包括哪些？对其应当如何处理？

三、案例分析题

1. 甲公司内有男、女工宿舍楼各一幢，宿舍区内仅有一个茶水炉，茶水炉与女工宿舍楼之间有一条1米多宽的通道，宿舍区内的人员大多经过这条通道取水，且经常有住宿舍人员的子女在通道内骑车追逐玩耍。某天，顾某和同事吴某跑步锻炼回来，各拿一塑料脸盆前往该茶水炉打开水，准备回宿舍洗澡。顾某接了满满一盆开水后，先行离开茶水炉。由于水太烫，将塑料脸盆都烫软了，顾某的注意力全都集中在脸盆上，只能缓步朝前走。在行至这条1米多宽的通道中时，迎面遇到骑车追逐的两小孩李某（8岁，本案被害人）和吕某（9岁）。因顾某疏于观察，避让不及，加之李某车速较快，且拐入通道时未按铃，导致两人相撞，顾某盆内开水泼洒到李某身上，造成李某大面积烫伤并休克。李某被烫后，顾某未进行任何救助行为即离开现场。经法医鉴定，被害人李某所受损伤系重伤，伤残程度达9级。

问题：

顾某的行为是否构成犯罪？为什么？

分析要点提示：

顾某的行为构成过失致人重伤罪，而不属于意外事件。认定本案的关键在于，顾某能否预见自己的行为可能造成李某重伤的结果。如果能够预见，则顾某主观上对自己的行为具有疏忽大意的过失。我们认为，顾某对自己的行为造成李某重伤的结果是能够预见的。顾某只将注意力完全集中于脸盆，避免开水烫伤自己，而疏于观察来往行人，即未切实履行避免危害结果发生的注意义务，从而导致了李某重伤，因而顾某具有疏忽大意的过失，其行为构成过失致人重伤罪。

2. 被告人马某与被害人刘某是同一班组职工，平时因一些琐事产生矛盾，马某感觉受了刘某的欺负而怀恨在心，产生投毒报复刘某的念头。某日，被告人马某下班回家途中，从卖老鼠药的个体户徐某处购得毒鼠药一片（实际上为假鼠药），回到家后，将药片碾成粉末装入小塑料袋中，藏在身上。后被告人马某乘同班组职工都已到现场作业、休息室无人之机，将事先准备好的毒鼠药粉末全部倒入刘某装有茶水的杯子里，碰巧被走进休息室的同班组同事戴某、韩某看见，呵斥马某。马某见状随即逃跑，但被戴某、韩某扭送至派出所。马某交代了意欲投毒害死刘某的事实。经检验，马某所购毒鼠药由锯末与泥土混合而成，对人体不能造成任何伤害。

问题：

（1）马某误将假毒药当作真毒药去杀害刘某，属于刑法上的哪种事实认识错误？

（2）对马某的行为是否应定罪处刑？

分析要点提示：

马某误将假鼠药（无毒）当作真鼠药去毒死刘某，属于刑法上的手段认识错误。由于马某主观上具有毒死刘某的故意，客观上已经实行了投毒行为，如果不是因为其手段认识错误，则其行为完全可能导致刘某死亡。只是因为其意志以外的原因，才未导致刘某死亡。因此，对马某的行为应以故意杀人罪未遂论处。

第九章　故意犯罪停止形态

【本章引例】

　　被告人吴某于某日下午在某市城郊街道南门村发现一处房子（居民韩某家的砖瓦房）"挺好"，便准备晚上去抢劫。当晚10时许，吴某在附近转悠3个多小时后手持木棒闯入韩某家院内，正欲实行抢劫时，被韩某堵在院内。韩某抢下吴某手中的木棒，并将其扭送到派出所。一审法院以抢劫罪未遂判处被告人吴某有期徒刑4年。一审宣判后，被告人吴某不服提出上诉。二审法院该如何裁判？

【本章学习目标】

　　通过本章的学习，你应该能够：

　　1. 了解故意犯罪停止形态与故意犯罪的发展阶段的联系与区别；

　　2. 了解犯罪既遂的四种类型；

　　3. 掌握犯罪预备与犯罪未遂的主要区别；

　　4. 掌握犯罪中止与犯罪预备、犯罪未遂的根本区别；

　　5. 掌握各种犯罪未完成形态的处罚原则。

第一节　故意犯罪停止形态概述

一、故意犯罪停止形态的概念和类型

　　故意犯罪停止形态（犯罪停止形态或停止状态），是指故意犯罪在其发生、发展和完成犯罪的过程及阶段中，因主客观原因而停止下来的各种犯罪状态。

　　故意犯罪的停止形态，按其停止下来时是否已经完成为标准，可以区分为两种基本类型：一是犯罪的完成形态，即犯罪既遂。它是指故意犯罪在其发展过程中未在中途停止下来而得以进行到终点、行为人完成了犯罪的情形。二是犯罪的未完成形态。在犯罪的未完成形态这一类型中又可以根据犯罪停止下来的原因或其与犯罪完成的距离等情况的不同，进一步区分为犯罪预备、犯罪未遂和犯罪中止。

二、故意犯罪停止形态与故意犯罪的发展阶段的关系

　　故意犯罪停止形态与故意犯罪的发展阶段是既有联系又有区别的范畴。故意犯罪的发展阶段，是故意犯罪发展过程中因主客观具体内容有所不同而划分的行为区间。故意犯罪过程中的犯罪发展阶段有二：一是犯罪的预备阶段，其以行为人开始实施犯罪预备行为之时为起点，以行为人完成犯罪预备行为而尚未着手犯罪实行行为之时为终点；二是犯罪的实行阶段，其以行为人着手犯罪实行行为之时为起点，以行为人完成犯罪即达到犯罪既遂为终点。在犯罪预备阶段停止下来的，可能是犯罪预备，也可能是犯罪中止；在犯罪实行阶段停止下来的形态，可能是犯罪未遂，也可能是犯罪中止。

第二节 犯罪既遂

一、犯罪既遂的概念

犯罪既遂，是指行为人所故意实施的行为已经具备了某种犯罪构成的全部要件。确认犯罪是否既遂，应以行为人所实施的行为是否具备了刑法分则所规定的某一犯罪的全部构成要件为标准，而不能纯粹以行为人的犯罪目的是否达到或者以犯罪结果发生作为标准。

二、犯罪既遂的类型

根据我国刑法分则对各种直接故意犯罪构成要件的不同规定，犯罪既遂主要有以下四种不同的类型。

（一）结果犯

结果犯是指不仅要实施具体犯罪构成客观要件的行为，而且必须发生法定的犯罪结果，才构成既遂的犯罪，即以法定的犯罪结果的发生与否作为犯罪既遂与未遂区别标志的犯罪。所谓法定的犯罪结果，是专指犯罪行为通过对犯罪对象的作用而给犯罪客体造成的物质性的、可以具体测量确定的、有形的损害结果。这类犯罪在我国刑法中数量很多，而且多是常见罪、多发罪，如故意杀人罪、故意伤害罪、抢劫罪、抢夺罪、贪污罪、盗窃罪和诈骗罪等。其中，故意杀人罪的犯罪结果就是他人的死亡，发生了死亡结果的为既遂，因行为人意志以外原因未发生死亡结果的为未遂。

（二）行为犯

行为犯是指以法定的犯罪行为的完成作为既遂标志的犯罪。这类犯罪的既遂并不要求造成物质性的和有形的犯罪结果，而是以行为完成为标志。但是，这些行为又不是一着手即告完成的。按照法律的要求，这种行为要有一个实行过程，要达到一定程度，才能视为行为的完成。因此，在着手实行犯罪的情况下，如果达到了法律要求的程度就是完成了犯罪行为，就应视为犯罪的完成即既遂的构成；如果因犯罪人意志以外的原因未能达到法律要求的程度，未能完成犯罪行为，就应认定为未完成犯罪而构成犯罪未遂。这类犯罪在我国刑法中也有相当的数量，如强奸罪、脱逃罪和偷越国（边）境罪等。

（三）危险犯

危险犯是指以行为人实施的危害行为造成法律规定的发生某种危害结果的危险状态作为既遂标志的犯罪。如放火罪、决水罪、爆炸罪、投放危险物质罪和破坏交通工具罪等，均以危害公共安全的客观危险状态的出现为既遂标志。

参考案例 9-1

甲系某市灯泡厂职工，因不满车间主任按照规章制度克扣其月考勤奖金，于某日携带自制的炸药包一个，前往车间主任所居住的小区单元楼内企图实施爆炸。甲在车间主任家门口点燃炸药包引线后，便逃离现场躲避。因引线受潮，炸药包最终没有被引爆。甲因形迹可疑被小区门卫抓获。公诉机关指控甲构成爆炸罪。甲提出没有爆炸成功、属于犯罪未遂的辩护意见。法院经审理认为，甲虽然没有将炸药包引爆，但其已经将引线点燃，实行行为实施完毕，危害公共安全的客观危险状态已经出现，成立爆炸罪的既遂。法院依照《刑法》第114条的规定，判处甲有期徒刑7年。

（四）举动犯

举动犯也称即时犯，是指按照法律规定，行为人一着手犯罪实行行为即告犯罪完成和完全符合构成要件，从而构成既遂的犯罪。从犯罪构成性质上分析，举动犯大致包括两种构成情况。

1. 原本为预备性质的犯罪构成。

如《刑法》第120条规定的参加恐怖组织罪，第294条第1款规定的参加黑社会性质组织罪等。这些犯罪中的实行行为从法理上讲原本是预备性质的行为，处于为实行犯罪创造便利条件的预备阶段，但由于这些预备性质的行为所涉及的犯罪性质严重，一旦进一步着手实行危害就很大，为有力地打击和防范这些犯罪，法律把这些预备性质的行为提升为这些犯罪构成中的实行行为，并且规定这些犯罪为举动犯，着手实行即构成既遂。

2. 教唆煽动性质的犯罪构成。

如《刑法》第 249 条规定的煽动民族仇恨、民族歧视罪，第 295 条规定的传授犯罪方法罪等，这些犯罪的实行行为都是教唆性、煽动性的行为，针对多数人实施，旨在激起多人产生和实行犯罪意图。因而这些犯罪的危害很大，危害范围也较广，而且即使实施完毕也不一定产生或不一定立即产生可以具体确定的有形的实际危害结果。考虑到这些犯罪严重的危害性及犯罪行为的特殊性质，法律也把它们规定为举动犯，即只要行为人着手实行犯罪，就具备了犯罪构成的全部要件而构成既遂。由于举动犯是着手实行犯罪就构成既遂，因而其不存在犯罪未遂问题，也就没有既遂与未遂之分。但是，举动犯存在犯罪既遂与犯罪预备以及预备阶段的犯罪中止之别。

三、既遂犯的处罚原则

对行为符合犯罪既遂特征的既遂犯，在考虑刑法总则一般量刑原则的指导与约束的基础上，直接按照刑法分则具体犯罪条文规定的法定刑幅度处罚。

第三节 犯罪预备

一、犯罪预备的概念和特征

（一）犯罪预备的概念

《刑法》第 22 条第 1 款"为了犯罪，准备工具、制造条件的，是犯罪预备"的规定，是对犯罪预备行为的表述，揭示了犯罪预备行为的主观和客观特征，但这并非是对犯罪预备所下的定义。

根据我国刑法的规定和有关的刑法理论，犯罪预备是故意犯罪过程中未完成犯罪的一种停止形态，是指行为人为实施犯罪而开始创造条件的行为，由于行为人意志以外的原因而未能着手犯罪实行行为的犯罪停止形态。

（二）犯罪预备的特征

1. 犯罪预备的客观特征。

犯罪预备的客观特征包括以下两方面：

（1）行为人已经开始实施犯罪的预备行为。犯罪的预备行为，就是为犯罪的实行和完成创造便利条件的行为。如为实施故意杀人罪而配制含毒食物、制造匕首或者调查被害人的行踪等的行为。

犯罪预备不同于犯意表示。所谓犯意表示，指以口头、文字、行动或其他方式对犯罪意图的单纯表露。犯意表示尚未开始实施任何危害社会的行为，因而属于犯罪思想的范畴。我国刑法坚决摒弃"思想犯罪"，只有犯意而尚未实施犯罪行为的，不具有刑法意义上的社会危害性，因而不能认定为犯罪和处以刑罚。

参考案例 9-2

被告人佘某怀疑丘某与自己妻子有染，怀恨在心已久，多次向邻居表示"要把丘某杀了"。某日下午，佘某来到丘某所在单位县财政局大院里，转悠了一两个小时，时而冲着丘某办公室叫骂，时而用木棍抽打院内的树枝。当丘某下班出门时，佘某并未上前。丘某走后，佘某坐到地上，后被保安人员带离，交派出所。检察机关以故意杀人罪（预备形态）起诉佘某。法院认为，综合案件事实，被告人佘某并未有为杀人而准备工具、制造条件的行为，其叫骂、抽打树枝的行为，是其对犯罪意图的流露，尚不属于犯罪行为，故宣告佘某无罪。

（2）行为人尚未着手犯罪的实行行为。犯罪的实行行为，是指刑法分则中具体犯罪构成客观方面的行为。这一特征意味着，犯罪活动在具体犯罪实行行为着手以前停止下来。如故意杀人罪中尚未着手实施杀害他人的行为，盗窃罪中尚未着手实施非法秘密取得他人财物的行为。这一特征是犯罪预备与犯罪未遂区别的显著标志。

上述两个客观特征，实际上是从客观上为犯罪预备限定了一个可以发生的时间范围，必须始于行为人已经开始实施犯罪的预备行为，止于行为人着手犯罪实行行为之前。

2. 犯罪预备的主观特征。

犯罪预备的主观特征包括以下两方面：

（1）行为人进行犯罪预备活动的意图和目的，是为了顺利地着手实施和完成犯罪。犯罪预备行为的发动、进行与完成，都是受此种意图或目的支配的。

（2）犯罪在实行行为尚未着手时停止下来，从主观上看是违背行为人的意志的，即是由于行为人意志以外的原因所致。这一特征说明，行为人在着手犯罪实行行为前停止犯罪，是被迫的而不是自愿的。这一特征也是犯罪预备与下面将要论及的犯罪预备阶段即着手犯罪实行行为前的犯罪中止区别的关键所在，后者的停止犯罪而未着手实行犯罪是出于行为人的自愿。

上述客观特征和主观特征的同时具备和有机结合，就构成了犯罪预备的完整内涵，并使其得以与故意犯罪过程中的其他犯罪停止形态区别开来。同时符合上述主、客观特征的行为人，就是预备犯。

二、犯罪预备行为的类型

概括地讲，犯罪预备行为就是为实施犯罪而创造便利条件的行为。具体来说，根据《刑法》第 22 条的规定，可以将犯罪预备行为区分为两种类型，即两类表现形式。

（一）为实施犯罪准备犯罪工具的行为

犯罪工具，是指犯罪分子进行犯罪活动所用的一切器械物品。其中包括：（1）用以杀伤被害人或者排除被害人反抗的器械物品，如枪弹、刀棒、毒药、麻醉剂、捆绑他人用的绳索等；（2）用以破坏、分离犯罪对象物品或者破坏、排除犯罪障碍物的器械物品，如钳剪、刀斧、锯锉、爆炸物等；（3）专用于为到达或逃离犯罪现场或进行犯罪活动的交通工具，如汽车、摩托车等；（4）用以排除障碍、接近犯罪对象的物品，如翻墙用的梯子、攀越房屋或爬窗用的绳索等；（5）用以掩护犯罪实施或者湮灭罪证的物品，如犯罪分子作案时戴的面罩、作案后灭迹用的化学药品等。犯罪工具本身可以反映出犯罪预备行为不同的危害程度。例如，同是准备杀人用的犯罪工具，准备枪支、手榴弹就比准备小刀的危险性大；再如，准备专为犯罪使用的复杂的犯罪工具，其危害性往往也大于把日常用品准备为犯罪工具的行为。

准备犯罪工具，包括制造犯罪工具，寻求犯罪工具，以及加工犯罪工具使之适合于犯罪需要。由于准备犯罪工具是犯罪预备行为最常见的形式，因此《刑法》第 22 条将其明确列出来。

（二）其他为实施犯罪创造便利条件的行为

司法实践和刑法理论把这类犯罪预备行为主要概括为以下几种：（1）为实施犯罪事先调查犯罪的场所、时机和被害人的行踪；（2）准备实施犯罪的手段，例如为实施以技术手段杀人而事先进行练习、为实施扒窃而事先练习扒窃技术；（3）排除实施犯罪的障碍；（4）追踪被害人、守候被害人的到来或者进行其他接近被害人、接近犯罪对象物品的行为；（5）前往犯罪场所守候或者诱骗被害人赶赴犯罪预定地点；（6）勾引、集结共同犯罪人，进行犯罪预谋；（7）拟订实施犯罪和犯罪后逃避侦查追踪的计划等。

三、预备犯的处罚原则

《刑法》第 22 条第 2 款规定："对于预备犯，可以比照既遂犯从轻、减轻处罚或者免除处罚。"

第四节　犯罪未遂

一、犯罪未遂的概念和特征

（一）犯罪未遂的概念

《刑法》第 23 条第 1 款规定："已经着手实行犯罪，由于犯罪分子意志以外的原因而未得逞的，是犯罪未遂。"根据上述规定，犯罪未遂，是指行为人已经着手实行具体犯罪构成的实行行为，由于其意志以外的原因而未能完成犯罪的一种犯罪停止形态。

（二）犯罪未遂的特征

根据《刑法》第 23 条第 1 款规定的犯罪未遂的概念，我国刑法中的犯罪未遂具有如下三个特征。

1. 行为人已经着手实行犯罪。

所谓已经着手实行犯罪，是指行为人已经开始实施刑法分则规范中具体犯罪构成要件中的客观行为。如故意杀人罪中的杀害行为，抢劫罪中侵犯人身的行为和劫取财物的行为等。着手实行犯罪体现了具体犯罪构成要件的统一，它具备主观和客观两个基本特征：（1）主观上，行为人实行具体犯罪的意志已经直接支配客观实行行为并通过后者开始充分表现出来，而不同于在此之前预备实行犯罪的意志；（2）客观上，行为人已开始直接实行具体犯罪构成客观方面的行为，这种行为已不再属于为犯罪的实行创造便利条件的预备犯罪的性质，而是实行犯罪的性质，已使刑法所保护的具体权益初步受到危害或面临实际存在的威胁。在有犯罪对象的场合，这种行为已直接指向犯罪对象，如果不出现行为人意志以外原因的阻碍或者行为人的自动中止犯罪，就会继续进行下去，直到完成犯罪即达到既遂。在犯罪既遂包含犯罪结果的犯罪中，还会发生犯罪结果。着手实行犯罪是客观的犯罪实行行为与主观的实行犯罪意图相结合的产物和标志。主、客观基本特征的结合，从犯罪构成的整体上反映了着手实行犯罪的社会危害性及其程度。

行为人已经着手实行犯罪，是犯罪未遂必须具备的特征之一，也是犯罪未遂与犯罪预备相区别的主要标志。因为犯罪未遂和犯罪预备都是由于行为人意志以外的原因而被迫停止了继续实施犯罪，所以二者区别的关键就在于着手实行犯罪与否。

参考案例 9-3

被告人杭某为偿还赌债，来到"万科春城"居民区内伺机行劫。住在该居民区 25 号楼 202 房的李某（女，28 岁）下班回家，被告人杭某便尾随李某上楼，当李某掏出钥匙开门时，被告人杭某误认为李某家中没有其他人，便突然紧贴李某身后强行挤入房内，并随手将门反锁上。李某被吓住而尖叫，李某的丈夫王某闻声从里屋走出来，质问杭某："你是什么人？想干什么?!"杭某说："我来找点水喝。"王某上前打了杭某一耳光，并将其扭送派出所。杭某交代是"为了抢点钱"。检察机关指控杭某成立抢劫罪预备犯。法院认为，杭某强行进入李某家中，其抢劫行为已进入实行阶段，应以抢劫罪未遂定罪处罚，故以抢劫罪判处杭某有期徒刑 1 年。

2. 犯罪未完成而停止下来。

按照我国刑法的规定和刑法理论，行为人在着手实行犯罪以后，犯罪"未得逞"，即犯罪未达既遂形态而停止了下来。这是犯罪未遂的又一重要特征，是犯罪未遂区别于犯罪既遂的主要标志。犯罪没有完成这一未遂形态的特征，在存在既遂与未遂之分的三类直接故意犯罪里有着不同的具体含义和表现形式：一是以法定的犯罪结果没有发生作为犯罪未完成的标志，如盗窃罪未发生窃得财物的犯罪结果；二是以法定的犯罪行为未能完成作为犯罪未完成的标志，如实施脱逃罪的行为人在逃出监房后未能逃出监狱的警戒线；三是以法定的危险状态尚未具备作为犯罪未完成的标志，如行为人在油库放火，在火柴受潮而未能擦着时被捕获。犯罪完成与否即具体犯罪构成要件的完备与否，其显著标志是看刑法分则具体犯罪构成所规定、要求的犯罪客观要件的完备与否。

3. 犯罪停止在未完成形态是犯罪分子意志以外的原因所致。

犯罪活动在着手实行以后之所以停止在未完成形态，乃是由于犯罪分子意志以外的原因所致，这是犯罪未遂的又一重要特征，也是犯罪未遂与着手实行犯罪后的犯罪中止相区别的关键。

根据我国刑法的基本原理和犯罪未遂的立法思想，应以"足以阻止犯罪意志的原因"作为认定犯罪分子"意志以外原因"的标准：首先，从性质上看，犯罪分子"意志以外的原因"，应该是阻碍其实行和完成犯罪的意志与活动的因素。在司法实践中具有不同程度的阻碍犯罪意志和犯罪活动完成作用而有可能被认定为犯罪分子"意志以外的原因"的种种因素，大致可以分为三类：（1）犯罪人本人以外的原因，包括被害人、第三者、自然力、物质障碍和环境时机等方面对完成犯罪具有不利影响的因素；（2）行为人自身方面对完成犯罪有不利影响的因素，如其能力、力量、身体状况、常识技巧等的缺乏或不佳情况；（3）行为人主观上对犯罪对象情况、犯罪工具性能以及犯罪结果是否已发生或必然发生等的错误认识。其次，犯罪分子"意志以外的原因"还应该是"足以"阻止其犯罪意志的原因，这是对"意志以外的原因"量的要求的揭示。其量的要求就是必须达到足以阻止犯罪意志和犯罪活动完成的程度。前述的对犯罪完成有不利影响的因素，并非都能达到足以阻止犯罪意志和犯罪活动完成的程度，因而不能一概地认作犯罪未遂特征的"意志以外的原因"。例如，在犯罪分子完全或主要是基于认识错误（如对犯罪对象、犯罪工具、犯罪客观环境、犯罪因果关系的认识错误）而放弃犯罪的继续实施和完成的情况下，这种认识错误是足以阻止其犯罪意志和犯罪活动完成的因素，因而应认定犯罪未完成是由于犯罪分子意志以外的原因所致，构成犯罪未遂。但如果行为人明知自己遇到的是显然不足以阻止犯罪完成的不利因素，如强奸犯罪中遇到被害人怀孕或月经来潮，抢劫、强奸等暴力犯罪中发现被害人是熟人，或者在暴力犯罪中被害人有轻微的挣扎、反抗，犯罪人在此情况下放弃犯罪完成的，就不能将这种不利因素认定为作为犯罪未遂特征的犯罪分子"意志以外的原因"。

上述犯罪未遂的三个特征，前两个侧重于揭示犯罪未遂的客观特征，第三个侧重于揭示犯罪未遂的主观特征，犯罪未遂的三个特征表现为主客观要素的统一和齐备。在具备"着手实行犯罪"第一个特征的情况下，"犯罪未完成"和"由于犯罪分子意志以外的原因"这两个特征又是现象和本质的统一。符合上述三个特征的行为人，即为未遂犯。

二、犯罪未遂的类型

我国刑法理论一般从两个角度，根据两个不同的标准，把犯罪未遂划分为两对类型：实行终了的未遂与未实行终了的未遂；能犯未遂与不能犯未遂。

（一）实行终了的未遂与未实行终了的未遂

刑法理论上以犯罪实行行为是否实行终了为标准，把犯罪未遂区分为实行终了的未遂与未实行终了的未遂两种类型。

犯罪实行行为是否实行终了以什么为标准？我们认为，在法定犯罪构成所要求、限定的客观行为范围内，行为是否实行终了，应以犯罪分子是否自认为实现犯罪意图所必要的全部行为都实行完毕为标准。按照这一标准，在法定犯罪构成所包含的实行行为的范围内，如果从主客观的统一上看犯罪行为未实行完毕，如犯罪分子在实行犯罪的过程中就因意志以外原因的阻止而未能实行下去，例如盗窃犯正在室内盗窃时被当场抓获，这当然是未实行终了的未遂。而实行终了的未遂则可以有两种表现：其一为犯罪分子误认为其实现犯罪意图所必要的行为都已实行终了，因而停止了犯罪行为，但是却由于其意志以外的原因而未能使犯罪达到既遂状态。如在故意杀人罪中致人重伤，犯罪人误认为被害人已死亡或必然死亡，因而放弃加害而离去，后被害人遇救幸存的情况，就是这种表现形式的典型。其二是犯罪分子对完成犯罪所必要的犯罪行为已实行终了这一点并未发生错误认识，但是行为实行终了距犯罪既遂还有一段距离，在实行终了以后，由于犯罪人意志以外的原因致使犯罪未能达到既遂状态。如在投毒杀人中犯罪人已将毒投下，被害人因发现而未食用毒物，或者被害人食用毒物后遇救未死，即属这种情况。

从主客观统一上看，一般来说，实行终了的未遂的社会危害性大于未实行终了的未遂。根据罪责刑相适应的原则和刑罚目的的要求，在量刑时，前者一般应比后者从重掌握。

（二）能犯未遂与不能犯未遂

刑法理论上以行为的实行能否构成犯罪既遂为标准，把犯罪未遂划分为能犯未遂与不能犯未遂两种类型。

能犯未遂，是指犯罪行为有实际可能达到既遂，但由于行为人意志以外的原因未能达到既遂而停止下来的情况。如犯罪分子用刀杀人且已将被害人砍伤，后被人当场夺走刀子并将其抓获，即为能犯未遂。如果犯罪人不被当场制止，完全有可能杀死被害人。不能犯未遂，是指因犯罪人对有关犯罪事实认识错误而使犯罪行为不可能达到既遂的情况。不能犯未遂这种未遂类型主要又可进一步区分为工具不能犯未遂与对象不能犯未遂两种。所谓工具不能犯未遂，是指犯罪人由于认识错误而使用了按其客观性质不能实现行为人犯罪意图、不能构成既遂的犯罪工具，以致犯罪未遂。例如，误把白糖等无毒物当作砒霜等毒药去毒杀人；误用空枪、坏枪、臭弹去射杀人等。所谓对象不能犯未遂，是指由于行为人的错误认识，使得犯罪行为所指向的犯罪对象在行为时不在犯罪行为的有效作用范围内，或者具有某种属性，而使得犯罪不能既遂，只能未遂。例如，误认为尸体是活人而开枪射杀、砍杀；误认为空包内有钱财而扒窃；误认人被害人在卧室而隔窗枪击；误认男子为女子而着手实行强奸行为等。

从主客观统一上看，在一般情况下，能犯未遂往往比不能犯未遂具有较大的社会危害性。因此，对能犯未遂一般应较不能犯未遂从重处罚。

与我国刑法理论通说认为不能犯属于未遂犯的一种特殊形态不同，日本刑法中对不能犯和未遂犯进行了实质区分，认为未遂犯具有实质引发构成要件结果的现实危险，应当进行处罚，而不能犯因为没有实质引发构成要件结果的现实危险，则不应当进行处罚。对于判断是否具有实质引发构成要件结果的现实危险，理论中存在着纯粹主观说、抽象危险说、具体危险说、客观危险说等学说。① 德国刑法的观点则与我国刑法理论类似，其在《德意志联邦共和国刑法典》第 23 条第 3 款明文规定："行为人由于严重无知，对犯罪对象或者手段产生认识错误，而不可能完成犯罪的，法院可以免除刑罚或者酌情减轻处罚。"即德国刑法采取了主观的未遂论，不能犯未遂仍然需要承担刑事责任，只是可以从宽处罚。

三、未遂犯的处罚原则

《刑法》第 23 条第 2 款规定："对于未遂犯，可以比照既遂犯从轻或者减轻处罚。"

司法典型案例：
王新明合同诈骗案

第五节 犯罪中止

一、犯罪中止的概念和特征

（一）犯罪中止的概念

《刑法》第 24 条第 1 款规定："在犯罪过程中，自动放弃犯罪或者自动有效地防止犯罪结果发生的，是犯罪中止。"根据这一规定并结合我国刑法学中关于故意犯罪停止形态的理论，我国刑法中的犯罪中止，是指在犯罪过程中，行为人自动放弃犯罪或者自动有效地防止犯罪结果发生而未完成犯罪的一种犯罪停止形态。

（二）犯罪中止的特征

根据《刑法》第 24 条第 1 款的规定和犯罪中止成立的实际情况，犯罪中止有两种类型，即自动放弃犯罪的犯罪中止和自动有效地防止犯罪结果发生的犯罪中止，这两种类型的犯罪中止的特征略有不同。

1. 自动放弃犯罪的犯罪中止的特征。

自动放弃犯罪的犯罪中止，必须同时具备以下三个特征：

（1）时空性，即必须是在犯罪处于运动过程中而尚未形成任何停止状态的情况下放弃犯罪。这是犯罪中止成立的客观前提特征。这一特征意味着，如果犯罪已经达到既遂，犯罪人不可能再中止犯罪；如果犯罪虽未达到既遂，但在发展过程中已由于犯罪分子意志以外的原因而停止在犯罪预备或者犯罪未遂，

---

① 张明楷. 外国刑法纲要. 2 版. 北京：清华大学出版社，2007：276 - 281.

犯罪人也不可能再中止犯罪。因此，从犯罪预备行为发生开始，到形成犯罪既遂以前这段时间内，如果犯罪已经既遂，行为人又自动恢复原状或者主动赔偿损失，例如盗窃犯把盗得的财物又送回原处、贪污犯主动退赔以前贪污的公款，由于其犯罪已经完成，不存在中止犯罪的时空条件，因而不属于犯罪中止而是犯罪既遂，但对此可作为从宽情节在处罚时酌情考虑。

（2）自动性，即行为人必须是自动放弃犯罪。这是犯罪中止的本质特征，是犯罪中止与犯罪未遂和犯罪预备的根本区别所在。犯罪中止的自动性，是指行为人出于自己的意志而放弃自认为当时本可继续实施和完成的犯罪。即行为人在主观上自动放弃了犯罪意图，在客观上自动停止了犯罪的继续实施和完成。

参考案例 9－4

甲与乙同为一车间的锻工，因都对厂内一名女工有好意而争风吃醋，矛盾很大。一日上午，乙又对甲进行人格攻击，揭甲短处，甲遂起意杀害乙。甲于当日下午购买了一包标明为"十步倒"的老鼠药，欲乘机在乙的茶杯中投放。当晚6点到7点，甲、乙同在车间劳动，甲见人多且乙的茶杯放在进门处，一直未敢投毒。后车间主任招呼开会，见甲神色不对，问甲"是否身体不舒服"，甲借上厕所之机将老鼠药丢入便池用水冲走了。后查明，甲购买老鼠药之处所销售的老鼠药均为无任何毒性的假药。检察机关指控甲成立故意杀人罪，由于老鼠药客观上没有毒性，被告人的投毒行为不可能达到既遂，其故意杀人罪属于未遂形态。法院审理后认为，在本案中，尽管甲购买的老鼠药客观上没有毒性，即便甲投毒、乙喝下投放了老鼠药的茶水也不致死亡，但是，甲是自动放弃犯罪行为，且甲当时认为本可以继续其投毒行为甚至致乙死亡，故其行为符合中止犯的特征，应以故意杀人罪中止犯对甲进行处理。

（3）彻底性，指行为人彻底放弃了原来的犯罪。这一特征意味着，行为人在主观上彻底打消了原来的犯罪意图，在客观上彻底放弃了自认为本可继续进行的犯罪行为，而且从主客观的统一上行为人也不打算以后再继续实施此项犯罪。彻底性表明了行为人自动停止犯罪的真诚性及决心，它表明犯罪分子自动停止犯罪是坚决的、完全的，而不是暂时的中断。暂时中断犯罪，即行为人停止犯罪是因为准备不充分、时机不成熟或者环境条件不利，而意图等条件适宜时再继续该项犯罪。这种情况不具备中止犯罪彻底性的要求，因而不能认为是犯罪中止。当然，彻底停止犯罪是相对而言的，并不是绝对意义上的。这是指行为人必须彻底放弃正在进行的某个具体的犯罪，而不是指行为人在以后任何时候都不再犯同种罪，更不能理解为行为人在以后任何时候都不再犯任何罪。

2. 自动有效地防止犯罪结果发生的犯罪中止的特征。

所谓自动有效地防止犯罪结果发生的犯罪中止，是指在某些犯罪的某些特殊情况下，行为人已经着手实行犯罪行为可能造成但未造成犯罪既遂所要求的犯罪结果，而在这种情况下所成立的犯罪中止。这可以说是一种特殊类型或特殊情况下的犯罪中止。

这种特殊类型的犯罪中止，自然也需要具备上述普通类型的犯罪中止所必须具备的时空性、自动性、彻底性三个特征，这可以说是所有犯罪中止均应具备的共性。但是，由于这种特殊类型的犯罪中止所面对的犯罪已经实行到了相当的程度，已实施的行为有可能产生既遂形态的犯罪结果，从犯罪中止的立法目的出发，就不能不对在这种特殊犯罪情况下成立犯罪中止再提出特殊的要求。因而这种特殊犯罪中止类型在上述三个特征之外，还要求再具备"有效性"的特征，即行为人还必须有效地防止了他已实施的犯罪之法定犯罪结果的发生，使犯罪未达既遂而停止下来。这一"有效性"特征鲜明地贯彻和体现了犯罪中止制度尽力减少已经开始进行的犯罪之社会危害程度的立法旨意。

根据犯罪中止的有效性特征的要求，在已经实施的犯罪行为可能产生既遂的犯罪结果的情况下，行为人要成立犯罪中止，仅以不作为的方式消极地停止犯罪的继续实施是不够的，他还必须采取积极的作为形式来预防和阻止既遂的犯罪结果的发生，而且这种防止行为必须奏效，实际上阻止住即避免了既遂犯罪结果的发生，这样才能成立犯罪中止。

（三）自动放弃重复侵害行为的定性

所谓自动放弃重复侵害行为，是指行为人实施了足以造成既遂危害结果的第一次侵害行为，由于其意志以外的原因而未发生既遂的危害结果，在当时有继续重复实施侵害行为的实际可能时，行为人自动放弃了实施重复侵害行为，因而使既遂的危害结果没有发生的情况。对自动放弃重复侵害行为的性质，过去传统的观点认为是犯罪未遂，近年来我国刑法学界对此产生争议，逐渐倾向于主张是犯罪中止。

我们认为，自动放弃重复侵害行为是犯罪中止而不是犯罪未遂，主要理由是：（1）行为人对可能重复的侵害行为的放弃，是发生在犯罪实行未终了的过程中，而不是在犯罪行为已被迫停止的未遂。（2）行为人对可能重复的侵害行为的放弃是自动的而不是被迫的。（3）由于行为人对可能重复的侵害行为自动而彻底的放弃，因而使犯罪结果没有发生，犯罪未达既遂。

总之，自动放弃重复侵害行为一方面具备了犯罪中止的全部条件，另一方面不符合犯罪未遂的条件，因而它不是实行终了的犯罪未遂，而是未实行终了情况下的犯罪中止。

二、犯罪中止的类型

犯罪中止的具体表现形式多种多样。从不同的角度，根据不同的标准，可以将犯罪中止划分为多种类型。

（一）预备中止、实行未终了的中止与实行终了的中止

这是根据犯罪中止发生的时空范围而对犯罪中止所作的区分。

1. 预备中止。

即发生在犯罪预备阶段的中止。其时空范围起始于犯罪预备活动的实施，终止于犯罪实行行为着手前。它是指在犯罪的预备活动过程中，行为人在自认为可以继续犯罪活动的条件下自动地将犯罪活动停止下来，不再继续犯罪预备行为或者没有着手犯罪实行行为的情况。如行为人预备爆炸物，未着手爆炸杀人的行为。

2. 实行未终了的中止。

即发生在犯罪实行行为尚未终了时的中止。其时空范围始于犯罪实行行为的着手，止于犯罪实行行为终了前。它是指行为人在实施犯罪实行行为的过程中，自动放弃了犯罪的继续实施和完成（多表现为自动停止了犯罪行为的实施，在少数情况下还要进一步有效地防止了犯罪结果的发生），因而使犯罪停止在未达既遂的状态。如强奸犯在着手对被害人实施暴力行为的过程中，基于被害妇女的劝说而放弃了对其进一步要实施的奸淫行为，即属于强奸罪实行未终了的犯罪中止。

3. 实行终了的中止。

即发生在犯罪实行行为实施终了后的中止。其时空范围始于实行行为终了以后，出于本意而以积极的行为阻止了既遂之犯罪结果的发生。如投毒杀人者投下毒药后，又采取积极的措施未使被害人吃下毒物，或者在被害人中毒后将其积极抢救而使被害人未死亡，就是故意杀人罪实行终了的犯罪中止。

将上述三种类型的犯罪中止进行比较，其社会危害性显然有所不同：预备中止最小，实行终了的中止一般最大，而实行未终了的中止一般居中。

（二）消极中止与积极中止

这是根据对中止行为的不同要求而对犯罪中止所作的区分。

1. 消极中止。

即犯罪人仅需自动停止犯罪行为的继续实施便可成立的犯罪中止。其行为方式仅需不作为形式。此种类型也即前述的自动放弃犯罪的犯罪中止。在犯罪预备阶段和犯罪实行行为尚未终了的大多数情况下所成立的犯罪中止，均属此种类型。

2. 积极中止。

即需要作为形式才能构成的犯罪中止。即犯罪人不但需要自动停止犯罪的继续实施，而且需要以积极的作为防止既遂的犯罪结果发生才能成立的犯罪中止。此种类型也即前述的自动有效地防止犯罪结果发生的犯罪中止。它发生于实行行为尚未终了的少数情况下，以及实行行为终了的某些情况下。

将上述两种类型的犯罪中止进行比较，消极中止距离犯罪既遂较远，而积极中止距离既遂较近，尤其是其中有些还发生了一定的实际危害后果。因而一般来说，积极中止较消极中止的社会危害性大一些。

三、中止犯的处罚原则

《刑法》第 24 条第 2 款规定："对于中止犯，没有造成损害的，应当免除处罚；造成损害的，应当减轻处罚。"据此规定，是否造成损害，是对中止犯予以免除处罚或减轻处罚的依据。

【引例评析】

本章引例中，上诉人吴某的行为构成抢劫罪是无可争议的。但是其抢劫罪并非未遂形态，而是预备形态。犯罪未遂与犯罪预备都是因为犯罪分子意志以外的原因而停止下来的未完成形态，其关键的区别在于前者行为已经进入实行阶段，而后者停止在犯罪分子着手实行行为之前。吴某手持木棒闯入韩某家院内，尚未实行抢劫的实际行为即被制止，犯罪行为停止在预备阶段，成立抢劫罪的预备犯。一审法院认定其行为属于抢劫罪未遂，显然是没有正确区分犯罪预备与犯罪未遂的特征。因此，二审法院应当以抢劫罪预备犯对吴某改判，可以比照既遂犯从轻、减轻处罚或者免除处罚。

【本章小结】

故意犯罪停止形态，是指故意犯罪在其发生、发展和完成犯罪的过程及阶段中，因主客观原因而停止下来的各种犯罪状态，有完成形态与未完成形态之分。犯罪既遂，是犯罪的完成形态，指行为人所故意实施的行为已经具备了某种犯罪构成的全部要件，主要有结果犯、行为犯、危险犯和举动犯几种类型。犯罪的未完成形态包括犯罪预备、犯罪未遂和犯罪中止三种。犯罪预备，是指行为人为实施犯罪而开始创造条件的行为，由于行为人意志以外的原因而未能着手犯罪实行行为的犯罪停止形态。对于预备犯，可以比照既遂犯从轻、减轻处罚或者免除处罚。犯罪未遂，是指行为人已经着手实行具体犯罪构成的实行行为，由于其意志以外的原因而未能完成犯罪的一种犯罪停止形态。对于未遂犯，可以比照既遂犯从轻或者减轻处罚。犯罪中止，是指在犯罪过程中，行为人自动放弃犯罪或者自动有效地防止犯罪结果发生而未完成犯罪的一种犯罪停止形态。对于中止犯，没有造成损害的，应当免除处罚；造成损害的，应当减轻处罚。

【练习题】

一、名词解释

危险犯　犯罪预备　犯罪未遂　犯罪中止

二、思考题

1. 什么是故意犯罪停止形态？它与犯罪过程和犯罪阶段有何区别？
2. 犯罪预备有何特征？犯罪预备与犯意表示有何区别？
3. 如何理解犯罪未遂的特征？犯罪未遂与犯罪预备、犯罪中止有何区别？
4. 如何理解自动放弃重复侵害行为的性质？
5. 我国刑法对预备犯、未遂犯和中止犯处罚原则分别作了怎样的规定？

三、案例分析题

1. 某男甲深夜乘邻居妇女乙在单家独院入睡之机，从窗户潜入乙的房间欲对乙实施强奸。甲跳下窗户时，不慎将乙的脸盆碰倒，发出的声响将乙惊醒，乙惊叫："是谁？"未及乙辨认出，甲已匆忙逃离乙的房间。

问题：

甲是构成强奸罪的预备、未遂还是中止？

分析要点提示：

（1）考虑甲的行为是否进入强奸的实行行为阶段。

（2）乙的惊叫对甲的继续犯罪来说属于不利因素，但这是否足以阻碍其继续犯罪和完成犯罪是关键。

2. 被告人方某窜至宝盛里小区，将贾某停放在家门口的摩托车（价值 4 000 余元）车锁撬开，将摩托车推到门口便道距贾某家门口约 6 米处。方某上车点火，未能将摩托车发动。恰逢贾某下楼发现，方某被抓获。

问题：

方某构成盗窃罪既遂还是未遂？

分析要点提示：

盗窃罪犯罪构成要件齐备的标志，是秘密窃取的犯罪行为造成了行为人非法占有公私财物的犯罪结果；非法占有财物的结果是行为人获得了对财物的实际控制。

第十章 共同犯罪

【本章引例】

　　被告人高某以做生意为名，将被害人沈某、史某骗至樟树市。而后，被告人高某与方某、赵某（均另案处理）商议如何将沈某、史某二人"软禁"，以及如何向他们的家属要些钱来用。当日晚上，被告人高某与方某、赵某一起将沈某、史某二人强行带到上塘镇马鞭山上的一小屋内，后又转移到新建县后田风景区。在该风景区，被告人高某找到自己的一个亲戚——被告人郭某，对郭某谎称沈某、史某二人欠债不还，并要求郭某看管沈某、史某二人。随后数天中，被告人高某向沈某、史某的家属索要了2万元人民币。在此期间，被告人郭某为被告人高某等人送饭或负责看管被害人沈某、史某。检察机关指控被告人高某与郭某成立绑架罪的共同犯罪，高某系主犯，郭某系从犯。法院合议庭成员之间对于本案的定性产生分歧。如何准确处理本案呢？

【本章学习目标】

　　通过本章的学习，你应该能够：

　　1. 掌握共同犯罪的成立条件，并运用原理分析实际问题；
　　2. 掌握共同犯罪的形式；
　　3. 掌握犯罪集团的概念与成立条件；
　　4. 掌握共同犯罪人的分类及刑事责任。

第一节　共同犯罪概述

一、共同犯罪的概念

　　共同犯罪，是故意犯罪的一种特殊形态，是相对于单个人故意犯罪而言的。《刑法》第25条第1款规定："共同犯罪是指二人以上共同故意犯罪。"这一定义特别强调了共同故意对共同犯罪构成的作用。

　　《刑法》第25条第2款规定："二人以上共同过失犯罪，不以共同犯罪论处；应当负刑事责任的，按照他们所犯的罪分别处罚。"这是对共同犯罪含义的进一步说明和补充。

　　刑法之所以对共同犯罪作出特别规定，是因为共同犯罪是一种特殊的、复杂的故意犯罪现象，具有单个人故意犯罪所不具有的特点，即可能存在各个犯罪人在共同犯罪中的地位、分工和参与程度的不同，从而使其在犯罪中所起的作用不同，其各自行为的社会危害性也不同，因而产生刑事责任分担的问题，这就决定了必须通过立法对共同犯罪的有关问题作出规定，以便为刑事司法实践提供定罪判刑的法律根据。

二、共同犯罪的成立条件

根据我国刑法的规定，共同犯罪的成立必须具备以下条件。

（一）共同犯罪成立的主体条件

第一，共同犯罪的主体必须是2个以上的人，包括自然人和单位。自然人与自然人、自然人与单位、单位与单位，都可以成立共同犯罪。

第二，就自然人而言，必须是达到了刑事责任年龄、具有刑事责任能力的人。如果2个行为人，其中一个达到了刑事责任年龄并具有刑事责任能力，而另一个没有达到刑事责任年龄或者不具有刑事责任能力，那就不能构成共同犯罪。由于刑法规定，已满16周岁的人属于完全刑事责任年龄阶段，因而已满16周岁具有刑事责任能力的人，可以成为任何罪的共同犯罪主体。已满12周岁不满14周岁的人只对故意杀人、故意伤害，致人死亡或者以特别残忍手段致人重伤造成严重残疾，情节恶劣的，承担刑事责任，已满14周岁不满16周岁的人只对故意杀人、故意伤害致人重伤或者死亡、强奸、抢劫、贩卖毒品、放火、爆炸、投放危险物质等犯罪负刑事责任，因此，上述年龄阶段的人只能成为这些罪的共同犯罪主体。

需要指出，2个以上具有不同身份的人可以构成共同犯罪。刑法中有些犯罪的主体是特殊主体，即要求行为人具有特殊身份，如受贿罪的主体只能是国家工作人员。我们认为，犯罪的特殊主体，是对单个人犯罪而言的，就共同犯罪来讲，不具备特殊身份的人可以成为特殊主体犯罪的共同犯罪主体。如非国家工作人员教唆国家工作人员受贿，就与国家工作人员构成受贿罪的共同犯罪。

（二）共同犯罪成立的客观条件

从客观方面讲，共同犯罪的成立必须是2个以上的人具有共同犯罪的行为。共同犯罪行为是指各行为人的行为都指向同一犯罪，并相互联系、相互配合，形成一个有机的犯罪活动整体。每个行为人的行为都是犯罪行为有机体的一部分。在发生危害结果的情况下，每个人的行为都与危害结果之间具有因果关系。在共同犯罪行为有机体中，各个行为人可能都实施实行行为，也可能存在分工，如有的实施实行行为，有的实施帮助行为，有的实施教唆行为。行为的分工，不影响共同犯罪的成立，只影响行为人刑事责任的大小。

（三）共同犯罪成立的主观条件

从主观上讲，共同犯罪的成立必须是2个以上的行为人具有共同犯罪故意。共同犯罪故意，是指各行为人通过意思的传递、反馈而形成的，明知自己是和他人配合共同实施犯罪，并且明知共同的犯罪行为会发生某种危害社会的结果，而希望或者放任这种危害结果发生的心理态度。具体包括以下内容：其一，各行为人认识到自己不是一个人单独实施犯罪，而是在和他人相互配合共同实施犯罪。其二，各行为人明知自己与他人相互配合而实施的犯罪行为会发生某种危害社会的结果。其三，对某种危害结果的发生采取希望或者放任的态度。同时具备上述条件的，成立共同犯罪。

三、共同犯罪的认定

（一）不构成共同犯罪的几种情况

根据共同犯罪的成立条件，以下几种情况不能构成共同犯罪：

（1）二人以上的共同过失行为造成一个危害结果的，不构成共同犯罪。如医生对工作严重不负责任，开错处方，药剂员亦不认真审查，照单发药，结果致病人服药后死亡。在这里，虽然医生和药剂员的共同过失行为导致了病人的死亡，但不能构成共同犯罪，对他们应分别按医疗事故罪定罪处罚。

（2）二人共同实施危害行为，但一人是故意，另一人是过失的，不构成共同犯罪。如故意教唆或帮助他人实施过失犯罪，或者过失帮助他人实施故意犯罪，虽然二人的行为彼此存在联系，但由于缺乏共同犯罪故意，因而不能构成共同犯罪。对他们应根据刑法的规定，分别处理。

（3）无罪过帮助他人实施故意犯罪的，不构成共同犯罪。例如，甲向乙借斧头，谎称劈柴，实际上甲用乙借给他的斧头杀死了丙。在这里，乙的行为虽然客观上起到了帮甲杀人的作用，但主观上既无故意，亦无过失，因而不但不构成共同犯罪，而且其行为不构成犯罪。

（4）二人以上同时或者先后实施某种故意犯罪，但主观上缺乏联系的，不构成共同犯罪。例如，甲、乙各以盗窃的故意偶然地同时潜入某仓库行窃，分别窃得价值2000元和3000元的财物。在这里，甲、乙虽然同时、同地实施了盗窃罪，但由于他们主观上没有联系，因而不能构成盗窃罪的共同犯罪，只能以单个人犯罪分别处罚。

（5）实施犯罪时故意内容不同的，不构成共同犯罪。二人以上同时实施犯罪，甚至同时对同一对象实施犯罪，如果故意的内容不同，就不能按共同犯罪处理。

参考案例 10－1

被告人林甲与被害人杨某曾因故发生过纠纷，积怨颇深。某日下午，被告人林甲夫妇与被害人杨某夫妇在街上相遇，林甲、杨某二人又相互殴打，林甲头部被杨某打破。林甲妻见状，急忙跑回家将此情况告知儿子林乙，被告人林乙得知父亲被打后持粗木棍赶到现场，用木棍打了杨某的腿部一下，见杨某不动弹就罢休了。但林甲从地上捡起木棍，对准杨某头部猛击数下，致杨某当场死亡。公诉机关指控林甲、林乙构成故意伤害罪（致死）的共同犯罪。法院审理后认为，本案中林乙只有伤害被害人杨某的故意，没有杀人的故意，但林甲对准杨某头部猛击数下并致其当场死亡，明显存在杀害杨某的故意，由于故意内容不同，两被告人不成立共同犯罪，应以故意杀人罪对林甲定罪处罚，以故意伤害罪对林乙定罪处罚。

（6）超出共同故意范围的犯罪，不构成共同犯罪，在实施犯罪过程中，个别共同犯罪人超出约定的范围，实施了其他犯罪，对于其他犯罪，只能由实施该犯罪的行为人负刑事责任，而不能令其他人对此负共同犯罪的责任。

（二）成立共同犯罪的几种特殊情形

1. 片面的共同犯罪。

共同犯罪的成立要求行为人具有共同犯罪的故意，即行为人双方应当具备犯意联络。但实践中也存在着一方行为人以参与共同犯罪的意思加入犯罪行为中去，但另一方对此并不知情的情况。如甲持刀追杀乙，发现该情况的丙，在甲不知情的情形下，在乙逃跑的路上设置障碍，使得甲顺利追上乙，将乙杀害。在此类型的行为中，并不存在双方互相知晓的双向的共同犯罪的故意，只有其中知情的一方具有单向的共同犯罪的故意，即这种共同犯罪的故意是片面的。对于片面的共同犯罪的存在形式，片面的帮助犯为大多数理论所认可，但片面的实行犯和片面的教唆犯则存在着比较大的争议。

2. 共谋的共同犯罪。

共谋的共同犯罪，是指两人以上共谋实施犯罪行为，但只有其中一部分人基于共同的意思实施了犯罪，参与共谋但未实行犯罪行为的人与实行犯罪行为的人成立共同犯罪的情形。例如，甲与乙共同谋划意图盗窃，之后只有乙根据谋划的内容实施了具体的盗窃行为，未实际实施盗窃行为的甲与具体盗窃行为实施者乙成立共同犯罪，均需对盗窃行为承担刑事责任。

3. 承继的共同犯罪。

承继的共同犯罪，是指先行为人已经开始着手实施一部分实行行为，随后其他行为人才以共同犯罪的意思参与到犯罪行为中的情况。例如，甲基于对乙进行抢劫的意图，开始对乙实施暴力，甲与乙在厮打时，甲的朋友丙经过，甲对丙说"我已经把乙制服了，你快把他的皮包拿走"，随后丙将乙的皮包拿走，甲和丙成立共同犯罪。德国判例还认可在犯罪既遂之后、行为尚未实质性结束之前，也可以成立承继的共同犯罪。

第二节 共同犯罪的形式

一、共同犯罪形式的定义

共同犯罪形式，是指二人以上共同犯罪的形成、结构或者共同犯罪人之间结合的方式。

在刑法理论上划分不同种类的共同犯罪形式，是为了从不同的角度、用不同的标准去认识各种不同形式的共同犯罪的性质及其不同的社会危害性程度，以便在定罪量刑时正确地适用刑法，有区别地对待不同的共同犯罪人。

二、共同犯罪形式的划分

从不同的角度，用不同的标准，可将共同犯罪形式作以下分类。

（一）任意共同犯罪和必要共同犯罪

这是根据共同犯罪能否任意形成而划分的共同犯罪形式。

任意共同犯罪，是指《刑法》分则规定的一人能单独实施的犯罪由二人以上共同实施而形成的共同犯罪。如抢劫罪、盗窃罪、故意杀人罪、强奸罪等，既可以由一人实施，也可以由数人共同实施，当数人共同实施时，就构成任意共同犯罪。对任意共同犯罪，应根据《刑法》分则有关具体犯罪的规定并结合总则关于共同犯罪的规定定罪量刑。

必要共同犯罪，是指《刑法》分则规定必须由二人以上共同实施的犯罪。这类犯罪以二人以上共同实施为必备要件，一人不可能实施。必要共同犯罪，都是由《刑法》分则明确规定的。

根据《刑法》分则的规定，必要共同犯罪有以下两种形式：一是聚众性的共同犯罪，如《刑法》第317条规定的组织越狱罪、聚众持械劫狱罪等；二是有组织的犯罪，如《刑法》第120条规定的组织、领导、参加恐怖组织罪，《刑法》第294条规定的组织、领导、参加黑社会性质组织罪。对必要共同犯罪，应直接依照刑法分则的有关规定处理。

（二）事前通谋的共同犯罪和事前无通谋的共同犯罪

这是根据共同故意形成的时间而划分的共同犯罪形式。

事前通谋的共同犯罪，是指各共同犯罪人在着手实行犯罪以前，进行了不同程度的商议和策划，从而形成共同犯罪故意的共同犯罪。此种形式的共同犯罪在司法实践中较为常见。应当指出的是，刑法分则规定的有些犯罪，以事前是否有通谋作为划分该罪的共同犯罪与他罪的单个人犯罪界限的标准。如《刑法》第310条规定，明知是犯罪的人而为其提供隐藏处所、财物，帮助其逃匿或者作假证明包庇，事前通谋的，构成共同犯罪；如果事前无通谋，则构成窝藏、包庇罪。

参考案例 10-2

被告人侯某从伪造货币的犯罪分子手上以7∶100的真假货币比例购买大量假币，加价后以7.2∶100的比例予以出售。为了使犯罪行为不被发现，侯某通过朋友关系租用被告人宋某的闲置房屋一间存放假币。被告人侯某向宋某说明了租用房屋是用来存放假币的，但愿意给予较高的房租。被告人宋某为获取较高的房租，便将房屋租给了侯某使用。检察机关以购买、出售假币罪对被告人侯某提起公诉，以窝藏赃物罪（此罪名现修改为掩饰、隐瞒犯罪所得、犯罪所得收益罪）对被告人宋某提起公诉。法院审理后认为，被告人宋某明知被告人侯某是购买、出售假币的犯罪分子而为其提供窝藏假币的场所，主观上有帮助侯某购买、出售假币的故意，应与被告人侯某成立购买、出售假币罪的共同犯罪。

事前无通谋的共同犯罪，是指各共同犯罪人在刚着手实行犯罪时或在实行犯罪过程中形成共同犯罪故意的共同犯罪。例如，甲正在殴打乙，适逢丙路过，于是，甲请丙帮忙，丙便与甲共同将乙打成重伤。本案中甲、丙的共同犯罪就是事前无通谋的共同犯罪。

事前有通谋的共同犯罪，由于各共同犯罪人在事前有谋划，因而犯罪更容易得逞，犯罪人的人身危险性和行为社会危害性都较大。一般来讲，事前无通谋的共同犯罪较事前通谋的共同犯罪的社会危害性小。

（三）简单共同犯罪和复杂共同犯罪

这是根据共同犯罪人之间有无分工而划分的共同犯罪形式。

简单共同犯罪，是指各共同犯罪人都直接实行某一具体犯罪构成客观要件行为的共同犯罪。换言之，就是每个共同犯罪人都是实行犯。例如，甲、乙各向丙开一枪将丙杀死。

复杂共同犯罪，是指各共同犯罪人之间存在分工的共同犯罪。在司法实践中，复杂共同犯罪具体有以下三种表现形式：一是不同的共同犯罪人分别实施教唆行为和实行行为，如甲教唆乙杀害丙，乙接受教唆将丙杀死；二是不同的共同犯罪人分别实施帮助行为和实行行为；三是不同的共同犯罪人分别实施教唆行为、帮助行为和实行行为。

简单共同犯罪，各共同犯罪人都是实行犯，因而处理较为容易。复杂共同犯罪，行为人之间的分工不同，所起的作用不尽相同，因而各自应承担的刑事责任不同。因此，在处罚时应区别对待。

（四）一般共同犯罪和有组织的共同犯罪

这是根据共同犯罪有无组织形式而划分的共同犯罪形式。

一般共同犯罪，是指二人以上为实施特定犯罪而事前或临时结合的无特殊组织形式的共同犯罪。此种形式的共同犯罪人一旦完成特定的犯罪后，其犯罪联盟就不复存在。一般共同犯罪，可以是简单共同犯罪，也可以是复杂共同犯罪；可以是事前通谋的共同犯罪，也可以是事前无通谋的共同犯罪。属于什么样的共同犯罪，就按什么样的共同犯罪处理。

有组织的共同犯罪，就是集团犯罪，即犯罪集团之犯罪。根据《刑法》第 26 条第 2 款的规定，犯罪集团，是指三人以上为共同实施犯罪而组成的较为固定的犯罪组织。犯罪集团的成立，必须具备以下条件：

（1）主体必须是三人以上。这是犯罪集团在主体上的量的规定性。

（2）有一定的组织性。所谓组织性，主要是指成员比较固定，并且内部存在领导与被领导的关系。其中有首要分子、骨干分子，还有一般成员。犯罪人之间通过一定的成文或不成文的方式维系在一起。组织性是犯罪集团最本质的特征。

（3）具有实施某种犯罪或某几种犯罪的目的性。这一特征是区分犯罪集团与基于低级趣味或者封建习俗而形成的落后组织的根本标志。

（4）具有一定的稳定性。即各犯罪人是为了在较长时间内多次实施犯罪活动而结合起来的，在实施一次犯罪后，其间的相互联系和组织形式仍然存在，而不是实施一次犯罪就散伙。当然，犯罪集团可能在实施一次犯罪后即被破获，但只要能够查明各犯罪人是为了多次实施某种犯罪或某几种犯罪而结合起来的，就可以认定为犯罪集团。

同时具备上述特征的，成立犯罪集团。对集团犯罪，《刑法》分则有规定的，按照《刑法》分则的规定处理；《刑法》分则没有规定的，应区分主犯、从犯、胁从犯，分别予以不同处罚。

根据组织性严密程度的不同，犯罪集团可以分为普通犯罪集团、恶势力犯罪集团、黑社会性质组织等。黑社会性质组织为《刑法》分则明文规定的犯罪集团，《刑法》第 294 条第 5 款规定："黑社会性质的组织应当同时具备以下特征：（一）形成较稳定的犯罪组织，人数较多，有明确的组织者、领导者，骨干成员基本固定；（二）有组织地通过违法犯罪活动或者其他手段获取经济利益，具有一定的经济实力，以支持该组织的活动；（三）以暴力、威胁或者其他手段，有组织地多次进行违法犯罪活动，为非作恶，欺压、残害群众；（四）通过实施违法犯罪活动，或者利用国家工作人员的包庇或者纵容，称霸一方，在一定区域或者行业内，形成非法控制或者重大影响，严重破坏经济、社会生活秩序。"可以看出，《刑法》分则所规定的黑社会性质组织的特征完全符合《刑法》总则所规定的犯罪集团的基本特征，但组织性更为严密，且具有经济特征和非法控制特征（危害性特征）。《刑法》分则并未对恶势力犯罪集团进行明确规定，但是在 2018 年 1 月 16 日最高人民法院、最高人民检察院、公安部、司法部《关于办理黑恶势力犯罪案件若干问题的指导意见》及 2019 年 4 月 9 日最高人民法院、最高人民检察院、公安部、司法部《关于办理恶势力刑事案件若干问题的意见》等规范性文件中进行了规定。根据上述文件，恶势力犯罪集团，是指符合恶势力全部认定条件，即经常纠集在一起，以暴力、威胁或者其他手段在一定区域或者行业内多次实施违法犯罪活动，为非作恶，欺压百姓，扰乱经济、社会生活秩序，造成较为恶劣的社会影响，但尚未形成黑社会性质组织，同时又符合犯罪集团法定条件的犯罪组织。

《反有组织犯罪法》第 2 条第 1 款明确规定："本法所称有组织犯罪，是指《中华人民共和国刑法》第二百九十四条规定的组织、领导、参加黑社会性质组织犯罪，以及黑社会性质组织、恶势力组织实施的犯罪。"在此基础上，该条第 2 款明确规定："本法所称恶势力组织，是指经常纠集在一起，以暴力、威胁或者其他手段，在一定区域或者行业领域内多次实施违法犯罪活动，为非作恶，欺压群众，扰乱社会秩序、经济秩序，造成较为恶劣的社会影响，但尚未形成黑社会性质组织的犯罪组织。"根据该条规定以及

《反有组织犯罪法》其他法条规定的精神，恶势力组织，逻辑上包含恶势力犯罪集团和恶势力犯罪团伙两种犯罪组织形式。《反有组织犯罪法》的相关规定，实际以刑法总则规范的形式，明确增设了新的犯罪组织种类。所以，我国刑法中，广义的有组织的共同犯罪，不仅包括犯罪集团实施的犯罪，还包括特定犯罪团伙实施的犯罪；广义的犯罪组织，包括普通犯罪集团、恶势力犯罪团伙、恶势力犯罪集团、黑社会性质组织等。

需要注意，刑事司法实务中经常使用"犯罪团伙"一词。这个概念不是严格意义上的刑法概念。它通常用于概括地指称三人以上共同实施犯罪的情况。对于犯罪团伙，应根据具体情况具体认定，符合犯罪集团成立条件的，按犯罪集团处理；不符合犯罪集团成立条件的，按一般共同犯罪处理。

司法典型案例：
吴强等敲诈勒索、抢劫、故意伤害案

第三节　共同犯罪人的刑事责任

一、共同犯罪人的分类标准

共同犯罪是二人以上共同故意犯罪，在数人共同故意犯罪的情况下，各个犯罪人在犯罪中所处的地位和所起的作用可能不同，在处理时就需要区别对待。为了正确地解决各共同犯罪人的刑事责任，有必要对共同犯罪人进行分类。

我国刑法在共同犯罪人的分类上，主要按共同犯罪人在共同犯罪中的作用将其分为主犯、从犯、胁从犯，同时又以共同犯罪人的分工为标准，划分出教唆犯。教唆犯与前三种共同犯罪人虽然不是并列关系，但教唆犯具有特殊性和复杂性，需要独立地加以研究。

德国、日本的刑法中对共同犯罪人的分类主要以共同犯罪人的分工为标准，将共同犯罪人分为正犯（实行犯）和共犯（教唆犯、帮助犯）。正犯和共犯的区别在德国、日本的刑法中是个非常重要的研究问题，存在着主观说、客观说、规范的综合判断理论、犯罪事实支配理论等多种学说。[①]

二、各种共同犯罪人的特征及刑事责任

（一）主犯的特征及刑事责任

1. 主犯的特征。

根据《刑法》第26条第1款的规定，主犯是指组织、领导犯罪集团进行犯罪活动或者在共同犯罪中起主要作用的犯罪分子。据此，主犯包括两种犯罪分子：

（1）组织、领导犯罪集团进行犯罪活动的犯罪分子，即犯罪集团的首要分子。这种主犯具有以下两个特征：其一，以犯罪集团的存在为前提条件，犯罪集团不存在，就不可能有这种主犯。其二，必须是组织、领导犯罪集团进行犯罪活动的犯罪分子。组织、领导犯罪集团进行犯罪活动通常表现为：负责组建犯罪集团，网罗犯罪集团成员，制订犯罪活动计划，召集犯罪会议，布置犯罪任务，指挥集团成员进行具体的犯罪活动等。

（2）在共同犯罪中起主要作用的犯罪分子。这种主犯是指犯罪集团首要分子以外的在共同犯罪中起主要作用的犯罪分子。具体包括三类：

其一，犯罪集团的骨干分子。这类犯罪人虽然在犯罪集团中不起组织、指挥作用，但是积极参与犯罪集团的犯罪活动，是犯罪集团的得力成员，因而属于主犯。

---

① 张明楷. 外国刑法纲要. 2版. 北京：清华大学出版社，2007：301-305.

其二，某些聚众犯罪中的首要分子及骨干成员。我国刑法规定的聚众犯罪有三种：第一种是参与违法活动的人均构成犯罪的聚众犯罪，如《刑法》第317条规定的组织越狱罪和聚众持械劫狱罪。第二种是聚众进行违法活动的首要分子和积极参加者构成犯罪，而一般参与者不构成犯罪的聚众犯罪，如《刑法》第290条第1款规定的聚众扰乱社会秩序罪、第292条规定的聚众斗殴罪。第三种是只有聚众进行违法活动的首要分子才能构成犯罪，而其他参与者不构成犯罪的聚众犯罪，如《刑法》第291条规定的聚众扰乱公共场所秩序、交通秩序罪。上述第一种聚众犯罪中起组织、指挥作用的首要分子，以及虽然不是起组织、指挥作用但在聚众犯罪活动中起重要作用的犯罪分子为主犯；上述第二种聚众犯罪中起组织、指挥作用的首要分子也属于主犯；第三种聚众犯罪中的首要分子是犯罪成立的必要条件，如果首要分子只有一个，则不存在成立主犯的问题。

其三，聚众犯罪以外的一般共同犯罪中起主要作用的犯罪分子。根据2000年9月30日最高人民法院《关于审理单位犯罪案件对其直接负责的主管人员和其他直接责任人员是否区分主犯、从犯问题的批复》的规定，在审理单位故意犯罪案件时，对其直接负责的主管人员和其他直接责任人员，可不区分主犯、从犯，按照其在单位犯罪中所起的作用判处刑罚。

2. 主犯的刑事责任。

关于主犯的刑事责任原则，根据《刑法》第26条第3款的规定，对组织、领导犯罪集团的首要分子，按照集团所犯的全部罪行处罚。所谓集团所犯的全部罪行，应理解为首要分子组织、指挥的全部犯罪，对于集团个别成员所实施的超出首要分子组织、指挥范围的犯罪，不能令首要分子负刑事责任，应由实施该犯罪的集团成员负责。根据《刑法》第26条第4款的规定，对于犯罪集团首要分子以外的主犯，应当按照其所参与的或者组织、指挥的全部犯罪处罚。所谓参与，包括参与预备、参与实行以及参与分赃等。

参考案例 10-3

被告人顾某，系某国有公司董事长；被告人成某，系该国有公司总经理；被告人许某，系该国有公司资金运作部主任。三被告人所在的国有公司进行改制，需要进行资产清算核查。被告人顾某与成某商议趁机中饱私囊，决定将该国有公司的应收款500万元予以隐瞒，进行瓜分。尔后，被告人顾某指使被告人许某将其中150万元的应收款作为公司购房款转移到某房产公司账户上，被告人成某将另外350万元应收款作为法律顾问费转移到某律师事务所账户上。事后，被告人顾某分得赃款250万元，被告人成某分得赃款200万元，被告人许某分得赃款20万元，其余30万元被某房产公司和某律师事务所以"管理费"的名义截留。检察机关以贪污罪对三被告人提起公诉。法院审理后认为，被告人顾某和成某在贪污罪的共同犯罪中起主要作用，是主犯，其个人贪污数额应按照其组织、指挥的总数计算，均为500万元；被告人许某在共同犯罪中起次要作用，其个人贪污数额为150万元。法院以贪污罪判处顾某15年有期徒刑，并处没收个人财产；以贪污罪判处成某14年有期徒刑，并处没收个人财产；以贪污罪判处许某10年有期徒刑，并处没收个人财产。

需要指出的是，《刑法》分则对有些共同犯罪的主犯已经规定了具体的法定刑。例如，根据《刑法》第103条第1款的规定，对于分裂国家罪的首要分子或者罪行重大者，处无期徒刑或者10年以上有期徒刑；根据第103条第2款的规定，对煽动分裂国家罪的首要分子或者罪行重大者，处5年以上有期徒刑等。对于这样一些共同犯罪的主犯，径直按《刑法》分则的有关条文处罚即可。

（二）从犯的特征及刑事责任

1. 从犯的特征。

根据《刑法》第27条的规定，从犯是指在共同犯罪中起次要作用或者辅助作用的犯罪分子。据此，从犯具体包括两种犯罪分子：

（1）在共同犯罪中起次要作用的犯罪分子。所谓在共同犯罪中起次要作用，是指犯罪人虽然直接实施了具体犯罪构成客观要件的行为，但在整个犯罪活动过程中较主犯所起的作用相对要小。此种从犯在犯罪集团的犯罪活动中，受首要分子或者其他主犯的指挥，罪行较小或者情节不严重；在一般共同犯罪中，直接实施了某种具体犯罪客观要件的行为，但通常是次要的实行行为，即不能单独、直接引起严重后果的犯罪行为，例如，按住被害人的手脚，便于主犯将被害人杀死。

（2）在共同犯罪中起辅助作用的犯罪分子。所谓在共同犯罪中起辅助作用，是指犯罪人不直接实施具体犯罪构成客观要件的行为，而是为共同犯罪的实施创造条件，辅助实行犯罪。此种从犯实施的犯罪行为通常是：提供犯罪工具，排除犯罪障碍，指示犯罪地点和犯罪对象，打探和传递有利于犯罪实施和完成的信息，为实行犯实行犯罪把门望风，事前通谋、事后窝藏实行犯或者销赃、窝赃等。

2. 从犯的刑事责任。

关于从犯的刑事责任，《刑法》第 27 条第 2 款作了明确规定："对于从犯，应当从轻、减轻处罚或者免除处罚。"至于对具体案件中的从犯是从轻处罚，还是减轻处罚，抑或免除处罚，应综合考察共同犯罪的性质、从犯行为对犯罪结果发生的作用的大小等方面的情况。

上述原则适用于一般情况下对从犯的处罚。与对主犯的处罚一样，刑法分则的有关条文明确规定了某些共同犯罪中从犯的法定刑，例如，《刑法》第 120 条规定，组织、领导恐怖活动组织的，处 10 年以上有期徒刑或者无期徒刑，并处没收财产；积极参加的，处 3 年以上 10 年以下有期徒刑，并处罚金；其他参加的，处 3 年以下有期徒刑、拘役、管制或者剥夺政治权利，可以并处罚金。上述"其他参加者"，显然是指共同犯罪中的从犯。对于这些从犯，按分则规定的法定刑处罚即可，无须适用总则关于处罚从犯的原则规定。

（三）胁从犯的特征及刑事责任

1. 胁从犯的特征。

根据《刑法》第 28 条的规定，胁从犯是指被胁迫参加犯罪的人。胁从犯具有以下特征：

（1）行为人在客观上实施了犯罪行为。

（2）行为人在主观上明知自己实施的行为是犯罪行为，在可以选择不实施犯罪的情况下，虽不愿意但仍实施了犯罪行为。如果行为人不知自己所实施的行为是犯罪行为，或者虽然知道自己实施的行为是犯罪行为，但丧失了选择行为的可能性，那就不能成立胁从犯。

（3）行为人是因为受他人胁迫而参加犯罪的。胁迫，是指以剥夺生命、损害健康、揭发隐私、毁损财物等对行为人进行精神上的强制。

同时具备上述三个特征的，成立胁从犯。

在认定胁从犯时，应注意以下两个问题：第一，注意区分胁从犯与紧急避险的界限。在司法实践中，有时行为人所受到的胁迫是一种直接威胁到本人或者他人人身权利、财产权利安全，或者公共利益安全的危险，在这种情况下，如果行为人为了保护较大的利益而被迫实施损害较小利益的行为，则应认定为紧急避险，而不能按胁从犯处理。例如，甲荷枪实弹逼着乙去伤害丙，乙为了使自己的生命免受正在发生的危险，被迫将丙打伤。这里，乙的行为成立紧急避险，而不能对乙按胁从犯处理。第二，注意胁从犯的转化问题。在司法实践中，有的犯罪人虽然第一次犯罪是被胁迫参加的，但一旦参加犯罪后，则抱着"破罐子破摔"的思想，在以后的共同犯罪中积极卖力，乃至成为犯罪活动的组织者、指挥者。对于这一类犯罪分子，不能因为其第一次犯罪是被胁迫而实施的，将其按胁从犯处理，而应按主犯处理，属于由胁从犯转化而成的主犯。

2. 胁从犯的刑事责任。

对于胁从犯的刑事责任，《刑法》第 28 条作了明确规定，即对于胁从犯，应当按照他的犯罪情节减轻处罚或者免除处罚。可见，对胁从犯的处罚宽于对从犯的处罚。至于对具体案件中的胁从犯是适用减轻处罚还是适用免除处罚，应根据犯罪人受胁迫的程度、被胁迫所实施的犯罪的性质以及其行为对危害结果所起的作用的大小等情况决定。

（四）教唆犯的特征及刑事责任

1. 教唆犯的特征。

根据《刑法》第 29 条的规定，教唆犯是指故意唆使他人实施犯罪的人。教唆犯具有以下特征：

（1）从主观方面讲，行为人必须有教唆他人犯罪的故意。即行为人明知自己的教唆行为会使他人产生犯罪意图，进而实施犯罪，并且希望或者放任这种结果的发生。如果行为人根本没有意识到自己的行为会使他人产生犯罪意图，即使其行为客观上使他人产生了某种犯罪意图，也不能构成教唆犯。

（2）从客观方面讲，行为人必须有教唆他人犯罪的行为。教唆他人犯罪，是指教唆他人实施某种具体的犯罪行为，而不是教唆他人实施一般的违法行为或者违反道德的行为。教唆他人实施后两种行为的，不能构成教唆犯。教唆行为的方法是多种多样的，如以金钱、物质、女色或者其他利益引诱他人犯罪，以嘲弄、蔑视或者侮辱的手段刺激他人犯罪，以暴力、揭发隐私、毁坏财物等胁迫他人犯罪，利用封建迷信唆使他人犯罪等。教唆的方式可以是口头教唆，也可以是书面教唆，还可以是通过打手势、使眼神等形体语言进行教唆。

（3）从对象上讲，首先，教唆犯的对象必须是达到了刑事责任年龄具有刑事责任能力的人。教唆不满 14 周岁的人实施危害行为或者教唆已满 14 周岁不满 16 周岁的人犯《刑法》第 17 条第 2 款、已满 12 周岁不满 14 周岁的人犯《刑法》第 17 条第 3 款所规定的犯罪之外的犯罪的，以及教唆不具有刑事责任能力的人实施危害行为的，属间接正犯，而不能成立教唆犯。其次，教唆的对象必须是没有犯罪意图的人，已有犯罪意图的人，不能成为教唆犯的对象。如果行为人明知他人已有犯罪意图，而为其出谋划策、壮胆助威，坚定其犯罪意图，使其实施犯罪，可按帮助犯处理。行为人将已有犯罪意图的人误认为是没有犯罪意图的人而进行教唆的，可成立教唆犯，属独立的教唆犯。再次，教唆的对象必须是特定的。

同时具备上述三个特征的，构成教唆犯。

2. 教唆犯的刑事责任。

关于教唆犯的刑事责任，《刑法》第 29 条规定了以下三种不同的情况：

（1）教唆他人犯罪的，应当按照他在共同犯罪中所起的作用处罚。这是指被教唆人已经犯了所教唆的罪的情况。所谓已犯了所教唆的罪，是指被教唆人在教唆人的教唆下，实施了所教唆的罪的预备行为或者已经着手实行所教唆的犯罪而未遂，或者已经完成所教唆的犯罪而既遂。按照在共同犯罪中所起的作用处罚，是指根据教唆犯实际在共同犯罪中所起的不同作用分别处罚，起主要作用的，按主犯处罚；起次要作用的，按从犯处罚。由于教唆犯是犯罪意图的发起者，是引起他人实施犯罪的原因，没有教唆犯的教唆，他人就不可能实施犯罪。因而，教唆犯在共同犯罪中通常起主要作用，特别是以胁迫方法教唆他人犯罪的教唆犯，更是如此，因此，对教唆犯一般按主犯处罚。但在少数共同犯罪中，教唆犯也可能是起次要作用的，如教唆他人帮助别人犯罪。对这类教唆犯应按从犯处理。

（2）教唆不满 18 周岁的人犯罪的，应当从重处罚。

（3）如果被教唆的人没有犯所教唆的罪，对于教唆犯可以从轻或者减轻处罚。所谓被教唆的人没有犯所教唆的罪，有以下几种情况：1）被教唆人拒绝了教唆人的教唆；2）被教唆人虽然当时接受了教唆犯的教唆，但实际上并没有进行任何犯罪活动；3）被教唆人当时允诺实施教唆犯所教唆的罪，但实际上实施的是其他犯罪；4）教唆犯对被教唆人进行教唆时，被教唆人已有实施所教唆罪的决意，即教唆犯的教唆行为与被教唆人实施的犯罪之间没有因果关系。

【引例评析】

本案中被告人高某与郭某不能成立绑架罪的共同犯罪，法院应以绑架罪对被告人高某定罪处罚，以非法拘禁罪对被告人郭某定罪处罚。共同犯罪的成立要求主观上各行为人具有共同的犯罪故意，客观上实施了共同的犯罪行为。本案中，仅从客观上看，被告人郭某与被告人高某实施了共同的非法剥夺被害人沈某、史某自由的行为，二被告人似乎具有共同的犯罪行为。但事实上，二被告人的主观故意是不同的：被告人高某具有绑架的故意，而被告人郭某误认为被害人沈某、史某拖欠被告人高某的债务，主观上只有非法拘禁的故意。因此，二被告人不成立共同犯罪。

【本章小结】

共同犯罪是指二人以上共同故意犯罪。共同犯罪的形式，从不同角度、不同标准，可以划分为任意共同犯罪和必要共同犯罪、事前通谋的共同犯罪和事前无通谋的共同犯罪、简单共同犯罪和复杂共同犯罪、一般共同犯罪和有组织的共同犯罪。犯罪集团，是指三人以上为共同实施犯罪而组成的较为固定的犯罪组织。我国刑法将共同犯罪人分为主犯、从犯、胁从犯和教唆犯四种。主犯是指组织、领导犯罪集团进行犯罪活动或者在共同犯罪中起主要作用的犯罪分子。对于组织、领导犯罪集团的首要分子，按照集团所犯的全部罪行处罚；对于犯罪集团首要分子以外的主犯，应当按照其所参与的或者组织、指挥的全部犯罪处罚。从犯是指在共同犯罪中起次要作用或者辅助作用的犯罪分子。对于从犯，应当从轻、减轻处罚或者免除处罚。胁从犯是指被胁迫参加犯罪的人。对于胁从犯，应当按照他的犯罪情节减轻处罚或者免除处罚。教唆犯是指故意唆使他人实施犯罪的人。对于教唆犯，应当按照他在共同犯罪中所起的作用处罚。教唆不满 18 周岁的人犯罪的，应当从重处罚。如果被教唆的人没有犯所教唆的罪，对于教唆犯可以从轻或者减轻处罚。

【练习题】

一、名词解释

主犯 从犯 胁从犯 教唆犯 犯罪集团

二、思考题

1. 共同犯罪的形式有哪些？
2. 怎样理解犯罪集团的含义与特征？
3. 我国刑法对共同犯罪人是怎样分类的？
4. 主犯、从犯和胁从犯的处罚原则分别是什么？
5. 教唆犯的处罚原则是什么？

三、案例分析题

1. 被告人某旅社工作人员陈乙得知其旅社服务员王某在本市汽车站带客时被人殴打，即赶到事发地，拽住无故殴打王某的孙某，被上前劝架的本市糖酒公司工人邰某解脱后，孙某逃走。陈乙便拽住邰某身上的皮夹克要同其去派出所讲理，双方发生纠缠。陈乙之子陈甲闻讯赶到，误认为邰某是殴打王某的人，便用匕首刺了邰某右腰背部、右前胸各一刀。邰某被刺后企图挣脱陈乙，但由于当时场面混乱、人多声杂，陈乙不知道儿子带了匕首，也没有看见邰某被刺，仍用力拽住邰某。邰某又被陈甲刺中右上臂一刀。经法医鉴定，邰某的胸部刺伤致血胸、失血性休克，须手术治疗，属重伤。检察机关以故意伤害罪对陈甲、陈乙提起公诉。一审法院以故意伤害罪判处陈甲有期徒刑 6 年，以故意伤害罪判处陈乙有期徒刑 3 年。

问题：

本案一审判决定案结论是否正确？

分析要点提示：

主要可从两方面考虑：被告人陈乙拽住邰某的行为与被告人陈甲用匕首刺邰某的行为是否是共同犯罪行为？被告人陈乙是否与陈甲具有共同的犯罪故意？

2. 被告人程某与被告人周某系同乡，均在北京务工。被告人程某手提一只密码箱，急匆匆地跑到被告人周某经营的面食店摊位旁，对周某说："帮个忙，让我在你这儿躲一下！"周某赶紧让程某趴到桌子底下，同时用布帘将密码箱盖住。这时失主张某等人追赶至此，问周某是否看见一个提密码箱的人路过，周某故意用手指指前方，说"往前面走了"。事后被告人程某从偷来的密码箱（内有现金 2 万元）中抽取了 5 000 元给周某以表示"感谢"。

问题：

被告人程某和周某的行为应如何定性？

分析要点提示：

被告人程某在逃跑过程中得到被告人周某的帮助，但程某的盗窃行为已经完成；对于盗窃两被告人也没有事前通谋。

第十一章　罪　数

【本章引例】

　　时任地税分局局长的蒙某从某市信用联社的纳税申报表中发现该联社及其下属信用社尚欠应缴税款共计 95 018.14 元，便主动找到某市信用联社的领导及财务科科长，以分局经费紧张为借口，要求该社赞助 6 万元现金，就不再征收应缴的 95 018.14 元税款。对方表示同意其要求后，蒙某即指使该分局副局长潘某及其弟分别到信用社财务处收取了 4 万元和 2 万元现金。潘某收得 4 万元现金中的 1.2 万元及蒙某弟弟所收 2 万元，根据蒙某的安排交给了蒙某。上述 6 万元的"赞助费"，没有入单位账户，其中的 3.2 万元被蒙某个人挥霍，蒙某决定不再追缴信用社应缴全部税款。案发后，被告人蒙某的亲属已代其退还赃款 3.2 万元。请问，蒙某的行为是否应该以受贿罪和徇私舞弊不征、少征税款罪数罪并罚？如果不并罚，应该以何罪追究刑事责任？

【本章学习目标】

　　通过本章的学习，你应该能够：

　　1. 理解罪数判断的标准；
　　2. 掌握一罪的类型；
　　3. 了解数罪的类型。

第一节　罪数判断标准

一、罪数形态研究的任务和意义

　　一罪与数罪形态，亦称罪数形态。研究罪数形态的理论，称为罪数形态论。其基本任务在于，从罪数之单复的角度描述行为人实施的危害行为构成犯罪的形态特征，阐明各种罪数形态的构成要件，揭示有关罪数形态的本质属性即实际罪数，剖析不同罪数形态的共有特征并科学划分其区别界限，进而确定对各种罪数形态应适用的处断原则。

　　罪数形态研究的意义主要表现为以下几方面。

　　（一）罪数形态研究有助于准确定罪

　　准确定罪，是刑事审判活动最基本的质量标志。在刑事审判活动中，要想做到定罪准确，不仅需要认定行为人的行为是否构成犯罪，以及构成何种具体犯罪，而且必须判明行为人实施的危害行为所构成的犯罪形态。犯罪形态除犯罪的完成形态和未完成形态，以及共同犯罪之外，还包括犯罪的罪数形态。因而，离开了对罪数形态的认定，在许多情形下，刑事审判活动便难以完成准确定罪的任务。

　　（二）罪数形态研究是合理适用刑罚的必要前提

　　对犯罪分子裁量适当的刑罚，是罪刑相适应原则的最终体现。然而，要达到此目的，必须以判明行为人所构成的犯罪个数，准确评价不同罪数形态所体现的社会危害性程度和人身危险性程度作为基本的前提。由此可见，一旦罪数认定有误，便不可避免地会导致适用处断原则不当，并进而造成量刑畸重畸轻的结局。

（三）罪数形态研究与我国刑法中某些重要制度的适用紧密相关

在我国刑法中，某些罪数形态，如继续犯、连续犯、牵连犯、吸收犯的认定，与刑法的空间效力、时间效力、追诉时效等规定或制度的适用，存在直接的、密切的关系，若不能从理论上对这些罪数形态的构成特征、本质属性和处罚原则作出合理的解释，便会在刑事管辖权、刑法溯及力和追究犯罪人刑事责任等方面，造成实际适用法律不当的结果。

（四）罪数形态研究对于保障刑事诉讼的顺利进行具有一定的积极作用

受某些罪数形态的构成特征、罪数性质、处断原则的制约，涉及此类罪数形态的刑事诉讼，在诉讼管辖、起诉范围和审判范围的确定等方面，具有区别于一般刑事案件诉讼的特殊性和复杂性。因而，只有在深刻理解、严格把握某些罪数形态的构成特征、罪数性质、处断原则的条件下，才能使具有一定特殊性和复杂性的刑事诉讼得以顺利进行。

二、罪数判断标准

在国外刑法学中，有关罪数判断标准的学说有很多，其中主要有行为标准说（具体又分为自然行为说和法律行为说等）、法益标准说（又称结果标准说）、因果关系标准说、犯意标准说、目的标准说、法规标准说、构成要件标准说、广义法律要件说、折中主义标准说、混合标准说等。所有这些判断罪数的观点，存在一个共同的缺陷，即仅以犯罪构成要件的某一要素或某一方面为标准区分罪数，故其实际均未超出客观主义或主观主义的局限性。运用这些以偏概全的标准，都无法对罪数问题作出合理的解释。

新中国的刑法学以辩证唯物主义为指导思想，在全面剖析国外学者关于罪数标准学说的优劣利弊，吸收某些学说的合理成分的基础上，普遍承认以犯罪构成标准说（主客观统一说）作为区分一罪与数罪的基本理论。根据犯罪构成标准说的主张，确定或区分罪数之单复的标准，应是犯罪构成的个数，即行为人的犯罪事实具备一个犯罪构成的为一罪，行为人的犯罪事实具备数个犯罪构成的为数罪。

犯罪构成标准说的科学性，主要源于以下几个方面：

（1）在以我国刑事立法为根据的基础上，贯彻了罪刑法定的刑法基本原则。

我国刑事立法的总则性规范和分则性规范，全面、系统地确定了犯罪构成的要件，这是我国刑法所奉行的罪刑法定原则最突出的体现。以犯罪构成作为区分一罪与数罪的标准，可以在刑事诉讼中有效地避免罪数判定的随意性和非一致性，并在确保罪数判定的法定性、统一性和公正性的基础上，体现罪刑法定原则的基本要求。总之，犯罪构成标准说，是防止罪数判定过程中的"擅断"现象发生的有力保障。

（2）以犯罪现象的自身规律为出发点，贯彻了主客观相统一的原则。

首先，犯罪的自身规律决定了任何犯罪都是行为人主观上的要件和客观上的要件所构成的有机统一体。其次，依据我国刑事立法的规定，任何犯罪也都是犯罪主观要件和犯罪客观要件的有机统一。最后，由犯罪的自身规律和刑法对犯罪构成的规定所决定，任何认定犯罪（包括认定罪数）的活动，必须以主客观相统一的犯罪构成作为基准，除此之外的其他任何标准都是片面的和非科学的。因此，坚持以犯罪构成标准说作为判断罪数的基本理论，不仅克服了各种主观主义和客观主义的罪数判断标准理论的片面性，以及它们任意割裂犯罪的主观方面与客观方面联系的弊端，而且在罪数形态中和罪数判定的司法实践中，全面、彻底地贯彻了主客观相统一的原则。此外，正是基于犯罪构成标准说的科学性和全面性，这种判断标准也便于司法工作人员在实际工作中予以操作。

（3）犯罪构成标准说，在罪数形态领域贯彻了犯罪构成理论，并为犯罪形态论的深入研究和发展提供了必要的保障。

一方面，犯罪构成理论是我国刑法学的核心理论，它贯穿于整个刑法学的始终。从这种意义上讲，犯罪构成标准说，既是犯罪构成理论在罪数形态论领域的自然延伸或必然体现，也是我国刑法学全面构建犯罪构成理论所不可忽视的重要组成部分。另一方面，坚持犯罪构成标准说，有助于我们自觉地依据犯罪构成理论，完善、发展罪数形态研究。

综上所述，罪数形态论的基本任务在于说明各种罪数形态的构成特征、本质属性、共有规律和区别界限，以及应有的处断原则。所有这些任务的完成，除犯罪构成理论之外，任何其他理论均难以胜任。若依据主观主义或客观主义的罪数判断理论，就很难全面、科学地解释各种罪数形态的构成要件，势必在各种具体的罪数形态领域，造成受主观主义和客观主义束缚而难以自圆其说的理论困境。相反，只有自觉地坚持犯罪构成理论，才能有效而顺利地解决诸如继续犯的构成特征、想象竞合犯的本质属性、连续犯连续关系的判断标准、牵连犯的处断原则、牵连犯与吸收犯的区别界限等理论难题，从而确保我国刑法学罪数形态研究朝着更加深入、全面、科学的方向发展。

第二节　一罪的类型

一、实质的一罪

实质的一罪，一般包括继续犯、想象竞合犯和结果加重犯。

（一）继续犯

1. 继续犯的概念。

所谓继续犯，亦称持续犯，是指犯罪行为自着手实行之时直至其构成既遂，且通常在既遂之后至犯罪行为终了的一定时间内，该犯罪行为及其所引起的不法状态同时处于持续过程中的犯罪形态。其中，行为人所实施的犯罪行为自着手实行之时直至其构成既遂的一定时间，是该行为构成犯罪所必需的时间条件，可称之为基本构成的时间；而犯罪构成既遂之后直到犯罪行为终了的一定时间，则是作为量刑情节予以考虑的时间因素，可称之为从重处罚或加重构成的时间。《刑法》第238条规定的非法拘禁罪，就是颇为典型的具有继续犯特征的犯罪。在我国刑法所规定的犯罪当中，除非法拘禁罪外，窝藏罪、遗弃罪等也是典型的继续犯。

2. 继续犯的构成特征。

（1）继续犯必须是基于一个犯罪故意实施一个危害行为的犯罪。所谓一个危害行为，是指主观上出于一个犯罪故意（无论是单一的犯罪故意，还是概括的犯罪故意），为了完成同一犯罪意图所实施的一个犯罪行为。如果行为人并非实施一个危害行为，而是实施了数个危害行为，则不构成继续犯。必须明确的是，在继续犯的危害行为处于不间断的过程之中，行为人为实现其犯罪意图而采用的具体作案手段的数量和所利用的具体作案地点（环境）发生变更后使用的不同作案方式，只是其所实施的一个危害行为的组成部分或构成因素。也就是说，它们都属于一个危害行为的多种表现形式，不能因此而认定为数个危害行为，并进而否定一行为持续进行的属性。

参考案例 11-1

张某第一天将被害人李某拘禁于甲地，第二天转移拘禁于乙地，第三天再转移拘禁于丙地。尽管拘禁地一再转移，但非法拘禁行为并未间断，仍然是一个非法拘禁行为，而不是数个非法拘禁行为。

（2）继续犯是持续地侵犯同一或相同直接客体的犯罪。所谓"持续地侵犯同一直接客体"，是就特定犯罪的直接客体为简单客体而言的；所谓"持续地侵犯相同直接客体"，是就特定犯罪的直接客体为复杂客体而言的。因而，若行为人持续实施的危害行为侵犯了作为某一犯罪必要要件之外的他种犯罪的直接客体，则不仅成立以继续犯为特征的具体犯罪，而且同时构成了另一犯罪，若行为人在持续犯罪的过程中，又以其他危害行为侵犯了另外的直接客体，则应当对其所构成的数罪实行并罚。

（3）继续犯是犯罪行为及其所引起的不法状态同时处于持续过程中的犯罪。继续犯的这一最为显著的特征，是它与即成犯、状态犯、连续犯等犯罪形态相区别的主要标志所在。对于继续犯的这一特征，可从以下几方面加以认识：首先，继续犯的犯罪行为必须具有持续性，它的典型表现是，自犯罪行为着手实行至犯罪行为实施终了的过程中，犯罪行为一直处于正在实施、不断进行的状态。其次，继续犯的犯罪行为及其所引起的不法状态必须同时处于持续状态。最后，继续犯的犯罪行为及其所引起的不法状态必须同时处于持续过程之中。

（4）继续犯必须以持续一定时间或一定时间的持续性为成立条件。这是继续犯最显著的特征之一，也是它区别于其他犯罪形态的重要标志之一。对于继续犯的时间持续性特征，可以从以下两方面加以理解：首先，继续犯的时间持续性，通常可分解为作为成立继续犯必要要件的时间持续性和作为继续犯经常性特征的时间持续性。这两种时间持续性的性质和作用，是截然不同的。其次，继续犯的时间持续性，表现为基本构成时间和经常伴发其存在的从重处罚或加重构成时间的不间断性。这是继续犯的犯罪行为及其所引起的不法状态同时处于持续状态的重要时间条件。

以上四个方面的基本构成特征，是相互联系、彼此制约的，必须同时具备，才能构成继续犯。

3. 继续犯的处断原则。

由于我国刑法对属于继续犯的犯罪及其法定刑设置专条予以规定，即对属于继续犯形态的犯罪设置了独立的罪刑单位，故对于继续犯应按刑法规定以一罪论处，不实行数罪并罚。

（二）想象竞合犯

1. 想象竞合犯的概念。

想象竞合犯，亦称想象数罪，是指行为人基于数个不同的具体罪过，实施一个危害行为，而触犯两个以上异种罪名的犯罪形态。

2. 想象竞合犯的构成特征。

想象竞合犯作为一种在司法实践中时常发生的犯罪形态，具有以下基本构成特征或必备条件：

（1）行为人必须基于数个不同的具体罪过而实施犯罪行为。这是想象竞合犯的主观特征。所谓数个不同的具体罪过（以两个罪过为标准）包括以下三种情形：

第一，数个内容不同的犯罪故意。

参考案例 11－2

甲与乙有仇。一日，甲携枪藏身于乙上班的路上。待乙走过来时，正遇丙骑车同向而来。甲虽预见到开枪打乙可能祸及丙，仍开了枪，结果造成乙死亡、丙重伤。甲具有杀害乙和伤害丙的两个犯罪故意。

第二，数个内容有别的犯罪过失。若在参考案例 11－2 中，甲的枪走火，打死一人，重伤一人，则分别构成过失致人死亡罪和过失致人重伤罪。

第三，一个犯罪故意和一个犯罪过失。若在参考案例 11－2 中，甲开枪未打中乙，子弹击在一石头上，弹起后致丙重伤，则甲构成故意杀人罪（未遂）和过失致人重伤罪。

（2）行为人只实施一个危害行为。这是想象竞合犯的客观特征之一。如果行为人实施数个危害社会行为，便不可能构成想象竞合犯，只可能构成其他犯罪形态。

（3）行为人所实施的一个危害社会行为，必须侵犯数个不同的直接客体。这是想象竞合犯的另一客观特征，也是此种犯罪形态触犯数个不同罪名的原因所在。需要强调的是，一般而言，想象竞合犯的这一构成特征突出地表现为，行为人所实施的一个危害社会行为，同时直接作用于体现不同直接客体的数个犯罪对象。

（4）行为人实施的一个危害社会行为，必须同时触犯数个罪名。这是想象竞合犯的法律特征。所谓数个罪名，是指刑法分则规定的不同种的罪名。一个危害社会行为触犯数个同种罪名，不能构成想象竞合犯。

参考案例 11－3

甲盗割正在使用中的通信电缆，销赃后获款万余元，其行为导致通信中断达 5 小时，经济损失达数千万元。甲同时触犯两个罪名：破坏公用电信设施罪和盗窃罪。

3. 想象竞合犯的处断原则。

目前，在我国刑法学界和司法机构占统治地位的观点一般认为，对于想象竞合犯应采用"从一重处断"的原则予以论处，即对想象竞合犯无须实施数罪并罚，而应按照其犯罪行为所触犯的数罪中最重的犯罪论处。

（三）结果加重犯

1. 结果加重犯的概念。

所谓结果加重犯，亦称加重结果犯，是指实施基本犯罪构成要件的行为，由于发生了刑法规定的基本犯罪构成要件以外的重结果，刑法对其规定加重法定刑的犯罪形态。如《刑法》第260条第1款规定："虐待家庭成员，情节恶劣的，处二年以下有期徒刑、拘役或者管制。"第2款规定："犯前款罪，致使被害人重伤、死亡的，处二年以上七年以下有期徒刑。"这就是虐待罪的结果加重犯。

2. 结果加重犯的构成特征。

结果加重犯的基本构成特征，可以从以下几方面加以把握：

（1）行为人所实施的基本犯罪构成要件的行为必须客观地引发了基本犯罪构成要件以外的重结果，也即符合基本犯罪构成要件的行为与加重结果之间具有因果联系。至于基本犯是否必须为结果犯，在理论上存在争论。有的学者认为，只有基本犯是结果犯，才能成立结果加重犯；有的学者认为，在基本犯不是结果犯的场合，也可以成立结果加重犯。我们同意后一种意见。

参考案例 11－4

甲殴打乙致伤，乙住院治疗时，因建筑事故病房倒塌而死亡。乙虽然死亡，但乙的死亡结果和甲的伤害行为之间不存在因果关系，因此，甲只构成故意伤害罪，而不构成故意伤害致人死亡的结果加重犯。

（2）基本犯罪构成要件以外的重结果或者加重结果，必须通过刑法明文规定的方式，成为依附于基本犯罪构成要件而存在的特定犯罪的有机组成部分，也即基本犯罪构成要件是成立结果加重犯的前提和基础，加重结果不能离开基本犯罪构成要件而独立存在。加重结果的这种法定性和非独立性的特征，是认定结果加重犯并将它与其他罪数形态相区别的重要标准。

（3）行为人对于所实施的基本犯罪构成要件的行为及其所引起的加重结果均有犯意。至于犯意的表现形式，在理论上有颇多争议。首先，关于基本犯罪行为的罪过形式，有的学者认为只能是故意；有的学者则认为，也可以是过失。而从中外刑事立法上来看，两种立法例均存在。其次，关于对加重结果所持的主观罪过形式，在理论上也有不同主张。有的学者认为，只能出于过失；有的学者则认为，既可以基于过失，也可以基于故意。我们认为，结果加重犯的罪过形式可以划分为三种类型：一是基本犯为故意，对加重结果也是故意；二是基本犯是故意，对加重结果是出于过失；三是基本犯是过失，对加重结果也是出于过失。

3. 结果加重犯的处断原则。

由于结果加重犯是以刑法的明文规定为前提并通过刑法的明确规定加重其法定刑的犯罪形态，因此，对于结果加重犯，应当按照刑法分则条款所规定的加重法定刑处罚。

二、法定的一罪

法定的一罪，包括结合犯和集合犯。

（一）结合犯

1. 结合犯的概念。

所谓结合犯，是指根据刑法的明文规定，将具有独立构成要件性质各异的数个犯罪（即原罪与被结合之罪）结合成为另一个包含与原罪相对应的且彼此相对独立的数个构成要件的犯罪（即新罪或结合之罪），而行为人以数个性质不同且能单独成罪的危害行为触犯这一新罪名的犯罪形态。如在日本刑法中，强盗罪和强奸罪是两个彼此不同的独立罪名，但其第241条又规定了强盗强奸罪，此即为结合犯。我国刑法中没有典型的结合犯。

2. 结合犯的构成特征。

（1）被结合之罪，必须是刑法明文规定的具有独立构成要件且性质各异的数罪。即现行刑法明文规定的独立犯罪的整体，是构成结合犯的基本要素，刑法明文规定的特定犯罪的构成要素之一，不能作为结合犯的基本构成因素之一而存在；并且，这种独立的犯罪，在客观方面既可由单一行为构成，也可由复合行为（包含方法行为和目的行为）构成。此为原罪或被结合之罪的特征，也是结合犯构成的基本前提。结合犯的这一构成特征，具有以下几层含义：第一，被结合之数罪，必须是现行刑事法律明文规定的。第二，被结合之数罪，必须具有独立的构成要件。第三，被结合之数罪，必须是刑法明文规定的性质各异的犯罪。第四，被结合之数罪，必须是刑事法律明文规定的具体犯罪，而不是类罪。

（2）由数个原罪结合而成的新罪，必须含有与原罪相对应的且彼此相对独立的数个犯罪的构成要件，在此基础上，数个原罪的构成要件又依刑法之规定，被融合为一个统一的独立于数个原罪的构成要素。此为新罪或结合之罪的特征，也是结合犯的内部结构特征和基本形态。对于结合犯的这一构成特征，可从以下几方面加以把握：第一，结合之罪，必须包括与原罪相对应的、稳定不变的数个犯罪的构成要件（必要要件）。第二，依据刑法关于原罪之构成要件的规定（即以其作为），可将结合之罪的构成要件分离为相对独立的数个犯罪的构成要件（所言数罪与原罪相同）。第三，结合之罪构成要件，虽然具有前述客观存在的相对性、稳定性和可分离性特征，但作为法律规定的一个新罪，结合之罪构成要件又客观存在体现新罪本质的整体性、统一性和独立性特征。

（3）数个原罪必须是基于一定程度的客观联系，并依据刑事法律的明文规定而被结合为一个新罪。此为由被结合之罪转为结合之罪所必须具备的条件，也是结合犯形成的必由途径和基本形式。结合犯的这一特征，表现为关联性和法定性两个具体特征。第一，决定结合犯形成的关联性特征，主要表现为作为结合犯基本构成要素的数个犯罪之间必须存在一定程度的客观联系，这是原罪结合成新罪的必要前提。没有一定客观联系的数个犯罪，根本不可能经由刑事法律的规定而转化为另一新的犯罪即结合之罪。第二，制约结合犯形成的法定性特征，主要表现为数个原罪结合为新罪必须由刑事法律明文规定。这实际是由被结合之罪转化为结合之罪的形式条件和必经的法律途径。

（4）结合犯必须以数个性质各异且足以单独构成犯罪的危害行为触犯由原罪结合而成的新罪。此为结合犯动态的实际构成特征，也是结合犯成立不可缺少的重要条件之一。

3. 结合犯的处断原则。

结合犯的处断原则较易理解，即对触犯结合犯条款的数个性质有别、可独立成罪的犯罪行为，应按照刑法对结合犯所规定的相对较重的法定刑以一罪（即结合之罪）判处刑罚，不应实行数罪并罚或采用其他处断原则。

（二）集合犯

1. 集合犯的概念。

集合犯，是指行为人基于实施多次同种犯罪行为的意图而实际实施的数个同种犯罪行为，被刑法规定为一罪的犯罪形态。对于集合犯所具体包含的种类，有主张分为常习犯与营业犯的观点，也有主张分为常习犯、职业犯与营业犯的观点。

2. 集合犯的构成特征。

（1）行为人以实施多次或者不定次数的同种犯罪行为为目的。即行为人不是意图实施一次犯罪行为即行结束，而是意图实施多次或者不定次数的同种犯罪行为。这是集合犯的主观特征。

（2）行为人通常实施了数个同种犯罪行为。这是集合犯的客观特征。其中，依具体的犯罪构成的规定，有的集合犯的成立，必须要求行为人已经实际实施数个同种犯罪行为，如《刑法》第303条规定的"以赌博为业的"构成的赌博罪；有的集合犯的成立，并不要求行为人已经实际实施数个同种犯罪行为，如《刑法》第336条规定的非法行医罪，即使行为人仅实际实施一次非法行医行为，属于情节严重的，也构成非法行医罪，但行为人如果多次实施非法行医行为，也仅构成非法行医罪一罪。

（3）我国刑法具体的分则规范将行为人可能实际实施的数个同种犯罪行为规定为一罪。这是集合犯的法律特征。也即集合犯的犯罪构成预先设定实际涵括数个同种犯罪行为。

3. 集合犯的处断原则。

集合犯属于法定的一罪，所以，对于集合犯，应当依据我国刑法分则的具体规定，以一罪论处，不实行数罪并罚。

三、处断的一罪

处断的一罪，包括连续犯、牵连犯和吸收犯。

（一）连续犯

1. 连续犯的概念。

所谓连续犯，是指行为人基于数个同一的犯罪故意，连续多次实施数个性质相同的犯罪行为，触犯同一罪名的犯罪形态。

2. 连续犯的构成特征。

连续犯的基本构成特征，可归纳为以下几点：

（1）连续犯必须基于连续意图支配下的数个同一犯罪故意。这是构成连续犯的主观要件。连续犯的这一主观特征的含义包括以下三方面：

第一，行为人的数个犯罪故意必须同一。所谓数个犯罪故意必须同一，是指行为人的数个呈连续状态的犯罪行为，是在数量对等的具体犯罪故意支配下实施的；这些支配数个危害社会行为的数个具体犯罪故意在性质上完全一致，属于同一种故意，即同属于刑法所规定的某种犯罪的故意。必须注意的是，构成连续犯的数个犯罪行为是否针对同一犯罪对象而实施，对于行为人的数个犯罪故意必须性质同一的特征并无任何影响。绝不能以行为人的数个危害行为的加害对象是否同一作为标准，去划分行为人具体犯罪故意的个数。

参考案例 11-5

甲与乙结仇，意图杀死乙的全家。一日晚，甲持刀偷偷潜入乙家。乙家只有乙妻一人在熟睡，甲将乙妻杀死。过了一会儿，乙从外面回来，甲又将乙杀死。甲正欲出门寻找乙的儿子，恰遇其下晚自习回家，便将乙的儿子也杀死。由此可以判断，甲杀人行为的犯罪对象虽然不同，但犯罪故意只有一种。

第二，行为人数个性质同一的犯罪故意，必须源于其连续实施某种犯罪的主观意图（简称连续意图）。这是构成连续犯的决定性要素之一。所谓连续意图，是指行为人在着手实施一系列犯罪行为之前，对于即将实行的数个性质相同的犯罪行为的连续性的认识，并基于此种认识决意追求数个相对独立的犯罪行为连续进行状态实际发生的心理态度。

第三，由于连续意图必须在一系列呈连续状态的犯罪行为开始实行之前形成，因而，特定连续意图所制约的各个具体犯罪故意实际都属于预谋故意。过失犯罪行为不能成立连续犯。

（2）连续犯必须实施数个足以单独构成犯罪的危害行为。这是连续犯成立的客观要件之一。也就是说，行为人实施的数个危害行为必须能够构成数个相对独立的犯罪，是成立连续犯的前提条件；如果数个危害行为在刑法上不能构成独立的犯罪，就不能成立连续犯；构成连续犯的数个危害行为既不是指数个一般违法行为或者数个自然举动，也不是指在法律上无独立意义的事实上的数行为，而是指在刑法上能够单独构成犯罪的数个危害行为；相对独立的犯罪行为的数量，只取决于行为人实施的危害行为完全符合特定犯罪构成要件的个数。例如，甲为筹措赌资，先后5次实施盗窃，且每次数额都达到"较大"，构成连续犯。甲的任何一次盗窃行为都可以单独构成盗窃罪。

（3）连续犯所构成的数个犯罪之间必须具有连续性。这是成立连续犯的主观要件与客观要件相互统一而形成的综合性构成标准。关于判断犯罪之间是否存在连续性的标准，我们认为，应当坚持主观与客观相统一的刑法基本原则，以反映犯罪故意与犯罪行为对立统一特性的连续意图及其所支配的犯罪行为的连续性作为标准，即基于连续意图支配下的数个同一犯罪故意，在一定时期之内连续实施了性质相同的数个足以单独构成犯罪的危害行为，数个犯罪之间就存在连续性；否则，就无连续性可言。

（4）连续犯所实施的数个犯罪行为必须触犯同一罪名。这是连续犯的法律特征。所谓同一罪名，是指犯罪性质完全相同的罪名，即同质之罪。而决定犯罪性质的唯一根据，是法律规定的犯罪构成。所以，判断行为人连续实施的数个犯罪行为是否触犯同一罪名，只能以其是否符合相同的特定犯罪构成要件为标准。

3. 连续犯的处断原则。

目前，我国刑法学界和司法机构普遍接受或遵循的处断原则是，对连续犯一般按照一罪从重处罚。但是，对于是可以从重处罚还是应当从重处罚，以及除在法定的幅度内从重处罚之外，是否可以按照更重的法定刑幅度酌情量刑（即法定刑的升格）等问题，存在不同的观点和做法。我们认为，对于连续犯应当适用按一罪从重处罚或按一罪作为加重情节处罚的处断原则，即在对连续犯按一罪论处、不实行数罪并罚的前提下，应当按照行为人所触犯的罪名从重处罚或者作为加重构成情节酌情判处刑罚。

（二）牵连犯

1. 牵连犯的概念。

所谓牵连犯，是指行为人实施某种犯罪（即本罪），而方法行为或结果行为又触犯其他罪名（即他罪）的犯罪形态。

2. 牵连犯的构成特征。

牵连犯的构成要件，表现为以下几个基本特征：

（1）牵连犯必须基于一个最终犯罪目的。这是构成牵连犯的主观要件，而且是认定数个犯罪行为之间具有牵连关系的主要标准。这就是说，行为人是为了达到某一犯罪目的而实施犯罪行为（目的行为），在实施犯罪行为的过程中，其所采取的方法行为（或手段行为）或结果行为又构成另一个独立的犯罪；正是在这一犯罪目的的制约下形成了与牵连犯罪的目的行为、方法行为、结果行为相对应的数个犯罪故意，而在具体内容不同的数个犯罪故意支配下的目的行为、方法行为、结果行为，都是围绕着这一犯罪目的实施的。

（2）牵连犯必须具有两个以上的、相对独立的危害社会行为。这是牵连犯的客观外部特征。也就是说，行为人只有实施了数个相对独立并完全具备犯罪构成要件的危害社会行为，才有可能构成牵连犯；若只实施了一个危害社会行为，则因行为之间的牵连关系无从谈起而根本不能构成牵连犯，这也是牵连犯与想象竞合犯相区别的重要标志之一；若行为人实施的数个危害社会行为中只有一个构成犯罪，则也因不存在数个犯罪之间的牵连关系而不能构成牵连犯。

（3）牵连犯所包含的数个危害社会行为之间必须具有牵连关系。所谓牵连关系，是指行为人实施的数个危害社会行为之间具有手段与目的或原因与结果的内在联系，亦即行为人数个危害社会行为分别表现为目的行为（或原因行为）、方法行为或结果行为，并相互依存，形成一个有机整体。进而言之，以辩证唯物主义为哲学基础，以主客观相统一的刑法基本原则为指导，牵连关系就是以牵连意图为主观形式，以因果关系为客观内容所构成的数个相对独立的犯罪的有机统一体。

参考案例 11-6

甲先后伪造国库券若干张，票面价值 4 万余元，后使用这些伪造的国库券行骗获利 3 万余元。甲实施的有价证券诈骗的行为和伪造国家有价证券的行为表现为目的和手段的关系。

（4）牵连犯的数个行为为必须触犯不同的罪名。这是牵连犯的法律特征，也是确定牵连犯的标志。如果行为人实行的危害行为只能触犯一个罪名，就不能构成牵连犯。行为人的行为只有达到了某种犯罪构成的基本要求，才可谓触犯了该种罪名。若行为人的行为虽然具有某种犯罪的形式特征，但并未符合该罪构成的全部要件，就不能视为触犯了该种罪名。

3. 牵连犯的处断原则。

我们认为，在我国现行刑法规定的背景下，对于牵连犯的处断原则应当是：凡《刑法》分则条款对特定犯罪的牵连犯明确规定了相应处断原则的，无论其所规定的是何种处断原则，均应严格依照《刑法》分则条款的规定，对特定犯罪的牵连犯适用相应的原则予以处断。除此之外，对于其他牵连犯即《刑法》分则条款未明确规定处断原则的牵连犯，应当适用从一重处断原则定罪处刑，不实行数罪并罚。

（三）吸收犯

1. 吸收犯的概念。

所谓吸收犯，是指行为人实施数个犯罪行为，因其所符合的犯罪构成之间具有特定的依附与被依附关系，从而导致其中一个不具有独立性的犯罪，被另一个具有独立性的犯罪所吸收，对行为人仅以吸收之罪论处，而对被吸收之罪置之不论的犯罪形态。

2. 吸收犯的构成特征。

吸收犯的基本构成特征，可概括为以下几个方面：

（1）行为人必须实施数个均符合犯罪构成要件的危害行为。这是构成吸收犯的前提性条件。该前提性条件具体表现为三个具体特征：第一，吸收犯罪必须由数个犯罪行为构成。即犯罪行为的复数性，是成立吸收犯的事实前提。因为，若无数个犯罪行为，也就无从谈起无独立意义的犯罪行为被另一具有独立意义的犯罪行为所吸收。第二，具有复数性的犯罪行为，必须是均符合犯罪构成要件的危害行为。此为吸收犯危害行为的构成符合性特征，也是成立吸收犯的事实基础。换言之，吸收犯必须是基于数个犯罪行为之间的吸收关系而成立的犯罪形态，而不是基于犯罪行为与违法行为或不法状态之间的吸收关系而成立的犯罪形态，也不是基于同属一个犯罪构成客观方面的复合行为的各个无独立性的行为（如手段行为与目的行为）之间的吸收关系而成立的犯罪形态。第三，把握犯罪行为基本性质的一致性，关键是应明确，犯罪构成依据刑法的规定，可分为不同的类型，如基本的犯罪构成和修正的犯罪构成。无论符合何种类型犯罪构成的危害行为，都无疑是犯罪行为。对于某一特定犯罪来说，分别符合不同类型犯罪构成的数个犯罪行为，则因不同类型的犯罪构成具有共同的基本属性，其基本性质也当然是一致的。构成吸收犯的数个犯罪行为的基本性质应当是一致的。

（2）行为人实施的数个犯罪行为，必须基于其内在的独立性与非独立性的对立统一特性，而彼此形成一种吸收关系。这是吸收犯作为一种罪数形态存在的基本原因，也是吸收犯区别于其他罪数形态的重要构成特征之一。对此，可以从以下几方面予以把握：第一，在行为人实施的数个犯罪行为中（以下均以行为人实施两个犯罪行为为标准论述），一个犯罪行为不具有独立性，而另一个犯罪行为具有独立性，前者以不同的表现形式依附于后者而存在。这是数个犯罪行为构成吸收犯的最基本的原因。第二，基于一个犯罪行为与另一犯罪行为的依附关系而产生的数个犯罪行为的吸收关系，最终取决于类型不同但基本性质一致的犯罪构成所固有的特定联系，并应以此为基准而予以认定。

（3）行为人实施的数个犯罪行为必须侵犯同一或相同的直接客体，并且指向同一的具体犯罪对象。这是吸收犯的基本构成特征之一。换言之，侵犯客体的同一性和作用对象的同一性，是构成吸收犯所具备的条件。此外，数个犯罪行为侵犯客体和作用对象的同一性，也是判断数个犯罪行为是否具有吸收关系的客观标准之一。

（4）行为人必须基于一个犯意、为了实现一个具体的犯罪目的而实施数个犯罪行为。这是数个犯罪行为构成吸收犯必须具备的主观特征。

3. 吸收犯的形式。

吸收犯的形式，也即吸收犯吸收关系的种类，是与吸收犯的构成特征密切相关的问题之一。在一定程度上，吸收犯的形式是吸收犯基本构成特征的具体化和表现形式。

依据以上关于吸收犯构成特征的分析，我们认为，吸收犯的形式主要可概括为以下几种：

（1）既遂犯吸收预备犯或未遂犯。

（2）未遂犯吸收预备犯。

（3）实行阶段的中止犯吸收预备犯。但受重罪吸收轻罪的原则所制约，当实际发生的实行阶段的中止犯轻于预备犯，造成吸收不能的状态时，应将预备犯吸收实行阶段的中止犯，作为实行阶段的中止犯吸收预备犯的一种例外。

（4）符合主犯条件的实行犯构成之罪，吸收教唆犯、帮助犯、次要实行犯构成之罪。

（5）主犯构成之罪吸收从犯、胁从犯构成之罪。

（6）符合加重犯罪构成之罪吸收符合普通犯罪构成之罪，或者符合普通犯罪构成之罪吸收符合减轻犯罪构成之罪。

在了解上述吸收犯的主要形式之后，必须明确以下几点：第一，吸收犯的形式，必须以吸收之罪重于被吸收之罪为必要条件。第二，吸收关系的认定，必须以整个犯罪行为的主客观方面完全符合前述吸收犯的基本构成特征为必要前提。第三，成立吸收犯所必需的吸收关系，只能是罪的吸收关系，即行为人的数个危害行为已经分别构成犯罪，才能成立吸收关系。

4. 吸收犯的处断原则。

对于吸收犯，应当仅按吸收之罪处断，不实行数罪并罚。

第三节　数罪的类型

以科学的罪数判断标准界定数罪的范畴，是适用数罪并罚的前提。但是，对于数罪的认识，不能仅局限于对数罪的概念和基本特征的了解。要想使法律规定的数罪并罚制度，转化为具体的正确适用数罪并罚的操作过程及相应结果，还必须对数罪的类型有一定程度的认识。因为，在一定程度上，对数罪进行必要的分类，不仅有助于深化对数罪的概念、属性、特征的理解，而且便于在类型化的数罪概念的基础上，加深对数罪并罚适用对象的认识，有利于数罪并罚的实际操作。依据不同的标准，可对数罪进行多种分类，其中有助于适用数罪并罚的分类主要有下述几种。

一、异种数罪和同种数罪

异种数罪和同种数罪，是以行为人的犯罪事实充足符合的数个犯罪构成的性质是否一致为标准，对数罪所进行的分类。其中，异种数罪，是指行为人的犯罪事实充足符合数个性质不同的犯罪构成的犯罪形态。同种数罪，是指行为人的犯罪事实充足符合数个性质相同的犯罪构成的犯罪形态。行为人的犯罪事实所符合的数个犯罪构成的性质是否一致，表现在法律特征上，就是行为人实施的数个犯罪行为所触犯的罪名是否相同。数个犯罪行为触犯数个不同罪名，就是异种数罪；数个犯罪行为触犯相同罪名，就是同种数罪。将数罪分为异种数罪与同种数罪的意义在于：首先，异种数罪和同种数罪，都是实质数罪的基本形式。不能因数罪的性质有别，而否认其中任何一种数罪作为实质数罪的法律地位。其次，无论是异种数罪还是同种数罪，均可被分为并罚的数罪和非并罚的数罪。最后，尽管作为实质数罪的部分异种数罪和同种数罪，会引起对其予以并罚的法律后果，但是，在相同的法律条件下，异种数罪和同种数罪被纳入并罚范围的机会不是均等的。换言之，在一定的法律条件下，对于异种数罪必须予以并罚，而对于同种数罪则无须实行并罚。

二、并罚的数罪和非并罚的数罪

并罚的数罪和非并罚的数罪，是以对行为人的犯罪事实已构成的实质数罪是否实行数罪并罚为标准，对数罪所进行的分类。其中，并罚的数罪，是指依照法律规定应当予以并罚的实质数罪。非并罚的数罪，是指无须予以并罚，而应对其适用相应处断原则的实质数罪。数罪的这种分类所具有的主要意义为：明辨实质数罪中应予并罚的数罪范围，并在此基础上，针对非并罚的实质数罪，包括其中的异种数罪和同种数罪，如牵连犯、连续犯等犯罪形态，确定与之相应的处断原则。

三、判决宣告前的数罪和刑罚执行期间的数罪

判决宣告前的数罪和刑罚执行期间的数罪，是以实质数罪发生的时间条件为标准，对数罪所进行的分类。其中，判决宣告以前的数罪，是指行为人在判决宣告以前实施并被发现的数罪。刑罚执行期间的数罪，是指在刑罚执行期间发现漏罪或再犯新罪而构成的数罪。数罪的此种分类的意义在于：明确应予并罚的数罪实际发生的时间条件，并以此为基础，对发生于不同阶段或法律条件下的数罪，依法适用相应的法定并罚规则（包括并罚的数罪性质和并罚的具体方法），决定应予执行的刑罚。由于我国刑法对发生于不同时间条件下的数罪，规定了不同的并罚规则，因此，将数罪区分为判决宣告以前的数罪和刑罚

执行期间的数罪，是正确适用不同法定并罚规则的必要前提。

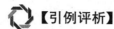 【引例评析】

本章引例是刑法理论中关于牵连犯的较为典型的实例。牵连犯，是指行为人实施某种犯罪（即本罪），而方法行为或结果行为又触犯其他罪名（即他罪）的犯罪形态。牵连犯属处断的一罪，即其实质上符合两个以上的犯罪构成。这就要求其必须具有两个以上独立构成犯罪的危害行为。在本章引例中，蒙某向他人索要贿赂，构成受贿罪，进而徇私舞弊对行贿人不再征收应缴税款，构成徇私舞弊不征、少征税款罪，是牵连犯，因而应当将受贿罪与徇私舞弊不征、少征税款罪进行刑罚轻重比较，从一重处断，即以受贿罪追究蒙某的刑事责任。

【本章小结】

罪数，即一罪与数罪，是指犯罪行为的个数。行为符合一个犯罪构成的，为一罪；符合数个犯罪构成的，为数罪。判断一罪与数罪的标准有多种学说。相比较而言，犯罪构成要件说较为科学全面。在我国刑法理论上，通常将一罪分为实质的一罪、法定的一罪和处断的一罪等类型。实质的一罪包括继续犯、想象竞合犯和结果加重犯。法定的一罪包括结合犯和集合犯。处断的一罪包括连续犯、牵连犯和吸收犯。数罪，是指符合数个犯罪构成要件的行为。根据不同的标准，可以将数罪分为同种数罪和异种数罪、并罚的数罪和非并罚的数罪、判决宣告前的数罪和刑罚执行期间的数罪等。

【练习题】

一、 名词解释

集合犯　吸收犯

二、 思考题

1. 如何区分一罪与数罪？

2. 什么是继续犯？其特征如何？

3. 如何理解想象竞合犯的概念、特征？

4. 何谓结果加重犯？其有何特征？

5. 连续犯有何特征？如何处断连续犯？

6. 简述牵连犯的特征及处断原则。

三、 案例分析题

1. 被告人张某，男，34岁；被告人李某，女，31岁。某年10月张某与其妻李某将被害人黄某骗至安徽省寿县，出卖给寿县农民韩某为妻，得赃款40 000元。11月，张某将被害人唐某带至安徽省寿县，出卖给寿县农民时某为妻，得赃款30 000元。12月，张某以找工作为名，将被害人林某从家中骗出带至安徽省寿县，出卖给农民常某为妻，得赃款35 000元。次年2月，张某和李某以做生意为名，将正在玩耍的被害人吴某骗至安徽省霍邱县，出卖给农民江某为妻，得赃款35 000元。直至案发，张某与李某采取类似手段共拐骗十余位妇女并卖至安徽、河南等地。

问题：

（1）张某和李某构成何种罪数形态？

（2）对张某和李某应当实行数罪并罚还是以一罪论处？

分析要点提示：

（1）张某和李某基于数个同一的犯罪故意，实施数个足以独立构成犯罪的具有连续性的危害行为，且触犯同一个罪名，即拐卖妇女罪，构成连续犯。

（2）对连续犯，应以一罪论处，不实行数罪并罚。

2. 被告人于某，男，30岁。于某在某市工作期间，认识了某省物资开发公司业务员孟某等人。7月，于某向孟某等人谎称其亲戚能够搞到指标内物资。孟某等人信以为真，即委托于某为其购货，并答应在事成后给于某好处费。于某让孟某等人准备好购货款。同年9月中旬，于某冒充某市人民政府某领导人的秘书奚某之名，要求某国有企业经理张某帮助解决物资的指标。此后，于某使用在私人流动摊贩处私刻的假公章"某市人民政府办公厅专用章"，加盖在他冒用奚某之名书写的便条上，并携带由他人提供的介绍信，先后多次行骗。由于有关部门的告发，当被告人于某于同年10月9日再次行骗时，被公安人员当场抓获。随后，公安人员在被告人于某住处搜缴了伪造的"某市人民政府办公厅专用章"一枚。

问题：

于某是否构成牵连犯？

分析要点提示：

（1）于某构成牵连犯。

（2）于某冒充某市人民政府领导人的秘书招摇撞骗，获取非法利益，构成招摇撞骗罪。

（3）于某为招摇撞骗，伪造公章，构成伪造国家机关印章罪。

（4）于某招摇撞骗的行为和伪造国家机关印章的行为存在目的和手段的牵连关系，构成牵连犯。

第十二章　正当行为

【本章引例】

被告人牛某在某集贸市场卖布头。刚饮过酒的李某前来买布头，无端与牛某发生争执。牛某为了避免事态扩大，下午提前离开市场回家，李某仍留在市场没走。当日下午5时，牛某返回市场收拾余下的布头，被等候多时的李某发现。李某上前用拳头击打牛某的头部，将牛某的近视眼镜打碎，眼镜片划破了牛某的眼皮，但牛某没有还手。接着李某又用右臂夹住牛某的颈部，继续殴打牛某。由于李某的身体强壮高大，而牛某的身体瘦小，牛某挣脱不开。牛某为了逃脱挨打，情急之下掏出随身携带的水果刀朝李某乱捅。先将李某的右手臂捅伤，但李某仍未停止对牛某的殴打，后又将李某的左腹部捅伤，李某才将牛某放开，牛某便没有再捅李某。在市场管理人员赶到后，牛某将水果刀交给了管理人员，次日向公安机关投案自首。李某的腹部伤，经法医鉴定为重伤。一审法院认为被告人牛某将被害人李某捅成重伤属于防卫过当，以故意伤害罪判处牛某拘役6个月，缓刑6个月。被告人牛某不服，提出上诉。二审法院应如何处理呢？

【本章学习目标】

通过本章的学习，你应该能够：

1. 掌握正当防卫的概念和成立条件；
2. 掌握正当防卫与紧急避险的区别；
3. 掌握其他正当行为。

第一节　正当防卫

一、正当防卫的概念

《刑法》第20条第1款规定："为了使国家、公共利益、本人或者他人的人身、财产和其他权利免受正在进行的不法侵害，而采取的制止不法侵害的行为，对不法侵害人造成损害的，属于正当防卫，不负刑事责任。"据此规定，我国刑法中的正当防卫，是指为了使国家、公共利益、本人或者他人的人身、财产和其他权利免受正在进行的不法侵害，而对不法侵害者所实施的不明显超过必要限度的损害行为。

二、正当防卫成立的条件

（一）正当防卫的起因条件

不法侵害的发生和存在，是正当防卫的起因条件。具体需掌握以下四方面内容：

（1）必须有不法侵害存在。不法，意即非法、违法。因此，对于没有社会危害性的合法行为，即使从当事人的立场看具有某种侵害性，也不允许当事人实行正当防卫。例如，公民依法捉拿扭送正在实施违法犯罪的人或被通缉的在逃人犯，被捉拿扭送者或第三者不能借口防卫而对该公民施行暴力伤害或威胁；执法人员依法拘捕人犯或依法搜查、扣押有关住宅、物品，被拘捕的人犯、被搜查者、物品所有者或第三者不得借口其人身或财产受到"侵害"而进行所谓防卫；正当防卫、紧急避险都是合法行为，正当防卫中遭到反击的不法侵害者或紧急避险中受到损害的一方，也不能借口保护自身权益而对正当防卫者、紧急避险者再进行所谓防卫。

（2）不法侵害并非仅限于犯罪行为。正当防卫要求的只是不法侵害存在，并没有将其起因条件局限于犯罪行为。对于较为轻微的违法行为，同样属于不法侵害，可以进行正当防卫。最高人民检察院指导性案例第46号朱凤山故意伤害（防卫过当）案的要旨指出，在民间矛盾激化过程中，对正在进行的非法侵入住宅、轻微人身侵害行为，可以进行正当防卫。最高人民法院指导性案例第93号于欢故意伤害案的裁判要点指出，对正在进行的非法限制他人人身自由的行为，应当认定为《刑法》第20条第1款规定的"不法侵害"，可以进行正当防卫。

社会热点：
对于非法限制人身自由的行为是否可以正当防卫？

（3）不法侵害必须是现实存在的。即不法侵害须客观真实地存在，而不是行为人所臆想或推测的。如果不法侵害并不存在，行为人却误以为存在，而错误地实行了所谓正当防卫，造成他人无辜的损害，这在刑法理论上称为假想防卫。

对于假想防卫，如果行为人有过失，造成实害结果，应按过失犯罪处理；如果行为人不存在过失，则应按意外事件处理。

参考案例 12-1

被告人陈某外出购货，为安全起见，将1.2万元人民币现金藏于内裤中。当陈某从汽车站下车出站口时，巡逻的便衣民警阮某、贺某发现被告人陈某"行色匆匆、形迹可疑"，便上前盘问，被告人陈某不予理睬，这更引起民警的怀疑。阮某、贺某强行将被告人带到附近一个单位标有"工人之家"牌子的一间房内，阮某将警官证在陈某面前晃了一下，告诉陈某自己是警察，并令陈某将外衣脱下。此时，陈某认为阮某、贺某是冒充警察进行抢劫的歹徒，一边脱外衣，一边趁机拿出随身携带的小刀朝阮某、贺某乱刺，阮某左下腹部被刺中一刀，贺某在抢夺小刀时手部受伤，后阮某、贺某二人将陈某制伏。经法医鉴定，阮某左下腹部有长2.5厘米创口一处，深达腹腔；乙状结肠系膜刺穿二处，系膜小动脉被切断，属重伤。检察机关以故意伤害罪对被告人陈某提起公诉。法院经审理认为，被告人陈某的行为是假想防卫，他误认为两位便衣民警是抢劫财物的歹徒，故主观上是为了保护自己的财产和人身权利不受侵害而实行防卫，用刀对阮某、贺某行刺，虽然刺杀行为是有意而为，但并无刑法意义上的故意即伤害犯罪的故意，所以，检察机关指控陈某构成故意伤害罪不能成立。本案中，被害人阮某、贺某将被告人陈某带到非公安机关办公地点对其讯问盘查，且阮某只是将警官证在陈某面前晃了一下，在这种情形下，被告人陈某难以认识到阮某、贺某是值勤民警，故其亦无法预见危害结果的发生。法院最后宣告陈某无罪。

（4）不法侵害通常应是人的不法侵害。受到他人豢养的或野生的动物侵袭，自然可以进行打击，动物谈不上不法侵害，受害人的打击也只是紧急避险或民事上排除侵害的行为，谈不上正当防卫。但是，如果有人利用动物来达到侵害他人的目的，如驱使狂犬撕咬他人，则防卫人打击动物的行为属于正当防卫。

2020年9月3日最高人民法院、最高人民检察院、公安部《关于依法适用正当防卫制度的指导意见》第5条规定：正当防卫的前提是存在不法侵害。不法侵害既包括侵犯生命、健康权利的行为，也包括侵犯人身自由、公私财产等权利的行为；既包括犯罪行为，也包括违法行为。不应将不法侵害不当限缩为暴力侵害或者犯罪行为。对于非法限制他人人身自由、非法侵入他人住宅等不法侵害，可以实行防卫。不法侵害既包括针对本人的不法侵害，也包括危害国家、公共利益或者针对他人的不法侵害。对于正在进行的拉拽方向盘、殴打司机等妨害安全驾驶、危害公共安全的违法犯罪行为，可以实行防卫。成年人对于未成年人正在实施的针对其他未成年人的不法侵害，应当劝阻、制止；劝阻、制止无效的，可以实行防卫。

（二）正当防卫的时间条件

正当防卫的时间条件，是指不法侵害正处于已经开始并且尚未结束的进行状态。如果侵害行为尚未开始，尚未危及合法利益时，或侵害行为已经结束，危害结果已经发生时，就不能进行正当防卫。

不法侵害已经开始，一般来说，可以理解为侵害人已经着手直接实行侵害行为。例如，杀人犯持刀向受害人砍去，强奸犯对妇女施以暴力或暴力威胁等，不法侵害就已经开始了。但是，司法实务中的具体案件十分复杂，有些情况下，虽然不法侵害尚未着手实行，但它对客观的现实威胁已经十分明显，不实行正当防卫，就可能丧失防卫的时机。在这种情况下，进行正当防卫也应当说是适宜的。

不法侵害尚未结束，是指不法侵害行为或其导致的危险状态尚在继续中，防卫人可以用防卫手段予以制止或排除。具体分析起来，不法侵害的尚未结束，可以是不法侵害行为本身正在进行中，例如纵火犯正在向房屋泼汽油；也可以是行为已经结束而其导致的危险状态尚在继续中，例如抢劫犯已打昏物主抢得某种财物，但他尚未离开现场。在上述两种情况下，防卫人的防卫行为均可有效地制止不法侵害行为，或排除不法侵害行为所导致的危险状态。有些情况下，虽然不法侵害所导致的危险状态尚在继续中，但正当防卫行为并不能将其排除，则应视为不法侵害已经结束。例如，投毒犯向井中投毒后逃跑，已经造成了可能使人畜中毒的危险状态，就无法通过杀死或伤害投毒犯的防卫手段来排除，对之采取正当防卫也就失去了适时性。

2020年9月3日最高人民法院、最高人民检察院、公安部《关于依法适用正当防卫制度的指导意见》第6条规定：正当防卫必须是针对正在进行的不法侵害。对于不法侵害已经形成现实、紧迫危险的，应当认定为不法侵害已经开始；对于不法侵害虽然暂时中断或者被暂时制止，但不法侵害人仍有继续实施侵害的现实可能性的，应当认定为不法侵害仍在进行；在财产犯罪中，不法侵害人虽已取得财物，但通过追赶、阻击等措施能够追回财物的，可以视为不法侵害仍在进行；对于不法侵害人确已失去侵害能力或者确已放弃侵害的，应当认定为不法侵害已经结束。对于不法侵害是否已经开始或者结束，应当立足防卫人在防卫时所处情境，按照社会公众的一般认知，依法作出合乎情理的判断，不能苛求防卫人。对于防卫人因为恐慌、紧张等心理，对不法侵害是否已经开始或者结束产生错误认识的，应当根据主客观相统一原则，依法作出妥当处理。

（三）正当防卫的对象条件

正当防卫的对象只能是不法侵害人本人。即使对第三者权益的反击有可能制止不法侵害人的侵害行为，也不能对不法侵害者以外的第三者实施防卫。

正当防卫必须对不法侵害人本人实施，并不限于常见的对不法侵害人的生命、健康权利的损害。在必要的情况下，防卫人也可以用损害不法侵害人的自由权利、财产权利等方法，来达到正当防卫的目的。

2020年9月3日最高人民法院、最高人民检察院、公安部《关于依法适用正当防卫制度的指导意见》第7条规定：正当防卫必须针对不法侵害人进行。对于多人共同实施不法侵害的，既可以针对直接实施不法侵害的人进行防卫，也可以针对在现场共同实施不法侵害的人进行防卫。明知侵害人是无刑事责任能力人或者限制刑事责任能力人的，应当尽量使用其他方式避免或者制止侵害；没有其他方式可以避免、制止不法侵害，或者不法侵害严重危及人身安全的，可以进行反击。

（四）正当防卫的主观条件

防卫的目的是"使国家、公共利益、本人或者他人的人身、财产和其他权利免受正在进行的不法侵害"。正当的防卫意图作为正当防卫的主观要件，对于正当防卫的成立有着十分重要的意义。2020年9月

3 日最高人民法院、最高人民检察院、公安部《关于依法适用正当防卫制度的指导意见》第 8 条规定：正当防卫必须是为了使国家、公共利益、本人或者他人的人身、财产和其他权利免受不法侵害。对于故意以语言、行为等挑动对方侵害自己再予以反击的防卫挑拨，不应认定为防卫行为。

某些行为，从形式上看似乎符合正当防卫的客观条件，但由于其主观上不具备正当的防卫意图，因而不能认定为正当防卫。这类行为有如下几种：

（1）防卫挑拨，或称挑拨防卫，指行为人出于侵害目的，以故意挑衅、引诱等方法促使对方进行不法侵害，而后借口防卫加害对方的行为。在防卫挑拨中，虽然所谓的防卫在形式上可能完全符合正当防卫的客观条件，但由于对方所谓的不法侵害，是由挑拨者故意诱发的，挑拨者主观上不仅不具备正当的防卫意图，反而是出于侵害意图，因而其所谓的防卫实质上是有预谋的不法侵害行为。对防卫挑拨要予以依法惩处，构成犯罪的要追究其刑事责任。2022 年 12 月 22 日最高人民检察院、公安部《关于依法妥善办理轻伤害案件的指导意见》第 2 条第 9 项规定，故意挑拨对方实施不法侵害，借机伤害对方的，一般不认定为正当防卫。

（2）相互的非法侵害行为，指双方都出于侵害对方的非法意图而发生的相互侵害行为，如互相斗殴。在这类案件中，双方都有侵害对方的非法意图，都在积极地追求非法损害对方利益的结果，因而根本不存在正当防卫的前提条件。尽管各自的侵害行为在时间上可能有先后，侵害结果在程度上可能有轻重，但双方的行为都不存在构成正当防卫的前提，双方都应当就自己的非法侵害行为承担法律责任。

但需要指出，如果非法侵害的一方已经放弃侵害，如宣布不再斗殴或认输、求饶、逃跑，而非法侵害的另一方仍穷追不舍，继续加害，则已经放弃侵害的一方就具备了进行正当防卫的前提条件，他可以为了制止对方的进一步加害而采取必要的反击措施。这种情形下的反击可以成立正当防卫。

2020 年 9 月 3 日最高人民法院、最高人民检察院、公安部《关于依法适用正当防卫制度的指导意见》第 9 条规定：防卫行为与相互斗殴具有外观上的相似性，准确区分两者要坚持主客观相统一原则，通过综合考量案发起因、对冲突升级是否有过错、是否使用或者准备使用凶器、是否采用明显不相当的暴力、是否纠集他人参与打斗等客观情节，准确判断行为人的主观意图和行为性质。因琐事发生争执，双方均不能保持克制而引发打斗，对于有过错的一方先动手且手段明显过激，或者一方先动手，在对方努力避免冲突的情况下仍继续侵害的，还击一方的行为一般应当认定为防卫行为。双方因琐事发生冲突，冲突结束后，一方又实施不法侵害，对方还击，包括使用工具还击的，一般应当认定为防卫行为。不能仅因行为人事先进行防卫准备，就影响对其防卫意图的认定。2022 年 12 月 22 日最高人民检察院、公安部《关于依法妥善办理轻伤害案件的指导意见》第 2 条第 9 项，针对"准确区分正当防卫与互殴型故意伤害"的问题，也有基本精神和内容一致的规定。

（3）为保护非法利益而实行的防卫。这类行为也明显缺乏防卫意图的正当性，不能成立正当防卫。例如，在抢劫赌场、盗窃他人走私货物之类的案件中，赌博犯和走私犯罪分子就无权采取防卫手段保护其赌资、走私货物和赃款，因为他们所保护的利益不属于公民的合法权益，他们不具备正当防卫的主观条件。在处理这类案件时，对侵害者和所谓防卫者要分别追究其法律责任，构成犯罪的分别定罪量刑。

为防止将滥用防卫权的行为认定为防卫行为，2020 年 9 月 3 日最高人民法院、最高人民检察院、公安部《关于依法适用正当防卫制度的指导意见》第 10 条规定：对于显著轻微的不法侵害，行为人在可以辨识的情况下，直接使用足以致人重伤或者死亡的方式进行制止的，不应认定为防卫行为。不法侵害系因行为人的重大过错引发，行为人在可以使用其他手段避免侵害的情况下，仍故意使用足以致人重伤或者死亡的方式还击的，不应认定为防卫行为。

（五）正当防卫的限度条件

正当防卫的限度条件，是指正当防卫不能明显超过必要限度且对不法侵害人造成重大损害。2020 年 9 月 3 日最高人民法院、最高人民检察院、公安部《关于依法适用正当防卫制度的指导意见》第 11 条规定：认定防卫过当应当同时具备"明显超过必要限度"和"造成重大损害"两个条件，缺一不可。是否明显超过必要限度并造成重大损害，是区别防卫的合法与非法、正当与过当的一个标志。

如何理解正当防卫的必要限度呢？我们认为，必要限度原则上应以制止不法侵害所必需为标准，同时要求防卫行为与不法侵害行为在手段、强度等方面，不存在过于悬殊的差异。根据《刑法》第20条第2款的规定，防卫行为只要为制止不法侵害所必需，而根据不法侵害发生的环境、防卫人与不法侵害人的力量对比等客观因素来判断，防卫行为的性质、手段、强度及造成的损害又不是明显超过不法侵害的性质、手段、强度及可能造成的损害，或者虽然防卫行为的性质、手段、强度及造成的损害明显超过不法侵害，但实际造成的损害并不算重大的，均属正当防卫的范围，而不能认为防卫过当。最高人民检察院指导性案例第45号陈某正当防卫案的要旨指出，在被人殴打、人身权利受到不法侵害的情况下，防卫行为虽然造成了重大损害的客观后果，但是防卫措施并未明显超过必要限度的，不属于防卫过当，依法不负刑事责任。而根据最高人民法院指导性案例第93号于欢故意伤害案的裁判要点，对非法限制他人人身自由并伴有侮辱、轻微殴打，且并不十分紧迫的不法侵害，进行防卫致人死亡重伤的，则应当认定为"明显超过必要限度造成重大损害"。2020年9月3日最高人民法院、最高人民检察院、公安部《关于依法适用正当防卫制度的指导意见》第12条规定：防卫是否"明显超过必要限度"，应当综合不法侵害的性质、手段、强度、危害程度和防卫的时机、手段、强度、损害后果等情节，考虑双方力量对比，立足防卫人防卫时所处情境，结合社会公众的一般认知作出判断。在判断不法侵害的危害程度时，不仅要考虑已经造成的损害，还要考虑造成进一步损害的紧迫危险性和现实可能性。不应当苛求防卫人必须采取与不法侵害基本相当的反击方式和强度。通过综合考量，对于防卫行为与不法侵害相差悬殊、明显过激的，应当认定防卫明显超过必要限度。该指导意见第13条规定："造成重大损害"是指造成不法侵害人重伤、死亡。造成轻伤及以下损害的，不属于重大损害。防卫行为虽然明显超过必要限度但没有造成重大损害的，不应认定为防卫过当。

需要指出，鉴于严重危及人身安全的暴力犯罪的严重社会危害性及其对被害人的潜在性严重危害后果，《刑法》第20条第3款规定："对正在进行行凶、杀人、抢劫、强奸、绑架以及其他严重危及人身安全的暴力犯罪，采取防卫行为，造成不法侵害人伤亡的，不属于防卫过当，不负刑事责任。"该款是关于严重危及人身安全的暴力犯罪实行特殊防卫权原则的规定。据此规定，对正在进行的严重危及人身安全的暴力犯罪实行正当防卫，不存在过当情形。当然，这种特殊防卫权的行使，实际上仍是有严格的法律限制的。

对于《刑法》第20条第3款中"行凶"的认定，需要注意，根据最高人民检察院指导性案例第47号于海明正当防卫案的要旨，对于犯罪故意的具体内容虽不确定，但足以严重危及人身安全的暴力侵害行为，应当认定为《刑法》第20条第3款规定的"行凶"。行凶已经造成严重危及人身安全的紧迫危险，即使没有发生严重的实害后果，也不影响正当防卫的成立。而对于该款中的"其他严重危及人身安全的暴力犯罪"，是指其他能够给他人的人身安全造成严重危害的暴力性质的犯罪行为，即对于此防卫对象的判断，要根据该犯罪行为的具体实施形态。最高人民检察院指导性案例第48号侯雨秋正当防卫案的要旨指出，单方聚众斗殴的，属于不法侵害，没有斗殴故意的一方可以进行正当防卫。单方持械聚众斗殴，对他人的人身安全造成严重危险的，应当认定为《刑法》第20条第3款规定的"其他严重危及人身安全的暴力犯罪"。最高人民法院指导性案例第93号于欢故意伤害案的裁判要点指出，对非法限制他人人身自由并伴有侮辱、轻微殴打的行为，不应当认定为《刑法》第20条第3款规定的"严重危及人身安全的暴力犯罪"。根据2020年9月3日最高人民法院、最高人民检察院、公安部《关于依法适用正当防卫制度的指导意见》第15条的规定，下列行为应当认定为"行凶"：（1）使用致命性凶器，严重危及他人人身安全的；（2）未使用凶器或者未使用致命性凶器，但是根据不法侵害的人数、打击部位和力度等情况，确已严重危及他人人身安全的。虽然尚未造成实际损害，但已对人身安全造成严重、紧迫危险的，可以认定为"行凶"。

对于《刑法》第20条第3款中"杀人、抢劫、强奸、绑架以及其他严重危及人身安全的暴力犯罪"的理解，2020年9月3日最高人民法院、最高人民检察院、公安部《关于依法适用正当防卫制度的指导意见》第16条、第17条规定，"杀人、抢劫、强奸、绑架"，是指具体犯罪行为而不是具体罪名。在实施不法侵害过程中存在杀人、抢劫、强奸、绑架等严重危及人身安全的暴力犯罪行为的，如以暴力手段抢劫枪支、弹药、爆炸物或者以绑架手段拐卖妇女、儿童的，可以实行特殊防卫。有关行为没有严重危及人身安全的，应当适用一般防卫的法律规定。"其他严重危及人身安全的暴力犯罪"，应当是与杀人、抢劫、强奸、绑架行为相当，并具有致人重伤或者死亡的紧迫危险和现实可能的暴力犯罪。

对于一般防卫和特殊防卫的关系，2020年9月3日最高人民法院、最高人民检察院、公安部《关于依法适用正当防卫制度的指导意见》第18条规定，对于不符合特殊防卫起因条件的防卫行为，致不法侵害人伤亡的，如果没有明显超过必要限度，也应当认定为正当防卫，不负刑事责任。

三、防卫过当及其刑事责任

防卫过当，是指防卫明显超过必要限度造成重大损害的行为。

对于防卫过当的刑事责任，刑法规定"应当减轻或者免除处罚"。根据司法实践中的经验，在确定何种情况下减轻、减轻多少，在何种情况下免除处罚时，应当综合考虑防卫目的、过当程度、罪过形式、防卫所保护权益的性质等因素。

根据最高人民法院指导性案例第93号于欢故意伤害案的裁判要点，防卫过当案件，如系因被害人实施严重贬损他人人格尊严或者亵渎人伦的不法侵害引发的，量刑时对此应予充分考虑，以确保司法裁判既经得起法律检验，也符合社会公平正义观念。2020年9月3日最高人民法院、最高人民检察院、公安部《关于依法适用正当防卫制度的指导意见》第14条规定：要综合考虑案件情况，特别是不法侵害人的过错程度、不法侵害的严重程度以及防卫人面对不法侵害的恐慌、紧张等心理，确保刑罚裁量适当、公正。对于因侵害人实施严重贬损他人人格尊严、严重违反伦理道德的不法侵害，或者多次、长期实施不法侵害所引发的防卫过当行为，在量刑时应当充分考虑，以确保案件处理既经得起法律检验，又符合社会公平正义观念。

四、人民警察的正当防卫

人民警察因负有特定职责，其在执行职务中实行正当防卫，具有区别于普通公民正当防卫的特点。根据1983年9月14日最高人民法院、最高人民检察院、公安部、国家安全部、司法部《关于人民警察执行职务中实行正当防卫的具体规定》，人民警察执行职务中实行正当防卫，需要注意以下事项：

（1）遇有下列情形之一，人民警察必须采取正当防卫行为，使正在进行不法侵害行为的人丧失侵害能力或者中止侵害行为：1）暴力劫持或控制飞机、船舰、火车、电车、汽车等交通工具，危害公共安全时；2）驾驶交通工具蓄意危害公共安全时；3）正在实施纵火、爆炸、凶杀、抢劫以及其他严重危害公共安全、人身安全和财产安全的行为时；4）人民警察保卫的特定对象、目标受到暴力侵袭或者有受到暴力侵袭的紧迫危险时；5）执行收容、拘留、逮捕、审讯、押解人犯和追捕逃犯，遇有以暴力抗拒、抢夺武器、行凶等非常情况时；6）聚众劫狱或看守所、拘役所、拘留所、监狱和劳改、劳教场所的被监管人员暴动、行凶、抢夺武器时；7）人民警察遇到暴力侵袭，或佩带的枪支、警械被抢夺时。

（2）人民警察执行职务中实行正当防卫，可以按照《人民警察使用武器和警械的规定》，使用警械直至开枪射击。

（3）遇有下列情形之一时，应当停止防卫行为：1）不法侵害行为已经结束；2）不法侵害行为确已自动中止；3）不法侵害人已经被制服，或者已经丧失侵害能力。

（4）人民警察在必须实行正当防卫行为的时候，放弃职守，致使公共财产、国家和人民利益遭受严重损失的，依法追究刑事责任；后果轻微的，由主管部门酌情给予行政处分。

（5）人民警察采取的正当防卫行为，不负刑事责任。防卫超过必要限度造成不应有的危害的，应当负刑事责任，但是应当酌情减轻或者免除处罚。

（6）人民警察在使用武器或其他警械实施防卫时，必须注意避免伤害其他人。

第二节　紧急避险

一、紧急避险的概念

《刑法》第 21 条第 1 款规定："为了使国家、公共利益、本人或者他人的人身、财产和其他权利免受正在发生的危险，不得已采取的紧急避险行为，造成损害的，不负刑事责任。"该条第 2 款规定："紧急避险超过必要限度造成不应有的损害的，应当负刑事责任，但是应当减轻或者免除处罚。"据此规定，我国刑法中的紧急避险，是指为了使国家、公共利益、本人或者他人的人身、财产和其他权利免受正在发生的危险，不得已而采取的损害另一较小合法权益的行为。

紧急避险的本质在于，当两个合法权益相冲突，又只能保全其中之一的紧急状态下，法律允许为了保全较大的权益而牺牲较小的权益。虽然造成了较小的权益的损害，但从整体上说，它是有益于社会统治秩序的行为，不仅不应承担刑事责任，而且应当受到鼓励和支持。

二、紧急避险的条件

由于紧急避险是以损害某种合法权益的方法来保护另一种合法权益，因此，与正当防卫相比，法律对它的成立条件限制更加严格。成立紧急避险必须同时具备如下条件。

（一）紧急避险的起因条件

紧急避险，前提是有危险需要避免。所谓危险，是指某种有可能立即对合法权益造成危害的紧迫事实状态。危险的主要来源有四种：

（1）来自自然力量的危险，如山崩、海啸、火灾、水灾、地震、风暴等。

（2）来自动物侵袭的危险，如狼、狗的扑咬，毒蛇的袭击等。

（3）来自人的危害社会行为的危险。有责任能力人的违法犯罪行为，无责任能力人的危害社会行为，都会使某种合法权益处于危险状态，在不得已情况下，都可以采取紧急避险。

（4）来自人的生理、病理原因的危险。例如，饥渴难忍的旅行者，在物主不在的情况下私取路边房屋中的饮食；为了抢救重伤员，强行拦阻过往汽车送往医院。前者不能算偷窃，后者不能算抢劫，都属紧急避险。

必须有危险存在，自然是要求危险的客观现实的存在，而不是假想的、推测的存在。如果实际上并不存在危险，行为人却由于对事实的认识错误，误认为危险存在，因而实行了所谓的紧急避险，刑法理论上称之为假想避险。假想避险不是紧急避险，因此而对他人的合法权益造成损害的，应根据处理事实认识错误的原则，确定是否应承担刑事责任。

（二）紧急避险的时间条件

紧急避险的时间条件，是危险正在发生。

危险正在发生，是指已经发生的危险将立即造成损害，或正在造成损害而尚未结束。紧急避险只能在危险已经出现而又尚未结束这一时间条件下进行，否则就不是紧急避险。危险的出现是这样一种状态，即由于某种事实的发生，合法权益直接面临迫在眉睫的危害。如果危险还处于潜在状态，其是否出现还有或然性，公民可以采取某些防范措施，但法律不允许其实施紧急避险。

危险尚未结束，是指危险出现后即将或者正在造成危害，此时若不实行紧急避险，合法权益必将遭受损害或遭受进一步的损害。危险一旦结束，紧急避险也就失去了其时间条件，此时损害已经造成，实行紧急避险已不能保全合法权益，不实行紧急避险也不会使合法权益再遭受损害或遭受进一步的损害。

行为人在危险尚未出现或者已经结束的情况下实施所谓避险，刑法理论上称之为避险不适时。避险不适时不是紧急避险，行为人因此而对合法权益造成的损害，达到犯罪程度的，应当负相应的刑事责任。

（三）紧急避险的对象条件

紧急避险的本质特征，就是为保全一个较大的合法权益，而将其面临的危险转嫁给另一个较小的合法权益。因此，紧急避险行为所指向的对象，不是危险的来源，而是第三者的合法权益。如果行为人的行为是对危险的直接对抗，那么该行为就不是紧急避险。例如，行为人通过损害不法侵害者的人身权利或财产权利，来排除遭受不法侵害的危险，其行为就不是紧急避险而是正当防卫。

并非任何第三者的合法权益，都可以作为紧急避险的对象。作为紧急避险对象的第三者的合法权益，必须比所保全的合法权益次要，而且它的牺牲确实可以换来较大权益的保全。否则，对第三者合法权益的损害就会成为毫无价值的牺牲，从而违背法律规定紧急避险制度的初衷。

（四）紧急避险的限制条件

紧急避险从总体上来说是有益于社会的行为，因为它保全了较大的合法权益。但它从局部上来说也存在令人遗憾的消极方面，那就是它不可避免地要给无辜的第三者造成合法权益的损害。因此，刑法对紧急避险规定了特别的严格限制条件——只能在迫不得已的情况下实施。也就是说，只有在行为人找不到其他方法排除危险的情况下，才允许选择损害第三者合法权益的方法。如果当时尚有其他方法可以避险，例如有条件逃跑、报警或者直接对抗危险、进行正当防卫等，行为人却不采取，而给无辜的第三者造成了不必要的损害，则其行为不能成立紧急避险，构成犯罪的还应追究其刑事责任。

当然，在考察行为人是否出于迫不得已时，一定要实事求是，充分考虑危险发生时的客观情况（包括环境、时间、危险的紧急程度等）、行为人的自身生理和心理状况（包括年龄、体格、经验、主观认识条件等），进行综合的分析认定。

2023 年 12 月 13 日最高人民法院、最高人民检察院、公安部、司法部《关于办理醉酒危险驾驶刑事案件的意见》第 12 条第 2 款规定："醉酒后出于急救伤病人员等紧急情况，不得已驾驶机动车，构成紧急避险的，依照刑法第二十一条的规定处理。"

参考案例 12-2

被告人何某，系某建筑公司工人。某市一家饭馆失火，火势蔓延迅速，随风烧向邻屋。当消防车赶来抢救时，火舌已伸向第三家邻店。此时，正在附近建筑工地施工的何某带领十多个工人奔到现场，并未参加灭火，而是命令工人迅速拆毁近邻第五家房屋，之后第五家房屋被推土机推倒，中间空出一条隔空道。火焰蔓延到第四家邻店房屋尾部时，被消防队员扑灭。检察机关以故意毁坏财物罪起诉何某，因其行为属于避险过当，提请法院减轻处罚。法院审理后认为，何某在突发火灾之时，为了防止火焰蔓延、避免更多的房屋遭受焚毁，拆毁一家房屋，虽然损失很大，但不宜苛求被告人何某对合法权益损害的判断绝对准确，其行为仍属于紧急避险，故宣告何某无罪。

（五）紧急避险的主观条件

紧急避险的主观条件即行为人必须有正当的避险意图，它决定着紧急避险的无罪过性，因而对紧急避险的成立有着重要意义，刑法对此作了明确规定。所谓正当的避险意图，是指避险人对正在发生的危险有明确的认识，并希望以避险手段保护较大合法权益的心理状态。

根据 2023 年 12 月 13 日最高人民法院、最高人民检察院、公安部、司法部《关于办理醉酒危险驾驶刑事案件的意见》第 12 条第 2 款的规定，出于急救伤病人员等紧急情况的目的，醉酒后不得已驾驶机动车，符合紧急避险成立条件的，依法可认定为紧急避险。

（六）紧急避险的限度条件

什么是紧急避险的必要限度？我国刑法对此没有明确的规定。但是，刑法学界和刑事司法界对紧急避险的必要限度的认识是一致的，那就是：紧急避险所造成的损害，必须小于所避免的损害。换言之，为了保护一个合法权益而损害的另一合法权益，既不能等于更不能大于所保护的权益。例如，不能为了保护一个人的健康权利，而去损害第三者的健康甚至生命权利；也不能为了保护某人的财产利益，而去损害他人的或者国家的、公共的同等价值或者更大价值的财产利益。

上述六个条件，是紧急避险成立的必备要件，缺一不可。

另外，我国刑法还专门规定：关于避免本人危险的规定，不适用于职务上、业务上负有特定责任的人。所谓在职务上、业务上负有特定的责任，是指某些人依法承担的职务或所从事的业务活动本身，就要求他们与一定的危险进行斗争。例如，军人就必须服从命令参加战斗，面对战死沙场的危险；消防队员就必须奋勇扑火，面对烧伤的危险；民航客机发生故障，机组人员必须始终与乘客一起，面对死亡的危险；医生、护士在为患者治疗疾病时，必须面对病菌传染的危险；等等。如果这些负有特定责任的人员，为了避免与自己职务、业务有关的上述种种危险，而擅离职守，逃避责任，其行为不能成立紧急避险。因渎职而造成严重危害后果的，应当追究其刑事责任。

三、避险过当及其刑事责任

避险过当，是指避险行为超过必要限度造成不应有的损害的行为。

根据《刑法》第21条第2款的规定，对于避险过当行为，量刑时应当减轻或者免除处罚。在裁量何种情况下减轻、如何减轻，在何种情况下免除处罚时，要综合考虑避险目的、所保护权益的性质、过当程度、罪过形式等诸种因素。

四、紧急避险与正当防卫的区别

紧急避险和正当防卫都是为了保护国家、公共利益、本人或者他人的人身、财产和其他权利，而给他人的某种权利或者利益造成一定的损害，因而它们都是排除犯罪性的、对社会有益的行为。但是二者又有着明显的区别：正当防卫反映的是合法权益与不法侵害之间的矛盾，而紧急避险反映的则是两个合法权益之间的冲突，是在紧急情况下舍小利保大利的问题。基于这一基本区别，派生出两者如下具体的不同点。

（一）危险的来源不同

正当防卫的危险来源只能是人的不法侵害；而紧急避险的危险来源，除了人的不法侵害外，更多情况下是自然的力量、动物的侵袭，以及人的生理、病理的原因。

（二）损害的对象不同

正当防卫只能损害不法侵害者的利益；而紧急避险则是损害第三者的合法权益。

（三）行为实施的条件不同

正当防卫，公民只要面对正在进行的不法侵害就可以实施，而不论他是否有条件采取逃跑、报警或劝阻等方法制止不法侵害；紧急避险则只能在没有任何其他方法排除危险的情况下，迫不得已而实施。

（四）必要限度的标准不同

正当防卫的必要限度，是制止不法侵害所必需，只要所造成的损害与不法侵害可能造成的损害不过于悬殊即可；而紧急避险所造成的损害，则只能小于所避免的损害，不能等于或大于所避免的损害。

第三节　其他正当行为

能够排除行为的刑事违法性的事由，除了正当防卫、紧急避险外，理论上还存在着自救行为、正当业务行为、法令行为、被害人承诺等。与部分国家刑法对上述部分其他正当行为进行了明文规定不同，我国刑法仅就正当防卫、紧急避险进行了明文规定。虽然其他正当行为并未明文规定在刑法当中，但理论上和实践中对于其他正当行为均予以承认，所以也可以将这些其他正当行为称为"超法规的正当行为"。

自救行为，是指权利受到侵害的人，在无法通过正当的法律程序寻求国家公权力的救济以避免侵害或者挽回损失的情况下，通过自身力量实现侵害避免和挽回损失的行为，也可称为自助行为或自力救济行为。如事后在其他场合下发现自己被盗的物品，来不及通过法律途径挽回损失，当场夺回该物品的行为。

正当业务行为，是指行为人根据自己所从事的职业或者业务所实施的，虽然从形式上看起来会侵害到他人，但并不具有社会危害性的行为。如医生对患者实施的手术行为。

法令行为，是指行为人依照有效的法律、法规的规定，或者依据上级组织、领导的命令所实施的行为。根据行为实施的依据不同，可以将法令行为分为依照法律实施的行为和执行命令的行为。

被害人承诺，是指虽然行为人实施了侵害他人权利的行为，但是被害人对于自己可以处分的该权利受到侵害的状态表示了同意或许可。被害人承诺，既可以是被害人对自己可处分的权利进行了实际的明确的同意，也可以是在侵害行为发生的特定环境下，能够推定被害人会对自己可处分的权利进行同意。如甲发现邻居乙的房屋内烟头引燃了地毯，若不及时扑灭，可能引发大火，甲在未经乙同意的情况下，破门而入将地毯上的火苗扑灭。虽然甲并未实际征得乙同意而进入其住宅，但根据当时的情势，可以推定乙在知悉的情况下将会表示同意。

【引例评析】

本章引例中，被害人李某无故寻衅，与被告人牛某发生争执并殴打牛某，属于正在进行的不法侵害，牛某对此有权实行正当防卫，这一点是无疑的。问题是：被害人李某的侵害只是使用拳击，并未使用凶器，而被告人牛某却掏出水果刀朝李某乱捅；李某的侵害也没有威胁到牛某的生命，甚至没有对其健康构成严重威胁，而被告人牛某使用凶器进行还击，致使李某重伤。那么，牛某的防卫行为是否明显超过必要限度而造成了不应有的重大损害呢？根据我国刑法的规定和我国刑法理论通行的观点，判断防卫行为是否超过必要限度，虽然要考虑防卫的手段、强度与侵害行为的手段、强度之间的基本适应，但原则上应以制止不法侵害所必需为标准，即主要应当以防卫行为是否能够制止正在进行的不法侵害为标准。如果防卫行为是为制止不法侵害所必要的，无论使用什么手段，也无论造成的损害是轻是重，只要防卫行为与不法侵害行为在手段、强度等方面不存在过于悬殊的差异，没有造成不应有的重大损害，防卫都是适当的。在该案中，被害人李某夹住被告人牛某的颈部并拳击牛某的头部，凭借其身体上的优势使被告人牛某无法挣脱。在这种情况下，虽然李某的侵害行为未使用凶器，但因牛某是为了摆脱李某的不法侵害才掏出水果刀乱捅的。李某被牛某乱捅划伤后，仍不停止侵害，直到腹部被刺中才松手，牛某也随即停止了反击行为。由此可见，被告人牛某的防卫行为是制止不法侵害所必要的，并未明显超过必要限度，也没有造成不应有的重大损害，属于正当防卫。一审法院认定被告人牛某成立故意伤害罪，适用法律错误。二审法院应当改判，宣告牛某无罪。

【本章小结】

正当防卫，是指为了使国家、公共利益、本人或者他人的人身、财产和其他权利免受正在进行的不法侵害，而对不法侵害者所实施的不明显超过必要限度的损害行为。正当防卫的成立，必须同时具备一定的起因条件、时间条件、对象条件、主观条件和限度条件。紧急避险，是指为了使国家、公共利益、本人或者他人的人身、财产和其他权利免受正在发生的危险，不得已而采取的损害另一较小合法权益的行为。它的成立，必须同时具备一定的起因条件、时间条件、对象条件、限制条件、主观条件和限度条件。紧急避险和正当防卫的区别在于，正当防卫反映的是合法权益与不法侵害之间的矛盾，而紧急避险反映的则是两个合法权益之间的冲突，是在紧急情况下舍小利保大利的问题。其他正当行为又称为"超法规的正当行为"，包括自救行为、正当业务行为、法令行为、被害人承诺等。

【练习题】

一、名词解释

正当防卫　假想防卫　紧急避险

二、思考题

1. 如何理解正当防卫的限度条件？
2. 什么叫假想防卫？试举例说明。对其应如何处理？
3. 人民警察执行职务中实行正当防卫有哪些特点？
4. 紧急避险与正当防卫有什么区别？

三、案例分析题

1. 某日，被告人池某放在自己楼下的一辆三轮车被盗，盗车人被池某等人抓获并扭送派出所。当日晚 10 时许，池某与单位经理郭某又到居住的楼下查看单位的三轮车，发现用铁链锁锁着的三轮车又不见了，二人即在楼下分头寻找。适逢派出所联防队员巡逻，见池某形迹可疑，遂上前对其盘问。池某将联防队员的行为误认为是白天被抓获的盗车人前来寻机报复，在联防队员孙某用胳膊锁住其脖子时，池某为了先发制人，用拳头击打孙某的头部，致孙某面部多处受伤。池某在殴打孙某的同时，还喊来了郭某，郭某见池某与孙某扭打在一起，就抡起被盗车辆上的铁链子抽了孙某一下。池某借机脱身跑去叫来了多名同事。此时联防队员张某赶到，讲明孙某是联防队员，池某等人就未再动手。后联防队员报警，民警将池某、郭某带到派出所审查。孙某的伤情经法医鉴定为轻伤。海淀区公安分局以池某涉嫌故意伤害罪将此案移送海淀区人民检察院审查起诉。

问题：

海淀区人民检察院应否起诉被告人池某故意伤害罪？

分析要点提示：

池某击打孙某的行为属于假想防卫。

2. 某日，被告人王某未上班在家休息，适逢其邻居家中被盗。民警张某在办理此案时，认为王某在家休息，肯定看到或听到盗窃犯破门进入失主家中，便找王某取证。王某称自己"生病卧床，又隔了两道门，没有看见或听到"。张某遂将王某带到派出所再次询问，当王某重复自己未见到案犯和未听到案犯砸门的理由时，张某大怒，说："你这人真混账，砸开门那么大声音竟然说听不到，这可能吗！"说着往王某脸上打了一巴掌，并用脚踹王某的肚子。王某与其评理时，张某以王某"不老实"为由，将王某锁在办公室里。直到傍晚，在王某家属的再三要求下，张某才将王某放出来。就在张某低头锁办公室门时，王某突然拾起办公室门口的一个废旧的陶瓷脸盆，往张某的后脑勺砸去，导致张某轻伤。

问题：

（1）王某的行为是否属于正当防卫？

（2）对其应如何处理？

分析要点提示：

把握正当防卫的时间条件。

第十三章　刑罚概述

【本章引例】

　　被告人赵某（女）与钱某（男）因青梅竹马而心生情愫，后来屡次发生两性关系。但赵某的父母为了换亲强行将赵某嫁与邻村之孙某。赵某与孙某结婚后感情不和，经常吵架、扭打。赵某便心生杀死孙某另嫁钱某的念头。某日夜，经赵某反复劝说，钱某即随赵某溜进其家中，乘孙某熟睡之际，共同用绳子将孙某勒死。然后，二人将尸体绑上石头沉入村前湖中。不久事发，两名被告人被捕。被告人赵某被捕时已有 3 个月身孕。在起诉前赵某被做了人工流产。一审法院以故意杀人罪判处被告人赵某死刑立即执行，剥夺政治权利终身；判处被告人钱某无期徒刑，剥夺政治权利终身。二审法院对被告人赵某改判为死刑缓期 2 年执行，剥夺政治权利终身。此案涉及两个问题：孕妇能否在人工流产后适用死刑？对刑法所规定的"不适用死刑"如何正确理解？

【本章学习目标】

　　通过本章的学习，你应该能够：

　　1. 了解我国刑法中的刑罚体系；
　　2. 掌握刑罚与其他法律制裁方法的区别；
　　3. 掌握死缓及其适用条件；
　　4. 了解 1997 年《刑法》对死刑适用的限制；
　　5. 了解非刑罚处理方法的适用条件。

第一节　刑罚的概念和特征

一、刑罚的概念

　　刑罚，是刑法规定的由国家审判机关依法对犯罪分子所适用的剥夺或者限制其某种权益的最严厉的法律强制方法。

二、刑罚的特征

　　刑罚具有以下五个方面的特征。

（一）刑罚的根据在于刑法的明文规定

　　《刑法》第 3 条明确规定了罪刑法定原则："法律明文规定为犯罪行为的，依照法律定罪处刑；法律没有明文规定为犯罪行为的，不得定罪处刑。"即"法无明文规定不为罪，法无明文规定不处罚"。可见，罪刑法定原则应包括两个方面：一是罪的法定；二是刑的法定。易言之，不仅犯罪需要由成文刑法事先作出明文规定，而且刑罚也必须由刑法明文载于法条。这就意味着，刑法总则要对刑罚的种类作出明确规定，刑法分则也要对各种具体犯罪所适用的刑罚作出明文规定。对于刑法没有明文规定的制裁方法，便不能以刑罚之名适用于犯罪人。比如《刑法》第64条规定的没收违法所得，就不是我国刑法明文列举的刑罚种类，因而就不是刑罚。

（二）刑罚适用的主体只能是国家审判机关

国家审判机关是适用刑罚的专门机关。在我国，刑罚适用的主体则只能是人民法院。

（三）刑罚必须依法适用

审判机关有权对犯罪人适用刑罚，但并非可以随心所欲。审判机关适用刑罚必须符合法律的规定，主要是刑法和刑事诉讼法的规定。换言之，人民法院适用刑罚时必须以刑法的规定为依据，并遵循《刑事诉讼法》规定的诉讼程序进行。不经过应有的诉讼程序，是不能适用刑罚的。

（四）刑罚的对象只能是犯罪人

刑罚是对犯罪人的犯罪行为所作出的否定评价，是对犯罪人的道义谴责，它是因犯罪所产生的当然的法律后果。与之相适应，刑罚处罚的对象只能是实施了犯罪行为的犯罪人，包括自然人或者单位。因此，犯罪人既是犯罪行为的实施者，也是刑罚的物质承担者。刑罚既不能适用于动植物和其他非人的对象，也不能适用于与犯罪无关的无辜者。

（五）刑罚的属性在于给犯罪人以痛苦

使犯罪人承受一定的痛苦，是刑罚的惩罚性质，也是刑罚的本质属性。我国一贯遵行惩罚与教育相结合的方针，不采取残酷、野蛮的刑罚方法来摧残、折磨犯罪人。事实上，刑罚的宽和、人道和轻缓化正是其发展的趋势。但不可否认，刑罚作为国家对犯罪行为的否定评价与对犯罪人的谴责的一种最严厉的形式，它当然地要给犯罪人带来身体的、精神的或财产的剥夺性痛苦。这种痛苦相对于其他法律制裁措施而言，无疑是最强烈的。它不仅可以剥夺犯罪人的政治权利、财产权利，而且可以限制或剥夺犯罪人的人身自由，甚至可以剥夺犯罪人的生命。刑罚的这种严厉性是其区别于其他法律制裁方法的最主要特征。

三、刑罚与其他法律制裁措施的区别

一个国家的法律制裁体系，通常是由刑事制裁、民事制裁、行政制裁、经济制裁等制裁措施构成的。刑罚作为刑事制裁措施，属于整个法律制裁体系的组成部分，也是保障其他法律制裁措施有效进行的坚强后盾。它与其他法律制裁的区别主要在于以下几方面。

（一）严厉程度不同

如前所述，刑罚是一种最严厉的法律制裁措施，它涉及对人的生命、自由、财产、资格的限制和剥夺。这种严厉性是通过对犯罪人适用死刑、自由刑、财产刑和资格刑表现出来的。其他法律制裁绝对排除对生命的剥夺，一般也不涉及剥夺人身自由的问题。

（二）适用对象不同

刑罚适用的对象只能是触犯刑法、构成犯罪的人；而其他法律制裁方法则主要适用于仅有一般违法行为、尚未构成犯罪的人。

（三）适用机关不同

刑罚只能由国家刑事审判机关适用；而民事制裁则由国家民事审判机关适用，行政制裁由国家行政机关适用。

（四）适用根据和程序不同

适用刑罚的根据是刑法和刑事诉讼法；而适用民事制裁、行政制裁的根据则分别是民事实体法和民事程序法、行政实体法和行政诉讼法。

第二节 刑罚的体系

一、刑罚体系的概念

所谓刑罚体系，是指刑法所规定的并按照一定次序排列的各种刑罚方法的总和。简言之，刑罚体系

是各种刑罚方法构成的统一体。

二、刑罚体系的内容

根据刑法的规定，我国的刑罚方法被区分为主刑与附加刑两大类。这种分类实际上是依各刑种能否独立适用而作出的划分。

所谓主刑，也称基本刑、单独刑，是指只能独立适用的主要刑罚方法。主刑只能独立适用，不能附加适用；一个罪只能适用一个主刑，不能同时适用两个以上主刑。根据《刑法》第 33 条的规定，我国刑法中主刑包括管制、拘役、有期徒刑、无期徒刑和死刑。

所谓附加刑，也称从刑，是指既可以独立适用，也可以附加于主刑适用的刑罚方法。《刑法》第 34 条规定了罚金、剥夺政治权利与没收财产三种附加刑；第 35 条规定了适用于外国人的驱逐出境，这是一种特殊的附加刑。

此外，在刑法理论中也有根据具体刑种的不同性质，将其分为生命刑、自由刑、财产刑和资格刑四种。生命刑，是剥夺犯罪人生命的刑罚方法，即死刑，是最重的一种刑罚。自由刑，是剥夺或限制犯罪人人身自由的刑罚方法，包括无期徒刑、有期徒刑、拘役、管制等，它是运用最广的一种刑罚。财产刑，是剥夺犯罪人财产的刑罚方法，包括罚金、没收财产。资格刑，是指剥夺犯罪人行使某些权利和资格的刑罚方法，如剥夺政治权利、驱逐出境等。

第三节 刑罚的种类

一、主刑

（一）管制

管制，是指对犯罪人不予关押，但限制其一定自由，依法实行社区矫正的刑罚方法。

管制是我国特有的一种轻刑，它具有以下特点和内容：

1. 管制适用的对象。

刑法对于管制的对象未作明确限制。只要刑法分则条文的法定刑中规定有管制的，人民法院根据案件的具体情况，认为属于犯罪尚不够判处有期徒刑或者其他主刑，以不予关押为宜的犯罪分子，都可以判处管制，限制其一定的人身自由。

2. 不予关押。

不予关押，也即不剥夺犯罪人的人身自由。这是管制刑的开放性特征，有助于避免短期自由刑固有的弊端。

3. 具有一定期限。

管制有一定的期限，不得对犯罪人进行无限期的管制。根据《刑法》第 38 条第 1 款、第 41 条、第 69 条的规定，管制的期限为 3 个月以上 2 年以下，数罪并罚时不得超过 3 年。管制的刑期，从判决执行之日起计算；判决执行以前先行羁押的，羁押 1 日折抵刑期 2 日。依据《刑法》第 40 条的规定，管制期满，执行机关应即向本人和其所在单位或者居住地的群众宣布解除管制。

4. 可以适用禁止令。

《刑法》第 38 条第 2 款规定："判处管制，可以根据犯罪情况，同时禁止犯罪分子在执行期间从事特定活动，进入特定区域、场所，接触特定的人。"根据 2011 年 4 月 28 日最高人民法院、最高人民检察院、公安部、司法部《关于对判处管制、宣告缓刑的犯罪分子适用禁止令有关问题的规定（试行）》第 2 条的规定，人民法院宣告禁止令，应当根据犯罪分子的犯罪原因、犯罪性质、犯罪手段、犯罪后的悔罪表现、个人一贯表现等情况，充分考虑与犯罪分子所犯罪行的关联程度，有针对性地决定禁止其在管制执行期间"从事特定活动，进入特定区域、场所，接触特定的人"的一项或者几项内容。根据《刑法》第 38 条第4款的规定，被判处管制的犯罪分子违反禁止令的，由公安机关依照《中华人民共和国治安管理处罚法》的规定处罚。根据2011年4月28日最高人民法院、最高人民检察院、公安部、司法部《关于对判处管制、宣告缓刑的犯罪分子适用禁止令有关问题的规定（试行）》第6条的规定，禁止令的期限，既可以与管制执行的期限相同，也可以短于管制执行的期限，但不得少于3个月。判处管制的犯罪分子在判决执行以前先行羁押以致管制执行的期限少于3个月的，禁止令的期限不受前款规定的最短期限的限制。禁止令的执行期限，从管制执行之日起计算。

司法典型案例：
董某某、宋某某抢劫案

5. 依法施行社区矫正。

《刑法》第38条第3款规定："对判处管制的犯罪分子，依法实行社区矫正。"社区矫正是与监禁矫正相对的行刑方式，是指将符合法定条件的罪犯置于社区内，由专门的国家机关在相关社会团体、民间组织和社会志愿者的协助下，在判决、裁定或决定确定的期限内，矫正其犯罪心理和行为恶习，促进其顺利回归社会的非监禁刑罚执行活动。对判处管制的犯罪分子实行社区矫正，也是管制刑开放性特征的表现。根据2011年4月28日最高人民法院、最高人民检察院、公安部、司法部《关于对判处管制、宣告缓刑的犯罪分子适用禁止令有关问题的规定（试行）》第9条的规定，禁止令由司法行政机关指导管理的社区矫正机构负责执行。2020年7月1日开始施行的《中华人民共和国社区矫正法》和《中华人民共和国社区矫正法实施办法》，为社区矫正的实施提供了细致的规定。

6. 管制的执行。

《刑法》第39条第1款规定："被判处管制的犯罪分子，在执行期间，应当遵守下列规定：（一）遵守法律、行政法规，服从监督；（二）未经执行机关批准，不得行使言论、出版、集会、结社、游行、示威自由的权利；（三）按照执行机关规定报告自己的活动情况；（四）遵守执行机关关于会客的规定；（五）离开所居住的市、县或者迁居，应当报经执行机关批准。"第2款规定："对于被判处管制的犯罪分子，在劳动中应当同工同酬。"

（二）拘役

拘役，是短期剥夺犯罪人自由，就近实行劳动改造的刑罚方法。拘役是一种短期自由刑，是主刑中介于管制与有期徒刑之间的一种轻刑。

拘役具有如下特点和内容：

1. 拘役适用的对象。

拘役主要适用于那些罪行较轻，但又必须短期剥夺其人身自由进行劳动改造的犯罪人。

2. 拘役是剥夺自由的刑罚方法。

这是拘役与管制区别之关键。拘役对犯罪人人身自由予以短期剥夺，实行关押，并对有劳动能力的，实行强制劳动改造，故其属于短期自由刑，具有一定程度的惩罚性。

3. 拘役刑期较短、幅度窄。

根据《刑法》第42条、第69条的规定，拘役的期限为1个月以上6个月以下，数罪并罚时不得超过1年。依据《刑法》第44条的规定，拘役的刑期，从判决执行之日起计算；判决执行以前先行羁押的，羁押1日折抵刑期1日。

4. 拘役的执行。

《刑法》第43条第1款规定："被判处拘役的犯罪分子，由公安机关就近执行。"这表明公安机关是拘役刑的执行机关，具体而言是指县级公安部门。2005年12月27日公安部印发《关于做好撤销拘役所有关工作的通知》，明确规定"撤销拘役所，对于被判处拘役的罪犯，由看守所执行"。所以此处所谓"就近执行"，是指公安机关对于人民法院判处拘役的犯罪分子，在就近的看守所内执行。

《刑法》第 43 条第 2 款规定："在执行期间，被判处拘役的犯罪分子每月可以回家一天至两天；参加劳动的，可以酌量发给报酬。"被判处拘役的犯罪分子，如离家路途较远的，可以累积使用假期。此处所谓"酌量发给报酬"，既不是不发给报酬，又不是同工同酬，而是根据犯罪人参加生产劳动的表现、技术水平和生产收入情况等，发给适当的报酬。

（三）有期徒刑

有期徒刑，是指剥夺犯罪人一定期限的人身自由，并强制进行劳动改造的刑罚方法。

有期徒刑具有如下特点和内容：

1. 适用对象广泛。

有期徒刑属于有期自由刑，刑罚幅度变化大，它是我国适用最广泛的刑罚方法，从较轻犯罪到较重犯罪，都可以由有期徒刑给予较合适的惩罚。我国刑法分则凡规定法定刑的条文，都规定了有期徒刑。

2. 剥夺罪犯自由。

这是有期徒刑的根本特征。被判处有期徒刑的罪犯将被羁押于特定刑事设施之中，包括监狱、劳动改造管教队、少年犯管教所、看守所等。

3. 具有一定期限。

根据《刑法》第 45 条、第 50 条及第 69 条的规定，有期徒刑的期限为 6 个月以上 15 年以下；死缓减为有期徒刑时为 25 年；数罪并罚时，有期徒刑总和刑期不满 35 年的，最高不能超过 20 年，总和刑期在 35 年以上的，最高不能超过 25 年；刑期从判决执行之日起开始计算；判决执行以前先行羁押的，羁押 1 日折抵刑期 1 日。由于有期徒刑的刑期幅度很大，因此，《刑法》分则在法定刑中对有期徒刑的刑度作了进一步的规定。这些关于有期徒刑的刑度规定，具体表现为以下 15 种情况：1 年以下、2 年以下、3 年以下、5 年以下、1 年以上 7 年以下、2 年以上 5 年以下、2 年以上 7 年以下、3 年以上 7 年以下、3 年以上 10 年以下、5 年以上 10 年以下、7 年以上 10 年以下、5 年以上、7 年以上、10 年以上和 15 年。

4. 进行劳动改造。

根据《刑法》第 46 条的规定，被判处有期徒刑的人，"凡有劳动能力的，都应当参加劳动，接受教育和改造"。此处劳动改造是强制性的，除丧失劳动能力的以外，都必须参加劳动。从这一意义上讲，我国刑法中的有期徒刑不同于一些西方国家刑法中单纯剥夺犯罪人人身自由的监禁刑。

（四）无期徒刑

无期徒刑，是剥夺犯罪人终身自由，实行强迫劳动改造的刑罚方法。

无期徒刑具有如下特点和内容：

1. 剥夺犯罪人终身自由。

无期徒刑没有刑期限制，需要剥夺犯罪分子终身人身自由，因而它是自由刑中最为严厉的刑罚方法。作为一种严厉性仅次于死刑的刑罚，无期徒刑只适用于严重的犯罪。我国刑法对无期徒刑的规定有三种形式：一是把无期徒刑与有期徒刑以及其他刑种作为选择性刑种规定在一个条文中，把无期徒刑规定为法定最高刑；二是把无期徒刑与死刑规定在一个条文里，作为选择性刑种；三是把死刑作为最高刑，将无期徒刑和处 10 年以上有期徒刑规定在一个条文中，作为量刑的选择性刑种。当然，需要指出的是，尽管从法律规定与理论上说，无期徒刑是剥夺终身自由，但由于法律同时规定了减刑、假释、赦免等制度，故而事实上被判处无期徒刑的犯罪人也往往很少有终身服刑的。[1]

2. 实行劳动改造。

根据《刑法》第 46 条的规定，被判处无期徒刑的犯罪分子，在监狱或其他执行场所执行；凡有劳动能力的，都应当参加劳动，接受教育和改造。刑法规定对判处无期徒刑的犯罪人可以减刑、假释，也在于促使犯罪人积极改造。因此，我国刑法中的无期徒刑不同于一些西方国家刑法中的终身监禁。

---

[1] 　根据《刑法》第 383 条第 4 款和第 386 条的规定，犯贪污罪、受贿罪，数额特别巨大，并使国家和人民利益遭受特别重大损失被判处死刑缓期执行的，人民法院根据犯罪情节等情况可以同时决定在其死刑缓期执行 2 年期满依法减为无期徒刑后，终身监禁，不得减刑、假释。

3. 不可能孤立地适用。

根据《刑法》第 57 条的规定，被判处无期徒刑的犯罪分子，应当剥夺政治权利终身。这就意味着无期徒刑不可能被孤立地适用。这也从另一个方面体现了无期徒刑的严厉性。

参考案例 13-1

四川省荣县农民王某虚构事实，在短短的 4 年间诈骗他人 3 149.4 万日元及人民币 6.4 万元。山东省某中级人民法院以诈骗罪，一审判处被告人王某无期徒刑，剥夺政治权利终身，并处没收个人全部财产。

（五）死刑

死刑，是剥夺犯罪人生命的刑罚方法。它是一种最古老的刑罚，是人类阶级社会刑罚史上最重要的刑种。由于死刑的内容是剥夺犯罪人的生命，故又被称为生命刑；由于死刑是刑罚体系中最严厉的刑罚方法，故被称为极刑。

在我国目前虽然有个别学者公开主张要废除死刑，但是保留死刑仍然是人们（学者、民众、官员、政治家）的共识，事实上也是国家一贯的死刑政策。这实际是由我国尚处于社会主义初级阶段这一基本国情所决定的。当然，保留死刑绝不意味着可以多杀、错杀。坚持少杀、防止错杀同样既是我们国家一贯的死刑政策，也是人们的共识。

正是基于上述立场，我国刑法严格限制死刑的适用。这主要表现在如下几个方面：

1. 规定了严格的死刑适用条件。

第一，根据《刑法》第 48 条的规定，死刑只适用于罪行极其严重的犯罪分子，这是对死刑适用对象的限制。"只适用于"从表述上就体现了限制死刑的精神。"罪行极其严重"，指罪行对国家和人民利益的危害特别严重，情节特别恶劣，同时行为人具有极其严重的人身危险性。

社会热点：
何种犯罪行为应当判处死刑？

第二，根据《刑法》第 49 条第 1 款的规定，犯罪的时候不满 18 周岁的人和审判的时候怀孕的妇女，不适用死刑。也就是说，对于犯罪的时候不满 18 周岁和审判的时候怀孕的妇女，即使其属于罪行极其严重的犯罪分子，也不能适用死刑。"犯罪的时候"，是指犯罪人实施犯罪行为的时候。"审判的时候怀孕的妇女"，是指审判时以及审判前在羁押受审时已经怀孕的妇女。"不适用死刑"，是指不能判处死刑（包括死缓），而不能理解为可以判处死刑，但暂时不执行，待犯罪分子年满 18 周岁或怀孕妇女分娩或流产后再执行死刑。此外，根据《刑法》第 49 条第 2 款的规定，审判的时候已满 75 周岁的人，不适用死刑，但以特别残忍手段致人死亡的除外。除非是属于以肢解、残酷折磨等手段致被害人死亡的情况，对审判时年满 75 周岁的犯罪分子不适用死刑，这对死刑的适用对象作出了进一步的限制。

2. 规定了严格的死刑核准程序。

《刑法》第 48 条第 2 款规定："死刑除依法由最高人民法院判决的以外，都应当报请最高人民法院核准。死刑缓期执行的，可以由高级人民法院判决或者核准。"根据我国刑法及刑事诉讼法中关于死刑核准程序的规定，死刑除依法由最高人民法院判决的以外，都应当报请最高人民法院核准。中级人民法院判处死刑的第一审案件，被告人不上诉的，应当由高级法院复核后报请最高人民法院核准；高级法院判处死刑的第一审案件被告人不上诉的，以及判处死刑的第二审案件，都应当报请最高人民法院核准。死刑缓期执行的，可以由高级法院判决或者核准。违反上述法定程序适用死刑的，应认为是非法适用死刑。死刑核准程序是在一般的一审、二审程序之外，对死刑案件予以审核批准的特别监督程序。这一程序的建立，有利于保证死刑判决的质量，客观上也限制了死刑适用的数量。

3. 设置死刑缓期执行制度。

《刑法》第 48 条第 1 款规定："对于应当判处死刑的犯罪分子，如果不是必须立即执行的，可以判处死刑同时宣告缓期二年执行。"《刑法》第 50 条第 1 款规定："判处死刑缓期执行的，在死刑缓期执行期间，如果没有故意犯罪，二年期满以后，减为无期徒刑；如果确有重大立功表现，二年期满以后，减为二十五年有期徒刑；如果故意犯罪，情节恶劣的，报请最高人民法院核准后执行死刑；对于故意犯罪未执行死刑的，死刑缓期执行的期间重新计算，并报最高人民法院备案。"这就是我国刑法中的死刑缓期执行制度。死缓制度对于应当判处死刑的犯罪人，又在是否实际执行的环节上留了一线生机，只要不是必须立即执行的，均可适用死刑缓期执行的规定。

经过多次修正之后，我国刑法中的死缓制度的内部类型已呈现出多样化。具体而言包括三种类型：（1）普通死缓。根据《刑法》第48条的规定，适用死刑缓期执行必须具备两个条件：一是"罪该处死"，即必须是罪行极其严重；二是"不是必须立即执行"。这是适用死缓的基本条件。所谓"不是必须立即执行"，刑法未作明确规定，但根据司法实践，通常是指犯罪后自首、立功或有其他法定从轻情节的；在共同犯罪中罪行不是最严重的；因被害人的过错导致被告人激愤犯罪或者有其他表明容易改造的情节的；有令人怜悯的情节的；有其他应当留有余地的情况。（2）"限制减刑"的死缓。《刑法》第50条第2款规定："对被判处死刑缓期执行的累犯以及因故意杀人、强奸、抢劫、绑架、放火、爆炸、投放危险物质或者有组织的暴力性犯罪被判处死刑缓期执行的犯罪分子，人民法院根据犯罪情节等情况可以同时决定对其限制减刑。"这划定了可能限制减刑的案件范围，是否减刑应由人民法院考虑决定。此外，《刑法》第78条第2款第3项规定："人民法院依照本法第五十条第二款规定限制减刑的死刑缓期执行的犯罪分子，缓期执行期满后依法减为无期徒刑的，不能少于二十五年，缓期执行期满后依法减为二十五年有期徒刑的，不能少于二十年。"这就规定了实际执行的最低刑期，但对具体犯罪分子的实际执行刑期，允许在法律规定范围内依其接受教育、改造的情况确定。（3）同时依附于死刑缓期执行制度、无期徒刑执行制度的"终身监禁"。根据《刑法》第383条第4款和第386条的规定，犯贪污罪、受贿罪，数额特别巨大，并使国家和人民利益遭受特别重大损失被判处死刑缓期执行的，人民法院根据犯罪情节等情况可以同时决定在其死刑缓期执行2年期满依法减为无期徒刑后，终身监禁，不得减刑、假释。

司法典型案例：
王志才故意杀人案

由于死缓不是独立刑种，只是死刑的一种执行方法，故判处死缓会出现不同结局。根据《刑法》第50条第1款的规定，对于死缓犯，有四种处理结局：其一，在死刑缓期执行期间，没有故意犯罪的，2年期满以后，减为无期徒刑；其二，在死刑缓期执行期间，有重大立功表现的，2年期满以后，减为25年有期徒刑；其三，在死刑缓期执行期间，故意犯罪，情节恶劣的，报请最高人民法院核准后，执行死刑；其四，在死刑缓期执行期间，故意犯罪未执行死刑的，死刑缓期执行的期间重新计算，并报最高人民法院备案。根据2015年10月29日最高人民法院《关于〈中华人民共和国刑法修正案（九）〉时间效力问题的解释》第2条的规定，对于被判处死刑缓期执行的犯罪分子，在死刑缓期执行期间，且在2015年10月31日以前故意犯罪的，适用修正后《刑法》第50条第1款的规定。

参考案例 13-2

22岁的罪犯杨某系宁夏某县人，2001年10月18日因犯抢劫罪、盗窃罪被宁夏某中级人民法院判处死刑缓期2年执行，剥夺政治权利终身。2001年12月7日经宁夏高级人民法院核准死刑缓期2年执行，剥夺政治权利终身。2003年2月，罪犯杨某在银川监狱服刑期间，负责在铸造车间工具房后搭建一木棚，其利用休息和请假之机，在木棚内向北监墙方向挖地道，企图通过地道逃跑。2003年3月9日，监狱干警在地道内发现铁锹、小铁铲等作案工具。此时，杨某所挖的地道距北监墙约2米。罪犯杨某在服刑期间，拒不接受监管，企图挖洞逃离改造场所，逃避刑罚，其行为已构成脱逃罪（未遂），经宁夏高级人民法院报请最高人民法院核准，决定对罪犯杨某执行死刑。

此外，我国刑事立法为了贯彻慎用死刑的方针，还在死刑案件的管辖权、死刑的执行方式等方面作了明确的规定。比如《刑事诉讼法》第20条和第21条规定，死刑案件由中级人民法院为第一审管辖，基层人民法院无权审理；《刑事诉讼法》第263条第2款规定，死刑采用枪决或者注射等方法执行。这些规定也在某种程度上限制了死刑的适用。

二、附加刑

附加刑是既可独立适用，又可附加于主刑适用的刑罚方法。根据《刑法》第34条、第35条的规定，我国刑法中有罚金、剥夺政治权利、没收财产与驱逐出境四种附加刑。

（一）罚金

罚金，是人民法院判处犯罪人向国家缴纳一定数额金钱的刑罚方法。罚金属于财产刑的一种，它在处罚性质、适用对象、适用程序、适用主体、适用依据等方面与行政罚款、赔偿损失等处罚措施有着严格的区别。

罚金的适用对象主要是破坏社会主义市场秩序罪、侵犯财产罪、妨害社会管理秩序罪和贪污贿赂罪。《刑法》分则对于罚金刑的规定有四种方式：一是选择罚金制，即指某种犯罪或者犯罪的特定情节的法定刑是由罚金刑和其他刑种并列构成，法官应选择其中一种，但不能同时适用的制度。二是单科罚金制，即指某种犯罪或者犯罪的特定情节的法定刑，刑法只规定有罚金刑，而没有规定其他刑种的情况。三是并科罚金制，即指某种犯罪或犯罪的特定情节的法定刑是由罚金刑与其他刑种并列构成的，法官可以将它们合并适用的制度。并科罚金制又有得并科罚金制与必并科罚金制之分。四是复合罚金制，即指法定刑中罚金的单科、并科、选科并存，由法官最终决定如何适用的制度。

根据2000年12月13日最高人民法院《关于适用财产刑若干问题的规定》第4条的规定，犯罪情节较轻，适用单处罚金不致再危害社会并具有下列情形之一的，可以依法单处罚金：（1）偶犯或者初犯；（2）自首或者有立功表现；（3）犯罪时不满18周岁；（4）犯罪预备、中止或者未遂；（5）被胁迫参加犯罪；（6）全部退赃并有悔罪表现；（7）其他可以依法单处罚金的情形。根据2006年1月11日最高人民法院《关于审理未成年人刑事案件具体应用法律若干问题的解释》第15条的规定，对未成年罪犯实施刑法规定的"并处"没收财产或者罚金的犯罪，应当依法判处相应的财产刑；对未成年罪犯实施刑法规定的"可以并处"没收财产或者罚金的犯罪，一般不判处财产刑。

《刑法》第52条规定："判处罚金，应当根据犯罪情节决定罚金数额。"所谓犯罪情节，是指犯罪人在实施犯罪过程中所存在和呈现出来的，决定其主观恶性大小和社会危害程度的主客观因素，包括犯罪的动机、目的、手段、时间、地点、违法所得数额、销售金额等。《刑法》分则对于罚金数额的规定，分为三种情况：一是无限额罚金制，即没有规定罚金的具体数额，完全由法官依据犯罪情节予以判处。二是普通罚金制，也称限额罚金制，即规定了相对确定的罚金数额，法官只能在数额幅度之内依据犯罪情节决定应当判处的数额。三是倍比罚金制，即以违法所得或犯罪涉及的数额为基数，然后以其一定的倍数或比例来确定罚金数额。

根据《刑法》第53条的规定，在我国，罚金有以下六种执行方式：（1）一次缴纳，即要求犯罪人在判决指定的期限内一次性缴纳完所判罚金的数额。（2）分期缴纳，即要求犯罪人在判决确定的期限以内分期缴纳所判罚金的方式。（3）强制缴纳，指在判决确定的期限届满以后，犯罪人未缴纳或未全部缴纳的，由人民法院强制其缴纳的方法。（4）随时追缴，指对于不能全部缴纳罚金的犯罪人，人民法院在任何时候发现其有可以执行的财产的，应随时予以追缴的方法。（5）延期缴纳，即如果由于遭遇不能抗拒的灾祸等原因，犯罪人缴纳确实有困难的，经人民法院裁定，可以延期缴纳的方法。（6）减免缴纳，即如果由于遭遇不能抗拒的灾祸等原因，犯罪人缴纳确实有困难的，经人民法院裁定，可以酌情减少或免除其缴纳数额的方法。

（二）剥夺政治权利

剥夺政治权利，是指依法剥夺犯罪人一定期限参加管理国家和政治活动的权利的刑罚方法。

1. 剥夺政治权利的适用。

根据《刑法》第56条、第57条的规定，剥夺政治权利一般附加适用于以下三类犯罪分子：（1）危害国家安全的犯罪分子，应当附加剥夺政治权利。所谓应当，就是必须一律附加，而不是可以附加，也可以不附加。（2）严重破坏社会秩序的犯罪分子，可以附加剥夺政治权利。所谓"严重破坏社会秩序的犯罪分子"，是指实施故意杀人、强奸、放火、爆炸、投放危险物质、抢劫等犯罪的犯罪分子。所谓"可以"，是指根据犯罪的情节、危害结果等情况综合予以考虑，可以附加，也可以不附加。（3）对于被判处死刑、无期徒刑的犯罪分子，应当剥夺政治权利终身。

根据 2006 年 1 月 11 日最高人民法院《关于审理未成年人刑事案件具体应用法律若干问题的解释》第 14 条的规定，除刑法规定"应当"附加剥夺政治权利外，对未成年罪犯一般不判处附加剥夺政治权利。如果对未成年罪犯判处附加剥夺政治权利的，应当依法从轻判处。对实施被指控犯罪时未成年、审判时已成年的罪犯判处附加剥夺政治权利，适用前款的规定。

至于独立适用剥夺政治权利的犯罪，则应以《刑法》分则的明确规定为依据。《刑法》分则中，可以单独判处剥夺政治权利的条文共 22 条，主要涉及危害国家安全罪，侵犯公民人身权利、民主权利罪，妨害社会管理秩序罪和危害国防利益罪四类。

2. 剥夺政治权利的内容。

根据《刑法》第 54 条的规定，剥夺政治权利是剥夺如下权利：（1）选举权和被选举权；（2）言论、出版、集会、结社、游行、示威自由的权利；（3）担任国家机关职务的权利；（4）担任国有公司、企业、事业单位和人民团体领导职务的权利。

3. 剥夺政治权利的期限。

根据我国刑法的规定，剥夺政治权利的期限有以下四种情况：（1）对于判处死刑、无期徒刑的犯罪分子，应当附加剥夺政治权利终身。（2）对于死刑缓期执行减为有期徒刑的，或者无期徒刑减为有期徒刑的，应当把附加剥夺政治权利的期限改为 3 年以上 10 年以下。（3）独立适用剥夺政治权利或者判处有期徒刑、拘役而附加剥夺政治权利的，其期限为 1 年以上 5 年以下。（4）判处管制附加剥夺政治权利的，其期限与管制的期限相等，同时执行。

4. 剥夺政治权利的刑期起算与执行。

剥夺政治权利的刑期起算与执行分为以下几种情况：（1）独立适用的，按执行判决的一般原则，从判决执行之日起计算、执行。（2）被判管制附加剥夺政治权利的，刑期与管制的刑期同时起算，同时执行。（3）被判有期徒刑、拘役附加剥夺政治权利的，以及死缓、无期徒刑减为有期徒刑附加剥夺政治权利的，其刑期从徒刑、拘役执行完毕之日起，或从假释之日起开始计算；剥夺政治权利的效力当然适用于主刑执行期间。（4）判处死刑、无期徒刑而剥夺政治权利终身的，从主刑执行之日起开始执行。

（三）没收财产

没收财产，是将犯罪分子个人所有的财产的一部或全部强制无偿地收归国有的一种刑罚方法。

没收财产只能适用于《刑法》分则明文规定可以判处没收财产的那些犯罪。从《刑法》分则的规定来看，主要适用于危害国家安全罪、破坏社会主义市场经济秩序罪、侵犯财产罪以及贪污贿赂罪。

《刑法》第 59 条规定："没收财产是没收犯罪分子个人所有财产的一部或者全部。没收全部财产的，应当对犯罪分子个人及其扶养的家属保留必需的生活费用。在判处没收财产的时候，不得没收属于犯罪分子家属所有或者应有的财产。"据此规定，对犯罪分子个人所有的财产，可以没收一部，也可以没收全部。至于具体没收多少，要由人民法院根据犯罪分子罪行的轻重和案件的具体情况来决定。但不能没收属于罪犯家属所有或者应有的财产。所谓"属于犯罪分子家属所有的财产"，是指所有权明确属于犯罪分子家属本人的那一部分财产，或者犯罪分子家属用本人劳动所得购买的归本人使用的生活用品等。所谓"属于犯罪分子家属应有的财产"，是指家庭共同所有财产中，应当归家属所有的那部分财产。

（四）驱逐出境

驱逐出境，是强迫犯罪的外国人离开中国国（边）境的一种刑罚方法。

《刑法》第 34 条规定的附加刑的种类中，并没有包括驱逐出境。但是，《刑法》第 35 条规定："对于犯罪的外国人，可以独立适用或者附加适用驱逐出境。"由此可知，驱逐出境既可以独立适用，也可以附加适用，故符合附加刑的基本特征，是一种仅适用于犯罪的外国人的特殊附加刑。

社会热点：
对犯罪的外国人如何处理？

参考案例 13-3

上海市第一中级人民法院对参与"5·13"上海世贸商城钻石盗窃案等三起案件的25名南美被告人作出一审宣判。法院经审理查明，拥有哥伦比亚国籍、秘鲁国籍、哥斯达黎加国籍的25名被告人分别结伙，先后在上海市交通银行上海分行、上海世贸商城珠宝展览会和浦东机场候机楼烟酒专卖店盗窃作案三次，共计窃得价值613万余元的钻石、宝石和现金等财物。法院认为，25名被告人以非法占有为目的，在我国境内分别结伙，秘密窃取他人财物，其行为均已构成盗窃罪，且数额特别巨大，根据各被告人在犯罪中所处的地位和发挥的作用，以及到案后尤其是在庭审中认罪的态度，法院以盗窃罪分别判处各被告人有期徒刑1年至15年，罚金人民币5 000元至10万元，全部被告人均并处驱逐出境。

我国是一个独立的主权国家，在我国境内的外国人必须遵守我国的法律。凡是外国人在我国境内犯罪的，如果人民法院认为他继续居留我国将会对国家和人民利益产生危害，就可以适用驱逐出境，以消除其在我国境内再犯罪的可能性。需要指出的是，依《刑法》第35条的规定，只是可以对犯罪的外国人适用驱逐出境。此处的"可以"是与"应当"相对而言的，它是指对犯罪的外国人不是一律都要适用驱逐出境，而要由人民法院根据案件的具体情况，并兼顾我国与其所属国之间的关系，以及国际斗争的形势等，综合考虑是否适用。

第四节 非刑罚处理方法

一、非刑罚处理方法的概念

非刑罚处理方法就是对犯罪分子所适用的刑罚之外的处理方法。具体而言，非刑罚处理方法，是对于被免除刑罚处罚的犯罪人所适用的刑罚以外的实体性处罚方法。

二、非刑罚处理方法的种类

《刑法》第37条规定："对于犯罪情节轻微不需要判处刑罚的，可以免予刑事处罚，但是可以根据案件的不同情况，予以训诫或者责令具结悔过、赔礼道歉、赔偿损失，或者由主管部门予以行政处罚或者行政处分。"本条所规定的非刑罚处理方法指的是教育或行政制裁措施，包括以下六种：

（1）训诫。它是对犯罪人予以批评或者谴责，责令其改正的一种非刑罚处理方法。

（2）责令具结悔过。它是责令犯罪人用书面方式保证悔改的一种非刑罚处理方法。

（3）责令赔礼道歉。它是责令犯罪人向被害人承认错误、表示歉意的一种非刑罚处理方法。

（4）责令赔偿损失。它是根据犯罪行为对被害人造成的经济损失情况，责令犯罪人给予被害人一定经济赔偿的一种非刑罚处理方法。

（5）由主管部门予以行政处罚。这是指司法机关建议主管部门对犯罪人予以行政处罚，如罚款、行政拘留等。

（6）由主管部门予以行政处分。这是指司法机关建议主管部门对犯罪人予以行政处分，如记过、开除等。

以上《刑法》第37条规定的非刑罚处理方法的适用应具备三个条件：第一，行为人必须构成犯罪。第二，犯罪分子被免予刑事处罚。第三，根据案件的情况又需要给予恰当的处理，并不是对所有由于犯罪情节轻微而免予刑事处罚的犯罪人都应适用非刑罚处理方法。

第五节　从业禁止

一、从业禁止的概念和性质

（一）从业禁止的概念

《刑法修正案（九）》第 1 条增设《刑法》第 37 条之一，规定了从业禁止。从业禁止，是指人民法院对于实施特定犯罪的人，依法禁止其在一定期限内从事相关职业以预防其再次犯罪的预防性措施。

（二）从业禁止的性质

从业禁止并非新的刑罚种类，而是刑罚执行完毕或假释之后的预防性措施，目的在于防止犯罪分子利用职业和职务之便再次进行犯罪。

二、从业禁止的适用

（一）从业禁止的适用对象

根据《刑法》第 37 条之一第 1 款的规定，从业禁止应当适用于因利用职业便利实施犯罪，或者实施违背职业要求的特定义务的犯罪而被判处刑罚的人。具体而言，从业禁止的适用对象分为两种情况：一是因利用职业便利实施犯罪被判处刑罚的人；二是实施违背职业要求的特定义务的犯罪被判处刑罚的人。"利用职业便利实施犯罪"，是指利用从事该职业所拥有的管理、经手，或所形成的权力、地位等便利条件实施犯罪；"实施违背职业要求的特定义务的犯罪"，是指违背某些特定行业、领域有关特定义务的要求，违背职业道德、职业信誉所实施的犯罪。"判处刑罚"，包括判处主刑和附加刑。这两类人所实施的犯罪与职业便利或职业要求的特定义务相关，适用从业禁止可预防其未来利用职业和职务之便再次犯罪，除此之外的实施其他犯罪被判处刑罚的人，不能适用从业禁止。虽构成犯罪，但依据《刑法》第 37 条规定免予刑事处罚的，不得适用从业禁止。

（二）从业禁止的适用程序

根据《刑法》第 37 条之一第 1 款的规定，人民法院可以根据犯罪情况和预防再犯罪的需要，对犯罪分子决定适用从业禁止。人民法院对于应利用职业便利实施犯罪，或者实施违背职业要求的特定义务的犯罪而被判处刑罚的人，并非一律适用从业禁止，而应根据犯罪情况和预防再犯罪的需要，具体决定是否适用。"根据犯罪情况和预防再犯罪的需要"，是指根据犯罪性质、犯罪情节、社会危害程度、造成的社会影响、犯罪分子的主观恶性以及犯罪分子的人身危险性等内容进行综合判断。

（三）从业禁止的期限

根据《刑法》第 37 条之一第 1 款的规定，从业禁止的期限为 3 年至 5 年，起算时间为刑罚执行完毕或者假释之日。

（四）违反从业禁止的法律后果

根据《刑法》第 37 条之一第 2 款的规定，被禁止从事相关职业的人违反从业禁止的规定，由公安机关依法给予处罚；情节严重的，依照《刑法》第 313 条，即拒不执行判决罪的规定定罪处罚。

（五）从业禁止的适用例外

根据《刑法》第 37 条之一第 3 款的规定，对于其他法律、行政法规对犯罪分子所从事的相关职业另有禁止或者限制性规定的，从其规定，不再适用本条所规定的从业禁止。如《中华人民共和国公务员法》第 26 条、《中华人民共和国教师法》第 14 条、《中华人民共和国道路交通安全法》第 101 条等，我国有二十余部法律、行政法规中均规定有对受过刑事处罚人员的资格禁止或者限制，对该类人群不再适用《刑法》第 37 条之一的从业禁止。

根据 2015 年 10 月 29 日最高人民法院《关于〈中华人民共和国刑法修正案（九）时间效力问题的解释》第 1 条的规定，对于 2015 年 10 月 31 日以前因利用职业便利实施犯罪，或者实施违背职业要求的特定义务的犯罪的，不适用修正后《刑法》第 37 条之一第 1 款的规定。其他法律、行政法规另有规定的，从其规定。

第六节 保安处分

一、保安处分的概念

保安处分，是指对于客观上实施了刑法所规定的危害社会的行为，但是因为行为人不具有刑事责任能力，无法将其行为认定为犯罪，不能对行为人予以刑事处罚，而对行为人采取的消除其人身危险性、预防其未来再犯的矫正改善措施。

二、保安处分的类型

我国刑法规定的保安处分的类型包括两种：一是针对未成年人的专门矫治教育；二是针对精神病人的强制医疗。

（一）专门矫治教育

《刑法》第 17 条第 5 款规定："因不满十六周岁不予刑事处罚的，责令其父母或者其他监护人加以管教；在必要的时候，依法进行专门矫治教育。"根据该规定，专门矫治教育，是指对实施了严重危害社会的行为，但因不满 16 周岁，未达到刑事责任年龄，不负刑事责任，不能进行刑事处罚的未成年人，在必要的时候，依法进行的矫治其行为的专门教育措施。2020 年 12 月 26 日修订、2021 年 6 月 1 日施行的《中华人民共和国预防未成年人犯罪法》（以下简称《预防未成年人犯罪法》）对专门矫治教育进行了进一步的明确规定。

1. 专门矫治教育的对象。

根据《刑法》第 17 条第 5 款及《预防未成年人犯罪法》第 45 条第 1 款的规定，专门矫治教育的对象为，实施了刑法规定的行为、因不满法定刑事责任年龄不予刑事处罚的未成年人。

2. 专门矫治教育的程序。

根据《预防未成年人犯罪法》第 45 条第 1 款的规定，专门矫治教育的程序为，经专门教育指导委员会评估同意，由教育行政部门会同公安机关决定进行专门矫治教育。

3. 专门矫治教育的场所。

《预防未成年人犯罪法》第 45 条第 2 款规定："省级人民政府应当结合本地的实际情况，至少确定一所专门学校按照分校区、分班级等方式设置专门场所，对前款规定的未成年人进行专门矫治教育。"根据该规定，专门矫治教育的场所应当为省级人民政府确定的专门学校。

4. 专门矫治教育的工作。

根据《预防未成年人犯罪法》第 45 条第 3 款的规定，公安机关、司法行政部门负责未成年人的矫治工作，教育行政部门承担未成年人的教育工作。《预防未成年人犯罪法》第 47 条第 1 款规定："专门学校应当对接受专门教育的未成年人分级分类进行教育和矫治，有针对性地开展道德教育、法治教育、心理健康教育，并根据实际情况进行职业教育；对没有完成义务教育的未成年人，应当保证其继续接受义务教育。"该法第 48 条规定："专门学校应当与接受专门教育的未成年人的父母或者其他监护人加强联系，定期向其反馈未成年人的矫治和教育情况，为父母或者其他监护人、亲属等看望未成年人提供便利。"根据上述规定，专门矫治教育的工作由公安机关、司法行政部门和教育行政部门共同负责，其中，矫治工作由公安机关、司法行政部门负责，教育工作由教育行政部门负责。教育内容包括道德教育、法治教育、心理健康教育、职业教育和义务教育等。

（二）强制医疗

《刑法》第 18 条第 1 款规定："精神病人在不能辨认或者不能控制自己行为的时候造成危害结果，经法定程序鉴定确认的，不负刑事责任，但是应当责令他的家属或者监护人严加看管和医疗；在必要的时候，由政府强制医疗。"《刑事诉讼法》第 5 章规定了"依法不负刑事责任的精神病人的强制医疗程序"，其中，第 302 条规定："实施暴力行为，危害公共安全或者严重危害公民人身安全，经法定程序鉴定依法不负刑事责任的精神病人，有继续危害社会可能的，可以予以强制医疗。"根据上述规定，强制医疗，是指对于实施暴力行为，危害公共安全或者严重危害公民人身安全，经法定程序鉴定依法不负刑事责任，且有继续危害社会可能的精神病人，强制其接受医事治疗的制度。

1. 强制医疗的对象。

根据《刑事诉讼法》第 302 条的规定，强制医疗的对象为，实施暴力行为，危害公共安全或者严重危害公民人身安全，经法定程序鉴定依法不负刑事责任，而且有继续危害社会可能的精神病人。

2. 强制医疗的程序。

《刑事诉讼法》第 303 条规定："根据本章规定对精神病人强制医疗的，由人民法院决定。公安机关发现精神病人符合强制医疗条件的，应当写出强制医疗意见书，移送人民检察院。对于公安机关移送的或者在审查起诉过程中发现的精神病人符合强制医疗条件的，人民检察院应当向人民法院提出强制医疗的申请。人民法院在审理案件过程中发现被告人符合强制医疗条件的，可以作出强制医疗的决定。对实施暴力行为的精神病人，在人民法院决定强制医疗前，公安机关可以采取临时的保护性约束措施。"第 304 条规定："人民法院受理强制医疗的申请后，应当组成合议庭进行审理。人民法院审理强制医疗案件，应当通知被申请人或者被告人的法定代理人到场。被申请人或者被告人没有委托诉讼代理人的，人民法院应当通知法律援助机构指派律师为其提供法律帮助。"第 305 条规定："人民法院经审理，对于被申请人或者被告人符合强制医疗条件的，应当在一个月以内作出强制医疗的决定。被决定强制医疗的人、被害人及其法定代理人、近亲属对强制医疗决定不服的，可以向上一级人民法院申请复议。"第 307 条规定："人民检察院对强制医疗的决定和执行实行监督。"根据上述规定，强制医疗前的保护性约束措施实施主体为公安机关。强制医疗的提出主体可以是公安机关或人民检察院，决定主体为人民法院，决定期限为 1 个月。复议主体为上级人民法院，监督主体为人民检察院。

3. 强制医疗的解除。

《刑事诉讼法》第 306 条规定："强制医疗机构应当定期对被强制医疗的人进行诊断评估。对于已不具有人身危险性，不需要继续强制医疗的，应当及时提出解除意见，报决定强制医疗的人民法院批准。被强制医疗的人及其近亲属有权申请解除强制医疗。"根据这一规定，强制医疗解除的条件为，诊断评估显示被强制医疗的人已无人身危险性，不需要继续强制医疗。强制医疗解除提出主体为强制医疗机构，被强制医疗的人及其近亲属也可作为申请主体，决定主体为决定强制医疗的人民法院。

【引例评析】

1997 年《刑法》第 49 条规定，审判的时候怀孕的妇女，不适用死刑。这一规定是对 1979 年《刑法》相关规定的完全沿袭，是我国刑法对死刑适用的限制性规定，体现了少杀的政策。那么，到底如何理解"审判的时候怀孕的妇女"呢？这一理解关键在于把握那些在审判之前或者审判过程中做了人工流产之妇女是否属于怀孕的妇女。易言之，即对于孕妇是否可以在做了人工流产后适用死刑？针对司法实践中存在的这一疑问，最高人民法院早在 1983 年 9 月 20 日颁布的《关于人民法院审判严重刑事犯罪案件中具体应用法律的若干问题的答复》（现已失效）第 3 条明确指出：无论是在关押期间，或者是在法院审判的时候，对怀孕的妇女，都不应当为了要判处死刑，而给其进行人工流产；已经人工流产的，仍应视同怀孕的妇女，不适用死刑。如果人民法院在审判时发现，在羁押受审时已是孕妇的，仍应依照上述法律规定，不适用死刑。我们认为，这一司法解释是完全正确的。1991 年 3 月 18 日最高人民法院研究室颁布的《关于如何理解"审判的时候怀孕的妇女不适用死刑"问题的电话答复》中也一再强调这一点，体现了刑罚的人道主义精神，即便是现在也应得到遵循。因为人工流产只是对怀孕妇女实施的一种医疗处置措施，孕妇的身份并不会因此而改变。如果认为进行了人工流产就不再属于孕妇，那么刑法中关于审判时孕妇不适用死刑的规定也就没有任何存在的价值。所以，对于已做人工流产的妇女，应当视同审判时怀孕的妇女，而不应适用死刑。也就是说，对"审判的时候"应作广义理解。所谓审判的时候怀孕的妇女，一般是指在人民法院审判的时候被告人已怀孕，通常应该包括审判前在羁押受审时已怀孕的妇女。因此，对在羁押期间、审判之前已分娩的妇女也应当视同正在怀孕的妇女，而不能适用死刑。如此一来，对怀孕的妇女不适用死刑的时间，最终得以拘留和逮捕为界限，在拘留、逮捕之前分娩的就可以适用死刑。由此可知，本章引例中一审法院的判决是不正确的。事实上，二审法院正是基于上述考虑，才撤销一审判决，而对被告人赵某改判死缓的。

但是，二审法院的改判是否就正确呢？这就需要我们把握"不适用死刑"之内涵。我们认为，这里所谓"不适用死刑"，既包括死刑立即执行，又包括死刑缓期2年执行。因为死刑是一个刑种，而死缓只不过是死刑的执行方式而已，它并非独立的刑种，不能脱离死刑而存在。对此，早在1983年12月30日最高人民法院发布的《关于人民法院审判严重刑事犯罪案件中具体应用法律的若干问题的答复（二）》（现已失效）第19条就明确地指出：死刑缓刑2年执行是死刑中缓期执行的一种制度。《刑法》第44条规定"审判的时候怀孕的妇女，不适用死刑"，并没有同时规定如果所犯罪行情节特别严重，可以判处死刑缓期2年执行。这不同于该条对已满16周岁不满18周岁的人所犯罪行特别严重的，可以判处死缓的规定。笔者认为，对于未成年人犯罪，无论如何同样也不能判处死刑缓期2年执行，该司法解释违背了现行刑法的规定，属于越权解释，应予以撤销。因此，对于审判的时候怀孕的妇女，也不应判处死刑缓期2年执行。从中我们可以看出，不适用死缓是对不适用死刑的当然的且合乎逻辑的结论。因此，引例中虽然二审法院否定了对孕妇适用死刑立即执行，但又改判死缓，这同样是违反刑法规定的。

【本章小结】

刑罚，是刑法规定的由国家审判机关依法对犯罪分子所适用的剥夺或者限制其某种权益的最严厉的法律强制方法。刑罚体系，是指刑法所规定的并按照一定次序排列的各种刑罚方法的总和。我国的刑罚方法被区分为主刑与附加刑两大类。所谓主刑，也称基本刑、单独刑，是指只能独立适用的主要刑罚方法。我国刑法中的主刑包括管制、拘役、有期徒刑、无期徒刑和死刑。所谓附加刑，也称从刑，是指既可以独立适用，也可以附加于主刑适用的刑罚方法。我国刑法中的附加刑有罚金、剥夺政治权利、没收财产和驱逐出境四种。非刑罚处理方法是对犯罪分子所适用的刑罚之外的处理方法。

保安处分，包括针对未成年人的专门矫治教育和针对精神病人的强制医疗。

【练习题】

一、名词解释

刑罚体系　主刑　附加刑　非刑罚处理方法　从业禁止　专门矫治教育　强制医疗

二、思考题

1. 什么叫刑罚？它有何特征？
2. 如何区分刑罚与其他法律制裁方法？
3. 我国刑法中所规定的几种主刑分别具有什么样的特点？
4. 罚金刑如何执行？
5. 死刑缓期2年执行的适用条件是什么？
6. 1997年《刑法》对死刑作了哪些限制性规定？
7. 专门矫治教育和强制医疗的适用对象分别是什么？

三、案例分析题

2014年3月的一天，任某（18周岁）找到南某（16周岁）和杨某（15周岁），三个人都表示手头没有钱了，得想办法弄点钱花。正在商议的过程中，不知是谁提了一句："咱们要做就做个大的，反正咱们都是小孩，没到18岁，法律会从轻的，不能判死刑。"就这样，三人决定在附近熟悉的学校寻找一名有钱的学生作为绑架目标，杀死后再向家属勒索钱财。随后，三人先是寻找到一处偏僻的地方，选好埋尸地点，然后开始寻找作案目标。南某通过朋友认识了北京市某实验中学的一名 16 岁的女中学生晓雨，南某向任某介绍说："这小孩家里肯定有钱，她家住干部楼。"于是他们把目标锁定在晓雨的身上。2014 年 4 月 20 日晚上 8 点多，任某、南某、杨某分别携带尖刀、电线等作案工具来到实验中学门前，由南某将晓雨骗出来，任某等三被告人带着晓雨来到北京市郊区的一块拆迁地，任某拿起木棍一下子将晓雨打倒在地，被告人南某、杨某随后用电线、腰带猛勒晓雨的颈部。经法医检验，晓雨是被他人用软性物勒颈导致机械性窒息死亡。杀死晓雨后，任某、南某、杨某又叫来了被告人于某（16 周岁），他们合伙将晓雨的尸体掩埋了，并在上面压上了一块大石板，随后他们又将晓雨随身携带的物品拿到一处废弃的厕所中焚毁。第二天一早，被告人任某、南某、杨某多次拨打电话给晓雨的家人，称晓雨在他们手中，并向晓雨的家人勒索人民币 150 万元。晓雨的家人马上报了警。2014 年 4 月 22 日晚 8 时许，公安机关将任某、南某、杨某抓获。经讯问，三人对绑架的犯罪事实供认不讳，并供认于某参与犯罪。公安人员遂于 2014 年 4 月 22 日晚将被告人于某抓获。

问题：

（1）杨某的行为构成什么罪？

（2）南某和杨某最高可以判处什么刑罚？

分析要点提示：

（1）杨某由于只有 15 周岁，不符合绑架罪的犯罪主体要件，但是由于他又参与实施了杀害被害人的行为，因而可以构成故意杀人罪。

（2）南某的行为构成绑架罪，同时又由于他参与杀害被害人，本应该判处绝对确定的法定刑——死刑，但是因为他是未成年人，根据《刑法》第 49 条"犯罪的时候不满 18 周岁的人……不适用死刑"的规定，对其不能判处死刑（包括死刑缓期 2 年执行），而仅能考虑最高判处无期徒刑。需说明的是，这一点与《刑法》第 17 条第 4 款中"对依照前三款规定追究刑事责任的不满十八周岁的人，应当从轻或者减轻处罚"的规定并不冲突，对未成年人犯罪不适用死刑的原则本身就是从宽处罚原则的具体示例。对此，司法实践也表示了肯定意见。例如，2006 年 1 月 11 日最高人民法院《关于审理未成年人刑事案件具体应用法律若干问题的解释》第 13 条规定："未成年人犯罪只有罪行极其严重的，才可以适用无期徒刑。对已满十四周岁不满十六周岁的人犯罪一般不判处无期徒刑。"易言之，未成年人犯罪若是确实"罪行极其严重"，是可以判处无期徒刑的。

第十四章 刑罚裁量制度

 【本章引例】

1999年3月26日，重庆市第一中级人民法院对綦江县"虹桥"垮塌案所涉及的林某等人以受贿、玩忽职守、工程重大事故案进行公开审理。后对綦江县委原副书记林某，以受贿罪、玩忽职守罪数罪并罚判处死刑，剥夺政治权利终身，并处没收财产5万元。一审宣判后，林某不服，向重庆市高级人民法院提起上诉。重庆市高级人民法院经审理后认为，原审判决认定林某犯受贿罪、玩忽职守罪的事实清楚，证据确实充分，定罪准确，审判程序合法。林某犯罪情节特别严重，论罪应当判处死刑，但因其在二审期间，检举、揭发原綦江县委书记张某受贿线索，经查证属实，构成重大立功，依法可以从轻处罚。故以受贿罪、玩忽职守罪，改判其死刑缓期2年执行，剥夺政治权利终身，并处没收财产5万元。

【本章学习目标】

通过本章的学习，你应该能够：

1. 理解刑罚裁量的原则和各种刑罚裁量情节的适用规则；
2. 掌握累犯的概念、构成条件和处罚原则；
3. 掌握自首的概念、构成条件和处罚原则；
4. 掌握刑事和解的概念与构成条件；
5. 掌握数罪并罚的概念、原则和不同法律条件下适用数罪并罚的具体规则；
6. 掌握缓刑的概念、适用条件、法律后果。

第一节 刑罚裁量概述

一、刑罚裁量的概念

刑罚裁量，又称量刑，是指人民法院依据刑事法律，在认定行为人构成犯罪的基础上，确定对犯罪人是否判处刑罚、判处何种刑罚以及判处多重刑罚，并决定所判刑罚是否立即执行的刑事司法活动。

量刑作为一种刑事司法活动，其主要任务包括如下几方面内容。

（一）决定是否对犯罪人判处刑罚

量刑的基础是行为人的行为构成犯罪。犯罪的基本特征之一，是其应当受到刑罚处罚即具有应受刑罚惩罚性。但是，我国刑法规定有多种免除处罚的情节，对于具有某种免除处罚情节的犯罪人应当或者可以免除刑罚处罚。所以，量刑首先要解决的问题，是决定对犯罪人是否判处刑罚。

（二）决定对犯罪人判处何种刑罚和多重的刑罚

这是在决定对犯罪人应判处刑罚之后，进而要解决的量刑问题。我国刑法所规定的法定刑均为相对确定的法定刑，不仅包含较大的量刑幅度，而且相当数量的法定刑规定了两种以上主刑或者规定两种以上主刑并规定附加刑。在这种条件下，量刑活动就必须决定具体应判处的主刑刑种及其轻重程度，以及是否判处附加刑及其轻重程度。

（三）决定对犯罪人所判处的刑罚如何执行

具体包括的内容主要有：（1）决定判处的刑罚是否暂缓执行，如依据《刑法》第 72 条的规定宣告缓刑。（2）决定判处的刑罚具体执行的监管措施，如依据《刑法》第 38 条的规定宣告禁止令。（3）决定判处的刑罚具体的执行方式及相应的法律后果，如依据《刑法》第 50 条第 2 款的规定决定适用死缓限制减刑，依据《刑法》第 383 条第 4 款的规定决定适用终身监禁。（4）数个宣告刑依法合并为执行刑，即在一人犯数罪的情况下，对因数罪所判处的数个宣告刑，依照数罪并罚的原则，决定执行的刑罚。

二、刑罚裁量的原则

《刑法》第 61 条规定："对于犯罪分子决定刑罚的时候，应当根据犯罪的事实、犯罪的性质、情节和对于社会的危害程度，依照本法的有关规定判处。"据此，我国刑法中的量刑原则，可以概括为：量刑必须以犯罪事实为根据，量刑必须以刑事法律为准绳。

（一）以犯罪事实为根据的量刑原则

犯罪事实是引起刑事责任的基础，也是进而对犯罪人裁量刑罚的根据。无犯罪事实，就无刑事责任，更无所谓对犯罪人裁量刑罚的可能。所以，量刑必须以犯罪事实为根据。所谓犯罪事实，是指客观存在的犯罪的一切实际情况的总和。它既包括属于犯罪构成要件的基本事实，也包括犯罪构成要件以外的影响犯罪社会危害性程度的其他事实。它具体包括犯罪事实、犯罪性质、犯罪情节和犯罪对社会的危害程度等几方面的内容。遵守以犯罪事实为根据的原则，必须做到以下几点：

1. 查清犯罪事实。

查清犯罪事实，是认定行为人的行为构成犯罪的基础。在认定行为人的行为构成犯罪的基础上，进一步查清犯罪事实，是准确认定犯罪性质、考察犯罪情节、评判犯罪对社会危害程度的前提。

2. 确定犯罪性质。

所谓犯罪性质，是指犯了什么罪，即应确定的罪名。犯罪性质不同，反映出的社会危害性程度也有差别，因而法定刑的轻重也有所区别。所以，准确认定犯罪性质，对于正确量刑具有重要意义。

3. 考察犯罪情节。

所谓犯罪情节，是指犯罪构成基本事实以外的能够影响社会危害程度的各种具体事实情况。同一性质的犯罪，由于犯罪情节的差别，其社会危害性程度也必然有所区别，因而应受到的刑罚处罚也有轻重之分。此外，犯罪情节的差别，也能在一定程度上反映犯罪人主观恶性和人身危险性的区别。因此，审判机关在法定刑或相应的量刑幅度内裁量刑罚，必须以对犯罪人的犯罪情节进行全面考察为必要条件。

4. 判断犯罪的社会危害程度。

犯罪的社会危害程度，是指犯罪行为对社会已经造成或者可能造成的损害程度。它作为犯罪的本质特征，不仅是区别罪与非罪、重罪与轻罪的根据之一，而且是决定对犯罪人是否判处刑罚和判刑轻重的主要依据。前述的犯罪事实、犯罪性质、犯罪情节，从不同角度、不同层次上反映了犯罪的社会危害程度，因而只有在全面分析、评判犯罪事实、犯罪性质、犯罪情节的基础上，对犯罪的社会危害程度作出综合、准确的判断，才能做到量刑适当。此外，必须指出的是，国家的政治、经济形势特别是社会治安形势，对犯罪的社会危害性程度也有一定的影响。对此，在综合判断犯罪的社会危害程度时应予以注意。

除上述内容外，作为量刑的根据或者量刑时应予考虑的，还有犯罪人的某些个人情况和犯罪后的态度。因为这些情况和事实，在一定程度上反映了犯罪人的人身危险性和再犯可能性，它们在一定程度上对刑罚裁量也具有一定的影响。虽然《刑法》第 61 条未对此作出明确规定，但根据我国刑法有关规定的精神，如《刑法》第 5 条关于罪责刑相适应原则的规定，其应为量刑根据的内容之一。

（二）以刑事法律为准绳的量刑原则

量刑仅以犯罪事实为根据是不够的，因为犯罪事实作为量刑的根据，并不能保证量刑结果必然适当。

要做到量刑适当，还必须以刑法的规定为准绳。对《刑法》第61条规定的"本法"，应作广义的理解，即是指广义的刑法而不限于刑法典。量刑以刑事法律为准绳，是社会主义法治原则对量刑工作的必然要求，也是正确量刑的重要保证。贯彻这一量刑原则，必须做到以下几点：

（1）必须依照刑法关于各种刑罚方法的适用和各种刑罚裁量制度的规定进行处罚。例如，我国刑法规定了自首制度、缓刑制度、累犯制度、数罪并罚制度等各种具体的刑罚裁量制度，并对死刑等刑罚方法的适用条件作了严格的规定。所有这些规定都是量刑时必须严格遵守的。

（2）必须依照刑法关于各种量刑情节的适用原则和有关各种量刑情节的规定进行处罚。我国刑法所规定的量刑情节包括从重、从轻、减轻和免除处罚的情节。无论是从严处罚的量刑情节还是从宽处罚的量刑情节，刑法均就其适用原则、适用范围和法律效力等作出了规定。审判机关必须据此决定对犯罪人是否判处刑罚和刑罚轻重，才能保证刑罚裁量的合法性。

（3）必须依照《刑法》分则和其他分则性刑法规范规定的法定刑量刑幅度，针对具体犯罪选择判处适当的刑罚。这是依法裁量刑罚的重要内容之一，也是将法定的罪刑关系变为实在的、具体的罪刑关系必然的要求。

三、刑罚裁量情节

（一）刑罚裁量情节的概念和特征

刑罚裁量情节，又称量刑情节，是指人民法院对犯罪分子裁量刑罚时应当考虑的、据以决定量刑轻重或者免除刑罚处罚的各种情况。

刑罚裁量情节的特征主要表现为：首先，它与定罪即认定行为人的行为是否构成犯罪并无关系。其次，它能够表明犯罪人的人身危险性及其所犯罪行的社会危害程度。最后，它对刑罚裁量的结果即处刑轻重或者是否免除刑罚处罚，具有直接的影响。

（二）刑罚裁量情节的分类

根据不同的标准，可以对刑罚裁量情节作不同层次的分类。其中，以刑法是否就刑罚裁量情节及其功能作出明确规定为标准，刑罚裁量情节可分为法定情节和酌定情节。

1. 刑罚裁量的法定情节。

法定情节，是指刑法明文规定的在量刑时应当予以考虑的情节。以规定法定情节的刑法规范的性质和法定情节的适用范围为标准，法定情节又可分为总则性情节和分则性情节。总则性情节，是依照总则性刑法规范的规定对各种犯罪共同适用的情节；分则性情节，是依照分则性刑法规范的规定对特定犯罪适用的情节。法定情节有从重、从轻、减轻、免除处罚四种。《刑事诉讼法》第15条、第290条规定的从宽处理、从宽处罚，包含从轻、减轻和免除处罚之意，性质上属于程序法中的实体规范规定的情节，是法定情节中的总则性情节。

2. 刑罚裁量的酌定情节。

酌定情节，是指人民法院在审判实践中总结出来的，在刑罚裁量过程中灵活掌握、酌情适用的情节。酌定情节虽然不是刑法明文规定的，但却是根据刑事立法精神和有关刑事政策，从刑事审判实践经验中总结出来的，因而对于刑罚裁量也具有重要意义。酌定情节在刑罚裁量中的作用主要表现为：一是法定情节的适用，特别是在多功能情节的适用、量刑情节竞合时的适用，应当型情节与可以型情节并存的适用等条件下，酌定情节对于法定情节的最终适用结果起着重要的调节、修正和辅助判断的作用。二是当特定案件中不具有法定情节的条件下，酌定情节的适用，是在相对确定的法定刑中确定最终应当判处的刑罚所不可缺少的根据之一。

刑事审判实践中，常见的酌定情节主要包括犯罪的目的与动机、犯罪的手段、犯罪的时间、犯罪的地点、犯罪侵害的对象、犯罪造成的损害后果、犯罪前的一贯表现、犯罪后的态度等。

（三）刑罚裁量情节的适用

刑罚裁量情节的适用必须依法进行，因而必须正确理解法律规定的量刑情节的含义并科学地掌握其适用规则。

1. 从轻处罚情节和从重处罚情节的适用。

《刑法》第 62 条规定："犯罪分子具有本法规定的从重处罚、从轻处罚情节的，应当在法定刑的限度以内判处刑罚。"据此，从轻处罚，是指在法定刑幅度内选择判处比没有该情节的类似犯罪相对较轻的刑种或刑期；从重处罚，是指在法定刑幅度内选择判处比没有该情节的类似犯罪相对较重的刑种或刑期。对此，有必要强调以下几点：首先，"法定刑幅度"是指与特定具体犯罪相适应的法定刑限度之内具体的量刑幅度。其次，从轻处罚，不允许在法定最低刑之下判处刑罚；从重处罚，不允许在法定最高刑之上判处刑罚。最后，刑法学界某些人所主张的"中间线"论，与刑法所确定的适用规则不符，必须摒弃。

2. 减轻处罚情节的适用。

我国刑法中的减轻处罚分为法定减轻处罚（也称一般减轻处罚）和酌定减轻处罚（也称特殊减轻处罚）。《刑法》第 63 条第 1 款规定："犯罪分子具有本法规定的减轻处罚情节的，应当在法定刑以下判处刑罚；本法规定有数个量刑幅度的，应当在法定量刑幅度的下一个量刑幅度内判处刑罚。"该条第 2 款规定："犯罪分子虽然不具有本法规定的减轻处罚情节，但是根据案件的特殊情况，经最高人民法院核准，也可以在法定刑以下判处刑罚。"据此，我国刑法中减轻处罚情节的基本适用规则为：减轻处罚，必须判处低于法定最低刑的刑罚；刑法规定有数个量刑幅度的，必须在法定量刑幅度的下一个量刑幅度内判处刑罚。把握减轻处罚情节的基本适用规则，必须注意以下三方面问题：首先，"法定最低刑"，并非笼统地指特定犯罪的法定刑的最低刑，而是指与行为人所实施的特定具体犯罪相适应的具体量刑幅度的最低刑。其次，特定的具体犯罪规定有数个量刑幅度的，减轻处罚应当在法定量刑幅度的下一个量刑幅度内判处刑罚，不得低于下一个量刑幅度判处刑罚。这里需要注意，何为一个量刑幅度。根据 2012 年 5 月 30 日最高人民法院研究室《关于如何理解"在法定刑以下判处刑罚"问题的答复》，《刑法》分则中规定的"处十年以上有期徒刑、无期徒刑或者死刑"，是一个量刑幅度，而不是"十年以上有期徒刑""无期徒刑""死刑"三个量刑幅度。再次，减轻处罚既包括刑种的减轻，也包括刑期的减轻。最后，减轻处罚不能判处法定最低刑，只能在法定最低刑之下判处刑罚，否则将与从轻处罚相混淆；减轻处罚也不能减轻到免除处罚的程度，否则将与免除处罚相混淆。

除遵守减轻处罚情节的基本适用规则以外，对犯罪分子适用酌定减轻处罚，还必须符合下列条件：（1）犯罪分子不具有法定减轻处罚情节。如果犯罪分子具有法定减轻处罚情节，则不能适用《刑法》第 63 条第 2 款的规定。（2）案件具有特殊情况。（3）经最高人民法院核准。即各级人民法院适用《刑法》第 63 条第 2 款规定所作的酌定减轻处罚的判决，只有逐级上报最高人民法院核准后，才能发生法律效力。

3. 免除处罚情节的适用。

我国刑法中的免除处罚分为法定免除处罚与酌定免除处罚。法定免除处罚情节，由《刑法》总则和《刑法》分则的特定条款予以专门规定，例如，《刑法》第 24 条第 2 款规定，对于中止犯，没有造成损害的，应当免除处罚；《刑法》第 390 条第 2 款规定，行贿人在被追诉前主动交待行贿行为的，可以从轻或者减轻处罚。其中，犯罪较轻的，对侦破重大案件起关键作用的，或者有重大立功表现的，可以减轻或者免除处罚。酌定免除处罚情节，在刑法中具体体现为《刑法》第 37 条的规定，即"对于犯罪情节轻微不需要判处刑罚的，可以免予刑事处罚"。法定免除处罚情节，均体现为刑法明确规定的具体事由，在实务操作中，直接表现为对具体量刑情节的适用；而酌定免除处罚情节，则是涵括犯罪性质、犯罪情节和人身危险性在内的综合性事实情状，在实务操作中，必须经过对犯罪性质、犯罪情节和人身危险性的综合判断，才能得出是否适用的结论。无论是适用法定免除处罚，还是适用酌定免除处罚，最终的实际法律后果性质相同，既可以表现为检察机关的酌定不起诉决定，也可以表现为审判机关的定罪免刑判决。

4. 从宽处罚（从宽处理）情节的适用。

我国刑法没有规定独立的从宽处罚情节，对独立的从宽处罚情节的适用也没有直接规定，但刑法中的从轻处罚、减轻处罚和免除处罚本质上都属于从宽处罚情节。在我国刑事诉讼法中存在着独立的从宽处罚情节，包括：《刑事诉讼法》第 15 条规定，犯罪嫌疑人、被告人自愿如实供述自己的罪行，承认指控的犯罪事实，愿意接受处罚的，可以依法从宽处理。《刑事诉讼法》第290条规定，对于达成和解协议的案件，公安机关可以向人民检察院提出从宽处理的建议。人民检察院可以向人民法院提出从宽处罚的建议；对于犯罪情节轻微，不需要判处刑罚的，可以作出不起诉的决定。人民法院可以依法对被告人从宽处罚。对认罪认罚案件、刑事和解案件，应根据《刑法》关于从轻、减轻和免除处罚的规定，以及司法解释或规范性文件的规定，决定是否从宽处罚、如何从宽处罚。

5. 酌定处罚情节的适用。

正确适用酌定处罚情节，主要应注意以下几个问题：

（1）准确认定酌定情节的性质。酌定情节可以分为从宽情节和从严情节，它们对量刑结果的影响是不同的。从宽情节，是指会使犯罪人受到从宽处罚的情节，它包括从轻处罚、减轻处罚和免除处罚的情节；从严情节，是指会使犯罪人受到从严处罚的情节。我国刑法仅规定了从重处罚情节。

（2）全面把握酌定情节的内容。这就是要求客观、全面地分析、掌握可能对量刑结果产生不同影响的所有情节，从而为正确量刑奠定公正、合理的基础。

（3）合理协调酌定情节与法定情节的关系。酌定情节对于法定情节的最终适用结果具有重要的作用。因而，在同一案件中既有法定情节又有酌定情节的条件下，注意协调酌定情节与法定情节的关系，对于充分发挥酌定情节的作用，保证法定情节适用结果的准确性，是至关重要的。在法定情节与酌定情节并存的情况下，应本着法定情节优先于酌定情节的原则，决定情节的适用。

（4）公正适用酌定情节。酌定情节是在刑罚裁量过程中由法官灵活掌握、酌情适用的情节，是法官自由裁量权的重要依据之一。但是，酌定情节的这一属性，并非表明法官可以随心所欲、不受制约地决定酌定情节的取舍和适用，应当在罪责刑相适应原则和适用刑法人人平等原则的制约下，公正、合理地适用酌定情节，准确裁量刑罚。

四、刑事司法实务应遵守的量刑规则

为进一步规范量刑活动，落实宽严相济的刑事政策和认罪认罚从宽制度，增强量刑的公开性，实现量刑公正，根据刑法、刑事诉讼法和有关司法解释等规定，结合司法实践，最高人民法院、最高人民检察院制定了《关于常见犯罪的量刑指导意见（试行）》（2021年7月1日施行）（以下简称《指导意见》）。《指导意见》对量刑的指导原则、量刑的基本方法、常见量刑情节的适用和常见犯罪的量刑等作出具体、明确的规定，是公诉机关提出量刑建议、人民法院刑罚裁量必须严格遵循的基本规范。

（一）量刑的指导原则

根据《指导意见》的规定，量刑的指导原则包括：

第一，量刑应当以事实为根据，以法律为准绳，根据犯罪的事实、性质、情节和对于社会的危害程度，决定判处的刑罚。

第二，量刑既要考虑被告人所犯罪行的轻重，又要考虑被告人应负刑事责任的大小，做到罪责刑相适应，实现惩罚和预防犯罪的目的。

第三，量刑应当贯彻宽严相济的刑事政策，做到该宽则宽，当严则严，宽严相济，罚当其罪，确保裁判政治效果、法律效果和社会效果的统一。

第四，量刑要客观、全面把握不同时期不同地区的经济社会发展和治安形势的变化，确保刑法任务的实现；对于同一地区同一时期案情相似的案件，所判处的刑罚应当基本均衡。

（二）量刑的基本方法

根据《指导意见》的规定，量刑时，应当以定性分析为主，定量分析为辅，依次确定量刑起点、基准刑和宣告刑。

1. 量刑步骤。

（1）根据基本犯罪构成事实在相应的法定刑幅度内确定量刑起点。

（2）根据其他影响犯罪构成的犯罪数额、犯罪次数、犯罪后果等犯罪事实，在量刑起点的基础上增加刑罚量确定基准刑。

（3）根据量刑情节调节基准刑，并综合考虑全案情况，依法确定宣告刑。

2. 调节基准刑的方法。

（1）具有单个量刑情节的，根据量刑情节的调节比例直接调节基准刑。

（2）具有多个量刑情节的，一般根据各个量刑情节的调节比例，采用同向相加、逆向相减的方法调节基准刑；具有未成年人犯罪、老年人犯罪、限制行为能力的精神病人犯罪、又聋又哑的人或者盲人犯罪，防卫过当、避险过当、犯罪预备、犯罪未遂、犯罪中止、从犯、胁从犯和教唆犯等量刑情节的，先适用该量刑情节对基准刑进行调节，在此基础上，再适用其他量刑情节进行调节。

（3）被告人犯数罪，同时具有适用于个罪的立功、累犯等量刑情节的，先适用该量刑情节调节个罪的基准刑，确定个罪所应判处的刑罚，再依法实行数罪并罚，决定执行的刑罚。

3. 确定宣告刑的方法。

（1）量刑情节对基准刑的调节结果在法定刑幅度内，且罪责刑相适应的，可以直接确定为宣告刑；具有应当减轻处罚情节的，应当依法在法定最低刑以下确定宣告刑。

（2）量刑情节对基准刑的调节结果在法定最低刑以下，具有法定减轻处罚情节，且罪责刑相适应的，可以直接确定为宣告刑；只有从轻处罚情节的，可以依法确定法定最低刑为宣告刑；但是根据案件的特殊情况，经最高人民法院核准，也可以在法定刑以下判处刑罚。

（3）量刑情节对基准刑的调节结果在法定最高刑以上的，可以依法确定法定最高刑为宣告刑。

（4）综合考虑全案情况，独任审判员或合议庭可以在20%的幅度内对调节结果进行调整，确定宣告刑。当调节后的结果仍不符合罪责刑相适应原则的，应当提交审判委员会讨论，依法确定宣告刑。

（5）综合全案犯罪事实和量刑情节，依法应当判处无期徒刑以上刑罚、拘役、管制或者单处附加刑、缓刑、免予刑事处罚的，应当依法适用。

除以上规则外，《指导意见》规定，判处罚金刑，应当以犯罪情节为根据，并综合考虑被告人缴纳罚金的能力，依法决定罚金数额；适用缓刑，应当综合考虑被告人的犯罪情节、悔罪表现、再犯罪的危险以及宣告缓刑对所居住社区的影响，依法作出决定。

（三）常见量刑情节的适用

《指导意见》规定，量刑时应当充分考虑各种法定和酌定量刑情节，根据案件的全部犯罪事实以及量刑情节的不同情形，依法确定量刑情节的适用及调节比例。对黑恶势力犯罪、严重暴力犯罪、毒品犯罪、性侵未成年人犯罪等危害严重的犯罪，在确定从宽的幅度时，应当从严掌握；对犯罪情节较轻的犯罪，应当充分体现从宽。具体确定各个量刑情节的调节比例时，应当综合平衡调节幅度与实际增减刑罚量的关系，确保罪责刑相适应。常见量刑情节的适用，关键是对具体量刑情节适用规则和调节比例的把握。《指导意见》对常见量刑情节适用的基本规则和调节比例，作出了明确规定。例如，对于自首情节，综合考虑自首的动机、时间、方式、罪行轻重、如实供述罪行的程度以及悔罪表现等情况，可以减少基准刑的40%以下；犯罪较轻的，可以减少基准刑的40%以上或者依法免除处罚。恶意利用自首规避法律制裁等不足以从宽处罚的除外。再如，对于积极赔偿被害人经济损失并取得谅解的，综合考虑犯罪性质、赔偿数额、赔偿能力以及认罪悔罪表现等情况，可以减少基准刑的40%以下；积极赔偿但没有取得谅解的，可以减少基准刑的30%以下；尽管没有赔偿，但取得谅解的，可以减少基准刑的20%以下。对抢劫、强奸等严重危害社会治安犯罪的，应当从严掌握。

参考案例 14-1

被告人郑某（案发时已满15周岁）系某中学初中二年级学生。某年3月31日下午，郑某与同学在学校后面的菜地里玩耍时，遭到曾是该校学生的蔡某等人的殴打和抢劫。报案后，蔡某等人先后被抓，蔡某被判处有期徒刑6个月，缓刑1年。同年12月23日，蔡某找其同学曾某，请他帮忙找人打郑某。曾某同意后，便请同学文某、常某、邵某等人帮忙打架。12月24日下午，曾某、文某、常某、邵某等人来到郑某就读的学校，对郑某进行殴打。郑某将此事告诉了学校老师和家人。12月25日下午，曾某、常某、邵某又来到郑某就读的学校，欲找郑某滋事，被前来接郑某回家的姐夫徐某发现，徐某将邵某扭送到公安机关。文某得知邵某被郑某家人扭送到公安机关的事情后，当晚 8 时许，赶到郑某就读的学校的大门口，等郑某放学后，二人在学校大门外发生争吵并扭打在一起。徐某赶到后，欲将文某扭送到公安机关。文某想逃走，被郑某追上，双方又扭打在一起。在互殴中，郑某掏出随身携带的水果刀朝文某的胸部、腰部刺了两刀。文某受伤后，跑了一百余米后倒地。郑某家人随即打 120 叫救护车，将文某送往医院抢救。文某于当晚 9 时因失血性休克死亡。案发当晚，在家长的陪同下，郑某到公安机关投案自首。法院经审理后作出如下判决：被告人郑某犯故意伤害罪，判处有期徒刑 8 年；被告人的法定监护人赔偿被害人的父母经济损失 5 万余元。

此案件具有如下量刑情节：未成年人，自首，犯罪前一贯表现较好，犯罪后及时抢救被害人，被害人存在过错。其中，未成年人和自首是法定情节；犯罪前一贯表现较好、犯罪后及时抢救被害人、被害人存在过错是酌定情节。首先，根据《刑法》第 234 条第 2 款的规定，故意伤害致人死亡的，处 10 年以上有期徒刑、无期徒刑或者死刑。综合考察被告人郑某的基本犯罪事实，其量刑幅度应为 10 年以上有期徒刑、无期徒刑或者死刑。其次，根据《刑法》第 49 条的规定，犯罪的时候不满 18 周岁的人，不适用死刑。因此，被告人郑某的量刑幅度就变更为 10 年以上有期徒刑、无期徒刑。又次，被告人郑某的罪行尚未达到适用无期徒刑的社会危害程度，本着挽救、教育的方针，可对被告人郑某排除无期徒刑的适用，量刑幅度再次变更为 10 年以上有期徒刑。再次，根据《刑法》第 67 条第 1 款的规定，对于自首的犯罪分子，可以从轻或者减轻处罚；其中，犯罪较轻的，可以免除处罚。被告人郑某罪行较重，排除免除处罚的适用，可以考虑减轻或从轻处罚，将其基本刑确定为 9～10 年有期徒刑。最后，考虑郑某犯罪前一贯表现较好、犯罪后及时抢救被害人、被害人存在过错等酌定情节，可以判处 8 年有期徒刑。因此，人民法院的判决定性准确，量刑适当。

第二节　累　犯

一、累犯的概念和构成条件

所谓累犯，是指被判处一定刑罚处罚的犯罪分子，在刑罚执行完毕或者赦免以后，在法定期限内又犯一定之罪的情况。我国刑法规定的累犯，分为一般累犯和特别累犯两种，其构成条件各异。

（一）一般累犯的概念和构成条件

根据《刑法》第 65 条的规定，一般累犯，是指被判处有期徒刑以上刑罚的犯罪分子，刑罚执行完毕或者赦免以后，在 5 年内再犯应当判处有期徒刑以上刑罚之罪的情况，但是过失犯罪和不满 18 周岁的人犯罪的除外。下面介绍一般累犯的构成条件。

1. 前罪与后罪都是故意犯罪。

此为构成累犯的主观条件。如果行为人实施的前罪与后罪均为过失犯罪，或者前罪与后罪之一是过失犯罪，都不能构成累犯。我国刑法将过失犯罪排除在累犯之外，对累犯的主观构成条件作了严格的限制，在一定程度上表明故意犯罪是刑事制裁的重点。

2. 犯罪分子在犯前罪和后罪时都是年满 18 周岁的人。

此为构成累犯的主体条件。如果犯前罪时不满 18 周岁，即便在已满 18 周岁以后犯后罪的，也不构成累犯。这主要是考虑到对犯罪的未成年人应该坚持以教育挽救为主的方针，为其接受教育改造、归复社会生活提供条件。

3. 前罪被判处有期徒刑以上刑罚，后罪应当被判处有期徒刑以上刑罚。

此为构成累犯的刑度条件。也就是说，构成累犯的前罪被判处的刑罚和后罪应当判处的刑罚均须为有期徒刑以上的刑罚。如果前罪所判处的刑罚和后罪应当判处的刑罚均低于有期徒刑，或者其中之一低于有期徒刑，均不构成累犯。其中，所谓被判处有期徒刑以上刑罚，是指人民法院最后确定的宣告刑是有期徒刑以上刑罚，包括被判处有期徒刑、无期徒刑和死刑缓期执行。所谓应当判处有期徒刑以上刑罚，是指所犯后罪根据其事实和法律规定实际上应当判处有期徒刑以上刑罚，包括实际上应当判处有期徒刑、无期徒刑和死刑，而不是指该罪的法定刑含有有期徒刑。构成累犯的刑度条件表明，犯罪人实施的前罪和后罪必须是较为严重的犯罪。

4. 后罪发生在前罪的刑罚执行完毕或者赦免以后 5 年之内。

这是构成累犯的时间条件。理解"刑罚执行完毕"，需要注意几点：

（1）最高人民检察院《关于认定累犯如何确定刑罚执行完毕以后"五年以内"起始日期的批复》（高检发释字〔2018〕2 号，自 2018 年 12 月 30 日起施行）规定："刑法第六十五条第一款规定的'刑罚执行完毕'，是指刑罚执行到期应予释放之日。认定累犯，确定刑罚执行完毕以后'五年以内'的起始日期，应当从刑满释放之日起计算。"

（2）刑罚执行完毕，是指主刑执行完毕，不包括附加刑在内。主刑执行完毕后 5 年内又犯罪，即使附加刑未执行完毕，仍构成累犯。

（3）刑罚执行完毕，是指有期徒刑以上刑罚执行完毕，换言之，即使管制尚未执行完毕，也不影响累犯的起算时间。①

所谓赦免，是指特赦减免。若后罪发生在前罪的刑罚执行期间，则不构成累犯，而应适用数罪并罚；若后罪发生在前罪的刑罚执行完毕或者赦免 5 年以后，也不构成累犯。

被假释的犯罪分子，如果在假释考验期内又犯新罪，不构成累犯，而应在撤销假释之后，适用数罪并罚。如果在假释考验期满 5 年以内又犯新罪，则构成累犯。因为假释考验期满，就认为原判刑罚已经执行完毕。被假释的犯罪分子，如果在假释考验期满 5 年以后犯罪，则不构成累犯。

被判处有期徒刑宣告缓刑的犯罪分子，如果在缓刑考验期满后又犯罪，不构成累犯。因为缓刑是附条件的不执行刑罚，考验期满后，原判的刑罚就不再执行，而不是刑罚已经执行完毕，不符合累犯构成条件。最高人民法院、最高人民检察院《关于缓刑犯在考验期满后五年内再犯应当判处有期徒刑以上刑罚之罪应否认定为累犯问题的批复》（自 2020 年 1 月 20 日起施行）明确规定："被判处有期徒刑宣告缓刑的犯罪分子，在缓刑考验期满后五年内再犯应当判处有期徒刑以上刑罚之罪的，因前罪判处的有期徒刑并未执行，不具备刑法第六十五条规定的'刑罚执行完毕'的要件，故不应认定为累犯，但可作为对新罪确定刑罚的酌定从重情节予以考虑。"被判处有期徒刑宣告缓刑的犯罪分子，如果在缓刑考验期内又犯新罪，同样不构成累犯，而应当在撤销缓刑之后，适用数罪并罚。

至于前罪已受外国刑罚处罚，能否作为构成累犯的条件的问题，我国刑法未作明确规定。我们认为，对此问题，不可一概而论，应作具体分析并视情况区别对待。若行为人在国外实施的行为，并未触犯我国刑法，虽然经过外国审判并执行刑罚，也不能作为构成累犯的条件；若行为人受外国刑罚处罚并执行刑罚之罪，依照我国刑法规定也应当负刑事责任，我们可以承认其已受过刑罚执行，如其被判处并执行的刑罚为有期徒刑以上，即可作为构成累犯的条件。

根据 1997 年 9 月 25 日最高人民法院《关于适用刑法时间效力规定若干问题的解释》第 3 条的规定，前罪判处的刑罚已经执行完毕或者赦免，在 1997 年 9 月 30 日以前又犯应当判处有期徒刑以上刑罚之罪，是否构成累犯，适用 1979 年《刑法》第 61 条的规定；1997 年 10 月 1 日以后又犯应当判处有期徒刑以上刑罚之罪的，是否构成累犯，适用 1997 年《刑法》第 65 条的规定。根据 2011 年 4 月 25 日最高人民法院《关于〈中华人民共和国刑法修正案（八）〉时间效力问题的解释》第 3 条的规定，被判处有期徒刑以上刑罚，刑罚执行完毕或者赦免以后，在 2011 年 4 月 30 日以前再犯应当判处有期徒刑以上刑罚之罪的，是否构成累犯，适用修正前《刑法》第 65 条的规定；但是，前罪实施时不满 18 周岁的，是否构成累犯，适用修正后《刑法》第 65 条的规定。

5. 前后两罪非均为危害国家安全犯罪、恐怖活动犯罪、黑社会性质的组织犯罪。

此为构成累犯的罪质条件。这是一般累犯与特别累犯的区别所在，即如果前后两罪均为危害国家安

---

① 王爱立. 中华人民共和国刑法条文说明、立法理由及相关规定. 北京：北京大学出版社，2021：64-65.

全犯罪、恐怖活动犯罪、黑社会性质的组织犯罪，则不能以一般累犯论处，而构成特别累犯。

参考案例 14-2

被告人曹某 1990 年因犯盗窃罪被判处有期徒刑 4 年 6 个月，1994 年 5 月 2 日刑满释放。1998 年 7 月 28 日，曹某再次盗窃作案，窃得财物价值人民币 1.47 万余元。某人民法院经审理后认为，被告人曹某的行为构成盗窃罪，且系累犯，应当从重处罚，判处有期徒刑 7 年。1997 年 9 月 25 日最高人民法院《关于适用刑法时间效力规定若干问题的解释》第 3 条规定：前罪判处的刑罚已经执行完毕或者赦免，在 1997 年 10 月 1 日以后又犯应当判处有期徒刑以上刑罚之罪的，是否构成累犯，适用《刑法》第 65 条的规定。本案被告人曹某所犯后罪发生于 1998 年，依上述司法解释精神，应当适用现行《刑法》第 65 条的规定。被告人曹某所犯前罪和后罪都是故意犯罪；前罪被判处有期徒刑刑罚，后罪也应当被判处有期徒刑以上刑罚；后罪发生于前罪刑罚执行完毕以后 5 年以内，具备《刑法》第 65 条规定的构成累犯的主观条件、刑度条件和时间条件。因此，曹某构成累犯。

（二）特别累犯的概念和构成条件

根据《刑法》第 66 条的规定，特别累犯，是指危害国家安全犯罪、恐怖活动犯罪、黑社会性质的组织犯罪的犯罪分子，在刑罚执行完毕或者赦免以后，在任何时候再犯上述任一类罪的情况。我国刑法所规定的特别累犯，体现了较之于一般累犯更加从严惩处的精神。这突出地表现在其有别于一般累犯的构成条件之中：

1. 前罪与后罪必须均为危害国家安全犯罪、恐怖活动犯罪、黑社会性质的组织犯罪。

如果行为人实施的前后两罪都不是危害国家安全犯罪、恐怖活动犯罪、黑社会性质的组织犯罪，或者其中之一不是危害国家安全犯罪、恐怖活动犯罪、黑社会性质的组织犯罪，就不能构成特别累犯。至于是否能够构成一般累犯，则应当根据一般累犯的构成条件加以认定。需要注意的是，特别累犯的前罪可以是危害国家安全犯罪、恐怖活动犯罪、黑社会性质的组织犯罪中的任何一类罪，后罪也可以是这三类犯罪中的任何一类罪，即特别累犯的前罪与后罪必须是危害国家安全犯罪、恐怖活动犯罪、黑社会性质的组织犯罪三类犯罪之一。

2. 前罪被判处的刑罚和后罪应判处的刑罚的种类及其轻重不受限制。

即使前后两罪或者其中之一被判处或者应当判处管制、拘役或者单处某种附加刑，也不影响危害国家安全犯罪、恐怖活动犯罪、黑社会性质的组织犯罪的特别累犯的成立。

3. 前罪的刑罚执行完毕或者赦免以后多长时间内再犯后罪不受限制。

即危害国家安全犯罪、恐怖活动犯罪、黑社会性质的组织犯罪的犯罪分子，在前罪的刑罚执行完毕或者赦免以后任何时候再犯上述任一类罪，都构成特别累犯。

根据 2011 年 4 月 25 日最高人民法院《关于〈中华人民共和国刑法修正案（八）〉时间效力问题的解释》第 3 条的规定，曾犯危害国家安全犯罪，刑罚执行完毕或者赦免以后，在 2011 年 4 月 30 日以前再犯危害国家安全犯罪的，是否构成累犯，适用修正前《刑法》第 66 条的规定。曾被判处有期徒刑以上刑罚，或者曾犯危害国家安全犯罪、恐怖活动犯罪、黑社会性质的组织犯罪，在 2011 年 5 月 1 日以后再犯罪的，是否构成累犯，适用修正后《刑法》第 65 条、第 66 条的规定。

二、累犯的刑事责任

累犯不仅具有比初犯更深的主观恶性和更大的人身危险性，而且其所实施的犯罪行为具有更为严重的社会危害性。所以，依据罪责刑相适应原则和刑罚个别化原则，对于累犯应当从严惩处。《刑法》第 65 条规定了对累犯应当从重处罚的原则。据此，对累犯裁量刑罚，应注意把握以下几方面的问题：

（1）对于累犯必须从重处罚。无论是具备一般累犯的构成条件，还是具备特别累犯的构成条件，都必须对其在法定刑的限度以内，判处相对较重的刑罚，即适用较重的刑种或较长的刑期。

（2）对于累犯应当比照不构成累犯的初犯从重处罚。对于累犯的从重处罚，并不是无原则的、无限制的从重处罚，而应以不构成累犯的初犯为从重处罚的参照标准。虽然我国刑法对此并未作出明文规定，但我们认为，基于刑法设置累犯制度的宗旨和基本精神，这本应是对于累犯采用从重处罚原则，以解决其刑事责任所须遵循的基本立法精神。

（3）对于累犯从重处罚，必须根据其所实施的犯罪行为的性质、情节和社会危害程度，确定具体应判处的刑罚，而不是毫无事实根据地对累犯一律判处法定最高刑。

第三节　自首、坦白和立功

一、自首
（一）自首的概念和构成条件

自首，是指犯罪分子犯罪以后自动投案，如实供述自己罪行的行为，或者被采取强制措施的犯罪嫌疑人、被告人和正在服刑的罪犯，如实供述司法机关还未掌握的本人其他罪行的行为。我国刑法规定的自首制度，是以宽严相济的刑事政策为根据的一种刑罚裁量制度。根据《刑法》第67条的规定，自首分为一般自首和特别自首两种。其中，一般自首，是指犯罪分子犯罪以后自动投案，如实供述自己罪行的行为；特别自首，亦称准自首，是指被采取强制措施的犯罪嫌疑人、被告人和正在服刑的罪犯，如实供述司法机关还未掌握的本人其他罪行的行为。

1. 一般自首的成立条件。

根据《刑法》第67条第1款的规定，成立一般自首必须具备自动投案和如实供述自己的罪行两个条件。

（1）自动投案。

所谓自动投案，是指犯罪分子在犯罪之后、归案之前，出于本人的意志而向有关机关或个人承认自己实施了犯罪，并自愿置于有关机关或个人的控制之下，等待进一步交代犯罪事实，并最终接受国家的审查和裁判的行为。对此，可从以下几个方面加以把握：

第一，投案行为必须发生在犯罪人尚未归案之前。这是对自动投案的时间限定。根据1998年4月17日最高人民法院《关于处理自首和立功具体应用法律若干问题的解释》第1条的规定，自动投案，是指犯罪事实或者犯罪嫌疑人未被司法机关发觉，或者虽被发觉，但犯罪嫌疑人尚未受到讯问、未被采取强制措施时，主动、直接向公安机关、人民检察院或者人民法院投案。此外，犯罪嫌疑人因病、伤或者为了减轻犯罪后果，委托他人先代为投案，或者先以函电投案的；罪行尚未被司法机关发觉，仅因形迹可疑，被有关组织或者司法机关盘问、教育后，主动交代自己的罪行的；犯罪后逃跑，在被通缉、追捕过程中，主动投案的；经查实确已准备去投案，或者正在投案途中，被公安机关捕获的，应当视为自动投案。

第二，必须是基于犯罪分子本人的意志自动归案。这是认定自动投案是否成立的关键条件。即犯罪分子的归案，并不是违背犯罪分子本意的原因所造成的。把握犯罪分子归案行为的自动性，必须注意自动投案的动机是多种多样的，有的出于真诚悔罪，有的慑于法律的威严，有的为了争取宽大处理，有的潜逃在外生活无着，有的经亲友规劝而醒悟，等等。但不同的动机，并不影响归案行为的自动性。根据1998年4月17日最高人民法院《关于处理自首和立功具体应用法律若干问题的解释》第1条的规定，并非出于犯罪嫌疑人主动，而是经亲友规劝、陪同投案的；公安机关通知犯罪嫌疑人的亲友，或者亲友主动报案后，将犯罪嫌疑人送去投案的，也应视为自动投案。

第三，必须向有关机关或者个人承认自己实施了特定犯罪。此为自动投案的对象和具体性条件。对此须从两方面加以把握：其一，自动投案，一般要求犯罪分子本人直接向公安机关、检察机关或者审判机关投案。对于犯罪分子向其所在单位、城乡基层组织或者其他有关负责人投案的，也应视为投案。其二，投案之后必须向有关机关、单位、组织和个人承认自己所犯特定之罪。即不能仅空泛地承认犯罪，而是必须承认自己实施了特定犯罪或承认某一特定犯罪系自己所为。

第四，必须自愿置于有关机关或个人的控制之下，等待进一步交代犯罪事实，接受国家司法机关的审查和裁判。此为自动投案的基本构成要素，也是自首成立的其他条件的前提。所谓审查，主要是指公安机关、检察机关和人民法院针对刑事案件而进行的审理、查证等诉讼活动。所谓裁判，是指人民法院在审查的基础上对犯罪人定罪量刑所作的判决裁定。犯罪分子自动投案后，必须听候、接受司法机关的侦查、起诉和审判，不能逃避，才能最终成立自首。根据1998年4月17日最高人民法院《关于处理自首和立功具体应用法律若干问题的解释》第1条的规定，犯罪嫌疑人自动投案后又逃跑的，不能认定为自首。在认定自动投案的这一重要内容时，需要注意两方面的问题：其一，犯罪分子自动投案并如实供述罪行后，为自己进行辩护，或者提出上诉，或者补充或更正某些事实，这都是法律赋予被告人的权利，应当允许，不能视为拒不接受国家审查和裁判。其二，在司法实践中，有的犯罪人匿名将赃物送回司法机关或原主处，或者用电话、书信等方式匿名向司法机关报案或指出赃物所在。此类行为并没有将自身置于司法机关的控制之下，没有接受国家审查和裁判的诚意，因而不能成立自首。但这种主动交出赃物的行为，是悔罪的表现之一，处理时可以考虑适当从宽。

认定自动投案，关键在于判断犯罪嫌疑人投案的主动性和自愿性，根据2010年12月22日最高人民法院《关于处理自首和立功若干具体问题的意见》的规定，犯罪嫌疑人具有以下情形之一的，也应当视为自动投案：1）犯罪后主动报案，虽未表明自己是作案人，但没有逃离现场，在司法机关询问时交代自己罪行的；2）明知他人报案而在现场等待，抓捕时无拒捕行为，供认犯罪事实的；3）在司法机关未确定犯罪嫌疑人，尚在一般性排查询问时主动交代自己罪行的；4）因特定违法行为被采取劳动教养、行政拘留、司法拘留、强制隔离戒毒等行政、司法强制措施期间，主动向执行机关交代尚未被掌握的犯罪行为的；5）其他符合立法本意，应当视为自动投案的情形。罪行未被有关部门、司法机关发觉，仅因形迹可疑被盘问、教育后，主动交代了犯罪事实的，应当视为自动投案，但有关部门、司法机关在其身上、随身携带的物品、驾乘的交通工具等处发现与犯罪有关的物品的，不能认定为自动投案。交通肇事后保护现场、抢救伤者，并向公安机关报告的，应认定为自动投案，构成自首的，因上述行为同时系犯罪嫌疑人的法定义务，对其是否从宽、从宽幅度要适当从严掌握。交通肇事逃逸后自动投案，如实供述自己罪行的，应认定为自首，但应依法以较重法定刑为基准，视情决定对其是否从宽处罚以及从宽处罚的幅度。犯罪嫌疑人被亲友采用捆绑等手段送到司法机关，或者在亲友带领侦查人员前来抓捕时无拒捕行为，并如实供认犯罪事实的，虽然不能认定为自动投案，但可以参照法律对自首的有关规定酌情从轻处罚。

（2）如实供述自己的罪行。

如实供述自己的罪行，是自首成立的基本条件。把握自首成立的这一条件，应注意以下几个方面的问题：

第一，投案人所供述的必须是犯罪事实。投案人因法律认识错误而交代违法行为或违反道德规范行为的事实，不构成自首。

第二，投案人所供述的必须是自己的犯罪事实。投案人所供述的犯罪，既可以是投案人单独实施的，也可以是与他人共同实施的；既可以是一罪，也可以是数罪。根据1998年4月17日最高人民法院《关于处理自首和立功具体应用法律若干问题的解释》第1条的规定，犯有数罪的犯罪嫌疑人仅如实供述所犯数罪中部分犯罪的，只对如实供述部分犯罪的行为，认定为自首。共同犯罪案件中的犯罪嫌疑人，除如实供述自己的罪行外，还应当供述所知的同案犯，主犯则应当供述所知其他同案犯的共同犯罪事实，才能认定为自首。

第三，投案人必须如实供述所犯罪行。根据1998年4月17日最高人民法院《关于处理自首和立功具体应用法律若干问题的解释》第1条的规定，如实供述自己的罪行，是指犯罪嫌疑人自动投案后，如实交代自己的主要犯罪事实。如果犯罪人在供述犯罪的过程中推诿罪责，保全自己，意图逃避制裁；大包大揽，庇护同伙，意图包揽罪责；歪曲罪质，隐瞒情节，企图蒙混过关；掩盖真相，避重就轻，企图减轻罪责等，均属不如实供述自己的犯罪事实，不能成立自首。根据1998年4月17日最高人民法院《关于处理自首和立功具体应用法律若干问题的解释》第1条的规定，犯罪嫌疑人自动投案并如实供述自己的罪行后又翻供的，不能认定为自首；但在一审判决前又能如实供述的，应当认定为自首。此外，根据2004年3月26日最高人民法院《关于被告人对行为性质的辩解是否影响自首成立问题的批复》的规定，被告人对行为性质的辩解不影响自首的成立。

关于"如实供述自己的罪行"的具体认定，根据 2010 年 12 月 22 日最高人民法院《关于处理自首和立功若干具体问题的意见》的规定，犯罪嫌疑人如实供述自己的罪行，除供述自己的主要犯罪事实外，还应包括姓名、年龄、职业、住址、前科等情况。犯罪嫌疑人供述的身份等情况与真实情况虽有差别，但不影响定罪量刑的，应认定为如实供述自己的罪行。犯罪嫌疑人自动投案后隐瞒自己的真实身份等情况，影响对其定罪量刑的，不能认定为如实供述自己的罪行。犯罪嫌疑人多次实施同种罪行的，应当综合考虑已交代的犯罪事实与未交代的犯罪事实的危害程度，决定是否认定为如实供述主要犯罪事实。虽然投案后没有交代全部犯罪事实，但如实交代的犯罪情节重于未交代的犯罪情节，或者如实交代的犯罪数额多于未交代的犯罪数额，一般应认定为如实供述自己的主要犯罪事实。无法区分已交代的与未交代的犯罪情节的严重程度，或者已交代的犯罪数额与未交代的犯罪数额相当，一般不认定为如实供述自己的主要犯罪事实。犯罪嫌疑人自动投案时虽然没有交代自己的主要犯罪事实，但在司法机关掌握其主要犯罪事实之前主动交代的，应认定为如实供述自己的罪行。

2. 特别自首的成立条件。

根据《刑法》第 67 条第 2 款的规定，成立特别自首，应当具备以下两个条件：

（1）成立特别自首的主体必须是被采取强制措施的犯罪嫌疑人、被告人和正在服刑的罪犯。这是成立特别自首的前提条件。所谓强制措施，是指我国刑事诉讼法规定的拘传、拘留、取保候审、监视居住和逮捕。所谓正在服刑的罪犯，是指已经人民法院判决、正在执行所判刑罚的罪犯。

（2）必须如实供述司法机关还未掌握的本人其他罪行。这是成立特别自首的关键性条件。对此，应特别注意把握以下几点：

第一，所供述的必须是司法机关还未掌握的罪行，即司法机关不了解的犯罪事实。关于"司法机关还未掌握的本人其他罪行"的具体认定，根据 2010 年 12 月 22 日最高人民法院《关于处理自首和立功若干具体问题的意见》的规定，犯罪嫌疑人、被告人在被采取强制措施期间，向司法机关主动如实供述本人的其他罪行，该罪行能否认定为司法机关已掌握，应根据不同情形区别对待。如果该罪行已被通缉，一般应以该司法机关是否在通缉令发布范围内作出判断，不在通缉令发布范围内的，应认定为还未掌握，在通缉令发布范围内的，应视为已掌握；如果该罪行已被录入全国公安信息网络在逃人员信息数据库，应视为已掌握。如果该罪行未被通缉、也未被录入全国公安信息网络在逃人员信息数据库，应以该司法机关是否已实际掌握该罪行为标准。

第二，所供述的必须是除司法机关已掌握的罪行以外的其他罪行，即必须供述与司法机关已经掌握的罪行在性质或者罪名上不同或者相同的一定罪行。

第三，所供述的必须是本人的罪行，即必须供述犯罪人本人实施的犯罪事实。

第四，所供述的罪行与司法机关已掌握的罪行在罪名上是否一致，其法律后果有所不同。根据 1998 年 4 月 17 日最高人民法院《关于处理自首和立功具体应用法律若干问题的解释》第 2 条和第 4 条的规定，被采取强制措施的犯罪嫌疑人、被告人和正在服刑的罪犯，如实供述司法机关还未掌握的本人其他罪行的法律后果，分为两种：一是被采取强制措施的犯罪嫌疑人、被告人和已宣判的罪犯，如实供述司法机关尚未掌握的罪行，与司法机关已掌握的或者判决确定的罪行属不同种罪行的，以自首论。二是被采取强制措施的犯罪嫌疑人、被告人和已宣判的罪犯，如实供述司法机关尚未掌握的罪行，与司法机关已掌握的或者判决确定的罪行属同种罪行的，可以酌情从轻处罚；如实供述的同种罪行较重的，一般应当从轻处罚。关于"不同种罪行"的具体认定，根据 2010 年 12 月 22 日最高人民法院《关于处理自首和立功若干具体问题的意见》，犯罪嫌疑人、被告人在被采取强制措施期间如实供述本人其他罪行，该罪行与司法机关已掌握的罪行属同种罪行还是不同种罪行，一般应以罪名区分。虽然如实供述的其他罪行的罪名与司法机关已掌握犯罪的罪名不同，但如实供述的其他犯罪与司法机关已掌握的犯罪属选择性罪名或者在法律、事实上密切关联，如因受贿被采取强制措施后，又交代因受贿为他人谋取利益行为，构成滥用职权罪的，应认定为同种罪行。

判断犯罪人如实供述所犯罪行的行为是否构成特别自首，除上述两个必备条件以外，还应特别注意的是，根据1997年9月25日最高人民法院《关于适用刑法时间效力规定若干问题的解释》第4条的规定，1997年9月30日以前被采取强制措施的犯罪嫌疑人、被告人或者1997年9月30日以前犯罪，1997年10月1日以后仍在服刑的罪犯，如实供述司法机关还未掌握的本人其他罪行的，适用《刑法》第67条第2款的规定。

（二）自首的法律后果

我国《刑法》第67条第1款规定："对于自首的犯罪分子，可以从轻或者减轻处罚。其中，犯罪较轻的，可以免除处罚。"根据1998年4月17日最高人民法院《关于处理自首和立功具体应用法律若干问题的解释》第3条的规定，对于自首犯适用该规定，具体确定从轻、减轻还是免除处罚，应当根据犯罪轻重，并考虑自首的具体情节。据此，对于自首犯应分别以下不同情况予以从宽处罚：（1）对于自首的犯罪分子，无论罪行轻重，均可以从轻处罚或者减轻处罚。但对于极少数罪行极其严重的犯罪分子，也可以不从轻或者减轻处罚。（2）对于犯罪较轻的自首的犯罪分子，不仅可以从轻处罚或者减轻处罚，而且可以免除处罚。

至于犯罪的轻重，应当根据犯罪的事实、性质、情节和对于社会的危害程度予以综合评判。而自首的具体情节，则应综合考虑投案时间、投案动机、投案的客观条件、交代罪行的程度等多种因素，得出判定结论。

要注意的是，《刑法修正案（八）》删去了第68条第2款"犯罪后自首又有重大立功表现的，应当减轻或者免除处罚"之规定，这主要是为了避免同一案件中不同犯罪分子刑罚悬殊，特别是个别主犯有自首和重大立功情节，其刑罚明显轻于其他主犯，甚至轻于从犯的不公正情况。但根据2011年4月20日最高人民法院《关于〈中华人民共和国刑法修正案（八）〉时间效力问题的解释》第5条，2011年4月30日以前犯罪，犯罪后自首又有重大立功表现的，适用修正前《刑法》第68条第2款的规定，即应当减轻或者免除处罚。

参考案例 14-3

2004年5月1日，因为母亲生病，胡某带女儿回娘家帮母亲收割油菜，胡某的丈夫刘某也跟着一块去。吃过午饭后，刘某将胡某及女儿支出家门，无耻地向其岳母提出发生性关系的要求（2003年4月23日，在自己家中，刘某曾强行奸淫来看望女儿的岳母），遭到了岳母的痛斥。刘某便掏出匕首，威逼岳母脱下裤子，强行对岳母进行奸淫。胡某回家见此情景，积压多年的愤怒和仇恨突然爆发，跑到厨房拿出劈柴的砍刀，向正在椅子边对其母亲实施强暴的刘某头部砍去。刘某慌忙提起裤子逃到院中，胡某手持砍刀紧追不舍，对已失去抵抗能力、不断求饶认错的刘某连砍十余刀。刘某当场毙命。见刘某已死，胡某又拿起砍刀向自己砍去，准备一命抵一命。此时，被惊呆的母亲突然醒悟过来，赶上前去将胡某死死抱住。胡某清醒后，含泪抱着女儿亲了又亲、看了又看，把女儿托付给母亲后，让母亲到邻居家打电话报警。2004年5月14日，胡某被批准逮捕。2004年9月8日，某人民法院不公开审理此案，控辩双方对胡某是否属于自首进行了激烈辩论。法院经审理后认为：被告人胡某在被害人刘某失去反抗能力、求饶认错的情况下，仍然残忍地将其杀死，胡某的行为已构成故意杀人罪。但被告人胡某是基于义愤杀人，作案后让其母亲打电话报案，归案后又能如实供述其犯罪事实，应认定为自首，可以从轻处罚。最终，法院以故意杀人罪判处被告人胡某有期徒刑10年。

二、坦白

（一）坦白的概念与构成条件

坦白，是指犯罪分子虽不具有自首情节，但是如实供述自己罪行的行为。

根据《刑法》第67条第3款的规定，成立坦白应当符合以下构成条件：

1. 主体为犯罪嫌疑人。

《刑法》第67条第3款规定的坦白的主体是"犯罪嫌疑人"，有别于该条第1款规定的一般自首的主体"犯罪分子"和该条第 2 款规定的特别自首的主体"被采取强制措施的犯罪嫌疑人、被告人和正在服刑的罪犯"。据此，理解坦白的主体，应当注意：（1）作为坦白主体的犯罪嫌疑人，是处于刑事诉讼的侦查和提起公诉（审查起诉）阶段的犯罪嫌疑人，不包括立案阶段的犯罪嫌疑人和审判阶段的被告人。（2）作为坦白主体的犯罪嫌疑人，包括被采取强制措施的犯罪嫌疑人，但不限于被采取强制措施的犯罪嫌疑人，即未被采取强制措施的犯罪嫌疑人，如经传唤受到讯问的犯罪嫌疑人，因正在实行犯罪或者在犯罪后即时被发觉而被公民扭送到案的犯罪嫌疑人，也可以成为坦白的主体。

2. 前提为不具有法定的自首情节。

由于自首与坦白是主旨相同、彼此衔接、构成近似、处罚有别的刑罚裁量制度，在具体的司法判断中极易出现两者界限较难厘清，从而可能导致刑事责任确定失当、从宽处罚适用失衡的后果，因此，刑法立法确定了自首优先规则（包括判断优先、适用优先），即针对同一犯罪事实在具备成立自首的条件下，排斥坦白的成立。其中的关键是厘定自首与坦白的界限。具体而言，坦白与一般自首的区别，前者为被动归案，后者为自动投案；坦白与特别自首的区别，前者为如实供述司法机关已经掌握的自己罪行即同种罪行，后者为如实供述司法机关还未掌握的本人其他罪行即不同种罪行。此外，前述主体所处的刑事诉讼阶段等情形，也是判断是否成立坦白需要考虑的因素。

3. 犯罪嫌疑人如实供述自己罪行。

犯罪嫌疑人如实供述自己罪行，是指犯罪嫌疑人对司法机关指控的特定罪行做如实供述。其标准形式或样态为：司法机关指控犯罪嫌疑人犯某罪（即构成特定罪名的特定犯罪事实），犯罪嫌疑人针对所指控的构成特定罪名的特定犯罪事实做如实供述。例如，司法机关指控犯罪嫌疑人犯故意伤害罪（故意伤害甲某）或者犯盗窃罪（盗窃乙某人民币 1 万元），该犯罪嫌疑人如实供述故意伤害甲某或者盗窃乙某人民币 1 万元的犯罪事实。但是成立坦白的行为，并不仅限于对司法机关所指控的构成特定罪名的特定犯罪事实做如实供述，参照有关司法解释，成立坦白的行为还包括：（1）司法机关掌握部分犯罪事实，犯罪分子交代了同种其他犯罪事实的；司法机关仅掌握小部分犯罪事实，犯罪分子交代了大部分未被掌握的同种犯罪事实的。（2）司法机关掌握的证据不充分，犯罪分子如实交代有助于收集定案证据的，如实交代对于定案证据的收集有重要作用的。此外，我们认为，如实供述自己的罪行，是指犯罪嫌疑人到案后，如实交代自己的主要犯罪事实。犯有数罪的犯罪嫌疑人仅如实供述部分犯罪的，只对如实供述部分犯罪的行为，认定为坦白。共同犯罪案件的犯罪嫌疑人，除如实供述自己的罪行，还应当供述所了解的同案犯的情况和共同犯罪事实。犯罪嫌疑人如实供述自己罪行后又翻供的，不能认定为坦白，但在一审判决前又能如实供述的，应当认定为坦白。

总之，主体的特定性，前提的非主动性和非自愿性，如实供述的具体性和供述罪名的同质性，是成立坦白必须具备的条件。

（二）坦白的法律后果

《刑法》第 67 条第 3 款规定："犯罪嫌疑人虽不具有前两款规定的自首情节，但是如实供述自己罪行的，可以从轻处罚；因其如实供述自己罪行，避免特别严重后果发生的，可以减轻处罚。"这是对坦白的犯罪分子可以从宽处罚的规定。这里的从宽，是"可以"从轻、减轻处罚，对如实供述了自己罪行，但对犯罪情节确实恶劣的犯罪分子，也可以不从轻、减轻处罚。

根据 2011 年 4 月 25 日最高人民法院《关于〈中华人民共和国刑法修正案（八）〉时间效力问题的解释》第 4 条的规定，2011 年 4 月 30 日以前犯罪，虽不具有自首情节，但是如实供述自己罪行的，适用修正后《刑法》第 67 条第 3 款的规定。

三、立功

（一）立功的概念

立功，是指犯罪分子揭发他人犯罪行为，经查证属实，或者提供重要线索，从而得以侦破其他案件等具有协助司法机关工作的属性，或者对国家、社会有利的行为。

（二）立功的种类及表现形式

依据《刑法》第 68 条的规定，我国刑法中的立功分为一般立功和重大立功两种。

1. 一般立功。

根据 1998 年 4 月 17 日最高人民法院《关于处理自首和立功具体应用法律若干问题的解释》第 5 条和第 6 条的规定，犯罪分子检举、揭发他人犯罪行为，包括共同犯罪案件中的犯罪分子揭发同案犯共同犯罪以外的其他犯罪，经查证属实；提供侦破其他案件的重要线索，经查证属实；阻止他人犯罪活动；协助司法机关抓捕其他犯罪嫌疑人（包括同案犯）；具有其他有利于国家和社会的突出表现的，应当认定为有立功表现。这是一般立功的表现形式。共同犯罪案件中的犯罪分子到案后，揭发同案犯共同犯罪事实的，可以酌情予以从轻处罚。

2. 重大立功。

根据 1998 年 4 月 17 日最高人民法院《关于处理自首和立功具体应用法律若干问题的解释》第 7 条的规定，犯罪分子检举、揭发他人重大犯罪行为，经查证属实；提供侦破其他重大案件的重要线索，经查证属实；阻止他人重大犯罪活动；协助司法机关抓捕其他重大犯罪嫌疑人（包括同案犯）；对国家和社会有其他重大贡献等表现的，应当认定为有重大立功表现。前述所称"重大犯罪""重大案件""重大犯罪嫌疑人"的标准，一般是指犯罪嫌疑人、被告人可能被判处无期徒刑以上刑罚或者案件在本省、自治区、直辖市或者全国范围内有较大影响等情形。

确定犯罪分子的行为是否构成立功，除立功表现形式外，还应特别注意的问题是，根据 1997 年 9 月 25 日最高人民法院《关于适用刑法时间效力规定若干问题的解释》第 5 条的规定，1997 年 9 月 30 日以前犯罪的犯罪分子，有揭发他人犯罪行为，或者提供重要线索，从而得以侦破其他案件等立功表现的，适用《刑法》第 68 条的规定。

参考案例 14－4

被告人任某因涉嫌合同诈骗罪被逮捕。在羁押期间，被告人任某向侦查机关揭发了其在与某县委农村工作部签订印刷合同及结算货款过程中，该部部长张某两次收受其贿赂共计 2 万元的线索，后张某因此案发，被以受贿罪、贪污罪判刑，其中受贿数额中包含收受任某的 2 万元。法院审理认为，被告人任某揭发张某收受其 2 万元贿赂的行为构成立功。

参考案例 14－5

被告人魏某系某市国土资源管理局局长，因涉嫌受贿罪被逮捕。在被关押于看守所期间，被告人魏某从同监房的其他犯罪嫌疑人处得知某人非法私藏枪支的犯罪线索，遂向公安机关检举揭发，并得到查证属实，私藏枪支嫌疑人被逮捕归案。法院审理认为被告人魏某揭发他人私藏枪支行为构成立功。

（三）立功的认定

立功的认定，需要注意以下问题：

1. 关于立功线索来源的具体认定。

根据 2010 年 12 月 22 日最高人民法院《关于处理自首和立功若干具体问题的意见》的规定，犯罪分子通过贿买、暴力、胁迫等非法手段，或者被羁押后与律师、亲友会见过程中违反监管规定，获取他人犯罪线索并"检举揭发"的，不能认定为有立功表现。犯罪分子将本人以往查办犯罪职务活动中掌握的，或者从负有查办犯罪、监管职责的国家工作人员处获取的他人犯罪线索予以检举揭发的，不能认定为有立功表现。犯罪分子亲友为使犯罪分子"立功"，向司法机关提供他人犯罪线索、协助抓捕犯罪嫌疑人的，不能认定为犯罪分子有立功表现。

2. 关于"协助抓捕其他犯罪嫌疑人"的具体认定。

根据 2010 年 12 月 22 日最高人民法院《关于处理自首和立功若干具体问题的意见》的规定，犯罪分子具有下列行为之一，使司法机关抓获其他犯罪嫌疑人的，属于 1998 年 4 月 17 日最高人民法院《关于处理自首和立功具体应用法律若干问题的解释》第 5 条规定的"协助司法机关抓捕其他犯罪嫌疑人"：（1）按照司法机关的安排，以打电话、发信息等方式将其他犯罪嫌疑人（包括同案犯）约至指定地点的；（2）按照司法机关的安排，当场指认、辨认其他犯罪嫌疑人（包括同案犯）的；（3）带领侦查人员抓获其他犯罪嫌疑人（包括同案犯）的；（4）提供司法机关尚未掌握的其他案件犯罪嫌疑人的联络方式、藏匿地址的，等等。犯罪分子提供同案犯姓名、住址、体貌特征等基本情况，或者提供犯罪前、犯罪中掌握、使用的同案犯联络方式、藏匿地址，司法机关据此抓捕同案犯的，不能认定为协助司法机关抓捕同案犯。

（四）立功的法律后果

根据《刑法》第 68 条的规定，对于立功犯应分别依照不同情况予以从宽处罚：（1）犯罪分子有一般立功表现的，可以从轻或者减轻处罚；（2）犯罪分子有重大立功表现的，可以减轻或者免除处罚。

要注意的是，《刑法修正案（八）》删去了第 68 条第 2 款"犯罪后自首又有重大立功表现的，应当减轻或者免除处罚"的规定，但根据 2011 年 4 月 20 日最高人民法院《关于〈中华人民共和国刑法修正案（八）〉时间效力问题的解释》第 5 条的规定，2011 年 4 月 30 日以前犯罪，犯罪后自首又有重大立功表现的，适用修正前《刑法》第 68 条第 2 款的规定，即应当减轻或者免除处罚。

第四节　刑事和解和认罪认罚

一、刑事和解

（一）刑事和解的概念与构成条件

刑事和解，是指在部分公诉案件中，犯罪嫌疑人、被告人真诚悔罪，通过向被害人赔偿损失、赔礼道歉等方式获得被害人谅解，被害人自愿和解的，双方当事人可以和解的制度。

根据《刑事诉讼法》第 288 条、第 289 条的规定，成立刑事和解应当符合以下构成条件：

1. 适用范围为特定的公诉案件。

根据《刑事诉讼法》第 288 条的规定，刑事和解的适用范围为特定的公诉案件：（1）因民间纠纷引起，涉嫌《刑法》分则第四章、第五章规定的犯罪案件，可能判处 3 年有期徒刑以下刑罚的。（2）除渎职犯罪以外的可能判处 7 年有期徒刑以下刑罚的过失犯罪案件。犯罪嫌疑人、被告人在 5 年以内曾经故意犯罪的不适用。

对于刑事和解的适用范围应当注意：（1）"民间纠纷"是指自然人之间因恋爱、婚姻家庭、邻里等矛盾所导致的纠纷，对于民间纠纷引起的犯罪案件可以适用刑事和解的，必须满足两个条件：第一，应当是引起涉嫌《刑法》分则侵犯公民人身权利、民主权利罪和侵犯财产罪的犯罪案件；第二，该犯罪案件应当是可能判处 3 年有期徒刑以下刑罚，即应当属于轻微刑事案件。（2）由于渎职犯罪主要侵犯的客体是国家机关的正常管理活动，该客体的特殊性决定了没有具体的个人可以代表国家进行谅解、和解；过失犯罪较之于故意犯罪，主观罪过程度较轻，所以在可能判处的刑罚上，限制为 7 年有期徒刑以下刑罚。（3）如果犯罪嫌疑人、被告人在 5 年以内曾经故意犯罪，证明该犯罪嫌疑人、被告人屡教不改，人身危险性大，对其应当加大教育改造力度，所以不得适用会带来从宽处罚后果的刑事和解。

2. 犯罪嫌疑人、被告人真诚悔罪。

刑事和解的重要前提条件是犯罪嫌疑人、被告人真诚悔罪。所谓的真诚悔罪，是指犯罪嫌疑人、被告人已经明确认识到自己行为的社会危害性及其给被害人带来的不利损害后果，并通过向被害人赔偿损失、赔礼道歉等形式表达悔过之意。

3. 被害人表示谅解、自愿和解。

被害人表示谅解，是指被害人对于犯罪嫌疑人、被告人通过赔偿损失、赔礼道歉等行为表达出来的悔过之意表示接受和原谅。这是刑事和解能够实现的核心条件，即使犯罪嫌疑人、被告人真诚悔罪，并向被害人赔偿损失、赔礼道歉，但如果被害人并没有表示谅解，则仍然不可进行刑事和解。

被害人自愿和解，是指被害人在对犯罪嫌疑人、被告人表示谅解的前提下，出于自己的意愿，同意与犯罪嫌疑人、被告人进行和解。为了保障被害人和解的自愿性，《刑事诉讼法》第 289 条规定，双方当事人和解的，公安机关、人民检察院、人民法院应当听取当事人和其他有关人员的意见，对和解的自愿性、合法性进行审查，并主持制作和解协议书。

（二）刑事和解的法律后果

《刑事诉讼法》第290条规定："对于达成和解协议的案件，公安机关可以向人民检察院提出从宽处理的建议。人民检察院可以向人民法院提出从宽处罚的建议；对于犯罪情节轻微，不需要判处刑罚的，可以作出不起诉的决定。人民法院可以依法对被告人从宽处罚。"根据《人民检察院刑事诉讼规则》第502条的规定，人民检察院对于公安机关移送起诉的案件，双方当事人达成和解协议的，可以作为是否需要判处刑罚或者免除刑罚的因素予以考虑。符合法律规定的不起诉条件的，可以决定不起诉。对于依法应当提起公诉的，人民检察院可以向人民法院提出从宽处罚的量刑建议。根据最高人民法院《关于适用〈中华人民共和国刑事诉讼法〉的解释》第596条的规定，对达成和解协议的案件，人民法院应当对被告人从轻处罚；符合非监禁刑适用条件的，应当适用非监禁刑；判处法定最低刑仍然过重的，可以减轻处罚；综合全案认为犯罪情节轻微不需要判处刑罚的，可以免予刑事处罚。

二、认罪认罚

（一）认罪认罚的概念与构成条件

《刑事诉讼法》第15条规定："犯罪嫌疑人、被告人自愿如实供述自己的罪行，承认指控的犯罪事实，愿意接受处罚的，可以依法从宽处理。"这就是认罪认罚从宽制度。据此，认罪认罚，总体上属于法定情节中的总则性情节。

根据2019年10月24日最高人民法院、最高人民检察院、公安部、国家安全部、司法部《关于适用认罪认罚从宽制度的指导意见》的规定，认罪和认罚的概念、认定条件，以及适用中应注意的问题，主要有以下几方面：

1. 认罪。

认罪认罚从宽制度中的"认罪"，是指犯罪嫌疑人、被告人自愿如实供述自己的罪行，对指控的犯罪事实没有异议。承认指控的主要犯罪事实，仅对个别事实情节提出异议，或者虽然对行为性质提出辩解但表示接受司法机关认定意见的，不影响"认罪"的认定。犯罪嫌疑人、被告人犯数罪，仅如实供述其中一罪或部分罪名事实的，全案不作"认罪"的认定，不适用认罪认罚从宽制度，但对如实供述的部分，人民检察院可以提出从宽处罚的建议，人民法院可以从宽处罚。

2. 认罚。

认罪认罚从宽制度中的"认罚"，是指犯罪嫌疑人、被告人真诚悔罪，愿意接受处罚。"认罚"，在侦查阶段表现为表示愿意接受处罚；在审查起诉阶段表现为接受人民检察院拟作出的起诉或不起诉决定，认可人民检察院的量刑建议，签署认罪认罚具结书；在审判阶段表现为当庭确认自愿签署具结书，愿意接受刑罚处罚。"认罚"考察的重点是犯罪嫌疑人、被告人的悔罪态度和悔罪表现，应当结合退赃退赔、赔偿损失、赔礼道歉等因素来考量。犯罪嫌疑人、被告人虽然表示"认罚"，却暗中串供、干扰证人作证、毁灭、伪造证据或者隐匿、转移财产，有赔偿能力而不赔偿损失，则不能适用认罪认罚从宽制度。犯罪嫌疑人、被告人享有程序选择权，不同意适用速裁程序、简易程序的，不影响"认罚"的认定。

（二）认罪认罚的法律后果

根据2019年10月24日最高人民法院、最高人民检察院、公安部、国家安全部、司法部《关于适用认罪认罚从宽制度的指导意见》的规定，理解认罪认罚的法律后果，着重应注意以下问题：

1. "从宽"的理解。

从宽处理既包括实体上从宽处罚，也包括程序上从简处理。"可以从宽"，是指一般应当体现法律规定和政策精神，予以从宽处理。但可以从宽不是一律从宽，对犯罪性质和危害后果特别严重、犯罪手段特别残忍、社会影响特别恶劣的犯罪嫌疑人、被告人，认罪认罚不足以从轻处罚的，依法不予从宽处理。办理认罪认罚案件，应当依照刑法、刑事诉讼法的基本原则，根据犯罪的事实、性质、情节和对社会的危害程度，结合法定、酌定的量刑情节，综合考虑认罪认罚的具体情况，依法决定是否从宽、如何从宽。

对于减轻、免除处罚，应当于法有据；不具备减轻处罚情节的，应当在法定幅度以内提出从轻处罚的量刑建议和量刑；对其中犯罪情节轻微不需要判处刑罚的，可以依法作出不起诉决定或者判决免予刑事处罚。

2. 从宽幅度的把握。

办理认罪认罚案件，应当区别认罪认罚的不同诉讼阶段、对查明案件事实的价值和意义、是否确有悔罪表现，以及罪行严重程度等，综合考量确定从宽的限度和幅度。在刑罚评价上，主动认罪优于被动认罪，早认罪优于晚认罪，彻底认罪优于不彻底认罪，稳定认罪优于不稳定认罪。认罪认罚的从宽幅度一般应当大于仅有坦白，或者虽认罪但不认罚的从宽幅度。对犯罪嫌疑人、被告人具有自首、坦白情节，同时认罪认罚的，应当在法定刑幅度内给予相对更大的从宽幅度。认罪认罚与自首、坦白不作重复评价。对罪行较轻、人身危险性较小的，特别是初犯、偶犯，从宽幅度可以大一些；罪行较重、人身危险性较大的，以及累犯、再犯，从宽幅度应当从严把握。

第五节　数罪并罚

一、数罪并罚概述

（一）数罪并罚的概念

数罪并罚，是指人民法院对一行为人在法定时间界限内所犯数罪分别定罪量刑后，按照法定的并罚原则及刑期计算方法决定其应执行的刑罚的制度。

（二）数罪并罚的特点

根据我国刑法的规定，我国刑法中数罪并罚的特点可以概括为以下三点：

1. 必须是一行为人犯有数罪。

所谓数罪，指实质上的数罪或独立的数罪，其必须均系一行为人所为。就犯罪的罪过形式和故意犯罪的形态而言，一行为人所犯数罪，既可是故意犯罪，也可是过失犯罪；既可以单独犯形式为之，也可以共犯形式为之；既可表现为犯罪的完成形态（犯罪既遂），也可表现为犯罪的未完成形态（犯罪预备、犯罪未遂和犯罪中止）。

2. 一行为人所犯的数罪必须发生于法定的时间界限之内。

我国刑法以刑罚执行完毕以前所犯数罪作为适用并罚的最后时间界限，同时对于在不同的刑事法律关系发展阶段内所实施或被发现的数罪，采用不同的并罚方法，这是我国刑法中罪责刑相适应、惩罚与教育相结合原则和有关刑事政策在刑罚适用制度中的具体体现。

3. 应在对数罪分别定罪量刑的基础上，依照法定并罚原则、并罚范围和并罚方法（刑期计算方式），决定执行的刑罚。

这是适用数罪并罚的程序规则和实际操作准则。倘若违反，轻者会给刑事诉讼造成困难，或者发生执行刑的计算错误等；重者会致使罪责刑相适应等刑法基本原则遭受破坏，或者数罪并罚制度形同虚设。数罪并罚的这一特征的实现，由以下两个步骤和要素构成：（1）必须对所犯数罪，依法逐一分别确定罪名并裁量、宣告刑罚。在此过程中，须特别注意依法确定不同阶段或法律条件下应予以并罚的数罪属性，即所并罚之数罪是仅指异种数罪，还是也包括同种数罪在内。（2）应根据适用于不同刑罚种类及其结构的法定并罚原则（即吸收原则、限制加重原则和并科原则），以及不同阶段或法律条件下合并处罚的方式（刑罚计算方法），将各数罪被判处的刑罚合并决定为应执行的刑罚。

二、数罪并罚的原则

（一）数罪并罚原则概述

综观古今中外的刑事立法例，各国所采用的数罪并罚原则，主要可归纳为如下四种：

1. 并科原则。

并科原则亦称相加原则，是指将一人所犯数罪分别宣告的各罪刑罚绝对相加、合并执行的合并处罚规则。

2. 吸收原则。

吸收原则是指对一人所犯数罪采用重罪吸收轻罪或者重罪刑吸收轻罪刑的合并处罚规则。换言之，它是由一人所犯数罪中法定刑最重的罪吸收其他较轻的罪，或者由最重宣告刑吸收其他较轻的宣告刑，仅以最重罪的宣告刑或者已宣告的最重刑罚作为执行刑罚的合并处罚规则。

3. 限制加重原则。

限制加重原则亦称限制并科原则，是指以一人所犯数罪中法定（应当判处）或已判处的最重刑罚为基础，再在一定限度之内对其予以加重作为执行刑罚的合并处罚规则。采用该原则的具体限制加重方法主要有两种类型：

（1）以法定刑为准确定数罪中的最重犯罪（法定刑最重的犯罪），再就法定刑最重刑罚加重处罚来作为执行的刑罚。

（2）在对数罪分别定罪量刑的基础上，以宣告刑为准确定其中最高的刑罚，再就宣告的最高刑罚加重处罚作为执行的刑罚。此类限制加重的通常做法是，在数刑中最高刑期以上、总和刑期以下，决定执行的刑罚，同时规定应执行的刑罚不能超过的最高限度。

4. 折中原则。

折中原则亦称混合原则，是指对一人所犯数罪的合并处罚不单纯采用并科原则、吸收原则或限制加重原则，而是根据法定的刑罚性质及特点兼采并科原则、吸收原则或限制加重原则，以分别适用于不同刑种和宣告刑结构的合并处罚规则。

目前除极少数国家单纯采用某一种原则外，世界上绝大多数国家采用折中原则。这种综合采用多种原则的做法，能够使上述各原则得以合理取舍、扬长避短、趋利除弊、互为补充、便于适用，综合发挥统一的最优化功能。

我国《刑法》第69条确立了以限制加重原则为主，以吸收原则和并科原则为补充的折中原则。

（二）我国数罪并罚原则的基本适用规则

根据《刑法》第69条的规定，折中原则中所包含的吸收原则、限制加重原则和并科原则的具体适用范围及基本适用规则如下：

（1）判决宣告的数个主刑中有数个死刑或最重刑为死刑的，采用吸收原则，仅应决定执行一个死刑，而不得决定执行两个以上的死刑或其他主刑。

（2）判决宣告的数个主刑中有数个无期徒刑或最重刑为无期徒刑的，采用吸收原则，只应决定执行一个无期徒刑，而不得决定执行两个以上的无期徒刑，或者将两个以上的无期徒刑合并升格执行死刑，或者决定执行其他主刑。

（3）判决宣告的数个主刑为同种有期自由刑，即均为有期徒刑、拘役或者管制的，采取限制加重原则合并处罚。具体的限制加重规则为：其一，判决宣告的数个主刑均为有期徒刑的，应当在总和刑期以下，数刑中最高刑期以上，酌情决定执行的刑期；但是，有期徒刑总和刑期不满35年的，最高不能超过20年，总和刑期在35年以上的，最高不能超过25年。其二，判决宣告的数个主刑均为拘役的，应当在总和刑期以下，数刑中最高刑期以上，酌情决定执行的刑期；但是最高不能超过1年。其三，判决宣告的数个主刑均为管制的，应当在总和刑期以下，数刑中最高刑期以上，酌情决定执行的刑期；但是最高不能超过3年。

可见，我国刑法所规定的限制加重原则的特点在于：一是采取双重的限制加重措施，即在数个同种有期自由刑的总和刑期未超过该种自由刑的法定最高期限时，受总和刑期的限制；在数个同种有期自由刑的总和刑期超过该种自由刑的最高期限时，受法定数罪并罚最高执行刑期的限制，即管制最高不能超过3年，拘役最高不能超过1年，有期徒刑总和刑期不满35年的，最高不能超过20年，总和刑期在35

年以上的，最高不能超过 25 年。二是合并处罚时决定执行的刑期或最低执行刑期，必须在所判数刑中的最高刑期以上，而且可以超过各种有期自由刑的法定最高期限，即管制可以超过 2 年，拘役可以超过 6 个月，有期徒刑可以超过 15 年。三是不得将同种有期自由刑合并升格成另一种或更重的有期自由刑或者无期徒刑，即不得将数个管制合并升格为拘役或有期徒刑，不得将数个拘役合并升格为有期徒刑或无期徒刑，不得将数个有期徒刑合并升格为无期徒刑等。

（4）判决宣告的数个主刑为异种有期自由刑，即判处有期徒刑、拘役、管制中两种以上不同有期自由刑的，采取吸收原则或并科原则。具体而言，数罪中有判处有期徒刑和拘役的，采用吸收原则，执行有期徒刑；数罪中有判处有期徒刑和管制，或者拘役和管制的，有期徒刑、拘役执行完毕后，管制仍须执行，即采取并科原则。

（5）数罪中有判处附加刑的，采用并科原则，附加刑仍须执行，其中附加刑种类相同的，合并执行，种类不同的，分别执行。

要注意的是，根据 2011 年 4 月 25 日最高人民法院《关于〈中华人民共和国刑法修正案（八）〉时间效力问题的解释》第 6 条的规定，2011 年 4 月 30 日以前一人犯数罪，应当数罪并罚的，适用修正前《刑法》第 69 条的规定，这意味着有期徒刑总和刑期最高不能超过 20 年；2011 年 4 月 30 日以后一人犯数罪，其中一罪发生在 2011 年 5 月 1 日以后的，适用修正后《刑法》第 69 条的规定。根据 2015 年 10 月 29 日最高人民法院《关于〈中华人民共和国刑法修正案（九）〉时间效力问题的解释》第 3 条的规定，对于 2015 年 10 月 31 日以前一人犯数罪，数罪中有判处有期徒刑和拘役，有期徒刑和管制，或者拘役和管制，予以数罪并罚的，适用修正后《刑法》第 69 条第 2 款的规定。

三、不同法律条件下适用数罪并罚原则的具体规则

根据《刑法》第 69 条、第 70 条、第 71 条的规定，不同法律条件下适用数罪并罚原则的具体规则分为以下三种。

（一）判决宣告以前一人犯数罪的合并处罚规则

《刑法》第 69 条的规定表明，我国刑法规定的数罪并罚原则及由此而决定的基本适用规则，是以判决宣告以前一人犯数罪的情形为标准确立的。因此，就基本内容而言，判决宣告以前一人犯数罪的合并处罚规则，与前述我国刑法中数罪并罚原则的基本适用规则完全一致，故不再赘述。

数罪依其性质或所触犯的罪名状况可划分为两类：一类是同种数罪，指触犯同一罪名的数罪，即性质相同的数罪；另一类是异种数罪，指触犯不同罪名的数罪，即性质不同的数罪。对于异种数罪，以及判决宣告以后、刑罚尚未执行完毕以前的同种漏罪和再犯的同种新罪应当进行并罚，刑法学界和刑事审判机构均无异议。但是，对于判决宣告以前一人所犯的同种数罪是否应当进行合并处罚，刑法学界和刑事审判部门中存在明显的分歧意见。我们认为，对于判决宣告以前一人所犯同种数罪，原则上无须并罚，只需在足以使实际处罚结果符合罪责刑相适应原则的特定犯罪的法定刑范围内作为一罪从重处罚。但是，当特定犯罪的法定刑过轻且难以使实际处罚结果达到罪责刑相适应标准时，在法律未明文禁止的条件下，可以有限制地对同种数罪适当进行并罚。根据 1993 年 4 月 16 日最高人民法院《关于判决宣告后又发现被判刑的犯罪分子的同种漏罪是否实行数罪并罚问题的批复》的规定，在第一审人民法院的判决宣告以后，被告人提出上诉或者人民检察院提出抗诉，判决尚未发生法律效力的，第二审人民法院在审理期间，发现原审被告人在第一审判决宣告以前还有同种漏罪没有判决的，第二审人民法院应当依照刑事诉讼法的规定，裁定撤销原判，发回原审人民法院重新审判，第一审人民法院重新审判时，不适用刑法关于数罪并罚的规定。

（二）刑罚执行期间发现漏罪的合并处罚规则

1. 此处罚规则的特征。

我国《刑法》第 70 条规定："判决宣告以后，刑罚执行完毕以前，发现被判刑的犯罪分子在判决宣告以前还有其他罪没有判决的，应当对新发现的罪作出判决，把前后两个判决所判处的刑罚，依照本法第

六十九条的规定，决定执行的刑罚。已经执行的刑期，应当计算在新判决决定的刑期以内。"根据该条规定，刑罚执行期间发现漏罪的合并处罚规则，具有如下特征：

（1）必须在判决宣告以后，刑罚执行完毕以前发现漏罪。其中，"判决宣告以后"，确切而言，应指判决业已宣告并发生法律效力之后。若漏罪被发现的时间不是在判决宣告以后至刑罚执行完毕以前的期限内，而是在刑罚执行完毕之后；或者所发现的罪行并非在判决宣告之前实施的，而是在刑罚执行期间实施的，则均不得适用该条规定的合并处罚规则。

（2）对于新发现的漏罪，无论其罪数如何（数罪应为异种数罪），或者与前罪之性质是否相同，都应当单独作出判决。这是此种法律条件下的合并处罚结果，可能重于判决宣告以前一人犯数罪的合并处罚结果的原因。根据1993年4月16日最高人民法院《关于判决宣告后又发现被判刑的犯罪分子的同种漏罪是否实行数罪并罚问题的批复》的规定，人民法院的判决宣告并已发生法律效力以后，刑罚还没有执行完毕以前，发现被判刑的犯罪分子在判决宣告以前还有其他罪没有判决的，不论新发现的罪与原判决的罪是否属于同种罪，都应当依照刑法的规定实行数罪并罚。

（3）应当把前后两个判决所判处的刑罚，即前罪所判处的刑罚与漏罪所判处的刑罚，按照相应的数罪并罚原则，决定执行的刑罚。此种法律条件下的合并处罚与判决宣告以前一人犯数罪的合并处罚不同的是，后者是将同一判决中的数个宣告刑合并而决定执行的刑罚，前者是将两个判决所判处的刑罚合并而决定执行的刑罚。

（4）在计算刑期时，应当将已经执行的刑期，计算在新判决决定的刑期之内。换言之，前一判决已经执行的刑期，应当从前后两个判决所判处的刑罚合并而决定执行的刑期中扣除。故该种计算刑期的方法，依特点可概括为"先并后减"。

2. 适用此处罚规则须注意的问题。

除以上特征以外，在刑事审判实践中，适用《刑法》第70条所规定的合并处罚规则，还有如下问题须特别注意：

（1）在原判决认定犯罪人犯有数罪且予以合并处罚的法律条件下，所发现的漏罪与原判之数罪合并处罚的方法。我们认为，对于这一情况，应当将对漏罪所判处的刑罚与原判决所认定的数罪的刑罚即数个宣告刑，依照相应原则决定执行的刑罚。

（2）刑满释放后再犯罪并发现漏罪的合并处罚方法。参照1985年8月21日最高人民法院《关于人民法院审判严重刑事犯罪案件中具体应用法律的若干问题的答复（三）》的司法解释精神，在处理被告人刑满释放后又犯罪的案件时，发现他在前罪判决宣告之前，或者在前罪判决的刑罚执行期间，犯有其他罪行，未经过处理，并且依照《刑法》总则第四章第八节的规定应当追诉的，如果漏罪与新罪分属于不同种罪，即应对漏罪与刑满释放后又犯的新罪分别定罪量刑，并依照《刑法》第69条的规定，实行数罪并罚；如果漏罪与新罪属于同一种罪，可以判处一罪从重处罚，不必实行数罪并罚。

（3）在缓刑考验期限内发现漏判之罪的并罚方法。根据《刑法》第77条的规定，被宣告缓刑的犯罪分子，在缓刑考验期限内发现判决宣告以前还有其他罪没有判决的，应当撤销缓刑，对新发现的罪作出判决，把前罪和后罪所判处的刑罚，依照《刑法》第69条的规定，决定执行的刑罚。

（4）在假释考验期限内发现漏判之罪的并罚方法。根据《刑法》第86条的规定，在假释考验期限内，发现被假释的犯罪分子在判决宣告以前还有其他罪没有判决的，应当撤销假释，依照《刑法》第70条的规定实行数罪并罚。

（5）已依法裁定减刑，后发现漏罪时的并罚方法。根据2012年1月18日最高人民法院《关于罪犯因漏罪、新罪数罪并罚时原减刑裁定应如何处理的意见》的规定，罪犯被裁定减刑后，因被发现漏罪而依法进行数罪并罚时，经减刑裁定减去的刑期不计入已经执行的刑期。

（三）刑罚执行期间又犯新罪的合并处罚规则

1. 此处罚规则的特征。

《刑法》第71条规定："判决宣告以后，刑罚执行完毕以前，被判刑的犯罪分子又犯罪的，应当对新犯的罪作出判决，把前罪没有执行的刑罚和后罪所判处的刑罚，依照本法第六十九条的规定，决定执行的刑罚。"根据该条规定，刑罚执行期间又犯新罪的合并处罚规则具有如下特点：

（1）必须在判决宣告以后，刑罚执行完毕以前，被判刑的犯罪分子又犯新罪，即在刑罚执行期间犯罪分子又实施了新的犯罪。从严格意义或法条含义的逻辑关系上理解，"判决宣告以后"应指判决已经宣告并发生法律效力之后。

（2）对于犯罪分子所实施的新罪，无论其罪数如何（数罪应为异种罪），或者与前罪之性质是否相同，都应当单独作出判决。

（3）应当把前罪没有执行的刑罚和后罪所判处的刑罚，依照刑法规定的相应原则，决定执行的刑罚。即首先应从前罪判决决定执行的刑罚中减去已经执行的刑罚，然后将前罪未执行的刑罚与后罪所判处的刑罚并罚。故该种计算刑期的方法，依特点可概括为"先减后并"。

《刑法》第71条规定的"先减后并"的刑期计算方法，较之《刑法》第70条规定的"先并后减"的刑期计算方法，在一定条件下，可能给予犯罪分子程度更重的惩罚。"先减后并"的刑期计算方法的这一特点，主要体现于有期自由刑（特别是有期徒刑）的并罚之中。

2. 适用此处罚规则须注意的问题。

在刑事审判实践中适用《刑法》第71条规定的方法进行数罪并罚，还有以下几方面的问题应予以重视：

（1）判决宣告以后，刑罚执行完毕以前，被判刑的犯罪分子又犯数个新罪的合并处罚方法。应当首先对数个新罪分别定罪量刑，而后将判决宣告的数个刑罚即数个宣告刑与前罪未执行的刑罚并罚。因为这符合《刑法》第71条所确定的对再犯新罪者从严惩处的立法精神。据此，把新犯数罪的各个宣告刑与前罪未执行的刑罚进行并罚的方法，不仅可以使总和刑期居于相对较高的水平，而且一般不会使数刑中最高刑期因此而降至低于残余刑期的程度，从而保障前述"先减后并"方法的特征能够得以体现。

（2）判决宣告以后，刑罚还没有执行完毕以前，被判刑的犯罪分子不仅犯有新罪，而且被发现有漏判罪行的合并处罚方法。此为同时涉及"先并后减"和"先减后并"的数罪并罚问题。对于此类数罪的合并处罚，应采取分别判决、顺应并罚的方法，即在对漏判之罪和新犯之罪分别定罪量刑的基础上，对漏罪和新罪分别采用"先并后减"和"先减后并"的方法作出判决，并按照漏罪在先、新罪在后的顺序进行两次数罪并罚，所得结果即为整个数罪并罚的结果。

（3）在缓刑考验期限内又犯新罪的合并处罚方法。根据《刑法》第77条的规定，被宣告缓刑的犯罪分子，在缓刑考验期限内又犯新罪的，应当撤销缓刑，对新犯的罪作出判决，把前罪和后罪所判处的刑罚，依照《刑法》第69条的规定，决定执行的刑罚。

（4）在假释考验期限内再犯新罪的合并处罚方法。根据《刑法》第86条的规定，被假释的犯罪分子，在假释考验期内又犯新罪的，应当撤销假释，依照该法第71条的规定实行数罪并罚。

（5）已依法裁定减刑，后又犯新罪时的并罚方法。根据2012年1月18日最高人民法院《关于罪犯因漏罪、新罪数罪并罚时原减刑裁定应如何处理的意见》，罪犯被裁定减刑后，因又犯新罪而依法进行数罪并罚时，经减刑裁定减去的刑期不计入已经执行的刑期。

参考案例 14-6

1998年12月24日，被告人袁某因犯强奸罪被判处死刑，剥夺政治权利终身；犯抢劫罪被判处有期徒刑8年，并处罚金1 500元。被告人袁某上诉后，二审法院于1999年3月9日作出终审判决：改判袁某强奸罪的刑罚为死刑缓期2年执行，剥夺政治权利终身；维持抢劫罪的一审判决；决定执行死刑缓期2年执行，剥夺政治权利终身，并处罚金1 500元。2001年3月30日，经某高级人民法院裁定，将被告人袁某的强奸罪刑罚减为无期徒刑，剥夺政治权利终身，抢劫罪刑罚不变。2001年11月1日，因发现被告人袁某还有部分抢劫罪的犯罪事实没有认定，被告人袁某被公安机关从监狱押回犯罪地，对新发现的抢劫罪进行侦查、起诉。法院根据新发现的犯罪事实认定被告人袁某犯抢劫罪，判处有期徒刑7年。根据《刑法》第70条的规定，把前后两个判决所判处的刑罚，依照《刑法》第69条的规定，决定执行无期徒刑。

第六节　缓　刑

一、缓刑的概念

我国刑法规定的缓刑，是刑罚暂缓执行制度，即对原判刑罚附条件不执行的一种刑罚制度。它是指人民法院对于被判处拘役、3 年以下有期徒刑的犯罪分子，同时符合犯罪情节较轻，有悔罪表现，没有再犯罪的危险，宣告缓刑对所居住社区没有重大不良影响的条件的，规定一定的考验期，暂缓其刑罚的执行，若犯罪分子在考验期内没有发生法定撤销缓刑的情形，原判刑罚就不再执行的制度。此为我国刑法中的一般缓刑制度。

缓刑不是刑种，而是刑罚具体运用的一种制度，是刑罚裁量制度的基本内容之一。宣告缓刑必须以判处刑罚为先决条件。缓刑不能脱离原判刑罚的基础而独立存在。若犯罪人未被判处拘役、有期徒刑，就不能宣告缓刑。缓刑的基本特征为：判处刑罚，同时宣告暂缓执行，但又在一定时期内保持执行所判刑罚的可能性。

二、缓刑与其他刑事处罚的区别

（一）缓刑与免予刑事处罚的不同

缓刑与免予刑事处罚不同。免予刑事处罚，是人民法院对已经构成犯罪的被告人作出有罪判决，但根据案件的具体情况，认为不需要判处刑罚，因而宣告免予刑事处罚，即只定罪不判刑。所以，被宣告免予刑事处罚的犯罪分子，不存在曾经被判过刑罚和仍有执行刑罚的可能性的问题。而缓刑则是在人民法院对犯罪分子作出有罪判决并判处刑罚的基础上，宣告暂缓执行刑罚，但同时保持执行刑罚的可能性。如果犯罪分子在缓刑考验期再犯新罪或者被发现漏罪，或者违反法律、法规或者有关规定，就要撤销缓刑，执行原判刑罚。但是，即使犯罪分子在缓刑考验期后未被执行原判刑罚，也属于被判处过刑罚者。

（二）缓刑与监外执行的不同

缓刑与监外执行不同。其区别主要为：（1）性质不同。缓刑是附条件暂缓执行原判刑罚的制度；而监外执行是刑罚执行过程中的具体执行场所的问题，它并非不执行原判刑罚，只是对所判刑罚暂时予以监外执行。（2）适用对象不同。缓刑只适用于被判处拘役、3 年以下有期徒刑的犯罪分子；监外执行可以适用于被判处拘役、有期徒刑的犯罪分子。（3）适用条件不同。缓刑的适用，以犯罪分子的犯罪情节、悔罪表现和不致再危害社会为基本条件；监外执行的适用，须以犯罪分子患有严重疾病需要保外就医、怀孕或者正在哺乳自己的婴儿以及生活不能自理、适用监外执行不致危害社会等不宜收监执行的特殊情形为条件。（4）适用的方法不同。缓刑应在判处刑罚的同时予以宣告，并应依法确定缓刑的考验期；而监外执行是在判决确定以后适用的一种变通执行刑罚的方法，在宣告判决和刑罚执行过程中均可适用，且不需要确定考验期。此外，适用监外执行的过程中，一旦影响在监内执行的法定条件不复存在，即便罪犯在监外未再犯罪，如果刑期未满，仍应收监执行。（5）适用的依据不同。适用缓刑的依据是刑法典的有关规定；适用监外执行的依据是我国刑事诉讼法的有关规定。

（三）缓刑与死刑缓期执行的不同

缓刑与死刑缓期执行不同。其主要区别为：（1）适用前提不同。缓刑的适用，以犯罪分子被判处拘役、3 年以下有期徒刑为前提。死刑缓期执行的适用，以犯罪分子被判处死刑为前提。（2）执行方法不同。对于被宣告缓刑的犯罪分子不予关押，依法实行社区矫正。对于被宣告死刑缓期执行的罪犯，必须予以关押，并实行劳动改造。（3）考验期限不同。缓刑的考验期，必须依所判刑种和刑期而确定，所判刑种和刑期的差别决定了其具有不同的法定考验期。死刑缓期执行的法定期限为 2 年。（4）法律后果不同。缓刑的法律后果，依犯罪分子在考验期内是否发生法定情形而分别为：原判的刑罚不再执行，或者撤销缓刑，把前罪与后罪所判处的刑罚，按照数罪并罚的原则处理，或者收监执行原判刑罚。死刑缓期执行的法律后果为：在缓刑期限届满时，根据犯罪人的表现，或予以减刑，或执行死刑。

（四）一般缓刑与特殊缓刑

我国刑法除规定了一般缓刑制度外，还规定了特殊缓刑制度，即战时缓刑制度。《刑法》第 449 条规定的战时缓刑制度，是对我国刑法中一般缓刑制度的重要补充，它与一般缓刑制度共同构成了我国刑法中缓刑制度的整体。根据该条规定，我国刑法中的战时缓刑，是指在战时对于被判处 3 年以下有期徒刑、没有现实危险的犯罪军人，暂缓其刑罚执行，允许其戴罪立功，确有立功表现时，可以撤销原判刑罚，不以犯罪论处的制度。

三、缓刑的适用条件

缓刑是附条件暂缓刑罚执行的制度，故其适用必须符合一定的条件。我国刑法规定的一般缓刑和战时缓刑的适用条件不尽相同。

（一）一般缓刑的适用条件

根据《刑法》第 72 条、第 74 条的规定，适用一般缓刑必须具备下列三个条件：

1. 犯罪分子被判处拘役或者 3 年以下有期徒刑的刑罚。

缓刑的附条件不执行原判刑罚的特点，决定了缓刑的适用对象只能是罪行较轻的犯罪分子。而罪行的轻重是与犯罪人被判处的刑罚轻重相适应的。我国刑法之所以将缓刑的适用对象规定为被判处拘役或 3 年以下有期徒刑的犯罪分子，就是因为这些犯罪分子的罪行较轻，社会危害性较小。相反，被判处 3 年以上有期徒刑的犯罪分子，因其罪行较重，社会危害性较大，而未被列为适用缓刑的对象。至于罪行相对更轻的被判处管制的犯罪分子，由于管制刑的特点即对犯罪人不予关押，仅限制其一定自由，故无适用缓刑之必要。所谓"3 年以下有期徒刑"，是指宣告刑而不是指法定刑。犯罪分子所犯之罪的法定刑虽然是 3 年以上有期徒刑，但他具有减轻处罚的情节，宣告刑为 3 年以下有期徒刑，也可以适用缓刑。对于一人犯数罪，犯罪人在被数罪并罚的条件下能否适用缓刑的问题，刑法学界存在不同的认识。我们认为，犯罪人实施数罪，被适用数罪并罚，决定执行的刑罚后，如果符合缓刑的条件，仍可宣告缓刑。根据 1998 年 9 月 17 日最高人民检察院法律政策研究室《关于对数罪并罚决定执行刑期为三年以下有期徒刑的犯罪分子能否适用缓刑问题的复函》和《刑法》第 72 条的规定，可以适用缓刑的对象是被判处拘役、3 年以下有期徒刑的犯罪分子；条件是根据犯罪分子的犯罪情节和悔罪表现，适用缓刑确实不致再危害社会。对于判决宣告以前犯数罪的犯罪分子，只要判决执行的刑罚为拘役、3 年以下有期徒刑，且符合根据犯罪分子的犯罪情节和悔罪表现，适用缓刑确实不致再危害社会的案件，依法可以适用缓刑。

2. 犯罪情节较轻，有悔罪表现，没有再犯罪的危险，宣告缓刑对所居住社区没有重大不良影响。

这是适用缓刑的根本条件。即有些犯罪分子虽然被判处拘役或 3 年以下有期徒刑，但是，如果其未能同时符合适用缓刑的根本条件的，就不能宣告缓刑。但必须注意的是，由于犯罪人尚未适用缓刑，因而"没有再犯罪的危险，宣告缓刑对所居住社区没有重大不良影响"只能是审判人员的一种推测或预先判断，这种推测或判断的根据，依法只能是犯罪情节较轻、犯罪人有悔罪表现。在这两个因素中，犯罪情节较轻属于已然之罪的范畴，主要表明犯罪的社会危害性较小，应当综合主观恶性与客观危害两个方面加以综合评判。犯罪人有悔罪表现属于犯罪后对所犯罪行态度的范畴，主要表明犯罪人对自己所犯之罪的认识程度、悔恨态度、改过意向等，应当根据犯罪人的罪后各种表现，并适当考虑犯罪人的一贯表现作出评判。

3. 犯罪分子不是累犯和犯罪集团的首要分子。

累犯屡教不改，主观恶性较深，有再犯之虞，适用缓刑难以防止其再犯新罪。犯罪集团的首要分子对犯罪集团的活动起组织、领导作用，其主观恶性极深、社会危害严重，需要依法严惩。所以，即使累犯和犯罪集团的首要分子被判处拘役或 3 年以下有期徒刑，也不能适用缓刑。

适用缓刑必须同时具备上述三个条件，缺一不可。根据我国刑法的规定，对于同时具备上述三个条件的犯罪分子，可以宣告缓刑。此外，根据《刑法》第 72 条第 1 款的规定，对其中不满 18 周岁的人、怀孕的妇女和已满 75 周岁的人，应当宣告缓刑。这三类主体适用缓刑也必须符合前述条件，否则不能宣告缓刑。

除《刑法》的规定外，司法解释还对缓刑适用对象作出了一定的限制，如 2012 年 8 月 8 日最高人民法院、最高人民检察院《关于办理职务犯罪案件严格适用缓刑、免予刑事处罚若干问题的意见》规定，具有下列情形之一的职务犯罪分子，一般不适用缓刑：（1）不如实供述罪行的；（2）不予退缴赃款赃物或者将赃款赃物用于非法活动的；（3）属于共同犯罪中情节严重的主犯的；（4）犯有数个职务犯罪依法实行并罚或者以一罪处理的；（5）曾因职务违纪违法行为受过行政处分的；（6）犯罪涉及的财物属于救灾、抢险、防汛、优抚、扶贫、移民、救济、防疫等特定款物的；（7）受贿犯罪中具有索贿情节的；（8）渎职犯罪中徇私舞弊情节或者滥用职权情节恶劣的；（9）其他不应适用缓刑、免予刑事处罚的情形。2013 年 10 月 23 日最高人民法院、最高人民检察院、公安部、司法部《关于依法惩治性侵害未成年人犯罪的意见》规定，对于强奸未成年人的成年犯罪分子判处刑罚时，一般不适用缓刑。

根据《刑法》第 72 条第 2 款的规定，宣告缓刑，可以根据犯罪情况，同时禁止犯罪分子在缓刑考验期限内从事特定活动，进入特定区域、场所，接触特定的人。根据 2011 年 4 月 28 日最高人民法院、最高人民检察院、公安部、司法部《关于对判处管制、宣告缓刑的犯罪分子适用禁止令有关问题的规定（试行）》第 2 条的规定，人民法院宣告禁止令，应当根据犯罪分子的犯罪原因、犯罪性质、犯罪手段、犯罪后的悔罪表现、个人一贯表现等情况，充分考虑与犯罪分子所犯罪行的关联程度，有针对性地决定禁止其在缓刑考验期限内"从事特定活动，进入特定区域、场所，接触特定的人"的一项或者几项内容。

（二）战时缓刑的适用条件

根据《刑法》第 449 条的规定，适用战时缓刑应当遵守以下三个条件：

1. 适用的时间必须是在战时。

在和平时期或非战时条件下，不能适用此种特殊缓刑。所谓战时，依据《刑法》第 451 条的规定，是指国家宣布进入战争状态，部队受领作战任务或者遭敌突然袭击时。部队执行戒严任务或者处置突发性暴力事件时，以战时论。

2. 适用的对象只能是被判处 3 年以下有期徒刑（依立法精神应含被判处拘役）的犯罪军人。

不是犯罪的军人，或者虽是犯罪的军人，但被判处的刑罚为 3 年以上有期徒刑，均不能适用战时缓刑。根据《刑法》第 74 条的规定，"对于累犯，不适用缓刑"的立法意图，应当同样适用于战时缓刑。

3. 适用战时缓刑的基本根据，是在战争条件下宣告缓刑没有现实危险。

这是战时缓刑最关键的适用条件。即使是被判处 3 年以下有期徒刑的犯罪军人，若被判断为适用缓刑具有现实危险，也不能宣告缓刑。至于宣告缓刑是否有现实危险，则应根据军人所犯罪行的性质、情节、危害程度，以及犯罪军人的悔罪表现和一贯表现作出综合评判。

四、缓刑的考验期限

缓刑考验期限，是指对被宣告缓刑的犯罪分子进行考察的一定期间。缓刑的考验期限，是缓刑制度的重要组成部分。设立考验期限的目的，在于考察被缓刑人是否接受改造、弃旧图新，以使缓刑制度发挥积极的效用。法院在宣告缓刑的同时，应当确定适当的考验期限。

《刑法》第 73 条规定："拘役的缓刑考验期限为原判刑期以上一年以下，但是不能少于二个月。有期徒刑的缓刑考验期限为原判刑期以上五年以下，但是不能少于一年。"根据这一规定，在确定考验期限时应注意以下几点：（1）缓刑考验期限的长短应以原判刑罚的长短为前提。可以等于或适当长于原判刑期，但以不超过原判刑期一倍为宜，也不能短于原判刑期。过长或过短都不能充分发挥缓刑的作用。（2）在确定具体的缓刑考验期限时，应注意原则性与灵活性相结合，根据犯罪情节和犯罪分子个人的具体情况，在法律规定的范围内决定适当的考验期限。

根据《刑法》第 73 条第 3 款的规定，缓刑的考验期限，从判决确定之日起计算。所谓"判决确定之日"，即判决发生法律效力之日。判决以前先行羁押的日期，不能折抵缓刑考验期。

根据 2011 年 4 月 28 日最高人民法院、最高人民检察院、公安部、司法部《关于对判处管制、宣告缓刑的犯罪分子适用禁止令有关问题的规定（试行）》第 6 条的规定，禁止令的期限，既可以与缓刑考验的期限相同，也可以短于缓刑考验的期限，但不得少于 2 个月。禁止令的执行期限，从缓刑执行之日起计算。

五、缓刑考验期限内的考察

缓刑考验期限内的考察，主要涉及以下几方面内容。

（一）被宣告缓刑者应当遵守的行为规范

根据《刑法》第 72 条第 2 款的规定，宣告缓刑，可以根据犯罪情况，同时禁止犯罪分子在缓刑考验期限内从事特定活动，进入特定区域、场所，接触特定的人。

根据《刑法》第 75 条的规定，被宣告缓刑的犯罪分子应当遵守下列规定：（1）遵守法律、行政法规，服从监督；（2）按照考察机关的规定报告自己的活动情况；（3）遵守考察机关关于会客的规定；（4）离开所居住的市、县或者迁居，应当报经考察机关批准。

根据《刑法》第 76 条的规定，对宣告缓刑的犯罪分子，在缓刑考验期限内，依法实行社区矫正。

（二）缓刑的考察机关

在缓刑考验期限内，依法对宣告缓刑的犯罪分子实行社区矫正。作为非监禁刑罚执行活动，社区矫正是一项综合性很强的工作，要求包括司法行政机关、公安机关在内的有关部门分工配合，并充分调动社会力量加以推进。根据 2011 年 4 月 28 日最高人民法院、最高人民检察院、公安部、司法部《关于对判处管制、宣告缓刑的犯罪分子适用禁止令有关问题的规定（试行）》第 9 条的规定，禁止令由司法行政机关指导管理的社区矫正机构负责执行。

（三）缓刑的考察内容

根据《刑法》第 76 条的规定，缓刑考察的内容，就是考察被宣告缓刑的犯罪分子在缓刑考验期限内，是否具有《刑法》第 77 条规定的情形，即是否再犯新罪或者发现漏罪，以及是否违反法律、行政法规或者国务院有关部门关于缓刑的监督管理规定，或者是否违反人民法院判决中的禁止令，情节严重的。若没有发生《刑法》第 77 条规定的情形，缓刑考验期满，原判刑罚就不再执行，并公开予以宣告。

六、缓刑的法律后果

（一）一般缓刑的三种法律后果

根据《刑法》第 76 条、第 77 条的规定，一般缓刑的法律后果有以下三种：

（1）被宣告缓刑的犯罪分子，在缓刑考验期限内，没有《刑法》第 77 条规定的情形，缓刑考验期满，原判的刑罚就不再执行，并公开予以宣告。

（2）被宣告缓刑的犯罪分子，在缓刑考验期限内再犯新罪或者发现判决宣告以前还有其他罪没有判决的，应当撤销缓刑，对新犯的罪或者新发现的罪作出判决，把前罪和后罪所判处的刑罚，依照《刑法》第 69 条的规定，决定执行的刑罚。

（3）被宣告缓刑的犯罪分子，在缓刑考验期限内，违反法律、行政法规或者国务院有关部门关于缓刑的监督管理规定，或者违反人民法院判决中的禁止令，情节严重的，应当撤销缓刑，执行原判刑罚。

（二）把握缓刑的法律后果应注意的问题

把握缓刑的法律后果，应当注意以下三个问题：

（1）根据 1997 年 9 月 25 日最高人民法院《关于适用刑法时间效力规定若干问题的解释》第 6 条的规定，1997 年 9 月 30 日以前犯罪被宣告缓刑的犯罪分子，在 1997 年 10 月 1 日以后的缓刑考验期间又犯新罪、被发现漏罪或者违反法律、行政法规或者国务院公安部门有关缓刑的监督管理规定，情节严重的，适用《刑法》第 77 条的规定，撤销缓刑。

（2）根据 2016 年 11 月 14 日最高人民法院《关于办理减刑、假释案件具体应用法律的规定》第 18 条的规定，对被宣告缓刑的犯罪分子，一般不适用减刑。如果在缓刑考验期间有重大立功表现的，可以参照《刑法》第78条的规定，予以减刑，同时相应地缩减其缓刑考验期限。缩减后，拘役的缓刑考验期限不能少于2个月，有期徒刑的缓刑考验期限不能少于1年。

（3）根据2002年4月10日最高人民法院《关于撤销缓刑时罪犯在宣告缓刑前羁押的时间能否折抵刑期问题的批复》的规定，对被宣告缓刑的犯罪分子撤销缓刑执行原判刑罚的，对其在宣告缓刑前羁押的时间应当折抵刑期。

此外，根据《刑法》第72条第3款的规定，缓刑的效力不及于附加刑，即被宣告缓刑的犯罪分子，如果被判处附加刑，附加刑仍须执行。因而，无论缓刑是否撤销，所判处的附加刑均须执行。

参考案例 14-7

2008年10月8日，被告人杨某、吴某乘坐某次旅客列车，进入软卧车厢，由吴某放哨，杨某进入2号包房，从5号下铺旅客的一个黑提包内盗出一个信封，内有人民币2 700元、美元600元、出国护照和海关旅客行李申报单。杨某、吴某行窃后，立即下车逃走。二人将赃款用于吸毒和赌博。2010年5月26日，二人被捕。归案后，杨某检举揭发了他人4起盗窃案件。某铁路运输法院经过公开审理后认为，被告人杨某、吴某在旅客列车上盗窃他人财物，数额巨大，其行为均已构成盗窃罪。杨某是主犯，应予严惩，因其归案后有立功表现，可以减轻处罚。吴某是从犯，认罪态度较好，可以从轻处罚。一审判决如下：被告人杨某犯盗窃罪，判处有期徒刑3年，缓刑5年；被告人吴某犯盗窃罪，判处有期徒刑5年。宣判后，杨某、吴某没有提出上诉。一审判决生效后，某铁路运输中级法院从有关信息中发现，杨某、吴某走上犯罪道路的直接原因是吸毒，在盗窃之后将大部分赃款用于吸毒和赌博。该中级法院认为，杨某是从吸毒发展到盗窃犯罪的，盗窃数额巨大，又系主犯，适用缓刑不当，于是按照审判监督程序对此案进行提审。经查明：被告人杨某在一审法院审理过程中，隐瞒了曾因抢夺、盗窃行为被劳动教养和被判处有期徒刑1年的事实。杨某从2008年开始吸毒，此次因盗窃罪被判处徒刑缓刑后，继续吸毒，经常旷工，原单位也不愿意接收他。该中级人民法院认为，原审认定的犯罪事实清楚，证据确实、充分，定性准确，对被告人吴某的量刑适当，但对被告人杨某量刑失轻，适用缓刑不当，故改判如下：维持一审法院判决对杨某的定罪部分和对吴某的定罪量刑部分，撤销一审判决对杨某的量刑部分，改判被告人杨某有期徒刑4年。

【引例评析】

根据引例的介绍，林某在重庆市高级人民法院对其受贿、玩忽职守案进行二审审理期间，检举揭发原綦江县委书记张某受贿的线索，经查证属实，按照《刑法》第68条第1款和1998年4月6日通过、同年5月9日施行的《最高人民法院关于处理自首和立功具体应用法律若干问题的解释》的规定，林某的行为构成重大立功，可以减轻处罚或者免除处罚。对于这一点，在理解上应无困难。因此，在此我们主要讨论下面的问题：像林某这样犯有数罪，但具有法定从轻或者减轻处罚情节的，应如何从轻或者减轻处罚？对于这一问题，法律没有明确规定。实践中一般有两种做法：一是对数罪中各罪分别定罪量刑，按照数罪并罚原则首先确定决定执行的刑罚，再考虑立功情节，对决定执行的刑罚予以从轻或者减轻处罚；二是对数罪分别量刑时，先考虑立功情节，对个罪依法从轻或者减轻处罚，然后再按照数罪并罚的原则，决定执行的刑罚。我们认为，从立法原则看，第二种做法更符合《刑法》第62条、第63条的规定，实践中亦便于操作。因为从轻处罚是指在法定刑幅度内选择判处比没有该情节时相对较轻的刑种或较短的刑期，而减轻处罚则是指在法定刑以下处以刑罚。如果按第一种做法，人民法院对数罪决定执行刑罚后，再考虑从轻或者减轻处罚，那么，这种从轻或者减轻处罚，是根据被告人所犯哪一罪名的法定刑幅度从轻或者减轻，就无法确定，也无法审查对每一个罪的量刑是否适当。因此，第一种做法是不可取的，实际上也无法操作。适用第二种做法，可参考数罪并罚原则，如数罪中有判处无期徒刑、死刑的，可只对无期徒刑、死刑依法予以从轻或者减轻处罚，这样也就达到了对被告人予以从轻或者减轻处罚的目的；如数罪均为有期徒刑以下刑罚的，可只对主要的一两个罪予以从轻或减轻处罚，这同样可以明显缩短总和刑期。另外，一般情况下，如果决定对被告人予以减轻处罚，在对数罪中的个罪分别量刑时，应只能减轻，而不能对有的罪予以减轻、有的罪则予以从轻。

【本章小结】

刑罚裁量是一种刑事司法活动，是根据犯罪的具体情况进行综合裁量的过程，包括对已经构成犯罪的被告人是否需要判处刑罚的确认；对犯罪人应当适用的刑种和刑度的确认；对犯罪人适用刑罚方式与制度的确认等。刑罚的裁量必须遵循以犯罪事实为依据，以刑法为准绳的原则，还要综合考虑各种情节。刑罚裁量的情节包括法定情节和酌定情节。刑罚裁量制度是对犯罪人在裁量刑罚的过程中，根据具体情况而适用的不同制度。我国的刑罚裁量制度包括累犯、自首、坦白、立功、数罪并罚和缓刑等制度。累犯是被判处一定刑罚处罚的犯罪分子，在刑罚执行完毕或者赦免以后，在法定期限内又犯一定之罪的情况。累犯分一般累犯和特殊累犯。自首、坦白和立功是我国刑法所规定的对犯罪人可以从宽处罚的三种刑罚裁量制度。刑事和解是指双方当事人可以和解的制度。认罪认罚总体上属于法定情节中的总则性情节。数罪并罚是对一人犯数罪的合并处罚。在具体适用时，必须遵循特定的原则，并区别不同情况适用相应的并罚规则。缓刑则是针对被判处拘役或 3 年以下有期徒刑的犯罪人，有条件地不执行原判刑罚的制度。缓刑不是独立刑种，不同于免除处罚和监外执行，更不同于死刑缓期 2 年执行。对于犯罪的军人，我国刑法还规定了区别于一般缓刑的特殊缓刑。

【练习题】

一、名词解释

刑罚裁量情节　自动投案　立功　刑事和解　认罪认罚　限制加重原则

二、思考题

1. 简述累犯的概念、种类及构成条件。
2. 如何理解一般自首的概念及成立条件？
3. 什么是数罪并罚？如何适用数罪并罚？
4. 试述缓刑的概念、种类及适用条件。

三、案例分析题

1. 姜某，2017 年 10 月因在家中聚众赌博，被判处有期徒刑 1 年 6 个月，并处罚金 6 000 元，宣告缓刑 2 年。2019 年 10 月，在缓刑考验期届满前某日，姜某上夜班时，因车间停电，便用打火机照明，不慎引起汽油燃烧，造成火灾，直接经济损失达 10 万余元。在羁押期间，姜某交代其在 2017 年年初因债主逼取赌债，盗窃本单位财务室 2 000 元，经查证属实。经审理，撤销其缓刑，以失火罪判处姜某有期徒刑 1 年，以盗窃罪判处有期徒刑 1 年，与赌博罪并罚后，决定执行有期徒刑 3 年。

问题：

(1) 对姜某先前的缓刑判决是否正确？

(2) 在缓刑期间，又犯新罪的，应如何处理？

(3) 在缓刑期间，发现漏罪的，应如何处理？

(4) 姜某主动交代其在 2017 年年初盗窃本单位财务室 2 000 元的行为，属于何种量刑情节？应如何处理？

(5) 姜某因数罪并罚被判处有期徒刑 3 年，可否再适用缓刑？

(6) 姜某在缓刑期间，既犯失火罪，又发现漏罪，是否属于累犯？

分析要点提示：

(1) 缓刑判决是正确的。

(2) 应当撤销缓刑，将新罪与原判决并罚。

(3) 应当撤销缓刑，将漏罪与原判决并罚。

(4) 属于自首。可以从轻或者减轻处罚。

（5）可以适用缓刑。姜某被判处 3 年有期徒刑，只要根据犯罪情节和悔罪表现，认为其确实不致再危害社会又不是累犯的，就可以适用缓刑。

（6）不属于累犯。累犯前后两罪均应为故意犯罪，而失火罪是过失犯罪。漏罪是在刑罚执行前犯下的，而不是在刑罚执行完毕后犯下的，也不构成累犯。

2. 2007 年 5 月，李某因犯抢劫罪和强奸罪被判处有期徒刑 16 年。2020 年 5 月，李某被假释。2022 年 8 月的某日，李某盗窃一辆价值 8 万余元的汽车而未被发现。2024 年 3 月，李某因参与抢劫而被捕，交代了其在假释考验期内盗窃汽车的犯罪事实。

问题：

（1）对李某假释考验期内的盗窃行为应如何处理？

（2）对李某假释考验期满后的抢劫罪应如何处理？

（3）对李某的最后刑罚应如何确定？

分析要点提示：

（1）对李某假释考验期内的盗窃罪应当依法作出判决，把以前因犯抢劫罪和强奸罪被判处的 16 年有期徒刑尚未执行的刑罚，与盗窃罪的刑罚按照数罪并罚的原则实行并罚。同时，考虑到李某对于盗窃行为具有自首的法定情节，可以依法从宽处罚。

（2）李某假释考验期满后的抢劫罪因是在假释考验期满后的 5 年内实施的，构成累犯，应当从重处罚。

（3）首先，对李某所犯的盗窃罪作出判决。其次，把盗窃罪所判处的刑罚和未执行完的刑罚，在总和刑期以下、数刑中最高刑期以上决定应当执行的刑罚。再次，对李某的抢劫罪按累犯从重处罚。最后，把抢劫罪所判处的刑罚与前面所判处的刑罚即第二步所确定的刑罚，按照数罪并罚的原则决定应当执行的刑罚。

第十五章　刑罚执行制度

【本章引例】

被告人汪某，原任某工程建设总公司工程师，因在一援外项目中，利用多开发票、虚假开支等手段贪污援外款 14 万余元，被某市中级人民法院以贪污罪判处有期徒刑 12 年。服刑期间，汪某积极改造，并配合管教人员为所在监狱的短期犯人开设建筑工人技术培训课，获得好评，并多次获得奖励。1999 年 10 月，汪某服刑满 8 年 6 个月后，其所在监狱根据汪某的平时表现，向某市中级人民法院提出了假释建议书。某市中级人民法院依法组成合议庭予以审理后，认为汪某符合假释条件，于 1999 年 11 月裁定对汪某予以假释。

【本章学习目标】

通过本章的学习，你应该能够：

1. 掌握刑罚执行的概念及原则；
2. 掌握减刑的概念及条件；
3. 掌握假释的概念、条件及法律后果。

第一节　刑罚执行概述

一、刑罚执行的概念与特征

（一）刑罚执行的概念

刑罚执行，是指有刑罚执行权的司法机关，根据人民法院已经发生法律效力的判决所确定的刑罚，将刑罚内容付诸实施的刑事司法活动。

（二）刑罚执行的特征

刑罚执行是国家刑事司法活动的重要组成部分，其具有如下特征：

1. 刑罚执行的主体是有行刑权的司法机关。

刑罚执行应当由法律规定的特定司法机关负责。根据我国刑法和刑事诉讼法的相关规定，人民法院负责死刑、罚金和没收财产的执行，无罪或免除刑罚的判决也由人民法院执行；监狱负责死刑缓期 2 年执行、无期徒刑、有期徒刑的执行；看守所负责剩余刑期在 3 个月以下的有期徒刑的执行；未成年犯管教所负责对未成年犯所判无期徒刑、有期徒刑的执行；公安机关负责拘役、剥夺政治权利的执行；人民检察院负责对刑罚执行活动的合法性进行监督。根据《中华人民共和国社区矫正法》的规定，对被判处管制、宣告缓刑、假释和暂予监外执行的罪犯，依法实行社区矫正。县级以上地方人民政府根据需要设置社区矫正机构，负责社区矫正工作的具体实施。

2. 刑罚执行的对象是被定罪判刑的罪犯。

刑罚执行是定罪、量刑之后的刑事司法活动，行刑机关在任何情况下都不能在定罪量刑之前对任何人执行刑罚。行为人的行为虽然已构成犯罪，但如果人民法院判决免予刑事处罚的，由于没有给予实际的刑罚处罚，因此也谈不上刑罚执行问题。

3. 刑罚执行的内容是依照人民法院的判决、裁定对犯罪人执行刑罚。

这是刑罚执行不同于刑罚制定和量刑活动的主要特征。刑罚执行作为国家刑事活动的一部分，具有刑事活动的共性，但又是相对独立的阶段。刑事审判阶段的主要内容是解决定罪与量刑的问题，而作为刑事审判结果的宣告刑，其法律效力还有待于通过刑罚执行活动得以实现。所以刑罚执行的内容是使人民法院的刑事判决所确定的刑罚付诸实施。

4. 刑罚执行的依据是人民法院已经生效的判决、裁定。

刑罚执行的内容虽然是以人民法院的判决、裁定为前提，但是，并不是说人民法院作出判决、裁定以后，就立即执行刑罚。根据《刑事诉讼法》第 259 条的规定，判决和裁定在发生法律效力后执行。该条同时规定，发生法律效力的判决和裁定是指已过法定期限没有上诉、抗诉的判决和裁定、终审的判决和裁定以及最高人民法院核准的死刑判决和高级人民法院核准的死刑缓期 2 年执行的判决。只有上述判决和裁定所确定的刑罚才能执行。

综合上述特征，可以看出，刑罚执行是刑事司法活动不可缺少的重要组成部分。只有通过刑罚的执行，使判决所确定的刑罚转化为对犯罪分子的实际惩罚，才能实现国家的刑罚权，体现国家法律的公正和威严，从而警戒社会上的少数不稳定分子，使其不敢以身试法，起到刑罚对犯罪的一般预防的作用。也只有通过刑罚的执行，剥夺和限制犯罪分子的某些权利，并坚持惩罚与改造、教育相结合的原则，才能促使他们认罪悔罪，弃恶从善，不再危害社会，达到刑罚特殊预防的目的。

二、刑罚执行的原则

刑罚执行的原则，是指在刑罚执行过程中必须遵循的基本准则。它是从刑罚的功能和目的中派生出来的，并受国家刑事立法与司法等基本政策的制约。《中华人民共和国监狱法》第 3 条明确规定："监狱对罪犯实行惩罚和改造相结合、教育和劳动相结合的原则，将罪犯改造成为守法公民。"据此，刑罚执行包括以下几个原则。

（一）教育性原则

刑罚执行的教育性原则，是指从教育改造罪犯的目的出发，采用潜移默化或者善意劝导的方式，而不是单纯以强制压服的方法，使犯罪人的思想和行为逐渐良性化。刑罚执行的内容是将刑罚付诸实施，把惩罚落实在罪犯身上，使之感受到由于犯罪所得到的否定的法律评价。但是惩罚本身不是目的而是为了教育。为了将罪犯改造成新人，在行刑中，教育与劳动是改造罪犯的两个基本手段，二者互为补充，相辅相成，但是应以教育为主，劳动为辅。因此，"改造第一，生产第二"是劳动改造罪犯活动的基本方针。当然，刑罚执行中实行的教育改造，也不能脱离惩罚而存在，而是在强制下的教育改造。

（二）个别化原则

刑罚执行的个别化原则，是指在刑罚执行过程中，应当根据犯罪人的人身危险性、再犯可能性的大小，以及个人生活的需要等情况，给予不同的处遇和采取不同的教育改造方式的制度。因为刑罚的执行，必须依犯罪人的年龄、性别、性格特点、生理特点、犯罪性质、罪行严重程度、人身危险性等情况，因人施教，给予不同处遇和采用不同的改造方法，才能取得教育改造的效果。

刑罚执行的个别化，是刑罚处罚个别化在行刑司法领域中的体现，它一直贯穿于我国的刑罚执行实践中，是我国对罪犯进行教育改造的基本原则之一。

（三）人道性原则

刑罚执行的人道性原则作为刑罚执行原则之一，是伴随着资产阶级人道主义思想的兴起而出现的。所谓人道性原则，是指在刑罚执行过程中，要把罪犯当作人看待，尊重罪犯人格尊严，不体罚虐待罪犯，应保证罪犯所享有的各种法定权利，切实关心罪犯的生活并给予相应的物质保证。罪犯虽然是刑罚执行的对象，但也是人，因而享有人的基本权利。刑罚执行机构应当尊重罪犯的人格，着重教育、感化罪犯，促使其重新做人，禁止使用残酷的、不人道的刑罚方法。

（四）社会化原则

刑罚执行的社会化原则，是指在刑罚执行的过程中，要调动监狱外的一切社会积极因素，合力救助、教育改造犯罪分子并保证和巩固刑罚执行的效果，确保行刑目的的实现。

在刑罚执行中应当认真贯彻"三个延伸"的刑事政策，以保证行刑社会化原则的实现。即在改造工作的时间上，以服刑期间为中心向前延伸，在揭露、证实违法犯罪的过程中，动员社会各方力量对罪犯进行教育和帮助；在改造工作的空间上，以执行场所为中心向外延伸，改变封闭的教育改造方式，缩小受刑人与社会的隔绝，实行开放、半开放的执行方式；在刑罚执行完毕后，还应以此为中心向后延伸，搞好受刑人出狱后的安置和继续帮教工作。

在我国，目前刑罚执行的社会化实践可以分为两个方面：一是监狱内执行的社会化；二是监狱外执行的社会化。其中，监狱内执行刑罚的社会化实践，主要是通过建立监狱内部与社会各方面之间的联系来达到改造罪犯成为新人的目的。而监狱外执行刑罚则是指在一定条件下将罪犯放到监狱之外执行刑罚的制度。一般来说，监狱外执行刑罚是刑罚执行的社会化原则最明显和最集中的体现。

由于刑罚的执行方法，已在第十三章中加以阐述，本章仅就我国刑法规定的刑罚执行制度，即减刑、假释两种具体的刑罚执行制度予以阐述。

第二节　减　刑

一、减刑的概念和意义

减刑，是指对被判处管制、拘役、有期徒刑或者无期徒刑的犯罪分子，因其在刑罚执行期间认真遵守监规，接受教育改造，确有悔改或者立功表现，而适当减轻其原判刑罚的制度。所谓减轻原判刑罚，可以是将较重的刑种减为较轻的刑种，如将无期徒刑减为有期徒刑；也可以将较长的刑期减为较短的刑期，如将原判有期徒刑 10 年减为有期徒刑 8 年。应当说明，这只是狭义上的减刑概念，广义上的减刑还包括：死刑缓期 2 年执行的变更、其他主刑与附加刑的变更和特赦的减刑与免刑等。本节所阐述的减刑，是指《刑法》第 78 条规定的狭义的减刑。

减刑不同于刑罚裁量过程中的减轻处罚。减轻处罚发生在人民法院对犯罪分子裁量刑罚的过程中，是对具有减轻处罚情节的犯罪分子在法定刑以下判处刑罚。减刑则发生在对犯罪分子执行刑罚的过程中，是将犯罪分子的原判刑罚予以适当减轻。

减刑不同于改判。改判是原判决在认定事实或者适用法律确有错误时，依照第二审程序或者审判监督程序，撤销原判决，重新判决。它主要是刑事诉讼程序上的问题，是对原判决错误的纠正。减刑则是在肯定原判决的基础上，根据犯罪分子在刑罚执行期间的表现，按照法定条件和程序，将原判刑罚予以适当减轻。它是一种刑罚执行制度。

减刑是我国长期改造罪犯中行之有效的制度。它体现了我国对犯罪分子实行的"宽严相济"、"惩罚与教育相结合"和"给出路"的政策，对于促进犯罪分子的改造，督促他们认罪悔罪，将他们改造成为守法公民，具有重要的意义。

二、减刑的条件

根据《刑法》第 78 条的规定，减刑分为"可以减刑"和"应当减刑"两种。可以减刑与应当减刑的对象条件和限度条件相同，只是实质条件有所区别。对于犯罪分子适用减刑，必须符合下列条件。

（一）减刑的对象条件

减刑的对象是被判处管制、拘役、有期徒刑或者无期徒刑的犯罪分子。根据 2016 年 11 月 14 日最高人民法院《关于办理减刑、假释案件具体应用法律的规定》第 18 条的规定，被判处拘役或者 3 年以下有期徒刑，并宣告缓刑的犯罪分子，一般不适用减刑。如果在缓刑考验期间有重大立功表现的，也可以成为减刑的对象。

（二）减刑的实质条件

减刑的实质条件，因减刑的种类不同而有所区别。

1. 确有悔改或立功表现。

可以减刑的实质性条件是，犯罪分子在刑罚执行期间，认真遵守监规，接受教育改造，确有悔改或立功表现。根据 2016 年 11 月 14 日最高人民法院《关于办理减刑、假释案件具体应用法律的规定》第 3 条、第 4 条的规定，"确有悔改表现"是指同时具备以下四个方面的情形：（1）认罪悔罪；（2）认真遵守法律法规及监规，接受教育改造；（3）积极参加思想、文化、职业技术教育；（4）积极参加劳动，努力完成劳动任务。对职务犯罪、破坏金融管理秩序和金融诈骗犯罪、组织（领导、参加、包庇、纵容）黑社会性质组织犯罪等罪犯，不积极退赃、协助追缴赃款赃物、赔偿损失，或者服刑期间利用个人影响力和社会关系等不正当手段意图获得减刑、假释的，不认定其"确有悔改表现"。罪犯在刑罚执行期间的申诉权利应当依法保护，对其正当申诉不能不加分析地认为是不认罪悔罪。对依照《刑法》分则第八章贪污贿赂罪判处刑罚的原具有国家工作人员身份的罪犯，2019 年 4 月 24 日最高人民法院《关于办理减刑、假释案件具体应用法律的补充规定》第 1 条规定，对拒不认罪悔罪的，或者确有履行能力而不履行或者不全部履行生效裁判中财产性判项的，一般不予减刑。根据 2024 年 4 月 29 日最高人民法院《关于办理减刑、假释案件审查财产性判项执行问题的规定》第 1 条、第 4 条的规定，人民法院办理减刑案件必须审查原生效刑事或者刑事附带民事裁判中财产性判项的执行情况，以此作为判断罪犯是否确有悔改表现的因素之一。财产性判项是指生效刑事或者刑事附带民事裁判中确定罪犯承担的被依法追缴、责令退赔、罚金、没收财产判项，以及民事赔偿义务等判项。罪犯有财产性判项履行能力的，应在履行后方可减刑。罪犯确有履行能力而不履行的，不予认定其确有悔改表现，除法律规定情形外，一般不予减刑。罪犯确无履行能力的，不影响对其确有悔改表现的认定。

"立功表现"是指具有下列情形之一的：（1）阻止他人实施犯罪活动的；（2）检举、揭发监狱内外犯罪活动，或者提供重要的破案线索，经查证属实的；（3）协助司法机关抓捕其他犯罪嫌疑人的；（4）在生产、科研中进行技术革新，成绩突出的；（5）在抗御自然灾害或者排除重大事故中，表现积极的；（6）对国家和社会有其他较大贡献的。第（4）项、第（6）项中的技术革新或者其他较大贡献应当由罪犯在刑罚执行期间独立或者为主完成，并经省级主管部门确认。

参考案例 15-1

周某，男，42 岁，某国有公司总经理。周某 1997 年因犯贪污罪、受贿罪被数罪并罚决定执行有期徒刑 3 年，宣告缓刑 4 年。原判决发生法律效力后，罪犯周某即交付执行机关某公安分局执行。罪犯周某在缓刑考验期内认罪服法，遵守国家法律和公安部制定的管理规定，定期参加法制学习，生产劳动积极，接受群众监督，有悔罪表现。1999 年 7 月 25 日，周某行至一偏僻小街，听见有妇女高喊："抓流氓！"他急忙四处搜寻，发现一歹徒正在强奸一名女子。周某立即冲上前去，与歹徒展开了搏斗，后与赶来的其他群众一起将歹徒扭送到公安机关。周某在与歹徒搏斗中身中三刀。为此，当地党委和人民政府授予周某"见义勇为先进个人"称号。刑罚执行机关某公安分局根据罪犯周某在缓刑考验期间的表现，在《提请减刑意见书》中认为，罪犯周某在缓刑考验期间确有悔改和立功表现，依照《中华人民共和国刑事诉讼法》第 221 条（现为第 273 条）第 2 款的规定，建议对罪犯周某减刑 1 年，缩减缓刑考验期 2 年。

2. 有重大立功表现。

应当减刑的实质性条件是，犯罪分子在刑罚执行期间有重大立功表现。根据《刑法》第 78 条的规定，犯罪分子在刑罚执行期间有下列情形之一的，即认为是重大立功表现，应当减刑：（1）阻止他人重大犯罪活动的；（2）检举监狱内外重大犯罪活动，经查证属实的；（3）有发明创造或者重大技术革新的；（4）在日常生产、生活中舍己救人的；（5）在抗御自然灾害或者排除重大事故中，有突出表现的；（6）对国家和社会有其他重大贡献的。根据 2016 年 11 月 14 日最高人民法院《关于办理减刑、假释案件具体应用法律的规定》第 5 条的规定，协助司法机关抓捕其他重大犯罪嫌疑人的，应当认定为有"重大立功表现"。

另外，把握适用减刑的实质条件，根据 2016 年 11 月 14 日最高人民法院《关于办理减刑、假释案件具体应用法律的规定》第 19 条、第 20 条的规定，还须特别注意以下问题：

第一，对在报请减刑前的服刑期间不满 18 周岁，且所犯罪行不属于《刑法》第 81 条第 2 款规定情形的罪犯，认罪悔罪，遵守法律法规及监规，积极参加学习、劳动，应当视为确有悔改表现。

第二，老年罪犯、患严重疾病罪犯或者身体残疾罪犯减刑时，应当主要考察其认罪悔罪的实际表现。

此外，根据 1997 年 10 月 29 日《最高人民法院印发〈关于办理减刑、假释案件具体应用法律若干问题的规定〉的通知》的规定，对罪行严重的危害国家安全的罪犯，犯罪集团的首要分子、主犯和累犯的减刑，应当特别慎重，严格掌握。对确属应当减刑的，主要根据其改造的表现，同时也要考虑原判的情况，作出相应决定。

根据 2021 年 12 月 1 日最高人民法院、最高人民检察院、公安部、司法部《关于加强减刑、假释案件实质化审理的意见》的规定，对于检举、揭发监狱内外犯罪活动，或者提供重要破案线索的，应当注重审查线索的来源。对于揭发线索来源存疑的，应当进一步核查，如果查明线索系通过贿买、暴力、威胁或者违反监规等非法手段获取的，不认定罪犯具有立功或者重大立功表现。对于技术革新、发明创造，应当注重审查罪犯是否具备该技术革新、发明创造的专业能力和条件，对于罪犯明显不具备相应专业能力及条件、不能说明技术革新或者发明创造原理及过程的，不认定罪犯具有立功或者重大立功表现。对于阻止他人实施犯罪活动，协助司法机关抓捕其他犯罪嫌疑人，在日常生产、生活中舍己救人，在抗御自然灾害或者排除重大事故中有积极或者突出表现的，除应当审查有关部门出具的证明材料外，还应当注重审查能够证明上述行为的其他证据材料，对于罪犯明显不具备实施上述行为能力和条件的，不认定罪犯具有立功或者重大立功表现。"较大贡献"或者"重大贡献"，是指对国家、社会具有积极影响，而非仅对个别人员、单位有贡献和帮助。对于罪犯在警示教育活动中现身说法的，不认定罪犯具有立功或者重大立功表现。罪犯未履行或者未全部履行财产性判项，具有下列情形之一的，不认定罪犯确有悔改表现：（1）拒不交代赃款、赃物去向；（2）隐瞒、藏匿、转移财产；（3）有可供履行的财产拒不履行。无特殊原因狱内消费明显超出规定额度标准的，一般不认定罪犯确有悔改表现。

（三）减刑的限度条件

对犯罪分子适用减刑的时候，必须遵守刑法规定的对减刑的限度条件，即减刑的幅度必须适当。减刑幅度过大或过少，均不利于犯罪分子的改造。根据《刑法》第 78 条的规定，犯罪分子经过一次或者几次减刑以后实际执行的刑期，判处管制、拘役、有期徒刑的，不能少于原判刑期的 1/2；判处无期徒刑的，不能少于 13 年；人民法院依照《刑法》第 50 条第 2 款规定限制减刑的死刑缓期执行的犯罪分子，缓期执行期满后依法减为无期徒刑的，不能少于 25 年，缓期执行期满后依法减为 25 年有期徒刑的，不能少于 20 年。根据 2016 年 11 月 14 日最高人民法院《关于办理减刑、假释案件具体应用法律的规定》，被判处死刑缓期执行的罪犯经过一次或者几次减刑后，其实际执行的刑期不得少于 15 年，死刑缓期执行期间不包括在内；被判处有期徒刑罪犯减刑时，对附加剥夺政治权利的期限可以酌减。酌减后剥夺政治权利的期限，不得少于 1 年。被判处死刑缓期执行、无期徒刑的罪犯减为有期徒刑时，经过一次或者几次减刑后，最终剥夺政治权利的期限不得少于 3 年；被判处拘役或者 3 年以下有期徒刑，并宣告缓刑的罪犯，在缓刑考验期内有重大立功表现的，可以参照《刑法》第 78 条的规定予以减刑，同时应当依法缩减其缓刑考验期。缩减后，拘役的缓刑考验期限不得少于 2 个月，有期徒刑的缓刑考验期限不得少于 1 年。所谓实际执行的刑期，是指判决执行后犯罪分子实际服刑的期限。判决前先行羁押的，羁押期应当计入实际执行的刑期之内。此外，根据 2011 年 4 月 25 日最高人民法院《关于〈中华人民共和国刑法修正案（八）〉时间效力问题的解释》第 7 条的规定，2011 年 4 月 30 日以前犯罪，被判处无期徒刑的罪犯，减刑以后实际执行的刑期，适用修正前《刑法》第 78 条第 2 款的规定。

与减刑的限度密切相关的，是减刑的幅度、减刑的起始时间和间隔时间问题。对此，2016 年 11 月 14 日最高人民法院《关于办理减刑、假释案件具体应用法律的规定》作出了相应规定，可供参照。

1. 减刑的幅度。

根据 2016 年 11 月 14 日最高人民法院《关于办理减刑、假释案件具体应用法律的规定》第 6 条、第 7 条、第 8 条、第 9 条、第 10 条、第 11 条、第 13 条、第 16 条、第 19 条、第 20 条、第 21 条的规定：

（1）有期徒刑罪犯在刑罚执行期间，符合减刑条件的，减刑幅度为：确有悔改表现或者有立功表现的，一次减刑不超过 9 个月有期徒刑；确有悔改表现并有立功表现的，一次减刑不超过 1 年有期徒刑；有重大立功表现的，一次减刑不超过 1 年 6 个月有期徒刑；确有悔改表现并有重大立功表现的，一次减刑不超过 2 年有期徒刑。

对符合减刑条件的职务犯罪罪犯，破坏金融管理秩序和金融诈骗犯罪罪犯，组织、领导、参加、包庇、纵容黑社会性质组织犯罪罪犯，危害国家安全犯罪罪犯，恐怖活动犯罪罪犯，毒品犯罪集团的首要分子及毒品再犯，累犯，确有履行能力而不履行或者不全部履行生效裁判中财产性判项的罪犯，被判处 10 年以下有期徒刑的，减刑幅度应当比照前述规定从严掌握，一次减刑不超过 1 年有期徒刑。对被判处 10 年以上有期徒刑的前述罪犯，以及因故意杀人、强奸、抢劫、绑架、放火、爆炸、投放危险物质或者有组织的暴力性犯罪被判处 10 年以上有期徒刑的罪犯，数罪并罚且其中两罪以上被判处 10 年以上有期徒刑的罪犯，减刑幅度应当从严掌握，一次减刑不超过 1 年有期徒刑。

（2）无期徒刑罪犯在刑罚执行期间，符合减刑条件的，减刑幅度为：确有悔改表现或者有立功表现的，可以减为 22 年有期徒刑；确有悔改表现并有立功表现的，可以减为 21 年以上 22 年以下有期徒刑；有重大立功表现的，可以减为 20 年以上 21 年以下有期徒刑；确有悔改表现并有重大立功表现的，可以减为 19 年以上 20 年以下有期徒刑。无期徒刑罪犯减为有期徒刑后再减刑时，减刑幅度依照有期徒刑犯减刑的规定执行。

对被判处无期徒刑的职务犯罪罪犯，破坏金融管理秩序和金融诈骗犯罪罪犯，组织、领导、参加、包庇、纵容黑社会性质组织犯罪罪犯，危害国家安全犯罪罪犯，恐怖活动犯罪罪犯，毒品犯罪集团的首要分子及毒品再犯，累犯以及因故意杀人、强奸、抢劫、绑架、放火、爆炸、投放危险物质或者有组织的暴力性犯罪的罪犯，确有履行能力而不履行或者不全部履行生效裁判中财产性判项的罪犯，数罪并罚被判处无期徒刑的罪犯，符合减刑条件的，减刑幅度应当从严掌握，减刑后的刑期最低不得少于 20 年有期徒刑；减为有期徒刑后再减刑时，减刑幅度从严掌握，一次不超过 1 年有期徒刑。

（3）被判处死刑缓期执行的罪犯减为无期徒刑后，符合减刑条件的，减刑幅度为：确有悔改表现或者有立功表现的，可以减为 25 年有期徒刑；确有悔改表现并有立功表现的，可以减为 24 年以上 25 年以下有期徒刑；有重大立功表现的，可以减为 23 年以上 24 年以下有期徒刑；确有悔改表现并有重大立功表现的，可以减为 22 年以上 23 年以下有期徒刑。被判处死刑缓期执行的罪犯减为有期徒刑后再减刑时，比照无期徒刑犯减刑的规定办理。

对被判处死刑缓期执行的职务犯罪罪犯，破坏金融管理秩序和金融诈骗犯罪罪犯，组织、领导、参加、包庇、纵容黑社会性质组织犯罪罪犯，危害国家安全犯罪罪犯，恐怖活动犯罪罪犯，毒品犯罪集团的首要分子及毒品再犯，累犯以及因故意杀人、强奸、抢劫、绑架、放火、爆炸、投放危险物质或者有组织的暴力性犯罪的罪犯，确有履行能力而不履行或者不全部履行生效裁判中财产性判项的罪犯，数罪并罚被判处死刑缓期执行的罪犯，减为无期徒刑后，符合减刑条件的，一般减为 25 年有期徒刑，有立功表现或者重大立功表现的，可以比照前述规定减为 23 年以上 25 年以下有期徒刑；减为有期徒刑后再减刑时，减刑幅度比照有期徒刑犯的减刑从严掌握，一次不超过 1 年有期徒刑。

被限制减刑的死刑缓期执行罪犯，减为无期徒刑后，符合减刑条件的，执行 5 年以上方可减刑。

（4）被判处管制、拘役的罪犯，以及判决生效后剩余刑期不满 2 年有期徒刑的罪犯，符合减刑条件的，可以酌情减刑，但实际执行的刑期不得少于原判刑期的二分之一。

（5）对在报请减刑前的服刑期间不满 18 周岁，且所犯罪行不属于《刑法》第 81 条第 2 款规定情形的罪犯，或者基本丧失劳动能力，生活难以自理的老年罪犯、患严重疾病罪犯或者身体残疾罪犯减刑时，减刑起始时间可以适当缩短。

（6）被判处有期徒刑、无期徒刑的罪犯在刑罚执行期间又故意犯罪，新罪被判处有期徒刑的，自新罪判决确定之日起3年内不予减刑；新罪被判处无期徒刑的，自新罪判决确定之日起4年内不予减刑。罪犯在死刑缓期执行期间又故意犯罪，未被执行死刑的，死刑缓期执行的期间重新计算，减为无期徒刑后，5年内不予减刑。被判处死刑缓期执行罪犯减刑后，在刑罚执行期间又故意犯罪的，自新罪判决确定之日起3年内不予减刑；新罪被判处无期徒刑的，自新罪判决确定之日起4年内不予减刑。

此外，根据2012年1月18日最高人民法院《关于罪犯因漏罪、新罪数罪并罚时原减刑裁定应如何处理的意见》的规定，对被裁定减刑后因漏罪数罪并罚的罪犯再次依法减刑，决定减刑幅度时，应当对其原经减刑裁定减去的刑期酌予考虑。

对于依照《刑法》分则第八章贪污贿赂罪判处刑罚的原具有国家工作人员身份的罪犯，根据2019年4月24日最高人民法院《关于办理减刑、假释案件具体应用法律的补充规定》第2条、第3条、第4条的规定：

（1）被判处有期徒刑，确有悔改表现或者有立功表现的，一次减刑不超过6个月有期徒刑；确有悔改表现并有立功表现的，一次减刑不超过9个月有期徒刑；有重大立功表现的，一次减刑不超过1年有期徒刑。

（2）被判处无期徒刑，确有悔改表现或者有立功表现的，可以减为23年有期徒刑；确有悔改表现并有立功表现的，可以减为22年以上23年以下有期徒刑；有重大立功表现的，可以减为21年以上22年以下有期徒刑。无期徒刑减为有期徒刑后再减刑时，减刑幅度比照第（1）项的规定执行。

（3）被判处死刑缓期执行，确有悔改表现或者有立功表现的，可以减为25年有期徒刑；确有悔改表现并有立功表现的，可以减为24年6个月以上25年以下有期徒刑；有重大立功表现的，可以减为24年以上24年6个月以下有期徒刑。减为有期徒刑后再减刑时，减刑幅度比照第（1）项的规定执行。

2. 减刑的起始时间和间隔时间。

根据2016年11月14日最高人民法院《关于办理减刑、假释案件具体应用法律的规定》第6条、第7条、第8条、第9条、第10条、第11条、第13条、第14条、第16条、第17条、第19条、第20条、第21条的规定：

（1）有期徒刑罪犯的减刑起始时间和间隔时间为：不满5年有期徒刑的，应当执行1年以上方可减刑；5年以上不满10年有期徒刑的，应当执行1年6个月以上方可减刑；10年以上有期徒刑的，应当执行2年以上方可减刑。有期徒刑减刑的起始时间自判决执行之日起计算。被判处不满10年有期徒刑的罪犯，两次减刑间隔时间不得少于一年；被判处10年以上有期徒刑的罪犯，两次减刑间隔时间不得少于1年6个月。减刑间隔时间不得低于上次减刑减去的刑期。罪犯有重大立功表现的，可以不受上述减刑起始时间和间隔时间的限制。

对符合减刑条件的职务犯罪罪犯，破坏金融管理秩序和金融诈骗犯罪罪犯，组织、领导、参加、包庇、纵容黑社会性质组织犯罪罪犯，危害国家安全犯罪罪犯，恐怖活动犯罪罪犯，毒品犯罪集团的首要分子及毒品再犯，累犯，确有履行能力而不履行或者不全部履行生效裁判中财产性判项的罪犯，被判处10年以下有期徒刑的，执行2年以上方可减刑，两次减刑之间应当间隔1年以上。对被判处10年以上有期徒刑的前述罪犯，以及因故意杀人、强奸、抢劫、绑架、放火、爆炸、投放危险物质或者有组织的暴力性犯罪被判处10年以上有期徒刑的罪犯，数罪并罚且其中两罪以上被判处10年以上有期徒刑的罪犯，执行2年以上方可减刑，两次减刑之间应当间隔1年6个月以上。罪犯有重大立功表现的，可以不受上述减刑起始时间和间隔时间的限制。

（2）被判处无期徒刑的罪犯在刑罚执行期间，符合减刑条件的，执行2年以上可以减刑，两次减刑间隔时间不得少于2年。对被判处无期徒刑的职务犯罪罪犯，破坏金融管理秩序和金融诈骗犯罪罪犯，组织、领导、参加、包庇、纵容黑社会性质组织犯罪罪犯，危害国家安全犯罪罪犯，恐怖活动犯罪罪犯，毒品犯罪集团的首要分子及毒品再犯，累犯以及因故意杀人、强奸、抢劫、绑架、放火、爆炸、投放危险物质或者有组织的暴力性犯罪的罪犯，确有履行能力而不履行或者不全部履行生效裁判中财产性判项的罪犯，数罪并罚被判处无期徒刑的罪犯，符合减刑条件的，执行3年以上方可减刑，两次减刑之间应当间隔 2 年以上。罪犯有重大立功表现的，可以不受上述减刑起始时间和间隔时间的限制。

（3）被判处死刑缓期执行的罪犯减为无期徒刑后，符合减刑条件的，执行 3 年以上方可减刑。被判处死刑缓期执行的罪犯减为有期徒刑后再减刑时，比照无期徒刑犯减刑的规定办理。

对被判处死刑缓期执行的职务犯罪罪犯，破坏金融管理秩序和金融诈骗犯罪罪犯，组织、领导、参加、包庇、纵容黑社会性质组织犯罪罪犯，危害国家安全犯罪罪犯，恐怖活动犯罪罪犯，毒品犯罪集团的首要分子及毒品再犯，累犯以及因故意杀人、强奸、抢劫、绑架、放火、爆炸、投放危险物质或者有组织的暴力性犯罪的罪犯，确有履行能力而不履行或者不全部履行生效裁判中财产性判项的罪犯，数罪并罚被判处死刑缓期执行的罪犯，减为无期徒刑后，符合减刑条件的，执行 3 年以上方可减刑，两次减刑之间应当间隔 2 年以上。

被限制减刑的死刑缓期执行罪犯，减为无期徒刑后，符合减刑条件的，减刑间隔时间和减刑幅度依照前述的规定执行。被限制减刑的死刑缓期执行罪犯，减为有期徒刑后再减刑时，一次减刑不超过 6 个月有期徒刑，两次减刑间隔时间不得少于 2 年。有重大立功表现的，间隔时间可以适当缩短，但一次减刑不超过 1 年有期徒刑。

（4）被判处管制、拘役的罪犯，以及判决生效后剩余刑期不满 2 年有期徒刑的罪犯，符合减刑条件的，减刑起始时间可以适当缩短。

（5）被判处有期徒刑罪犯减刑时，对附加剥夺政治权利的期限可以酌减。被判处死刑缓期执行、无期徒刑的罪犯减为有期徒刑时，应当将附加剥夺政治权利的期限减为 7 年以上 10 年以下。

（6）对在报请减刑前的服刑期间不满 18 周岁，且所犯罪行不属于《刑法》第 81 条第 2 款规定情形的罪犯，或者基本丧失劳动能力，生活难以自理的老年罪犯、患严重疾病罪犯或者身体残疾罪犯减刑时，减刑幅度可以适当放宽，或者减刑间隔时间可以适当缩短，但放宽的幅度和缩短的时间不得超过相应幅度、时间的三分之一。

（7）被判处有期徒刑、无期徒刑的罪犯在刑罚执行期间又故意犯罪，新罪被判处有期徒刑的，自新罪判决确定之日起 3 年内不予减刑；新罪被判处无期徒刑的，自新罪判决确定之日起 4 年内不予减刑。

此外，根据 2012 年 1 月 18 日最高人民法院《关于罪犯因漏罪、新罪数罪并罚时原减刑裁定应如何处理的意见》的规定，对被裁定减刑后因漏罪数罪并罚的罪犯再次依法减刑，决定减刑频次时，应当对其原经减刑裁定减去的刑期酌予考虑。

对于依照《刑法》分则第八章贪污贿赂罪判处刑罚的原具有国家工作人员身份的罪犯，根据 2019 年 4 月 24 日最高人民法院《关于办理减刑、假释案件具体应用法律的补充规定》第 2 条、第 3 条、第 4 条、第 5 条的规定：

（1）被判处 10 年以上有期徒刑，符合减刑条件的，执行 3 年以上方可减刑；被判处不满 10 年有期徒刑，符合减刑条件的，执行 2 年以上方可减刑。被判处 10 年以上有期徒刑的，两次减刑之间应当间隔 2 年以上；被判处不满 10 年有期徒刑的，两次减刑之间应当间隔 1 年 6 个月以上。

（2）被判处无期徒刑，符合减刑条件的，执行 4 年以上方可减刑。减为有期徒刑后再减刑时，两次减刑之间应当间隔 2 年以上。

（3）被判处死刑缓期执行的，减为无期徒刑后，符合减刑条件的，执行 4 年以上方可减刑。减为有期徒刑后再减刑时，两次减刑之间应当间隔 2 年以上。

（4）罪犯有重大立功表现的，减刑时可以不受上述起始时间和间隔时间的限制。

三、减刑后的刑期计算

减刑以后的刑期计算方法，因原判刑罚的不同而有所不同。

（一）原判刑罚为管制、拘役、有期徒刑的

在此种情况下，减刑以后的刑期应自判决执行之日起计算，已经执行过的刑期（包括判决宣告前先行羁押的时间在内），应当计算在减刑后的刑期之内。

（二）原判刑罚为无期徒刑减为有期徒刑的

在此种情况下，减刑后的刑期从裁定减刑之日起计算，减刑以前已经执行过的刑期不计算在减刑后的刑期之内。

四、减刑的程序

根据《刑法》第79条的规定，对于犯罪分子的减刑，由执行机关向中级以上人民法院提出减刑建议书。人民法院应当组成合议庭进行审理，对确有悔改或者立功事实的，裁定予以减刑。非经法定程序不得减刑。

第三节　假　释

一、假释的概念和意义

根据《刑法》第81条的规定，假释，是指被判处有期徒刑或者无期徒刑的犯罪分子，在执行了一定时间的刑罚之后，如果认真遵守监规，接受教育改造，确有悔改表现，没有再犯罪的危险的，司法机关将其附条件地予以提前释放的一种刑罚执行制度。

假释不同于释放。虽然二者都在形式上解除监禁，恢复受押人的人身自由，但在性质上是有区别的。假释是有条件地提前释放，还存在收监执行余刑的可能；而释放，无论是宣告无罪释放、刑罚执行完毕释放，还是赦免释放，都是无条件释放，不存在再执行刑罚的问题。

假释不同于监外执行。监外执行是被判处有期徒刑或者拘役的罪犯，在某种特定情形下，其刑罚在监外执行的变通措施。两者主要的区别在于适用的根据不同。假释适用于执行一定刑期，并认真遵守监规，接受教育改造，确有悔改表现，没有再犯罪的危险的罪犯；而监外执行则适用于具有某种特定情形不宜在监内执行的罪犯，即有严重疾病需要保外就医的罪犯、怀孕或者正在哺乳自己婴儿的女犯人以及生活不能自理、适用监外执行不致危害社会的犯罪分子。

假释不同于缓刑。首先，假释是在犯罪分子服刑的过程中根据犯罪分子的表现由人民法院裁定的，缓刑是在对犯罪分子作出判决的同时宣告的；其次，假释是附条件地不执行原判刑罚的剩余刑期，缓刑是附条件地不执行全部原判刑期；再次，刑期超过3年以上有期徒刑的犯罪分子不能适用缓刑，但是可以适用假释；最后，被判处拘役的犯罪分子不能适用假释，但是可以适用缓刑。

假释不同于减刑。犯罪分子经过减刑以后，虽然最终的结果也是提前释放，但减刑后的释放是不附加任何条件的，而假释的提前释放则是附条件的。减刑减掉的刑期不存在再执行的问题，而假释则还在一定期限内保留着执行原判刑罚剩余刑期的可能性。

假释制度体现了国家对经过一定期限服刑改造，没有再犯罪的危险的罪犯实行的宽大处理政策，对于激励罪犯，特别是被判处长期徒刑和无期徒刑的罪犯，使其积极向上，改恶从善，争取早日回归社会，成为自食其力的新人，具有重要的作用。

二、假释的条件

对犯罪分子适用假释，必须符合下列条件。

（一）假释的对象条件

由于假释是对犯罪分子附条件地提前释放并在一定时期内保持继续执行未执行部分刑罚的可能性，因此，假释只能适用于被判处有期徒刑、无期徒刑的犯罪分子。其他各类的刑罚，或因性质决定而不存在假释可能，例如死刑立即执行；或因执行方式决定而不能直接适用假释，例如死刑缓期执行；或因刑期较短而不具有适用假释的实际意义，例如拘役；或因在监外执行、限制部分自由而没有必要适用假释，例如管制。根据2016年11月14日最高人民法院《关于办理减刑、假释案件具体应用法律的规定》第23条、第27条的规定，对死刑缓期执行罪犯减为无期徒刑或者有期徒刑后，符合刑法和司法解释规定的，可以假释；对于生效裁判中有财产性判项，罪犯确有履行能力而不履行或者不全部履行的，不予假释。

在适用假释的对象条件中还有一个限制条件，即《刑法》第81条规定的"对累犯以及因故意杀人、强奸、抢劫、绑架、放火、爆炸、投放危险物质或者有组织的暴力性犯罪被判处10年以上有期徒刑、无期徒刑的犯罪分子，不得假释"。《刑法》之所以规定上述适用假释的例外情况，是因为这两类情况，或者是主观恶性大，难以改造，或者是罪行严重，危害性大。对这两类罪犯予以假释提前释放，很难保证"没有再犯罪的危险"，故刑法明确规定不得假释。2016年11月14日最高人民法院《关于办理减刑、假释案件具体应用法律的规定》第25条第1款规定，对累犯以及因故意杀人、强奸、抢劫、绑架、放火、爆炸、投放危险物质或者有组织的暴力性犯罪被判处10年以上有期徒刑、无期徒刑的罪犯，不得假释。该条第2款规定，因前款情形和犯罪被判处死刑缓期执行的罪犯，被减为无期徒刑、有期徒刑后，也不得假释。但是，如果符合减刑条件的，可以减刑。根据1997年9月25日最高人民法院《关于适用刑法的时间效力规定若干问题的解释》第8条的规定，对于在1997年9月30日以前犯罪、1997年10月1日以后仍在服刑的上述犯罪分子，适用1979年《刑法》第73条的规定，可以假释。根据2011年4月25日最高人民法院《关于〈中华人民共和国刑法修正案（八）时间效力问题的解释》第8条的规定，2011年4月30日以前犯罪，因具有累犯情节或者系故意杀人、强奸、抢劫、绑架、放火、爆炸、投放危险物质或者有组织的暴力性犯罪并被判处10年以上有期徒刑、无期徒刑的犯罪分子，2011年5月1日以后仍在服刑的，能否假释，适用修正前《刑法》第81条第2款的规定；2011年4月30日以前犯罪，因其他暴力性犯罪被判处10年以上有期徒刑、无期徒刑的犯罪分子，2011年5月1日以后仍在服刑的，能否假释，适用修正后《刑法》第81条第2款、第3款的规定。2011年7月15日最高人民法院研究室《关于假释时间效力法律适用问题的答复》对于上述两个司法解释进行了补充性的规定：（1）根据《刑法》第12条的规定，应当以行为实施时，而不是审判时，作为新旧法选择适用的判断基础。故最高人民法院《关于适用刑法时间效力规定若干问题的解释》第8条规定的"1997年9月30日以前犯罪，1997年10月1日以后仍在服刑的累犯以及因杀人、爆炸、抢劫、强奸、绑架等暴力性犯罪被判处10年以上有期徒刑、无期徒刑的犯罪分子"，包括1997年9月30日以前犯罪，已被羁押尚未判决的犯罪分子。（2）经《刑法修正案（八）》修正前《刑法》第81条第2款规定的"暴力性犯罪"，不仅包括杀人、爆炸、抢劫、强奸、绑架五种，也包括故意伤害等其他暴力性犯罪。

（二）假释的刑期条件

被判处有期徒刑、无期徒刑的犯罪分子只有执行了一定的刑期之后才能适用假释。因为只有通过一定时间的刑罚执行，才能确切地掌握犯罪分子是否有悔改表现，是否会再危害社会，进而保证如适用假释不会出现差错。按照《刑法》第81条和有关司法解释的规定，被判处有期徒刑的犯罪分子，执行原判刑期1/2以上，被判处无期徒刑的犯罪分子，实际执行13年以上，才可以适用假释。对死缓罪犯减刑后假释的，其实际执行的刑期不得少于15年（不含死刑缓期执行2年）。罪犯减刑后又假释的间隔时间，一般为1年；对一次减刑2年有期徒刑后，决定假释的，间隔时间不能少于2年。罪犯减刑后余刑不足2年，决定假释的，可以适当缩短间隔时间。对判处有期徒刑的罪犯假释，执行原判刑期1/2以上的起始时间，应当从判决执行之日起计算，判决执行以前先行羁押的，羁押一日折抵刑期一日。

根据2011年4月25日最高人民法院《关于〈中华人民共和国刑法修正案（八）时间效力问题的解释》第7条的规定，2011年4月30日以前犯罪，被判处无期徒刑的罪犯，假释前实际执行的刑期，适用修正前《刑法》第81条第1款的规定。

为了使适用假释有必要的灵活性，《刑法》第81条规定："如果有特殊情况，经最高人民法院核准，可以不受上述执行刑期的限制。"根据2016年11月14日最高人民法院《关于办理减刑、假释案件具体应用法律的规定》第24条的规定，"特殊情况"是指有国家政治、国防、外交等方面特殊需要的情况。

（三）假释的实质条件

被判处有期徒刑、无期徒刑的犯罪分子在刑罚执行期间，必须认真遵守监规，接受教育改造，确有悔改表现，没有再犯罪的危险。只有符合这样的条件，才能适用假释，不具备这个实质条件，即使犯罪分子服刑的时间已经达到适用假释的刑期条件要求，也不能适用假释。

根据 2016 年 11 月 14 日最高人民法院《关于办理减刑、假释案件具体应用法律的规定》第 3 条的规定，"确有悔改表现"是指同时具备以下四个方面情形：认罪悔罪；认真遵守法律法规及监规，接受教育改造；积极参加思想、文化、职业技术教育；积极参加劳动，努力完成劳动任务。对职务犯罪、破坏金融管理秩序和金融诈骗犯罪、组织（领导、参加、包庇、纵容）黑社会性质组织犯罪等罪犯，不积极退赃、协助追缴赃款赃物、赔偿损失，或者服刑期间利用个人影响力和社会关系等不正当手段意图获得假释的，不认定其"确有悔改表现"。罪犯在刑罚执行期间的申诉权利应当依法保护，对其正当申诉不能不加分析地认为是不认罪悔罪。罪犯积极执行财产刑和履行附带民事赔偿义务的，可视为有认罪悔罪表现，在假释时可以从宽掌握；确有执行、履行能力而不执行、不履行的，在假释时应当从严掌握。根据 2019 年 4 月 24 日最高人民法院《关于办理减刑、假释案件具体应用法律的补充规定》第 1 条的规定，依照《刑法》分则第八章贪污贿赂罪判处刑罚的原具有国家工作人员身份的罪犯，拒不认罪悔罪的，或者确有履行能力而不履行或者不全部履行生效裁判中财产性判项的，不予假释。根据 2021 年 12 月 1 日最高人民法院、最高人民检察院、公安部、司法部《关于加强减刑、假释案件实质化审理的意见》的规定，罪犯未履行或者未全部履行财产性判项，具有下列情形之一的，不认定罪犯确有悔改表现：（1）拒不交代赃款、赃物去向；（2）隐瞒、藏匿、转移财产；（3）有可供履行的财产拒不履行。无特殊原因狱内消费明显超出规定额度标准的，一般不认定罪犯确有悔改表现。根据 2024 年 4 月 29 日最高人民法院《关于办理减刑、假释案件审查财产性判项执行问题的规定》第 1 条、第 4 条的规定，人民法院办理假释案件必须审查原生效刑事或者刑事附带民事裁判中财产性判项的执行情况，以此作为判断罪犯是否确有悔改表现的因素之一。财产性判项是指生效刑事或者刑事附带民事裁判中确定罪犯承担的被依法追缴、责令退赔、罚金、没收财产判项，以及民事赔偿义务等判项。罪犯有财产性判项履行能力的，应在履行后方可假释。罪犯确有履行能力而不履行的，不予认定其确有悔改表现，除法律规定情形外，一般不予假释。罪犯确无履行能力的，不影响对其确有悔改表现的认定。罪犯因重大立功减刑的，依照相关法律规定处理，一般不受财产性判项履行情况的影响。2016 年 11 月 14 日最高人民法院《关于办理减刑、假释具体应用法律的规定》第 22 条规定，办理假释案件，认定"没有再犯罪的危险"，除符合《刑法》第 81 条规定的情形外，还应根据犯罪的具体情节、原判刑罚情况，在刑罚执行中的一贯表现，罪犯的年龄、身体状况、性格特征，假释后生活来源以及监管条件等因素综合考虑。2021 年 12 月 1 日最高人民法院、最高人民检察院、公安部、司法部《关于加强减刑、假释案件实质化审理的意见》规定，对于报请假释的罪犯，应当认真审查刑罚执行机关提供的反映罪犯服刑期间现实表现和生理、心理状况的材料，并认真审查司法行政机关或者有关社会组织出具的罪犯假释后对所居住社区影响的材料，同时结合罪犯犯罪的性质、具体情节、社会危害程度、原判刑罚及生效裁判中财产性判项的履行情况等，综合判断罪犯假释后是否具有再犯罪危险性。

此外，把握适用假释的实质条件，根据 2016 年 11 月 14 日最高人民法院《关于办理减刑、假释案件具体应用法律的规定》第 26 条的规定，过失犯罪的罪犯、中止犯罪的罪犯、被胁迫参加犯罪的罪犯；因防卫过当或者紧急避险过当而被判处有期徒刑以上刑罚的罪犯；犯罪时未满 18 周岁的罪犯；基本丧失劳动能力、生活难以自理，假释后生活确有着落的老年罪犯、患严重疾病罪犯或者身体残疾罪犯；服刑期间改造表现特别突出的罪犯等，可以依法从宽掌握。根据 2019 年 4 月 24 日最高人民法院《关于办理减刑、假释案件具体应用法律的补充规定》第 6 条的规定，对依照《刑法》分则第八章贪污贿赂罪判处刑罚的原具有国家工作人员身份的罪犯适用假释时，应当从严把握。

根据 1997 年 10 月 29 日《最高人民法院印发〈关于办理减刑、假释案件具体应用法律若干问题的规定〉的通知》，对罪行严重的危害国家安全的罪犯，犯罪集团的首要分子、主犯的假释，应当严格掌握。对确属应当假释的，主要根据其改造的表现，同时也要考虑原判的情况，作出相应的决定。

此外，《刑法》第 81 条第 3 款规定："对犯罪分子决定假释时，应当考虑其假释后对所居住社区的影响。"

三、假释的考验期限

在决定对某一犯罪分子可以适用假释的时候，应当同时宣布假释的考验期限。根据《刑法》第83条的规定，判处有期徒刑的犯罪分子的假释考验期限是没有执行完毕的刑期。判处无期徒刑的犯罪分子的假释考验期限是10年。

假释的考验期限，无论是有期徒刑犯还是无期徒刑犯，都一律从假释之日起计算。凡被附加剥夺政治权利的，自假释之日起执行。按照《刑法》第84条的规定，假释犯在假释考验期限内应当遵守下列规定：（1）遵守法律、行政法规，服从监督；（2）按照监督机关的规定报告自己的活动情况；（3）遵守监督机关关于会客的规定；（4）离开所居住的市、县或者迁居，应当报经监督机关批准。根据《刑法》第85条的规定，对假释的犯罪分子，在假释考验期限内，依法实行社区矫正。

四、假释的法律后果

根据《刑法》第85条、第86条的规定，假释可能会出现以下几种法律后果。

（一）假释犯在假释考验期限内又犯新罪

在这种情况下，无论所犯的新罪是故意犯罪还是过失犯罪，是重罪还是轻罪，都应撤销假释，对新罪作出判决，将新罪所判处的刑罚与前罪没有执行完的刑罚，按照《刑法》第71条规定的数罪并罚原则，即"先减后并"原则，决定应当执行的刑罚。

参考案例 15-2

被告人田某曾因贪污被判处无期徒刑，在假释期间，伙同他人使用手枪和麻醉药品，将某公司经理绑架至河北省某地，并向被害人家属勒索赎金100万元。警方接报后成功解救人质，并将田某等5名被告人抓获归案。天津市第一中级人民法院经审理后，以绑架罪判处田某无期徒刑，同时撤销其假释。

（二）假释犯在假释考验期限内被发现在原判决前还有没被判决的罪

即假释犯还有漏罪，在这种情况下，如果没被判决的罪没有超过追诉时效，亦应撤销假释，对没有判决的罪作出判决，将未判之罪所判处的刑罚与前罪判处的刑罚，按照《刑法》第70条规定的数罪并罚原则，即"先并后减"的原则，决定应当执行的刑罚。根据2016年11月14日最高人民法院《关于办理减刑、假释案件具体应用法律的规定》，如果罪犯对漏罪曾作如实供述但原判未予认定，或者漏罪系其自首，符合假释条件的，可以再假释。

（三）假释犯在假释考验期限内有违反法律、行政法规或者国务院有关部门关于假释的监督管理规定的行为

在这种情况下，虽然尚未构成新的犯罪，也应依照法定程序撤销假释，收监执行没有执行完毕的刑罚。

（四）假释犯在假释考验期限内遵守关于假释的各项规定

在这种情况下，由于假释犯没有以上所说的三种情况，假释考验期满，就认为原判刑罚已经执行完毕，并应当公开予以宣告。

五、假释的程序

根据《刑法》第79条、第82条的规定，对于犯罪分子的假释，由执行机关向中级以上人民法院提出假释建议书。人民法院应当组成合议庭进行审理，对符合法定假释条件的，裁定予以假释。非经法定程序不得假释。

【引例评析】

本章引例介绍的汪某被假释案，从案情上来看，并无可争议之处。下面，我们结合假释的概念、适

用条件及法律后果，对之予以评析。汪某系因犯贪污罪被某市中级人民法院判处有期徒刑 12 年，从刑法规定的假释的对象条件来看，汪某符合假释只能适用于被判处有期徒刑和无期徒刑的犯罪分子的规定。另外，《刑法》第 81 条第 2 款规定的限制对象条件对汪某并不适用。这是因为，虽然汪某的刑期为 10 年以上，罪行较重，但是，首先，汪某不是累犯，亦不是因暴力性犯罪被处刑；其次，汪某在 1997 年《刑法》生效之时已服刑数年，根据有关司法解释的规定，即使汪某是累犯或者是因暴力性犯罪被处罚，《刑法》第 81 条第 2 款规定的限制对象条件对其也不适用。据引例介绍，汪某已服刑 8 年 6 个月，已执行原判刑罚 12 年的 1/2 以上，所以汪某符合假释的适用条件。应当明确，决定对犯罪分子适用假释的实质条件是罪犯在服刑期间认真遵守监规，接受教育改造，确有悔改表现，假释后不致再危害社会（此为《刑法修正案（八）》施行以前的表述，修正后的第 81 条第 1 款规定为"没有再犯罪的危险"）。从引例介绍的情况来看，汪某是积极接受教育改造，确有悔改表现的，综合其具体表现，可以判定其在假释后不致再危害社会。也正是鉴于上述各种情况，刑罚执行机关向某市中级人民法院提出了对汪某的假释意见书，某市中级人民法院经审理后亦裁定对汪某予以假释。

【本章小结】

刑罚执行，是指有刑罚执行权的司法机关，根据人民法院已发生法律效力的判决所确定的刑罚，将刑罚内容付诸实施的刑事司法活动。刑罚的执行应遵循教育性原则、个别化原则、人道性原则、社会化原则。减刑和假释是两种重要的刑罚执行制度。减刑是将正在服刑的罪犯的原判刑罚予以适当减轻的一种刑罚执行制度。减刑不同于减轻处罚，也不是改判。假释是将正在服刑的犯罪人附条件地予以提前释放的一种刑罚执行制度。

【练习题】

一、名词解释

刑罚执行　刑罚执行的原则　减刑　假释

二、思考题

1. 刑罚执行的概念和基本原则是什么？
2. 什么是减刑？减刑的适用条件是什么？
3. 如何理解假释的概念？假释的适用条件是什么？
4. 如何理解假释的法律后果？

三、案例分析题

罪犯赵某于 2005 年以抢劫罪被法院判处有期徒刑 8 年，刑期自 2005 年 9 月 2 日起至 2013 年 9 月 1 日止。2012 年 9 月 1 日，法院根据刑罚执行机关的建议对赵某予以假释，假释考验期为 1 年，即从假释之日起至 2013 年 9 月 1 日止。在假释考验期内，赵某因吸毒触犯了 1990 年 12 月 28 日全国人民代表大会常务委员会《关于禁毒的决定》的有关规定，公安机关于 2013 年 2 月 10 日对其处以行政拘留 10 日的处罚，并于 2 月 13 日根据《刑法》第 86 条第 3 款的规定向作出假释的法院提出撤销假释的建议书。2 月 20 日，法院对赵某作出撤销假释决定，并将赵某收监执行尚未执行完毕的刑罚。

问题：

(1) 撤销假释后刑期如何计算？

(2) 假释考验期具有执行刑罚的性质吗？

分析要点提示：

(1) 撤销假释后，撤销之前的考验期不能算作刑罚的执行期。

(2) 假释是有条件地保留刑罚继续执行的可能性，而假释考验期本身并不是在执行刑罚。

(3) 本案罪犯收监执行的期限应该是 2013 年 2 月 20 日至 2014 年 2 月 20 日。

第十六章 刑罚消灭制度

【本章引例】

被告人刘某，男，35岁，无业。2007年2月，被告人刘某因强奸邻居高某，被公安机关依法逮捕。羁押期间，刘某趁看守人员不备偷偷逃跑，并流窜到某农场，伪造身份证，当了电工。2018年6月，刘某在偷偷回家探望时被公安机关抓获。检察机关以强奸罪对刘某提起公诉。一审法院经审理后以强奸罪判处刘某有期徒刑5年。刘某不服，以逃跑后没有再犯罪并且追诉时效已超过10年为由提起上诉。二审法院经审理，认为原判决事实清楚，证据确凿，适用法律正确，量刑得当，故裁定驳回上诉，维持原判。

【本章学习目标】

通过本章的学习，你应该能够：

1. 理解追诉时效期限的计算方法；
2. 理解追诉时效中断与追诉时效延长；
3. 掌握大赦与特赦的区别。

第一节 刑罚消灭概述

一、刑罚消灭的概念

刑罚消灭，是指由于某种法定原因或者事实原因，致使国家对犯罪人的刑罚权的某项内容归于消灭。就国家而言，刑罚消灭意味着追诉权、量刑权或者行刑权的消灭；就犯罪分子而言，刑罚消灭预示着刑事责任的终结。我国刑法所规定的刑罚消灭制度内容较为分散。其中，因刑罚执行完毕而导致的刑罚消灭，主要属于监狱学研究的问题；犯罪人死亡而导致的刑罚消灭，一般属于刑事诉讼法研究的范围；至于因缓刑和假释考验期满而导致的刑罚消灭，尽管属于刑法学研究的范围，但因为分别与缓刑制度和假释制度联系紧密，故而通常为缓刑制度和假释制度所包容。所以，本章所涉及的刑罚消灭内容，只是我国刑罚消灭制度中的一部分，即时效和赦免制度。

二、刑罚消灭的特征

刑罚消灭具有如下特征：

（1）刑罚消灭以行为人的行为构成犯罪为前提。无犯罪即无刑罚，无刑罚也就不存在刑罚的消灭。

（2）刑罚消灭的实质是国家对犯罪人行使刑罚权的某一项内容之消灭。刑罚权包括制刑权、求刑权、量刑权与行刑权四个方面。刑罚消灭，是指求刑权、量刑权和行刑权的消灭，而不包括制刑权的消灭。

（3）刑罚消灭的前提是出现某种法定原因或事实原因。具体而言，我国刑罚消灭的原因有：1）刑罚执行完毕；2）缓刑考验期满；3）假释考验期满；4）犯罪人死亡；5）超过时效期限；6）赦免。

参考案例 16-1

被告人赵某，男，34岁，工人。2009年12月，赵某假装打车而将出租车司机骗到郊外实施抢劫行为。案发后，经人民检察院批准由公安机关执行逮捕。在羁押期间赵某由于与其他犯罪嫌疑人相互斗殴而被打成重伤，经抢救无效死亡。某人民检察院根据《刑事诉讼法》第16条第5项的规定，作出不起诉决定。至此，国家对犯罪嫌疑人赵某的求刑权、量刑权和行刑权消灭，不能再提起诉讼。

第二节 时 效

一、时效的概念

时效，是指刑事法律所规定的国家对犯罪人行使刑罚请求权或刑罚执行权的有效期限。据此，刑法中的时效可以分为追诉时效和行刑时效两种。追诉时效，是指刑事法律所规定的，对犯罪人追究刑事责任的有效期限。行刑时效，则是指刑事法律所规定的，对判处刑罚的犯罪人执行刑罚的有效期限。我国刑法中所规定的时效，仅指追诉时效，而不包括行刑时效。我国刑法设立时效制度，不仅有利于实现刑罚的目的，而且有利于司法机关集中打击现行犯罪，有利于社会的安定团结。所以，时效制度不仅不会放纵犯罪，而且可以更为有效地惩罚犯罪；不仅不会削弱法律的严肃性，而且能够增强法律的严肃性。事实上，它是从国家利益和人民利益出发，强化与犯罪作斗争的有效法律武器。

二、追诉时效

（一）追诉时效期限的计算方法

《刑法》第87条规定："犯罪经过下列期限不再追诉：（一）法定最高刑为不满五年有期徒刑的，经过五年；（二）法定最高刑为五年以上不满十年有期徒刑的，经过十年；（三）法定最高刑为十年以上有期徒刑的，经过十五年；（四）法定最高刑为无期徒刑、死刑的，经过二十年。如果二十年后认为必须追诉的，须报请最高人民检察院核准。"这一规定基于追诉时效期限的长短与犯罪的社会危害性相一致之精神，以法定最高刑为标准，确定了四个不同档次的追诉时效期限。根据2019年12月30日施行的《人民检察院刑事诉讼规则》第322条的规定，报请核准追诉的案件应当同时符合下列条件：（1）有证据证明存在犯罪事实，且犯罪事实是犯罪嫌疑人实施的；（2）涉嫌犯罪的行为应当适用的法定量刑幅度的最高刑为无期徒刑或者死刑；（3）涉嫌犯罪的性质、情节和后果特别严重，虽然已过20年追诉期限，但社会危害性和影响依然存在，不追诉会严重影响社会稳定或者产生其他严重后果，而必须追诉的；（4）犯罪嫌疑人能够及时到案接受追诉。对于经过20年追诉期限的犯罪，最高人民检察院是否核准追诉，最高人民检察院发布的指导性案例①明确了核准与否的判断规则，可以参照适用。

参考案例 16-2

被告人张某，男，37岁，工人。2007年11月2日，被告人张某引诱何某（女）参加聚众淫乱行为。当时被害人何某刚满16岁，系某中学学生。2013年7月3日，何某告发该案，张某被依法逮捕羁押。被告人张某辩称该行为已经超过追诉时效。某人民法院认为，根据《刑法》第301条的规定，引诱未成年人聚众淫乱罪的法定最高刑为5年有期徒刑。但是由于刑法中的"不满"不包括本数，所以何某犯罪行为追诉时效的期限是10年而不是5年。何某犯罪行为的追诉时效到2017年11月2日才期满。某人民法院以引诱未成年人聚众淫乱罪判处被告人张某有期徒刑3年。

具体而言，应分别按以下三种情况计算追诉期限：

---

① 马世龙（抢劫）核准追诉案（检例第20号），丁国山等（故意伤害）核准追诉案（检例第21号），杨菊云（故意杀人）不核准追诉案（检例第22号），蔡金星、陈国辉等（抢劫）不核准追诉案（检例第23号）。

（1）如果所犯之罪的法定刑，分别规定有几条或几款时，即按其罪行应当适用的具体条或款的法定最高刑计算。

（2）如果是同一条文中，有几个量刑幅度时，即按其罪行应当适用的具体量刑幅度的法定最高刑计算。

（3）如果只有单一的量刑幅度时，即按此条的法定最高刑计算。

参考案例 16-3

被告人白某，男，23岁，无业。1997年8月7日被告人白某盗窃他人手机2部，合计3 542元。2004年4月1日白某被抓获，并交代了上述盗窃事实。某人民法院认为，根据《刑法》第264条的规定，盗窃公私财物，数额较大或者多次盗窃的，处3年以下有期徒刑、拘役或者管制，并处或者单处罚金。（此为《刑法修正案（八）》施行以前的表述，经修正的《刑法》第264条规定："盗窃公私财物，数额较大的，或者多次盗窃、入户盗窃、携带凶器盗窃、扒窃的，处三年以下有期徒刑、拘役或者管制，并处或者单处罚金。"）被告人白某盗窃的财产属于数额较大，所以，追诉时效的期限是5年，超过了追诉时效。某人民法院宣告白某无罪。

（二）对去台人员所犯之罪是否追诉应分情况办理

根据1988年3月14日最高人民法院、最高人民检察院《关于不再追诉去台人员在中华人民共和国成立前的犯罪行为的公告》和1989年9月7日最高人民法院、最高人民检察院《关于不再追诉去台人员在中华人民共和国成立后当地人民政权建立前的犯罪行为的公告》，对去台人员过去所犯之罪是否追诉，应分别按照以下不同情况办理：

（1）对去台人员在中华人民共和国成立前，或者在中华人民共和国成立后、犯罪地地方人民政权建立前所犯罪行，不再追诉。

（2）去台人员在中华人民共和国成立后、犯罪地地方人民政权建立前犯有罪行，并连续或继续到当地人民政权建立后的，追诉期从犯罪行为终了之日起计算。凡符合《刑法》第87条规定的，不再追诉。其中法定最高刑为无期徒刑、死刑的，经过20年，也不再追诉。如果认为必须追诉的，须报请最高人民检察院核准。

（3）对于去台湾以外其他地区和国家的人员在中华人民共和国成立前，或者在中华人民共和国成立后、犯罪地地方人民政权建立前所犯的罪行，分别按照上述两项的规定办理。已过追诉期限的案件，不再追究犯罪分子的刑事责任，但是，对其非法所得或者因犯罪造成的经济损失，仍应按照《刑法》第64条和第37条规定的精神处理。

三、追诉期限的起算

关于追诉期限的起算，《刑法》第89条第1款规定："追诉期限从犯罪之日起计算；犯罪行为有连续或者继续状态的，从犯罪行为终了之日起计算。"所谓"犯罪之日"，应理解为犯罪成立之日。所谓"犯罪行为有连续或者继续状态的"，是指连续犯和继续犯，其追诉期限从犯罪行为终了之日起计算。

关于追诉时效，还需要关注的是追诉时效中断与延长的问题。所谓追诉时效中断，是指在追诉时效进行期间，因发生法律规定的事由，而使已经经过的时效期限归于无效，法律规定的事由一旦消失，时效重新开始计算的制度。《刑法》第89条第2款规定："在追诉期限以内又犯罪的，前罪追诉的期限从犯后罪之日起计算。"这一规定表明，在我国，追诉时效的中断以犯罪人在追诉期间内又犯罪为条件，至于又犯之罪性质如何，应受何种刑罚处罚，则在所不问。

所谓追诉时效延长，也称为追诉时效停止，是指由于发生了法律规定的事由，致使追诉时效暂时停止进行，或者因法定事由而使得对犯罪分子的追诉不受追诉期限限制的制度。根据《刑法》第88条的规定，导致追诉时效延长的法定事由有两种：一是在人民检察院、公安机关、国家安全机关立案侦查或者在人民法院受理案件以后，逃避侦查或者审判的，不受追诉期限的限制；二是被害人在追诉期限内提出控告，人民法院、人民检察院、公安机关应当立案而不予立案的，不受追诉期限的限制。

第三节 赦 免

一、赦免的概念

赦免，是指国家元首或者国家最高权力机关免除或者减轻犯罪人的罪责或刑罚的一种法律制度。赦免包括大赦和特赦。

所谓大赦，通常是指国家元首或者国家最高权力机关，对某一时期内犯有一定罪行的不特定犯罪人，一概予以赦免的制度。

所谓特赦，是指国家元首或者国家最高权力机关对已受罪行宣告的特定犯罪人，免除其全部或者部分刑罚的制度。依照我国现行《宪法》第 67 条和第 80 条的规定，特赦令由中华人民共和国主席根据全国人大常委会的决定颁布实施。从司法实践来看，一般是由中共中央或国务院提出特赦建议，经全国人大常委会审议决定，中华人民共和国主席颁布，最后责成最高人民法院及其所属高级人民法院具体执行。我国新旧刑法典所指的赦免，都是指特赦减免。

一般而言，大赦与特赦的主要区别是：

（1）大赦是赦免一定种类或不特定种类的犯罪，其对象是不特定的犯罪人；特赦是赦免特定的犯罪人。

（2）大赦既可实行于人民法院判决之后，也可实行于人民法院判决之前；特赦只能实行于人民法院判决之后。

（3）大赦既可赦其罪，又可赦其刑；特赦只能赦其刑。

（4）大赦后再犯罪不构成累犯；特赦后再犯罪的，如果符合累犯条件，则构成累犯。

参考案例 16-4

被告人，李某，男，54 岁。1959 年李某依法被特赦，但是在 1961 年 2 月又犯反革命杀人罪。根据 1979 年《刑法》第 61 条的规定，被判处有期徒刑以上刑罚的犯罪分子，刑罚执行完毕或者赦免以后，在 3 年以内再犯应当判处有期徒刑以上刑罚之罪的，是累犯，应当从重处罚，但是过失犯罪除外。某人民法院认定被告人李某构成累犯，从重处罚，判处被告人李某有期徒刑 11 年。

二、我国的特赦制度

我国 1954 年《宪法》曾同时规定大赦和特赦，但在实践中并未使用过大赦。1978 年《宪法》和 1982 年《宪法》都只规定特赦，而不再规定大赦。因此，《刑法》第 65 条、第 66 条所说的赦免，都是指特赦。根据现行《宪法》第 67 条、第 80 条的规定，特赦由全国人民代表大会常务委员会决定，由国家主席发布特赦令。从司法实践来看，自 1959 年至 2019 年，我国先后实行了 9 次特赦。对这 9 次特赦的特点可以概括如下：

（1）特赦的对象具有特定性。1975 年以前的 7 次特赦，除 1959 年第一次特赦适用的对象包括战争罪犯、反革命罪犯和普通刑事罪犯外，其余 6 次都是对战争罪犯实行的。

2015 年为纪念中国人民抗日战争暨世界反法西斯战争胜利 70 周年所进行的特赦对象较为宽泛，具体包括：1）参加过中国人民抗日战争、中国人民解放战争的；2）中华人民共和国成立以后，参加过保卫国家主权、安全和领土完整对外作战的，但犯贪污贿赂犯罪，故意杀人、强奸、抢劫、绑架、放火、爆炸、投放危险物质或者有组织的暴力性犯罪，黑社会性质的组织犯罪，危害国家安全犯罪，恐怖活动犯罪，有组织犯罪的主犯以及累犯除外；3）年满 75 周岁、身体严重残疾且生活不能自理的；4）犯罪的时候不满 18 周岁，被判处 3 年以下或者剩余刑期在 1 年以下的，但犯故意杀人、强奸等严重暴力性犯罪，恐怖活动犯罪，贩卖毒品犯罪的除外。

2019 年为庆祝中华人民共和国成立 70 周年，对依据 2019 年 1 月 1 日前人民法院作出的生效判决正在服刑的下列罪犯实行特赦：1）参加过中国人民抗日战争、中国人民解放战争的；2）中华人民共和国成立以后，参加过保卫国家主权、安全和领土完整对外作战的；3）中华人民共和国成立以后，为国家重大工程建设做过较大贡献并获得省部级以上"劳动模范""先进工作者""五一劳动奖章"等荣誉称号的；4）曾系现役军人并获得个人一等功以上奖励的；5）因防卫过当或者避险过当，被判处3年以下有期徒刑或者剩余刑期在1年以下的；6）年满75周岁、身体严重残疾且生活不能自理的；7）犯罪的时候不满18周岁，被判处3年以下有期徒刑或者剩余刑期在1年以下的；8）丧偶且有未成年子女或者有身体严重残疾、生活不能自理的子女，确需本人抚养的女性，被判处3年以下有期徒刑或者剩余刑期在1年以下的；9）被裁定假释已执行五分之一以上假释考验期的，或者被判处管制的。上述九类对象中，具有以下情形之一的，不得特赦：1）第二、三、四、七、八、九类对象中系贪污受贿犯罪，军人违反职责犯罪，故意杀人、强奸、抢劫、绑架、放火、爆炸、投放危险物质或者有组织的暴力性犯罪，黑社会性质的组织犯罪，贩卖毒品犯罪，危害国家安全犯罪，恐怖活动犯罪的罪犯，其他有组织犯罪的主犯，累犯的；2）第二、三、四、九类对象中剩余刑期在10年以上的和仍处于无期徒刑、死刑缓期执行期间的；3）曾经被特赦又因犯罪被判处刑罚的；4）不认罪悔改的；5）经评估具有现实社会危险性的。

（2）特赦的适用有其前提条件。即犯罪分子在服刑过程中有确已改恶从善的表现或者释放后不具有现实社会危险性。

（3）特赦根据犯罪分子的罪行轻重和悔改表现而予以区别对待。对于决定特赦的犯罪分子，应根据其罪行轻重和悔改表现，或者免除其刑罚尚未执行的部分，予以释放，或者减轻其原判的刑罚，而不是免除其全部刑罚。

（4）特赦的适用应遵循特定的程序。它是由全国人大常委会决定，由中华人民共和国主席发布特赦令，再由最高人民法院和高级人民法院予以执行，而不是由犯罪分子本人及其家属或者其他公民提出申请而实行。

【引例评析】

追诉时效延长，是指由于发生了法律规定的事由，致使追诉时效暂时停止进行，或者因法定事由而使得对犯罪分子的追诉不受追诉期限的限制的制度。根据《刑法》第88条的规定，导致追诉时效延长的法定事由有两种：一是在人民检察院、公安机关、国家安全机关立案侦查或者在人民法院受理案件以后，逃避侦查或者审判的，不受追诉期限的限制；二是被害人在追诉期限内提出控告，人民法院、人民检察院、公安机关应当立案而不予立案的，不受追诉期限的限制。引例中被告人刘某犯强奸罪，在被公安机关逮捕审查期间，逃避侦查，其追诉时效当然应予停止。因而，一审法院对刘某追诉是完全正确合法的。

如果排除上述追诉时效延长之情形，被告人刘某认为自己所犯罪行的追诉时效已过10年，因而不应再追诉，其理由是否成立呢？这实际上就涉及如何确定追诉时效期限的问题。我们认为，追诉时效期限应按照以下原则加以确定：其一，在有些条文中，只规定了一个量刑幅度，即应以该条的法定最高刑确定追诉时效期限。其二，在有些条文中规定了两个以上不同的量刑幅度，即应按照与其罪行相对应的量刑幅度的法定最高刑确定追诉时效期限。其三，在有些情况下，对同一种犯罪的不同量刑幅度分别规定在不同条款中，应按其罪行应当适用的条或款的法定最高刑确定其追诉时效期限。具体到引例而言，刘某所犯之强奸罪共有两个量刑幅度，因此需要按照与其罪行相对应的量刑幅度的法定最高刑确定追诉时效期限，也即应在3年以上10年以下有期徒刑之幅度内，以其法定最高刑10年有期徒刑确定追诉时效期限。而根据《刑法》第87条的规定，法定最高刑为10年以上有期徒刑的，经过15年才不再追诉。这里"以上"，依照《刑法》第99条的规定，是包括本数的。易言之，即便法定最高刑是10年，其追诉时效期限也应是15年。而引例中被告人刘某所犯强奸罪才经过11年有余，显然仍在追诉之列。所以，即使是没有追诉时效延长之情形，被告人刘某以其所犯罪行已过10年为其免责的借口，也是完全站不住脚的。

【本章小结】

刑罚消灭，是指由于某种法定原因或者事实原因，致使国家对犯罪人的刑罚权的某项内容归于消灭。

本章所涉及的刑罚消灭内容，只是我国刑罚消灭制度中的一部分，即时效和赦免制度。时效，是指刑事法律所规定的国家对犯罪人行使刑罚请求权或刑罚执行权的有效期限。时效有追诉时效和行刑时效之分。赦免，是指国家元首或者国家最高权力机关免除或者减轻犯罪人的罪责或刑罚的一种法律制度。赦免分为大赦和特赦两种。

◇【练习题】

■ 一、名词解释

时效　赦免

■ 二、思考题

1. 刑罚消灭的原因有哪些？
2. 简述我国刑法关于时效的规定及计算方法。
3. 如何适用追诉时效中断与追诉时效延长？
4. 大赦与特赦的区别何在？

■ 三、案例分析题

1. 王某，男，32 岁，原系某市钢厂的业务员。1997 年年初，王某和李某一起赌博，李某共计欠王某赌债 1 万元。王某数次向李某索要，李某总是借故不还。王某见状，就产生了将李某劫持强行索债的念头。1997 年 11 月 2 日，王某将李某劫持到某市郊外废弃的厂房里，向李某索要 1 万元的赌债。李某开始并不答应，说："要钱没有，要命一条。"王某便将李某一直关押在厂房里，直到 1997 年 12 月 10 日李某答应还钱为止。2002 年 11 月 30 日因为李某举报，案发。

问题：

（1）王某构成什么罪？

（2）王某的该行为是否超过追诉时效？

分析要点提示：

（1）2000 年 6 月 30 日最高人民法院《关于对为索取法律不保护的债务非法拘禁他人行为如何定罪问题的解释》的规定，行为人为索取高利贷、赌债等法律不予保护的债务，非法扣押、拘禁他人的，依照《刑法》第 238 条的规定定罪处罚。所以，王某的行为构成非法拘禁罪而不构成绑架罪。

（2）根据《刑法》第 89 条第 1 款的规定，追诉期限从犯罪之日起计算；犯罪行为有连续或者继续状态的，从犯罪行为终了之日起计算。王某的行为构成非法拘禁罪，根据其犯罪情节，适用非法拘禁罪的第一个量刑幅度，其追诉时效的期限是 5 年。但是该罪是继续犯，犯罪行为具有继续状态，所以王某非法拘禁行为追诉时效是从 1997 年 12 月 10 日起计算。因此，到 2002 年 11 月 30 日王某非法拘禁行为并没有超过追诉时效。

2. 赵某，男，1971 年 2 月出生，无业。1999 年 7 月，赵某因为故意伤害他人，人民法院以故意伤害罪判处赵某有期徒刑 2 年。2000 年 4 月，赵某在服刑监狱教育座谈会上主动向管教人员交代其还有两次前科：一是 1985 年 3 月在河南老家曾抢劫他人财物（依法应处 3 年以上 10 年以下有期徒刑）；二是 1994 年 2 月曾与国内"蛇头"相互勾结将 1 名中国妇女拐卖到日本（依法应处 10 年以上有期徒刑或者无期徒刑）。

问题：

赵某主动交代的两个犯罪行为是否超过追诉时效？

分析要点提示：

（1）根据我国刑法的规定，我国刑法中的"不满"不包括本数，因而对于赵某抢劫他人财物而依法应当判处 3 年以上 10 年以下有期徒刑行为而言，其追诉时效的期限是 15 年而不是 10 年。同时，根据《刑法》第 89 条第 2 款的规定，在追诉期限以内又犯罪的，前罪追诉的期限从犯后罪之日起计算。所以，赵某抢劫行为的追诉时效在 1994 年 2 月和 1999 年 7 月中断两次，即从 1999 年 7 月重新计算赵某抢劫行为的追诉时效，期限是 15 年，所以赵某抢劫行为没有超过追诉时效。

（2）根据我国刑法的规定，法定最高刑是无期徒刑的，追诉时效是 20 年，所以赵某拐卖妇女行为的追诉时效是 20 年。因为赵某在追诉时效的期限内又犯新罪，追诉时效应当重新计算，所以赵某拐卖妇女行为的追诉时效应当从 1999 年 7 月重新计算，期限为 20 年。因此，赵某拐卖妇女的行为也没有超过追诉时效。

第十七章　刑法各论概述

【本章引例】

被告人凌某，1986年5月5日出生。2002年4月30日，被告人凌某为了勒索钱财，将高桥镇小学一名8岁学生绑架，凌某打电话向学生家长索要人民币5 000元。因勒索未得逞，凌某于第三日将该小学生杀害。检察机关以绑架罪对凌某提起公诉，被告人凌某的辩护律师提出凌某无罪的意见，理由是：按照《刑法》第239条的规定，绑架后杀害被绑架人的，仍定绑架罪一罪，不另认定故意杀人罪；凌某实施绑架行为时尚未满16周岁，而绑架罪的主体为已满16周岁的人，因而其不能成立绑架罪。所以，按照罪刑法定原则应当宣告被告人凌某无罪。法院应如何裁判呢？

【本章学习目标】

通过本章的学习，你应该能够：

1. 掌握刑法各论与刑法总论的关系；
2. 掌握我国刑法分则的体系；
3. 掌握罪状的概念和种类；
4. 掌握法定刑的概念和种类。

第一节　刑法各论与刑法总论的联系

一、刑法分则与刑法总则的关系

除附则外，刑法主要由总则和分则两编组成。刑法总则规定犯罪、刑事责任和刑罚的一般原则和制度，刑法分则对各类、各种犯罪的罪刑作出具体规定。刑法总则指导刑法分则，在具体运用刑法分则时不能脱离刑法总则。刑法总则与刑法分则的关系是一般与特殊、抽象与具体、共性与个性的关系，两者相辅相成，紧密联系，组成完整统一的刑法规范体系。

二、刑法各论与刑法总论的关系

与刑法的体系相适应，刑法学体系由刑法总论与刑法各论两部分组成。刑法各论与刑法总论之间的关系，也是一种相互作用的关系。刑法总论以刑法总则为研究对象，即研究犯罪、刑事责任和刑罚的一般原理、原则和制度。刑法各论以刑法分则为研究对象，即研究各种犯罪的构成和刑罚。研究刑法各论必须以刑法总论为指导。

三、研究刑法各论的意义和方法

（一）研究刑法各论的意义

以刑法总论知识为基础，学习和研究刑法各论，有助于丰富和加深对刑法总论中各种原理、原则和制度的理解和把握；有助于掌握各种具体犯罪的定罪量刑标准，直接为司法实践操作服务。而且，通过对具体犯罪的罪刑规范进行学习和研究，可以归纳出某些原则、原理，发现刑事立法在具体犯罪规定中的某些缺陷和不足，对有关理论也会提出新的反思。

（二）研究刑法各论的方法

研究刑法各论，首先，必须注意以刑法总论的一般原理、原则和制度为指导。比如，在理解具体犯罪的犯罪构成或解释某些罪状术语时，应当严格遵守罪刑法定原则，力戒类推解释。其次，要及时了解刑事立法和司法解释的动态。对具体犯罪的定罪处罚要严格依照刑事立法和司法解释的规定。当然，对于刑事立法和司法解释的科学性与否，也应当予以研究。最后，应当坚持理论联系实际的学习和研究方法，注重案例分析，多从案例分析中理解和把握刑法知识。

第二节　刑法分则的体系

刑法分则的体系，亦即刑法分则的组成结构，是指由刑法分则所规定的各类、各种犯罪，按照一定的逻辑顺序排列而形成的刑法分则的外在体例系统。

一、犯罪的分类排列

如何在刑法分则中对具体犯罪进行分类排列，各国刑法的做法不尽相同。《刑法》分则将各种具体犯罪分为十章：第一章"危害国家安全罪"，第二章"危害公共安全罪"，第三章"破坏社会主义市场经济秩序罪"，第四章"侵犯公民人身权利、民主权利罪"，第五章"侵犯财产罪"，第六章"妨害社会管理秩序罪"，第七章"危害国防利益罪"，第八章"贪污贿赂罪"，第九章"渎职罪"，第十章"军人违反职责罪"。其中第三章又细分为八节：生产、销售伪劣商品罪，走私罪，妨害对公司、企业的管理秩序罪，破坏金融管理秩序罪，金融诈骗罪，危害税收征管罪，侵犯知识产权罪和扰乱市场秩序罪。第六章又细分为九节：扰乱公共秩序罪，妨害司法罪，妨害国（边）境管理罪，妨害文物管理罪，危害公共卫生罪，破坏环境资源保护罪，走私、贩卖、运输、制造毒品罪，组织、强迫、引诱、容留、介绍卖淫罪和制作、贩卖、传播淫秽物品罪。

二、犯罪分类排列的依据

《刑法》分则对犯罪的分类主要以同类客体原理为依据，即主要按照各种犯罪的同类客体对其进行分类，列入分则各章。对各类犯罪以及各种具体犯罪的排列，则是以各类各种犯罪的社会危害程度大小为标准。

（一）主要以同类客体为标准对犯罪进行分类

犯罪的同类客体，是指某一类犯罪所共同侵犯的、为刑法所保护的我国某一方面的社会关系。《刑法》分则正是根据同类客体将各种犯罪划分为10类犯罪。即使是《刑法》分则第三章和第六章内部各节犯罪，也是按照同类客体进行的分类（各节中的犯罪实际上也是一类犯罪，可称为"次层次"的类罪）。

例如，背叛国家罪、分裂国家罪、煽动分裂国家罪等12种具体犯罪，共同侵犯的是国家安全，因而《刑法》将它们规定为"危害国家安全罪"一章。放火罪、决水罪、爆炸罪、投放危险物质罪等54种具体犯罪，共同侵犯的是社会的公共安全，因而《刑法》将它们规定为"危害公共安全罪"一章。

除主要以同类客体作为犯罪分类依据外，《刑法》分则还根据犯罪主体的特点或突出惩治某些犯罪的特殊需要，对有些犯罪进行了分类排列。其一，《刑法》分则第七章"危害国防利益罪"和第十章"军人违反职责罪"两章中，犯罪侵犯的实际上都是国家的军事利益，前一章的主体为非军人，后一章的主体是军人，《刑法》将这些犯罪分为两章。其二，《刑法》分则第八章"贪污贿赂罪"和第九章"渎职罪"两章中，各种犯罪实际上都是渎职犯罪，只不过贪污贿赂罪是贪利型渎职罪。为了突出我国惩治与防范腐败犯罪的迫切需要，《刑法》将贪污贿赂罪从渎职罪中分离出来，单设一章。需要指出，危害国防利益罪和军人违反职责罪、贪污贿赂罪和渎职罪的设置，并没有否定以同类客体为依据对犯罪进行分类。

（二）以犯罪的危害程度为标准对各类、各种犯罪进行排列

1. 《刑法》分则对类罪的排列，以社会危害程度的大小为标准。

《刑法》分则的 10 类犯罪，基本上就是根据各类犯罪的社会危害性的大小，由重到轻依次排列的。国家安全是我国的根本利益，侵犯国家安全的危害国家安全罪便位居《刑法》分则各章之首。危害公共安全罪侵犯的是社会的公共安全，其社会危害程度仅次于危害国家安全罪，因此刑法将这类犯罪紧排在危害国家安全罪之后。《刑法》分则第三章至第十章的排列，其依据也是如此。当然，类罪的先后排列顺序所表明的社会危害程度的大小，只是从总体上而言的，相对而言的，并不意味着排在前面的类罪中的每一种具体犯罪的社会危害性都大于排在后面的类罪中的所有具体犯罪的社会危害性。比如危害公共安全罪的过失犯罪，就显然轻于侵犯人身权利、民主权利罪中的故意杀人罪、强奸罪等，而最高可以判处死刑的贪污罪、受贿罪等犯罪也排列在侮辱罪、诽谤罪之后。

2. 《刑法》分则各类罪中的具体犯罪，基本上是根据社会危害程度的大小进行排列的。

例如，在危害公共安全这一类犯罪中，放火、决水、爆炸、投放危险物质等犯罪，均属于故意以危险方法危害公共安全的犯罪，其社会危害性最为严重，因此，将它们排在该类犯罪的前面。而工程重大安全事故罪、教育设施重大安全事故罪、消防责任事故罪等犯罪，属于过失危害公共安全的犯罪，社会危害性相对较轻，因而将它们排在该类犯罪的最后面。又如，侵犯公民人身权利、民主权利罪中，故意杀人罪是剥夺他人生命的犯罪，乃危害最为严重的侵犯人身权利罪，因此《刑法》将其排在该章之首，而故意伤害罪是侵犯他人健康权利的犯罪，因此排列在其后。

第三节　具体犯罪条文的构成

《刑法》分则中绝大多数条文都是规定具体犯罪的条文。这些条文的规范内容，一般都由罪状和法定刑两个部分组成。下面对罪状、法定刑进行阐述。

一、罪状

（一）罪状的类型

罪状，是指《刑法》分则条文对具体犯罪构成特征的描述。根据描述方式的不同，可以将罪状分为叙明罪状、简单罪状、引证罪状和空白罪状四种。

1. 叙明罪状。

即具体犯罪条文对具体犯罪的构成特征作了详细的描述。例如，《刑法》第 253 条第 1 款规定："邮政工作人员私自开拆或者隐匿、毁弃邮件、电报的，处二年以下有期徒刑或者拘役。"该款对私自开拆、隐匿、毁弃邮件、电报罪的主体和客观方面的构成作了详细的描述，其罪状为叙明罪状。叙明罪状在《刑法》分则具体犯罪条文中占据多数，这种罪状有利于司法实践把握犯罪的罪与非罪、此罪与彼罪的界限，有利于贯彻罪刑法定原则。

2. 简单罪状。

即具体犯罪条文只简单地描述具体犯罪的特征或仅仅规定犯罪的名称。如《刑法》第 232 条规定："故意杀人的，处死刑、无期徒刑或者十年以上有期徒刑；情节较轻的，处三年以上十年以下有期徒刑。"

这实际上只描述了故意杀人罪的罪名，而没有具体描绘该罪的构成特征。一般认为，使用简单罪状的犯罪，都是因为这些犯罪的特征易于把握和理解，无须在刑法中作具体的描述。简单罪状的缺陷在于，其过于概括和抽象，有时缺乏可操作性。

3. 引证罪状。

即具体犯罪条文不直接描绘具体犯罪的构成特征，而是引用刑法分则其他条款来说明和确定该犯罪的构成特征。例如，《刑法》第107条规定："境内外机构、组织或者个人资助实施本章第一百零二条、第一百零三条、第一百零四条、第一百零五条规定之罪的，对直接责任人员，处五年以下有期徒刑、拘役、管制或者剥夺政治权利；情节严重的，处五年以上有期徒刑。"该条是对资助危害国家安全犯罪活动罪的规定，其对该罪的构成特征，引用《刑法》第102条、第103条、第104条和第105条的规定来说明和确定。采用引证罪状的方式，可以避免条款间文字上的重复。

4. 空白罪状。

即具体犯罪条文不直接描述具体犯罪的构成特征，而仅仅指明确定该罪构成需要参照的法律、法规的规定。例如，《刑法》第340条规定："违反保护水产资源法规，在禁渔区、禁渔期或者使用禁用的工具、方法捕捞水产品，情节严重的，处三年以下有期徒刑、拘役、管制或者罚金。"这个条文没有直接描述非法捕捞水产品罪的特征，而只指明在确定该罪的构成特征时，必须参照水产资源法规的规定，因而是空白罪状。

使用空白罪状，可以使具体条文简洁、明了，具有包容性、应变性。特别是对于某些经济犯罪、行政犯罪，使用空白罪状使刑法条文不致因经济、行政法规的变化而丧失应有的稳定性。

《刑法》分则中许多条文在采用空白罪状的同时，兼用叙明罪状。例如，《刑法》第342条的规定，首先指明确定非法占用农用地罪需要参照的法规即土地管理法规，含有空白罪状的成分，同时又描述了该罪的客观行为、危害结果等要件，符合叙明罪状的特征。

（二）与罪状相关的规范形式

理解罪状，需要注意与罪状相关的两种分则规范形式，即注意规定和法律拟制。

1. 注意规定。

注意规定，是在刑法已作基本规定的前提下，提示司法人员注意，以免司法人员忽略的规定。它有两个特征：（1）注意规定的设置并不改变基本规定的内容，只是对基本规定内容的重申；即使不设置注意规定，也存在相应的法律适用根据（按基本规定处理）。例如，《刑法》第382条第3款的规定就是注意规定，该款规定只是为了引起司法人员的注意，即使没有该款规定，按照共同犯罪的基本规定，与贪污犯同谋的非国家工作人员的帮助行为也应以相应犯罪的共犯（帮助犯）论处，不能因为刑法规定了贪污罪的主体为国家工作人员就认为这种行为不构成共同犯罪。（2）注意规定只具有提示性，其规定的内容与相关基本规定的内容完全相同，因而不会导致将原本不符合相关规定的行为也按相关规定论处。例如，《刑法》第271条第2款的规定属于注意规定，该款规定不会导致将原本不符合贪污罪要件的行为也认定为贪污罪。

2. 法律拟制。

法律拟制，是将原本不符合某种规定的行为也按照该规定处理。刑法设置法律拟制，主要基于两个方面的原因：（1）技术上的理由，即法律经济性的考虑，避免重复。（2）实质上的理由，即两种行为危害的客体具有相同性或类似性。例如，《刑法》第267条第2款的规定和第269条的规定，就是典型的法律拟制。这样的法律拟制，一方面，避免了重复规定抢劫罪的法定刑；另一方面，是因为携带凶器抢夺、转化型抢劫的行为与抢劫罪，在危害客体上具有相同性或相似性。

二、法定刑

法定刑，是指《刑法》分则具体犯罪条文所规定的适用于具体犯罪的刑罚的种类和幅度。

法定刑不同于宣告刑。法定刑是国家立法机关针对某种犯罪的性质和危害程度所确定的量刑标准，它着眼于该罪的共性；宣告刑是法定刑的实际运用，是国家审判机关对具体犯罪案件中的犯罪人依法判处并宣告的应当实际执行的刑罚，它着眼于具体犯罪案件及犯罪人的个性。

（一）法定刑的分类

按照规定内容的确定性程度，可以把法定刑分为绝对确定的法定刑、绝对不确定的法定刑和相对确定的法定刑三种。

（1）绝对确定的法定刑，是指在刑法分则具体犯罪条文中对某种犯罪只规定单一的刑种和刑度。绝对确定的法定刑，使法官不能根据具体情况对犯罪人判处轻重适当的刑罚，法官没有任何自由裁量权，因而无法适应实践的需要。

（2）绝对不确定的法定刑，是指在刑法分则具体犯罪条文中对某种犯罪不规定具体的刑种和刑度，只规定对该种罪处以刑罚，具体如何处罚完全由法官掌握。绝对不确定的法定刑，由于没有统一的量刑标准，容易导致法官恣意裁量，与罪刑法定原则的要求也相违背。

（3）相对确定的法定刑，是指在刑法分则具体犯罪条文中对某种犯罪规定一定的刑种和一定的刑度。相对确定的法定刑，既有刑罚的限度，也有一定的自由裁量余地，便于法官在保证司法统一的基础上，根据具体案情和犯罪人的具体情况，在法定刑的幅度内选择适当的刑种和刑期，有利于刑罚目的的实现。因而这种法定刑为现代世界各国刑法所广泛采用。

我国现行《刑法》分则中没有绝对不确定的法定刑，也不存在绝对确定的法定刑。《刑法》中有少数条款，对某些犯罪危害特别严重或情节特别严重的情形规定了"处死刑"的法定刑，但这种情况并不属于上述意义上的绝对确定的法定刑，因为这一确定的刑罚只适用于这种犯罪的个别情形下，而不是针对所有这种犯罪。例如，根据《刑法》第 121 条的规定，劫持航空器，致人重伤、死亡或者使航空器遭受严重破坏的，处死刑；根据《刑法》第 240 条的规定，拐卖妇女、儿童，情节特别严重的，处死刑。这些规定都只是对犯罪情节特别严重之情形确定的唯一法定刑。

（二）法定刑的表现形式

《刑法》分则条文中的法定刑，均为相对确定的法定刑。其具体表现形式有：

（1）《刑法》分则具体犯罪条文仅规定法定刑的最高限度，其最低限度决定于刑法总则对某刑种下限的规定。例如，《刑法》第 315 条规定："依法被关押的罪犯，有下列破坏监管秩序行为之一，情节严重的，处三年以下有期徒刑……"据此，破坏监管秩序罪的法定最高刑是 3 年有期徒刑。结合《刑法》总则第 45 条关于有期徒刑的最低期限为 6 个月的规定，该罪的法定刑即为 6 个月以上 3 年以下有期徒刑。

（2）《刑法》分则具体犯罪条文只规定法定刑的最低限度，其最高限度则取决于《刑法》总则对某刑种上限的规定。例如，《刑法》第 286 条第 1 款规定："违反国家规定，对计算机信息系统功能进行删除、修改、增加、干扰，造成计算机信息系统不能正常运行……后果特别严重的，处五年以上有期徒刑。"据此，后果特别严重的破坏计算机信息系统罪的法定最低刑为 5 年有期徒刑。结合《刑法》总则第 45 条关于有期徒刑的最高期限为 15 年的规定，该法定刑就是 5 年以上 15 年以下有期徒刑。

（3）《刑法》分则具体犯罪条文同时规定法定刑的最高限度与最低限度。例如，《刑法》第 236 条第 1 款规定："以暴力、胁迫或者其他手段强奸妇女的，处三年以上十年以下有期徒刑。"据此，情节一般的强奸罪的法定刑是 3 年以上 10 年以下有期徒刑。

（4）《刑法》分则具体犯罪条文规定两种以上的主刑或者规定两种以上主刑并规定附加刑。例如，《刑法》第 147 条规定："生产假农药、假兽药、假化肥……使生产遭受较大损失的，处三年以下有期徒刑或者拘役，并处或者单处销售金额百分之五十以上二倍以下罚金……"这里规定了两种主刑以及并处或单处一种附加刑。法院可以根据案件的具体情况，在两种主刑中选择一种，然后再按照有关规定确定具体刑期，并且并处罚金附加刑；或者不判处主刑，而单处罚金。又如，《刑法》第 279 条规定："冒充国家机关工作人员招摇撞骗的，处三年以下有期徒刑、拘役、管制或者剥夺政治权利……"这里规定了三种主刑和一种附加刑作为选择适用的刑种，人民法院可以根据实际情况选择其中的一种主刑或者附加刑。

此外，有的具体犯罪《刑法》分则条文不直接规定法定刑，而规定援引性的法定刑。例如，《刑法》

第 386 条规定："对犯受贿罪的，根据受贿所得数额及情节，依照本法第三百八十三条的规定处罚。索贿的从重处罚。"

【引例评析】

对于被告人凌某，法院应以故意杀人罪定罪处罚。正确理解《刑法》分则与总则的关系，就必须注意到，《刑法》第 239 条关于绑架之后杀害被绑架人的行为以绑架罪一罪定罪处罚，是针对已满 16 周岁的人而言的，因为从《刑法》第 17 条第 2 款的规定来看，已满 14 周岁不满 16 周岁的人不构成绑架罪，所以《刑法》第 239 条的所有规定对于已满 14 周岁不满 16 周岁的人实施单纯的绑架或者绑架杀人的行为都不涉及适用的问题。结合《刑法》第 17 条第 2 款的规定和《刑法》第 232 条故意杀人罪的规定，凌某的行为完全符合故意杀人罪的构成要件，以故意杀人罪对被告人凌某定罪处罚，恰恰是罪刑法定原则的要求。

【本章小结】

《刑法》分则的运用应当与《刑法》总则结合起来。《刑法》分则对犯罪的分类主要依据是犯罪的同类客体。《刑法》分则中的法定刑模式为相对确定的法定刑。

【练习题】

一、名词解释

引证罪状 空白罪状 法律拟制 相对确定的法定刑 宣告刑

二、思考题

1. 试从司法实践的角度阐述刑法总论与刑法各论的关系。

2. 什么是叙明罪状、简单罪状、引证罪状和空白罪状？试各举两例说明。

3. 法定刑与宣告刑有何联系和区别？

三、案例分析题

被告人张某，女，26 岁。张某的丈夫吴某与其朋友周某在家中谈生意，因为价格的问题没有谈妥。由于周某讥讽的话语激怒了吴某，吴某拿起桌上的水果刀捅向周某的腹部，致使周某当场死亡。张某怕其丈夫吴某因为杀人而可能被判处死刑，便主动向公安机关报案说是自己将周某杀死。公安机关将张某逮捕，发现张某已经怀孕 5 个月。在检察院提起公诉阶段，吴某主动到检察院自首，说明案件真实情况。

问题：

被告人张某是否构成诬告陷害罪？

分析要点提示：

诬告陷害罪是属于侵犯公民人身、民主权利一章中的犯罪，而不是妨害社会管理秩序的犯罪；诬告陷害罪的同类客体是公民的人身、民主权利，而不是司法机关的正常的工作秩序。本案中，被告人张某的行为虽然扰乱了司法机关正常的工作秩序，但是其行为是对自己权利的侵害，并没有侵犯到其他公民的人身权利和民主权利，不符合诬告陷害罪的同类客体的要求，因而不构成诬告陷害罪。

第十八章　危害国家安全罪

 【本章引例】

　　被告人邵某，1956年出生于上海市，1989年加入美国国籍，但长期居住在中国。2001年他回美国期间被间谍组织收买，并接受该间谍组织的派遣任务，潜入我国进行军事情报刺探、收集工作。2001年5月，邵某欲前往我某空军培训基地刺探情报，被我安全机关抓获。检察机关以间谍罪和为境外刺探情报罪对邵某提起公诉，邵某提出自己进行间谍活动没有成功、属于犯罪未遂的辩护意见。法院应如何裁判呢？

【本章学习目标】

　　通过本章的学习，你应该能够：

1. 掌握危害国家安全罪的概念和特征；
2. 掌握煽动分裂国家罪的构成及认定；
3. 掌握间谍罪的构成及认定；
4. 掌握为境外窃取、刺探、收买、非法提供国家秘密、情报罪的构成及认定。

第一节　危害国家安全罪概述

一、危害国家安全罪的概念

　　危害国家安全罪，是指故意危害中华人民共和国国家安全的行为。

二、危害国家安全罪的特征

　　危害国家安全罪的特征如下：

　　（1）本类罪的客体是中华人民共和国的国家安全。国家安全是关系国家存亡的大事，是巩固国家政权，进行社会主义建设的基础。而国家的主权、领土完整和安全是保证国家安全的关键。危害国家安全犯罪则表现为直接威胁中华人民共和国主权、领土完整、社会主义制度的稳定和安全，以及涉及国计民生的国家利益。

　　（2）本类罪在客观方面表现为各种危害中华人民共和国国家安全的行为。行为方式只可能是作为，不作为不可能构成本类罪。

　　（3）本类犯罪的主体多数为一般主体，无论是中国人、外国人还是无国籍人，无论是有特定身份者还是无特定身份者，均可构成。但是，少数犯罪要求是特殊主体，如背叛国家罪、投敌叛变罪的主体只限于中国人；叛逃罪的主体必须是国家机关工作人员。

（4）本类罪的主观方面只能由直接故意构成，间接故意和过失不可能构成本类罪。

三、危害国家安全罪的种类

《刑法》分则第一章共计 12 个罪名，除本章第二节重点论述的外，还包括背叛国家罪（第 102 条），分裂国家罪（第 103 条第 1 款），武装叛乱、暴乱罪（第 104 条），颠覆国家政权罪（第 105 条第 1 款），煽动颠覆国家政权罪（第 105 条第 2 款），资助危害国家安全犯罪活动罪（第 107 条），投敌叛变罪（第 108 条），资敌罪（第 112 条）。

第二节　本章重点论述的犯罪

一、煽动分裂国家罪

（一）煽动分裂国家罪的概念和特征

煽动分裂国家罪，是指煽动分裂国家、破坏国家统一的行为。

本罪的特征如下：

（1）本罪的客体与分裂国家罪的客体一样，是国家的统一。

（2）本罪在客观方面表现为煽动他人分裂国家、破坏国家统一的行为。煽动，是指以劝诱、造谣、诽谤或者其他方法，对他人进行蛊惑、怂恿、鼓动，意图使他人接受或相信所煽惑的内容或去实行所煽惑的分裂国家的行为。煽动的内容只能是分裂国家。煽动的对象是不特定人或者多数人。煽动可以是公然进行，也可以秘密进行。煽动的方式没有限制，可以是发表言论，散布文字书画，制作、传播音像制品等。根据 2000 年 12 月 28 日全国人大常委会《关于维护互联网安全的决定》第 2 条的规定，利用互联网造谣、诽谤或者发表、传播有害信息，煽动分裂国家、破坏国家统一的，应依照刑法有关规定追究刑事责任。根据 2003 年 5 月 14 日最高人民法院、最高人民检察院《关于办理妨害预防、控制突发传染病疫情等灾害的刑事案件具体应用法律若干问题的解释》第 10 条第 2 款的规定，利用突发传染病疫情等灾害，制造、传播谣言，煽动分裂国家、破坏国家统一的，以煽动分裂国家罪定罪处罚。

本罪为举动犯，只要煽动行为一经实施，即告既遂。行为人在煽动分裂国家的同时实施其他犯罪行为的，除成立牵连犯、吸收犯或者煽动分裂国家行为作为其他犯罪的构成部分（如行为人接受间谍组织派遣进行煽动分裂国家，以间谍罪一罪认定）外，应当实行数罪并罚。

参考案例 18－1

被告人洛某多次密谋策划在公共场所实施爆炸并散发煽动分裂国家的传单。洛某先后在某县城中心、某市天府广场等 5 处实施爆炸，造成 1 人死亡，多人受伤，其中 1 人重伤，财产损失达 100 余万元，同时在爆炸地点散发煽动分裂国家内容的传单。人民法院以爆炸罪、煽动分裂国家罪对被告人洛某实行数罪并罚，决定执行死刑，剥夺政治权利终身。

（3）本罪主体为一般主体。无论是中国人、外国人还是无国籍人，都可以成为本罪的主体。

（4）本罪在主观方面出于直接故意。即明知自己的煽动行为会导致他人实施分裂国家、破坏国家统一的行为，发生危害国家安全的结果，并且希望这种结果发生。如果煽动的目的不是希望他人实施分裂国家、破坏国家统一的行为，则不构成本罪。比如，煽动他人暴力抗拒国家法律实施的，依照《刑法》第 278 条煽动暴力抗拒法律实施罪定罪处罚。

（二）煽动分裂国家罪的认定

1. 本罪与非罪的界限。

区分煽动分裂国家罪与非罪的界限，主要应注意煽动分裂国家行为与发表一般错误言论的界限。本罪中行为人煽动的故意是促使他人组织、策划、实施分裂国家、破坏国家统一的行为，而发表一般错误言论的行为人不具有这种故意。实践中，应当避免从行为表象片面推断行为人具有煽动分裂国家故意的做法。如果行为人由于思想认识存在偏差，或者个人利益暂时得不到满足，或者不满社会现状等原因而出于一时冲动，发表了包含分裂国家内容的言论，不宜以本罪论处。但是，不排除行为人居于个人目的实施煽动分裂国家行为而构成本罪。实践中，应当考察行为人发表言论的起因、背景、环境、条件以及方法方式、影响等客观因素，同时也要考察行为人的年龄、文化程度、知识水平、社会阅历、职业职务等主观因素，进行综合评价，以判断罪与非罪。

参考案例 18-2

犯罪嫌疑人阿某，男，30岁，维吾尔族，小学文化程度，新疆维吾尔自治区克拉玛依市人，系克拉玛依市某国有公司货车司机。犯罪嫌疑人阿某所在单位发放年终奖金，阿某发现自己所拿的奖金比其他司机少，便找领导要"说法"。领导解释这是按照新的奖金发放政策的结果，计算时考虑了考勤表现。阿某心生怨气，三四天躲在家里没有上班，想要领导打电话让其上班以趁机要求补足奖金，但一直没有接到领导的电话。后阿某看到报纸上关于打击民族分裂分子的报道，突发奇想，决心要引起领导"重视"，于是他深夜书写了两份煽动分裂国家内容的大字报张贴到大街的房屋墙面上。次日早晨，数十名群众看见了大字报。阿某得知情况后感到事态严重，前去将大字报撕下，主动到单位承认是自己书写并张贴。侦查机关审查后认为，犯罪嫌疑人阿某仅因不满单位发放的奖金，就书写煽动分裂国家内容的大字报并张贴到公共场所，具有煽动分裂国家的故意，实施了煽动分裂国家的行为，提出阿某构成煽动分裂国家罪的起诉意见。检察机关审查起诉认为：犯罪嫌疑人阿某文化程度较低，以往没有与任何危害国家安全的组织或个人有过联系，在单位表现也一贯良好，对党和国家有关民族政策也从未有过不当议论；本案中，犯罪嫌疑人阿某是出于发泄个人不满而书写和张贴煽动分裂国家内容的大字报，综合案中、案前各方面因素考察，难以判断其有煽动分裂国家的故意。最后，检察机关作出了不起诉的决定。

2. 本罪与分裂国家罪的界限。

本罪与分裂国家罪的客体是相同的，即国家的统一。两罪在主体方面也均为一般主体的犯罪。但是，在客观方面，本罪表现为煽动他人分裂国家、破坏国家统一的行为，而分裂国家罪的客观行为是直接组织、策划、实施分裂国家、破坏国家统一的行为。另外，在主观方面，本罪的故意内容是行为人希望通过自己的煽动行为引起他人实施分裂国家的行为，而分裂国家罪的行为人主观上是追求通过自己的行为达到分裂国家的目的。

实践中容易混淆的是本罪与分裂国家罪的教唆犯。从广义上讲，煽动也是一种教唆行为，但是，既然刑法已经把煽动分裂国家的行为独立为罪，那么，本罪与分裂国家罪的教唆犯就存在区别。其主要区别在于：本罪的对象是不特定或者多数人，而分裂国家罪的教唆犯教唆的对象是特定的。

必须注意，对于行为人在组织、策划、实施分裂国家、破坏国家统一的行为过程中，又进行以分裂国家、破坏国家统一为目的的煽动行为的，只能认定分裂国家罪一罪，煽动分裂国家行为不另行定罪处罚。

（三）煽动分裂国家罪的处罚

根据《刑法》第103条第2款、第106条、第113条和第56条的规定，犯本罪的，处5年以下有期徒刑、拘役、管制或者剥夺政治权利；首要分子或者罪行重大的，处5年以上有期徒刑。与境外机构、组织、个人相勾结本罪的，从重处罚。犯本罪的，可以并处没收财产，应当附加剥夺政治权利。

二、叛逃罪

（一）叛逃罪的概念和特征

叛逃罪，是指国家机关工作人员在履行公务期间，擅离岗位，叛逃境外或者在境外叛逃的行为；或者掌握国家秘密的国家工作人员叛逃境外或者在境外叛逃的行为。

本罪的特征如下：

（1）本罪的客体是中华人民共和国的国家安全。

（2）本罪在客观上表现为叛变逃往境外或者在境外叛变逃跑的行为。根据不同的主体身份，叛逃行为可分为两种形式：其一，针对国家机关工作人员而言，需其在履行公务期间，擅离岗位，叛逃境外或者在境外叛逃。所谓履行公务期间，指的是执行职务或者执行某项工作任务期间。其二，对于掌握国家秘密的国家工作人员，仅需叛逃境外或者在境外叛逃即可，没有时间上的要求。

（3）本罪的主体是特殊主体，包括国家机关工作人员和掌握国家秘密的国家工作人员。国家机关工作人员，指国家各级权力机关、行政机关、审判机关、检察机关、军事机关中从事公务的人员。中国共产党和中国人民政治协商会议的各级机关中从事公务的人员，也属于国家机关工作人员的范畴。对于国家机关工作人员，没有需掌握国家秘密的要求。

（4）本罪的主观方面为故意，且应为直接故意。叛逃的动机可能多种多样，但不影响本罪的成立。

参考案例 18－3

重庆市原副市长王某于 2012 年 2 月 6 日 14 时 31 分私自进入美国驻成都总领事馆，请求美方提供庇护，并提出政治避难申请。后经我有关方面劝导，王某于 2 月 7 日 23 时 35 分自动离开美国驻成都总领事馆。成都市中级人民法院经审理认为，王某作为国家机关工作人员，在履行公务期间，擅离岗位，叛逃外国驻华使领馆，其行为已构成叛逃罪，且情节严重。王某自动投案，并如实供述其叛逃的主要犯罪事实，属自首。

（二）叛逃罪的认定

1. 本罪与背叛国家罪的界限。

背叛国家罪，指勾结外国或者境外机构、组织、个人，危害国家主权、领土完整和安全的行为。其与本罪同样具有背叛祖国的性质。两者的不同之处在于主体和客观行为表现。本罪的主体为特殊主体，仅限于国家机关工作人员和掌握国家秘密的国家工作人员，而背叛国家罪的主体为任何中国公民。本罪的客观行为表现为叛逃境外或者在境外叛逃，而背叛国家罪则表现为勾结外国或者境外机构、组织、个人，危害国家主权、领土完整和安全的行为。

2. 本罪与投敌叛变罪的界限。

投敌叛变罪，指中国公民投奔敌人营垒，或者被捕、被俘后投降敌人，危害国家安全的行为。与本罪的区别亦在于主体和客观行为。本罪的主体是特殊主体，仅限于国家机关工作人员和掌握国家秘密的国家工作人员，而投敌叛变罪的主体为任何年满 16 周岁、具备刑事责任能力的中国公民。本罪的客观行为表现为叛逃境外或者在境外叛逃，投敌叛变罪的客观行为为投奔敌人营垒，或者被捕、被俘后投降敌人，危害国家安全。国家机关工作人员在非履行公务期间或者不掌握国家秘密的国家工作人员叛逃境外或者在境外叛逃，危害国家安全的，应当按照投敌叛变罪定罪处刑。

（三）叛逃罪的处罚

根据《刑法》第 109 条的规定，犯本罪的，处 5 年以下有期徒刑、拘役、管制或者剥夺政治权利；情节严重的，处 5 年以上 10 年以下有期徒刑。掌握国家秘密的国家工作人员犯本罪的，从重处罚。

根据《刑法》第 56 条、第 113 条第 2 款的规定，犯本罪的，除单处剥夺政治权利的外，均应当附加剥夺政治权利，可以并处没收财产。

三、间谍罪

（一）间谍罪的概念和特征

间谍罪，是指参加间谍组织或者接受间谍组织及其代理人的任务，或者为敌人指示轰击目标的行为。本罪的特征如下：

（1）本罪的客体是中华人民共和国的国家安全。

（2）本罪在客观方面表现为参加间谍活动、危害国家安全的行为。根据《刑法》的规定，其具体表现形式为三种：一是参加间谍组织；二是接受间谍组织及其代理人的任务；三是为敌人指示轰击目标。所谓间谍组织，指外国政府或境外敌对势力建立的旨在搜集情报，进行颠覆活动等危害一国国家安全和利益的组织。参加间谍组织，是指通过一定的程序而成为间谍组织成员的行为。接受间谍组织及其代理人的任务，是指接受间谍组织或其代理人的派遣、指使而为其服务，从事危害中华人民共和国国家安全的行为。只要行为人实施了上述三种行为中的任何一种，即可构成本罪。

（3）本罪的主体是一般主体，中国人、外国人和无国籍人均可以成为本罪的主体。

（4）本罪在主观上是直接故意。

（二）间谍罪的认定

1. 本罪与非罪的界限。

司法实践中应当注意，本罪的构成要求行为人主观上具有危害中华人民共和国国家安全的故意，客观上实施了危害我国国家安全的间谍行为。因此，对于那些虽在间谍组织中工作，但行为人主观上并不知道对方为间谍组织或其代理人的；原先被骗加入间谍组织、在得知真相后主动退出的；在间谍组织中只是从事一般性勤杂、医务、传达等单纯服务性活动的，都不能以本罪论处。

参考案例 18-4

被告人秦某，女，35岁，原系某纺织工厂工人。2002年3月下岗失业后，被告人秦某经人介绍到中美合作的某工业有限公司任收发员，为公司收发信件。2002年5月，某省国家安全厅侦查得知，中美合作的某工业有限公司是境外间谍组织为了搜集我国重要军事、科技情报而在我国设立的用于掩护间谍活动的一家公司，该公司总经理被告人王某、副总经理被告人蔡某早在1996年就在境外加入了该间谍组织；被告人王某、蔡某均曾在某报社工作，1997年12月至2002年4月，被告人王某、蔡某多次通过密传将自己以记者身份拍摄的我军某飞行试验研究院机场图片提供给境外间谍组织。2002年6月，被告人王某、蔡某、秦某因涉嫌间谍行为被逮捕。同年7月，检察机关以间谍罪对三被告人提起公诉。法院审理后认为，被告人王某、蔡某参加间谍组织，并接受其派遣任务为其提供我国军事情报，构成间谍罪；但是，被告人秦某主观上并不明知某工业有限公司为间谍组织的代理机构，其在该公司负责收发信件，虽然客观上为王某、蔡某的间谍活动提供了帮助，但缺乏间谍罪的故意，不构成犯罪。据此，法院以间谍罪判处王某有期徒刑12年，附加剥夺政治权利4年；以间谍罪判处蔡某有期徒刑11年，附加剥夺政治权利3年；宣告秦某无罪。

2. 本罪的停止形态问题。

本罪是行为犯，只要行为人具有参加间谍组织或者接受间谍组织及其代理人的任务，或者为敌人指示轰击目标行为之一的，就成立本罪，且视为完成形态。至于是否完成间谍组织的任务、是否致使我军事基地等被敌人轰击受损，均在所不问。

3. 本罪中一罪与数罪的界限。

间谍罪的构成包含行为人参加间谍组织、接受间谍组织及其代理人的任务和为敌人指示轰击目标等内容，因此，如果行为人因为进行间谍活动而触犯其他危害国家安全犯罪的，不实行数罪并罚，而择一重罪处断。但是，如果行为人实施的其他危害国家安全的犯罪与本罪无必然联系的，对行为人应当实行数罪并罚。例如，行为人在实施背叛国家的行为后，又参加间谍组织的，同时构成本罪和间谍罪，对行为人应当以背叛国家罪和本罪实行数罪并罚。

（三）间谍罪的处罚

根据《刑法》第110条、第113条和第56条的规定，犯本罪的，处10年以上有期徒刑或者无期徒刑；情节较轻的，处3年以上10年以下有期徒刑；对国家和人民危害特别严重、情节特别恶劣的，可以判处死刑。犯本罪的，可以并处没收财产，应当附加剥夺政治权利。

四、为境外窃取、刺探、收买、非法提供国家秘密、情报罪

（一）为境外窃取、刺探、收买、非法提供国家秘密、情报罪的概念和特征

为境外窃取、刺探、收买、非法提供国家秘密、情报罪，是指为境外的机构、组织、个人窃取、刺探、收买、非法提供国家秘密或者情报的行为。

本罪的特征如下：

（1）本罪的客体是国家的安全和利益。

（2）本罪在客观上表现为为境外机构、组织、个人窃取、刺探、收买、非法提供国家秘密或情报的行为。这里的"境外机构"，是指中华人民共和国国、边境以外的国家或地区的官方机构，如外国政府、军队及其在中国境内的分支或代表机构。"境外组织"，是指中华人民共和国、边境以外的国家或地区的政党、社会团体以及其他企业事业单位及其在中国境内的分支组织。"境外个人"，是指不隶属于任何境外机构、组织的境外外国公民或无国籍人。本罪的客观行为方式是窃取、刺探、收买或非法提供。所谓"窃取"，是指以文件窃密、照相窃密、计算机窃密、电磁波窃密等具体形式秘密获取的行为。所谓"刺探"，是指暗中用探听或一定的专门技术获取的行为。所谓"收买"，是利用金钱或其他物质利益去换取国家秘密或情报的行为。所谓"非法提供"，是指违反法律规定，给予境外机构、组织、个人国家秘密或情报的行为。非法提供并不限于将秘密、情报的原件、复印件或任何有形载体予以提供，只要将内容予以提供或者告知即可。根据2001年1月17日最高人民法院《关于审理为境外窃取、刺探、收买、非法提供国家秘密、情报案件具体应用法律若干问题的解释》第6条的规定，通过互联网将国家秘密或者情报非法发送给境外机构、组织、个人的，以本罪定罪处罚；但是，如果行为人将国家秘密通过互联网发布，情节严重的，不以本罪论处，而应以故意泄露国家秘密罪或者过失泄露国家秘密罪定罪处罚。

本罪罪名为行为方式选择性罪名。行为人只要实施了窃取、刺探、收买、非法提供四种行为方式中的任何一种行为，即可构成本罪；实施两种以上行为的，也只定一罪，有几种行为，则在罪名中列出几种行为。本罪罪名也是对象选择性罪名。根据2001年1月17日最高人民法院《关于审理为境外窃取、刺探、收买、非法提供国家秘密、情报案件具体应用法律若干问题的解释》第1条的规定，行为人为境外窃取、刺探、收买、非法提供国家秘密的，以为境外窃取、刺探、收买、非法提供国家秘密罪定罪处罚；为境外窃取、刺探、收买、非法提供国家秘密之外的情报的，以为境外窃取、刺探、收买、非法提供情报罪定罪处罚。

根据2001年1月17日最高人民法院《关于审理为境外窃取、刺探、收买、非法提供国家秘密、情报案件具体应用法律若干问题的解释》第1条的规定，"国家秘密"是指《中华人民共和国保守国家秘密法》（以下简称《保守国家秘密法》）第2条、第8条以及《中华人民共和国保守国家秘密法实施办法》第4条确定的事项；"情报"是指关系国家安全和利益、尚未公开或者依照规定不应公开的事项。根据《保守国家秘密法》的规定，国家秘密是指关系到我国国家安全和利益，依法定程序确定，在一定时间内只限一定范围内的人员知悉的事项。

（3）本罪的主体是一般主体。中国公民、外国公民或无国籍人都可以成为本罪的主体。

（4）本罪在主观上只能由直接故意构成。即行为人明知对方是境外机构、组织、个人，明知是国家秘密或者情报而为上述机构、组织、个人窃取、刺探、收买、非法提供。根据2001年1月17日最高人民法院《关于审理为境外窃取、刺探、收买、非法提供国家秘密、情报案件具体应用法律若干问题的解释》第5条的规定，行为人知道或者应当知道没有标明密级的事项关系国家安全和利益，而为境外机构、组织、个人窃取、刺探、收买、非法提供的，以为境外窃取、刺探、收买、非法提供国家秘密罪定罪处罚。

参考案例 18-5

被告人胡某，原系某省主管对外贸易的副省长，由于工作关系自1999年10月以来与路某（另案处理）私人交往甚密。2004年1月5日，被告人胡某将中央领导密传给副部级以上干部参阅的一份有关我国2004年对外贸易政策的讨论稿带回家中。当晚8时，路某到胡某家串门，见胡某将该份讨论稿放在书桌上，便问这份东西能否复印一下，胡某当即表示不可，但答应路某可以看一下，不准外传。路某知悉该讨论稿内容后，即向境外间谍组织报告。后国家安全机关查获，路某长期与国外进行贸易，2000年参加了某境外间谍组织，其以商人身份作掩护，进行经济情报刺探工作多年。检察机关以为境外非法提供国家秘密罪对被告人胡某提起公诉。被告人胡某提出自己无罪的意见，理由是自己并未将讨论稿非法提供给他人，只是让路某阅读；辩护人认为，该讨论稿没有标明密级，不属于国家秘密，故被告人胡某无罪。法院审理后认为，虽然讨论稿上未标明密级，但其关系到国家安全和利益，属于《保守国家秘密法》

规定的秘密范围；被告人胡某作为主管对外贸易的高级干部，对于讨论稿的秘密性质应当知道，不应非法提供给不应知悉的人，其让不应知悉该讨论稿的路某阅读，即已将该秘密非法提供或泄露，故被告人及其辩护人的辩护意见不成立。法院同时认为，被告人胡某主观上并不明知路某为境外间谍组织成员，因此，其没有为境外非法提供国家秘密的犯罪故意，因此，检察机关指控的罪名也不能成立；被告人胡某身为国家机关工作人员，违反《保守国家秘密法》的规定，故意泄露国家秘密，情节特别严重，应以《刑法》第 398 条规定的故意泄露国家秘密罪定罪处罚。

（二）为境外窃取、刺探、收买、非法提供国家秘密、情报罪的认定

1. 本罪与非罪的界限。

（1）区分本罪与非罪的重要一点，就是要查明行为人所窃取、刺探、收买、非法提供的是否属于国家秘密或情报。根据 2001 年 1 月 17 日最高人民法院《关于审理为境外窃取、刺探、收买、非法提供国家秘密、情报案件具体应用法律若干问题的解释》第 7 条的规定，审理为境外窃取、刺探、收买、非法提供国家秘密案件，需要对有关事项是否属于国家秘密以及属于何种密级进行鉴定的，由国家保密工作部门或者省、自治区、直辖市保密工作部门鉴定。

（2）如果根据《保守国家秘密法》第 21 条的规定，在对外交往与合作中经过国家有关部门依照严格程序审批，有限度地将某些国家秘密予以开放，与境外机构、组织、人员互换情报、交流资料，是合法行为，不构成本罪。

2. 本罪与间谍罪的界限。

二者的区别主要表现在行为方式上。本罪的行为主要表现为：为境外的机构、组织或人员窃取、刺探、收买、非法提供国家秘密或者情报。而间谍罪的行为表现为：参加间谍组织或者接受间谍组织及其代理人的任务，或者为敌人指示轰击目标。如果行为人不是接受间谍组织及其代理人的任务，而是主动提供国家秘密或情报，则应以本罪论处。如果行为人参加间谍组织或接受间谍组织及其代理人的任务后，又实施了本罪行为的，应按间谍罪定罪处罚。

3. 本罪与为境外窃取、刺探、收买、非法提供军事秘密罪的界限。

《刑法》第 431 条第 2 款规定的为境外窃取、刺探、收买、非法提供军事秘密罪，是指军人为境外的机构、组织、人员窃取、刺探、收买、非法提供军事秘密的行为。本罪法条与该罪法条的关系是一般与特殊的竞合关系。按照特殊法条优于普通法条的法条竞合适用原则，当行为人的行为同时符合本罪和为境外窃取、刺探、收买、非法提供军事秘密罪的构成时，不能以本罪定罪处罚，而应以为境外窃取、刺探、收买、非法提供军事秘密罪论处。需要注意，由于为境外窃取、刺探、收买、非法提供军事秘密罪的主体仅限于军人，而军事秘密当然属于国家秘密，因此，如果行为人不是军人，那么其实施为境外窃取、刺探、收买、非法提供军事秘密的行为，应以本罪定罪处罚。

（三）为境外窃取、刺探、收买、非法提供国家秘密、情报罪的处罚

根据《刑法》第 111 条、第 113 条和第 56 条的规定，犯本罪的，处 5 年以上 10 年以下有期徒刑；情节特别严重的，处 10 年以上有期徒刑或者无期徒刑；情节较轻的，处 5 年以下有期徒刑、拘役、管制或者剥夺政治权利；对国家和人民危害特别严重、情节特别恶劣的，可以判处死刑。犯本罪，可以并处没收财产，应当附加剥夺政治权利。

根据 2001 年 1 月 17 日最高人民法院《关于审理为境外窃取、刺探、收买、非法提供国家秘密、情报案件具体应用法律若干问题的解释》第 2 条、第 3 条的规定，为境外窃取、刺探、收买、非法提供国家秘密或者情报，有下列情形之一的，属于"情节特别严重"：（1）为境外窃取、刺探、收买、非法提供绝密级国家秘密的；（2）为境外窃取、刺探、收买、非法提供三项以上机密级国家秘密的；（3）为境外窃取、刺探、收买、非法提供国家秘密或者情报，对国家安全和利益造成其他特别严重损害的。具有下列情形之一的，处 5 年以上 10 年以下有期徒刑：（1）为境外窃取、刺探、收买、非法提供机密级国家秘密的；（2）为境外窃取、刺探、收买、非法提供三项以上秘密级国家秘密的；（3）为境外窃取、刺探、收买、非法提供国家秘密或者情报，对国家安全和利益造成其他严重损害的。

【引例评析】

被告人邵某的行为构成间谍罪既遂，法院应以间谍罪一罪对被告人邵某定罪处罚。本案中，被告人邵某参加间谍组织，并接受其派遣任务，完全符合间谍罪的构成要件。由于间谍罪是举动犯，即行为人只要有参加间谍组织、接受间谍组织及其代理人的任务或者为敌人指示轰击目标行为之一，即告成立且既遂，因此被告人邵某关于其属于犯罪未遂的辩护意见不能成立。被告人邵某接受间谍组织的派遣任务，进行情报刺探活动，又符合为境外刺探情报罪的构成，但该罪与间谍罪形成牵连关系，成立牵连犯，故应按间谍罪一罪处罚。

【本章小结】

危害国家安全罪，是指故意危害中华人民共和国国家安全的行为。危害国家安全罪共计 12 个罪名，本章重点对其中 4 种犯罪的概念、特征、认定和处罚进行了阐述。

【练习题】

一、名词解释

煽动分裂国家罪　叛逃罪　间谍罪　为境外窃取、刺探、收买、非法提供国家秘密、情报罪

二、思考题

1. 如何区分分裂国家罪的教唆犯与煽动分裂国家罪的界限？
2. 叛逃罪的构成特征及认定该罪需要注意区分的界限是什么？
3. 间谍罪的客观行为有哪些形式？
4. 为境外窃取、刺探、收买、非法提供国家秘密、情报罪与为境外窃取、刺探、收买、非法提供军事秘密罪的区别是什么？

三、案例分析题

被告人程某，某通讯社编辑。被告人左某，某境外间谍组织成员。被告人赖某，某食品店店主。被告人程某与以日本某报纸记者身份作掩护前来北京采访新闻的左某相识。左某为获取尚未讨论通过的某份党中央报告，唆使程某进行搜集。同年，被告人程某利用职务上的便利，将本单位有关人员内部传看的该份报告送审稿私自复印一份，携带回家。因害怕事情败露，当日下午，程某将复印件用信封装好，找到某食品店店主被告人赖某（程某经常在赖某的食品店购买食品，两人关系较好），请托赖某按照左某指定地点和时间将此信封交给左某。赖某答应。待程某离开后，赖某出于好奇，拆开信封一看，发现是"很重要的国家秘密"（赖某供述语），有些害怕。但赖某最后还是将此复印件转交给了左某，并向左某索要了 500 元人民币。经查，被告人赖某不知左某为境外人员。

问题：

被告人程某、左某、赖某构成何罪？

分析要点提示：

各被告人的犯罪行为，在构成上存在差别；应认真分析其主观故意的内容。

第十九章　危害公共安全罪

　【本章引例】

　　被告人戴某酒后驾驶一辆微型面包车将一位欲穿行马路的老人撞倒在地，戴某下车后，和路边一群众一起将老人抱上车，然后开车赶往医院抢救。因医院离事故地较远，戴某驾驶汽车遇到多处红灯，当遇到一处红灯停车时，戴某试探了一下老人的鼻息，发现没有呼吸，确信老人已死亡，遂改变主意，将老人埋葬于路边。数日后，老人家属张贴寻人启事，经人举报肇事车辆号牌而案发。被告人戴某归案后，如实供述了案情，并帮助寻找到老人的尸体。经法医鉴定，老人系掩埋后 2 小时窒息而死亡。对于戴某的行为，法院应如何定性？

【本章学习目标】

　　通过本章的学习，你应该能够：

　　1. 掌握危害公共安全罪的客体特征；
　　2. 掌握放火罪、投放危险物质罪、破坏交通设施罪的既遂标准；
　　3. 掌握放火罪与失火罪的区别以及放火罪、投放危险物质罪与以放火、投放危险物质方法实施的其他犯罪的界限；
　　4. 掌握非法携带枪支、弹药危及公共安全罪与非法持有、私藏枪支、弹药罪的区别；
　　5. 掌握危险驾驶罪与以危险方法危害公共安全罪、交通肇事罪的区别。

第一节　危害公共安全罪概述

一、危害公共安全罪的概念

　　危害公共安全罪，是指故意或者过失地实施危害不特定多数人的生命、健康或者重大公私财产安全的行为。

二、危害公共安全罪的特征

　　危害公共安全罪的特征如下：

　　(1) 本类罪的客体是公共安全，即不特定或者多数人的生命、健康或重大公私财产的安全。所谓"不特定"，是指犯罪行为可能侵害的对象和可能造成的结果事先无法具体预料，行为造成的危险状态或者危害结果可能随时扩大或增加。如在公用的储水池中投放毒物，可能同时使数十人，甚至数百人中毒；把正在使用中的通信电缆割断，很难确定会使多少人、多少单位，在多大范围内通信受阻，也无法预料会由此带来什么样的严重后果。如果犯罪行为只可能侵犯某一特定人或者特定的少数人的生命、健康或财产，而不直接危及多数人的生命、健康或重大公私财产的安全，且行为人没有危害公共安全的故意，则不构成危害公共安全罪。

（2）本类罪的客观方面表现为实施了危害公共安全的行为。危害公共安全的行为大多以作为的方式实施，但也可以是不作为，如明知有发生火灾的危险，有责任防止而故意不加防止，致使火灾发生，就是以不作为方式构成的放火罪。危害公共安全的行为，既包括已经造成实际损害结果的行为，也包括虽未造成实际的损害结果，但其行为已经足以威胁不特定多数人的生命、健康或重大公私财产安全的行为。如火车、汽车、电车、船只等交通工具和交通、通信、电力、燃气等公共设备均为直接关系公共安全的特定对象，一旦其遭到破坏，就可能给公共安全造成巨大损害。因此，即使对这类特定对象的破坏行为尚未造成严重后果，但只要其足以造成危害公共安全的危险，就构成犯罪既遂。不过，过失危害公共安全的犯罪，法律明文规定以造成严重后果作为犯罪构成的必要要件。

（3）本类罪中多数犯罪的主体为一般主体，但少数犯罪要求特殊主体。如非法出租、出借枪支罪的主体为依法配备、配置枪支的人员；重大飞行事故罪的主体为从事民用航空活动的空勤人员和地面人员。本章有些罪可由单位构成，如非法制造、买卖、运输、储存危险物质罪和非法出租、出借枪支罪；有的罪只能由单位构成，如违规制造、销售枪支罪。

（4）本类罪的主观方面既有出自故意的，也有出自过失的。具体而言，本类罪的罪过形式包括两种情况：一是只能由故意构成的犯罪，如组织、领导、参加恐怖组织罪，抢劫枪支、弹药、爆炸物、危险物质罪；二是只能由过失构成的犯罪，如丢失枪支不报罪、交通肇事罪。

三、危害公共安全罪的种类

《刑法》分则第二章共计 54 个罪名，除本章第二节重点论述的外，还包括决水罪（第 114 条、第 115 条第 1 款），爆炸罪（第 114 条、第 115 条第 1 款），以危险方法危害公共安全罪（第 114 条、第 115 条第 1 款），失火罪（第 115 条第 2 款），过失决水罪（第 115 条第 2 款），过失爆炸罪（第 115 条第 2 款），过失投放危险物质罪（第 115 条第 2 款），破坏电力设备罪（第 118 条、第 119 条第 1 款），破坏易燃易爆设备罪（第 118 条、第 119 条第 1 款），破坏交通工具罪（第 116 条、第 119 条第 1 款），过失损坏交通工具罪（第 119 条第 2 款），过失损坏交通设施罪（第 119 条第 2 款），过失损坏电力设备罪（第 119 条第 2 款），过失损坏易燃易爆设备罪（第 119 条第 2 款），帮助恐怖活动罪（第 120 条之一），准备实施恐怖活动罪（第 120 条之二），宣扬恐怖主义、极端主义、煽动实施恐怖活动罪（第 120 条之三），利用极端主义破坏法律实施罪（第 120 条之四），劫持航空器罪（第 121 条），劫持船只、汽车罪（第 122 条），暴力危及飞行安全罪（第 123 条），破坏广播电视设施、公用电信设施罪（第 124 条第 1 款），过失损坏广播电视设施、公用电信设施罪（第 124 条第 2 款），非法制造、买卖、运输、储存危险物质罪（第 125 条第 2 款），违规制造、销售枪支罪（第 126 条），盗窃、抢夺枪支、弹药、爆炸物、危险物质罪（第 127 条第 1 款、第 2 款），抢劫枪支、弹药、爆炸物、危险物质罪（第 127 条第 2 款），非法出租、出借枪支罪（第 128 条第 2 款、第 3 款），重大飞行事故罪（第 131 条），铁路运营安全事故罪（第 132 条），重大劳动安全事故罪（第 135 条），危险物品肇事罪（第 136 条），工程重大安全事故罪（第 137 条），教育设施重大安全事故罪（第 138 条）和消防责任事故罪（第 139 条）。

第二节　本章重点论述的犯罪

一、放火罪

（一）放火罪的概念和特征

放火罪，是指故意放火焚烧公私财物，危害公共安全的行为。

本罪的构成特征是：

（1）本罪的客体是公共安全。如果放火行为没有也不足以危害到公共安全，则不能构成放火罪。

（2）本罪在客观方面表现为实施放火焚烧公私财物的行为。所谓放火，是指使用各种引燃物，引起公私财物的燃烧。放火行为，不一定是直接点燃侵害对象的行为，它既可以用作为的方式实行，如用引燃物将焚烧目的物点燃；也可以用不作为的方式实行，如电气设备安全检查人员发现电气设备受损、出现明火，却故意对电气设备不加修理，以致引起火灾的行为。需要指出，行为人以不作为方式实施的放火罪，要求行为人必须负有防止火灾发生的义务。

（3）本罪的主体为一般主体。由于放火罪是一种严重危害公共安全的犯罪，社会危害性较大，因此，《刑法》第17条第2款明确规定，已满14周岁不满16周岁的人犯放火罪的，应当承担刑事责任。

（4）本罪在主观方面须出自故意，包括直接故意和间接故意，即行为人明知自己的放火行为会危及公共安全，并且希望或者放任这种结果发生。放火的动机是多种多样的，如报复泄愤、嫁祸于人、湮灭罪迹等。犯罪的动机如何，不影响本罪的成立。

（二）放火罪的认定

1. 本罪的既遂与未遂的界限。

从实践中来看，放火犯的目的一般是要把目的物烧毁。但是，由于放火的社会危害性很大，《刑法》第114条将其作为危险犯加以规定。根据该条的规定，行为人只要实施了放火的行为并已将目的物引燃，足以危害到公共安全（即致使公共安全处于危险状态），即使及时将火扑灭，没有造成实际的危害结果、没有达到烧毁的目的，也应以放火罪既遂定罪处罚。但是，如果是放火行为还没有实施完毕，如刚要点火时被捉获，或者点火时因风吹、下雨等没有引燃目的物，以致点火未得逞的，则应视为放火罪未遂。

参考案例 19-1

被告人贾某到镇粮管所卖稻谷，因为稻谷的湿度问题与粮管所工作人员发生争执，后索性将稻谷运回家中。次日晚上9时，被告人贾某为了嫁祸于粮管所工作人员，窜到粮管所8号仓库靠粮管所大院内侧的窗口，用打火机点燃沾上柴油的布头后，准备往里面扔。此时，粮管所大院门卫发现贾某形迹可疑，上前将贾某抓住，贾某将燃着的布头扔向门卫面部，得以逃脱。后贾某被抓获。法院以放火罪（未遂）判处贾某有期徒刑1年，缓刑1年。

2. 本罪与失火罪的界限。

失火罪，是指行为人由于过失引起火灾，造成严重后果，危害公共安全的行为。在主观方面，失火罪对于自己行为引起火灾、造成严重后果的结果出于过失，即行为人应当预见自己的行为会造成危害公共安全的火灾后果，由于疏忽大意而没有预见，或者虽然预见，但轻信能够避免，以致引起火灾，造成危害公共安全的严重后果。放火罪与失火罪区别的关键，是看行为人主观上对火灾后果持什么心理态度。如果行为人明知自己的行为会引起火灾，而希望或放任火灾发生，就应定放火罪；反之，行为人应当预见却没有预见到会发生火灾，或者已经预见到会发生而轻信能够避免以致引起火灾，就应当定失火罪。如果由于失火而引起火灾的危险能够及时扑灭，但故意不扑灭而任其燃烧的，失火行为就转化为放火行为。比如，一仓库保管员去仓库取货时，因停电而点燃火柴照明，无意中未熄灭的火柴引燃库里存放的棉花。该保管员知道如果不及时救助会引起大火，却害怕自己被烧伤而离去，以致仓库被烧毁。对此案中的保管员应以放火罪论处。实践中要注意，区分放火罪与失火罪，不能以点火行为是否故意作为区分标准，认为凡是故意点火而引起火灾的行为就是放火罪，非故意起火而引起火灾的就是失火罪。行为是放火罪还是失火罪，需要深入考察行为人对火灾的主观心态是故意还是过失。

3. 本罪与以放火方法实施的其他犯罪的界限。

司法实践中，有的行为人常常用放火的方法实施破坏交通工具、故意杀人、故意毁坏财物等犯罪，如为了烧死他人而对住宅放火等。此时，区分是放火罪还是其他犯罪，应遵循如下原则：考察放火行为在客观上是否具有危害公共安全的性质。也就是说，要看放火行为一经实施，是否在客观上造成或有可能造成不特定多数人的生命、健康、财产遭受损害。如果是，则为放火罪与其他犯罪的想象竞合犯，择一重罪定罪处罚（根据行为的具体情况，对应《刑法》分则的规定，选择处罚结果重的罪名）；如果不是，则定破坏交通工具、故意杀人、故意毁坏财物等罪名。至于是否足以危害公共安全，则要在综合考察犯罪对象的性质、作案的时间、地点等具体情况后作出判断。

参考案例 19-2

被告人宋某家有三间房屋，位于一排12间砖木结构房屋的最东端，依次向西有7户人家，第一户是其兄家。宋某因家庭琐事与其兄发生争执，在遭其兄殴打后，便产生了焚烧自家和其兄家房屋的念头，于是用火柴点燃自家屋内的麦草堆，然后带着妻子和孩子离家出走。火势很快蔓延将房屋烧着。当时风向东南，西邻住户为避免殃及，纷纷将自己贵重的财物向外转移，但其兄家因无人在家，财物大部分被毁，价值达3万余元。众村民奋力扑火，才将大火扑灭。检察机关以故意毁坏财物罪对被告人宋某起诉。法院认为，被告人宋某为发泄对其兄的不满，故意放火焚烧其兄的房屋，符合故意毁坏财物罪的构成；同时，被告人宋某明知自己的放火行为会烧毁周围邻居的房屋，可能造成不特定人生命、健康和财产重大损失的结果，但仍放任这种结果的发生，也符合放火罪的构成。但是，被告人宋某只实施了一个行为，因而其行为属于故意毁坏财物罪和放火罪的想象竞合犯，应以重罪放火罪定罪处罚。

4. 本罪中的一罪与数罪问题。

在司法实践中，有些犯罪人在实施其他犯罪后，为了湮灭罪迹往往放火焚烧。对此应区别情况分别处理。如果实施故意杀人、抢劫和强奸等犯罪行为致使被害人死亡后，为消灭罪迹而在野外焚尸，不足以危害公共安全的，就不另定放火罪；如果犯罪分子因杀人、强奸等犯罪行为而致人死亡，或者在实施盗窃、贪污等行为之后，为消灭罪迹在住宅区或者其他公共场所、建筑物内放火，足以危害公共安全的，则应另定放火罪，实行数罪并罚。

5. 本罪与以危险方法危害公共安全罪的界限。

以危险方法危害公共安全罪，是指使用与放火、决水、爆炸、投放危险物质等危险性相当的其他危险方法，危害公共安全的行为。该罪在客体、主观方面和主体上，与放火罪相同或近似。与放火罪的主要区别是客观方面。放火罪的客观方面表现为实施放火行为，即以放火的方法危害公共安全，而以危险方法危害公共安全罪在客观方面表现为以"其他危险方法"危害公共安全的行为。这里的"以其他危险方法"是一种概括性的规定。由于司法实践中实施危害公共安全的犯罪形式很多，刑法不可能也无必要将所有的犯罪形式全部列举出来。因此，凡是使用与放火、决水、爆炸、投放危险物质的危险性相当的危险方法，如私设电网、驾车在人群中横冲直撞、在公共场所乱开枪射击等危险方法危害公共安全的行为，都可以构成该罪。

（三）放火罪的处罚

根据《刑法》第114条和第115条第1款的规定，犯放火罪，尚未造成严重后果的，处3年以上10年以下有期徒刑；犯放火罪致人重伤、死亡或者使公私财产遭受重大损失的，处10年以上有期徒刑、无期徒刑或者死刑。

二、投放危险物质罪

（一）投放危险物质罪的概念和特征

投放危险物质罪，是指故意投放毒害性、放射性、传染病病原体等物质，危害公共安全的行为。本罪的构成特征是：

（1）本罪的客体为公共安全。

（2）本罪在客观方面表现为行为人实施了投放毒害性、放射性、传染病病原体等物质危害公共安全的行为。

本罪的对象是毒害性、放射性、传染病病原体等物质。毒害性物质，是指能对肌体发生化学或物理化学作用，因而损害肌体、引起功能障碍、疾病甚至死亡的物质。如氯化钾、氰化钠、砒霜、剧毒农药及其他各种剧毒品。放射性物质，是指含有核素的核材料或其他可自然衰变、同时放射一种或多种致电离射线（如γ射线、中子射线、K射线等）、能造成人员伤亡或对财产、环境造成重大损害的物质。传染病病原体，指能够引起人与人、动物与动物或人与动物之间相互传播疾病的致命微生物或寄生虫。能够引起人类疾病的传染病病原体有 500 种以上，其中病原微生物包括病毒、立克次体、衣原体、细菌、螺旋体等，寄生虫包括原虫、蠕虫、节肢动物等。除毒害性、放射性、传染病病原体外，本罪的对象还包括其他与毒害性、放射性、传染病病原体危险性相当的物质。

所谓投放，主要是指将毒害性、放射性、传染病病原体等物质投送、放置于不特定或多数人可能接触到的物品（如公用水井、水池，出售的食品、饮料或牲畜、禽类的饮水池或饲料等）中或公共场所。但严格地说，投放的场所和空间没有任何限制，只要能够危害公共安全即可，如随意将传染病病原体放置于空中或路面。投放的方式也没有限制，甚至可以包括邮寄的方式，只要投放行为已经造成多数人的人身、牲畜及其他财产的严重损害或已经威胁到不特定多数人的人身和财产安全，就可以构成本罪。

参考案例 19-3

被告人古某，从事放射医学工作多年。1997 年 6 月，以古某为法人代表的某科技公司与某医院合作建立激光医疗中心。在合作经营期间，古某与医院负责该中心工作的整形外科主任刘某在内部管理和奖金发放、经济效益等问题上产生矛盾，古某对刘某怀恨在心，伺机报复。2004 年 5 月 9 日下午，古某用伪造的准购证和介绍信到辽宁某射线仪器厂，花 5.5 万元买了一台 192 铱射线工业探伤机。而后古某携带该机到北京某设计研究所安装了 192 铱放射源。携带该机回到激光医疗中心古某的办公室后，古某利用该中心晚上没人上班的机会，把该机的装源铅罐安装在古某办公室天花板上，连接主机的管道则从天花板上拉到斜对面房间刘某的办公桌上方的天花板上。为了防止辐射伤害自己，古某买了一套防护衣存放在自己的办公室。同年 5 月中旬到 7 月 19 日期间，古某多次趁刘某在办公室工作和休息的时候，在自己办公室的暗室里通过驱动探伤机施源器，将 192 铱放射源输送到刘某的办公室，直接对刘某的身体进行照射。此后，原来身体一直很好的刘某开始感觉疲劳，没有食欲，头晕，呕吐。7 月 11 日，刘某参加医院干部例行体检，显示白细胞严重异常。刘某当即联系使用探测仪测量，发现古某办公室有放射源。同时，该医疗中心另外 74 名同事也反映出现全身乏力、记忆力下降、牙龈出血等症状。怀孕 5 个月的医护人员曾某出现先兆流产、染色体异常。经法医鉴定，刘某损伤程度构成重伤，江某等 13 人的损伤构成轻伤，李某等 61 人的损伤构成轻微伤。法院审理后认为，古某为泄私愤而蓄意报复他人，采用投放放射性物质的方法，致 1 人重伤、13 人轻伤、61 人轻微伤，其行为已构成投放危险物质罪，故判处古某死刑缓期 2 年执行，剥夺政治权利终身。

（3）本罪的主体为一般主体。根据《刑法》第 17 条第 2 款的规定，已满 14 周岁不满 16 周岁的人犯投放危险物质罪的，应当承担刑事责任。

（4）本罪在主观方面只能是故意，包括直接故意和间接故意。即行为人明知自己的行为会使不特定的多数人的生命、健康或公私财产遭受重大损害，并且希望或放任这种结果发生。投放危险物质的动机可能多种多样，但动机如何不影响本罪的成立。

（二）投放危险物质罪的认定

1. 本罪与过失投放危险物质罪的界限。

过失投放危险物质罪是指由于行为人的过失而致人重伤、死亡或者使公私财产遭受重大损失的行为。投放危险物质罪与过失投放危险物质罪的区别关键在于主观罪过的不同。司法实践中应当注意，不能把凡是有意投放危险物质的行为都认定为投放危险物质罪。例如，行为人投放剧毒农药的目的在于杀灭农作物害虫，但是不慎将农药流失到公用水井中，过失地引起了许多人的伤亡结果，对行为人就不宜以投放危险物质罪定罪，而应以过失投放危险物质罪定罪处罚。

2. 本罪与以投放危险物质方法实施的其他犯罪的界限。

同放火罪与以放火方法实施的其他犯罪之间存在的区别一样，投放危险物质罪与以投放危险物质的方法实施杀人行为或故意毁坏财物等犯罪行为的区别，首先也在于行为人的投放危险物质行为是否危及公共安全。如果行为人采用投放危险物质的方法杀害特定的个人或毒害特定单位或者个人的少量牲畜、家禽，不危及公共安全的，属于故意杀人罪或故意毁坏财物罪；如果投放危险物质行为已经危及公共安全，则应以投放危险物质罪和其他犯罪的想象竞合犯论处，择一重罪处断。

3. 本罪与危险物品肇事罪的界限。

危险物品肇事罪，是指违反爆炸性、易燃性、放射性、毒害性、腐蚀性物品的管理规定，在生产、储存、运输、使用中，由于过失发生重大事故，造成严重后果的行为。本罪的对象与危险物品肇事罪有重合之处。但两罪存在重大区别：（1）本罪是故意犯罪，行为人对于危害公共安全的结果明知且希望或放任发生；危险物品肇事罪是过失犯罪，行为人对于危害公共安全的结果的发生既不希望也不放任，是因为应当预见而没有预见，或者已经预见但轻信能够避免以致发生这种结果。（2）本罪是危险犯，实害结果出现与否，不影响犯罪的成立；危险物品肇事罪则以危害公共安全的实害结果为成立要件。（3）危险物品肇事罪是在生产、储存、运输、使用危险物品中发生的，本罪则无场合的限制。

4. 本罪与环境污染犯罪的关系。

2019年2月20日最高人民法院、最高人民检察院、公安部、司法部、生态环境部《关于办理环境污染刑事案件有关问题座谈会纪要》第6条规定：司法实践中对环境污染行为适用投放危险物质罪追究刑事责任时，应当重点审查判断行为人的主观恶性、污染行为恶劣程度、污染物的毒害性危险性、污染持续时间、污染结果是否可逆、是否对公共安全造成现实、具体、明确的危险或者危害等各方面因素。对于行为人明知其排放、倾倒、处置的污染物含有毒害性、放射性、传染病病原体等危险物质，仍实施环境污染行为放任其危害公共安全，造成重大人员伤亡、重大公私财产损失等严重后果，以污染环境罪论处明显不足以罚当其罪的，可以按投放危险物质罪定罪量刑。实践中，此类情形主要是向饮用水水源保护区，饮用水供水单位取水口和出水口，南水北调水库、干渠、涵洞等配套工程，重要渔业水体以及自然保护区核心区等特殊保护区域，排放、倾倒、处置毒害性极强的污染物，危害公共安全并造成严重后果的情形。2023年8月8日最高人民法院、最高人民检察院《关于办理环境污染刑事案件适用法律若干问题的解释》第9条规定：违反国家规定，排放、倾倒、处置含有毒害性、放射性、传染病病原体等物质的污染物，同时构成污染环境罪、非法处置进口的固体废物罪、投放危险物质罪等犯罪的，依照处罚较重的规定定罪处罚。

参考案例 19－4

被告人罗某，系某技术工程部临时工。某日下午，罗某按照单位的安排，携带10千克亚硝酸钠前往省商检局做空调加药工作。罗某明知亚硝酸钠为有毒物品，竟将其放在商检局办公楼一楼转弯处而本人到别处调药，待其调好药返回转弯处时，发现装有亚硝酸钠的袋子不见了。罗某因害怕被扣工资，故意对此事隐瞒不报。次月3日上午，省商检局食堂炒菜时因少了盐，该食堂职工潘某将从门卫章某处借得罗某遗失的亚硝酸钠（当时由清洁工杨某拾得而转送给章某）当作食盐误用，致使该食堂当日下午发生106名就餐人员亚硝酸钠中毒、1人死亡的特大食物中毒事故。法院以危险物品肇事罪判处罗某有期徒刑3年。

（三）投放危险物质罪的处罚

根据《刑法》第114条和第115条第1款的规定，犯投放危险物质罪，尚未造成严重后果的，处3年以上10年以下有期徒刑；犯投放危险物质罪致人重伤、死亡或者使公私财产遭受重大损失的，处10年以上有期徒刑、无期徒刑或者死刑。

三、过失以危险方法危害公共安全罪

（一）过失以危险方法危害公共安全罪的概念和特征

过失以危险方法危害公共安全罪，是指因使用与放火、决水、爆炸、投放危险物质等危险性相当的其他危险方法，过失致人重伤、死亡或者使公私财产遭受重大损失的行为。

本罪的构成特征是：

（1）本罪的客体是公共安全。

（2）本罪在客观方面表现为以"其他危险方法"，致人重伤、死亡或者使公私财产遭受重大损失的

行为。

这里的"其他危险方法"，是指与失火、过失决水、过失爆炸、过失投放危险物质的危险性相当的危险方法，如私接电线（致人死亡）、开挖地下暗道（致使路面坍塌，发生死亡事故）等方法。根据 2003 年 5 月 14 日最高人民法院、最高人民检察院《关于办理妨害预防、控制突发传染病疫情等灾害的刑事案件具体应用法律若干问题的解释》第 1 条的规定，患有突发传染病或者疑似传染病而拒绝接受检疫、强制隔离或者治疗，过失造成传染病传播，情节严重，危害公共安全的，依照本罪定罪处罚。根据 2020 年 3 月 16 日最高人民法院、最高人民检察院、公安部《关于办理涉窨井盖相关刑事案件的指导意见》的规定，盗窃、破坏人员密集往来的非机动车道、人行道以及车站、码头、公园、广场、学校、商业中心、厂区、社区、院落等生产生活、人员聚集场所的窨井盖，过失致人重伤、死亡或者使公私财产遭受重大损失的，以过失以危险方法危害公共安全罪定罪处罚。如果使用的方法与失火、过失决水、过失爆炸、过失投放危险物质的危险性显然不相当，不足以危害公共安全，则不符合本罪的特征；符合其他犯罪（如过失致人死亡罪、过失致人重伤罪等）的以其他犯罪定罪处罚。

致人重伤、死亡或者使公私财产遭受重大损失后果的出现，是本罪成立要件。而且，此一结果必须是行为人使用的危险方法所导致，两者之间存在因果关系。

（3）本罪的主体为一般主体。

（4）本罪的主观方面表现为过失，包括疏忽大意的过失和过于自信的过失。

（二）过失以危险方法危害公共安全罪的认定

1. 过失以危险方法危害公共安全罪与其他危险方法危害公共安全犯罪的界限。

准确认定过失以危险方法危害公共安全罪，首先应当注意本罪与失火罪、过失决水罪、过失爆炸罪、过失投放危险物质罪、过失损坏交通工具罪等刑法明确规定的其他以各种危险方法危害公共安全的犯罪的区别。其次，要注意本罪与以危险方法危害公共安全罪的界限。两罪的区别关键在于主观罪过的不同。尽管在客观方面，两罪的危险方法有所区别，如以驾车撞人的方法只可能构成后罪，不可能构成本罪。但是，很多情形下，两罪的方法存在相似之处，这些情形下需要综合案件事实分析行为人的主观罪过，以准确定性。

2. 本罪与高空抛物罪的界限。

《刑法修正案（十一）》新增《刑法》第 291 条之二高空抛物罪，是指从建筑物或者其他高空抛掷物品，情节严重的行为。高空抛物罪属于故意犯罪，如果过失导致物品从高空坠落并造成法定危害结果的，依法构成相应的过失犯罪，不能认定为高空抛物罪。其中，不具有危害公共安全属性，但符合侵犯人身权利犯罪的具体构成要件的，可以认定为过失致人重伤罪、过失杀人罪等；具有危害公共安全属性，并致人重伤、死亡或者使公私财产遭受重大损失的，则可认定为过失以危险方法危害公共安全罪。

参考案例 19-5

被告人丁某，系某山区农民。因该山区野猪危害严重，被告人丁某得知邻县有群众采用"电猫"狩猎设施后庄稼没再遭受野猪糟蹋，便花 850 元从邻县买了一个"电猫"安装在家中，并从其家中后窗将脱壳电线从窗户上拉出，沿"算金坞"山至"金塘坪"山，离地面 0.4 米高。安装期间，被告人丁某以文字公告方式发出了告示，同时在脱壳电线拉过的岔路口设立警示牌，警示牌上写明："电触野猪，晚上 7 时开电，早上 6 时收电。"安装后，被告人丁某均按告示时间通关电源。某日早晨，村民叶某上山盗伐杉树，当其背着所盗林木回村时触碰到电线。被告人丁某在家听到"电猫"的电铃声后，上山寻找"野猪"，发现叶某触电倒地死亡，即到乡政府自首。法院审理认为，被告人丁某私设电网捕猎，已经预见到自己的行为可能会危害到公共安全，但是，自认为通过告示和警示就能够避免这种结果发生，以致造成叶某触电死亡的结果，成立过失以危险方法危害公共安全罪，以该罪判处丁某有期徒刑 3 年，缓刑 4 年。

（三）过失以危险方法危害公共安全罪的处罚

根据《刑法》第 115 条第 2 款的规定，犯本罪的，处 3 年以上 7 年以下有期徒刑；情节较轻的，处 3 年以下有期徒刑或者拘役。

四、破坏交通设施罪

（一）破坏交通设施罪的概念和特征

破坏交通设施罪，是指故意破坏轨道、桥梁、隧道、公路、机场、航道、灯塔、标志或者进行其他破坏活动，足以使火车、汽车、电车、船只、航空器发生倾覆、毁坏危险，或者已经造成严重后果的行为。

本罪的构成特征是：

（1）本罪的客体是交通运输安全。犯罪的对象为轨道、桥梁、隧道、公路、机场、航道、灯塔、标志以及与交通运输相关的、正在使用中的交通设施。

（2）本罪的客观方面为故意破坏轨道、桥梁、隧道、公路、机场、航道、灯塔、标志或者进行其他破坏活动，足以使火车、汽车、电车、船只、航空器发生倾覆、毁坏危险，或者已经造成严重后果的行为。所谓"其他破坏活动"，是指那些虽没有直接破坏交通设施，但其行为本身足以使交通工具发生倾覆、毁坏危险的破坏活动，如乱发指示信号，向道路上泼洒柴油，在高速公路上倾倒渣土等。根据 2020 年 3 月 16 日最高人民法院、最高人民检察院、公安部《关于办理涉窨井盖相关刑事案件的指导意见》的规定，盗窃、破坏正在使用中的社会机动车通行道路上的窨井盖，足以使汽车、电车发生倾覆、毁坏危险的，以破坏交通设施罪定罪处罚。不论以什么方法进行破坏，只要足以使交通工具发生倾覆、毁坏危险的，就构成本罪的既遂。

（3）本罪的主体为一般主体。凡年满 16 周岁、具备刑事责任能力的自然人均可构成本罪。

（4）本罪的主观方面为故意，即明知自己的破坏交通设施的行为会造成交通工具的倾覆、毁坏，希望或放任这种后果的发生。

参考案例 19-6

位于重庆市江北区五宝镇段长江红花碛水域的"红花碛 2 号"航标船，标示出该处的水下深度和暗碛的概貌及船只航行的侧面界限，系国家交通部门为保障过往船只的航行安全而设置的交通设施。某日 16 时许，被告人王某驾驶机动渔船至航标船附近时，见本村渔民从渔船上撒网致使"网爬子"（浮于水面的网上浮标）挂住了固定该航标船的钢缆绳，即驾船前往帮助摘取。当王某驾驶的渔船靠近航标船时，其渔船的螺旋桨被该航标船的钢缆绳缠住。王某为使本渔船及本人摆脱困境，持刀砍钢缆绳未果，又登上该航标船将钢缆绳解开后驾船驶离现场，致使脱离钢缆绳的"红花碛 2 号"航标船顺江漂流至下游两公里的锦滩回水沱。17 时许，重庆航道局木洞航标站接到群众报案后，巡查到漂流的航标船，并于当日 18 时许将航标船复位，造成直接经济损失人民币 1 555.50 元。法院经审理认为，因合法行为使某种合法权益处于危险状态的，行为人负有采取积极救助措施消除该危险状态的作为义务；若行为人有能力履行但不履行这一义务的，构成不作为犯罪。王某的行为构成了破坏交通设施罪，判处有期徒刑 3 年，缓刑 3 年。

（二）破坏交通设施罪的认定

1. 本罪与盗窃罪、故意损毁财物罪的界限。

在认定破坏交通设施罪时，应特别注意将本罪与侵犯财产罪中的盗窃罪、故意毁坏财物罪加以区别。破坏交通设施罪与盗窃罪、故意毁坏财物罪尽管侵犯的对象均可能是交通设施，但它们存在如下三方面区别：

（1）客体不同。破坏交通设施罪的客体是交通运输安全，而盗窃罪、故意毁坏财物罪的客体是公私财产的所有权。

（2）犯罪对象不同。破坏交通设施罪破坏的对象必须是正在使用中的交通设施，而盗窃罪、故意毁坏财物罪则无此限制。

（3）主观方面不同。破坏交通设施罪的主观方面既可以是直接故意，也可以是间接故意；而盗窃罪、故意毁坏财物罪的主观方面只能是直接故意。

根据 2013 年 4 月 2 日最高人民法院、最高人民检察院《关于办理盗窃刑事案件适用法律若干问题的解释》的规定，采用破坏性手段盗窃公私财物，同时构成盗窃罪和破坏交通设施罪的，择一重罪从重处罚。

2. 本罪与过失损坏交通设施罪的界限。

过失损坏交通设施罪，是指过失损坏轨道、桥梁、隧道、公路、机场、航道、灯塔、标志等交通设施，已经造成严重后果，危害公共安全的行为。破坏交通设施罪与过失损坏交通设施罪的区别主要在于两者的主观罪过不同，前者为故意，后者为过失。此外，过失损坏交通设施罪的成立必须出现严重的损害后果。

（三）破坏交通设施罪的处罚

根据《刑法》第 117 条、第 119 条的规定，犯本罪，尚未造成严重后果的，处 3 年以上 10 年以下有期徒刑；造成严重后果的，处 10 年以上有期徒刑、无期徒刑或者死刑。

五、组织、领导、参加恐怖组织罪

（一）组织、领导、参加恐怖组织罪的概念和特征

组织、领导、参加恐怖组织罪，是指组织、领导或者参加恐怖活动组织的行为。本罪的构成特征是：

（1）本罪的客体为公共安全。恐怖组织犯罪是 20 世纪以来社会危害性最为突出的一类犯罪。组织、领导和参加恐怖组织罪，是以实施恐怖犯罪活动为目的的，其严重影响社会治安，直接威胁到不特定多数人的生命、健康及财产安全。

（2）本罪在客观方面表现为组织、领导或者参加恐怖活动组织的行为。所谓"组织"，是指鼓动、发起和召集；所谓"领导"，是指策划、指挥和布置；所谓"参加"，是指成为恐怖活动组织的一分子。根据《刑法》第 120 条的规定，本罪为行为上选择性罪名，只要行为人实施组织、领导、参加行为之一，即可构成本罪；同时实施两种或两种以上行为，仍然构成一罪。《中华人民共和国反恐怖主义法》（以下简称《反恐怖主义法》）第 3 条规定，恐怖主义，是指通过暴力、破坏、恐吓等手段，制造社会恐慌、危害公共安全、侵犯人身财产，或者胁迫国家机关、国际组织，以实现其政治、意识形态等目的的主张和行为。恐怖活动，是指恐怖主义性质的下列行为：1）组织、策划、准备实施、实施造成或者意图造成人员伤亡、重大财产损失、公共设施损坏、社会秩序混乱等严重社会危害的活动的；2）宣扬恐怖主义，煽动实施恐怖活动，或者非法持有宣扬恐怖主义的物品，强制他人在公共场所穿戴宣扬恐怖主义的服饰、标志的；3）组织、领导、参加恐怖活动组织的；4）为恐怖活动组织、恐怖活动人员、实施恐怖活动或者恐怖活动培训提供信息、资金、物资、劳务、技术、场所等支持、协助、便利的；5）其他恐怖活动。恐怖活动组织，是指三人以上为实施恐怖活动而组成的犯罪组织。

根据 2018 年 5 月 8 日最高人民法院、最高人民检察院、公安部、司法部《关于办理恐怖活动和极端主义犯罪案件适用法律若干问题的意见》的规定，具有下列情形之一的，应当认定为"组织、领导恐怖活动组织"，以组织、领导恐怖组织罪定罪处罚：1）发起、建立恐怖活动组织的；2）恐怖活动组织成立后，对组织及其日常运行负责决策、指挥、管理的；3）恐怖活动组织成立后，组织、策划、指挥该组织成员进行恐怖活动的；4）其他组织、领导恐怖活动组织的情形。具有下列情形之一的，应当认定为"积极参加"，以参加恐怖组织罪定罪处罚：1）纠集他人共同参加恐怖活动组织的；2）多次参加恐怖活动组织的；3）曾因参加恐怖活动组织、实施恐怖活动被追究刑事责任或者 2 年内受过行政处罚，又参加恐怖活动组织的；4）在恐怖活动组织中实施恐怖活动且作用突出的；5）在恐怖活动组织中积极协助组织、领导者实施组织、领导行为的；6）其他积极参加恐怖活动组织的情形。参加恐怖活动组织，但不具有前两款规定情形的，应当认定为"其他参加"，以参加恐怖组织罪定罪处罚。

（3）本罪的主体为一般主体。即凡年满 16 周岁、具备刑事责任能力的自然人，均可构成本罪。需要特别指出，本罪的主体，既可以是中国公民，也可以是外国公民或无国籍人。

（4）本罪在主观方面只能是直接故意，即明知组织、领导、参加恐怖活动组织是危害公共安全的犯罪行为，仍然组织、领导和参加。犯罪的动机多种多样，但犯罪的动机不影响本罪的成立。

（二）组织、领导、参加恐怖组织罪的认定

1. 本罪与一般集团犯罪的界限。

司法实践中认定组织、领导、参加恐怖组织罪，要注意把恐怖活动组织与一般犯罪集团区别开来，从而将本罪与一般集团犯罪区分开。"恐怖活动组织"，可以认为是一种特殊的犯罪集团，根据《反恐怖主义法》第3条的规定，它是指三人以上为了实现政治、意识形态等目的，长期有计划地共同实施以暴力、破坏、恐吓等手段，制造社会恐慌、危害公共安全、侵犯人身财产，或者胁迫国家机关、国际组织的主张和行为而组成的犯罪组织。其特征大致有以下四个方面：

（1）恐怖组织具有政治、意识形态等目的。恐怖活动作为具有政治目的的活动，主要包括两种情况：一是有些集团、团体或组织为了达到其自身的政治目的而采取的以暴力恐怖手段为特征的行为方式；二是鼓吹以暴力恐怖手段改变社会的政治思潮。

（2）恐怖组织蓄意使用暴力、破坏、恐吓等手段。恐怖组织活动在本质上就是一种暴力活动，而且是蓄意的。一些组织性强、目的性明确的恐怖分子通过他们所策划的暴力事件，将他们的主张和意图传达给一定的社会群体。因此，恐怖组织犯罪与一般的刑事犯罪不同，他们不仅注重策划暴力事件活动，更注重这种暴力事件所形成的社会影响。

（3）恐怖组织的暴力活动是有组织的、持续的，因而具有高度的隐蔽性，不易预测。在具体事件中，恐怖组织活动在何时何地发生，目标是谁，实施方式和途径是什么，往往是难以预测的。大量的恐怖组织活动都是在事件发生后由人们根据各种迹象予以猜测，或由某些恐怖活动组织声明"对此事负责"。恐怖活动组织的有组织性、持续性和高度隐蔽性，使恐怖活动组织的社会效果不断扩大，也使得它很难对付。

（4）恐怖组织袭击的目标具有象征性价值，受害者大部分是无辜的普通公民。它们的袭击对象不完全是随意挑选的。这些目标之所以被选中，是因为他们的身份，或者他们所在的地点，或者他们所进行、参加的活动，象征着恐怖分子想要袭击的东西。

由于恐怖性犯罪活动具有极大的社会危害性，因此刑法规定，仅仅组织、领导和参加恐怖活动即构成本罪，而不以实际实施恐怖性犯罪活动为本罪成立的要件。一般的犯罪集团是指三人以上为共同实施非恐怖性犯罪而组成的较为固定的犯罪组织。根据刑法规定，组织、领导和参加非恐怖性犯罪组织不构成独立的犯罪，而只能依据犯罪集团实施的具体犯罪行为确定罪名。

2. 本罪与帮助恐怖活动罪的界限。

《刑法》第120条之一规定的帮助恐怖活动罪，是指资助恐怖活动组织、实施恐怖活动的个人，或者资助恐怖活动培训的行为。本罪与该罪均属于恐怖活动犯罪，但是，本罪客观方面表现为组织、领导或者参加恐怖活动组织的行为，而帮助恐怖活动罪的客观方面表现为资助恐怖活动组织或者实施恐怖活动的个人，资助恐怖活动培训，为恐怖活动组织、实施恐怖活动或者恐怖活动培训招募、运送人员的行为。另外，本罪只能由自然人构成，帮助恐怖活动罪既可以由个人构成，也可以由单位构成。成立帮助恐怖活动罪，只要求行为人有帮助行为即可，帮助行为既可以是针对组织的，也可以是针对非组织的个人实施的恐怖活动，或者是恐怖活动培训。实践中，应当注意，如果行为人对组织、领导、参加恐怖活动组织的行为提供资助或者招募、运送人员，以帮助恐怖活动罪定罪处罚；如果行为人对组织、领导、参加恐怖活动组织的行为提供其他帮助，成立本罪的帮助犯。

3. 本罪中的一罪与数罪问题。

实践中应当注意，根据《刑法》第120条第2款的规定，组织、领导或者参加恐怖活动组织，同时又实施杀人、爆炸、绑架等犯罪的，依照数罪并罚的规定处罚。根据2018年5月8日最高人民法院、最高人民检察院、公安部、司法部《关于办理恐怖活动和极端主义犯罪案件适用法律若干问题的意见》的规定，犯《刑法》第120条规定的犯罪，又实施杀人、放火、爆炸、绑架、抢劫等犯罪的，依照数罪并罚的规定定罪处罚。犯《刑法》第120条规定的犯罪，同时构成《刑法》第120条之一至之六规定的犯罪的，依照处罚较重的规定定罪处罚。

参考案例 19-7

艾山·买合苏木，男，1964年出生，维吾尔族，新疆疏勒县人，恐怖组织"东突厥斯坦伊斯兰运动"头目。艾山·买合苏木1997年逃往境外，纠集一伙在境外的中国籍宗教极端分子，成立了暴力恐怖组织"东突厥斯坦伊斯兰运动"，并担任该组织"主席"。1998年9月，艾山将组织总部迁往阿富汗喀布尔市，在本·拉登"基地"组织、阿富汗"塔利班"政权和"乌兹别克斯坦伊斯兰运动"的资助下，建立了多处训练基地，并筹集经费，招募人员，组织600多名暴力恐怖分子进行体能、军事训练。1998年年初至1999年年底，在艾山·买合苏木的直接指挥下，和田库来西团伙在新疆和田地区秘密建立多处制爆窝点，培训人员，制造手雷、爆炸装置5 000余枚，发展组织成员1 000余人，先后制造了和田地区墨玉县"12·14"暴力恐怖杀人案、乌鲁木齐市"2·4"抢劫杀人案等一系列暴力恐怖事件，杀害无辜群众6人，造成人民群众生命、财产重大损失。艾山·买合苏木涉嫌组织、领导恐怖组织罪，爆炸罪，抢劫罪，故意杀人罪，非法制造枪支、弹药、爆炸物罪，中国警方提请国际刑警组织对其发布国际刑警红色通缉令。

（三）组织、领导、参加恐怖组织罪的处罚

根据《刑法》第120条的规定，组织、领导恐怖活动组织的，处10年以上有期徒刑或者无期徒刑，并处没收财产；积极参加的，处3年以上10年以下有期徒刑，并处罚金；其他参加的，处3年以下有期徒刑、拘役、管制或者剥夺政治权利，可以并处罚金。

六、强制穿戴宣扬恐怖主义、极端主义服饰、标志罪

（一）强制穿戴宣扬恐怖主义、极端主义服饰、标志罪的概念和特征

强制穿戴宣扬恐怖主义、极端主义服饰、标志罪，是指以暴力、胁迫等方式强制他人在公共场所穿着、佩戴宣扬恐怖主义、极端主义服饰、标志的行为。

本罪构成特征如下：

（1）本罪的客体为公共安全，他人的人身权利、民主权利以及社会管理秩序。强制他人穿戴宣扬恐怖主义、极端主义服饰、标志，侵犯了公民自主决定穿戴的人身自由和宗教信仰的自由，同时扰乱社会的正常管理秩序，其最终目的在于向社会宣扬对公共安全具有极大危害和威胁的恐怖主义、极端主义，侵犯了社会的公共安全。

（2）本罪的客观方面表现为以暴力、胁迫等方式强制他人在公共场所穿着、佩戴宣扬恐怖主义、极端主义服饰、标志的行为。"暴力"是指殴打、捆绑、伤害等直接针对他人人身，使被害人不能反抗的手段。"胁迫"是指使用威胁、恐吓等方法使他人精神上受到强制，不敢反抗的手段。"公共场所"是指不特定人员可以进出，进行公开活动的场所，如商场、电影院、体育场、车站、学校、火车、公共电汽车等。"宣扬恐怖主义、极端主义服饰、标志"是指能够体现恐怖主义、极端主义思想、观念和特点的服饰、标识、标志物、徽章、纪念品等。蓄留象征恐怖主义、极端主义的特定须发，应认定为"宣扬恐怖主义、极端主义标志"。根据2018年5月8日最高人民法院、最高人民检察院、公安部、司法部《关于办理恐怖活动和极端主义犯罪案件适用法律若干问题的意见》的规定，具有下列情形之一的，依照《刑法》第120条之五的规定，以强制穿戴宣扬恐怖主义、极端主义服饰、标志罪定罪处罚：1）以暴力、胁迫等方式强制他人在公共场所穿着、佩戴宣扬恐怖主义、极端主义服饰的；2）以暴力、胁迫等方式强制他人在公共场所穿着、佩戴含有恐怖主义、极端主义的文字、符号、图形、口号、徽章的服饰、标志的；3）其他强制他人穿戴宣扬恐怖主义、极端主义服饰、标志的情形。

（3）本罪的主体为一般主体，凡年满16周岁、具有刑事责任能力的自然人均可以构成本罪。

（4）本罪的主观方面为故意，即行为人明知自己的行为会导致他人在公共场所穿戴宣扬恐怖主义、极端主义的服饰、标志的，仍然希望或者放任该结果发生。

（二）强制穿戴恐怖主义、极端主义服饰、标志罪的认定

1. 本罪"暴力"的程度。

根据本罪的法定刑，可以看出，本罪中"暴力"的程度仅能以给被害人造成轻伤害为限。以暴力方

式强制他人在公共场所穿戴宣扬恐怖主义、极端主义服饰、标志，给被害人造成轻伤的，构成本罪与故意伤害罪的法条竞合犯，根据特殊法条优于一般法条的规则，应当以本罪定罪处罚；给被害人造成重伤害以上或者其他严重后果的，应当以故意伤害罪或者其他犯罪论处。

2. 本罪与组织、领导、参加恐怖组织罪的界限。

恐怖组织的组织者、领导者、参加者强制本组织内部其他成员穿戴宣扬恐怖主义、极端主义服饰、标志的，应当认定为组织、领导、参加恐怖组织罪一罪，不需对该强制穿戴行为进行单独评价；强制本组织外部人员穿戴宣扬恐怖主义、极端主义服饰、标志的，应当将该强制穿戴行为认定为本罪。

3. 本罪中一罪与数罪的问题。

根据 2018 年 5 月 8 日最高人民法院、最高人民检察院、公安部、司法部《关于办理恐怖活动和极端主义犯罪案件适用法律若干问题的意见》的规定，犯本罪，同时构成其他犯罪的，依照处罚较重的规定定罪处罚。

（三）强制穿戴恐怖主义、极端主义服饰、标志罪的处罚

根据《刑法》第 120 条之五的规定，犯本罪的，处 3 年以下有期徒刑、拘役或者管制，并处罚金。

七、非法持有宣扬恐怖主义、极端主义物品罪

（一）非法持有宣扬恐怖主义、极端主义物品罪的概念和特征

非法持有宣扬恐怖主义、极端主义物品罪，是指明知是宣扬恐怖主义、极端主义的图书、音频视频资料或者其他物品而非法持有，情节严重的行为。

本罪的构成特征如下：

（1）本罪的客体是公共安全。宣扬恐怖主义、极端主义的图书、音频视频资料或者其他物品是向他人灌输恐怖主义、极端主义的工具，是引发恐怖主义、极端主义活动的重要因素，会给社会公共安全带来巨大的隐患。

（2）本罪的客观方面表现为非法持有宣扬恐怖主义、极端主义的图书、音频视频资料或者其他物品，情节严重的行为。所谓"非法持有"，是指违反法律规定而占有、支配、控制的状态，既可以是随身携带等事实上的持有状态，也可以是放置在住所、驾驶的运输工具上等法律上的持有状态。所谓"宣扬恐怖主义、极端主义的图书、音频视频资料和其他物品"，主要包括两种内容：一是其中含有恐怖主义、极端主义的思想、观念和主张，煽动以暴力手段危害他人生命和公私财产安全，破坏法律实施等内容；二是含有传授制造、使用炸药、爆炸装置、枪支、管制刀具、危险物品实施暴力恐怖犯罪的方法、技能等内容。所谓"情节严重"，是指非法持有的图书、音频视频资料或者其他物品数量较大，宣扬内容的性质较为恶劣，曾经因为实施相关恐怖活动行为受到过处罚等。根据 2018 年 5 月 8 日最高人民法院、最高人民检察院、公安部、司法部《关于办理恐怖活动和极端主义犯罪案件适用法律若干问题的意见》的规定，明知是载有宣扬恐怖主义、极端主义内容的图书、报刊、文稿、图片、音频视频资料、服饰、标志或者其他物品而非法持有，达到下列数量标准之一的，依照《刑法》第 120 条之六的规定，以非法持有宣扬恐怖主义、极端主义物品罪定罪处罚：1）图书、刊物 20 册以上，或者电子图书、刊物 5 册以上的；2）报纸 100 份（张）以上，或者电子报纸 20 份（张）以上的；3）文稿、图片 100 篇（张）以上，或者电子文稿、图片 20 篇（张）以上，或者电子文档 50 万字符以上的；4）录音带、录像带等音像制品 20 个以上，或者电子音频视频资料 5 个以上，或者电子音频视频资料 20 分钟以上的；5）服饰、标志 20 件以上的。非法持有宣扬恐怖主义、极端主义的物品，虽未达到上述规定的数量标准，但具有多次持有，持有多类物品，造成严重后果或者恶劣社会影响，曾因实施恐怖活动、极端主义违法犯罪被追究刑事责任或者 2 年内受过行政处罚等情形之一的，也可以定罪处罚。多次非法持有宣扬恐怖主义、极端主义的物品，未经处理的，数量应当累计计算。非法持有宣扬恐怖主义、极端主义的物品，涉及不同种类或者形式的，可以根据本条规定的不同数量标准的相应比例折算后累计计算。

（3）本罪的主体为一般主体，即年满 16 周岁、具备刑事责任能力的自然人均可以构成本罪。

（4）本罪的主观方面为故意，且主观上应明知自己所非法持有的为宣扬恐怖主义、极端主义的图书、音频视频资料或者其他物品。根据 2018 年 5 月 8 日最高人民法院、最高人民检察院、公安部、司法部《关于办理恐怖活动和极端主义犯罪案件适用法律若干问题的意见》的规定，非法持有宣扬恐怖主义、极端主义物品罪主观故意中的"明知"，应当根据案件具体情况，以行为人实施的客观行为为基础，结合其一贯表现、具体行为、程度、手段、事后态度，以及年龄、认知和受教育程度、所从事的职业等综合审查判断。具有下列情形之一，行为人不能做出合理解释的，可以认定其"明知"，但有证据证明确属被蒙骗的除外：1）曾因实施恐怖活动、极端主义违法犯罪被追究刑事责任，或者 2 年内受过行政处罚，或者被责令改正后又实施的；2）在执法人员检查时，有逃跑、丢弃携带物品或者逃避、抗拒检查等行为，在其携带、藏匿或者丢弃的物品中查获宣扬恐怖主义、极端主义的物品的；3）采用伪装、隐匿、暗语、手势、代号等隐蔽方式制作、散发、持有宣扬恐怖主义、极端主义的物品的；4）以虚假身份、地址或者其他虚假方式办理托运，寄递手续，在托运、寄递的物品中查获宣扬恐怖主义、极端主义的物品的；5）有其他证据足以证明行为人应当知道的情形。

（二）非法持有宣扬恐怖主义、极端主义物品罪的认定

认定本罪，需要特别注意区分本罪与宣扬恐怖主义、极端主义、煽动实施恐怖活动罪的界限。宣扬恐怖主义、极端主义、煽动实施恐怖活动罪，是指以制作、散发宣扬恐怖主义、极端主义的图书、音频视频资料或者其他物品，或者通过讲授、发布信息等方式宣扬恐怖主义、极端主义的，或者煽动实施恐怖活动的行为。行为人制作、散发宣扬恐怖主义、极端主义的图书、音频视频资料或者其他物品的，必然存在非法持有宣扬恐怖主义、极端主义的图书、音频视频资料或者其他物品的状态，但对该非法持有的状态不应再以非法持有宣扬恐怖主义、极端主义物品罪单独定罪处罚。相反，如不能证实宣扬恐怖主义、极端主义物品的非法持有人制作或者散发该物品的，则仅能认定为非法持有宣扬恐怖主义、极端主义物品罪。

（三）非法持有宣扬恐怖主义、极端主义物品罪的处罚

根据《刑法》第 120 条之六的规定，犯本罪的，处 3 年以下有期徒刑、拘役或者管制，并处或者单处罚金。

八、非法制造、买卖、运输、邮寄、储存枪支、弹药、爆炸物罪

（一）非法制造、买卖、运输、邮寄、储存枪支、弹药、爆炸物罪的概念和特征

非法制造、买卖、运输、邮寄、储存枪支、弹药、爆炸物罪，是指违反法律规定，私自制造、买卖、运输、邮寄、储存枪支、弹药、爆炸物的行为。

本罪的构成特征如下：

（1）本罪的客体是公共安全和国家对枪支、弹药、爆炸物的管理制度。枪支、弹药、爆炸物，都是具有杀伤力的危险物品，一旦落入犯罪分子手中，就会对公共安全造成极大的威胁。因此，我国制定了《中华人民共和国枪支管理法》（以下简称《枪支管理法》）、《民用爆炸物品安全管理条例》等一系列法律法规。通过《刑法》设立本罪惩治枪支、弹药、爆炸物犯罪，是十分必要的。本罪的犯罪对象，必须是枪支、弹药、爆炸物。枪支，通常指《枪支管理法》中规定的以火药或者压缩气体等为动力，利用管状器具发射金属弹丸或者其他物质，足以致人伤亡或者丧失知觉的各种枪支。弹药，是指上述枪支所用的弹药。爆炸物，是指《民用爆炸物品安全管理条例》中规定的各类炸药、雷管、导火索、导爆索、非电导爆系统、起爆药、爆破剂等。非法制造、买卖、运输、邮寄、储存烟花爆竹等娱乐性物品，不能以本罪论处。

（2）本罪在客观方面表现为非法制造、买卖、运输、邮寄、储存枪支、弹药、爆炸物的行为。所谓"非法制造"，是指未经国家有关部门批准，私自制造枪支、弹药、爆炸物的行为。制造的方式既包括用机器成批生产，也包括用手工制作；既包括新加工，也包括对旧的修理使用。所谓"非法买卖"，是指违反国家规定，以金钱或实物作价，私自购买或者销售枪支、弹药、爆炸物的行为。根据 2009 年 11 月

16 日最高人民法院《关于审理非法制造、买卖、运输枪支、弹药、爆炸物等刑事案件具体应用法律若干问题的解释》第 1 条的规定，介绍买卖枪支、弹药、爆炸物的，以买卖枪支、弹药、爆炸物罪的共犯论处。所谓"非法运输"，是指未经国家有关部门批准，私自从事运输枪支、弹药、爆炸物的行为。非法运输包括陆运、水运和空运，运输的方式既可以是利用身体携带，也可以是通过交通工具装载。所谓"非法邮寄"，是指违反枪支等危险物品规定和国家邮电部门的有关规定，以邮件形式夹寄枪支、弹药、爆炸物的行为。根据 2009 年 11 月 16 日最高人民法院《关于审理非法制造、买卖、运输枪支、弹药、爆炸物等刑事案件具体应用法律若干问题的解释》第 8 条的规定，所谓"非法储存"，是指明知是他人非法制造、买卖、运输、邮寄的枪支、弹药而为其存放的行为，或者非法存放爆炸物的行为。

本罪无论是行为上还是对象上，都是选择性罪名。行为人只要实施了非法制造、买卖、运输、邮寄、储存行为之一，对象也只要涉及枪支、弹药、爆炸物之一，即可构成本罪；如果行为人同时实施了其中两种以上的行为、涉及两种以上的犯罪对象，也只构成一罪。

（3）本罪的主体为一般主体。除自然人外，单位也可以成为本罪的主体。

（4）本罪在主观方面必须出自故意，即明知是枪支、弹药和爆炸物而故意非法制造、买卖、运输、邮寄或储存。如果受他人蒙骗、利用，不知是枪支、弹药、爆炸物而代为检修、装配、运输、转交的，不能构成本罪。

（二）非法制造、买卖、运输、邮寄、储存枪支、弹药、爆炸物罪的认定

1. 非法制造、买卖枪支罪与违规制造、销售枪支罪的区别。

根据《刑法》第 126 条的规定，违规制造、销售枪支罪，是指依法被指定、确定的枪支制造企业、销售企业，违反枪支管理规定，具有下列三种情形之一的行为：（1）以非法销售为目的，超过限额或者不按照规定的品种制造、配售枪支的；（2）以非法销售为目的，制造无号、重号、假号的枪支的；（3）非法销售枪支或者在境内销售为出口制造的枪支的。

非法制造、买卖枪支罪与违规制造、销售枪支罪的相同之处是：第一，在主体上，单位都可以构成犯罪；第二，在客体方面，都是危害公共安全的，制造、销售枪支行为都是非法的。

但是，两罪的区别在于两方面：其一，客观行为不同。非法制造、买卖枪支罪的客观行为，表现为完全违反国家枪支管理法律法规，私自制造、买卖枪支。即无权制造、买卖枪支的单位或个人非法制造、买卖枪支；而违规制造、销售枪支罪的客观方面表现为上述三种法定的违规制造、销售枪支行为。行为之所以构成犯罪，关键是因为"违规"，超过限额或者不按照规定的品种制造、配售等。另外，非法制造、买卖枪支罪的客观行为包括购买枪支，而违规制造、销售枪支罪的客观行为不包括购买枪支。其二，主体范围不同。非法制造、买卖枪支罪的主体没有限制；而违规制造、销售枪支罪的主体仅限于依法被指定、确定的枪支制造企业、销售企业，其他单位和个人不构成该罪。需要指出，依法被指定、确定的枪支制造企业、销售企业，如果利用自己的生产条件和技术，完全非法制造、买卖枪支，符合《刑法》第 125 条规定的非法制造、买卖枪支罪之构成的，应以非法制造、买卖枪支罪定罪处罚。依法被指定、确定的枪支制造企业、销售企业，明知他人是非法制造、买卖枪支的犯罪分子，而故意将自己违规制造的枪支出让给这些犯罪分子的，应以非法制造、买卖枪支罪的共犯论处，而不能以违规制造、销售枪支罪定罪处罚。

2. 非法买卖、运输、邮寄、储存枪支、弹药、爆炸物罪与抢夺、盗窃枪支、弹药、爆炸物罪以及抢劫枪支、弹药、爆炸物罪的界限。

抢夺、盗窃枪支、弹药、爆炸物罪，是指公然夺取或者秘密窃取他人枪支、弹药、爆炸物的行为。抢劫枪支、弹药、爆炸物罪，是指以暴力、胁迫或者其他方法，劫取他人枪支、弹药、爆炸物的行为。实践中应当注意，如果行为人在实施抢夺、盗窃或者抢劫枪支、弹药、爆炸物行为后，又将这些枪支、弹药、爆炸物予以销售的，应当另行定非法买卖枪支、弹药、爆炸物罪，与抢夺、盗窃枪支、弹药、爆炸物罪或者抢劫枪支、弹药、爆炸物罪实行数罪并罚；如果行为人在抢夺、盗窃或者抢劫枪支、弹药、爆炸物后又将这些枪支、弹药、爆炸物予以非法运输、邮寄、储存，则不另行定罪，只以抢夺、盗窃枪支、弹药、爆炸物罪或者抢劫枪支、弹药、爆炸物罪一罪定罪处罚即可。因为在这种情况下，非法运输、邮寄、储存行为应视为抢夺、盗窃或者抢劫枪支、弹药、爆炸物行为的当然后续行为或不法状态。

另外，应当注意，如果行为人非法买卖、运输、邮寄、储存枪支、弹药、爆炸物后，又实施抢劫、杀人犯罪等犯罪的，应当以非法买卖、运输、邮寄、储存枪支、弹药、爆炸物罪和抢劫罪、故意杀人罪等犯罪实行数罪并罚；但是，如果行为人有针对性地、为了抢劫或杀害他人而事先购买枪支、弹药、爆炸物的，则属于牵连犯，应择一重罪定罪处罚。

参考案例 19-8

某年11月，被告人马某从盗窃枪支、弹药的犯罪分子手中购得东风5号5.6毫米的小口径女子速射运动手枪一支（枪号810301）。之后，被告人马某伺机实施抢劫。12月5日凌晨，被告人马某持所买手枪和三角刮刀窜到某加油站，以加油为名，骗开值班室的门，先用手枪击倒在加油站陪妻子肖某值班的赵某，接着又向从床上下来的肖某的头上开了一枪，由于弹夹脱落，无子弹而未响。继而被告人马某掏出随身携带的三角刮刀朝肖某猛刺几刀，致肖某倒下。被告人马某从屋外找回弹夹后，又胁迫肖某交出现金100多元，然后将肖某双手反绑，逃离加油站。12月15日凌晨，被告人马某持枪又窜到另一个体加油站，乘夜深无人之机，推门入室，用手枪将值班人员常某杀害，抢得现金800多元后逃离现场。法院以非法买卖枪支、弹药罪判处马某死刑，剥夺政治权利终身；以抢劫罪判处马某死刑，剥夺政治权利终身；决定执行死刑，剥夺政治权利终身。

（三）非法制造、买卖、运输、邮寄、储存枪支、弹药、爆炸物罪的处罚

根据《刑法》第125条的规定，犯本罪的，处3年以上10年以下有期徒刑；情节严重的，处10年以上有期徒刑、无期徒刑或者死刑。单位犯本罪的，对单位判处罚金，同时对直接负责的主管人员和其他直接责任人员，依照前述规定处罚。

根据2009年11月16日最高人民法院《关于审理非法制造、买卖、运输枪支、弹药、爆炸物等刑事案件具体应用法律若干问题的解释》第1条和第2条的规定，个人或者单位非法制造、买卖、运输、邮寄、储存枪支、弹药、爆炸物，具有下列情形之一的，达到本罪的定罪标准：（1）非法制造、买卖、运输、邮寄、储存军用枪支1支以上的；（2）非法制造、买卖、运输、邮寄、储存以火药为动力发射枪弹的非军用的非军用枪支1支以上或者以压缩气体等为动力的其他非军用枪支2支以上的；（3）非法制造、买卖、运输、邮寄、储存军用子弹10发以上、气枪铅弹500发以上或者其他非军用子弹100发以上的；（4）非法制造、买卖、运输、邮寄、储存手榴弹1枚以上的；（5）非法制造、买卖、运输、邮寄、储存爆炸装置的；（6）非法制造、买卖、运输、邮寄、储存炸药、发射药、黑火药1000克以上或者烟火药3000克以上、雷管30枚以上或者导火索、导爆索30米以上的；（7）具有生产爆炸物品资格的单位不按规定的品种制造，或者具有销售、使用爆炸物品资格的单位超过限额买卖炸药、发射药、黑火药10千克以上或者烟火药30千克以上、雷管300枚以上或者导火索、导爆索300米以上的；（8）多次非法制造、买卖、运输、邮寄、储存弹药、爆炸物的；（9）虽未达到上述最低数量标准，但具有造成严重后果等恶劣情节的。非法制造、买卖、运输、邮寄、储存枪支、弹药、爆炸物，具有下列情形之一的，属于"情节严重"：第一，非法制造、买卖、运输、邮寄、储存枪支、弹药、爆炸物的数量达到上述（1）、（2）、（3）、（6）、（7）项规定的定罪最低数量标准5倍以上的；第二，非法制造、买卖、运输、邮寄、储存手榴弹3枚以上的；第三，达到上述定罪最低数量标准，并且具有造成严重后果等其他恶劣情节的。

2009年11月16日最高人民法院《关于审理非法制造、买卖、运输枪支、弹药、爆炸物等刑事案件具体应用法律若干问题的解释》第7条规定："非法制造、买卖、运输、邮寄、储存成套枪支散件的，以相应数量的枪支计；非成套枪支散件以每三十件为一成套散件计。"非法制造、买卖、运输、邮寄、储存上述司法解释没有规定的其他弹药、爆炸物品的行为，其定罪量刑标准，参照上述标准执行。该司法解释第9条规定："因筑路、建房、打井、整修宅基地和土地等正常生产、生活需要，以及因从事合法的生产经营活动而非法制造、买卖、运输、邮寄、储存爆炸物，数量达到本解释第一条规定标准，没有造成严重社会危害，并确有悔改表现的，可依法从轻处罚；情节轻微的，可以免除处罚。具有前款情形，数

量虽达到本解释第二条规定标准的，也可以不认定为刑法第一百二十五条第一款规定的"情节严重"。在公共场所、居民区等人员集中区域非法制造、买卖、运输、邮寄、储存爆炸物，或者因非法制造、买卖、运输、邮寄、储存爆炸物三年内受到两次以上行政处罚又实施上述行为，数量达到本解释规定标准的，不适用前两款量刑的规定。"

九、非法持有、私藏枪支、弹药罪

（一）非法持有、私藏枪支、弹药罪的概念和特征

非法持有、私藏枪支、弹药罪，是指违反枪支管理规定，非法持有、私藏枪支、弹药的行为。

本罪的构成特征是：

（1）本罪的客体是公共安全和国家对枪支、弹药的管理制度。本罪对象是枪支、弹药，包括各种公务用枪、民用枪支及其弹药。

（2）本罪在客观方面表现为违反枪支管理规定，非法持有、私藏枪支、弹药的行为。根据2009年11月16日最高人民法院《关于审理非法制造、买卖、运输枪支、弹药、爆炸物等刑事案件具体应用法律若干问题的解释》第8条的规定，所谓"非法持有"，是指不符合配备、配置枪支、弹药条件的人员，违反枪支管理法律、法规的规定，擅自持有枪支、弹药的行为。"私藏"，是指依法配备、配置枪支、弹药的人员，在配备、配置枪支、弹药的条件消除后，违反枪支管理法律、法规的规定，私自藏匿所配备、配置的枪支、弹药且拒不交出的行为。这两种行为，只要实施其中之一的，即可构成本罪。

（3）本罪的主体为一般主体。只有自然人才可以构成本罪，单位不能构成本罪。

（4）本罪的主观方面为直接故意。

（二）非法持有、私藏枪支、弹药罪的认定

1. 本罪与非法制造、买卖、运输、邮寄、储存枪支、弹药罪的界限。

非法持有、私藏枪支、弹药罪与非法制造、买卖、运输、邮寄、储存枪支、弹药罪的犯罪对象没有区别。而且，其中非法运输、储存枪支、弹药的行为，本身也可以说是一种非法持有行为。实践中应当注意，对于非法制造、买卖、运输、邮寄、储存枪支、弹药的行为人，不能因为其犯罪行为本身伴随有非法持有枪支、弹药的状态，而对其另行定非法持有枪支、弹药罪。比如，行为人非法购买了枪支，并藏匿在自己家中，对行为人只能定一个非法买卖枪支罪，而不能以非法买卖枪支罪和非法持有枪支罪对其实行数罪并罚。当然，如果行为人是先有非法持有枪支、弹药的犯罪行为，如拾得枪支没有交出，尔后又非法销售枪支的，应当以非法持有枪支、弹药罪和非法买卖枪支罪实行数罪并罚。

根据2018年3月8日最高人民法院、最高人民检察院《关于涉以压缩气体为动力的枪支、气枪铅弹刑事案件定罪量刑问题的批复》的规定，对于非法制造、买卖、运输、邮寄、储存、持有、私藏、走私以压缩气体为动力且枪口比动能较低的枪支的行为，在决定是否追究刑事责任以及如何裁量刑罚时，不仅应当考虑涉案枪支的数量，而且应当充分考虑涉案枪支的外观、材质、发射物、购买场所和渠道、价格、用途、致伤力大小、是否易于通过改制提升致伤力，以及行为人的主观认知、动机目的、一贯表现、违法所得、是否规避调查等情节，综合评估社会危害性，坚持主客观相统一，确保罪责刑相适应。对于非法制造、买卖、运输、邮寄、储存、持有、私藏、走私气枪铅弹的行为，在决定是否追究刑事责任以及如何裁量刑罚时，应当综合考虑气枪铅弹的数量、用途以及行为人的动机目的、一贯表现、违法所得、是否规避调查等情节，综合评估社会危害性，确保罪责刑相适应。

参考案例 19-9

某年6月下旬，被告人王某、李某携带由运动用发令枪改制的土制手枪1支、土制子弹11发，从黑龙江省某市乘火车至上海市后，由被告人王某将上述枪弹藏匿于由被告人卢某经营的茶坊内。同年7月，被告人王某又将上述枪弹转藏于自己租借的房屋内。次年7月至10月间，被告人王某唯恐公安机关检查，将枪弹在上述两地往返转移藏匿，后又分别指使蔡某（另案处理）将枪弹交给被告人卢某，卢某仍将枪弹藏匿于自己经营的茶坊内。随后，王某指使李某又将上述枪弹交给被告人金某，金某将其藏匿于卢某的茶坊二楼的写字台下。同年10月29日，公安机关在卢某经营的茶坊内缴获上述枪弹。法院审理后认为，被告人王某违反法律规定，擅自持有枪支，拒不交出，又未经国家有关部门批准，伙同被告人李某将枪支从黑龙江省非法运输至上海市，因唯恐公安机关检查，而指使被告人李某等人不断转移藏匿枪支的地点，被告人王某、李某既实施了非法持有枪支的犯罪，又实施了非法运输枪支的犯罪，应依照处罚较重的犯罪行为予以定罪处罚。其中王某是主犯，李某是从犯。被告人卢某、金某明知是枪支而非法存放，两人的行为均构成非法持有枪支罪。法院以非法运输枪支罪判处王某有期徒刑3年；以非法运输枪支罪判处李某有期徒刑2年6个月；以非法持有枪支罪判处卢某有期徒刑1年；以非法持有枪支罪判处金某拘役6个月。

2. 本罪与非法租用、借用他人依法配置枪支行为的界限。

非法租用、借用他人依法配置枪支的行为，本来也属于非法持有枪支的范畴，但是，应当注意，《刑法》第128条第2款、第3款在规定非法出租、出借枪支罪的同时，并未明示非法租用、借用他人依法配置枪支的行为也构成犯罪。因此，对于非法租用、借用他人依法配置枪支的行为，不宜以非法出租、出借枪支罪的共犯论处，也不宜以非法持有枪支罪定罪处罚。

（三）非法持有、私藏枪支、弹药罪的处罚

根据《刑法》第128条的规定，犯本罪的，处3年以下有期徒刑、拘役或者管制；情节严重的，处3年以上7年以下有期徒刑。

根据2009年11月16日最高人民法院《关于审理非法制造、买卖、运输枪支、弹药、爆炸物等刑事案件具体应用法律若干问题的解释》第5条的规定，具有下列情形之一的，达到本罪的定罪标准：（1）非法持有、私藏军用枪支1支的；（2）非法持有、私藏以火药为动力发射枪弹的非军用枪支1支或者以压缩气体等为动力的其他非军用枪支2支以上的；（3）非法持有、私藏军用子弹20发以上、气枪铅弹1 000发以上或者其他非军用子弹200发以上的；（4）非法持有、私藏手榴弹1枚以上的；（5）非法持有、私藏的弹药造成人员伤亡、财产损失的。具有下列情形之一的，属于"情节严重"：（1）非法持有、私藏军用枪支2支的；（2）非法持有、私藏以火药为动力发射枪弹的非军用枪支2支或者以压缩气体等为动力的其他非军用枪支5支以上的；（3）非法持有、私藏军用子弹100发以上、气枪铅弹5 000发以上或者其他非军用子弹1 000发以上的；（4）非法持有、私藏手榴弹3枚以上的；（5）达到上述定罪最低数量标准，并具有造成严重后果等其他恶劣情节的。

根据2009年11月16日最高人民法院《关于审理非法制造、买卖、运输枪支、弹药、爆炸物等刑事案件具体应用法律若干问题的解释》第7条的规定，非法持有、私藏成套枪支散件的，以相应数量的枪支计；非成套枪支散件以每30件为一成套散件计。非法持有、私藏上述司法解释没有规定的其他弹药的行为，其定罪量刑标准，参照上述标准执行。

十、丢失枪支不报罪

（一）丢失枪支不报罪的概念和特征

丢失枪支不报罪，是指依法配备公务用枪的人员，丢失枪支不及时报告，造成严重后果的行为。本罪的构成特征：

（1）本罪的客体是社会的公共安全。本罪的犯罪对象为配备的公务用枪。

（2）本罪的客观方面表现为依法配备公务用枪的人员，丢失枪支后不及时报告，造成严重后果的行为。"丢失"枪支，指的是因为疏于管理使枪支被盗或者遗失、遗忘，或者因被抢、被骗而失去对枪支控制的情况。"不及时报告"，指行为人发现枪支丢失后不及时向本单位或有关部门报告。"造成严重后果"，主要是指丢失的枪支被他人使用造成人员轻伤以上的伤亡事故，丢失的枪支被他人利用进行违法犯罪活动等。

（3）本罪的主体是特殊主体，即依法配备公务用枪的人员。

（4）本罪的主观方面是过失，此处的过失针对的是所造成的严重后果，对于不及时报告的行为，可

以是因为疏忽或者有意隐瞒。

（二）丢失枪支不报罪的认定

本罪成立需要满足两个条件：一是丢失枪支不及时报告；二是必须造成严重的后果。行为人丢失枪支后及时、如实报告自己丢失枪支的情况，即使造成严重后果，也不能认定构成本罪；而单纯的丢失枪支不及时报告，未造成严重后果的行为同样不能认定为构成本罪。

（三）丢失枪支不报罪的处罚

根据《刑法》第129条的规定，犯本罪的，处3年以下有期徒刑或者拘役。

十一、非法携带枪支、弹药、管制刀具、危险物品危及公共安全罪

（一）非法携带枪支、弹药、管制刀具、危险物品危及公共安全罪的概念和特征

非法携带枪支、弹药、管制刀具、危险物品危及公共安全罪，是指违反有关规定，私自携带枪支、弹药、管制刀具或者爆炸性、易燃性、放射性、毒害性、腐蚀性物品，进入公共场所或者公共交通工具，危及公共安全，情节严重的行为。

本罪的构成特征如下：

（1）本罪的客体是公共安全。

（2）在客观方面，本罪表现为非法携带枪支、弹药、管制刀具或者其他危险物品，进入公共场所或者公共交通工具的行为。所谓携带，不仅包括随身佩带、夹带，而且也包括其他一切携带行为，如在运输物品中藏匿、夹带枪支、弹药等危险物品。本罪的对象是枪支、弹药、管制刀具或者爆炸性、易燃性、放射性、毒害性、腐蚀性物品；只要非法携带上述任何一种物品，即可构成本罪。犯罪地点可以是一切公共场所或各种交通工具。如果行为人非法携带枪支、弹药、管制刀具或者其他危险物品，并没有进入公共场所或交通工具，则不构成本罪。所谓公共场所，一般是指供人们休息、活动、休闲、游玩的场所，如公园、商场、车站（包括汽车站、火车站、地铁站）、机场、港口、码头等；所谓公共交通工具，是指供公众使用的、用于载人的运输工具，如公共汽车、电车、火车、飞机、轮船等。由于本罪为危险犯，只要是行为足以危及公共安全，达到情节严重的程度，就可以构成。

（3）本罪的主体为一般主体。凡年满16周岁、具备刑事责任能力的自然人，均可以构成本罪。

（4）本罪的主观方面较为复杂，就非法携带枪支、弹药、管制刀具或者危险品而言，行为人表现为故意，而对于可能造成的危害公共安全的后果而言，则只能是过失，否则不构成本罪。

（二）非法携带枪支、弹药、管制刀具、危险物品危及公共安全罪的认定

1. 本罪与非罪的界限。

主要是要区别本罪与一般的非法携带枪支、弹药、管制刀具、危险品行为的界限。根据刑法规定，构成本罪，必须达到危及公共安全且情节严重的程度。如果非法携带枪支、弹药、管制刀具或者其他危险物品，并没有危及公共安全，或者虽然危及公共安全，但情节尚属一般而并不严重，都不能以犯罪论处。

根据2009年11月16日最高人民法院《关于审理非法制造、买卖、运输枪支、弹药、爆炸物等刑事案件具体应用法律若干问题的解释》第6条的规定，具有下列情形之一的，达到本罪的定罪标准：（1）携带枪支或者手榴弹的；（2）携带爆炸装置的；（3）携带炸药、发射药、黑火药500克以上或者烟火药1000克以上、雷管20枚以上或者导火索、导爆索20米以上的；（4）携带的弹药、爆炸物在公共场所或者公共交通工具上发生爆炸或者燃烧，尚未造成严重后果的；（5）具有其他严重情节的。行为人携带上述第（3）项规定的爆炸物进入公共场所或者公共交通工具，虽未达到上述数量标准，但拒不交出的，亦应定罪处罚；携带的数量达到定罪最低数量标准，能够主动、全部交出的，可不以犯罪论处。

2. 本罪与非法持有、私藏枪支、弹药罪的界限。

如前所述，本罪的客观行为表现为非法携带枪支、弹药、管制刀具或者其他危险物品，进入公共场所或者公共交通工具。仅从行为特征来看，非法携带枪支、弹药的行为，与非法持有、私藏枪支、弹药

的行为没有严格的区别。可以说，非法携带也是非法持有或者私藏的应有形式。那么，本罪与非法持有、私藏枪支、弹药罪的区别何在呢？我们认为，关键在于两罪中"非法"之含义不同。本罪中的"非法"，是指行为人将枪支、弹药、管制刀具或者其他危险物品带入公共场所或者公共交通工具方面的非法。这种行为违反了有关运输安全的法律法规，如《中华人民共和国铁路法》规定禁止携带危险品和枪支子弹进站上车，《中华人民共和国民用航空法》规定禁止携带危险品乘坐民用航空器等。本罪违反的是这些法律规定。而非法持有、私藏枪支、弹药罪的"非法"，指的是没有资格配备、配置枪支、弹药的人员违反枪支弹药管理规定，或者是依法配备、配置枪支、弹药的人员在配备、配置枪支、弹药的条件消除后违反枪支弹药管理规定私自藏匿枪支、弹药的情形。

参考案例 19-10

被告人莫某，原系某看守所所长。被告人莫某携带一支枪号为 18004298 的"六四"式手枪和子弹 10 发，蒙混通过咸阳机场安全检查站，登上由西安飞往桂林的 339 次航班。由于天气原因，飞机降落于湖南省长沙黄花机场，当天航班亦被取消。次日上午 7 时 10 分，被告人莫某又将携带的枪支和子弹藏匿身上，企图再次蒙混安全检查登机回桂林，在现场被查获。检察机关以莫某构成私藏枪支、弹药罪提起公诉。一审法院以私藏枪支、弹药罪判处莫某拘役 6 个月，缓刑 1 年。被告人上诉后，二审法院审理认为，被告人莫某系公安干警，且有合法持枪证，不属于私藏枪支弹药，原审判决对被告人以私藏枪支、弹药罪定罪显属不当，故作出撤销原审判决的定罪部分，维持其量刑部分的判决。

（三）非法携带枪支、弹药、管制刀具、危险物品危及公共安全罪的处罚

根据《刑法》第 130 条的规定，犯本罪的，处 3 年以下有期徒刑、拘役或者管制。

十二、交通肇事罪

（一）交通肇事罪的概念和特征

交通肇事罪，是指违反交通运输管理法规，因而发生重大事故，致人重伤、死亡或者使公私财产遭受重大损失的行为。

本罪的构成特征如下：

（1）本罪的客体为交通运输安全。根据 2000 年 11 月 15 日最高人民法院《关于审理交通肇事刑事案件具体应用法律若干问题的解释》第 8 条的规定，在实行公共交通管理的范围内发生重大交通事故的，依照刑法关于交通肇事罪的规定予以认定是否构成犯罪；在公共交通管理的范围外，驾驶机动车辆或者使用其他交通工具致人伤亡或者致使公共财产或者他人财产遭受重大损失，构成犯罪的，依照重大责任事故罪、重大劳动安全事故罪和过失致人死亡罪等犯罪定罪处罚。

（2）本罪在客观方面表现为违反交通运输管理法规，发生重大事故，致人重伤、死亡或者使公私财产遭受重大损失。具体而言，构成本罪，在客观方面必须具备两个条件：第一，行为人必须是在从事交通运输活动过程中违反交通运输管理法规。这是交通肇事的原因，也是行为人构成本罪的前提条件。所谓交通运输管理法规，是指国家为了保证交通运输的安全而制定的各种法律、法规、规章制度，它包括交通运输规则、操作规程、劳动纪律等，如《城市交通规则》《内河避碰规则》《中华人民共和国道路交通安全法》及其实施条例等。违反交通运输管理法规的行为，既可表现为作为，也可表现为不作为。前者如酒后开车，闯红灯，超速、超宽、超载行驶，强行超车，错发信号等；后者如通过道口不鸣笛示警，岔路口不减速等。第二，违反交通运输法规的行为还必须造成重大事故，导致重伤、死亡或者公私财产重大损失的严重后果。如果后果不严重，或者虽有违反交通运输法规的行为，但没造成任何后果，不构成本罪。根据 2020 年 9 月 22 日最高人民法院、最高人民检察院、公安部《关于依法办理"碰瓷"违法犯罪案件的指导意见》的规定，实施"碰瓷"，驾驶机动车对其他机动车进行追逐、冲撞、挤别、拦截或者突然加减速、急刹车等可能影响交通安全的行为，因而发生重大事故，致人重伤、死亡或者使公私财物遭受重大损失，符合《刑法》第 133 条规定的，以交通肇事罪定罪处罚。

（3）本罪的主体为一般主体。在司法实践中，主要是从事交通运输的人员。根据 2000 年 11 月 15 日最高人民法院《关于审理交通肇事刑事案件具体应用法律若干问题的解释》第 7 条的规定，单位主管人员、机动车辆所有人或者机动车辆承包人指使、强令他人违章驾驶造成重大交通事故的，达到犯罪构成标准的，以本罪论处。

（4）本罪主观方面是出于过失，包括疏忽大意的过失和过于自信的过失。即行为人对自己行为的严重后果应当预见，由于疏忽大意而未预见，或者虽然预见，但轻信能够避免。需要指出，这种过失是行为人对所造成的严重后果的心理态度，而对违反交通运输管理法规本身，则可能是明知故犯。

（二）交通肇事罪的认定

1. 本罪与非罪的界限。

第一，要注意区分本罪与交通事故中意外事件的界限。二者区别的关键是看行为人主观上是否具有过失。如果行为人主观上具有过失，可以构成交通肇事罪；如果行为人由于不能预见的原因引起交通事故，则不存在罪过，因而不能认为是犯罪。

第二，要注意区分本罪与一般交通肇事违法行为的界限。根据 2000 年 11 月 15 日最高人民法院《关于审理交通肇事刑事案件具体应用法律若干问题的解释》第 1 条的规定，司法实践中应当根据行为人所负责任的性质、造成事故的严重程度以及赔偿数额的具体情况，来判断是否构成犯罪。具体而言，交通肇事具有下列情形之一的，构成犯罪：（1）死亡 1 人或者重伤 3 人以上，负事故全部或者主要责任的；（2）死亡 3 人以上，负事故同等责任的；（3）造成公共财产或者他人财产直接损失，负事故全部或者主要责任，无能力赔偿数额在 30 万元以上的。交通肇事致 1 人以上重伤，负事故全部或者主要责任，并具有以下情形之一的，也应以犯罪论处：（1）酒后、吸食毒品后驾驶机动车辆的；（2）无驾驶资格驾驶机动车辆的；（3）明知是安全装置不全或者安全机件失灵的车辆而驾驶的；（4）明知是无牌证或者已报废的机动车辆而驾驶的；（5）严重超载驾驶的；（6）为逃避法律追究逃离现场的。

2. 交通运输肇事后逃逸致人死亡案件的定性。

《刑法》第 133 条将"交通运输肇事后逃逸"作为交通肇事罪处 3 年以上 7 年以下有期徒刑的情节加以规定，"因逃逸致人死亡"则为交通肇事罪处 7 年以上有期徒刑的情节。根据 2000 年 11 月 15 日最高人民法院《关于审理交通肇事刑事案件具体应用法律若干问题的解释》第 3 条的规定，"交通运输肇事后逃逸"是指在行为人交通肇事，发生交通事故后，为逃避法律追究而逃跑的行为。根据该司法解释第 5 条和第 6 条的规定，"因逃逸致人死亡"，是指行为人在交通肇事后为逃避法律追究而逃跑，致使被害人得不到救助而死亡的情形；如果行为人在交通肇事后为逃避法律追究，将被害人带离事故现场后隐藏或者遗弃，致使被害人无法得到救助而死亡或者严重残疾的，应当分别依照故意杀人罪、故意伤害罪定罪处罚。

正确理解上述司法解释的规定，应当注意把握以下两个问题：（1）"因逃逸致人死亡"的适用，必须建立在"逃逸"与被害人死亡存在因果关系的基础上。如果被害人死亡并非行为人逃逸行为造成的，不能认定行为人的犯罪行为具有这一情节而对行为人处 7 年以上有期徒刑。如果被害人死亡结果的发生是逃逸之前行为人的交通肇事行为本身造成的，直接适用最低一个量刑档次。（2）"因逃逸致人死亡"中，行为人对于被害人的死亡持过失心态，不含故意。如果行为人在交通肇事后为逃避法律追究，将被害人带离事故现场后隐藏或者遗弃，致使被害人无法得到救助而死亡或者严重残疾的，应视为故意犯罪，以故意杀人罪、故意伤害罪定罪处罚。但是，必须查明，"死亡或者严重残疾"的结果是"被害人无法得到救助"造成的，如果两者之间没有因果关系，亦不能认定故意杀人罪、故意伤害罪。

参考案例 19－11

被告人王某，原系上海某出租汽车股份有限公司驾驶员。某日凌晨 1 时许，被告人王某违章驾驶出租车撞击一辆同向行驶的人力三轮车，致使骑车人罗某被撞倒在机动车道上，被告人即驾车逃离现场。随后，已经苏醒并正在爬起的被害人罗某被一辆由高某驾驶的超速行驶的同向大货车再次撞倒并当场死亡。案发后，被告人王某自动到单位向侦查人员自首。一审法院审理确认，被告人王某在交通事故发生后逃逸，造成被害人因得不到抢救而被随后驶至的其他车辆撞击而当场死亡的后果，其行为违反了交通法规，且应负主要责任，构成交通肇事罪，鉴于其自首，酌情从轻处罚，以交通肇事罪判处王某有期徒刑 7 年。

一审判决后，王某以一审判决适用"因逃逸致人死亡"的法律条文不当、导致量刑畸重为由，提出上诉。二审法院经审理认为，上诉人王某交通肇事后逃逸，其行为已构成交通肇事罪，但被害人罗某并非王某的逃逸以致得不到救助而死亡，一审判决认定被告人王某因逃逸致人死亡不当，王某犯罪后自首，依法予以从轻处罚。据此，二审法院作出了撤销一审判决，以交通肇事罪判处王某有期徒刑4年的终审判决。

3. 本罪与妨害安全驾驶罪的界限。

《刑法修正案（十一）》新增《刑法》第133条之二妨害安全驾驶罪，是指对行驶中的公共交通工具的驾驶人员使用暴力或者抢控驾驶操纵装置，干扰公共交通工具正常行驶，危及公共安全的，以及驾驶人员在行驶的公共交通工具上擅离职守，与他人互殴或者殴打他人，危及公共安全的行为。交通肇事罪与妨害安全驾驶罪的相同之处在于，危害的客体均是交通运输安全，客观方面上均违反了交通运输管理法规。两罪的不同之处在于，妨害安全驾驶罪的客观方面规定更为具体，表现为对行驶中的公共交通工具的驾驶人员使用暴力或者抢控驾驶操纵装置，干扰公共交通工具正常行驶，危及公共安全，以及驾驶人员在行驶的公共交通工具上擅离职守，与他人互殴或者殴打他人，危及公共安全；主体上，妨害安全驾驶罪为公共交通工具的乘坐人员或驾驶人员，交通肇事罪则无该限制；主观方面，妨害安全驾驶罪应为故意，即明知自己的行为会影响公共交通工具的安全驾驶，危及公共安全，并希望或者放任该结果发生，而交通肇事罪为过失。

4. 驾驶机动车实施"碰瓷"行为的定性。

近年来，"碰瓷"现象时有发生。所谓"碰瓷"，是指行为人通过故意制造或者编造其被害假象，采取诈骗、敲诈勒索等方式非法索取财物的行为。根据2020年9月22日最高人民法院、最高人民检察院、公安部《关于依法办理"碰瓷"违法犯罪案件的指导意见》第6条的规定，实施"碰瓷"，驾驶机动车对其他机动车进行追逐、冲撞、挤别、拦截或者突然加减速、急刹车等可能影响交通安全的行为，因而发生重大事故，致人重伤、死亡或者使公私财物遭受重大损失，符合《刑法》第133条规定的，以交通肇事罪定罪处罚。

（三）交通肇事罪的处罚

《刑法》第133条对犯交通肇事罪规定了三个处刑档次：（1）犯本罪情节一般的，处3年以下有期徒刑或者拘役。（2）交通肇事后逃逸或者有其他特别恶劣情节的，处3年以上7年以下有期徒刑。（3）因逃逸致人死亡的，处7年以上有期徒刑。

根据2000年11月15日最高人民法院《关于审理交通肇事刑事案件具体应用法律若干问题的解释》第4条的规定，"有其他特别恶劣情节"，是指下列情形之一：（1）死亡2人以上或者重伤5人以上，负事故全部或者主要责任的；（2）死亡6人以上，负事故同等责任的；（3）造成公共财产或者他人财产直接损失，负事故全部或者主要责任，无能力赔偿数额在60万元以上的。

十三、危险驾驶罪

（一）危险驾驶罪的概念和特征

危险驾驶罪，是指在道路上驾驶机动车追逐竞驶，情节恶劣的；醉酒驾驶机动车的；从事校车业务或者旅客运输，严重超载、严重超速行驶的；或者违反危险化学品安全管理规定运输危险化学品，危及公共安全的行为。

本罪是《刑法修正案（八）》新增的罪名，《刑法修正案（九）》对其进行了修改，其构成特征是：

（1）本罪的客体是交通运输安全。

（2）本罪的客观方面表现为在道路上驾驶机动车的下列四类情形：一是追逐竞驶，情节恶劣的行为；二是醉酒驾驶机动车的行为；三是从事校车业务或者旅客运输，严重超过额定乘员载客，或者严重超过规定时速行驶的行为；四是违反危险化学品安全管理规定运输危险化学品，危及公共安全的行为。根据《道路交通安全法》第119条的规定，这里的"道路"是指公路、城市道路和虽在单位管辖范围但允许社会机动车通行的地方，包括广场、公共停车场等用于公众通行的场所；"机动车"是指以动力装置驱动或者牵引，上道路行驶的供人员乘用或者用于运送物品以及工程专项作业的轮式车辆。根据 2023 年 12 月 13 日最高人民法院、最高人民检察院、公安部、司法部《关于办理醉酒危险驾驶刑事案件的意见》（以下简称《醉驾意见》）第 5 条第 2 款的规定，对机关、企事业单位、厂矿、校园、居民小区等单位管辖范围内的路段是否认定为"道路"，应当以其是否具有"公共性"，是否"允许社会机动车通行"作为判断标准。只允许单位内部机动车、特定来访机动车通行的，可以不认定为"道路"。

（3）本罪的主体为一般主体。具体而言，追逐竞驶、醉酒驾驶的，主体为道路上行驶的机动车的驾驶人；从事校车、客运业务，严重超速、超载的，违规运输危险化学品的，主体为机动车的驾驶人，以及对前述行为负有直接责任的机动车所有人、管理人。

（4）本罪的主观方面为故意。

（二）危险驾驶罪的认定

1."驾驶机动车追逐竞驶"的认定。

"追逐竞驶"，俗称"飙车"，是指在道路上，以同行的其他车辆为竞争目标，追逐行驶（可以包括以不知者为其"追逐竞驶"的目标）的行为，如在道路上进行的"竞速赛""计时赛"等。这种追逐竞驶可能是超过限定时速的，也可能是未超过限定时速的。根据《刑法》第 133 条之一第 1 款的规定，在道路上驾驶机动车追逐竞驶，情节恶劣的才构成犯罪。判断行为是否"情节恶劣"，应该从追逐竞驶的时间、场地，追逐竞驶对交通运输安全造成的威胁程度、危害后果以及社会影响等方面进行综合的认定。

司法典型案例：
张某某、金某危险驾驶案

2."醉酒驾驶机动车"的标准和醉驾型危险驾驶罪的成立标准。

首先，对于实践中出现的酒后驾驶机动车的问题，应该注意区分饮酒驾车和醉酒驾车。根据 2024 年 8 月 1 日施行的《车辆驾驶人员血液、呼气酒精含量阈值与检验》（GB19522－2024）的规定，饮酒驾车是指车辆驾驶人员血液中的酒精含量大于或者等于 20 毫克/100 毫升、小于 80 毫克/100 毫升的驾驶行为，醉酒驾车是指车辆驾驶人员血液中的酒精含量大于或者等于 80 毫克/100 毫升的驾驶行为。行政执法和刑事司法实践应该根据该国家标准来认定饮酒和醉酒驾驶机动车的行为。要注意的是，《刑法》第 133 条之一第 1 款对醉酒驾车行为构成犯罪的规定没有设置"情节恶劣""情节严重"要件，也就是说，从立法规范上看，醉驾行为构成的危险驾驶罪，属于抽象危险犯。

其次，醉驾型危险驾驶罪，已由立法上的抽象危险犯调整为司法中的情节犯。《醉驾意见》第 4 条第 1 款规定："在道路上驾驶机动车，经呼气酒精含量检测，显示血液酒精含量达到 80 毫克/100 毫升以上的，公安机关应当依照刑事诉讼法和本意见的规定决定是否立案。对情节显著轻微、危害不大，不认为是犯罪的，不予立案。"综合《醉驾意见》第 4 条、第 10 条、第 12 条等明确规定的内容及其实质精神，《醉驾意见》确定了"醉酒驾驶行为＋血液酒精含量＋其他情节"的入罪标准，这标志着醉驾型危险驾驶罪发生了由抽象危险犯到情节犯的实质改变。根据"醉酒驾驶行为＋血液酒精含量＋其他情节"的入罪标准，醉驾型危险驾驶罪的成立标准已经实质改变，犯罪门槛明显提高。具体而言，对 80 毫克/100 毫升到 150 毫克/100 毫升之间的醉驾案件（即符合《醉驾意见》第 4 条规定和第 12 条[①]第 1 项规定），只要没

---

① 《醉驾意见》第 12 条规定："醉驾具有下列情形之一，且不具有本意见第十条规定情形的，可以认定为情节显著轻微、危害不大，依照刑法第十三条、刑事诉讼法第十六条的规定处理：（一）血液酒精含量不满 150 毫克/100 毫升的；（二）出于急救伤病人员等紧急情况驾驶机动车，且不构成紧急避险的；（三）在居民小区、停车场等场所因挪车、停车入位等短距离驾驶机动车的；（四）由他人驾驶至居民小区、停车场等场所短距离接替驾驶停放机动车的，或者为了交由他人驾驶，自居民小区、停车场等场所短距离驶出的；（五）其他情节显著轻微的情形。"

有《醉驾意见》第 10 条①规定的 15 种从重处理情节的，公安机关不予立案；对达到 80 毫克/100 毫升以上的醉驾案件（即符合《醉驾意见》第 4 条前段规定），只要没有《醉驾意见》第 10 条规定的 15 种从重处理情节，并同时具有《醉驾意见》第 12 条第 2 项至第 5 项规定情形的，公安机关原则上不予立案。

3. "从事校车业务或者旅客运输，严重超过额定乘员载客，或者严重超过规定时速行驶"的认定。

"校车"是指依照国家规定取得使用许可，用于接送义务教育的学生上下学的 7 座以上的载客汽车。从事旅客运输的机动车，包括需要具备营运资格的公路客运、公交客运、出租客运、旅游客运以及其他从事旅客运输的微型面包车等非营运客车。从事校车业务或者旅客运输，需取得资格或者具备一定资质，但未取得许可或者不具备相关资质，并不影响本罪的认定。

4. "违反危险化学品安全管理规定运输危险化学品，危及公共安全"的认定。

本条规定中的"违反危险化学品安全管理规定"是指违反与运输危险品有关的安全管理规定，不包括生产、储存、使用、经营等其他方面的安全管理规定。是否危及公共安全，应当结合运输危险化学品的性质、品种及数量，运输的时间、路线，违反安全管理规定的具体内容及严重程度，可能造成的损害后果等因素综合判断。根据 2021 年 12 月 28 日最高人民法院、最高人民检察院、公安部、工业和信息化部、住房和城乡建设部、交通运输部、应急管理部、国家铁路局、中国民用航空局、国家邮政局《关于依法惩治涉枪支、弹药、爆炸物、易燃易爆危险物品犯罪的意见》的规定，违反危险化学品安全管理规定，未经依法批准或者许可擅自从事易燃易爆危险物品道路运输活动，或者实施其他违反危险化学品安全管理规定通过道路运输易燃易爆危险物品的行为，危及公共安全的，依照《刑法》第 133 条之一第 1 款第 4 项的规定，以危险驾驶罪定罪处罚。

5. 本罪的罪数问题。

（1）一罪论处的情形。

《刑法》第 133 条之一第 3 款规定："有前两款行为，同时构成其他犯罪的，依照处罚较重的规定定罪处罚。"这里主要涉及本罪与以危险方法危害公共安全罪、交通肇事罪的关系问题。根据《醉驾意见》第 16 条第 1 款的规定，醉驾同时构成交通肇事罪、过失以危险方法危害公共安全罪、以危险方法危害公共安全罪等其他犯罪的，依照处罚较重的规定定罪，依法从严追究刑事责任。

1）如果行为人在道路上危险驾驶机动车，故意危害公共安全，尚未造成严重后果，符合《刑法》第 114 条规定的，处 3 年以上 10 年以下有期徒刑，致人重伤、死亡或者使公私财产遭受重大损失，符合《刑法》第 115 条第 1 款规定的，处 10 年以上有期徒刑、无期徒刑或者死刑。危险驾驶罪与以危险方法危害公共安全罪的主要区别在于：在客观方面，危险驾驶罪是危害公共安全的抽象危险犯（行为犯），其危险程度较低，不以发生严重后果为构成要件；而以危险方法危害公共安全罪是危害公共安全的具体危险犯（结果犯），其危险程度较高。在主观方面，危险驾驶罪的犯罪故意以危险驾驶行为及其抽象危险为内容；而以危险方法危害公共安全罪的犯罪故意以危害公共安全的具体危险为内容，行为人是积极追求，或者消极放任严重后果的发生。要特别注意的是，以危险方法危害公共安全罪的法定最高刑为死刑，入罪判断应该从严把握。对确实构成以危险方法危害公共安全罪的行为，在量刑时也要坚持罪责刑相适应的原则，做到罚当其罪。

2）如果行为人在道路上危险驾驶机动车，过失造成重大事故，致人重伤、死亡或者使公私财产遭受重大损失，符合《刑法》第 133 条规定的，应该以交通肇事罪定罪处罚。危险驾驶罪与交通肇事罪的主要区别在于：在客观方面，危险驾驶罪是行为犯，不以发生严重后果为构成要件；而交通肇事罪是结果犯，行为构成犯罪以实际发生了构成要件的危害结果为必要条件。在主观方面，危险驾驶罪是故意犯；而交

---

① 《醉驾意见》第 10 条规定："醉驾具有下列情形之一，尚不构成其他犯罪的，从重处理：（一）造成交通事故且负事故全部或者主要责任的；（二）造成交通事故后逃逸的；（三）未取得机动车驾驶证驾驶汽车的；（四）严重超员、超载、超速驾驶的；（五）服用国家规定管制的精神药品或者麻醉药品后驾驶的；（六）驾驶机动车从事客运活动且载有乘客的；（七）驾驶机动车从事校车业务且载有师生的；（八）在高速公路上驾驶的；（九）驾驶重型载货汽车的；（十）运输危险化学品、危险货物的；（十一）逃避、阻碍公安机关依法检查的；（十二）实施威胁、打击报复、引诱、贿买证人、鉴定人等人员或者毁灭、伪造证据等妨害司法行为的；（十三）二年内曾因饮酒后驾驶机动车被查获或者受过行政处罚的；（十四）五年内曾因危险驾驶行为被判决有罪或者作相对不起诉的；（十五）其他需要从重处理的情形。"

通肇事罪是过失犯，包括疏忽大意的过失和过于自信的过失，但行为人对违反交通运输法规的行为仍然可以是明知故犯，有意为之。在司法实践中，对于构成交通肇事罪的行为，其危险驾驶的事实应该作为量刑情节予以考虑。

（2）数罪论处的情形。

根据 2023 年 12 月 13 日最高人民法院、最高人民检察院、公安部、司法部《关于办理醉酒危险驾驶刑事案件的意见》的规定，醉酒驾驶机动车，以暴力、威胁方法阻碍公安机关依法检查，又构成妨害公务罪、袭警罪等其他犯罪的，依照数罪并罚的规定处罚。

（三）危险驾驶罪的处罚

根据《刑法》第 133 条之一的规定，犯危险驾驶罪的，处拘役，并处罚金。同时构成其他犯罪的，依照处罚较重的规定定罪处罚。

根据《醉驾意见》第 11 条的规定，醉驾具有下列情形之一，从宽处理：（1）自首、坦白、立功的；（2）自愿认罪认罚的；（3）造成交通事故，赔偿损失或者取得谅解的；（4）其他需要从宽处理的情形。

根据《醉驾意见》第 14 条的规定，对符合《刑法》第 72 条规定的醉驾被告人，依法宣告缓刑。具有下列情形之一的，一般不适用缓刑：（1）造成交通事故致他人轻微伤或者轻伤，且负事故全部或者主要责任的；（2）造成交通事故且负事故全部或者主要责任，未赔偿损失的；（3）造成交通事故后逃逸的；（4）未取得机动车驾驶证驾驶汽车的；（5）血液酒精含量超过 180 毫克/100 毫升的；（6）服用国家规定管制的精神药品或者麻醉药品后驾驶的；（7）采取暴力手段抗拒公安机关依法检查，或者实施妨害司法行为的；（8）5 年内曾因饮酒后驾驶机动车被查获或者受过行政处罚的；（9）曾因危险驾驶行为被判决有罪或者作相对不起诉的；（10）其他情节恶劣的情形。

根据《醉驾意见》第 15 条的规定，对被告人判处罚金，应当根据醉驾行为、实际损害后果等犯罪情节，综合考虑被告人缴纳罚金的能力，确定与主刑相适应的罚金数额。起刑点一般不应低于道路交通安全法规定的饮酒后驾驶机动车相应情形的罚款数额；每增加 1 个月拘役，增加 1 000 元至 5 000 元罚金。

十四、妨害安全驾驶罪

（一）妨害安全驾驶罪的概念和特征

妨害安全驾驶罪，是指对行驶中的公共交通工具的驾驶人员使用暴力或者抢控驾驶操纵装置，干扰公共交通工具正常行驶，危及公共安全的行为，以及驾驶人员在行驶的公共交通工具上擅离职守，与他人互殴或者殴打他人，危及公共安全的行为。

本罪的构成特征是：

（1）本罪的客体是公共交通工具的安全秩序。本罪中的公共交通工具，主要是指城市公共汽车、长途客运汽车、大中型出租车等。根据《刑法》第 133 条之二的规范含义，还应包括从事轨道运输的火车、地铁列车、轻轨列车，从事水路运输的客运轮船、摆渡轮船，从事空中运输的飞机等。

（2）本罪的客观方面表现为对行驶中的公共交通工具的驾驶人员使用暴力或者抢控驾驶操纵装置，干扰公共交通工具正常行驶，危及公共安全的行为，以及驾驶人员在行驶的公共交通工具上擅离职守，与他人互殴或者殴打他人，危及公共安全的行为。根据《刑法》第 133 条之二的规定，本罪的客观方面具体分为两种类型，分别由该条第 1 款和第 2 款规定。

《刑法》第 133 条之二第 1 款规定的客观行为，是对行驶中的公共交通工具的驾驶人员使用暴力或者抢控驾驶操纵装置，干扰公共交通工具正常行驶，危及公共安全的行为。构成该款规定的犯罪行为，需要具备以下构成要素：1）行为的直接对象，分别是行驶中的公共交通工具的驾驶人员，以及行驶中的公共交通工具的驾驶操纵装置。2）行为的具体手段，一是对驾驶人员使用暴力，包括实施殴打、推搡、拉拽等暴力行为；二是对驾驶操纵装置施加强力控制的举动，主要是抢夺控制方向盘、变速杆、驻车制动手柄等驾驶操纵装置，但并不需要行为人实际控制驾驶操纵装置，只要实施了争抢行为即可。3）行为的危险程度，必须达到"干扰公共交通工具正常行驶，危及公共安全"的法定要求，即行为人的行为足以导致公共交通工具不能安全行驶，车辆失控，随时可能发生车内乘客、路上行人、其他交通工具内的人员伤亡，以及本车、其他车辆或者财产损失的现实危险。

《刑法》第 133 条之二第 2 款规定的客观行为，是驾驶人员在行驶的公共交通工具上擅离职守，与他人互殴或者殴打他人，危及公共安全的行为。构成该款规定的犯罪行为，需要具备以下构成要素：1）行为只能"在行驶的公共交通工具上"实施。2）行为必须同时符合擅离职守及与他人互殴或者殴打他人的条件。3）行为应达到"危及公共安全"的危险程度，即行为足以导致公共交通工具不能安全行驶，车辆失控，随时可能发生车内乘客、路上行人、其他交通工具内的人员伤亡，以及本车、其他车辆或者财产损失的现实危险。

（3）本罪的主体，因法定危害行为的类型而分为两种。1）《刑法》第 133 条之二第 1 款危害行为的主体，是一般主体，通常是公共交通工具上的乘客，但不排除公共交通工具上的其他工作人员，包括售票员、安保员甚至其他驾驶人员。需要特别注意的是，对行驶中的公共交通工具的驾驶人员使用暴力的行为主体，逻辑上并不限于公共交通工具上的前述人员，可以是该公共交通工具之外的其他人员。比如，向行驶中的公共交通工具的驾驶人员投掷石块的路人，其他交通工具上的驾驶人员、乘客也可以成为这种暴力行为的主体。2）《刑法》第 133 条之二第 2 款危害行为的主体，只能是驾驶人员。构成犯罪的驾驶人员，必须是在行驶的公共交通工具上正在履行驾驶职责的驾驶人员。虽然是驾驶人员，但不是正在履行驾驶职责的驾驶人员，则不能成为该犯罪行为的主体。

（4）本罪的主观方面是故意。

（二）妨害安全驾驶罪的认定

1. 本罪与非罪的界限。

构成妨害安全驾驶罪，必须要求行为符合"干扰公共交通工具正常行驶，危及公共安全"或"危及公共安全"的法定危害程度。对于情节轻微、危害不大的行为，不宜作为犯罪处理，但违反《治安管理处罚法》的，应当予以治安处罚。例如，行为人只是辱骂、轻微拉扯驾驶人员，或者轻微触碰驾驶操纵装置，并没有影响车辆正常行驶的；驾驶人员只是辱骂他人，或者与他人轻微拉拽，没有影响正常驾驶的，只能认定为违反《治安管理处罚法》的行为，不能认定为妨害安全驾驶罪。

2. 本罪与以危险方法危害公共安全罪的界限。

妨害安全驾驶罪是从以危险方法危害公共安全罪分离出来的轻微犯罪。立法的基本理由在于，通常意义的妨害安全驾驶行为，与放火、决水、爆炸、投放危险物质等行为相比，危害程度明显较低，有必要单独明确具体规定，并配置轻微的刑罚，重在行为规范引领、预防严重犯罪。所以，司法实务中，对凡是符合《刑法》第 133 条之二规制范围内的妨害安全驾驶行为，应严格依法认定为妨害安全驾驶罪。对极端的妨害安全驾驶行为，因为已具有与放火、决水、爆炸、投放危险物质等方法程度相当的危险性，符合《刑法》第 114 条规定的，可以按照以危险方法危害公共安全罪追究刑事责任。

3. 本罪与正当防卫、紧急避险的界限。

根据 2019 年 1 月 11 日最高人民法院、最高人民检察院、公安部《关于依法惩治妨害公共交通工具安全驾驶违法犯罪行为的指导意见》的规定，对正在进行的妨害安全驾驶的违法犯罪行为，乘客等人员有权采取措施予以制止，制止行为造成违法犯罪行为人损害，符合法定条件的，应当认定为正当防卫。正在驾驶公共交通工具的驾驶人员遭到妨害安全驾驶行为侵害时，为避免公共交通工具倾覆或者人员伤亡等危害后果发生，采取紧急制动或者躲避措施，造成公共交通工具、交通设施损坏或者人身损害，符合法定条件的，应当认定为紧急避险。根据 2020 年 9 月 3 日最高人民法院、最高人民检察院、公安部《关于依法适用正当防卫制度的指导意见》的规定，对于正在进行的拉拽方向盘、殴打司机等妨害安全驾驶、危害公共安全的违法犯罪行为，可以实行防卫。司法认定中需要注意，驾驶人员有权对妨害安全驾驶的不法行为进行正当防卫，但是驾驶人员实施的正当防卫，具有职务上的正当防卫的性质。驾驶人员的首要职责是保障公共交通工具行驶安全、保障乘载人员的安全，只有在保障安全行驶、乘客安全的前提下，驾驶人员制止不法侵害的行为，才符合正当防卫的条件。

4. 本罪与相关罪名的法条关系。

主要是本罪与暴力危及飞行安全罪的法条关系。具体而言,《刑法》第133条之二第1款的规定与暴力危及飞行安全罪中对应危害行为的规定,是一般法条与特别法条的关系,对同时触犯《刑法》第133条之二第1款规定和暴力危及飞行安全罪规定的行为,适用特别法条优于一般法条的规则。《刑法》第133条之二第2款的规定与暴力危及飞行安全罪中对应危害行为的规定,是并列法条的关系,对民用航空器驾驶人员实施的殴打他人等构成犯罪的行为,应当根据危及公共安全的具体程度来定罪处罚,危险程度较轻的,认定为妨害安全驾驶罪,危险程度较重的,认定为暴力危及飞行安全罪。

(三) 妨害安全驾驶罪的处罚

根据《刑法》第133条之二第1款、第2款的规定,犯妨害安全驾驶罪的,处1年以下有期徒刑、拘役或者管制,并处或者单处罚金。根据《刑法》第133条之二第3款的规定,犯妨害安全驾驶罪,同时构成其他犯罪的,依照处罚较重的规定定罪处罚。

十五、重大责任事故罪

(一) 重大责任事故罪的概念和特征

重大责任事故罪,是指在生产、作业中违反有关安全管理的规定,因而发生重大伤亡事故或者造成其他严重后果的行为。

本罪的构成特征是:

(1) 本罪的客体是生产、作业安全。

(2) 本罪的客观方面表现为在生产、作业中违反有关安全管理的规定,因而发生重大伤亡事故或者造成其他严重后果的行为。具体包括三方面条件:

第一,行为人在生产、作业中违反安全管理的规定。所谓违反安全管理的规定,是指违反保障生产、作业安全的法律、法规,以及与生产、作业安全管理有关的劳动纪律、操作规程和安全管理方面的规章制度等。有关安全管理的规定包括《安全生产法》《劳动法》《特种设备安全监察条例》等法律、法规中关于劳动纪律、技术操作规程、作业安全管理等方面的规定。这种行为只能是发生在生产、作业过程中并与生产、作业有直接联系。如果行为人违反规章制度的行为不是发生在生产、作业过程中,即使造成了严重后果,也不构成重大责任事故罪。

第二,必须发生重大伤亡事故或者造成其他严重后果,同时重大事故必须发生在生产、作业活动中。如果事故的发生与生产、作业没有关系,则不构成本罪。根据2015年12月16日最高人民法院、最高人民检察院《关于办理危害生产安全刑事案件适用法律若干问题的解释》的规定,具有下列情形之一的,应当认定为"发生重大伤亡事故或者造成其他严重后果":1) 造成死亡1人以上,或者重伤3人以上的;2) 造成直接经济损失100万元以上的;3) 其他造成严重后果或者重大安全事故的情形。根据2020年3月16日最高人民法院、最高人民检察院、公安部《关于办理涉窨井盖相关刑事案件的指导意见》的规定,在生产、作业中违反有关安全管理的规定,擅自移动窨井盖或者未做好安全防护措施等,发生重大伤亡事故或者造成其他严重后果的,以重大责任事故罪定罪处罚。

第三,发生在生产、作业活动中的重大伤亡事故或者其他严重后果是由于行为人在生产、作业活动中违反有关安全管理的规定引起的。这要求有关违反安全管理规定的行为与重大伤亡事故或者其他严重后果之间必须有因果关系,如果违反安全管理规定的行为没有造成重大伤亡事故或者其他严重后果,或者重大伤亡事故或其他严重后果不是由于违章行为造成的,则不能构成本罪。

参考案例 19－12

被告人曹某,原系某医院设备科技师。某年6月,被告人曹某所在医院从某潜水装备厂购进医用高压氧气舱,交货、安装均在医院进行。在安装调试过程中,发现舱体内原装的晴空牌分体式空调不制冷,医院和装备厂协商后决定由医院另购一台春兰牌空调替换原装空调。但后又发现春兰牌空调副机的紫铜管口径与原装空调不衔接,于是由安装人员截取一节晴空牌空调的紫铜管焊接在春兰牌空调副机上,调试后效果良好。同年12月，医院、装备厂和医院所在地劳动局三方均认为医用高压氧气舱各种实验数据均已达到合理性能标准，分别派代表在交验报告上签名，但实际上三方对该机的各种线路没有进行查看。随后，高压氧气舱投入使用。次年1月20日8时许，卫生员周某到高压氧气舱上班，首先到该舱把操作台的电源总开关打开，并将空调器开启，但见此空调控制板上的指示灯不亮，便打电话叫被告人曹某来修理，曹某答应马上就到，但一小时后还未到。此时，蒋某等8个病人陆续到达高压氧气舱，并按医院规定进入。9点10分，病人都觉得舱内很冷，其中病人蒋某叫喊："拿两床棉被进来取暖！"周某随即拿了两床被子送进去。卫生员夏某认为可以开机了，便关上舱门，关闭减压阀，打开压缩空气阀和加压阀，按照正常操作程序进行加压、输氧。9点20分，被告人曹某赶到，问什么情况，周某说"空调器指示灯不亮"，曹某找到控制台下面的电源板，对原来包扎在右上方的两条裸露线用万能表测电压，发现电压正常，曹某接着拆除操作台下面电源板上控制空调的分合开关（保险装置），直接连接通电。5分钟后，舱内有病人叫："起火了！"曹某马上关闭该机电源，试图将病人从舱体内救出，但舱门闭死，无法打开。曹某赶紧打电话给消防部门，消防队员赶到后灭火施救，但舱门打开后，8个病人已经死亡。检察机关以重大责任事故罪对被告人曹某提起诉讼。法院在审理中聘请公安部消防专家进行现场复核和技术鉴定，鉴定结论说明，事故的主要原因是生产单位在组装高压氧气舱内空调时，对接线头采取扭接的方法，使芯线的金属细线头扎破胶布而裸露碰撞在空调机外壳产生火花，最后导致火灾。法院认为，被告人曹某虽然拆除了操作台下面电源板上控制空调的分合开关，但事故发生后，该保险装置还存在，其违章行为与事故没有因果关系，故宣告曹某无罪。

（3）本罪的主体为一般主体。根据2015年12月16日最高人民法院、最高人民检察院《关于办理危害生产安全刑事案件适用法律若干问题的解释》的规定，包括对生产、作业负有组织、指挥或者管理职责的负责人、管理人员、实际控制人、投资人等人员，以及直接从事生产、作业的人员。1997年《刑法》第134条要求本罪的犯罪主体是"工厂、矿山、林场、建筑企业或者其他企业、事业单位的职工"，但实际发生的案件表明，本罪有关责任人员的情况比较复杂，并不都是企业、事业单位的职工，而且随着经营主体多元化趋势日益加剧，界定"职工"这一概念比较困难，司法实践中甚至存在一些个人在生产、作业活动中违反安全管理规定因而发生重大事故的情况。为了适应惩治重大安全生产事故犯罪的需要，《刑法修正案（六）》将本罪的犯罪主体修改为一般主体。据此，企业或单位的性质如何，是否为隶属于企业或事业单位的职工，均不影响本罪的成立。群众合作经营组织或个体经营户的从业人员实施了本罪客观方面行为的，也可构成本罪。

（4）本罪的主观方面表现为过失，既可以是疏忽大意的过失，也可以是过于自信的过失。这里的过失是指行为人对其行为所导致的重大伤亡事故或者其他严重后果的心理态度，即应当预见自己违反有关安全管理规定的行为可能发生重大事故，造成严重后果，但由于疏忽大意而没有预见，或者虽然已经预见但轻信能够避免。至于对违反有关安全管理规定，则可能是明知故犯。由于不能预见或者不能抗拒的原因引起的事故，以及因为技术条件或设备条件的限制而无法避免的事故，由于行为人主观上没有过失，不能认定为本罪。

（二）重大责任事故罪的认定

1. 重大责任事故与自然事故、技术事故及技术革新和科学试验失败的界限。

所谓自然事故，是指行为人不能预见或者不能抗拒的自然灾害而造成的事故。所谓技术事故，是指由于技术条件、设备条件的限制而引发的且无法避免的事故。而技术革新和科学试验本身就包含着失败的可能。区分重大责任事故罪与这三种情况的关键是看：行为人主观上是否有过失，客观上是否有违反有关安全管理规定的行为，违反有关安全管理规定的行为与重大事故之间是否有因果关系。如果事故的发生是由违反有关安全管理规定而引起，行为人主观上有过失，就成立重大责任事故罪；否则视为自然事故、技术事故，不构成犯罪。

2. 本罪与一般责任事故的界限。

二者的相同点在于行为人在生产、作业过程中都有违反有关安全管理规定的行为，而且都造成了一定的损害后果。区分二者的关键在于所造成事故后果的严重程度不同。如果行为造成了重大伤亡事故或者其他严重后果，就构成重大责任事故罪；如果造成的后果没有达到上述严重程度，就属于一般责任事故，不构成犯罪。

3. 本罪与危险作业罪的界限。

《刑法修正案（十一）》新增《刑法》第134条之一的危险作业罪。危险作业罪，是指在生产、作业中违反有关安全管理的规定，关闭、破坏直接关系生产安全的监控、报警、防护、救生设备、设施，或者篡改、隐瞒、销毁其相关数据、信息，或因存在重大事故隐患被依法责令停产停业、停止施工、停止使用有关设备、设施、场所或者立即采取排除危险的整改措施，而拒不执行，或涉及安全生产的事项未经依法批准或者许可，擅自从事矿山开采、金属冶炼、建筑施工，以及危险物品生产、经营、储存等高度危险的生产作业活动等，具有发生重大伤亡事故或者其他严重后果的现实危险的行为。危险作业罪和重大责任事故罪的行为人均在生产、作业中违反有关安全管理的规定。两者不同之处在于，危险作业罪的客观行为表现规定的更为具体，而重大责任事故罪则较为抽象；危险作业罪是危险犯，即要求出现发生重大伤亡事故或者其他严重后果的现实危险，而重大责任事故罪为实害犯，即要求发生重大伤亡事故或者其他严重后果的实际结果。

4. 本罪与失火罪、过失爆炸罪、过失投放危险物质罪等犯罪的界限。

重大责任事故罪与失火罪、过失爆炸罪、过失投放危险物质罪等在主观方面都是过失，在客观方面都可能发生火灾、爆炸、中毒等结果，并发生重大伤亡事故或者造成其他严重后果。其主要区别在于行为发生的场合或时空条件及违反的规范属性不同。重大责任事故罪的客观方面表现为行为人在生产、作业过程中，违反有关安全管理规定，不正确履行自己的职责，从而发生了重大伤亡事故或者造成其他严重后果，通常属于业务过失。失火罪、过失爆炸罪、过失投放危险物质罪等犯罪，一般是在日常生活中，由于忽视安全，未尽注意义务，行为不慎而导致重大事故，与行为人的生产、作业及其应当承担的相关职责无关，属于普通过失。

5. 本罪与交通肇事罪的界限。

重大责任事故罪与交通肇事罪在客观上都导致了重大事故，在主观上都表现为过失，二者的主要区别在于：（1）主体不同。两罪虽然都是一般主体，但是仍存在明显区别。重大责任事故罪的主体是在生产、作业的过程中从事生产、作业的人员或与生产、作业有关的人员；交通肇事罪的主体则通常是从事交通运输的参与人员。（2）违反的安全管理制度的基本类型不同。重大责任事故罪违反的是除交通运输管理法规以外的、保障生产及作业安全的法律、法规，以及与生产、作业安全管理有关的劳动纪律、操作规程和规章制度等；交通肇事罪违反的是交通运输管理法规。（3）法定结果发生的场合不同。根据《刑法》第133条和修改后的第134条的规定，以及法条之间的逻辑关系，重大责任事故罪应发生在实行公共交通管理的范围之外的生产、作业的场合；交通肇事罪必须发生在实行公共交通管理的范围之内。

6. 本罪与危险物品肇事罪的界限。

危险物品肇事罪，是指违反爆炸性、易燃性、放射性、毒害性、腐蚀性物品的管理规定，在生产、储存、运输、使用中，由于过失发生重大事故、造成严重后果的行为。重大责任事故罪与危险物品肇事罪在主观上都是过失，在客观上都要求有严重后果。二者的主要区别在于：（1）主体上的要求不同。重大责任事故罪的主体是在生产、作业的过程中从事生产、作业的人员或与生产、作业有关的人员，而危险物品肇事罪的主体并不限于此。（2）客观方面的表现不同。重大责任事故罪在客观方面表现为在生产、作业活动中违反有关安全管理制度的行为，在生产、作业过程中发生重大伤亡事故或者造成其他严重后果的行为；而危险物品肇事罪在客观方面表现为违反爆炸性、易燃性、放射性、毒害性、腐蚀性物品的管理规定，在生产、储存、运输、使用危险物品中发生重大事故、造成严重后果的行为。值得注意的是，两罪的法条之间存在竞合关系，重大责任事故罪的规定为普通法条，危险物品肇事罪的规定为特别法条，按照特别法条优于普通法条的原则，当在生产、作业中违反有关危险品安全管理规定，因而发生重大伤亡事故或者造成其他严重后果的行为，应以危险物品肇事罪定罪处罚。

参考案例 19-13

被告人李某系某引线鞭炮厂管理人员，负责保管原材料、成品引线以及引线车间的生产和安全工作。兑药房由兑药师谢某负责兑药，兑药房勤杂工刘某负责在被告人李某处领取兑药原材料并将已兑好的药及时运至中转房储存。按照有关装、兑药房岗位安全规定，兑药岗位只限一人，每次领用兑药量和存放药量有限额，禁用钢铁及其他易产生火星的工具。兑药师谢某因家中装修房屋，二十多天没上班，被告人李某让其亲戚廖某（无上岗证，未经培训）到兑药房兑药。数日后，廖某在使用不锈钢筛子筛药时，发生燃烧并爆炸，将在同一兑药房扫地的刘某当场炸死，廖某被炸成重伤，经及时送医院抢救无效，于5日后死亡。检察机关以重大责任事故罪对被告人李某提起公诉，法院以危险物品肇事罪判处李某有期徒刑3年。

7. 本罪与故意杀人罪、故意伤害罪的界限。

根据2015年12月16日最高人民法院、最高人民检察院《关于办理危害生产安全刑事案件适用法律若干问题的解释》的规定，在安全事故发生后，直接负责的主管人员和其他直接责任人员故意阻挠开展抢救，导致人员死亡或者重伤，或者为了逃避法律追究，对被害人进行隐藏、遗弃，致使被害人因无法得到救助而死亡或者重度残疾的，分别依照《刑法》第232条、第234条的规定，以故意杀人罪或者故意伤害罪定罪处罚。

8. 本罪的罪数问题。

根据2015年12月16日最高人民法院、最高人民检察院《关于办理危害生产安全刑事案件适用法律若干问题的解释》的规定，实施重大责任事故犯罪，同时采取行贿等手段，故意逃避、阻挠负有安全监督管理职责的部门实施监督检查，构成行贿罪的，依照数罪并罚的规定处罚。

（三）重大责任事故罪的处罚

根据《刑法》第134条第1款的规定，犯重大责任事故罪的，处3年以下有期徒刑或者拘役；情节特别恶劣的，处3年以上7年以下有期徒刑。根据2015年12月16日最高人民法院、最高人民检察院《关于办理危害生产安全刑事案件适用法律若干问题的解释》的规定，造成死亡3人以上或者重伤10人以上，负事故主要责任的；造成直接经济损失500万元以上，负事故主要责任的；造成其他特别严重后果、情节特别恶劣或者后果特别严重的情形，属于"情节特别恶劣"。具有下列情形之一的，从重处罚：（1）未依法取得安全许可证件或者安全许可证件过期、被暂扣、吊销、注销后从事生产经营活动的；（2）关闭、破坏必要的安全监控和报警设备的；（3）已经发现事故隐患，经有关部门或者个人提出后，仍不采取措施的；（4）一年内曾因危害生产安全违法犯罪活动受过行政处罚或者刑事处罚的；（5）采取弄虚作假、行贿等手段，故意逃避、阻挠负有安全监督管理职责的部门实施监督检查的；（6）安全事故发生后转移财产意图逃避承担责任的；（7）其他从重处罚的情形。国家工作人员违反规定投资入股生产经营，构成重大责任事故罪的，从重处罚。在安全事故发生后积极组织、参与事故抢救，或者积极配合调查、主动赔偿损失的，可以酌情从轻处罚。

十六、强令、组织他人违章冒险作业罪

（一）强令、组织他人违章冒险作业罪的概念与特征

强令、组织他人违章冒险作业罪，是指强令他人违章冒险作业，或者明知存在重大事故隐患而不排除，仍冒险组织作业，因而发生重大伤亡事故或者造成其他严重后果的行为。

本罪的构成特征是：

（1）本罪的客体是生产、作业安全。

（2）本罪的客观方面表现为在生产、作业中强行命令他人违章冒险进行生产、作业，或者明知存在重大事故隐患而不排除，仍冒险组织作业，因而发生重大伤亡事故或者造成其他严重后果的行为。具体包括三方面条件：

第一，行为人强行命令他人违章冒险作业，或者组织他人违章冒险作业。强令他人违章冒险作业的

行为只能是作为，而不能是不作为。如果只是发现工人违章冒险作业而不加制止，则不能构成本罪。组织他人违章冒险作业，是明知存在重大事故隐患而不排除，仍冒险组织作业。具体而言，行为人明确知道或者应当知道存在着重大事故隐患，却不按照安全管理规定排除，无视甚至隐瞒事故隐患，仍然组织工人冒着发生安全事故的危险进行作业。根据2022年12月19日最高人民法院、最高人民检察院《关于办理危害生产安全刑事案件适用法律若干问题的解释（二）》的规定，"重大事故隐患"应依照法律、行政法规、部门规章、强制性标准以及有关行政规范性文件进行认定。强令他人违章冒险作业的行为具有强制性，组织他人违章冒险作业的行为具有组织性。

行为人强令、组织他人违章冒险作业，必须违反有关安全管理规定。我们认为，对于安全管理规定，应作广义理解。这里的安全管理规定，包括但不限于《安全生产法》《劳动法》《特种设备安全法》等法律、法规中关于劳动纪律、技术操作规程、作业安全管理等方面的规定。除上述法律法规之外，有关安全管理规定还应当包括企业、事业单位的内部规章或者管理制度，甚至包括在某一行业或者某一种具体的生产作业活动中长期形成的有关安全管理的习惯等。

根据2022年12月19日最高人民法院、最高人民检察院《关于办理危害生产安全刑事案件适用法律若干问题的解释（二）》的规定，明知存在事故隐患，继续作业存在危险，仍然违反有关安全管理的规定，有下列情形之一的，属于"强令他人违章冒险作业"：1）以威逼、胁迫、恐吓等手段，强制他人违章作业的；2）利用组织、指挥、管理职权，强制他人违章作业的；3）其他强令他人违章冒险作业的情形。明知存在重大事故隐患，仍然违反有关安全管理的规定，不排除或者故意掩盖重大事故隐患，组织他人作业的，属于"冒险组织作业"。

第二，必须发生在生产、作业过程中，并且行为人决定的内容与经营单位的生产、作业活动有直接关联。如果行为人违反安全管理规定强令或组织他人违章冒险作业的行为不是发生在生产、作业过程中，即使造成了严重后果，也不构成本罪。

第三，强令、组织他人违章冒险作业行为导致了重大伤亡事故或者造成其他严重后果，即强令、组织他人违章冒险作业的行为与重大伤亡事故或者其他严重后果之间具有直接的因果关系。根据2015年12月14日最高人民法院、最高人民检察院《关于办理危害生产安全刑事案件适用法律若干问题的解释》的规定，"重大伤亡事故或者造成其他严重后果"是指：1）造成死亡1人以上，或者重伤3人以上的；2）造成直接经济损失100万元以上的；3）其他造成严重后果或者重大安全事故的情形。

（3）本罪的主体为一般主体，即任何达到刑事责任年龄，具有刑事责任能力的自然人均可构成本罪的主体。实践中本罪的主体多是对具体生产、作业负有组织、指挥、管理职权的人，但也不限于此。根据2015年12月16日最高人民法院、最高人民检察院《关于办理危害生产安全刑事案件适用法律若干问题的解释》的规定，包括对生产、作业负有组织、指挥或者管理职责的负责人、管理人员、实际控制人、投资人等人员。

（4）本罪的主观方面是过失，通常表现为过于自信的过失，但也可以表现为疏忽大意的过失，即对法定结果的出现表现为过失。行为人对生产、作业安全规范的违反表现为故意。

（二）强令、组织他人违章冒险作业罪的认定

1. 本罪与非罪的界限。

在司法实践中，对于强令他人违章冒险作业的行为，应当对行为人是否认识到其决定事项的违章性质及可能造成的后果，是否存在强制他人违章作业的行为，实际发生的损害后果程度，以及违章作业行为与实际损害后果的因果关系等因素予以综合分析，进而界定本罪与非罪的界限。行为人仅仅是默认他人违章作业，造成重大事故的，不构成本罪。

对于组织他人违章冒险作业的行为，应当重点考察行为人主观上是否明知存在着重大事故隐患和是否采取了排除措施。行为人"明知"应当包括其明确知道，以及根据外部条件判定行为人应当知道。行为人主观上并不明知存在重大事故隐患的，不构成本罪。是否采取措施是指行为人是否采取能够排除事故隐患的措施。行为人采取相关排除措施，但并不足以排除事故隐患，仍组织作业，因而发生重大事故的，构成本罪。当客观上不存在排除事故隐患的措施，或者说采取任何措施均无法排除事故隐患时，行为人应当放弃作业活动，以避免重大事故的发生，即本罪的"排除"应当理解为包括停止作业活动在内。

2. 强令、组织他人违章冒险作业罪与意外事故的界限。

在司法实践中，认定强令、组织他人违章冒险作业罪，要特别注意区分强令、组织他人违章冒险作业罪与意外事故的界限。强令、组织他人违章冒险作业罪，是指强令或者组织他人违章冒险作业，因而发生重大伤亡事故或者造成其他严重后果的行为；而意外事故则是由于自然原因和行为人不能预见、不能抗拒的原因造成的。区分两者的关键在于：一是确定事故发生的原因。如果重大伤亡事故或者其他严重后果不是由于行为人的行为造成的，而是由于自然条件的变化诸如地震、洪水、台风等造成的，则只能是意外事故。二是分析行为人是否不能预见或不能抗拒。司法实践中主要是区分"应当预见而没有预见"与"不能预见"两者之间的界限。"应当预见而没有预见"是指行为人依自身职责应该知道自己的行为可能引起事故发生，而由于疏忽大意而没有预见，以致发生事故，在此情况下，行为人具备构成强令、组织他人违章冒险作业罪的主观罪过要件。"不能预见"是指行为人对其行为发生损害结果不但没有预见，而且根据其当时的实际能力和当时的具体条件也根本无法预见，在此情况下，行为人对损害结果不具有构成强令、组织他人违章冒险作业罪的主观罪过要件。

3. 强令、组织他人违章冒险作业罪与玩忽职守罪的界限。

玩忽职守罪是指国家机关工作人员玩忽职守，致使公共财产、国家和人民利益遭受重大损失的行为。强令、组织他人违章冒险作业罪与玩忽职守罪在主观上都是出于过失，在客观上都造成了严重后果，但两者的区别较为明显：（1）侵犯的客体不同。强令、组织他人违章冒险作业罪侵犯的客体是生产、作业的安全；玩忽职守罪侵犯的是国家机关的正常活动。（2）犯罪客观方面不同。强令、组织他人违章冒险作业罪发生在与生产、作业安全相关的活动过程中，表现为强行命令或者组织他人违章冒险进行生产、作业；玩忽职守罪发生在国家机关工作人员履行职务的活动过程中，表现为行为人严重不负责任，不履行或不认真履行职责。（3）犯罪主体不同。强令、组织他人违章冒险作业罪是一般主体，包括对生产、作业负有组织、指挥或者管理职责的负责人、管理人员、实际控制人、投资人等人员；玩忽职守罪的主体是国家机关工作人员。根据 2015 年 12 月 16 日最高人民法院、最高人民检察院《关于办理危害生产安全刑事案件适用法律若干问题的解释》的规定，国家机关工作人员在履行安全监督管理职责时玩忽职守，致使公共财产、国家和人民利益遭受重大损失的，以玩忽职守罪定罪处罚。公司、企业、事业单位的工作人员在依法或者受委托行使安全监督管理职责时玩忽职守，构成犯罪的，应当依照《全国人民代表大会常务委员会关于〈中华人民共和国刑法〉第九章渎职罪主体适用问题的解释》的规定，适用渎职罪的规定追究刑事责任。

参考案例 19-14

被告人鲍某在某岩场利用岩场清理危岩的机会，采用放大炮等冒险方式进行掠夺性开采，致岩场宕面出现新的危岩。某日，鲍某在明知岩场随时有塌方危险的情况下，仍默认无资格从业人员李某进场从事爆破作业，并强令何某进场协助违章冒险作业，最终引发危岩崩塌，造成何某被当场砸死的重大事故。事故发生后鲍某到公安机关投案自首。法院经审理认为，被告人鲍某违反矿山安全制度，强令工人违章冒险作业，发生致一人死亡的重大事故，其行为已经构成强令违章冒险作业罪，依法判处鲍某有期徒刑 1 年。

4. 本罪与故意杀人罪、故意伤害罪的界限。

根据 2015 年 12 月 16 日最高人民法院、最高人民检察院《关于办理危害生产安全刑事案件适用法律若干问题的解释》的规定，在安全事故发生后，直接负责的主管人员和其他直接责任人员故意阻挠开展抢救，导致人员死亡或者重伤，或者为了逃避法律追究，对被害人进行隐藏、遗弃，致使被害人因无法得到救助而死亡或者重度残疾的，分别依照《刑法》第 232 条、第 234 条的规定，以故意杀人罪或者故意伤害罪定罪处罚。

5. 本罪的罪数问题。

根据 2015 年 12 月 16 日最高人民法院、最高人民检察院《关于办理危害生产安全刑事案件适用法律若干问题的解释》的规定，实施强令违章冒险作业的犯罪行为，同时采取行贿等手段，故意逃避、阻挠负有安全监督管理职责的部门实施监督检查，构成行贿罪的，依照数罪并罚的规定处罚。根据该司法解释精神，实施组织他人违章冒险作业的犯罪行为，同时采取行贿等手段，故意逃避、阻挠负有安全监督管理职责的部门实施监督检查，构成行贿罪的，也应依照数罪并罚的规定处罚。

（三）强令、组织他人违章冒险作业罪的处罚

根据《刑法》第 134 条第 2 款的规定，犯强令、组织他人违章冒险作业罪的，处 5 年以下有期徒刑或者拘役；情节特别恶劣的，处 5 年以上有期徒刑。根据 2015 年 12 月 16 日最高人民法院、最高人民检察院《关于办理危害生产安全刑事案件适用法律若干问题的解释》的规定，造成死亡 3 人以上或者重伤 10 人以上，负事故主要责任的；造成直接经济损失 500 万元以上，负事故主要责任的；其他造成特别严重后果、情节特别恶劣或者后果特别严重的情形，属于"情节特别恶劣"。具有下列情形之一的，从重处罚：（1）未依法取得安全许可证件或者安全许可证件过期、被暂扣、吊销、注销后从事生产经营活动的；（2）关闭、破坏必要的安全监控和报警设备的；（3）已经发现事故隐患，经有关部门或者个人提出后，仍不采取措施的；（4）一年内曾因危害生产安全违法犯罪活动受过行政处罚或者刑事处罚的；（5）采取弄虚作假、行贿等手段，故意逃避、阻挠负有安全监督管理职责的部门实施监督检查的；（6）安全事故发生后转移财产意图逃避承担责任的；（7）其他从重处罚的情形。国家工作人员违反规定投资入股生产经营，构成本罪的，从重处罚。在安全事故发生后积极组织、参与事故抢救，或者积极配合调查、主动赔偿损失的，可以酌情从轻处罚。

十七、危险作业罪

（一）危险作业罪的概念和特征

危险作业罪，是指在生产、作业中违反有关安全管理的规定，故意掩盖事故隐患、拒不消除事故隐患、无证违规生产经营等，具有发生重大伤亡事故或者其他严重后果的现实危险的行为。

本罪的构成特征是：

（1）本罪的客体是生产、作业安全。党的二十大报告要求，要提高公共安全治理水平，完善公共安全体系，推动公共安全治理模式向事前预防转型。本罪的增设即为该要求在刑法中的具体体现。

（2）本罪在客观方面表现为在生产、作业中违反有关安全管理的规定，故意掩盖事故隐患、拒不消除事故隐患、无证违规生产经营等，具有发生重大伤亡事故或者其他严重后果的现实危险的行为。具体包括以下构成要素：

第一，在生产、作业中违反有关安全管理的规定。对此，可参照前述重大责任事故罪和强令、组织他人违章冒险作业罪的有关内容理解。

第二，故意掩盖事故隐患、拒不消除事故隐患、无证违规生产经营，即有法定三种情形之一，或者引起重大事故隐患的三类不法行为之一。根据《刑法》第 134 条之一第 1 项的规定，故意掩盖事故隐患，具体是指关闭、破坏直接关系生产安全的监控、报警、防护、救生设备、设施，或者篡改、隐瞒、销毁其相关数据、信息。根据该条第 2 项的规定，拒不消除事故隐患，具体是指因存在重大事故隐患被依法责令停产停业、停止施工、停止使用有关设备、设施、场所或者立即采取排除危险的整改措施，而拒不执行。根据该条第 3 项的规定，无证违规生产经营，具体是指涉及安全生产的事项未经依法批准或者许可，擅自从事矿山开采、金属冶炼、建筑施工，以及危险物品生产、经营、储存等高度危险的生产作业活动。理解这三类引起重大事故隐患的法定情形，需要注意它们的规范内容和实际功能。根据 2022 年 12 月 19 日最高人民法院、最高人民检察院《关于办理危害生产安全刑事案件适用法律若干问题的解释（二）》的规定，《刑法》第 134 条之一第 3 项规定中的"危险物品"，依照《安全生产法》第 117 条的规定确定。即指易燃易爆物品、危险化学品、放射性物品等能够危及人身安全和财产安全的物品。其中，《刑法》第 134 条之一第 1 项、第 3 项规定的行为都非常具体、明确，法定的入罪情形标准清晰、限定严格；该条第 2 项的规定，既避免采用适用范围难以控制的兜底规范方式，又使所规定的不法行为可以涵盖安全生产领

域各类违反规定的行为。根据《刑法》第 134 条之一第 2 项的规定，这一实际具有兜底功能的规定，适用条件是极为严格的：一是存在重大事故隐患；二是经监管部门依法责令整改；三是拒不执行整改措施。必须同时符合这三个递进式的条件，才能认定为构成第 2 项规定的不法行为。根据 2022 年 12 月 19 日最高人民法院、最高人民检察院《关于办理危害生产安全刑事案件适用法律若干问题的解释（二）》的规定，"重大事故隐患"应依照法律、行政法规、部门规章、强制性标准以及有关行政规范性文件进行认定。因存在重大事故隐患被依法责令停产停业、停止施工、停止使用有关设备、设施、场所或者立即采取排除危险的整改措施，有下列情形之一的，属于"拒不执行"：1）无正当理由故意不执行各级人民政府或者负有安全生产监督管理职责的部门依法作出的上述行政决定、命令的；2）虚构重大事故隐患已经排除的事实，规避、干扰执行各级人民政府或者负有安全生产监督管理职责的部门依法作出的上述行政决定、命令的；3）以行贿等不正当手段，规避、干扰执行各级人民政府或者负有安全生产监督管理职责的部门依法作出的上述行政决定、命令的。认定是否属于"拒不执行"，应当综合考虑行政决定、命令是否具有法律、行政法规等依据，行政决定、命令的内容和期限要求是否明确、合理，行为人是否具有按照要求执行的能力等因素进行判断。

第三，具有发生重大伤亡事故或者其他严重后果的现实危险。这是对具体危险犯做严格限制的规定方式。作为有别于一般具体危险的法典用语，"现实危险"一词，不仅是《安全生产法》第 67 条的专门用语在《刑法》中的延续，而且在司法适用上有着特别的含义：首先，现实危险不是引起一般事故的危险，须是发生重大事故的危险；其次，与一般意义危害公共安全的具体危险不同，现实危险须有"千钧一发"的属性。也即，重大事故隐患具有引发重大事故的现实紧迫性，危险作业行为才构成犯罪。

（3）本罪的主体为一般主体。根据 2022 年 12 月 19 日最高人民法院、最高人民检察院《关于办理危害生产安全刑事案件适用法律若干问题的解释（二）》第 2 条的规定，本罪的犯罪主体包括对生产、作业负有组织、指挥或者管理职责的负责人、管理人员、实际控制人、投资人等人员，以及直接从事生产、作业的人员。

（4）本罪的主观方面是故意。

（二）危险作业罪的认定

1. 本罪与非罪的界限。

认定危险作业罪，首要的任务是区分危险作业违法与危险作业犯罪的界限。区分两者的界限，应着重从犯罪客观方面把握。第一，要严格依据各类不法行为的构成要素，判断危险作业行为是否已经满足特定不法行为的成立条件。例如，关闭、破坏的设备、设施，必须是直接关系生产安全的，如果所关闭或破坏的设备、设施，对保障生产安全没有直接的影响，仅具有辅助作用，就不能认定行为符合《刑法》第 134 条之一第 1 项的规定。第二，由不法行为引起的具体危险，必须达到"具有发生重大伤亡事故或者其他严重后果的现实危险"的程度，如果危险作业行为虽然具有一定的危险，但没有达到法定的现实紧迫程度，就只能认定行为属于危险作业违法。

2. 本罪与重大责任事故罪等犯罪的界限。

危险作业行为，如果不只是具有发生重大伤亡事故或者其他严重后果的现实危险，而是已经实际引起重大伤亡事故或者其他严重后果，达到重大责任事故罪、组织他人违章冒险作业罪等犯罪的入罪标准的，应以重大责任事故罪、组织他人违章冒险作业罪等定罪处罚，不适用《刑法》第 134 条之一定罪处罚。危险作业行为，如果不仅具有发生重大伤亡事故或者其他严重后果的现实危险，而且同时引发事故，但事故的实害结果没有达到重大责任事故罪、组织他人违章冒险作业罪等犯罪的入罪标准，只是引发一般事故、轻微事故的，应适用《刑法》第 134 条之一定罪处罚，不适用以危险方法危害公共安全罪定罪处罚。

3. 本罪的罪数问题和法条关系。

本罪的罪数问题，与客观危害行为的类型联系较为紧密，相对较为复杂。比如，实施《刑法》第 134 条之一第 3 项规定的行为，可能同时构成非法采矿罪、污染环境罪，以及非法运输、储存危险物质罪等，应当根据案件的具体情况认定为想象竞合犯、牵连犯等，并适用相应的处断原则，或从一重处罚，或择一重罪从重处罚，或数罪并罚。再如，实施《刑法》第134条之一第2项规定的不法行为，构成危险作业罪的，与《刑法》第134条第2款规定的组织他人违章冒险作业罪，彼此之间构成法条并列关系，相应的犯罪行为，由轻到重依次成立危险作业罪、组织他人违章冒险作业罪的基本犯、组织他人违章冒险作业罪的加重犯。

根据2022年12月19日最高人民法院、最高人民检察院《关于办理危害生产安全刑事案件适用法律若干问题的解释（二）》的规定，在生产、作业中违反有关安全管理的规定，有《刑法》第134条之一规定情形之一，因而发生重大伤亡事故或者造成其他严重后果，构成《刑法》第134条、第135条至第139条等规定的重大责任事故罪、重大劳动安全事故罪、危险物品肇事罪、工程重大安全事故罪等犯罪的，依照该规定定罪处罚。有《刑法》第134条之一第2项的行为，同时构成《刑法》第389条行贿罪、第393条单位行贿罪等犯罪的，依照数罪并罚的规定处罚。

根据2021年12月28日最高人民法院、最高人民检察院、公安部、工业和信息化部、住房和城乡建设部、交通运输部、应急管理部、国家铁路局、中国民用航空局、国家邮政局《关于依法惩治涉枪支、弹药、爆炸物、易燃易爆危险物品犯罪的意见》的规定，在易燃易爆危险物品生产、经营、储存等高度危险的生产作业活动中违反有关安全管理的规定，有下列情形之一，具有发生重大伤亡事故或者其他严重后果的现实危险的，依照《刑法》第134条之一第3项的规定，以危险作业罪定罪处罚：（1）委托无资质企业或者个人储存易燃易爆危险物品的；（2）在储存的普通货物中夹带易燃易爆危险物品的；（3）将易燃易爆危险物品谎报或者匿报为普通货物申报、储存的；（4）其他涉及安全生产的事项未经依法批准或者许可，擅自从事易燃易爆危险物品生产、经营、储存等活动的情形。同时构成《刑法》第130条规定之罪等其他犯罪的，依照处罚较重的规定定罪处罚；导致发生重大伤亡事故或者其他严重后果，符合《刑法》第134条、第135条、第136条等规定的，依照各该条的规定定罪从重处罚。

（三）危险作业罪的处罚

根据《刑法》第134条之一的规定，犯危险作业罪的，处1年以下有期徒刑、拘役或者管制。根据2022年12月19日最高人民法院、最高人民检察院《关于办理危害生产安全刑事案件适用法律若干问题的解释（二）》的规定，积极配合公安机关或者负有安全生产监督管理职责的部门采取措施排除事故隐患，确有悔改表现，认罪认罚的，可以依法从宽处罚；犯罪情节轻微不需要判处刑罚的，可以不起诉或者免予刑事处罚；情节显著轻微危害不大的，不作为犯罪处理。

十八、大型群众性活动重大安全事故罪

（一）大型群众性活动重大安全事故罪的概念和特征

大型群众性活动重大安全事故罪，是指举办大型群众性活动违反安全管理规定，因而发生重大伤亡事故或者造成其他严重后果的行为。

本罪的构成特征是：

（1）本罪的客体是策划、组织、实施公众聚集活动的正常管理秩序，以及公众的人身安全和财产安全。

（2）本罪在客观方面表现为在举办大型群众性活动中，违反安全管理规定，因而发生重大伤亡事故或者造成其他严重后果的行为。具体包括两个构成要素：

第一，行为人举办大型群众性活动违反安全管理规定。根据刑法关于本罪基本罪状的规定，本罪成立的前提条件必须发生在"举办大型群众性活动"过程之中。"举办"之意表明必须是在策划、组织、实施意图聚集公众的活动过程中，故排除了在公众自发形成的聚集活动中构成本罪的可能。"大型群众性活动"之意在于实际且可能聚集公众，并因公众聚集达到一定规模而可能存在或者引发安全事故的各类活动，主要是指面向社会公众或者相对特定的群体开放的活动，既包括官方组织的活动，也包括非官方组织的活动，故排除了在规模较小的特别是在单位内部举办的群众性活动中构成本罪的可能。

第二，因为违反安全管理规定而发生重大伤亡事故或者造成其他严重后果，也即违反安全管理规定与重大伤亡事故或者其他严重后果之间具有因果关系。行为人所违反的安全管理规定，包括策划、组织、实施公众聚集活动应当遵守的各项法律、法规和与之配套的各种规章制度，如既定防范措施、工作预案等。根据2015年12月16日最高人民法院、最高人民检察院《关于办理危害生产安全刑事案件适用法律若干问题的解释》的规定，"重大伤亡事故或者造成其他严重后果"是指：1）造成死亡1人以上，或者重伤3人以上的；2）造成直接经济损失100万元以上的；3）其他造成严重后果或者重大安全事故的情形。

（3）本罪的主体为特殊主体，具体指策划、组织、实施大型群众性活动的单位（包括常设机构、临时机构）中对采取安全措施、防范安全事故直接负责的主管人员和其他直接责任人员。

（4）本罪的主观方面表现为过失，即行为人对发生重大伤亡事故或者造成其他严重后果持过失的心理态度。至于行为人对于违反安全管理规定的心理态度，则可以是故意，即明知故犯。

（二）大型群众性活动重大安全事故罪的认定

准确认定大型群众性活动重大安全事故罪，主要应注意区分本罪与大型群众性活动一般安全事故的界限。区分两者的关键就在于大型群众性活动重大安全事故罪必须发生了重大伤亡事故或者造成其他严重后果，如果虽然产生了造成危害后果的严重危险，但客观上还没有造成严重后果，或者仅仅造成轻微危害后果的，则仅为大型群众性活动一般安全事故，不能以犯罪论。

准确认定大型群众性活动重大安全事故罪，还应当注意区分本罪与其他犯罪的界限。例如，对于在公众自发形成的聚集活动或者在依法举办的大型群众性活动中起哄闹事，造成公共秩序严重混乱的行为，可以寻衅滋事罪论处；对于在规模较小的或者单位内部举办的群众性活动中，因违反安全管理规定而过失造成人员重大伤亡的行为，可以根据案件具体情况，分别以侵犯人身权利罪的相关罪名、渎职罪中的玩忽职守罪等定罪处刑；对于虽未具体参与策划、组织、实施公众聚集活动，但对此类活动具有审批、决定、监管等行政职责者，因玩忽职守而致使公共财产、国家和人民利益遭受重大损失的行为，可以玩忽职守罪等罪名定罪处刑。根据2015年12月16日最高人民法院、最高人民检察院《关于办理危害生产安全刑事案件适用法律若干问题的解释》的规定，国家机关工作人员在履行安全监督管理职责时玩忽职守，致使公共财产、国家和人民利益遭受重大损失的，以玩忽职守罪定罪处刑。公司、企业、事业单位的工作人员在依法或者受委托行使安全监督管理职责时玩忽职守，构成犯罪的，应当依照《全国人民代表大会常务委员会关于〈中华人民共和国刑法〉第九章渎职罪主体适用问题的解释》的规定，适用渎职罪的规定追究刑事责任。在安全事故发生后，直接负责的主管人员和其他直接责任人员故意阻挠开展抢救，导致人员死亡或者重伤，或者为了逃避法律追究，对被害人进行隐藏、遗弃，致使被害人因无法得到救助而死亡或者重度残疾的，分别依照《刑法》第232条、第234条的规定，以故意杀人罪或者故意伤害罪定罪处刑。实施大型群众活动重大安全事故的犯罪行为，同时采取行贿等手段，故意逃避、阻挠负有安全监督管理职责的部门实施监督检查，构成行贿罪的，依照数罪并罚的规定处罚。

参考案例 19－15

某县在某公园举办大型游园活动的过程中，因没有落实领导和管理责任而导致该公园内发生人员拥挤、踩踏现象，造成6人死亡、9人受伤的重大责任事故。经查，导致事故发生的直接原因是：游园安全保卫方案没有落实，负责安全保卫的执勤人员没有到岗，现场缺乏对人流的疏导控制。依照《刑法》第135条之一的规定，该游园活动直接负责的主管人员和其他直接责任人员涉嫌构成大型群众性活动重大安全事故罪。

（三）大型群众性活动重大安全事故罪的处罚

根据《刑法》第135条之一的规定，犯大型群众性活动重大安全事故罪的，对直接负责的主管人员和其他直接责任人员，处3年以下有期徒刑或者拘役；情节特别恶劣的，处3年以上7年以下有期徒刑。根据2015年12月16日最高人民法院、最高人民检察院《关于办理危害生产安全刑事案件适用法律若干问题的解释》的规定，造成死亡3人以上或者重伤10人以上，负事故主要责任的；造成直接经济损失500万元以上，负事故主要责任的；其他造成特别严重后果、情节特别恶劣或者后果特别严重的情形，属于

"情节特别恶劣"。具有下列情形之一的，从重处罚：（1）未依法取得安全许可证件或者安全许可证件过期、被暂扣、吊销、注销后从事生产经营活动的；（2）关闭、破坏必要的安全监控和报警设备的；（3）已经发现事故隐患，经有关部门或者个人提出后，仍不采取措施的；（4）一年内曾因危害生产安全违法犯罪活动受过行政处罚或者刑事处罚的；（5）采取弄虚作假、行贿等手段，故意逃避、阻挠负有安全监督管理职责的部门实施监督检查的；（6）安全事故发生后转移财产意图逃避承担责任的；（7）其他从重处罚的情形。国家工作人员违反规定投资入股生产经营，构成大型群众性活动重大安全事故罪的，从重处罚。在安全事故发生后积极组织、参与事故抢救，或者积极配合调查、主动赔偿损失的，可以酌情从轻处罚。

十九、不报、谎报安全事故罪

（一）不报、谎报安全事故罪的概念与特征

不报、谎报安全事故罪，是指在安全事故发生后，负有报告职责的人员不报或者谎报事故情况，贻误事故抢救，情节严重的行为。

本罪的构成特征是：

（1）不报、谎报安全事故罪的客体是安全事故报告处理制度和他人的生命健康和财产安全。所谓安全事故，是指违反国家关于安全管理的规定，因而发生的重大人员伤亡和财产灭失事件，包括劳动安全事故、矿山安全事故、工程安全事故、食品药品安全事故、飞行安全事故、教育设施安全事故、危险物品安全事故等。安全事故发生后，如果能及时调动各方面的力量、采取有效措施抢救，往往可以将损失减少到最低限度。因此《安全生产法》第83条明确规定，生产经营单位发生生产安全事故后，事故现场有关人员应当立即报告本单位负责人。单位负责人接到事故报告后，应当迅速采取有效措施，组织抢救，防止事故扩大，减少人员伤亡和财产损失，并按照国家有关规定立即如实报告当地负有安全生产监督管理职责的部门，不得隐瞒不报、谎报或者迟报，不得故意破坏事故现场、毁灭有关证据。但是，在社会生活中，一些单位发生安全事故后，为了逃避责任，本应及时报告的不予报告或作虚假报告，结果贻误了事故的抢救时机，使事故后果进一步扩大，严重侵害了国家安全事故报告处理制度，也危及人民生命健康和重大公私财产的安全。

（2）不报、谎报安全事故罪在客观方面表现为安全事故发生后，负有报告职责的人员不报或者谎报事故情况，贻误事故抢救，情节严重的行为。不报或谎报事故情况是本罪的两种行为形式，只要具备其中之一，即可构成此罪。

第一，必须是在安全事故发生之后。这是本罪成立的前提条件。这里的安全事故不限于哪一种安全事故，无论是生产安全事故、工程安全事故、大型群众性活动安全事故或是其他安全事故，只要是安全事故，均符合本罪的前提条件。

第二，必须是负有报告职责的人员不报或者谎报事故情况。"不报"是指应该向有关地方人民政府或者政府部门报告安全事故而没有报告；"谎报"是指安全事故发生后，应当如实向有关地方人民政府或者政府部门报告安全事故，但却以编造、篡改的虚假事故情况予以报告。谎报在实践中主要表现为隐瞒事故严重后果等。

第三，必须贻误了事故抢救。只有不报或者谎报安全事故情况的行为导致贻误了事故抢救的最佳时机，才能成立本罪。换言之，"不报或者谎报事故情况"必须与"贻误事故抢救"之间存在因果关系，是由于行为人不报或谎报事故情况，才导致贻误了事故的抢救。如果不是由于不报或谎报而贻误的，或者并未影响对事故的及时抢救，则不构成本罪。另外，如有关责任人虽然没有报告事故情况，但是有其他人及时报告了事故情况，有关负责人已准确掌握了事故情况，只是由于其漠不关心才贻误了抢救时机，则不能构成此罪。

第四，必须情节严重。不报或者谎报安全事故导致贻误事故抢救时机，只有情节严重的才构成犯罪。根据2015年12月16日最高人民法院、最高人民检察院《关于办理危害生产安全刑事案件适用法律若干

问题的解释》的规定，在安全事故发生后，负有报告职责的人员不报或者谎报事故情况，贻误事故抢救，具有下列情形之一的，应当认定为"情节严重"：1）导致事故后果扩大，增加死亡1人以上，或者增加重伤3人以上，或者增加直接经济损失100万元以上的。2）实施下列行为之一，致使不能及时有效开展事故抢救的：决定不报、迟报、谎报事故情况或者指使、串通有关人员不报、迟报、谎报事故情况的；在事故抢救期间擅离职守或者逃匿的；伪造、破坏事故现场，或者转移、藏匿、毁灭遇难人员尸体，或者转移、藏匿受伤人员的；毁灭、伪造、隐匿与事故有关的图纸、记录、计算机数据等资料以及其他证据的。3）其他情节严重的情形。

不报、谎报安全事故罪客观方面还有一个值得研究的问题是：此罪是作为犯、不作为犯，还是既有作为也有不作为的混合犯？从表面上看，不报事故情况是不作为，谎报事故情况则是作为，但从实质而言，不报与谎报只有形式上的差异，并无实质的不同，即在实质上都是不如实报告事故情况，而法律和规章要求行为人如实申报，正是由于行为人有如实申报的义务而不如实申报，因而贻误了事故的抢救，才要求行为人负刑事责任。因此，应当认为本罪是一种不作为犯，并且是一种真正的（纯正的）不作为犯。

（3）本罪的犯罪主体为特殊主体，即对安全事故负有报告职责的人员。"负有报告职责的人员"，通常是指生产经营单位的主要负责人，对安全生产、作业负有组织、监督、管理职责的部门直接负责的主管人员以及直接造成安全事故的负责人员。由于案件的特殊性和复杂性，司法实践中对不报、谎报安全事故罪的主体认定不明确而影响司法机关办理案件的情形时有发生。因此，2015年12月16日最高人民法院、最高人民检察院《关于办理危害生产安全刑事案件适用法律若干问题的解释》规定，《刑法》第139条之一规定的"负有报告职责的人员"，是指负有组织、指挥或者管理职责的负责人、管理人员、实际控制人、投资人，以及其他负有报告职责的人员。司法实践中要注意实际控制人的刑事责任，所谓"实际控制人"，是指虽然名义上不是法定代表人或者具体管理人员，但实际上指挥、控制矿山企业的生产、经营、安全、投资和人事任免等重大事项和重要事务，或者对重大决策起决定作用，是矿山企业实质意义上的负责人。

（4）本罪的主观方面是故意，且为直接故意。

（二）不报、谎报安全事故罪的认定

1. 本罪与非罪的界限。

应当根据以下几个方面区分罪与非罪的界限：

（1）是否确有安全事故发生，是构成本罪的前提。

（2）是否存在不报或者谎报的行为。

（3）是否因不报或者谎报而贻误事故抢救，致使本可避免的伤亡结果或经济损失发生。如果危害结果非因不报、谎报贻误抢救所致，而是事故本身所致，则不构成本罪。

（4）是否"贻误事故抢救，情节严重"，是构成罪与非罪的重要界限。"情节严重"的认定，应当严格依据2015年12月16日最高人民法院、最高人民检察院《关于办理危害生产安全刑事案件适用法律若干问题的解释》的规定判断。

（5）行为人是否属于依法负有报告职责的人员。

（6）行为人主观方面是否出于故意。如果系因疏忽大意而忘记报告、因条件限制而无法报告、因忙于抢险而未及时报告或者因统计疏忽而发生漏报、误报等，均不构成本罪。

2. 不报、谎报安全事故罪共犯形态的认定。

实践中，不报、谎报安全事故罪往往表现为共同犯罪形态，需要准确把握。

（1）报告职责具有相对性，只需向特定的人员报告即视为完成报告职责，至于接受报告的人不依照有关规定向上一级部门报告的，先前已经报告的人员不再作为犯罪处理。但在报告职责完成后，又积极参与隐瞒的，也可以构成本罪的共犯。向有关人员报告后，在接受上一级有关人员询问时不如实说明事故真实情况的，也视为隐瞒。

（2）对于采取积极行为隐瞒的，要结合报告职责的不同区分主犯、从犯。对在整个隐瞒过程中，负有安全事故报告职责，又组织策划有关人员隐瞒安全事故的，要按照主犯进行处理，对不负有报告职责或已经履行报告职责，但在隐瞒过程中起次要或辅助作用的人员，按从犯处理。

（3）根据 2015 年 12 月 16 日最高人民法院、最高人民检察院《关于办理危害生产安全刑事案件适用法律若干问题的解释》的规定，在安全事故发生后，与负有报告职责的人员串通，不报或者谎报事故情况，贻误事故抢救，情节严重的，依照《刑法》第 139 条之一的规定，以共犯论处。

参考案例 19-16

2006 年 12 月中上旬，犯罪嫌疑人柴某在未取得采矿许可证情况下勾结民工景某在北京市门头沟区某地非法开采煤炭。2006 年 12 月 25 日上午 10 时许，煤窑内发生了塌冒事故，将民工景某、唐某埋在窑内，侥幸逃出的一民工立即将事故告知柴某。柴某一边打电话叫其他民工前来救援，一边和民工一起抢险。这时唐某已经死亡，景某仍在呼救，并让柴某找救护队，但柴某没有理睬。历经十余小时，直到深夜仍没救出两名被埋的民工。民工们在景某仍然生存的情况下提出报警，但均被柴某阻拦。当柴某发现一民工偷着报案后，即上前殴打，说"不报警我该给钱给钱，报了警我得蹲监狱，我也没有办法"，然后逃之夭夭。26 日零时 7 分，110 指挥中心接报案后立即布警抢险，两民工被找到时均已死亡。公安机关迅速立案侦查，并对柴某上网追逃。2007 年 10 月 31 日，在逃近一年的犯罪嫌疑人柴某在吉林省大安市被公安机关抓获并被押解回京。

北京市门头沟区人民检察院经审查后认为，犯罪嫌疑人柴某在生产中违反有关安全管理的规定，发生两人被埋压的重大事故，并在事故发生后，不报告事故情况，贻误事故抢救，导致事故后果扩大：在一人明显存活的情况下，仍然不报告安全事故，致使死亡人数增加一人，以及在事故抢救期间逃匿，情节严重。其行为涉嫌重大责任事故罪和不报安全事故罪。

3. 本罪与故意杀人罪、故意伤害罪的界限。

根据 2015 年 12 月 16 日最高人民法院、最高人民检察院《关于办理危害生产安全刑事案件适用法律若干问题的解释》的规定，在安全事故发生后，直接负责的主管人员和其他直接责任人员故意阻挠开展抢救，导致人员死亡或者重伤，或者为了逃避法律追究，对被害人进行隐藏、遗弃，致使被害人因无法得到救助而死亡或者重度残疾的，分别依照《刑法》第 232 条、第 234 条的规定，以故意杀人罪或者故意伤害罪定罪处罚。

4. 本罪的罪数问题。

根据 2015 年 12 月 16 日最高人民法院、最高人民检察院《关于办理危害生产安全刑事案件适用法律若干问题的解释》的规定，实施强令违章冒险作业的犯罪行为，同时采取行贿等手段，故意逃避、阻挠负有安全监督管理职责的部门实施监督检查，构成行贿罪的，依照数罪并罚的规定处罚。

（三）不报、谎报安全事故罪的处罚

根据《刑法》第 139 条之一的规定，犯不报、谎报安全事故罪的，处 3 年以下有期徒刑或者拘役；情节特别严重的，处 3 年以上 7 年以下有期徒刑。根据 2015 年 12 月 16 日最高人民法院、最高人民检察院《关于办理危害生产安全刑事案件适用法律若干问题的解释》的规定，"情节特别严重"是指：（1）导致事故后果扩大，增加死亡 3 人以上，或者增加重伤 10 人以上，或者增加直接经济损失 500 万元以上的；（2）采用暴力、胁迫、命令等方式阻止他人报告事故情况，导致事故后果扩大的；（3）其他情节特别严重的情形。具有下列情形之一的，从重处罚：（1）未依法取得安全许可证件或者安全许可证件过期、被暂扣、吊销、注销后从事生产经营活动的；（2）关闭、破坏必要的安全监控和报警设备的；（3）已经发现事故隐患，经有关部门或者个人提出后，仍不采取措施的；（4）一年内曾因危害生产安全违法犯罪活动受过行政处罚或者刑事处罚的；（5）采取弄虚作假、行贿等手段，故意逃避、阻挠负有安全监督管理职责的部门实施监督检查的；（6）安全事故发生后转移财产意图逃避承担责任的；（7）其他从重处罚的情形。国家工作人员违反规定投资入股生产经营，构成不报、谎报安全事故罪的，从重处罚。在安全事故发生后积极组织、参与事故抢救，或者积极配合调查、主动赔偿损失的，可以酌情从轻处罚。

【引例评析】

法院对被告人戴某应以交通肇事罪定罪处罚。被告人戴某酒后驾驶机动车辆将行人撞倒致人死亡，属于违反交通运输管理法规造成重大责任事故的行为，符合交通肇事罪的构成特征。被告人戴某交通肇事后，将被害人抱上车赶往医院抢救，并非逃逸行为，因此不能适用"交通肇事后逃逸"的情节。被告人戴某在前往医院的途中，误认为被害人已经死亡而将其埋葬，不能认为是在交通肇事后为逃避法律追究而将被害人带离事故现场后隐藏或者遗弃的行为，因此不能以故意杀人罪定罪处罚。

【本章小结】

危害公共安全罪，是指故意或者过失地实施危害不特定多数人的生命、健康或者重大公私财产安全的行为。危害公共安全罪共计 54 个罪名，本章重点对其中 19 种犯罪的概念、特征、认定和处罚作了阐述。

【练习题】

一、名词解释

投放危险物质罪　破坏交通设施罪　非法持有、私藏枪支、弹药罪　交通肇事罪　妨害安全驾驶罪　重大责任事故罪　危险作业罪

二、思考题

1. 危害公共安全罪的特征是什么？
2. 如何把握放火罪既遂与未遂的界限？
3. 如何认定组织、领导、参加恐怖组织罪？
4. 如何理解交通肇事罪中"因逃逸致人死亡"的含义？
5. 如何区分重大责任事故罪与危险物品肇事罪？
6. 如何区分交通肇事罪与妨害安全驾驶罪？

三、案例分析题

1. 被告人彭某，男，59 岁。某日，被告人彭某所在地森林火险等级为 5 级。当天上午 8 时许，被告人彭某到自家菜地锄草，锄草过程中，彭某认为位于菜地靠山一侧、距其菜地 14 米处的一芦苇丛中有一窝田鼠经常啃吃其菜地豆苗，欲将该芦苇丛烧掉。该芦苇丛距其村山场集体林 200 余米，中间各有一条宽约 7 米的公路和铁路与山场集体林阻隔，但路边两侧有芦苇、板栗树、灌木等植物，生长茂密。当日上午 10 时 30 分，彭某自信地认为芦苇丛距山场集体林较远，又有公路和铁路阻隔，不致引起森林火灾，同时为了防止火扩散，他先用锄头将菜地旁芦苇丛的杂草劈除，清理出 2 米左右的隔离带，然后掏出随身携带的打火机点燃了芦苇，让其燃烧，自己则回到菜地里继续锄草。半小时后，彭某抬头发现其所点的火已蔓延烧越公路，燃及了公路与铁路之间的茅草。此时，彭某害怕别人知道是他点的火，为逃避责任，既不扑火也不报警呼救，悄悄离开现场回家，结果大火很快烧至山场，酿成森林火灾。之后，该村村民望见山场起火赶来扑火，有 8 名村民在扑火中遇难死亡。案发后，经勘查、鉴定，火灾造成林地过火面积 413 亩，直接经济损失 4.3 万元。检察机关以失火罪提起公诉，一审法院以放火罪对被告人彭某定罪处罚。被告人彭某以一审判决定性不准为由提出上诉。

问题：

二审法院应如何处理？

分析要点提示：

放火罪与失火罪的区别，在于行为人对于火灾的发生持何种态度。

2. 被告人张某以为自己的儿子被绑架，遂持其自制的小口径手枪及子弹，到北京市海淀区芒牛桥村寻找。当遇到该村的村民李某等四人时，张某即持枪进行威胁，被周围群众当场抓获，并缴获该手枪及子弹 57 发。后经鉴定，该手枪和子弹可以正常击发，对人体有杀伤力。检察机关以非法制造枪支罪和非

法持有枪支罪对被告人张某提起诉讼。

问题：

法院应如何处理？

分析要点提示：

考虑非法制造枪支罪和非法持有枪支罪的认定及相关罪数问题。

第二十章 破坏社会主义市场经济秩序罪

 【本章引例】

成某因生意亏损，准备非法设立一家储蓄所骗取存款，用这些钱投资牟利。由于工行、建行、中行等储蓄业务部门都实现了通存通兑，成某决定以国家开发银行为名实现自己的计划。他私刻了"中国开发银行储蓄所管理处"和"中国开发银行行政专用章"印章，伪造了一张姓名为"王成"的居民身份证，并选择了一个居民区作为储蓄所的工作场所，在门口悬挂了"中国开发银行××营业部储蓄所"的铜牌。之后便以"中国开发银行储蓄所管理处副处长王成"的身份，以"中国开发银行储蓄所管理处"的名义，开始展开其预谋已久的"计划"。成某根据商业银行的票据样式，自己设计并委托印制了一套只用于该储蓄所的存折、定期存款凭条、利息支取凭条等10种凭证，向外宣称高额利息，非法吸收公众资金近2 000万元。为了尽快扭转自己生意亏损的局面，成某决定利用这些吸收来的资金进行投资，其间被群众告发。案发后，成某携款逃匿，经公安机关及时展开侦破、追缴，仍有近400万元的损失无法挽回，在当地造成恶劣影响。此案涉及的问题是：擅自设立金融机构的行为与他罪发生竞合应如何处理？成某的行为究竟是构成非法吸收公众存款罪还是构成集资诈骗罪？

【本章学习目标】

通过本章的学习，你应该能够：

1. 了解和掌握生产、销售伪劣产品罪与生产、销售特定种类的伪劣产品犯罪的界限；
2. 了解和掌握走私犯罪的认定；
3. 了解和掌握伪造货币罪与出售、购买、运输、持有、使用假币罪的界限；
4. 了解和掌握非法吸收公众存款罪与集资诈骗罪的界限；
5. 了解和掌握合同诈骗罪与合同纠纷的界限。

第一节 破坏社会主义市场经济秩序罪概述

一、破坏社会主义市场经济秩序罪的概念

破坏社会主义市场经济秩序罪，是指违反国家经济管理法规，在社会主义市场经济活动中从事非法经济活动，严重破坏社会主义市场经济秩序，使国民经济发展遭受损害的行为。破坏社会主义市场经济秩序的犯罪与通常所说的经济犯罪并不是完全一致的概念。经济犯罪有时所指更为广泛，除了《刑法》分则第三章"破坏社会主义市场经济秩序罪"中所述的8类犯罪外，还包括其他一些经济领域的犯罪，如侵犯财产罪中的一些犯罪等。所以，经济犯罪概念的外延要比破坏社会主义市场经济秩序罪的外延大。

党的二十大报告要求，要完善产权保护、市场准入、公平竞争、社会信用等市场经济基础制度，优化营商环境。市场经济是一种以市场机制为基础和主导的配置社会资源的经济运动形态。社会主义市场

经济是在生产资料公有制的基础上，通过市场组织经济活动、调节资源配置的最佳形式。市场经济可以极大地激发人们的积极性和创造力，充分发挥人们的智能和潜力。但是，当这种积极性和创造力被运用于追逐一己或一单位之私利，而置他人、社会、国家的合法利益于不顾时，就会导致违法犯罪的现象。破坏社会主义市场经济秩序罪，就是在市场经济环境下人们被激发出的积极性和创造力被一些私欲恶性膨胀的人违法滥用，导致合法利益遭受严重损害、社会经济发展遭受严重侵害的典型体现。同时，由于我国还处在社会主义市场经济初级阶段，市场经济法制尚不完备，这就使得司法实务部门在打击、治理犯罪上颇感不力。目前我国的破坏市场经济秩序犯罪较为突出，涉及海关、公司企业、金融、税收、知识产权、商品贸易等领域，遍及农村、城市、沿海和内地，给国家带来巨大损失，给社会经济秩序造成一定程度的混乱。

二、破坏社会主义市场经济秩序罪的特征

破坏社会主义市场经济秩序罪的特征如下：

（一）本类罪的客体

本类罪的客体是我国社会主义市场经济秩序。经济秩序，是指国家通过法律调节经济关系所形成的正常、协调和有序的状态。所谓社会主义市场经济秩序，是国家通过法律对由市场进行资源配置的经济运行过程进行调节所形成的正常、协调和有序的状态。以参与市场经济活动的主体为标准，市场经济秩序的内容可以分为三类：一是企业行为秩序；二是市场秩序；三是政府对国民经济各个方面的管理制度和行为规范等。从市场经济活动看，市场经济秩序则包括商品的生产、流通、分配和管理四个基本环节。破坏社会主义市场经济秩序罪表现为干扰、破坏或阻碍社会主义市场经济秩序的形成和发展。

在《刑法》分则中，本类罪的"章"（即《刑法》分则第三章）根据所述犯罪的客体的分类，下设8节：第一节所述"生产、销售伪劣商品罪"侵犯的是国家的产品质量监督管理制度和市场管理制度；第二节所述"走私罪"侵犯的是国家对外贸易管制活动；第三节所述"妨害对公司、企业的管理秩序罪"侵犯的是国家对公司、企业成立、运营、终止的管理制度；第四节所述"破坏金融管理秩序罪"侵犯的是国家的金融管理制度；第五节所述"金融诈骗罪"侵犯的是国家金融制度和公民、法人或其他非法人组织的财产权；第六节所述"危害税收征管罪"侵犯的是国家税收征收管理、发票管理制度；第七节所述"侵犯知识产权罪"侵犯的是国家对知识产权的管理制度以及权利人的知识产权；第八节所述"扰乱市场秩序罪"侵犯的是市场公平竞争秩序。

（二）本类罪的客观表现

本类罪的客观方面表现为违反国家经济管理法规，在社会主义市场经济活动中从事非法经济活动，严重破坏社会主义市场经济秩序，使国民经济发展遭受损害的行为。

1. 违反国家经济管理法规是本类罪违法性的体现。

行为是否构成犯罪，首先以违反一定的国家的经济管理法规为前提。如果行为没有违反相关的经济管理法规，就不发生此类违法问题，更谈不上犯罪了。我国为了调整和规范市场经济活动，制定和颁布了各种经济管理法规。国家通过相应的行政管理部门具体负责实施或监督实施所颁布的经济管理法规，借以确立必要的市场经济秩序。经济管理法规主要包括三类：一是经济法，如《中华人民共和国产品质量法》《中华人民共和国公司法》等；二是民法，如《中华人民共和国著作权法》《中华人民共和国商标法》等；三是行政法规，如《中华人民共和国海关法》《中华人民共和国税收征收管理法》等。这些经济管理法规，规范着市场经济的秩序，促进经济的发展。破坏社会主义市场经济秩序的犯罪必然首先违反这些法律、法规。

2. 本类罪均表现为在社会主义市场经济活动中从事非法经济活动。

这是该类犯罪与其他类罪区别的要素之一。如签订、履行合同失职被骗罪在形式上仍然是在与对方签订合同，进行经济交易与往来。而《刑法》分则中所述的其他犯罪则与经济生活无关，或没有直接的关系，如妨害社会管理秩序的犯罪是发生在公共秩序、司法活动等之中，而渎职罪则是表现为一种公务

活动。本类犯罪从形式上表现为一种经济活动，而且这些行为如果是发生在其他领域中可能构成他罪。例如：发生在日常生活中的诈骗行为构成侵犯财产类罪中的诈骗罪，而不是贷款、票据、合同诈骗罪；不涉及合同行为、经济生活中的渎职行为构成《刑法》分则第九章渎职类罪中的犯罪，不构成签订、履行合同失职被骗罪。

3. 本类罪是对社会主义市场经济秩序、国民经济造成严重侵害的行为。

这是划分经济违法行为和犯罪行为的重要区别之一。如果该行为没有达到严重破坏社会主义市场经济秩序、使国民经济发展遭受严重损害的程度，则该行为只构成经济违法，应当由相应的经济管理部门给予行政制裁或是接受民事制裁；只有行为达到相当的严重程度，才构成犯罪，承担刑事责任，受到刑事制裁。在破坏社会主义市场经济秩序罪中区别经济违法行为与犯罪行为的界限主要有三种方式：

（1）规定一定的数额。在刑法条文中明确规定达到一定的数额的为破坏社会主义市场经济秩序的犯罪，没有达到法律规定数额的非法经济活动，则构成经济违法行为。在《刑法》分则第三章中有表述为"数额较大的"，如第192条"以非法占有为目的，使用诈骗方法非法集资，数额较大的"；有"数额巨大的"，如第218条"以营利为目的，销售明知是本法第二百一十七条规定的侵权复制品，违法所得数额巨大的"；有明文规定具体的数额的，如第140条生产、销售伪劣产品"销售金额五万元以上不满二十万元的"。

（2）规定一定的行为后果。行为人的行为达到法律规定的后果的就构成犯罪，没有出现法律规定的后果则只能构成一般违法行为。关于本类罪《刑法》分则第三章中有表述为造成一定的严重后果的，如第142条"对人体健康造成严重危害的"；有表述为足以造成某种后果的，如第143条"足以造成严重食物中毒事故或者其他严重食源性疾病的"。

（3）规定一定的行为情节。行为的情节如何，情节是否严重到一定的程度，也是区别经济违法行为和犯罪行为的一种方式。在《刑法》分则第三章中有以情节的严重程度作为界定标准的，如第225条规定非法经营行为"扰乱市场秩序，情节严重的"；有以行为本身作为一种严重情节规定的，即其行为本身就体现出相当的社会危害性，应当由刑法作为犯罪来处罚，如第170条规定"伪造货币的"，第174条规定"未经国家有关主管部门批准，擅自设立商业银行、证券交易所、期货交易所、证券公司、期货经纪公司、保险公司或者其他金融机构的"。

此外，还有一些条文选择性地规定了数额、行为后果、行为情节中的三种或两种因素作为界定标准，如第158条虚报注册资本罪"数额巨大、后果严重或者有其他严重情节的"，第217条侵犯著作权罪"违法所得数额较大或者有其他严重情节的"，第221条损害商业信誉、商品声誉罪"给他人造成重大损失或者有其他严重情节的"。这种规定，并不要求同时具备两种或三种因素，只要具备其中之一，就可以认定该行为在客观方面构成严重破坏社会主义市场经济秩序、使国民经济发展遭受严重损害。

（三）本类罪的主体

本类罪的主体有自然人和单位两大类。在多数犯罪中，为一般主体；少数犯罪的主体为特殊主体，非法经营同类营业罪，为亲友非法牟利罪，金融工作人员购买假币、以假币换取货币罪，内幕交易、泄露内幕信息罪，保险诈骗罪，偷税罪等。本类罪的主体特征上的一个特点在于可以由单位构成的犯罪占有较大比重，其中逃汇罪，妨害清算罪等少数犯罪，只能由单位作为犯罪主体。

（四）本类罪的主观表现

本类罪的主观方面一般都表现为故意，也有少数犯罪主观上是由过失构成的，如签订、履行合同失职被骗罪，非法出具金融票证罪，出具证明文件重大失实罪等。故意犯罪中大多数具有非法营利或者牟取其他非法利益的目的，但是，除非刑法有特别规定，行为人出于什么目的实施本章犯罪，并不影响犯罪的构成。

三、破坏社会主义市场经济秩序罪的种类

《刑法》分则第三章除本章第二节重点论述的罪名外，还包括生产、销售伪劣商品罪中的生产、销

售、提供劣药罪（第 142 条），妨害药品管理罪（第 142 条之一），生产、销售不符合标准的医用器材罪（第 145 条），生产、销售不符合安全标准的产品罪（第 146 条），生产、销售伪劣农药、兽药、化肥、种子罪（第 147 条），生产、销售不符合卫生标准的化妆品罪（第 148 条）；走私罪中的走私武器、弹药罪（第 151 条第 1 款），走私核材料罪（第 151 条第 1 款），走私假币罪（第 151 条第 1 款），走私文物罪（第 151 条第 2 款），走私贵重金属罪（第 151 条第 2 款），走私珍贵动物、珍贵动物制品罪（第 151 条第 2 款），走私国家禁止进出口的货物、物品罪（第 151 条第 3 款），走私淫秽物品罪（第 152 条第 1 款），走私废物罪（第 152 条第 2 款）；妨害对公司、企业的管理秩序罪中的虚报注册资本罪（第 158 条），虚假出资、抽逃出资罪（第 159 条），欺诈发行证券罪（第 160 条），违规披露、不披露重要信息罪（第 161 条），妨害清算罪（第 162 条），隐匿、故意销毁会计凭证、会计账簿、财务会计报告罪（第 162 条之一），虚假破产罪（第 162 条之二），对非国家工作人员行贿罪（第 164 条第 1 款），对外国公职人员、国际公共组织官员行贿罪（第 164 条第 2 款），签订、履行合同失职被骗罪（第 167 条），国有公司、企业、事业单位人员滥用职权罪（第 168 条），背信损害上市公司利益罪（第 169 条之一）；破坏金融管理秩序罪中的出售、购买、运输假币罪（第 171 条第 1 款），金融工作人员购买假币、以假币换取货币罪（第 171 条第 2 款），持有、使用假币罪（第 172 条），变造货币罪（第 173 条），擅自设立金融机构罪（第 174 条第 1 款），伪造、变造、转让金融机构经营许可证罪（第 174 条第 2 款），高利转贷罪（第 175 条），骗取贷款、票据承兑、金融票证罪（第 175 条之一），窃取、收买、非法提供信用卡信息罪（第 177 条之一第 2、3 款），伪造、变造国家有价证券罪（第 178 条第 1 款），伪造、变造股票、公司、企业债券罪（第 178 条第 2 款），擅自发行股票、公司、企业债券罪（第 179 条），内幕交易、泄露内幕信息罪（第 180 条第 1、2、3 款），利用未公开信息交易罪（第 180 条第 4 款），编造并传播证券、期货交易虚假信息罪（第 181 条第 1 款），诱骗投资者买卖证券、期货合约罪（第 181 条第 2 款），操纵证券、期货市场罪（第 182 条），背信运用受托财产罪（第 185 条之一第 1 款），违法运用资金罪（第 185 条之一第 2 款），违法发放贷款罪（第 186 条），吸收客户资金不入账罪（第 187 条），违规出具金融票证罪（第 188 条），对违法票据承兑、付款、保证罪（第 189 条），逃汇罪（第 190 条），骗购外汇罪（《关于惩治骗购外汇、逃汇和非法买卖外汇犯罪的决定》第 1 条增设）；金融诈骗罪中的贷款诈骗罪（第 193 条），金融凭证诈骗罪（第 194 条第 2 款），信用证诈骗罪（第 195 条），有价证券诈骗罪（第 197 条）；危害税收征管罪中的抗税罪（第 202 条），逃避追缴欠税罪（第 203 条），骗取出口退税罪（第 204 条第 1 款），虚开发票罪（第 205 条之一），伪造、出售伪造的增值税专用发票罪（第 206 条），非法出售增值税专用发票罪（第 207 条），非法购买增值税专用发票、购买伪造的增值税专用发票罪（第 208 条第 1 款），非法制造、出售非法制造的用于骗取出口退税、抵扣税款发票罪（第 209 条第 1 款），非法制造、出售非法制造的发票罪（第 209 条第 2 款），非法出售用于骗取出口退税、抵扣税款发票罪（第 209 条第 3 款），非法出售发票罪（第 209 条第 4 款），持有伪造的发票罪（第 210 条之一）；侵犯知识产权罪中的销售假冒注册商标的商品罪（第 214 条），非法制造、销售非法制造的注册商标标识罪（第 215 条），假冒专利罪（第 216 条），销售侵权复制品罪（第 218 条）；为境外窃取、刺探、收买、非法提供商业秘密罪（第 219 条之一），扰乱市场秩序罪中的损害商业信誉、商品声誉罪（第 221 条），虚假广告罪（第 222 条），串通投标罪（第 223 条），伪造、倒卖伪造的有价票证罪（第 227 条第 1 款），倒卖车票、船票罪（第 227 条第 2 款），非法转让、倒卖土地使用权罪（第 228 条），提供虚假证明文件罪（第 229 条第 1、2 款），出具证明文件重大失实罪（第 229 条第 3 款），逃避商检罪（第 230 条）。

第二节　本章重点论述的犯罪

一、生产、销售伪劣产品罪

（一）生产、销售伪劣产品罪的概念和特征

生产、销售伪劣产品罪，是指生产者、销售者以牟取非法利润为目的，违反国家产品质量法规，在

产品中掺杂、掺假，以假充真，以次充好或者以不合格产品冒充合格产品，销售金额在 5 万元以上的行为。

本罪的构成特征如下：

（1）本罪侵犯的客体是国家的产品质量监督管理制度和市场管理制度，同时也侵犯了广大消费者的合法权益。犯罪对象是伪劣产品。

（2）本罪在客观方面表现为生产者、销售者违反国家产品质量管理法规，在产品中掺杂、掺假、以假充真、以次充好或者以不合格产品冒充合格产品，销售金额在 5 万元以上的行为。根据 2001 年 4 月 9 日最高人民法院、最高人民检察院《关于办理生产、销售伪劣商品刑事案件具体应用法律若干问题的解释》的规定，所谓"在产品中掺杂、掺假"，是指在产品中掺入杂质或者异物，致使产品质量不符合国家法律、法规或者产品明示质量标准规定的质量要求，降低、失去应有使用性能的行为。例如生产黄连素时掺入超过比例的淀粉，用兔毛混杂制作羊毛衫，等等。所谓"以假充真"，是指以不具有某种使用性能的产品冒充具有该种使用性能的产品的行为，如用自来水冒充矿泉水。所谓"以次充好"，是指以低等级、低档次产品冒充高等级、高档次产品，或者以残次、废旧零配件组合、拼装后冒充正品或者新产品的行为，如以三等品衬衫冒充名牌衬衫。所谓"不合格产品"，是指不符合《产品质量法》第 26 条规定的质量要求的产品。"销售金额"，是指生产者、销售者出售伪劣产品后所得和应得的全部违法收入。对上述行为难以确定的，委托法律、行政法规规定的产品质量检验机构进行鉴定。行为人在生产、销售过程中，有上述一种或数种行为，并且实际销售金额在 5 万元以上的，即符合本罪的客观方面的构成。

根据 2021 年 12 月 30 日最高人民法院、最高人民检察院《关于办理危害食品安全刑事案件适用法律若干问题的解释》的规定，生产、销售不符合食品安全标准的食品添加剂，用于食品的包装材料、容器、洗涤剂、消毒剂，或者用于食品生产经营的工具、设备等，以及生产、销售用超过保质期的食品原料、超过保质期的食品、回收食品作为原料的食品，或者以更改生产日期、保质期、改换包装等方式销售超过保质期的食品、回收食品，符合《刑法》第 140 条规定的，以生产、销售伪劣产品罪定罪处罚。对畜禽注水或者注入其他物质，虽不足以造成严重食物中毒事故或者其他严重食源性疾病，但符合《刑法》第 140 条规定的，以生产、销售伪劣产品罪定罪处罚。

（3）本罪的主体是生产者和销售者，属于一般主体，包括单位和个人。

（4）本罪的主观方面是故意，同时具有牟取非法利润的目的。如果是基于过失或不知情而生产、销售的，不构成犯罪。

（二）生产、销售伪劣产品罪的认定

1. 本罪与非罪的界限。

本罪与非罪的界限主要是生产、销售伪劣产品的犯罪与一般的生产、销售伪劣产品违法行为的界限。二者的区别有二：一是主观方面不同。不具有牟取非法利润目的的主观意图而进行了生产、销售伪劣产品的行为，如在生产中监管不严导致产品质量有瑕疵，则只能构成一般违法行为，不能构成犯罪。二是行为后果不同。生产、销售伪劣产品销售金额在 5 万元以上的，构成犯罪，尚未达到 5 万元的，是一般违法行为。

2. 本罪与生产、销售伪劣药品、食品、医疗器材等特定种类的伪劣产品犯罪的界限。

《刑法》第 140 条关于本罪的规定，是一个概括性条文，因为《刑法》第 141 条至第 148 条中的生产、销售、提供假药，生产、销售、提供劣药，生产、销售不符合安全标准的食品，生产、销售有毒、有害食品，生产、销售不符合标准的医用器材等，也是生产、销售伪劣产品。这样就可能出现一个犯罪行为既构成《刑法》第 140 条生产、销售伪劣产品罪，又构成《刑法》第 141 条至第 148 条的生产、销售各单项伪劣产品罪的情形。这种情形构成刑法理论上的法条竞合犯。对法条竞合犯的一般处理原则是，特殊法条优于普通法条，实害法条优于危险法条等，法律有特别规定的，适用重法条优于轻法条的原则。根据《刑法》第 149 条第 2 款的规定，对于《刑法》分则第三章第一节罪名中的法条竞合犯，适用重法条优于轻法条的原则。所以，在认定生产、销售伪劣产品罪与其他单项伪劣产品罪时应当注意：其一，生产、销售《刑法》第141条至第148条的各单项伪劣产品，符合《刑法》规定的各该条的犯罪构成的，则应按《刑法》第141条至第148条的规定论处。行为人实施生产、销售单项伪劣产品的行为，但未造成严重后果，不符合各该条规定的犯罪构成的，则不能以生产、销售单项伪劣产品犯罪论处；但是，如果销售金额达到5万元以上的，符合《刑法》第140条的规定，则构成本罪。其二，生产、销售法律规定的各单项伪劣产品，构成《刑法》第141条至第148条规定的各项犯罪，同时又构成本罪的，依照处刑较重的罪名定罪处罚。如销售工业酒精兑制的假酒，获得非法销售收入250万元，其行为构成生产、销售伪劣产品罪，并应当根据《刑法》第140条的规定，在15年以上有期徒刑或无期徒刑，并处销售金额50%以上2倍以下罚金的幅度内量刑；而由于出售的假酒同时造成了一名消费者失明的严重后果，也构成了《刑法》第144条销售有毒、有害食品罪，根据法律规定，在5年以上10年以下有期徒刑，并处销售金额50%以上2倍以下罚金的幅度内处刑。两相比较，本罪的处罚更为严厉，应依销售伪劣产品罪定罪处罚。如果在上述例子中，销售者销售金额为8万元，根据《刑法》第140条的规定，应当判处2年以下有期徒刑或拘役。这种情况下，两相比较，就应当以销售有毒、有害食品罪论处。

3. 本罪的犯罪形态。

2001年4月9日最高人民法院、最高人民检察院《关于办理生产、销售伪劣商品刑事案件具体应用法律若干问题的解释》对本罪的未遂、共犯和罪数问题作出了明确的规定：

（1）伪劣产品尚未销售，货值金额达到《刑法》第140条规定的销售金额3倍以上的，以生产、销售伪劣产品罪（未遂）定罪处罚。货值金额以违法生产、销售的伪劣产品的标价计算；没有标价的，按照同类合格产品的市场中间价格计算。货值金额难以确定的，委托指定的估价机构确定。

（2）知道或者应当知道他人实施生产、销售伪劣商品犯罪，而为其提供贷款、资金、账号、发票、证明、许可证件，或者提供生产、经营场所或者运输、仓储、保管、邮寄等便利条件，或者提供制假生产技术的，以生产、销售伪劣商品犯罪的共犯论处。

（3）实施生产、销售伪劣商品犯罪，同时构成侵犯知识产权、非法经营等其他犯罪的，依照处罚较重的规定定罪处罚。实施生产、销售伪劣商品犯罪，又以暴力、威胁方法抗拒查处，构成其他犯罪的，依照数罪并罚的规定处罚。

根据2021年12月30日最高人民法院、最高人民检察院《关于办理危害食品安全刑事案件适用法律若干问题的解释》的规定，在办理相关刑事案件时还须注意：

（1）生产、销售不符合食品安全标准的食品添加剂，用于食品的包装材料、容器、洗涤剂、消毒剂，或者用于食品生产经营的工具、设备等，符合《刑法》第140条规定的，以生产、销售伪劣产品罪定罪处罚。同时构成生产、销售不符合安全标准的食品罪，生产、销售不符合安全标准的产品罪等其他犯罪的，依照处罚较重的规定定罪处罚。

（2）生产、销售用超过保质期的食品原料、超过保质期的食品、回收食品作为原料的食品，或者以更改生产日期、保质期、改换包装等方式销售超过保质期的食品、回收食品，符合《刑法》第140条规定的，以生产、销售伪劣产品罪定罪处罚。同时构成生产、销售不符合安全标准的食品罪，生产、销售不符合安全标准的产品罪等其他犯罪的，依照处罚较重的规定定罪处罚。

（三）生产、销售伪劣产品罪的处罚

根据《刑法》第140条、第150条的规定，犯生产、销售伪劣产品罪，销售金额在5万元以上不满20万元的，处2年以下有期徒刑或者拘役，并处或者单处销售金额50%以上2倍以下罚金；销售金额在20万元以上不满50万元的，处2年以上7年以下有期徒刑，并处销售金额50%以上2倍以下罚金；销售金额50万元以上不满200万元的，处7年以上有期徒刑，并处销售金额50%以上2倍以下罚金；销售金额200万元以上的，处15年有期徒刑或者无期徒刑，并处销售金额50%以上2倍以下罚金或没收财产。单位犯本罪的，对单位判处罚金，并对其直接负责的主管人员和其他直接责任人员，依照上述规定处罚。

根据2001年4月9日最高人民法院、最高人民检察院《关于办理生产、销售伪劣商品刑事案件具体应用法律若干问题的解释》的规定，国家机关工作人员参与生产、销售伪劣商品犯罪的，从重处罚。

参考案例 20-1

被告人韩某筹建棉花加工厂，并指派被告人付某、章某从外地购回一套棉花加工设备。在为崔某、于某等人（均在逃）加工棉花的过程中，应崔某、于某等人的要求，韩某从他人处借得一台打麦机专门用于加工回收棉，并在籽棉中掺入回收棉，共计加工劣质棉 163.445 吨，价值 170 余万元，全部由崔某、于某等人销出。韩某获取加工费 7.24 万元。人民法院经审理后认为：被告人韩某、付某、章某违反国家规定从事棉花加工业务，在生产过程中，向籽棉中掺入回收棉，以次充好，销售金额达 170 余万元，三被告人的行为均已构成生产伪劣产品罪。判处被告人韩某有期徒刑 15 年，并处罚金 100 万元；被告人付某有期徒刑 11 年，并处罚金 90 万元；被告人章某有期徒刑 10 年，并处罚金 90 万元；违法所得 7.24 万元予以追缴，作案工具棉花加工设备一套予以没收。

二、生产、销售、提供假药罪

（一）生产、销售、提供假药罪的概念和特征

生产、销售、提供假药罪，是指违反国家药品管理法规，生产、销售假药，或者药品使用单位的人员明知是假药而提供给他人使用的行为。

本罪的构成特征如下：

（1）本罪侵犯的客体是复杂客体，具体为国家对药品的管理制度和不特定多数人的身体健康、生命安全。本罪的犯罪对象为假药。假药是指依照《药品管理法》的规定属于假药的药品、非药品。根据《药品管理法》第 98 条第 2 款的规定，有下列情形之一的，为假药：药品所含成分与国家药品标准规定的成分不符；以非药品冒充药品或者以他种药品冒充此种药品；变质的药品；药品所标明的适应症或者功能主治超出规定范围。

（2）本罪的客观方面表现为违反国家药品管理法规，生产、销售、提供假药的行为。具体包括两个方面的内容：一是违反国家药品管理法规，这里主要是指违反《药品管理法》等法律、法规。二是生产、销售、提供假药的行为。生产假药，指的是违反药品生产质量管理规定，非法加工、制造假药的行为；销售假药，指的是将生产的假药进行非法出售的行为；提供假药，指的是明知是假药而提供给他人使用的行为。行为人只要实施了生产、销售或者提供假药的行为中的一种，即可构成本罪。根据 2022 年 3 月 3 日最高人民法院、最高人民检察院《关于办理危害药品安全刑事案件适用法律若干问题的解释》的规定，以生产、销售、提供假药为目的，合成、精制、提取、储存、加工炮制药品原料，或者在将药品原料、辅料、包装材料制成成品过程中，进行配料、混合、制剂、储存、包装的，应当认定为《刑法》第 141 条规定的"生产"。药品使用单位及其工作人员明知是假药而有偿提供给他人使用的，应当认定为《刑法》第 141 条规定的"销售"；无偿提供给他人使用的，应当认定为《刑法》第 141 条规定的"提供"。

（3）对于生产、销售假药的行为，本罪的主体为一般主体，自然人和单位均可成为本罪的主体。对于提供假药的行为，本罪的主体为特殊主体，应当是药品使用单位及其人员。

（4）本罪的主观方面为故意，即明知自己生产、销售、提供的是假药，仍然进行生产、销售或提供。2022 年 3 月 3 日最高人民法院、最高人民检察院《关于办理危害药品安全刑事案件适用法律若干问题的解释》规定，办理生产、销售、提供假药案件，应当结合行为人的从业经历、认知能力、药品质量、进货渠道和价格、销售渠道和价格以及生产、销售方式等事实综合判断认定行为人的主观故意。具有下列情形之一的，可以认定行为人有实施相关犯罪的主观故意，但有证据证明确实不具有故意的除外：1）药品价格明显异于市场价格的；2）向不具有资质的生产者、销售者购买药品，且不能提供合法有效的来历证明的；3）逃避、抗拒监督检查的；4）转移、隐匿、销毁涉案药品、进销货记录的；5）曾因实施危害药品安全违法犯罪行为受过处罚，又实施同类行为的；6）其他足以认定行为人主观故意的情形。

参考案例 20-2

被告人熊某找到被告人兰某、唐某，与兰某、唐某在桂林商量做三金片（药品名）的生意，兰某找到被告人谢某让其出资做三金片的内包装，谢某同意后找到被告人莫某共同出资做三金片的内包装，莫

某表示同意。后被告人兰某与谢某、莫某到桂林找到被告人熊某商量制作三金片的具体事宜，决定由熊某负责提供药片、塑料瓶并负责销售，由谢某和莫某负责所有的内包装以及生产、包装，并谈好获利后由熊某与兰某、谢某、莫某四六分成。法院经审理认为，熊某、谢某、莫某、兰某和唐某的行为均已构成生产、销售假药罪。

（二）生产、销售、提供假药罪的认定

1. 本罪与非罪的界限。

虽然《刑法》将本罪规定为行为犯，即实施了生产、销售、提供假药的行为，即应当构成本罪，但根据《刑法》第13条"但书"的规定，如果生产、销售、提供假药的行为情节显著轻微、危害不大的，不应当认定为犯罪，而应认定为违法行为。生产、销售、提供假药的行为必须是出于故意的，如果行为是出于过失，且未对人体健康造成严重危害，则不能构成犯罪。

根据2022年3月3日最高人民法院、最高人民检察院《关于办理危害药品安全刑事案件适用法律若干问题的解释》的规定，根据民间传统配方私自加工药品或者销售上述药品，数量不大，且未造成他人伤害后果或者延误诊治的，或者不以营利为目的实施带有自救、互助性质的生产、进口、销售药品的行为，不应当认定为犯罪。对于是否属于民间传统配方难以确定的，根据地市级以上药品监督管理部门或者有关部门出具的认定意见，结合其他证据作出认定。

社会热点：
为抗癌代购未获国家有关部门批准的进口药构成犯罪吗？

2. 本罪的罪数。

（1）本罪的客观行为包括三个方面：生产行为、销售行为和提供行为。行为人只实施生产假药的行为，应认定为构成生产假药罪；行为人只实施销售假药的行为，应认定为构成销售假药罪；行为人只实施了提供假药的行为，应认定为提供假药罪；而行为人既实施了生产假药的行为，又实施销售假药的行为，应认定为构成生产、销售假药罪。

（2）根据《刑法》第142条之一第2款的规定，行为人实施妨害药品管理的行为，同时又构成生产、销售、提供假药罪的，依照处罚较重的规定定罪处罚。

（3）根据2022年3月3日最高人民法院、最高人民检察院《关于办理危害药品安全刑事案件适用法律若干问题的解释》的规定，以提供给他人生产、销售、提供药品为目的，违反国家规定，生产、销售不符合药用要求的原料、辅料，符合《刑法》第140条规定的，以生产、销售伪劣产品罪从重处罚；同时构成其他犯罪的，依照处罚较重的规定定罪处罚。

3. 本罪与生产、销售、提供劣药罪的界限。

生产、销售、提供劣药罪，是指违反国家药品管理规定，生产、销售劣药，或者是药品使用单位的人员明知是劣药而提供给他人使用，对人体健康造成严重危害的行为。本罪与生产、销售、提供劣药罪的界限在于：

（1）犯罪对象不同，前者为假药，后者为劣药，即依照《药品管理法》第98条第3款的规定属于劣药的药品。包括：药品成分的含量不符合国家药品标准；被污染的药品；未标明或者更改有效期的药品；未注明或者更改产品批号的药品；超过有效期的药品；擅自添加防腐剂、辅料的药品；其他不符合药品标准的药品。

（2）犯罪类型不同，前者为行为犯，后者为实害犯。构成生产、销售、提供劣药罪，必须符合"对人体健康造成严重危害"的构成要素。根据2022年3月3日最高人民法院、最高人民检察院《关于办理危害药品安全刑事案件适用法律若干问题的解释》的规定，具有下列情形之一的，应当认定为《刑法》第141条规定的"对人体健康造成严重危害"：（1）造成轻伤或者重伤的；（2）造成轻度残疾或者中度残疾的；（3）造成器官组织损伤导致一般功能障碍或者严重功能障碍的；（4）其他对人体健康造成严重危害的情形。

4. 本罪与妨害药品管理罪的界限。

《刑法修正案（十一）》新增《刑法》第142条之一妨害药品管理罪，是指违反药品管理法规，妨害药品管理，足以严重危害人体健康的行为。本罪与妨害药品管理罪的相同之处在于，客体均为药品管理制度，客观方面均可表现为生产、销售的行为。但妨害药品管理罪中，生产、销售的对象为国务院药品监督管理部门禁止使用的药品，或者是未取得药品相关批准证明文件的药品。除此之外，妨害药品管理罪的法定客观行为还包括，药品申请注册中提供虚假的证明、数据、资料、样品或者采取其他欺骗手段，或者编造生产、检验记录。生产、销售、提供的药品既是假药，也符合《刑法》第142条之一规定的，同时构成生产、销售、提供假药罪和妨害药品管理罪的，依照处罚较重的规定定罪处罚。

5. 本罪的共同犯罪。

根据2022年3月3日最高人民法院、最高人民检察院《关于办理危害药品安全刑事案件适用法律若干问题的解释》的规定，明知他人实施危害药品安全犯罪，而有下列情形之一的，以共同犯罪论处：（1）提供资金、贷款、账号、发票、证明、许可证件的；（2）提供生产、经营场所、设备或者运输、储存、保管、邮寄、销售渠道等便利条件的；（3）提供生产技术或者原料、辅料、包装材料、标签、说明书的；（4）提供虚假药物非临床研究报告、药物临床试验报告及相关材料的；（5）提供广告宣传的；（6）提供其他帮助的。

（三）生产、销售、提供假药罪的处罚

根据《刑法》第141条和第150条的规定，犯本罪的，处3年以下有期徒刑或者拘役，并处罚金；对人体健康造成严重危害或者有其他严重情节的，处3年以上10年以下有期徒刑，并处罚金；致人死亡或者有其他严重情节的，处10年以上有期徒刑、无期徒刑或者死刑，并处罚金或者没收财产。单位犯本罪的，对单位判处罚金，并对直接负责的主管人员和其他直接责任人员，依照上述规定处罚。

根据2022年3月3日最高人民法院、最高人民检察院《关于办理危害药品安全刑事案件适用法律若干问题的解释》的规定，生产、销售、提供假药，具有下列情形之一的，应当酌情从重处罚：（1）涉案药品以孕产妇、儿童或者危重病人为主要使用对象的；（2）涉案药品属于麻醉药品、精神药品、医疗用毒性药品、放射性药品、生物制品，或者以药品类易制毒化学品冒充其他药品的；（3）涉案药品属于注射剂药品、急救药品的；（4）涉案药品系用于应对自然灾害、事故灾难、公共卫生事件、社会安全事件等突发事件的；（5）药品使用单位及其工作人员生产、销售假药的；（6）其他应当酌情从重处罚的情形。

生产、销售、提供假药，具有下列情形之一的，应当认定为《刑法》第141条规定的"对人体健康造成严重危害"：（1）造成轻伤或者重伤的；（2）造成轻度残疾或者中度残疾的；（3）造成器官组织损伤导致一般功能障碍或者严重功能障碍的；（4）其他对人体健康造成严重危害的情形。

生产、销售、提供假药，具有下列情形之一的，应当认定为《刑法》第141条规定的"其他严重情节"：（1）引发较大突发公共卫生事件的；（2）生产、销售、提供假药的金额20万元以上不满50万元的；（3）生产、销售、提供假药的金额10万元以上不满20万元，并具有前述酌情从重处罚情形之一的；（4）根据生产、销售、提供的时间、数量、假药种类、对人体健康危害程度等，应当认定为情节严重的。

生产、销售、提供假药，具有下列情形之一的，应当认定为《刑法》第141条规定的"其他特别严重情节"：（1）致人重度残疾以上的；（2）造成3人以上重伤、中度残疾或者器官组织损伤导致严重功能障碍的；（3）造成5人以上轻度残疾或者器官组织损伤导致一般功能障碍的；（4）造成10人以上轻伤的；（5）引发重大、特别重大突发公共卫生事件的；（6）生产、销售、提供假药的金额50万元以上的；（7）生产、销售、提供假药的金额20万元以上不满50万元，并具有前述酌情从重处罚情形之一的；（8）根据生产、销售、提供的时间、数量、假药种类、对人体健康危害程度等，应当认定为情节特别严重的。

对于犯本罪的，应当结合被告人的犯罪数额、违法所得，综合考虑被告人缴纳罚金的能力，依法判处罚金。罚金一般应当在生产、销售、提供的药品金额2倍以上；共同犯罪的，对各共同犯罪人合计判处的罚金一般应当在生产、销售、提供的药品金额2倍以上。

对于犯本罪的，应当依照刑法规定的条件，严格缓刑、免予刑事处罚的适用。对于被判处刑罚的，可以根据犯罪情况和预防再犯罪的需要，依法宣告职业禁止或者禁止令。《中华人民共和国药品管理法》等法律、行政法规另有规定的，从其规定。对于被不起诉或者免予刑事处罚的行为人，需要给予行政处罚、政务处分或者其他处分的，依法移送有关主管机关处理。

单位犯生产、销售、提供假药罪的，对单位判处罚金，并对直接负责的主管人员和其他直接责任人员，依照 2022 年 3 月 3 日最高人民法院、最高人民检察院《关于办理危害药品安全刑事案件适用法律若干问题的解释》规定的自然人犯罪的定罪量刑标准处罚。单位犯罪的，对被告单位及其直接负责的主管人员、其他直接责任人员合计判处的罚金一般应当在生产、销售、提供的药品金额 2 倍以上。

三、生产、销售不符合安全标准的食品罪

（一）生产、销售不符合安全标准的食品罪的概念和特征

生产、销售不符合安全标准的食品罪，是指违反国家食品安全管理法规，生产、销售不符合安全标准的食品，足以造成严重食物中毒事故或者其他严重食源性疾病的行为。

本罪的构成特征如下：

（1）本罪所侵犯的客体为国家食品安全管理制度和不特定多数人的身体健康、生命安全。

（2）本罪的客观方面表现为违反国家食品安全管理法规，生产、销售不符合安全标准的食品，足以造成严重食物中毒事故或者其他严重食源性疾病的行为。根据 2021 年 12 月 30 日最高人民法院、最高人民检察院《关于办理危害食品安全刑事案件适用法律若干问题的解释》的规定，生产、销售不符合食品安全标准的食品，具有下列情形之一的，应当认定为"足以造成严重食物中毒事故或者其他严重食源性疾病"：1）含有严重超出标准限量的致病性微生物、农药残留、兽药残留、生物毒素、重金属等污染物质以及其他严重危害人体健康的物质的；2）属于病死、死因不明或者检验检疫不合格的畜、禽、兽、水产动物肉类及其制品的；3）属于国家为防控疾病等特殊需要明令禁止生产、销售的；4）特殊医学用途配方食品、专供婴幼儿的主辅食品营养成分严重不符合食品安全标准的；5）其他足以造成严重食物中毒事故或者严重食源性疾病的情形。"足以造成严重食物中毒事故或者其他严重食源性疾病"难以确定的，司法机关可以依据鉴定意见、检验报告、地市级以上相关行政主管部门组织出具的书面意见，结合其他证据作出认定。必要时，专门性问题由省级以上相关行政主管部门组织出具书面意见。

根据 2021 年 12 月 30 日最高人民法院、最高人民检察院《关于办理危害食品安全刑事案件适用法律若干问题的解释》的规定，在食品生产、销售、运输、贮存等过程中，违反食品安全标准，超限量或者超范围滥用食品添加剂，足以造成严重食物中毒事故或者其他严重食源性疾病的；在食用农产品种植、养殖、销售、运输、贮存等过程中，违反食品安全标准，超限量或者超范围滥用添加剂、农药、兽药等，足以造成严重食物中毒事故或者其他严重食源性疾病的；对畜禽注水或者注入其他物质，足以造成严重食物中毒事故或者其他严重食源性疾病的，依照《刑法》第 143 条的规定以生产、销售不符合安全标准的食品罪定罪处罚。在食品生产、销售、运输、贮存等过程中，使用不符合食品安全标准的食品包装材料、容器、洗涤剂、消毒剂，或者用于食品生产经营的工具、设备等，造成食品被污染，符合《刑法》第 143 条规定的，以生产、销售不符合安全标准的食品罪定罪处罚。

（3）本罪的主体为一般主体，自然人和单位均可成为本罪的主体。

（4）本罪的主观方面是故意，即行为人明知自己生产、销售的是不符合安全标准的食品仍然生产、销售。

参考案例 20 - 3

顾某龙、顾某父女未取得食品卫生许可从事加工烧烤食品活动。后顾某龙发现肉制品容易变质，遂让顾某购买了一包亚硝酸钠作为添加剂使用。被害人朱某（女，8 岁）、丁某某（男，5 岁）食用顾某龙、顾某生产、销售的鸡翅后出现严重亚硝酸盐中毒症状，后经抢救脱险。经检测，顾某龙、顾某家中未售出的鸡翅、鸡腿中亚硝酸钠含量最高超标 367 倍，且顾某龙使用的亚硝酸钠已过期。法院经审理认为，顾

某龙的行为构成生产、销售不符合安全标准的食品罪。

（二）生产、销售不符合安全标准的食品罪的认定

1. 本罪与非罪的界限。

本罪为危险犯，必须足以造成严重食物中毒事故或者其他严重食源性疾病。如果没有足以造成严重食物中毒事故或者其他严重食源性疾病的危险，则不能认定为本罪。但是不能认定为本罪，并不意味着就不构成犯罪。根据 2021 年 12 月 30 日最高人民法院、最高人民检察院《关于办理危害食品安全刑事案件适用法律若干问题的解释》的规定，生产、销售不符合食品安全标准的食品，无证据证明足以造成严重食物中毒事故或者其他严重食源性疾病，不构成生产、销售不符合安全标准的食品罪，但构成生产、销售伪劣产品罪，妨害动植物防疫、检疫罪等其他犯罪的；依照该其他犯罪定罪处罚。

2. 本罪的罪数。

根据 2021 年 12 月 30 日最高人民法院、最高人民检察院《关于办理危害食品安全刑事案件适用法律若干问题的解释》的规定，生产、销售不符合食品安全标准的食品添加剂，用于食品的包装材料、容器、洗涤剂、消毒剂，或者用于食品生产经营的工具、设备等，以及生产、销售用超过保质期的食品原料、超过保质期的食品、回收食品作为原料的食品，或者以更改生产日期、保质期、改换包装等方式销售超过保质期的食品、回收食品，符合《刑法》第 140 条规定的，以生产、销售伪劣产品罪定罪处罚。同时构成生产、销售不符合安全标准的食品罪的，依照处罚较重的规定定罪处罚。实施非法经营行为，同时构成生产、销售不符合安全标准的食品罪的，依照处罚较重的规定定罪处罚。

3. 本罪的共同犯罪。

根据 2021 年 12 月 30 日最高人民法院、最高人民检察院《关于办理危害食品安全刑事案件适用法律若干问题的解释》的规定，明知他人生产、销售不符合食品安全标准的食品，具有下列情形之一的，以生产、销售不符合安全标准的食品罪或者生产、销售有毒、有害食品罪的共犯论处：（1）提供资金、贷款、账号、发票、证明、许可证件的；（2）提供生产、经营场所或者运输、贮存、保管、邮寄、销售渠道等便利条件的；（3）提供生产技术或者食品原料、食品添加剂、食品相关产品或者有毒、有害的非食品原料的；（4）提供广告宣传的；（5）提供其他帮助行为的。

（三）生产、销售不符合安全标准的食品罪的处罚

根据《刑法》第 143 条、第 150 条的规定，犯本罪的，处 3 年以下有期徒刑或者拘役，并处罚金；对人体健康造成严重危害或者有其他严重情节的，处 3 年以上 7 年以下有期徒刑，并处罚金；后果特别严重的，处 7 年以上有期徒刑或者无期徒刑，并处罚金或者没收财产。单位犯本罪的，对单位判处罚金，并对其直接负责的主管人员和其他直接责任人员，依照上述规定处罚。

根据 2021 年 12 月 30 日最高人民法院、最高人民检察院《关于办理危害食品安全刑事案件适用法律若干问题的解释》的规定，具有下列情形之一的，应当认定为"对人体健康造成严重危害"：（1）造成轻伤以上伤害的；（2）造成轻度残疾或者中度残疾的；（3）造成器官组织损伤导致一般功能障碍或者严重功能障碍的；（4）造成 10 人以上严重食物中毒或者其他严重食源性疾病的；（5）其他对人体健康造成严重危害的情形。

具有下列情形之一的，应当认定为"其他严重情节"：（1）生产、销售金额 20 万元以上的；（2）生产、销售金额 10 万元以上不满 20 万元，不符合食品安全标准的食品数量较大或者生产、销售持续时间 6 个月以上的；（3）生产、销售金额 10 万元以上不满 20 万元，属于特殊医学用途配方食品、专供婴幼儿的主辅食品的；（4）生产、销售金额 10 万元以上不满 20 万元，且在中小学校园、托幼机构、养老机构及周边面向未成年人、老年人销售的；（5）生产、销售金额 10 万元以上不满 20 万元，曾因危害食品安全犯罪受过刑事处罚或者 2 年内因危害食品安全违法行为受过行政处罚的；（6）其他情节严重的情形。

具有下列情形之一的，应当认定为"后果特别严重"：（1）致人死亡的；（2）造成重度残疾以上的；（3）造成 3 人以上重伤、中度残疾或者器官组织损伤导致严重功能障碍的；（4）造成 10 人以上轻伤、5 人以上轻度残疾或者器官组织损伤导致一般功能障碍的；（5）造成 30 人以上严重食物中毒或者其他严重食源性疾病的；（6）其他特别严重的后果。

犯生产、销售不符合安全标准的食品罪，一般应当依法判处生产、销售金额2倍以上的罚金。共同犯罪的，对各共同犯罪人合计判处的罚金一般应当在生产、销售金额的2倍以上。犯生产、销售不符合安全标准的食品罪，应当依照刑法规定的条件，严格适用缓刑、免予刑事处罚。对于依法适用缓刑的，可以根据犯罪情况，同时宣告禁止令。

四、生产、销售有毒、有害食品罪

（一）生产、销售有毒、有害食品罪的概念和特征

生产、销售有毒、有害食品罪，指违反国家食品安全管理法规，在生产、销售的食品中掺入有毒、有害的非食品原料的，或者销售明知掺有有毒、有害的非食品原料的食品的行为。

本罪的构成特征如下：

（1）本罪侵犯的客体是复杂客体，具体是国家食品安全管理制度和不特定多数人的身体健康、生命安全。

（2）本罪的客观方面表现为违反国家食品安全管理法规，在生产、销售的食品中掺入有毒、有害的非食品原料的，或者销售明知掺有有毒、有害的非食品原料的食品的行为。包括两种行为：一是在生产、销售的食品中掺入有毒、有害的非食品原料的行为。根据现行《食品安全法》第150条的规定，所谓食品，是指各种供人食用或者饮用的成品和原料以及按照传统既是食品又是中药材的物品，但是不包括以治疗为目的的物品。根据2021年12月30日最高人民法院、最高人民检察院《关于办理危害食品安全刑事案件适用法律若干问题的解释》的规定，"有毒、有害的非食品原料"包括：1）因危害人体健康，被法律、法规禁止在食品生产经营活动中添加、使用的物质；2）因危害人体健康，被国务院有关部门列入《食品中可能违法添加的非食用物质名单》《保健食品中可能非法添加的物质名单》和国务院有关部门公告的禁用农药、《食品动物中禁止使用的药品及其他化合物清单》等名单上的物质；3）其他有毒、有害的物质。"有毒、有害的非食品原料"难以确定的，司法机关可以依据鉴定意见、检验报告、地市级以上相关行政主管部门组织出具的书面意见，结合其他证据作出认定。必要时，专门性问题由省级以上相关行政主管部门组织出具书面意见。二是销售明知掺有有毒、有害的非食品原料的食品的行为。即虽然行为人没有在生产、销售的食品中掺入有毒、有害的非食品原料，但是明知是掺有有毒、有害的非食品原料的食品仍然予以销售。

根据2021年12月30日最高人民法院、最高人民检察院《关于办理危害食品安全刑事案件适用法律若干问题的解释》的规定，在食品生产、销售、运输、贮存等过程中，掺入有毒、有害的非食品原料，或者使用有毒、有害的非食品原料生产食品的；在食用农产品种植、养殖、销售、运输、贮存等过程中，使用禁用农药、食品动物中禁止使用的药品及其他化合物等有毒、有害的非食品原料；在保健食品或者其他食品中非法添加国家禁用药物等有毒、有害的非食品原料的；在畜禽屠宰相关环节，对畜禽使用食品动物中禁止使用的药品及其他化合物等有毒、有害的非食品原料，依照《刑法》第144条的规定以生产、销售有毒、有害食品罪定罪处罚。在食品生产、销售、运输、贮存等过程中，使用不符合食品安全标准的食品包装材料、容器、洗涤剂、消毒剂，或者用于食品生产经营的工具、设备等，造成食品被污染，符合《刑法》第144条规定的，以生产、销售有毒、有害食品罪定罪处罚。

司法典型案例：
北京阳光一佰生物技术开发有限公司、习文有等
生产、销售有毒、有害食品案

（3）本罪的主体是一般主体，自然人和单位均可以为本罪的主体。

（4）本罪的主观方面是故意，即明知自己掺入的是有毒、有害的非食品原料仍进行生产、销售，或明知是掺有有毒、有害的非食品原料的食品仍然销售。根据2021年12月30日最高人民法院、最高人民

检察院《关于办理危害食品安全刑事案件适用法律若干问题的解释》的规定，本罪的"明知"，应当综合行为人的认知能力、食品质量、进货或者销售的渠道及价格等主、客观因素进行认定。具有下列情形之一的，可以认定为"明知"，但存在相反证据并经查证属实的除外：1）长期从事相关食品、食用农产品生产、种植、养殖、销售、运输、贮存行业，不依法履行保障食品安全义务的；2）没有合法有效的购货凭证，且不能提供或者拒不提供销售的相关食品来源的；3）以明显低于市场价格进货或者销售且无合理原因的；4）在有关部门发出禁令或者食品安全预警的情况下继续销售的；5）因实施危害食品安全行为受过行政处罚或者刑事处罚，又实施同种行为的；6）其他足以认定行为人明知的情形。

参考案例 20-4

被告人林烈某、林少某连续几次将其以每吨 1 400 元从香港进口的工业用猪油（其中部分被有机锡污染）冒充食用猪油，以每吨 7 600 元批发给江西定南县的食油经销商被告人何某。何某加价后再批发给被告人黄某、吴某、罗某等人销售。同年 12 月 16 日之后，定南县龙塘、月子、老城等乡镇和龙南县的文龙镇等地相继出现大批群众食用猪油后中毒现象。林某等人的行为共造成 1 002 人中毒，其中 3 人中毒死亡，57 人重度中毒。同时，造成定南县附带民事诉讼原告医疗费等费用共计 659 788.92 元。法院经审理认为，林烈某、林少某的行为构成销售有害食品罪。

（二）生产、销售有毒、有害食品罪的认定

1. 本罪与非罪的界限。

生产、销售有毒、有害食品的行为是否构成犯罪，主要取决于行为人的主观心态是故意还是过失。如果行为人明知在生产、销售的食品中掺入的是有毒、有害的非食品的原料，或者明知是掺有有毒、有害的非食品原料的食品仍然生产、销售，则构成本罪；如果行为人误将有毒、有害的非食品原料认为是无毒、无害的食品添加剂而加入食品中，或者是根本不知道是掺有有毒、有害的非食品原料的食品而进行生产、销售，且并没有对人体健康造成严重危害的，不构成犯罪。

2. 本罪与生产、销售不符合安全标准的食品罪的界限。

本罪与生产、销售不符合安全标准的食品罪的区别之处在于：第一，前者生产、销售的是有毒、有害的食品，后者生产、销售的是不符合安全标准的食品；第二，前者是行为犯，只需有生产、销售有毒、有害食品的行为即可，后者是危险犯，除了生产、销售的行为外，还必须有足以造成严重食物中毒事故或者其他严重食源性疾病的危险。

3. 本罪与投放危害物质罪的界限。

本罪与投放危险物质罪都可能造成不特定多数人的伤亡，两者的不同之处就在于，行为人对于不特定多数人的伤亡的后果的主观心理态度。行为人生产、销售有毒、有害的食品，并不希望发生致人伤亡的后果；而行为人投放危险物质，目的就在于追求不特定多数人伤亡的结果。而如果行为人过失生产、销售了有毒、有害的食品，造成了严重后果的，应当认定为过失投放危险物质罪。

4. 本罪的罪数。

根据 2021 年 12 月 30 日最高人民法院、最高人民检察院《关于办理危害食品安全刑事案件适用法律若干问题的解释》的规定，生产、销售有毒、有害食品，符合《刑法》第 144 条规定的，以生产、销售有毒、有害食品罪定罪处罚。同时构成其他犯罪的，依照处罚较重的规定定罪处罚。

5. 本罪的共同犯罪。

根据 2021 年 12 月 30 日最高人民法院、最高人民检察院《关于办理危害食品安全刑事案件适用法律若干问题的解释》的规定，明知他人生产、销售有毒、有害的食品，具有下列情形之一的，以生产、销售有毒、有害食品罪的共犯论处：（1）提供资金、贷款、账号、发票、证明、许可证件的；（2）提供生产、经营场所或者运输、贮存、保管、邮寄、销售渠道等便利条件的；（3）提供生产技术或者食品原料、食品添加剂、食品相关产品或者有毒、有害的非食品原料的；（4）提供广告宣传的；（5）提供其他帮助行为的。

（三）生产、销售有毒、有害食品罪的处罚

根据《刑法》第 144 条和第 150 条的规定，犯本罪的，处 5 年以下有期徒刑，并处罚金；对人体健康造成严重危害或者有其他严重情节的，处 5 年以上 10 年以下有期徒刑，并处罚金；致人死亡或者有其他特别严重情节的，依照《刑法》第 141 条的规定处罚，即处 10 年以上有期徒刑、无期徒刑或者死刑，并处罚金或者没收财产。单位犯本罪的，对单位判处罚金，并对其负责的主管人员和其他直接责任人员，依照上述规定处罚。

根据 2021 年 12 月 30 日最高人民法院、最高人民检察院《关于办理危害食品安全刑事案件适用法律若干问题的解释》的规定，"对人体健康造成严重危害"指：1）造成轻伤以上伤害的；2）造成轻度残疾或者中度残疾的；3）造成器官组织损伤导致一般功能障碍或者严重功能障碍的；4）造成 10 人以上严重食物中毒或者其他严重食源性疾病的；5）其他对人体健康造成严重危害的情形。

"其他严重情节"指：1）生产、销售金额 20 万元以上不满 50 万元的；2）生产、销售金额 10 万元以上不满 20 万元，有毒、有害食品数量较大或者生产、销售持续时间 6 个月以上的；3）生产、销售金额 10 万元以上不满 20 万元，属于特殊医学用途配方食品、专供婴幼儿的主辅食品的；4）生产、销售金额 10 万元以上不满 20 万元，且在中小学校园、托幼机构、养老机构及周边面向未成年人、老年人销售的；5）生产、销售金额 10 万元以上不满 20 万元，曾因危害食品安全犯罪受过刑事处罚或者 2 年内因危害食品安全违法行为受过行政处罚的；6）有毒、有害的非食品原料毒害性强或者含量高的；7）其他情节严重的情形。

生产、销售有毒、有害食品，生产、销售金额 50 万元以上，或者具有下列情形之一的，应当认定为"其他特别严重情节"：1）造成重度残疾以上的；2）造成 3 人以上重伤、中度残疾或者器官组织损伤导致严重功能障碍的；3）造成 10 人以上轻伤、5 人以上轻度残疾或者器官组织损伤导致一般功能障碍的；4）造成 30 人以上严重食物中毒或者其他严重食源性疾病的；5）其他特别严重的后果。

犯生产、销售有毒、有害食品罪，一般应当依法判处生产、销售金额 2 倍以上的罚金。共同犯罪的，对各共同犯罪人合计判处的罚金一般应当在生产、销售金额的 2 倍以上。犯生产、销售有毒、有害食品罪，应当依照刑法规定的条件，严格适用缓刑、免予刑事处罚。对于依法适用缓刑的，可以根据犯罪情况，同时宣告禁止令。

五、走私普通货物、物品罪

（一）走私普通货物、物品罪的概念和特征

走私普通货物、物品罪，是指违反海关法规，逃避海关监管，走私武器、弹药、核材料等《刑法》已有规定的违禁品之外的普通货物、物品进出国（边）境，偷逃应缴税额较大或者一年内曾因走私被给予两次行政处罚后又走私的行为。

本罪的构成特征如下：

（1）本罪侵犯的客体是国家的对外贸易管制，具体为对普通货物物品进出国（边）境的监管和征收关税的制度。

（2）本罪的客观方面表现为违反海关法规，逃避海关监管，走私武器、弹药、核材料等《刑法》已有规定的违禁品之外的普通货物、物品进出国（边）境，偷逃应缴税额较大或者一年内曾因走私被给予两次行政处罚后又走私的行为。根据 2014 年 8 月 12 日最高人民法院、最高人民检察院《关于办理走私刑事案件适用法律若干问题的解释》的规定，所谓"应缴税额"，包括进出口货物、物品应当缴纳的进出口关税和进口环节海关代征税的税额。应缴税额以走私行为实施时的税则、税率、汇率和完税价格计算；多次走私的，以每次走私行为实施时的税则、税率、汇率和完税价格逐票计算；走私行为实施时间不能确定的，以案发时的税则、税额、汇率和完税价格计算。走私普通货物、物品，偷逃应缴税额在 10 万元以上不满 50 万元的，应当认定为《刑法》第 153 条第 1 款规定的"偷逃应缴税额较大"。《刑法》第 153 条第 1 款规定的"一年内曾因走私被给予二次行政处罚后又走私"中的"一年内"，以因走私第一次受到行政处罚的生效之日与"又走私"行为实施之日的时间间隔计算确定；"被给予二次行政处罚"的走私行为，包括走私普通货物、物品以及其他货物、物品；"又走私"行为仅指走私普通货物、物品。

本罪的具体行为方式表现为以下三种：

一是非法运输、携带或者邮寄武器、弹药、核材料、假币、文物、贵重金属、珍贵动物及其制品、珍稀植物及其制品、淫秽物品、毒品以外的货物、物品，这些货物、物品主要是国家限制进出口、应纳税的货物、物品和其他国家禁止进出口的货物、物品。国家限制进出口的货物、物品包括烟、酒、汽车、电视机、电冰箱、摩托车等；应纳税的货物、物品包括国外的玻璃制品、化妆品等；其他禁止进出口的货物、物品包括对我国政治、经济、文化、道德有害的物品，内容涉及国家秘密的物品，人民币，侵犯知识产权的货物、物品等。

二是擅自出售保税货物、特定减免税货物、捐赠进口货物和物品，以及假借捐赠名义进口货物、物品。根据 2014 年 8 月 12 日最高人民法院、最高人民检察院《关于办理走私刑事案件适用法律若干问题的解释》的规定，所谓"保税货物"，是指经海关批准，未办理纳税手续进境，在境内储存、加工、装配后复运出境的货物，包括通过加工贸易、补偿贸易等方式进口的货物，以及在保税仓库、保税工厂、保税区或者免税商店内等储存、加工、寄售的物品。如果保税货物不能复运出境而需转入国内市场的，必须经过海关批准并补缴关税。所谓特定减免税货物是指经济特区等特定地区进出口的货物，中外合资经营企业、中外合作经营企业、外资企业等特定企业进出口的货物，以及用于公益事业的捐赠物资和其他有特定用途的进出口货物。特定减免税的货物、物品只能用于特定地区、特定企业或按特定用途使用，所以擅自出售的行为也破坏了国家的对外贸易管制。

三是间接走私普通货物、物品的行为。根据法律规定，直接向走私人非法收购国家禁止进出口的普通货物、物品的，或者直接向走私人非法收购走私进口的普通货物、物品，数额较大的；在内海、领海运输、收购、贩卖国家禁止进出口的普通货物、物品的，或者运输、收购、贩卖国家限制进出口普通货物、物品，数额较大，没有合法证明的，也构成本罪的客观行为，以走私普通货物、物品罪论处。没有合法证明主要是指没有我国的进出口许可证。根据 2014 年 8 月 12 日最高人民法院、最高人民检察院《关于办理走私刑事案件适用法律若干问题的解释》的规定，"内海"包括内河的入海口水域。

（3）本罪的主体为一般主体，自然人和单位都可以构成。

（4）本罪的主观方面为故意，过失不构成本罪。

（二）走私普通货物、物品罪的认定

1. 本罪与非罪的界限。

对本罪的认定主要在于区分本罪与非罪的界限：首先可以从行为人的主观方面进行区分。行为人由于不懂海关法规或者因疏忽大意等过失而未作申报、漏报或错报的，不构成本罪。其次可以从客观方面来把握。构成本罪，须达到偷逃应缴税额较大的程度，或者属于一年内曾因走私被给予两次行政处罚后又走私的情形，否则不构成犯罪。

2. 本罪的罪数。

根据 2014 年 8 月 12 日最高人民法院、最高人民检察院《关于办理走私刑事案件适用法律若干问题的解释》的规定，未经许可进出口国家限制进出口的货物、物品，租用、借用或者使用购买的他人许可证，进出口国家限制进出口的货物、物品，构成犯罪的，应当依照《刑法》第 151 条、第 152 条的规定，以走私国家禁止进出口的货物、物品罪等罪名定罪处罚；偷逃应缴税额，同时又构成走私普通货物、物品罪的，依照处罚较重的规定定罪处罚。取得许可，但超过许可数量进出口国家限制进出口的货物、物品，构成犯罪的，依照《刑法》第 153 条的规定，以走私普通货物、物品罪定罪处罚。在走私的货物、物品中藏匿《刑法》第 151 条、第 152 条、第 347 条、第 350 条规定的货物、物品，构成犯罪的，以实际走私的货物、物品定罪处罚；构成数罪的，实行数罪并罚。

根据 2021 年 12 月 14 日最高人民法院、最高人民检察院、海关总署、公安部、中国海警局《关于打击粤港澳海上跨境走私犯罪适用法律若干问题的指导意见》的规定，走私犯罪分子在实施走私犯罪或者逃避追缉过程中，实施碰撞、挤别、抛撒障碍物、超高速行驶、强光照射驾驶人员等危险行为，危害公共安全的，以走私罪和以危险方法危害公共安全罪数罪并罚。以暴力、威胁方法抗拒缉私执法，以走私罪和袭警罪或者妨害公务罪数罪并罚。武装掩护走私的，依照《刑法》第151条第1款规定从重处罚。

3. 本罪的既遂标准。

根据2014年8月12日最高人民法院、最高人民检察院《关于办理走私刑事案件适用法律若干问题的解释》的规定，具有下列情形之一的，应当认定为犯罪既遂：（1）在海关监管现场被查获的；（2）以虚假申报方式走私，申报行为实施完毕的；（3）以保税货物或者特定减税、免税进口的货物、物品为对象走私，在境内销售的，或者申请核销行为实施完毕的。

4. 利用离岛免税政策走私行为的认定。

根据2022年8月25日最高人民法院、最高人民检察院、海关总署《关于办理利用海南离岛旅客免税购物政策走私刑事案件有关问题的指导意见》的规定，对利用离岛免税政策走私行为的认定，应区分几种情况处理：

（1）违反海关监管规定，组织利用他人离岛免税购物资格和额度分散购买免税商品后再次销售牟利的，系伪报贸易性质的走私行为，构成犯罪的，依照《刑法》第153条的规定，以走私普通货物罪定罪处罚。

（2）旅客违反海关监管规定，以转售牟利为目的，利用自身免税额度购买免税商品后销售的，系走私行为，构成犯罪的，依照《刑法》第153条的规定，以走私普通货物罪定罪处罚。案发后主动退缴违法所得，情节显著轻微的，可不作为犯罪处理。

（3）明知他人利用离岛免税政策走私免税商品仍直接向其收购，数额较大的，依照《刑法》第155条第1项的规定，以走私罪论处，但对于普通消费者利用离岛免税政策委托他人代购商品自用的，不作为犯罪处理。

（三）走私普通货物、物品罪的处罚

根据《刑法》第153条的规定，走私普通货物、物品的，根据情节轻重，分别依照下列规定处罚：

（1）走私货物、物品偷逃应缴税额较大或者1年内曾因走私被给予2次行政处罚后又走私的，处3年以下有期徒刑或者拘役，并处偷逃应缴税额1倍以上5倍以下罚金。

（2）走私货物、物品偷逃应缴税额巨大或者有其他严重情节的，处3年以上10年以下有期徒刑，并处偷逃应缴税额1倍以上5倍以下罚金。

（3）走私货物、物品偷逃应缴税额特别巨大或者有其他特别严重情节的，处10年以上有期徒刑或者无期徒刑，并处偷逃应缴税额1倍以上5倍以下罚金或者没收财产。

单位犯本罪的，对单位判处罚金，并对其直接负责的主管人员和其他直接责任人员，处3年以下有期徒刑或者拘役；情节严重的，处3年以上10年以下有期徒刑；情节特别严重的，处10年以上有期徒刑。

对多次走私未经处理的，按照累计走私货物、物品的偷逃应缴税额处罚。根据2014年8月12日最高人民法院、最高人民检察院《关于办理走私刑事案件适用法律若干问题的解释》的规定，"多次走私未经处理"，包括未经行政处理和刑事处理。

《刑法修正案（八）》取消了本罪定罪量刑的数额标准。根据2014年8月12日最高人民法院、最高人民检察院《关于办理走私刑事案件适用法律若干问题的解释》的规定，走私普通货物、物品，偷逃应缴税额在10万元以上不满50万元的，应当认定为"偷逃应缴税额较大"；偷逃应缴税额在50万元以上不满250万元的，应当认定为"偷逃应缴税额巨大"；偷逃应缴税额在250万元以上的，应当认定为"偷逃应缴税额特别巨大"。具有下列情形之一，偷逃应缴税额在30万元以上不满50万元的，应当认定为"其他严重情节"；偷逃应缴税额在150万元以上不满250万元的，应当认定为"其他特别严重情节"：1）犯罪集团的首要分子；2）使用特种车辆从事走私活动的；3）为实施走私犯罪，向国家机关工作人员行贿的；4）教唆、利用未成年人、孕妇等特殊人群走私的；5）聚众阻挠缉私的。单位犯走私普通货物、物品罪，偷逃应缴税额在20万元以上不满100万元的，对单位判处罚金，并对其直接负责的主管人员和其他直接责任人员，处3年以下有期徒刑或者拘役；偷逃应缴税额在100万元以上不满500万元的，应当认定为"情节严重"；偷逃应缴税额在500万元以上的，应当认定为"情节特别严重"。

参考案例 20-5

1996 年 7 月，被告人曹某以中国天诚（集团）总公司和海峡经贸公司为出资人，以注册资本 1 000 万元向某市工商行政管理局申请设立天诚五金矿产有限公司，同年 7 月 6 日获发营业执照。1997 年 1 月 27 日，天诚五金矿产有限公司与澳大利亚 BHP 铁矿有限公司签订两份一般贸易合同，其中一份合同约定进口铁矿粉 120 万吨，另一份合同约定进口铁矿块 30 万吨。同年 6 月 11 日，天诚五金矿产有限公司与澳大利亚哈默斯利炼铁有限公司签订一份一般贸易合同，进口铁矿块 30 万吨。天诚五金矿产有限公司签订上述合同后，以经营进口澳矿为由向总公司提请担保以开立信用证，获总公司批准。后被告人曹某持上述合同及总公司出具的 3 份不可撤销还款担保函，以天诚五金矿产有限公司的名义向中国银行某市分行申请开立了 3 份不可撤销的即期信用证，执行一般贸易合同付款。1997 年 5 月至 1998 年 2 月间，BHP 公司和哈默斯利炼铁有限公司按前述一般贸易合同先后提供澳矿共计约 60.8 吨，并陆续运抵国内相关港口。天诚五金矿产有限公司采用隐瞒一般贸易真相、伪签来料加工合同的手段，骗取来料加工手册，并将到港澳矿中的 58 万余吨逃避海关监管，以来料加工贸易方式报关进口，偷逃应缴税额共计人民币 1 938 万余元。某市人民检察院以曹某犯走私普通货物、物品罪向某市中级人民法院提起公诉。某市中级人民法院经审理认为：天诚五金矿产有限公司伪报进口货物贸易性质，逃避海关监管，偷逃巨额应缴税款，情节特别严重，被告人曹某作为该公司的主管人员，其行为构成走私普通货物、物品罪。人民检察院指控被告人曹某犯走私普通货物、物品罪，事实清楚，定性准确；但指控被告人曹某犯走私普通货物、物品罪为个人犯罪不当。被告人曹某是以公司名义对外签订合同，并由总公司担保开立信用证进行贸易活动，现有证据不能证实走私的利益归属于曹某个人，应认定为天诚五金矿产有限公司单位犯罪。辩护人关于本案的行为主体是单位的辩护意见予以采纳。一审判决被告天诚五金矿产有限公司犯走私普通货物、物品罪，判处罚金 1 938 万元，对被告人曹某判处有期徒刑 15 年。宣判后，公诉机关未提出抗诉，被告人曹某不服，提出上诉。某省高级人民法院经审理，依法裁定驳回上诉，维持原判。

六、非国家工作人员受贿罪

（一）非国家工作人员受贿罪的概念和特征

非国家工作人员受贿罪，是指公司、企业或者其他单位的工作人员利用职务上的便利，索取他人财物或者非法收受他人财物，为他人谋取利益，数额较大的行为。

本罪的构成特征是：

（1）本罪侵犯的客体是公司、企业或者其他单位的正常业务活动和公司、企业、其他单位职务行为的廉洁性。

（2）本罪的客观方面表现为利用职务上的便利，索取他人财物或者非法收受他人财物，为他人谋利益，数额较大的行为。具体表现为：

首先，行为人必须利用了职务的便利。所谓利用职务便利，是指公司、企业或者其他单位的工作人员利用自己职务上主管、经管、负责或者参与某项工作的便利条件。如果行为人没有利用这种职务上的便利而实施了收受他人财物的行为，不构成本罪。

其次，行为人必须实施了索取他人财物或者非法收受他人财物、为他人谋取利益的行为。所谓索取他人财物，是指公司、企业或者其他单位工作人员以为他人谋取利益为条件，采取公开或暗示的方式，主动向他人索要财物。所谓非法收受他人财物，是指公司、企业或者其他单位工作人员乘为他人谋取利益之机，接受他人主动送予的财物。根据 2008 年 11 月 20 日最高人民法院、最高人民检察院《关于办理商业贿赂刑事案件适用法律若干问题的意见》的规定，所谓财物，既包括金钱和实物，也包括可以用金钱计算数额的财产性利益，如提供房屋装修、含有金额的会员卡、代币卡（券）、旅游费用等。具体数额以实际支付的资费为准。收受银行卡的，不论受贿人是否实际取出或者消费，卡内的存款数额一般应全额认定为受贿数额。使用银行卡透支的，如果由给予银行卡的一方承担还款责任，透支数额也应当认定为受贿数额。为他人谋取利益既包括为他人谋取合法利益，也包括为他人谋取非法利益。只要行为人承诺、着手或者完成了为他人谋利的行为，不论他人是否已经实际地获取该利益，均可认定为具备了为他人谋取利益的要件。

最后，行为人实施上述索取或者非法收受贿赂的行为，还必须达到数额较大的程度，才能构成犯罪。

根据《刑法》第163条第2款的规定，公司、企业或者其他单位的工作人员在经济往来中，利用职务上的便利，违反国家规定，收受各种名义的回扣、手续费，归个人所有的，也属于受贿，应当以本罪论处。在这种情形中，如果收受的回扣、手续费都上交给了公司、企业、单位的，不构成本罪。所谓回扣，是指在商品或者劳务活动中，由销售商品或提供服务者（卖方）在账外暗中以现金、实物或者其他方式退给对方单位或个人的一定比例的商品价款。所谓手续费，是指在经济活动中，除回扣以外，违反国家规定支付给公司、企业或者其他单位工作人员的各种名义的钱款，如信息费、顾问费、劳务费等。值得注意的是，对收受回扣、手续费的，要求必须是利用职务上的便利，才能构成非国家工作人员受贿罪。

（3）本罪的主体是公司、企业或者其他单位的工作人员。公司的工作人员，具体是指有限责任公司、股份有限公司的董事、监事或者职工。所谓董事、监事，是指根据公司法的规定，经过有限责任公司的股东会、股份有限公司的创立大会、股东大会选举产生的董事会、监事会的成员。公司职工，则是指除董事、监事之外的包括公司经理、会计等行政人员、业务人员和其他受公司聘用从事公司事务的人员。企业的工作人员，是指公司以外企业中的非国家工作人员，包括各种所有制成分企业中的行政人员、业务人员和其他受聘从事企业事务的人员。其他单位的工作人员，是指公司、企业之外的事业单位、社会团体等单位中的工作人员，如非国有的医院、学校、科研机构、出版机构等单位的工作人员。根据2008年11月20日最高人民法院、最高人民检察院《关于办理商业贿赂刑事案件适用法律若干问题的意见》的规定，"其他单位"，既包括事业单位、社会团体、村民委员会、居民委员会、村民小组等常设性的组织，也包括为组织体育赛事、文艺演出或者其他正当活动而成立的组委会、筹委会、工程承包队等非常设性的组织。"公司、企业或者其他单位的工作人员"，包括国有公司、企业以及其他国有单位中的非国家工作人员。

根据《刑法》第163条第3款的规定，国有公司、企业或者其他国有单位中从事公务的人员和国有公司、企业或者其他国有单位委派到非国有公司、企业以及其他单位从事公务的人员受贿的，应当按照《刑法》第385条、第386条受贿罪定罪处罚。此外，根据2005年8月1日最高人民法院《关于如何认定国有控股、参股股份有限公司中的国有公司、企业人员的解释》，国有公司、企业委派到国有控股、参股公司从事公务的人员，以国有公司、企业人员论。

（4）本罪的主观方面必须出于故意。

（二）非国家工作人员受贿罪的认定

1. 本罪与非罪的界限。

对非国家工作人员受贿罪的认定主要在于区分罪与非罪的界限，首先，要区分本罪与合法行为之间的界限，凡是在政策、法律允许的范围内，通过自己的劳动换取合理报酬的，或者亲友之间交往中礼节性的馈赠，都是合法行为，不构成犯罪。根据2008年11月20日最高人民法院、最高人民检察院《关于办理商业贿赂刑事案件适用法律若干问题的意见》的规定，区分贿赂与馈赠的界限，主要应当结合以下因素全面分析、综合判断：（1）发生财物往来的背景，如双方是否存在亲友关系及历史上交往的情形和程度；（2）往来财物的价值；（3）财物往来的缘由、时机和方式，提供财物方对于接受方有无职务上的请托；（4）接受方是否利用职务上的便利为提供方谋取利益。其次，要区分本罪与违纪行为的界限，区别的关键在于行为人索取或者收受贿赂是否达到数额较大的标准，如果数额尚未达到数额较大，则不构成犯罪，可以按照违纪行为予以相关处理。

2. 本罪与受贿罪的界限。

区分本罪与受贿罪的界限，尤其需要注意，根据2008年11月20日最高人民法院、最高人民检察院《关于办理商业贿赂刑事案件适用法律若干问题的意见》的规定，医疗机构中的国家工作人员与非国家工作人员、医务人员，学校及其其他教育机构中的国家工作人员与非国家工作人员、教师，依法组建的评标委员会、竞争性谈判采购中谈判小组、询价采购中询价小组的组成人员与其中的国家机关或者其他国有单位的代表，其相应的受贿行为，分别构成受贿罪与非国家工作人员受贿罪。

3. 本罪的共同犯罪。

根据 2008 年 11 月 20 日最高人民法院、最高人民检察院《关于办理商业贿赂刑事案件适用法律若干问题的意见》的规定，非国家工作人员与国家工作人员通谋，共同收受他人财物，构成共同犯罪的，根据双方利用职务便利的具体情形分别定罪追究刑事责任：（1）利用国家工作人员的职务便利为他人谋取利益的，以受贿罪追究刑事责任。（2）利用非国家工作人员的职务便利为他人谋取利益的，以非国家工作人员受贿罪追究刑事责任。（3）分别利用各自的职务便利为他人谋取利益的，按照主犯的犯罪性质追究刑事责任，不能分清主从犯的，可以受贿罪追究刑事责任。

（三）非国家工作人员受贿罪的处罚

根据《刑法》第 163 条的规定，犯非国家工作人员受贿罪的，处 3 年以下有期徒刑或者拘役，并处罚金；数额巨大或者有其他严重情节的，处 3 年以上 10 年以下有期徒刑，并处罚金；数额特别巨大或者有其他特别严重情节的，处 10 年以上有期徒刑或者无期徒刑，并处罚金。根据 2022 年 4 月 6 日最高人民检察院、公安部《关于公安机关管辖的刑事案件立案追诉标准的规定（二）》第 10 条的规定，公司、企业或者其他单位的工作人员利用职务上的便利，索取他人财物或者非法收受他人财物，为他人谋取利益，或者在经济往来中，利用职务上的便利，违反国家规定，收受各种名义的回扣、手续费，归个人所有，数额在 3 万元以上的，应予立案追诉。根据 2016 年 3 月 28 日最高人民法院、最高人民法院《关于办理贪污贿赂刑事案件适用法律若干问题的解释》的规定，《刑法》第 163 条规定的非国家工作人员受贿罪中的"数额较大""数额巨大"的数额起点，按照该解释关于受贿罪、贪污罪相对应的数额标准规定的 2 倍、5 倍执行，即"数额较大"的标准为 6 万元，"数额巨大"的标准为 100 万元。

参考案例 20－6

被告人沙某，36 岁，大专文化，原北京银行金融街支行信贷员。沙某在担任北京银行金融街支行信贷员期间，于 2006 年 3 月至 8 月间不按规定审查客户汽车贷款材料并进行调查，即向北京某汽车贸易有限公司发放贷款，致使该公司以伪造的虚假身份证明、收入证明、房产证明、汽车销售发票等，从北京银行金融街支行骗取汽车消费贷款 29 笔，共计人民币 2 000 余万元，后造成人民币 1 600 余万元至今未归还。沙某在担任北京市商业银行金融街支行信贷员期间，于 2006 年七八月间，在为北京某公司办理上述贷款过程中，为该公司申请汽车消费贷款提供便利，非法收受该公司经理杨某（另案处理）给予的款物，共收受人民币 10 万余元及"尼康"牌照相机一架。法院经审理认为：被告人沙某身为银行的工作人员，违反规定发放贷款，造成特别重大损失的行为，破坏了市场经济、金融管理秩序，已构成违法发放贷款罪；被告人沙某身为银行企业的工作人员，在金融业务活动中，利用职务上的便利，非法收受他人财物，为他人谋取利益，收受财物数额较大的行为，已构成非国家工作人员受贿罪；数罪并罚，判处有期徒刑 15 年，并处罚金人民币 7 万元。

七、非法经营同类营业罪

（一）非法经营同类营业罪的概念和特征

非法经营同类营业罪，是指国有公司、企业的董事、监事、高级管理人员，利用职务便利自己经营或者为他人经营与其所任职公司、企业同类的营业，获取非法利益，数额巨大的，或者其他公司、企业的董事、监事、高级管理人员违反法律、行政法规规定，利用职务便利自己经营或者为他人经营与其所任职公司、企业同类的营业，致使公司、企业利益遭受重大损失的行为。

本罪经《刑法修正案（十二）》修正，修正后本罪的构成特征如下：

（1）本罪侵犯的客体是公司、企业的利益，既包括国有公司、企业的利益，也包括其他公司、企业的利益。

（2）本罪的客观方面表现为两种方式：一是行为人利用职务便利自己经营或者为他人经营与其所任

职国有公司、企业同类的营业，获取非法利益，数额巨大的行为；二是行为人违反法律、行政法规规定，为自己经营或者为他人经营与其任职的其他公司、企业同类的营业，致使其他公司、企业利益遭受重大损失的行为。这些行为在公司法理论上被称为竞业经营，属于违反竞业禁止义务的行为。"利用职务便利"，是指行为人利用担任公司、企业的董事、监事、高级管理人员职务而主管、领导、经手公司、企业业务的便利条件。"自己经营"，是指经营自己独资或者担任股东的公司、企业的营业。"为他人经营"，是指经营自己虽非出资但从中获取报酬的公司、企业的营业。"同类的营业"，是指相同或者相近似的经营业务，如生产、销售同种产品或者提供同种服务，或者生产、销售相似的产品或者提供相似的服务。经营非同类营业的，不构成本罪。根据任职公司、企业的性质不同，本罪所要求客观方面的表现有所不同。所任职公司、企业若为国有公司、企业，行为人获取非法利益必须达到数额巨大，才构成犯罪；否则，不构成犯罪。如若所任职公司、企业为国有公司、企业以外的其他公司、企业的，行为人需违反法律、行政法规，如《公司法》第184条规定"董事、监事、高级管理人员未向董事会或者股东会报告，并按照公司章程的规定经董事会或者股东会决议通过，不得自营或者为他人经营与其任职公司同类的业务"。行为人未违反法律、行政法规的规定，如公司、企业同意经营同类营业或者企业决定另外设立或者投资企业的，不构成本罪。同时，该行为还需造成其他公司、企业利益遭受重大损失的结果。

（3）本罪的主体是特殊主体，即必须是公司、企业的董事、监事、高级管理人员，既包括国有公司、企业的董事、监事、高级管理人员，也包括其他公司、企业的董事、监事、高级管理人员。

（4）本罪的主观方面为故意，如果任职的是国有公司、企业，行为人主观上还需具有获取非法利益的目的。

（二）非法经营同类营业罪的认定

对本罪的认定关键在于区分本罪与非罪的界限。第一，行为人必须利用职务上的便利实施经营同类营业行为，没有利用职务之便的，不构成犯罪。第二，行为人必须经营的是同类营业，经营非同类营业的不构成犯罪。此外，根据任职公司、企业的性质不同，本罪的认定需注意不同的问题。如果任职公司、企业为国有公司、企业，在主观上行为人必须具有获取非法利益的目的；客观上，行为人获取的非法利益必须达到数额巨大即10万元以上，否则，不构成犯罪，根据情节可以给予行政、纪律处分。如果任职公司、企业为其他公司、企业，行为在客观上则需造成公司、企业利益遭受重大损失的结果。

（三）非法经营同类营业罪的处罚

根据《刑法》第165条的规定，国有公司、企业的董事、监事、高级管理人员犯非法经营同类营业罪的，处3年以下有期徒刑或者拘役，并处或者单处罚金；数额特别巨大的，处3年以上7年以下有期徒刑，并处罚金。其他公司、企业的董事、监事、高级管理人员犯本罪的，依照该规定处罚。

参考案例 20-7

刘某任某化工机械厂汽轮机厂厂长期间，与该厂签订了承包经营责任合同。为了非法获利，刘某与其妻林某一起以林某的舅舅彭某的名义，注册了一家名称为"某县湘东汽轮机厂"的私人企业，其经营范围与某化工机械厂汽轮机厂类似。尽管该私营企业的法人代表为彭某，但彭某从未参与和过问其经营管理。刘某利用任某化工机械厂汽轮机厂厂长的职务之便，以"为企业职工谋福利"为幌子，指使某化工机械厂汽轮机厂业务员刘某等人在外出揽业务时以某县湘东汽轮机厂的名义签订合同。然后，将绝大部分业务放在国有企业生产、加工。在加工成品交业务单位时，由林某以私营企业的名义向业务单位开出增值税发票。其间，共与业务单位签订了总金额为269万余元的合同，收回货款224万余元，支出加工、销售、管理、原材料等各种费用113万余元。此外，尚有44.2万元货款因案发未收回。同时，法院还查明，刘某担任国有企业负责人期间，因管理不善，致使国有企业亏损147.6万余元。某市中级人民法院认为，被告人刘某利用职务之便伙同林某经营与本厂相同的营业，获取非法利益，数额特别巨大，侵犯了国有企业的合法财产权益，其行为构成非法经营同类营业罪。一审判处刘某有期徒刑5年，并处罚金5万元；判处林某有期徒刑3年、缓刑4年，并处罚金5万元；没收二人非法所得，上交国库。彭某也因犯包庇罪被判处有期徒刑1年，缓刑2年。

八、为亲友非法牟利罪

（一）为亲友非法牟利罪的概念和特征

为亲友非法牟利罪，是指国有公司、企业、事业单位的工作人员，利用职务便利，为亲友非法牟利，致使国家利益遭受重大损失的，或者其他公司、企业的工作人员，违反法律、行政法规规定，利用职务便利，为亲友非法牟利，致使公司、企业利益遭受重大损失的行为。

本罪经《刑法修正案（十二）》修正，修正后本罪的构成特征如下：

（1）本罪侵犯的客体是国有公司、企业、事业单位以及其他公司、企业的利益。

（2）本罪的客观方面表现为国有公司、企业、事业单位的工作人员利用职务便利，为亲友非法牟利，致使国家利益遭受重大损失的，或者其他公司、企业的工作人员，违反法律、行政法规规定，利用职务便利，为亲友非法牟利，致使公司、企业利益遭受重大损失的行为。"利用职务便利"，是指国有公司、企业、事业单位的工作人员或者其他公司、企业的工作人员主管、管理、经手相应单位业务的便利条件。"为亲友非法牟利"，具体表现为：1）将本单位的盈利业务交由自己的亲友进行经营的；2）以明显高于市场的价格从自己的亲友经营管理的单位采购商品、接受服务或者以明显低于市场的价格向自己的亲友经营管理的单位销售商品、提供服务的；3）从自己的亲友经营管理的单位采购、接受不合格商品、服务的。

（3）本罪的主体是特殊主体，即国有公司、企业、事业单位的工作人员，或者其他公司、企业的工作人员。

（4）本罪的主观方面是故意。

（二）为亲友非法牟利罪的认定

根据《刑法》第166条的规定，行为人仅限于国有公司、企业、事业单位的工作人员，以及其他公司、企业的工作人员，而不包括其他单位的工作人员，因此，民办医院、民办学校等其他单位的工作人员不能构成本罪。① 其他公司、企业的工作人员要成立本罪，需违反法律、行政法规，如果行为人的行为未违反法律、行政法规，如《公司法》允许经过公司同意的有关关联交易行为，则不能成立本罪。

（三）为亲友非法牟利罪的处罚

根据《刑法》第166条的规定，犯为亲友非法牟利罪，致使国家或者公司、企业利益遭受重大损失的，处3年以下有期徒刑或者拘役，并处或者单处罚金；致使国家或者公司、企业利益遭受特别重大损失的，处3年以上7年以下有期徒刑，并处罚金。

九、国有公司、企业、事业单位人员失职罪

（一）国有公司、企业、事业单位人员失职罪的概念和特征

国有公司、企业、事业单位人员失职罪，是指国有公司、企业、事业单位的工作人员，由于严重不负责任，造成国有公司、企业破产或者严重损失，致使国家利益遭受重大损失的行为。

本罪的构成特征如下：

（1）本罪侵犯的客体是国有公司、企业的经济利益。

（2）本罪的客观方面表现为严重不负责任，造成国有公司、企业破产或者严重损失，致使国家利益遭受重大损失的行为。严重不负责任即失职，通常表现为不履行、不正确履行自己的职责，如工作马虎、草率行事、放弃职守等。破产，是指使国有公司、企业陷入无力清偿到期债务的一种事实状态。破产一般包括以下三种情形：一是公司、企业因管理不善造成严重亏损，不能清偿到期债务，依法宣告破产；二是公司、企业整顿期间，财务状况继续恶化，终结整顿，宣告破产；三是公司、企业整顿期满，不能按照和解协议清偿债务，宣告破产。本罪中的破产，并不必然等同于民事诉讼程序中的宣告破产。本罪的成立与否，取决于行为人是否使国有公司、企业陷入无力清偿到期债务的状态，不以民事程序是否启

---

① 张义健.《刑法修正案（十二）》的理解与适用.法律适用，2024（2）.

动或者存在生效的破产裁定为前提。根据 2003 年 5 月 14 日最高人民法院、最高人民检察院《关于办理妨害预防、控制突发传染病疫情等灾害的刑事案件具体应用法律若干问题的解释》第 4 条的规定，国有公司、企业、事业单位的工作人员，在预防、控制突发传染病疫情等灾害的工作中，由于严重不负责任，造成国有公司、企业破产或者严重损失，致使国家利益遭受重大损失的，依照本罪定罪处罚。

（3）本罪的主体是特殊主体，即国有公司、企业、事业单位的工作人员。根据 2000 年 5 月 12 日最高人民法院《关于审理扰乱电信市场管理秩序案件具体应用法律若干问题的解释》第 6 条的规定，国有电信企业的工作人员，由于严重不负责任，造成国有电信企业破产或者严重损失，致使国家利益遭受重大损失的，依照本罪定罪处罚。根据 2005 年 8 月 1 日最高人民法院《关于如何认定国有控股、参股股份有限公司中的国有公司、企业人员的解释》，国有公司、企业委派到国有控股、参股公司从事公务的人员，以国有公司、企业人员论。

（4）本罪在主观方面表现为过失，包括疏忽大意的过失和过于自信的过失。故意不能构成本罪。

（二）国有公司、企业、事业单位人员失职罪的认定

1. 本罪与非罪的界限。

本罪与非罪的区分，关键在于是否是由于失职造成破产或者严重损失。公司、企业破产是市场经济条件下竞争的必然产物。刑法设立本罪，并不意味着只要国有公司、企业破产，就要追究有关工作人员的刑事责任。只有严重不负责任造成国有公司、企业破产的，才可能构成本罪。如果是由于市场变化导致国有公司、企业破产或亏损的，因为行为人不存在过错，就不构成犯罪。此外，即使由于行为人的失职造成国有公司、企业亏损，但损失并不严重的，也不能构成犯罪，而可以根据情节给予行政、纪律处分。

2. 本罪与国有公司、企业、事业单位人员滥用职权罪的界限。

本罪与国有公司、企业、事业单位人员滥用职权罪在犯罪主体、客体方面相同，差别在于犯罪的主观和客观方面。在主观方面，本罪为过失犯罪，而国有公司、企业、事业单位人员滥用职权罪为故意犯罪。在客观方面，本罪表现为严重不负责任造成国有公司、企业破产或者严重损失，致使国家利益遭受重大损失，而国有公司、企业、事业单位人员滥用职权罪表现为滥用职权造成国有公司、企业破产或者严重损失，致使国家利益遭受重大损失。

（三）国有公司、企业、事业单位人员失职罪的处罚

根据《刑法》第 168 条的规定，犯国有公司、企业、事业单位人员失职罪的，处 3 年以下有期徒刑或者拘役；致使国家利益遭受特别重大损失的，处 3 年以上 7 年以下有期徒刑。国有公司、企业、事业单位的工作人员，徇私舞弊犯本罪的，从重处罚。

参考案例 20－8

1997 年 7 月，时任某天然气公司总经理的谢某，以下属物资经营公司名义，同恒升实业有限公司签订合作协议，双方合作经营石化产品，天然气物资经营公司提供资金，得 30％的利润。合同签订当天，恒升实业的老板李玉民为向谢某表示感谢，遂以公司的名义同谢某的兄弟签订合同，无论盈亏，都按进货总额的 1％付给感谢费。随后，天然气物资经营公司将 500 万元现金转入恒升实业有限公司。后来，眼看 500 万元合作资金回收无望，双方约定，500 万元转为借款，限定 2002 年 6 月还清。2001 年 9 月，谢某以天然气公司的名义与李玉民签订增资扩股协议，出资 550 万元取得恒升实业下属食品公司 60％的股权，谢某任恒升食品公司董事长，恒升实业从收到的 550 万元中，归还了天然气物资经营公司 300 万元"借款"。经司法鉴定，天然气公司在恒升实业有限公司应收的 200 万元借款和 550 万元再投资共计 750 万元已全部损失。检察机关以国有企业人员失职罪对谢某提起公诉，法院一审认定谢某犯有国有企业人员失职罪，判处有期徒刑 5 年。

十、徇私舞弊低价折股、出售公司、企业资产罪

（一）徇私舞弊低价折股、出售公司、企业资产罪的概念和特征

徇私舞弊低价折股、出售公司、企业资产罪，是指国有公司、企业或者其上级主管部门直接负责的主管人员，徇私舞弊，将国有资产低价折股或者低价出售，致使国家利益遭受重大损失的，或者其他公

司、企业直接负责的主管人员，徇私舞弊，将公司、企业资产低价折股或者低价出售，致使公司、企业利益遭受重大损失的行为。

本罪经《刑法修正案（十二）》修正，修正后本罪的构成特征如下：

（1）本罪的客体是公司、企业的利益，既包括国有公司、企业的利益，也包括其他公司、企业的利益。

（2）本罪的客观方面表现为徇私舞弊，将国有资产或其他公司、企业资产低价折股或者低价出售，致使国家利益或者公司、企业利益遭受重大损失的行为。本罪的客观方面包括以下两个要素：第一，行为人具有徇私舞弊，将国有资产或者其他公司、企业资产低价折股或者低价出售的行为。"徇私舞弊"是指为私利、私情而违反关于国有资产或者其他公司、企业资产保护法律法规，对资产折股或者出售时弄虚作假。"低价折股"是指将作为资产的实物、知识产权、非专利技术、土地使用权等压价折合为出资股份。"低价出售"是指以低于资产的实际价值而将其出卖。第二，行为人的行为使国家利益或者公司、企业利益遭受重大损失。

（3）本罪的主体是特殊主体，即国有公司、企业或者其上级主管部门直接负责的主管人员或者其他公司、企业直接负责的主管人员。

（4）本罪的主观方面是故意。

（二）徇私舞弊低价折股、出售公司、企业资产罪的认定

本罪在认定中需注意以下问题：第一，本罪的主观心态为故意，过失行为不能成立本罪；第二，本罪客观行为表现的前提是徇私舞弊，因此，如果资产处置行为并非行为人为了个人利益，而是经过公司、企业决策同意或者授权的，即使导致了国家利益或者公司、企业利益遭受重大损失，也不宜认定为本罪。

（三）徇私舞弊低价折股、出售公司、企业资产罪的处罚

根据《刑法》第169条的规定，犯徇私舞弊低价折股、出售公司、企业资产罪，致使国家利益或者公司、企业利益遭受重大损失的，处3年以下有期徒刑或者拘役；致使国家利益或者公司、企业利益遭受特别重大损失的，处3年以上7年以下有期徒刑。

十一、伪造货币罪

（一）伪造货币罪的概念和特征

伪造货币罪，是指仿照真货币的图案、形状、色彩等特征非法制造假币，冒充真币的行为。

本罪的构成特征如下：

（1）本罪侵犯的客体是国家的货币管理制度。犯罪对象是货币。根据2000年9月8日最高人民法院《关于审理伪造货币等案件具体应用法律若干问题的解释》、2010年10月20日最高人民法院《关于审理伪造货币等案件具体应用法律若干问题的解释（二）》的规定，"货币"是指正在流通的人民币（含普通纪念币和贵金属纪念币）和境外货币。

（2）本罪的客观方面表现为违反国家货币管理法规，伪造货币的行为。根据2010年10月20日最高人民法院《关于审理伪造货币等案件具体应用法律若干问题的解释（二）》的规定，仿照真货币的图案、形状、色彩等特征非法制造假币，冒充真币的行为，应当认定为《刑法》第170条规定的"伪造货币"。一般来说，行为人伪造到何种程度并不是构成犯罪的决定因素，但是，行为人必须实际使用了上述方法或其他方法从事了伪造行为；如果行为人是采用欺骗的手法，将具有货币样式或类似图案的物品或其他货币冒充真币使用，例如用画册上剪下来的货币图案冒充真币，可以诈骗罪论处，而不构成本罪。根据2000年9月8日最高人民法院《关于审理伪造货币等案件具体应用法律若干问题的解释》的规定，伪造货币的总面额在2 000元以上不满3万元或者币量在200张（枚）以上不足3 000张（枚）的，依照《刑法》第170条的规定定罪处刑。①

---

① 根据2022年4月6日最高人民检察院、公安部《关于公安机关管辖的刑事案件立案追诉标准的规定（二）》第14条的规定，伪造货币，涉嫌下列情形之一的，应予立案追诉：（1）总面额在2 000元以上或者币量在200张（枚）以上的；（2）总面额在1 000元以上或者币量在100张（枚）以上，2年内因伪造货币受过行政处罚，又伪造货币的；（3）制造货币版样或者为他人伪造货币提供版样的；（4）其他伪造货币应予追究刑事责任的情形。

行为人制造货币版样，或者与他人事前通谋，为他人伪造货币提供版样的，构成本罪。

（3）本罪的主体是一般主体，即任何达到法定刑事责任年龄、具有刑事责任能力的人都可以构成本罪。

（4）本罪的主观方面必须由故意构成，不论何种目的。实践中实施本罪的行为人多具有谋取非法利益的目的，但也有意图使所伪造的货币进入流通等目的。总之，出于何种目的，不影响本罪的构成。

（二）伪造货币罪的认定

1. 本罪与变造货币罪的界限。

变造货币罪，是《刑法》第173条规定的犯罪。根据2010年10月20日最高人民法院《关于审理伪造货币等案件具体应用法律若干问题的解释（二）》的规定，对真货币采用剪贴、挖补、揭层、涂改、移位、重印等方法加工处理，改变真币形态、价值的行为，应当认定为《刑法》第173条规定的"变造货币"。本罪与变造货币罪侵犯的客体都是国家的货币管理制度，犯罪对象都是货币，犯罪主观方面都表现为故意，犯罪主体都为一般主体。二者的区别主要在于客观方面：伪造货币，是仿照真货币的图案、形状、色彩等特征非法制造假币，冒充真币的行为；变造货币，是对真货币采用剪贴、挖补、揭层、涂改、移位、重印等方法加工处理，改变真币形态、价值的行为。根据2010年10月20日最高人民法院《关于审理伪造货币等案件具体应用法律若干问题的解释（二）》的规定，同时采用伪造和变造手段，制造真伪拼凑货币的行为，依照《刑法》第170条的规定，以伪造货币罪定罪处罚。

2. 本罪与出售、购买、运输假币罪和持有、使用假币罪的界限。

出售、购买、运输假币罪是指明知是伪造的货币而进行出售、购买、运输，数额较大的行为。持有、使用假币罪是指明知是伪造的货币而持有、使用，数额较大的行为。伪造货币罪与这些犯罪在犯罪主体、主观方面、客体上都相同，区别主要是在具体的客观行为表现上。需要注意的是，如果行为人既进行了伪造货币的行为，又将所伪造的货币予以持有和使用的，由于持有和使用行为应当视为伪造行为的后续行为，所以，只以伪造货币罪论处即可；行为人既进行了伪造货币的行为，又将所伪造的货币予以出售、运输的，应当以伪造货币罪从重处罚，不构成数罪。

3. 本罪与诈骗罪的界限。

根据2010年10月20日最高人民法院《关于审理伪造货币等案件具体应用法律若干问题的解释（二）》的规定，以使用为目的，伪造停止流通的货币，或者使用伪造的停止流通的货币的，依照《刑法》第266条的规定，以诈骗罪定罪处罚。据此，需要注意的是：（1）只有以使用为目的的伪造停止流通币的行为，才能构成诈骗罪，其中的"使用"，包括直接使用和间接使用。（2）以使用为目的伪造停止流通币，尚未使用的，不影响诈骗罪的定罪，可以视具体情况按诈骗未遂处理。（3）变造或者使用变造的停止流通币的行为，同样应以诈骗罪论处。

（三）伪造货币罪的处罚

根据《刑法》第170条的规定，犯伪造货币罪的，处3年以上10年以下有期徒刑，并处罚金；有下列情形之一的，处10年以上有期徒刑或者无期徒刑，并处罚金或者没收财产：（1）伪造货币集团的首要分子；（2）伪造货币数额特别巨大的；（3）有其他特别严重情节的。根据2000年9月8日最高人民法院《关于审理伪造货币等案件具体应用法律若干问题的解释》的规定，伪造货币的总面额在3万元以上的，属于"伪造货币数额特别巨大"。

参考案例 20-9

被告人卓某与蔡某（在逃）合谋加工伪造人民币。随后，被告人卓某选定某市东海镇龙潭村作为假币的加工窝点，纠集16人由卓某统一指挥加工假币。后公安人员在加工假币现场将卓某等16人抓获，缴获假币2箱（金额为2 540 400元，其中100元券1 154张，50元券48 500张）及银线4捆、颜料3罐等作案工具。最高人民法院经复核后认为，被告人卓某纠集、指挥多人加工假人民币，其行为已构成伪造货币罪。卓某伪造货币数额特别巨大，情节特别严重，在共同犯罪中起主要作用，系主犯，应依法惩处。一审判决和二审裁定认定事实清楚，证据确实、充分，定罪准确，量刑适当，审判程序合法。裁定如下：

核准某省高级人民法院维持一审以伪造货币罪判处被告人卓某死刑，剥夺政治权利终身，并处没收全部财产的刑事裁定。

十二、非法吸收公众存款罪

（一）非法吸收公众存款罪的概念和特征

非法吸收公众存款罪，是指非法吸收公众存款或者变相吸收公众存款，扰乱金融秩序的行为。

本罪的构成特征如下：

（1）本罪侵犯的客体是国家对存款的管理制度。公众存款是国家的建设资金的主要来源之一。根据国家法律的规定，吸收公众存款是国家金融机构的业务，非法吸收公众存款的行为造成大量社会闲散资金游离于国家控制之外，不利于国家经济建设，扰乱了国家金融秩序。

（2）本罪的客观方面表现为非法吸收公众存款或者变相吸收公众存款的行为。根据 2022 年 2 月 23 日最高人民法院《关于审理非法集资刑事案件具体应用法律若干问题的解释》的规定，违反国家金融管理法律规定，向社会公众（包括单位和个人）吸收资金的行为，同时具备下列四个条件的，除《刑法》另有规定的以外，应当认定为《刑法》第 176 条规定的"非法吸收公众存款或者变相吸收公众存款"：1）未经有关部门依法许可或者借用合法经营的形式吸收资金；2）通过网络、媒体、推介会、传单、手机信息等途径向社会公开宣传；3）承诺在一定期限内以货币、实物、股权等方式还本付息或者给付回报；4）向社会公众即社会不特定对象吸收资金。未向社会公开宣传，在亲友或者单位内部针对特定对象吸收资金的，不属于非法吸收或者变相吸收公众存款。实施下列行为之一，符合上述规定的条件的，应当依照《刑法》第 176 条的规定，以非法吸收公众存款罪定罪处罚：1）不具有房产销售的真实内容或者不以房产销售为主要目的，以返本销售、售后包租、约定回购、销售房产份额等方式非法吸收资金的；2）以转让林权并代为管护等方式非法吸收资金的；3）以代种植（养殖）、租种植（养殖）、联合种植（养殖）等方式非法吸收资金的；4）不具有销售商品、提供服务的真实内容或者不以销售商品、提供服务为主要目的，以商品回购、寄存代售等方式非法吸收资金的；5）不具有发行股票、债券的真实内容，以虚假转让股权、发售虚构债券等方式非法吸收资金的；6）不具有募集基金的真实内容，以假借境外基金、发售虚构基金等方式非法吸收资金的；7）不具有销售保险的真实内容，以假冒保险公司、伪造保险单据等方式非法吸收资金的；8）以网络借贷、投资入股、虚拟币交易等方式非法吸收资金的；9）以委托理财、融资租赁等方式非法吸收资金的；10）以提供"养老服务"、投资"养老项目"、销售"老年产品"等方式非法吸收资金的；11）利用民间"会""社"等组织非法吸收资金的；12）其他非法吸收资金的行为。

根据 2014 年 3 月 25 日最高人民法院、最高人民检察院、公安部《关于办理非法集资刑事案件适用法律若干问题的意见》的规定，"向社会公开宣传"包括以各种途径向社会公众传播吸收资金的信息，以及明知吸收资金的信息向社会公众扩散而予以放任等情形；下列情形不属于"针对特定对象吸收资金"的行为，应当认定为向社会公众吸收资金：1）在向亲友或者单位内部人员吸收资金的过程中，明知亲友或者单位内部人员向不特定对象吸收资金而予以放任的；2）以吸收资金为目的，将社会人员吸收为单位内部人员，并向其吸收资金的。

2019 年 1 月 30 日最高人民法院、最高人民检察院、公安部《关于办理非法集资刑事案件若干问题的意见》要求，人民法院、人民检察院、公安机关认定非法集资的"非法性"，应当以国家金融管理法律法规作为依据。对于国家金融管理法律法规仅作原则性规定的，可以根据法律规定的精神并参考中国人民银行、中国银行保险监督管理委员会、中国证券监督管理委员会等行政主管部门依照国家金融管理法律法规制定的部门规章或者国家有关金融管理的规定、办法、实施细则等规范性文件的规定予以认定。

（3）本罪的主体为一般主体，包括自然人和单位。根据 2019 年 1 月 30 日最高人民法院、最高人民检察院、公安部《关于办理非法集资刑事案件若干问题的意见》的规定，单位实施非法集资犯罪活动，全部或者大部分违法所得归单位所有的，应当认定为单位犯罪。个人为进行非法集资犯罪活动而设立的单位实施犯罪的，或者单位设立后，以实施非法集资犯罪活动为主要活动的，不以单位犯罪论处，对单位中组织、策划、实施非法集资犯罪活动的人员应当以自然人犯罪依法追究刑事责任。判断单位是否以实施非法集资犯罪活动为主要活动，应当根据单位实施非法集资的次数、频度、持续时间、资金规模、资金流向、投入人力物力情况、单位进行正当经营的状况以及犯罪活动的影响、后果等因素综合考虑认定。

（4）本罪的主观方面为故意，即行为人明知自己从事的是非法吸收公众存款的行为仍予以实施。根据 2019 年 1 月 30 日最高人民法院、最高人民检察院、公安部《关于办理非法集资刑事案件若干问题的意见》的规定，认定犯罪嫌疑人、被告人是否具有非法吸收公众存款的犯罪故意，应当依据犯罪嫌疑人、被告人的任职情况、职业经历、专业背景、培训经历、本人因同类行为受到行政处罚或者刑事追究情况以及吸收资金方式、宣传推广、合同资料、业务流程等证据，结合其供述，进行综合分析判断。

（二）非法吸收公众存款罪的认定

1. 本罪与非罪的界限。

根据 2022 年 2 月 23 日最高人民法院《关于审理非法集资刑事案件具体应用法律若干问题的解释》的规定，非法吸收或者变相吸收公众存款，主要用于正常的生产经营活动，能够在提起公诉前清退所吸收资金，可以免予刑事处罚；情节显著轻微危害不大的，不作为犯罪处理。

2. 本罪与擅自设立金融机构罪的界限。

擅自设立金融机构罪，是指未经国家有关主管部门批准，擅自设立商业银行、证券交易所、期货交易所、证券公司、期货经纪公司、保险公司或者其他金融机构的行为。实践中经常出现行为人在实施了擅自设立金融机构的行为后又从事了非法吸收公众存款的行为，在这种情况下，一般应当按照牵连犯的原则从一重罪处断；因为擅自设立金融机构的犯罪，其目的就是要非法从事金融机构业务，包括吸收公众存款，可见，两行为之间存在手段与目的的牵连关系。

3. 本罪与擅自发行股票、公司、企业债券罪和非法经营罪的界限。

根据 2022 年 2 月 23 日最高人民法院《关于审理非法集资刑事案件具体应用法律若干问题的解释》的规定，未经国家有关主管部门批准，向社会不特定对象发行、以转让股权等方式变相发行股票或者公司、企业债券，或者向特定对象发行、变相发行股票或者公司、企业债券累计超过 200 人的，应当认定为《刑法》第 179 条规定的"擅自发行股票、公司、企业债券"。构成犯罪的，以擅自发行股票、公司、企业债券罪定罪处罚。违反国家规定，未经依法核准擅自发行基金份额募集基金，情节严重的，依照《刑法》第 225 条的规定，以非法经营罪定罪处罚。

4. 本罪的共同犯罪。

根据 2022 年 2 月 23 日最高人民法院《关于审理非法集资刑事案件具体应用法律若干问题的解释》的规定，明知他人从事非法吸收公众存款犯罪活动，为其提供广告等宣传的，以非法吸收公众存款罪的共犯论处。2014 年 3 月 25 日最高人民法院、最高人民检察院、公安部《关于办理非法集资刑事案件适用法律若干问题的意见》规定，为他人向社会公众非法吸收资金提供帮助，从中收取代理费、好处费、返点费、佣金、提成等费用，构成非法集资共同犯罪的，应当依法追究刑事责任。能够及时退缴上述费用的，可依法从轻处罚；其中情节轻微的，可以免除处罚；情节显著轻微、危害不大的，不作为犯罪处理。

5. 本罪的罪数

根据 2022 年 2 月 23 日最高人民法院《关于审理非法集资刑事案件具体应用法律若干问题的解释》的规定，通过传销手段向社会公众非法吸收资金，构成非法吸收公众存款罪，同时又构成组织、领导传销活动罪的，依照处罚较重的规定定罪处罚。

（三）非法吸收公众存款罪的处罚

《刑法》第 176 条规定："非法吸收公众存款或者变相吸收公众存款，扰乱金融秩序的，处三年以下有期徒刑或者拘役，并处或者单处罚金；数额巨大或者有其他严重情节的，处三年以上十年以下有期徒刑，并处罚金；数额特别巨大或者有其他特别严重情节的，处十年以上有期徒刑，并处罚金。单位犯前款罪的，对单位判处罚金，并对其直接负责的主管人员和其他直接责任人员，依照前款的规定处罚。有前两款行为，在提起公诉前积极退赃退赔，减少损害结果发生的，可以从轻或者减轻处罚。"

根据 2022 年 2 月 23 日最高人民法院《关于审理非法集资刑事案件具体应用法律若干问题的解释》的规定，非法吸收或者变相吸收公众存款，具有下列情形之一的，应当依法追究刑事责任：（1）非法吸收或者变相吸收公众存款数额在 100 万元以上的；（2）非法吸收或者变相吸收公众存款对象 150 人以上的；（3）非法吸收或者变相吸收公众存款，给存款人造成直接经济损失数额在 50 万元以上的。非法吸收或者变相吸收公众存款数额在 50 万元以上或者给存款人造成直接经济损失数额在 25 万元以上，同时具有下列情节之一的，应当依法追究刑事责任：（1）曾因非法集资受过刑事追究的；（2）2 年内曾因非法集资受过行政处罚的；（3）造成恶劣社会影响或者其他严重后果的。

具有下列情形之一的，应当认定为"数额巨大或者有其他严重情节"：（1）非法吸收或者变相吸收公众存款数额在 500 万元以上的；（2）非法吸收或者变相吸收公众存款对象 500 人以上的；（3）非法吸收或者变相吸收公众存款，给存款人造成直接经济损失数额在 250 万元以上的。非法吸收或者变相吸收公众存款数额在 250 万元以上或者给存款人造成直接经济损失数额在 150 万元以上，造成恶劣社会影响或者其他严重后果的，应当认定为"其他严重情节"。

具有下列情形之一的，应当认定为"数额特别巨大或者有其他特别严重情节"：（1）非法吸收或者变相吸收公众存款数额在 5 000 万元以上的；（2）非法吸收或者变相吸收公众存款对象 5 000 人以上的；（3）非法吸收或者变相吸收公众存款，给存款人造成直接经济损失数额在 2 500 万元以上的。非法吸收或者变相吸收公众存款数额在 2 500 万元以上或者给存款人造成直接经济损失数额在 1 500 万元以上，造成恶劣社会影响或者其他严重后果的，应当认定为"其他特别严重情节"。

非法吸收或者变相吸收公众存款的数额，以行为人所吸收的资金全额计算。在提起公诉前积极退赃退赔，减少损害结果发生的，可以从轻或者减轻处罚；在提起公诉后退赃退赔的，可以作为量刑情节酌情考虑。

根据 2019 年 1 月 30 日最高人民法院、最高人民检察院、公安部《关于办理非法集资刑事案件若干问题的意见》，非法吸收或者变相吸收公众存款构成犯罪，具有下列情形之一的，向亲友或者单位内部人员吸收的资金应当与向不特定对象吸收的资金一并计入犯罪数额：（1）在向亲友或者单位内部人员吸收资金的过程中，明知亲友或者单位内部人员向不特定对象吸收资金而予以放任的；（2）以吸收资金为目的，将社会人员吸收为单位内部人员，并向其吸收资金的；（3）向社会公开宣传，同时向不特定对象、亲友或者单位内部人员吸收资金的。非法吸收或者变相吸收公众存款的数额，以行为人所吸收的资金全额计算。集资参与人收回本金或者获得回报后又重复投资的数额不予扣除，但可以作为量刑情节酌情考虑。

犯非法吸收公众存款罪，判处 3 年以下有期徒刑或者拘役，并处或者单处罚金的，处 5 万元以上 100 万元以下罚金；判处 3 年以上 10 年以下有期徒刑的，并处 10 万元以上 500 万元以下罚金；判处 10 年以上有期徒刑的，并处 50 万元以上罚金。

参考案例 20—10

1996 年 5 月至 1998 年 5 月，被告人李某等人利用注册和骗取注册的"省百花实业有限公司""省汇丰源有限公司""百花实业（集团）有限公司"，伪造、盗用他人照片，捏造事实，制作虚假广告图册，以扩大社会影响骗取群众信任。上述几位被告人未经中国人民银行等国家金融管理部门的批准，非法以"省百花实业有限公司"下属"商务休闲俱乐部""省丰源期货有限公司""省百花连锁营销有限公司"的名义，以高息为诱饵，并以签订"会员协议""营销协议""连锁营销协议"的方式，非法向社会公众变相吸储资金，共计 18 488 人次，总金额达人民币 33 607.6 万元、2 万美元。1998 年 5 月初，被告人李某等人感到其罪行即将暴露，为逃避司法机关的打击，便指使他人销毁有关账目资料，并提取人民币 1 507.5 万元、94.809 万美元予以隐藏、转移，后分别携巨款外逃，造成集资会员 12 295 人次的集资款人民币 23 418.411 1 万元（含 2 万美元）无法及时和全额兑付，并造成人民币 13 433.842 万元的巨额损失无法挽回，致使会员集会、集体上访、堵塞交通，严重影响了社会的稳定。在此案的审理过程中，围绕该案的定性问题产生了较大争议：第一种观点认为，李某等人的行为绝大多数应属非法吸收公众存款，不能因损失的存在而定集资诈骗罪，应定为非法吸收公众存款罪。第二种观点认为，李某等人的行为中，携款外逃隐匿资金的行为属集资诈骗行为，应对其携款外逃和隐匿资金的数额承担集资诈骗罪的法律责任，对其他数额部分应定为非法吸收公众存款罪。第三种观点认为，李某等人的行为应全部定为集资诈骗罪。我们认为，李某等人明知没有归还能力而大量骗取资金，骗取资金后携带集资款逃跑、抽逃转移资金、隐匿财产以逃避返还资金、隐匿并销毁账目，应认为其具有"以非法占有为目的"的主观故意，应以集资诈骗犯罪定罪处罚。最后，人民检察院以被告人李某等人集资诈骗人民币 23 418.411 1 万元将本案移送起诉，市中级人民法院以集资诈骗罪判处李某死刑。被告不服，后经省高级人民法院、最高人民法院核准，维持了原判决。

十三、伪造、变造金融票证罪

（一）伪造、变造金融票证罪的概念和特征

伪造、变造金融票证罪，是指伪造、变造票据、银行结算凭证、信用证或者附随的单据、文件以及伪造信用卡的行为。

本罪的构成特征如下：

（1）本罪侵犯的客体是国家金融管理秩序。本罪的犯罪对象是金融票证。金融票证是保证金融活动正常进行，证明债权债务关系的合法书面凭证。作为本罪犯罪对象的金融票证包括四大类：

第一，票据即汇票、本票和支票。汇票是指由出票人签发的，委托付款人在见票时或者指定日期无条件地支付确定的金额给收款人或者持票人的票据。本票是指由出票人签发的，承诺自己在见票时无条件地支付确定的金额给收款人或者持票人的票据。支票是指由出票人签发的，委托办理支票存款业务的银行或者其他金融机构在见票时无条件地支付确定的金额给收款人或者持票人的票据。

第二，银行结算凭证即委托收款凭证、汇款凭证、银行存单和其他银行结算凭证。委托收款凭证是指收款人向银行提供的、委托银行向付款人收取款项的结算凭证。汇款凭证是指汇款人委托银行给异地收款人进行汇兑结算的凭证，包括信汇凭证和电汇凭证。银行存单是指储户向银行交存款项，办理开户，银行签发的单据。其他银行结算凭证，是指除上述结算凭证以外的结算凭证。

第三，信用证或者附随的单据、文件。信用证是指银行有条件保证付款的证书，即开证银行根据买方（通常是进口商）的开证申请，开给卖方（通常是出口商）的一种在具备约定条件后可得到由开证银行或者支付银行支付约定金额的保证付款凭证。附随的单据、文件是指信用证受益人向银行提供的、与信用证条款的规定相一致的代表货物的单据、文件，如提单。

第四，信用卡。根据 2004 年 12 月 29 日第十届全国人民代表大会常务委员会第十三次会议通过的《关于〈中华人民共和国刑法〉有关信用卡规定的解释》的规定，《刑法》规定的"信用卡"，是指由商业银行或者其他金融机构发行的具有消费支付、信用贷款、转账结算、存取现金等全部功能或者部分功能的电子支付卡。

（2）本罪的客观方面表现为伪造、变造金融票证的行为。这里的伪造包括两种情形：一是有形伪造，即没有金融票证制作权的人，假冒他人的名义，擅自制造外观上足以使一般人误认为是真实金融票证的假金融票证；二是无形伪造，即具有金融票证制作权的人，超越其制作权限，违背事实制造内容虚假的金融票证，如银行工作人员制作虚假的银行存单。变造是指以真实的金融票证为基础，采取挖补、拼接、涂改等方法对真实金融票证进行加工改造，变更票证上记载的金额、日期等内容的行为。需要注意的是，对票据、银行结算凭证和信用证及其附随的单据、文件既可以采用伪造的方法，也可以采用变造的方法，对信用卡只能采用伪造的方法，而不可能采用变造的方法。这是由信用卡的特点所决定的。

（3）本罪的犯罪主体是一般主体，包括自然人和单位。

（4）本罪的主观方面表现为故意，并且一般具有使用或者转让伪造、变造的金融票证以牟取非法利益的目的。

（二）伪造、变造金融票证罪的认定

《刑法》第 177 条虽然没有规定数额或者情节作为本罪的构成要件，但这并不意味着只要实施了伪造、

变造金融票证的行为，就构成犯罪。根据 2022 年 4 月 6 日最高人民检察院、公安部《关于公安机关管辖的刑事案件立案追诉标准的规定（二）》第 24 条的规定，伪造、变造金融票证，涉嫌下列情形之一的，应予立案追诉：（1）伪造、变造汇票、本票、支票，或者伪造、变造委托收款凭证、汇款凭证、银行存单等其他银行结算凭证，或者伪造、变造信用证或者附随的单据、文件，总面额在 1 万元以上或者数量在 10 张以上的；（2）伪造信用卡 1 张以上，或者伪造空白信用卡 10 张以上的。

如果行为人隐瞒真相，与对方订立货物买卖合同，收到对方开立的信用证后，伪造各种单据骗取对方货款；以根本不存在的公司、企业的名义签发提单；故意供给与提单所载内容不符的货物；或者伪造并使用伪造的信用证、信用卡诈骗的，在构成本罪的同时，又触犯合同诈骗、金融诈骗等罪名，由于存在手段行为与目的行为的牵连关系，属于牵连犯，应从一重罪论处，不实行数罪并罚。

本罪是选择性罪名，司法实践中应根据具体案情，选择适用或者合并适用。伪造、变造金融票证的行为，既可以只伪造或只变造，也可以结合实施，但只要具备其中的一种行为，就可以构成犯罪；如果同时实施伪造、变造行为，应当从重处罚，不可实行数罪并罚。既可以是伪造、变造其中的一种金融票证，也可以伪造、变造两种以上的金融票证，但都只构成一罪，不能实行数罪并罚。

（三）伪造、变造金融票证罪的处罚

根据《刑法》第 177 条的规定，犯本罪的，处 5 年以下有期徒刑或者拘役，并处或者单处 2 万元以上 20 万元以下罚金；情节严重的，处 5 年以上 10 年以下有期徒刑，并处 5 万元以上 50 万元以下罚金；情节特别严重的，处 10 年以上有期徒刑或者无期徒刑，并处 5 万元以上 50 万元以下罚金或者没收财产。

所谓"情节严重"，一般是指多次伪造、变造金融票证的；伪造、变造多种金融票证的；伪造、变造金融票证后出售的；伪造、变造金融票证严重扰乱了国家金融秩序或者给银行造成重大经济损失等。所谓"情节特别严重"，一般是指伪造、变造金融票证，数量巨大的；伪造、变造金融票证后出售，非法获利巨大的；伪造、变造金融票证给银行造成巨大经济损失等严重后果的情况。

单位犯本罪的，对单位判处罚金，并对其直接负责的主管人员和其他直接责任人员依照上述规定处罚。

参考案例 20-11

被告人王某在某县城市信用社存款 130 元，至 11 月 25 日已两次支取共 125 元，存折上余额为 5 元。后被告人王某在自己家中将存折上存款余额涂改为 10 805 元。王某持涂改后的存折到本县一发廊按摩嫖娼，结账时无现金支付，便同发廊老板、卖淫女三人乘三轮车到城市信用社取款，信用社工作人员发现存折被涂改后立即报警，公安人员遂将王某抓获。某县人民法院经审理后认为：被告人王某以牟取不正当利益为目的，以真实的金融凭证为基础，采取涂改存款余额的手段，改变金融凭证的内容，主观上表现为故意，客观上实施了涂改存单上存款余额的行为，其行为构成变造金融票证罪，判处有期徒刑 2 年，并处罚金 2 万元。

十四、妨害信用卡管理罪

（一）妨害信用卡管理罪的概念和特征

妨害信用卡管理罪，是指违反国家对信用卡的管理制度，明知是伪造的信用卡而持有、运输，或者明知是伪造的空白信用卡而持有、运输，数量较大，或者非法持有他人信用卡，数量较大，或者使用虚假的身份证明骗领信用卡，或者出售、购买、为他人提供伪造的信用卡或者以虚假的身份证明骗领的信用卡的行为。

本罪的构成特征如下：

（1）本罪侵犯的客体是国家关于信用卡的管理制度，如中国人民银行 1996 年发布的《信用卡业务管理办法》，中国人民银行 1999 年颁布的《银行卡业务管理办法》等。本罪的犯罪对象是信用卡。随着商业银行和其他金融机构业务的发展，我国出现了多种形式的电子支付卡。中国人民银行为了加强对电子支付卡的管理，将银行和其他金融机构发行的各种形式的电子支付卡细分为信用卡、借记卡，并将信用卡

再细分为贷记卡和准贷记卡。然而在司法实践中，对于伪造或者利用商业银行或者其他金融机构发行的电子支付卡进行的犯罪活动，在适用法律上出现了不同认识，因此十届全国人大常委会第十三次会议于2004年12月29日通过了有关法律解释，明确了《刑法》规定中的"信用卡"的含义。《刑法》规定的"信用卡"，是指由商业银行或者其他金融机构发行的具有消费支付、信用贷款、转账结算、存取现金等全部功能或者部分功能的电子支付卡。

（2）本罪在客观方面表现为妨害信用卡管理的行为。具体表现为以下几种情形：

其一，明知是伪造的信用卡而持有、运输的，或者明知是伪造的空白信用卡而持有、运输，数量较大的。"持有"既可以是随身携带，也可以是暗藏于某处，即凡是行为人可以自由控制、支配伪造的信用卡或伪造的空白信用卡的方式，均可以认定为持有。"运输"是指将伪造的信用卡或伪造的空白信用卡由一地运往另一地。

其二，非法持有他人信用卡，数量较大的。即行为人违反国家的信用卡管理制度，没有持卡权而持有他人的信用卡。根据2021年6月17日最高人民法院、最高人民检察院、公安部《关于办理电信网络诈骗等刑事案件适用法律若干问题的意见（二）》的规定，无正当理由持有他人的单位结算卡的，属于《刑法》第177条之一第1款第2项规定的"非法持有他人信用卡"。

其三，使用虚假的身份证明骗领信用卡的。即行为人弄虚作假，骗取银行或者其他金融机构的信任而获得信用卡。根据2018年11月28日最高人民法院、最高人民检察院《关于办理妨害信用卡管理刑事案件具体应用法律若干问题的解释》第2条以及2022年4月6日最高人民检察院、公安部《关于公安机关管辖的刑事案件立案追诉标准的规定（二）》第25条的规定，违背他人意愿，使用其居民身份证、军官证、士兵证、港澳居民往来内地通行证、台湾居民来往大陆通行证、护照等身份证明申领信用卡的，或者使用伪造、变造的身份证明申领信用卡的，应当认定为"使用虚假的身份证明骗领信用卡"。

其四，出售、购买、为他人提供伪造的信用卡或者以虚假的身份证明骗领的信用卡的。即以有偿的方式向他人出卖或向他人购买，或者无偿地为他人提供伪造的信用卡或骗领的信用卡。

以上持有、运输、骗领、出售、购买、提供等行为，行为人既可以实施其中的一种，也可以是两种以上，但只要具备其中的一种行为，就可以构成本罪；如果行为人同时实施了上述两种以上的行为，应当从重处罚，而不能实行数罪并罚。本罪是选择性罪名，司法实践中应根据具体案情，选择适用或者并合适用。

（3）本罪的主体是一般主体，凡年满16周岁、具有刑事责任能力的自然人均可以构成本罪。

（4）本罪在主观方面表现为故意，过失不构成本罪。至于行为人出于何种动机和目的，不影响本罪的成立。

（二）妨害信用卡管理罪的认定

1. 妨害信用卡管理罪与非罪的界限。

区分本罪与非罪的关键在于主观和客观两个方面。在主观方面，本罪表现为故意。如果行为人不知道是伪造的信用卡或者伪造的空白信用卡而持有、运输、出售、购买、提供给他人的，不构成犯罪。在客观方面，本罪中有些情形虽然没有数量或者情节上的要求，如明知是伪造的信用卡而持有、运输的，使用虚假的身份证明骗领信用卡的，出售、购买、为他人提供伪造的信用卡或者以虚假的身份证明骗领的信用卡的，属于行为犯，但这并不意味着只要实施了这些行为就必然构成犯罪。如果数量不大或者情节显著轻微，危害不大的，不宜作为犯罪处理。有些情形，如明知是伪造的空白信用卡而持有、运输的，非法持有他人信用卡的，只有数量较大的，才构成犯罪。如果数量较小又不具有其他严重情节的，就不构成犯罪。

2. 妨害信用卡管理罪与伪造、变造金融票证罪的界限。

伪造信用卡是伪造、变造金融票证罪的表现方式之一。区分两罪的关键在于行为方式不同。本罪的行为方式包括持有、运输、出售、购买、为他人提供伪造的信用卡等，行为人本人并没有实施伪造信用卡的行为。在伪造、变造金融票证罪中，伪造信用卡的行为是由行为人本人实施的。如果行为人既实施了伪造信用卡的行为，又持有、运输、出售、购买、为他人提供自己伪造的信用卡的，应以伪造、变造金融票证罪定罪处罚，不能实行数罪并罚。如果行为人既实施了伪造信用卡的行为，又持有、运输、出售、购买、为他人提供其他人伪造的信用卡的，则分别构成伪造、变造金融票证罪和妨害信用卡管理罪，实行数罪并罚。如果行为人事先与伪造信用卡的犯罪分子通谋，为后者提供运输、出售等帮助行为的，不应以本罪论处，而应按伪造、变造金融票证罪的共犯论处。

3. 妨害信用卡管理罪与信用卡诈骗罪的界限。

在司法实践中，行为人持有、购买伪造的信用卡或骗领信用卡，一般来说是为了使用它进行诈骗活动，这样行为人的行为既构成妨害信用卡管理罪，又构成信用卡诈骗罪。此种情形属于刑法理论上的牵连犯，即手段行为与目的行为的牵连，应从一重罪处断，不能实行数罪并罚。

（三）妨害信用卡管理罪的处罚

根据《刑法》第177条之一第1款的规定，犯本罪的，处3年以下有期徒刑或者拘役，并处或者单处1万元以上10万元以下罚金；数量巨大或者有其他严重情节的，处3年以上10年以下有期徒刑，并处2万元以上20万元以下罚金。

根据2022年4月6日最高人民检察院、公安部《关于公安机关管辖的刑事案件立案追诉标准的规定（二）》第25条的规定，妨害信用卡管理，涉嫌下列情形之一的，应予立案追诉：（1）明知是伪造的信用卡而持有、运输的；（2）明知是伪造的空白信用卡而持有、运输，数量累计在10张以上的；（3）非法持有他人信用卡，数量累计在5张以上的；（4）使用虚假的身份证明骗领信用卡的；（5）出售、购买、为他人提供伪造的信用卡或者以虚假的身份证明骗领的信用卡的。

根据2018年11月28日最高人民法院、最高人民检察院《关于妨害信用卡管理刑事案件具体应用法律若干问题的解释》第2条的规定，明知是伪造的空白信用卡而持有、运输10张以上不满100张的，应当认定为"数量较大"；非法持有他人信用卡5张以上不满50张的，应当认定为"数量较大"。有下列情形之一的，应当认定为"数量巨大"：（1）明知是伪造的信用卡而持有、运输10张以上的；（2）明知是伪造的空白信用卡而持有、运输100张以上的；（3）非法持有他人信用卡50张以上的；（4）使用虚假的身份证明骗领信用卡10张以上的；（5）出售、购买、为他人提供伪造的信用卡或者以虚假的身份证明骗领的信用卡10张以上的。

参考案例 20-12

广东省珠海市一个名叫"米高"的人，成立了一个组织严密，分工明确，制造、销售、加工、运输一条龙的跨境信用卡犯罪集团。该犯罪集团在境外一些国家和地区盗取国际信用卡资料，在珠海伪造信用卡及盗码器，并销往英国、澳大利亚、马来西亚等国家和我国港澳地区牟取暴利。广东省公安厅经济犯罪侦查总队会同珠海市公安局成立了代号为"JK1号"的专案组，在香港、澳门警方的协作配合下，成功破获了这起特大跨境制售伪造的国际信用卡犯罪集团案件，捣毁了伪造信用卡、制卡资料盗码器、存放信用卡资料的窝点3个，缴获伪造的信用卡17 126张，查获盗取的信用卡信息121条，缴获盗码器成品、半成品及原材料390余套，还缴获电脑、烫金机、打印机、磁条读卡器、IC卡读卡器等大批作案工具。包括香港第一太平银行、香港渣打银行、澳门大西洋银行、澳门永亨银行、美国国际集团、美国运通银行、汇丰银行、英国MBNA银行、新加坡华联银行、日本信贩株式会社、中银集团等知名银行在内的20家银行的信用卡被伪造。经有关国际组织鉴定，这批假卡如流入社会可造成经济损失约3.2亿元人民币。

参考案例 20-13

丁某（某房地产经纪公司经理）、李某（女大学生）、张某（银行职员）、裘某（某房地产经纪公司职员）、赵某（某房地产经纪公司职员）、王某（银行职员）6人相互勾结，利用伪造资料骗取中国工商银行、招商银行等多家银行信用卡，或是冒领他人信用卡，然后恶意透支。从2003年3月至2004年4月间，丁某团伙共非法办理了16张信用卡，先后恶意透支人民币22.2万余元、美元2 000元。2003年10月至11月间，丁某指使李某冒充陈某某的身份，利用陈某某的身份资料、房产证明，由张某通过他人伪造了陈某某的身份证，从工商银行冒领牡丹信用卡、贷记卡、国际卡各一张，恶意透支人民币 14 716.70 元。2003 年 12 月至 2004 年 4 月间，丁某伙同裘某、赵某，利用裘某和赵某的真实身份，由张某通过他人伪造了学历证明、房产证明等资料，从工商银行、招商银行、中信银行、建设银行申领信用卡，恶意透支人民币共 190 263 元、美元 2 000 元。2004 年 2 月至 2004 年 3 月间，丁某与王某等人相互勾结，由王某利用工作便利，向丁某提供客户身份资料，丁某提供相关人员的照片，由张某通过他人伪造假身份证，再由裘某、赵某持假身份证冒领工商银行牡丹信用卡 2 张，透支人民币 7 320 元。某中级人民法院终审审理后认为，丁某等 6 人采取伪造信用卡申领资料的手段，骗领、冒领信用卡进行恶意透支的行为，侵犯了银行的财产权利，均构成信用卡诈骗罪。最后，丁某被判处有期徒刑 11 年，并处罚金 11 万元；王某被判处拘役 6 个月，缓刑 6 个月，并处罚金 2 万元；李某被判处有期徒刑 1 年，缓刑 1 年，并处罚金 3 万元；张某被判处有期徒刑 10 年，并处罚金 10 万元；裘某被判处有期徒刑 8 年，并处罚金 8 万元；赵某被判处有期徒刑 7 年，并处罚金 7 万元。

十五、洗钱罪

（一）洗钱罪的概念和特征

洗钱罪，是指行为人为掩饰、隐瞒毒品犯罪、黑社会性质的组织犯罪、恐怖活动犯罪、走私犯罪、贪污贿赂犯罪、破坏金融管理秩序犯罪、金融诈骗犯罪的所得及其产生的收益的来源和性质的行为。

本罪的构成特征如下：

（1）本罪的客体为复杂客体，侵犯了国家的金融管理制度和司法机关的正常活动。本罪的犯罪对象是毒品犯罪、黑社会性质的组织犯罪、恐怖活动犯罪、走私犯罪、贪污贿赂犯罪、破坏金融管理秩序犯罪、金融诈骗犯罪的所得及其产生的收益。如果犯罪对象不属于这七类犯罪的违法所得及其产生的收益，不构成本罪，但有可能构成其他犯罪。

（2）本罪的客观方面表现为行为人实施了掩饰、隐瞒毒品犯罪、黑社会性质的组织犯罪、恐怖活动犯罪、走私犯罪、贪污贿赂犯罪、破坏金融管理秩序犯罪、金融诈骗犯罪的所得及其产生的收益的来源和性质的行为。

洗钱罪的本质在于使非法资金表面上"合法化"，消灭犯罪线索和证据，使罪犯逃避法律追究和制裁。根据刑法规定，构成洗钱罪的客观行为有：

其一，提供资金账户。即为上游犯罪人开立银行账户，或者将自己拥有的合法账户提供给上游犯罪分子使用，使其将赃款存入金融机构，从而取得合法形式。

其二，将财产转换为现金、金融票据、有价证券。即将赃物变卖，使其转换为现金、金融票据、有价证券，或者将现金转换为金融票据、有价证券或者将金融票据、有价证券转换为现金，或者将此种现金与彼种现金、此种票据与彼种票据、此种有价证券与彼种有价证券互换，以掩盖赃款的性质和来源。

其三，通过转账或者其他支付结算方式转移资金。即将违法所得及其产生的收益通过银行等金融机构转账或者承兑、委托付款等支付结算方式，混入合法收入，将赃款转换为合法资金。

其四，跨境转移资产。即单位或者个人，通过自己在银行或者其他金融机构开立的账户，将赃款从境内汇往境外，或者从境外汇往境内。

其五，以其他方法掩饰、隐瞒犯罪所得及其收益的来源和性质。即将犯罪所得及其收益投资于服务性行业、娱乐业等大量使用现金的行业、领域；将非法所得混合于合法收入中，或者用犯罪所得购买不动产、有价证券，然后转手卖出等手段，掩饰、隐瞒犯罪违法所得及其收益的来源和性质的行为。根据 2024 年 8 月 19 日最高人民法院、最高人民检察院《关于办理洗钱刑事案件适用法律若干问题的解释》的规定，实施下列行为之一的，可以认定为《刑法》第 191 条第 1 款第 5 项规定的"以其他方法掩饰、隐瞒犯罪所得及其收益的来源和性质"：1）通过典当、租赁、买卖、投资拍卖、购买金融产品等方式，转移、转换犯罪所得及其收益的；2）通过与商场、饭店、娱乐场所等现金密集型场所的经营收入相混合的方式，转移、转换犯罪所得及其收益的；3）通过虚构交易、虚设债权债务、虚假担保、虚报收入等方式，转移、转换犯罪所得及其收益的；4）通过买卖彩票、奖券、储值卡、黄金等贵金属等方式，转换犯罪所得及其收益的；5）通过赌博方式，将犯罪所得及其收益转换为赌博收益的；6）通过"虚拟资产"交易、金融资产兑换方式，转移、转换犯罪所得及其收益的；7）以其他方式转移、转换犯罪所得及其收益的。

上述洗钱行为的共同特点在于：使犯罪所得及其产生的收益的非法来源和非法性质被隐瞒、掩饰，甚至直接使其合法化。

（3）本罪的犯罪主体既可以是自然人，也可以是单位。

（4）本罪在主观上要求行为人出于故意，即行为人知道或应当知道是毒品犯罪、黑社会性质的组织犯罪、恐怖活动犯罪、走私犯罪、贪污贿赂犯罪、破坏金融管理秩序犯罪、金融诈骗犯罪的所得及其产生的收益，仍决意对其来源和性质加以掩饰、隐瞒。上游犯罪行为人的知道或应当知道与单纯下游犯罪行为人的知道或应当知道，在成立洗钱罪的构成要素和证据证明的要求等方面，存在一定区别。行为人在主观上具有掩饰、隐瞒上述犯罪的所得及其产生的收益的非法来源和性质的目的，有时还具有谋取非法利益之目的。根据2024年8月19日最高人民法院最高人民检察院《关于办理洗钱刑事案件适用法律若干问题的解释》的规定，认定"知道或者应当知道"，应当根据行为人所接触、接收的信息，经手他人犯罪所得及其收益的情况，犯罪所得及其收益的种类、数额，犯罪所得及其收益的转移、转换方式，交易行为、资金账户等异常情况，结合行为人职业经历、与上游犯罪人员之间的关系以及其供述和辩解，同案人指证和证人证言等情况综合审查判断。有证据证明行为人确实不知道的除外。将《刑法》第191条规定的某一上游犯罪的犯罪所得及其收益，认作该条规定的上游犯罪范围内的其他犯罪所得及其收益的，不影响"知道或者应当知道"的认定。

（二）洗钱罪的认定

1. 本罪与掩饰、隐瞒犯罪所得、犯罪所得收益罪的界限。

掩饰、隐瞒犯罪所得、犯罪所得收益罪，是指知道或者应当知道是犯罪所得及其产生的收益而予以窝藏、转移、收购、代为销售或者以其他方法掩饰、隐瞒的行为。从法条关系上说，《刑法》第312条所规定的掩饰、隐瞒犯罪所得、犯罪所得收益罪与《刑法》第191条所规定的洗钱罪构成一般法条与特别法条的关系。由于《刑法》第191条将掩饰、隐瞒毒品犯罪、黑社会性质的组织犯罪、恐怖活动犯罪、走私犯罪、贪污贿赂犯罪、破坏金融管理秩序犯罪、金融诈骗犯罪的所得及其产生的收益的性质和来源的行为予以专门规定，以洗钱罪予以定罪量刑，因而，《刑法》第312条所规定的掩饰、隐瞒犯罪所得、犯罪所得收益罪的犯罪对象则不再包括毒品犯罪、黑社会性质的组织犯罪、恐怖活动犯罪、走私犯罪、贪污贿赂犯罪、破坏金融管理秩序犯罪、金融诈骗犯罪的所得及其产生的收益。对于窝藏、转移、收购、代为销售或者以其他方法掩饰、隐瞒明知是毒品犯罪、黑社会性质的组织犯罪、恐怖活动犯罪、走私犯罪、贪污贿赂犯罪、破坏金融管理秩序犯罪、金融诈骗犯罪的所得及其产生的收益的，应以洗钱罪论处，而不应以掩饰、隐瞒犯罪所得、犯罪所得收益罪论处。总之，洗钱罪与掩饰、隐瞒犯罪所得、犯罪所得收益罪的主要区别表现于犯罪对象的不同，此外，两罪在犯罪客体、犯罪客观方面的具体行为方式、犯罪主体、犯罪主观认识要素的明知内容等构成要素方面也有所区别。例如，洗钱罪的主体，包括上游犯罪的行为人，而掩饰、隐瞒犯罪所得、犯罪所得收益罪的主体，不包括上游犯罪的行为人。根据2024年8月19日最高人民法院、最高人民检察院《关于办理洗钱刑事案件适用法律若干问题的解释》的规定，掩饰、隐瞒《刑法》第191条规定的上游犯罪的犯罪所得及其产生的收益，构成《刑法》第191条规定的洗钱罪，同时又构成《刑法》第312条规定的掩饰、隐瞒犯罪所得、犯罪所得收益罪的，依照《刑法》第191条的规定定罪处罚。

2. 本罪与包庇毒品犯罪分子罪的区别。

从犯罪侵犯的客体上看，本罪是破坏金融管理秩序和司法机关正常活动的犯罪，后罪是一种毒品犯罪，所侵犯的客体是司法机关惩治毒品犯罪的正常活动。从客观方面看，本罪是以特定方式，掩饰、隐瞒毒品犯罪、黑社会性质的组织犯罪、恐怖活动犯罪、走私犯罪、贪污贿赂犯罪、破坏金融管理秩序犯罪、金融诈骗犯罪的所得及其产生的收益的性质和来源的行为；而后罪是向司法机关作假证明以掩盖毒品犯罪分子的罪行，或帮助其湮灭罪迹、隐匿罪证的行为。根据 2024 年 8 月 19 日最高人民法院、最高人民检察院《关于办理洗钱刑事案件适用法律若干问题的解释》的规定，实施《刑法》第 191 条规定的洗钱行为，构成洗钱罪，同时又构成《刑法》第 349 条规定的包庇毒品犯罪分子罪的，依照处罚较重的规定定罪处罚。

3. 本罪与包庇罪的区别。

从犯罪侵犯的客体上看，本罪是破坏金融管理秩序和司法机关正常活动的犯罪，后罪是妨害司法机关正常活动的犯罪。从客观方面看，本罪是以特定方式，掩饰、隐瞒毒品犯罪、黑社会性质的组织犯罪、恐怖活动犯罪、走私犯罪、贪污贿赂犯罪、破坏金融管理秩序犯罪、金融诈骗犯罪的所得及其产生的收益的性质和来源的行为；而后罪是明知系犯罪的人而作假证明包庇的行为。若行为人既实施了包庇行为，又实施了洗钱行为，则构成两罪，应予并罚。

（三）洗钱罪的处罚

根据《刑法》第 191 条的规定，犯洗钱罪的，没收实施毒品犯罪、黑社会性质的组织犯罪、恐怖活动犯罪、走私犯罪、贪污贿赂犯罪、破坏金融管理秩序犯罪、金融诈骗犯罪的所得及其产生的收益，处 5 年以下有期徒刑或者拘役，并处或者单处洗钱数额 5％以上 20％以下罚金；情节严重的，处 5 年以上 10 年以下有期徒刑，并处洗钱数额 5％以上 20％以下罚金。

单位犯本罪的，对单位判处罚金，并对其直接负责的主管人员和其他直接责任人员，依照上述规定处罚。

参考案例 20－14

被告人游某，男，28 岁，某银行职员。某日，参加毒品犯罪、黑社会性质组织的贾某（另案处理）突然找到被告人游某说："老兄，这一阵子风声很紧，你也知道，以前我制造、贩卖那玩意儿弄了几个钱，生怕有点闪失，枉费了几年的心血，以后也没有了依靠。所以，我想让你给帮个忙，给我那几个钱找个保险的方法，也免了我的后顾之忧，即使事发坐牢，也没有什么怕的了。"游某由于跟贾某素来以兄弟相称，碍于情面，于是便帮他在银行立了 10 万元的账户。后贾某案发，供述了自己的犯罪及其所得金钱去向，游某也随即被捕。法院经审理后认为，被告人游某明知贾某的金钱是毒品犯罪、黑社会性质的组织犯罪的违法所得，而为其提供资金账户掩饰其来源和性质，已构成洗钱罪，根据《刑法》第 191 条的规定，判处游某有期徒刑 3 年，并处罚金 2 万元。

十六、集资诈骗罪

（一）集资诈骗罪的概念和特征

集资诈骗罪，是指以非法占有为目的，使用诈骗的方法进行非法集资，骗取集资款，数额较大的行为。

本罪的构成特征如下：

（1）本罪侵犯的客体是国家正常的金融管理秩序和公私财产的所有权。

（2）本罪的客观方面表现为使用诈骗的方法进行非法集资，骗取集资款，数额较大的行为。具体而言，本罪的客观方面包括以下三个要素：

第一，行为人进行了非法集资行为。

第二，行为人非法集资采用了虚构事实、隐瞒真相的诈骗手段。在实践中，行为人常采取虚构集资款用途，以虚假的证明文件和高回报率为诱饵骗取集资款。根据 2022 年 2 月 23 日最高人民法院《关于审理非法集资刑事案件具体应用法律若干问题的解释》的规定，以非法占有为目的，使用诈骗方法实施下列行为的，应当依照《刑法》第 192 条的规定，以集资诈骗罪定罪处罚：1）不具有房产销售的真实内容或者不以房产销售为主要目的，以返本销售、售后包租、约定回购、销售房产份额等方式非法吸收资金的；2）以转让林权并代为管护等方式非法吸收资金的；3）以代种植（养殖）、租种植（养殖）、联合种植（养殖）等方式非法吸收资金的；4）不具有销售商品、提供服务的真实内容或者不以销售商品、提供服务为主要目的，以商品回购、寄存代售等方式非法吸收资金的；5）不具有发行股票、债券的真实内容，以虚假转让股权、发售虚构债券等方式非法吸收资金的；6）不具有募集基金的真实内容，以假借境外基金、发售虚构基金等方式非法吸收资金的；7）不具有销售保险的真实内容，以假冒保险公司、伪造保险单据等方式非法吸收资金的；8）以网络借贷、投资入股、虚拟币交易等方式非法吸收资金的；9）以委托理财、融资租赁等方式非法吸收资金的；10）以提供"养老服务"、投资"养老项目"、销售"老年产品"等方式非法吸收资金的；11）利用民间"会""社"等组织非法吸收资金的；12）其他非法吸收资金的行为。

第三，行为人骗取的集资款需达到数额较大。根据 2022 年 2 月 23 日最高人民法院《关于审理非法集资刑事案件具体应用法律若干问题的解释》的规定，个人进行集资诈骗，数额在 10 万元以上的，应当认定为"数额较大"。集资诈骗的数额以行为人实际骗取的数额计算，在案发前已归还的数额应予扣除。行为人为实施集资诈骗活动而支付的广告费、中介费、手续费、回扣，或者用于行贿、赠与等费用，不予扣除。行为人为实施集资诈骗活动而支付的利息，除本金未归还可予折抵本金以外，应当计入诈骗数额。

（3）本罪的主体是一般主体，自然人和单位均可成为本罪的主体。

（4）本罪的主观方面为故意，且具有非法占有的目的。根据 2022 年 2 月 23 日最高人民法院《关于审理非法集资刑事案件具体应用法律若干问题的解释》的规定，具有下列情形之一的，可以认定为"以非法占有为目的"：1）集资后不用于生产经营活动或者用于生产经营活动与筹集资金规模明显不成比例，致使集资款不能返还的；2）肆意挥霍集资款，致使集资款不能返还的；3）携带集资款逃匿的；4）将集资款用于违法犯罪活动的；5）抽逃、转移资金、隐匿财产，逃避返还资金的；6）隐匿、销毁账目，或者搞假破产、假倒闭，逃避返还资金的；7）拒不交代资金去向，逃避返还资金的；8）其他可以认定非法占有目的的情形。

参考案例 20-15

三星公司系 1992 年 8 月注册成立的集体所有制企业，经营范围主要为食品和保健品，注册资金为 100 万元，法定代表人系被告人李某。三星公司未经中国人民银行批准，于 1995 年 6 月至 1998 年 5 月，采取流动吸资，以新还旧，虚构集资用途，以高回报率为诱饵等诈骗方法，向社会公众募集资金，骗取社会公众集资款。其将骗得的集资款除一部分用于返还集资款的本金和高息外，大部分用于挥霍性投资或被非法随意处分。其间，该公司向社会公众非法募集资金共计 8.044 662 253 亿元，除案发前归还 2.131 161 204 亿元，追回赃款、赃物折价 2.482 702 814 5 亿元外，给集资者造成了 3.430 798 234 6 亿元的巨额经济损失。法院经审理认为，李某的行为构成集资诈骗罪。

（二）集资诈骗罪的认定

1. 本罪与非法吸收公众存款罪的界限。

集资诈骗罪和非法吸收公众存款罪均具有非法筹集资金的形式。但两者存在较大的区别：

第一，客体不同。前者侵犯的客体是国家的金融管理秩序和公私财产的所有权，后者侵犯的客体为国家的金融管理秩序。

第二，客观方面不同。前者以使用诈骗方法为构成犯罪的必要条件，后者则不以使用诈骗方法为构成犯罪的必要条件。

第三，主观目的不同。前者以非法占有为目的，后者则不具有非法占有的目的。根据 2022 年 2 月 23 日最高人民法院《关于审理非法集资刑事案件具体应用法律若干问题的解释》的规定，集资诈骗罪中的非法占有目的，应当区分情形进行具体认定。行为人部分非法集资行为具有非法占有目的的，对该部分非法集资行为所涉集资款以集资诈骗罪定罪处罚；非法集资共同犯罪中部分行为人具有非法占有目的，其他行为人没有非法占有集资款的共同故意和行为的，对具有非法占有目的的行为人以集资诈骗罪定罪处罚。

2. 本罪的共同犯罪。

根据 2022 年 2 月 23 日最高人民法院《关于审理非法集资刑事案件具体应用法律若干问题的解释》的

规定，明知他人从事欺诈发行证券，非法吸收公众存款，擅自发行股票、公司、企业债券，集资诈骗或者组织、领导传销活动等集资犯罪活动，为其提供广告等宣传的，以相关犯罪的共犯论处。

3. 本罪的罪数。

根据 2022 年 2 月 23 日最高人民法院《关于审理非法集资刑事案件具体应用法律若干问题的解释》的规定，通过传销手段向社会公众非法吸收资金，构成集资诈骗罪，同时又构成组织、领导传销活动罪的，依照处罚较重的规定定罪处罚。

（三）集资诈骗罪的处罚

根据《刑法》第 192 条第 1 款的规定，犯本罪的，处 3 年以上 7 年以下有期徒刑，并处罚金；数额巨大或者有其他严重情节的，处 7 年以上有期徒刑或者无期徒刑，并处罚金或者没收财产。

根据 2022 年 2 月 23 日最高人民法院《关于审理非法集资刑事案件具体应用法律若干问题的解释》的规定，个人进行集资诈骗，集资诈骗数额在 10 万元以上的，应当认定为"数额较大"；数额在 100 万元以上的，应当认定为"数额巨大"。数额在 50 万元以上，造成恶劣社会影响或者其他严重后果的，应当认定为"其他严重情节"。犯集资诈骗罪，判处 3 年以上 7 年以下有期徒刑的，并处 10 万元以上 500 万元以下罚金；判处 7 年以上有期徒刑或者无期徒刑的，并处 50 万元以上罚金或者没收财产。

根据《刑法》第 192 条第 2 款的规定，单位犯本罪的，对单位判处罚金，并对其直接负责的主管人员和其他直接责任人员，依照第 1 款的规定处罚。

十七、票据诈骗罪

（一）票据诈骗罪的概念和特征

票据诈骗罪，是指违反票据法的有关规定，以非法占有为目的，利用金融票据进行诈骗活动，数额较大的行为。

本罪的构成特征如下：

（1）本罪侵犯的客体是国家的金融票据管理秩序和票据所有人、受益人的财产所有权。

（2）本罪的客观方面表现为利用金融票据进行诈骗活动，数额较大的行为。根据刑法的规定，具体的行为表现有：

其一，明知是伪造、变造的汇票、本票、支票而使用的。所谓汇票是指出票人签发的，委托付款人在见面时或者在指定日期无条件支付确定的金额给收款人或持票人的票据。汇票分为银行汇票和商业汇票。所谓本票是指由出票人签发的，承诺自己在见面时无条件支付确定的金额给收款人或者持票人的票据。这里的"本票"仅指银行本票。所谓支票是指由出票人签发的，委托办理支票存款业务的银行或者其他金融机构在见票时无条件支付确定的金额给收款人或者持票人的票据。票据的伪造是指假冒他人的名义而为的票据行为，包括伪造票据自身和伪造票据签名，如伪造出票人的签名、伪造他人印章而为出票行为。票据的变造是指非法变更票据上的除签名以外的其他记载事项的行为，如变更票据金额、到期日、付款地等。行为人明知是伪造、变造的票据仍然予以使用的行为既包括直接利用这些伪造、变造的金融票据进行诈骗，也包括利用这些票据充作抵押、保证等而为诈骗。

其二，明知是作废的汇票、本票、支票而使用的。这里的"作废"应当作广义的理解，既包括过期的票据，也包括无效及依法宣布作废的票据。所谓"过期"，是指超过票据有效的兑付期限。所谓"无效"，是指票据金额的中文大写和数码记载不一致，票据的金额、日期、收款人名称有更改，票据必须记载的事项不全的票据等。所谓"被依法宣布作废的"，是指银行根据国家的规定予以作废的票据，如更换票据版本后旧版本即为作废的票据。

其三，冒用他人的汇票、本票、支票的。这里的"他人"是指汇票、本票、支票的合法持有人或所有人。这种情形表现为明知是他人的金融票据，擅自以他人之名非法使用的行为。至于是否以合法手段获取该金融票据则未作要求，所以，可以是基于合法的事实占有该票据，如拾得他人遗失的票据等；也可以是基于非法的事实占有该票据，如盗窃、诈骗而来的等。

其四，签发空头支票或者与其预留印鉴不符的支票，骗取财物的。所谓"空头支票"，是指出票人在银行没有存款或存款不足时签发的到期无法兑现的支票。签发与其预留印鉴不符的支票的行为是指支票出票人在其签发的支票上加盖与其预先存留在金融机构中的印鉴不相一致的财务公章或者支票出票人签章，将其交给取款人，使支票在金融机构不能兑现的行为。

其五，汇票、本票的出票人签发无资金保证的汇票、本票或者在出票时作虚假记载、骗取财物的。所谓"资金保证"，是指票据的出票人在承兑汇票、本票时具有按票据支付的能力。在各种票据的支付中，除了对即时兑付的票据有支付能力外，还包括对远期的票据拥有到期支付的能力。所谓"出票"，是指出票人签发票据并将其交付给收款人的票据行为。签发汇票、本票时，不如实填写票据应当记载的事项，并据以进行诈骗的行为，也构成本罪客观行为要件。

行为人实施了上述行为之一的，还需要具备"数额较大"的要件。根据2022年4月6日最高人民检察院、公安部《关于公安机关管辖的刑事案件立案追诉标准的规定（二）》第46条的规定，进行金融票据诈骗活动，数额在5万元以上的，应予立案追诉。

（3）本罪的主体是一般主体，包括单位与自然人。

（4）本罪的主观方面是故意，并且具有非法占有他人财物的目的。

（二）票据诈骗罪的认定

1. 本罪与非罪的界限。

首先，从客观方面来看，主要看其骗取的财物是否达到法律规定的"数额较大"的标准，只有诈骗的数额较大的，才构成本罪；数额不大的，只能作为一般违法行为进行处理，不构成本罪。其次，本罪是目的犯，如果行为人实施上述客观行为，但不是故意而为，没有非法占有他人财物的目的，而是处于不知情或是过失，则不构成本罪，可以根据行为的情节，构成行政违法行为或是不作为违法行为处理。此外，本罪中的一些行为表现要求行为人对行为处于明知的状态，如使用伪造、变造的汇票、本票、支票的；在这些情形中，如果行为人不是基于明知而实施该行为的，也不构成本罪。

2. 本罪与伪造、变造金融票证罪的界限。

所谓伪造、变造金融票证罪是指违反国家票证管理法规，制造假金融票证或者篡改、变动真实金融票证的行为。实践中，有行为人伪造、变造了金融票证又使用这些票证进行诈骗行为，使得本罪与伪造、变造金融票证罪在定罪上发生混淆。首先，伪造、变造金融票证罪客观方面的表现主要是伪造、变造行为，而本罪是一种诈骗行为，包括利用伪造、变造的金融票证进行诈骗。当行为人伪造、变造了金融票证又使用这些票证进行诈骗时，伪造、变造金融票证的行为成为诈骗犯罪的手段行为，属于刑法中的牵连犯，从一重罪论处，不分别构成上述两罪；行为人只进行了伪造、变造而未进行诈骗的，则只构成伪造、变造金融票证罪。其次，本罪的犯罪对象是票据，即汇票、本票和支票，而伪造、变造金融票证罪的对象除了票据外，还包括其他金融票证，如信用证、信用卡等。另外，两罪的主观方面也不尽相同。

（三）票据诈骗罪的处罚

根据《刑法》第194条、第200条的规定，犯本罪的，处5年以下有期徒刑或者拘役，并处2万元以上20万元以下罚金；数额巨大或者有其他严重情节的，处5年以上10年以下有期徒刑，并处5万元以上50万元以下罚金；数额特别巨大或者有其他特别严重情节的，处10年以上有期徒刑或者无期徒刑，并处5万元以上50万元以下罚金或者没收财产。单位犯本罪的，对单位判处罚金，并对其直接负责的主管人员和其他直接责任人员，处5年以下有期徒刑或者拘役，可以并处罚金；数额巨大或者有其他严重情节的，处5年以上10年以下有期徒刑，并处罚金；数额特别巨大或者有其他特别严重情节的，处10年以上有期徒刑或者无期徒刑，并处罚金。根据2001年1月21日最高人民法院《全国法院审理金融犯罪案件工作座谈会纪要》的规定，对票据诈骗罪的数额，可参照1996年12月16日最高人民法院《关于审理诈骗案件具体应用法律的若干问题的解释》的规定，即个人进行票据诈骗数额5 000元以上的，属于"数额较大"；个人进行票据诈骗数额在5万元以上的，属于"数额巨大"；个人进行票据诈骗数额在10万元以上的，属于"数额特别巨大"。单位进行票据诈骗数额在10万元以上的，属于"数额较大"；单位进行票据诈骗数额在 30 万元以上的，属于"数额巨大"；单位进行票据诈骗数额在 100 万元以上的，属于"数额特别巨大"。

参考案例 20-16

被告人郭某持一张票面额为人民币 300 万元的银行承兑汇票到中国工商银行某分行铁路坝办事处申请办理贴现手续，并要求银行用电报方式查询汇票真伪。之后，银行通过查询证实该汇票为假。数日后，郭某再次到该银行时被当场抓获归案。人民检察院以郭某的行为构成票据诈骗罪，向人民法院提起公诉。被告人郭某辩称，该汇票是其融资所取得，取得时并不知道汇票是假的。辩护人认为，郭某在使用 300 万元的承兑汇票时，并不知道该汇票为假，不具备非法骗取银行资金的主观故意，请求法院对郭某宣告无罪。人民法院认为，郭某明知是伪造汇票而使用，数额特别巨大，其行为已构成票据诈骗（未遂）罪。被告人及其辩护人关于不明知该汇票是假的等辩护意见没有证据印证，不予采纳。故一审对郭某以票据诈骗（未遂）罪判处有期徒刑 10 年，并处罚金 5 万元。郭某对一审判决不服，以该案事实不清、证据不足等理由，上诉至某中级人民法院。中级人民法院经二审审理认为，原判认定事实证据不足，公诉机关在一审庭审中仅是推断郭某对汇票系伪造的明知可能性，且基本依据于郭某的供述，本案现有证据尚不足以达到确实、充分，故裁定撤销一审判决，发回重审。一审人民法院依法重新组成合议庭，重新开庭审理认为：郭某持伪造的 300 万元承兑汇票到银行申请办理贴现手续，并要求银行用电报方式查询汇票真伪的事实属实。公诉机关所提交的证据，不能证实郭某在实施上列行为时明知该承兑汇票系伪造。郭某当庭辩称其不明知的观点，与公诉机关提供的柳某账户查询结果、证人证言相吻合，可印证其并不明知。本案的重要参与人鲁某、黄某、柳某均没有归案。故本案的事实不清、证据不足，不能认定郭某的行为构成了票据诈骗罪。经人民法院书面建议，人民检察院对郭某票据诈骗一案撤回起诉。

十八、信用卡诈骗罪

（一）信用卡诈骗罪的概念和特征

信用卡诈骗罪，是指以非法占有为目的，利用信用卡进行诈骗活动，数额较大的行为。

本罪的构成特征如下：

（1）本罪侵犯的客体是国家的信用卡管理制度和公私财产所有权。

（2）本罪的客观方面表现为利用信用卡进行诈骗活动，数额较大的行为。根据 2004 年 12 月 29 日第十届全国人民代表大会常务委员会第十三次会议通过的《关于〈中华人民共和国刑法〉有关信用卡规定的解释》，《刑法》规定的"信用卡"，是指由商业银行或者其他金融机构发行的具有消费支付、信用贷款、转账结算、存取现金等全部功能或者部分功能的电子支付卡。信用卡是当前世界各国使用最为广泛的一种支付手段、消费信贷和结算工具。我国银行自 20 世纪 70 年代末 80 年代初开始发行信用卡，在不长的时间内发展迅速；信用卡成为一种新的结算工具，发挥着越来越重要的作用。与此同时，利用信用卡进行的犯罪活动也不断出现。根据《刑法》的规定，信用卡诈骗罪的客观行为表现具体有下列几种：

第一，使用伪造的信用卡或者使用以虚假的身份证明骗领的信用卡的。即行为人按照自己的需要使用伪造的信用卡的行为，包括用伪造的信用卡购物和接受有偿服务两种情况。伪造的信用卡，既可以是行为人自己伪造的，也可以是他人伪造的。使用伪造的信用卡，由于申请发卡时没有存入起用金，一旦实际使用了该信用卡，特约商户接受该信用卡的兑付，并据此给付货物或服务，就会直接使特约商户遭受经济损失。同样，行为人如果使用以虚假的身份证明骗领的信用卡的，也会给他人的利益带来损害。这与传统的诈骗罪的性质是一致的，所以构成犯罪。

第二，使用作废的信用卡的。作废的信用卡是指因法定原因失去效用的信用卡，主要包括三种：一是超过使用期限而自动失效的信用卡。信用卡一般都规定有使用期限，超过期限就自动失效，持卡人在信用卡到期日如要继续使用，应到发卡银行办理换卡。二是持卡人中途停止使用信用卡，并在发卡机构办理了退卡手续的。此时虽然信用卡尚在有效期限内，但由于持卡人中途退卡而归于作废。三是挂失的信用卡。发卡银行或公司都对丢失信用卡的情形规定有挂失制度，以切实保护持卡人的利益；经挂失的信用卡就失去使用效力，成为作废的信用卡。使用上述作废的信用卡进行诈骗，数额较大的，就构成本罪。

第三，冒用他人信用卡的。冒用他人信用卡是指非持卡人以持卡人的名义使用其信用卡，进行购物、消费或提取现金，从而骗取财物。根据 2018 年 11 月 28 日最高人民法院、最高人民检察院《关于办理妨害信用卡管理刑事案件具体应用法律若干问题的解释》第 5 条的规定，"冒用他人信用卡"，包括以下情形：拾得他人信用卡并使用的；骗取他人信用卡并使用的；窃取、收买、骗取或者以其他非法方式获取他人信用卡信息资料，并通过互联网、通信终端等使用的；其他冒用他人信用卡的情形。2008 年 4 月 18 日最高人民检察院《关于拾得他人信用卡并在自动柜员机（ATM 机）上使用的行为如何定性问题的批复》规定，拾得他人信用卡并在自动柜员机（ATM 机）上使用的行为，属于《刑法》第 196 条第 1 款第 3 项规定的"冒用他人信用卡"的情形，构成犯罪的，以信用卡诈骗罪追究刑事责任。

第四，恶意透支的。根据 2018 年 11 月 28 日最高人民法院、最高人民检察院《关于办理妨害信用卡管理刑事案件具体应用法律若干问题的解释》第 6 条、第 7 条的规定，持卡人以非法占有为目的，超过规定限额或者规定期限透支，经发卡银行两次有效催收后超过 3 个月仍不归还的，应当认定为"恶意透支"。对于是否以非法占有为目的，应当综合持卡人信用记录、还款能力和意愿、申领和透支信用卡的状况、透支资金的用途、透支后的表现、未按规定还款的原因等情节作出判断。不得单纯依据持卡人未按规定还款的事实认定非法占有目的。具有以下情形之一的，应当认定为"以非法占有为目的"，但有证据证明持卡人确实不具有非法占有目的的除外：1）明知没有还款能力而大量透支，无法归还的；2）使用虚假资信证明申领信用卡后透支，无法归还的；3）透支后通过逃匿、改变联系方式等手段，逃避银行催收的；4）抽逃、转移资金，隐匿财产，逃避还款的；5）使用透支的资金进行犯罪活动的；6）其他非法占有资金，拒不归还的情形。催收同时符合下列条件的，应当认定为"有效催收"：1）在透支超过规定限额或者规定期限后进行；2）催收应当采用能够确认持卡人收悉的方式，但持卡人故意逃避催收的除外；3）两次催收至少间隔 30 日；4）符合催收的有关规定或者约定。对于是否属于有效催收，应当根据发卡银行提供的电话录音、信息送达记录、信函送达回执、电子邮件送达记录、持卡人或者其家属签字以及其他催收原始证据材料作出判断。发卡银行提供的相关证据材料，应当有银行工作人员签名和银行公章。

此外，根据《刑法》的规定，盗窃信用卡并使用的，构成盗窃罪，而不构成本罪。

（3）本罪的主体只能为自然人，单位不能构成本罪。

（4）本罪的主观方面为直接故意，并具有非法占有他人财物的目的。

（二）信用卡诈骗罪的认定

1. 本罪与非罪的界限。

首先从主观方面进行区分，本罪为故意犯罪且为目的犯，如果行为人基于过失或不知情实施了使用作废的信用卡、使用他人信用卡或是透支等行为，都不构成犯罪。其次可以从客观方面进行区分，构成本罪，须达到数额较大的程度。根据 2022 年 4 月 6 日最高人民检察院、公安部《关于公安机关管辖的刑事案件立案追诉标准的规定（二）》第 49 条的规定，进行信用卡诈骗活动，涉嫌下列情形之一的，应予立案追诉：（1）使用伪造的信用卡、以虚假的身份证明骗领的信用卡、作废的信用卡或者冒用他人信用卡，进行诈骗活动，数额在 5 000 元以上的；（2）恶意透支，数额在 5 万元以上的。恶意透支，数额在 5 万元以上不满 50 万元的，在提起公诉前全部归还或者具有其他情节轻微情形的，可以不起诉。但是，因信用卡诈骗受过二次以上处罚的除外。根据 2018 年 11 月 28 日最高人民法院、最高人民检察院《关于办理妨害信用卡管理刑事案件具体应用法律若干问题的解释》第 8 条、第 9 条、第 11 条，恶意透支，数额在 5 万元以上不满 50 万元的，应当认定为《刑法》第 196 条规定的"数额较大"。恶意透支的数额，是指公安机关刑事立案时尚未归还的实际透支的本金数额，不包括利息、复利、滞纳金、手续费等发卡银行收取的费用。归还或者支付的数额，应当认定为归还实际透支的本金。发卡银行违规以信用卡透支形式变相发放贷款，持卡人未按规定归还的，不适用"恶意透支"的规定。构成其他犯罪的，以其他犯罪论处。最后，可以从主体上进行区分，《刑法》未规定单位主体的信用卡诈骗犯罪，所以，如果是由单位实施的行为，则不构成本罪，可以通过其他途径处理。

2. 本罪与伪造金融票证罪的界限。

使用伪造的信用卡进行诈骗行为的，不仅构成本罪，实际上也构成《刑法》第177条规定的伪造金融票证罪。这种情形下，行为人诈骗数额未达到本罪的，以伪造金融票证罪论处；行为人的行为同时符合本罪和伪造金融票证罪的，应当认定为牵连犯，从一重罪论处。

（三）信用卡诈骗罪的处罚

根据《刑法》第196条的规定，犯信用卡诈骗罪的，处5年以下有期徒刑或者拘役，并处2万元以上20万元以下罚金；数额巨大或者有其他严重情节的，处5年以上10年以下有期徒刑，并处5万元以上50万元以下罚金；数额特别巨大或者有其他特别严重情节的，处10年以上有期徒刑或者无期徒刑，并处5万元以上50万元以下罚金或者没收财产。根据2018年11月28日最高人民法院、最高人民检察院《关于办理妨害信用卡管理刑事案件具体应用法律若干问题的解释》第5条、第6条、第10条的规定，使用伪造的信用卡、以虚假的身份证明骗领的信用卡、作废的信用卡或者冒用他人信用卡，进行信用卡诈骗活动，数额在5000元以上不满5万元的，应当认定为"数额较大"；数额在5万元以上不满50万元的，应当认定为"数额巨大"；数额在50万元以上的，应当认定为"数额特别巨大"。恶意透支，数额在5万元以上不满50万元的，应当认定为"数额较大"；数额在50万元以上不满500万元的，应当认定为"数额巨大"；数额在500万元以上的，应当认定为"数额特别巨大"。恶意透支数额较大，在提起公诉前全部归还或者具有其他情节轻微情形的，可以不起诉；在一审判决前全部归还或者具有其他情节轻微情形的，可以免予刑事处罚。但是，曾因信用卡诈骗受过两次以上处罚的除外。

参考案例 20−17

某县百货公司经理委派其出纳员持公司企业法人营业执照、法定代表人身份证明及本单位财务室出具的担保书，在农业银行办理了持卡人为该公司经理的中国农业银行金穗信用卡（单位卡）一份。次年，某县百货公司以外出购货为由，向发卡银行申请金穗卡超限额透支20万元，透支期限3个月，并以其房产作抵押担保。发卡银行经审查后，与某县百货公司签订金穗信用卡超限额透支合同，并于6日后将该合同约定款额20万元划入持卡人即该公司经理的存款账户。后百货公司未能履行还款义务。检察机关以该公司经理涉嫌信用卡诈骗罪提起公诉。某县人民法院经审理后认为：某县百货公司与农业银行之间的法律关系是基于金穗卡超限额透支合同而产生。签订合同时，意思表示真实，内容不违背国家相关法律、法规及《中国农业银行金穗卡使用章程》的规定，并办理了抵押物登记手续，所签订的金穗卡超限额透支合同为有效合同，应依法予以保护。某县百货公司没有按照合同约定的期限清偿透支款，且经农业银行多次追要仍不履行还款义务，应承担相应的违约责任。信用卡是一种信用凭证，信用卡中的单位卡是申办信用卡单位的信用凭证，而单位卡持卡人是使用这种凭证的代表，这种行为是持卡人的职务行为，应视同单位的行为。另外，从透支合同的签订来看，单位是签约当事人，持卡人不是签约当事人，从合同相对性的要求上看，持卡人不是本案的诉讼主体。透支行为是根据与农业银行签订的透支合同进行的，在性质上不是急需时的善意透支或违反章程的恶意透支，而是一种信用卡关系中的借贷后的违约行为。因此，某县百货公司不构成侵权，持卡人该公司经理也不构成信用卡诈骗罪。我们认为，法院的认定是正确的。但如果本案中某县百货公司没有与发卡银行签订信用卡透支合同，而透支20万元，且经催要长期不还的，则属于《刑法》第196条第1款第4项所规定的恶意透支的信用卡诈骗犯罪行为。

十九、保险诈骗罪

（一）保险诈骗罪的概念和特征

保险诈骗罪，是指投保人、被保险人或者受益人，以非法占有为目的，违反保险法律、法规，采取虚构事实、隐瞒真相的方法骗取数额较大的保险金的行为。

本罪的构成特征如下：

（1）本罪侵犯的是复杂客体，为国家的保险制度及保险人的财产所有权。

（2）本罪的客观方面表现为违反保险法律、法规，采取虚构事实、隐瞒真相的方法骗取数额较大的保险金的行为。其具体的行为表现为以下五种：

第一，投保人故意虚构保险标的，骗取保险金的。所谓投保人，是指对保险标的有相关的利益（在保险法律关系中即为保险利益），向保险人申请订立保险合同，并负有交纳保险费义务的人。所谓保险标的，是指作为保险对象的物质财富及其有关利益、人的生命或身体。保险标的是保险合同的核心，可以说保险法律关系当事人都是围绕保险标的开展保险活动的。故意虚构保险标的，是指行为人为了骗取保险金，在订立保险合同时，故意虚构根本不存在的保险标的，企图制造保险事故，以非法获取保险金。如某甲谎称自己有一辆汽车，并拿来他人的有关的证明文件，与保险公司订立了保险合同，后谎称汽车被偷，骗取保险金，便属于此类情况。

第二，投保人、被保险人或者受益人对发生的保险事故编造虚假的原因或者夸大损失的程度，骗取保险金的。所谓投保人，如上所述。所谓被保险人，是指在保险事故发生或者约定的保险期间届满时，依据保险合同，有权向保险人请求补偿损失或者领取保险金的人。所谓受益人，是指投保人或者被保险人在保险合同中明确指定或者依照法律规定有权取得保险金的人。投保人、被保险人、受益人可能是一个人，也可能根据法律的规定或约定，将被保险人或受益人另外指定为他人，从而为不同的两个人或三个人。保险事故发生后，保险人要进行理赔，给付保险金，但并非任何原因引起的保险事故都会获得理赔，只有基于法定或约定的原因并被排除在免责条款之外而发生的保险事故才会获得赔偿。所谓对发生的保险事故编造虚假的原因，就是指投保人、被保险人或者受益人为了达到骗取保险金的目的，在发生保险事故后，对事故原因作虚假的陈述或者隐瞒事故发生的真实原因，企图把不符合赔偿责任范围的事故编造成赔偿责任范围内的事故的行为。所谓夸大损失的程度，是指投保人、被保险人或者受益人在保险事故发生后，故意夸大保险事故造成保险标的损失的程度，企图取得超过损失程度的保险金的行为。前者如行为人将因为操作不当导致的机器爆炸，伪装并编造为机器自身电路短路导致的，以获取产品质量保险金；后者如发生电路短路的爆炸事故后，夸大由此造成的人员伤亡、物质损失的行为。

第三，投保人、被保险人、受益人编造未曾发生的保险事故，骗取保险金的。如某甲在取得动产保险后，自己设法转移该动产，之后向保险公司谎称被盗，以骗取保险金的行为。

第四，保险人、被保险人故意造成财产损失的保险事故，骗取保险金的。如行为人故意造成被保险的房屋被烧毁，谎称为保险事故，或是故意将某件动产遗弃，谎称被盗，要求保险人理赔，从而非法获取保险金的行为。这种情形限定在财产保险合同中。

第五，投保人、受益人故意造成被保险人死亡、伤残或者疾病，骗取保险金的。这种情形限定在人身保险中。人身保险是以人的健康和生命作为保险标的的。投保人、受益人为获取保险金而故意实施致使保险人死亡、伤残或者发生疾病的行为，如杀害、伤害、摧残、虐待、遗弃、传播传染病、投毒等，由此骗取保险金数额较大的，符合本罪的该项客观构成。

（3）本罪的主体是特殊主体，即投保人、被保险人或者受益人。自然人和单位都可以成为本罪的主体。

（4）本罪的主观方面为故意，并且具有骗取并非法占有保险金的目的。

（二）保险诈骗罪的认定

在认定本罪时主要是区分罪与非罪的界限。首先，根据《刑法》的规定，构成本罪，需要达到数额较大的程度。因此，是否骗取了数额较大的保险金，就成为区分保险诈骗罪与非罪的重要标准。根据2022年4月6日最高人民检察院、公安部《关于公安机关管辖的刑事案件立案追诉标准的规定（二）》第51条的规定，进行保险诈骗活动，数额在5万元以上的，应予立案追诉。其次，行为人主观上是否具有骗取保险金的目的也是区分的标准之一，如果行为人因为不清楚保险的具体规定，或是由于事故本身难以认定而误报的，不属于以非法占有保险金为目的实施的行为，都不构成本罪。

此外，根据《刑法》第198条第2款的规定，行为人在实施本罪上述客观行为时同时构成他罪的，应当认定为数罪。如行为人为骗取保险金，将某处房屋焚烧，或将被保险人杀害，获取数额较大的保险金，这些行为在构成保险诈骗犯罪的同时，也构成了放火罪和故意杀人罪，并且纵火与杀人行为与保险诈骗犯罪之间存在手段行为与目的行为的关系，但根据《刑法》的规定，应当数罪并罚，而不是以一罪从重论处。根据《刑法》第198条第4款的规定，保险事故的鉴定人、证明人、财产评估人故意提供虚假的证明文件，为他人诈骗提供条件的，以保险诈骗罪的共犯论处。根据《刑法》第183条的规定，保险公司的工作人员利用职务上的便利，故意编造未曾发生的保险事故进行虚假理赔，骗取保险金归自己所有的，以职务侵占罪定罪处罚；国有保险公司的工作人员和国有保险公司委派到非国有保险公司从事公务的人员实施上述行为的，以贪污罪定罪处罚。

（三）保险诈骗罪的处罚

根据《刑法》第198条的规定，犯保险诈骗罪的，处5年以下有期徒刑或者拘役，并处1万元以上10万元以下罚金；数额巨大或者有其他严重情节的，处5年以上10年以下有期徒刑，并处2万元以上20万元以下罚金；数额特别巨大或者有其他特别严重情节的，处10年以上有期徒刑，并处2万元以上20万元以下罚金或者没收财产。单位犯本罪的，对单位判处罚金，并对其直接负责的主管人员和其他直接责任人员，处5年以下有期徒刑或者拘役；数额巨大或者有其他严重情节的，处5年以上10年以下有期徒刑；数额特别巨大或者有其他特别严重情节的，处10年以上有期徒刑。根据2001年1月21日最高人民法院《全国法院审理金融犯罪案件工作座谈会纪要》的规定，对保险诈骗罪的数额，可参照1996年12月16日最高人民法院《关于审理诈骗案件具体应用法律的若干问题的解释》的规定，即个人进行保险诈骗数额在5万元以上的，属于"数额巨大"，单位进行保险诈骗数额在25万元以上的，属于"数额巨大"；个人进行保险诈骗数额在20万元以上的，属于"数额特别巨大"，单位进行保险诈骗数额在100万元以上的，属于"数额特别巨大"。

参考案例 20-18

某日，被告人张某经营的货车拉橘子到某地。次日凌晨2时许，车由无证的林某驾驶时发生翻车事故，造成林某当场死亡。当得知当时车由无驾驶证的林某驾驶，保险无法理赔时，为了取得保险公司的理赔款，张某就与有驾驶证的另一个司机陈某商量，事故责任由陈某承担下来，并对陈某因此而被吊销驾驶证所引起损失的补偿问题也达成协议。第二天，被告人张某到交警大队找经办人林某，送2 000元"疏通关系"后，交警大队民警林某按被告人张某的意思作了虚假的笔录，并作出道路交通事故责任认定书，认定陈某在本次事故中负全部责任。张某从中国人民保险公司某市分公司取得保险索赔款82 695.59元。后因分赃不均而案发。法院经审理后认为，被告人张某、陈某以非法占有为目的，违反国家保险法规，编造虚假事实，骗取保险公司保险金82 695.59元，数额巨大，其行为均已构成保险诈骗罪。

二十、逃税罪

（一）逃税罪的概念和特征

逃税罪，是指纳税人采取欺骗、隐瞒手段进行虚假纳税申报或者不申报，逃避缴纳税款数额较大并且占应纳税额10%以上，以及扣缴义务人采取欺骗、隐瞒手段不缴或者少缴已扣、已收税款，数额较大的行为。

本罪的构成特征如下：

（1）本罪侵犯的客体是国家的税收征管制度。

（2）本罪的客观方面表现为两种情况：一是纳税人采取欺骗、隐瞒手段进行虚假纳税申报或者不申报，逃避缴纳税款数额较大并且占应纳税额10%以上的行为；二是扣缴义务人采取欺骗、隐瞒手段不缴或者少缴已扣、已收税款，数额较大的行为。

根据2024年3月15日最高人民法院、最高人民检察院《关于办理危害税收征管刑事案件适用法律若干问题的解释》的规定，纳税人进行虚假纳税申报，具有下列情形之一的，应当认定为"欺骗、隐瞒手段"：1）伪造、变造、转移、隐匿、擅自销毁账簿、记账凭证或者其他涉税资料的；2）以签订"阴阳合同"等形式隐匿或者以他人名义分解收入、财产的；3）虚列支出、虚抵进项税额或者虚报专项附加扣除的；4）提供虚假材料，骗取税收优惠的；5）编造虚假计税依据的；6）为不缴、少缴税款而采取的其他欺骗、隐瞒手段。具有下列情形之一的，应当认定为"不申报"：1）依法在登记机关办理设立登记的纳税人，发生应税行为而不申报纳税的；2）依法不需要在登记机关办理设立登记或者未依法办理设立登记的纳税人，发生应税行为，经税务机关依法通知其申报而不申报纳税的；3）其他明知应当依法申报纳税而不申报纳税的。行为人实施上述逃税行为，逃避缴纳税款数额达到一定标准并达到《刑法》第201条规定的所占应纳税额的比例，才可能构成犯罪，即逃避缴纳税款数额较大并且占应纳税额10%以上的，处3年以下有期徒刑或者拘役，并处罚金。

根据2024年3月15日最高人民法院、最高人民检察院《关于办理危害税收征管刑事案件适用法律若干问题的解释》的规定，"逃避缴纳税款数额"，是指在确定的纳税期间，不缴或者少缴税务机关负责征收的各税种税款的总额。"应纳税额"，是指应税行为发生年度内依照税收法律、行政法规规定应当缴纳的税额，不包括海关代征的增值税、关税等及纳税人依法预缴的税额。"逃避缴纳税款数额占应纳税额的百分比"，是指行为人在一个纳税年度中的各税种逃税总额与该纳税年度应纳税总额的比例；不按纳税年度确定纳税期的，按照最后一次逃税行为发生之日前一年中各税种逃税总额与该年应纳税总额的比例确定。纳税义务存续期间不足一个纳税年度的，按照各税种逃税总额与实际发生纳税义务期间应纳税总额的比例确定。逃税行为跨越若干个纳税年度，只要其中一个纳税年度的逃税数额及百分比达到《刑法》第201条第1款规定的标准，即构成逃税罪。各纳税年度的逃税数额应当累计计算，逃税额占应纳税额百分比应当按照各逃税年度百分比的最高值确定。

根据2002年4月10日最高人民法院《关于审理非法生产、买卖武装部队车辆号牌等刑事案件具体应用法律若干问题的解释》第3条第1款的规定，使用伪造、变造、盗窃的武装部队车辆号牌，不缴或者少缴应纳的车辆购置税、车辆使用税等税款，占应纳税额的10%以上，且数额在1万元以上的，依照本罪的规定定罪处罚。扣缴义务人采取前述司法解释中所列手段，不缴或者少缴已扣、已收税款，数额较大的，依照《刑法》第201条第1款的规定定罪处罚。扣缴义务人承诺为纳税人代付税款，在其向纳税人支付税后所得时，应当认定扣缴义务人"已扣、已收税款"。

（3）本罪的主体是特殊主体，即纳税人和扣缴义务人。根据《中华人民共和国税收征收管理法》的规定，纳税人是指法律、行政法规规定负有纳税义务的单位和个人；扣缴义务人是指法律和行政法规规定负有代扣代缴、代收代缴义务的单位和个人。非纳税人和扣缴义务人不能独立成为逃税罪的主体，但是可以成为本罪的共犯。

（4）本罪的主观方面为故意，并且具有逃避缴纳应缴税款以获取非法利益的目的。

（二）逃税罪的认定

1. 本罪与非罪的界限。

非罪的行为包括漏税、欠税以及一般偷税行为。首先，从主观方面来区分，如果没有故意逃避缴纳税款获取非法利益的目的，只是因为业务不熟、管理混乱、账目不清、漏报税目等原因未缴或少缴应纳税款（漏税），或是存在客观原因，如水灾、地震的影响，而超过税务机关核定的纳税期限，未缴或者少缴应纳税款（欠税）的，由于欠缺构成本罪的主观要件，因此，都不构成本罪。其次，从客观方面来区分，构成逃税罪的，需要具备数额较大或者情节严重的要件，如果纳税人或者扣缴义务人没有达到数额较大或者情节严重的要件，则只能构成一般逃税行为，由税务机关给予行政处罚。

根据2022年4月6日最高人民检察院、公安部《关于公安机关管辖的刑事案件立案追诉标准的规定（二）》第52条的规定，逃避缴纳税款，涉嫌下列情形之一的，应予立案追诉：（1）纳税人采取欺骗、隐瞒手段进行虚假纳税申报或者不申报，逃避缴纳税款，数额在10万元以上并且占各税种应纳税总额10%以上，经税务机关依法下达追缴通知后，不补缴应纳税款、不缴纳滞纳金或者不接受行政处罚的；（2）纳税人5年内因逃避缴纳税款受过刑事处罚或者被税务机关给予二次以上行政处罚，又逃避缴纳税款，数额在10万元以上并且占各税种应纳税总额10%以上的；（3）扣缴义务人采取欺骗、隐瞒手段，不缴或者少缴已扣、已收税款，数额在10万元以上的。纳税人在公安机关立案后再补缴应纳税款、缴纳滞纳金或者接受行政处罚的，不影响刑事责任的追究。

2. 本罪与逃避追缴欠税罪的界限。

逃避追缴欠税罪，是指纳税人故意违反税收管理法规，欠缴应纳税款，采取转移或者隐匿财产的手段，致使税务机关无法追缴欠缴的税款，数额较大的行为。二者的主要区别是：

（1）前提不同。在构成逃避追缴欠税罪中，必须存在欠缴税款的事实，这是构成该罪的前提；而在逃税罪中，不存在这样的前提。

（2）客观行为表现不同。逃避追缴欠税罪的客观行为是针对纳税人所有的财产实施的，这些财产本应当因为其欠缴税款而为国家税务机关强制执行追缴的；而本罪的客观行为是针对账簿、记账凭证、申报材料等文书实施的，目的是掩饰应缴纳的真实税款。

（3）主体不同。本罪的主体为一般纳税人，而逃避追缴欠税罪的主体只能是欠税人，即要具有欠税前提的纳税人，范围比逃税罪的宽；另外，本罪的主体还可以是扣缴义务人，逃避追缴欠税罪则没有这一主体。

3. 本罪与伪造、盗窃、买卖、非法提供、非法使用武装部队专用标志罪的界限。

伪造、盗窃、买卖、非法提供、非法使用武装部队专用标志罪属于《刑法》分则第七章危害国防利益的犯罪，它与逃税罪在所侵害社会关系的内容上有显著的区别。但是，对于伪造、盗窃、买卖或者非法提供、使用武装部队车辆号牌等专用标志，从而逃避车辆购置税、车辆使用税等税款缴纳义务的行为，仍然可能存在罪名适用的争议。就此问题，2002年4月10日最高人民法院《关于审理非法生产、买卖武装部队车辆号牌等刑事案件具体应用法律若干问题的解释》第3条第1款规定：使用伪造、变造、盗窃的武装部队车辆号牌，不缴或者少缴应纳的车辆购置税、车辆使用税等税款，占应纳税额的10%以上，且数额在1万元以上的，依照《刑法》第201条第1款的规定定罪处罚。即要求定性为偷税罪（该条现已修正为逃税罪，构成要件亦有所调整）。而在《刑法修正案（七）》施行以后，2011年7月20日最高人民法院、最高人民检察院《关于办理妨害武装部队制式服装、车辆号牌管理秩序等刑事案件具体应用法律若干问题的解释》第6条规定：实施《刑法》第375条规定的犯罪行为，同时又构成逃税、诈骗、冒充军人招摇撞骗等犯罪的，依照处罚较重的规定定罪处罚。也就是说，要求对于利用武装部队车辆号牌逃税，同时触犯逃税罪与伪造、盗窃、买卖、非法提供、非法使用武装部队专用标志罪的情况适用择一重处断原则。我们认为，在这里存在作为目的的逃税行为与作为手段的伪造、盗窃、买卖、非法提供、非法使用武装部队专用标志行为的牵连关系，应当按牵连犯的处断原则加以解决，即依据案件事实，确定处刑较重的罪名以追究行为人的刑事责任。

（三）逃税罪的处罚

根据《刑法》第201条第1款、第2款和第211条的规定，犯本罪的，处3年以下有期徒刑或者拘役，并处罚金；数额巨大并且占应纳税额30%以上的，处3年以上7年以下有期徒刑，并处罚金。单位犯本罪的，对单位判处罚金，并对其直接负责的主管人员和其他直接责任人员，依照上述规定处罚。

根据2024年3月15日最高人民法院、最高人民检察院《关于办理危害税收征管刑事案件适用法律若干问题的解释》的规定，纳税人逃避缴纳税款10万元以上、50万元以上的，应当分别认定为"数额较大"和"数额巨大"。扣缴义务人不缴或者少缴已扣、已收税款"数额较大"和"数额巨大"的认定标准，依照该规定。

根据《刑法》第201条第3款、第4款的规定，对多次实施逃税行为，未经处理的，按照累计数额计算。有第1款行为，经税务机关依法下达追缴通知后，补缴应纳税款，缴纳滞纳金，已受行政处罚的，不予追究刑事责任；但是，5年内因逃避缴纳税款受过刑事处罚或者被税务机关给予两次以上行政处罚的除外。

根据2024年3月15日最高人民法院、最高人民检察院《关于办理危害税收征管刑事案件适用法律若干问题的解释》的规定，纳税人有《刑法》第201条第1款规定的逃避缴纳税款行为，在公安机关立案前，经税务机关依法下达追缴通知后，在规定的期限或者批准延缓、分期缴纳的期限内足额补缴应纳税款，缴纳滞纳金，并全部履行税务机关作出的行政处罚决定的，不予追究刑事责任。但是，5年内因逃避缴纳税款受过刑事处罚或者被税务机关给予二次以上行政处罚的除外。《刑法》第201条第3款规定的"未经处理"，包括未经行政处理和刑事处理。

参考案例 20-19

2007年1月30日起，被告人伍某经注册开始经营三轮车销售业务，向所在区的国税局进行了纳税申报并缴纳税款，但未向该区地税局进行纳税申报。经地税局催缴后，才于2008年12月进行纳税申报。地税局根据被告人伍某自行申报的经营额于2009年1月通知被告人核定的月应纳税额，并要求其缴纳税款，但伍某未缴纳税款。直至11月8日止，才陆续缴纳地方税2 456.06元。地税局根据被告人伍某的实际营业额计算出其应缴纳的地方税费并向被告人伍某发出了税务处理决定书，要求缴纳应缴税款46 737.59元，但被告人伍某均以其未赚钱不应缴纳个人所得税为由，拒缴应纳税款。法院经审理，以逃税罪判处被告人吴某有期徒刑1年6个月，并处罚金5万元，同时对其犯罪所得46 737.59元予以追缴，上缴国库。

二十一、虚开增值税专用发票、用于骗取出口退税、抵扣税款发票罪

（一）虚开增值税专用发票、用于骗取出口退税、抵扣税款发票罪的概念和特征

虚开增值税专用发票、用于骗取出口退税、抵扣税款发票罪，是指为牟取非法经济利益，违反国家税收及发票管理法规，虚开增值税专用发票或者用于骗取出口退税、抵扣税款的其他发票的行为。

本罪的构成特征如下：

（1）本罪侵犯的客体是复杂客体，即国家的税收管理制度和对发票的监管制度。本罪的对象是增值税专用发票、用于骗取出口退税和抵扣税款的其他发票。所谓增值税专用发票，是指以产品的增值税为征税对象，并具有直接抵扣税款功能的专门用于增值税的收付款凭证。根据全国人民代表大会常务委员会于2005年12月29日通过的《关于〈中华人民共和国刑法〉有关出口退税、抵扣税款的其他发票规定的解释》，所谓用于出口退税、抵扣税款的其他发票，是指除增值税专用发票以外的，具有出口退税、抵扣税款功能的收付款凭证或者完税凭证。

（2）本罪的客观方面表现为虚开增值税专用发票或者用于骗取出口退税、抵扣税款的其他发票的行为。所谓"虚开"，参照1996年10月17日最高人民法院《关于适用〈全国人民代表大会常务委员会关于惩治虚开、伪造和非法出售增值税专用发票犯罪的决定〉的若干问题的解释》，是指没有货物购销或者没有提供或者接受应税劳务，而为他人、为自己、让他人为自己、介绍他人开具能够骗取退税、抵扣税款的发票；有货物购销或者提供或者接受了有应税劳务，但为其他人、为自己、让他人为自己、介绍他人开具数量或者金额不实的能够骗取退税、抵扣税款的发票；进行了实际经营活动，但让他人为自己代开能够骗取退税、抵扣税款的发票。所谓"虚开"包括四种情况：为他人虚开、为自己虚开、让他人为自己虚开、介绍他人虚开。根据2024年3月15日最高人民法院、最高人民检察院《关于办理危害税收征管刑事案件适用法律若干问题的解释》的规定，具有下列情形之一的，应当认定为"虚开增值税专用发票或者虚开用于骗取出口退税、抵扣税款的其他发票"：1）没有实际业务，开具增值税专用发票、用于骗取出口退税、抵扣税款的其他发票的；2）有实际应抵扣业务，但开具超过实际应抵扣业务对应税款的增值税专用发票、用于骗取出口退税、抵扣税款的其他发票的；3）对依法不能抵扣税款的业务，通过虚构交易主体开具增值税专用发票、用于骗取出口退税、抵扣税款的其他发票的；4）非法篡改增值税专用发票或者用于骗取出口退税、抵扣税款的其他发票相关电子信息的；5）违反规定以其他手段虚开的。为虚增业绩、融资、贷款等不以骗抵税款为目的，没有因抵扣造成税款被骗损失的，不以本罪论处，构成其他犯罪的，依法以其他犯罪追究刑事责任。

（3）本罪的主体为一般主体，包括自然人和单位。

（4）本罪的主观方面为故意，并具有骗取出口退税、抵扣税款、牟取非法经济利益的目的。

（二）虚开增值税专用发票、用于骗取出口退税、抵扣税款发票罪的认定

1. 本罪与非罪的界限。

本罪原则上没有情节或数额上的要求，只要以牟取非法经济利益为目的，实施了虚开增值税专用发

票、用于骗取出口退税、抵扣税款发票的行为的，就构成本罪。但是，根据 2022 年 4 月 6 日最高人民检察院、公安部《关于公安机关管辖的刑事案件立案追诉标准的规定（二）》第 56 条的规定，虚开增值税专用发票或者虚开用于骗取出口退税、抵扣税款的其他发票，虚开的税款数额在 10 万元以上或者造成国家税款损失数额在 5 万元以上的，应予立案追诉。所以，如果虚开增值税专用发票、用于骗取出口退税、抵扣税款发票数额很小，尚未造成实际危害后果的，或者只进行了本罪的预备行为尚未实际实施的，不宜以犯罪论处。

2. 本罪与诈骗罪、骗取出口退税罪的界限。

行为人实施虚开增值税专用发票、用于骗取出口退税、抵扣税款发票的行为后，往往还可能利用这些发票从事诈骗、骗取出口退税款的行为，这种情况下，应当认定虚开增值税专用发票、用于骗取出口退税、抵扣税款发票的行为为诈骗、骗取出口退税的手段行为，构成刑法中的牵连犯，按照对牵连犯的处断原则进行处理，即从一重罪论处。

（三）虚开增值税专用发票、用于骗取出口退税、抵扣税款发票罪的处罚

根据《刑法》第 205 条的规定，犯虚开增值税专用发票、用于骗取出口退税、抵扣税款发票罪的，处 3 年以下有期徒刑或者拘役，并处 2 万元以上 20 万元以下罚金；虚开的税款数额较大或者有其他严重情节的，处 3 年以上 10 年以下有期徒刑，并处 5 万元以上 50 万元以下罚金或者没收财产；虚开的税款数额巨大或者有其他特别严重情节的，处 10 年以上有期徒刑，并处 5 万元以上 50 万元以下罚金或者没收财产。单位犯本罪的，对单位判处罚金，并对其直接负责的主管人员和其他直接责任人员，处 3 年以下有期徒刑或者拘役；虚开的税款数额较大或者有其他严重情节的，处 3 年以上 10 年以下有期徒刑；虚开的税款数额巨大或者有其他特别严重情节的，处 10 年以上有期徒刑或者无期徒刑。根据 2024 年 3 月 15 日最高人民法院、最高人民检察院《关于办理危害税收征管刑事案件适用法律若干问题的解释》的规定，虚开增值税专用发票、用于骗取出口退税、抵扣税款的其他发票，税款数额在 10 万元以上的，应当依照《刑法》第 205 条的规定定罪处罚；虚开税款数额在 50 万元以上、500 万元以上的，应当分别认定为《刑法》第 205 条第 1 款规定的"数额较大"和"数额巨大"。具有下列情形之一的，应当认定为《刑法》第 205 条第 1 款规定的"其他严重情节"：（1）在提起公诉前，无法追回的税款数额达到 30 万元以上的；（2）5 年内因虚开发票受过刑事处罚或者二次以上行政处罚，又虚开增值税专用发票或者虚开用于骗取出口退税、抵扣税款的其他发票，虚开税款数额在 30 万元以上的；（3）其他情节严重的情形。具有下列情形之一的，应当认定为《刑法》第 205 条第 1 款规定的"其他特别严重情节"：（1）在提起公诉前，无法追回的税款数额达到 300 万元以上的；（2）5 年内因虚开发票受过刑事处罚或者二次以上行政处罚，又虚开增值税专用发票或者虚开用于骗取出口退税、抵扣税款的其他发票，虚开税款数额在 300 万元以上的；（3）其他情节特别严重的情形。以同一购销业务名义，既虚开进项增值税专用发票、用于骗取出口退税、抵扣税款的其他发票，又虚开销项的，以其中较大的数额计算。以伪造的增值税专用发票进行虚开，达到上述标准的，应当以虚开增值税专用发票罪追究刑事责任。

根据《刑法》第 212 条的规定，被判处罚金、没收财产的，在执行前，应当先由税务机关追缴税款和所骗取的出口退税款。

参考案例 20-20

被告人刘某系迅达公司法人代表。某年 4 月，刘某经人介绍认识了吴某、陈某。吴某、陈某自称其公司做进口货物代理业务，业务量大但受当地政策限制，要求迅达公司为其做进口货物销售代理，还申明货物的进口、销售方面等由自己公司负责，刘某可以收取销售额 3‰的利润。数日后，刘某与之签订"合作协议"，约定吴某、陈某所在的沙头角公司为迅达公司办理海关进口贸易业务，负责货物的运输，迅达公司向其提供资料，支付全部货款及相关费用。至同年 7 月 20 日，吴某、陈某提供 53 份伪造的海关完税凭证等相关票证给刘某，票面购货款达 56 353 483.33 元、进项税额达 8 188 112.99 元。刘某让会计使用对方提供的相关票证及银行进账单到市国税局办理进项税额的申报抵扣和作账。在同年 5 月、6 月、7 月、8 月上旬分四次到市国税局作进项申报抵扣的同时，刘某还让会计按陈某、吴某提供的下家企业购货清单的内容开具电脑版增值税专用发票 84 份，将发票联、抵扣联交给对方，票面销售额达 47 376 832.29 元、销项税额达 8 054 061.48 元。法院经审理认为，被告人刘某在没有货物购销的情况下，为他人虚开增值税发票，实际造成国家损失 1 834 064.42 元，已构成了虚开增值税专用发票罪。同时考虑到被告人刘某在犯罪实施过程中的具体作用及自首情节，判处有期徒刑 13 年，没收其个人全部财产。

二十二、假冒注册商标罪

（一）假冒注册商标罪的概念和特征

假冒注册商标罪，是指违反国家商标管理法规，未经注册商标所有人的许可，在同一种商品、服务上使用与其注册商标相同的商标，情节严重的行为。

本罪的构成特征如下：

（1）本罪侵犯的客体是国家商标管理制度和他人的注册商标专用权。本罪的犯罪对象是他人的注册商标。这里的注册商标应当做广义的理解，既包括商品商标，又包括服务商标。服务商标是指金融、运输、广播、建筑、旅馆等服务行业为把自己的服务业务与他人的服务业务区别开来而使用的商标。我国 2019 年 4 月修正的《商标法》，把服务商标列为保护对象，规定"本法有关商品商标的规定适用于服务商标"。所以，本罪在犯罪对象上也应当包括服务商标。

（2）本罪的客观方面表现为违反国家商标管理法规，未经注册商标所有人许可，在同一种商品、服务上使用与他人注册商标相同的商标，情节严重的行为。根据 2004 年 12 月 8 日最高人民法院、最高人民检察院《关于办理侵犯知识产权刑事案件具体应用法律若干问题的解释》第 8 条的规定，所谓"相同的商标"，是指与被假冒的注册商标完全相同，或者与被假冒的注册商标在视觉上基本无差别、足以对公众产生误导的商标。前者如假冒凤凰牌自行车商标中的凤凰图案，与注册商标完全一致；后者如将注册商标的凤凰图案上 12 根羽毛的尾巴假冒为 11 根或是 13 根。根据 2020 年 9 月 12 日最高人民法院、最高人民检察院《关于办理侵犯知识产权刑事案件具体应用法律若干问题的解释（三）》的规定，具有下列情形之一的，可以认定为《刑法》第 213 条规定的"与其注册商标相同的商标"：1）改变注册商标的字体、字母大小写或者文字横竖排列，与注册商标之间基本无差别的；2）改变注册商标的文字、字母、数字等之间的间距，与注册商标之间基本无差别的；3）改变注册商标颜色，不影响体现注册商标显著特征的；4）在注册商标上仅增加商品通用名称、型号等缺乏显著特征要素，不影响体现注册商标显著特征的；5）与立体注册商标的三维标志及平面要素基本无差别的；6）其他与注册商标基本无差别、足以对公众产生误导的商标。所谓"使用"，是指将注册商标或者假冒的注册商标用于商品、商品包装或者容器以及产品说明书、商品交易文书，或者将注册商标或者假冒的注册商标用于广告宣传、展览以及其他商业活动等行为。根据 2011 年 1 月 10 日最高人民法院、最高人民检察院、公安部《关于办理侵犯知识产权刑事案件适用法律若干问题的意见》第 5 条的规定，名称相同的商品以及名称不同但指同一事物的商品，可以认定为"同一种商品"。"名称"是指国家工商行政管理总局商标局（现为国家知识产权局商标局）在商标注册工作中对商品使用的名称，通常即《商标注册用商品和服务国际分类》中规定的商品名称。"名称不同但指同一事物的商品"是指在功能、用途、主要原料、消费对象、销售渠道等方面相同或者基本相同，相关公众一般认为是同一种事物的商品。

（3）本罪的主体是一般主体，个人和单位都可以成为本罪的主体。

（4）本罪的主观方面只能由故意构成，行为人通常具有营利或者牟取非法利益的目的，但有些案件中，也有出于为了破坏他人注册商标信誉的目的。所以，行为人具有何种目的，不是构成本罪的必备要件。

（二）假冒注册商标罪的认定

1. 本罪与非罪的界限。

商标权是商标所有人依法所享有的权利，商标包括注册商标和非注册商标两种，而刑法只惩治假冒注册商标的行为，假冒非注册商标的行为不可能构成犯罪，只能由行政管理机关管辖。另外，侵犯注册商标专用权的行为多种多样，但只有在同一种商品上使用与他人注册商标相同的商标才构成假冒注册商标罪。所以，其他的侵犯商标专用权的行为构成侵犯商标专用权的纠纷，这些行为包括擅自在同种商品上使用与他人注册商标相似的商标，或在类似商品上使用与他人注册商标相同乃至相似的商标的行为等。

2. 本罪与生产、销售伪劣产品罪的界限。

在实践中，有时会出现行为人在同一种商品上既假冒了他人的注册商标，同时该商品又构成伪劣产品的情形，所以两罪可能会发生交织、重合。上述情况下，符合刑法中牵连犯的构成，从一重罪论处。本罪与生产、销售伪劣产品罪存在以下主要区别：（1）犯罪客体不同。本罪是侵犯国家的商标管理制度和注册商标所有人对其注册商标的专用权；生产、销售伪劣产品罪是国家对生产销售商品的质量监督管理制度和消费者的合法权益。（2）在生产销售伪劣产品犯罪中，犯罪人所生产、销售的产品一定是假、次、不合格产品；而本罪则不尽然，犯罪人在假冒他人注册商标时可能其产品本身是合格的产品。

3. 本罪与销售假冒注册商标的商品罪的界限。

根据 2004 年 12 月 8 日最高人民法院、最高人民检察院《关于办理侵犯知识产权刑事案件具体应用法律若干问题的解释》第 13 条的规定，实施假冒注册商标犯罪，又销售该假冒注册商标的商品，构成犯罪的，应当以假冒注册商标罪定罪处罚。实施假冒注册商标犯罪，又销售明知是他人的假冒注册商标的商品，构成犯罪的，应当实行数罪并罚。两罪的区别主要表现在客观方面，销售假冒注册商标的商品罪在客观方面表现为实施非法销售活动，其核心在销售，即一般商品流通领域里的买进卖出，只有买进后又卖出假冒注册商标的商品的行为，但不包括制作。而假冒注册商标罪在客观方面表现为在同一种商品上使用与他人注册商标相同的商标，而且包括将该商品销售以牟利的行为。

4. 本罪与非法制造、销售非法制造的注册商标标识罪的界限。

如果行为人既非法制造注册商标标识，又将此商标标识用于假冒他人注册商标的商品上，此时，非法制造注册商标标识的行为是假冒注册商标犯罪的手段行为，这种情形构成刑法中的牵连犯，应当从一重罪论处。两罪的区别主要为：（1）对象不同。假冒注册商标罪的对象是他人的注册商标，非法制造、销售非法制造的注册商标标识罪的对象是商标标识。（2）客观行为表现不同。假冒注册商标罪是进行以假充真的假冒行为，非法制造、销售非法制造的注册商标标识罪是进行伪造、擅自制造以及销售伪造、擅自制造注册商标标识的行为。

（三）假冒注册商标罪的处罚

根据《刑法》第 213 条、第 220 条和 2004 年 12 月 8 日最高人民法院、最高人民检察院《关于办理侵犯知识产权刑事案件具体应用法律若干问题的解释》第 1 条、第 12 条、第 15 条的规定，犯假冒注册商标罪，具有下列情形之一的，属于"情节严重"，应当判处 3 年以下有期徒刑，并处或者单处罚金：（1）非法经营数额在 5 万元以上或者违法所得数额在 3 万元以上的；（2）假冒两种以上注册商标，非法经营数额在 3 万元以上或者违法所得数额在 2 万元以上的；（3）其他情节严重的情形。具有下列情形之一的，属于"情节特别严重"，应当判处 3 年以上 10 年以下有期徒刑，并处罚金：（1）非法经营数额在 25 万元以上或者违法所得数额在 15 万元以上的；（2）假冒两种以上注册商标，非法经营数额在 15 万元以上或者违法所得数额在 10 万元以上的；（3）其他情节特别严重的情形。"非法经营数额"，是指行为人在实施侵犯知识产权行为过程中，制造、储存、运输、销售侵权产品的价值。已销售的侵权产品的价值，按照实际销售的价格计算。制造、储存、运输和未销售的侵权产品的价值，按照标价或者已经查清的侵权产品的实际销售平均价格计算。侵权产品没有标价或者无法查清其实际销售价格的，按照被侵权产品的市场中间价格计算。多次实施侵犯知识产权行为，未经行政处理或者刑事处罚的，非法经营数额、违法所得数额或者销售金额累计计算。

单位犯本罪的，按照上述规定的相应个人犯罪的定罪量刑标准的 3 倍定罪量刑，对单位判处罚金，并对其直接负责的主管人员和其他直接责任人员，依照上述规定处罚。

根据 2020 年 9 月 12 日最高人民法院、最高人民检察院《关于办理侵犯知识产权刑事案件具体应用法律若干问题的解释（三）》第 8 条的规定，具有下列情形之一的，可以酌情从重处罚，一般不适用缓刑：

主要以侵犯知识产权为业的；因侵犯知识产权被行政处罚后再次侵犯知识产权构成犯罪的；在重大自然灾害、事故灾难、公共卫生事件期间，假冒抢险救灾、防疫物资等商品的注册商标的；拒不交出违法所得的。根据该解释第9条的规定，具有下列情形之一的，可以酌情从轻处罚：认罪认罚的；取得权利人谅解的；具有悔罪表现的。

参考案例 20－21

被告人戴某于2000年9月至2001年1月间，从金派公司购得价税合计25.634 88万元的"金派"牌活塞环，从威龙公司购得价税合计38.928万元的"威龙"牌活塞环。金派公司、威龙公司分别按照与戴某订立的口头合同将上述货物送至戴某指定的地方后，戴某即组织人员将原"金派"牌、"威龙"牌产品包装改换成双环公司的"双环"牌包装，并以此假冒正宗"双环"牌产品销售给杭州五矿，销售金额合计79.872 08万元。双环公司的"双环"牌商标系注册商标，且该商标在续展有效期内。该单位从未授予任何单位或个人使用该注册商标。检察机关经审查后认为，被告人戴某未经"双环"牌注册商标所有者双环公司许可，将从金派公司、威龙公司购买的计64.562 88万元活塞环，用"双环"牌标识及包装物重新包装后，以79.872 08万元销售给杭州五矿，该行为已构成假冒注册商标罪。故以被告人戴某犯假冒注册商标罪向法院提起公诉。人民法院经审理后认为，被告人戴某将自己从金派公司、威龙公司所购活塞环，假冒双环公司的"双环"牌活塞环予以销售，且销售金额达79.872 08万元，数额巨大，其行为已构成销售假冒注册商标的商品罪，应依法惩处。法院于2002年1月20日判决如下：被告人戴某犯销售假冒注册商标的商品罪，判处有期徒刑3年，缓刑4年，并处罚金3万元。我们认为，法院的判决定性错误、量刑失当。戴某实施假冒注册商标犯罪，又销售该假冒注册商标的商品，构成犯罪，应当以假冒注册商标罪定罪处罚。其销售金额巨大，属于情节特别严重，应在3年以上7年以下有期徒刑的量刑幅度内判处适当的刑罚。

二十三、侵犯著作权罪

（一）侵犯著作权罪的概念和特征

侵犯著作权罪，是指以营利为目的，违反著作权法规定，侵犯著作权或与著作权有关的权利，违法所得数额较大或者有其他严重情节的行为。

本罪的构成特征如下：

（1）本罪侵犯的客体是复杂客体，即著作权人对其作品享有的著作权和国家对文化市场的管理秩序。

（2）本罪的客观方面表现为违反我国著作权法规定，实施下列侵犯著作权或者与著作权有关的权利的行为之一，违法所得数额较大或者有其他严重情节的行为：

其一，未经著作权人许可，复制发行、通过信息网络向公众传播其文字作品、音乐、美术、视听作品、计算机软件及法律、行政法规规定的其他作品。根据2004年12月8日最高人民法院、最高人民检察院《关于办理侵犯知识产权刑事案件具体应用法律若干问题的解释》第11条的规定，所谓"未经著作权人许可"，是指没有得到著作权人授权或者伪造、涂改著作权人授权许可文件或者超出授权许可范围的情形。所谓"复制"，是指以印刷、复印、临摹、拓印、录音、录像、翻拍等方式将作品制作一份或多份的行为。所谓"发行"，是指通过出售、出租等方式向公众提供一定数量的作品复制件的行为。2007年4月5日最高人民法院、最高人民检察院《关于办理侵犯知识产权刑事案件具体应用法律若干问题的解释（二）》又进一步规定，所谓"复制发行"包括复制、发行或者既复制又发行的行为。根据2011年1月10日最高人民法院、最高人民检察院、公安部《关于办理侵犯知识产权刑事案件适用法律若干问题的意见》的规定，"发行"包括总发行、批发、零售、通过信息网络传播以及出租、展销等活动。《刑法修正案（十一）》将"通过信息网络向公众传播"与"复制发行"相区分，明确为独立的行为模式。根据2020年9月12日最高人民法院、最高人民检察院《关于办理侵犯知识产权刑事案件具体应用法律若干问题的解释（三）》第2条的规定，在《刑法》第217条规定的作品上以通常方式署名的自然人、法人或者非法人组织，应当推定为著作权人，且该作品上存在着相应权利，但有相反证明的除外。在涉案作品种类众多且权利人分散的案件中，有证据证明涉案复制品系非法出版、复制发行，且出版者、复制发行者不能提供获得著作权人许可的相关证据材料的，可以认定为"未经著作权人许可"。但是，有证据证明权利人放弃权利、涉案作品的著作权不受我国著作权法保护、权利保护期限已经届满的除外。

其二，出版他人享有专有出版权的图书。所谓专有出版权，是指出版者根据出版合同而享有的，由著作权人转让或许可使用的、在合同有效期和约定地区内独家享有并排除他人出版某一作品的权利，又称为独占出版权。擅自出版他人非专有出版权的图书，可以构成第一种情形。

其三，未经录音录像制作者的许可，复制发行、通过信息网络向公众传播其制作的录音录像。该款中的录音录像，是录音录像制作者为传播他人作品所制作的，享有的是著作邻接权。根据 2020 年 9 月 12 日最高人民法院、最高人民检察院《关于办理侵犯知识产权刑事案件具体应用法律若干问题的解释（三）》第 2 条的规定，在《刑法》第 217 条规定的录音制品上以通常方式署名的自然人、法人或者非法人组织，应当推定为录音制作者，且该录音制品上存在着相应权利，但有相反证明的除外。在涉案录音制品种类众多且权利人分散的案件中，有证据证明涉案复制品系非法出版、复制发行，且出版者、复制发行者不能提供获得录音制作者许可的相关证据材料的，可以认定为"未经录音制作者许可"。但是，有证据证明权利人放弃权利、录音制品的有关权利不受我国著作权法保护、权利保护期限已经届满的除外。

其四，未经表演者许可，复制发行录有其表演的录音录像制品，或者通过信息网络向公众传播其表演的。表演者享有表演者权，包括许可他人复制发行录有表演者表演的录音录像制品，以及许可他人通过网络向公众传播其表演，并获得报酬的权利。

其五，制作、出售假冒他人署名的美术作品。这种情形具体包括三种行为表现：临摹他人的画、署名为他人并假冒他人的画出售牟利的；以自己的画署名为他人并假冒他人的画出售牟利的；以他人的画署名为另外的人假冒后者的画出售牟利。

其六，未经著作权人或者与著作权有关的权利人许可，故意避开或者破坏权利人为其作品、录音录像制品等采取的保护著作权或者与著作权有关的权利的技术措施。

上述侵犯著作权的行为，必须是违法所得数额较大或者有其他严重情节的，才能构成侵犯著作权罪。根据 2004 年 12 月 8 日最高人民法院、最高人民检察院《关于办理侵犯知识产权刑事案件具体应用法律若干问题的解释》以及 2007 年 4 月 5 日最高人民法院、最高人民检察院《关于办理侵犯知识产权刑事案件具体应用法律若干问题的解释（二）》的规定，以营利为目的，实施《刑法》第 217 条所列侵犯著作权行为之一，违法所得数额在 3 万元以上的，属于"违法所得数额较大"；具有下列情形之一的，属于"有其他严重情节"：1）非法经营数额在 5 万元以上的；2）以营利为目的，未经著作权人许可，复制发行其文字作品、音乐、电影、电视、录像作品、计算机软件及其他作品，复制品数量合计在 500 张（份）以上的；3）其他严重情节的情形。根据 2011 年 1 月 10 日最高人民法院、最高人民检察院、公安部《关于办理侵犯知识产权刑事案件适用法律若干问题的意见》第 13 条的规定，以营利为目的，未经著作权人许可，通过信息网络向公众传播他人文字作品、音乐、电影、电视、美术、摄影、录像作品、录音录像制品、计算机软件及其他作品，具有下列情形之一的，属于《刑法》第 217 条规定的"其他严重情节"：1）非法经营数额在 5 万元以上的；2）传播他人作品的数量合计在 500 件（部）以上的；3）传播他人作品的实际被点击数达到 5 万次以上的；4）以会员制方式传播他人作品，注册会员达到 1 000 人以上的；5）数额或者数量虽未达到第 1 项至第 4 项规定标准，但分别达到其中两项以上标准一半以上的；6）其他严重情节的情形。

（3）本罪的主体是一般主体，自然人和单位都可以成为本罪的主体。

（4）本罪的主观方面是故意，并且具有牟利的目的。以刊登收费广告等方式直接或者间接收取费用的情形，属于"以营利为目的"。

（二）侵犯著作权罪的认定

1. 本罪与非罪的界限。

我国著作权法规定了下列著作权侵权行为：未经著作权人许可，复制、发行、表演、放映、广播、汇编、通过信息网络向公众传播其作品的；出版他人享有专有出版权的图书的；未经表演者许可，复制、发行录有其表演的录音录像制品，或者通过信息网络向公众传播其表演的；未经录音录像制作者许可，复制、发行、通过信息网络向公众传播其制作的录音录像制品的；未经许可，播放、复制或者通过信息网络向公众传播广播、电视的；未经著作权人或者与著作权有关的权利人许可，故意避开或者破坏技术措施的，故意制造、进口或者向他人提供主要用于避开、破坏技术措施的装置或者部件的，或者故意为他人避开或者破坏技术措施提供技术服务的；未经著作权人或者与著作权有关的权利人许可，故意删除或者改变作品、版式设计、表演、录音录像制品或者广播、电视上的权利管理信息的，知道或者应当知道作品、版式设计、表演、录音录像制品或者广播、电视上的权利管理信息未经许可被删除或者改变，仍然向公众提供的；制作、出售假冒他人署名的作品。对于以上侵权行为，我国刑法只规定六项可以构成犯罪，其他情形的侵权行为，无论情节、数额，均不构成本罪。此外，构成本罪，客观上，必须具备违法所得数额较大或者有其他严重情节的条件，主观上必须具备非法牟利的目的。如果行为不具备这些主观、客观的要件的，也不得以犯罪论处。

2. 本罪与销售侵权复制品罪的界限。

销售侵权复制品罪，是指以营利为目的，销售明知是侵犯他人著作权、邻接权的复制品，违法所得数额巨大或者有其他严重情节的行为。根据 2004 年 12 月 8 日最高人民法院、最高人民检察院《关于办理侵犯知识产权刑事案件具体应用法律若干问题的解释》第 14 条的规定，行为人实施侵犯著作权犯罪，又销售该侵权复制品，构成犯罪的，应当以侵犯著作权罪定罪处罚；实施侵犯著作权犯罪，又销售明知是他人的侵权复制品，构成犯罪的，应当实行数罪并罚。二者的区别主要有：（1）客观方面不同。销售侵权复制品罪在行为表现上仅仅表现为销售明知是侵犯他人著作权或著作邻接权的复制品，是一种"单纯销售型"的犯罪，而侵犯著作权罪既可以是复制发行、出版、制作的行为，也可以是复制发行、出版、制作并销售的行为。（2）对象不同。本罪的对象是各种作品、制品，销售侵权复制品罪的对象是各种作品、制品的复制品。

3. 本罪与非法经营罪等犯罪的界限。

根据 2011 年 1 月 10 日最高人民法院、最高人民检察院、公安部《关于办理侵犯知识产权刑事案件适用法律若干问题的意见》第 12 条的规定，"发行"包括总发行、批发、零售、通过信息网络传播以及出租、展销等活动。非法出版、复制、发行他人作品，侵犯著作权构成犯罪的，按照侵犯著作权罪定罪处罚，不认定为非法经营罪等其他犯罪。

（三）侵犯著作权罪的处罚

根据《刑法》第 217 条、第 220 条的规定，犯侵犯著作权罪的，处 3 年以下有期徒刑或者拘役，并处或者单处罚金；违法所得数额巨大或者有其他特别严重情节的，处 3 年以上 10 年以下有期徒刑，并处罚金。

根据 2004 年 12 月 8 日最高人民法院、最高人民检察院《关于办理侵犯知识产权刑事案件具体应用法律若干问题的解释》第 5 条以及 2007 年 4 月 5 日最高人民法院、最高人民检察院《关于办理侵犯知识产权刑事案件具体应用法律若干问题的解释（二）》第 1 条的规定，"违法所得数额巨大"是指违法所得数额在 15 万元以上，"有其他特别严重情节"，是指具有下列情形之一的：（1）非法经营数额在 25 万元以上的；（2）未经著作权人许可复制发行其文字作品、音乐、电影、电视、录像作品、计算机软件及其他作品，复制品数量合计在 2 500 张（份）以上的；（3）有其他特别严重情节的情形。

根据 2004 年 12 月 8 日最高人民法院、最高人民检察院《关于办理侵犯知识产权刑事案件具体应用法律若干问题的解释》第 15 条的规定，单位实施《刑法》第 217 条规定的行为，按照个人犯本罪认定标准的 3 倍认定犯罪和判处罚金。对单位判处罚金，并对其直接负责的主管人员和其他直接责任人员，依照个人犯本罪的规定处罚。

根据 2020 年 9 月 12 日最高人民法院、最高人民检察院《关于办理侵犯知识产权刑事案件具体应用法律若干问题的解释（三）》第 8 条的规定，具有下列情形之一的，可以酌情从重处罚，一般不适用缓刑：

主要以侵犯知识产权为业的；因侵犯知识产权被行政处罚后再次侵犯知识产权构成犯罪的；拒不交出违法所得的。根据该司法解释第9条的规定，具有下列情形之一的，可以酌情从轻处罚：认罪认罚的；取得权利人谅解的；具有悔罪表现的；以不正当手段获取权利人的商业秘密后尚未披露、使用或者允许他人使用的。

参考案例 20-22

时任某市电影公司发行科科长的被告人袁某，在明知吴某提供的《生死抉择》电影拷贝无许可证、系盗版片的情况下，未经著作权人许可，以个人名义与吴某约定结算价格，由吴某提供该片拷贝，袁某向河南、安徽等地的电影放映公司、电影院等处发行盗版拷贝共10部，经营额达人民币30余万元，个人所得人民币3万余元。对袁某销售盗版电影拷贝的行为应如何定性，有不同意见：第一种意见认为，袁某以营利为目的，主观上明知是侵权复制品，仍予以销售，其行为侵犯了著作权人的著作权和著作权管理制度，符合《刑法》第218条规定的销售侵权复制品罪的构成要件，构成销售侵权复制品罪。第二种意见认为，袁某以营利为目的，未经著作权人许可，发行其电影作品的，其行为构成侵犯著作权罪。我们同意第二种意见，即袁某的行为构成侵犯著作权罪。第一种意见和第二种意见分歧就在于袁某的行为究竟属于销售还是属于发行。根据《刑法》第218条的规定，以营利为目的，销售侵权复制品，违法所得数额巨大的，犯销售侵权复制品罪。我们认为，对销售的对象应界定为消费者。袁某将盗版拷贝销售给电影公司，似乎符合上述构成要件。但第一种意见没有考虑到电影的特殊性，电影的主要环节包括摄制、发行、放映等，电影的放映需要特别的场所和设备，电影必须通过电影公司（电影院）作为载体才能与消费者连接在一起，而录像片、碟片等可以直接面向购买者。所以袁某的行为不是针对普通消费者的销售。根据我国《著作权法》第10条的规定，发行权是指以出售或者赠与方式向公众提供作品的原件或者复制件的权利。发行环节是包含"销售"的。针对电影的特殊性，相关影视管理部门的解释是："电影发行"是指联结电影制片、电影放映的中间流通环节，它通过向电影制片单位买断地区发行版权或采用市场分成取得电影制片单位某部电影片的发行权。尽管袁某有销售的行为，但该销售行为是电影制片和电影放映的联结，并不直接针对普通消费者，所以符合发行的特征，应以侵犯著作权罪追究袁某的刑事责任。

二十四、侵犯商业秘密罪

(一) 侵犯商业秘密罪的概念和特征

侵犯商业秘密罪，是指采取不正当手段，获取、披露、使用或者允许他人使用权利人的商业秘密，情节严重的行为。

本罪的构成特征如下：

(1) 本罪侵犯的客体是国家对商业秘密的管理秩序和商业秘密权利人的合法权益。该罪的对象是他人的商业秘密。根据《反不正当竞争法》第9条第4款的规定，所谓商业秘密，是指不为公众所知悉，具有商业价值并经权利人采取保密措施的技术信息和经营信息等商业信息。商业秘密应当具备以下要素：

其一，秘密性。这是指技术信息和经营信息不为公众所知悉、尚未公开，如美国可口可乐公司的饮料配方一直不为人所知。

其二，价值性。这是指该技术信息和经营信息具有商业价值，不能带来任何经济利益的信息不构成商业秘密，如个人的隐私是有秘密性的，但是这种信息本身没有任何商业上可应用的价值，因而不构成商业秘密，侵犯这种信息，也就无从谈起侵犯商业秘密罪。

其三，保密性。这是指商业秘密权利人采取了一定的保密措施，从而使一般人不易从公开渠道直接获取。

具有以上要件的，为商业秘密，构成本罪的对象要件；欠缺任何一个要件的，不能被认定为商业秘密，行为人以这样的信息作为侵权的对象的，不构成本罪。

(2) 本罪的客观方面表现为采取不正当手段，获取、披露、使用或者允许他人使用权利人的商业秘密，情节严重的行为。具体表现为四种形式：

其一，非法获取商业秘密的行为，即"以盗窃、贿赂、欺诈、胁迫、电子侵入或者其他不正当手段获取权利人的商业秘密"。所谓盗窃，是指以秘密窃取的方式，包括直接偷窃商业秘密的文件，采用不为他人知悉的方式，以监听、模拟、照相、复印等手段获取他人的商业秘密。所谓贿赂，是指以给予某种利益为引诱获取商业秘密的行为手段。所谓欺诈，是指行为人通过虚构事实、隐瞒真相，骗取他人商业秘密的行为手段。所谓胁迫，是指行为人采取给予他人现实的或是将来的、精神的或是肉体的威胁、强制，使他人不得不交出商业秘密的行为手段。所谓电子侵入，是指行为人使用技术手段侵入计算机等电子设备获取他人的商业秘密的行为手段。所谓其他不正当手段，是指在以上五种列举之外的采用非法的手段获取商业秘密的行为手段，如侵占的方法等。

其二，滥用非法获取的商业秘密的行为，即"披露、使用或者允许他人使用以前项手段获取的权利人的商业秘密"。本项规定实际上是对前款规定的补充，因为行为人在非法获取商业秘密后，如果不经过披露、使用或允许他人使用是难以获得利益的。所谓"披露"，是指通过口头、书面或者其他方法，将商业秘密公之于众，使不该知道的人获知该秘密，从而使信息不再处于秘密的状态。但公开化的程度不影响对"披露"的认定，即无论实际披露的后果是一个人知道或是多数人知道，都构成"披露"。所谓使用，是指行为人出于不正当竞争或营利的目的，将商业秘密运用于生产、经营活动的行为。所谓允许他人使用，是指以不正当手段获取商业秘密的人，允许他人使用其非法获取的商业秘密的行为。

其三，滥用合法获取的商业秘密的行为，即"违反保密义务或者违反权利人有关保守商业秘密的要求，披露、使用或者允许他人使用其所掌握的商业秘密的"。与第二种情形的区别在于行为人所披露、使用或者允许他人使用的商业秘密是其合法获知而不是通过非法手段得到的。可能通过合法手段获知商业秘密的人可以是公司企业的内部人员，也可以是对公司、企业有监督、检查、调查和管理等权限的人员。

其四，以侵犯商业秘密论的行为，即"明知前述三种行为，获取、披露、使用或者允许他人使用该商业秘密"。这是一种间接侵犯商业秘密的行为。

构成本罪要求具有"情节严重"的后果，"情节严重"可主要表现为给商业秘密的权利人造成重大损失。参照 2020 年 9 月 12 日最高人民法院、最高人民检察院《关于办理侵犯知识产权刑事案件具体应用法律若干问题的解释（三）》第 4 条、第 5 条的规定，具有下列情形之一的，应当认定为"给商业秘密的权利人造成重大损失"：给商业秘密的权利人造成损失数额或者因侵犯商业秘密违法所得数额在 30 万元以上的；直接导致商业秘密的权利人因重大经营困难而破产、倒闭的；造成商业秘密的权利人其他重大损失的。给商业秘密的权利人造成损失数额或者因侵犯商业秘密违法所得数额在 250 万元以上的，应当认定为"造成特别严重后果"。行为造成的损失数额或者违法所得数额，可以按照下列方式认定：1）以不正当手段获取权利人的商业秘密，尚未披露、使用或者允许他人使用的，损失数额可以根据该项商业秘密的合理许可使用费确定。2）以不正当手段获取权利人的商业秘密后，披露、使用或者允许他人使用的，损失数额可以根据权利人因被侵权造成销售利润的损失确定，但该损失数额低于商业秘密合理许可使用费的，根据合理许可使用费确定。3）违反约定、权利人有关保守商业秘密的要求，披露、使用或者允许他人使用其所掌握的商业秘密的，损失数额可以根据权利人因被侵权造成销售利润的损失确定。4）明知商业秘密是不正当手段获取或者是违反约定、权利人有关保守商业秘密的要求披露、使用、允许使用，仍获取、使用或者披露的，损失数额可以根据权利人因被侵权造成销售利润的损失确定。5）因侵犯商业秘密行为导致商业秘密已为公众所知悉或者灭失的，损失数额可以根据该项商业秘密的商业价值确定。商业秘密的商业价值，可以根据该项商业秘密的研究开发成本、实施该项商业秘密的收益综合确定。6）因披露或者允许他人使用商业秘密而获得的财物或者其他财产性利益，应当认定为违法所得。上述第二项、第三项、第四项规定的权利人因被侵权造成销售利润的损失，可以根据权利人因被侵权造成销售量减少的总数乘以权利人每件产品的合理利润确定；销售量减少的总数无法确定的，可以根据侵权产品销售量乘以权利人每件产品的合理利润确定；权利人因被侵权造成销售量减少的总数和每件产品的合理利润均无法确定的，可以根据侵权产品销售量乘以每件侵权产品的合理利润确定。商业秘密系用于服务等其他经营活动的，损失数额可以根据权利人因被侵权而减少的合理利润确定。商业秘密的权利人为减轻对商业运营、商业计划的损失或者重新恢复计算机信息系统安全、其他系统安全而支出的补救费用，应当计入给商业秘密的权利人造成的损失。除此之外，"情节严重"还可以表现为其他形态，如行为人手段较为恶劣，动机较为卑劣，实施次数较多，商业秘密属于重要商业领域或者关系国计民生的秘密等等。

（3）本罪的主体是一般主体，包括自然人和单位。

（4）本罪的主观方面主要是故意，在第四种间接侵犯商业秘密的犯罪行为中，可以由过失构成犯罪。行为人实施本罪，一般出于牟取非法利益的目的，但也有出于其他目的而实施的。

（二）侵犯商业秘密罪的认定

1. 本罪与非罪的界限。

侵犯商业秘密罪的认定主要是区分本罪与非罪的界限，二者的区别主要是：

（1）行为方式或者类型不同。根据法律的规定，侵犯商业秘密罪是包括三种严重的直接侵权行为和一种间接侵权行为；其他的侵权行为都不构成犯罪，只承担民事或行政、经济责任。

（2）主观要件不尽相同。对于直接侵犯商业秘密的犯罪行为，我国刑法规定只能由故意构成；如果行为人基于过失违反约定、披露其所掌握的权利人的商业秘密的，其行为只能构成一般侵权行为。

（3）对侵权行为所造成的损失程度要求不同。侵犯商业秘密的行为必须情节严重，否则不构成犯罪；如果侵权行为未达情节严重，则构成一般违法行为。

2. 本罪与为境外窃取、刺探、收买、非法提供商业秘密罪的界限。

根据《刑法》第219条之一的规定，为境外窃取、刺探、收买、非法提供商业秘密罪，是指为境外的机构、组织、人员窃取、刺探、收买、非法提供商业秘密的行为。本罪与为境外窃取、刺探、收买、非法提供商业秘密罪，有相同或类似的方面。比如，两者侵犯的客体都是国家对商业秘密的管理秩序和商业秘密权利人的合法权益；犯罪的对象都是商业秘密；犯罪的客观行为有相同或类似之处，如窃取与盗窃方式相同，刺探包括电子侵入或其他不正当手段，收买与贿赂的核心内容重合，等等；犯罪的主观方面都是故意；犯罪的主体都是一般主体。在司法实务中，注意两罪的区别非常重要。尽管本罪的罪状规定详尽，对具体侵犯商业秘密的行为方式分项列举、明确规定，为境外窃取、刺探、收买、非法提供商业秘密罪的罪状规定简略，对具体危害行为的规定较为概括，但对两罪的基本关系，必须有清晰的界定，即为境外窃取、刺探、收买、非法提供商业秘密罪是特别规定，侵犯商业秘密罪是一般规定，而且特别规定法定刑重，一般规定法定刑轻，特别规定应当优先适用。

（三）侵犯商业秘密罪的处罚

根据《刑法》第219条和第220条的规定，犯侵犯商业秘密罪的，处3年以下有期徒刑，并处或者单处罚金；情节特别严重的，处3年以上10年以下有期徒刑，并处罚金。单位犯本罪的，对单位判处罚金，并对其直接负责的主管人员和其他直接责任人员，依照上述规定处罚。

根据2020年9月12日最高人民法院、最高人民检察院《关于办理侵犯知识产权刑事案件具体应用法律若干问题的解释（三）》第8条的规定，具有下列情形之一的，可以酌情从重处罚，一般不适用缓刑：主要以侵犯知识产权为业的；因侵犯知识产权被行政处罚后再次侵犯知识产权构成犯罪的；拒不交出违法所得的。根据该司法解释第9条的规定，具有下列情形之一的，可以酌情从轻处罚：认罪认罚的；取得权利人谅解的；以不正当手段获取权利人的商业秘密后尚未披露、使用或者允许他人使用的。

参考案例 20-23

被告人李某大学毕业后，受雇于某百货商业广场有限公司，任资讯部副科长。某年8月，李某在明知公司对资讯部有"不准泄露公司内部任何商业机密信息，不准私自使用FTP上传或下载信息"规定的情况下，擅自使用FTP程序，将公司的供货商名称、地址、商品购销价格、公司经营业绩及会员客户通讯录等资料，从公司电脑中心服务器上下载到自己使用的终端机，秘密复制软盘，到其他商业机构兜售。某有限公司与李某洽商并查看部分资料打印样本后，于同年8月13日以2万元现金交易成功。李某的"兜售"行为持续到同年10月13日案发。据某资产评估事务所评估：某百货商业广场有限公司自当年9

月初业绩开始下跌，月销售收入较 8 月份下跌 15.63％，达 669 万元。法院经审理后认为，李某的行为已构成侵犯商业秘密罪。

二十五、合同诈骗罪

（一）合同诈骗罪的概念和特征

合同诈骗罪，是指以非法占有为目的，在签订、履行合同过程中，骗取对方当事人财物，数额较大的行为。

本罪的构成特征如下：

（1）本罪侵犯的客体是国家对合同的管理秩序，同时也侵害了他人的财产所有权。

（2）本罪的客观方面表现为在签订、履行合同过程中，骗取对方当事人财物，数额较大的行为。具体表现为：

其一，合同主体身份虚假。即以虚构的单位或者冒用他人名义签订合同，骗取对方当事人的定金、购货预付款、材料费或者工程预付款等财物。

其二，担保虚假。即以伪造、变造、作废的票据或者其他虚假的产权证明作担保，骗取对方当事人的信任，从而得以签订经济合同并骗取财物。

其三，履行虚假。即没有实际履行能力，以先履行小额合同或者部分合同取信对方后，诱骗对方当事人继续签订和履行合同，最终达到非法占有他人财物的目的。

其四，收受对方给付的货物、货款、预付款或担保的财产后逃匿的。

其五，以其他方法骗取对方当事人财物的。如行为人通过订立联销合同，骗取中间单位或个人的巨额财物；在报纸、杂志、电视、广播上打虚假广告，引人上钩，或发行虚假信息小报到边远地区等利用媒介进行诈骗；等等。

行为人利用合同进行诈骗，客观上还需要具备"数额较大"的要件，才能构成犯罪。根据 2022 年 4 月 6 日最高人民检察院、公安部《关于公安机关管辖的刑事案件立案追诉标准的规定（二）》第 69 条的规定，以非法占有为目的，在签订、履行合同过程中，骗取对方当事人财物，数额在 2 万元以上的，应予立案追诉。

（3）本罪的主体是一般主体，既可以是单位，也可以是自然人。

（4）本罪的主观方面是故意并且具有非法占有的目的。

（二）合同诈骗罪的认定

对合同诈骗罪进行认定时，主要是区分合同诈骗与合同纠纷的界限。二者的区别如下：

1. 主观故意不同。

合同纠纷体现为双方为了各自的经济利益，通过签订合同，确认双方权利和义务，双方均无非法占有另一方财物之目的，不能履约也确有理由，且出现了不能履约的情形后，能够及时通知对方。而合同诈骗犯罪中，行为人抱有非法占有的主观故意，具体表现有：

（1）当事人明知自己只有部分履约能力，却仍与对方签订经济合同，并拒不履行的。

（2）当事人明知自己无实际履约能力或明知自己无论如何努力也不能履约，仍诱骗对方签订合同以骗取财物的。

（3）当事人虚构主体或冒用他人名义签订合同，不具备履行合同的资格的。

（4）行为人在签订经济合同时，使用伪造、变造的无效印章、印鉴或其他明知不能兑现的票据、结算凭证作为合同履行担保的。

（5）签约时虽无明确、明显的骗取他人财物的目的，之后也履行了合同的部分义务，由于各种原因或客观因素，无力继续履行全部合同，从而在主观上产生了非法占有他人财物的目的，客观上转移或隐匿了他人财物的。

2. 签约手法不同。

即签约时有无欺骗性。经济纠纷中所签订的合同真实、有效，双方当事人所签订的合同是基于经济权益的互补，并非一方想无偿占有另一方的财物。而合同诈骗是采用虚构事实、隐瞒真相的手法签约。在进行经济往来中，有时为了促进交易成功，一方会夸大自己的履约实力，对于这种情形，要具体分析，不能一概认定为诈骗。如果行为人确实出于履行的目的，而无恶意占有的故意，在实际履行中也确实能努力履约的，不能认定为诈骗。

3. 履约的诚意和实际行为表现不同。

从行为表现上，合同纠纷双方当事人都通过一定的途径设法履行义务，互惠互利地实现各自的经济利益，而诈骗犯罪的行为人在合同签订后，基本不履行合同义务。合同交易中有时会出现一部分履行的现象，对于部分履行，也可以从履约的诚意和实际行为表现上区分经济纠纷和诈骗犯罪的性质。合同诈骗行为人没有履行合同的诚意，其部分履行的行为只是作为诱饵或代价，以便取得对方的充分信任，最终骗取他人的财物；而合同纠纷的当事人主观上不具有非法占有的故意，所以，行为人主观上是希望能够履行合同的，只是由于主、客观的原因，对自己的履行能力估计不足，或是客观情况发生了变化，而使合同无法继续履行。

4. 财物的处理不同。

纠纷的双方当事人是将对方财物进行正当的运作，去向清晰，如将对方贷款购买原材料，组织生产、加工制作等，所以即使到期未全部履行也不能定为诈骗。而合同诈骗中，行为人将对方财物或用于为自己还债，或挥霍、携款潜逃，并隐瞒财物的真实去向，表现出非法占有的目的。

（三）合同诈骗罪的处罚

根据《刑法》第224条、第231条的规定，犯合同诈骗罪的，处3年以下有期徒刑或者拘役，并处或者单处罚金；数额巨大或者有其他严重情节的，处3年以上10年以下有期徒刑，并处罚金；数额特别巨大或者有其他特别严重情节的，处10年以上有期徒刑或者无期徒刑，并处罚金或者没收财产。单位犯本罪的，对单位判处罚金，并对其直接负责的主管人员和其他直接责任人员，依照上述规定处罚。

参考案例 20-24

被告人王某伪造了某市供销贸易公司营业执照副本、公章和合同专用章。同年3月下旬的一天，王某用伪造的公章以某市供销贸易公司的名义与一村办服装厂签订供销合同，约定：服装厂供应服装5 000件，价款15万元；供方在3日内交货，需方提货时先付20%，即3万元货款，10日内全部付清。次日，王某雇车到服装厂，交了3万元货款后，提取服装5 000件。运到服装城后，王某将5 000件服装批发给个体商贩，得款10万元，全部用于个人挥霍。为躲避服装厂讨债，王某潜逃在外，后被公安机关抓获。法院经审理后，判处王某构成合同诈骗罪。

二十六、组织、领导传销活动罪

（一）组织、领导传销活动罪的概念与特征

组织、领导传销活动罪，是指组织、领导以推销商品、提供服务等经营活动为名，要求参加者以缴纳费用或者购买商品、服务等方式获得加入资格，并按照一定顺序组成层级，直接或者间接以发展人员的数量作为计酬或者返利依据，引诱、胁迫参加者继续发展他人参加，骗取财物，扰乱经济社会秩序的传销活动的行为。

本罪的构成特征如下：

（1）本罪侵犯的客体是市场管理秩序。从实践的情况看，传销活动的危害性是多方面的：一是传销活动的组织者、领导者利用传销活动骗取参与传销者的财产；二是受蒙蔽而参与传销者多为低收入、不具有抗风险能力的群体，常因参与传销而倾家荡产、生活无着，影响社会稳定；三是传销活动往往是借机销售假冒伪劣商品，扰乱了市场经济秩序。

（2）本罪的客观方面表现为组织、领导以推销商品、提供服务等经营活动为名，要求参加者以缴纳费用或者购买商品、服务等方式获得加入资格，并按照一定顺序组成层级，直接或者间接以发展人员的数量作为计酬或者返利依据，引诱、胁迫参加者继续发展他人参加，骗取财物，扰乱经济社会秩序的传

销活动的行为。传销活动的本质特征在于其欺诈性。实践中，传销组织的传销活动名目繁多，组织结构各异，但均以高额回报为诱饵，对其成员进行精神乃至人身控制，诱骗甚至强迫其成员不断发展"下线"，以敛取成员缴纳的入门费。传销组织所虚假宣传的"经营"活动及其计酬规则本身是建立在不可能实现的虚假前提之上，不具有可持续性，因为不可能有无限多的人员能够以一定倍率不断加入传销组织中。所以，传销活动实际有着特殊的诈骗性质，传销活动的参加者既是该诈骗活动的受害者，又是令该种诈骗机制持续发挥作用的违法者。根据 2013 年 11 月 14 日最高人民法院、最高人民检察院、公安部《关于办理组织领导传销活动刑事案件适用法律若干问题的意见》的规定，传销活动的组织者、领导者采取编造、歪曲国家政策，虚构、夸大经营、投资、服务项目及盈利前景，掩饰计酬、返利真实来源或者其他欺诈手段，实施《刑法》第 224 条之一规定的行为，从参与传销活动人员缴纳的费用或者购买商品、服务的费用中非法获利的，应当认定为骗取财物。参与传销活动人员是否认为被骗，不影响骗取财物的认定。

根据 2013 年 11 月 14 日最高人民法院、最高人民检察院、公安部《关于办理组织领导传销活动刑事案件适用法律若干问题的意见》的规定，传销组织内部参与传销活动人员在 30 人以上且层级在三级以上的，应当对组织者、领导者追究刑事责任。组织、领导多个传销组织，单个或者多个组织中的层级已达三级以上的，可将在各个组织中发展的人数合并计算。组织者、领导者形式上脱离原传销组织后，继续从原传销组织获取报酬或者返利的，原传销组织在其脱离后发展人员的层级数和人数，应当计算为其发展的层级数和人数。

（3）本罪的主体限于传销活动的组织者、领导者。根据 2013 年 11 月 14 日最高人民法院、最高人民检察院、公安部《关于办理组织领导传销活动刑事案件适用法律若干问题的意见》的规定，下列人员可以认定为传销活动的组织者、领导者：1）在传销活动中起发起、策划、操纵作用的人员；2）在传销活动中承担管理、协调等职责的人员；3）在传销活动中承担宣传、培训等职责的人员；4）曾因组织、领导传销活动受过刑事处罚，或者一年以内因组织、领导传销活动受过行政处罚，又直接或者间接发展参与传销活动人员在 15 人以上且层级在三级以上的人员；5）其他对传销活动的实施、传销组织的建立、扩大等起关键作用的人员。以单位名义实施组织、领导传销活动犯罪的，对于受单位指派，仅从事劳务性工作的人员，一般不予追究刑事责任。

（4）本罪的主观方面是故意，过失不构成本罪。

（二）组织、领导传销活动罪的认定

1. 本罪与非罪的界限。

在实践中，应该注意将非法的传销活动与合法的直销活动相区别。根据 2005 年 11 月 1 日施行的国务院《禁止传销条例》的规定，传销是指组织者或者经营者发展人员，通过对被发展人员以其直接或者间接发展的人员数量或者销售业绩为依据计算和给付报酬，或者要求被发展人员以交纳一定费用为条件取得加入资格等方式牟取非法利益，扰乱经济秩序，影响社会稳定的行为。具体包括：（1）组织者或者经营者通过发展人员，要求被发展人员发展其他人员加入，对发展的人员以其直接或者间接滚动发展的人员数量为依据计算和给付报酬（包括物质奖励和其他经济利益，下同），牟取非法利益的；（2）组织者或者经营者通过发展人员，要求被发展人员交纳费用或者以认购商品等方式变相交纳费用，取得加入或者发展其他人员加入的资格，牟取非法利益的；（3）组织者或者经营者通过发展人员，要求被发展人员发展其他人员加入，形成上下线关系，并以下线的销售业绩为依据计算和给付上线报酬，牟取非法利益的。根据 2005 年 12 月 1 日施行的国务院《直销管理条例》的规定，直销是指直销企业招募直销员，由直销员在固定营业场所之外直接向最终消费者推销产品的经销方式。判断合法的直销活动，应该依照相关法律、行政法规的规定，从直销企业的设置变更、直销员的招募培训、直销活动的组织管理等方面进行认定。要特别注意将合法的直销活动与以"直销"为名的非法传销活动以及组织、领导传销活动的犯罪行为相区别。根据 2013 年 11 月 14 日最高人民法院、最高人民检察院、公安部《关于办理组织领导传销活动刑事案件适用法律若干问题的意见》的规定，传销活动的组织者或者领导者通过发展人员，要求传销活动的被发展人员发展其他人员加入，形成上下线关系，并以下线的销售业绩为依据计算和给付上线报酬，牟取非法利益的，是"团队计酬"式传销活动。以销售商品为目的、以销售业绩为计酬依据的单纯的"团队计酬"式传销活动，不作为犯罪处理。形式上采取"团队计酬"方式，但实质上属于"以发展人员的数量作为计酬或者返利依据"的传销活动，应当依照《刑法》第224条之一的规定，以组织、领导传销活动罪定罪处罚。

2. 本罪与非法经营罪的界限。

根据《刑法》第225条的规定，严重扰乱市场秩序的非法经营行为构成非法经营罪。针对20世纪90年代出现的传销违法活动，国务院于1998年4月18日发出了《关于禁止传销经营活动的通知》。最高人民法院也以司法解释的形式明确表示，对1998年4月18日以后仍然从事传销或者变相传销活动，扰乱市场秩序，情节严重的，依照《刑法》第225条第4项的规定，以非法经营罪定罪处罚。又鉴于实践情况的发展，全国人大常委会决定通过《刑法修正案（七）》，在《刑法》第224条后增加一条，作为第224条之一，对组织、领导传销活动的犯罪行为单独作出规定，以加大对非法传销活动的打击。因此，在现有规范条件下，对组织、领导传销活动的犯罪行为，不再适用《刑法》第225条追究刑事责任。

3. 本罪的罪数。

根据2013年11月14日最高人民法院、最高人民检察院、公安部《关于办理组织领导传销活动刑事案件适用法律若干问题的意见》的规定，以非法占有为目的，组织、领导传销活动，同时构成组织、领导传销活动罪和集资诈骗罪，依照处罚较重的规定定罪处罚。犯组织、领导传销活动罪，并实施故意伤害、非法拘禁、敲诈勒索、妨害公务、聚众扰乱社会秩序、聚众冲击国家机关、聚众扰乱公共场所秩序、交通秩序等行为，构成犯罪的，依照数罪并罚的规定处罚。根据2022年2月23日最高人民法院《关于审理非法集资刑事案件具体应用法律若干问题的解释》的规定，通过传销手段向社会公众非法吸收资金，构成非法吸收公众存款罪或者集资诈骗罪，同时又构成组织、领导传销活动罪的，依照处罚较重的规定定罪处罚。

（三）组织、领导传销活动罪的处罚

根据《刑法》第224条之一的规定，犯组织、领导传销活动罪的，处5年以下有期徒刑或者拘役，并处罚金；情节严重的，处5年以上有期徒刑，并处罚金。根据2013年11月14日最高人民法院、最高人民检察院、公安部《关于办理组织领导传销活动刑事案件适用法律若干问题的意见》的规定，传销组织的组织者、领导者，具有下列情形之一的，应当认定为《刑法》第224条之一规定的"情节严重"：（1）组织、领导的参与传销活动人员累计达120人以上的；（2）直接或者间接收取参与传销活动人员缴纳的传销资金数额累计达250万元以上的；（3）曾因组织、领导传销活动受过刑事处罚，或者1年以内因组织、领导传销活动受过行政处罚，又直接或者间接发展参与传销活动人员累计达60人以上的；（4）造成参与传销活动人员精神失常、自杀等严重后果的；（5）造成其他严重后果或者恶劣社会影响的。根据《刑法》第231条的规定，单位犯本罪的，对单位判处罚金，并对直接负责的主管人员和其他直接责任人员，依照《刑法》第224条之一的规定处罚。

参考案例 20-25

2007年1月起，被告人施某与他人合谋，谎称"Link-World"软件是由美国投资公司加盟开发的高科技产品，以点击广告赚钱等做虚假宣传。他们设计了"协同分销代理制"的营销模式，将代理商分为6个级别，规定至少一次性购买5张该软件卡，交纳人民币4 496元才能成为代理商。代理商则根据直接发展下线的数量及售卡总量晋升级别，获得一定比例的提成。2007年11月至2009年6月间，施某等人在全国二十多个省（自治区、直辖市）发展各级代理商13.5万余人，其中现金购卡金额共计人民币9.9亿余元。法院经审理，以组织、领导传销活动罪判处被告人施某有期徒刑9年。

二十七、非法经营罪

（一）非法经营罪的概念和特征

非法经营罪，是指违反国家规定，从事违法经营活动，扰乱市场秩序，情节严重的行为。本罪的构

成特征如下：

（1）本罪侵犯的客体是市场管理秩序，即国家通过依法对市场进行管理所形成的稳定、协调、有序的市场运行状态。

（2）本罪的客观方面表现为违反国家规定，从事违法经营活动，扰乱市场秩序，情节严重的行为。

首先，构成本罪的前提条件是经营行为违反了国家规定。

其次，从事违法经营活动，扰乱市场秩序，具体包括下述四种情形：

一是未经许可经营法律、行政法规规定的专营、专卖物品或者其他限制买卖的物品。未经许可，是指未经国家有关主管部门批准。专营、专卖物品，是指根据国家法律、行政法规的规定必须由专门的机构经营、销售的特殊物品，如烟草、食盐、麻醉药品等。其他限制买卖的物品，是指国家根据经济发展和维护国家、社会和公众利益的需要，规定在一定时期内实行限制性经营的物品，如种子、化肥、农药等。

二是买卖进出口许可证、进出口原产地证明以及其他法律、行政法规规定的经营许可证或者批准文件。进出口许可证，是指国家外贸主管部门颁发的可以从事进出口业务的证明文件。进出口原产地证明，是指在国际贸易活动中，进出口产品时必须附带的由原产地有关主管机关出具的确认文件。其他法律、行政法规规定的经营许可证或者批准文件，是指法律、行政法规规定的从事某些生产、经营活动必须具备的经营许可证或者批准文件，如森林采伐、矿产开采等许可证。

三是未经国家有关主管部门批准，非法经营证券、期货、保险业务，或者非法从事资金支付结算业务。

四是其他严重扰乱市场秩序的非法经营行为。例如，1998 年 12 月 17 日最高人民法院《关于审理非法出版物刑事案件具体应用法律若干问题的解释》第 11 条规定的，违反国家规定，出版、印刷、复制、发行危害国家安全、侮辱诽谤他人、煽动民族歧视、侵犯著作权、淫秽物品以外的其他严重危害社会秩序和扰乱市场秩序的非法出版物的行为。2000 年 4 月 28 日最高人民法院《关于审理扰乱电信市场管理秩序案件具体应用法律若干问题的解释》第 1 条规定的，违反国家规定，采取租用国际专线、私设转接设备或者其他方法，擅自经营国际电信业务或者涉港澳台电信业务进行营利活动的行为。2002 年 8 月 16 日最高人民法院、最高人民检察院《关于办理非法生产、销售、使用禁止在饲料和动物饮水中使用的药品等刑事案件具体应用法律若干问题的解释》规定的，在生产、销售的饲料中添加盐酸克仑特罗等禁止在饲料和动物饮用水中使用的药品，或者销售明知是添加有该类药品的饲料的行为。2003 年 5 月 14 日最高人民法院、最高人民检察院《关于办理妨害预防、控制突发传染病疫情等灾害的刑事案件具体应用法律若干问题的解释》第 6 条规定的，违反国家在预防、控制突发传染病疫情等灾害期间有关市场经营、价格管理等规定，哄抬物价、牟取暴利的行为。2004 年 7 月 16 日最高人民法院、最高人民检察院《关于依法开展打击淫秽色情网站专项行动有关工作的通知》规定的，违反国家规定，擅自设立互联网上网服务营业场所，或者擅自从事互联网上网服务经营活动，情节严重，构成犯罪的行为。2005 年 5 月 11 日最高人民法院、最高人民检察院《关于办理赌博刑事案件具体应用法律若干问题的解释》规定的，未经国家批准擅自发行、销售彩票，构成犯罪的行为。2013 年 9 月 6 日最高人民法院、最高人民检察院《关于办理利用信息网络实施诽谤等刑事案件适用法律若干问题的解释》规定的，通过信息网络有偿提供删除信息服务，或者明知是虚假信息，通过信息网络有偿提供发布信息等服务的行为。2014 年 3 月 14 日最高人民法院、最高人民检察院、公安部、国家安全部《关于依法办理非法生产、销售、使用"伪基站"设备案件的意见》规定的，非法生产、销售"伪基站"的行为。2018 年 11 月 28 日最高人民法院、最高人民检察院《关于办理妨害信用卡管理刑事案件具体应用法律若干问题的解释》规定的，违反国家规定，使用销售点终端机具（POS 机）等方法，以虚构交易、虚开价格、现金退货等方式向信用卡持卡人直接支付现金，情节严重的行为。2019 年 1 月 31 日最高人民法院、最高人民检察院《关于办理非法从事资金支付结算业务、非法买卖外汇刑事案件适用法律若干问题的解释》规定的，违反国家规定，实施倒买倒卖外汇或者变相买卖外汇等非法买卖外汇行为，扰乱金融市场秩序，情节严重的行为。2019 年 7 月 23 日最高人民法院、最高人民检察院、公安部、司法部《关于办理非法放贷刑事案件若干问题的意见》规定的，违反国家规定，未经监管部门批准，或者超越经营范围，以营利为目的，经常性地向社会不特定对象发放贷款，扰乱金融市场秩序，情节严重的行为等。2019 年 11 月 12 日最高人民法院《关于审理走私、非法经营、非法使用兴奋剂刑事案件适用法律若干问题的解释》规定的，违反国家规定，未经许可经营兴奋剂目录所列物质，涉案物质属于法律、行政法规规定的限制买卖的物品，扰乱市场秩序，情节严重的行为。2020 年 2 月 6 日最高人民法院、最高人民检察院、公安部、司法部《关于依法惩治妨害新型冠状病毒感染肺炎疫情防控违法犯罪的意见》规定的，在疫情防控期间，违反国家有关市场经营、价格管理等规定，囤积居奇，哄抬疫情防控急需的口罩、护目镜、防护服、消毒液等防护用品、药品或者其他涉及民生的物品价格，牟取暴利，违法所得数额较大或者有其他严重情节，严重扰乱市场秩序的行为。2021 年 12 月 30 日最高人民法院、最高人民检察院《关于办理危害食品安全刑事案件适用法律若干问题的解释》规定的，以提供给他人生产、销售食品为目的，违反国家规定，生产、销售国家禁止用于食品生产、销售的非食品原料，情节严重的行为；以提供给他人生产、销售食用农产品为目的，违反国家规定，生产、销售国家禁用农药、食品动物中禁止使用的药品及其他化合物等有毒、有害的非食品原料，或者生产、销售添加上述有毒、有害的非食品原料的农药、兽药、饲料、饲料添加剂、饲料原料，情节严重的行为；违反国家规定，私设生猪屠宰厂（场），从事生猪屠宰、销售等经营活动，情节严重的行为。2022 年 2 月 23 日最高人民法院《关于审理非法集资刑事案件具体应用法律若干问题的解释》规定的，违反国家规定，未经依法核准擅自发行基金份额募集基金，情节严重的行为。

须注意的是，2001 年 4 月 10 日最高人民法院《关于情节严重的传销或者变相传销行为如何定性问题的批复》规定传销或者变相传销行为应该以非法经营罪追究刑事责任，但在《刑法修正案（七）》已经规定了组织、领导传销活动罪的条件下，对组织、领导传销活动的行为，不再适用《刑法》第 225 条。

最后，非法经营行为必须达到情节严重的程度，否则不构成犯罪。

（3）本罪的主体是一般主体，个人或者单位均可以构成。

（4）本罪的主观方面表现为故意，过失不构成本罪。

（二）非法经营罪的认定

1. 本罪与非罪的界限。

首先，构成本罪以违反国家法律、行政法规的有关规定为前提。由于我国仍然处在社会转型和经济转轨时期，本罪的形式和内容也会随着经济、社会的发展不断变化，因此认定本罪与非罪的界限必须以现行的国家经济政策和经济、行政法规为依据，与时俱进。其次，构成本罪必须达到情节严重。判断非法经营活动是否情节严重，一般根据非法经营的数额或者违法所得的数额并结合其他情节予以确定。非法经营活动，只有达到情节严重程度，才能以本罪论处。如果只是偶尔进行非法经营活动，经营数额不大，违法所得数额较小，情节显著轻微，危害不大的，属于一般的非法经营行为，不能以犯罪论处，可以根据情节给予相应的行政处罚。

司法典型案例：
王力军非法经营再审改判无罪案

根据 2022 年 4 月 6 日最高人民检察院、公安部《关于公安机关管辖的刑事案件立案追诉标准的规定（二）》第 71 条的规定，违反国家规定，进行非法经营活动，扰乱市场秩序，涉嫌下列情形之一的，应予立案追诉：

（1）违反国家烟草专卖管理法律法规，未经烟草专卖行政主管部门许可，无烟草专卖生产企业许可证、烟草专卖批发企业许可证、特种烟草专卖经营企业许可证、烟草专卖零售许可证等许可证明，非法经营烟草专卖品，具有下列情形之一的：1）非法经营数额在 5 万元以上，或者违法所得数额在 2 万元以上的；2）非法经营卷烟 20 万支以上的；3）3 年内因非法经营烟草专卖品受过二次以上行政处罚，又非法经营烟草专卖品且数额在 3 万元以上的。

（2）未经国家有关主管部门批准，非法经营证券、期货、保险业务，或者非法从事资金支付结算业务，具有下列情形之一的：1）非法经营证券、期货、保险业务，数额在 100 万元以上，或者违法所得数额在 10 万元以上的。2）非法从事资金支付结算业务，数额在 500 万元以上，或者违法所得数额在 10 万元以上的。3）非法从事资金支付结算业务，数额在 250 万元以上不满 500 万元，或者违法所得数额在 5 万元以上不满 10 万元，且具有下列情形之一的：因非法从事资金支付结算业务犯罪行为受过刑事追究的；二年内因非法从事资金支付结算业务违法行为受过行政处罚的；拒不交代涉案资金去向或者拒不配合追缴工作，致使赃款无法追缴的；造成其他严重后果的。4）使用销售点终端机具（POS 机）等方法，以虚构交易、虚开价格、现金退货等方式向信用卡持卡人直接支付现金，数额在 100 万元以上的，或者造成金融机构资金 20 万元以上逾期未还的，或者造成金融机构经济损失 10 万元以上的。

（3）实施倒买倒卖外汇或者变相买卖外汇等非法买卖外汇行为，扰乱金融市场秩序，具有下列情形之一的：1）非法经营数额在 500 万元以上的，或者违法所得数额在 10 万元以上的。2）非法经营数额在 250 万元以上，或者违法所得数额在 5 万元以上，且具有下列情形之一的：因非法买卖外汇犯罪行为受过刑事追究的；二年内因非法买卖外汇违法行为受过行政处罚的；拒不交代涉案资金去向或者拒不配合追缴工作，致使赃款无法追缴的；造成其他严重后果的。3）公司、企业或者其他单位违反有关外贸代理业务的规定，采用非法手段，或者明知是伪造、变造的凭证、商业单据，为他人向外汇指定银行骗购外汇，数额在 500 万美元以上或者违法所得数额在 50 万元以上的。4）居间介绍骗购外汇，数额在 100 万美元以上或者违法所得数额在 10 万元以上的。

（4）出版、印刷、复制、发行严重危害社会秩序和扰乱市场秩序的非法出版物，具有下列情形之一的：1）个人非法经营数额在 5 万元以上的，单位非法经营数额在 15 万元以上的；2）个人违法所得数额在 2 万元以上的，单位违法所得数额在 5 万元以上的；3）个人非法经营报纸 5 000 份或者期刊 5 000 本或者图书 2 000 册或者音像制品、电子出版物 500 张（盒）以上的，单位非法经营报纸 15 000 份或者期刊 15 000 本或者图书 5 000 册或者音像制品、电子出版物 1 500 张（盒）以上的；4）虽未达到上述数额标准，但具有下列情形之一的：二年内因出版、印刷、复制、发行非法出版物受过二次以上行政处罚，又出版、印刷、复制、发行非法出版物的；因出版、印刷、复制、发行非法出版物造成恶劣社会影响或者其他严重后果的。

（5）非法从事出版物的出版、印刷、复制、发行业务，严重扰乱市场秩序，具有下列情形之一的：1）个人非法经营数额在 15 万元以上的，单位非法经营数额在 50 万元以上的；2）个人违法所得数额在 5 万元以上的，单位违法所得数额在 15 万元以上的；3）个人非法经营报纸 15 000 份或者期刊 15 000 本或者图书 5 000 册或者音像制品、电子出版物 1 500 张（盒）以上的，单位非法经营报纸 5 万份或者期刊 5 万本或者图书 15 000 册或者音像制品、电子出版物 5 000 张（盒）以上的；4）虽未达到上述数额标准，二年内因非法从事出版物的出版、印刷、复制、发行业务受过二次以上行政处罚，又非法从事出版物的出版、印刷、复制、发行业务的。

（6）采取租用国际专线、私设转接设备或者其他方法，擅自经营国际电信业务或者涉港澳台电信业务进行营利活动，扰乱电信市场管理秩序，具有下列情形之一的：1）经营去话业务数额在 100 万元以上的；2）经营来话业务造成电信资费损失数额在 100 万元以上的；3）虽未达到上述数额标准，但具有下列情形之一的：二年内因非法经营国际电信业务或者涉港澳台电信业务行为受过二次以上行政处罚，又非法经营国际电信业务或者涉港澳台电信业务的；因非法经营国际电信业务或者涉港澳台电信业务行为造成其他严重后果的。

（7）以营利为目的，通过信息网络有偿提供删除信息服务，或者明知是虚假信息，通过信息网络有偿提供发布信息等服务，扰乱市场秩序，具有下列情形之一的：1）个人非法经营数额在 5 万元以上，或者违法所得数额在 2 万元以上的；2）单位非法经营数额在 15 万元以上，或者违法所得数额在 5 万元以上的。

（8）非法生产、销售"黑广播""伪基站"、无线电干扰器等无线电设备，具有下列情形之一的：1）非法生产、销售无线电设备3套以上的；2）非法经营数额在5万元以上的；3）虽未达到上述数额标准，但二年内因非法生产、销售无线电设备受过二次以上行政处罚，又非法生产、销售无线电设备的。

（9）以提供给他人开设赌场为目的，违反国家规定，非法生产、销售具有退币、退分、退钢珠等赌博功能的电子游戏设施设备或者其专用软件，具有下列情形之一的：1）个人非法经营数额在5万元以上，或者违法所得数额在1万元以上的；2）单位非法经营数额在50万元以上，或者违法所得数额在10万元以上的；3）虽未达到上述数额标准，但二年内因非法生产、销售赌博机行为受过二次以上行政处罚，又进行同种非法经营行为的；4）其他情节严重的情形。

（10）实施下列危害食品安全行为，非法经营数额在10万元以上，或者违法所得数额在5万元以上的：1）以提供给他人生产、销售食品为目的，违反国家规定，生产、销售国家禁止用于食品生产、销售的非食品原料的；2）以提供给他人生产、销售食用农产品为目的，违反国家规定，生产、销售国家禁用农药、食品动物中禁止使用的药品及其他化合物等有毒、有害的非食品原料，或者生产、销售添加上述有毒、有害的非食品原料的农药、兽药、饲料、饲料添加剂、饲料原料的；3）违反国家规定，私设生猪屠宰厂（场），从事生猪屠宰、销售等经营活动的。

（11）未经监管部门批准，或者超越经营范围，以营利为目的，以超过36%的实际年利率经常性地向社会不特定对象发放贷款，具有下列情形之一的：1）个人非法放贷数额累计在200万元以上的，单位非法放贷数额累计在1 000万元以上的；2）个人违法所得数额累计在80万元以上的，单位违法所得数额累计在400万元以上的；3）个人非法放贷对象累计在50人以上的，单位非法放贷对象累计在150人以上的；4）造成借款人或者其近亲属自杀、死亡或者精神失常等严重后果的；5）虽未达到上述数额标准，但具有下列情形之一的：二年内因实施非法放贷行为受过二次以上行政处罚的；以超过72%的实际年利率实施非法放贷行为10次以上的。黑恶势力非法放贷的，按照第1）、2）、3）项规定的相应数额、数量标准的50%确定。同时具有第5）项规定情形的，按照相应数额、数量标准的40%确定。

（12）从事其他非法经营活动，具有下列情形之一的：1）个人非法经营数额在5万元以上，或者违法所得数额在1万元以上的；2）单位非法经营数额在50万元以上，或者违法所得数额在10万元以上的；3）虽未达到上述数额标准，但二年内因非法经营行为受过二次以上行政处罚，又从事同种非法经营行为的；4）其他情节严重的情形。法律、司法解释对非法经营罪的立案追诉标准另有规定的，依照其规定。

根据有关政策精神，在新型冠状病毒感染肺炎疫情防控期间，办理哄抬物价类非法经营犯罪案件时，应当注意从以下三个方面加以把握：

一是注意把握"疫情防控期间"。2020年1月20日，国家卫健委经国务院批准发布2020年第1号公告，将新型冠状病毒感染的肺炎纳入《传染病防治法》规定的乙类传染病，并采取甲类传染病的预防、控制措施。疫情起始时间以该公告为准，疫情结束的时间届时以国家有关部门宣布疫情结束为准。在疫情防控期间，哄抬物价行为具有较平时更为严重的社会危害性，主要表现在：（1）扰乱疫情防控急需物资和基本民生用品的统筹秩序，影响联防联控部署；（2）制造或加剧恐慌性需求，破坏社会秩序；（3）推高防护成本，导致不特定人群特别是低收入群体防护不足。因此，根据罪责刑相适应原则，对于疫情防控期间的此类行为应当依法从严惩处。

二是注意把握"防护用品、药品或者其他涉及民生的物品"的范围。根据2020年2月6日最高人民法院、最高人民检察院、公安部、司法部《关于依法惩治妨害新型冠状病毒感染肺炎疫情防控违法犯罪的意见》和国家市场监督管理总局《关于新型冠状病毒感染肺炎疫情防控期间查处哄抬价格违法行为的指导意见》的规定，防护用品、药品主要是指口罩、护目镜、防护服、消毒杀菌用品、抗病毒药品和相关医疗器械、器材等；民生物品主要是指人民群众维持基本生活所必需的粮油肉蛋菜奶等食品。需要注意的是，各地的防疫形势和市场供应情况不同，在价格敏感的物品上会有一定差别，各级政府和有关部门对防疫用品和民生物品范围作出具体规定的，可以结合本地具体情况作出认定。

三是注意把握哄抬物价类非法经营犯罪的行为方式。哄抬物价违法行为包括三种行为方式：（1）捏造、散布涨价信息，扰乱市场价格秩序；（2）除生产自用外，超出正常的存储数量或者存储周期，大量囤积市场供应紧张、价格发生异常波动的商品，经价格主管部门告诫仍继续囤积；（3）利用其他手段哄抬价格，推动商品价格过快、过高上涨。国家市场监督管理总局出台《关于新型冠状病毒感染肺炎疫情防控期间查处哄抬价格违法行为的指导意见》，对如何认定查处上述哄抬物价违法行为作了具体规定。

实践中，在认定哄抬物价类非法经营犯罪行为时，应当参照上述规定，同时综合考虑本地疫情防控具体情况以及行为人的实际经营状况、主观恶性和行为社会危害性等因素，判断是否属于"违法所得数额较大或者有其他严重情节"，从而准确认定犯罪嫌疑人是否构成非法经营罪。对于一般的价格违法行为，可以由有关部门予以行政处罚。具体办案中，需要着重把握以下几点：

第一，准确判断行为方式。囤积居奇、哄抬物价类非法经营案件实质上是严重扰乱市场秩序的行为，故对其客观行为方式的考察是评价社会危害性程度的重要方面。例如，行为人捏造、散布涨价信息，扰乱市场价格秩序，或者大量囤积市场供应紧张、价格异常波动的防护用品、药品或者其他涉及民生的物品，哄抬物价的，就较之一般的单纯哄抬物价行为社会危害性更大，对前者更应当进行刑事惩治。又如，行为人哄抬物价，经价格主管部门告诫甚至行政处罚后继续实施相关行为的，社会危害性也更大，更加具有刑事惩治的必要。这些实际上都是认定相关非法经营案件客观行为方式和情节严重程度的重要因素。

第二，充分考虑非法经营和违法所得数额。此类案件表现为在经营活动中囤积居奇、哄抬物价，且要求"牟取暴利"，故非法经营数额本身的大小，特别是违法所得数额，是评判行为社会危害程度的重要因素。对于是否"牟取暴利"，既要考虑国家有关部门和地方政府关于市场经营、价格管理等规定，又要坚持一般人的认知标准，确保认定结果符合人民群众的公平正义观念。对于虽然超出有关价格管理规定，但幅度不大，违法所得不多，对疫情防控没有重大影响、未造成严重后果的，不应当纳入刑事处罚范围，可以由有关部门予以行政处罚。相反，对于利用物资紧俏的"商机"，坐地起价，牟取暴利的，则应当依法追究刑事责任。对此，应当根据囤积、倒卖的数量、次数、加价比例和获利情况等，综合认定"违法所得数额"和"其他严重情节"。对于其中情节恶劣，严重扰乱市场秩序的，应当坚决惩治，且应从重处罚、以儆效尤。

第三，综合考虑疫情防控差异情况。办理囤积居奇、哄抬物价类非法经营案件，要考虑各地疫情防控的差异情况、不同物资的紧缺程度，做到精准发力，避免简单"一刀切"。各地面临的疫情形势和防控任务差异较大，同样的哄抬物价行为在疫情风险等级不同地区的社会危害性是不一样的，在办案中要有所体现。在疫情风险等级较高的地区，特别是对市场供应紧张的物资囤积居奇、哄抬价格，社会危害性较大，有必要予以刑事处罚；相反，在疫情风险等级较低的地区，随着相关物资市场供应紧张程度缓解，对于哄抬物价的行为要尽量给行政处罚留有足够空间，确保刑罚的审慎适用，即使要给予刑罚处罚也可以酌情从轻处罚。

2. 本罪的罪数。

根据 2019 年 1 月 31 日最高人民法院、最高人民检察院《关于办理非法从事资金支付结算业务、非法买卖外汇刑事案件适用法律若干问题的解释》，非法从事资金支付结算业务或者非法买卖外汇，构成非法经营罪，同时又构成《刑法》第 120 条之一规定的帮助恐怖活动罪或者第 191 条规定的洗钱罪的，依照处罚较重的规定定罪处罚。根据 2019 年 7 月 23 日最高人民法院、最高人民检察院、公安部、司法部《关于办理非法放贷刑事案件若干问题的意见》，为从事非法放贷活动，实施擅自设立金融机构、套取金融机构资金高利转贷、骗取贷款、非法吸收公众存款等行为，构成犯罪的，应当择一重罪处罚；为强行索要因非法放贷而产生的债务，实施故意杀人、故意伤害、非法拘禁、故意毁坏财物、寻衅滋事等行为，构成犯罪的，应当数罪并罚；但《刑法》、司法解释另有规定的除外。根据 2021 年 12 月 30 日最高人民法院、最高人民检察院《关于办理危害食品安全刑事案件适用法律若干问题的解释》，实施非法经营行为，同时构成生产、销售伪劣产品罪，生产、销售不符合安全标准的食品罪，生产、销售有毒、有害食品罪，生产、销售伪劣农药、兽药罪等其他犯罪的，依照处罚较重的规定定罪处罚。2023 年 8 月 8 日最高人民法院、最高人民检察院《关于办理环境污染刑事案件适用法律若干问题的解释》第 7 条第 1 款规定，无危险废物经营许可证从事收集、贮存、利用、处置危险废物经营活动，严重污染环境的，按照污染环境罪定罪处罚；同时构成非法经营罪的，依照处罚较重的规定定罪处罚。该条第 2 款规定，实施前款规定的行为，不具有超标排放污染物、非法倾倒污染物或者其他违法造成环境污染的情形的，可以认定为非法经营情节显著轻微危害不大，不认为是犯罪；构成生产、销售伪劣产品等其他犯罪的，以其他犯罪论处。

（三）非法经营罪的处罚

根据《刑法》第 225 条、第 231 条的规定，犯非法经营罪的，处 5 年以下有期徒刑或者拘役，并处或者单处违法所得 1 倍以上 5 倍以下罚金；情节特别严重的，处 5 年以上有期徒刑，并处违法所得 1 倍以上 5 倍以下罚金或者没收财产。单位犯本罪的，对单位判处罚金，并对直接负责的主管人员和其他直接责任人员，依照上述规定处罚。

参考案例 20－26

杨某、张某注册成立了一家科技发展有限公司。二人以该公司名义为并不存在的某品牌护肤系列产品做广告宣传，制订虚假的市场计划，以高额返还为诱饵，利用网络广泛招收业务员及合作商。他们在网上许诺，每位加盟业务员出资 300 元为 1 份投单，即可享有公司发放的 4 个月工资，从 100 元至 300 元不等；业务员投单满 60 份即可成为公司代理商。杨某、张某用后加入者缴纳的费用支付先加入者的报酬以维持运作，长期从事无店铺的经营活动。三年间，共发展代理商 60 余人，散户 500 余人，非法经营额达 1 300 余万元，致使网络成员的 685 万余元损失无法返还。因后期投单人减少而无法维持，杨某、张某潜逃，后被查获归案。法院经审理后认为，被告人杨某、张某采取无产品、无店铺的经营活动从事网络营销，其行为属于非法传销，严重扰乱了市场秩序，构成非法经营罪。

二十八、强迫交易罪

（一）强迫交易罪的概念和特征

强迫交易罪，是指以暴力、威胁手段强买强卖商品，强迫他人提供或者接受服务，强迫他人参与或者退出投标、拍卖，强迫他人转让或者收购公司、企业的股份、债券或者其他资产，强迫他人参与或者退出特定的经营活动，情节严重的行为。

本罪的构成特征如下：

（1）本罪侵犯的客体是自由、自愿、平等、公正的市场交易秩序。

（2）本罪在客观方面表现为五种具体行为：

一是以暴力、威胁手段强买强卖商品。"强买强卖"，是指违反法律法规和商品交易规则，不顾交易对方是否同意，以暴力、威胁手段强行买进或者卖出商品的行为。

二是以暴力、威胁手段强迫他人提供或者接受服务。"强迫他人提供服务"，主要是指行为人在享受服务消费时，不遵守公平自愿的原则，不顾提供服务方是否同意，以暴力、威胁手段，强迫对方提供服务的行为；"强迫他人接受服务"，主要是指服务性质的营业者违反法律法规、商业道德及公平自愿的原则，不顾消费者是否同意，以暴力、威胁手段强迫消费者接受其服务的行为。根据 2014 年 4 月 17 日最高人民检察院《关于强迫借贷行为适用法律问题的批复》的规定，以暴力、胁迫手段强迫他人借贷，属于"强迫他人提供或者接受服务"。

三是以暴力、威胁手段强迫他人参与或者退出投标、拍卖。主要是在一些工程竞标、拍卖的活动中，使用暴力或者威胁手段，强迫他人参与或者退出投标、拍卖活动，目的是使自己中标或者在没有其他参与者竞拍的情况下以不公平的价格拍得拍卖品。

四是以暴力、威胁手段强迫他人转让或者收购公司、企业的股份、债券或者其他资产。主要是针对为了获得不正当的利益，以暴力、威胁手段，强迫他人在不符合市场价值规律和不利于出让人的情况下转让公司、企业的股份、债券或者其他资产，自己从中获取不法利益，而使他人利益受损。

五是以暴力、威胁手段强迫他人参与或者退出特定的经营活动。这里的"特定的经营活动"，是指在不法分子划定的经营活动范围内，因屈从于暴力、威胁手段，在没有选择的情况下，从事或者退出经营的情况。

（3）本罪的主体是一般主体，自然人和单位都可以构成。

（4）本罪在主观方面必须出于故意。

（二）强迫交易罪的认定

1. 本罪与非罪的界限。

（1）强迫交易罪必须以暴力、威胁手段实施，并且达到情节严重的程度。如果行为人没有使用暴力或者威胁手段，或者虽然使用暴力或者威胁手段，但情节显著轻微、危害不大的，不构成犯罪。现实生活中的某些部门、行业垄断行为，虽然具有限定消费者购买其指定的经营者的商品，或者限制其他经营者正当的经营活动的行为，但如果没有使用暴力、威胁手段的，不构成本罪。

（2）强迫交易罪中的强迫行为，即暴力、威胁手段行为与不公平交易之间必须具有因果关系。如果行为人在交易中使用了暴力、威胁手段，但是该强迫行为与交易活动之间没有因果关系，则不构成本罪。

（3）强迫交易罪中的威胁手段的内容，既可以是声称会使用"硬暴力"，也可以是滋扰、纠缠、哄闹、聚众造势等"软暴力"。根据2019年4月9日最高人民法院、最高人民检察院、公安部、司法部《关于办理实施"软暴力"的刑事案件若干问题的意见》的规定，采用"软暴力"手段，使他人产生心理恐惧或者形成心理强制，属于《刑法》第226条规定的"威胁"，同时符合其他犯罪构成要件的，应当以强迫交易罪定罪处罚。

2. 本罪与抢劫罪的界限。

如何区分强迫交易罪与抢劫罪，是司法实践中面临的一个重要问题。二者的区别主要有：

（1）犯罪侵犯的客体不同。本罪侵犯的客体主要是自由、自愿、平等、公正的市场秩序；而抢劫罪侵犯的客体是财产所有权和人身权利。

（2）犯罪手段的强制性程度不同。尽管二者都使用暴力或者威胁手段，但二者对被害人所形成的强制性程度有所差别。强迫交易罪中的暴力、胁迫手段的强制性程度要低于抢劫罪。

（3）情节要求不同。强迫交易罪构成以"情节严重"为要件；而抢劫罪构成没有情节严重的要求。

（4）目的不同。强迫交易罪行为人的目的在于实现不公平交易，谋取非法的经济利益；而抢劫罪行为人则以非法占有公私财产为目的。

（5）构成主体不同。强迫交易罪的主体可以是年满16周岁、具有刑事责任能力的自然人，也可以是单位；而抢劫罪的主体只能是自然人，并且是14周岁以上、具有刑事责任能力的自然人。

根据2014年4月17日最高人民检察院《关于强迫借贷行为适用法律问题的批复》的规定，以暴力、胁迫手段强迫他人借贷，情节严重的，以强迫交易罪追究刑事责任。以非法占有为目的，以借贷为名采用暴力、胁迫手段获取他人财物，符合《刑法》第263条规定的，以抢劫罪追究刑事责任。

（三）强迫交易罪的处罚

根据《刑法》第226条、第231条的规定，犯强迫交易罪的，处3年以下有期徒刑或者拘役，并处或者单处罚金；情节特别严重的，处3年以上7年以下有期徒刑，并处罚金。单位犯本罪的，对单位判处罚金，并对直接负责的主管人员和其他直接责任人员，依照上述规定处罚。

参考案例 20-27

被告人小路驾驶从朋友处借来的小轿车，伪装成出租车，在北京站拉乘刚下火车的孙先生去天桥。途中，小路要求孙先生按已做过手脚的计价器显示的69元先把钱交了，孙先生嫌多不答应，小路便将车停下，再次要求孙先生交钱，又被拒绝后，小路朝孙先生胸部打了一拳，又给了他一个耳光。无奈，孙先生给了小路40元钱。此后，小路又用同样手段作案数起。在此案的定性问题上，形成了两种不同意见：一种意见认为，被告人小路构成抢劫罪。小路从事非法经营活动，在计价器上做手脚，试图收取不合理费用，并在收取费用时没有将乘客拉到目的地，而是中途停了车。在乘客对价钱表示不满拒绝支付后，他又采用暴力、胁迫等手段强行索要乘客钱财，虽然数额不多，但与正常价格相比已超出2倍以上。因此可以推断，小路在主观上并不想提供正常的服务，而是具备了抢劫的动机。他以非法占有为目的，在从事非法营运的过程中，以暴力、胁迫手段劫取他人钱财，其行为已构成抢劫罪。另一种意见认为，被告人小路构成强迫交易罪。小路在从事非法营运期间，并不具有抢劫的故意，如果有，他完全可以有针对性地挑选有钱人为犯罪对象，而本案的被害人都不具备有钱人的特征。小路若是以提供服务为幌子，以抢劫为真正目的，他完全可以将被害人骗上车后直接行抢，没有必要采用控制计价器开关的方法。他控制计价器开关、未到目的地中途停车等都是他欺客、宰客的表现，且其收取的费用并不是没有根据，每次都是按照计价器显示的价钱收取。由此可以推断出，小路的行为还是建立在交易的基础上的，只是这种交易行为违背了交易双方公平、自由、平等、诚实信用的原则，侵犯了消费者的合法权益。最后，法院以强迫交易罪判处小路有期徒刑1年6个月，并处罚金3 000元。

【引例评析】

成某的行为构成集资诈骗罪，并应当从重论处。成某实施的一系列行为构成几个犯罪，如何应用法律对之进行定性，是本案例的重点问题。下面逐一进行分析：

首先，成某的行为构成擅自设立金融机构罪。根据《刑法》第174条的规定，未经国家有关主管部门批准，擅自设立商业银行、证券交易所、期货交易所、证券公司、期货经纪公司、保险公司或者其他金融机构的，为擅自设立金融机构罪。成某出于吸收资金的目的，故意不经中国人民银行批准，擅自设立"中国开发银行××营业部储蓄所"，其行为破坏了国家关于金融机构的审批管理制度，符合擅自设立金融机构罪的构成。在本案例中，成某私刻了"中国开发银行储蓄所管理处"和"中国开发银行行政专用章"印章，伪造了一张姓名为"王成"的居民身份证，这些行为还构成了伪造企业、事业单位印章罪和伪造居民身份证罪。由于成某的这一行为是擅自设立金融机构的手段行为，与擅自设立金融机构罪构成牵连犯，以擅自设立金融机构罪从重论处。

其次，成某的行为构成集资诈骗罪。在本案例中，客观上，成某通过承诺高额利息回报的手段，非法吸收公众资金；主观上，成某最初并没有非法占有的主观故意，而是抱着"设立一家储蓄所，骗取存款后，用这些钱投资牟利"的动机，在非法吸收2 000万元存款后，利用这些存款进行投资，准备日后牟利再还上，而不是予以占有；此时，成某的行为只符合非法吸收公众存款罪的构成。但是，在案发后，成某携款逃匿的行为，使其行为性质发生转化，从而具有非法占有的主观目的，而构成集资诈骗罪。非法吸收公众存款罪和集资诈骗罪在客观行为表现上有重合、交叉，即两罪都可以表现为以高息或高利的回报非法吸收公众资金的行为。在发生客观行为表现重合的情况下，区分二者的关键在于行为人是否具有非法占有的主观目的，具有非法占有的主观目的的，构成集资诈骗罪，不具有这一目的的，构成非法吸收公众存款罪。这一主观目的，并不要求行为人从一开始就要具备，可以是在行为发展过程中转化来的。

最后，擅自设立金融机构罪的行为与集资诈骗罪之间成立牵连犯，以集资诈骗罪从重论处。有观点认为，擅自设立金融机构罪为结果犯，在本案中，成某利用擅自设立的金融机构，吸收巨额公众资金，后携款逃匿的行为，都是该罪的结果，所以，成某的行为应当构成擅自设立金融机构罪，并根据本罪的结果，应当适用《刑法》第174条第2款关于该罪"情节严重"的规定，进行量刑。我们不同意这种观点。我们认为，擅自设立金融机构罪应当为行为犯，以特定行为实施完毕为犯罪的既遂。如在本案例中，成某为非法设立某储蓄所，进行了私刻公章、租赁工作场所、招聘人员，并最终悬挂了"中国开发银行××营业部储蓄所"的铜牌，完成了"设立"的行为，就应当认定为构成擅自设立金融机构罪的既遂，不问是否造成物质性的、有形的损害结果。在本案例中，成某以吸收公众资金牟利的动机设立储蓄所，并在设立完毕后，立即展开预定的吸收公众资金的行为。可见，设立金融机构的行为应当视为吸收公众资金的手段。两个行为之间符合刑法牵连犯的构成，擅自设立金融机构的行为为手段行为，后转化为非法占有吸收的公众资金的集资诈骗行为为目的行为。根据牵连犯的处断原则，应当以集资诈骗罪从一重罪处罚。

【本章小结】

破坏社会主义市场经济秩序罪，是指违反国家经济管理法规，在社会主义市场经济活动中从事非法经济活动，严重破坏社会主义市场经济秩序，使国民经济发展遭受损害的行为。本章重点对其中 28 种犯罪的概念、特征、认定和处罚进行了阐述。

◆ 【练习题】

一、名词解释

为亲友非法牟利罪　徇私舞弊低价折股、出售公司、企业资产罪　逃税罪　假冒注册商标罪　保险诈骗罪　洗钱罪　非法经营罪

二、思考题

1. 走私普通货物、物品罪的具体行为方式是什么？

2. 认定生产、销售有毒、有害食品罪需要注意哪些问题？

3. 伪造古钱、废钞的行为是否构成伪造货币罪？为什么？

4. 非法吸收公众存款罪的构成特征是什么？行为人在实施非法吸收公众存款行为中，由于到期无法兑付，遂携款逃匿，拒不还本付息的行为应当如何认定？

5. 合同诈骗犯罪与合同纠纷的界限是什么？

三、案例分析题

1. 韦某销售一种未经消毒的医用针头，获得非法销售收入 250 万元，由于这些针头流入医院，导致多名幼儿因为使用了这种针头发生手术中感染的严重后果。

问题：

（1）本案应当如何处理？

（2）如果韦某销售金额为 8 万元，又该如何定罪量刑？

分析要点提示：

（1）应以销售伪劣产品罪定罪处罚。

（2）应以销售不符合标准的医用器材罪论处。

2. 张某与李某签订了毛巾的购销合同，张某到广州以 3 000 元的价格买来一张假的中国银行汇票，用这张假汇票从李某处提走价值 29 万元的 10 万条毛巾。

问题：

（1）张某的行为构成何罪？为什么？

（2）如果是用张某自己伪造的假的中国银行的汇票实施上述行为，又应当如何认定？

分析要点提示：

（1）构成票据诈骗罪。

（2）属于牵连犯，以票据诈骗罪和伪造金融票证罪中的重罪论处，不实行数罪并罚。

3. 范某原为某电器厂的总工程师，一直负责有关 GK125（Ⅱ）调节器的研制、生产，该技术为电器厂的技术秘密。某年底，范某未征得该电器厂的同意，擅自加入另一企业并成为该企业生产 GK125（Ⅱ）调节器的主管人员。该企业生产出的 GK125（Ⅱ）调节器对这家电器厂同类产品的销售造成了严重冲击，利润损失达 400 万元。

问题：

（1）范某的行为是否构成侵犯商业秘密罪？

（2）如果构成侵犯商业秘密罪，其行为符合《刑法》第 219 条中哪一款的规定？

分析要点提示：

（1）构成侵犯商业秘密罪。

（2）符合《刑法》第 219 条第 1 款第 3 项的规定，即违反保密义务或者违反权利人有关保守商业秘密的要求，披露、使用或者允许他人使用其所掌握的商业秘密。

第二十一章　侵犯公民人身权利、民主权利罪

【本章引例】

犯罪嫌疑人王某，男，某公路收费站副站长。被害人马某驾车途经收费站时，因少交通行费与收费员发生争执，进而厮打在一起。犯罪嫌疑人王某闻讯赶来后要将马某拉到治安室处理，马某不去，王某便朝马某面部猛击一拳，致马某向后仰面倒在水泥路面上昏死过去。王某随即掐马某的"人中穴"，仍不见马某醒来，便与收费员将马某抬到治安室，叫来一名个体医生检查后，紧急送往医院，经抢救无效，马某于当日死亡。后经法医鉴定，马某系因外力作用，头枕部着地致颅脑损伤而死亡。检察机关审查起诉时，对于王某的行为如何定性，存在不同意见：一种意见认为构成故意伤害（致人死亡）罪，另一种意见认为构成过失致人死亡罪。公诉人应以何罪名起诉呢？

【本章学习目标】

通过本章的学习，你应该能够：

1. 掌握故意杀人罪与故意伤害罪的界限；
2. 掌握强奸罪的构成特征、强奸罪与强制猥亵、侮辱罪的区别；
3. 掌握非法拘禁罪与绑架罪的区别；
4. 掌握诽谤罪的构成特征、诽谤罪与侮辱罪的区别；
5. 掌握破坏选举罪的构成特征。

第一节　侵犯公民人身权利、民主权利罪概述

一、侵犯公民人身权利、民主权利罪的概念

我国《刑法》分则第四章规定的侵犯公民人身权利、民主权利罪，实际上包括两类犯罪，即侵犯公民人身权利罪和侵犯公民民主权利罪。其中侵犯公民人身权利罪是指故意或者过失地侵犯公民的人身权利以及与人身直接有关的权利，依法应当受到刑罚处罚的行为。侵犯公民民主权利罪是指非法剥夺或妨害公民行使依法享有的参与国家管理和社会政治活动的权利及其他民主权利，依法应当受到刑罚处罚的行为。

二、侵犯公民人身权利、民主权利罪的特征

侵犯公民人身权利、民主权利罪具有如下特征：

（1）本类罪的客体是公民的人身权利和民主权利。公民的人身权利，是指我国法律所保护的与公民的人身不可分离的权利，它包括公民的生命权、健康权、性的不可侵犯权、人身自由权、人格名誉权，

以及与人身直接相关的住宅不受侵犯权等。公民的民主权利，是指公民所享有的管理国家和参加正常的社会活动的权利，主要包括选举权和被选举权、控告权、申诉权、批评权、检举权等。公民的婚姻家庭权利，在广义上也被理解为公民的人身权利之一种。在 1979 年《刑法》中，妨害婚姻家庭罪被列为《分则》的单独一章，1997 年《刑法》将其并入侵犯公民人身权利、民主权利罪。

《刑法》分则第四章中，有些犯罪的客体是双重客体，如诬告陷害罪、刑讯逼供罪、暴力取证罪等，既侵犯了公民的人身权利，又妨害了司法机关的正常活动。但立法者视人身权利为其主要客体，所以将它们规定在该章。另外，该章中有两种犯罪在客体和对象上具有与其他犯罪不同的特殊性。这就是煽动民族仇恨、民族歧视罪和出版歧视、侮辱少数民族作品罪。这两种犯罪侵犯的是某一民族群体的感情或民族群体之间的团结，行为并不指向具体的某个人。

（2）在客观方面，表现为各种非法侵犯人身权利、其他与人身直接有关的权利以及民主权利的行为。在方式上，"侵犯"包括剥夺、限制、损害、破坏、阻碍等行为。在表现形式上，多数犯罪只能是作为，如强奸罪，强制猥亵、侮辱罪，绑架罪，拐卖妇女、儿童罪，侮辱罪，破坏选举罪等。少数几种犯罪，既可表现为作为，也可表现为不作为，如故意杀人罪、故意伤害罪、非法拘禁罪等。在构成要件方面，有的犯罪是结果犯，如故意杀人罪和故意伤害罪，有的犯罪则是行为犯，如强奸罪、侮辱罪等。

（3）在犯罪主体方面，有 13 种犯罪的主体为特殊主体：强奸罪，刑讯逼供罪，暴力取证罪，虐待被监管人罪，出版歧视、侮辱少数民族作品罪，非法剥夺公民宗教信仰自由罪，侵犯少数民族风俗习惯罪，私自开拆、隐匿、毁弃邮件、电报罪，报复陷害罪，打击报复会计、统计人员罪，虐待罪，虐待被监护、看护人罪，遗弃罪。其余犯罪的主体均为一般主体。已满 12 周岁不满 14 周岁的，可以成为故意杀人罪和故意伤害罪（致人死亡或者以特别残忍手段致人重伤造成严重残疾）的主体，已满 14 周岁不满 16 周岁的人，可以成为故意杀人罪、故意伤害罪（仅限于致人重伤或死亡的情形）、强奸罪的主体。

（4）在主观方面，除了过失致人死亡罪和过失致人重伤罪由过失构成外，其他罪均由故意构成。故意包括直接故意和间接故意。

三、侵犯公民人身权利、民主权利罪的种类

《刑法》分则第四章共计 43 个罪名，除本章第二节重点论述的外，还包括过失致人重伤罪（第 235 条），负有照护职责人员性侵罪（第 236 条之一），猥亵儿童罪（第 237 条第 3 款），收买被拐卖的妇女、儿童罪（第 241 条第 1 款），聚众阻碍解救被收买的妇女、儿童罪（第 242 条第 2 款），雇用童工从事危重劳动罪（第 244 条之一），非法搜查罪（第 245 条），非法侵入住宅罪（第 245 条），暴力取证罪（第 247 条），虐待被监管人罪（第 248 条），煽动民族仇恨、民族歧视罪（第 249 条），出版歧视、侮辱少数民族作品罪（第 250 条），非法剥夺公民宗教信仰自由罪（第 251 条），侵犯少数民族风俗习惯罪（第 251 条），侵犯通信自由罪（第 252 条），私自开拆、隐匿、毁弃邮件、电报罪（第 253 条第 1 款），侵犯公民个人信息罪（第 253 条之一），报复陷害罪（第 254 条），打击报复会计、统计人员罪（第 255 条），暴力干涉婚姻自由罪（第 257 条），破坏军婚罪（第 259 条），遗弃罪（第 261 条），拐骗儿童罪（第 262 条），组织未成年人进行违反治安管理活动罪（第 262 条之二）。

第二节 本章重点论述的犯罪

一、故意杀人罪

（一）故意杀人罪的概念和特征

故意杀人罪，是指故意非法剥夺他人生命的行为。

本罪的构成特征如下：

（1）本罪的客体是他人的生命权利，这是故意杀人罪区别于其他侵犯人身权利罪的最本质特征，也

是本罪成为最严重的侵犯公民人身权利的犯罪的根据所在。本罪以侵犯人的生命权利为客体要件，因而只有有生命的人，才能成为故意杀人罪的对象。尚未出生的胎儿和人死后的尸体，都不是故意杀人罪的对象。不过，如果行为人出于杀人的故意，误把尸体或其他无生命物体、动物当作有生命的人加以"杀害"，如果具有导致活人死亡的可能性，应按故意杀人罪未遂犯处理，就犯罪停止形态而言，属于对象不能犯未遂，在主观方面则属于对象上的认识错误。

人的生命权利始于出生，终于死亡。通说的观点认为，婴儿完全脱离母体并独立呼吸为生命起始的标志；当代医学检验死亡的标准则一般是"脑死亡"，即以大脑失去功能时为生命之终止。

（2）在客观方面，本罪表现为非法剥夺他人生命的行为。剥夺他人生命的行为，在具体表现形式上多种多样，有徒手采用拳打脚踢实施的，也有利用工具、动物或者无责任能力或无过错的人实施的；有的是行为人亲手实施各种剥夺他人生命的行为，有的则是行为人诱骗、诱发、威逼或帮助他人自杀。杀人的手段未必都是暴力的，如故意制造恐怖状态将他人恐吓而死的，也可以构成故意杀人罪。但是，如果行为人采用放火、爆炸、投放危险物质等危险方法杀人而在客观上危害公共安全的，则应按照想象竞合犯择一重罪定罪处罚。

从危害行为的基本形式角度来说，本罪一般表现为作为，但也有以不作为形式实施的。

（3）本罪的主体为一般主体。根据《刑法》第17条第2款、第3款的规定，已满12周岁不满16周岁的人亦可构成本罪。

（4）本罪在主观上要求行为人具有非法剥夺他人生命的故意，包括直接故意和间接故意。

（二）故意杀人罪的认定

在认定故意杀人罪时，要特别注意以下几种情况。

1. 对相约自杀的案件的处理。

相约自杀，是指二人以上相互约定自愿共同自杀的行为。如果相约各方均自杀身亡的，自然不存在刑事责任问题。对于其他相约自杀的案件，则应根据具体情况分别处理：

（1）如果相约各方各自实施自杀行为，其中一方死亡，另一方自杀未遂，未遂一方并不负刑事责任，不能认定未遂一方犯有故意杀人罪。

（2）如果相约自杀，其中一方受托先杀死对方，继而自杀未遂的，应以故意杀人罪论处，但是量刑时可以从宽处罚。

（3）如果相约自杀，一方教唆对方自杀，同时表示自己一同自杀。在共同自杀时，被教唆者自杀身亡，而教唆者自杀未遂的，对教唆者应按教唆自杀处理，定故意杀人罪。这种情况与只是教唆他人自杀而自己并不自杀的情况有所不同。

（4）如果一方为另一方自杀提供条件，例如，提供毒药，他方利用此条件自杀死亡，而提供条件的一方自杀未遂的，对提供条件的一方应按帮助自杀处理，但可以比一般的帮助自杀者处罚更宽一些，一般以不追究刑事责任为宜。

参考案例 21-1

被告人姚某与女友李某自由恋爱遭到女方父母反对后产生轻生之念。某日，两人在一家旅店商议自杀，并于当晚达成共同自杀的协议。同居一夜后，被告人姚某改变了主意，但碍于情面未向女友说明。次日早，李某从市场买回毒药后配置成药水，与被告人姚某一起来到一公路上，性情刚烈的李某仍以为男友会同她一起自杀，便毫不犹豫地喝下了毒药。此时被告人姚某虽早生"违约"之意，但对女友的自杀却不加劝阻，当目睹李某中毒并露出痛苦的表情时，才急忙召唤路人将李某送往医院，但为时已晚，李某终因抢救无效死亡。一审法院审理认为，被告人姚某作为相约自杀一方有义务将自己的"贪生"念头及时告知对方，并对女友的自杀行为及时加以制止，但他却未履行自己应尽的义务，并造成李某死亡的后果，因此，姚某的行为构成间接故意杀人罪，法院以故意杀人罪判处被告人姚某有期徒刑3年。

2. 对教唆、帮助他人自杀案件的处理。

教唆、帮助他人自杀案件包括两种情况：一是相约自杀中的教唆、帮助自杀；二是单纯的教唆、帮助他人自杀而教唆人、帮助人本人并不自杀。这两种情况在本质上没有什么区别，即均构成故意杀人罪，但社会危害性程度大小上有差异。一般来说，后一种情况下行为的社会危害性比前一种情况要大。

3. 逼迫他人自杀案件的定性。

逼迫他人自杀，是指利用某种权力、经济或亲属关系上的优势，利用被害人自身思想愚昧等弱点，故意强迫他人自杀的行为。这也是典型的借被害人之手杀被害人，应当以故意杀人罪定罪处罚。

4. 其他致人自杀的案件的定性。

实践中，除了相约自杀，教唆、帮助自杀，逼迫自杀中存在致人自杀的情况外，还有其他一些致人自杀的案件，这些情况也是十分复杂的，应具体案情具体分析：

（1）行为人的合法正当行为或一般违法行为、错误行为引起他人自杀的，不存在刑事责任问题。这种情况下，自杀人之所以自杀，往往是由于其心胸狭隘或其他属于自杀人自身的主要促成原因所致。司法实践中尤其应当注意的是，行为人实施了某种错误行为或轻微违法行为，从而引起他人自杀的，除有过失、符合过失致人死亡罪的情况外，对行为人不应追究刑事责任，不得认定为故意杀人罪。

（2）严重违法行为引起他人自杀身亡的，应否负刑事责任？是否应认定为故意杀人罪？我们认为，如果行为人实施严重违法行为时对引起他人自杀结果已有预见且持希望或放任态度的，应认定为故意杀人罪。如果对他人自杀身亡的结果根本无法预见，不宜认定为故意杀人罪。

（3）犯罪行为引起他人自杀身亡的，如果对他人自杀身亡结果没有故意，应按先前的犯罪行为论罪，他人自杀的结果作为犯罪的严重情节。例如，行为人对他人实行强奸、非法拘禁、诬告陷害、暴力干涉婚姻自由、虐待等，导致被害人自杀的，均应以先前的强奸罪等犯罪从重处罚。

（三）对认定故意杀人罪应注意的相关法条

对于故意杀人罪的认定，还应当注意到刑法相关法条对应或不应以故意杀人罪定罪处罚的几处明文规定，这些规定包括：

（1）根据《刑法》第 238 条第 2 款的规定，非法拘禁使用暴力致人死亡的，依照故意杀人罪定罪处罚；

（2）根据《刑法》第 239 条的规定，绑架他人并杀害被绑架人的，仅定绑架罪一罪；

（3）根据《刑法》第 247 条的规定，司法工作人员对犯罪嫌疑人、被告人实行刑讯逼供、使用暴力逼取证人证言致人死亡的，依照故意杀人罪定罪从重处罚；

（4）根据《刑法》第 248 条的规定，监狱、拘留所、看守所等监管机构的监管人员对被监管人进行殴打、体罚虐待，致人死亡的，依照故意杀人罪定罪从重处罚；

（5）根据《刑法》第 289 条的规定，聚众"打砸抢"，致人死亡的，依照故意杀人罪定罪处罚；

（6）根据《刑法》第 292 条第 2 款的规定，聚众斗殴致人死亡的，依照故意杀人罪定罪处罚；

（7）根据《刑法》第 234 条之一第 2 款的规定，未经本人同意摘取其器官，或者摘取不满 18 周岁的人的器官，或者强迫、欺骗他人捐献器官的，依照故意伤害罪、故意杀人罪的规定定罪处罚。

另外，根据 2002 年 11 月 5 日最高人民法院《关于审理偷税抗税刑事案件具体应用法律若干问题的解释》第 6 条的规定，实施抗税行为致人死亡，构成故意杀人罪的，以故意杀人罪定罪处罚。

根据 2013 年 10 月 23 日最高人民法院、最高人民检察院、公安部、司法部《关于依法惩治性侵害未成年人犯罪的意见》的规定，实施猥亵儿童犯罪，造成儿童轻伤以上后果，同时符合《刑法》第 232 条的规定，构成故意杀人罪的，依照处罚较重的规定定罪处罚。对已满 14 周岁的未成年男性实施猥亵，造成被害人轻伤以上后果，符合《刑法》第 232 条规定的，以故意杀人罪定罪处罚。

（四）故意杀人罪的处罚

根据《刑法》第 232 条的规定，故意杀人的，处死刑、无期徒刑或者 10 年以上有期徒刑；情节较轻的，处 3 年以上 10 年以下有期徒刑。情节较轻的故意杀人，一般是指出于激愤或义愤杀人的，防卫过当杀人的，因不堪被害人长期迫害或虐待而杀死被害人的，出于情有可原的动机杀害亲生婴幼儿的，等等。

社会热点：
身负 7 条人命潜逃 20 年

二、过失致人死亡罪

（一）过失致人死亡罪的概念和特征

过失致人死亡罪，是指由于过失致使他人死亡的行为。

本罪的构成特征如下：

（1）本罪的客体为他人的生命权利。

（2）本罪在客观方面表现为过失致人死亡的行为。死亡结果的发生，是构成本罪的必备条件。因此，在实践中要查明过失行为与死亡结果之间的因果关系，这是行为人对其过失致人死亡行为承担刑事责任的客观基础。

（3）本罪的主体为一般主体。

（4）本罪在主观上是出于过失，包括疏忽大意的过失和过于自信的过失。

（二）过失致人死亡罪的认定

1. 本罪与过失引起他人死亡的其他犯罪的界限。

《刑法》分则中许多条文将"致人死亡"规定为一些犯罪的量刑情节，如《刑法》第 121 条劫持航空器罪的条文中有"致人重伤、死亡或者使航空器遭受严重破坏的，处死刑"的规定，《刑法》第 133 条交通肇事罪条文中有"因逃逸致人死亡"的规定，其含义不尽一致，有的是专指过失致人死亡，有的则包括过失致人死亡和故意杀人行为在内。实践中应当注意，当过失致人死亡的结果被明确规定为某些犯罪的量刑从重情节时，这些犯罪中出现的致人死亡结果不应另定过失致人死亡罪。另外，《刑法》分则中有的条文将过失"致人死亡"规定为犯罪构成要件之一，这种行为因有独立罪名，也不应定过失致人死亡罪。此外，《刑法》分则有些条文对犯罪的要件或量刑情节还包含了"过失致人死亡"的内容，定性时也应注意，不应另定过失致人死亡罪。

2. 本罪与故意杀人罪的界限。

（1）要把过于自信的过失致人死亡与间接故意杀人区别开来。两者的相似点在于：都发生了被害人死亡的结果；行为人都认识到自己的行为可能发生他人死亡的结果，且都不希望这种结果发生。二者的区别在于，在过于自信的过失致人死亡罪中，行为人对死亡结果的发生是持一种轻信能够避免的心理态度，并且这种心理状态是以一定的根据，如本人的能力、经验、当时的环境和其他客观条件为判断基础的，在客观方面常表现出一些积极避免死亡结果发生的行为；而间接故意杀人的行为人对死亡结果的发生是持一种放任的心理态度，客观上也没有避免结果发生的行为，无论结果发生与否都不违背行为人的意志。

（2）要把过失致人死亡罪同"误杀"的故意杀人行为区别开来。前者构成要求的是行为人对其行为造成被害人死亡的结果存有过失心理态度。在司法实践中，不应将行为人在故意杀人中因打击错误误杀其"针对对象"（即行为人追求的杀害对象）以外之人的行为认定为过失致人死亡罪。

（3）对于过失致人死亡后，行为人为逃避罪责又将尸体误认为活人加以"杀害"以灭口的行为，不应只定过失致人死亡罪或故意杀人罪一罪，而应对行为人以过失致人死亡罪和故意杀人罪（对象不能犯未遂）定罪，实行数罪并罚。

参考案例 21-2

被告人杨某驾驶自己的面包车在小区内倒车，准备出去运货。杨某没有仔细看后视镜，将车快速往后倒，突然感觉到后轮压住东西，且有异常声音发出。杨某下车后看到一名大约 4 岁的小孩已倒在他的车轮下，没有呼吸。杨某见四周无人，急忙将小孩抱起，放到附近一塑料垃圾箱中，并用报纸覆盖其上。当发现小孩"好像动了一下"后，杨某用石头往小孩身上猛砸了数下后才离开。经法医鉴定，被害小孩被汽车碾压后当场已死亡。法院以过失致人死亡罪和故意杀人罪（未遂）对被告人杨某实行并罚。

3. 疏忽大意的过失致人死亡罪与意外事件致人死亡的界限。

疏忽大意的过失致人死亡，是指行为人应当预见到自己的行为可能导致他人死亡，因为疏忽大意而没有预见因而造成他人死亡的情况。意外事件致人死亡，是指行为人实施某一行为在客观上导了他人死亡的结果，但既不是出于故意，也不存在主观上的过失，而是由于不能预见的原因所引起的。两者原则的区别在于：根据行为人的智能水平、行为本身的危险程度和客观环境等，意外事件是行为人对他人死亡的结果之发生不可能预见，不应当预见而没有预见；疏忽大意的过失则是行为人对其行为导致他人死亡结果的可能性能够预见、应当预见，只是由于疏忽大意的心理导致了未能实际预见。司法实践中，应当根据上述原则认真考察行为人是否应当预见、没有预见的原因何在，从而得出行为人是否构成犯罪的结论。

（三）过失致人死亡罪的处罚

根据《刑法》第 233 条的规定，犯过失致人死亡罪的，处 3 年以上 7 年以下有期徒刑；情节较轻的，处 3 年以下有期徒刑。对过失致人死亡《刑法》另有规定的，依照规定。

三、故意伤害罪

（一）故意伤害罪的概念和特征

故意伤害罪，是指故意非法伤害他人身体的行为。

本罪的构成特征如下：

（1）本罪侵犯的客体是他人的身体健康权利。本罪侵犯客体中所指的身体，仅指有生命的人的整体，而且是行为人以外的人的身体。人的身体由各种器官组织组成。侵犯他人的身体健康权利包括两种情形：一是对人体组织完整性的破坏，如截断他人一根指头、割掉一只耳朵等；二是对人体器官正常机能的破坏，如使肢体瘫痪、神经机能失常、听力减弱、双目失明等。因此，损害他人非身体的有机组成部分，如损坏假肢、打掉假牙等，不可能构成故意伤害罪；强行剪去他人的毛发、指甲，谈不上对人体组织完整性的破坏，也谈不上对人体器官正常机能的破坏，亦不可能成立本罪。故意伤害罪的对象只能是行为人以外的他人，不包括行为人自己。有意伤害自己身体的，不构成本罪。

（2）本罪在客观方面须有伤害行为。伤害即非法损害他人的身体健康的行为，如前所述，不外包括破坏人体组织的完整性和破坏人体器官的正常机能两种情形。伤害通常表现为作为形式，在少数情况下，也由不作为构成。伤害行为手段通常是暴力性的，但也不排除无形的、非暴力的手段。根据 2020 年 2 月 6 日最高人民法院、最高人民检察院、公安部、司法部《关于依法惩治妨害新型冠状病毒感染肺炎疫情防控违法犯罪的意见》，对医务人员实施撕扯防护装备、吐口水等行为，致使医务人员感染新型冠状病毒的，应当认定为故意伤害罪。伤害行为必须是非法的损害。如果是属于正当行为的伤害，不能以故意伤害罪论处。正当防卫、紧急避险中的伤害；正当业务行为中的伤害，如医生出于治疗之目的为病人截肢的行为；竞技活动中的伤害，如拳击运动中符合规则的伤害，等等，均不可能构成故意伤害罪。根据 2022 年 12 月 22 日最高人民检察院、公安部《关于依法妥善办理轻伤害案件的指导意见》的规定，对被害人出现伤害后果的，人民检察院、公安机关判断犯罪嫌疑人是否构成故意伤害罪时，应当在全面审查案件事实、证据的基础上，根据双方的主观方面和客观行为准确认定，避免"唯结果论""谁受伤谁有理"。如果犯罪嫌疑人只是与被害人发生轻微推搡、拉扯的，或者为摆脱被害人拉扯或者控制而实施甩手、后退等应急、防御行为的，不宜认定为刑法意义上的故意伤害行为。对于行为是属于互殴型故意伤害还是正当防卫，人民检察院、公安机关要坚持主客观相统一的原则，综合考察案发起因、对冲突升级是否有过错、是否使用或者准备使用凶器、是否采用明显不相当的暴力、是否纠集他人参与打斗等客观情节，准确判断犯罪嫌疑人的主观意图和行为性质。因琐事发生争执，双方均不能保持克制而引发打斗，对于过错的一方先动手且手段明显过激，或者一方先动手，在对方努力避免冲突的情况下仍继续侵害，还击一方造成对方伤害的，一般应当认定为正当防卫。故意挑拨对方实施不法侵害，借机伤害对方的，一般不认定为正当防卫。

（3）本罪的主体是一般主体，凡年满 16 周岁、具有刑事责任能力的自然人，均可构成故意伤害罪。根据《刑法》第 17 条第 2 款的规定，已满 14 周岁不满 16 周岁的人实施故意伤害致人重伤或者死亡的，应负刑事责任。根据《刑法》第 17 条第 3 款的规定，已满 12 周岁不满 14 周岁的人故意伤害致人死亡或者以特别残忍手段致人重伤造成严重残疾，情节恶劣，经最高人民检察院核准追诉的，也应负刑事责任。

（4）本罪在主观上表现为故意，既可以是直接故意，也可以是间接故意。本罪的故意，并不要求行为人对伤害的程度事先有明确的认识。在司法实践中，对于造成轻伤结果的，就按轻伤处理；对于造成重伤结果的，就按重伤处理。当然，如果重伤的故意明显，而实际上只造成轻伤结果的，可按故意重伤（未遂）论处。

（二）故意伤害罪的认定

1. 本罪与包含故意伤害内容的其他犯罪的界限。

《刑法》分则中有的犯罪的构成本身也可包含故意伤害（包括直接故意伤害和间接故意伤害，但有的仅含轻伤，有的则还包括重伤）在内，如抢劫罪的暴力可以是故意伤害；有的犯罪将故意造成他人伤害的结果作为量刑情节。对于这些故意伤害行为，不应再以故意伤害罪定罪处罚，而只需直接依照《刑法》的有关规定定罪处罚。也正因如此，《刑法》第 234 条规定："本法另有规定的，依照规定。"

根据 2022 年 12 月 22 日最高人民检察院、公安部《关于依法妥善办理轻伤害案件的指导意见》的规定，对出现被害人轻伤后果的案件，人民检察院、公安机关要全面分析案件性质，查明案件发生起因、犯罪嫌疑人的动机、是否有涉黑涉恶或者其他严重情节等，依法准确定性，不能简单化办案，一概机械认定为故意伤害罪。犯罪嫌疑人无事生非、借故生非，随意殴打他人的，属于"寻衅滋事"，构成犯罪的，应当以寻衅滋事罪依法从严惩处。

2. 本罪与一般殴打行为的界限。

一般的殴打行为，通常只造成人体暂时性的疼痛或神经轻微刺激，并不伤及人体的健康。但是，有时殴打行为与伤害行为在外表形式及后果方面没有什么区别。例如拳打脚踢，有时只造成轻微疼痛或一点表皮损伤、皮下淤血，有时则可能造成伤害甚至死亡。在这种情况下，甄别行为的性质，不能仅以后果为标准，即不能简单地认为，造成伤害他人身体甚至死亡结果的就是故意伤害罪，而没有造成伤害的就是一般殴打行为，而应结合全案情况，考察主观客观各方面的因素，看行为人是否具有伤害他人的故意，是有意伤害他人，还是只是出于一般殴打的意图而意外致人伤害或死亡。司法实践中尤其应当注意的是，不能把凡是打一拳、踢一脚造成后果的行为都认定为故意伤害罪。

3. 本罪与故意杀人罪的界限。

故意杀人罪与故意伤害罪的根本区别在于故意内容的不同：明知自己的行为会引起他人死亡的结果并且希望或者放任这种结果发生的，具有杀人的故意；明知自己的行为会引起他人身体健康受到伤害的结果并且希望或者放任这种结果发生的，具有伤害的故意，即使造成侵害人死亡的结果，也只能认定故意伤害（致人死亡）罪。在具体案件中，应当对侵害行为的起因、被告人与被害人平时的关系、使用的工具及打击的部位、侵害行为的实施方法等各方面因素进行考察，以准确查明行为人的主观心态。行为人故意内容难以确定的，应当首先判断行为人有无伤害故意。如果可以认定行为人具有伤害故意，只是有无杀人故意难以认定的，为慎重起见，应当以故意伤害罪论处（当然，如果认定行为人连伤害故意都没有，则另当别论）。但是，既有伤害故意，又有间接杀人故意的，应按照实际造成的结果定罪，即造成死亡结果的，应按（间接）故意杀人罪定罪；造成伤害结果的，应按故意伤害罪论处。

参考案例 21-3

被告人魏某，男，22 岁，系温汤村农民。某日，温汤村村委会召集八组组村民讨论承包土地之事，被告人魏某的父亲与村委会主任范某发生争吵，并厮打在一起。魏某见状欲上前帮助其父打架，被范某拦住。范某抓住魏某的衣领拉出五六米远。此时，魏某突然从右裤兜内掏出修果树用的刀子（刀刃长8厘米，刀柄长9厘米），连刺范某4刀。范某放开魏某走出几步，掀开衣服一看，见身上有血，便喊"我被扎了"，然后倒在地上。见此状，被告人魏某和其父亲赶紧把范某送往医院，经抢救范某脱离危险。经法医鉴定，被害人范某"胸腹部开放性外伤，右气胸，肠破裂，失血性休克，为重伤"。魏某投案后，始终承认自己是"杀了人"。预审中，公安人员问魏某为何被拘留，魏某回答："我杀人了。"又问："你当时用刀子捅范某，知道后果吗？"魏某回答："当时太气了，没想后果。"庭审中审判人员问："你投案说你杀了人是啥意思？"魏某回答："用刀子捅人就是杀人。"法院经审理认为，被告人魏某不能妥善处理纠纷，持刀连捅被害人胸腹部4刀，造成重伤后果；但是，从被告人与被害人平时关系甚好、案发是被告人因一时激愤而捅人、被害人倒地后被告人及时去抢救等因素分析，被告人魏某主观上杀人的故意不明显；被告人自己承认"杀人"，但其对"杀人"的理解与刑法上的"杀人"含义并不一致，不能因为其口供说"杀人"就认定其具有杀人的故意。法院最后没有采纳检察机关故意杀人罪（未遂）的指控，以故意伤害罪判处魏某有期徒刑6年。

4. 故意伤害致死与过失致人死亡罪的界限。

故意伤害致死与过失致人死亡罪二者都造成了他人死亡的结果，且行为人对死亡结果的发生，都存在过失的心态。因此，在实践中二者有时易于混淆。区分两者的关键在于，行为人主观上是否具有伤害（即损害他人身体健康）的故意。如果行为人明知自己的行为会给他人造成伤害，并且希望或者放任这种伤害结果的发生，但是由于伤势过重在客观上造成了被害人死亡的，是故意伤害（致人死亡）罪。如果根本没有伤害他人的故意，只是由于自己的过失，从而导致了他人死亡结果的发生，就应定过失致人死亡罪。

5. 转化的故意伤害罪情形。

对于故意伤害罪的认定，还应当注意到刑法相关法条对一些犯罪在一定条件下发生罪质转化而应以故意伤害罪定罪处罚的几处明文规定：（1）根据《刑法》第238条的规定，非法拘禁使用暴力致人伤残的，以故意伤害罪定罪处罚；（2）根据《刑法》第247条的规定，刑讯逼供或暴力取证致人伤残的，以故意伤害罪定罪从重处罚；（3）根据《刑法》第248条的规定，虐待被监管人致人伤残的，以故意伤害罪定罪从重处罚；（4）根据《刑法》第289条的规定，聚众"打砸抢"，致人伤残的，以故意伤害罪定罪处罚；（5）根据《刑法》第292条的规定，聚众斗殴致人重伤的，以故意伤害罪定罪处罚。

根据2002年11月5日最高人民法院《关于审理偷税抗税刑事案件具体应用法律若干问题的解释》第6条的规定，实施抗税行为致人重伤，构成故意伤害罪的，以故意伤害罪定罪处罚。

根据2013年10月23日最高人民法院、最高人民检察院、公安部、司法部《关于依法惩治性侵害未成年人犯罪的意见》的规定，实施猥亵儿童犯罪，造成儿童轻伤以上后果，同时符合《刑法》第234条的规定，构成故意伤害罪的，依照处罚较重的规定定罪处罚。对已满14周岁的未成年男性实施猥亵，造成被害人轻伤以上后果，符合《刑法》第234条规定的，以故意伤害罪定罪处罚。

须注意的是，根据《刑法》第234条之一第2款的规定，未经本人同意摘取其器官，或者摘取不满18周岁的人的器官，或者强迫、欺骗他人捐献器官的，依照故意伤害罪、故意杀人罪的规定定罪处罚。这是因为此处的器官"捐献"并非被害人真实有效的意思表示，如果是致人伤残，本身就符合故意伤害罪的犯罪构成，并不属于法律特别规定的转化犯。

（三）故意伤害罪的处罚

根据《刑法》第234条的规定，犯故意伤害罪的，处3年以下有期徒刑、拘役或管制；致人重伤的，处3年以上10年以下有期徒刑；致人死亡或者以特别残忍手段致人重伤造成严重残废的，处10年以上有期徒刑、无期徒刑或者死刑。

根据2022年12月22日最高人民检察院、公安部《关于依法妥善办理轻伤害案件的指导意见》的规定，对于虽然属于轻伤害案件，但犯罪嫌疑人涉黑涉恶的，雇凶伤害他人的，在被采取强制措施或者刑罚执行期间伤害他人的，犯罪动机、手段恶劣的，伤害多人的，多次伤害他人的，伤害未成年人、老年人、孕妇、残疾人及医护人员等特定职业人员的，以及具有累犯等其他恶劣情节的，应当依法从严惩处。

四、组织出卖人体器官罪

（一）组织出卖人体器官罪的概念和特征

组织出卖人体器官罪，是指组织他人出卖人体器官的行为。

本罪是《刑法修正案（八）》新增的罪名，其特征如下：

（1）本罪的客体是国家管理人体器官移植的正常秩序。根据 2007 年 5 月 1 日施行的国务院《人体器官移植条例》，任何组织或者个人不得以任何形式买卖人体器官，不得从事与买卖人体器官有关的活动。可见，组织他人出卖人体器官行为严重破坏了国家管理人体器官移植的正常秩序，有着行政违法和刑事犯罪的双重违法性。

（2）本罪的客观方面是违反国家有关规定，组织他人出卖人体器官的行为。

（3）本罪的主体为自然人主体。

（4）本罪的主观方面是故意，不存在过失构成本罪的可能。

（二）组织出卖人体器官罪的认定

1. 本罪与故意杀人罪、故意伤害罪的界限。

《刑法》第 234 条之一第 2 款规定："未经本人同意摘取其器官，或者摘取不满十八周岁的人的器官，或者强迫、欺骗他人捐献器官的，依照本法第二百三十四条、第二百三十二条的规定定罪处罚。"这里的"摘取"，是指违反国家规定，非医学治疗需要的摘取人体器官的行为。"未经本人同意摘取其器官"，是指没有得到本人的同意而摘取其器官的行为，也包括本人因受强迫、欺骗而作不真实的同意表示时摘取其器官的行为。"摘取不满十八周岁的人的器官"，即摘取未满 18 周岁的未成年人的器官。因为未成年人身心尚不成熟，不具有法律意义的同意能力，因此无论本人是否有同意表示，摘取其器官均构成犯罪。"强迫、欺骗他人捐献器官"，是指通过强迫、欺骗手段，令本人作出不真实的同意表示而摘取其器官的行为。以上三类行为，都违反了器官捐献应遵循的自愿原则，直接侵害了被摘取器官的本人的身体健康权，甚至生命权，已经超出了《刑法》第 234 条之一第 1 款规定的范围，应该以故意伤害罪、故意杀人罪追究其刑事责任。

2. 本罪与盗窃、侮辱、故意毁坏尸体罪的界限。

《刑法》第 234 条之一第 3 款规定："违背本人生前意愿摘取其尸体器官，或者本人生前未表示同意，违反国家规定，违背其近亲属意愿摘取其尸体器官的，依照本法第三百零二条的规定定罪处罚。"这里的"违背本人生前意愿摘取其尸体器官"，是指已故自然人在生前已经明确表示死后不愿意捐献器官，但仍然违背其遗愿摘取其器官的行为。"违反国家规定，违背其近亲属意愿摘取其尸体器官"，是指自然人生前未表示不同意捐献其人体器官，但是，其配偶、成年子女、父母也没有以书面形式共同表示同意摘取其器官的情况下，摘取其器官的行为。以上两类行为对死者尸体的完整性造成破坏，亵渎死者尊严，伤害近亲属感情，应该以盗窃、侮辱、故意毁坏尸体罪追究刑事责任。

（三）组织出卖人体器官罪的处罚

根据《刑法》第 234 条之一的规定，犯组织出卖人体器官罪的，处 5 年以下有期徒刑，并处罚金；情节严重的，处 5 年以上有期徒刑，并处罚金或者没收财产。

五、强奸罪

（一）强奸罪的概念和特征

强奸罪，是指以暴力、胁迫或者其他手段，违背妇女意志，强行与女性发生性交，或者明知是不满 14 周岁的幼女而与之发生性交的行为。

本罪的特征如下：

（1）本罪的客体是妇女的性权利。具体而言，是妇女不与他人性交的权利和幼女的身心健康权利。

被害女性是否已婚、作风是否正派，对于本罪的构成没有影响。

（2）本罪在客观方面包括两种情形：

一是行为人违背14周岁以上妇女的意志，采用暴力、胁迫或者其他手段，强行与之发生性交的行为。亦即，行为人与14周岁以上的妇女发生了性交行为，并且这种性交行为是在违背妇女意志的情况下进行的。强奸首先是指男女之间的性交行为，不论强奸得逞与否，性交行为是行为人的目的行为。如果是性交以外的其他性行为，如抠摸生殖器、鸡奸等猥亵行为，均不能构成强奸罪。强奸罪中的性交行为是违背妇女意志的，即妇女不同意发生性交，而行为人与之性交。如果妇女同意性交，行为人与之性交，不可能构成本罪，而不论这种性交关系合法正当与否。根据1984年4月26日最高人民法院、最高人民检察院、公安部《关于当前办理强奸案件中具体应用法律的若干问题的解答》的规定，强奸罪中的暴力手段，是指犯罪分子直接对被害妇女采用殴打、捆绑、卡脖子、按倒等危害人身安全或者人身自由，使妇女不能抗拒的手段。胁迫手段，是指犯罪分子对被害妇女威胁、恫吓，达到精神上的强制的手段，如：扬言行凶报复、揭发隐私、加害亲属等相威胁；利用迷信进行恐吓、欺骗；利用教养关系、从属关系、职权以及孤立无援的环境条件，进行挟制、迫害等，迫使妇女忍辱屈从，不敢抗拒。其他手段，是指犯罪分子用暴力、胁迫以外的手段，使被害妇女无法抗拒。例如：利用妇女患重病、熟睡之机，进行奸淫；以醉酒、药物麻醉以及利用或者假冒治病等方法对妇女进行奸淫。实践中，有的犯罪分子冒充妇女丈夫、未婚夫、男友或情人奸淫妇女，或利用妇女愚昧无知骗奸，这种手段也属于暴力、胁迫以外的其他手段。

二是与不满14周岁的幼女发生性交的行为。这种情形下，行为人无论采用何种手段，亦不管幼女同意与否，均可构成本罪。

（3）本罪的主体是年满14周岁、具有刑事责任能力的男性。女性不能成为本罪的实行犯，但可以与男性构成共同犯罪，成为本罪的教唆犯和帮助犯。女性教唆或帮助不满14周岁或14周岁以上、但无责任能力的男性实施强奸妇女行为的，为间接正犯，可单独成为本罪的主体。

（4）在主观上是直接故意，并且具有违背妇女意志与之发生性交的目的。当对象是不满14周岁的幼女、而行为人没有采取暴力、胁迫或者其他使人无法抗拒的方法时，要求行为人明知对方是不满14周岁。根据2003年1月17日最高人民法院《关于行为人不明知是不满14周岁的幼女双方自愿发生性关系是否构成强奸罪问题的批复》，行为人明知是不满14周岁的幼女而与其发生性关系，不论幼女是否自愿，均应以强奸罪定罪处罚；行为人确实不知对方是不满14周岁的幼女，双方自愿发生性关系，未造成严重后果，情节显著轻微的，不认为是犯罪。而对于何为"明知"，2023年5月24日最高人民法院、最高人民检察院、公安部、司法部《关于办理性侵害未成年人刑事案件的意见》规定，知道或者应当知道对方是不满14周岁的幼女，而实施奸淫等性侵害行为的，应当认定行为人"明知"对方是幼女；对不满12周岁的被害人实施奸淫等性侵害行为的，应当认定行为人"明知"对方是幼女；对已满12周岁不满14周岁的被害人，从其身体发育状况、言谈举止、衣着特征、生活作息规律等观察可能是幼女，而实施奸淫等性侵害行为的，应当认定行为人"明知"对方是幼女。

（二）强奸罪的认定

根据或者参照有关司法解释的规定，并结合实际情况，认定强奸罪应当注意以下问题：

1. 正确处理未成年人与幼女发生性关系的行为定性。

根据《刑法》第17条第2款的规定，已满14周岁不满16周岁的人可以成为强奸罪主体。需要注意的是，已满14周岁不满16周岁的人与幼女发生性关系的情况比较复杂，有的是在自由恋爱中发生，有的可能是幼女主动要求发生。

根据2006年1月11日最高人民法院《关于审理未成年人刑事案件具体应用法律若干问题的解释》第6条的规定，已满14周岁不满16周岁的人偶尔与幼女发生性行为，情节轻微、未造成严重后果的，不认为是犯罪。

参考案例 21-4

被告人韩某，男，刚满14周岁，某中学初中二年级学生。韩某与邻家13岁的女孩叶某关系一直很好，经常结伴出去玩。某日，两人一起看过一场电影后，就模仿里面的情节发生了性关系。后来，叶某的父母知道此事，找到韩某的父母吵闹，韩某的父母认为小孩间自愿发生这种行为，不能单怪哪一方，便与叶某的父母争辩。叶某的父母一气之下向警方报案。法院审理后认为，被告人韩某与幼女叶某双方关系一直友好，两人年龄又相仿，双方自愿发生性关系，主要受媒体不良影响，韩某主观恶性较小，情节轻微，尚未造成严重后果，故宣告韩某无罪。

2. 强奸与通奸的界限。

通奸是双方或者一方有配偶的男女，自愿发生的不正当性交行为。从理论上讲，强奸与通奸的区别是非常明显的：强奸行为人在主观上具有强行奸淫妇女的故意，而通奸者双方具有相同的不违背女方意志而进行性交的目的；在客观上，强奸罪表现为以暴力、胁迫或者其他手段强行与妇女发生性交的行为，通奸是双方自愿地进行性交。但是，在实践中，强奸与通奸的区分有时比较复杂。区分强奸与通奸尤其要注意：

（1）有的妇女与人通奸，一旦翻脸，关系恶化，或者事情败露后，怕丢面子，或者为推卸责任、嫁祸于人等情况，把通奸说成强奸的，不能定为强奸罪。

（2）对于所谓"半推半就"案件，要对双方平时的关系如何，性行为是在什么环境和情况下发生的，事情发生后女方的态度怎样，又在什么情况下告发等事实和情节，认真审查清楚作全面分析，不是确系违背妇女意志的，一般不宜按强奸罪论处。如果确系违背妇女意志的，以强奸罪惩处。

（3）对于第一次性交违背妇女意志，但事后并未告发，后来女方又多次自愿与该男子发生性交的，一般不宜以强奸罪论处。

（4）犯罪分子强奸妇女后，对被害妇女实施精神上的威胁，迫使其继续忍辱屈从的，应以强奸罪论处。

（5）男女双方先是通奸，后来女方不愿继续通奸，而男方纠缠不休，并以暴力或以败坏名誉等进行胁迫，强行与女方发生性行为的，以强奸罪论处。

3. 求奸未成与强奸未遂的界限。

求奸未成与强奸未遂在主观上都具有奸淫妇女的目的，客观结果方面都未实现奸淫。两者的区别在于：求奸未成的求奸者不具有强行奸淫妇女的故意，有的虽然表现为拉扯搂抱，但一旦妇女表示拒绝奸淫，便停止自己的行为，而不使用暴力、胁迫等手段违背妇女意志与妇女发生性交。强奸未遂的行为人则在主观上具有强行与妇女发生性交的目的，行为人未能奸淫成妇女是由于犯罪分子意志以外的原因造成，而非妇女没有答应其求奸的要求。在区分求奸未成与强奸未遂时，应特别注意的是，不能把求奸过程中的拉扯行为视为强奸罪中的暴力手段。

4. 如何认定利用教养关系、从属关系、职权和对妇女负有特殊职责的人的强奸案件？

（1）根据《刑法修正案（十一）》新增的《刑法》第236条之一第1款的规定，对已满14周岁不满16周岁的未成年女性负有监护、收养、看护、教育、医疗等特殊职责的人员，与该未成年女性发生性关系的，构成负有照护职责人员性侵罪。即对于已满14周岁不满16周岁的未成年女性负有照护职责的人，不论采取何种手段，以及被照护对象是否同意，与被照护对象发生性关系的，即应当认定为负有照护职责人员性侵罪。根据《刑法》第236条之一第2款的规定，犯负有照护职责人员性侵罪，同时又构成《刑法》第236条规定之罪的，依照处罚较重的规定定罪处罚。

（2）参照有关司法解释的规定，利用教养关系、从属关系和利用职权与已满16周岁的女性发生性行为的，不能都视为强奸。行为人利用其与被害妇女之间特定的关系，迫使其就范，如养（生）父以虐待、克扣生活费迫使养（生）女容忍其奸淫的；或者行为人利用职权，乘人之危，奸淫妇女的，都构成强奸罪。行为人利用职权引诱女方，女方基于互相利用与之发生性行为的，不定为强奸罪。

5. 如何认定与精神病人或严重痴呆症患者发生性行为的性质？

（1）如果行为人明知该妇女是精神病患者或者严重痴呆症患者而与之性交的，无论行为人采取什么手段，行为人主动还是患病妇女主动，也不问妇女是否"同意"，均应以强奸罪论处。

（2）如果行为人确实不知对方为精神病人或严重痴呆症患者妇女，在得其同意甚至受到青春型精神病患者的性挑逗的情况下，与之发生了性交行为，则行为人主观上缺乏违背妇女意志与其性交的目的，不能认定为强奸罪。

（3）如果行为人与间歇性精神病患者在未发病期间或精神病基本痊愈的妇女发生性交，妇女本人同意的，亦不应认定为强奸罪。

6. 交付金钱财物等方式与幼女发生性关系的性质。

《刑法修正案（九）》取消了嫖宿幼女罪，以交付金钱等方式与卖淫的幼女发生性关系，均应认定为本罪。

7. 强奸罪既遂与未遂的界限。

强奸罪既遂与未遂的界限，因对象不同而有所区别。

对于强奸已满 14 周岁的妇女而构成的强奸罪来说，认定强奸既遂与否应以插入说，即男女生殖器的结合为标准。对于奸淫幼女而构成的强奸罪来说，既遂与未遂区分的标准应该采取接触说，即只要双方生殖器接触，即应视为强奸既遂；行为人已经开始实行奸淫幼女的行为，却因意志以外的原因未能达到双方性器官接触程度的，视为强奸罪的未遂。

（三）强奸罪的处罚

根据《刑法》第 236 条的规定，犯强奸罪的，处 3 年以上 10 年以下有期徒刑；有下列情形之一的，处 10 年以上有期徒刑、无期徒刑或者死刑：（1）强奸妇女、奸淫幼女情节恶劣的；（2）强奸妇女、奸淫幼女多人的；（3）在公共场所当众强奸妇女、奸淫幼女的；（4）2 人以上轮奸的；（5）奸淫不满 10 周岁的幼女或者造成幼女伤害的；（6）致使被害人重伤、死亡或者造成其他严重后果的。奸淫幼女的，从重处罚。

"强奸妇女情节恶劣"，主要是指：强奸妇女的手段残酷；强奸对象虽然只有一个，但强奸多次，折磨时间长；以特殊年龄或身体状况的妇女，如孕妇、病妇、老妇、月经在身的妇女为强奸对象的等。"强奸妇女多人"，是指强奸 3 人以上，既包括作为单独实行犯强奸的，也包括作为实行犯、教唆犯或帮助犯参与共同强奸的。"在公共场所当众强奸妇女、奸淫幼女"，是指在车站、码头、公园、电影院、运动场、公路、公共交通工具等地当着不特定多数人的面公然强奸妇女、奸淫幼女。在公共场所挟持或诱骗妇女或幼女至他处再予强奸的，不应视为"在公共场所当众强奸妇女、奸淫幼女"；在女浴室、女厕所趁无人之机强奸妇女的，虽然公用的浴室、厕所具有公共场所的性质，但被告人是利用其便利的环境条件，所采用的方式实质上是隐蔽的，不具有公然性，所以也不应视为情节严重的强奸罪。根据 2023 年 5 月 24 日最高人民法院、最高人民检察院、公安部、司法部《关于办理性侵害未成年人刑事案件的意见》的规定，在校园、游泳馆、儿童游乐场、学生集体宿舍等公共场所对未成年人实施强奸，只要有其他多人在场，不论在场人员是否实际看到，均可以依照《刑法》第 236 条第 3 款，认定为在公共场所"当众"强奸。"轮奸"，是指 2 人以上在同一段较短的时间内轮流强奸同一妇女。"奸淫不满十周岁的幼女或者造成幼女伤害的"，是指奸淫的对象为不满 10 周岁的年龄过小的幼女，或者导致幼女怀孕、身体受到损伤等伤害结果。"致使被害人重伤、死亡"，是指因强奸妇女导致被害人性器官严重损伤，或者造成其他严重伤害，甚至当场死亡或者经治疗无效死亡的。对于强奸犯出于报复、灭口等动机，在实施强奸的过程中杀死或者伤害被害妇女的，应定故意杀人罪或者故意伤害罪，与强奸罪一起实行数罪并罚。"造成其他严重后果"，是指因强奸妇女引起被害人自杀、精神失常以及其他严重后果的。

根据 2023 年 5 月 24 日最高人民法院、最高人民检察院《关于办理强奸、猥亵未成年人刑事案件适用法律若干问题的解释》的规定，奸淫幼女的，依照《刑法》第 236 条第 2 款的规定从重处罚。具有下列情形之一的，应当适用较重的从重处罚幅度：（1）负有特殊职责的人员实施奸淫的；（2）采用暴力、胁迫等手段实施奸淫的；（3）侵入住宅或者学生集体宿舍实施奸淫的；（4）对农村留守女童、严重残疾或者精神发育迟滞的被害人实施奸淫的；（5）利用其他未成年人诱骗、介绍、胁迫被害人的；（6）曾因强奸、猥亵犯罪被判处刑罚的。强奸已满 14 周岁的未成年女性，具有上述第 1 项、第 3 项至第 6 项规定的情形之一，或者致使被害人轻伤，患梅毒、淋病等严重性病的，依照《刑法》第 236 条第 1 款的规定定罪，从重处罚。

强奸已满 14 周岁的未成年女性或者奸淫幼女，具有下列情形之一的，应当认定为《刑法》第 236 条第 3 款第 1 项规定的"强奸妇女、奸淫幼女情节恶劣"：（1）负有特殊职责的人员多次实施强奸、奸淫的；（2）有严重摧残、凌辱行为的；（3）非法拘禁或者利用毒品诱骗、控制被害人的；（4）多次利用其他未成年人诱骗、介绍、胁迫被害人的；（5）长期实施强奸、奸淫的；（6）奸淫精神发育迟滞的被害人致使怀孕的；（7）对强奸、奸淫过程或者被害人身体隐私部位制作视频、照片等影像资料，以此胁迫对被害人实施强奸、奸淫，或者致使影像资料向多人传播，暴露被害人身份的；（8）其他情节恶劣的情形。

奸淫幼女，具有下列情形之一的，应当认定为《刑法》第 236 条第 3 款第 5 项规定的"造成幼女伤害"：（1）致使幼女轻伤的；（2）致使幼女患梅毒、淋病等严重性病的；（3）对幼女身心健康造成其他伤害的情形。

强奸已满 14 周岁的未成年女性或者奸淫幼女，致使其感染艾滋病病毒的，应当认定为《刑法》第 236 第 3 款第 6 项规定的"致使被害人重伤"。

强奸未成年人的成年被告人认罪认罚的，是否从宽处罚及从宽幅度应当从严把握。对强奸未成年人的成年被告人判处刑罚时，一般不适用缓刑。对于判处刑罚同时宣告缓刑的，可以根据犯罪情况，同时宣告禁止令，禁止犯罪分子在缓刑考验期限内从事与未成年人有关的工作、活动，禁止其进入中小学校、幼儿园及其他未成年人集中的场所。确因本人就学、居住等原因，经执行机关批准的除外。对于利用职业便利实施强奸、猥亵未成年人等犯罪的，人民法院应当依法适用从业禁止。

六、强制猥亵、侮辱罪

（一）强制猥亵、侮辱罪的概念和特征

强制猥亵、侮辱罪，是指违背他人意志，以暴力、胁迫或者其他方法强制猥亵他人、侮辱妇女的行为。

本罪的构成特征如下：

（1）本罪侵犯的客体是他人的身心健康权利。强制猥亵行为的犯罪对象为已满 14 周岁的人，包括妇女和男性；强制侮辱行为的犯罪对象仅为妇女。

（2）本罪在客观方面表现为，行为人实施了违背他人意志，以暴力、胁迫或者其他方法强制猥亵他人、侮辱妇女的行为。违背他人意志，即缺乏他人的真实同意。"暴力"，是指犯罪分子直接对他人施以伤害、殴打等危害他人人身安全和人身自由，使他人不能抗拒的方法。"胁迫"，是指对被害的他人施以威胁、恫吓，进行精神上的强制，以迫使他人就范，使他人不敢抗拒的方法。例如，以杀害被害人、加害被害人的亲属相威胁的，利用职权、教养关系、从属关系以及妇女孤立无援的环境相威胁的，等等。"其他方法"，是指犯罪分子使用暴力、胁迫以外的，使被害的他人不知抗拒、无法抗拒的强制方法，如将他人用酒灌醉或用药物麻醉后对他人进行猥亵等。猥亵他人，即是针对他人实施的，能够刺激、兴奋、满足行为人或第三人性欲，损害善良风俗，违反良好性道德观念，且不属于奸淫的行为，如抠摸、舌舔、吸吮、亲吻、搂抱、鸡奸、兽奸、手淫等。侮辱妇女，则是指以各种淫秽下流的语言或动作伤害妇女性羞耻心且不属于奸淫的行为。例如，向妇女身上泼洒腐蚀物、涂抹污物，向妇女显露生殖器或者用生殖器顶擦妇女身体，等等。猥亵与侮辱一般都具有刺激或满足色欲需要的内容，二者并无本质的区别。有些行为既是猥亵行为又具有侮辱妇女的性质，如向妇女显露生殖器、用生殖器顶擦妇女身体等。但是，许多侮辱妇女行为不具有猥亵性质，如以下流的语言辱骂、调戏妇女，向妇女泼洒腐蚀物、涂抹污物等。根据 2023 年 5 月 24 日最高人民法院、最高人民检察院《关于办理强奸、猥亵未成年人刑事案件适用法律若干问题的解释》的规定，胁迫、诱骗未成年人通过网络视频聊天或者发送视频、照片等方式，暴露身体隐私部位或者实施淫秽行为，符合《刑法》第 237 条规定的，以强制猥亵罪定罪处罚。

（3）本罪的主体为一般主体，即凡年满 16 周岁、具有刑事责任能力的人，均可构成本罪。

（4）本罪在主观上出于故意，即具有猥亵他人、侮辱妇女的直接故意。行为人在动机上通常表现出刺激或满足行为人的或者第三人的性欲的倾向。

（二）强制猥亵、侮辱罪的认定

1. 本罪与强奸罪（未遂）的界限。

二者都是可能侵犯妇女身心健康的犯罪，在客观上都使用了暴力、胁迫或者其他方法，在具体表现上往往存在相同或类似之处，如抠摸、搂抱等行为。两罪的区别可以归纳为以下几个方面：

（1）客体不完全相同。强奸罪的客体为妇女不与他人性交的权利和幼女的身心健康权利，强制猥亵、侮辱罪的客体为他人的身心健康权利。

（2）犯罪对象不完全相同。强奸罪的犯罪对象只能是女性，强制猥亵罪的犯罪对象可以是男性，也可以是女性。

（3）客观方面不完全相同。强奸罪是强行与妇女发生性交，强制猥亵、侮辱罪是对他人强行实施性交以外的猥亵行为、对妇女强制实施性交以外的侮辱行为。

（4）主体不完全相同。强奸罪的主体只能是男子，强制猥亵、侮辱罪则既可由男子也可由女子实行。

（5）主观故意内容不同。强奸罪以强行奸淫为目的，而强制猥亵、侮辱罪，在主观上具有寻求下流无耻的精神刺激和感官刺激的动机，某些情况下，也具有奸淫妇女的目的，但绝不具有违背妇女意志强行与之性交的故意和目的。

参考案例 21－5

被告人贺某于 2003 年 5 月 29 日晚在某歌厅唱完歌后，尾随该歌厅女服务员孙某进入某宾馆客房，不顾孙某的反抗，强行亲、咬孙某的脸部、颈部，摸孙某的胸部，并问孙某"可否一起睡觉"，后因孙某的激烈反抗，贺某停下来不再对孙某动手动脚。双方对坐片刻后，贺某又伸手捏了一下孙某的胸部，然后离开。检察机关以强奸罪（中止）起诉，法院以强制猥亵妇女罪（《刑法修正案（九）》修正前的罪名）判处贺某有期徒刑 1 年。

2. 强制猥亵罪与猥亵儿童罪的界限。

猥亵儿童罪，是指猥亵不满 14 周岁的儿童的行为。强制猥亵罪在客观上必须是"强制"，后罪无此限制；前罪的对象是已满 14 周岁的男性和女性，后罪的对象则是不满 14 周岁的男女儿童。

3. 本罪的罪数

根据 2023 年 5 月 24 日最高人民法院、最高人民检察院《关于办理强奸、猥亵未成年人刑事案件适用法律若干问题的解释》的规定，胁迫、诱骗未成年人通过网络直播方式，暴露身体隐私部位或者实施淫秽行为，同时符合《刑法》第 237 条、第 365 条的规定，构成强制猥亵罪、猥亵儿童罪、组织淫秽表演罪的，依照处罚较重的规定定罪处罚。实施猥亵未成年人犯罪，造成被害人轻伤以上后果，同时符合《刑法》第 234 条或者第 232 条的规定，构成故意伤害罪、故意杀人罪的，依照处罚较重的规定定罪处罚。

（三）强制猥亵、侮辱罪的处罚

根据《刑法》第 237 条的规定，犯强制猥亵、侮辱罪的，处 5 年以下有期徒刑或者拘役；聚众或者在公共场所当众犯本罪的，或者有其他恶劣情节的，处 5 年以上有期徒刑。

2023 年 5 月 24 日最高人民法院、最高人民检察院、公安部、司法部《关于办理性侵害未成年人刑事案件的意见》的规定，在校园、游泳馆、儿童游乐场、学生集体宿舍等公共场所对未成年人实施猥亵犯罪，只要有其他多人在场，不论在场人员是否实际看到，均可以依照《刑法》第 237 条的规定，认定为在公共场所"当众"强制猥亵。

根据 2023 年 5 月 24 日最高人民法院、最高人民检察院《关于办理强奸、猥亵未成年人刑事案件适用法律若干问题的解释》的规定，猥亵儿童，具有下列情形之一的，应当认定为《刑法》第 237 条第 3 款第 3 项规定的"造成儿童伤害或者其他严重后果"：（1）致使儿童轻伤以上的；（2）致使儿童自残、自杀的；（3）对儿童身心健康造成其他伤害或者严重后果的情形。

猥亵儿童，具有下列情形之一的，应当认定为《刑法》第 237 条第 3 款第 4 项规定的"猥亵手段恶劣或者有其他恶劣情节"：（1）以生殖器侵入肛门、口腔或者以生殖器以外的身体部位、物品侵入被害人生殖器、肛门等方式实施猥亵的；（2）有严重摧残、凌辱行为的；（3）对猥亵过程或者被害人身体隐私部位制作视频、照片等影像资料，以此胁迫对被害人实施猥亵，或者致使影像资料向多人传播，暴露被害人身份的；（4）采取其他恶劣手段实施猥亵或者有其他恶劣情节的情形。

猥亵未成年人的成年被告人认罪认罚的，是否从宽处罚及从宽幅度应当从严把握。

七、非法拘禁罪

（一）非法拘禁罪的概念和特征

非法拘禁罪，是指以非法扣押、关押、绑架或者其他方法剥夺他人人身自由的行为。

本罪的主要特征如下：

（1）本罪的客体是他人的人身自由。人身自由是意志自由与行动自由的统一，而不是单纯的意志自由。作为本罪对象的人，并不以其当时具有感知能力为要件。因此，对于醉酒、昏迷者或熟睡的人，采取非法关押等行为的，同样构成非法拘禁罪。如将熟睡的人反锁在房间，即使待其醒来时打开门锁，也属非法拘禁。

（2）本罪在客观方面表现为，行为人实施了以非法扣押、关押、绑架或者以其他方法非法剥夺他人人身自由的行为。所谓剥夺他人人身自由，是指使他人无法离开一定的处所，即他人的活动自由完全被控制在一定的空间范围内，并持续一定的时间。剥夺他人人身自由的行为必须非法，方可构成本罪；实施正当行为而拘禁他人的行为，合法扭送、拘留、逮捕的行为，均不构成本罪。非法拘禁的方式方法并无限制，既可以是强制性的，也可以是非强制性的；既可以是作为，也可以是不作为。例如，有的人乘妇女洗澡时拿走其衣裤，使其裸体不能外出，就可构成不作为的非法拘禁罪。

非法拘禁行为构成犯罪，刑法没有时间长短、后果轻重等方面的要求，但并不意味着在任何情况下一经实施非法拘禁的行为就构成犯罪。

根据 2006 年 7 月 26 日最高人民检察院《关于渎职侵权犯罪案件立案标准的规定》的规定，国家机关工作人员利用职权非法拘禁，涉嫌下列情形之一的，应予立案：1）非法剥夺他人人身自由 24 小时以上的；2）非法剥夺他人人身自由，并使用械具或者捆绑等恶劣手段，或者实施殴打、侮辱、虐待行为的；3）非法拘禁，造成被拘禁人轻伤、重伤、死亡的；4）非法拘禁，情节严重，导致被拘禁人自杀、自残造成重伤、死亡，或者精神失常的；5）非法拘禁 3 人次以上的；6）司法工作人员对明知是没有违法犯罪事实的人而非法拘禁的；7）其他非法拘禁应予追究刑事责任的情形。

根据 2019 年 4 月 9 日最高人民法院、最高人民检察院、公安部、司法部《关于办理实施"软暴力"的刑事案件若干问题的意见》的规定，有组织地多次短时间非法拘禁他人的，应当认定为《刑法》第 238条规定的"以其他方法非法剥夺他人人身自由"。非法拘禁他人 3 次以上、每次持续时间在 4 小时以上，或者非法拘禁他人累计时间在 12 小时以上的，应当以非法拘禁罪定罪处罚。

（3）本罪的主体为一般主体，凡年满 16 周岁、具有刑事责任能力的人，均可构成本罪。

（4）本罪在主观上出于故意，并且具有非法剥夺他人人身自由的目的。《刑法》第 238 条第 3 款规定，为索取债务非法扣押、拘禁他人的，构成本罪。根据 2000 年 7 月 13 日最高人民法院《关于对为索取法律不予保护的债务非法拘禁他人行为如何定罪问题的解释》，行为人为索取高利贷、赌债等法律不予保护的债务，非法扣押、拘禁他人的，以本罪论处。因此，《刑法》第 238 条第 3 款规定的"债务"，既包括合法债务，也包括非法债务。

（二）非法拘禁罪的认定

主要应当注意非法拘禁罪与故意杀人罪、故意伤害罪的界限。司法实践中，行为人在非法拘禁过程中，往往对被害人进行暴力加害。对于这种情况，应当注意，《刑法》第 238 条第 2 款明确规定，非法拘禁"使用暴力致人伤残、死亡的"，依照故意伤害罪、故意杀人罪定罪处罚。因此，一方面，对于这种情况只应按一重罪即故意伤害罪或故意杀人罪定罪处罚，另一方面，要注意其适用的条件，即必须是在非法拘禁中"使用暴力"且"致人伤残、死亡"。这里的"伤残"，我们认为不包括轻伤，是指重伤，但不限于肢体残废的情形，而是包括各种对于人身健康有重大伤害的情形在内。

参考案例 21-6

被告人蒋某因怀疑曾到其经营的休闲酒吧内玩耍的女青年秦某偷窃其手机，遂租乘一辆面包车劫持秦某到其酒吧一包间，逼其承认偷窃了手机并将手机交出。秦某不承认，被告人蒋某便将包间门锁上，派人看守。两天后，被告人蒋某再次到包间逼迫秦某，秦某仍不承认。被告人蒋某先对秦某进行语言侮辱，后用电线头插到电源上电击秦某的身体，同时对秦某进行猥亵，往秦某的下体倾倒液体，秦某被迫承认偷窃了手机。之后，蒋某劫持秦某到银行自动提款机上取出 5 000 元，据为己有后，才将秦某放走。经鉴定，秦某被电击成重伤。法院以非法拘禁罪、抢劫罪和强制猥亵妇女罪实行数罪并罚，判处被告人蒋某有期徒刑 18 年，并处罚金 1 万元。

（三）非法拘禁罪的处罚

根据《刑法》第 238 条的规定，犯非法拘禁罪的，处 3 年以下有期徒刑、拘役、管制或者剥夺政治权利；具有殴打、侮辱情节的，从重处罚；致人重伤的，处 3 年以上 10 年以下有期徒刑；致人死亡的，处 10 年以上有期徒刑。使用暴力致人伤残、死亡的，依照故意伤害罪、故意杀人罪定罪处罚。国家机关工作人员利用职权犯本罪的，从重处罚。

八、绑架罪

（一）绑架罪的概念和特征

绑架罪，是指以勒索财物为目的绑架他人，以勒索财物为目的偷盗婴幼儿，或者绑架他人作为人质的行为。

（1）本罪侵犯的客体是公民的人身自由。

（2）本罪的客观方面表现为，行为人实施了绑架他人勒索财物、偷盗婴幼儿勒索财物或者绑架他人作为人质的行为。绑架他人，是指以暴力、胁迫、麻醉或者其他手段将他人控制的行为。除不作为外，凡是非法拘禁罪可以使用的方法，都可以成为绑架罪的方法。绑架行为也不以"将被害人劫离原地"为必要条件。"偷盗婴幼儿"，是指秘密窃取不满 6 周岁的儿童的行为。

实践中，对于偷盗婴幼儿的行为应作广义理解，凡趁婴幼儿亲属或监护人疏于照看，乘其亲属或监护人不备，用各种方法、手段将婴幼儿抱走、哄走、骗走的，均应视为偷盗婴幼儿。绑架罪中的勒索财物或提出不法要求行为，其指向的对象不是被绑架人、人质，而是其近亲属或其他人。所谓"其他人"，不仅指自然人，也包括单位甚至国家。例如，行为人出于政治目的，绑架身居要职的高级领导人而向政府提出释放罪犯等不法要求，其提出不法要求的对象就是国家。

（3）本罪的主体为一般主体，年满 16 周岁、具有刑事责任能力的自然人，均可成为本罪的主体。

（4）本罪的主观方面表现为直接故意。行为人的目的在于勒索财物或满足其他不法要求。不具有这种目的的，不构成绑架罪。实践中曾出现过这种情况：行为人出于其他目的将他人绑架，尔后产生勒索财物或满足其他不法要求的意图并进而实施勒索财物或提出不法要求行为。这种情况，我们认为，行为人实际上构成非法拘禁罪等罪与绑架罪数罪，对行为人应实行数罪并罚。例如，行为人起先以出卖为目的将妇女、儿童绑架，成立拐卖妇女、儿童罪，尔后又产生勒索财物的意图并进而向被绑架妇女、儿童的家属勒索财物的，又成立绑架罪，对行为人应以拐卖妇女、儿童罪和绑架罪实行数罪并罚。

（二）绑架罪的认定

司法实践中认定绑架罪，应当注意以下问题：

1. 本罪与非法拘禁罪的界限。

绑架罪与非法拘禁罪实际上存在特殊与一般的关系，两者都是侵犯他人人身自由权利的犯罪，而且，绑架罪在客观上也必然表现为非法剥夺他人人身自由的行为，剥夺的方法与非法拘禁罪的方法没有质的区别，都可以是暴力、胁迫或其他方法；非法拘禁罪也可以由绑架方法构成；两罪中将被害人绑架、劫持的空间特点也一样，既可以是就地不动，也可以是将被害人掳离原所在地。两者的区别主要在于，绑架罪的构成不仅要求有非法剥夺他人人身自由的行为，而且要求有勒索财物或满足行为人不法要求的目的以及与此相应的勒财或提出不法要求的实行行为。而非法拘禁罪仅要求行为人具有剥夺他人人身自由的目的。实践中，涉及绑架罪与非法拘禁罪界限区分问题的主要是为索债而绑架、扣押人质的案件。对此，应该注意，根据 2000 年 7 月 13 日最高人民法院《关于对为索取法律不予保护的债务非法拘禁他人行为如何定罪问题的解释》，《刑法》第 238 条第 3 款规定的"债务"，既包括合法债务，也包括非法债务；行为人为索取高利贷、赌债等法律不予保护的债务，非法扣押、拘禁他人的，应以非法拘禁罪论处，而不以绑架罪定罪处罚。有的行为人非法扣押他人索取超出债务数额的财物，对此应如何定性呢？我们认为，只要事出有因而不是以索取债务为借口非法扣押、绑架他人，就不能以本罪论处，而仍以非法拘禁罪论处。但是，行为人在实施为索取债务的行为后又绑架他人作为人质的，绑架人质行为构成绑架罪。

参考案例 21-7

被告人林某因"六合彩"中奖的奖金数额问题与陈某发生纠纷。数日后，林某向陈某再次催讨奖金未果，后将陈某的次子阿成（9 岁）骗出，持匕首并以要将其扔下楼要挟陈某兑换奖金。阿成乘林某接移动电话之机挣脱，并将林某的匕首带落于地。林某见状上前捡起匕首，朝阿成的前胸及下巴猛刺一刀，欲逃离现场。因群众围捕，林某即捡起地上的一把削刀劫持一女孩阿芳（11 岁），在逃窜途中被群众围住并抓获。经法医鉴定，阿成为重伤。检察机关以非法拘禁罪和故意伤害罪提起公诉。法院经审理认为，被告人林某为索取奖金非法扣押阿成，构成非法拘禁罪，在非法拘禁中使用暴力并致阿成重伤，转化为故意伤害罪；林某为了逃离现场将阿芳作为人质劫持，又构成绑架罪；对被告人林某应以故意伤害罪和绑架罪实行数罪并罚。最后，法院以故意伤害罪和绑架罪实行数罪并罚判处林某有期徒刑 16 年。

2. 本罪与故意伤害罪、故意杀人罪的界限。

根据《刑法》第 239 条第 2 款的规定，绑架他人，"杀害被绑架人的，或者故意伤害被绑架人，致人重伤、死亡的，处无期徒刑或者死刑，并处没收财产"。根据这一规定，行为人在实施绑架中，因故意杀害或者伤害被绑架人，导致被绑架人重伤、死亡的，只定绑架罪一罪，对故意伤害、故意杀人行为不另行定罪。由于绑架罪的实行行为包括勒索财物或提出不法要求在内，因此对行为人实行绑架后因勒索未遂或不法要求得不到满足而杀害被绑架人（俗称"撕票"）的，应视为在绑架过程中杀害被绑架人。但是，如果行为人在绑架行为实行之前就杀害他人，而后以死者为"人质"谎称其仍活着而向死者的近亲属勒索财物、提出不法要求的，应以故意杀人罪和绑架罪实行数罪并罚。

全国人大常委会法制工作委员会于 2002 年 7 月 24 日给最高人民检察院的《关于已满十四周岁不满十六周岁的人承担刑事责任范围问题的答复意见》规定，《刑法》第 17 条第 2 款规定的 8 种犯罪，是指具体犯罪行为而不是具体罪名。对于《刑法》第 17 条中规定的"犯故意杀人、故意伤害致人重伤或者死亡"，是指只要故意实施了杀人、伤害行为并且造成了致人重伤、死亡后果的，都应负刑事责任。而不是指只有犯故意杀人罪、故意伤害罪的，才负刑事责任，绑架撕票，不负刑事责任。对司法实践中出现的已满 14 周岁不满 16 周岁的人绑架人质后杀害被绑架人、拐卖妇女、儿童而故意造成被拐卖妇女、儿童重伤或死亡的行为，依据刑法是应当追究其刑事责任的。据此，已满 14 周岁不满 16 周岁的人绑架他人并杀害、伤害被绑架人致其重伤、死亡的，虽然不构成绑架罪，但应以故意杀人罪、故意伤害罪定罪处罚。

3. 本罪的罪数。

根据 2001 年 11 月 8 日最高人民法院《关于对在绑架过程中以暴力、胁迫等手段当场劫取被害人财物的行为如何适用法律问题的答复》的规定，行为人在绑架过程中，又以暴力、胁迫等手段当场劫取被害人财物，构成犯罪的，择一重罪处罚。

（三）绑架罪的处罚

根据《刑法》第 239 条的规定，犯绑架罪的，处 10 年以上有期徒刑或者无期徒刑，并处罚金或者没收财产；情节较轻的，处 5 年以上 10 年以下有期徒刑，并处罚金；杀害被绑架人的，或者故意伤害被绑架人，致人重伤、死亡的，处无期徒刑或者死刑，并处没收财产。

九、拐卖妇女、儿童罪

（一）拐卖妇女、儿童罪的概念和特征

拐卖妇女、儿童罪，是指以出卖为目的，拐骗、绑架、收买、贩卖、接送、中转妇女、儿童，或者以出卖为目的偷盗婴幼儿的行为。

本罪的特征如下：

（1）本罪的客体是妇女、儿童的人身自由权利，主要是人身的不可买卖性。

（2）本罪在客观方面表现为拐骗、绑架、收买、贩卖、接送、中转妇女和儿童的行为。妇女，是指已满14周岁的女性。根据2000年1月3日最高人民法院《关于审理拐卖妇女案件适用法律有关问题的解释》的规定，这里的"妇女"，既包括具有中国国籍的妇女，也包括具有外国国籍和无国籍的妇女。被拐卖的外国妇女没有身份证明的，不影响对犯罪分子的定罪处罚。儿童，是指不满14周岁的男女儿童，包括行为人自己亲生的子女、拾捡的儿童。拐骗，是指以欺骗、利诱等非暴力手段将妇女、儿童拐走，以便出卖的行为。绑架，是指以暴力、胁迫或者麻醉方法劫持、控制妇女、儿童的行为。收买，是指以金钱或者其他财物买取、换取妇女、儿童的行为。贩卖，是指将妇女、儿童当作商品出售给他人以获取非法利益的行为。接送，是指行为人在拐卖妇女、儿童过程中的接收、运送的行为。中转，是指为拐卖妇女、儿童的罪犯提供中途场所或机会。偷盗婴幼儿，是指秘密窃取不满6周岁的儿童的行为，其中，不满1周岁的为婴儿，1周岁以上不满6周岁的为幼儿。根据2016年12月21日最高人民法院《关于审理拐卖妇女儿童犯罪案件具体应用法律若干问题的解释》第1条的规定，对婴幼儿采取欺骗、利诱等手段使其脱离监护人或者看护人的，视为"偷盗婴幼儿"。行为人只要实施上述七种行为之一的，就构成本罪，同时实施两种或两种以上行为的，亦构成一罪，而不实行数罪并罚。根据2010年3月15日最高人民法院、最高人民检察院、公安部、司法部《关于依法惩治拐卖妇女儿童犯罪的意见》的规定，以出卖为目的强抢儿童，或者捡拾儿童后予以出卖，以拐卖儿童罪论处；以抚养为目的偷盗婴幼儿或者拐骗儿童，之后予以出卖的，以拐卖儿童罪论处；以非法获利为目的，出卖亲生子女的，以拐卖妇女、儿童罪论处；将妇女拐卖给有关场所，致使被拐卖的妇女被迫卖淫或者从事其他色情服务的，以拐卖妇女罪论处；医疗机构、社会福利机构等单位的工作人员以非法获利为目的，将所诊疗、护理、抚养的儿童贩卖给他人的，以拐卖儿童罪论处。

（3）本罪的主体为一般主体。

（4）本罪在主观方面是直接故意，并且具有出卖妇女、儿童的目的。

（二）拐卖妇女、儿童罪的认定

1. 本罪与借介绍婚姻、收养而索取财物行为的界限。

借介绍婚姻而索取财物，是指行为人借为男女双方做婚姻介绍人的机会，向其中一方或双方索取财物的行为。借介绍收养而索取财物，是指行为人借为他人介绍收养的机会，向收养一方索取财物的行为。区分拐卖妇女、儿童罪与上述两种行为，应当把握以下几点：

（1）是否具有欺骗和违背妇女意志的情形。被拐卖妇女除个别情况是出于妇女自愿以外，大多数是被欺骗和违背其意志的；而介绍婚姻索取财物的行为，其婚姻是建立在女方自愿的基础上，并不违背其意志，不具有欺骗性。介绍收养儿童，须是出于双方自愿，特别是送养方必须是出于自愿，收养关系成立，介绍人只是起牵线搭桥作用。

（2）收取财物的性质不同。拐卖妇女、儿童收取财物具有交易的性质，行为人获取的财物是妇女、儿童的身价，且数额较高；而介绍婚姻、介绍收养的，收取的财物具有酬谢的性质，不是将妇女、儿童作为买卖的对象，行为人是在婚姻、收养关系自愿成立的基础上索取酬金，数目相对较低。

（3）主观目的不同。行为人拐卖妇女、儿童主观上是以出卖为目的；而介绍婚姻、介绍收养儿童索取财物是以获取财物作为适当的酬谢。根据2016年12月21日最高人民法院《关于审理拐卖妇女儿童犯罪案件具体应用法律若干问题的解释》第3条第1款的规定，以介绍婚姻为名，采取非法扣押身份证件、

限制人身自由等方式，或者利用妇女人地生疏、语言不通、孤立无援等境况，违背妇女意志，将其出卖给他人的，应当以拐卖妇女罪追究刑事责任。

2. 本罪与收买被拐卖的妇女、儿童罪的界限。

收买被拐卖的妇女、儿童罪，是指不以出卖为目的，收买被拐卖的妇女、儿童的行为。本罪与该罪的区别在于主观故意不同。行为人如果以出卖为目的，收买被拐卖的妇女、儿童的，构成本罪；没有出卖目的实施收买被拐卖的妇女、儿童的，构成收买被拐卖的妇女、儿童罪。根据《刑法》第241条第5款的规定，行为人起初没有出卖的目的收买被拐卖的妇女、儿童，而后又产生出卖目的将所收买的妇女、儿童出卖的，以本罪论处，但不以本罪和收买被拐卖的妇女、儿童罪实行数罪并罚。

3. 本罪与绑架罪的界限。

拐卖妇女、儿童罪与绑架罪在客观行为上都可以是绑架妇女、儿童或偷盗婴幼儿的行为。绑架妇女、儿童或偷盗婴幼儿的行为是构成拐卖妇女、儿童罪还是构成绑架罪，关键在于行为人的主观目的。以出卖为目的，成立拐卖妇女、儿童罪，以勒索财物为目的或将妇女、儿童、婴幼儿作为人质的，成立绑架罪。

参考案例 21-8

被告人李某（男，24岁）经常向自己的姐姐借钱用于挥霍，后其姐姐、姐夫不愿再给其钱花。李某将读小学的外甥豆豆从学校接走，并将豆豆软禁于李某租住的房屋内，然后向其姐姐、姐夫打电话，威胁说："你们的儿子在我手中，你们给5万元吧，不然你们儿子就没命了。"李某的姐姐向公安机关报案，被李某觉察。李某怕事情败露，便将豆豆以2万元的价格出卖了。法院审理后对被告人李某以绑架罪判处有期徒刑12年，并处罚金5 000元；以拐卖儿童罪判处有期徒刑12年，并处罚金5 000元；决定执行有期徒刑20年，并处罚金1万元。

4. 拐卖儿童罪与拐骗儿童罪的界限。

《刑法》第262条规定的拐骗儿童罪，是指拐骗不满14周岁的男、女儿童脱离家庭或者监护人的行为。与拐卖儿童罪相同之处在于，客观上都实施了拐骗行为，犯罪对象均是未满14周岁的儿童。二者的主要区别在于犯罪的动机和目的不同：前者的目的是出卖；后者则主要是为了收养或者奴役，而非出卖。

5. 出卖亲生子女的认定。

根据2010年3月15日最高人民法院、最高人民检察院、公安部、司法部《关于依法惩治拐卖妇女儿童犯罪的意见》的规定，要严格区分借送养之名出卖亲生子女与民间送养行为的界限。区分的关键在于行为人是否具有非法获利的目的。应当通过审查将子女"送"人的背景和原因、有无收取钱财及收取钱财的多少、对方是否具有抚养目的及有无抚养能力等事实，综合判断行为人是否具有非法获利的目的。具有下列情形之一的，可以认定属于出卖亲生子女，应当以拐卖妇女、儿童罪论处：（1）将生育作为非法获利手段，生育后即出卖子女的；（2）明知对方不具有抚养目的，或者根本不考虑对方是否具有抚养目的，为收取钱财将子女"送"给他人的；（3）为收取明显不属于"营养费""感谢费"的巨额钱财将子女"送"给他人的；（4）其他足以反映行为人具有非法获利目的的"送养"行为的。不是出于非法获利目的，而是迫于生活困难，或者受重男轻女思想影响，私自将没有独立生活能力的子女送给他人抚养，包括收取少量"营养费""感谢费"的，属于民间送养行为，不能以拐卖妇女、儿童罪论处。对私自送养导致子女身心健康受到严重损害，或者具有其他恶劣情节，符合遗弃罪特征的，可以遗弃罪论处；情节显著轻微危害不大的，可由公安机关依法予以行政处罚。

6. 本罪中的一罪与数罪问题。

关于本罪中的一罪与数罪问题，2010年3月15日最高人民法院、最高人民检察院、公安部、司法部《关于依法惩治拐卖妇女儿童犯罪的意见》规定：（1）拐卖妇女、儿童，又奸淫被拐卖的妇女、儿童，或者诱骗、强迫被拐卖的妇女、儿童卖淫的，以拐卖妇女、儿童罪处罚。（2）拐卖妇女、儿童，又对被拐卖的妇女、儿童实施故意杀害、伤害、猥亵、侮辱等行为，构成其他犯罪的，依照数罪并罚的规定处罚。（3）拐卖妇女、儿童或者收买被拐卖的妇女、儿童，又组织、教唆被拐卖、收买的妇女、儿童进行犯罪的，以拐卖妇女、儿童罪或者收买被拐卖的妇女、儿童罪与其所组织、教唆的罪数罪并罚。（4）拐卖妇女、儿童或者收买被拐卖的妇女、儿童，又组织、教唆被拐卖、收买的未成年妇女、儿童进行盗窃、诈骗、抢夺、敲诈勒索等违反治安管理活动的，以拐卖妇女、儿童罪或者收买被拐卖的妇女、儿童罪与组织未成年人进行违反治安管理活动罪数罪并罚。

7. 本罪中的共同犯罪问题。

关于本罪中的共同犯罪问题，2010 年 3 月 15 日最高人民法院、最高人民检察院、公安部、司法部《关于依法惩治拐卖妇女儿童犯罪的意见》规定：（1）明知他人拐卖妇女、儿童，仍然向其提供被拐卖妇女、儿童的健康证明、出生证明或者其他帮助的，以拐卖妇女、儿童罪的共犯论处。明知他人收买被拐卖的妇女、儿童，仍然向其提供被收买妇女、儿童的户籍证明、出生证明或者其他帮助的，以收买被拐卖的妇女、儿童罪的共犯论处，但是，收买人未被追究刑事责任的除外。认定是否"明知"，应当根据证人证言、犯罪嫌疑人、被告人及其同案人供述和辩解，结合提供帮助的人次，以及是否明显违反相关规章制度、工作流程等，予以综合判断。（2）明知他人系拐卖儿童的"人贩子"，仍然利用从事诊疗、福利救助等工作的便利或者了解被拐卖方情况的条件，居间介绍的，以拐卖儿童罪的共犯论处。（3）对于拐卖妇女、儿童犯罪的共犯，应当根据各被告人在共同犯罪中的分工、地位、作用，参与拐卖的人数、次数，以及分赃数额等，准确区分主从犯。对于组织、领导、指挥拐卖妇女、儿童的某一个或者某几个犯罪环节，或者积极参与实施拐骗、绑架、收买、贩卖、接送、中转妇女、儿童等犯罪行为，起主要作用的，应当认定为主犯。对于仅提供被拐卖妇女、儿童信息或者相关证明文件，或者进行居间介绍，起辅助或者次要作用，没有获利或者获利较少的，一般可认定为从犯。对于各被告人在共同犯罪中的地位、作用区别不明显的，可以不区分主从犯。

（三）拐卖妇女、儿童罪的处罚

根据《刑法》第 240 条的规定，犯拐卖妇女、儿童罪的，处 5 年以上 10 年以下有期徒刑，并处罚金；有下列情形之一的，处 10 年以上有期徒刑或者无期徒刑，并处罚金或者没收财产；情节特别严重的，处死刑，并处没收财产：（1）拐卖妇女、儿童集团的首要分子；（2）拐卖妇女、儿童 3 人以上的；（3）奸淫被拐卖的妇女的；（4）诱骗、强迫被拐卖的妇女卖淫或者将被拐卖的妇女卖给他人迫使其卖淫的；（5）以出卖为目的，使用暴力、胁迫或者麻醉方法绑架妇女、儿童的；（6）以出卖为目的，偷盗婴幼儿的；（7）造成被拐卖妇女、儿童或者其亲属重伤、死亡或者其他严重后果的；（8）将妇女、儿童卖往境外的。

十、诬告陷害罪

（一）诬告陷害罪的概念和特征

诬告陷害罪，是指捏造事实诬告陷害他人，意图使他人受刑事追究，情节严重的行为。本罪的特征如下：

（1）本罪的客体为他人的人身权利和司法机关的正常活动。

（2）本罪在客观方面表现为捏造犯罪事实，向有关机关告发，情节严重的行为。捏造他人犯罪事实的行为，是指无中生有，虚构犯罪事实。如果没有捏造事实或者捏造的是非犯罪的事实，不能以本罪论处。至于捏造的是何种犯罪事实、是公诉罪还是自诉罪的事实，在所不问。构成本罪，除有捏造他人犯罪事实的行为外，还须有将这种事实向有关单位告发的行为，既可以是向司法机关告发，也可向被诬告者所在单位及其他有可能向司法机关转送或让司法机关获悉的单位（如新闻媒体）告发。对"告发"不宜作机械的理解，它包括一切足以引起司法机关对被害人追诉的方法和手段，如栽赃陷害或故意在大庭广众之下散布虚构的某人犯罪事实而足以引起司法机关对被害人追诉的方法。诬告的对象必须是特定的，但不要求指名道姓，只要根据诬告的内容可以推知是指何人即可。

参考案例 21 - 9

被告人陈某，为某村党支部书记，因私仇与本村村民熊某有积怨，便伺机报复。某晚，被告人陈某趁村里祠堂无人之机，模仿熊某的笔迹写了一份攻击谩骂社会主义制度、诽谤党和国家领导人的大字报张贴于墙壁，而后离去。县公安局来人调查时，陈某以支部书记的身份"积极配合"公安人员的工作，企图陷害熊某。后陈某的犯罪事实败露。法院以诬告陷害罪判处陈某有期徒刑 2 年。

本罪是行为犯，只要行为人实施了捏造犯罪事实，向有关机关告发的行为，就构成本罪的既遂。

（3）本罪的主体为一般主体。

（4）本罪在主观方面是直接故意，并具有使他人受到刑事追究的目的。如果行为人不是有意诬陷，而是错告或者检举失实的，不构成本罪。

（二）诬告陷害罪的认定

主要应注意诬告陷害罪与非罪的界限：

（1）本罪与错告、检举失实行为的界限。《刑法》第 243 条第 3 款规定，不是有意诬陷，而是错告，或者检举失实的，不构成本罪。二者区别的标志在于，后者主观上不具有陷害他人的目的，客观上不具有捏造犯罪事实并进行告发的行为。

（2）本罪与一般诬告陷害行为的界限。诬告陷害行为只有情节严重的才构成犯罪。对于对情节一般的诬告陷害行为，不应以犯罪论。情节是否严重，可从行为人的动机、所诬告的罪行大小、诬告的方式方法、行为造成的后果影响等方面考察得出结论。

（三）诬告陷害罪的处罚

根据《刑法》第 243 条的规定，犯诬告陷害罪的，处 3 年以下有期徒刑、拘役或者管制；造成严重后果的，处 3 年以上 10 年以下有期徒刑。国家机关工作人员犯本罪的，从重处罚。

十一、强迫劳动罪

（一）强迫劳动罪的概念与特征

强迫劳动罪，是指以暴力、威胁或者限制人身自由的方法强迫他人劳动，或者明知他人实施以暴力、威胁或者限制人身自由的方法强迫他人劳动，为其招募、运送人员或者有其他协助强迫他人劳动的犯罪行为。

本罪的构成特征如下：

（1）本罪的客体是被害人的人身权利。本罪的犯罪对象是被强迫参加劳动的人，既包括与用人单位订有劳动合同、建立劳动关系的职工，也包括犯罪分子非法招募、使用的工人，甚至是智障人等。

（2）本罪的客观方面包括两类情况：一是以暴力、威胁或者限制人身自由的方法强迫他人劳动。所谓"暴力"，是指对被害人实施殴打伤害，使其不能反抗。"威胁"，是指对被害人施加恫吓，进行精神强制，使其不敢反抗。"限制人身自由的方法"，是指以限制离厂、限制返家，甚至雇用专人看管等方式侵犯被害人的人身自由，强迫被害人进行劳动。二是明知他人实施以暴力、威胁或者限制人身自由的方法强迫他人劳动，为其招募、运送人员或者有其他协助强迫他人劳动的行为。所谓"招募"，是指通过以表面"合法"实际非法的途径，向特定或者不特定群体召集人员的行为。实践中，犯罪分子往往利用被害人求职的急迫心理，以岗位轻松、待遇优厚等手段诱骗被害人。"运送"，是指使用交通工具运输被害人的行为。"其他协助强迫他人劳动"，是指除了招募、运送人员以外的，转移、接受、看管被害人的行为。

（3）本罪的主体是一般主体。单位犯本罪的，实行双罚制。要指出的是，强迫劳动罪的前身是 1997 年《刑法》第 244 条规定的强迫职工劳动罪，该条将用人单位违反劳动管理法规，以限制人身自由的方法强迫职工劳动，情节严重的行为规定为犯罪。但鉴于"用人单位"的认定在无手续、无资质的非法单位（如"黑砖窑""黑煤窑"）奴役被害人劳动案件中经常引起争议，《刑法修正案（八）》对犯罪构成做了修正，取消了"用人单位"的特殊主体要求。

（4）本罪的主观方面是故意。对于实施招募、运送人员或者有其他协助强迫他人劳动的行为的犯罪分子，应该具备对他人实施以暴力、威胁或者限制人身自由的方法强迫他人劳动行为的明知。

（二）强迫劳动罪的认定

司法实践认定强迫劳动罪，难点是如何评价为实现强迫他人劳动的目的所使用的手段，例如是否构成故意杀人罪，过失致人死亡罪，故意伤害罪，过失致人重伤罪，非法拘禁罪，拐卖妇女、儿童罪，收买被拐卖的妇女、儿童罪等的问题。我们认为，这些情况多数符合刑法理论有关牵连犯或者想象竞合犯的界定，前者如《刑法》第244条第1款为强迫劳动而限制他人人身自由的行为同时触犯非法拘禁罪与强迫劳动罪，后者如《刑法》第244条第2款招募、运送人员的行为同时触犯拐卖妇女、儿童罪与强迫劳动罪。对此，应当在不违背分则规定的条件下，适用择一重罪处断的原则。但是，对于已经脱离了强迫他人劳动的目的，而实施的故意伤害、故意杀人等行为，或者造成事故又构成其他犯罪的，应该以强迫劳动罪与相应的犯罪数罪并罚。

（三）强迫劳动罪的处罚

根据《刑法》第244条的规定，犯本罪的，处3年以下有期徒刑或者拘役，并处罚金；情节严重的，处3年以上10年以下有期徒刑，并处罚金。单位犯本罪的，对单位判处罚金，并对其直接负责的主管人员和其他直接责任人员，依照前述规定处罚。

十二、侮辱罪

（一）侮辱罪的概念和特征

侮辱罪，是指以暴力或者其他方法，公然贬低他人人格，破坏他人名誉，情节严重的行为。

本罪的构成特征如下：

（1）本罪的客体是他人的人格、名誉。侵犯的对象只能是特定的个人。特定的个人既可以是一人，也可以是数人，但是必须是具体的、明确的、有生命的人。任何机关、团体、法人组织，均不能成为本罪的侵犯对象。

（2）本罪在客观方面表现为以暴力或者其他方法，公然贬低他人人格，破坏他人名誉的行为。所谓"暴力"，是指为使他人人格尊严及名誉受到损害而采取的强制手段，而不是指对被害人人身进行的殴打、伤害。如强行扒光妇女衣裤、撩开衣裙当众羞辱，强行给被害人浇灌粪便，强迫被害人与尸体接吻，强迫被害人做难堪的动作（如学狗走路）等，都属于此类。如果行为人直接造成对被害人身体的伤害，则应以故意伤害罪论处。所谓"其他方法"，是指以文字、图画或语言的方式损害他人人格、名誉，如采取张贴、传阅大字报、小字报、传单的形式损害他人名誉，以漫画的形式讽刺、挖苦他人，或者对他人进行口头上的戏弄、挖苦、辱骂、嘲笑等。侮辱的行为必须是行为人公然实施的。所谓公然，是指在第三者能看到或听到（如让第三人通过电话听）的场合，或者用能够使第三人看到或听到的方法进行侮辱（虽然当时可能无第三人看到或听到）。至于被害人是否在场，不影响本罪的成立。如果行为人是在第三者不知晓且不可能使第三人知晓的情况下对被害人进行侮辱，则不能认为是侮辱罪。例如，行为人在第三者不知晓的情况下向他人写信进行侮辱，并不能以侮辱罪定罪处罚。根据2023年9月20日最高人民法院、最高人民检察院、公安部《关于依法惩治网络暴力违法犯罪的指导意见》第2条的规定，在信息网络上采取肆意谩骂、恶意诋毁、披露隐私等方式，公然侮辱他人，情节严重，符合《刑法》第246条规定的，以侮辱罪定罪处罚。

（3）本罪的主体为一般主体。

（4）侮辱罪在主观上出于直接故意，即行为人明知自己的侮辱行为会造成贬低他人人格，破坏他人名誉的危害结果，并且希望这种结果发生。

侮辱行为必须是情节严重的才能构成犯罪。所谓情节严重，主要是指侮辱行为手段恶劣，动机卑鄙，后果严重，或影响很坏的情况。

（二）侮辱罪的认定

1. 本罪与强制猥亵、侮辱罪的界限。

当行为人采用公然强行扒妇女的衣服、对妇女身体进行某些动作性猥亵、侮辱时，对行为人是定侮辱罪还是定强制猥亵、侮辱罪，容易发生混淆。我们认为，区别两者的关键，在于行为人的主观目的和动机。侮辱罪中的侮辱妇女，行为人目的在于败坏妇女的名誉，贬低其人格，动机多出于私愤报复、发泄不满，这一点与侮辱其他人（男性）、其他侮辱行为（如以大字报进行侮辱）没有什么区别；而猥亵、侮辱行为，行为人的目的在于寻求下流无耻的精神刺激。另外，在有些场合，强制猥亵、侮辱罪的行为人侮辱的对象即妇女具有不特定性，而侮辱罪的对象只能是特定的。

参考案例 21-10

被告人何某（女，38 岁）与被害人王某是妯娌关系，素有仇隙，两人共用厨房。某日，王某在厨房煮饭后出来，何某进厨房，因何某嫌王某关门过重，两人发生争吵、厮打。被人劝开后，何某将其丈夫冯某叫回家，冯某又与被害人王某发生争吵。冯某见当时在厨房里的王某手中拿着菜刀，就上前夺下，继而在互相抓扯中，冯某将王某反手拖出厨房外的巷道中，致使王某摔倒在地。此时被告人何某上前抱住王某的双脚，将王某拖到巷道口的人行道上，接着将王某的套裙撩于大腿上，撕烂王某的衬衣、内裤。躺在地上的王某也撕何某的衣裙。王某的衣服、内裤被撕烂后，胸部大面积敞开，下身大部分裸露在外，引起数十人围观。经诊断，王某全身多处软组织挫伤。检察机关以强制猥亵、侮辱妇女罪（《刑法修正案（九）》修正前的罪名，现为强制猥亵、侮辱罪）起诉何某。法院审理后认为，被告人何某当众侮辱被害人王某，其目的是报复泄愤，其行为构成侮辱罪，以侮辱罪判处何某有期徒刑 1 年。

2. 本罪与侵害英雄烈士名誉、荣誉罪的界限。

《刑法修正案（十一）》新增《刑法》第 299 条之一侵害英雄烈士名誉、荣誉罪，是指侮辱、诽谤或者以其他方法侵害英雄烈士的名誉、荣誉，损害社会公共利益，情节严重的行为。侮辱罪和侵害英雄烈士名誉、荣誉罪在客观行为上均可表现为侮辱他人名誉，情节严重的行为。侵害英雄烈士名誉、荣誉罪客体上还包括他人的荣誉，客观行为上还可表现为诽谤和其他侵害方式。除此之外，侮辱罪的犯罪对象范围为他人，侵害英雄烈士名誉、荣誉罪的犯罪对象范围则特定为英雄烈士。两罪成立法条竞合关系，侮辱英雄烈士的名誉既可以成立侮辱罪，也可以成立侵害英雄烈士名誉、荣誉罪，根据特殊法条优于一般法条的处断原则，应认定为侵害英雄烈士名誉、荣誉罪。

（三）侮辱罪的处罚

根据《刑法》第 246 条的规定，犯侮辱罪的，处 3 年以下有期徒刑、拘役、管制或者剥夺政治权利。犯本罪，告诉的才处理，但是严重危害社会秩序和国家利益的除外。所谓"告诉才处理"，根据《刑法》第 98 条的规定，是指被害人告诉才处理。如果被害人因受强制、威吓无法告诉的，人民检察院和被害人的近亲属也可以告诉。《刑法》之所以规定侮辱罪一般要告诉才处理，是考虑到侮辱行为大都发生在家庭成员、邻居、同事之间或日常生活之中，属于人民内部矛盾问题，且社会危害性不是很大，多数场合下可以通过调解等缓和方式来解决。此外，被害人可能不愿意让更多的人知道自己受到侮辱的事实，如果违反被害人的意志而提起诉讼，采用刑事制裁的方法解决反会产生相反的效果。所谓"严重危害社会秩序"，是指侮辱行为引起了被害人精神失常甚至自杀身亡等后果，被害人无法告诉或失去告诉能力的情况。所谓"危害国家利益"，是指侮辱国家领导人、外国元首、外交使节等特定对象，既损害被害人个体的名誉，又危害到国家利益的情况。2023 年 9 月 20 日最高人民法院、最高人民检察院、公安部《关于依法惩治网络暴力违法犯罪的指导意见》第 12 条明确强调，根据《刑法》第 246 条第 2 款的规定，实施侮辱犯罪，严重危害社会秩序和国家利益的，应当依法提起公诉。对于网络侮辱是否严重危害社会秩序，应当综合侵害对象、动机目的、行为方式、信息传播范围、危害后果等因素作出判定。实施网络侮辱行为，具有下列情形之一的，应当认定为《刑法》第 246 条第 2 款规定的"严重危害社会秩序"：（1）造成被害人或者其近亲属精神失常、自杀等严重后果，社会影响恶劣的；（2）随意以普通公众为侵害对象，相关信息在网络上大范围传播，引发大量低俗、恶意评论，严重破坏网络秩序，社会影响恶劣的；（3）侮辱多人或者多次散布侮辱信息，社会影响恶劣的；（4）组织、指使人员在多个网络平台大量散布侮辱信息，社会影响恶劣的；（5）其他严重危害社会秩序的情形。

针对近年来，通过网络实施侮辱犯罪的行为增多，被害人往往难以通过自己的力量确定犯罪嫌疑人的真实身份、固定相应的证据的情况，《刑法修正案（九）》增加了第 246 条第 3 款，规定通过信息网络实施侮辱行为，被害人向人民法院告诉，但提供证据确有困难的，人民法院可以要求公安机关提供协助。

根据 2015 年 10 月 29 日最高人民法院《关于〈中华人民共和国刑法修正案（九）〉时间效力问题的解释》的规定，对于 2015 年 10 月 31 日以前通过信息网络实施的《刑法》第 246 条第 1 款规定的侮辱行为，被害人向人民法院告诉，但提供证据确有困难的，适用修正后《刑法》第 246 条第 3 款的规定。

十三、诽谤罪

（一）诽谤罪的概念和特征

诽谤罪，指故意捏造并散布某种事实，损坏他人人格，破坏他人名誉，情节严重的行为。

本罪的构成特征如下：

（1）本罪的客体是公民的人格尊严和名誉权。对象应当是特定的人。

（2）本罪在客观方面表现为捏造并散布某种事实，损坏他人人格，破坏他人名誉，情节严重的行为。"捏造"是指无中生有，凭空虚构虚假的事实。"散布"指的是用语言或文字的方式向外界扩散捏造的内容，使公众知道。"情节严重"，主要是指侮辱行为手段恶劣，动机卑鄙，后果严重，或影响很坏的情况。

根据 2013 年 9 月 6 日最高人民法院、最高人民检察院《关于办理利用信息网络实施诽谤等刑事案件适用法律若干问题的解释》的规定，具有下列情形之一的，应当认定为"捏造事实诽谤他人"：1）捏造损害他人名誉的事实，在信息网络上散布，或者组织、指使人员在信息网络上散布的；2）将信息网络上涉及他人的原始信息内容篡改为损害他人名誉的事实，在信息网络上散布，或者组织、指使人员在信息网络上散布的；明知是捏造的损害他人名誉的事实，在信息网络上散布，情节恶劣的，以"捏造事实诽谤他人"论。利用信息网络诽谤他人，具有下列情形之一的，应当认定为"情节严重"：1）同一诽谤信息实际被点击、浏览次数达到 5 000 次以上，或者被转发次数达到 500 次以上的；2）造成被害人或者其近亲属精神失常、自残、自杀等严重后果的；3）2 年内曾因诽谤受过行政处罚，又诽谤他人的；4）其他情节严重的情形。

根据 2023 年 9 月 20 日最高人民法院、最高人民检察院、公安部《关于依法惩治网络暴力违法犯罪的指导意见》第 3 条的规定，在信息网络上制造、散布谣言，贬损他人人格、损害他人名誉，情节严重，符合《刑法》第 246 条规定的，以诽谤罪定罪处罚。

（3）本罪的主体是一般主体。

（4）本罪的主观方面为直接故意，并具有贬低、损坏他人人格、名誉的目的。

社会热点：
女子取快递被造黄谣

（二）诽谤罪的认定

1. 本罪与非罪的界限。

第一，本罪散布的必须是捏造的事实，如果行为人散布的是客观存在的事实，或者是略有夸张的事实，损坏他人人格，破坏他人名誉的，不构成本罪。第二，本罪的客观行为必须达到情节严重。如果行为人捏造并散布某种事实，损坏他人人格，破坏他人名誉，但未达到情节严重的程度，不构成本罪。第三，本罪的主观方面必须是故意。如果行为人因为过失误信谣言并加以散布或者批评失实，导致损坏他人人格，破坏他人名誉的，不构成犯罪。

根据 2013 年 9 月 6 日最高人民法院、最高人民检察院《关于办理利用信息网络实施诽谤等刑事案件适用法律若干问题的解释》的规定，一年内多次实施利用信息网络诽谤他人行为未经处理，诽谤信息实际被点击、浏览、转发次数累计计算构成犯罪的，应当依法定罪处罚。

2. 本罪与侮辱罪的界限。

诽谤罪与侮辱罪在客体、主体和犯罪主观方面相同，二者的区别主要是：（1）诽谤罪必须有捏造事实并加以散布的行为，而侮辱罪不一定用捏造事实的方法进行。（2）诽谤罪不可能以暴力方法构成，诽谤行为只能以口头或文字的形式实施，而侮辱罪除可由口头、文字方式构成外，亦可以由暴力方法构成。（3）诽谤行为不以公然实施为条件，而侮辱行为必须以公然实施为条件。

3. 本罪与侵害英雄烈士名誉、荣誉罪的界限。

《刑法》第 299 条之一规定的侵害英雄烈士名誉、荣誉罪，客观行为包括以诽谤方式侵害英雄烈士的名誉。这种行为达到损害社会公共利益、情节严重的程度，必然同时触犯诽谤罪和侵害英雄烈士名誉、荣誉罪的规定。其中，侵害英雄烈士名誉、荣誉罪是特别规定，诽谤罪是一般规定。根据特别法条优于一般法条的规则，对这种危害行为，应以侵害英雄烈士名誉、荣誉罪定罪处罚。

（三）诽谤罪的处罚

根据《刑法》第 246 条的规定，犯本罪的，处 3 年以下有期徒刑、拘役、管制或者剥夺政治权利。犯本罪，告诉的才处理，但是严重危害社会秩序和国家利益的除外。

根据 2013 年 9 月 6 日最高人民法院、最高人民检察院《关于办理利用信息网络实施诽谤等刑事案件适用法律若干问题的解释》的规定，利用信息网络诽谤他人，具有下列情形之一的，应当认定为"严重危害社会秩序和国家利益"：（1）引发群体性事件的；（2）引发公共秩序混乱的；（3）引发民族、宗教冲突的；（4）诽谤多人，造成恶劣社会影响的；（5）损害国家形象，严重危害国家利益的；（6）造成恶劣国际影响的；（7）其他严重危害社会秩序和国家利益的情形。

2023 年 9 月 20 日最高人民法院、最高人民检察院、公安部《关于依法惩治网络暴力违法犯罪的指导意见》第 12 条明确强调，根据《刑法》第 246 条第 2 款的规定，实施诽谤犯罪，严重危害社会秩序和国家利益的，应当依法提起公诉。对于网络诽谤是否严重危害社会秩序，应当综合侵害对象、动机目的、行为方式、信息传播范围、危害后果等因素作出判定。实施网络诽谤行为，具有下列情形之一的，应当认定为《刑法》第 246 条第 2 款规定的"严重危害社会秩序"：（1）造成被害人或者其近亲属精神失常、自杀等严重后果，社会影响恶劣的；（2）随意以普通公众为侵害对象，相关信息在网络上大范围传播，引发大量低俗、恶意评论，严重破坏网络秩序，社会影响恶劣的；（3）诽谤多人或者多次散布诽谤信息，社会影响恶劣的；（4）组织、指使人员在多个网络平台大量散布诽谤信息，社会影响恶劣的；（5）其他严重危害社会秩序的情形。

同样，针对近年来，通过网络实施诽谤犯罪的行为增多，被害人往往难以通过自己的力量确定犯罪嫌疑人的真实身份、固定相应的证据的情况。《刑法修正案（九）》增加了第 246 条第 3 款，规定通过信息网络实施诽谤行为，被害人向人民法院告诉，但提供证据确有困难的，人民法院可以要求公安机关提供协助。根据 2015 年 10 月 29 日最高人民法院《关于〈中华人民共和国刑法修正案（九）〉时间效力问题的解释》的规定，对于 2015 年 10 月 31 日以前通过信息网络实施的《刑法》第 246 条第 1 款规定的诽谤行为，被害人向人民法院告诉，但提供证据确有困难的，适用修正后《刑法》第 246 条第 3 款的规定。

十四、刑讯逼供罪

（一）刑讯逼供罪的概念和特征

刑讯逼供罪，是指司法工作人员对犯罪嫌疑人、被告人使用肉刑或者变相肉刑，逼取口供的行为。

本罪的构成特征如下：

（1）本罪的客体是复杂客体，包括公民的人身权利和司法机关的正常活动。

（2）本罪在客观方面表现为使用肉刑或变相肉刑逼取犯罪嫌疑人或被告人的口供的行为。所谓肉刑，是指捆绑、吊打、针扎等使犯罪嫌疑人或被告人身体器官遭受损害或肌肤等遭受痛苦的摧残手段。所谓变相肉刑，是指上述肉刑以外的其他对人犯身体进行折磨的方法，如长时间冻饿、站立、不准睡眠等。

（3）本罪的主体为司法工作人员，即具有侦查、检察、审判、监管职责的工作人员。

参考案例 21－11

被告人尤某原系某企业保卫科工作人员，某年 5 月起被借调到上海市公安局某分局治安科工作。次年 10 月，尤某与民警杨某等人查办薛某抢劫一案。薛某归案后交代，其伙同王某、郭某、刘某共同抢劫一次。被告人尤某即传唤王某、郭某、刘某，由于王某、郭某、刘某在被讯问中拒不认罪，被告人尤某即用牛皮带抽打王某、郭某、刘某三人，连续折磨5个小时。检察机关以被告人尤某犯刑讯逼供罪提起公诉，被告人尤某辩称自己在公安分局工作期间，只是一名未正式录用的借用人员，不是司法工作人员，虽然造成三名犯罪嫌疑人轻微伤，但不构成故意伤害罪。法院经审理认为，被告人尤某在公安分局工作期间，受指派办理薛某等共同抢劫案，参与了传唤、抓捕、审讯等工作，具有侦查职责，属于司法工作人员，其构成刑讯逼供罪。法院以刑讯逼供罪判处尤某有期徒刑2年。

（4）本罪在主观上是直接故意，而且是出于逼取口供的目的。如果司法工作人员出于其他目的，如泄愤、报复等，而对犯罪嫌疑人或被告人施以肉刑或变相肉刑，构成犯罪的，应以其他罪论处，不构成本罪。

（二）刑讯逼供罪的认定

1. 本罪与非罪的界限。

刑法虽然没有对刑讯逼供行为构成犯罪规定限制性情节，但是，并非任何刑讯逼供行为都应以犯罪论处。

根据2006年7月26日最高人民检察院《关于渎职侵权犯罪案件立案标准的规定》的规定，司法工作人员对犯罪嫌疑人、被告人使用肉刑或者变相肉刑逼取口供的行为，涉嫌下列情形之一的，应予立案：（1）以殴打、捆绑、违法使用械具等恶劣手段逼取口供的；（2）以较长时间冻、饿、晒、烤等手段逼取口供，严重损害犯罪嫌疑人、被告人身体健康的；（3）刑讯逼供造成犯罪嫌疑人、被告人轻伤、重伤、死亡的；（4）刑讯逼供，情节严重，导致犯罪嫌疑人、被告人自杀、自残造成重伤、死亡，或者精神失常的；（5）刑讯逼供，造成错案的；（6）刑讯逼供3人次以上的；（7）纵容、授意、指使、强迫他人刑讯逼供，具有上述情形之一的；（8）其他刑讯逼供应予追究刑事责任的情形。

2. 本罪中的一罪与数罪问题。

应注意刑讯逼供罪与非法拘禁罪形成想象竞合犯形态的情况。它表现为司法工作人员非法将犯罪嫌疑人或被告人拘禁，在此过程中又进行刑讯逼供的行为。对于这种情形，应按刑讯逼供罪对行为人定罪处罚。当然，如果行为人在拘禁他人进行刑讯逼供过程中致人伤残、死亡的，根据《刑法》第247条的规定，应以故意伤害罪、故意杀人罪定罪处罚。

（三）刑讯逼供罪的处罚

根据《刑法》第247条的规定，犯刑讯逼供罪的，处3年以下有期徒刑或者拘役。

十五、破坏选举罪

（一）破坏选举罪的概念和特征

破坏选举罪，是指在选举各级人民代表大会代表和国家机关领导人员时，以暴力、威胁、欺骗、贿赂、伪造选举文件、虚报选举票数等手段破坏选举或者妨害选民和代表自由行使选举权和被选举权，情节严重的行为。

本罪的构成特征如下：

（1）本罪的客体为公民的选举和被选举为各级人民代表大会代表和国家机关领导人员的权利。党的二十大报告指出，全过程人民民主是社会主义民主政治的本质属性，是最广泛、最真实、最管用的民主。本罪即是对民主权利的侵犯，侵犯的对象可以是选举工作人员，也可以是选民、代表。

（2）本罪在客观方面表现为在选举各级人民代表大会代表和国家机关领导人员时，以暴力、威胁、欺骗、贿赂、伪造选举文件、虚报选举票数或者编造选举结果等手段破坏选举或者妨害选民和代表自由行使选举权和被选举权，情节严重的行为。暴力，是指对选民、各级人民代表大会代表、候选人、选举工作人员等进行殴打、捆绑等人身打击或强制。威胁，是指以杀害、伤害、破坏名誉等手段进行要挟，迫使被要挟人不能正常履行组织管理职责或者放弃权利、机会等。欺骗，是指捏造事实，颠倒是非，以虚假的事实扰乱选举的正常进行。贿赂，是指用金钱或者其他物质利益收买选民、各级人民代表大会代表、候选人、选举工作人员等，以实现自己操纵、破坏选举或者进行其他舞弊活动的目的。伪造选举文件，是指采用伪造选民证、选票、选民名单、候选人名单、代表资格报告等选举文件的方法破坏选举。虚报选举票数，是指选举工作人员对于统计出来的选票数、赞成和反对票数等进行虚假汇报的行为。编造选举结果，是指未经实际选举或者未按规定程序完成选举，凭空虚构选举结果。只要行为人在选举各级人民代表大会代表和国家机关领导人时，采用了上述手段之一的，就构成本罪。破坏与妨害行为，必须是在选举各级人民代表大会代表和国家机关领导人时实施的。

参考案例 21－12

被告人岑某为了使李某当选某镇镇长，于某年8月中旬至9月13日，多次组织召集张某、吴某、梁某等人到家中、饭店等地方密谋策划贿赂人大代表。9月20日，被告人岑某将预先准备好的内各装有人民币1 000元的22个信封，交给张某等人分头送给联系好的人大代表共22人（其中2人拒收），后事情败露，致使选举无法正常进行。法院以破坏选举罪判处被告人岑某有期徒刑2年。

（3）本罪的主体为一般主体，可以是有选举权和被选举权的公民，也可以是无选举权和被选举权的公民，还可以是选举工作人员。

（4）本罪在主观上是直接故意，并且具有破坏选举工作，妨害选民和代表自由行使选举权和被选举权的目的。如果由于工作上的疏忽或过于自信而造成一些不好的结果，如误计选举票数、误将被剥夺选举权的人列入选举名单等，不构成本罪。

（二）破坏选举罪的认定

1. 本罪与非罪的界限。

（1）要区分破坏选举罪与一般违反选举法行为的界限。由于构成本罪要具备"情节严重"的条件，因此，对于那些虽违反选举法，但情节轻微，危害不大的，可不以犯罪论处。根据2006年7月26日最高人民检察院《关于渎职侵权犯罪案件立案标准的规定》，国家机关工作人员利用职权破坏选举，涉嫌下列情节的，应予立案，这些情节可以作为"情节严重"的参考标准：1）以暴力、威胁、欺骗、贿赂等手段，妨害选民、各级人民代表大会代表自由行使选举权和被选举权，致使选举无法正常进行，或者选举无效，或者选举结果不真实的；2）以暴力破坏选举场所或者选举设备，致使选举无法正常进行的；3）伪造选民证、选票等选举文件，虚报选举票数，产生不真实的选举结果或者强行宣布合法选举无效、非法选举有效的；4）聚众冲击选举场所或者故意扰乱选举场所秩序，使选举工作无法进行的；5）其他情节严重的情形。

（2）要区分本罪与工作失误的界限。对于实践中因疏忽大意或过于自信而错计选票、遗失选举文件等行为，属于一般的工作失误，不能以本罪论处。

2. 本罪与其他犯罪的牵连犯。

例如，以伪造公文、证件等选举文件为手段破坏选举活动的行为，在构成本罪的同时又触犯了伪造国家机关公文、证件罪，这种情况属牵连犯，应从一重处断。

（三）破坏选举罪的处罚

根据《刑法》第256条的规定，犯破坏选举罪的，处3年以下有期徒刑、拘役或剥夺政治权利。

十六、重婚罪

（一）重婚罪的概念和特征

重婚罪，是指有配偶而与他人结婚或者明知他人有配偶而与之结婚的行为。

本罪的构成特征如下：

（1）本罪的客体是一夫一妻制的婚姻关系。

（2）本罪在客观方面表现为有配偶而又与他人结婚或者明知他人有配偶而与之结婚的行为。重婚罪中前后两个婚姻，均包括法律婚姻和事实婚姻。

参考案例 21－13

被告人宋某，女，20岁，农民；被告人廖某，男，27岁，农民。被告人宋某（时年17岁）经人介绍和应某按农村习俗举行了婚礼，但由于宋某没有达到法定结婚年龄，双方没有办理结婚登记。某日，宋某因家庭琐事与应某发生口角后出走，走时已怀孕3个月，应家四处寻找，发现宋某与另一乡的农民被告人廖某结婚，并在婚姻登记处进行了结婚登记。在登记结婚时，廖某知道宋某与应某的婚姻关系。应家向法院递交诉状，指控被告人宋某和廖某构成重婚罪，法院以重婚罪判处被告人宋某拘役3个月，判处被告人廖某拘役5个月。

（3）本罪的主体分为两类：一是重婚者，是指有配偶而在其婚姻关系存续期间又与他人结婚的人；二是相婚者，是指本人无配偶，但明知他人有配偶而与之结婚的人。

（4）本罪在主观上是故意。具体表现为：第一，有配偶的人明知自己有配偶而与他人结婚。如果行为人认为自己的配偶已死亡而与第三人结婚的，不构成本罪。第二，无配偶的人明知他人有配偶而与其结婚。如果无配偶的人受到有配偶的人的欺骗，误认为对方没有配偶而与其结婚的，无配偶的人可不构成本罪，而由有配偶的人单独构成重婚罪。

（二）重婚罪的认定

1. 本罪与不宜以犯罪论处的重婚行为的界限。

在实践中，有一些由于特殊原因引起的重婚行为，如遭受自然灾害外出谋生而重婚的，因配偶长期下落不明，造成家庭生活困难又与他人结婚的，被拐卖后再婚的，等等，因为这些重婚者的主观恶性较小，所以，可不以重婚罪论。

2. 本罪与通奸及非法同居行为的界限。

通奸，是指有配偶的人与他人发生的婚外性行为，是受到舆论及社会谴责的不道德行为，但不构成重婚罪。非法同居不论是否以夫妻名义进行的，均不属重婚罪调整对象，不构成重婚罪。

3. 本罪与破坏军婚罪的界限。

破坏军婚罪，是指明知是现役军人的配偶而与之同居或者结婚的行为。

本罪与该罪的主要区别表现在：

（1）行为表现上不完全相同。本罪表现为有配偶而与他人结婚或者明知他人有配偶而与之结婚的行为；破坏军婚罪表现为与现役军人的配偶同居或者结婚的行为。

（2）行为对象不同。本罪的犯罪对象是现役军人配偶之外的其他人，而破坏军婚罪的行为对象只限于现役军人的配偶。

（3）构成犯罪主体的范围不同。对于破坏军婚罪来说，军人的配偶不构成破坏军婚罪；而本罪中的对应行为双方都构成该罪。

（4）犯罪客体不完全相同。破坏军婚罪的客体是军人的婚姻关系；本罪的客体为一般的婚姻关系。

司法实践中应当注意，如果行为人主观上只明知对方是有配偶的人，而不知其配偶是现役军人，与之结婚的，构成重婚罪，而不构成破坏军婚罪。

（三）重婚罪的处罚

根据《刑法》第258条的规定，犯重婚罪的，处2年以下有期徒刑或者拘役。

十七、虐待罪

（一）虐待罪的概念和特征

虐待罪，是指对共同生活的家庭成员，经常以殴打、冻饿、强迫过度劳动、限制人身自由、恐吓、侮辱、谩骂等手段，对其身体和精神进行摧残、折磨，情节恶劣的行为。

本罪的构成特征如下：

（1）本罪的客体是复杂客体，既包括家庭成员在家庭生活中的平等权利，又包括被虐待者的人身权利。

（2）本罪在客观方面表现为经常对被害人进行肉体上与精神上的摧残、折磨与迫害。虐待的手段多种多样，包括殴打、冻饿、强迫过度劳动、限制人身自由、恐吓、侮辱、谩骂等手段。

（3）本罪的主体为特殊主体，只能是与被虐待人共同生活在一个家庭之中，相互之间存有一定的亲属关系或收养关系的成员，如丈夫虐待妻子，子女虐待父母，父母虐待子女等。一般来讲，虐待者都是在经济上或亲属关系上占有优势地位的人。

（4）本罪在主观上只能是故意，即行为人对被害人实施的各种摧残、折磨手段及其危害结果是持希望的态度。至于行为人的动机可以是多种多样的，如有的为逼迫配偶同自己离婚，有的因重男轻女思想而虐待女儿等。动机是影响本罪情节恶劣与否的一个重要因素，因此，在认定时应给予充分考虑。

社会热点：
同居者是否能够成为虐待罪的主体？

（二）虐待罪的认定

1. 本罪与非罪的界限。

应注意把虐待行为与非虐待行为区别开来。由于虐待罪主观上表现为有意识地对被害人进行肉体上与精神上的摧残、折磨，因此，实践中的诸如因教育方法简单粗暴或家庭矛盾而致的动辄打骂的行为，并非故意摧残家庭成员身心健康的行为，不能视同于虐待行为而以犯罪论处。

2. 虐待行为"情节恶劣"的认定。

虐待罪要求虐待行为达到"情节恶劣"才能构成，因此，明确"情节恶劣"的含义具有重要意义。根据2015年3月2日最高人民法院、最高人民检察院、公安部、司法部《关于依法办理家庭暴力犯罪案件的意见》的规定，具有虐待持续时间较长、次数较多；虐待手段残忍；虐待造成被害人轻微伤或者患较严重疾病；对未成年人、老年人、残疾人、孕妇、哺乳期妇女、重病患者实施较为严重的虐待行为等情形，属于"情节恶劣"。

3. 本罪与故意伤害罪、故意杀人罪的界限。

根据2015年3月2日最高人民法院、最高人民检察院、公安部、司法部《关于依法办理家庭暴力犯罪案件的意见》的规定，准确区分虐待犯罪致人重伤、死亡与故意伤害、故意杀人犯罪致人重伤、死亡的界限，要根据被告人的主观故意、所实施的暴力手段与方式、是否立即或者直接造成被害人伤亡后果等进行综合判断。对于被告人主观上不具有侵害被害人健康或者剥夺被害人生命的故意，而是出于追求被害人肉体和精神上的痛苦，长期或者多次实施虐待行为，逐渐造成被害人身体损害，过失导致被害人重伤或者死亡的；或者因虐待致使被害人不堪忍受而自残、自杀，导致重伤或者死亡的，属于《刑法》第260条第2款规定的虐待"致使被害人重伤、死亡"，应当以虐待罪定罪处罚。对于被告人虽然实施家庭暴力呈现出经常性、持续性、反复性的特点，但其主观上具有希望或者放任被害人重伤或者死亡的故意，持凶器实施暴力，暴力手段残忍，暴力程度较强，直接或者立即造成被害人重伤或者死亡的，应当以故意伤害罪或者故意杀人罪定罪处罚。

参考案例 21-14

被告人杨甲于某年12月将其与前妻所生的女儿杨乙（7岁，中度智力低下）接回家中共同生活，后多次对杨乙牙咬、扇耳光、脚踢、让其摸暖气，还将暖瓶踢过去烫伤杨乙后颈部、背部，并致使其左臂、双手、髂骨等多处受伤。次年1月23日晚8时许，杨甲在其家中酒后借故殴打杨乙，一耳光将杨乙从坐着的凳子上打倒在地，致使杨乙重型闭合性颅脑损伤，左额硬膜下血肿，左额、颞顶部、枕叶挫裂伤，头皮下血肿，经送医院抢救无效，于当月27日死亡。检察机关以虐待罪起诉被告人杨甲。法院经审理认为，被告人杨甲一贯虐待杨乙，情节恶劣，构成虐待罪；1月23日又故意伤害杨乙，致其死亡，其行为又构成故意伤害罪；以虐待罪和故意伤害罪对被告人杨甲实行数罪并罚，决定执行有期徒刑10年。

（三）虐待罪的处罚

根据《刑法》第260条的规定，犯虐待罪的，处2年以下有期徒刑、拘役或者管制。犯本罪，致使被害人重伤、死亡的，处2年以上7年以下有期徒刑。"致使被害人重伤、死亡"，是指在进行虐待过程中，由于打骂、冻饿等行为过失地引起被害人的重伤、死亡。除因虐待"致使被害人重伤、死亡"的以外，犯虐待罪，告诉的才处理，但被害人没有能力告诉，或者因受到强制、威吓无法告诉的除外。根据 2015 年 10 月 29 日最高人民法院《关于〈中华人民共和国刑法修正案（九）〉时间效力问题的解释》的规定，对于 2015 年 10 月 31 日以前实施的《刑法》第 260 条第 1 款规定的虐待行为，被害人没有能力告诉，或者因受到强制、威吓无法告诉的，适用修正后《刑法》第 260 条第 3 款的规定。

十八、虐待被监护、看护人罪

（一）虐待被监护、看护人罪的概念与特征

虐待被监护、看护人罪，是指对未成年人、老年人、患病的人、残疾人等负有监护、看护职责的人虐待被监护、看护的人，情节恶劣的行为。

本罪的构成特征如下：

（1）本罪的客体是被监护、看护人员的人身权利和监护、看护职责。未成年人、老年人、患病的人、残疾人等缺乏自我保护、照顾能力，属于社会的弱势群体，对其负有监护、看护职责的人应当尽职履责，对此类人员进行虐待将给其身心造成严重的摧残。

（2）本罪的客观方面表现为虐待未成年人、老年人、患病的人、残疾人等被监护、看护的人，情节恶劣的行为。虐待手段包括但不限于殴打、冻饿、强迫过度劳动、限制人身自由、恐吓、侮辱、谩骂等手段，其中包括殴打、捆绑、针扎、火烫、体罚等肉体虐待方式和侮辱人格、咒骂、讽刺、限制人身自由等精神摧残方式。虐待行为应当具有一贯性和经常性的特征，偶尔实施的打骂等行为不能认定为本罪。所谓"未成年人"，根据《中华人民共和国未成年人保护法》第 2 条的规定，是指未满 18 周岁的公民。所谓"老年人"，根据《中华人民共和国老年人权益保障法》第 2 条的规定，是指 60 周岁以上的公民。所谓"患病的人"，是指因身患疾病而需要他人监护、看护的人。所谓"残疾人"，根据《中华人民共和国残疾人保障法》第 2 条的规定，是指在心理、生理、人体结构上，某种组织、功能丧失或者不正常，全部或者部分丧失以正常方式从事某种活动能力的人，包括视力残疾、听力残疾、言语残疾、肢体残疾、智力残疾、精神残疾、多重残疾和其他残疾的人。所谓"情节恶劣"，是指虐待的动机卑劣、手段残忍、虐待时间较长、虐待多人、造成较为严重的肉体和精神伤害等。

（3）本罪的主体为特殊主体，既包括对未成年人、老年人、患病的人、残疾人等负有监护、看护义务的自然人，也包括负有监护、看护义务的单位，如托儿所、幼儿园、养老院、医院、疗养院、社会福利机构等。

（4）本罪的主观方面表现为故意，且为直接故意，即行为人对虐待所带来的危害后果持希望的态度。

（二）虐待被监护、看护人罪的认定

1. 本罪与虐待罪的界限。

两罪的客观方面均表现为虐待行为，主观上均为故意。两者主要的区别在于犯罪对象不同，虐待罪的犯罪对象为共同生活的家庭成员，虐待被监护、看护人罪的犯罪对象为共同生活家庭成员以外的其他被监护、看护的人。

2. 本罪的罪数问题。

根据《刑法》第 260 条之一第 3 款的规定，犯本罪，同时构成其他犯罪的，依照处罚较重的规定定罪处罚。如虐待被监护、看护人致其重伤、残疾的，应当依照《刑法》第 234 条以故意伤害罪定罪处罚；虐待被监护、看护人致其死亡的，应当根据行为人主观心态的不同，以《刑法》第 232 条的故意杀人罪或者第 234 条的故意伤害罪定罪处罚。

（三）虐待被监护、看护人罪的处罚

根据《刑法》第 260 条之一的规定，虐待被监护、看护人的，处 3 年以下有期徒刑或者拘役。单位犯本罪的，对单位判处罚金，并对直接负责的主管人员和其他直接负责人员，处 3 年以下有期徒刑或者拘役。

十九、组织残疾人、儿童乞讨罪

（一）组织残疾人、儿童乞讨罪的概念与特征

组织残疾人、儿童乞讨罪，是指以暴力、胁迫手段组织残疾人或者不满14周岁的未成年人乞讨的行为。

本罪的构成特征如下：

（1）本罪的客体是残疾人和不满14周岁未成年人的人身自由权和人格权。本罪的犯罪对象是残疾人和不满14周岁的未成年人。根据《中华人民共和国残疾人保障法》第2条的规定，残疾人是指在心理、生理、人体结构上，某种组织、功能丧失或者不正常，全部或者部分丧失以正常方式从事某种活动能力的人，具体包括视力残疾、听力残疾、言语残疾、肢体残疾、智力残疾、精神残疾、多重残疾和其他残疾的人。

（2）本罪在客观方面表现为行为人以暴力、胁迫手段组织残疾人或者不满14周岁的未成年人乞讨的行为。以利诱、欺骗等非强制性手段组织他人乞讨的，不成立本罪。"暴力、胁迫手段"是指使用殴打、捆绑、拘禁或者以告知被害人其自身或者亲属的生命、健康、自由、名誉、财产将受到侵害等方法对被害人人身安全与自由进行强制，或者采用暴力或非暴力的精神强制方法逼使被害人屈服。无论"暴力"还是"胁迫"都是违背被害人意志的强迫方法。"组织"是指控制、安排、指挥、策划、领导多人从事乞讨活动。本罪属于行为犯，即只要求行为人具有以暴力、胁迫手段组织残疾人、不满14周岁的未成年人进行乞讨的行为就可成立本罪，并不要求物质性的和有形的犯罪结果。

（3）本罪的犯罪主体是一般主体，即达到16周岁、具备刑事责任能力的自然人都可以构成本罪的犯罪主体。

（4）本罪的主观方面是故意犯罪，至于组织者是否通过被害人的乞讨行为牟利，不影响本罪的成立。

（二）组织残疾人、儿童乞讨罪的认定

司法实践中主要应注意本罪与非罪的界限，其中要特别注意以下几点：

（1）根据《刑法》第262条之一的规定，组织残疾人、儿童乞讨罪的对象只能是残疾人或者不满14周岁的未成年人。如果行为人强迫组织14周岁以上的非残疾人从事乞讨活动的，不能构成本罪。

（2）利用欺骗、引诱以及其他非暴力、非强制性手段组织不满14周岁的未成年人、残疾人乞讨，而没有使用暴力、胁迫手段的，不构成本罪。在司法实践中，对既实施了欺骗、引诱等非暴力、非强制性手段，又实施了暴力、胁迫手段组织残疾人、不满14周岁的未成年人乞讨的，也应按本罪处理。

（3）根据《刑法》第262条之一的规定，构成本罪要求乞讨者的乞讨行为须受行为人即组织者强制性手段的支配，且被支配的乞讨者须达到多人（3人或3人以上），否则不能成立本罪。

参考案例 21-15

被告人王某将男孩甲（经鉴定骨龄13.1岁，伤残程度四级）带至深圳市，以打骂、不给饭吃等方法强迫甲乞讨。王某通常在每天17时许将甲带至闹市乞讨，他自己则在附近看守，次日凌晨4时许才将甲带回租住地，并占有乞讨所得。王某后来又以5 000元在安徽省某县收买两名女童，分别是乙（经鉴定骨龄12.7岁，伤残程度六级）与丙（经鉴定骨龄11.2岁，伤残程度四级）。王某将乙与丙带至深圳市，强迫乙、丙与男孩甲一同乞讨，并占有乞讨所得。公安机关抓获被告人王某，救出被控制的3名儿童并将其送往救助站。某人民检察院以组织残疾人、儿童乞讨罪起诉王某，某人民法院以组织残疾人、儿童乞讨罪判处王某有期徒刑2年，并处罚金人民币1万元。

（三）组织残疾人、儿童乞讨罪的处罚

根据《刑法》第262条之一的规定，犯组织残疾人、儿童乞讨罪的，处3年以下有期徒刑或者拘役，并处罚金；情节严重的，处3年以上7年以下有期徒刑，并处罚金。

【引例评析】

正确分析故意伤害（致人死亡）罪与过失致人死亡罪的界限，是本案定性的关键前提。两者虽然在客观上都产生了他人死亡的结果，对于这一结果的发生都存在过失，但前者行为人主观上具有伤害的故意，后者行为人主观上没有伤害的故意。本案中，犯罪嫌疑人王某在主观上没有伤害的故意，王某打马某右面部一拳，其目的仅仅是要通过"打"而使马某到治安室接受处理，并非是要使马某的身体受到伤害，因而其行为不构成故意伤害罪。王某的过失行为导致马某死亡，符合过失致人死亡罪的特征。

【本章小结】

侵犯公民人身权利罪，是指故意或者过失地侵犯公民的人身权利以及与人身直接有关的权利，依法应当受到刑罚处罚的行为。侵犯公民民主权利罪是指非法剥夺或妨害公民行使依法享有的参与国家管理和社会政治活动的权利及其他民主权利，依法应当受到刑罚处罚的行为。侵犯公民人身权利、民主权利罪共计 43 个罪名，本章重点对其中 19 种犯罪的概念、特征、认定和处罚作了阐述。

【练习题】

一、名词解释

过失致人死亡罪　强制猥亵、侮辱罪　绑架罪　诽谤罪　破坏选举罪

二、思考题

1. 故意杀人罪有何特征？认定故意杀人罪应注意哪些问题？
2. 绑架妇女、儿童和偷盗婴幼儿的行为可能定什么罪？其具体条件分别是什么？
3. 非法拘禁罪、刑讯逼供罪在什么情况下转化为故意伤害罪、故意杀人罪？
4. 破坏选举罪的构成特征是什么？
5. 重婚罪与破坏军婚罪的区别是什么？

三、案例分析题

1. 被告人钱某，在当地因对工作和领导不满，加之家庭有矛盾，深感受人歧视，产生悲观厌世想法，于某年 4 月 7 日借故来某市，投宿于其兄家。同年 4 月 14 日中午，钱某在该市上海路路口向被害人王某出售价值 600 元的国库券，王某收下国库券，仅付给钱某 300 元人民币。钱某不允，双方发生争执，经钱某再三追讨王某才将价值 600 元的国库券归还。为此，钱某产生报复歹念，随即从路口的皮匠摊偷了鸭嘴榔头一把，乘王某不备，用榔头对王某后脑勺猛击一锤就跑，王某当即昏倒在地。钱某在逃跑时被群众抓获。被害人王某因头部被击，左侧顶节后方颅骨骨折，致严重外伤性颅脑损伤，经抢救无效死亡。

问题：

被告人钱某构成何罪？

分析要点提示：

分析行为人的主观故意内容，是本案的关键。

2. 被告人张某（男，20 岁）和被告人施某（男，21 岁）强行将被害人曹某（女，21 岁）带至某宾馆，进入以施某名义租用的客房。两被告人使用暴力、威胁等手段，强迫曹某脱光衣服站在床铺上，并令其当两人的面小便和洗澡。随后，被告人张某对曹某实施了奸淫行为，施某在张某奸淫被害人时用恶语相威胁。施某在发现曹某有月经后对曹某未实施奸淫，而是强迫曹某以其他方式使其发泄性欲。

问题：

被告人张某和施某构成什么犯罪？

分析要点提示：

张某、施某的行为均构成两种犯罪；注意共同犯罪的分工。

第二十二章 侵犯财产罪

【本章引例】

某日，被告人甲雇用他人汽车一辆，由司机乙驾驶，为货主丙向 A 市运输皮鞋等货物。第二天，汽车行至途中 B 镇，甲借口要吃饭，将随车押运的货主丙骗下车，将其引到距停车地点约 100 米的饭摊前。甲谎称去叫乙来一同吃饭，离开丙回到车上，又对乙谎称货主在旅社休息，要乙和他一起将车开走卸货。汽车被开走时，丙发现了，丙当即一边追赶，一边大呼停车，但车并未停下。甲让乙将车开至 C 镇甲一亲戚家，然后把车上的货物全部卸下，据为己有，货物价值共计人民币 20 万元。对甲的行为应如何定性？

【本章学习目标】

通过本章的学习，你应该能够：

> 1. 掌握侵犯财产罪的本质特征；
> 2. 掌握抢夺罪与抢劫罪的界限；
> 3. 掌握转化型抢劫罪的成立条件；
> 4. 掌握侵占罪的客观要件及与职务侵占罪的界限；
> 5. 掌握敲诈勒索罪和抢劫罪的界限。

第一节 侵犯财产罪概述

一、侵犯财产罪的概念

侵犯财产罪，是指以非法占有为目的，攫取公私财物，或者故意破坏生产经营，毁坏公私财物的行为。

二、侵犯财产罪的特征

侵犯财产罪的构成特征如下：

（1）侵犯财产罪的客体，是公共财产和公民私人财产的所有权。这是侵犯财产罪社会危害性的本质特征。财产所有权，是指所有人依法对自己的财产享有占有、使用、收益和处分的权利。占有权、使用权、收益权和处分权是财产所有权的四项基本权能，它们共同构成所有权的全部内容。侵犯财产罪的对象包括公共财产和公民私人所有的财产。根据《刑法》第 91 条的规定，公共财产是指国有财产、劳动群众集体所有的财产以及用于扶贫和其他公益事业的社会捐助或者专项基金的财产。在国家机关、国有公司、企业、集体企业和人民团体管理、使用或者运输中的私人财产，以公共财产论。根据《刑法》第 92 条的规定，公民私人所有的财产是指公民的合法收入、储蓄、房屋和其他生活资料，依法归个人、家庭所有的生产资料，个体户和私营企业的合法财产以及依法归个人所有的股份、股票、债券和其他财产。公私财产，既有生产资料，也有生活资料；有的是动产，有的是不动产；有的是有形物，有的是无形物，如电、煤气等。作为侵犯财产罪侵犯对象的财物，必须是依法归国家、集体或者公民个人所有的。因此，占有无主物或已被原所有人自动放弃所有权的物品，无论该物在事实上是否还具有一定经济价值，都不构成侵犯财产罪。但是，需要指出，遗忘物不是无主物，遗忘物只是因为某种原因暂时脱离了所有者的控制与管理，其所有权仍然存在并受法律保护。因此，遗忘物可以成为侵犯财产罪的对象。根据 2021 年 4 月 13 日最高人民法院《关于审理掩饰、隐瞒犯罪所得、犯罪所得收益刑事案件适用法律若干问题的解释》的规定，对犯罪所得及其产生的收益实施盗窃、抢劫、诈骗、抢夺等行为，构成犯罪的，分别以盗窃罪、抢劫罪、诈骗罪、抢夺罪等定罪处罚。据此，犯罪所得及其产生的收益，可以成为侵犯财产罪的对象。

（2）侵犯财产罪在客观方面表现为以各种手段侵犯公私财产的行为。根据行为的具体表现形式，侵犯财产罪基本可以分为三种情况：一是以各种公开或秘密的手段，非法占有公私财物的行为，如抢劫、盗窃、敲诈勒索、聚众哄抢和侵占等；二是以非法手段挪用资金或者某些特定款物的行为；三是出于各种动机实施的故意毁灭或者损坏公私财物的行为，如故意毁坏他人财物和破坏生产经营。与侵犯财产罪的本质特征相联系，攫取财物的数额大小和损毁财物的价值大小，在侵犯财产罪中是决定行为的社会危害性大小的重要因素。根据我国刑法的规定，除抢劫罪和破坏生产经营罪之外，侵犯财物的数额是构成犯罪的重要条件或者重要构成要件之一。如果侵犯财产的数额较小，情节显著轻微，危害不大的，一般不构成犯罪。

（3）侵犯财产罪中，大多数犯罪的主体为一般主体，只有职务侵占罪和挪用资金罪的主体为特殊主体。

（4）侵犯财产罪的主观方面均出于故意。多数犯罪以非法占有公私财物为目的。有的犯罪以挪用为目的；有的犯罪则以非法损毁公私财物或破坏生产经营为目的。侵犯财产罪的动机多种多样。犯罪动机如何，不影响犯罪的成立。

三、侵犯财产罪的种类

《刑法》分则第五章共计 13 个罪名，除本章第二节重点论述的外，还包括聚众哄抢罪（第 268 条），挪用特定款物罪（第 273 条），故意毁坏财物罪（第 275 条），破坏生产经营罪（第 276 条）。

第二节　本章重点论述的犯罪

一、抢劫罪

（一）抢劫罪的概念和特征

抢劫罪，是指以非法占有为目的，以暴力、胁迫或者其他方法，强行劫取公私财物的行为。

本罪的构成特征如下：

（1）本罪的客体是复杂客体，即抢劫罪不仅侵犯了公私财产所有权，也同时侵犯了被害人的人身权利。客体的双重性是区别本罪与其他侵犯财产罪或大多数侵犯公民人身权利罪的主要标志。抢劫罪侵犯的对象，是各种公私财物和他人的人身。财物的范围，一般只限于动产，如果把不动产的一部分强行分离而抢走，也应定为抢劫罪。根据 2021 年 4 月 13 日最高人民法院《关于审理掩饰、隐瞒犯罪所得、犯罪所得收益刑事案件适用法律若干问题的解释》的规定，犯罪所得及其产生的收益也可以成为本罪的犯罪对象。

（2）本罪在客观方面表现为对财物的所有人、保管人或者守护人当场使用暴力、胁迫或其他方法，迫使其当场交出财物的行为。这种犯罪行为与犯罪手段，是抢劫罪不同于其他侵犯财产罪的本质特征。

抢劫罪的"暴力"，是指犯罪分子对被害人身体实施袭击或者其他强制手段，例如，以捆绑、殴打、杀害、伤害、禁闭等暴力手段排除、制伏被害人的反抗以劫取财物。对"暴力"主要可从四个方面来把握：第一，暴力行为必须是在取得财物的当场实施。如果不是在夺取财物的当场实施暴力，而是以将要对之实施暴力相威胁，迫使对方限期交出财物，不构成抢劫罪。第二，暴力行为必须是针对被害人的身体而采取的。暴力不必达到危及人身健康、生命或使被害人无法抗拒的程度；只要达到使被害人恐惧、反抗能力受到一定程度的抑制即可。第三，暴力是向财物持有人为之。暴力作为一种较为常见的抢劫方法，通常是指向财物持有人，意在抢走财物。如果是对与财物持有人同行的第三者实施暴力，应视为胁迫。第四，暴力是行为人为了排除、制伏被害人的反抗而实施的。也就是说，暴力的实施是有意识的，其造成的人身伤害并非夺取财物过程中的伴随结果。如果行为人在夺取财物过程中无意侵害了被害人的身体，不能视为使用了暴力。如在抢夺被害人金项链时，因用力过猛，致被害人脖子受伤，并不能认为使用了暴力而认定为抢劫罪。

　　抢劫罪的"胁迫"，是指以立即实施暴力相威胁，对被害人进行精神强制，使被害人产生恐惧而不敢反抗，被迫当场交出财物或者不敢阻止犯罪人的行为而任财物被劫走的手段。对"胁迫"主要可从三个方面来理解：第一，胁迫必须是当着被害人的面作出。如果不是面对被害者实施，比如打电话威胁被害人并要求其交出钱财，不构成本罪。胁迫方式可以是语言，也可以是某种动作或示意，甚至可以是利用某种特定的危险环境使被害人产生恐惧心理。第二，胁迫的内容必须是以立即实施暴力相威胁。胁迫一般是针对财物所有人、保管人本人，有时也可以针对在场的被害人亲属或者其他有关人员。如果对被害人以将要揭露其隐私或者毁坏其财产相威胁，不构成本罪。第三，作为胁迫内容的暴力是现实的，如果被害人不答应要求，就会立即付诸实施。也就是说，暴力的内容可以即时兑现，如果遇到反抗，会立即转为暴力手段，当场劫取财物。

参考案例 22-1

　　被告人王某（男，20岁）通过其朋友认识了被害人申某。在交往过程中，被告人王某产生了向申某要钱的念头。他以借款、办急事为名多次向申某要钱，申某背着父母把父母放在家中的2 500元拿给王某。某日，被告人王某再一次到申某家中向他要钱，申某不同意给，王某从身上取出准备好的水果刀，说："给不给你自己看着办，红刀子见过没有?!"申某心中害怕，被迫拿出了800元给王某。后申某的父母发现钱有缺少，遂案发。检察机关以抢劫罪对王某提起公诉。法院认为，被告人王某以胁迫方法劫取他人财物，构成抢劫罪，以抢劫罪判处其有期徒刑3年，并处罚金2 000元。

　　抢劫罪的"其他方法"，是指犯罪分子使用的暴力或胁迫方法之外的、使被害人不知反抗或丧失反抗能力的方法。从司法实践来看，行为人使用的"其他方法"有很多，如用酒灌醉、用药物麻醉、使用催眠术等。需要指出的是，被害人处于不知或不能反抗的状态，必须是行为人实施了"其他方法"造成的。

参考案例 22-2

　　甲对乙的一块名贵手表垂涎已久。一日，甲骗乙说要给其介绍对象，让乙请自己喝酒，乘机将乙灌醉，然后将乙搀扶到一僻静胡同内，将其手表将下拿走。法院以抢劫罪判处甲有期徒刑5年，并处罚金1万元。

　　如果被害人是由于自己的原因而处于不能或不知反抗的状态，行为人没有对被害人的身体施加某种影响，而是乘机将其财物拿走，则只能构成盗窃罪。

　　（3）本罪的主体是一般主体。根据《刑法》第17条第2款的规定，已满14周岁未满16周岁的人，可以构成本罪。

　　（4）本罪在主观方面表现为故意，并且具有非法占有公私财物的目的。故意内容表现为明知是他人财物，而有意使用暴力、胁迫或者其他方法非法转归自己或第三人占有。如果主观上没有非法占有公私财物的目的，不构成本罪。

　　（二）抢劫罪的认定

　　1. 本罪与非罪的界限。

　　（1）抢劫罪是最为严重的侵犯财产犯罪。因此，本罪的成立在立法上没有数额和情节上的限制性规定。一般情况下，只要行为人实施了以暴力、胁迫或其他方法劫取公私财物的行为，就可以认定为犯罪。但是，认定抢劫罪不应该一概忽略抢得财物的数额和犯罪情节在定罪中的意义。如果抢劫行为的情节轻微，得财数额又非常小，就应该根据《刑法》第13条"但书"的规定，作为一般违法行为处理，而不应认定为抢劫罪。

（2）由于借贷或其他财产纠纷而强行扣留对方财物，用以抵债抵物，或者强行索还债款、欠物的行为，因该行为无非法占有他人财物的目的，属于讨债、索还手段不当的行为，不构成犯罪。根据2014年4月17日最高人民检察院《关于强迫借贷行为适用法律问题的批复》的规定，以非法占有为目的，以借贷为名采用暴力、胁迫手段获取他人财物，符合《刑法》第263条规定的，以抢劫罪追究刑事责任。

2. 本罪既遂与未遂的界限。

关于区分抢劫罪既遂与未遂的标准，理论上存在不同主张。有的学者主张，抢劫罪侵犯的主要客体是财产所有权，因而抢劫罪既遂与未遂的界限应当以行为人是否占有公私财物为标准。有的学者主张，抢劫罪侵犯双重客体，包括财产权和人身权，而且人身权是更重要的权利。虽未抢到财物但已给被害人的人身造成危害的，也应认定为抢劫罪既遂；既未抢到财物，又未造成人身损害的，才可以认定为抢劫罪未遂。还有的学者主张，犯罪的既遂与未遂，只是针对犯罪的基本构成要件是否齐备来区分。我们认为，结果加重犯或情节加重犯，只要具备了法定的加重结果或情节，就是齐备了全部要件，成立既遂。因此，就《刑法》第263条第1款规定的抢劫罪的基本构成而言，抢劫罪既遂与未遂的区分，应以行为人是否实际占有公私财物为标准。虽然抢劫行为侵犯人身权利和财产权利，但是，刑法将它规定为侵犯财产罪，表明其主要客体是财产权利，侵犯人身只是非法占有公私财物的手段。因此，不能以人身权利是否被侵犯为标准。抢劫财物到手方能成立既遂。对于具有《刑法》第263条规定的八种情节之一的抢劫罪，属于结果加重犯或情节加重犯，无论财物是否抢劫到手，都应认为成立抢劫既遂。

根据2005年6月8日最高人民法院《关于审理抢劫、抢夺刑事案件适用法律若干问题的意见》的规定，抢劫罪侵犯的是复杂客体，既侵犯财产权利又侵犯人身权利，具备抢劫财物或者造成他人轻伤以上后果两者之一的，均属于抢劫既遂；既未劫取财物，又未造成他人人身伤害后果的，属抢劫未遂。该司法解释基本采用了上述第二种观点的主张，据此，《刑法》第263条规定的八种处罚情节中除"抢劫致人重伤、死亡的"这一结果加重情节之外，其余七种处罚情节同样存在既遂、未遂问题，其中属抢劫未遂的，应当根据刑法关于加重情节的法定刑规定，结合未遂犯的处理原则量刑。

3. 本罪与故意杀人罪的界限。

根据2001年5月23日最高人民法院《关于抢劫过程中故意杀人案件如何定罪问题的批复》，行为人为劫取财物而预谋故意杀人，或者在劫取财物过程中，为制伏被害人反抗而故意杀人的，以抢劫罪定罪处罚；行为人实施抢劫后，为灭口而故意杀人的，以抢劫罪和故意杀人罪定罪，实行数罪并罚。

参考案例 22-3

被告人胡某得知同村村民夏某近日生意上进账现金较多，便以相约进城进货为名将夏某骗出，欲实施抢劫。夏某如约和胡某一同前往集市，当两人走到一偏僻山路时，被告人胡某用地上石头从后面猛击夏某后脑勺，夏某被击后一边逃跑一边质问胡某为何打人，胡某对夏某说："把你身上的钱拿点出来给我用！"夏某边往前跑边说："你要钱，给你！"顺手将自己的腰包扔出。胡某拾起夏某的腰包后，便没再追赶。当赶到集市后，被告人胡某打开腰包看到里面只有几元钱，便发现自己"上当"，在集市找到夏某后，用水果刀将夏某刺死。检察机关以抢劫罪和故意杀人罪对被告人胡某提起公诉。法院以抢劫罪判处胡某有期徒刑8年，并处罚金1万元；以故意杀人罪判处胡某死刑立即执行，剥夺政治权利终身，没收个人全部财产；实行数罪并罚，对其执行死刑立即执行，剥夺政治权利终身，没收个人全部财产。

4. 本罪与绑架罪的界限。

绑架勒索的绑架罪与抢劫罪都以取得财物为目的；在客观上都可以表现为暴力、胁迫等强制手段；在侵犯的合法权益方面，两者也都同时侵犯了公民的人身权利和财产权利，因而两者是十分近似的犯罪。区别两者的关键有两个方面：

（1）绑架罪是以非法剥夺人身自由的方法，并以被绑架人的安危为要挟，勒索财物行为的指向对象为被绑架人以外的第三人，即被绑架人的近亲属或其他人，而不可能是被绑架人；抢劫罪的方法则一般不表现为非法剥夺人身自由，而且其要挟的人及劫财行为指向的对象一般具有同一性。

（2）绑架罪由于是将被绑架人作为人质向第三人索取财物，因此获取财物的时间不可能是绑架行为实施的当时，也一般不可能是当场获取财物。而抢劫罪只能是当场及在暴力、胁迫行为实施的当时劫取财物。

根据 2001 年 11 月 8 日最高人民法院《关于对在绑架过程中以暴力、胁迫等手段当场劫取被害人财物的行为如何适用法律问题的答复》的规定，行为人在绑架过程中，又以暴力、胁迫等手段当场劫取被害人财物，构成犯罪的，择一重罪处罚。

参考案例 22-4

甲于某日深夜在大街上乘无人之机拦截乙（15 岁，无独立经济收入），用刀架在乙的脖子上，要乙交出所有财物。乙声称无任何值钱的东西，甲搜身发现乙确实身无分文，但不愿善罢甘休，便令乙带路，将乙劫持到乙家中。甲威胁乙的父母，乙的父母见甲用刀对着乙，乙随时有伤亡可能，被迫向甲交出了一定数额的金钱。检察机关以绑架罪对甲提起公诉。法院审理后认为，从表面上看，行为人甲是以绑架乙的方式向乙的父母勒索财物，甲也非法剥夺了乙的人身自由（甲实际上控制了乙），符合绑架罪的特征。但实质上，行为人甲将乙劫持到乙家向乙的父母索要财物的行为，应视为甲以胁迫手段当场劫取财物的抢劫行为，因为甲以刀子对准乙的行为是属于抢劫罪中的胁迫方法（以此威胁乙的父母），而索要乙的父母的财物又是实施胁迫行为的当时、当场实施的，因而检察机关认为甲是以乙作为人质而向乙的父母索取赎金，并不符合绑架罪的立法精神，所以应定抢劫罪。最后法院以抢劫罪判处甲有期徒刑 10 年，并处罚金 2 万元。

5. 转化型抢劫罪的理解和适用。

《刑法》第 269 条规定："犯盗窃、诈骗、抢夺罪，为窝藏赃物、抗拒抓捕或者毁灭罪证而当场使用暴力或者以暴力相威胁的，依照本法第二百六十三条的规定定罪处罚。"该条是关于盗窃、诈骗、抢夺犯罪转化为抢劫犯罪的规定。这种抢劫与《刑法》第 263 条规定的典型的抢劫罪有所不同，因而在理论界又被称为"转化型的抢劫罪"或者"准抢劫罪"。适用《刑法》第 269 条，应具备以下三个条件：

（1）行为人必须首先实施了盗窃、诈骗或抢夺行为。根据 2005 年 6 月 8 日最高人民法院《关于审理抢劫、抢夺刑事案件适用法律若干问题的意见》第 5 条的规定，行为人实施盗窃、诈骗、抢夺行为，未达到"数额较大"，为窝藏赃物、抗拒抓捕或者毁灭罪证当场使用暴力或者以暴力相威胁，情节较轻、危害不大的，一般不以犯罪论处；但具有下列情节之一的，可依照《刑法》第 269 条的规定，以抢劫罪定罪处罚：1）盗窃、诈骗、抢夺接近"数额较大"标准的；2）入户或在公共交通工具上盗窃、诈骗、抢夺后在户外或交通工具外实施上述行为的；3）使用暴力致人轻微伤以上后果的；4）使用凶器或以凶器相威胁的；5）具有其他严重情节的。

（2）行为人必须是当场使用暴力或者以暴力相威胁。所谓当场，是指犯罪分子实施盗窃、诈骗、抢夺罪的现场或者虽然离开了现场，但还处在被追捕的过程中。如果在作案后，在其他时间和地点实施了暴力或以暴力相威胁，则不应按《刑法》第 269 条处理。所谓使用暴力或以暴力相威胁，是指犯罪分子对被害人实施打击或强制，或者以将要立即实施这种行为相威胁。一般来说，这里的暴力应达到一定的强度。

（3）实施暴力和威胁的目的，是为了窝藏赃物、抗拒抓捕或者毁灭罪证。窝藏赃物，是指为保护已经到手的赃物不被追回；抗拒抓捕，是指抗拒公安机关的逮捕或任何公民的扭送；毁灭罪证，是指消灭自己遗留在作案现场的痕迹、物品以及其他证据。如果不是出于以上目的实施暴力或威胁，不能按《刑法》第 263 条处理。如果行为人在着手盗窃、诈骗、抢夺过程中，尚未取得财物即被发觉，而改用暴力、威胁方法强行取财的，则直接适用《刑法》第 263 条。如果盗窃、诈骗、抢夺后又出于报复、灭口等动机伤害、杀害被害人的，应对伤害、杀人行为单独定罪判刑，然后实行并罚。

同时具备以上三个条件后，即可以适用《刑法》第 269 条，按抢劫罪定罪并量刑。

参考案例 22-5

被告人邹甲、邹乙两兄弟与本村村民徐某等人，分乘 3 辆车去运氟石，因故未运成。归途路经本乡的另一地方时，被告人邹甲看见该地方有氟石，即示意停车，提出"不能空手回去"，得到邹乙等人的同意后即一同盗装氟石 2.3 吨，计价 1 500 元。当被告人一伙将氟石运至本县某矿地段时被发现并被追截拦阻。两被告人非但置之不理，而且用三角耙、木棒、铁锤等工具进行反击，致追拦人颈部、腰部、头部等多处损伤，然后被告人邹甲、邹乙强行运走氟石。案发后，赃物被发还失主。法院审理认为，两被告人先行实施了盗窃行为，符合盗窃罪的构成要件，又在盗运途中对被害人施以暴力，其意图在于运走氟石和抗拒其拦阻，两被告人实施暴力行为时并非在盗窃现场，而是在被害人追赶过程中，其盗窃行为转化为抢劫罪。所以法院最后以抢劫罪对被告人邹甲、邹乙定罪处罚。

（三）抢劫罪的处罚

根据《刑法》第 263 条的规定，犯抢劫罪的，处 3 年以上 10 年以下有期徒刑，并处罚金；有下列情形之一的，处 10 年以上有期徒刑、无期徒刑或者死刑，并处罚金或者没收财产：（1）入户抢劫的；（2）在公共交通工具上抢劫的；（3）抢劫银行或者其他金融机构的；（4）多次抢劫或者抢劫数额巨大的；（5）抢劫致人重伤、死亡的；（6）冒充军警人员抢劫的；（7）持枪抢劫的；（8）抢劫军用物资或者抢险、救灾、救济物资的。

2000 年 11 月 22 日最高人民法院《关于审理抢劫案件具体应用法律若干问题的解释》以及 2005 年 6 月 8 日最高人民法院《关于审理抢劫、抢夺刑事案件适用法律若干问题的意见》有如下规定：

"入户抢劫"，是指为实施抢劫行为而进入他人生活的与外界相对隔离的住所，包括封闭的院落、牧民的帐篷、渔民作为家庭生活场所的渔船、为生活租用的房屋等进行抢劫的行为。进入机关、团体、企业、事业单位的办公场所以及公共娱乐场所抢劫的，不属于"入户抢劫"。对于入户盗窃，因被发现而当场使用暴力或者以暴力相威胁的行为，应当认定为入户抢劫。此外，认定"入户抢劫"时应注意以下三个问题：（1）关于"户"的范围。"户"在这里是指住所，其特征表现为供他人家庭生活和与外界相对隔离两个方面，前者为功能特征，后者为场所特征。一般情况下，集体宿舍、旅店宾馆、临时搭建工棚等不应认定为"户"，但在特定情况下，如果确实具有上述两个特征的，也可以认定为"户"。（2）"入户"目的的非法性。进入他人住所须以实施抢劫等犯罪为目的。抢劫行为虽然发生在户内，但行为人不以实施抢劫等犯罪为目的进入他人住所，而是在户内临时起意实施抢劫的，不属于"入户抢劫"。（3）暴力或者暴力胁迫行为必须发生在户内。入户实施盗窃被发现，行为人为窝藏赃物、抗拒抓捕或者毁灭罪证而当场使用暴力或者以暴力相威胁的，如果暴力或者暴力胁迫行为发生在户内，可以认定为"入户抢劫"；如果发生在户外，不能认定为"入户抢劫"。

"在公共交通工具上抢劫"，既包括在从事旅客运输的各种公共汽车、大中型出租车、火车、船只、飞机等正在运营中的机动公共交通工具上对旅客、司售、乘务人员实施的抢劫，也包括对运行途中的机动公共交通工具加以拦截后，对公共交通工具上的人员实施的抢劫。在未运营中的大、中型公共交通工具上针对司售、乘务人员抢劫的，或者在小型出租车上抢劫的，不属于"在公共交通工具上抢劫"。

"抢劫银行或者其他金融机构的"，是指抢劫银行或者其他金融机构的经营资金、有价证券和客户资金等；抢劫正在使用中的银行或者其他金融机构的运钞车的，视为"抢劫银行或者其他金融机构"。

"多次抢劫"，是指抢劫 3 次以上。对于"多次"的认定，应以行为人实施的每一次抢劫行为均已构成犯罪为前提，综合考虑犯罪故意的产生、犯罪行为实施的时间和地点等因素，客观分析、认定。对于行为人基于一个犯意实施犯罪的，如在同一地点同时对在场的多人实施抢劫的；或基于同一犯意在同一地点实施连续抢劫犯罪的，如在同一地点连续地对途经此地的多人进行抢劫的；或在一次犯罪中对一栋居民楼房中的几户居民连续实施入户抢劫的，一般应认定为一次犯罪。"抢劫数额巨大"的认定标准，参照各地确定的盗窃数额巨大的认定标准执行。

"持枪抢劫"，是指行为人使用枪支或者向被害人显示持有、佩带的枪支进行抢劫的行为。换言之，持枪抢劫并不要求行为人事实上使用枪支。但是如果行为人并未实际持有枪支，只是口头宣称有枪支或者虽然随身携带枪支，但并未使用，也没有向被害人显示的，均不是刑法规定的"持枪抢劫"的情形，至于枪支的概念和范围，适用《中华人民共和国枪支管理法》的规定。

二、盗窃罪

（一）盗窃罪的概念和特征

盗窃罪，是指以非法占有为目的，秘密窃取数额较大的公私财物或者多次盗窃、入户盗窃、携带凶器盗窃、扒窃公私财物的行为。

本罪的构成特征是：

（1）本罪的客体是公私财物所有权。犯罪对象是公私财物。根据 2013 年 4 月 2 日最高人民法院、最高人民检察院《关于办理盗窃刑事案件适用法律若干问题的解释》的规定，公私财物既包括有体物，也包括如电力、煤气、天然气等无体物；既包括合法财物，也包括毒品等违禁品。根据 2021 年 4 月 13 日最高人民法院《关于审理掩饰、隐瞒犯罪所得、犯罪所得收益刑事案件适用法律若干问题的解释》的规定，犯罪所得及其产生的收益也可以成为本罪的犯罪对象。

（2）本罪在客观方面表现为秘密窃取数额较大的公私财物或者多次盗窃、入户盗窃、携带凶器盗窃、扒窃公私财物的行为。

所谓秘密窃取，是指行为人采取自以为不使财物所有者、保管者发觉的方法，暗中将财物取走。这里对"秘密"的理解要把握三个要点：第一，秘密是指取得财物为暗中进行。如果取得财物是暗中进行，在财物到手后被发觉而公开携财逃跑或者虽使用了欺骗的方法吸引被害人的注意力但乘其不注意时取走财物，仍属秘密窃取，构成盗窃罪。第二，秘密是相对财物的所有者、保管者而言的。所以，即使窃取财物时已经被他人发现或暗中注视，也不影响盗窃罪的成立。第三，秘密是指行为人自认为没有被所有者、保管者发觉。如果行为人已经明知被被害人发觉，公然将财物取走，不构成本罪，而应认定为抢夺罪。秘密窃取的方式方法多种多样。根据《刑法》第 287 条的规定，以计算机为犯罪工具，窃取钱财的，也构成盗窃罪。

根据 2013 年 4 月 2 日最高人民法院、最高人民检察院《关于办理盗窃刑事案件适用法律若干问题的解释》的规定，所谓盗窃"数额较大"，是指个人盗窃公私财物价值 1 000 元至 3 000 元以上；各省、自治区、直辖市高级人民法院、人民检察院可以根据本地区经济发展状况，并考虑社会治安状况，在上述数额幅度内，确定本地区执行的具体数额标准，报最高人民法院、最高人民检察院批准。在跨地区运行的公共交通工具上盗窃，盗窃地点无法查证的，盗窃数额是否达到"数额较大"，应当根据受理案件所在地省、自治区、直辖市高级人民法院、人民检察院确定的有关数额标准认定。盗窃公私财物，具有下列情形之一的，"数额较大"的标准可以按照前述规定标准的 50% 确定：1）曾因盗窃受过刑事处罚的；2）一年内曾因盗窃受过行政处罚的；3）组织、控制未成年人盗窃的；4）自然灾害、事故灾害、社会安全事件等突发事件期间，在事件发生地盗窃的；5）盗窃残疾人、孤寡老人、丧失劳动能力人的财物的；6）在医院盗窃病人或者其亲友财物的；7）盗窃救灾、抢险、防汛、优抚、扶贫、移民、救济款物的；8）因盗窃造成严重后果的。盗窃国有馆藏一般文物，应当认定为"数额较大"。

根据 2013 年 4 月 2 日最高人民法院、最高人民检察院《关于办理盗窃刑事案件适用法律若干问题的解释》的规定，所谓"多次盗窃"，是指行为人盗窃数额虽然未达到较大，但是两年内盗窃 3 次以上的；所谓"入户盗窃"，是指非法进入供他人家庭生活，与外界相对隔离的住所盗窃；所谓"携带凶器盗窃"，是指携带枪支、爆炸物、管制刀具等国家禁止个人携带的器械盗窃，或者为了实施违法犯罪携带其他足以危害他人人身安全的器械盗窃；所谓"扒窃"，是指在公共场所或者公共交通工具上盗窃他人随身携带的财物。

（3）本罪主体为一般主体，凡已满 16 周岁、具有刑事责任能力的自然人均可成为本罪的主体。根据 2013 年 4 月 2 日最高人民法院、最高人民检察院《关于办理盗窃刑事案件适用法律若干问题的解释》的规定，单位组织、指使盗窃，符合《刑法》第 264 条及本解释有关规定的，以盗窃罪追究组织者、指使者、直接实施者的刑事责任。

（4）本罪主观方面出自直接故意，并具有非法占有公私财物的目的。如果是行为人误把公私财物当作自己的财物而拿走，或者未经物主同意而临时擅自借用其物，用完即归还的，或者私自挪用代人保存的钱物，用后偿还的，因不具有非法占有的目的，不构成盗窃罪。至于行为人非法占有公私财物后如何处置，是据为己有，还是赠送给他人，均不影响盗窃罪的成立。

理解盗窃罪的构成特征，应特别注意对《刑法》第 196 条第 3 款和《刑法》第 265 条的理解。《刑法》第 196 条第 3 款规定："盗窃信用卡并使用的，依照本法第二百六十四条的规定定罪处罚。"这种盗窃犯罪，在客观上具有盗窃信用卡并使用的行为。对于这种情况，注意不能以诈骗罪论处。《刑法》第 265 条规定："以牟利为目的，盗接他人通信线路、复制他人电信码号或者明知是盗接、复制的电信设备、设施而使用的，依照本法第二百六十四条的规定定罪处罚。"构成该条规定的盗窃罪须具备两个条件：主观上必须以牟利为目的；在客观上表现为盗接他人通信线路、复制他人电信码号或者明知是盗接、复制的电信设备、设施而使用的行为。所谓盗接他人通信线路，是指未经权利人许可，采取秘密的方法连接他人的通信线路无偿使用或者转给他人使用，从而给权利人造成损失；所谓复制他人电信码号，是指取得他人的电信码号后，非法加以翻制并无偿使用或者非法出租、出借、转让。此外，理解盗窃罪的构成特征，还要注意司法解释对本罪犯罪对象的专门规定。根据 2024 年 2 月 28 日最高人民法院、最高人民检察院、公安部《关于办理医保骗保刑事案件若干问题的指导意见》第 8 条第 2 款的规定，盗窃他人医疗保障凭证（社会保障卡等），并盗刷个人医保账户资金，依照《刑法》第 264 条的规定，以盗窃罪定罪处罚。

（二）盗窃罪的认定

1. 本罪与非罪的界限。

根据《刑法》的规定，除入户盗窃、携带凶器盗窃、扒窃之外，只有盗窃数额较大或者多次盗窃的，才能构成盗窃罪。因此，划分盗窃罪与非罪的界限有两条标准：一是盗窃的数额；二是盗窃的次数。根据 2013 年 4 月 2 日最高人民法院、最高人民检察院《关于办理盗窃刑事案件适用法律若干问题的解释》的规定，认定盗窃罪应当注意以下几点：

（1）偷拿家庭成员或者近亲属的财物，获得谅解的，一般可以不认为是犯罪；追究刑事责任的，应当酌情从宽。

（2）盗窃未遂，具有下列情形之一的，应当依法追究刑事责任：1）以数额巨大的财物为盗窃目标的；2）以珍贵文物为盗窃目标的；3）其他情节严重的情形。

（3）盗窃行为给失主造成的损失大于盗窃数额的，损失数额可以作为量刑情节考虑。

盗窃的数额，直接关系到行为是否构成犯罪及准确量刑，因此，合理计算盗窃财物的数额，是十分重要的问题。根据 2013 年 4 月 2 日最高人民法院、最高人民检察院《关于办理盗窃刑事案件适用法律若干问题的解释》的规定，需要注意以下问题：

（1）盗窃的数额，按照下列方法认定：

1）被盗财物有有效价格证明的，根据有效价格证明认定；无有效价格证明，或者根据价格证明认定盗窃数额明显不合理的，应当按照有关规定委托估价机构估价。

2）盗窃外币的，按照盗窃时中国外汇交易中心或者中国人民银行授权机构公布的人民币对该货币的中间价折合成人民币计算；中国外汇交易中心或者中国人民银行授权机构未公布汇率中间价的外币，按照盗窃时境内银行人民币对该货币的中间价折算成人民币，或者该货币在境内银行、国际外汇市场对美元汇率，与人民币对美元汇率中间价进行套算。

3）盗窃电力、燃气、自来水等财物，盗窃数量能够查实的，按照查实的数量计算盗窃数额；盗窃数量无法查实的，以盗窃前 6 个月月均正常用量减去盗窃后计量仪表显示的月均用量推算盗窃数额；盗窃前正常使用不足 6 个月的，按照正常使用期间的月均用量减去盗窃后计量仪表显示的月均用量推算盗窃数额。

4）明知是盗接他人通信线路、复制他人电信码号的电信设备、设施而使用的，按照合法用户为其支付的费用认定盗窃数额；无法直接确认的，以合法用户的电信设备、设施被盗接、复制后的月缴费额减去被盗接、复制前6个月的月均电话费推算盗窃数额；合法用户使用电信设备、设施不足6个月的，按照实际使用的月均电话费推算盗窃数额。

5）盗接他人通信线路、复制他人电信码号出售的，按照销赃数额认定盗窃数额。

（2）盗窃有价支付凭证、有价证券、有价票证的，按照下列方法认定盗窃数额：

1）盗窃不记名、不挂失的有价支付凭证、有价证券、有价票证的，应当按票面数额和盗窃时应得的孳息、奖金或者奖品等可得收益一并计算盗窃数额。

2）盗窃记名的有价支付凭证、有价证券、有价票证，已经兑现的，按照兑现部分的财物价值计算盗窃数额；没有兑现，但失主无法通过挂失、补领、补办手续等方式避免损失的，按照给失主造成的实际损失计算盗窃数额。

（3）盗窃文物的，按照下列方法认定盗窃数额：

盗窃国有馆藏一般文物、三级文物、二级以上文物的，应当分别认定为《刑法》第264条规定的"数额较大""数额巨大""数额特别巨大"。盗窃多件不同等级国有馆藏文物的，3件同级文物可以视为1件高一级文物。盗窃民间收藏的文物的，有有效价格证明的，根据有效价格证明认定；无有效价格证明，或者根据价格证明认定盗窃数额明显不合理的，应当按照有关规定委托估价机构估价。

2. 本罪与某些危害公共安全罪的界限。

在司法实践中，有些盗窃行为指向特定的对象，如枪支、弹药、爆炸物，电力或通信设备等；有些盗窃行为则以爆炸、投毒等为手段来完成，如毒鱼、炸鱼后将鱼偷走。对这类情况应分别不同情况分别处理：

（1）如果盗窃的是法律明确规定的危害公共安全犯罪的对象，如盗窃枪支、弹药、爆炸物，或者是偷窃正在使用中的电力设备，足以危害公共安全的，应构成危害公共安全罪中的相应犯罪。如果是在盗窃他人财物时，在窃得的提包里意外地发现放有枪支、弹药，应按盗窃罪处罚。当然，如果行为人窃得枪支、弹药后予以非法持有、私藏的，对其应另行认定非法持有、私藏枪支、弹药罪，与先前的盗窃罪数罪并罚。

（2）如果以非法占有为目的，毒死或炸死数量较大的鱼，将其偷走，未引起其他严重后果的，应定为盗窃罪。如果不顾人畜安危，向供饮用的池塘中投放大量剧毒物，或者向堤坝等其他公共设施附近的水库中投掷大量炸药，严重危害公共安全，致人重伤、死亡或者使公私财产遭受重大损失的，应当定为投毒罪或爆炸罪。

（3）盗窃通信设施价值数额不大，但危害公共安全已构成破坏广播电视设施、公用电信设施罪的，或者盗窃通信设施造成严重后果的，应认定为破坏广播电视设施、公用电信设施罪。

3. 本罪中的一罪与数罪问题。

根据2013年4月2日最高人民法院、最高人民检察院《关于办理盗窃刑事案件适用法律若干问题的解释》，本罪中一罪与数罪问题应当注意：

（1）偷开机动车，导致车辆丢失的，以盗窃罪定罪处罚；为盗窃其他财物，偷开机动车作为犯罪工具使用后非法占有车辆，或者将车辆遗弃导致丢失的，被盗车辆的价值计入盗窃数额；为实施其他犯罪，偷开机动车作为犯罪工具使用后非法占有车辆，或者将车辆遗弃导致丢失的，以盗窃罪和其他犯罪数罪并罚；将车辆送回未造成丢失的，按照其所实施的其他犯罪从重处罚。

（2）采用破坏性手段盗窃公私财物，造成其他财物损毁的，以盗窃罪从重处罚；同时构成盗窃罪和其他犯罪的，择一重罪从重处罚；实施盗窃犯罪后，为掩盖罪行或者报复等，故意毁坏其他财物构成犯罪的，以盗窃罪和构成的其他犯罪数罪并罚；盗窃行为未构成犯罪，但损毁财物构成其他犯罪的，以其他犯罪定罪处罚。

（3）盗窃既有既遂，又有未遂，分别达到不同量刑幅度的，依照处罚较重的规定处罚；达到同一量刑幅度的，以盗窃罪既遂处罚。

此外，根据2011年6月7日最高人民法院《关于审理破坏广播电视设施等刑事案件具体应用法律若干问题的解释》第1条、第2条、第5条的规定，盗窃正在使用的广播电视设施，尚未构成盗窃罪，但具有下列情形之一的，依照《刑法》第124条第1款的规定，以破坏广播电视设施罪处3年以上7年以下有期徒刑：造成救灾、抢险、防汛和灾害预警等重大公共信息无法发布的；造成县级、地市（设区的市）级广播电视台中直接关系节目播出的设施无法使用，信号无法播出的；造成省级以上广播电视传输网内的设施无法使用，地市（设区的市）级广播电视传输网内的设施无法使用3小时以上，县级广播电视传输网内的设施无法使用12小时以上，信号无法传输的；其他危害公共安全的情形。盗窃正在使用的广播电视设施，尚未构成盗窃罪，但具有下列情形之一的，应当认定为《刑法》第124条第1款规定的"造成严重后果"，以破坏广播电视设施罪处7年以上有期徒刑：造成救灾、抢险、防汛和灾害预警等重大公共信息无法发布，因此贻误排除险情或者疏导群众，致使1人以上死亡、3人以上重伤或者财产损失50万元以上，或者引起严重社会恐慌、社会秩序混乱的；造成省级以上广播电视台中直接关系节目播出的设施无法使用，信号无法播出的；造成省级以上广播电视传输网内的设施无法使用3小时以上，地市（设区的市）级广播电视传输网内的设施无法使用12小时以上，县级广播电视传输网内的设施无法使用48小时以上，信号无法传输的；造成其他严重后果的。同时构成盗窃罪和破坏广播电视设施罪的，依照处罚较重的规定定罪处罚。根据2015年12月30日最高人民法院、最高人民检察院《关于办理妨害文物管理等刑事案件适用法律若干问题的解释》第8条的规定，采用破坏性手段盗窃古文化遗址、古墓葬以外的古建筑、石窟寺、石刻、壁画、近代现代重要史迹和代表性建筑等其他不可移动文物的，以盗窃罪追究刑事责任。

（三）盗窃罪的处罚

《刑法》第264条规定：盗窃公私财物，数额较大的，或者多次盗窃、入户盗窃、携带凶器盗窃、扒窃的，处3年以下有期徒刑、拘役或者管制，并处或者单处罚金；数额巨大或者有其他严重情节的，处3年以上10年以下有期徒刑，并处罚金；数额特别巨大或者有其他特别严重情节的，处10年以上有期徒刑或者无期徒刑，并处罚金或者没收财产。

根据2013年4月2日最高人民法院、最高人民检察院《关于办理盗窃刑事案件适用法律若干问题的解释》的规定，盗窃公私财物数额较大，行为人认罪、悔罪，退赃、退赔，且具有下列情形之一，情节轻微的，可以不起诉或者免予刑事处罚；必要时，由有关部门予以行政处罚：（1）具有法定从宽处罚情节的；（2）没有参与分赃或者获赃较少且不是主犯的；（3）被害人谅解的；（4）其他情节轻微、危害不大的。盗窃公私财物价值3万元至10万元以上、30万元至50万元以上的，应当分别认定为"数额巨大"或者"数额特别巨大"。各省、自治区、直辖市高级人民法院、人民检察院可以根据本地区经济发展状况，并考虑社会治安状况，在前款规定的数额幅度内，确定本地区执行的具体数额标准，报最高人民法院、最高人民检察院批准。在跨地区运行的公共交通工具上盗窃，盗窃地点无法查证的，盗窃数额是否达到"数额巨大""数额特别巨大"，应当根据受理案件所在地省、自治区、直辖市高级人民法院、人民检察院确定的有关数额标准认定。盗窃公私财物，具有组织、控制未成年人盗窃的，自然灾害、事故灾害、社会安全事件等突发事件期间，在事件发生地盗窃的，盗窃残疾人、孤寡老人、丧失劳动能力人的财物的，在医院盗窃病人或者其亲友财物的，盗窃救灾、抢险、防汛、优抚、扶贫、移民、救济款物的，因盗窃造成严重后果的情形之一，或者入户盗窃、携带凶器盗窃，数额达到"数额巨大"或者"数额特别巨大"50％的，可以分别认定为《刑法》第264条规定的"其他严重情节"或者"其他特别严重情节"。

三、诈骗罪

（一）诈骗罪的概念和特征

诈骗罪，是指以非法占有为目的，用虚构事实或者隐瞒真相的方法，骗取数额较大的公私财物的行为。

本罪的构成特征如下：

（1）本罪的客体，是公私财产所有权。侵犯的对象限于公私财物。如果骗取的是其他非法利益，不构成本罪。根据 2021 年 4 月 15 日最高人民法院《关于审理掩饰、隐瞒犯罪所得、犯罪所得收益刑事案件适用法律若干问题的解释》的规定，犯罪所得及其产生的收益也可以成为本罪的犯罪对象。

（2）本罪在客观方面表现为用各种虚构事实或隐瞒真相的方法蒙蔽被害人，使其产生错觉，从而仿佛"自愿"地将数额较大的财物交给行为人。所谓虚构事实，是指无中生有，捏造不存在的事实，骗取被害人的信任。虚构事实，可以是虚构全部事实，也可以是在部分事实基础上夸大渲染，扩大事实以行骗。所谓隐瞒真相，是指掩盖客观存在的事实。用欺骗方法使得被害人仿佛"自愿"地交出财物，是诈骗罪区别于其他侵犯财产罪的主要特征。根据全国人民代表大会常务委员会《关于〈中华人民共和国刑法〉第二百六十六条的解释》，以欺诈、伪造证明材料或者其他手段骗取养老、医疗、工伤、失业、生育等社会保险金或者其他社会保障待遇的，属于《刑法》第 266 条规定的诈骗公私财物的行为。2020 年 9 月 22 日最高人民法院、最高人民检察院、公安部《关于依法办理"碰瓷"违法犯罪案件的指导意见》指出，实施"碰瓷"，虚构事实、隐瞒真相，骗取赔偿，符合《刑法》第 266 条规定的，以诈骗罪定罪处罚。根据 2022 年 3 月 3 日最高人民法院、最高人民检察院《关于办理危害药品安全刑事案件适用法律若干问题的解释》的规定，指使、教唆、授意他人利用医保骗保购买药品，进而非法收购、销售，符合《刑法》第 266 条规定的，以诈骗罪定罪处罚。根据 2021 年 12 月 30 日最高人民法院、最高人民检察院《关于办理危害食品安全刑事案件适用法律若干问题的解释》的规定，以非法占有为目的，利用销售保健食品或者其他食品诈骗财物，符合《刑法》第 266 条规定的，以诈骗罪定罪处罚。

（3）本罪的主体为一般主体。即年满 16 周岁、具备刑事责任能力的人，均可以构成本罪。

（4）本罪的主观方面只能是直接故意，并且具有非法占有公私财物的目的。没有这种目的，不能构成本罪。例如，在经济往来中，为了扭亏为盈而通过欺骗方法获取他人资金，主观上想日后归还的，属于经济纠纷，而不能以本罪论处。

（二）诈骗罪的认定

1. 本罪与非罪的界限。

（1）本罪与一般诈骗行为的界限。根据《刑法》第 266 条的规定，只有诈骗公私财物达到"数额较大"标准的，才能以犯罪论处。对一般诈骗行为，只能依照《治安管理处罚法》等行政法律法规予以处罚。根据 2011 年 3 月 1 日最高人民法院、最高人民检察院《关于办理诈骗刑事案件具体应用法律若干问题的解释》第 1 条的规定，诈骗公私财物 3 000 元至 10 000 元以上的，应该认定为"数额较大"。根据该解释第 3 条的规定，诈骗公私财物虽已达到本解释第 1 条规定的"数额较大"的标准，但具有下列情形之一，且行为人认罪、悔罪的，可以根据《刑法》第 37 条、《刑事诉讼法》第 142 条（现为第 177 条）的规定不起诉或者免予刑事处罚：1）具有法定从宽处罚情节的；2）一审宣判前全部退赃、退赔的；3）没有参与分赃或者获赃较少且不是主犯的；4）被害人谅解的；5）其他情节轻微、危害不大的。根据该解释第 4 条的规定，诈骗近亲属的财物，近亲属谅解的，一般可不按犯罪处理。诈骗近亲属的财物，确有追究刑事责任必要的，具体处理也应酌情从宽。

（2）本罪与借贷等经济纠纷的界限。在司法实践中，许多借贷等经济纠纷与诈骗行为难以区别。一方面，有的人编造谎言骗借财物，到期不能偿还，有的借贷后由于某种原因拖欠不还，这些行为，特别是其中一些含有行为人欺诈对方内容的行为，容易与诈骗罪相混淆。而另一方面，有的人以借款之名，行诈骗之实，特别是有的行为人在"借款"之时还与对方签有"协议"，这种行为与借款纠纷也难以区别开来。区分经济纠纷与诈骗罪的关键，在于行为人主观上有无非法占有公私财物的目的。如果行为人以非法占有为目的，即使使用"借"的形式作掩护，也应按诈骗罪定罪处罚；如果行为人并无非法占有目的，即使借款时使用了一些欺骗方法，甚至丧失还款能力的，也不能定为诈骗罪。判断行为人有无非法占有目的，应从双方关系、事情的起因、未能还款有无正当原因、有无赖账、有无逃避行为等方面综合分析。实践中切不能简单地认为，凡是在借款当时没有偿还能力的就是诈骗，不能从未能还款的结果就推定行为人起初就具有非法占有财物的目的。

2. 本罪与盗窃罪的界限。

诈骗罪与盗窃罪在犯罪客体、犯罪主体及犯罪主观方面基本相同，但在客观行为方面区别较为明显，因而一般情况下区分本罪与盗窃罪并不困难。但是，当盗窃行为与欺骗行为联结在一起时，判断行为究竟是构成盗窃罪还是构成诈骗罪，存在一定困难。区分二者，关键在于把握非法占有财物的主要方式是骗取还是窃取。例如，盗窃空白发货票或没有盖章的空白支票，用自填金额和伪造公章的方法骗取财物的，或者盗窃公章、伪造证明，骗领财物的，其非法取得财物的主要方式是蒙蔽他人，盗窃行为并不直接获得所要非法占有的财物，而只是为实现诈骗创造条件，故这类情况认定为诈骗罪。反之，盗窃能立即兑现的有价证券或票证，如印鉴齐全的支票，不留储户印鉴的活期储蓄存折，然后冒名骗领、骗购财物的，则应定为盗窃罪，因为行为人窃取了这些有价证券或有价票证，就取得了支配财物的充分能力，欺骗在占有财物过程中不起主要作用。

司法典型案例：

臧进泉等盗窃、诈骗案

参考案例 22-6

被告人朱某、吴某、穆某预谋非法占有某贸易有限公司存放在一装饰市场仓库内的壁纸。为此，朱某了解到因该仓库是自管库房，只要向市场支付库房租金即可将壁纸拉走，不需要开出、入库单和其他证明。由于三被告人均认识库房管理人员，为防止被发现，朱某找到其母亲同事刘某，并让穆某假冒贸易公司业务经理向刘某谎称与仓库方面产生矛盾，故委托刘某帮忙支付库房租金并拉出壁纸。刘某遂在朱某、穆某的带领下到市场仓库会计室交纳了库房租金并更换了库房门锁，由刘某出面从库房内将壁纸拉至朱某联系好的某医院膳食科仓库存放（壁纸价值人民币 177 650 元）。检察机关以诈骗罪对被告人朱某、吴某、穆某起诉，法院认为，被告人朱某、吴某、穆某拉走壁纸虽然使用了欺骗手段，但主要手段是秘密窃取，因此以盗窃罪判处了三被告人。

3. 本罪与法定的特殊诈骗犯罪的界限。

《刑法》除规定了本罪即普通诈骗罪外，还在破坏社会主义经济秩序罪中规定了若干特殊诈骗犯罪。具体而言，包括集资诈骗罪（第 192 条）、贷款诈骗罪（第 193 条）、票据诈骗罪（第 194 条第 1 款）、金融凭证诈骗罪（第 194 条第 2 款）、信用证诈骗罪（第 195 条）、信用卡诈骗罪（第 196 条）、有价证券诈骗罪（第 197 条）、保险诈骗罪（第 198 条）、骗取出口退税罪（第 204 条第 1 款）和合同诈骗罪（第 224 条）。这些特殊诈骗犯罪，在诈骗方法和对象上有其特定性，虽然和普通诈骗罪一样也侵犯了他人的财产权，但主要破坏了金融秩序和社会主义市场经济秩序。本罪与这些特殊诈骗犯罪，在构成上是一般与特殊的关系。当行为人的诈骗行为符合这些特殊诈骗犯罪的构成时，不应以本罪定罪处罚，而应根据其诈骗方法和对象依照特殊诈骗犯罪定罪处罚。

根据 2011 年 3 月 1 日最高人民法院、最高人民检察院《关于办理诈骗刑事案件具体应用法律若干问题的解释》第 8 条的规定，冒充国家机关工作人员进行诈骗，同时构成诈骗罪和招摇撞骗罪的，依照处罚较重的规定定罪处罚。

4. 本罪未遂的认定。

根据 2011 年 3 月 1 日最高人民法院、最高人民检察院《关于办理诈骗刑事案件具体应用法律若干问题的解释》第 5 条的规定，诈骗未遂，以数额巨大的财物为诈骗目标的，或者具有其他严重情节的，应当定罪处罚。利用发送短信、拨打电话、互联网等电信技术手段对不特定多数人实施诈骗，诈骗数额难以查证，但具有下列情形之一的，应当认定为《刑法》第 266 条规定的"其他严重情节"，以诈骗罪（未遂）定罪处罚：（1）发送诈骗信息 5 000 条以上的；（2）拨打诈骗电话 500 人次以上的；（3）诈骗手段恶劣、危害严重的。实施上述规定行为，数量达到上述第（1）、（2）项规定标准 10 倍以上的，或者诈骗手段特别恶劣、危害特别严重的，应当认定为《刑法》第266条规定的"其他特别严重情节"，以诈骗罪（未遂）定罪处罚。

根据2011年3月1日最高人民法院、最高人民检察院《关于办理诈骗刑事案件具体应用法律若干问题的解释》第6条的规定，诈骗既有既遂，又有未遂，分别达到不同量刑幅度的，依照处罚较重的规定处罚；达到同一量刑幅度的，以诈骗罪既遂处罚。

5. 本罪的共同犯罪。

根据2011年3月1日最高人民法院、最高人民检察院《关于办理诈骗刑事案件具体应用法律若干问题的解释》第7条的规定，明知他人实施诈骗犯罪，为其提供信用卡、手机卡、通信工具、通信传输通道、网络技术支持、费用结算等帮助的，以共同犯罪论处。

6. 准确认定医保骗保犯罪。

根据2024年2月28日最高人民法院、最高人民检察院、公安部《关于办理医保骗保刑事案件若干问题的指导意见》第4条的规定，医保骗保犯罪，是指采取欺骗手段，骗取医疗保障基金的犯罪；医疗保障基金包括基本医疗保险（含生育保险）基金、医疗救助基金、职工大额医疗费用补助、公务员医疗补助、居民大病保险资金等。

根据该指导意见第5条第1款的规定，定点医药机构（医疗机构、药品经营单位）以非法占有为目的，实施下列行为之一，骗取医疗保障基金支出的，对组织、策划、实施人员，依照《刑法》第266条的规定，以诈骗罪定罪处罚；同时构成其他犯罪的，依照处罚较重的规定定罪处罚：（1）诱导、协助他人冒名或者虚假就医、购药，提供虚假证明材料，或者串通他人虚开费用单据；（2）伪造、变造、隐匿、涂改、销毁医学文书、医学证明、会计凭证、电子信息、检测报告等有关资料；（3）虚构医药服务项目、虚开医疗服务费用；（4）分解住院、挂床住院；（5）重复收费、超标准收费、分解项目收费；（6）串换药品、医用耗材、诊疗项目和服务设施；（7）将不属于医疗保障基金支付范围的医药费用纳入医疗保障基金结算；（8）其他骗取医疗保障基金支出的行为。

根据该指导意见第6条第1款的规定，行为人以非法占有为目的，实施下列行为之一，骗取医疗保障基金支出的，依照《刑法》第266条的规定，以诈骗罪定罪处罚；同时构成其他犯罪的，依照处罚较重的规定定罪处罚：（1）伪造、变造、隐匿、涂改、销毁医学文书、医学证明、会计凭证、电子信息、检测报告等有关资料；（2）使用他人医疗保障凭证冒名就医、购药；（3）虚构医药服务项目、虚开医疗服务费用；（4）重复享受医疗保障待遇；（5）利用享受医疗保障待遇的机会转卖药品、医用耗材等，接受返还现金、实物或者获得其他非法利益；（6）其他骗取医疗保障基金支出的行为。需要特别注意的是，按照该指导意见第6条第2款的规定，参保人员个人账户按照有关规定为他人支付在定点医疗机构就医发生的由个人负担的医疗费用，以及在定点零售药店购买药品、医疗器械、医用耗材发生的由个人负担的费用，不属于第1款第2项规定的冒名就医、购药。

根据该指导意见第8条第1款的规定，以骗取医疗保障基金为目的，购买他人医疗保障凭证（社会保障卡等）并使用，同时构成买卖身份证件罪、使用虚假身份证件罪、诈骗罪的，以处罚较重的规定定罪处罚。

根据该指导意见第9条的规定，指使、教唆、授意他人利用医保骗保购买药品，进而非法收购、销售，依照《刑法》第266条的规定，以诈骗罪定罪处罚。

（三）诈骗罪的处罚

《刑法》第266条对诈骗罪规定了三个档次的法定刑：（1）诈骗公私财物，数额较大的，处3年以下有期徒刑、拘役或者管制，并处或者单处罚金。（2）诈骗数额巨大或者有其他严重情节的，处3年以上10年以下有期徒刑，并处罚金。（3）诈骗数额特别巨大或者有其他特别严重情节的，处10年以上有期徒刑或者无期徒刑，并处罚金或者没收财产。

根据2011年3月1日最高人民法院、最高人民检察院《关于办理诈骗刑事案件具体应用法律若干问题的解释》第1条的规定，诈骗公私财物3 000元至1万元以上、3万元至10万元以上、50万元以上的，应该分别认定为《刑法》第 266 条规定的"数额较大""数额巨大""数额特别巨大"。各省、自治区、直辖市高级人民法院、人民检察院可以结合本地区经济社会发展状况，在上述规定的数额幅度内，共同研究确定本地区执行的具体数额标准，报最高人民法院、最高人民检察院备案。根据该解释第 2 条的规定，诈骗公私财物达到该解释第 1 条规定的数额标准，具有下列情形之一的，可以依照《刑法》第 266 条的规定酌情从严惩处：（1）通过发送短信、拨打电话或者利用互联网、广播电视、报纸杂志等发布虚假信息，对不特定多数人实施诈骗的；（2）诈骗救灾、抢险、防汛、优抚、扶贫、移民、救济、医疗款物的；（3）以赈灾募捐名义实施诈骗的；（4）诈骗残疾人、老年人或者丧失劳动能力人的财物的；（5）造成被害人自杀、精神失常或者其他严重后果的。诈骗数额接近该解释第 1 条规定的"数额巨大""数额特别巨大"的标准，并具有前述规定的情形之一或者属于诈骗集团首要分子的，应当分别认定为《刑法》第 266 条规定的"其他严重情节""其他特别严重情节"。

根据 2021 年 6 月 17 日最高人民法院、最高人民检察院、公安部《关于办理电信网络诈骗等刑事案件适用法律若干问题的意见（二）》的规定，有证据证实行为人参加境外诈骗犯罪集团或犯罪团伙，在境外针对境内居民实施电信网络诈骗犯罪行为，诈骗数额难以查证，但一年内出境赴境外诈骗犯罪窝点累计时间 30 日以上或多次出境赴境外诈骗犯罪窝点的，应当认定为《刑法》第 266 条规定的"其他严重情节"，以诈骗罪依法追究刑事责任。有证据证明其出境从事正当活动的除外。

四、抢夺罪

（一）抢夺罪的概念和特征

抢夺罪，是指以非法占有为目的，公然夺取数额较大的公私财物，或者多次抢夺的行为。

本罪的构成特征如下：

（1）本罪侵犯的客体是公私财物的所有权。根据 2021 年 4 月 13 日最高人民法院《关于审理掩饰、隐瞒犯罪所得、犯罪所得收益刑事案件适用法律若干问题的解释》的规定，犯罪所得及其产生的收益也可以成为本罪的犯罪对象。

（2）本罪在客观方面表现为公然夺取数额较大的公私财物，或者多次抢夺的行为。是否乘人不备，不影响本罪的成立。

（3）犯罪主体是一般主体。

（4）主观方面是故意，并且具有非法占有公私财物的目的。

（二）抢夺罪的认定

认定抢夺罪，最为关键的是要注意本罪与抢劫罪的界限。

本罪与抢劫罪的共同点是：（1）主观上都出自直接故意，以非法占有为目的。（2）都是当着被害人的面公然实施取得财物的行为。（3）主体都是一般主体。

两者的区别主要有：（1）主体要件有所不同。已满 14 周岁不满 16 周岁的人可以成为抢劫罪的主体，但不能构成抢夺罪。（2）两罪的客体性质有所不同。抢劫罪的客体是复杂客体，既侵犯公私财物所有权，又侵犯公民的人身权利；而抢夺罪的客体是简单客体，即只侵犯公私财物所有权。因此，抢劫罪的社会危害性大于抢夺罪。（3）两罪在客观方面的表现不同。抢劫罪是采用暴力、胁迫或者其他手段迫使被害人交出财物或者直接将财物抢走；而抢夺罪是公然夺取在他人控制下的财物，但不采取强制手段。

在区分抢夺罪与抢劫罪界限时，我们要特别注意司法实践中常常发生的两类案件：一是用力抢夺他人财物造成他人伤害、轻微伤的情况，比如夺取他人耳环时将耳垂拉伤，用力夺他人手中财物而意外导致被害人伤害等。此时，认定是抢劫罪还是抢夺罪，关键是要把握行为人使用的强力是针对财物还是针对被害人。抢夺罪的抢夺财物虽也使用一定强力，但这种强力不是暴力，它直接作用于被抢夺的财物，目的是将财物夺到手中。而抢劫中使用的暴力，是直接指向被害人人身，具有排除被害人反抗的性质和目的。如果行为人原来没有打算使用暴力取财，但在夺取财物时遭到抗拒，转而使用暴力、威胁方法强行劫财，致使被害人受到伤害的，应以抢劫罪论处。二是驾驶机动车、非机动车夺取他人财物的情况。根据 2013 年 11 月 11 日最高人民法院、最高人民检察院《关于办理抢夺刑事案件适用法律若干问题的解释》的规定，驾驶机动车、非机动车夺取他人财物，具有下列情形之一的，应当以抢劫罪定罪处罚：（1）夺取他人财物时因被害人不放手而强行夺取的；（2）驾驶车辆逼挤、撞击或者强行逼倒他人夺取财物的；（3）明知会致人伤亡仍然强行夺取并放任造成财物持有人轻伤以上后果的。

参考案例 22－7

被告人蒲某与林某沿着一马路行走，看见前面有两个步行的女子（刘某姐妹），林某和蒲某打赌是否敢捏前面两个女子的脸，被告人蒲某回答"我敢"，遂赶超同向步行的刘某姐妹，捏刘某的脸部，刘某呼叫，蒲某在转身要跑的同时，看见刘某手上拎的皮包，产生非法占有之念，随即强行拽走刘某的皮包，内有人民币 1 000 元和手机一部（价值人民币 1 200 元）。因被告人蒲某的拽拉，刘某手背受伤。法院认定被告人蒲某抢夺罪成立。

根据《刑法》第 267 条第 2 款的规定，携带凶器抢夺的，也应依照《刑法》第 263 条的规定以抢劫罪定罪处罚。根据 2000 年 11 月 22 日最高人民法院《关于审理抢劫案件具体应用法律若干问题的解释》的规定，这里的"携带凶器抢夺"，是指行为人随身携带枪支、爆炸物、管制刀具等国家禁止个人携带的器械进行抢夺或者为了实施犯罪而携带其他器械进行抢夺的行为。2005 年 6 月 8 日最高人民法院《关于审理抢劫、抢夺刑事案件适用法律若干问题的意见》又进一步规定，行为人随身携带国家禁止个人携带的器械以外的其他器械抢夺，但有证据证明该器械确实不是为了实施犯罪准备的，不以抢劫罪定罪；行为人将随身携带的凶器有意加以显示、能为被害人察觉到的，直接适用《刑法》第 263 条规定以抢劫罪定罪处罚；行为人携带凶器抢夺后，在逃跑过程中为窝藏赃物、抗拒抓捕或者毁灭罪证而当场使用暴力或者以暴力相威胁的，适用《刑法》第 267 条第 2 款的规定以抢劫罪定罪处罚。

（三）抢夺罪的处罚

根据《刑法》第 267 条的规定，犯本罪，数额较大的，或者多次抢夺的，处 3 年以下有期徒刑、拘役或者管制，并处或者单处罚金；数额巨大或者有其他严重情节的，处 3 年以上 10 年以下有期徒刑，并处罚金；数额特别巨大或者有其他特别严重情节的，处 10 年以上有期徒刑或者无期徒刑，并处罚金或者没收财产。

除多次抢夺外，抢夺罪的处罚的依据主要包括两个方面：一是犯罪数额，即数额较大、数额巨大、数额特别巨大；二是犯罪情节，其他严重情节、其他特别严重情节。

1. 犯罪数额。

根据 2013 年 11 月 11 日最高人民法院、最高人民检察院《关于办理抢夺刑事案件适用法律若干问题的解释》第 1 条的规定，抢夺公私财物价值 1 000 元至 3 000 元以上、3 万元至 8 万元以上、20 万元至 40 万元以上的，应当分别认定为《刑法》第 267 条规定的"数额较大""数额巨大""数额特别巨大"。各省、自治区、直辖市高级人民法院、人民检察院可以根据本地区经济发展状况，并考虑社会治安状况，在上述规定的数额幅度内，确定本地区执行的具体数额标准，报最高人民法院、最高人民检察院批准。

根据该解释第 2 条的规定，抢夺公私财物，具有下列情形之一的，"数额较大"的标准按照前述标准的 50% 确定：（1）曾因抢劫、抢夺或者聚众哄抢受过刑事处罚的；（2）一年内曾因抢夺或者哄抢受过行政处罚的；（3）一年内抢夺 3 次以上的；（4）驾驶机动车、非机动车抢夺的；（5）组织、控制未成年人抢夺的；（6）抢夺老年人、未成年人、孕妇、携带婴幼儿的人、残疾人、丧失劳动能力人的财物的；（7）在医院抢夺病人或者其亲友财物的；（8）抢夺救灾、抢险、防汛、优抚、扶贫、移民、救济款物的；（9）自然灾害、事故灾害、社会安全事件等突发事件期间，在事件发生地抢夺的；（10）导致他人轻伤或者精神失常等严重后果的。

2. 犯罪情节。

根据 2013 年 11 月 11 日最高人民法院、最高人民检察院《关于办理抢夺刑事案件适用法律若干问题的解释》的规定，抢夺公私财物，具有下列情形之一的，应当认定为《刑法》第 267 条规定的"其他严重情节"：（1）导致他人重伤的；（2）导致他人自杀的；（3）具有该解释第 2 条第 3 项至第 10 项规定的情形之一，数额达到该解释第 1 条规定的"数额巨大"50%的。

抢夺公私财物，具有下列情形之一的，应当认定为《刑法》第 267 条规定的"其他特别严重情节"：（1）导致他人死亡的；（2）具有该解释第 2 条第 3 项至第 10 项规定的情形之一，数额达到该解释第 1 条规定的"数额特别巨大"50%的。

在对抢劫罪的处罚上，还需注意，根据 2013 年 11 月 11 日最高人民法院、最高人民检察院《关于办理抢夺刑事案件适用法律若干问题的解释》第 5 条的规定，抢夺公私财物数额较大，但未造成他人轻伤以上伤害，行为人系初犯，认罪、悔罪，退赃、退赔，且具有下列情形之一的，可以认定为犯罪情节轻微，不起诉或者免予刑事处罚；必要时，由有关部门依法予以行政处罚：（1）具有法定从宽处罚情节的；（2）没有参与分赃或者获赃较少，且不是主犯的；（3）被害人谅解的；（4）其他情节轻微、危害不大的。

五、侵占罪

（一）侵占罪的概念和特征

侵占罪，是指以非法占有为目的，将代为保管的他人财物或者他人的遗忘物、埋藏物非法占为己有，数额较大，拒不退还或者拒不交出的行为。

本罪的构成特征如下：

（1）本罪的客体为公私财物所有权。

（2）本罪在客观方面可以表现为以下两种情形：

一是将代为保管的他人财物非法占为己有，数额较大，拒不退还的行为。所谓代为保管，是指接受他人委托或者根据事实上的管理而成立的对他人财物的持有、管理。"他人财物"，既可以是他人个人的财物，也可以是其他单位的财物。行为人基于委托关系或事实上的管理而拥有的对他人财物的持有和管理权，是构成本罪的前提条件。如果不是将代为保管的他人财物占为己有，而是用盗窃、抢夺、诈骗等方法占有他人财物，不构成本罪。

二是将他人的遗忘物、埋藏物非法占为己有，数额较大，拒不交出的行为。所谓"遗忘物"，是指由于财物所有人、持有人的疏忽而遗忘在特定地点并失去占有、控制的财物。所谓"埋藏物"，是指埋藏于地下或私人地方的财物。无论是侵占代为保管的他人财物，还是侵占遗忘物、埋藏物，都必须达到数额较大才能构成犯罪。非法占有他人财物后，还必须有拒不退还或拒不交出的行为，才能构成本罪。拒不退还或拒不交出，是指行为人非法侵占他人财物，被人发现，所有人要求其退还或交出时，仍不予退还或交出。如果行为人虽然有非法侵占的行为，但经权利人要求退还，退还或者交出了所侵占的财物，则不构成犯罪。

参考案例 22-8

甲与乙是 A 县的政府工作人员。一日，甲、乙二人下班较晚，为赶到 B 处，二人将单位的车开出来准备赶路。出政府大院门时，甲、乙碰见丙扛着彩电，便让丙搭车并答应将其送回家中。甲、乙到 B 处后，发现丙将钱包遗忘在车后座上，内有现金 8 000 元。见钱数额可观，甲、乙二人便每人拿了 4 000 元。后丙发现钱包不见了，向二人询问，甲、乙均说没看见。丙经查找后确信钱包为甲、乙二人所拿，但多次向二人索要，二人均不承认。丙遂向公安机关举报。法院认定甲、乙二人构成侵占罪。

（3）本罪的主体为一般主体。

（4）本罪在主观方面出自故意，并且具有非法占有他人财物的目的。

（二）侵占罪的认定

1. 本罪与不当得利的界限。

不当得利是指没有法律根据，使他人的利益受到损害而获得的一种不正当利益。

不当得利的受益人与侵占罪的行为人都具有非法占有他人财物的行为，但二者有重要区别：

（1）二者非法占有他人财物的故意形成时间不同。侵占罪的行为人在实施侵占行为之前，就产生了明知是他人财物而将其非法占有的故意；而不当得利的受益人在取得不当利益之前，根本没有非法占有他人财物的故意。

（2）二者的行为方式不同。侵占罪的行为人获得财物的方式既可以表现为作为，也可以表现为不作为，但非法占有他人财物这一事实是行为人积极促成的；而不当得利法律事实的出现，是由于受害人的疏忽、过错造成的，受益人获得不当得利是被动的。

2. 本罪与盗窃罪的界限。

本罪与盗窃罪均以非法占有为目的，但两者在以下几个方面存在明显的区别：

（1）犯意的内容和形成的时间不同。侵占罪的行为人认识到自己是以非暴力手段非法占有自己业已持有的他人财物，且犯罪故意只能产生于持有他人财物之后；而盗窃罪的行为人认识到自己是以不为财物所有人或持有人知道的秘密方法非法获取他人财物，且犯罪故意只能产生于非法获取他人财物之前。

（2）客观方面的表现不同。在侵占罪中，行为人在实施侵占行为时，他人财物已在行为人的实际控制之下，行为人进而对自己持有的他人财物占有，是以种种理由或者手段拒不退还或者拒不交予财物的所有人、管理人之方法实现的。如果行为人将财物退还或交出，则不构成犯罪。而盗窃罪在客观方面则表现为行为人通过秘密窃取的方法将不在自己控制下的他人财物非法占为己有，其犯罪手段只能是秘密窃取。即使窃取他人财物之后又主动退还，也构成盗窃罪。

（3）犯罪对象不同。侵占罪的犯罪对象只能是行为人在犯罪前已经代为保管的他人财物或者他人的遗忘物或埋藏物；而盗窃罪的犯罪对象，只能是行为人在犯罪前并不持有的他人财物。

（三）侵占罪的处罚

根据《刑法》第 270 条的规定，犯本罪的，处 2 年以下有期徒刑、拘役或者罚金；数额巨大或者有其他严重情节的，处 2 年以上 5 年以下有期徒刑，并处罚金。本罪是属于告诉才处理的犯罪。

六、职务侵占罪

（一）职务侵占罪的概念与特征

职务侵占罪，是指公司、企业或者其他单位的工作人员，利用职务上的便利，将本单位数额较大的财物非法占为己有的行为。

本罪的构成特征如下：

（1）本罪客体是公司、企业或者其他单位的财产所有权。犯罪对象是行为人所在单位的合法财产。"公司"是指依公司法成立的有限责任公司和股份有限公司；"企业"是指公司以外的从事生产、经营的经济组织；"其他单位"是指公司、企业以外的合法机构，包括事业性机构、社会团体等。

（2）本罪的客观方面表现为行为人利用职务上的便利，将本单位数额较大的财物非法占为己有。这一特征有三个要点：

一是行为人必须利用职务上的便利。所谓"利用职务上的便利"，是指行为人利用自己在职务上所具有的主管、管理、经手本单位财物的方便条件。如果行为人未利用自己在职务上的便利，而是利用工作上的便利条件，如因工作关系而熟悉周围环境等便利条件，侵占本单位财物的行为，不能认定为本罪。

二是实施了非法占有本单位财物的行为。非法占有的方法，主要是侵吞、窃取和骗取。非法占有的财物必须是本单位的，不是本单位的，不构成本罪。

三是侵占的财物数额较大。根据 2022 年 4 月 6 日最高人民检察院、公安部《关于公安机关管辖的刑事案件立案追诉标准的规定（二）》第 76 条的规定，公司、企业或者其他单位的人员，利用职务上的便利，将本单位财物非法占为己有，数额在 3 万元以上的，应予立案追诉。2016 年 3 月 28 日最高人民法院、最高人民检察院《关于办理贪污贿赂刑事案件适用法律若干问题的解释》的规定，《刑法》第 271 条规定的职务侵占罪中的"数额较大""数额巨大"的数额起点，按照该解释关于受贿罪、贪污罪相对应的数额标准规定的 2 倍、5 倍执行，即"数额较大"的标准为 6 万元。是否达到数额较大的标准，是本罪与非罪的重要界限，未来有待新的司法解释或规范性文件确定统一标准。

（3）本罪主体为特殊主体，即只能是在本公司、本企业或本单位担任一定职务或者因工作需要而主管、经手财物的不具有国家工作人员身份的人。依照《刑法》第271条第2款的规定，国有公司、企业或者其他国有单位中从事公务的人员和国有公司、企业或者其他国有单位委派到非国有公司、企业或其他单位从事公务的人员实施侵占行为的，应当以贪污罪论处。行为人与公司、企业人员相勾结，利用公司、企业人员的职务上的便利，侵占公司、企业财物的，以职务侵占罪的共犯论处。根据1999年6月25日最高人民法院《关于村民小组组长利用职务便利非法占有公共财物行为如何定性问题的批复》，对村民小组组长利用职务便利，将村民小组集体财产非法占为己有，数额较大的行为，应当以本罪定罪处罚。根据2001年5月23日最高人民法院《关于在国有资本控股、参股的股份有限公司中从事管理工作的人员利用职务便利非法占有本公司财物如何定罪问题的批复》的规定，在国有资本控股、参股的股份有限公司中从事管理工作的人员，除受国家机关、国有公司、企业、事业单位委派从事公务的以外，不属于国家工作人员；对其利用职务上的便利，将本单位财物非法占为己有，数额较大的，应当以本罪定罪处罚。

参考案例 22-9

周某和黄某是某建筑公司招聘的民工，负责看护施工现场存放的钢筋、水泥等建筑材料。周某、黄某两人见公司对施工现场的建筑材料使用情况审核松懈，管理不严，遂产生窃取贩卖牟利的念头。于是两人利用其单独看管建材的便利条件，于深夜先用三轮车后雇用汽车分三次将公司施工现场存放的钢筋7.2吨、水泥3吨以及其他建筑材料盗出卖给他人，共计得款12 000余元，各得赃款6 000元。后被发现而案发。法院认定周某和黄某构成职务侵占罪。

（4）本罪的主观方面是出于故意，并具有将本单位财物占为己有的目的。

（二）职务侵占罪的认定

1. 职务侵占罪与侵占罪的界限。

两罪主观上都是以非法占有公私财物为目的，客体都是公私财物的所有权。两罪的主要区别是：（1）主体不同。前罪主体为公司、企业或者其他单位中不具有国家工作人员身份的人；后罪主体是财物的代为保管人。（2）客观表现不同。前罪表现为利用职务上的便利，将本单位财物非法占为己有；后罪则表现为将代为保管的他人财物或者他人的遗忘物、埋藏物非法占为己有，拒不退还或拒不交出。（3）犯罪对象不同。前罪的对象为行为人所在单位的财物；后罪的对象则是代为保管的他人财物或他人的遗忘物、埋藏物。

2. 职务侵占罪与盗窃罪、诈骗罪的界限。

职务侵占罪与盗窃罪、诈骗罪，都具有非法占有的目的，都侵犯公私财产权利。它们的主要区别在于：其一，职务侵占罪侵犯的对象只能是公司、企业或其他单位的财物；而盗窃罪、诈骗罪侵犯的可以是任何公私财物。其二，职务侵占罪只能是利用职务上的便利实施，行为方式包括窃取、骗取、侵吞等多种；而盗窃、诈骗罪的实施与职务无关，行为方式分别只能是窃取或骗取。其三，职务侵占罪的主体是特殊主体；而盗窃罪、诈骗罪是一般主体。

3. 职务侵占罪的共同犯罪。

根据2000年6月30日最高人民法院《关于审理贪污、职务侵占案件如何认定共同犯罪几个问题的解释》的规定，行为人与公司、企业或者其他单位的人员勾结，利用公司、企业或者其他单位人员的职务便利，共同将该单位财物非法占为己有，数额较大的，以职务侵占罪共犯论处。公司、企业或者其他单位中，不具有国家工作人员身份的人与国家工作人员勾结，分别利用各自的职务便利，共同将本单位财物非法占为己有的，按照主犯的犯罪性质定罪。

（三）职务侵占罪的处罚

根据《刑法》第271条第1款的规定，犯本罪的，处3年以下有期徒刑或者拘役，并处罚金；数额巨大的，处3年以上10年以下有期徒刑，并处罚金；数额特别巨大的，处10年以上有期徒刑或者无期徒刑，并处罚金。

根据2016年3月28日最高人民法院、最高人民检察院《关于办理贪污贿赂刑事案件适用法律若干问题的解释》的规定，"数额巨大"的标准为100万元。

七、挪用资金罪

（一）挪用资金罪的概念和特征

挪用资金罪，是指公司、企业或者其他单位的工作人员，利用职务上的便利，挪用本单位的资金归个人使用或者借贷给他人，数额较大、超过3个月未还的，或者虽未超过3个月但数额较大、进行营利活动的，或者进行非法活动的行为。

本罪的构成特征如下：

（1）本罪的客体是复杂客体，其中主要是公司、企业或者其他单位的财产使用权，另外还侵犯了公司、企业或者其他单位的财经管理制度。

（2）本罪客观方面表现为行为人利用职务上的便利，挪用本单位资金归个人使用或者借贷给他人使用。具体而言，包括三种情况：一是数额较大，超过3个月未还；二是虽未超过3个月，但数额较大、进行营利活动；三是进行非法活动。

参考案例 22-10

被告人冒某，男，40岁，原是某私营企业的供销员，1998年9月在企业担任供销员期间，与某服务部订立工矿购销合同，向其销售货物价值总计68万余元。被告人冒某于2000年5月、8月、12月三次收取该货款，将其中7万元未交厂财务科入账，挪作自己使用，直至2003年8月案发。案发后，被告人冒某退出赃款。法院认定其构成挪用资金罪。

根据2000年7月20日最高人民法院《关于如何理解刑法第二百七十二条规定的"挪用本单位资金归个人使用或者借贷给他人"问题的批复》，公司、企业或者其他单位的非国家工作人员，利用职务上的便利，挪用本单位资金归本人或者其他自然人使用，或者挪用人以个人名义将所挪用的资金借给其他自然人和单位，构成犯罪的，以本罪定罪处罚。根据2022年4月6日最高人民检察院、公安部《关于公安机关管辖的刑事案件立案追诉标准的规定（二）》第77条的规定，公司、企业或者其他单位的工作人员，利用职务上的便利，挪用本单位资金归个人使用或者借贷给他人，涉嫌下列情形之一的，应予立案追诉：挪用本单位资金数额在5万元以上，超过3个月未还的；挪用本单位资金数额在5万元以上，进行营利活动的；挪用本单位资金数额在3万元以上，进行非法活动的。具有下列情形之一的，属于"归个人使用"：将本单位资金供本人、亲友或者其他自然人使用的；以个人名义将本单位资金供其他单位使用的；个人决定以单位名义将本单位资金供其他单位使用，谋取个人利益的。根据2016年3月28日最高人民法院、最高人民检察院《关于办理贪污贿赂刑事案件适用法律若干问题的解释》的规定，《刑法》第272条规定的挪用资金罪中的"数额较大"和"数额巨大"，以及"进行非法活动"情形的数额起点，按照该解释关于挪用公款罪"数额较大"和"情节严重"以及"进行非法活动"的数额标准规定的2倍执行。即挪用资金归个人使用，进行非法活动，数额在6万元以上的；挪用资金归个人使用，进行营利活动或者超过3个月未还，数额在10万元以上的，应当按照挪用资金罪追究刑事责任。上述规定不一致之处，未来有待新的司法解释或规范性文件确定统一标准。

（3）本罪的主体是特殊主体，即只能是公司、企业或者其他单位中的非国家工作人员。根据2000年2月16日最高人民法院《关于对受委托管理、经营国有财产人员挪用国有资金行为如何定罪问题的批复》，对于受国家机关、国有公司、企业、事业单位、人民团体委托，管理、经营国有财产的非国家工作人员，利用职务上的便利，挪用国有资金归个人使用构成犯罪的，应当以本罪定罪处罚。根据2000年10月9日最高人民法院《关于挪用尚未注册成立公司资金的行为适用法律问题的批复》，筹建公司的工作人员在公司登记注册前，利用职务上的便利，挪用准备设立的公司在银行开设的临时账户上的资金，归个人使用或者借贷给他人，数额较大、超过3个月不还的，或者虽未超过3个月，但数额较大、进行营利活动的，或者进行非法活动的，应当以本罪定罪处罚。

（4）本罪的主观方面是直接故意。目的是非法暂时取得本单位资金的使用权，准备以后归还。

（二）挪用资金罪的认定

挪用资金罪的认定主要应注意本罪与职务侵占罪的界限。两罪的区别在于：（1）犯罪对象的范围不同。前罪只限于本单位的资金；后罪包括本单位的资金和其他财物。（2）犯罪的手段、方式不同。前罪不采用改变所有权的方法；后罪则以侵吞、窃取、骗取等手段改变财产的所有权。（3）犯罪的故意内容不同。前罪以暂时使用为故意；后罪则以非法占有为目的。

（三）挪用资金罪的处罚

根据《刑法》第 272 条的规定，犯本罪的，处 3 年以下有期徒刑或者拘役；挪用资金数额巨大的，处 3 年以上 7 年以下有期徒刑；数额特别巨大的，处 7 年以上有期徒刑。在提起公诉前将挪用的资金退还的，可以从轻或者减轻处罚。其中，犯罪较轻的，可以减轻或者免除处罚。

根据 2016 年 3 月 28 日最高人民法院、最高人民检察院《关于办理贪污贿赂刑事案件适用法律若干问题的解释》的规定，挪用资金归个人使用，进行非法活动，数额在 200 万元以上的；进行营利活动或者超过 3 个月未还，数额在 400 万元以上的，应当认定为"数额巨大"。

八、敲诈勒索罪

（一）敲诈勒索罪的概念和特征

敲诈勒索罪，是指以非法占有为目的，对被害人实施威胁或者要挟的方法，强行索取公私财物，数额较大，或者多次敲诈勒索的行为。

本罪的构成特征如下：

（1）本罪的客体为公私财物所有权。

（2）本罪在客观方面表现为使用威胁或者要挟的方法，迫使被害人当场或者限期交付财物，数额较大或多次实施的行为。

"威胁或者要挟"，是指通过对被害人及其亲属精神上的强制，使其在心理上产生恐惧和压力。根据 2013 年 4 月 23 日最高人民法院、最高人民检察院《关于办理敲诈勒索刑事案件适用法律若干问题的解释》的规定，敲诈勒索公私财物价值 2 000 元至 5 000 元以上，应当认定为《刑法》第 274 条规定的"数额较大"。各省、自治区、直辖市高级人民法院、人民检察院可以根据本地区经济发展状况和社会治安状况，在上述规定的数额幅度内，共同研究确定本地区执行的具体数额标准，报最高人民法院、最高人民检察院批准。敲诈勒索公私财物，具有下列情形之一的，"数额较大"的标准可以按照前述标准的 50% 确定：1）曾因敲诈勒索受过刑事处罚的；2）一年内曾因敲诈勒索受过行政处罚的；3）对未成年人、残疾人、老年人或者丧失劳动能力人敲诈勒索的；4）以将要实施放火、爆炸等危害公共安全犯罪或者故意杀人、绑架等严重侵犯公民人身权利犯罪相威胁敲诈勒索的；5）以黑恶势力名义敲诈勒索的；6）利用或者冒充国家机关工作人员、军人、新闻工作者等特殊身份敲诈勒索的；7）造成其他严重后果的。所谓"多次敲诈勒索"，是指 2 年内敲诈勒索 3 次以上。根据 2013 年 9 月 6 日最高人民法院、最高人民检察院《关于办理利用信息网络实施诽谤等刑事案件适用法律若干问题的解释》的规定，以在信息网络上发布、删除等方式处理网络信息为由，威胁、要挟他人，索取公私财物，数额较大，或者多次实施上述行为的，依照《刑法》第 274 条的规定，以敲诈勒索罪定罪处罚。根据 2014 年 4 月 17 日最高人民检察院《关于强迫借贷行为适用法律问题的批复》的规定，以非法占有为目的，以借贷为名采用暴力、胁迫手段获取他人财物，符合《刑法》第 274 条规定的，以敲诈勒索罪追究刑事责任。根据 2019 年 4 月 9 日最高人民法院、最高人民检察院、公安部、司法部《关于办理实施"软暴力"的刑事案件若干问题的意见》的规定，以非法占有为目的，采用"软暴力"手段强行索取公私财物，同时符合《刑法》第 274 条规定的其他犯罪构成要件的，应当以敲诈勒索罪定罪处罚。根据 2020 年 9 月 22 日最高人民法院、最高人民检察院、公安部《关于依法办理"碰瓷"违法犯罪案件的指导意见》的规定，实施"碰瓷"，具有下列行为之一，敲诈勒索他人财物，符合《刑法》第 274 条规定的，以敲诈勒索罪定罪处罚：1）实施撕扯、推搡等轻微暴力或者围困、阻拦、跟踪、贴靠、滋扰、纠缠、哄闹、聚众造势、扣留财物等软暴力行为的；2）故意制造交通事故，进而利用被害人违反道路通行规定或者其他违法违规行为相要挟的；3）以揭露现场掌握的当事人隐私相要挟的；4）扬言对被害人及其近亲属人身、财产实施侵害的。

（3）本罪的主体为一般主体。

（4）本罪的主观方面只能是直接故意，并以非法占有公私财物为目的。

（二）敲诈勒索罪的认定

1. 本罪与非罪的界限。

刑法规定，只有敲诈勒索数额较大或者多次敲诈勒索的，才能构成敲诈勒索罪。所以，区分敲诈勒索罪与非罪的界限有两条标准：一是敲诈勒索的数额，二是敲诈勒索的次数。根据 2013 年 4 月 23 日最高人民法院、最高人民检察院《关于办理敲诈勒索刑事案件适用法律若干问题的解释》的规定，认定敲诈勒索罪应当注意以下几点：

（1）敲诈勒索近亲属的财物，获得谅解的，一般不认为是犯罪；认定为犯罪的，应当酌情从宽处理。

（2）被害人对敲诈勒索的发生存在过错的，根据被害人过错程度和案件其他情况，可以对行为人酌情从宽处理；情节显著轻微危害不大的，不认为是犯罪。

2. 本罪的共同犯罪。

根据 2013 年 4 月 23 日最高人民法院、最高人民检察院《关于办理敲诈勒索刑事案件适用法律若干问题的解释》的规定，明知他人实施敲诈勒索犯罪，为其提供信用卡、手机卡、通信工具、通信传输通道、网络技术支持等帮助的，以共同犯罪论处。

3. 本罪与抢劫罪的界限。

抢劫罪的暴力威胁与敲诈勒索罪的以暴力相威胁的方法有相似之处，但两罪主要有如下不同之处：

（1）抢劫罪与敲诈勒索罪对被害人使用以暴力相威胁的时间和要求交出财物的时间不同。以暴力相威胁的方法进行抢劫，犯罪人对被害人实施暴力的时间和要求交出财物的时间，均为当场，被害人如不交出财物，就会立即受到暴力的侵害。但敲诈勒索罪的犯罪人，声称实施以暴力相威胁的时间和要求交出财物的时间都不在当场，或者至少其中之一不在当场。

（2）两罪所威胁的对象不同。抢劫罪的犯罪人为了当场劫取财物，所以他所威胁的对象只能是在场的财物所有者、管理者，而敲诈勒索罪犯罪人威胁的对象，则不限于在场者。

（3）两罪威胁的方式方法不同。抢劫罪的暴力威胁的对象是在场者，所以犯罪人只能是当场向被害人直接表示或表明，敲诈勒索罪的犯罪人以暴力威胁的对象不限于在场者，也可以是不在场的人，因而实施暴力威胁的方式，亦不限于当场对被害人直接实施。

（4）两罪所威胁的内容也不同。抢劫罪以当场实施暴力为威胁的内容，诸如杀害、伤害、殴打等，而敲诈勒索罪的犯罪人所威胁的内容，不仅是当场的直接杀害、伤害、殴打等，而且可以当场不实现的行为如揭发隐私、历史问题或违法犯罪问题等相威胁。

参考案例 22-11

被害人赵某到某餐馆消费，要了一个果盘、两个炒菜和一扎啤酒，价值 65 元。赵某在就餐时，被告人成某（该餐馆经理）唆使女服务员江某上前勾引赵某，赵某遂跟江某进入该餐馆一包房内与江某发生了性关系，并给江某"服务费" 400 元。事后，赵某到前台付餐饮费时，成某向赵某索要 12 000 元。当赵某询问为何要这么多钱时，成某解释除了餐饮费外，还包括"小姐服务管理费"，赵某当即表示只支付正常的餐饮费，其他费用拒绝支付。成某即威胁赵某，要把其嫖娼的事告诉派出所，赵某仍然拒付。于是成某纠集餐馆其他三名男服务员阻止赵某离开，并威胁说："不交出来，就把你关到地下室去。"赵某被逼无奈，只好将随身携带的 5 800 元交给成某，才被获准离开。后赵某报警，民警及时赶到现场将成某抓获。检察机关以敲诈勒索罪起诉，法院认定成某构成抢劫罪。

（三）敲诈勒索罪的处罚

根据《刑法》第 274 条的规定，犯本罪的，处 3 年以下有期徒刑、拘役或者管制，并处或者单处罚金；数额巨大或者有其他严重情节的，处 3 年以上 10 年以下有期徒刑，并处罚金；数额特别巨大或者有其他特别严重情节的，处 10 年以上有期徒刑，并处罚金。

根据 2013 年 4 月 23 日最高人民法院、最高人民检察院《关于办理敲诈勒索刑事案件适用法律若干问题的解释》，敲诈勒索数额较大，行为人认罪、悔罪，退赃、退赔，并具有下列情形之一的，可以认定为犯罪情节轻微，不起诉或者免予刑事处罚，由有关部门依法予以行政处罚：（1）具有法定从宽处罚情节的；（2）没有参与分赃或者获赃较少且不是主犯的；（3）被害人谅解的；（4）其他情节轻微、危害不大的。敲诈勒索公私财物价值 3 万元至 10 万元以上、30 万元至 50 万元以上的，应当分别认定为《刑法》第 274 条规定的"数额巨大""数额特别巨大"。各省、自治区、直辖市高级人民法院、人民检察院可以根据本地区经济发展状况和社会治安状况，在上述规定的数额幅度内，共同研究确定本地区执行的具体数额标准，报最高人民法院、最高人民检察院批准。敲诈勒索公私财物，具有以下情节之一的，数额达到上述"数额巨大""数额特别巨大"标准的 80%，可以分别认定为"其他严重情节""其他特别严重情节"：（1）以将要实施放火、爆炸等危害公共安全犯罪或者故意杀人、绑架等严重侵犯公民人身权利犯罪相威胁敲诈勒索的；（2）以黑恶势力名义敲诈勒索的；（3）利用或者冒充国家机关工作人员、军人、新闻工作者等特殊身份敲诈勒索的；（4）造成其他严重后果的。对犯敲诈勒索罪的被告人，应当在 2 000 元以上、敲诈勒索数额的 2 倍以下判处罚金；被告人没有获得财物的，应当在 2 000 元以上 10 万元以下判处罚金。

九、拒不支付劳动报酬罪

（一）拒不支付劳动报酬罪的概念与特征

拒不支付劳动报酬罪，是指以转移财产、逃匿等方法逃避支付劳动者的劳动报酬或者有能力支付而不支付劳动者的劳动报酬，数额较大，经政府有关部门责令支付仍不支付的行为。

本罪的构成特征如下：

（1）本罪侵犯的是复杂客体，包括劳动者取得劳动报酬的权利和市场经济秩序。根据 2013 年 1 月 16 日最高人民法院《关于审理拒不支付劳动报酬刑事案件适用法律若干问题的解释》的规定，劳动者依照《中华人民共和国劳动法》和《中华人民共和国劳动合同法》等法律的规定应得的劳动报酬，包括工资、奖金、津贴、补贴、延长工作时间的工资报酬及特殊情况下支付的工资等，应当认定为《刑法》第 276 条之一第 1 款规定的"劳动者的劳动报酬"。

（2）本罪的客观方面是行为人以转移财产、逃匿等方法逃避支付劳动者的劳动报酬或者有能力支付而不支付劳动者的劳动报酬，数额较大，经政府有关部门责令支付仍不支付的行为。

根据 2013 年 1 月 16 日最高人民法院《关于审理拒不支付劳动报酬刑事案件适用法律若干问题的解释》的规定，以逃避支付劳动者的劳动报酬为目的，具有下列情形之一的，应当认定为《刑法》第 276 条之一第 1 款规定的"以转移财产、逃匿等方法逃避支付劳动者的劳动报酬"：1）隐匿财产、恶意清偿、虚构债务、虚假破产、虚假倒闭或者以其他方法转移、处分财产的；2）逃跑、藏匿的；3）隐匿、销毁或者篡改账目、职工名册、工资支付记录、考勤记录等与劳动报酬相关的材料的；4）以其他方法逃避支付劳动报酬的。具有下列情形之一的，应当认定为《刑法》第 276 条之一第 1 款规定的"数额较大"：1）拒不支付一名劳动者 3 个月以上的劳动报酬且数额在 5 000 元至 2 万元以上的；2）拒不支付 10 名以上劳动者的劳动报酬且数额累计在 3 万元至 10 万元以上的。各省、自治区、直辖市高级人民法院可以根据本地区经济社会发展状况，在上述规定的数额幅度内，研究确定本地区执行的具体数额标准，报最高人民法院备案。经人力资源社会保障部门或者政府其他有关部门依法以限期整改指令书、行政处理决定书等文书责令支付劳动者的劳动报酬后，在指定的期限内仍不支付的，应当认定为《刑法》第 276 条之一第 1 款规定的"经政府有关部门责令支付仍不支付"，但有证据证明行为人有正当理由未知悉责令支付或者未及时支付劳动报酬的除外。行为人逃匿，无法将责令支付文书送交其本人、同住成年家属或者所在单位负责收件的人的，如果有关部门已通过在行为人的住所地、生产经营场所等地张贴责令支付文书等方式责令支付，并采用拍照、录像等方式记录的，应当视为"经政府有关部门责令支付"。

应该注意的是，《刑法》第 276 条之一规定的"数额较大，经政府有关部门责令支付仍不支付"是构成本罪的必备要件。也就是说，行为人仅是以转移财产、逃匿等方法逃避支付劳动者的劳动报酬或者有能力支付而不支付劳动者的劳动报酬，数额较大，但政府有关部门尚未责令支付的情况下，并不能直接构成本罪。

（3）本罪的主体是负有劳动报酬支付义务的自然人和单位。根据《刑法》第 276 条之一第 2 款的规定，单位犯本罪的，施行双罚制，即对单位判处罚金，并对其直接负责的主管人员和其他直接责任人员，依照第 1 款的规定处罚。根据 2013 年 1 月 16 日最高人民法院《关于审理拒不支付劳动报酬刑事案件适用法律若干问题的解释》的规定，不具备用工主体资格的单位或者个人，违法用工且拒不支付劳动者的劳动报酬，数额较大，经政府有关部门责令支付仍不支付的，应当依照《刑法》第 276 条之一的规定，以拒不支付劳动报酬罪追究刑事责任。用人单位的实际控制人实施拒不支付劳动报酬行为，构成犯罪的，应当依照《刑法》第 276 条之一的规定追究刑事责任。

（4）本罪的主观方面为故意，要求具备逃避支付劳动者的劳动报酬或者有能力支付而不支付劳动者的劳动报酬的目的。

（二）拒不支付劳动报酬罪的认定

1. 本罪与非罪的界限。

根据 2013 年 1 月 16 日最高人民法院《关于审理拒不支付劳动报酬刑事案件适用法律若干问题的解释》的规定，拒不支付劳动者的劳动报酬，尚未造成严重后果，在刑事立案前支付劳动者的劳动报酬，并依法承担相应赔偿责任的，可以认定为情节显著轻微危害不大，不认为是犯罪。

2. 本罪的结果加重犯的认定。

根据《刑法》第 276 条之一第 1 款的规定，造成严重后果的，处 3 年以上 7 年以下有期徒刑，并处罚金。根据 2013 年 1 月 16 日最高人民法院《关于审理拒不支付劳动报酬刑事案件适用法律若干问题的解释》的规定，拒不支付劳动者的劳动报酬，符合关于"数额较大"的规定，并具有下列情形之一的，应当认定为《刑法》第 276 条之一第 1 款规定的"造成严重后果"：（1）造成劳动者或者其被赡养人、被扶养人、被抚养人的基本生活受到严重影响、重大疾病无法及时医治或者失学的；（2）对要求支付劳动报酬的劳动者使用暴力或者进行暴力威胁的；（3）造成其他严重后果的。

3. 本罪的单位犯罪的认定。

根据《刑法》第 276 条之一第 2 款的规定，单位犯本罪的，施行双罚制。这里的"单位"，是指《劳动法》和《劳动合同法》所规定的用人单位，包括具备合法经营资格的用人单位、不具备合法经营资格的用人单位以及劳务派遣单位。对个人承包经营者犯罪的，应当以个人犯罪追究其刑事责任。

（三）拒不支付劳动报酬罪的处罚

根据《刑法》第 276 条之一的规定，犯本罪的，处 3 年以下有期徒刑或者拘役，并处或者单处罚金；造成严重后果的，处 3 年以上 7 年以下有期徒刑，并处罚金。单位犯本罪的，对单位判处罚金，并对其直接负责的主管人员和其他直接责任人员，依照前述规定处罚。犯本罪，尚未造成严重后果，在提起公诉前支付劳动者的劳动报酬，并依法承担相应赔偿责任的，可以减轻或者免除处罚。

根据 2013 年 1 月 16 日最高人民法院《关于审理拒不支付劳动报酬刑事案件适用法律若干问题的解释》的规定，拒不支付劳动者的劳动报酬，尚未造成严重后果，在提起公诉前支付劳动者的劳动报酬，并依法承担相应赔偿责任的，可以减轻或者免除刑事处罚；在一审宣判前支付劳动者的劳动报酬，并依法承担相应赔偿责任的，可以从轻处罚。对于免除刑事处罚的，可以根据案件的不同情况，予以训诫、责令具结悔过或者赔礼道歉。拒不支付劳动者的劳动报酬，造成严重后果，但在宣判前支付劳动者的劳动报酬，并依法承担相应赔偿责任的，可以酌情从宽处罚。单位拒不支付劳动报酬，构成犯罪的，依照本解释规定的相应个人犯罪的定罪量刑标准，对直接负责的主管人员和其他直接责任人员定罪处罚，并对单位判处罚金。

🔄【引例评析】

本章引例中，甲的行为构成抢夺罪。抢夺罪在客观方面表现为公然夺取公私财物的行为。所谓公然夺取，是指行为人当着公私财物所有者或保管者的面，夺取财物。在本案中，甲将货主骗离汽车，但离开汽车不远，装有货物的汽车仍在货主的视线内，汽车被开走时，货主当即发现，并疾呼停车，说明甲是公然夺取财物的，符合抢夺罪的特征。

【本章小结】

侵犯财产罪，是指以非法占有为目的，攫取公私财物，或者故意破坏生产经营，毁坏公私财产的行为。侵犯财产罪共计 13 个罪名，本章重点对其中 9 种犯罪的概念、特征、认定和处罚作了阐述。

【练习题】

一、名词解释

抢劫罪　侵占罪　职务侵占罪　挪用资金罪　敲诈勒索罪

二、思考题

1. 什么是侵犯财产罪？这类犯罪的特征是什么？

2. 刑法规定哪些情形的抢劫罪要处以较重的刑罚？

3. 认定诈骗罪需要注意的问题有哪些？

4. 如何区分敲诈勒索罪与抢劫罪？

5. 如何理解拒不支付劳动报酬罪的从宽处罚情节？

三、案例分析题

1. 被告人郝甲和郝乙因经济拮据，商议使用调制解调器通过电话线将自己使用的计算机与银行的计算机系统连接，侵入中国工商银行某市分行储蓄网点计算机系统进行盗窃。后郝甲多次到该行数个储蓄所踩点，并购买了调制解调器 2 个、遥控器玩具 1 个。郝甲还以 16 个假名在某储蓄所开立 16 个活期存款账户。其间郝乙制作了侵入银行计算机系统装置，并与该所的计算机连接。两人配合在 16 个账户内输入存款共计人民币 72 万元，利用银行的通存通兑业务，在数个储蓄所取款共计 26 万元。后事情败露。

问题：

郝甲、郝乙两人的行为构成何罪？

分析要点提示：

主要应从两被告人的行为是秘密窃取还是虚构事实、隐瞒真相的角度考虑；利用计算机实施盗窃犯罪的，应依照盗窃罪的规定处罚。

2. 甲乘坐公共汽车，站在有座位的乙旁边。甲见乙的钱包快要掉出裤子口袋，便有意贴近乙的身边，同时亦为了挡住车上其他乘客的视线。当乙要在某站下车时，乙的钱包已经掉落在座位上，乙未觉察即离开下车，甲随即占了空座位，并急忙将乙丢失的钱包揣进自己的口袋。后乙回想自己可能将钱包丢失在汽车上，即向公安机关报案，公安机关经侦查认为乙的钱包可能为甲所占有，但甲予以否认。后公安机关在甲的住处查获了赃物，在事实和证据面前，甲不得不如实供述。

问题：

甲的行为构成什么犯罪？

分析要点提示：

应分析该案中的钱包是否属于侵占罪中的犯罪对象；应当返还而拒不返还是构成侵占罪的关键。

第二十三章　妨害社会管理秩序罪

【本章引例】

A县打击拐卖人口办公室工作人员林某、彭某、袁某三人，根据所获线索前往某村解救被拐卖给被告人郑某（男，38岁）为妻的少女张某。郑某闻讯后，赶紧打电话向两个表哥姜某（男，30岁）和黄某（男，28岁）"求援"。在三名工作人员向郑某出示工作证，表明自己的身份，提出解救张某的意图后，郑某断然拒绝并拿出锄头、镰刀威胁他们离开。三名工作人员并未离开，还欲进一步做说服工作。此时黄某的两个表哥手持木棍、绳索等工具并纠集多人赶到，对林某、彭某、袁某进行殴打。郑某下令用绳索将三名工作人员捆绑起来，致使三名工作人员全身多处受伤。后经群众报案，黄某、姜某、郑某才被逮捕归案。对黄某、姜某、郑某三人的行为应如何定性？

【本章学习目标】

通过本章的学习，你应该能够：

1. 了解妨害社会管理秩序罪不同于其他类罪的特点，理解妨害社会管理秩序罪的本质特征；
2. 理解各重点罪名的概念和构成特征；
3. 掌握妨害公务罪的客观方面的几种表现形式；
4. 掌握窝藏、包庇罪和伪证罪的界限；
5. 掌握医疗事故罪和非法行医罪的区别；
6. 掌握走私、贩卖、运输、制造毒品罪的构成特征及相应的处罚规定。

第一节　妨害社会管理秩序罪概述

一、妨害社会管理秩序罪的概念

妨害社会管理秩序罪，是指妨害国家机关对社会的管理活动，破坏社会秩序，情节严重的行为。

二、妨害社会管理秩序罪的特征

妨害社会管理秩序罪具有如下特征：

（1）该类犯罪的客体是社会管理秩序，即国家机关依法对社会实行管理所形成的正常社会秩序。从一定意义上讲，任何犯罪都是从某个方面、在某种程度上破坏社会秩序。但是，《刑法》分则第六章中的社会管理秩序，是指除《刑法》分则其他章节所规定的各类犯罪侵犯的社会关系之外的社会秩序，主要是指公共管理秩序、司法机关正常活动、国（边）境管理秩序、文物管理秩序等。

（2）在客观方面，该类犯罪表现为严重妨害国家机关对社会的管理活动的行为。国家对社会秩序的管理，是通过国家行政机关、司法机关以及其他社会事务机关，依照各种社会管理法规对社会进行的各种管理活动来实现的。妨害社会管理秩序罪，就是违反社会管理法规、妨害国家机关对社会的管理活动的行为。但是，妨害国家机关管理活动的行为方式多种多样，内容复杂，危害程度各异，有些属于违反治安管理处罚法的一般违法行为。因此，不能将妨害社会管理秩序行为一概视为犯罪，只有情节严重的才构成犯罪；情节显著轻微、危害不大的，不视为犯罪。

（3）绝大多数妨害社会管理秩序罪的犯罪主体为一般主体，但亦有少数几种犯罪只能由特殊主体构成。例如破坏监管秩序罪的主体只能是依法被关押的罪犯；医疗事故罪的主体必须是医务人员。如果行为人不具有法律规定的这种特定身份，则不能构成上述犯罪。此外，这类犯罪中的多数只能由自然人实施，但有少数犯罪，如倒卖文物罪、污染环境罪、盗伐林木罪等，也可由单位构成。

（4）在主观方面，绝大多数妨害社会管理秩序罪只能是出于故意，但也有个别犯罪，如过失损毁文物罪、医疗事故罪等，属于过失犯罪。在由故意的罪过形式构成的犯罪中，除赌博罪、倒卖文物罪和制作、复制、出版、贩卖、传播淫秽物品牟利罪等几种犯罪主观上需要具备特定的营利或牟利目的外，其他犯罪不论出于何种动机、目的，均可以构成。

三、妨害社会管理秩序罪的种类

《刑法》分则第六章除本章第二节重点论述的罪名外，还包括第一节"扰乱公共秩序罪"中的煽动暴力抗拒法律实施罪（第 278 条），盗窃、抢夺、毁灭国家机关公文、证件、印章罪（第 280 条第 1 款），伪造公司、企业、事业单位、人民团体印章罪（第 280 条第 2 款），伪造、变造、买卖身份证件罪（第 280 条第 3 款），冒名顶替罪（第 280 条之二），非法生产、买卖警用装备罪（第 281 条），非法持有国家绝密、机密文件、资料、物品罪（第 282 条第 2 款），非法生产、销售专用间谍器材、窃听、窃照专用器材罪（第 283 条），非法使用窃听、窃照专用器材罪（第 284 条），组织考试作弊罪（第 284 条之一第 1 款），非法出售、提供试题、答案罪（第 284 条之一第 3 款），非法侵入计算机信息系统罪（第 285 条第 1 款），非法获取计算机信息系统数据、非法控制计算机信息系统罪（第 285 条第 2 款），提供侵入、非法控制计算机信息系统程序、工具罪（第 285 条第 3 款），拒不履行信息网络安全管理义务罪（第 286 条之一），扰乱无线电通讯管理秩序罪（第 288 条），聚众冲击国家机关罪（第 290 条第 2 款），组织、资助非法聚集罪（第 290 条第 4 款），聚众扰乱公共场所秩序、交通秩序罪（第 291 条），投放虚假危险物质罪（第 291 条之一），入境发展黑社会组织罪（第 294 条第 2 款），包庇、纵容黑社会性质组织罪（第 294 条第 3 款），传授犯罪方法罪（第 295 条），非法集会、游行、示威罪（第 296 条），非法携带武器、管制刀具、爆炸物参加集会、游行、示威罪（第 297 条），破坏集会、游行、示威罪（第 298 条），侮辱国旗、国徽、国歌罪（第 299 条），侵害英雄烈士名誉、荣誉罪（第 299 条之一），组织、利用会道门、邪教组织、利用迷信破坏法律实施罪（第 300 条第 1 款），组织、利用会道门、邪教组织、利用迷信致人重伤、死亡罪（第 300 条第 2 款），聚众淫乱罪（第 301 条第 1 款），引诱未成年人聚众淫乱罪（第 301 条第 2 款），盗窃、侮辱、故意毁坏尸体、尸骨、骨灰罪（第 302 条），组织参与国（境）外赌博罪（第 303 条第 3 款），故意延误投递邮件罪（第 304 条）；第二节"妨害司法罪"中的辩护人、诉讼代理人毁灭证据、伪造证据、妨害作证罪（第 306 条），帮助毁灭、伪造证据罪（第 307 条第 2 款），打击报复证人罪（第 308 条），泄露不应公开的案件信息罪（第 308 条之一第 1 款），披露、报道不应公开的案件信息罪（第 308 条之一第 3 款），扰乱法庭秩序罪（第 309 条），拒绝提供间谍犯罪、恐怖主义犯罪、极端主义犯罪证据罪（第 311 条），非法处置查封、扣押、冻结的财产罪（第 314 条），破坏监管秩序罪（第 315 条），脱逃罪（第 316 条第 1 款），劫夺被押解人员罪（第 316 条第 2 款），组织越狱罪（第 317 条第 1 款），暴动越狱罪（第 317 条第 2 款），聚众持械劫狱罪（第 317 条第 2 款）；第三节"妨害国（边）境管理罪"中的骗取出境证件罪（第 319 条），提供伪造、变造的出入境证件罪（第 320 条），出售出入境证件罪（第 320 条），运送他人偷越国（边）境罪（第 321 条），偷越国（边）境罪（第 322 条），破坏界碑、界桩罪（第 323 条），破坏永久性测量标志罪（第323条）；第四节"妨害文物管理罪"中的故意损毁名胜古迹罪（第324条第2款），过失损毁文物罪（第324条第3款），非法向外国人出售、赠送珍贵文物罪（第325条），倒卖文物罪（第326条），非法出售、私赠文物藏品罪（第327条），盗掘古文化遗址、古墓葬罪（第328条第1款），盗掘古人类化石、古脊椎动物化石罪（第328条第2款），抢夺、窃取国有档案罪（第329条第1款），擅自出卖、转让国有档案罪（第329条第2款）；第五节"危害公共卫生罪"中的传染病菌种、毒种扩散罪（第331条），妨害国境卫生检疫罪（第332条），非法组织卖血罪（第333条第1款），强迫卖血罪（第333条第1款），非法采集、供应血液、制作、供应血液制品罪（第334条第1款），采集、供应血液、制作、供应血液制品事故罪（第334条第2款），非法采集人类遗传资源、走私人类遗传资源材料罪（第334条之一），非法进行节育手术罪（第336条第2款），非法植入基因编辑、克隆胚胎罪（第336条之一），妨害动植物防疫、检疫罪（第337条）；第六节"破坏环境资源保护罪"中的非法处置进口的固体废物罪（第339条第1款），擅自进口固体废物罪（第339条第2款），非法捕捞水产品罪（第340条），非法狩猎罪（第341条第2款），非法捕猎、收购、运输、出售陆生野生动物罪（第341条第3款），非法占用农用地罪（第342条），破坏自然保护地罪（第342条之一），非法采矿罪（第343条第1款），破坏性采矿罪（第343条第2款），危害国家重点保护植物罪（第344条），非法引进、释放、丢弃外来入侵物种罪（第344条之一），滥伐林木罪（第345条第2款），非法收购、运输盗伐、滥伐的林木罪（第345条第3款）；第七节"走私、贩卖、运输、制造毒品罪"中的包庇毒品犯罪分子罪（第349条第1款、第2款），窝藏、转移、隐瞒毒品、毒赃罪（第349条第1款），非法生产、买卖、运输制毒物品、走私制毒物品罪（第350条），非法种植毒品原植物罪（第351条），非法买卖、运输、携带、持有毒品原植物种子、幼苗罪（第352条），引诱、教唆、欺骗他人吸毒罪（第353条第1款），强迫他人吸毒罪（第353条第2款），容留他人吸毒罪（第354条），非法提供麻醉药品、精神药品罪（第355条），妨害兴奋剂管理罪（第355条之一）；第八节"组织、强迫、引诱、容留、介绍卖淫罪"中的强迫卖淫罪（第358条第1款），协助组织卖淫罪（第358条第4款），引诱幼女卖淫罪（第359条第2款），传播性病罪（第360条）；第九节"制造、贩卖、传播淫秽物品罪"中的为他人提供书号出版淫秽书刊罪（第363条第2款），传播淫秽物品罪（第364条第1款），组织播放淫秽音像制品罪（第364条第2款），组织淫秽表演罪（第365条）。

第二节　本章重点论述的犯罪

一、妨害公务罪

（一）妨害公务罪的概念和特征

妨害公务罪，是指以暴力、威胁方法阻碍国家机关工作人员依法执行职务，阻碍全国人民代表大会和地方各级人民代表大会代表依法执行代表职务，在自然灾害和突发事件中阻碍红十字会工作人员依法履行职责的行为，或者故意阻碍国家安全机关、公安机关依法执行国家安全工作任务，造成严重后果的行为。

本罪的构成特征如下：

（1）本罪的客体是公务活动。所谓公务，是指公共事务，即国家机关工作人员的公务活动，以及人大代表的职务活动、红十字会工作人员的职务活动。本罪的对象仅限于正在依法执行公务的国家机关工作人员、全国人民代表大会和地方各级人民代表大会代表，以及红十字会工作人员。根据2000年4月24日最高人民检察院《关于以暴力、威胁方法阻碍事业编制人员依法执行行政执法职务是否可对侵害人以妨害公务罪论处的批复》，对于以暴力、威胁方法阻碍国有事业单位人员依照法律、行政法规的规定执行行政职务的，或者以暴力、威胁方法阻碍国家机关中受委托从事行政执法的事业编制人员执行行政职务的，可以对侵害人以妨害公务罪追究刑事责任。如果对非上述人员的活动加以阻碍，或者对上述人员的非职务行为以及滥用职权的行为进行阻止，或者在上述人员执行公务之后对这些人员进行行凶报复的，都因不符合本罪客体要件而不能以本罪定罪处罚。

（2）本罪的客观方面表现为以暴力、威胁方法阻碍国家机关工作人员依法执行职务；以暴力、威胁方法阻碍全国人民代表大会和地方各级人民代表大会代表依法执行代表职务；以及在自然灾害和突发事件中以暴力、威胁方法阻碍红十字会工作人员依法履行职责的行为；或者虽未使用暴力、威胁方法，但故意阻碍国家安全机关、公安机关依法执行国家安全工作的任务，造成严重后果的行为。所谓暴力，主要是指对国家机关工作人员、人大代表、红十字会工作人员的身体实行打击或强制，如捆绑、殴打、强行拘禁等。但暴力也不限于此，如果不是针对本罪对象人身，而是对其办公物品使用强暴方法，如推翻办公桌、砸碎办公用品等，严重阻碍国家机关工作人员、人民代表大会代表或红十字会工作人员依法执行职务、履行职责的，也可以视为暴力手段。不过，这里的暴力不包括重伤、杀害在内，如果对国家机关工作人员、人大代表、红十字会工作人员故意重伤、杀害，则牵连了故意伤害罪或者故意杀人罪，对行为人从一重罪处罚。所谓威胁，是指以口头或书面的形式，对国家机关工作人员等特定对象以实行杀害、伤害、毁坏财产、破坏名誉等相威胁，使其放弃执行自己的职务。如果不是采取暴力、威胁的方法，只是吵闹、谩骂、不服管理、软磨硬泡、纠缠不休等，即使对执行公务有一定的妨害，也不能以本罪论处。另外，暴力或威胁必须是在国家机关工作人员等特定人员依法执行职务期间实施。需要强调的是，这里的依法执行职务期间，是指国家机关工作人员、人大代表、红十字会工作人员从事其职务权限范围内公务活动的任何期间，而不受工作时间或工作单位地点场所的限制。如果侵犯行为发生在上述场合之外，比如发生在国家机关工作人员着手执行职务以前或结束公务以后，或者在平时妨害红十字会工作人员活动的，也不构成本罪。

应当注意，本罪除了对于故意阻碍国家安全机关、公安机关依法执行国家安全工作的任务的行为不要求使用暴力、威胁方法作为构成犯罪的要件之外，对于妨害其他国家机关工作人员依法执行职务的行为，均须以暴力、威胁方法作为构成犯罪的要件。不过，对于故意阻碍国家安全机关、公安机关依法执行国家安全工作的任务的行为，虽未要求必须使用暴力、威胁方法才能构成本罪，但必须是妨害公务造成严重后果的，才能以本罪论处。

根据 2020 年 2 月 6 日最高人民法院、最高人民检察院、公安部、司法部《关于依法惩治妨害新型冠状病毒感染肺炎疫情防控违法犯罪的意见》，以暴力、威胁方法阻碍国家机关工作人员（含在依照法律、法规规定行使国家有关疫情防控行政管理职权的组织中从事公务的人员，在受国家机关委托代表国家机关行使疫情防控职权的组织中从事公务的人员，虽未列入国家机关人员编制但在国家机关中从事疫情防控公务的人员）依法履行为防控疫情而采取的防疫、检疫、强制隔离、隔离治疗等措施的，依照《刑法》第 277 条第 1 款、第 3 款的规定，以妨害公务罪定罪处罚。

（3）本罪的主体为一般主体，凡已满 16 周岁、具有刑事责任能力的人均能成为本罪的主体。

（4）本罪的主观方面只能是直接故意。即行为人明知侵犯的对象是正在依法执行公务的国家机关工作人员、人民代表大会代表或者红十字会工作人员而有意识地阻碍其履行职务。如果不知道对象是上述人员，或者虽然知道是上述人员但不知道其正在依法执行职务或误认依法执行的公务为不合法而予以阻碍的，则不构成本罪。至于本罪的动机，多种多样，有的是为报私仇，有的为了庇护他人，有的为了维护自己的私利，等等。动机如何，并不影响本罪的成立。

（二）妨害公务罪的认定

1. 本罪与非罪的界限。

在区分本罪与非罪的界限时，应当注意以下三个方面的区别：

（1）要划清本罪与人民群众同国家机关工作人员的违法乱纪现象作斗争行为的界限。在人民群众同国家机关工作人员的违法乱纪现象作斗争过程中，从表面上看，似乎是阻碍了国家机关工作人员的公务，而实质上，人民群众实施的是正当的、合法的行为。对这种行为不仅不应定罪，而且应予以保护、鼓励。

（2）要划清本罪与人民群众同国家机关工作人员发生顶撞行为的界限。当群众向某些国家机关工作人员提出合理要求而又未得到及时解决时，尤其是当个别国家机关工作人员执行职务行为态度生硬、方法简单、举止粗暴时，引起群众不满，导致群众与其发生冲突和顶撞，是难以避免的。对于这种情况下的群众的顶撞行为，不宜以犯罪论处。

（3）要划清本罪与一般违法行为的界限。对于情节轻微、尚未达到犯罪程度的妨害公务行为，或者故意阻碍国家安全机关、公安机关依法执行国家安全工作任务，尚未造成严重后果的行为，应以一般违法行为处理。

2. 本罪与袭警罪的界限。

《刑法修正案（十一）》修改了《刑法》第277条第5款的规定，将其确定为独立的袭警罪。根据2020年1月10日最高人民法院、最高人民检察院、公安部《关于依法惩治袭警违法犯罪行为的指导意见》的规定，对正在依法执行职务的民警实施下列行为的，属于"暴力袭击正在依法执行职务的人民警察"：（1）实施撕咬、踢打、抱摔、投掷等，对民警人身进行攻击的；（2）实施打砸、毁坏、抢夺民警正在使用的警用车辆、警械等警用装备，对民警人身进行攻击的。民警在非工作时间，依照《中华人民共和国人民警察法》（以下简称《人民警察法》）等法律履行职责的，应当视为执行职务。妨害公务罪和袭警罪成立法条竞合关系。具体适用上，以威胁方法阻碍人民警察依法执行职务的，或者针对人民警察依法执行国家安全工作任务，未使用暴力、威胁方法，但造成严重后果的，应认定为妨害公务罪；针对正在依法执行职务的人民警察进行暴力袭击的，应适用特殊法条，认定为袭警罪。

3. 本罪与其他犯罪的界限。

由于妨害公务罪的行为方式是暴力或威胁的方法，因而该行为的结果容易导致妨害公务罪与其他人身、财产犯罪的混淆。为此，要明确本罪的构成必须是在国家机关工作人员、人民代表大会代表、红十字会工作人员依法执行职务、工作任务和履行职责期间。如果行为人在此之前或之后对上述特定人员实施暴力、威胁或进行行凶报复的，则只可能构成故意伤害罪、故意毁坏财物罪、侮辱罪或其他有关犯罪，而不能构成本罪。

根据相关政策精神，在办理妨害疫情防控的妨害公务犯罪案件时，重点应当把握两点：

（1）准确把握妨害公务犯罪的对象。根据全国人大常委会相关立法解释的规定，2020年2月6日最高人民法院、最高人民检察院、公安部、司法部《关于依法惩治妨害新型冠状病毒感染肺炎疫情防控违法犯罪的意见》进一步明确，妨害公务罪的对象除了国家机关工作人员外，还包括在依照法律、法规规定行使国家有关疫情防控行政管理职权的组织中从事公务的人员，在受国家机关委托代表国家机关行使疫情防控职权的组织中从事公务的人员，以及虽未列入国家机关人员编制但在国家机关中从事疫情防控公务的人员等。因疫情具有突发性、广泛性，为了最大限度防控疫情，各级政府和有关部门需要组织动员居（村）委会、社区等组织落实防控职责，实施管控措施。对于上述组织中的人员，如果属于"在受国家机关委托代表国家机关行使疫情防控职权的组织中从事公务的人员"，可以成为妨害公务罪的对象。但对于居（村）委会、社区为落实政府要求，"再委托"小区物业、志愿者等自行实施防控措施的，对相关人员则不宜认定为妨害公务罪的对象。

（2）准确把握公务行为的范围。对于依法从事疫情防控任务的人员为防控疫情，按政府和有关职能部门统一要求采取与防疫、检疫、强制隔离、隔离治疗等措施密切相关的行动，均可认定为公务行为。

对于不符合上述两个条件，被要求检测、隔离人以暴力、威胁方法阻碍疫情防控工作不能认定妨害公务罪的，可以根据其行为性质和危害后果，按照故意伤害罪、寻衅滋事罪、侮辱罪等依法追究刑事责任。如实践中，需要注意"再委托"的情形。我们认为，对于委托授权的把握不宜再扩大范围。

4. 本罪中的一罪与数罪问题。

当一种行为同时触犯妨害公务罪与其他严重犯罪而构成想象竞合犯时，应按照想象竞合犯的处理原则从一重罪处断，而不能数罪并罚。例如，行为人以杀人、重伤害的暴力妨害公务的，就属于故意杀人罪或故意伤害罪与妨害公务罪的想象竞合犯，对此应以处罚较重的故意杀人罪或故意伤害罪追究刑事责任。

参考案例 23-1

被告人李某等人驾驶一辆银行运钞车行至全安广场转弯与一公共汽车抢道，被公共汽车司机咒骂。

李某遂调头追赶并拦住该汽车，用携带的押钞专用手枪强行将公共汽车司机拽下，引起群众围观，导致交通堵塞。正在附近执勤的交警蒋某见状赶来进行劝阻，被告人李某非但不听劝阻，反而辱骂蒋某，并用枪进行威胁和恐吓。李某等人强行将蒋某推拽至运钞车上，并驾车向全安广场方向行驶。经群众报告附近执勤交警，执勤交警石某等人立即对车进行堵截，上车欲对此情况进行处理，李某等人再次拔出手枪威胁和恐吓，并用手枪进行击打等，致一执勤交警重伤。检察机关以妨害公务罪对被告人李某提起公诉，法院以故意伤害罪判处李某有期徒刑6年。

（三）妨害公务罪的处罚

根据《刑法》第277条的规定，犯本罪的，处3年以下有期徒刑、拘役、管制或者罚金。

二、袭警罪

（一）袭警罪的概念和特征

袭警罪，是指暴力袭击正在依法执行职务的人民警察的行为。

本罪的构成特征是：

（1）本罪的客体是复杂客体，包括国家正常管理秩序和人民警察的人身权益。

（2）本罪的客观方面表现为暴力袭击正在依法执行职务的人民警察的行为。具体需要具备以下两个条件：

第一，必须实施了暴力袭击行为。根据2020年1月10日最高人民法院、最高人民检察院、公安部《关于依法惩治袭警违法犯罪行为的指导意见》第1条的规定，对正在依法执行职务的民警实施下列行为的，属于《刑法》第277条第5款规定的"暴力袭击正在依法执行职务的人民警察"：实施撕咬、踢打、抱摔、投掷等，对民警人身进行攻击的；实施打砸、毁坏、抢夺民警正在使用的警用车辆、警械等警用装备，对民警人身进行攻击的。这一构成要素的核心，是对警察人身进行攻击。换言之，本罪中的暴力应仅限于对人身施加的强制力，或者虽然对物体实施、但同时直接或间接作用于人身的强制力。单纯对物体、物品施加的强制力，不属于本罪中的暴力。认为本罪的暴力"也包括对物体实施的阻碍人民警察正常执行公务的强制力"的观点，与立法规定的本罪的形式要件、实质要件不符。需要特别注意的是，行为人如果实施的不是暴力袭击行为而是威胁行为，不构成袭警罪，或者说，行为人如果仅是以威胁方法阻碍警察依法执行职务，只能成立妨害公务罪。另外，构成袭警罪，不以造成伤害后果为必要要件。

第二，暴力袭击的对象必须是正在依法执行职务的人民警察。人民警察，包括治安警察、交通警察、司法警察等各类警察。其他国家机关工作人员，以及不是正在依法执行职务的警察，不能成为本罪的对象。准确认定"正在依法执行职务"，需要注意以下几个方面：1）必须依法依规判断、确定警察的职责。《人民警察法》第6条的规定等，以及细化此类规定的各种规范，是正确认定"正在依法执行职务"的法定标准和操作细则。2）一般情况下或正常情况下，人民警察依法执行职务需要在法律职责范围内，如果不在法律职责范围内，则不属于依法执行职务。3）人民警察属于特殊的执法主体，正在依法执行职务，既可能是在工作时间、工作场所内，也可能是在非工作时间。根据《人民警察法》第19条"人民警察在非工作时间，遇有其职责范围内的紧急情况，应当履行职责"的规定，人民警察在下班后，遇有紧急情况，只要是履行警察职责（而不要求必须是其实际岗位职责范围内的事），就可以视为是在执行职务。

（3）本罪的主体为一般主体，属于自然人犯罪。

（4）本罪的主观方面是故意，并且只能是直接故意，间接故意和过失不构成本罪。行为人明知对方是正在执行职务的人民警察，是成立本罪必须具备的主观要素。

（二）袭警罪的认定

1. 本罪与非罪的界限。

根据《治安管理处罚法》第50条的规定，阻碍人民警察依法执行职务的行为，应予以治安处罚，并从重处罚。所以，轻微的袭警行为或其他阻碍警察依法执行职务的行为，仅属于违法，不构成袭警罪。

例如，一般的肢体冲突，属于情节轻微的袭警行为，尚不构成犯罪，构成违反治安管理行为的，应当依法给予治安管理处罚。在司法实务中，不能将袭警行为理解为无门槛的犯罪行为，认为对袭警行为一律按照犯罪处理的观点，是不符合《治安管理处罚法》和《刑法》规定的。应当综合袭警行为的具体手段、情节等进行判断，严格区分袭警违法行为与袭警犯罪行为。

2. 本罪与妨害公务罪的界限。

与妨害公务罪相比，袭警罪的行为对象和行为方式具有特殊性，其行为对象必须是正在依法执行职务的人民警察，行为方式必须使用暴力手段，并对使用枪支、管制刀具，或者以驾驶机动车撞击等手段，严重危及其人身安全的，设置了加重法定刑。所以，对妨害人民警察依法执行职务的行为，不能一律认定为袭警罪，以下情形应当认定为妨害公务罪：（1）对以威胁方式妨害人民警察依法执行公务的行为，应根据《刑法》第277条第1款的规定，认定为妨害公务罪。（2）对故意阻碍公安机关依法执行国家安全工作任务，未使用暴力、威胁方法，造成严重后果的行为，应根据《刑法》第277条第3款的规定，认定为妨害公务罪。

3. 本罪与故意伤害罪等犯罪的界限。

需要注意区分的界限，主要有：（1）行为人暴力袭击的不是正在执行职务的警察，而是为了报复警察执法行为而对警察实施暴力袭击、拦截、恐吓等行为，符合《刑法》第232条、第234条、第293条等规定的，应当以故意伤害罪、故意杀人罪、寻衅滋事罪等定罪处罚。（2）暴力袭击正在依法执行职务的人民警察致其轻伤的，应以袭警罪定罪处罚。主要原因是，故意伤害致人轻伤的法定刑与袭警罪的法定刑相同，以袭警罪定罪，更能体现国家维护公共秩序的立法目的。但暴力袭击行为如果造成警察重伤、死亡的，则应当以故意伤害罪、故意杀人罪定罪处罚，不实行数罪并罚。

4. 袭击辅警行为的定性问题。

警务辅助人员不是人民警察，不具备执法主体资格，不能直接参与公安机关执法工作，而是在公安民警的指挥和监督下开展辅助性工作。所以，对袭击辅警的行为，应根据情况分别定性：（1）在人民警察在场，辅警配合警察依法执行职务的情况下，对辅警进行袭击，符合《刑法》第277条第1款规定的，可以认定为妨害公务罪。（2）在人民警察不在场的情况下，辅警不具有执法主体资格，也不属于妨害公务罪的行为对象，对辅警被袭击造成伤害结果的，可以适用《刑法》第234条的规定，认定为故意伤害罪。

5. 本罪的罪数问题。

实施袭警罪的加重犯行为，即使用枪支、管制刀具，或者以驾驶机动车撞击等手段，严重危及警察人身安全的行为，如果已具有危害公共安全或者民警生命、健康安全性质，还可能构成其他犯罪，属于想象竞合犯等罪数形态。根据2020年1月10日最高人民法院、最高人民检察院、公安部《关于依法惩治袭警违法犯罪行为的指导意见》第3条的规定，驾车冲撞、碾轧、拖拽、剐蹭民警，或者挤别、碰撞正在执行职务的警用车辆，危害公共安全或者民警生命、健康安全，符合《刑法》第114条、第115条、第232条、第234条规定的，应当以以危险方法危害公共安全罪、故意杀人罪或者故意伤害罪定罪，酌情从重处罚；暴力袭警，致使民警重伤、死亡，符合《刑法》第232条、第234条规定的，应当以故意伤害罪、故意杀人罪定罪，酌情从重处罚。此外，如果在执法现场，行为人既暴力袭击正在依法执行职务的人民警察，又暴力袭击辅警，构成犯罪的，应当以袭警罪与妨害公务罪数罪并罚。

（三）袭警罪的处罚

根据《刑法》第277条第5款的规定，犯袭警罪的，处3年以下有期徒刑、拘役或者管制；使用枪支、管制刀具，或者以驾驶机动车撞击等手段，严重危及其人身安全的，处3年以上7年以下有期徒刑。

三、招摇撞骗罪

（一）招摇撞骗罪的概念和特征

招摇撞骗罪，是指以谋取非法利益为目的，冒充国家机关工作人员的身份或职务，进行欺骗活动，招摇撞骗的行为。

本罪的构成特征如下：

（1）本罪的客体是国家机关的威信及其正常活动。众所周知，国家赋予国家机关工作人员一定的职责和权限，并且通过他们从事的公务活动来实现国家对社会的管理职能。冒充国家机关工作人员招摇撞骗的行为，是利用广大人民群众对国家机关工作人员的信任而实施的犯罪，因此，必然使国家机关的威信和正常活动遭到破坏。

（2）本罪在客观方面表现为冒充国家机关工作人员进行招摇撞骗的行为。即本罪在客观上必须具备两个条件：

第一，冒充的对象必须是国家机关工作人员。既可以是非国家机关工作人员冒充国家机关工作人员，也可以是此种国家机关工作人员冒充彼种国家机关工作人员的身份或职务，如普通机关的行政干部冒充公安机关的干部，普通国家干部冒充高级职务的干部，等等。如果不是冒充国家机关工作人员，而是冒充其他人员，例如冒充党员、高干子弟等行骗的，不能构成本罪。根据2021年12月16日最高人民法院、最高人民检察院、公安部《关于依法惩治招摇撞骗等违法犯罪行为的指导意见》第5条的规定，对下列情形之一的，应当认定为《刑法》第279条规定的"冒充国家机关工作人员"：1）冒充国家机关中真实存在或者虚构的工作人员的；2）冒充虚构的国家机关中的工作人员，易让他人信以为真的；3）身为国家机关工作人员冒充其他国家机关工作人员的；4）以骗取非法利益为目的，制造假象，诱使他人误以为系国家机关工作人员的。

第二，必须进行招摇撞骗活动，即利用所冒充的国家机关工作人员的身份或职务，到处炫耀，利用人民群众对国家机关工作人员的信赖，骗取各种非法利益。这里的"非法利益"，既可以是财物，也可以是荣誉、地位、职称以及玩弄女性等。如果只是冒充国家机关工作人员，而没有实施招摇撞骗的行为，也不能构成本罪，但依照具体情况，可能构成其他犯罪。

（3）本罪的主体为一般主体，即任何已满16周岁、具有刑事责任能力的人，均可构成本罪。

（4）本罪在主观方面是直接故意，并且具有骗取财物或者其他非法利益的目的。但是，其主观恶性一般限制在"骗"的范围内。如果行为人主观上具有抢劫、强奸的故意，冒充国家机关工作人员只是为了给被害人造成心理上的威胁，使之不敢反抗，那就不能构成本罪，而构成更为严重的抢劫罪、强奸罪了。如果行为人只是爱虚荣，谎称自己是国家机关工作人员，主观上并没有骗取非法利益的目的，或只是为了达到与他人结婚的目的，这些都只能作为一般的思想作风问题处理，不能以本罪定罪处罚。如果冒充国家机关工作人员是为了谋求某种合法利益，也不构成本罪。例如，为了平反冤案，冒充上级主管领导的口气给有关人员打电话，敦促早日解决问题。这种行为虽然冒充了国家机关工作人员的身份，也进行了欺骗活动，但由于行为人追求的是合法利益而不是非法利益，故不能认为是犯罪。

（二）招摇撞骗罪的认定

1. 本罪与诈骗罪的界限。

本罪与诈骗罪两者均为一般主体，并在虚构事实、骗取他人信任而实施犯罪活动这一点上是一致的。两罪主要区别是：（1）犯罪目的和行为不同。本罪的犯罪目的和行为既可以是骗取财物，也可以是谋取其他荣誉、地位、政治待遇等非法利益；而诈骗罪的目的和行为只能是骗取他人财物。（2）犯罪的手段方法不同。本罪的构成必须是以冒充国家机关工作人员的身份或职务之手段实施；而诈骗罪的犯罪手段多种多样。（3）在有无犯罪数额的限制上不同。本罪的构成，在骗取财物的数额上没有限制；而诈骗罪的构成，必须数额较大。

根据2021年12月16日最高人民法院、最高人民检察院、公安部《关于依法惩治招摇撞骗等违法犯罪行为的指导意见》第1条、第2条、第3条的规定，冒充国家机关工作人员，骗取财物、荣誉、地位、待遇、感情等，符合《刑法》第279条规定的，以招摇撞骗罪定罪处罚；严重损害国家机关形象和威信，或者造成其他严重后果的，应当认定为《刑法》第279条规定的"情节严重"。冒充党和国家领导人或者其他领导干部的亲属、身边工作人员，骗取公私财物，符合《刑法》第266条规定的，以诈骗罪定罪处罚；诈骗数额接近"数额巨大""数额特别巨大"的标准，并且严重损害国家机关形象和威信或者诈骗手段恶劣、造成其他严重后果的，应当分别认定为《刑法》第266条规定的"其他严重情节""其他特别严重情节"。伪造党和国家领导人或者其他领导干部的题词、书法、绘画或者合影照片、音频、视频等，骗取公私财物，符合《刑法》第266条规定的，以诈骗罪定罪处罚。

2. 本罪的罪数问题。

实践中，有的行为人冒充国家机关工作人员骗取数额较大的财物，对此应如何定罪处罚？理论通说认为，对行为人不应实行数罪并罚，而应当按照想象竞合犯的处罚原则，择一罪从重处罚。根据2011年3月1日最高人民法院、最高人民检察院《关于办理诈骗刑事案件具体应用法律若干问题的解释》第8条的规定，冒充国家机关工作人员进行诈骗，同时构成诈骗罪和招摇撞骗罪的，依照处罚较重的规定定罪处罚。根据2021年12月16日最高人民法院、最高人民检察院、公安部《关于依法惩治招摇撞骗等违法犯罪行为的指导意见》第4条的规定，冒充国家机关工作人员招摇撞骗，同时构成非法吸收公众存款罪，集资诈骗罪，合同诈骗罪，组织、领导传销活动罪，诈骗罪的，依照处罚较重的规定定罪处罚。

3. 本罪与敲诈勒索罪、抢劫罪的界限。

招摇撞骗罪和敲诈勒索罪中均可能存在"欺骗"的因素，但是前罪中的行为人主要是通过虚构事实或隐瞒真相的方法，使得被害人自愿向其交付财物或其他合法权益；而后罪中的行为人则主要是通过威胁或要挟的方法，使被害人产生精神上的恐惧，被迫向其交付财物或其他财产性利益。所以，即使行为人威胁或要挟被害人的事实是虚构的，也应认定为敲诈勒索罪。

司法实践中，经常发生犯罪分子冒充正在执行公务的人民警察、治安联防队员，以抓捕卖淫嫖娼、赌博等违法犯罪行为人为名非法占有他人财物的案件，对这类行为应如何定罪处罚？根据2005年6月8日最高人民法院《关于审理抢劫、抢夺刑事案件适用法律若干问题的意见》的规定，行为人冒充正在执行公务的人民警察"抓赌""抓嫖"，没收赌资或者罚款的行为，构成犯罪的，以招摇撞骗罪从重处罚；在实施上述行为中使用暴力或者暴力威胁的，以抢劫罪定罪处罚。行为人冒充治安联防队员"抓赌""抓嫖"，没收赌资或者罚款的行为，构成犯罪的，以敲诈勒索罪定罪处罚；在实施上述行为中使用暴力或者暴力威胁的，以抢劫罪定罪处罚。

参考案例 23-2

胡某（男，32岁）在黑市买了一套警服，带上假工作证，到某厂李某的家中，告知李某的父母李某被怀疑犯罪，近期将会被逮捕。李某的父母吓得胆战心惊，胡某对李某的父母说，如果他们出5万元钱，他就可以"摆平"此事。李某的父母感激不尽，连忙从银行取出5万元给胡某。胡某的行为构成敲诈勒索罪。

（三）招摇撞骗罪的处罚

根据《刑法》第279条的规定，犯本罪的，处3年以下有期徒刑、拘役、管制或者剥夺政治权利；情节严重的，处3年以上10年以下有期徒刑。冒充人民警察招摇撞骗的，在上述法定刑幅度内从重处罚。

四、伪造、变造、买卖国家机关公文、证件、印章罪

（一）伪造、变造、买卖国家机关公文、证件、印章罪的概念和特征

伪造、变造、买卖国家机关公文、证件、印章罪，是指伪造、变造、买卖国家机关公文、证件、印章的行为。

本罪的构成特征如下：

（1）本罪的客体是国家机关的正常活动。国家机关的公文、证件、印章，是国家机关及其工作人员进行国家和社会事务管理的必要手段和象征。伪造、变造、买卖国家机关公文、证件、印章的行为，严重影响了国家机关的威信，妨害了国家机关的正常活动。本罪的对象仅限于国家机关的公文、证件、印章。公文，是指用于联系公务、指导工作、处理问题的书面文件，包括指示、命令、决定、通知、电函等。证件，是指用于证明身份、资格、学历、权利义务关系或者其他事项的凭证，包括工作证、户口迁

移证、结婚证、离婚证、毕业证、营业执照、职称证书、护照等。印章，是指刻有国家机关名称的公章和专用章。根据 2002 年 9 月 25 日最高人民检察院研究室《关于买卖尚未加盖印章的空白〈边境证〉行为如何适用法律问题的答复》，对于买卖尚未加盖发证机关的行政印章或者通行专用章印鉴的空白《中华人民共和国边境管理区通行证》的行为，不宜以买卖国家机关证件罪追究刑事责任；国家机关工作人员实施上述行为，构成犯罪的，可以按照滥用职权等相关犯罪依法追究刑事责任。根据 1999 年 6 月 21 日最高人民检察院研究室《关于买卖伪造的国家机关证件行为是否构成犯罪问题的答复》的规定，对于买卖伪造的国家机关证件的行为，依法应当追究责任的，可适用《刑法》第 280 条第 1 款的规定，以买卖国家机关证件罪追究刑事责任。

（2）本罪的客观方面表现为伪造、变造、买卖国家机关公文、证件、印章的行为。所谓伪造，是指仿照真正的国家机关公文、证件、印章的形状、大小、图案、色彩等制作虚假的国家机关公文、证件、印章的行为。所谓变造，是指采取涂改、抹擦、拼接等方法，对真实的国家机关公文、证件、印章进行加工，改变其内容的行为。所谓买卖，包括购买和出售。行为人只要实施伪造、变造、买卖之一的，即构成本罪；实施两个以上行为的，也以一罪论处，而不定数罪。

参考案例 23-3

王某先后伪制"国家教育委员会""中华人民共和国人事部"等树脂印章和国徽图案树脂板 4 块。随后王某在上海市某招待所私设"国家人事部人力资源管理培训华东报名处"，到江苏省某印刷厂印制了"国家人事部人力资源管理培训华东报名处"信封 2 000 个，且在信封上印有招待所地址、电话号码，伪造了"中华人民共和国人事部关于举办新加坡人力资源管理培训的通知" 2 000 份。通知中称报名者只需缴纳人民币 6 000 元即可赴新加坡培训，并加盖了伪制的"中华人民共和国人事部"公章。后被人举报案发。法院以伪造国家机关印章罪判处王某有期徒刑 4 年。

（3）本罪的主体为一般主体。

（4）本罪在主观上表现为直接故意。

（二）伪造、变造、买卖国家机关公文、证件、印章罪的认定

1. 本罪与非罪的界限。

司法实践中应当注意，虽然《刑法》第 280 条对伪造、变造、买卖国家机关公文、证件、印章罪的构成没有情节的限制规定，但是，并非任何伪造、变造、买卖国家机关公文、证件、印章的行为都可以构成犯罪。如果综合全案属于情节显著轻微，危害不大的，应不以犯罪论处。根据 2007 年 5 月 9 日最高人民法院、最高人民检察院《关于办理与盗窃、抢劫、诈骗、抢夺机动车相关刑事案件具体应用法律若干问题的解释》的规定，伪造、变造、买卖机动车行驶证、登记证书，累计 3 本以上的，依照《刑法》第 280 条第 1 款的规定，以伪造、变造、买卖国家机关证件罪定罪，处 3 年以下有期徒刑、拘役、管制或者剥夺政治权利。根据 2023 年 8 月 15 日最高人民法院《关于审理破坏森林资源刑事案件适用法律若干问题的解释》第 10 条第 1 款的规定，伪造、变造、买卖采伐许可证，森林、林地、林木权属证书以及占用或者征用林地审核同意书等国家机关批准的林业证件、文件构成犯罪的，依照《刑法》第 280 条第 1 款的规定，以伪造、变造、买卖国家机关公文、证件罪定罪处罚。

2. 本罪与伪造公司、企业、事业单位、人民团体印章罪以及伪造、变造、买卖身份证件罪的界限。

伪造公司、企业、事业单位、人民团体印章罪，是指伪造公司、企业、事业单位、人民团体印章的行为。伪造、变造、买卖身份证件罪，是指伪造、变造、买卖居民身份证、护照、社会保障卡、驾驶证等依法可以用于证明身份的证件的行为。本罪与该两罪的区别，关键在于对象不同。对于伪造公司、企业、事业单位、人民团体印章的行为，不可错定为本罪。居民身份证、护照、社会保障卡、驾驶证等依法可以用于证明身份的证件，虽然也是国家机关证件，但《刑法》已经把伪造、变造、买卖居民身份证、护照、社会保障卡、驾驶证等依法可以用于证明身份的证件的行为独立成罪，因此，对于这种行为就不能以伪造、变造、买卖国家机关证件罪定罪处罚了。伪造、变造、买卖身份证件罪与本罪之间，存在特殊法条与一般法条的关系。

根据 2001 年 7 月 3 日最高人民法院、最高人民检察院《关于办理伪造、贩卖伪造的高等院校学历、学位证明刑事案件如何适用法律问题的解释》的规定，对于伪造高等院校印章制作学历、学位证明的行为，应当依照《刑法》第 280 条第 2 款的规定，以伪造事业单位印章罪定罪处罚；明知是伪造高等院校印章制作的学历、学位证明而贩卖的，以伪造事业单位印章罪的共犯论处。

3. 本罪中的一罪与数罪问题。

实践中，有的行为人在实施伪造、变造、买卖国家机关公文、证件、印章行为后，又利用伪造、变造、购买的国家机关公文、证件、印章去进行其他犯罪活动，如进行诈骗。这种情况下，如果行为人的其他行为也构成犯罪，对行为人应当以牵连犯形态处理。即除法律另有规定的外，应从一罪从重处罚。

根据 2023 年 8 月 15 日最高人民法院《关于审理破坏森林资源刑事案件适用法律若干问题的解释》第 10 条第 2 款的规定，买卖允许进出口证明书等经营许可证明，同时构成《刑法》第 225 条、第 280 条规定之罪的，依照处罚较重的规定定罪处罚。

（三）伪造、变造、买卖国家机关公文、证件、印章罪的处罚

根据《刑法》第 280 条第 1 款的规定，犯本罪的，处 3 年以下有期徒刑、拘役、管制或者剥夺政治权利，并处罚金；情节严重的，处 3 年以上 10 年以下有期徒刑，并处罚金。根据 2007 年 5 月 9 日最高人民法院、最高人民检察院《关于办理与盗窃、抢劫、诈骗、抢夺机动车相关刑事案件具体应用法律若干问题的解释》的规定，伪造、变造、买卖机动车行驶证、登记证书，累计 15 本以上的，属于《刑法》第 280 条第 1 款规定中的"情节严重"，处 3 年以上 10 年以下有期徒刑。

五、使用虚假身份证件、盗用身份证件罪

（一）使用虚假身份证件、盗用身份证件罪的概念和特征

使用虚假身份证件、盗用身份证件罪，是指在依照国家规定应当提供身份证明的活动中，使用伪造、变造的或者盗用他人的居民身份证、护照、社会保障卡、驾驶证等依法可以用于证明身份的证件，情节严重的行为。

本罪为《刑法修正案（九）》新增罪名，本罪的构成特征如下：

（1）本罪侵犯的客体是国家对用于证明身份的证件的管理制度。本罪的犯罪对象为居民身份证、护照、社会保障卡、驾驶证等依法可以用于证明身份的证件。

（2）本罪的客观方面表现为在依照国家规定应当提供身份证明的活动中，使用伪造、变造的或者盗用他人的居民身份证、护照、社会保障卡、驾驶证等依法可以用于证明身份的证件，情节严重的行为。"国家规定"，是指全国人民代表大会及其常务委员会制定的法律和决定，国务院制定的行政法规、规定的行政措施、发布的决定和命令。"伪造"是指没有制作权限的人制作虚假的用于证明身份的证件。"变造"是指通过采取剪贴、挖补、揭层、涂改、移位、重印等方式对用于证明身份的证件加工处理。"盗用"是指未经用于证明身份的证件的所有人许可而私自使用，包括拾得他人身份证件后使用，非法购买他人身份证件后使用，或者盗窃他人身份证件后使用。"情节严重"是指多次使用、盗用，使用、盗用数量较大，为实施违法犯罪活动而使用，非法牟利数额较大，严重扰乱相关事项的管理秩序，严重损害第三人的人身或者财产权益等。

（3）本罪的主体为一般主体，即年满 16 周岁、具有刑事责任能力的自然人。

（4）本罪的主观方面为故意，即明知身份证件是伪造、变造的或明知是他人的身份证件而予以使用。

（二）使用虚假身份证件、盗用身份证件罪的认定

1. 本罪与冒名顶替罪的界限。

《刑法修正案（十一）》新增《刑法》第 280 条之二冒名顶替罪，是指盗用、冒用他人身份，顶替他人取得的高等学历教育入学资格、公务员录用资格、就业安置待遇的行为。本罪与冒名顶替罪的相同点在于，客体均为社会信用制度，客观方面均可表现为盗用的行为。两罪的不同之处在于，本罪的犯罪对象为身份证件，冒名顶替罪的犯罪对象为他人身份；本罪仅需在依照国家规定应当提供身份证明的活动中，

使用虚假身份证件或者盗用身份证件即可成立，而冒名顶替罪除了盗用、冒用他人身份外，还需满足特定的目的，即顶替他人取得的高等学历教育入学资格、公务员录用资格、就业安置待遇等。

2. 本罪的罪数问题。

（1）根据《刑法》第280条之一第2款的规定，使用虚假身份证件、盗用他人身份证件，同时构成其他犯罪的，依照处罚较重的规定定罪处罚。如行为人使用虚假身份证件、盗用他人身份证件进行诈骗，同时构成本罪和诈骗罪的，应当以诈骗罪定罪处罚。

（2）行为人伪造、变造身份证件后使用，同时构成伪造、变造身份证件罪和使用虚假身份证件、盗用身份证件罪的，成立牵连犯，即手段行为与目的行为的牵连关系，应当"择一重从重处罚"，应当以伪造、变造身份证件罪定罪从重处罚。

（3）行为人为盗用、冒用他人身份以顶替他人取得高等学历教育入学资格、公务员录用资格、就业安置待遇，使用虚假身份证件或盗用他人身份证件的，同时构成冒用顶替罪和使用虚假身份证件、盗用身份证件罪，如果行为人为国家工作人员，根据《刑法》第280条之二第3款，应当数罪并罚，如果行为人为非国家工作人员，则成立牵连犯，应从一重从重处断。

（4）根据2021年6月17日最高人民法院、最高人民检察院、公安部《关于办理电信网络诈骗等刑事案件适用法律若干问题的意见（二）》的规定，使用伪造、变造的身份证件或者盗用他人身份证件办理手机卡、信用卡、银行账户、非银行支付账户，符合《刑法》第280条之一第1款规定的，以使用虚假身份证件、盗用身份证件罪追究刑事责任。同时构成其他犯罪的，依照处罚较重的规定定罪处罚。法律和司法解释另有规定的除外。

（5）根据2024年2月28日最高人民法院、最高人民检察院、公安部《关于办理医保骗保刑事案件若干问题的指导意见》第8条第1款的规定，以骗取医疗保障基金为目的，购买他人医疗保障凭证（社会保障卡等）并使用，同时构成买卖身份证件罪、使用虚假身份证件罪、诈骗罪的，以处罚较重的规定定罪处罚。

（三）使用虚假身份证件、盗用身份证件罪的处罚

根据《刑法》第280条之一的规定，犯本罪的，处拘役或者管制，并处或者单处罚金。

六、非法获取国家秘密罪

（一）非法获取国家秘密罪的概念和特征

非法获取国家秘密罪，是指以窃取、刺探、收买方法，非法获取国家秘密的行为。

本罪的构成特征如下：

（1）本罪侵犯的客体是国家的保密制度。

（2）本罪的客观方面表现为以窃取、刺探、收买方法，非法获取国家秘密的行为。非法获取，是指依法不应该知悉、取得国家秘密的人知悉、取得国家秘密，或者用秘密窃取的方式取得国家秘密。非法获得对象是国家秘密，包括绝密、机密、秘密三种级别的国家秘密。

参考案例 23-4

池某曾两次参加全国高等学校招生考试，均因成绩未达到分数线而落榜。某日深夜，池某翻墙跳入W县第11中学印刷厂院内，用事先准备好的工具撬开印刷厂东侧第四个窗口的护栏铁丝，盗走该年全国高等院校招生考试的数学、物理、英语试题印刷模板6块。池某将盗得的印刷模板带回家中，意图复印，未果。法院以非法获取国家秘密罪判处池某有期徒刑2年。

（3）本罪的犯罪主体是一般主体。

（4）本罪的主观方面是故意。

（二）非法获取国家秘密罪的认定

主要注意本罪与为境外非法提供国家秘密、情报罪的界限，关键在于是否为境外的机构、组织、个人实施非法获取国家秘密，或者是否将非法获取的国家秘密故意向境外的机构、组织、个人非法提供。

（三）非法获取国家秘密罪的处罚

根据《刑法》第282条第1款的规定，犯本罪的，处3年以下有期徒刑、拘役、管制或者剥夺政治权利；情节严重的，处 3 年以上 7 年以下有期徒刑。

七、代替考试罪

（一）代替考试罪的概念和特征

代替考试罪，是指代替他人或者让他人代替自己参加法律规定的国家考试的行为。

本罪为《刑法修正案（九）》新增罪名，本罪的构成特征如下：

（1）本罪侵犯的客体是国家公平、公正的考试制度。即在法律规定的国家考试中替考，违反考试的公平、公正原则，严重侵犯其他考生的合法权益和国家对考试的组织管理秩序。

（2）本罪的客观方面表现为代替他人或者让他人代替自己参加法律规定的国家考试的行为。"代替他人"，是指冒名顶替本应当参加考试的人。"让他人代替自己"，是指指使他人冒名顶替自己去参加本应自己参加的考试。"法律规定的国家考试"，根据 2019 年 9 月 3 日最高人民法院、最高人民检察院《关于办理组织考试作弊等刑事案件适用法律若干问题的解释》第 1 条的规定，是指全国人民代表大会及其常务委员会制定的法律所规定的考试。具体而言，下列考试属于"法律规定的国家考试"：1）普通高等学校招生考试、研究生招生考试、高等教育自学考试、成人高等学校招生考试等国家教育考试；2）中央和地方公务员录用考试；3）国家统一法律职业资格考试、国家教师资格考试、注册会计师全国统一考试、会计专业技术资格考试、资产评估师资格考试、医师资格考试、执业药师职业资格考试、注册建筑师考试、建造师执业资格考试等专业技术资格考试；4）其他依照法律由中央或者地方主管部门以及行业组织的国家考试。上述考试涉及的特殊类型招生、特殊技能测试、面试等考试，属于"法律规定的国家考试"。

（3）本罪的主体为一般主体，即年满 16 周岁、具有刑事责任能力的自然人。具体而言，包括两种人，一是应试者，二是替考者，即通常所谓的"枪手"。

（4）本罪的主观方面为故意，且为直接故意。是否具有牟利的动机，不影响本罪的成立。

（二）代替考试罪的认定

认定本罪，需要注意区分本罪与组织考试作弊罪的界限。组织考试作弊罪，是指在法律规定的国家考试中组织作弊的，或者为他人组织作弊提供作弊器材或者其他帮助的行为。两罪所侵犯的客体均为国家公平、公正的考试制度，主体均为一般主体，主观方面均为故意。两罪最大的区别在于客观方面：组织考试作弊罪的客观方面表现为组织作弊或者为组织作弊提供帮助的行为，代替考试罪的客观方面则表现为代替他人或者让他人代替自己参加考试，进行考试舞弊的行为。

（三）代替考试罪的处罚

根据《刑法》第 284 条之一第 4 款的规定，犯本罪的，处拘役或者管制，并处或单处罚金。根据 2019 年 9 月 3 日最高人民法院、最高人民检察院《关于办理组织考试作弊等刑事案件适用法律若干问题的解释》第 7 条第 2 款、第 12 条、第 13 条的规定，对于行为人犯罪情节较轻，确有悔罪表现，综合考虑行为人替考情况以及考试类型等因素，认为符合缓刑适用条件的，可以宣告缓刑；犯罪情节轻微的，可以不起诉或者免予刑事处罚。对行为人可以根据犯罪情况和预防再犯罪的需要，依法宣告职业禁止；被判处管制、宣告缓刑的，可以根据犯罪情况，依法宣告禁止令。对于罚金，应当综合考虑犯罪的危害程度、违法所得数额以及被告人的前科情况、认罪悔罪态度等，依法判处。

八、破坏计算机信息系统罪

（一）破坏计算机信息系统罪的概念和特征

破坏计算机信息系统罪，是指违反国家规定，对计算机信息系统功能和信息系统中存储、处理、传输的数据和应用程序进行破坏，造成计算机信息系统不能正常运行，后果严重的行为。

本罪的构成特征如下：

（1）本罪侵犯的客体是国家对计算机信息系统的安全运行管理制度和计算机信息系统的所有人及合法用户的合法权益。

（2）本罪的客观方面表现为违反国家规定，破坏计算机信息系统且造成了严重后果。其具体表现形式有以下几种：

第一，对计算机信息系统功能进行删除、修改、增加、干扰，造成计算机信息系统不能正常运行，后果严重（《刑法》第286条第1款规定）；

第二，对计算机信息系统中存储、处理或者传输的数据和应用程序进行删除、修改、增加等操作，后果严重（《刑法》第286条第2款规定）；

第三，故意制作、传播计算机病毒等破坏性程序，影响计算机系统正常运行，后果严重（第286条第3款规定）。

根据2011年8月1日最高人民法院、最高人民检察院《关于办理危害计算机信息系统安全刑事案件应用法律若干问题的解释》第4条第1款的规定，破坏计算机信息系统功能、数据或者应用程序，具有下列情形之一的，应当认定为《刑法》第286条第1款和第2款规定的"后果严重"：1）造成10台以上计算机信息系统的主要软件或者硬件不能正常运行的；2）对20台以上计算机信息系统中存储、处理或者传输的数据进行删除、修改、增加操作的；3）违法所得5 000元以上或者造成经济损失1万元以上的；4）造成为100台以上计算机信息系统提供域名解析、身份认证、计费等基础服务或者为1万以上用户提供服务的计算机信息系统不能正常运行累计1小时以上的；5）造成其他严重后果的。

根据上述司法解释第4条第2款的规定，实施第1款规定行为，具有下列情形之一的，应当认定为破坏计算机信息系统"后果特别严重"：1）造成50台以上计算机信息系统的主要软件或者硬件不能正常运行的；2）对100百台以上计算机信息系统中存储、处理或者传输的数据进行删除、修改、增加操作的；3）违法所得25 000元以上或者造成经济损失5万元以上的；4）造成为500台以上计算机信息系统提供域名解析、身份认证、计费等基础服务或者为5万以上用户提供服务的计算机信息系统不能正常运行累计1小时以上的；5）破坏国家机关或者金融、电信、交通、教育、医疗、能源等领域提供公共服务的计算机信息系统的功能、数据或者应用程序，致使生产、生活受到严重影响或者造成恶劣社会影响的；6）造成其他特别严重后果的。

根据上述司法解释第5条的规定，具有下列情形之一的程序，应当认定为《刑法》第286条第3款规定的"计算机病毒等破坏性程序"：1）能够通过网络、存储介质、文件等媒介，将自身的部分、全部或者变种进行复制、传播，并破坏计算机系统功能、数据或者应用程序的；2）能够在预先设定条件下自动触发，并破坏计算机系统功能、数据或者应用程序的；3）其他专门设计用于破坏计算机系统功能、数据或者应用程序的程序。

根据上述司法解释第6条第1款的规定，故意制作、传播计算机病毒等破坏性程序，影响计算机系统正常运行，具有下列情形之一的，应当认定为《刑法》第286条第3款规定的"后果严重"：1）制作、提供、传输能够通过网络、存储介质、文件等媒介，将自身的部分、全部或者变种进行复制、传播，并破坏计算机系统功能、数据或者应用程序的程序，导致该程序通过网络、存储介质、文件等媒介传播的；2）造成20台以上计算机系统被植入能够在预先设定条件下自动触发，并破坏计算机系统功能、数据或者应用程序的或其他专门设计用于破坏计算机系统功能、数据或者应用程序的程序的；3）提供计算机病毒等破坏性程序10人次以上的；4）违法所得5 000元以上或者造成经济损失1万元以上的；5）造成其他严重后果的。

根据上述司法解释第6条第2款的规定，实施第1款规定行为，具有下列情形之一的，应当认定为破坏计算机信息系统"后果特别严重"：1）制作、提供、传输能够通过网络、存储介质、文件等媒介，将自身的部分、全部或者变种进行复制、传播，并破坏计算机系统功能、数据或者应用程序的程序，导致该程序通过网络、存储介质、文件等媒介传播，致使生产、生活受到严重影响或者造成恶劣社会影响的；2）造成100台以上计算机系统被植入能够在预先设定条件下自动触发，并破坏计算机系统功能、数据或者应用程序的或其他专门设计用于破坏计算机系统功能、数据或者应用程序的程序的；3）提供计算机病毒等破坏性程序50人次以上的；4）违法所得25 000元以上或者造成经济损失5万元以上的；5）造成其他特别严重后果的。

参考案例 23-5

赵某在一公司电脑经营部打工，先后利用该公司电脑攻击"MM 热线"网络中的 8 台服务器，并采用有关的方法测得"MM 热线"多个网址的端口，使用 TELNET 工具，获得登录"MM 热线"网络的口令和密码。据悉，"MM 热线"是一个国际互联网服务商，是某市信息化发展的支柱产业之一，拥有 4 万多用户。赵某登录网络后启动了网络固有的 SNOOP 监听程序，又安装及运行了破译程序，破译了"MM 热线"网络大量人员的账号及密码，还破译了该热线的网络监测账号的密码，而后又增设账号，修改了合法用户的账号，并将此方法传授给他的朋友，由此给"MM 热线"造成的直接经济损失达 10 万余元。法院以破坏计算机信息系统罪判处赵某有期徒刑 5 年。

（3）本罪的主体是一般主体，即年满 16 周岁、具有刑事责任能力的自然人和单位。

（4）本罪的主观方面是故意。

（二）破坏计算机信息系统罪的认定

1. 本罪的共同犯罪。

根据 2011 年 8 月 1 日最高人民法院、最高人民检察院《关于办理危害计算机信息系统安全刑事案件应用法律若干问题的解释》第 9 条第 1 款的规定，明知他人实施《刑法》第 286 条规定的行为，具有下列情形之一的，应当认定为共同犯罪，依照《刑法》第 286 条的规定处罚：（1）为其提供用于破坏计算机信息系统功能、数据或者应用程序的程序、工具，违法所得 5 000 元以上或者提供 10 人次以上的；（2）为其提供互联网接入、服务器托管、网络存储空间、通讯传输通道、费用结算、交易服务、广告服务、技术培训、技术支持等帮助，违法所得 5 000 元以上的；（3）通过委托推广软件、投放广告等方式向其提供资金 5 000 元以上的。该条第 2 款规定，数量或者数额达到前款规定标准 5 倍以上的，应当认定为"情节特别严重"或者"后果特别严重"。

2. 关于破坏环境质量监测系统行为的处理规则。

根据 2023 年 8 月 8 日最高人民法院、最高人民检察院《关于办理环境污染刑事案件适用法律若干问题的解释》第 11 条的规定，违反国家规定，针对环境质量监测系统实施下列行为，或者强令、指使、授意他人实施下列行为，后果严重的，应当依照《刑法》第 286 条的规定，以破坏计算机信息系统罪定罪处罚：（1）修改系统参数或者系统中存储、处理、传输的监测数据的；（2）干扰系统采样，致使监测数据因系统不能正常运行而严重失真的；（3）其他破坏环境质量监测系统的行为。重点排污单位、实行排污许可重点管理的单位篡改、伪造自动监测数据或者干扰自动监测设施，排放化学需氧量、氨氮、二氧化硫、氮氧化物等污染物，同时构成污染环境罪和破坏计算机信息系统罪的，依照处罚较重的规定定罪处罚。从事环境监测设施维护、运营的人员实施或者参与实施篡改、伪造自动监测数据、干扰自动监测设施、破坏环境质量监测系统等行为的，依法从重处罚。

司法典型案例：

付宣豪、黄子超破坏计算机信息系统案

（三）破坏计算机信息系统罪的处罚

根据《刑法》第 286 条的规定，犯本罪的，处 5 年以下有期徒刑或者拘役；后果特别严重的，处 5 年以上有期徒刑。单位犯本罪的，对单位判处罚金，并对直接负责的主管人员和其他直接责任人员，依照自然人犯罪的规定处罚。

九、非法利用信息网络罪

（一）非法利用信息网络罪的概念和特征

非法利用信息网络罪，是指利用信息网络，设立用于实施诈骗、传授犯罪方法、制作或者销售违禁物品、管制物品等违法犯罪活动的网站、通讯群组，发布有关制作或者销售毒品、枪支、淫秽物品等违禁物品、管制物品或者其他违法犯罪信息，为实施诈骗等违法犯罪活动发布信息，情节严重的行为。

本罪为《刑法修正案（九）》新增罪名，本罪的构成特征如下：

（1）本罪所侵犯的客体是国家正常的信息网络管理秩序。根据 2013 年 9 月 6 日最高人民法院、最高人民检察院《关于办理利用信息网络实施诽谤等刑事案件适用法律若干问题的解释》第 10 条的规定，"信息网络"，是指包括以计算机、电视机、固定电话机、移动电话机等电子设备为终端的计算机互联网、广播电视网、固定通信网、移动通信网等信息网络，以及向公众开放的局域网络。建立信息网络的目的在于为公众提供信息、提供便利的通讯环境。在信息网络上设立与违法犯罪活动相关的网站、通讯群组，或发布相关违法犯罪活动信息的行为，严重破坏了我国正常、健康、有序的信息网络秩序。

（2）本罪的客观方面表现为利用信息网络，设立用于实施诈骗、传授犯罪方法、制作或者销售违禁物品、管制物品等违法犯罪活动的网站、通讯群组，发布有关制作或者销售毒品、枪支、淫秽物品等违禁物品、管制物品或者其他违法犯罪信息，为实施诈骗等违法犯罪活动发布信息，情节严重的行为。根据 2019 年 10 月 21 日最高人民法院、最高人民检察院《关于办理非法利用信息网络、帮助信息网络犯罪活动等刑事案件适用法律若干问题的解释》第 7 条的规定，《刑法》第 287 条之一规定的"违法犯罪"，包括犯罪行为和属于刑法分则规定的行为类型但尚未构成犯罪的违法行为。

具体包括以下三类：

第一，设立用于实施诈骗、传授犯罪方法、制作或者销售违禁物品、管制物品等违法犯罪活动的网站、通讯群组的行为。"违禁物品"是指国家规定不准私自制造、购买、使用、持有、储存、运输、进出口的物品。"管制物品"是指国家对其制造、购买、使用、持有、运输、进出口有严格管控制度，需相关部门批准、备案、检查的物品。"网站"是用于展示特定内容的相关网页的集合，便于使用者在其上发布信息或者获取信息。"通讯群组"是指供具有相同需求的人群集合在一起进行交流的平台和工具，如 QQ、微信、飞信等。2019 年 10 月 21 日最高人民法院、最高人民检察院《关于办理非法利用信息网络、帮助信息网络犯罪活动等刑事案件适用法律若干问题的解释》第 8 条规定，以实施违法犯罪活动为目的而设立或者设立后主要用于实施违法犯罪活动的网站、通讯群组，应当认定为《刑法》第 287 条之一第 1 款第 1 项规定的"用于实施诈骗、传授犯罪方法、制作或者销售违禁物品、管制物品等违法犯罪活动的网站、通讯群组"。

第二，发布有关制作或者销售毒品、枪支、淫秽物品等违禁物品、管制物品或者其他违法犯罪信息的行为。如 2016 年 4 月 6 日最高人民法院《关于审理毒品犯罪案件适用法律若干问题的解释》规定，利用信息网络，设立用于实施传授制造毒品、非法生产制毒物品的方法，贩卖毒品，非法买卖制毒物品或者组织他人吸食、注射毒品等违法犯罪活动的网站、通讯群组，或者发布实施前述违法犯罪活动的信息，情节严重的行为。

第三，为实施诈骗等违法犯罪活动发布信息的行为。根据 2019 年 10 月 21 日最高人民法院、最高人民检察院《关于办理非法利用信息网络、帮助信息网络犯罪活动等刑事案件适用法律若干问题的解释》第 9 条的规定，利用信息网络提供信息的链接、截屏、二维码、访问账号密码及其他指引访问服务的，应当认定为《刑法》第 287 条之一第 1 款第 2 项、第 3 项规定的"发布信息"。对于"情节严重"，根据 2019 年 10 月 21 日最高人民法院、最高人民检察院《关于办理非法利用信息网络、帮助信息网络犯罪活动等刑事案件适用法律若干问题的解释》第 10 条的规定，是指非法利用信息网络，具有下列情形之一：假冒国家机关、金融机构名义，设立用于实施违法犯罪活动的网站的；设立用于实施违法犯罪活动的网站，数量达到 3 个以上或者注册账号数累计达到 2 000 以上的；设立用于实施违法犯罪活动的通讯群组，数量达到 5 个以上或者群组成员账号数累计达到 1 000 以上的；发布有关违法犯罪的信息或者为实施违法犯罪活动发布信息，具有下列情形之一的：1）在网站上发布有关信息 100 条以上的；2）向 2 000 个以上用户账号发送有关信息的；3）向群组成员数累计达到 3 000 以上的通讯群组发送有关信息的；4）利用关注人员账号数累计达到 30 000 以上的社交网络传播有关信息的；违法所得 10 000 元以上的；2 年内曾因非法利用信息网络、帮助信息网络犯罪活动、危害计算机信息系统安全受过行政处罚，又非法利用信息网络的；

其他情节严重的情形。

（3）本罪的主体为一般主体，包括年满16周岁、具有刑事责任能力的自然人和单位。

（4）本罪的主观方面为故意。

（二）非法利用信息网络罪的认定

1. 本罪与非罪的界限。

首先，行为人设立网站、通讯群组的目的是用于实施违法犯罪活动。如果行为人为了发布合法信息、从事正常的社交或者网络经营行为而设立网站、通讯群组，事后被他人用于从事违法犯罪行为的，不构成本罪。其次，本罪所涉及违法犯罪活动不仅限于《刑法》第287条之一所明确列举的几类违法犯罪活动。再次，发布违法犯罪活动信息的，既可以通过网站、通讯群组等，也可通过广播电视、固定通信、移动通信等信息网络实施。最后，本罪只要求行为人实施非法利用信息网络设立网站、通讯群组、发布信息的行为即可，并不要求其实际实施相关违法犯罪行为。根据2019年10月21日最高人民法院、最高人民检察院《关于办理非法利用信息网络、帮助信息网络犯罪活动等刑事案件适用法律若干问题的解释》第15条的规定，综合考虑社会危害程度、认罪悔罪态度等情节，认为犯罪情节轻微的，可以不起诉或者免予刑事处罚；情节显著轻微危害不大的，不以犯罪论处。

2. 本罪的罪数问题。

根据《刑法》第287条之一第3款的规定，行为人实施非法利用信息网络的行为，同时又构成其他犯罪的，依照处罚较重的规定定罪处罚。

（三）非法利用信息网络罪的处罚

根据《刑法》第287条之一的规定，犯本罪的，处以3年以下有期徒刑或者拘役，并处或者单处罚金。单位犯本罪的，对单位判处罚金，并对直接负责的主管人员和其他直接责任人员，依照自然人犯罪的规定处罚。

十、帮助信息网络犯罪活动罪

（一）帮助信息网络犯罪活动罪的概念和特征

帮助信息网络犯罪活动罪，是指明知他人利用信息网络实施犯罪，为其犯罪提供互联网接入、服务器托管、网络存储、通讯传输等技术支持，或者提供广告推广、支付结算等帮助，情节严重的行为。

本罪为《刑法修正案（九）》新增罪名，本罪的构成特征如下：

（1）本罪所侵犯的客体是国家正常的信息网络管理秩序。

（2）本罪的客观方面表现为帮助他人利用信息网络实施犯罪，情节严重的行为。具体的帮助行为包括以下几种形式：

第一，提供互联网接入、服务器托管、网络存储、通信传输等技术支持。"互联网接入"是指为他人提供访问互联网或者在互联网发布信息的通路，包括电话线拨号接入、ASDL接入、光纤接入、无线网络等方式。"服务器托管"是指将服务器及相关设备托管到具有专门数据中心的机房。"网络存储"是指通过网络存储、管理数据的载体空间。"通信传输"是指用户之间传输信息的通路。

第二，提供广告推广、支付结算等帮助。"广告推广"是指投放广告，进行广告宣传的活动。具体包括两种形式：一种是为利用网络实施犯罪的人做广告、拉客户；另一种是为他人设立的违法犯罪网站拉广告客户，帮助其获得广告收入。"支付结算"是指借助第三方支付等各种网络支付结算服务提供者，完成收款、转账、提现等活动。

根据2021年6月17日最高人民法院、最高人民检察院、公安部《关于办理电信网络诈骗等刑事案件适用法律若干问题的意见（二）》的规定，为他人利用信息网络实施犯罪而实施下列行为，可以认定为"帮助"行为：1）收购、出售、出租信用卡、银行账户、非银行支付账户、具有支付结算功能的互联网账号密码、网络支付接口、网上银行数字证书的；2）收购、出售、出租他人手机卡、流量卡、物联网卡的。

根据2019年10月21日最高人民法院、最高人民检察院《关于办理非法利用信息网络、帮助信息网络犯罪活动等刑事案件适用法律若干问题的解释》第 12 条的规定，明知他人利用信息网络实施犯罪，为其犯罪提供帮助，具有下列情形之一的，应当认定为《刑法》第 287 条之二第 1 款规定的"情节严重"：1）为 3 个以上对象提供帮助的；2）支付结算金额 20 万元以上的；3）以投放广告等方式提供资金 5 万元以上的；4）违法所得 1 万元以上的；5）2 年内曾因非法利用信息网络、帮助信息网络犯罪活动、危害计算机信息系统安全受过行政处罚，又帮助信息网络犯罪活动的；6）被帮助对象实施的犯罪造成严重后果的；7）其他情节严重的情形。实施前述行为，确因客观条件限制无法查证被帮助对象是否达到犯罪的程度，但相关数额总计达到前款第 2 项至第 4 项规定标准 5 倍以上，或者造成特别严重后果的，应当以帮助信息网络犯罪活动罪追究行为人的刑事责任。根据 2021 年 6 月 17 日最高人民法院、最高人民检察院、公安部《关于办理电信网络诈骗等刑事案件适用法律若干问题的意见（二）》的规定，明知他人利用信息网络实施犯罪，为其犯罪提供下列帮助之一的，可以认定为前述第 7 项规定的"其他情节严重的情形"：1）收购、出售、出租信用卡、银行账户、非银行支付账户、具有支付结算功能的互联网账号密码、网络支付接口、网上银行数字证书 5 张（个）以上的；2）收购、出售、出租他人手机卡、流量卡、物联网卡 20 张以上的。

（3）本罪的主体为一般主体，包括年满 16 周岁、具有刑事责任能力的自然人和单位。

（4）本罪的主观方面为故意，且需明知他人利用信息网络实施犯罪活动。根据 2019 年 10 月 21 日最高人民法院、最高人民检察院《关于办理非法利用信息网络、帮助信息网络犯罪活动等刑事案件适用法律若干问题的解释》第 11 条的规定，为他人实施犯罪提供技术支持或者帮助，具有下列情形之一的，可以认定行为人明知他人利用信息网络实施犯罪，但是有相反证据的除外：1）经监管部门告知后仍然实施有关行为的；2）接到举报后不履行法定管理职责的；3）交易价格或者方式明显异常的；4）提供专门用于违法犯罪的程序、工具或者其他技术支持、帮助的；5）频繁采用隐蔽上网、加密通信、销毁数据等措施或者使用虚假身份，逃避监管或者规避调查的；6）为他人逃避监管或者规避调查提供技术支持、帮助的；7）其他足以认定行为人明知的情形。根据 2021 年 6 月 17 日最高人民法院、最高人民检察院、公安部《关于办理电信网络诈骗等刑事案件适用法律若干问题的意见（二）》的规定，认定行为人明知他人利用信息网络实施犯罪，应当根据行为人收购、出售、出租该司法解释第 7 条规定的信用卡、银行账户、非银行支付账户、具有支付结算功能的互联网账号密码、网络支付接口、网上银行数字证书，或者他人手机卡、流量卡、物联网卡等的次数、张数、个数，并结合行为人的认知能力、既往经历、交易对象、与实施信息网络犯罪的行为人的关系、提供技术支持或者帮助的时间和方式、获利情况以及行为人的供述等主客观因素，予以综合认定。收购、出售、出租单位银行结算账户、非银行支付机构单位支付账户，或者电信、银行、网络支付等行业从业人员利用履行职责或提供服务便利，非法开办并出售、出租他人手机卡、信用卡、银行账户、非银行支付账户等的，可以认定为最高人民法院、最高人民检察院《关于办理非法利用信息网络、帮助信息网络犯罪活动等刑事案件适用法律若干问题的解释》第 11 条第 7 项规定的"其他足以认定行为人明知的情形"。但有相反证据的除外。

（二）帮助信息网络犯罪活动罪的认定

1. 本罪与非罪的界限。

主观上，行为人必须明知他人利用信息网络实施犯罪，包括明确知道和应当知道，行为人如果不知道他人利用信息网络实施犯罪，而为其提供互联网接入、服务器托管、网络存储、通讯传输等技术支持，或者提供广告推广、支付结算等帮助行为，不构成本罪。客观上，需达到情节严重。"情节严重"，应指他人利用信息网络实施的犯罪性质恶劣，造成严重危害后果，该帮助行为在相关网络犯罪中起到较为重要作用，非法获利数额较大等。帮助信息网络犯罪活动的行为未达情节严重的，不得认定为本罪。根据 2019 年 10 月 21 日最高人民法院、最高人民检察院《关于办理非法利用信息网络、帮助信息网络犯罪活动等刑事案件适用法律若干问题的解释》第 15 条的规定，综合考虑社会危害程度、认罪悔罪态度等情节，认为犯罪情节轻微的，可以不起诉或者免予刑事处罚；情节显著轻微危害不大的，不以犯罪论处。

2. 本罪的罪数问题。

根据《刑法》第 287 条之二第 3 款的规定，实施帮助信息网络犯罪活动的行为，同时构成其他犯罪的，依照处罚较重的规定定罪处罚。

根据 2021 年 6 月 17 日最高人民法院、最高人民检察院、公安部《关于办理电信网络诈骗等刑事案件适用法律若干问题的意见（二）》的规定，电商平台预付卡、虚拟货币、手机充值卡、游戏点卡、游戏装备等经销商，在公安机关调查案件过程中，被明确告知其交易对象涉嫌电信网络诈骗犯罪，仍与其继续交易，符合《刑法》第 287 条之二规定的，以帮助信息网络犯罪活动罪追究刑事责任。同时构成其他犯罪的，依照处罚较重的规定定罪处罚。

（三）帮助信息网络犯罪活动罪的处罚

根据《刑法》第 287 条之二的规定，犯本罪的，处 3 年以下有期徒刑或者拘役，并处或单处罚金。单位犯本罪的，对单位判处罚金，并对直接负责的主管人员和其他直接责任人员，依照自然人犯罪的规定处罚。

十一、聚众扰乱社会秩序罪

（一）聚众扰乱社会秩序罪的概念和特征

聚众扰乱社会秩序罪，是指聚众扰乱社会秩序，情节严重，致使工作、生产、营业和教学、科研、医疗无法进行，造成严重损失的行为。

本罪的构成特征如下：

（1）本罪的客体是社会秩序。这里的社会秩序，专指党政机关、企业、事业单位、人民团体的工作、生产、营业和教学、科研、医疗秩序。

（2）本罪的客观方面表现为聚众扰乱社会秩序，情节严重，致使工作、生产、营业和教学、科研、医疗无法进行，造成严重损失的行为。所谓聚众扰乱社会秩序，是指在首要分子的煽动、策划下，纠集多人，扰乱党政机关、企业、事业单位、人民团体的正常工作、生产、营业或教学、科研、医疗活动。比如，聚众在上述单位门前、院内起哄闹事，对有关工作人员进行辱骂，强占办公室、厂房、实验室、车间，等等。所谓情节严重，一般是指聚众扰乱的时间长、聚集人数多、具有人身侵害、造成恶劣影响等。成立本罪，客观上要求"情节严重""致使工作、生产、营业和教学、科研、医疗无法进行"和"造成严重损失"三者同时具备。

参考案例 23－6

被告人杨某（男，46 岁），是某工地的工头。某年 3 月 5 日，打工者赵某从工地活动房二楼摔下来受伤，被送到当地医院治疗。杨某多次来到该工地，以拉掉电闸等方式迫使施工单位支付高昂医疗费，未果。4 月 1 日，杨某纠集手下的民工十余人，赶到施工单位，吩咐民工封锁工地的唯一出路，不准车辆出入；又用铁锹将配电箱内的开关砸坏，中断了工地供电。杨某的行为长达 6 个小时后才被制止，造成施工单位直接经济损失达 10 万元左右。法院以聚众扰乱社会秩序罪判处杨某有期徒刑 2 年。

（3）本罪的主体为一般主体。刑法只惩罚聚众扰乱社会秩序的首要分子和其他积极参加者。

（4）本罪的主观方面是故意。犯罪动机多种多样，如有的是为了向有关单位施加压力，以实现个人某种无理要求；有的是发泄对社会或某个单位、某个工作人员的不满。

（二）聚众扰乱社会秩序罪的认定

1. 本罪与非罪的界限。

（1）应当将本罪与扰乱社会秩序的一般违法行为区别开来。本罪的构成要求聚众扰乱社会秩序情节严重，致使工作、生产、营业和教学、科研、医疗无法进行，造成严重损失。另外，只有首要分子和其他积极参加者才负刑事责任。如果聚众扰乱社会秩序的行为，情节并不严重，或者没有导致工作、生产、营业和教学、科研、医疗无法进行，或者并没有造成严重损失，则对为首者不能以犯罪论处。对于聚众扰乱社会秩序中首要分子和积极参加者以外的一般参加者，也不能以本罪论处。

（2）要将本罪与一般性群众聚集事件区别开来。实践中，对于群众为了某些正当要求而针对个别领导官僚主义或工作失误所进行的一般性聚集事件，不宜以本罪论处。但是，如果有的人借机煽动群众聚众扰乱社会秩序，情节严重，致使工作、生产、营业和教学、科研、医疗无法进行，造成严重损失的，仍应以本罪定罪处罚。

2. 本罪与妨害公务罪的界限。

本罪与妨害公务罪在客观方面有相似之处，但两罪具有重要区别：

（1）本罪的侵害对象是所有党政机关、企业、事业单位、人民团体，而妨害公务罪的对象为国家机关工作人员、人民代表大会代表、红十字会工作人员。

（2）本罪可以是暴力性扰乱，也可以是非暴力性扰乱，犯罪方法上没有限制，而妨害公务罪一般情况下都要以暴力、威胁方法构成（只有故意阻碍国家安全机关、公安机关依法执行国家安全工作任务、造成严重后果的行为，构成妨害公务罪不要求使用暴力、威胁方法）。

（3）本罪在具体实施的时空范围上应有所限制，即需要在足以致使工作、生产、经营和教学、科研、医疗无法进行的时空条件下实施，而妨害公务罪的实施必须是在国家机关工作人员等特定人员依法执行职务期间。

（三）聚众扰乱社会秩序罪的处罚

根据《刑法》第 290 条第 1 款的规定，犯本罪的，对首要分子处 3 年以上 7 年以下有期徒刑；对其他积极参加者，处 3 年以下有期徒刑、拘役、管制或者剥夺政治权利。

十二、扰乱国家机关工作秩序罪

（一）扰乱国家机关工作秩序罪的概念和特征

扰乱国家机关工作秩序罪，是指多次扰乱国家机关工作秩序，经行政处罚后仍不改正，造成严重后果的行为。

本罪为《刑法修正案（九）》新增罪名，本罪的构成特征如下：

（1）本罪的客体为国家机关的正常工作秩序。

（2）本罪的客观方面表现为多次扰乱国家机关工作秩序，经行政处罚后仍不改正，造成严重后果的行为。"多次扰乱"，是指 3 次以上扰乱国家机关工作秩序。"经行政处罚后仍不改正"，是指有关机关对扰乱国家机关工作秩序的行为依法进行了行政处罚，但行为人仍然不改正其行为，继续扰乱国家机关工作秩序。"造成严重后果"，是指国家机关正常工作秩序遭到严重影响，无法正常开展工作等。

（3）本罪的主体为一般主体，即年满 16 周岁、具有刑事责任能力的自然人。

（4）本罪的主观方面为故意。

（二）扰乱国家机关工作秩序罪的认定

认定本罪，需要注意区分本罪与非罪的界限。构成本罪需同时具备多次、经行政处罚后仍不改正、造成严重后果三个要件，缺一不可，否则均不成立本罪。其中，尤其需要注意，本罪是法定犯，所以，必须严格依据国家规定确定"扰乱"的判定标准，只有违反国家规定的"扰乱"行为，才符合构成本罪的基本条件。"违反国家规定"，应当根据《刑法》第 96 条的规定判断。任何不以国家规定为依据而任意判断行为人的行为属于"扰乱"行为的做法，违背法治原则，也与刑法设置本罪的立法目的严重不符。

（三）扰乱国家机关工作秩序罪的处罚

根据《刑法》第 290 条第 3 款的规定，犯本罪的，处 3 年以下有期徒刑、拘役或者管制。

十三、编造、故意传播虚假恐怖信息罪

（一）编造、故意传播虚假恐怖信息罪的概念和特征

编造、故意传播虚假恐怖信息罪，是指编造爆炸威胁、生化威胁、放射威胁等恐怖信息，或者明知是编造的恐怖信息而故意传播，严重扰乱社会秩序的行为。

本罪的构成特征如下：

（1）本罪侵犯的客体是社会秩序。

（2）本罪的客观方面表现为编造爆炸威胁、生化威胁、放射威胁等恐怖信息，或者明知是编造的恐怖信息而故意传播，严重扰乱社会秩序的行为。

根据 2013 年 9 月 18 日最高人民法院《关于审理编造、故意传播虚假恐怖信息刑事案件适用法律若干问题的解释》的规定，"虚假恐怖信息"是指以发生爆炸威胁、生化威胁、放射威胁、劫持航空器威胁、重大灾情、重大疫情等严重威胁公共安全的事件为内容，可能引起社会恐慌或者公共安全危机的不真实信息。编造恐怖信息，传播或者放任传播，严重扰乱社会秩序的，应认定为编造虚假恐怖信息罪。明知是他人编造的恐怖信息而故意传播，严重扰乱社会秩序的，应认定为故意传播虚假恐怖信息罪。"严重扰乱社会秩序"，是指以下情形：1）致使机场、车站、码头、商场、影剧院、运动场馆等人员密集场所秩序混乱，或者采取紧急疏散措施的；2）影响航空器、列车、船舶等大型客运交通工具正常运行的；3）致使国家机关、学校、医院、厂矿企业等单位的工作、生产、经营、教学、科研等活动中断的；4）造成行政村或者社区居民生活秩序严重混乱的；5）致使公安、武警、消防、卫生检疫等职能部门采取紧急应对措施的；6）其他严重扰乱社会秩序的。

（3）本罪的主体是一般主体。

（4）本罪的主观方面为故意。

参考案例 23-7

某日下午 2 时 27 分，被告人袁某通过手机打电话给上海太平洋百货有限公司徐汇店，要求该店在 1 小时内向其指定户名的银行账户内汇款人民币 5 万元，否则就要在商场内引爆炸弹自杀。警方接到店方报警后，启动防爆预案，出动大量警力，于下午 3 时左右对上海太平洋百货有限公司徐汇店进行人员疏散，并对该店 9 层楼面逐层清场，排查可疑爆炸物，直至下午 6 时 30 分左右，该店才恢复正常营业，共计停业三个半小时，损失营业额约人民币 58 万元。法院经审理认为，袁某的行为构成编造虚假恐怖信息罪。

（二）编造、故意传播虚假恐怖信息罪的认定

1. 本罪罪名的选择。

本罪为选择性罪名，编造恐怖信息，传播或者放任传播，严重扰乱社会秩序的，应认定为编造虚假恐怖信息罪。明知是他人编造的恐怖信息而故意传播，严重扰乱社会秩序的，应认定为故意传播虚假恐怖信息罪。

2. 本罪的罪数。

根据 2013 年 9 月 18 日最高人民法院《关于审理编造、故意传播虚假恐怖信息刑事案件适用法律若干问题的解释》的规定，编造、故意传播虚假恐怖信息，严重扰乱社会秩序，同时又构成其他犯罪的，择一重罪处罚。根据 2014 年 9 月 9 日最高人民法院、最高人民检察院、公安部《关于办理暴力恐怖和宗教极端刑事案件适用法律若干问题的意见》的规定，编造虚假恐怖信息，或者明知是编造的虚假恐怖信息，在信息网络上散布，或者组织、指使他人在信息网络上散布，造成公共秩序严重混乱，同时构成寻衅滋事罪和编造、故意传播虚假恐怖信息罪的，依照处罚较重的规定定罪处罚。

（三）编造、故意传播虚假恐怖信息罪的处罚

根据《刑法》第 291 条之一的规定，犯本罪的，处 5 年以下有期徒刑、拘役或者管制；造成严重后果的，处 5 年以上有期徒刑。

根据 2013 年 9 月 18 日最高人民法院《关于审理编造、故意传播虚假恐怖信息刑事案件适用法律若干问题的解释》的规定，编造、故意传播虚假恐怖信息，严重扰乱社会秩序，具有下列情形之一的，在 5 年以下有期徒刑范围内酌情从重处罚：（1）致使航班备降或返航，或者致使列车、船舶等大型客运交通工具中断运行的；（2）多次编造、故意传播虚假恐怖信息的；（3）造成直接经济损失 20 万元以上的；（4）造成乡镇、街道区域范围居民生活秩序严重混乱的；（5）具有其他酌情从重处罚情节的。具有下列情形之一的，应当认定为"造成严重后果"，处 5 年以上有期徒刑：（1）造成 3 人以上轻伤或者 1 人以上重伤的；（2）造成直接经济损失 50 万元以上的；（3）造成县级以上区域范围居民生活秩序严重混乱的；（4）妨碍国家重大活动进行的；（5）造成其他严重后果的。

十四、编造、故意传播虚假信息罪

（一）编造、故意传播虚假信息罪的概念和特征

编造、故意传播虚假信息罪，是指编造虚假的险情、疫情、灾情、警情，在信息网络或者其他媒体上传播，或者明知是上述虚假信息，故意在信息网络或者其他媒体上传播，严重扰乱社会秩序的行为。

本罪为《刑法修正案（九）》新增的罪名，本罪的构成特征如下：

（1）本罪的客体为正常的社会秩序。即编造、故意传播虚假信息，严重影响正常的工作、生活秩序，造成严重的社会秩序混乱，破坏社会的和谐稳定。本罪的犯罪对象为虚假的险情、疫情、灾情、警情。"险情"是指突发可能造成重大人员伤亡或者财产损失的情况以及其他危险情况。"疫情"是指疫病尤其是传染病的发生、发展等情况。"灾情"是指火灾、水灾、地质灾害等灾害情况。"警情"是指有违法犯罪行为发生需要出警等情况。

（2）本罪的客观方面表现为编造虚假的险情、疫情、灾情、警情，在信息网络或者其他媒体上传播，或者明知是上述虚假信息，故意在信息网络或者其他媒体上传播，严重扰乱社会秩序的行为。其包括两种行为方式：一是编造虚假信息后传播的行为；二是明知是虚假信息而传播的行为。"其他媒体"，是指信息网络之外的报纸等传统媒体。"严重扰乱社会秩序"，是指造成社会秩序严重混乱，致使工作、生产、营业和教学、科研、医疗等活动遭受严重干扰甚至无法正常开展的情况。

（3）本罪的主体为一般主体，即年满16周岁、具有刑事责任能力的自然人。

（4）本罪的主观方面为故意。行为人编造、传播虚假信息的动机多种多样，但动机的不同，并不影响本罪的成立。

（二）编造、故意传播虚假信息罪的认定

1. 本罪与非罪的界限。

首先，编造、传播的虚假信息必须是险情、疫情、灾情、警情，其他虚假信息不能成为本罪的犯罪对象。其次，传播方式必须为信息网络或者其他媒体。通过口口相传或者贴大字报等形式传播的，不构成本罪。再次，必须造成严重扰乱社会秩序的后果。虽编造、传播虚假信息，但未严重扰乱社会秩序的，不构成本罪。最后，行为人主观上需明知该信息为虚假信息。行为人主观上误认为是真实信息而错误传播的，不适用本罪。

2. 本罪与编造、故意传播虚假恐怖信息罪的界限。

两罪的客体均为正常的社会秩序，主体均为一般主体，主观方面均为故意。不同之处主要在于客观方面：首先，两者犯罪对象不同。本罪为虚假的险情、疫情、灾情、警情等信息，编造、故意传播虚假恐怖信息罪为虚假的爆炸威胁、生化威胁、放射威胁等恐怖信息。其次，两者行为方式并不完全相同。单纯的编造虚假信息，但未传播的不能构成本罪；而单纯的编造虚假恐怖信息，可以构成编造虚假恐怖信息罪。再次，传播方式不同。本罪必须通过信息网络或者其他媒体传播，而编造、传播虚假恐怖信息罪并没有对传播方式做出限制。最后，造成的后果上略有不同。虽然两罪的后果均为严重扰乱社会秩序，但具体上看，虚假信息主要引发群众在社会秩序方面的恐慌，担心险情、疫情、灾情、警情会危及社会秩序，虚假恐怖信息则主要引发群众在公共安全方面的恐慌，担心爆炸威胁、生化威胁、放射威胁等恐怖活动会危及不特定多数人的生命、健康、财产安全。

（三）编造、故意传播虚假信息罪的处罚

根据《刑法》第291条之一第2款的规定，编造、故意传播虚假信息的，处3年以下有期徒刑、拘役或者管制；造成严重后果的，处3年以上7年以下有期徒刑。

十五、高空抛物罪

（一）高空抛物罪的概念和特征

高空抛物罪，是指从建筑物或者其他高空抛掷物品，情节严重的行为。

本罪的构成特征是：

（1）本罪的客体为社会生活秩序，即依据法律和社会公德确定的公共生活规则所维系的社会生活秩序。

（2）本罪的客观方面表现为从建筑物或者其他高空抛掷物品，情节严重的行为。具体需要具备以下两个条件：

第一，必须实施从建筑物或者其他高空抛掷物品的行为。这一构成要素，包含以下意思：1）物品必须从建筑物或者其他高空被抛掷。所谓"建筑物"，是指人工建筑而成的设施，包括居住建筑（如住宅楼房）、公共建筑（如办公楼）、构筑物（如水塔）。所谓"其他高空"，是指距离地面有一定高度的空间，如施工电梯、吊装机械等。落差大、角度陡的斜坡，也可视为"其他高空"。2）必须实施抛掷物品的行为。所谓"抛掷物品"，通常是指向外扔出、丢弃、倒出、泼洒物品等行为。此外，从落差大、角度陡的斜坡上推动或扔出物品，使物品从高处滚落到低处，逻辑上也属于"抛掷物品"。如果物品因刮风等原因从建筑物或其他高空坠落，不属于抛掷物品，尽管物品属于行为人，也不应认定为行为人抛掷物品，不构成本罪。

第二，必须情节严重。情节严重，是高空抛物入罪的基本标准。情节一般、危害不大的高空抛物行为，仅违反《治安管理处罚法》规定的，应当依法予以治安处罚；需要承担民事责任的，应当依照《民法典》的规定处理。

（3）本罪的主体为一般主体。

（4）本罪的主观方面为故意。

（二）高空抛物罪的认定

1. 本罪与非罪的界限。

区分本罪与非罪的界限，需要注意：

（1）不属于情节严重的高空抛物行为，不构成本罪，但符合《治安管理处罚法》有关规定的，属于违法行为，应当予以治安处罚。判断情节是否严重，应当结合抛掷物品的种类、抛掷物品的数量、抛掷物品的次数、抛掷物品的场所、抛掷物品的可能危害等，进行综合分析。

（2）过失造成物品高空坠落的行为，不构成本罪，应依法承担侵权责任的，依照《民法典》的规定处理。

2. 本罪与以危险方法危害公共安全罪的界限。

这两个犯罪的主要区别表现为：

（1）危害的客体不同。以危险方法危害公共安全罪的客体是公共安全；本罪的客体是社会生活秩序。

（2）行为的危险程度不同。《刑法》第114条所规定的"其他危险方法"，必须是与放火、爆炸等危险性质相当的危害公共安全行为，具体危险已经形成，或者危险的现实化已经迫在眉睫；高空抛物行为虽然潜在具有危害公共安全的微弱可能性，但通常没有形成危害公共安全具体危险的现实可能性。换言之，绝大多数高空抛物行为，不是危害公共安全的危险方法，不具有形成危害公共安全具体危险的本质属性。

（3）入罪的门槛不同。以危险方法危害公共安全罪，以危害公共安全的具体危险已经形成作为入罪的基本条件，并不要求已经造成相应的危害后果；高空抛物罪，以情节严重作为入罪的基本条件，情节严重与否的判断要素中，包含已经造成的破坏社会生活秩序的后果。所以，在司法实务中，对高空抛物行为，原则上不应认定为以危险方法危害公共安全罪，但个别高空抛物行为确实危及公共安全，与放火、爆炸等行为方式具有程度相当的危险性的，应当按照以危险方法危害公共安全罪定罪处罚。

3. 本罪与故意侵犯人身权利犯罪的界限。

如上所述，高空抛物行为，虽然有可能构成以危险方法危害公共安全罪，但并非所有超出危害社会生活秩序的高空抛物行为，只能构成危害公共安全犯罪。如果具体的高空抛物行为不仅危害社会生活秩序，而且同时侵犯人身权利的，就应当按照具体行为所符合的构成要件，以故意伤害罪、故意杀人罪（未遂）等定罪处刑。

4. 本罪与高空坠物犯罪的界限。

本罪与高空坠物犯罪的区分，以主观罪过的性质为标准。过失导致物品从高空坠落，致人死亡、重伤，符合《刑法》第233条、第235条规定的，依照过失致人死亡罪、过失致人重伤罪定罪处罚。在生产、作业中违反有关安全管理规定，从高空坠落物品，发生重大伤亡事故或者造成其他严重后果的，依照《刑法》第134条第1款的规定，以重大责任事故罪定罪处罚。

司法典型案例：
廖善香过失致人死亡案

（三）高空抛物罪的处罚

根据《刑法》第291条之二第1款的规定，犯高空抛物罪的，处1年以下有期徒刑、拘役或者管制，并处或者单处罚金。根据《刑法》第291条之二第2款的规定，有高空抛物行为，同时构成其他犯罪的，依照处罚较重的规定定罪处罚。

十六、聚众斗殴罪

（一）聚众斗殴罪的概念和特征

聚众斗殴罪，是指聚集多人，在为首分子的领导和指挥下结伙殴斗，破坏公共秩序的行为。

本罪的构成特征如下：

（1）本罪的客体为公共秩序。这里的公共秩序，是指根据法律和社会公德确立的公共生活规则所维持的社会正常秩序，包括公共场所秩序和非公共场所秩序。

（2）本罪在客观方面表现为聚集多人，结伙殴斗的行为。所谓聚集多人，是指纠集3人以上；所谓结伙殴斗，是指由同伙组成的一群人与另一伙人或两伙人之间进行殴斗的行为。这种殴斗往往造成人身伤害等严重后果，但构成本罪，只需要行为人实施了聚众斗殴的行为，并不要求发生其他严重后果。

参考案例 23-8

某年7月6日，S县张某（19岁）、王某（20岁）因故发生口角，二人互不服气，争吵不休，后被旁人劝开。8月20日，两人再次相遇，发生冲突，遂相约于次日下午至县城南面护城河边械斗。次日下午2时左右，二人各纠集二十余人，持西瓜刀、铁棍等至约定地点开始械斗。双方互相砍打，引起周围群众围观，中断交通达半小时之久。公安人员接到报警赶到现场，责令双方停止械斗，但众人依然不听制止。直到警方鸣枪示警，双方才停止械斗。在械斗中，双方轻伤二十余人。最后，法院以聚众斗殴罪对张某、王某定罪处罚。

（3）本罪的主体为一般主体。刑法处罚的是聚众斗殴的首要分子和其他积极参加者。一般参加者不构成本罪。

（4）本罪的主观方面为故意，并且是出于报私仇宿怨、争霸一方或寻找精神刺激等不正当目的，否则不能构成本罪。

（二）聚众斗殴罪的认定

1. 本罪与非罪的界限。

在认定聚众斗殴罪时，应与因民事纠纷而发生的一般的斗殴或者持械斗殴的行为加以区别。

对于群众中因民事纠纷而发生的一般的斗殴或者持械斗殴的行为，因其不具有聚众斗殴罪的主观故意内容，即使形式上表现为相互殴斗，也不能认定其性质为聚众斗殴罪。如果没有发生严重后果，只属于一般违法行为；如果发生了严重后果，也不能以本罪论处，根据案件具体性质对其可以按其他有关犯罪处理。

2. 本罪与故意伤害罪、故意杀人罪的界限。

根据《刑法》第292条第2款的规定，聚众斗殴，致人重伤、死亡的，应以故意伤害罪、故意杀人罪定罪处罚。

（三）聚众斗殴罪的处罚

根据《刑法》第292条第1款的规定，聚众斗殴的，对首要分子和其他积极参加的，处3年以下有期徒刑、拘役或者管制；有下列情形之一的，对首要分子和其他积极参加的，处3年以上10年以下有期徒刑：（1）多次聚众斗殴的；（2）聚众斗殴人数多，规模大，社会影响恶劣的；（3）在公共场所或者交通要道聚众斗殴，造成社会秩序严重混乱的；（4）持械聚众斗殴的。

十七、寻衅滋事罪

（一）寻衅滋事罪的概念和特征

寻衅滋事罪，是指寻衅滋事，破坏社会秩序，情节严重的行为。

本罪的构成特征如下：

（1）本罪的客体是社会公共秩序，即人们遵守共同生活规则所形成的正常秩序，既包括公共场所的秩序，也包括非公共场所人们遵守的公共生活规则所形成的秩序。

（2）本罪在客观方面表现为寻衅滋事，破坏社会秩序的行为。根据2013年7月15日最高人民法院、最高人民检察院《关于办理寻衅滋事刑事案件适用法律若干问题的解释》的规定，行为人为寻求刺激、发泄情绪、逞强耍横等，无事生非，实施《刑法》第293条规定的行为的，应当认定为"寻衅滋事"。行为人因日常生活中的偶发矛盾纠纷，借故生非，实施《刑法》第293条规定的行为的，应当认定为"寻衅滋事"，但矛盾系由被害人故意引发或者被害人对矛盾激化负有主要责任的除外。行为人因婚恋、家庭、邻里、债务等纠纷，实施殴打、辱骂、恐吓他人或者损毁、占用他人财物等行为的，一般不认定为"寻衅滋事"，但经有关部门批评制止或者处理处罚后，继续实施前列行为，破坏社会秩序的除外。

根据《刑法》第293条的规定，下面四种严重破坏社会秩序的寻衅行为是犯罪行为：

第一，随意殴打他人，情节恶劣的。根据2013年7月15日最高人民法院、最高人民检察院《关于办理寻衅滋事刑事案件适用法律若干问题的解释》的规定，这里的"情节恶劣"是指：1）致1人以上轻伤或者2人以上轻微伤的；2）引起他人精神失常、自杀等严重后果的；3）多次随意殴打他人的；4）持凶器随意殴打他人的；5）随意殴打精神病人、残疾人、流浪乞讨人员、老年人、孕妇、未成年人，造成恶劣社会影响的；6）在公共场所随意殴打他人，造成公共场所秩序严重混乱的；7）其他情节恶劣的情形。根据2014年9月9日最高人民法院、最高人民检察院、公安部《关于办理暴力恐怖和宗教极端刑事案件适用法律若干问题的意见》的规定，以"异教徒""宗教叛徒"等为由，随意殴打他人，扰乱社会秩序，情节恶劣的，以寻衅滋事罪定罪处罚。

社会热点：
唐山烧烤店打人事件

第二，追逐、拦截、辱骂、恐吓他人，情节恶劣的。根据2013年7月15日最高人民法院、最高人民检察院《关于办理寻衅滋事刑事案件适用法律若干问题的解释》的规定，这里的"情节恶劣"是指：1）多次追逐、拦截、辱骂、恐吓他人，造成恶劣社会影响的；2）持凶器追逐、拦截、辱骂、恐吓他人的；3）追逐、拦截、辱骂、恐吓精神病人、残疾人、流浪乞讨人员、老年人、孕妇、未成年人，造成恶劣社会影响的；4）引起他人精神失常、自杀等严重后果的；5）严重影响他人的工作、生活、生产、经营的；6）其他情节恶劣的情形。根据2013年9月6日最高人民法院、最高人民检察院《关于办理利用信息网络实施诽谤等刑事案件适用法律若干问题的解释》的规定，利用信息网络辱骂、恐吓他人，情节恶劣，破坏社会秩序的，以寻衅滋事罪定罪处罚。根据2014年9月9日最高人民法院、最高人民检察院、公安部《关于办理暴力恐怖和宗教极端刑事案件适用法律若干问题的意见》的规定，以"异教徒""宗教叛徒"等为由，随意追逐、拦截、辱骂他人，扰乱社会秩序，情节恶劣的，以寻衅滋事罪定罪处罚。根据2019

年 4 月 9 日最高人民法院、最高人民检察院、公安部、司法部《关于办理实施"软暴力"的刑事案件若干问题的意见》的规定，采用"软暴力"手段，使他人产生心理恐惧或者形成心理强制，属于《刑法》第 293 条第 1 款第 2 项规定的"恐吓"，同时符合其他犯罪构成要件的，应当以寻衅滋事罪定罪处罚。根据 2019 年 7 月 23 日最高人民法院、最高人民检察院、公安部、司法部《关于办理利用信息网络实施黑恶势力犯罪刑事案件若干问题的意见》的规定，利用信息网络辱骂、恐吓他人，情节恶劣，破坏社会秩序的，依照《刑法》第 293 条第 1 款第 2 项的规定，以寻衅滋事罪定罪处罚。

第三，强拿硬要或者任意毁损、占用公私财物，情节严重的。根据 2013 年 7 月 15 日最高人民法院、最高人民检察院《关于办理寻衅滋事刑事案件适用法律若干问题的解释》的规定，这里的"情节严重"是指：1）强拿硬要公私财物价值 1 000 元以上，或者任意损毁、占用公私财物价值 2 000 元以上的；2）多次强拿硬要或者任意损毁、占用公私财物，造成恶劣社会影响的；3）强拿硬要或者任意损毁、占用精神病人、残疾人、流浪乞讨人员、老年人、孕妇、未成年人的财物，造成恶劣社会影响的；4）引起他人精神失常、自杀等严重后果的；5）严重影响他人的工作、生活、生产、经营的；6）其他情节严重的情形。

根据 2019 年 4 月 9 日最高人民法院、最高人民检察院、公安部、司法部《关于办理实施"软暴力"的刑事案件若干问题的意见》的规定，《关于办理寻衅滋事刑事案件适用法律若干问题的解释》第 2 条至第 4 条中的"多次"一般应当理解为 2 年内实施寻衅滋事行为 3 次以上。3 次以上寻衅滋事行为既包括同一类别的行为，也包括不同类别的行为；既包括未受行政处罚的行为，也包括已受行政处罚的行为。

第四，在公共场所起哄闹事，造成公共场所秩序严重混乱的。根据 2013 年 7 月 15 日最高人民法院、最高人民检察院《关于办理寻衅滋事刑事案件适用法律若干问题的解释》的规定，在车站、码头、机场、医院、商场、公园、影剧院、展览会、运动场或者其他公共场所起哄闹事，应当根据公共场所的性质、公共活动的重要程度、公共场所的人数、起哄闹事的时间、公共场所受影响的范围与程度等因素，综合判断是否"造成公共场所秩序严重混乱"。根据 2013 年 9 月 6 日最高人民法院、最高人民检察院《关于办理利用信息网络实施诽谤等刑事案件适用法律若干问题的解释》的规定，编造虚假信息，或者明知是编造的虚假信息，在信息网络上散布，或者组织、指使人员在信息网络上散布，起哄闹事，造成公共秩序严重混乱的，以寻衅滋事罪定罪处罚。根据 2019 年 7 月 23 日最高人民法院、最高人民检察院、公安部、司法部《关于办理利用信息网络实施黑恶势力犯罪刑事案件若干问题的意见》的规定，编造虚假信息，或者明知是编造的虚假信息，在信息网络上散布，或者组织、指使人员在信息网络上散布，起哄闹事，造成公共秩序严重混乱的，依照《刑法》第 293 条第 1 款第 4 项的规定，以寻衅滋事罪定罪处罚。

参考案例 23-9

甲、乙两人酒后强行闯入电影院，吵吵嚷嚷，遭到其他观众的指责后，才安静下来坐在后排看电影。甲看得无聊，将几张报纸点燃，火光在漆黑的电影院中非常耀眼。甲、乙同时狂呼大叫："起火了！"顿时电影院中秩序大乱，观众纷纷外逃，十余人被挤伤，影院的设施也遭到一定的损坏。法院以寻衅滋事罪分别判处甲、乙有期徒刑 1 年。

（3）本罪的主体为一般主体。

（4）本罪的主观方面为故意，犯罪动机主要是寻求刺激、发泄情绪、逞强耍横等。

（二）寻衅滋事罪的认定

1. 本罪与非罪的界限。

根据《刑法》第 293 条的规定，寻衅滋事的四种行为方式必须分别具备"情节严重"、"情节恶劣"或者"造成公共场所秩序严重混乱"的，才构成本罪。对于情节轻微、危害不大的寻衅滋事行为，只能以一般违法行为论处。此外，行为人是否具有"寻衅滋事"的主观动机，也是区别本罪与非罪界限的关键构成要素。

2. 本罪与其他罪的界限。

（1）在实践中，应注意区分本罪与聚众扰乱社会秩序罪，聚众扰乱公共场所秩序、交通秩序罪的界限。其主要区别在于：1）主观上，本罪行为人的主观动机主要是寻求刺激、发泄情绪、逞强耍横等，而后两罪的行为人一般是为了发泄对社会或单位的不满，或者实现个人的某种特定利益。2）客观行为表现不同。本罪的行为表现为法定的四种情形，而后两罪主要表现为聚众扰乱特定秩序的行为。

（2）应注意本罪与抢劫罪的区别。根据 2005 年 6 月 8 日最高人民法院《关于审理抢劫、抢夺刑事案件适用法律若干问题的意见》的规定，寻衅滋事是严重扰乱社会秩序的犯罪，行为人实施寻衅滋事的行为时，客观上也可能表现为强拿硬要公私财物的特征。这种强拿硬要的行为与抢劫罪的区别在于：前者行为人主观上还具有逞强好胜和通过强拿硬要来填补其精神空虚等目的，后者行为人一般只具有非法占有他人财物的目的；前者行为人客观上不以严重侵犯他人人身权利的方法强拿硬要财物，而后者行为人则以暴力、胁迫等方式作为劫取他人财物的手段。司法实践中，对于未成年人使用或威胁使用轻微暴力强抢少量财物的行为，一般不宜以抢劫罪定罪处罚。其行为符合寻衅滋事罪特征的，可以寻衅滋事罪定罪处罚。根据 2006 年 1 月 11 日最高人民法院《关于审理未成年人刑事案件具体应用法律若干问题的解释》第 7 条第 1 款的规定，已满 14 周岁不满 16 周岁的人使用轻微暴力或者威胁，强行索要其他未成年人随身携带的生活、学习用品或者钱财数量不大，且未造成被害人轻微伤以上或者不敢正常到校学习、生活等危害后果的，不认为是犯罪。该条第 2 款规定，已满 16 周岁不满 18 周岁的人具有前款规定情形的，一般也不认为是犯罪。根据该解释第 8 条的规定，已满 16 周岁不满 18 周岁的人出于以大欺小、以强凌弱或者寻求精神刺激，随意殴打其他未成年人、多次对其他未成年人强拿硬要或者任意损毁公私财物，扰乱学校及其他公共场所秩序，情节严重的，以寻衅滋事罪定罪处罚。

（3）应注意本罪与催收非法债务罪的区别。《刑法修正案（十一）》新增《刑法》第 293 条之一催收非法债务罪，是指催收高利放贷等产生的非法债务，情节严重的行为。催收非法债务罪与寻衅滋事罪类似，在客观上均可表现为暴力殴打、恐吓、跟踪（追逐）、骚扰（拦截）等滋扰他人的行为。两者的区别之处在于，催收非法债务罪还可表现为胁迫、限制他人人身自由或者侵入他人住宅的行为；寻衅滋事罪表现为"无事生非""借故生非"，而催收非法债务罪则确实存在着因放贷产生债务的纠纷。

（4）准确区分寻衅滋事罪与故意伤害罪。根据 2022 年 12 月 22 日最高人民检察院、公安部《关于依法妥善办理轻伤害案件的指导意见》的规定，对出现被害人轻伤后果的案件，人民检察院、公安机关要全面分析案件性质，查明案件发生起因、犯罪嫌疑人的动机、是否有涉黑涉恶或者其他严重情节等，依法准确定性，不能简单化办案，一概机械认定为故意伤害罪。犯罪嫌疑人无事生非、借故生非，随意殴打他人的，属于"寻衅滋事"，构成犯罪的，应当以寻衅滋事罪依法从严惩处。

3. 本罪中一罪与数罪问题。

根据 2013 年 7 月 15 日最高人民法院、最高人民检察院《关于办理寻衅滋事刑事案件适用法律若干问题的解释》的规定，实施寻衅滋事行为，同时符合寻衅滋事罪和故意杀人罪、故意伤害罪、故意毁坏财物罪、敲诈勒索罪、抢夺罪、抢劫罪等罪的构成要件的，依照处罚较重的犯罪定罪处罚。根据 2014 年 9 月 9 日最高人民法院、最高人民检察院、公安部《关于办理暴力恐怖和宗教极端刑事案件适用法律若干问题的意见》的规定，以"异教徒""宗教叛徒"等为由，随意殴打、追逐、拦截、辱骂他人，扰乱社会秩序，情节恶劣的，同时又构成故意伤害罪、妨害公务罪等其他犯罪的，依照处罚较重的规定定罪处罚。

（三）寻衅滋事罪的处罚

根据《刑法》第 293 条的规定，犯本罪的，处 5 年以下有期徒刑、拘役或者管制。纠集他人多次实施前述行为，严重破坏社会秩序的，处 5 年以上 10 年以下有期徒刑，可以并处罚金。根据 2013 年 7 月 15 日最高人民法院、最高人民检察院《关于办理寻衅滋事刑事案件适用法律若干问题的解释》的规定，纠集他人 3 次以上实施寻衅滋事犯罪，未经处理的，应当依照《刑法》第 293 条第 2 款的规定处罚。行为人认罪、悔罪，积极赔偿被害人损失或者取得被害人谅解的，可以从轻处罚；犯罪情节轻微的，可以不起诉或者免予刑事处罚。

十八、催收非法债务罪

（一）催收非法债务罪的概念和特征

催收非法债务罪，是指使用暴力、胁迫等方法，催收高利放贷等产生的非法债务，情节严重的行为。

本罪的构成特征是：

（1）本罪的客体具体表现为，不仅侵犯被害人的财产权，而且还侵犯被害人及他人的人身权利，干扰相关社会成员的正常生活、工作秩序，严重扰乱社会秩序。

（2）本罪的客观方面表现为使用暴力、胁迫等方法，催收高利放贷等产生的非法债务，情节严重的行为。具体的构成要素，包括以下几方面：

第一，必须实施特定的手段行为。本罪的客观行为是复合行为，《刑法》第 293 条之一对本罪的手段行为和目的行为，都有具体、明确的规定。本罪的手段行为，依法分为三类：1）使用暴力、胁迫方法。"暴力"，是指殴打、伤害、强力压制他人身体的方法，使被害人不能抗拒。"胁迫"，是指对被害人施以威胁、压迫等精神上的强制，迫使被害人就范，不敢抗拒。2）限制他人人身自由或者侵入他人住宅。"限制他人人身自由"，法律对具体方式未作明确界定，逻辑上包含暴力方式和非暴力方式，捆绑、关押等手段，属于暴力方式；扣留他人身份证或身份识别工具使其无法外出或行动范围受到限制等，属于非暴力方式。"侵入他人住宅"，表现为行为人未经住宅主人的有效同意，非法进入他人住宅的行为，或者行为人虽经允许进入他人住宅，但住宅主人要求其退出后拒不退出的行为。3）恐吓、跟踪、骚扰他人。"恐吓"，具体的行为方式、手段多种多样，不论具体的方式、手段，只要使被害人产生心里恐惧或者对被害人形成心理强制，就属于"恐吓"。"跟踪"，是对被害人实施尾随、守候、贴靠、盯梢等行为，使被害人内心形成恐惧或受到心理强制。"骚扰"，与恐吓一样，具体方式、手段多种多样，只要使被害人内心形成恐惧或受到心理强制，客观上影响并限制他人的人身自由，危及人身财产安全，影响正常生活、生产，就可以认定属于"骚扰"。

第二，行为目的是催收高利放贷等产生的非法债务。这一客观构成要素必须符合两个条件：1）实施催收行为。行为人实施催收行为的目的，是将高利放贷等产生的非法债务明确化、固定化、收讫化。2）催收的必须是"高利放贷等产生的非法债务"，包括高利贷债务、赌债、毒债等。凡基于违法犯罪行为产生的债务，均属于本罪规定的非法债务。

（3）本罪的主体是一般主体。

（4）本罪的主观方面是故意，并且必须具有催收非法债务的目的。

（二）催收非法债务罪的认定

1. 本罪与非罪的界限。

认定本罪，区分罪与非罪的界限，要注意两个重要的方面：

（1）催收非法债务的行为，只有情节严重的，才构成本罪。判断情节是否严重，应着重考察采用《刑法》第 293 条之一第 2 项、第 3 项的手段行为，是否符合情节严重的入罪标准。对采用限制他人人身自由或者侵入他人住宅手段的，如果情节一般，不属于情节严重，应根据《治安管理处罚法》第 40 条的规定，予以治安处罚。对采用恐吓、跟踪、骚扰手段的，如果情节一般，没有达到情节严重标准的，应依据《治安管理处罚法》第 42 条等的规定，予以治安处罚。对采用拘禁方式或多次限制他人自由的，采用恶劣手段或多次侵入他人住宅的，可以认定为情节严重。

（2）催收合法债务的行为，形式上和本质上是基于债务合法性的维权行为，即便维权行为有一定瑕疵或过激之处，也不构成犯罪。具体而言，根据 2013 年 7 月 22 日最高人民法院、最高人民检察院《关于办理寻衅滋事刑事案件适用法律若干问题的解释》第 1 条第 3 款的规定，行为人因合法债务等纠纷，实施殴打、辱骂、恐吓他人或者损毁、占用他人财物等行为的，一般不认定为"寻衅滋事"，但经有关部门批评制止或者处理处罚后，继续实施前列行为，破坏社会秩序的除外。也就是说，催收合法债务的行为，不具有寻衅滋事的属性，根本不构成寻衅滋事罪；即便是符合司法解释极端例外规定的情形，也不宜以寻衅滋事罪定罪处罚。

2. 依据行为的主观目的区分此罪与彼罪。

本罪在主观方面必须以催收非法债务为目的，属于目的犯。本罪的特定目的，是区分催收非法债务罪与其他犯罪界限的关键构成要素。

（1）与侵犯财产犯罪的界限。行为人如果采用《刑法》第293条之一第1项的手段行为实施犯罪，即使用暴力、胁迫方法实施犯罪，需要根据行为人的行为目的，认定具体犯罪的性质。如果行为人当场使用暴力、胁迫抢劫公私财物，与催收非法债务无关，应以抢劫罪定罪处罚；如果行为人对公私财物的所有人、保管人使用胁迫方法，勒索公私财物，与催收非法债务无关，应以敲诈勒索罪定罪处刑；等等。

（2）与侵犯人身权利犯罪的界限。催收合法债务的行为，虽然不符合寻衅滋事罪的构成要件，更不符合催收非法债务罪的成立条件，但行为人使用的手段行为有可能构成侵犯人身权利的具体犯罪。例如，根据《刑法》第238条第3款的规定，为索取债务非法扣押、拘禁他人的，依照非法拘禁罪的规定处罚。这里的"为索取债务非法扣押、拘禁他人"，就是为了胁迫他人履行合法债务，而将他人非法拘禁、剥夺其人身自由的行为。相应的，如果行为人为催收合法债务伤害他人身体，致人轻伤或重伤的，应以故意伤害罪定罪处罚。

3. 本罪的罪数问题。

催收非法债务的手段行为，同时构成其他犯罪的，如寻衅滋事罪、故意伤害罪、故意杀人罪等，应当依照处罚较重的犯罪定罪处罚。

（三）催收非法债务罪的处罚

根据《刑法》第293条之一的规定，犯催收非法债务罪的，处3年以下有期徒刑、拘役或者管制，并处或者单处罚金。

十九、组织、领导、参加黑社会性质组织罪

（一）组织、领导、参加黑社会性质组织罪的概念和特征

组织、领导、参加黑社会性质组织罪，是指组织、领导或者参加以暴力、威胁或其他手段，有组织地进行违法犯罪活动，称霸一方，为非作恶，欺压、残害群众，严重破坏经济、社会生活秩序的黑社会性质组织的行为。

本罪的构成特征如下：

（1）本罪的犯罪客体是社会管理秩序。

（2）本罪的客观方面表现为组织、领导、参加黑社会性质组织的行为。《刑法修正案（八）》将2002年4月28日全国人大常委会在《关于〈中华人民共和国刑法〉第二百九十四条第一款的解释》的内容纳入《刑法》作为第294条第5款。根据该款规定，"黑社会性质组织"应当同时具备以下特征：第一，形成较稳定的犯罪组织，人数较多，有明确的组织者、领导者，骨干成员基本固定；第二，有组织地通过违法犯罪活动或者其他手段获取经济利益，具有一定的经济实力，以支持该组织的活动；第三，以暴力、威胁或者其他手段，有组织地多次进行违法犯罪活动，为非作恶，欺压、残害群众；第四，通过实施违法犯罪活动，或者利用国家工作人员的包庇或者纵容，称霸一方，在一定区域或者行业内，形成非法控制或者重大影响，严重破坏经济、社会生活秩序。

司法典型案例：
龚品文等组织、领导、参加黑社会性质组织案

组织、领导、参加黑社会性质组织，作为本罪客观方面的选择性行为，行为人只要实施其中行为之一的，即构成本罪。这里的"组织"，是指倡导、发起、组建黑社会性质组织的行为；"领导"，是指在这种组织中居于头目地位，对其活动起着策划、决策、指挥、协调等作用；"参加"，是指明知是黑社会性质组织仍予以加入的情况，包括积极参加，也包括一般性的参加。

（3）本罪的主体是一般主体。

（4）本罪的主观方面是直接故意。即明知是黑社会性质组织而决意组织、领导、参加。

（二）组织、领导、参加黑社会性质组织罪的认定

1. 组织黑社会性质组织罪与入境发展黑社会组织罪的区别。

《刑法》第 294 条第 2 款规定的入境发展黑社会组织罪，是指境外的黑社会组织的人员到中华人民共和国境内发展组织成员的行为。入境发展黑社会组织罪的行为，也属于一种组织行为，但入境发展黑社会组织罪与组织黑社会性质组织罪存在区别：

（1）主体方面，前者的主体为特殊主体，仅限于境外的黑社会组织的人员，包括港、澳、台黑社会组织的人员；后者的主体是一般主体。

（2）在客观方面，前者是发展境外"黑社会组织"成员的行为，即将境内、外人员吸收为境外黑社会组织成员或者对该组织成员进行内部调整等行为；后者是组织"黑社会性质组织"的行为。"黑社会性质组织"在组织程度、规模等方面与境外成熟的、典型的"黑社会组织"均存在差异。

2. 黑社会性质组织与恶势力（团伙）、恶势力犯罪集团的区别。

认定黑社会性质组织，应当严格根据《刑法》第 294 条第 5 款的规定，以及司法解释、规范性文件的具体规定，做出准确的判断。其中，不能将恶势力（团伙）、恶势力犯罪集团"拔高"认定为黑社会性质组织，是司法认定中必须严守的法治底线。根据 2019 年 4 月 9 日最高人民法院、最高人民检察院、公安部、司法部《关于办理恶势力刑事案件若干问题的意见》的规定，恶势力（团伙），是指经常纠集在一起，以暴力、威胁或者其他手段，在一定区域或者行业内多次实施违法犯罪活动，为非作恶，欺压百姓，扰乱经济、社会生活秩序，造成较为恶劣的社会影响，但尚未形成黑社会性质组织的违法犯罪组织。恶势力犯罪集团，是指符合恶势力（团伙）全部认定条件，同时又符合犯罪集团法定条件的犯罪组织。《关于办理恶势力刑事案件若干问题的意见》对恶势力（团伙）的认定条件、恶势力犯罪集团的认定条件，有具体明确的规定，司法实务中应严格适用，既要严格区分黑社会性质组织与恶势力（团伙）、恶势力犯罪集团的界限，又要严格区分恶势力（团伙）犯罪、恶势力犯罪集团犯罪与普通刑事犯罪的界限。

《反有组织犯罪法》第 2 条第 1 款明确规定："本法所称有组织犯罪，是指《中华人民共和国刑法》第二百九十四条规定的组织、领导、参加黑社会性质组织犯罪，以及黑社会性质组织、恶势力组织实施的犯罪。"该条第 2 款明确规定："本法所称恶势力组织，是指经常纠集在一起，以暴力、威胁或者其他手段，在一定区域或者行业领域内多次实施违法犯罪活动，为非作恶，欺压群众，扰乱社会秩序、经济秩序，造成较为恶劣的社会影响，但尚未形成黑社会性质组织的犯罪组织。"据此，恶势力组织，逻辑上包含恶势力犯罪集团和恶势力犯罪团伙两种犯罪组织形式；而且，恶势力犯罪集团和恶势力犯罪团伙，与《刑法》分则规定的黑社会性质组织相比，是在法律性质上有严格区别的犯罪组织。

（三）组织、领导、参加黑社会性质组织罪的处罚

根据《刑法》第 294 条第 1 款和第 4 款的规定，组织、领导黑社会性质的组织的，处 7 年以上有期徒刑，并处没收财产；积极参加的，处 3 年以上 7 年以下有期徒刑，可以并处罚金或者没收财产；其他参加的，处 3 年以下有期徒刑、拘役、管制或者剥夺政治权利，可以并处罚金。犯本罪又有其他犯罪行为的，依照数罪并罚的规定处罚。根据 2000 年 12 月 5 日最高人民法院《关于审理黑社会性质组织犯罪的案件具体应用法律若干问题的解释》的规定，组织、领导、参加黑社会性质的组织又有其他犯罪行为的，依照数罪并罚的规定处罚；对于黑社会性质组织的组织者、领导者，应当按照其所组织、领导的黑社会性质组织所犯的全部罪行处罚；对于黑社会性质组织的参加者，应当按照其所参与的犯罪处罚。对于参加黑社会性质组织，没有实施其他违法犯罪活动的，或者受蒙蔽、胁迫参加黑社会性质组织，情节轻微的，可以不作为犯罪处理。国家机关工作人员组织、领导、参加黑社会性质组织的，从重处罚。

参考案例 23－10

被告人杨某、吴某、陈某三人为首，纠集同乡被告人何某、成某等十余人，在某市龙山码头长期向过往运输砂石的车辆强行收取"保护费""过路费"，敛取钱财达八十余万元。何某、成某等充当打手，对抗拒交纳"保护费""过路费"的司机、押运人员施以暴力或以暴力相威胁，影响恶劣。某日，外地司机韩某从码头路过，何某向韩某索要"过路费"，韩某坚决拒付，何某便唆使被告人刘某上前"教训"韩

某，刘某用铁棍将韩某打成重伤，何某见韩某躺在地上不动弹方离开。法院认定被告人杨某、吴某、陈某成立组织、领导黑社会性质组织罪和故意伤害罪；认定被告人何某和刘某成立参加黑社会性质组织罪和故意伤害罪；认定被告人成某成立参加黑社会性质组织罪。

二十、赌博罪

（一）赌博罪的概念和特征

赌博罪，是指以营利为目的，聚众赌博或者以赌博为业的行为。

本罪的构成特征如下：

（1）本罪所侵犯的客体是社会风尚和社会管理秩序。

（2）本罪的客观方面表现为聚众赌博或者以赌博为业的行为。

所谓聚众赌博，是指为赌博提供场所、赌具，聚集、组织、招引他人参与赌博，从中抽头渔利的行为。这种人俗称"赌头"。至于行为人本人是否参加赌博，不影响本罪的成立。按照2005年5月11日最高人民法院、最高人民检察院《关于办理赌博刑事案件具体应用法律若干问题的解释》第1条的规定，以营利为目的，并具有下列情形之一的，属于"聚众赌博"：1）组织3人以上赌博，抽头渔利数额累计达到5000元以上的；2）组织3人以上赌博，赌资数额累计达到5万元以上的；3）组织3人以上赌博，参赌人数累计达到20人以上的；4）组织中华人民共和国公民10人以上赴境外赌博，从中收取回扣、介绍费的。赌博犯罪中用作赌注的款物、换取筹码的款物和通过赌博赢取的款物均属于赌资。通过计算机网络实施赌博犯罪的，赌资数额可以按照在计算机网络上投注或者赢取的点数乘以每一点实际代表的金额认定。

根据2020年10月16日最高人民法院、最高人民检察院、公安部《办理跨境赌博犯罪案件若干问题的意见》的规定，组织、招揽中华人民共和国公民赴境外赌博，从参赌人员中获取费用或者其他利益的，属于《刑法》第303条第1款规定的"聚众赌博"。

所谓以赌博为业，是指以赌博为常业，靠赌博所得为生活或挥霍的主要来源，或者虽有正当的谋生手段，但以赌博为兼业，长期在业余时间从事赌博，输赢数额大大超过正当收入的情况。

根据2005年5月11日最高人民法院、最高人民检察院《关于办理赌博刑事案件具体应用法律若干问题的解释》，中华人民共和国公民在我国领域外周边地区聚众赌博，以吸引中华人民共和国公民为主要客源，构成赌博罪的，可以依照刑法规定追究刑事责任。明知他人实施赌博犯罪活动，而为其提供资金、计算机网络、通讯、费用结算等直接帮助的，以赌博罪的共犯论处。

参考案例 23-11

被告人朱某、杨某组织、招引他人参与赌博，其内部以抽头渔利获得的赃款按入股多少分赃。被公安机关查获为止，二人共计抽头渔利30余万元。法院经审理认为，被告人朱某、杨某以营利为目的，聚众赌博，其行为已构成赌博罪。鉴于二被告人能坦白认罪，积极退赃，有悔罪表现，可从轻处罚。法院以赌博罪判处朱某有期徒刑10个月，并处罚金人民币1万元，以赌博罪判处杨某有期徒刑8个月，并处罚金人民币1万元。

（3）本罪的主体为一般主体。

（4）本罪的主观方面为故意，并且行为人具有营利的目的。

（二）赌博罪的认定

司法实践中应当注意罪与非罪的认定。行为人主观上是否具有营利目的是正确区分本罪与非罪界限的显著标志。根据2005年5月11日最高人民法院、最高人民检察院《关于办理赌博刑事案件具体应用法律若干问题的解释》的规定，不以营利为目的，进行带有少量财物输赢的娱乐活动的，以及提供棋牌室等娱乐场所只收取正常的场所和服务费用的经营行为等，不以赌博罪论处。

（三）赌博罪的处罚

根据《刑法》第303条第1款的规定，犯本罪的，处3年以下有期徒刑、拘役或者管制，并处罚金。

二十一、开设赌场罪

（一）开设赌场罪的概念和特征

开设赌场罪是指设立相对固定的场所，或者在计算机网络上建立赌博网站，或者为赌博网站担任代理，在较长时间内吸引不特定多人或者公众参与赌博，非法经营赌博的活动达到较大规模的行为。

本罪的构成特征如下：

（1）本罪的客体是复杂客体，包括正常的社会管理秩序以及社会风尚。

（2）本罪的客观方面表现为设立相对固定的场所，或者在计算机网络上建立赌博网站，或者为赌博网站担任代理，在较长时间内吸引不特定多人或者公众参与赌博，非法经营赌博的活动达到较大规模的行为。

换言之，经营场所（包括网站）较为固定，持续活动时间较长，面向公众或者不特定多人开放，非法经营规模稳定或者较大，是开设赌场罪的客观特征，也是本罪区别于赌博罪中的聚众赌博行为的标志。

司法典型案例：
洪小强、洪礼沃、洪清泉、李志荣开设赌场案

根据 2005 年 5 月 11 日最高人民法院、最高人民检察院《关于办理赌博刑事案件具体应用法律若干问题的解释》的规定，以营利为目的，在计算机网络上建立赌博网站，或者为赌博网站担任代理，接受投注的，属于《刑法》第 303 条规定的"开设赌场"。根据 2010 年 8 月 31 日最高人民法院、最高人民检察院、公安部《关于办理网络赌博犯罪案件适用法律若干问题的意见》第 1 条第 1 款的规定，利用互联网、移动通讯终端等传输赌博视频、数据，组织赌博活动，具有下列情形之一的，属于《刑法》第 303 条第 2 款规定的"开设赌场"行为：1）建立赌博网站并接受投注的；2）建立赌博网站并提供给他人组织赌博的；3）为赌博网站担任代理并接受投注的；4）参与赌博网站利润分成的。

根据 2014 年 3 月 26 日最高人民法院、最高人民检察院、公安部《关于办理利用赌博机开设赌场案件适用法律若干问题的意见》的规定，设置具有退币、退分、退钢珠等赌博功能的电子游戏设施设备，并以现金、有价证券等贵重款物作为奖品，或者以回购奖品方式给予他人现金、有价证券等贵重款物组织赌博活动的，应当认定为刑法规定的"开设赌场"行为。

根据 2020 年 10 月 16 日最高人民法院、最高人民检察院、公安部《办理跨境赌博犯罪案件若干问题的意见》的规定，以营利为目的，有下列情形之一的，属于《刑法》第 303 条第 2 款规定的"开设赌场"：1）境外赌场经营人、实际控制人、投资人，组织、招揽中华人民共和国公民赴境外赌博的；2）境外赌场管理人员，组织、招揽中华人民共和国公民赴境外赌博的；3）受境外赌场指派、雇佣，组织、招揽中华人民共和国公民赴境外赌博，或者组织、招揽中华人民共和国公民赴境外赌博，从赌场获取费用、其他利益的；4）在境外赌场包租赌厅、赌台，组织、招揽中华人民共和国公民赴境外赌博的；5）其他在境外以提供赌博场所、提供赌资、设定赌博方式等，组织、招揽中华人民共和国公民赴境外赌博的。在境外赌场通过开设账户、洗码等方式，为中华人民共和国公民赴境外赌博提供资金担保服务的，以"开设赌场"论处。

以营利为目的，利用信息网络、通讯终端等传输赌博视频、数据，组织中华人民共和国公民跨境赌博活动，有下列情形之一的，属于《刑法》第 303 条第 2 款规定的"开设赌场"：1）建立赌博网站、应用程序并接受投注的；2）建立赌博网站、应用程序并提供给他人组织赌博的；3）购买或者租用赌博网站、应用程序，组织他人赌博的；4）参与赌博网站、应用程序利润分成的；5）担任赌博网站、应用程序代理并接受投注的；6）其他利用信息网络、通讯终端等传输赌博视频、数据，组织跨境赌博活动的。

参考案例 23-12

2007年2月至9月，上海市无业人员陈某，利用设在家中的棋牌室及不法分子提供的电脑赌球网络系统，招揽参赌人员聚众赌球。按照赌徒们私下默认的规定，凡是国际上有足球赛事，他们都会相拥到陈某家，对照网络赌球系统的赔率进行下注。作为棋牌室的经营者，陈某不但负责记录相关赌徒的下注金额，而且会每周与他们进行现金结账，并定期将赌资收拢后交给不法分子。作为回报，她可以按赌博金额的0.5%至0.75%抽取佣金，短短半年间便从中获利近2万元。2007年9月12日，正值女足世界杯的赛事高潮，当天不但有巴西对新西兰、澳大利亚对加纳和挪威对加拿大的比赛，还有东道主中国队出战丹麦的球赛，而众赌徒们也早早地聚集到陈某家中下注。下午5时许，陈某连同赌徒们被警方当场查获。在事后的调查中，警方缴获了她用于记录赌徒下注金额的账册，发现在短短3天内，这个地下赌球场的涉赌资金就高达近7万元。一审法院以开设赌场罪对陈某判处拘役4个月，并处罚金人民币1万元，她家中的电脑等设备也被作为赌具依法收缴。

（3）本罪的主体是一般主体，凡年满16周岁、具备刑事责任能力的人都可以成为本罪主体。

（4）本罪的主观方面表现为故意。行为人一般具有营利目的，但法律没有将其规定为构成要件。

（二）开设赌场罪的认定

1. 本罪与非罪的界限。

司法实践中，要注意区分本罪与非罪的界限。根据2005年5月11日最高人民法院、最高人民检察院《关于办理赌博刑事案件具体应用法律若干问题的解释》的规定，提供棋牌室等娱乐场所只收取正常的场所和服务费用的经营行为等，不以犯罪论处。

2. 本罪与赌博罪的界限。

认定开设赌场罪，还要注意区分本罪与聚众赌博行为所构成的赌博罪的界限。两者的主要区分在于犯罪的客观方面，开设赌场罪的客观方面以经营场所（包括网站）较为固定、持续活动时间较长、面向公众或者不特定多人开放、非法经营规模稳定或者较大为基本特征。据此，凡符合这些特征的行为，应认定为构成开设赌场罪；凡不具有这些特征的行为，以认定为聚众赌博行为所构成的赌博罪为宜。

3. 本罪的共同犯罪。

根据2010年8月31日最高人民法院、最高人民检察院、公安部《关于办理网络赌博犯罪案件适用法律若干问题的意见》第2条第1款的规定，明知是赌博网站，而为其提供下列服务或者帮助的，属于开设赌场罪的共同犯罪，依照《刑法》第303条第2款的规定处罚：（1）为赌博网站提供互联网接入、服务器托管、网络存储空间、通讯传输通道、投放广告、发展会员、软件开发、技术支持等服务，收取服务费数额在2万元以上的；（2）为赌博网站提供资金支付结算服务，收取服务费数额在1万元以上或者帮助收取赌资20万元以上的；（3）为10个以上赌博网站投放与网址、赔率等信息有关的广告或者为赌博网站投放广告累计100条以上的。

根据2014年3月26日最高人民法院、最高人民检察院、公安部《关于办理利用赌博机开设赌场案件适用法律若干问题的意见》的规定明知他人利用赌博机开设赌场，具有下列情形之一的，以开设赌场罪的共犯论处：（1）提供赌博机、资金、场地、技术支持、资金结算服务的；（2）受雇参与赌场经营管理并分成的；（3）为开设赌场者组织客源，收取回扣、手续费的；（4）参与赌场管理并领取高额固定工资的；（5）提供其他直接帮助的。

根据2020年10月16日最高人民法院、最高人民检察院、公安部《办理跨境赌博犯罪案件若干问题的意见》的规定，明知是赌博网站、应用程序，有下列情形之一的，以开设赌场罪的共犯论处：（1）为赌博网站、应用程序提供软件开发、技术支持、互联网接入、服务器托管、网络存储空间、通讯传输通道、广告投放、会员发展、资金支付结算等服务的；（2）为赌博网站、应用程序担任代理并发展玩家、会员、下线的。为同一赌博网站、应用程序担任代理，既无上下级关系，又无犯意联络的，不构成共同犯罪。

（三）开设赌场罪的处罚

根据《刑法》第303条第2款的规定，犯开设赌场罪的，处5年以下有期徒刑、拘役或者管制，并处罚金；情节严重的，处5年以上10年以下有期徒刑，并处罚金。根据2010年8月31日最高人民法院、最高人民检察院、公安部《关于办理网络赌博犯罪案件适用法律若干问题的意见》第1条第2款的规定，实施前款规定的行为，具有下列情形之一的，应当认定为《刑法》第303条第2款规定的"情节严重"：（1）抽头渔利数额累计达到3万元以上的；（2）赌资数额累计达到30万元以上的；（3）参赌人数累计达到120人以上的；（4）建立赌博网站后通过提供给他人组织赌博，违法所得数额在3万元以上的；（5）参与赌博网站利润分成，违法所得数额在3万元以上的；（6）为赌博网站招募下级代理，由下级代理接受投注的；（7）招揽未成年人参与网络赌博的；（8）其他情节严重的情形。其第2条第2款规定，实施前款规定的行为，数量或者数额达到前款规定标准5倍以上的，应当认定为《刑法》第303条第2款规定的"情节严重"。

根据2014年3月26日最高人民法院、最高人民检察院、公安部《关于办理利用赌博机开设赌场案件适用法律若干问题的意见》的规定，设置赌博机组织赌博活动，具有下列情形之一的，应当按照开设赌场罪定罪处罚：（1）设置赌博机10台以上的；（2）设置赌博机2台以上，容留未成年人赌博的；（3）在中小学校附近设置赌博机2台以上的；（4）违法所得累计达到5 000元以上的；（5）赌资数额累计达到5万元以上的；（6）参赌人数累计达到20人以上的；（7）因设置赌博机被行政处罚后，2年内再设置赌博机5台以上的；（8）因赌博、开设赌场犯罪被刑事处罚后，5年内再设置赌博机5台以上的；（9）其他应当追究刑事责任的情形。设置赌博机组织赌博活动，具有下列情形之一的，应当认定为"情节严重"：（1）数量或者数额达到前述标准6倍以上的；（2）因设置赌博机被行政处罚后，两年内再设置赌博机30台以上的；（3）因赌博、开设赌场犯罪被刑事处罚后，5年内再设置赌博机30台以上的；（4）其他情节严重的情形。

二十二、伪证罪

（一）伪证罪的概念和特征

伪证罪，是指在刑事诉讼中，证人、鉴定人、记录人、翻译人对与案件有重要关系的情节，故意作虚假的证明、鉴定、记录、翻译，意图陷害他人或者隐匿罪证的行为。

本罪的构成特征如下：

（1）本罪的客体是复杂客体。伪证行为既妨害了司法机关的正常活动，又侵犯了公民的人身权利。在刑事诉讼中，证据是司法机关办案的依据，是定罪量刑的基础。证据的真实或虚假，直接关系到案件能否正确处理。在刑事诉讼中，证人、鉴定人、翻译人作为诉讼参与人都负有特定的法律义务，记录人也有特定义务。他们不真实的证明、鉴定、记录、翻译，都有可能导致对案件的错误认定和处理，或是冤枉无辜，或是轻纵犯罪，从而使司法机关丧失威信。

（2）本罪在客观方面表现为在刑事诉讼中，对与案件有重要关系的情节，作虚假的证明、鉴定、记录、翻译的行为。

第一，伪证行为必须发生在刑事诉讼过程中。刑事诉讼过程从立案开始，包括侦查、起诉、审判各个阶段。其中"审判"包括一审程序、二审程序、死刑复核程序及审判监督程序等。对于在刑事诉讼之前或之后陷害他人或包庇罪犯，以及发生在非刑事诉讼中的虚假证明、鉴定、记录、翻译行为，均不能以伪证罪论处。

第二，伪证行为具体表现为作虚假的证明、鉴定、记录、翻译。即对应当提供的事实、证据不提供、不反映，或者提供不存在的"事实""证据"。所谓虚假，一般包括两种情况：一是无中生有，虚构犯罪事实或伪造证据陷害他人；二是化有为无，即掩盖事实真相或者隐匿证据从而包庇罪犯。

第三，虚假证明、鉴定、记录、翻译所涉及的内容，必须是与案件有重要关系的情节。所谓与案件有重要关系的情节，是指对案件是否构成犯罪以及犯罪的性质或罪行的轻重具有重要影响的情节。如果行为人所提供的虚假证明、鉴定、记录、翻译对于定罪量刑无关紧要、影响不大，则不能构成本罪。需要说明的是，伪证行为是否实际影响了案件的处理，不妨碍本罪的成立。

参考案例 23－13

被告人江某，某公司行政干事；被告人毛某，该公司保卫干事。某日上午，该公司负责人井某趁大部分职工外出之机，闯入电话总机室，对女接线员陈某欲行强奸，陈某高声呼救并极力反抗，使井某强奸未遂。当时江某、毛某两人恰在总机室隔壁办公室里，听到陈某的呼救声和挣扎声，接着又看到井某从总机室逃走。事后，二人向法院作假证明说：陈某作风不正派，与井某早有通奸关系，这天他们在井某的办公室，听到陈某打电话来让井某去的；他们听到井某和陈某调情的嬉笑声。法院查实后，对江某、毛某以伪证罪定罪处罚。

（3）本罪的主体为特殊主体，即只有刑事诉讼中的证人、鉴定人、记录人、翻译人才能成为本罪的主体。所谓证人，是指知道刑事案件的全部或者部分真实情况，以自己的证言作为刑事诉讼证据的人。鉴定人，是指在刑事诉讼中应侦查机关、检察机关、审判机关的指派或聘请，对刑事案件中专门性问题进行科学鉴定和判断的具有专门知识的人员。记录人，是指刑事诉讼中对案件当事人的供述、证人证言以及各个环节的诉讼活动进行记录的人，主要是指侦查员、书记员。翻译人，是指受公安、检察机关或人民法院的委托、聘请，在刑事诉讼中担任外国语言文字、本国民族语言文字或哑语等翻译工作的人员。

（4）本罪的主观方面为直接故意。行为人具有陷害他人或者包庇罪犯的目的。

（二）伪证罪的认定

1. 本罪与非罪的界限。

认定伪证罪，应当注意区分伪证行为与非伪证行为，以及性质相同但危害程度有所不同的伪证罪与一般伪证行为之间的界限。

行为人客观上实施了虚假证明、鉴定、记录、翻译行为，而且主观上又有伪证的罪过，这种行为性质就是伪证。如果证人由于对案情了解得不完全或记忆不清，作了虚假证明；鉴定人由于专业技术水平低，作出错误的鉴定结论；记录人员由于业务不熟练，工作能力差，出现漏记、错记；翻译人员由于未听清或未听全讲话内容，造成错译、漏译，都不是伪证行为。

还需要注意，只有对案件有重要关系的情节作伪证，才能构成伪证罪。如果行为人是对不能决定案件是否构成犯罪，或者与犯罪性质没有直接关系，或者对量刑轻重没有重大影响的情节作虚假证明、鉴定、记录、翻译，即使主观上具有陷害他人或包庇罪犯的目的，也不能以本罪论处。

2. 本罪与诬告陷害罪的界限。

本罪在主观方面可以表现为陷害他人的目的，与诬告陷害罪相似。两罪的主要区别在于：

（1）犯罪主体不同。本罪的主体是特殊主体，即仅限于刑事诉讼中的证人、鉴定人、记录人、翻译人，而诬告陷害罪的主体是一般主体。

（2）犯罪客观方面不同。本罪是通过对与案件有重要关系的情节作虚假的证明、鉴定、记录、翻译来实施的，而诬告陷害罪是通过捏造犯罪事实来实施的。另外，本罪只发生在刑事诉讼过程中，而诬告陷害罪则是发生在立案侦查之前，并且是引起案件侦查的原因。

（3）行为人的目的不尽相同。本罪行为人的目的既可以是陷害他人，也可以是包庇罪犯，而诬告陷害罪行为人的目的只能是陷害他人。

3. 本罪与辩护人、诉讼代理人毁灭证据、伪造证据、妨害作证罪的界限。

《刑法》第306条规定的辩护人、诉讼代理人毁灭证据、伪造证据、妨害作证罪，是指在刑事诉讼中，辩护人、诉讼代理人毁灭证据、伪造证据，帮助当事人毁灭证据、伪造证据，威胁、引诱证人违背事实改变证言或者作伪证的行为。本罪与该罪的区别在于：

（1）本罪的主体为刑事诉讼中的证人、鉴定人、记录人、翻译人，而辩护人、诉讼代理人毁灭证据、伪造证据、妨害作证罪的主体为刑事诉讼中的辩护人、诉讼代理人。

（2）本罪在客观方面表现为对与案件有重要关系的情节，作虚假的证明、鉴定、记录、翻译的行为，而辩护人、诉讼代理人毁灭证据、伪造证据、妨害作证罪的客观方面表现为毁灭证据、伪造证据等。

由于辩护人、诉讼代理人妨害作证罪的存在，对于辩护人、诉讼代理人引诱证人作伪证的行为，不宜按照伪证罪的共犯论处，而应以辩护人、诉讼代理人妨害作证罪定罪处罚。

（三）伪证罪的处罚

根据《刑法》第 305 条的规定，犯本罪的，处 3 年以下有期徒刑或者拘役；情节严重的，处 3 年以上 7 年以下有期徒刑。所谓情节严重，主要是指犯罪动机或手段非常恶劣的，或者因伪证而发生了严重后果的，等等。

二十三、妨害作证罪

（一）妨害作证罪的概念和特征

妨害作证罪，是指以暴力、威胁、贿买等方法阻止证人作证或者指使他人作伪证的行为。

本罪的构成特征如下：

（1）本罪的犯罪客体是司法机关的正常诉讼活动和公民依法作证的权利。

（2）本罪的客观方面表现为以暴力、威胁、贿买或其他方法阻止证人作证或者指使他人作伪证。所谓暴力，是指采用殴打、捆绑、拘禁等方法，限制或剥夺证人的人身自由，使其无法作证或逼迫其作伪证。暴力不包括杀害和重伤行为。所谓威胁，是指以即将到来的某种危害为要挟胁迫证人，迫使其不敢作证或者作伪证。所谓贿买，是指以金钱、物质和财产性利益进行收买，包括实际付给和许诺给付两种情况。所谓其他方法，是指暴力、威胁、贿买以外的使证人无法作证的方法，如利用药物方法致使证人丧失作证能力。

（3）本罪的主体是一般主体。

（4）本罪的主观方面是故意。

（二）妨害作证罪的认定

1. 本罪与伪证罪的界限。

本罪与伪证罪在客观上有相似之处，但从两者的构成特征上分析，仍具有明显的差别：

（1）主体不同。本罪的主体为一般主体，而伪证罪的主体仅限于刑事诉讼中的证人、鉴定人、记录人、翻译人。

（2）主观方面不尽相同。虽然两罪主观上都是直接故意，但具体罪过内容和犯罪目的不同。本罪的目的一般是出于为自己或他人谋利，而伪证罪的犯罪目的是陷害他人或包庇罪犯。

（3）客观方面不同。本罪的客观方面表现为实施妨害证人依法作证或迫使、促使他人作伪证的行为，而伪证罪在客观方面表现为作虚假的证明、鉴定、记录、翻译的行为。

（4）发生的时间、空间不同。本罪既可以发生在诉讼过程中，也可以发生在提起诉讼之前；既可以发生在刑事诉讼过程中，也可以发生在民事、行政诉讼活动中，而伪证罪只能发生在刑事诉讼过程中。

2. 本罪与辩护人、诉讼代理人妨害作证罪的界限。

本罪与辩护人、诉讼代理人妨害作证罪在客观方面有相似之处，但两罪仍存在重要区别：

（1）主体不同。本罪的主体为一般主体；而辩护人、诉讼代理人妨害作证罪的主体仅限于刑事诉讼中的辩护人、诉讼代理人。

（2）客观方面不完全相同。本罪客观方面表现为以暴力、威胁、贿买等方法阻止证人作证或者指使他人作伪证的行为；而辩护人、诉讼代理人妨害作证罪的客观方面是威胁、引诱证人违背事实改变证言或者作伪证。

（3）发生的时间、空间不同。本罪既可以发生在诉讼过程中，也可以发生在提起诉讼之前，既可以发生在刑事诉讼过程中，也可以发生在民事、行政诉讼活动中；而辩护人、诉讼代理人妨害作证罪只能发生在刑事诉讼过程中。

参考案例 23－14

乙的父亲甲是当地著名的企业家。在乙故意杀人后，甲先后多次找到本案的数名证人，在给证人金钱后，诱导他们违背事实，改变原有的证言，并将这些证言在开庭时出示，致使法庭没能当庭认定乙故意杀人的事实。甲构成妨害作证罪。

（三）妨害作证罪的处罚

根据《刑法》第 307 条第 1 款的规定，犯妨害作证罪的，处 3 年以下有期徒刑或者拘役；情节严重的，处 3 年以上 7 年以下有期徒刑。此外，根据该条第 3 款的规定，司法工作人员犯妨害作证罪的，从重处罚。

二十四、虚假诉讼罪

（一）虚假诉讼罪的概念和特征

虚假诉讼罪，是指以捏造的事实提起民事诉讼，妨害司法秩序或者严重侵害他人合法权益的行为。

本罪为《刑法修正案（九）》新增罪名，本罪的构成特征如下：

（1）本罪的客体为正常的司法秩序和利益相关人的合法权益。

（2）本罪的客观方面表现为以捏造的事实提起民事诉讼，妨害司法秩序或者严重侵害他人合法权益的行为。"捏造的事实"，是指行为人凭空虚构、臆造根本不存在，与真实情况相悖的事实。"提起民事诉讼"，是指依照民事诉讼法的规定向人民法院提起诉讼。根据 2018 年 9 月 26 日最高人民法院、最高人民检察院《关于办理虚假诉讼刑事案件适用法律若干问题的解释》第 1 条的规定，采取伪造证据、虚假陈述等手段，实施下列行为之一，捏造民事法律关系，虚构民事纠纷，向人民法院提起民事诉讼的，应当认定为"以捏造的事实提起民事诉讼"：1）与夫妻一方恶意串通，捏造夫妻共同债务的；2）与他人恶意串通，捏造债权债务关系和以物抵债协议的；3）与公司、企业的法定代表人、董事、监事、经理或者其他管理人员恶意串通，捏造公司、企业债务或者担保义务的；4）捏造知识产权侵权关系或者不正当竞争关系的；5）在破产案件审理过程中申报捏造的债权的；6）与被执行人恶意串通，捏造债权或者对查封、扣押、冻结财产的优先权、担保物权的；7）单方或者与他人恶意串通，捏造身份、合同、侵权、继承等民事法律关系的其他行为。隐瞒债务已经全部清偿的事实，向人民法院提起民事诉讼，要求他人履行债务的，以"以捏造的事实提起民事诉讼"论。向人民法院申请执行基于捏造的事实作出的仲裁裁决、公证债权文书，或者在民事执行过程中以捏造的事实对执行标的提出异议、申请参与执行财产分配的，属于"以捏造的事实提起民事诉讼"。根据 2021 年 3 月 10 日最高人民法院、最高人民检察院、公安部、司法部《关于进一步加强虚假诉讼犯罪惩治工作的意见》第 4 条的规定，实施最高人民法院、最高人民检察院《关于办理虚假诉讼刑事案件适用法律若干问题的解释》第 1 条第 1 款、第 2 款规定的捏造事实行为，并有下列情形之一的，应当认定为《刑法》第 307 条之一第 1 款规定的"以捏造的事实提起民事诉讼"：1）提出民事起诉的；2）向人民法院申请宣告失踪、宣告死亡，申请认定公民无民事行为能力、限制民事行为能力，申请认定财产无主，申请确认调解协议，申请实现担保物权，申请支付令，申请公示催告的；3）在民事诉讼过程中增加独立的诉讼请求、提出反诉，有独立请求权的第三人提出与本案有关的诉讼请求的；4）在破产案件审理过程中申报债权的；5）案外人申请民事再审的；6）向人民法院申请执行仲裁裁决、公证债权文书的；7）案外人在民事执行过程中对执行标的提出异议，债权人在民事执行过程中申请参与执行财产分配的；8）以其他手段捏造民事案件基本事实，虚构民事纠纷，提起民事诉讼的。

"妨害司法秩序"，是指对国家司法机关进行审判活动、履行法定职责的正常秩序造成妨害，导致司法机关作出错误判决造成司法权威和司法公信力的损害，或者占用司法资源，影响司法机关正常的司法活动。"严重侵害他人合法权益"，是指虚假诉讼给他人的财产权等合法权益造成严重损害。根据前述解释第 2 条的规定，"妨害司法秩序或者严重侵害他人合法权益"包括以下情形：1）致使人民法院基于捏造的事实采取财产保全或者行为保全措施的；2）致使人民法院开庭审理，干扰正常司法活动的；3）致使人民法院基于捏造的事实作出裁判文书、制作财产分配方案，或者立案执行基于捏造的事实作出的仲裁裁决、公证债权文书的；4）多次以捏造的事实提起民事诉讼的；5）曾因以捏造的事实提起民事诉讼被采取民事诉讼强制措施或者受过刑事追究的；6）其他妨害司法秩序或者严重侵害他人合法权益的情形。

（3）本罪的主体为一般主体，包括年满 16 周岁、具有刑事责任能力的自然人和单位。

（4）本罪的主观方面为故意。

（二）虚假诉讼罪的认定

1. 本罪与非罪的界限。

首先，需存在捏造的事实。如果民事纠纷客观存在，行为人只是对具体数额、期限等事实作夸大、隐瞒或者虚假陈述的，不属于"捏造"，不构成本罪。其次，构成本罪需妨害司法秩序或者严重侵害他人合法权益。最后，本罪主观方面没有特定的犯罪目的的要求，行为人主观上是否有谋取利益的目的，谋取的利益是否正当，均不影响本罪的成立。

2. 本罪的罪数问题。

根据《刑法》第307条之一第3款、第4款的规定，实施虚假诉讼行为，非法占有他人财产或者逃避合法债务，又构成其他犯罪的，依照处罚较重的规定定罪处罚；司法工作人员利用职权，实施虚假诉讼行为，同时构成其他犯罪的，依照处罚较重的规定定罪处罚。根据2015年10月29日最高人民法院《关于〈中华人民共和国刑法修正案（九）〉时间效力问题的解释》的规定，对于2015年10月31日以前以捏造的事实提起民事诉讼，妨害司法秩序或者严重侵害他人合法权益，根据修正前《刑法》应当以伪造公司、企业、事业单位、人民团体印章罪或者妨害作证罪等追究刑事责任的，适用修正前《刑法》的有关规定。但是，根据修正后《刑法》第307条之一的规定处刑较轻的，适用修正后《刑法》的有关规定。实施第307条之一第1款规定的行为，非法占有他人财产或者逃避合法债务，根据修正前《刑法》应当以诈骗罪、职务侵占罪或者贪污罪等追究刑事责任的，适用修正前《刑法》的有关规定。根据2018年9月26日最高人民法院、最高人民检察院《关于办理虚假诉讼刑事案件适用法律若干问题的解释》第4条、第5条的规定，实施《刑法》第307条之一第1款行为，非法占有他人财产或者逃避合法债务，又构成诈骗罪，职务侵占罪，拒不执行判决、裁定罪，贪污罪等犯罪的，依照处罚较重的规定定罪从重处罚。司法工作人员利用职权，与他人共同实施《刑法》第307条之一前3款行为的，从重处罚；同时构成滥用职权罪，民事枉法裁判罪，执行判决、裁定滥用职权罪等犯罪的，依照处罚较重的规定定罪从重处罚。根据2020年9月22日最高人民法院、最高人民检察院、公安部《关于依法办理"碰瓷"违法犯罪案件的指导意见》的规定，实施"碰瓷"，捏造人身、财产权益受到侵害的事实，虚构民事纠纷，提起民事诉讼，符合《刑法》第307条之一规定的，以虚假诉讼罪定罪处罚；同时构成其他犯罪的，依照处罚较重的规定定罪从重处罚。

3. 本罪的共同犯罪问题。

根据2018年9月26日最高人民法院、最高人民检察院《关于办理虚假诉讼刑事案件适用法律若干问题的解释》第6条的规定，诉讼代理人、证人、鉴定人等诉讼参与人与他人通谋，代理提起虚假民事诉讼、故意作虚假证言或者出具虚假鉴定意见，共同实施《刑法》第307条之一前3款行为的，依照共同犯罪的规定定罪处罚；同时构成妨害作证罪，帮助毁灭、伪造证据罪等犯罪的，依照处罚较重的规定定罪从重处罚。

（三）虚假诉讼罪的处罚

根据《刑法》第307条之一的规定，犯本罪的，处3年以下有期徒刑、拘役或者管制，并处或者单处罚金；情节严重的，处3年以上7年以下有期徒刑，并处罚金。单位犯本罪的，对单位判处罚金，并对直接负责的主管人员和其他直接责任人员依照自然人犯罪的规定处罚。司法工作人员利用职权，犯本罪的，从重处罚。

根据2018年9月26日最高人民法院、最高人民检察院《关于办理虚假诉讼刑事案件适用法律若干问题的解释》第3条、第9条的规定，以捏造的事实提起民事诉讼，有下列情形之一的，应当认定为《刑法》第307条之一第1款规定的"情节严重"：（1）有本解释第2条第1项情形，造成他人经济损失100万元以上的；（2）有本解释第2条第2项至第4项情形之一，严重干扰正常司法活动或者严重损害司法公信力的；（3）致使义务人自动履行生效裁判文书确定的财产给付义务或者人民法院强制执行财产权益，数额达到100万元以上的；（4）致使他人债权无法实现，数额达到100万元以上的；（5）非法占有他人财产，数额达到10万元以上的；（6）致使他人因为不执行人民法院基于捏造的事实作出的判决、裁定，被采取刑事拘留、逮捕措施或者受到刑事追究的；（7）其他情节严重的情形。实施《刑法》第 307 条之一第 1 款行为，未达到情节严重的标准，行为人系初犯，在民事诉讼过程中自愿具结悔过，接受人民法院处理决定，积极退赃、退赔的，可以认定为犯罪情节轻微，不起诉或者免予刑事处罚；确有必要判处刑罚的，可以从宽处罚。但是司法工作人员利用职权，与他人共同实施《刑法》第 307 条之一第 1 款行为的，对司法工作人员不适用该规定。

二十五、窝藏、包庇罪

（一）窝藏、包庇罪的概念和特征

窝藏、包庇罪，是指明知是犯罪的人，而为其提供隐藏处所或者财物，帮助其逃匿；或者向司法机关提供假证明，使其逃避法律制裁的行为。

本罪的构成特征如下：

（1）本罪的客体是司法机关惩治犯罪的正常活动。本罪的对象是已经实施犯罪的人，包括犯罪后畏罪潜逃尚未被逮捕归案的犯罪分子，已经被依法羁押而逃跑出来的未决犯和在服刑中的已决犯。

（2）本罪在客观方面表现为为犯罪分子提供隐藏处所，或向犯罪分子提供钱物等方法帮助其逃匿他处的行为；或者向司法机关提供不真实的证明，为犯罪分子掩盖罪行，或帮助其湮灭罪迹或毁灭罪证等行为。

根据 2021 年 8 月 9 日最高人民法院、最高人民检察院《关于办理窝藏、包庇刑事案件适用法律若干问题的解释》的规定，窝藏行为的表现包括：1）为犯罪的人提供房屋或者其他可以用于隐藏的处所的；2）为犯罪的人提供车辆、船只、航空器等交通工具，或者提供手机等通信工具的；3）为犯罪的人提供金钱的；4）其他为犯罪的人提供隐藏处所、财物，帮助其逃匿的情形。保证人在犯罪的人取保候审期间，协助其逃匿，或者明知犯罪的人的藏匿地点、联系方式，但拒绝向司法机关提供的，应当依照《刑法》第 310 条第 1 款的规定，对保证人以窝藏罪定罪处罚。包庇行为的表现包括：1）故意顶替犯罪的人欺骗司法机关的；2）故意向司法机关作虚假陈述或者提供虚假证明，以证明犯罪的人没有实施犯罪行为，或者犯罪的人所实施行为不构成犯罪的；3）故意向司法机关提供虚假证明，以证明犯罪的人具有法定从轻、减轻、免除处罚情节的；4）其他作假证明包庇的行为。

参考案例 23-15

甲和乙是恋人。一日，甲抢劫了一行人的财物。几日后，公安人员将甲作为犯罪嫌疑人进行审查时，乙主动为甲开脱罪责，声称案发当时甲始终陪其在看电影，还向公安人员出示了两张从别处找来的电影票。乙构成包庇罪。

（3）本罪的主体为一般主体，凡已满 16 周岁、具有刑事责任能力的人均能成为本罪的主体。

（4）本罪主观方面出于故意，即明知是犯罪的人而有意为其提供隐藏处所、财物或向司法机关提供不真实的证明。如果行为人是出于过失或不知道对方是犯罪的人而提供了住所，或不明真相而出具了对犯罪的人有利的不真实证明的，均不构成窝藏、包庇罪。

根据 2021 年 8 月 9 日最高人民法院、最高人民检察院《关于办理窝藏、包庇刑事案件适用法律若干问题的解释》的规定，虽然为犯罪的人提供隐藏处所、财物，但不是出于帮助犯罪的人逃匿的目的，不以窝藏罪定罪处罚；对未履行法定报告义务的行为人，依法移送有关主管机关给予行政处罚。认定"明知"，应当根据案件的客观事实，结合行为人的认知能力，接触被窝藏、包庇的犯罪人的情况，以及行为人和犯罪人的供述等主、客观因素进行认定。行为人将犯罪的人所犯之罪误认为其他犯罪的，不影响"明知"的认定。行为人虽然实施了提供隐藏处所、财物等行为，但现有证据不能证明行为人知道犯罪的人实施了犯罪行为的，不能认定为"明知"。

（二）窝藏、包庇罪的认定

1. 本罪与非罪的界限。

在现实生活中，有时会出现明知是犯罪分子而不予告发的现象，对此不能以窝藏、包庇罪认定。因

为该知情不举的行为与窝藏、包庇犯罪分子的行为是有明显区别的：窝藏、包庇罪是明知是犯罪的人而采取积极的行动给予帮助，使之逃避法律制裁；而知情不举的行为，只是消极地不予以检举揭发，并未实施任何的帮助行为。

根据 2021 年 8 月 9 日最高人民法院、最高人民检察院《关于办理窝藏、包庇刑事案件适用法律若干问题的解释》的规定，认定窝藏、包庇罪，以被窝藏、包庇的人的行为构成犯罪为前提。被窝藏、包庇的人实施的犯罪事实清楚，证据确实、充分，但尚未到案、尚未依法裁判或者因不具有刑事责任能力依法未予追究刑事责任的，不影响窝藏、包庇罪的认定。但是，被窝藏、包庇的人归案后被宣告无罪的，应当依照法定程序宣告窝藏、包庇行为人无罪。共同犯罪人之间互相实施的窝藏、包庇行为，不以窝藏、包庇罪定罪处罚，但对共同犯罪以外的犯罪人实施窝藏、包庇行为的，以所犯共同犯罪和窝藏、包庇罪并罚。

2. 本罪与包庇毒品犯罪分子罪的界限。

《刑法》第 349 条规定的包庇毒品犯罪分子罪，是指包庇走私、贩卖、运输、制造毒品的犯罪分子的行为。本罪与该罪的关系，是一般罪与特殊罪的关系。实践中应当注意，对于包庇走私、贩卖、运输、制造毒品的犯罪分子的行为，应当以特殊罪即包庇毒品犯罪分子罪定罪处罚，而不能以本罪论处。

3. 本罪与帮助犯罪分子逃避处罚罪的界限。

《刑法》第 417 条规定的帮助犯罪分子逃避处罚罪，是指有查禁犯罪活动职责的国家机关工作人员，向犯罪分子通风报信、提供便利，帮助犯罪分子逃避处罚的行为。在客观方面，该罪与本罪有相同之处，皆表现为为犯罪分子提供帮助、逃避法律制裁。另外，帮助犯罪分子逃避处罚罪也妨害了司法活动。本罪与该罪的区别主要在于：

（1）犯罪主体不同。本罪的主体为一般主体，没有限制；而帮助犯罪分子逃避处罚罪的主体为特殊主体，仅限于有查禁犯罪活动职责的国家机关工作人员，因而从性质上说该罪主要是一种渎职犯罪。

（2）客观方面不尽相同。本罪可以表现为向司法机关提供不真实的证明，为犯罪分子掩盖罪行，或帮助其湮灭罪迹或毁灭罪证等行为；而帮助犯罪分子逃避处罚罪的客观方面只能表现为通风报信、提供便利的行为。所谓通风报信，是指为犯罪分子通报查处信息；所谓提供便利，是指为犯罪分子逃避处罚提供方便、便利条件。

4. 本罪与伪证罪的界限。

伪证罪中的故意作虚假证明，为犯罪分子隐匿罪证的行为，与窝藏、包庇罪中对犯罪分子的帮助行为有些近似。它们的主要区别是：

（1）主体不同。本罪的主体是一般主体，而伪证罪的主体为特殊主体，即只限于证人、鉴定人、记录人和翻译人员。

（2）对象不同。本罪的对象是未决犯和已决犯，掩盖的是犯罪分子的全部罪行或重要犯罪事实，而伪证罪的对象仅仅是在刑事诉讼过程中的未决犯，掩盖的是与案件有重要关系的犯罪情节。

（3）实施的时间不同。本罪可以在侦查、审判之前或者之后实施，而伪证罪只能在刑事诉讼过程中实施。

5. 本罪与有关犯罪的共犯之界限。

窝藏、包庇犯罪分子的罪犯与被窝藏、包庇罪犯在事前通谋的，对窝藏、包庇者，应当按照被窝藏、包庇的罪犯所构成的犯罪之共犯论处。例如，行为人事前与盗窃犯通谋，约定在盗窃犯窃得财物后为其提供隐藏处所，对行为人就不能以本罪论处，而应认定为盗窃罪的共犯。

6. 本罪的罪数。

根据 2021 年 8 月 9 日最高人民法院、最高人民检察院《关于办理窝藏、包庇刑事案件适用法律若干问题的解释》的规定，为帮助同一个犯罪的人逃避刑事处罚，实施窝藏、包庇行为，又实施洗钱行为，或者掩饰、隐瞒犯罪所得及其收益行为，或者帮助毁灭证据行为，或者伪证行为的，依照处罚较重的犯罪定罪，并从重处罚，不实行数罪并罚。

（三）窝藏、包庇罪的处罚

根据《刑法》第310条的规定，犯本罪的，处3年以下有期徒刑、拘役或者管制；情节严重的，处3年以上10年以下有期徒刑。所谓情节严重，一般是指：窝藏、包庇重大危害国家安全的犯罪人，或者罪恶重大的其他犯罪人的；窝藏、包庇多个犯罪人或多次实施窝藏、包庇行为的；窝藏、包庇行为的动机、手段特别恶劣的；窝藏、包庇行为造成特别严重后果的；等等。

根据2021年8月9日最高人民法院、最高人民检察院《关于办理窝藏、包庇刑事案件适用法律若干问题的解释》的规定，明知他人有间谍犯罪或者恐怖主义、极端主义犯罪行为，在司法机关向其调查有关情况、收集有关证据时，作假证明包庇的，以包庇罪从重处罚。

具有下列情形之一的，应当认定为"情节严重"：（1）被窝藏、包庇的人可能被判处无期徒刑以上刑罚的；（2）被窝藏、包庇的人犯危害国家安全犯罪、恐怖主义或者极端主义犯罪，或者系黑社会性质组织犯罪的组织者、领导者，且可能被判处10年有期徒刑以上刑罚的；（3）被窝藏、包庇的人系犯罪集团的首要分子，且可能被判处10年有期徒刑以上刑罚的；（4）被窝藏、包庇的人在被窝藏、包庇期间再次实施故意犯罪，且新罪可能被判处5年有期徒刑以上刑罚的；（5）多次窝藏、包庇犯罪的人，或者窝藏、包庇多名犯罪的人的；（6）其他情节严重的情形。

二十六、掩饰、隐瞒犯罪所得、犯罪所得收益罪

（一）掩饰、隐瞒犯罪所得、犯罪所得收益罪的概念和特征

掩饰、隐瞒犯罪所得、犯罪所得收益罪，是指行为人明知是犯罪所得及其产生的收益而予以窝藏、转移、收购、代为销售或者以其他方法掩饰、隐瞒的行为。本罪是选择性罪名，诉讼中应根据行为人实际构成犯罪的行为状况，决定具体罪名的适用。

本罪的构成特征如下：

（1）本罪侵犯的客体是司法机关查证犯罪、追缴犯罪所得及其收益的正常活动。本罪的犯罪对象是犯罪所得及其产生的收益。"犯罪所得"即他人以犯罪行为非法取得的物品，其基本特征是：第一，须是犯罪所得的财物。不是犯罪行为所得的物品，不是本罪中所说的犯罪所得。用于犯罪活动的犯罪工具和供犯罪所用的财物，也不是本罪所说的犯罪所得。第二，须是他人（即本犯）的犯罪行为所得。行为人以自己实施的犯罪行为取得的财物，不能成为本罪的对象。"犯罪所得产生的收益"是指利用犯罪所得的赃物获得的利益。根据2021年4月13日最高人民法院《关于审理掩饰、隐瞒犯罪所得、犯罪所得收益刑事案件适用法律若干问题的解释》的规定，通过犯罪直接得到的赃款、赃物，应当认定为"犯罪所得"。上游犯罪的行为人对犯罪所得进行处理后得到的孳息、租金等，应当认定为"犯罪所得产生的收益"。

（2）本罪的客观方面，表现为行为人实施了窝藏、转移、收购、代为销售或者以其他方法掩饰、隐瞒犯罪所得及收益的行为。所谓窝藏，是指提供隐藏犯罪所得及其产生的收益的场所，或者实施其他藏匿犯罪所得及其产生的收益的行为。所谓转移，是指搬移、运输犯罪所得及其产生的收益，即通过搬移、运送行为使犯罪所得及其产生的收益实现空间位移。所谓收购，是指有偿地购买，既包括购买后自用，也包括为给他人使用而购买。所谓代为销售，是指行为人受本犯委托代为销售犯罪所得。代为销售犯罪所得的行为，主要包括推销犯罪所得、代销犯罪所得和介绍买卖犯罪所得三种形式。所谓掩饰，主要是指以上述手段之外的其他手段掩盖犯罪所得及其产生的收益的事实真相不让他人知晓的行为。所谓隐瞒，主要是指在司法机关或者其他执法机构查证有关犯罪所得及其产生的收益时，对事实真相予以隐瞒的行为。总之，其他掩饰、隐瞒的方法，包括除窝藏、转移、收购、代为销售以外的能够掩饰、隐瞒犯罪所得及其收益的来源、性质、存在的所有方法。根据2021年4月13日最高人民法院《关于审理掩饰、隐瞒犯罪所得、犯罪所得收益刑事案件适用法律若干问题的解释》的规定，明知是犯罪所得及其产生的收益而采取窝藏、转移、收购、代为销售以外的方法，如居间介绍买卖，收受，持有，使用，加工，提供资金账户，协助将财物转换为现金、金融票据、有价证券，协助将资金转移、汇往境外等，应当认定为"其他方法"。

（3）本罪的犯罪主体为一般主体，凡是达到刑事责任年龄、具有刑事责任能力的自然人，均可成为本罪的主体。但本犯不能成为本罪的主体，共同犯罪人相互之间也不能成为本罪的主体。

（4）本罪的主观方面为故意，要求行为人对犯罪对象的性质必须明知，否则不构成本罪。根据2009年11月4日最高人民法院《关于审理洗钱等刑事案件具体应用法律若干问题的解释》的规定，对于本罪的"明知"，应当结合被告人的认知能力，接触他人犯罪所得及其收益的情况，犯罪所得及其收益的种类、数额，犯罪所得及其收益的转换、转移方式以及被告人的供述等主、客观因素进行认定。具有下列情形之一的，可以认定被告人明知系犯罪所得及其收益，但有证据证明确实不知道的除外：1）知道他人从事犯罪活动，协助转换或者转移财物的；2）没有正当理由，通过非法途径协助转换或者转移财物的；3）没有正当理由，以明显低于市场的价格收购财物的；4）没有正当理由，协助转换或者转移财物，收取明显高于市场的"手续费"的；5）没有正当理由，协助他人将巨额现金散存于多个银行账户或者在不同银行账户之间频繁划转的；6）协助近亲属或者其他关系密切的人转换或者转移与其职业或者财产状况明显不符的财物的；7）其他可以认定行为人明知的情形。根据全国人民代表大会常务委员会《关于〈中华人民共和国刑法〉第三百四十一条、第三百一十二条的解释》的规定，知道或者应当知道是《刑法》第341条第2款规定的非法狩猎的野生动物而购买的，属于《刑法》第312条第1款规定的明知是犯罪所得而收购的行为。

根据2022年9月5日最高人民法院、最高人民检察院、公安部、国家文物局《关于办理妨害文物管理等刑事案件若干问题的意见》的规定，对是否"明知"，应当结合行为人的认知能力、既往经历、行为次数和手段，与实施盗掘、盗窃、倒卖文物等犯罪行为人的关系，获利情况，是否故意规避调查，涉案文物外观形态、价格等主、客观因素进行综合审查判断。具有下列情形之一，行为人不能做出合理解释的，可以认定其"明知"，但有相反证据的除外：1）采用黑话、暗语等方式进行联络交易的；2）通过伪装、隐匿文物等方式逃避检查，或者以暴力等方式抗拒检查的；3）曾因实施盗掘、盗窃、走私、倒卖文物等犯罪被追究刑事责任，或者二年内受过行政处罚的；4）有其他证据足以证明行为人应当知道的情形。

根据2021年6月17日最高人民法院、最高人民检察院、公安部《关于办理电信网络诈骗等刑事案件适用法律若干问题的意见（二）》的规定，明知是电信网络诈骗犯罪所得及其产生的收益，以下列方式之一予以转账、套现、取现，符合《刑法》第312条第1款规定的，以掩饰、隐瞒犯罪所得、犯罪所得收益罪追究刑事责任。但有证据证明确实不知道的除外：1）多次使用或者使用多个非本人身份证明开设的收款码、网络支付接口等，帮助他人转账、套现、取现的；2）以明显异于市场的价格，通过电商平台预付卡、虚拟货币、手机充值卡、游戏点卡、游戏装备等转换财物、套现的；3）协助转换或者转移财物，收取明显高于市场的"手续费"的。

参考案例 23 - 16

被告人饶某收购、介绍买卖杨某（另案处理）盗窃所得的赃物18次，共计18辆电动车，价值达24 220元。法院经审理认为，被告人饶某明知是犯罪所得的赃物而予以收购、介绍买卖，其行为已构成掩饰、隐瞒犯罪所得罪，法院以掩饰、隐瞒犯罪所得罪判处饶某有期徒刑1年，并处罚金5 000元。

（二）掩饰、隐瞒犯罪所得、犯罪所得收益罪的认定

1. 本罪与非罪的界限。

区分掩饰、隐瞒犯罪所得、犯罪所得收益罪与非罪的界限，应注意以下两个问题：第一，本罪以行为人在主观上明知行为对象是犯罪所得及其收益作为必要要件，如果行为人不知行为对象是犯罪所得及其收益而实施保管、购买或者代为销售等行为的，不能构成本罪。第二，本罪的犯罪对象必须是他人犯罪行为的所得及其收益，如果行为人掩饰、隐瞒本人犯罪行为的所得及其收益的，不能构成本罪。对于该上游犯罪，根据上述司法解释的规定，本罪应当以上游犯罪事实成立为认定前提。上游犯罪尚未依法裁判，但查证属实的，不影响本罪的审判。上游犯罪事实可以确认，因行为人死亡等原因依法不予追究刑事责任的，不影响本罪的认定。上游犯罪事实可以确认，依法以其他罪名定罪处罚的，不影响本罪的认定。

　　根据 2015 年 12 月 30 日最高人民法院、最高人民检察院《关于办理妨害文物管理等刑事案件适用法律若干问题的解释》的规定，明知是盗窃文物、盗掘古文化遗址、古墓葬等犯罪所获取的三级以上文物，而予以窝藏、转移、收购、加工、代为销售或者以其他方法掩饰、隐瞒的，以掩饰、隐瞒犯罪所得罪追究刑事责任。根据 2020 年 3 月 16 日最高人民法院、最高人民检察院、公安部《关于办理涉窨井盖相关刑事案件的指导意见》的规定，知道或者应当知道是盗窃所得的窨井盖及其产生的收益而予以窝藏、转移、收购、代为销售或者以其他方法掩饰、隐瞒的，以掩饰、隐瞒犯罪所得、犯罪所得收益罪定罪处罚。根据 2021 年 4 月 13 日最高人民法院《关于审理掩饰、隐瞒犯罪所得、犯罪所得收益刑事案件适用法律若干问题的解释》的规定，明知是犯罪所得及其产生的收益而予以窝藏、转移、收购、代为销售或者以其他方法掩饰、隐瞒，具有下列情形之一的，应当依照《刑法》第 312 条第 1 款的规定，以掩饰、隐瞒犯罪所得、犯罪所得收益罪定罪处罚：（1）一年内曾因掩饰、隐瞒犯罪所得及其产生的收益行为受过行政处罚，又实施掩饰、隐瞒犯罪所得及其产生的收益行为的；（2）掩饰、隐瞒的犯罪所得系电力设备、交通设施、广播电视设施、公用电信设施、军事设施或者救灾、抢险、防汛、优抚、扶贫、移民、救济款物的；（3）掩饰、隐瞒行为致使上游犯罪无法及时查处，并造成公私财物损失无法挽回的；（4）实施其他掩饰、隐瞒犯罪所得及其产生的收益行为，妨害司法机关对上游犯罪进行追究的。人民法院审理掩饰、隐瞒犯罪所得、犯罪所得收益刑事案件，应综合考虑上游犯罪的性质，掩饰、隐瞒犯罪所得及其收益的情节、后果及社会危害程度等，依法定罪处罚。明知是非法狩猎的野生动物而收购，数量达到 50 只以上的，以掩饰、隐瞒犯罪所得罪定罪处罚。根据 2022 年 3 月 3 日最高人民法院、最高人民检察院《关于办理危害药品安全刑事案件适用法律若干问题的解释》的规定，明知系利用医保骗保购买的药品而非法收购、销售，金额 5 万元以上的，应当依照《刑法》第 312 条的规定，以掩饰、隐瞒犯罪所得罪定罪处罚。根据 2022 年 9 月 5 日最高人民法院、最高人民检察院、公安部、国家文物局《关于办理妨害文物管理等刑事案件若干问题的意见》的规定，明知是盗窃文物、盗掘古文化遗址、古墓葬等犯罪所获取的文物，而予以窝藏、转移、收购、加工、代为销售或者以其他方法掩饰、隐瞒的，符合《关于办理妨害文物管理等刑事案件适用法律若干问题的解释》第 9 条规定的，以《刑法》第 312 条规定的掩饰、隐瞒犯罪所得罪追究刑事责任。

　　2. 本罪与特定赃物犯罪的关系。

　　在我国刑法中，有一些涉及犯罪所得的赃物或者犯罪所得及其收益的犯罪被规定为独立的罪名，这些犯罪包括：《刑法》第 191 条规定的洗钱罪，《刑法》第 345 条第 3 款规定的非法收购、运输盗伐、滥伐的林木罪，《刑法》第 349 条规定的窝藏、转移、隐瞒毒品、毒赃罪等。这些犯罪与掩饰、隐瞒犯罪所得、犯罪所得收益罪之间构成特别法条与普通法条的法条竞合关系，应按照特别法优于普通法的原则处理其关系。

　　根据上述司法解释的规定，明知是犯罪所得及其产生的收益而予以掩饰、隐瞒，构成《刑法》第 312 条规定的犯罪，同时又构成《刑法》第 191 条或者第 349 条规定的犯罪的，依照处罚较重的规定定罪处罚。

　　3. 本罪与窝藏罪的区别。

　　（1）窝藏的对象不同。前者所含窝藏行为的对象是犯罪所得及其产生的收益，后者窝藏的对象是实施犯罪的人。

　　（2）行为的目的不同。前者所含窝藏行为是使犯罪所得及其产生的收益不被司法机关或者其他执法机关发现；而后者是帮助犯罪分子逃匿。

　　（3）犯罪客体不同。本罪的客体是司法机关查证犯罪、追缴犯罪所得及其收益的正常活动；而窝藏罪侵犯的客体则是司法机关抓捕罪犯、查证犯罪的正常活动。

　　如果行为人对身带犯罪所得及其收益的犯罪人予以窝藏，则构成窝藏罪与掩饰、隐瞒犯罪所得、犯罪所得收益罪的想象竞合犯，应从一重处断。

4. 本罪与共同犯罪的区别。

在共同犯罪的场合，因为分工的不同，可能有的共同犯罪人专门负责犯罪所得及其收益的窝藏、转移、收购、销售或者掩饰、隐瞒。此种共犯中的窝藏、转移、收购、销售或者以其他方法掩饰、隐瞒犯罪所得及其收益的行为就与本罪的客观表现十分类似。对此必须予以区别，区别的关键在于：共同犯罪中，负责窝藏、转移、收购、销售或者以其他方法掩饰、隐瞒犯罪所得及其收益的人与其他共同犯罪人事先有共谋，只是分工不同而已；而本罪的行为人虽然明知自己窝藏、转移、收购、代为销售或者以其他方法掩饰、隐瞒的是犯罪所得及其收益，但始终没有与其他犯罪人通谋。如果行为人与其他犯罪人事先通谋，即按照分工不同来窝藏、转移、收购、销售或者以其他方法掩饰、隐瞒犯罪所得及其收益，就应对其按共同犯罪论处。如 2021 年 4 月 13 日最高人民法院《关于审理掩饰、隐瞒犯罪所得、犯罪所得收益刑事案件适用法律若干问题的解释》规定，事前与盗窃、抢劫、诈骗、抢夺等犯罪分子通谋，掩饰、隐瞒犯罪所得及其产生的收益的，以盗窃、抢劫、诈骗、抢夺等犯罪的共犯论处。2015 年 12 月 30 日最高人民法院、最高人民检察院《关于办理妨害文物管理等刑事案件适用法律若干问题的解释》规定，明知是盗窃文物、盗掘古文化遗址、古墓葬等犯罪所获取的三级以上文物，而予以窝藏、转移、收购、加工、代为销售或者以其他方法掩饰、隐瞒的，以掩饰、隐瞒犯罪所得罪追究刑事责任。实施前述行为，事先通谋的，以共同犯罪论处。

5. 本罪的罪数问题。

根据 2021 年 4 月 13 日最高人民法院《关于审理掩饰、隐瞒犯罪所得、犯罪所得收益刑事案件适用法律若干问题的解释》的规定，明知是犯罪所得及其产生的收益而予以掩饰、隐瞒，构成《刑法》第 312 条规定的犯罪，同时构成其他犯罪的，依照处罚较重的规定定罪处罚。

（三）掩饰、隐瞒犯罪所得、犯罪所得收益罪的处罚

根据《刑法》第 312 条第 1 款的规定，犯本罪的，处 3 年以下有期徒刑、拘役或者管制，并处或者单处罚金；情节严重的，处 3 年以上 7 年以下有期徒刑，并处罚金。根据该条第 2 款的规定，单位犯前款罪的，对单位判处罚金，并对其直接负责的主管人员和其他直接责任人员，依照第 1 款的规定处罚。

根据 2021 年 4 月 13 日最高人民法院《关于审理掩饰、隐瞒犯罪所得、犯罪所得收益刑事案件适用法律若干问题的解释》的规定，掩饰、隐瞒犯罪所得及其产生的收益行为符合前述入罪标准，认罪、悔罪并退赃、退赔，且具有下列情形之一的，可以认定为犯罪情节轻微，免予刑事处罚：（1）具有法定从宽处罚情节的；（2）为近亲属掩饰、隐瞒犯罪所得及其产生的收益，且系初犯、偶犯的；（3）有其他情节轻微情形的。"情节严重"是指：（1）掩饰、隐瞒犯罪所得及其产生的收益价值总额达到 10 万元以上的；（2）掩饰、隐瞒犯罪所得及其产生的收益 10 次以上，或者 3 次以上且价值总额达到 5 万元以上的；（3）掩饰、隐瞒的犯罪所得系电力设备、交通设施、广播电视设施、公用电信设施、军事设施或者救灾、抢险、防汛、优抚、扶贫、移民、救济款物，价值总额达到 5 万元以上的；（4）掩饰、隐瞒行为致使上游犯罪无法及时查处，并造成公私财物重大损失无法挽回或其他严重后果的；（5）实施其他掩饰、隐瞒犯罪所得及其产生的收益行为，严重妨害司法机关对上游犯罪予以追究的。

二十七、拒不执行判决、裁定罪

（一）拒不执行判决、裁定罪的概念和特征

拒不执行判决、裁定罪，是指对人民法院的判决、裁定有能力执行而拒不执行，情节严重的行为。本罪的构成特征如下：

（1）本罪的客体是司法机关执行判决、裁定的正常活动。人民法院的判决和裁定一经生效，就具有法律强制力，任何拒不执行人民法院已经生效的判决、裁定的行为，都会破坏法律的权威，妨害司法机关的正常活动。

（2）本罪在客观方面表现为对人民法院的判决、裁定有能力执行而拒不执行，情节严重的行为。具体而言，本罪在客观方面必须具备两个条件：

一是拒不执行的是人民法院的判决和裁定。根据 2002 年 8 月 29 日全国人民代表大会常务委员会《关于〈中华人民共和国刑法〉第三百一十三条的解释》的规定，"人民法院的判决、裁定"，是指人民法院依法作出的具有执行内容并已发生法律效力的判决、裁定。人民法院为依法执行支付令、生效的调解书、仲裁裁决、公证债权文书等所作的裁定属于该条规定的裁定。在司法实践中，被拒绝执行的往往是民事、行政或经济等案件的判决、裁定，因刑事判决和裁定的强制力较强，一般难以抗拒执行。

二是有能力执行人民法院已经生效的判决、裁定而拒不执行，情节严重。根据上述立法解释的规定，"有能力执行而拒不执行，情节严重"是指：1）被执行人隐藏、转移、故意毁损财产或者无偿转让财产、以明显不合理的低价转让财产，致使判决、裁定无法执行的；2）担保人或者被执行人隐藏、转移、故意毁损或者转让已向人民法院提供担保的财产，致使判决、裁定无法执行的；3）协助执行义务人接到人民法院协助执行通知书后，拒不协助执行，致使判决、裁定无法执行的；4）被执行人、担保人、协助执行义务人与国家机关工作人员通谋，利用国家机关工作人员的职权妨害执行，致使判决、裁定无法执行的；5）其他有能力执行而拒不执行，情节严重的情形。

根据 2020 年 12 月 29 日最高人民法院《关于审理拒不执行判决、裁定刑事案件适用法律若干问题的解释》的规定，负有执行义务的人有能力执行而实施下列行为之一的，应当认定为前述立法解释中规定的"有能力执行而拒不执行，情节严重的情形"：1）具有拒绝报告或者虚假报告财产情况、违反人民法院限制高消费及有关消费令等拒不执行行为，经采取罚款或者拘留等强制措施后仍拒不执行的；2）伪造、毁灭有关被执行人履行能力的重要证据，以暴力、威胁、贿买方法阻止他人作证或者指使、贿买、胁迫他人作伪证，妨碍人民法院查明被执行人财产情况，致使判决、裁定无法执行的；3）拒不交付法律文书指定交付的财物、票证或者拒不迁出房屋、退出土地，致使判决、裁定无法执行的；4）与他人串通，通过虚假诉讼、虚假仲裁、虚假和解等方式妨害执行，致使判决、裁定无法执行的；5）以暴力、威胁方法阻碍执行人员进入执行现场或者聚众哄闹、冲击执行现场，致使执行工作无法进行的；6）对执行人员进行侮辱、围攻、扣押、殴打，致使执行工作无法进行的；7）毁损、抢夺执行案件材料、执行公务车辆和其他执行器械、执行人员服装以及执行公务证件，致使执行工作无法进行的；8）拒不执行法院判决、裁定，致使债权人遭受重大损失的。

参考案例 23－17

甲因为侵权纠纷与邻居乙发生诉讼，甲向法院提出先予执行的申请，法院作出了先予执行的裁定，但乙有能力执行而拒不执行裁定，法院执行干警前去执行时，乙伙同朋友对执行干警进行辱骂、投掷石块、夺取枪支等。乙构成拒不执行判决、裁定罪。

（3）本罪主体为特殊主体，即负有执行义务的被执行人、协助执行义务人、担保人，包括自然人和单位。

（4）本罪的主观方面为故意，即必须是行为人明知是人民法院已经发生法律效力的判决、裁定而有意拒绝执行。

（二）拒不执行判决、裁定罪的认定

1. 本罪与非罪的界限。

实践中应当注意，对于法院已经生效的判决、裁定依法提出申诉时态度不够冷静的；因没有能力而未能执行法院判决、裁定的；拒不执行法院判决、裁定但情节轻微的，均不能以犯罪论处。

2. 本罪与妨害公务罪的界限。

（1）本罪的主体为特殊主体，没有执行法院判决、裁定义务的人以及对法院判决、裁定不负有协助执行义务的人不能成为本罪主体；而妨害公务罪的主体是一般主体。

（2）行为方式手段不同。本罪不以暴力、威胁为必要手段；而妨害公务罪在通常情况下必须是使用暴力、威胁的方法才能构成。

（3）犯罪客体不同。本罪的客体是司法机关执行判决、裁定的正常活动；而妨害公务罪的客体则是公共秩序。

根据 2007 年 8 月 30 日最高人民法院、最高人民检察院、公安部《关于依法严肃查处拒不执行判决、裁定和暴力抗拒法院执行犯罪行为有关问题的通知》的规定，对下列暴力抗拒执行的行为，依照《刑法》第 277 条的规定，以妨害公务罪论处：1) 聚众哄闹、冲击执行现场，围困、扣押、殴打执行人员，致使执行工作无法进行的；2) 毁损、抢夺执行案件材料、执行公务车辆和其他执行器械、执行人员服装以及执行公务证件，造成严重后果的；3) 其他以暴力、威胁方法妨害或者抗拒执行，致使执行工作无法进行的。

3. 本罪中的一罪与数罪问题。

实践中应当注意，如果行为人以暴力方式犯拒不执行法院判决、裁定罪，其暴力程度应以造成轻伤害为限。对于行为人暴力抗拒人民法院判决、裁定，杀害、重伤执行人员的，应以故意杀人罪或故意伤害罪定罪处罚。

（三）拒不执行判决、裁定罪的处罚

根据《刑法》第 313 条的规定，犯本罪的，处 3 年以下有期徒刑、拘役或者罚金；情节特别严重的，处 3 年以上 7 年以下有期徒刑，并处罚金。单位犯本罪的，对单位判处罚金，并对其直接负责的主管人员和其他直接负责人员，依照自然人犯罪的规定处罚。

根据 2020 年 12 月 29 日最高人民法院《关于审理拒不执行判决、裁定刑事案件适用法律若干问题的解释》的规定，拒不执行判决、裁定的被告人在一审宣告判决前，履行全部或部分执行义务的，可以酌情从宽处罚。拒不执行支付赡养费、扶养费、抚育费、抚恤金、医疗费用、劳动报酬等判决、裁定的，可以酌情从重处罚。

二十八、组织他人偷越国（边）境罪

（一）组织他人偷越国（边）境罪的概念和特征

组织他人偷越国（边）境罪，是指违反国（边）境管理法规，非法组织他人偷越国（边）境的行为。本罪的构成特征如下：

(1) 本罪的客体是国家对国（边）境的正常管理秩序。

(2) 本罪在客观方面表现为违反国（边）境管理法规，非法组织他人偷越国（边）境的行为。国（边）境管理法规，主要是指《中华人民共和国出境入境管理法》。组织他人偷越国（边）境的行为，包括组织他人非法出境和非法入境两种情况。所谓组织，是指行为人采用鼓动、串联、拉拢、引诱、欺骗等方式促使他人偷越国（边）境，或者积极为越境分子出谋划策、创造条件等。根据 2012 年 12 月 12 日最高人民法院、最高人民检察院《关于办理妨害国（边）境管理刑事案件应用法律若干问题的解释》第 1 条的规定，领导、策划、指挥他人偷越国（边）境或者在首要分子指挥下，实施拉拢、引诱、介绍他人偷越国（边）境等行为的，应当认定为《刑法》第 318 条规定的"组织他人偷越国（边）境"。至于偷越国（边）境的地点，既可以是边境口岸，也可以是非边境口岸；既可以从陆上偷越，也可以从海上偷越。根据前述司法解释第 6 条的规定，具有下列情形之一的，应当认定为《刑法》分则第六章第三节规定的"偷越国（边）境"行为：1) 没有出入境证件出入国（边）境或者逃避接受边防检查的；2) 使用伪造、变造、无效的出入境证件出入国（边）境的；3) 使用他人出入境证件出入国（边）境的；4) 使用以虚假的出入境事由、隐瞒真实身份、冒用他人身份证件等方式骗取的出入境证件出入国（边）境的；5) 采用其他方式非法出入国（边）境的。

根据 2022 年 6 月 29 日最高人民法院、最高人民检察院、公安部、国家移民管理局《关于依法惩治妨害国（边）境管理违法犯罪的意见》第 2 条的规定，具有下列情形之一的，应当认定为《刑法》第 318 条规定的"组织他人偷越国（边）境"行为：1) 组织他人通过虚构事实、隐瞒真相等方式掩盖非法出入境目的，骗取出入境边防检查机关核准出入境的；2) 组织依法限定在我国边境地区停留、活动的人员，违反国（边）境管理法规，非法进入我国非边境地区的。对于前述行为，在决定是否追究刑事责任以及如何裁量刑罚时，应当综合考虑组织者前科情况、行为手段、组织人数和次数、违法所得数额及被组织人员偷越国（边）境的目的等情节，依法妥当处理。根据该意见第6条的规定，明知他人实施骗取出境证件犯罪，提供虚假证明、邀请函件以及面签培训等帮助的，以骗取出境证件罪的共同犯罪论处；符合《刑法》第318条规定的，以组织他人偷越国（边）境罪定罪处罚。根据该意见第11条的规定，徒步带领他人通过隐蔽路线逃避边防检查偷越国（边）境的，属于运送他人偷越国（边）境。领导、策划、指挥他人偷越国（边）境，并实施徒步带领行为的，以组织他人偷越国（边）境罪论处。

参考案例 23－18

船民郑某为了实现自己的发财梦，便到处拉拢游说，最终纠集了18人，每人交给他1 000元作为报酬，由他负责联系船只，先偷渡至香港，然后投靠专门从事偷渡活动的"蛇头"。郑某在"首战告捷"后，又数次联系准备偷渡的人员，后在载运另一批人出境的过程中被截获，遂案发。法院以组织他人偷越国（边）境罪判处郑某有期徒刑10年，并处罚金20万元。

（3）本罪的主体为一般主体，凡已满16周岁、具有刑事责任能力的人均能成为本罪的主体。

（4）本罪主观方面是故意，过失不构成本罪。至于行为人的动机、目的如何，只能影响量刑，而不影响本罪的构成。

（二）组织他人偷越国（边）境罪的认定

1. 本罪与运送他人偷越国（边）境罪的界限。

本罪与《刑法》第321条规定的运送他人偷越国（边）境罪两罪在客体、主体以及主观方面的要件基本相同或近似，其主要区别是：本罪客观上主要实施的是组织行为，而运送他人偷越国（边）境罪在客观方面主要表现为使用一定的交通工具或徒步带领的方法，将他人非法送出或者接入国（边）境的行为。如果实践中出现既组织又运送他人偷越国（边）境的，此时的运送行为应视为组织行为的一部分，因此应按本罪定罪处罚。

2. 本罪中的一罪与数罪问题。

行为人在组织他人偷越国（边）境的过程中，对被组织人员故意杀害、伤害、强奸、拐卖等行为，或者对检查人员实施杀害、伤害等行为的，如果构成犯罪，应依其行为的性质分别定罪量刑，并与本罪实行数罪并罚。

根据2012年12月12日最高人民法院、最高人民检察院《关于办理妨害国（边）境管理刑事案件应用法律若干问题的解释》第8条的规定，实施组织他人偷越国（边）境犯罪，同时构成骗取出境证件罪、提供伪造、变造的出入境证件罪、出售出入境证件罪、运送他人偷越国（边）境罪的，依照处罚较重的规定定罪处罚。

3. 本罪的未遂。

根据2012年12月12日最高人民法院、最高人民检察院《关于办理妨害国（边）境管理刑事案件应用法律若干问题的解释》第1条的规定，以组织他人偷越国（边）境为目的，招募、拉拢、引诱、介绍、培训偷越国（边）境人员，策划、安排偷越国（边）境行为，在他人偷越国（边）境之前或者偷越国（边）境过程中被查获的，应当以组织他人偷越国（边）境罪（未遂）论处；具有《刑法》第318条第1款规定的情形之一的，应当在相应的法定刑幅度基础上，结合未遂犯的处罚原则量刑。

4. 本罪的共同犯罪。

根据2022年6月29日最高人民法院、最高人民检察院、公安部、国家移民管理局《关于依法惩治妨害国（边）境管理违法犯罪的意见》第7条的规定，事前与组织他人偷越国（边）境的犯罪分子通谋，为其提供虚假证明、邀请函件以及面签培训等帮助，骗取入境签证等入境证件，为组织他人偷越国（边）境使用的，以组织他人偷越国（边）境罪的共同犯罪论处。根据该意见第3条的规定，事前与组织、运送他人偷越国（边）境的犯罪分子通谋，在偷越国（边）境人员出境前或者入境后，提供接驳、容留、藏匿等帮助的，以组织他人偷越国（边）境罪或者运送他人偷越国（边）境罪的共同犯罪论处。

（三）组织他人偷越国（边）境罪的处罚

根据《刑法》第318条第1款的规定，犯本罪的，处2年以上7年以下有期徒刑，并处罚金；有下列情形之一的，处 7 年以上有期徒刑或者无期徒刑，并处罚金或者没收财产：（1）组织他人偷越国（边）境集团的首要分子；（2）多次组织他人偷越国（边）境或者组织他人偷越国（边）境人数众多的；（3）造成被组织人重伤、死亡的；（4）剥夺或者限制被组织人人身自由的；（5）以暴力、威胁方法抗拒检查的；（6）违法所得数额巨大的；（7）有其他特别严重情节的。根据 2012 年 12 月 12 日最高人民法院、最高人民检察院《关于办理妨害国（边）境管理刑事案件应用法律若干问题的解释》第 1 条的规定，组织他人偷越国（边）境人数在 10 人以上的，应当认定为《刑法》第 318 条第 1 款第 2 项规定的"人数众多"；违法所得数额在 20 万元以上的，应当认定为《刑法》第 318 条第 1 款第 6 项规定的"违法所得数额巨大"。

二十九、故意损毁文物罪

（一）故意损毁文物罪的概念和特征

故意损毁文物罪，是指故意损毁国家保护的珍贵文物或者被确立为全国重点文物保护单位、省级文物保护单位的文物的行为。

本罪的构成特征如下：

（1）本罪侵犯的客体是国家对文物的管理制度。

（2）本罪的客观方面表现为行为人用捣毁、拆除、污损、挖掘、焚烧等方法，损毁国家保护的珍贵文物或者被确定为全国重点文物保护单位、省级文物保护单位的文物的行为。根据 2015 年 12 月 30 日最高人民法院、最高人民检察院《关于办理妨害文物管理等刑事案件适用法律若干问题的解释》的规定，全国重点文物保护单位、省级文物保护单位的本体，应当认定为《刑法》第 324 条第 1 款规定的"被确定为全国重点文物保护单位、省级文物保护单位的文物"。

参考案例 23-19

某厂工人李某 36 岁，爱好书法，业余喜欢收集名人字画并加以临摹。一天李某在某市游玩时，听人说该市城南有一座石碑，上刻有北宋著名书法家黄庭坚的真迹，是国家确定的珍贵文物。李某前往观之，非常喜欢，不由得想据为己有。遂于第二日凌晨 5 时，携带准备好的大铁锤、麻袋等作案工具，用铁锤将石碑从地上部分弄断，放入麻袋，雇出租车离开该市。在途经另一地方收费站时，因形迹可疑，被拦住检查，遂案发。法院以故意损毁文物罪判处李某有期徒刑 2 年，并处罚金 5 000 元。

（3）本罪的主体是一般主体。根据 2015 年 12 月 30 日最高人民法院、最高人民检察院《关于办理妨害文物管理等刑事案件适用法律若干问题的解释》的规定，公司、企业、事业单位、机关、团体等单位实施故意损毁文物行为的，追究组织者、策划者、实施者的刑事责任。

（4）本罪的主观方面是故意。

（二）故意损毁文物罪的认定

1. 本罪与过失损毁文物罪的界限。

过失损毁文物罪，是指过失损毁国家保护的珍贵文物或者被确定为全国重点文物保护单位、省级文物保护单位的文物，造成严重后果的行为。本罪和该罪的主要区别是：

（1）主观方面不同。本罪的主观方面是故意；而过失损毁文物罪的主观方面则是过失。

（2）客观方面不同。本罪的客观方面没有造成严重后果的要求；而过失损毁文物罪的客观方面则要求造成严重后果。根据 2015 年 12 月 30 日最高人民法院、最高人民检察院《关于办理妨害文物管理等刑事案件适用法律若干问题的解释》的规定，具有下列情形之一的，应当认定为过失损毁文物罪中的"造成严重后果"：1）造成五件以上三级文物损毁的；2）造成二级以上文物损毁的；3）致使全国重点文物保护单位、省级文物保护单位的本体严重损毁或者灭失的。

2. 本罪与故意损毁名胜古迹罪的界限。

故意毁损名胜古迹罪，是指故意损坏国家保护的名胜古迹，情节严重的行为。本罪和该罪的主要区别是：

（1）犯罪对象不同。本罪侵害的对象是国家保护的珍贵文物或者被确立为全国重点文物保护单位、省级文物保护单位的文物；而故意损毁名胜古迹罪侵害的对象是国家保护的名胜古迹。

（2）客观方面不同。本罪的客观方面是"损毁"，损毁有多种表现形式，但没有情节严重的要求；而故意损毁名胜古迹罪的客观方面的"损毁"则要求达到情节严重的程度。根据 2015 年 12 月 30 日最高人民法院、最高人民检察院《关于办理妨害文物管理等刑事案件适用法律若干问题的解释》的规定，具有下列情形之一的，应当认定为故意损毁名胜古迹罪中的"情节严重"：1）致使名胜古迹严重损毁或者灭失的；2）多次损毁或者损毁多处名胜古迹的；3）其他情节严重的情形。

（3）两罪的故意内容不同。本罪的行为人具有损毁珍贵文物的故意；而故意损毁名胜古迹罪的行为人则具有损毁名胜古迹的故意。

根据 2015 年 12 月 30 日最高人民法院、最高人民检察院《关于办理妨害文物管理等刑事案件适用法律若干问题的解释》的规定，故意损毁风景名胜区内被确定为全国重点文物保护单位、省级文物保护单位的文物的，依照《刑法》和司法解释关于故意损毁文物罪的规定定罪量刑。

3. 本罪的罪数。

根据 2022 年 9 月 5 日最高人民法院、最高人民检察院、公安部、国家文物局《关于办理妨害文物管理等刑事案件若干问题的意见》的规定，采用破坏性手段盗窃古建筑、石窟寺、石刻、壁画、近现代重要史迹和代表性建筑等不可移动文物未遂，具有下列情形之一的，应当依法追究刑事责任：（1）针对全国重点文物保护单位、省级文物保护单位中的建筑构件、壁画、雕塑、石刻等实施盗窃，损害文物本体历史、艺术、科学价值，情节严重的；（2）以被确定为市、县级以上文物保护单位整体为盗窃目标的；（3）造成市、县级以上文物保护单位的不可移动文物本体损毁的；（4）针对不可移动文物中的建筑构件、壁画、雕塑、石刻等实施盗窃，所涉部分具有等同于三级以上文物历史、艺术、科学价值的；（5）其他情节严重的情形。同时构成《刑法》第 324 条第 1 款故意损毁文物罪的，依照处罚较重的规定定罪处罚。

根据前述意见的规定，以盗掘为目的，在古文化遗址、古墓葬表层进行钻探、爆破、挖掘等作业，因意志以外的原因，尚未损害古文化遗址、古墓葬的历史、艺术、科学价值的，属于盗掘古文化遗址、古墓葬未遂，应当区分情况分别处理：（1）以被确定为全国重点文物保护单位、省级文物保护单位的古文化遗址、古墓葬为盗掘目标的，应当追究刑事责任；（2）以被确定为市、县级文物保护单位的古文化遗址、古墓葬为盗掘目标的，对盗掘团伙的纠集者、积极参加者，应当追究刑事责任；（3）以其他古文化遗址、古墓葬为盗掘目标的，对情节严重者，依法追究刑事责任。同时构成《刑法》第 324 条第 1 款故意损毁文物罪的，依照处罚较重的规定定罪处罚。

（三）故意损毁文物罪的处罚

根据《刑法》第 324 条第 1 款的规定，犯本罪的，处 3 年以下有期徒刑或者拘役，并处或者单处罚金；情节严重的，处 3 年以上 10 年以下有期徒刑，并处罚金。根据 2015 年 12 月 30 日最高人民法院、最高人民检察院《关于办理妨害文物管理等刑事案件适用法律若干问题的解释》的规定，故意损毁国家保护的珍贵文物或者被确定为全国重点文物保护单位、省级文物保护单位的文物，具有下列情形之一的，应当认定为《刑法》第 324 条第 1 款规定的"情节严重"：（1）造成 5 件以上三级文物损毁的；（2）造成二级以上文物损毁的；（3）致使全国重点文物保护单位、省级文物保护单位的本体严重损毁或者灭失的；（4）多次损毁或者损毁多处全国重点文物保护单位、省级文物保护单位的本体的；（5）其他情节严重的情形。实施前述规定的行为，拒不执行国家行政主管部门作出的停止侵害文物的行政决定或者命令的，酌情从重处罚。虽已达到本罪应当追究刑事责任的标准，但行为人系初犯，积极赔偿损失，并确有悔罪表现的，可以认定为犯罪情节轻微，不起诉或者免予刑事处罚。

三十、妨害传染病防治罪

（一）妨害传染病防治罪的概念和特征

妨害传染病防治罪，是指违反传染病防治法的规定，引起甲类传染病以及依法确定采取甲类传染病预防、控制措施的传染病传播或者有传播的严重危险的行为。

本罪的构成特征如下：

（1）本罪侵犯的客体是国家对传染病防治的正常管理秩序和不特定多数人的生命、健康安全。

（2）本罪的客观方面表现为违反传染病防治法的规定，引起甲类传染病以及依法确定采取甲类传染病预防、控制措施的传染病传播或者有传播的严重危险的行为。本罪的客观行为有以下五种：第一，供水单位供应的饮用水不符合国家规定的卫生标准；第二，拒绝按照疾病预防控制机构提出的卫生要求，对传染病病原体污染的污水、污物、场所和物品进行消毒处理；第三，准许或者纵容传染病病人、病原携带者和疑似传染病病人从事国务院卫生行政部门规定禁止从事的易使该传染病扩散的工作；第四，出售、运输疫区中被传染病病原体污染或者可能被传染病病原体污染的物品，未进行消毒处理；第五，拒绝执行县级以上人民政府、疾病预防控制机构依照传染病防治法提出的预防、控制措施。只要具备上述行为之一，即可成立本罪。值得注意的是，根据 2008 年 6 月 25 日最高人民检察院、公安部《关于公安机关管辖的刑事案件立案追诉标准的规定（一）》第 49 条的规定，违反传染病防治法的规定，引起甲类或者按照甲类管理的传染病传播或者有传播严重危险的，应予立案追诉。

党的二十大报告要求，加强重大疫情防控救治体系和应急能力建设，有效遏制重大传染性疾病传播。根据有关政策精神，本罪中的"违反传染病防治法的规定"，应当从广义理解，"传染病防治法"是一个关于传染病防控的法律体系，包括《中华人民共和国传染病防治法》《中华人民共和国突发事件应对法》《突发公共卫生事件应急条例》等一系列与疫情防控有关的法律法规和国务院有关规定。《中华人民共和国传染病防治法》明确了各级政府和有关部门为预防、控制和消除传染病可以采取的措施，是传染病防治的主要法律依据之一。同时，《中华人民共和国突发事件应对法》《突发公共卫生事件应急条例》《国家突发公共卫生事件应急预案》等法律法规和规范性文件，明确了各级政府和有关部门为应对突发公共卫生事件可以采取的行政措施，也是突发传染病防控的重要法律依据和来源。在办理妨害疫情防控案件时，上述法律法规和规范性文件的规定均可作为认定妨害传染病防治罪中"违反传染病防治法的规定"的依据。

对于县级以上人民政府和疾病预防控制机构在疫情防控期间，依据上述法律法规和规范性文件出台的疫情预防、控制措施，如果法律依据充分、无明显不当，一般均可以认定为前述第五项中规定的"县级以上人民政府、疾病预防控制机构依照传染病防治法提出的预防、控制措施"。

本罪为危险犯，只要引起甲类传染病或者依法确定采取甲类传染病预防、控制措施的传染病传播或有传播严重危险的，即成立犯罪既遂。如根据相关政策精神，在办理妨害新型冠状病毒感染肺炎疫情防控案件中，是否引起新型冠状病毒感染肺炎传播或者有传播严重危险，需要结合案件具体情况分析判断，主要包括以下三个方面：一是从行为主体看，行为人是否系新型冠状病毒感染肺炎确诊病人、病原携带者、疑似病人或其密切接触者，或者曾进出疫情高发地区，或者已出现新型冠状病毒感染肺炎感染症状，或者属于其他高风险人群。二是从行为方式看，行为人是否实施了拒绝疫情防控措施的行为，比如拒不执行隔离措施，瞒报谎报病情、旅行史、居住史、接触史、行踪轨迹，进入公共场所或者公共交通工具，密切与多人接触等。三是从行为危害后果看，根据案件具体情况，综合判断行为人造成的危害后果是否达到"引起甲类传染病传播或者有传播严重危险"的程度，如造成多人被确诊为新型冠状病毒感染肺炎病人或者多人被诊断为疑似病人等。实践中，考虑到妨害传染病防治罪是危害公共卫生犯罪，因此对行为人造成共同生活的家人之间传播、感染的，一般不应作为犯罪处理。

根据 2008 年 6 月 25 日最高人民检察院、公安部《关于公安机关管辖的刑事案件立案追诉标准的规定（一）》第 49 条的规定，"甲类传染病"，是指鼠疫、霍乱；"按甲类管理的传染病"，是指乙类传染病中传染性非典型肺炎、炭疽中的肺炭疽、人感染高致病性禽流感以及国务院卫生行政部门根据需要报经国务院批准公布实施的其他需要按甲类管理的乙类传染病和突发原因不明的传染病。如国家卫生健康委员会 2020 年 1 月 20 日发布的 2020 年第 1 号公告，经国务院批准，将新型冠状病毒感染的肺炎纳入《中华人民共和国传染病防治法》规定的乙类传染病，并采取甲类传染病的预防、控制措施。

（3）本罪的主体既可以是自然人也可以是单位。

（4）本罪的主观方面是过失。

参考案例 23－20

被告人马某经当地政府有关主管部门批准，自筹资金在某镇建造了一个自来水厂，供应该镇工业用水和居民生活用水。自来水厂投入使用后，由于技术设备落后，相关配套措施不完善，因此水消毒处理这一环节没有得到应有重视。自来水厂基本上是直接从某镇附近的一条河中取水后，仅经过简单的消毒处理，没有经过水质检测，就向居民供应饮用水。县卫生防疫部门曾于某年8月对该自来水厂的水质进行检测，发现有关理化、生物指标严重超标，水中的细菌、病毒、寄生虫几乎没有被杀死，因此责令其进行整改。马某为了节约成本，只是将消毒药物的浓度加大了一些。次年4月，该镇发生了霍乱传染、流行的事故，共有4人因感染霍乱而死亡。后经卫生防疫部门详细调查，发现此次霍乱传播是由于该镇附近的自来水厂水源的河流上游某个地区有霍乱发生，因自来水厂对水质检测不严，消毒不符合有关卫生标准，导致霍乱病毒经自来水厂的自来水在该镇传播，造成特别严重的后果。案发后，被告人马某认罪态度较好，法院以妨害传染病防治罪判处马某有期徒刑4年。

（二）妨害传染病防治罪的认定

1. 本罪与非罪之间的界限。

主要应从以下三个方面加以界定：

（1）行为人主观上是否有过失。如果行为人主观上对引起甲类传染病传播或有传播严重危险的结果没有故意也没有过失，而是由于不能预见的原因造成的，则不构成本罪。

（2）客观上是否已经引起了甲类传染病的传播或者有传播严重危险的。如果行为人虽然违反传染病防治法规规定，但并未引起甲类传染病传播的结果，也没有引起甲类传染病传播的严重危险的，则不构成本罪，属于一般违法行为，由公安机关根据《治安管理处罚法》予以治安管理处罚，或者由有关部门予以其他行政处罚。

（3）行为人的行为是否违反传染病防治法规。如果行为人根本就没有违反传染病防治法，虽然在客观上造成了严重后果或有造成严重后果的危险，也不能构成本罪。

2. 本罪与以危险方法危害公共安全罪的界限。

根据2020年2月6日最高人民法院、最高人民检察院、公安部、司法部《关于依法惩治妨害新型冠状病毒感染肺炎疫情防控违法犯罪的意见》的规定，故意传播新型冠状病毒感染肺炎病原体，具有下列情形之一，危害公共安全的，依照《刑法》第114条、第115条第1款的规定，以以危险方法危害公共安全罪定罪处罚：（1）已经确诊的新型冠状病毒感染肺炎病人、病原携带者，拒绝隔离治疗或者隔离期未满擅自脱离隔离治疗，并进入公共场所或者公共交通工具的；（2）新型冠状病毒感染肺炎疑似病人拒绝隔离治疗或者隔离期未满擅自脱离隔离治疗，并进入公共场所或者公共交通工具，造成新型冠状病毒传播的。其他拒绝执行卫生防疫机构依照传染病防治法提出的防控措施，引起新型冠状病毒传播或者有传播严重危险的，依照《刑法》第330条的规定，以妨害传染病防治罪定罪处罚。

根据有关政策精神，在办理妨害疫情防控措施犯罪案件适用以危险方法危害公共安全罪时，应当注意把握以下三个方面：一是主体上限于已确诊的新型冠状病毒感染肺炎病人、病原携带者，或者新型冠状病毒感染肺炎疑似病人；二是主观上具有传播新型冠状病毒感染肺炎病原体的故意；三是客观上表现为拒绝隔离治疗或者隔离期未满擅自脱离隔离治疗，实施了进入公共场所或者公共交通工具的行为，其中新型冠状病毒感染肺炎疑似病人还要求造成新型冠状病毒传播的后果。实践中，适用以危险方法危害公共安全罪应当依法从严把握。对于《关于依法惩治妨害新型冠状病毒感染肺炎疫情防控违法犯罪的意见》中规定的两种情形，应当适用以危险方法危害公共安全罪。此外，对于明知自身已经确诊为新型冠状病毒感染肺炎病人或者疑似病人，出于报复社会等主观故意，恶意向不特定多数人传播病毒，后果严重、情节恶劣的，也应当适用以危险方法危害公共安全罪。对于其他拒绝执行疫情防控措施，引起新型冠状病毒传播或者有传播严重危险的行为，依照《刑法》第330条的规定，适用妨害传染病防治罪。

3. 本罪与过失以危险方法危害公共安全罪的界限。

妨害传染病防治罪也是一种过失危害公共卫生、公共安全的行为，与过失以危险方法危害公共安罪之间属于法条竞合的关系，妨害传染病防治罪是特殊法条，过失以危险方法危害公共安全罪属于一般法条。根据有关政策精神，对于患有未被明确为甲类传染病或者按照甲类传染病管理的突发传染病或者疑似突发传染病而拒绝接受检疫、强制隔离或者治疗，过失造成传染病传播，情节严重，危害公共安全的，按照过失以危险方法危害公共安全罪定罪处罚；对于患有明确为甲类传染病或者按照甲类传染病管理的突发传染病或者疑似突发传染病而拒绝接受检疫、强制隔离或者治疗，过失造成传染病传播，情节严重，危害公共安全的，按照特别法优于一般法的原则，适用妨害传染病防治罪定罪处罚。

4. 本罪与妨害国境卫生检疫罪的界限。

妨害国境卫生检疫罪，是指违反国境卫生检疫规定，引起检疫传染病传播或者有传播严重危险的行为。根据有关政策精神，妨害传染病防治罪和妨害国境卫生检疫罪的区别在于：（1）《刑法》第330条规定的妨害传染病防治罪针对的是违反《传染病防治法》《突发事件应对法》《突发公共卫生事件应急条例》等规定，拒绝执行卫生防疫机构依照传染病防治法提出的防控措施的行为，适用于在我国境内的卫生防控防治环境。《刑法》第332条规定的妨害国境卫生检疫罪针对的是违反《国境卫生检疫法》及其实施细则等规定，拒绝执行国境卫生检疫机关依照国境卫生检疫法提出的检疫措施的行为，适用于在出入我国国境时的卫生防控防疫环节。（2）妨害传染病防治罪中的"甲类传染病"为甲类传染病或者按照甲类传染病管理的传染病，妨害国境卫生检疫罪中的"检疫传染病"为鼠疫、霍乱、黄热病以及国务院确定和公布的其他传染病。行为人既有拒绝执行国境卫生检疫机关检疫措施的行为，又有在入境后拒绝执行卫生防疫机构防控措施的行为，同时构成妨害传染病防治罪和妨害国境卫生检疫罪的，一般应当依照处罚较重的规定定罪处罚。

（三）妨害传染病防治罪的处罚

根据《刑法》第330条的规定，个人犯本罪的，处3年以下有期徒刑或者拘役；后果特别严重的，处3年以上7年以下有期徒刑。单位犯本罪的，对单位判处罚金，并对其直接负责的主管人员和其他直接责任人员，依照自然人犯罪处罚。

三十一、医疗事故罪

（一）医疗事故罪的概念和特征

医疗事故罪，是指医务人员由于严重不负责任，造成就诊人死亡或者严重损害就诊人身体健康的行为。

本罪的构成特征如下：

（1）本罪的客体是医疗单位的正常活动和就诊人的生命、健康权利。

（2）本罪在客观方面表现为由于严重不负责任，造成就诊人死亡或者严重损害其身体健康的行为。根据2017年4月27日最高人民检察院、公安部《关于公安机关管辖的刑事案件立案追诉标准的规定（一）》第56条的规定，具有下列情形之一的，属于"严重不负责任"：1）擅离职守的；2）无正当理由拒绝对危急就诊人实行必要的医疗救治的；3）未经批准擅自开展试验性医疗的；4）严重违反查对、复核制度的；5）使用未经批准使用的药品、消毒药剂、医疗器械的；6）严重违反国家法律法规及有明确规定的诊疗技术规范、常规的；7）其他严重不负责任的情形。"严重损害就诊人身体健康"，是指造成就诊人严重残疾、重伤，感染艾滋病、病毒性肝炎等难以治愈的疾病或者其他严重损害就诊人身体健康的后果。

参考案例 23-21

被告人王某，系中医医师，在某市职业学校合法开设门诊，为患者诊断治病并配售中药。被害人袁某因牙痛来被告人王某的门诊部就医。被告人王某给袁某诊断后便开了中药清胃散两副。因在此之前被告人王某错将有毒的草乌装入了放玄参的药斗内，故在配药时将草乌当作玄参配给了袁某。袁某将其中一服中药泡服后，即出现严重中毒症状，经医院抢救无效，于当日下午死亡。事发后，被告人王某主动查找袁某中毒死亡的原因，并发现是其配错了中药，就去了该市某区卫生局投案自首。法院经审理认为，被告人王某身为医务人员，应该认真履行自己的职责，按照规定管理和发放药品，但被告人在行医中不负责任，未遵守医疗工作的规章制度，错将有毒的草乌当作玄参配制给了被害人袁某，造成了被害人服用后出现中毒症状经抢救无效死亡的严重后果，其行为构成医疗事故罪，判处有期徒刑 2 年。

（3）本罪主体为特殊主体，即只有医务人员才能成为本罪主体。医务人员按其业务性质可以分为以下类型：第一，医疗防疫人员，包括中医、西医、卫生防疫、寄生虫防治、地方病防治、职业病防治以及妇幼保健人员；第二，药剂人员；第三，护理人员；第四，其他专业技术人员，包括检验、理疗、病理、口腔、同位素、放射、营养技术等专业人员。此外，医疗单位中其他负有为保障公民的生命和健康权益而必须实施某种行为的特定义务，由于不履行或不认真履行这种义务以致造成严重后果的人员，也可以成为本罪的主体，如急救中心救护车司机接到呼救后，无故不出车或不及时出车，延误抢救时机，造成病人死亡的，亦应依照本罪的规定追究刑事责任。

参考案例 23－22

被告人胡某，34 岁，某医院的救护车司机。某日凌晨 1 时，医院接到救护电话，称有一产妇难产，病情危重，请求出诊抢救。恰逢值班司机胡某刚出车回来，他说风沙太大，能见度低，易出车祸，便要产妇家属等风小点再来要车，后经值班医生多次催促出车，胡某气愤地说："有责任我来顶。"当产妇家属用板车将产妇送到医院时，产妇已经停止了呼吸。经鉴定，该事故为一级责任事故。法院经审理认为，胡某虽是救护车司机，但是他在医疗单位中负有保障公民的生命和健康权益的特定义务，他没有及时履行这种义务而造成了严重后果。因此法院以医疗事故罪判处胡某有期徒刑 3 年。

（4）本罪在主观方面为过失，即行为人应当预见自己严重不负责任的行为可能造成就诊人死亡或者严重损害就诊人的身体健康，但因疏忽大意没有预见，或虽已预见到但轻信可以避免，从而导致就诊人死亡或身体健康严重受损害的结果发生。

（二）医疗事故罪的认定

在司法实践中正确认定医疗事故罪，关键是要区分本罪与医疗差错、医疗意外、技术事故以及一般医疗责任事故的界限。医疗差错，是指虽有治疗护理错误，但未造成就诊人死亡、残疾、功能障碍的结果。医疗意外，是指由于病情或者病人体质特殊而发生的难以预料和防范的不良后果，医疗人员对此不存在主观上的故意或过失。技术事故，是指医务人员因技术过失所致的事故。这里的过失与医疗责任罪的过失内容有本质的不同。在一般医疗责任事故中，行为人不负责任的程度尚未达到严重的程度。因此，在医疗事故发生的情况下，应严格审查医疗事故发生的原因，凡因上述行为导致医疗事故发生的，一般不以犯罪论处。此外，对于医务人员严重不负责任的过失行为，尚未造成就诊人死亡或身体严重损害的，也不应以犯罪论处。

（三）医疗事故罪的处罚

根据《刑法》第 335 条的规定，犯本罪的，处 3 年以下有期徒刑或者拘役。

三十二、非法行医罪

（一）非法行医罪的概念和特征

非法行医罪，是指未取得医生执业资格的人，擅自从事医疗活动，情节严重的行为。

本罪的构成特征如下：

（1）本罪的客体是国家对医务从业人员的管理秩序和就诊人的健康权利、生命权利。

为了保障人民的身体健康，促使我国的医疗事业健康发展，我国对从事医生执业者实行资格制度。但是，近年来，有些地方出现了较为严重的非法行医现象。一些非法行医者为了牟取非法利益，乘有的合法医疗部门存在收费不合理的现象之机，抓住人民群众病急乱投医、贪图便宜等心理特征，到处非法设点开诊，有的造成就诊人严重的身体损害甚至死亡。因此，非法行医行为不仅破坏了国家对医疗卫生事业的管理，更为重要的是造成病人身体损害。

（2）本罪的客观方面表现为非法行医，情节严重的行为。根据 2016 年 12 月 12 日最高人民法院《关于审理非法行医刑事案件具体应用法律若干问题的解释》的规定，具有下列情形之一的，应认定为"未取得医生执业资格的人非法行医"：1）未取得或者以非法手段取得医师资格从事医疗活动的；2）被依法吊销医师执业证书期间从事医疗活动的；3）未取得乡村医生执业证书，从事乡村医疗活动的；4）家庭接生员实施家庭接生以外的医疗行为的。具有下列情形之一的，应认定为"情节严重"：1）造成就诊人轻度残疾、器官组织损伤导致一般功能障碍的；2）造成甲类传染病传播、流行或者有传播、流行危险的；3）使用假药、劣药或不符合国家规定标准的卫生材料、医疗器械，足以严重危害人体健康的；4）非法行医被卫生行政部门行政处罚2次以后，再次非法行医的；5）其他情节严重的情形。

（3）本罪的主体为特殊主体，只有未取得医生执业资格的人才可以构成本罪。未取得医生执业资格，是指未经医师执业技术考核取得医师执业证书。未取得医生执业资格，还应依据上述司法解释的规定予以判断。

（4）本罪的主观方面是故意，即行为人明知自己没有医生执业资格，而仍有意从事医疗业务活动。当然，在仅构成本罪（而不是故意杀人罪、故意伤害罪）的前提下，对于造成就诊人重伤、死亡等严重后果的，行为人主观上是过失。

（二）非法行医罪的认定

1. 本罪与非罪的界限。

根据我国刑法的规定，非法行医行为必须情节严重才能以犯罪论处。如果情节较轻，属于一般违法行为，不能以本罪定罪处罚。另外，在我国民间尚存在一些"土郎中"，他们利用具有一定疗效的秘方、偏方为群众治病，并为群众所称道，虽然他们也不具有医生执业资格，但一般不宜以犯罪论处。

2. 本罪与故意伤害罪、故意杀人罪的界限。

在非法行医过程中，经常伴有就诊人伤害、死亡的结果。对于这种情况如何定性？应从《刑法》第336条对非法行医罪的罪状和法定刑的规定及其立法精神，以及其与故意伤害罪、故意杀人罪的法定刑比较中去寻找答案。《刑法》第336条第1款对非法行医罪有三个量刑档次，其中第二个量刑档次是"严重损害就诊人身体健康的，处3年以上10年以下有期徒刑，并处罚金"，第三个量刑档次是"造成就诊人死亡的，处10年以上有期徒刑，并处罚金"。上述第二个量刑档次的法定刑主刑与《刑法》第234条第2款故意伤害罪致人重伤的法定刑完全相同，因此其中所说的"严重损害就诊人身体健康"是可以理解为包括故意伤害行为在内的。上述第三个量刑档次的主刑较之于《刑法》第234条第2款"致人死亡"的故意伤害罪的法定刑而言，就要轻得多（自然比情节严重的故意杀人罪也要轻），因此这里的"造成就诊人死亡"不仅只能是出于过失，而且故意伤害并过失致就诊人死亡的情形也排除在其外。综上所述，在非法行医中，如果行为人对就诊人身体健康的结果存在故意（主要是间接故意），径直按《刑法》第336条的规定定罪处罚，而不必适用《刑法》第234条。如果行为人对就诊人身体健康有故意并且对就诊人死亡结果有过失的，则应按《刑法》第234条第2款故意伤害致人死亡的规定定罪处罚，而不适用《刑法》第336条非法行医罪的罪刑规范。当然，如果行为人对就诊人死亡有间接故意心态的，对行为人应以故意杀人罪定罪处罚。

参考案例 23-23

被告人章某，原在某省人民医院工作，后停薪留职，开设个体牙科诊所。他明知自己不符合卫生行政部门规定的行医资格，却通过不正当和不法手段获取执业许可证，在其居住的M市主要商业区先后以"M市百花洲牙科诊所""M市牙科光固诊所""M市德国新器材牙科诊所""章某牙科诊所"为名开设个体牙科诊所，从事非法医疗活动。他为追求非法利润，采取蒙骗诱导的办法，以免费检查、清洗为由，在被害人不同意或根本不知情的情况下，违反医疗常规，对患者牙齿进行扩大化、非治疗性、破坏性的锯冠、磨冠等处置，致重伤乙级3人，轻伤甲级1人，一千余名就诊患者的身体健康受到不同程度严重损害。一审法院认为，被告人明知自己不符合卫生行政部门规定的行医条件，却开设个体牙科诊所非法从事医疗活动，致使一千余名就诊患者的身体健康受到了严重损害，该行为已构成非法行医罪；同时，被告人为了追求非法利润，采取蒙骗和诱导的方法，以免费检查、清洗进行扩大化、非治疗性、破坏性的锯冠、磨冠等处置，致重伤乙级 3 人，轻伤甲级 1 人，该行为构成伤害罪。被告人上诉至二审法院。最后，二审法院认定，被告人明知自己不符合卫生行政部门规定的行医资格，却通过不正当和不法手段获取执业许可证，开设个体牙科诊所从事非法医疗活动，致使一千多名患者的身体健康受到严重损害，情节严重，其行为只构成非法行医罪，不另构成故意伤害罪，故判处章某有期徒刑 10 年。

3. 本罪与医疗事故罪的界限。

本罪与医疗事故罪的区别在于：

（1）犯罪主体不同。本罪的主体是没有取得医生执业资格的人；而医疗事故罪的主体只能是医务人员。

（2）主观方面不同。本罪是故意犯罪；而医疗事故罪是过失犯罪。

（3）对医疗事故，追究刑事责任的范围不同。本罪只要情节严重的，即使没有严重损害就诊人的身体健康，也要追究刑事责任；而医疗事故罪责则只对造成就诊人死亡或严重损害就诊人身体健康的，追究刑事责任。

4. 本罪与非法进行节育手术罪的界限。

非法进行节育手术罪，是指未取得医生执业资格的人，擅自为他人进行节育复通手术、假节育手术、终止妊娠手术或者擅取宫内节育器，情节严重的行为。两罪的主要区别是：

（1）两罪侵犯的客体不尽相同。本罪侵犯的客体是国家对医务从业人员的管理秩序和就诊人的健康权利、生命权利；而非法进行节育手术罪侵犯的客体则是国家对计划生育手术的正常管理活动和他人的生命、健康权利。

（2）客观方面的表现不同。本罪的客观方便表现为非法行医，情节严重的行为；而非法进行节育手术罪的客观方面则表现为擅自为他人进行节育复通手术、假节育手术、终止妊娠手术或擅取宫内节育器，情节严重的行为。

5. 本罪的罪数。

根据 2008 年 4 月 29 日最高人民法院《关于审理非法行医刑事案件具体应用法律若干问题的解释》的规定，实施非法行医犯罪，同时构成生产、销售假药罪，生产、销售劣药罪，诈骗罪等其他犯罪的，依照刑法处罚较重的规定定罪处罚。

（三）非法行医罪的处罚

根据《刑法》第 336 条第 1 款的规定，犯本罪的，处 3 年以下有期徒刑、拘役或者管制，并处罚金或者单处罚金；严重损害就诊人身体健康的，处 3 年以上 10 年以下有期徒刑，并处罚金；造成就诊人死亡的，处 10 年以上有期徒刑，并处罚金。根据 2016 年 12 月 16 日最高人民法院《关于审理非法行医刑事案件具体应用法律若干问题的解释》的规定，具有下列情形之一的，应认定为"严重损害就诊人身体健康"：（1）造成就诊人中度以上残疾、器官组织损伤导致严重功能障碍的；（2）造成 3 名以上就诊人轻度残疾、器官组织损伤导致一般功能障碍的。

根据 2016 年 12 月 12 日最高人民法院《关于审理非法行医刑事案件具体应用法律若干问题的解释》第 4 条的规定，非法行医行为系造成就诊人死亡的直接、主要原因的，应认定为《刑法》第 336 条第 1 款规定的"造成就诊人死亡"。非法行医行为并非造成就诊人死亡的直接、主要原因的，可不认定为《刑法》第 336 条第 1 款规定的"造成就诊人死亡"。但是，根据案件情况，可以认定为《刑法》第 336 条第 1 款规定的"情节严重"。

三十三、污染环境罪

（一）污染环境罪的概念和特征

污染环境罪，是指违反国家规定，排放、倾倒或者处置有放射性的废物、含传染病病原体的废物、有毒物质或者其他有害物质，严重污染环境的行为。

本罪的构成特征如下：

（1）本罪侵犯的客体是国家环境保护制度。党的二十大报告强调，要像保护眼睛一样保护自然和生态环境，坚定不移走生产发展、生活富裕、生态良好的文明发展道路，实现中华民族永续发展。具体而言，环境保护制度指我国《环境保护法》《水污染防治法》《大气污染防治法》《海洋环境保护法》《固体废物污染环境防治法》等法律、法规所确立起来的环境保护制度。

（2）本罪的客观方面表现为违反国家规定，排放、倾倒或者处置有放射性的废物、含传染病病原体的废物、有毒物质或者其他有害物质，严重污染环境的行为。具体而言，包括三个方面的内容：

第一，必须违反国家环境保护的规定，即《环境保护法》《水污染防治法》《大气污染防治法》《海洋环境保护法》《固体废物污染环境防治法》等法律、法规。

第二，必须实施了排放、倾倒或者处置有放射性的废物、含传染病病原体的废物、有毒物质或者其他有害物质，严重污染环境的行为。

根据 2019 年 2 月 20 日最高人民法院、最高人民检察院、公安部、司法部、生态环境部《关于办理环境污染刑事案件有关问题座谈会纪要》，认定非法排放、倾倒、处置行为，应从其行为方式是否违反国家规定或者行业操作规范、污染物是否与外环境接触、是否造成环境污染的危险或者危害等方面进行综合分析判断。对名为运输、贮存、利用，实为排放、倾倒、处置的行为应当认定为非法排放、倾倒、处置行为，可以依法追究刑事责任。

根据 2023 年 8 月 8 日最高人民法院、最高人民检察院《关于办理环境污染刑事案件适用法律若干问题的解释》第 17 条的规定，"有毒物质"包括：1）危险废物，是指列入国家危险废物名录，或者根据国家规定的危险废物鉴别标准和鉴别方法认定的，具有危险特性的固体废物；2）《关于持久性有机污染物的斯德哥尔摩公约》附件所列物质；3）重金属含量超过国家或者地方污染物排放标准的污染物；4）其他具有毒性，可能污染环境的物质。

根据 2019 年 2 月 20 日最高人民法院、最高人民检察院、公安部、司法部、生态环境部《关于办理环境污染刑事案件有关问题座谈会纪要》，常见的有害物质主要有：工业危险废物以外的其他工业固体废物；未经处理的生活垃圾；有害大气污染物、受控消耗臭氧层物质和有害水污染物；在利用和处置过程中必然产生有毒有害物质的其他物质；国务院生态环境保护主管部门会同国务院卫生主管部门公布的有毒有害污染物名录中的有关物质等。

第三，必须造成了严重污染环境的后果。

根据 2023 年 8 月 8 日最高人民法院、最高人民检察院《关于办理环境污染刑事案件适用法律若干问题的解释》第 1 条的规定，具有下列情形之一的，应当认定为"严重污染环境"：1）在饮用水水源保护区、自然保护地核心保护区等依法确定的重点保护区域排放、倾倒、处置有放射性的废物、含传染病病原体的废物、有毒物质的；2）非法排放、倾倒、处置危险废物 3 吨以上的；3）排放、倾倒、处置含铅、汞、镉、铬、砷、铊、锑的污染物，超过国家或者地方污染物排放标准 3 倍以上的；4）排放、倾倒、处置含镍、铜、锌、银、钒、锰、钴的污染物，超过国家或者地方污染物排放标准 10 倍以上的；5）通过暗管、渗井、渗坑、裂隙、溶洞、灌注、非紧急情况下开启大气应急排放通道等逃避监管的方式排放、倾倒、处置有放射性的废物、含传染病病原体的废物、有毒物质的；6）2 年内曾因在重污染天气预警期间，违反国家规定，超标排放二氧化硫、氮氧化物等实行排放总量控制的大气污染物受过 2 次以上行政处罚，又实施此类行为的；7）重点排污单位、实行排污许可重点管理的单位篡改、伪造自动监测数据或者干扰自动监测设施，排放化学需氧量、氨氮、二氧化硫、氮氧化物等污染物的；8）2 年内曾因违反国家规定，排放、倾倒、处置有放射性的废物、含传染病病原体的废物、有毒物质受过 2 次以上行政处罚，又实施此类行为的；9）违法所得或者致使公私财产损失 30 万元以上的；10）致使乡镇集中式饮用水水源取水中断 12 小时以上的；11）其他严重污染环境的情形。

（3）本罪的主体是一般主体，自然人和单位均可成为本罪的主体。根据 2019 年 2 月 20 日最高人民法院、最高人民检察院、公安部、司法部、生态环境部《关于办理环境污染刑事案件有关问题座谈会纪要》，为了单位利益，实施环境污染行为，并具有下列情形之一的，应当认定为单位犯罪：1）经单位决策机构按照决策程序决定的；2）经单位实际控制人、主要负责人或者授权的分管负责人决定、同意的；3）单位实际控制人、主要负责人或者授权的分管负责人得知单位成员个人实施环境污染犯罪行为，并未加以制止或者及时采取措施，而是予以追认、纵容或者默许的；4）使用单位营业执照、合同书、公章、印鉴等对外开展活动，并调用单位车辆、船舶、生产设备、原辅材料等实施环境污染犯罪行为的。

（4）本罪的主观方面为过失。即行为人应当预见自己排放、倾倒、处置有放射性的废物、含传染病病原体的废物、有毒物质或者其他有害物质，可能造成环境严重污染的后果，因疏忽大意而没有预见，或者已经预见却轻信可以避免该结果发生。根据 2019 年 2 月 20 日最高人民法院、最高人民检察院、公安部、司法部、生态环境部《关于办理环境污染刑事案件有关问题座谈会纪要》，判断犯罪嫌疑人、被告人是否具有环境污染犯罪的故意，应当依据犯罪嫌疑人、被告人的任职情况、职业经历、专业背景、培训经历、本人因同类行为受到行政处罚或者刑事追究情况以及污染物种类、污染方式、资金流向等证据，结合其供述，进行综合分析判断。实践中，具有下列情形之一，犯罪嫌疑人、被告人不能作出合理解释的，可以认定其故意实施环境污染犯罪，但有证据证明确系不知情的除外：1）企业没有依法通过环境影响评价，或者未依法取得排污许可证，排放污染物，或者已经通过环境影响评价并且防治污染设施验收合格后，擅自更改工艺流程、原辅材料，导致产生新的污染物质的；2）不使用验收合格的防治污染设施或者不按规范要求使用的；3）防治污染设施发生故障，发现后不及时排除，继续生产放任污染物排放的；4）生态环境部门责令限制生产、停产整治或者予以行政处罚后，继续生产放任污染物排放的；5）将危险废物委托第三方处置，没有尽到查验经营许可的义务，或者委托处置费用明显低于市场价格或者处置成本的；6）通过暗管、渗井、渗坑、裂隙、溶洞、灌注等逃避监管的方式排放污染物的；7）通过篡改、伪造监测数据的方式排放污染物的；8）其他足以认定的情形。

参考案例 23-24

重庆长风化学工业有限公司（以下简称"长风公司"）委托被告重庆云光化工有限公司（以下简称"云光公司"）处置其生产过程中产生的危险废物（次级苯系物有机产品）。之后，被告人蒋某（云光公司法定代表人）将危险废物处置工作交由公司员工被告人夏某负责。夏某在未审查被告人张某是否具备危险废物处置能力的情况下，将长风公司委托处置的危险废物直接转交给张某处置。张某随后与被告人胡某和周某取得联系并经实地察看，决定将危险废物运往四川省兴文县共乐镇境内的黄水沱倾倒。2011 年 6 月 12 日，张某联系一辆罐车在长风公司装载 28 吨多工业废水，准备运往兴文县共乐镇境内的黄水沱倾倒。后因车辆太大而道路窄小，不能驶入黄水沱，周某、胡某、张某等人临时决定将工业废水倾倒在大坳口公路边的荒坡处，致使当地环境受到严重污染。2011 年 6 月 14 日，张某在长风公司装载三车铁桶装半固体状危险废物约 75 余吨，倾倒在黄水沱振兴硫铁矿的荒坡处，致使当地环境受到严重污染，并对当地居民的身体健康和企业的生产作业产生影响。经鉴定，黄水沱和大坳口两处危险废物的处置费、现场清理费、运输费等为 918 315 元。

（二）污染环境罪的认定

1. 本罪与非罪的界限

根据 2023 年 8 月 8 日最高人民法院、最高人民检察院《关于办理环境污染刑事案件适用法律若干问题的解释》第 6 条的规定，实施《刑法》第 338 条规定的行为，行为人认罪认罚，积极修复生态环境，有效合规整改的，可以从宽处罚；犯罪情节轻微的，可以不起诉或者免予刑事处罚；情节显著轻微危害不大的，不作为犯罪处理。

2. 本罪与过失投放危险物质罪的界限。

本罪与过失投放危险物质罪具有相似之处，都可能出现向外界环境投放有毒有害物质的情形。但两罪的区别也较为明显：第一，两罪侵犯的客体不同。本罪侵犯的客体是国家环境保护制度，过失投放危险物质罪侵犯的客体是公共安全。第二，两罪客观表现不同。虽然两罪都可能表现出向外界环境投放有毒有害物质的情形，但是过失投放危险物质罪的投放场所一般是供不特定或多数人饮食的食品或饮料中，供人、畜等使用的河流、池塘、水井等，或者供人通行的场所等。本罪为实害犯，必须造成严重污染环境的后果，本罪才能成立，但是并不要求一定要出现致人死亡、重伤或者重大财产损失等后果，而过失投放危险物质罪则以出现致人死亡、重伤或者重大财产损失等后果为成立要件。第三，两罪的主体范围不同。本罪的主体既可以是自然人，也可以是单位，而过失投放危险物质罪的主体只能是自然人。

3. 本罪的既未遂。

根据 2019 年 2 月 20 日最高人民法院、最高人民检察院、公安部、司法部、生态环境部《关于办理环境污染刑事案件有关问题座谈会纪要》，对于行为人已经着手实施非法排放、倾倒、处置有毒有害污染物的行为，由于有关部门查处或者其他意志以外的原因未得逞的情形，可以污染环境罪（未遂）追究刑事责任。

4. 本罪的罪数。

根据《刑法》第 338 条第 2 款的规定，犯本罪，同时构成其他犯罪的，依照处罚较重的规定定罪处罚。根据 2023 年 8 月 8 日最高人民法院、最高人民检察院《关于办理环境污染刑事案件适用法律若干问题的解释》第 7 条和第 9 条的规定，无危险废物经营许可证从事收集、贮存、利用、处置危险废物经营活动，严重污染环境的，按照污染环境罪定罪处罚；同时构成非法经营罪的，依照处罚较重的规定定罪处罚。实施前述行为，不具有超标排放污染物、非法倾倒污染物或者其他违法造成环境污染的情形的，可以认定为非法经营情节显著轻微危害不大，不认为是犯罪；构成生产、销售伪劣产品等其他犯罪的，以其他犯罪论处。违反国家规定，排放、倾倒、处置含有毒害性、放射性、传染病病原体等物质的污染物，同时构成污染环境罪、非法处置进口的固体废物罪、投放危险物质罪等犯罪的，依照处罚较重的规定定罪处罚。

5. 本罪的共同犯罪。

根据 2023 年 8 月 8 日最高人民法院、最高人民检察院《关于办理环境污染刑事案件适用法律若干问题的解释》第 8 条的规定，明知他人无危险废物经营许可证，向其提供或者委托其收集、贮存、利用、处置危险废物，严重污染环境的，以共同犯罪论处。

（三）污染环境罪的处罚

根据《刑法》第 338 条的规定，犯本罪的，处 3 年以下有期徒刑或者拘役，并处或者单处罚金；情节严重的，处 3 年以上 7 年以下有期徒刑，并处罚金；有下列情形之一的，处 7 年以上有期徒刑，并处罚金：（1）在饮用水水源保护区、自然保护地核心保护区等依法确定的重点保护区域排放、倾倒、处置有放射性的废物、含传染病病原体的废物、有毒物质，情节特别严重的；（2）向国家确定的重要江河、湖泊水域排放、倾倒、处置有放射性的废物、含传染病病原体的废物、有毒物质，情节特别严重的；（3）致使大量永久基本农田基本功能丧失或者遭受永久性破坏的；（4）致使多人重伤、严重疾病，或者致人严重残疾、死亡的。根据《刑法》第 346 条的规定，单位犯本罪的，对单位判处罚金，并对其直接负责的主管人员和其他直接责任人员，依照自然人犯本罪的规定处罚。

根据 2023 年 8 月 8 日最高人民法院、最高人民检察院《关于办理环境污染刑事案件适用法律若干问题的解释》的规定，具有下列情形之一的，应当认定为"情节严重"：（1）在饮用水水源保护区、自然保护地核心保护区等依法确定的重点保护区域排放、倾倒、处置有放射性的废物、含传染病病原体的废物、有毒物质，造成相关区域的生态功能退化或者野生生物资源严重破坏的；（2）向国家确定的重要江河、湖泊水域排放、倾倒、处置有放射性的废物、含传染病病原体的废物、有毒物质，造成相关水域的生态功能退化或者水生生物资源严重破坏的；（3）非法排放、倾倒、处置危险废物 100 吨以上的；（4）违法所得或者致使公私财产损失 100 万元以上的；（5）致使县级城区集中式饮用水水源取水中断 12 小时以上的；（6）致使永久基本农田、公益林地 10 亩以上，其他农用地 20 亩以上，其他土地 50 亩以上基本功能丧失或者遭受永久性破坏的；（7）致使森林或者其他林木死亡 50 立方米以上，或者幼树死亡 2 500 株以上的；（8）致使疏散、转移群众 5 000 人以上的；（9）致使 30 人以上中毒的；（10）致使 1 人以上重伤、严重疾病或者 3 人以上轻伤的；（11）其他情节严重的情形。

具有下列情形之一的，应当处 7 年以上有期徒刑，并处罚金：（1）在饮用水水源保护区、自然保护地核心保护区等依法确定的重点保护区域排放、倾倒、处置有放射性的废物、含传染病病原体的废物、有毒物质，具有下列情形之一的：1）致使设区的市级城区集中式饮用水水源取水中断 12 小时以上的；2）造成自然保护地主要保护的生态系统严重退化，或者主要保护的自然景观损毁的；3）造成国家重点保护的野生动植物资源或者国家重点保护物种栖息地、生长环境严重破坏的；4）其他情节特别严重的情形。（2）向国家确定的重要江河、湖泊水域排放、倾倒、处置有放射性的废物、含传染病病原体的废物、有毒物质，具有下列情形之一的：1）造成国家确定的重要江河、湖泊水域生态系统严重退化的；2）造成国家重点保护的野生动植物资源严重破坏的；3）其他情节特别严重的情形。（3）致使永久基本农田五十亩以上基本功能丧失或者遭受永久性破坏的；（4）致使 3 人以上重伤、严重疾病，或者 1 人以上严重残疾、死亡的。

　　具有下列情形之一的，应当从重处罚：（1）阻挠环境监督检查或者突发环境事件调查，尚不构成妨害公务等犯罪的；（2）在医院、学校、居民区等人口集中地区及其附近，违反国家规定排放、倾倒、处置有放射性的废物、含传染病病原体的废物、有毒物质或者其他有害物质的；（3）在突发环境事件处置期间或者被责令限期整改期间，违反国家规定排放、倾倒、处置有放射性的废物、含传染病病原体的废物、有毒物质或者其他有害物质的；（4）具有危险废物经营许可证的企业违反国家规定排放、倾倒、处置有放射性的废物、含传染病病原体的废物、有毒物质或者其他有害物质的；（5）实行排污许可重点管理的企业事业单位和其他生产经营者未依法取得排污许可证，排放、倾倒、处置有放射性的废物、含传染病病原体的废物、有毒物质或者其他有害物质的。

　　根据 2019 年 2 月 20 日最高人民法院、最高人民检察院、公安部、司法部、生态环境部《关于办理环境污染刑事案件有关问题座谈会纪要》，对于发生在长江经济带十一省（直辖市）的下列环境污染犯罪行为，可以从重处罚：（1）跨省（直辖市）排放、倾倒、处置有放射性的废物、含传染病病原体的废物、有毒物质或者其他有害物质的；（2）向国家确定的重要江河、湖泊或者其他跨省（直辖市）江河、湖泊排放、倾倒、处置有放射性的废物、含传染病病原体的废物、有毒物质或者其他有害物质的。

　　根据 2019 年 2 月 20 日最高人民法院、最高人民检察院、公安部、司法部、生态环境部《关于办理环境污染刑事案件有关问题座谈会纪要》，单位犯罪中的"直接负责的主管人员"，一般是指对单位犯罪起决定、批准、组织、策划、指挥、授意、纵容等作用的主管人员，包括单位实际控制人、主要负责人或者授权的分管负责人、高级管理人员等；"其他直接责任人员"，一般是指在直接负责的主管人员的指挥、授意下积极参与实施单位犯罪或者对具体实施单位犯罪起较大作用的人员。

三十四、危害珍贵、濒危野生动物罪

（一）危害珍贵、濒危野生动物罪的概念和特征

　　危害珍贵、濒危野生动物罪，是指违反国家有关野生动物保护管理法规，猎捕、杀害国家重点保护的珍贵、濒危野生动物，或者非法收购、运输、出售国家重点保护的珍贵、濒危野生动物及其制品的行为。

　　本罪的构成特征如下：

　　（1）犯罪客体是国家对珍贵、濒危野生动物资源的管理制度。

　　（2）本罪的客观方面表现为违反野生动物保护法等法规，猎捕、杀害国家重点保护的珍贵、濒危野生动物，或者非法收购、运输、出售国家重点保护的珍贵、濒危野生动物及其制品。根据 2022 年 4 月 6 日最高人民法院、最高人民检察院《关于办理破坏野生动物资源刑事案件适用法律若干问题的解释》第 4 条的规定，"国家重点保护的珍贵、濒危野生动物"包括：1）列入《国家重点保护野生动物名录》的野生动物；2）经国务院野生动物保护主管部门核准按照国家重点保护的野生动物管理的野生动物。根据该解释第 5 条的规定，"收购"包括以营利、自用等为目的的购买行为；"运输"包括采用携带、邮寄、利用他人、使用交通工具等方法进行运送的行为；"出售"包括出卖和以营利为目的的加工利用行为。

参考案例 23-25

　　被告人甲居住在大熊猫保护区附近。甲听说大熊猫是国宝，心想可能它的身上都是宝，便准备弄回一只看看。甲经过周密勘察后潜入山里，猎捕了一只幼小的"国宝"，后被告发。法院以危害珍贵、濒危

野生动物罪判处甲有期徒刑 3 年，并处罚金 3 000 元。

（3）本罪的主体既可以是自然人也可以是单位。

（4）本罪的主观方面是故意。

（二）危害珍贵、濒危野生动物罪的认定

1. 本罪与非罪的界限。

主要应注意本罪与非罪的界限。二者的区分关键应从以下三方面考虑：（1）行为人的危害行为是否经过批准。（2）猎捕、杀害行为的对象是否是国家重点保护的珍贵、濒危野生动物或其制品。（3）行为人实施危害行为时，主观上是否具有故意。这三方面同时具备的，则构成本罪，缺少其中任何一个方面，都不构成本罪。

根据 2022 年 4 月 6 日最高人民法院、最高人民检察院《关于办理破坏野生动物资源刑事案件适用法律若干问题的解释》第 12 条的规定，2 次以上实施危害珍贵、濒危野生动物的行为构成犯罪，依法应当追诉的，或者 2 年内实施危害珍贵、濒危野生动物的行为未经处理的，数量、数额累计计算。

2. 本罪与非法捕猎、收购、运输、出售陆生野生动物罪的界限。

《刑法修正案（十一）》新增《刑法》第 341 条第 3 款非法捕猎、收购、运输、出售陆生野生动物罪，是指违反野生动物保护管理法规，以食用为目的非法捕猎、收购、运输、出售国家重点保护的珍贵、濒危野生动物以外的在野外环境自然生长繁殖的陆生野生动物，情节严重的行为。本罪与非法捕猎、收购、运输、出售陆生野生动物罪的相同点在于：（1）客体相同，均为野生动物保护制度。（2）客观方面上，均可表现为非法捕猎、收购、运输、出售的行为。（3）主体均为一般主体。（4）主观方面均为故意。两罪不同之处在于：（1）犯罪对象不同。本罪的犯罪对象为国家重点保护的珍贵、濒危野生动物；非法捕猎、收购、运输、出售陆生野生动物罪的犯罪对象为珍贵、濒危野生动物以外的在野生环境自然生长繁殖的陆生野生动物。（2）犯罪目的不同。本罪对于犯罪目的并无要求；非法捕猎、收购、运输、出售陆生野生动物罪必须以食用为目的。

（三）危害珍贵、濒危野生动物罪的处罚

根据《刑法》第 341 条第 1 款、第 346 条的规定，自然人犯本罪的，处 5 年以下有期徒刑或者拘役，并处罚金；情节严重的，处 5 年以上 10 年以下有期徒刑，并处罚金；情节特别严重的，处 10 年以上有期徒刑，并处罚金或者没收财产。单位犯本罪的，对单位判处罚金，并对其直接负责的主管人员和其他直接责任人员，依照上述自然人犯本罪的规定处罚。

根据 2022 年 4 月 6 日最高人民法院、最高人民检察院《关于办理破坏野生动物资源刑事案件适用法律若干问题的解释》第 6 条第 1 款的规定，非法猎捕、杀害国家重点保护的珍贵、濒危野生动物，或者非法收购、运输、出售国家重点保护的珍贵、濒危野生动物及其制品，价值 2 万元以上不满 20 万元的，应当依照《刑法》第 341 条第 1 款的规定，以危害珍贵、濒危野生动物罪处 5 年以下有期徒刑或者拘役，并处罚金；价值 20 万元以上不满 200 万元的，应当认定为"情节严重"，处 5 年以上 10 年以下有期徒刑，并处罚金；价值 200 万元以上的，应当认定为"情节特别严重"，处 10 年以上有期徒刑，并处罚金或者没收财产。

根据该解释第 6 条第 2 款的规定，实施第 1 款规定的行为，具有下列情形之一的，从重处罚：（1）属于犯罪集团的首要分子的；（2）为逃避监管，使用特种交通工具实施的；（3）严重影响野生动物科研工作的；（4）2 年内曾因破坏野生动物资源受过行政处罚的。

根据该解释第 6 条第 3 款的规定，实施第 1 款规定的行为，不具有第 2 款规定的情形，且未造成动物死亡或者动物、动物制品无法追回，行为人全部退赃退赔，确有悔罪表现的，按照下列规定处理：（1）珍贵、濒危野生动物及其制品价值 200 万元以上的，可以认定为"情节严重"，处 5 年以上 10 年以下有期徒刑，并处罚金；（2）珍贵、濒危野生动物及其制品价值 20 万元以上不满 200 万元的，可以处 5 年以下有期徒刑或者拘役，并处罚金；（3）珍贵、濒危野生动物及其制品价值 2 万元以上不满 20 万元的，可以认定为犯罪情节轻微，不起诉或者免予刑事处罚；情节显著轻微危害不大的，不作为犯罪处理。

根据该解释第 13 条的规定，在认定是否构成本罪以及裁量刑罚时，应当考虑涉案动物是否系人工繁育、物种的濒危程度、野外存活状况、人工繁育情况、是否列入人工繁育国家重点保护野生动物名录、行为手段、对野生动物资源的损害程度，以及对野生动物及其制品的认知程度等情节，综合评估社会危害性，准确认定是否构成犯罪，妥当裁量刑罚，确保罪责刑相适应；定罪量刑明显过重的，可以根据案件的事实、情节和社会危害程度，依法作出妥当处理。涉案动物系人工繁育，具有下列情形之一的，对所涉案件一般不作为犯罪处理；需要追究刑事责任的，应当依法从宽处理：（1）列入人工繁育国家重点保护野生动物名录的；（2）人工繁育技术成熟、已成规模，作为宠物买卖、运输的。

根据该解释第 18 条的规定，餐饮公司、渔业公司等单位实施破坏野生动物资源犯罪的，依照本解释规定的相应自然人犯罪的定罪量刑标准，对直接负责的主管人员和其他直接责任人员定罪处罚，并对单位判处罚金。

三十五、盗伐林木罪

（一）盗伐林木罪的概念和特征

盗伐林木罪，是指违反森林法规，以非法占有为目的，擅自砍伐国家、集体所有（包括国家或集体所有、本人承包或他人依法承包经营管理）的森林或者其他林木，以及擅自砍伐他人自留山上的成片林木，数额较大的行为。

本罪的构成特征如下：

（1）本罪的客体主要是国家对林木资源的管理活动，并侵犯了他人（包括国家、集体和个人）对林木的所有权。本罪的对象是国家和集体所有的以及公民个人自留山上生长着的森林和其他林木。

（2）本罪在客观方面表现为违反森林法规，擅自砍伐国家、集体所有的森林或者其他林木，以及他人自留山上的成片林木，数额较大的行为。

第一，行为违反了森林法规，包括《中华人民共和国森林法》（以下简称《森林法》）及其实施细则等法律、法规。

第二，行为的具体表现是擅自砍伐国家、集体或者他人所有的森林以及其他林木而非法占有。这里的森林是指具有一定面积的林木的总体，也包括竹林。其他林木包括防护林、用材林、经济林、薪炭林、特种用途林等树木和竹子。需要说明的是，个人依法承包经营管理的国家、集体的森林或其他林木，其所有权仍属于国家或集体，任何人包括经营承包者本人以非法占有为目的而擅自砍伐这些森林或林木的，仍属于盗伐性质。根据 2023 年 8 月 13 日最高人民法院《关于审理破坏森林资源刑事案件适用法律若干问题的解释》第 3 条第 1 款的规定，以非法占有为目的，具有下列情形之一的，应当认定为本罪：1）未取得采伐许可证，擅自采伐国家、集体或者他人所有的林木的；2）违反《森林法》第 56 条第 3 款的规定，擅自采伐国家、集体或者他人所有的林木的；3）在采伐许可证规定的地点以外采伐国家、集体或者他人所有的林木的。

第三，盗伐的林木数量较大。这里的"数量较大"，根据 2023 年 8 月 13 日最高人民法院《关于审理破坏森林资源刑事案件适用法律若干问题的解释》第 4 条第 1 款的规定，包括以下情形：1）立木蓄积 5 立方米以上的；2）幼树 200 株以上的；3）数量虽未分别达到第 1 项、第 2 项规定标准，但按相应比例折算合计达到有关标准的；4）价值 2 万元以上的。

参考案例 23-26

被告人张甲因为自建房屋需要木料，携带 GJ-85 型油锯一台，私自进入冲河林场施工区内，盗伐红松树。在盗伐第二棵时，油锯发生故障，张甲到该林场青工段将其三哥张乙找来帮忙修理。张乙修好油锯后，帮助张甲盗伐红松两棵，造成 4 米长的原木一根。他们共盗伐红松树 4 棵，造成 4 米长的原木 6 根，存放在山场，后被人盗走。张甲、张乙盗伐的 4 棵红松树，合立木材积 5.415 立方米，价值 1 500 余元。案发后张甲、张乙能够全部供认犯罪事实，主动要求按照法律的规定赔偿国家损失。法院经审理认为，被告人张甲为自建房屋需要木材，未经批准私自进入国有林区，与张乙一起盗伐珍贵树木，情节严重，其行为已构成盗伐林木罪，判处张甲有期徒刑 1 年，缓刑 2 年，并处罚金 2 000 元；判处张乙拘役 3 个月，并处罚金 1 000 元。

（3）本罪的主体既可以是自然人，也可以是单位。

（4）本罪的主观方面表现为故意，并且以非法占有为目的。这里的非法占有，既包括自用、出售谋利，也包括转送他人或单位使用。

（二）盗伐林木罪的认定

1. 本罪与非罪的界限。

本罪客观上以盗伐林木数量大小作为衡量是否构成犯罪的要件。因此，数量是否较大，就成为本罪与非罪的区分标准。根据 2023 年 8 月 13 日最高人民法院《关于审理破坏森林资源刑事案件适用法律若干问题的解释》第 3 条第 2 款的规定，本罪的主观心态上要求以非法占有为目的，不以非法占有为目的，违反《森林法》的规定，进行开垦、采石、采砂、采土或者其他活动，造成国家、集体或者他人所有的林木毁坏，符合《刑法》第 275 条规定的，以故意毁坏财物罪定罪处罚。

根据 2023 年 8 月 13 日最高人民法院《关于审理破坏森林资源刑事案件适用法律若干问题的解释》的规定，实施盗伐林木的行为，所涉林木系风倒、火烧、水毁或者林业有害生物等自然原因死亡或者严重毁损的，在决定应否追究刑事责任和裁量刑罚时，应当从严把握；情节显著轻微危害不大的，不作为犯罪处理。行为人系初犯，认罪认罚，积极通过补种树木、恢复植被和林业生产条件等方式修复生态环境，综合考虑涉案林地的类型、数量、生态区位或者涉案植物的种类、数量、价值，以及行为人获利数额、行为手段等因素，认为犯罪情节轻微的，可以免予刑事处罚；认为情节显著轻微危害不大的，不作为犯罪处理。对于受雇佣为破坏森林资源犯罪提供劳务的人员，除参与利润分成或者领取高额固定工资的以外，一般不以犯罪论处，但曾因破坏森林资源受过处罚的除外。

2. 本罪与盗窃罪的界限。

（1）犯罪客体不同。本罪的客体主要是国家的林业管理活动；而盗窃罪的客体则是公私财物所有权。

（2）客观表现不同。虽然从字面上看两罪都是"盗"的行为，即秘密地非法占有行为，但实质上，由于本罪对象的单一性和树木处于生长过程的特殊性，决定了其行为手段不一定是秘密进行的，只要擅自进行的采伐林木数量较大的行为就可以构成盗伐林木罪；而盗窃罪的行为手段是行为人使用自己认为不被财物所有人、保管人发觉的方法，暗中将公私财物取走的行为。

（3）犯罪主体不同。本罪主体既包括自然人，也包括单位；而盗窃罪的主体只能是自然人。根据 2023 年 8 月 13 日最高人民法院《关于审理破坏森林资源刑事案件适用法律若干问题的解释》第 11 条的规定，盗窃国家、集体或者他人所有并已经伐倒的树木的，以及偷砍他人在自留地或者房前屋后种植的零星树木的，符合《刑法》第 264 条规定的，依照盗窃罪定罪处罚。非法实施采种、采脂、掘根、剥树皮等行为，符合《刑法》第 264 条规定的，以盗窃罪论处。在决定应否追究刑事责任和裁量刑罚时，应当综合考虑对涉案林木资源的损害程度以及行为人获利数额、行为动机、前科情况等情节；认为情节显著轻微危害不大的，不作为犯罪处理。

3. 本罪与滥伐林木罪的界限。

滥伐林木罪，是指违反森林法规，滥伐森林或其他林木，数量较大的行为。

本罪与该罪的主要区别是：

（1）客观方面表现不同。盗伐林木罪的客观方面表现为违反森林法规，擅自砍伐国家、集体所有的森林或者其他林木，以及他人自留山上的成片林木，数量较大的行为；而滥伐林木罪的客观方面则表现为违反森林法规，未经主管部门等的批准并核发采伐许可证，或虽持有采伐许可证，但违背采伐许可证规定的树种、数量、地点或方式，任意采伐本单位所有或承包管理的以及本人自留山上的森林或者其他林木，或超过林木采伐许可证规定的数量采伐他人所有的森林或其他林木的数量较大的行为。

（2）构成两罪的"数量较大"的起点不同。根据 2023 年 8 月 13 日最高人民法院《关于审理破坏森林资源刑事案件适用法律若干问题的解释》第 4 条和第 6 条的规定，盗伐林木罪"数量较大"的标准为：1）立木蓄积 5 立方米以上的；2）幼树 200 株以上的；3）数量虽未分别达到第 1 项、第 2 项规定标准，但按相应比例折算合计达到有关标准的；4）价值 2 万元以上的。滥伐林木罪"数量较大"的标准为：1）立木蓄积 20 立方米以上的；2）幼树 1 000 株以上的；3）数量虽未分别达到第 1 项、第 2 项规定标准，但按相应比例折算合计达到有关标准的；4）价值 5 万元以上的。

（三）盗伐林木罪的处罚

根据《刑法》第 345 条第 1 款、第 4 款和第 346 条的规定，自然人犯本罪的，处 3 年以下有期徒刑、拘役或者管制，并处或者单处罚金；数量巨大的，处 3 年以上 7 年以下有期徒刑，并处罚金；数量特别巨大的，处 7 年以上有期徒刑，并处罚金。盗伐、滥伐国家级自然保护区内的森林或者其他林木的，从重处罚。单位犯本罪的，对单位判处罚金，并对其直接负责的主管人员和其他直接责任人员，依照上述自然人犯本罪的规定处罚。

根据 2023 年 8 月 13 日最高人民法院《关于审理破坏森林资源刑事案件适用法律若干问题的解释》第 4 条第 2 款的规定，盗伐林木"数量巨大""数量特别巨大"，应当按照前述"数量较大"标准的 10 倍、50 倍以上进行认定。

根据 2023 年 8 月 13 日最高人民法院《关于审理破坏森林资源刑事案件适用法律若干问题的解释》第 12 条的规定，实施破坏森林资源犯罪，具有下列情形之一的，从重处罚：（1）造成林地或者其他农用地基本功能丧失或者遭受永久性破坏的；（2）非法占用自然保护地核心保护区内的林地或者其他农用地的；（3）非法采伐国家公园、国家级自然保护区内的林木的；（4）暴力抗拒、阻碍国家机关工作人员依法执行职务，尚不构成妨害公务罪、袭警罪的；（5）经行政主管部门责令停止违法行为后，继续实施相关行为的。

三十六、走私、贩卖、运输、制造毒品罪

（一）走私、贩卖、运输、制造毒品罪的概念和特征

走私、贩卖、运输、制造毒品罪，是指违反国家毒品管制法规，走私、贩卖、运输、制造毒品的行为。

本罪的构成特征如下：

（1）本罪的客体是国家对麻醉药品和精神药品的管制。麻醉药品和精神药品既可用于医疗或科学研究等方面，又可能因使用不当而产生瘾癖，从而严重危害健康。因此，国家对这些药品的生产、供应和使用实行严格管制，并为此制定了一系列法律法规，如《麻醉药品管理办法》《精神药品管理办法》等。同时，在《刑法》中也规定了严惩侵犯国家关于麻醉药品和精神药品管制的走私、贩卖、运输、制造毒品行为。

（2）本罪在客观方面表现为走私、贩卖、运输、制造毒品的行为。作为本罪对象的毒品，根据《刑法》第 357 条的解释，是指鸦片、海洛因、甲基苯丙胺（冰毒）、吗啡、大麻、可卡因以及国家规定管制的其他能够使人形成瘾癖的麻醉药品和精神药品。而且，依照该条的规定，毒品的数量以查证属实的走私、贩卖、运输、制造的数量计算，不以纯度折算。根据 2012 年 5 月 16 日最高人民检察院、公安部《关于公安机关管辖的刑事案件立案追诉标准的规定（三）》的规定，"走私"是指明知是毒品而非法将其运输、携带、寄递进出国（边）境的行为。直接向走私人非法收购走私进口的毒品，或者在内海、领海、界河、界湖运输、收购、贩卖毒品的，以走私毒品罪立案追诉。"贩卖"是指明知是毒品而非法销售或者以贩卖为目的而非法收买的行为。"运输"是指明知是毒品而采用携带、寄递、托运、利用他人或者使用交通工具等方法非法运送毒品的行为。"制造"是指非法利用毒品原植物直接提炼或者用化学方法加工、配制毒品，或者以改变毒品成分和效用为目的，用混合等物理方法加工、配制毒品的行为。为了便于隐蔽运输、销售、使用、欺骗购买者，或者为了增重，对毒品掺杂使假，添加或者去除其他非毒品物质，不属于制造毒品的行为。

本罪为行为上选择性罪名，行为人只要实施上述走私、贩卖、运输、制造毒品行为之一的，即构成

本罪；如果行为人实施了其中两种或两种以上行为的，也只能以一罪论处，不应数罪并罚。根据 2012 年 5 月 16 日最高人民检察院、公安部《关于公安机关管辖的刑事案件立案追诉标准的规定（三）》的规定，走私、贩卖、运输、制造毒品罪是选择性罪名，对同一宗毒品实施了两种以上犯罪行为，并有相应确凿证据的，应当按照所实施的犯罪行为的性质并列适用罪名，毒品数量不重复计算。对同一宗毒品可能实施了两种以上犯罪行为，但相应证据只能认定其中一种或者几种行为，认定其他行为的证据不够确实充分的，只按照依法能够认定的行为的性质适用罪名。对不同宗毒品分别实施了不同种犯罪行为的，应对不同行为并列适用罪名，累计计算毒品数量。

（3）本罪主体既可以是自然人，也可以是单位。根据《刑法》第 17 条第 2 款的规定，已满 14 周岁、具有刑事责任能力的人可以构成贩卖毒品罪。走私、运输、制造毒品罪的主体则为已满 16 周岁、具有刑事责任能力的人。

（4）本罪的主观方面为故意，即行为人明知是毒品而有意进行走私、贩卖、运输、制造。过失不能构成本罪。至于行为人不知道毒品的纯度，或者误以为假毒品是毒品而予以走私、贩卖、运输、制造的，不影响本罪的成立。根据 2012 年 5 月 16 日最高人民检察院、公安部《关于公安机关管辖的刑事案件立案追诉标准的规定（三）》的规定，走私、贩卖、运输毒品主观故意中的"明知"，是指行为人知道或者应当知道所实施的是走私、贩卖、运输毒品行为。具有下列情形之一，结合行为人的供述和其他证据综合审查判断，可以认定其"应当知道"，但有证据证明确属被蒙骗的除外：1）执法人员在口岸、机场、车站、港口、邮局和其他检查站点检查时，要求行为人申报携带、运输、寄递的物品和其他疑似毒品物，并告知其法律责任，而行为人未如实申报，在其携带、运输、寄递的物品中查获毒品的；2）以伪报、藏匿、伪装等蒙蔽手段逃避海关、边防等检查，在其携带、运输、寄递的物品中查获毒品的；3）执法人员检查时，有逃跑、丢弃携带物品或者逃避、抗拒检查等行为，在其携带、藏匿或者丢弃的物品中查获毒品的；4）体内或者贴身隐秘处藏匿毒品的；5）为获取不同寻常的高额或者不等值的报酬为他人携带、运输、寄递、收取物品，从中查获毒品的；6）采用高度隐蔽的方式携带、运输物品，从中查获毒品的；7）采用高度隐蔽的方式交接物品，明显违背合法物品惯常交接方式，从中查获毒品的；8）行程路线故意绕开检查站点，在其携带、运输的物品中查获毒品的；9）以虚假身份、地址或者其他虚假方式办理托运、寄递手续，在托运、寄递的物品中查获毒品的；10）有其他证据足以证明行为人应当知道的。制造毒品主观故意中的"明知"，是指行为人知道或者应当知道所实施的是制造毒品行为。有下列情形之一，结合行为人的供述和其他证据综合审查判断，可以认定其"应当知道"，但有证据证明确属被蒙骗的除外：1）购置了专门用于制造毒品的设备、工具、制毒物品或者配制方案的；2）为获取不同寻常的高额或者不等值的报酬为他人制造物品，经检验是毒品的；3）在偏远、隐蔽场所制造，或者采取对制造设备进行伪装等方式制造物品，经检验是毒品的；4）制造人员在执法人员检查时，有逃跑、抗拒检查等行为，在现场查获制造出的物品，经检验是毒品的；5）有其他证据足以证明行为人应当知道的。

参考案例 23-27

1993 年秋，宜昌某村的肖某在责任田里私自种植罂粟 70 余株，割浆收获鸦片 7 克，被发现后罚款 100 元。1994 年 8 月，肖某将存放在家中的罂粟杆、叶、壳搓碎后掺入红糖、麻糖等物，兑水熬制成 950 克膏状物作为鸦片烟，然后委托本村村民黄某代为销售。1995 年 8 月，黄某又托前来收购山货的陶某找鸦片买主共同赚钱。陶某答应后，于当年 12 月又找同村村民王某商量帮宜昌黄某卖鸦片，共同赚钱。王某见有利可图，便四处联系买主。公安机关获悉后派员侦查。1996 年 1 月 24 日，黄某告诉肖某已找到买主，然后将 950 克掺假鸦片从肖某处取走，与陶某、王某一起连夜赶到陶家隐藏。次日上午，黄某、陶某、王某在交货时被公安人员当场抓获并缴获掺假鸦片烟 950 克，又根据黄某的交代将肖某抓获，并从肖某家中收缴鸦片 7 克。掺假鸦片经技术鉴定检出鸦片的主要成分吗啡含量 0.66% 和可卡因含量 0.13%。法院经审理认为，肖某将自己非法种植的罂粟杆、叶、壳土法加工成鸦片 950 克，委托他人销售，已构成制造、贩卖毒品罪，判处有期徒刑 15 年，并处罚金 4 000 元；黄某、陶某、王某三被告人明知是鸦片而非法销售，均已构成贩卖毒品罪，分别判处黄某有期徒刑 13 年，并处罚金 3 000 元；判处被告人陶某、王某有期徒刑各 12 年，并处罚金各 3 000 元。

（二）走私、贩卖、运输、制造毒品罪的认定

1. 本罪与非罪的界限。

实践中应当注意两个问题：（1）对于依法报经国家卫生行政主管部门批准、特许的进口、供应、运输、管理、生产麻醉药品和精神药品的行为，不能以犯罪论处。（2）根据《刑法》第 347 条第 1 款的规定，走私、贩卖、运输、制造毒品，无论数量多少，都要以犯罪论处。

2. 本罪既遂与未遂的界限。

实践中，应当根据本罪行为的四种具体表现，分别确定其犯罪既遂与未遂的区分标准。对于走私毒品行为，应以毒品是否入境或者出境为标志。走私毒品已经入境或出境的，为既遂，反之，则为未遂。对于贩卖毒品行为，应以毒品是否卖出成交为判断既遂与未遂的标志。犯罪人找到买主实施贩毒行为，但在未出售毒品前被抓获的，应以未遂论处，反之，则视为既遂。对于运输行为，应以毒品是否起运为标志，而不能以是否到达目的地为标志。凡是毒品已经起运，进入运输途中的，应当视为既遂；如果由于行为人意志以外的原因尚未起运的，则是未遂或预备。对于制造毒品行为，应以毒品是否实际制成为既遂未遂的区分标志。制造成功的，为既遂；由于原料、试剂、技术、设备等方面意志以外的原因而未制造成功就被查获或者正在制造过程中就被查获的，以未遂论处。

根据 2012 年 5 月 16 日最高人民检察院、公安部《关于公安机关管辖的刑事案件立案追诉标准的规定（三）》的规定，为了制造毒品而采用生产、加工、提炼等方法非法制造易制毒化学品的，以制造毒品罪（预备）立案追诉。购进制造毒品的设备和原材料，开始着手制造毒品，尚未制造出毒品或者半成品的，以制造毒品罪（未遂）立案追诉。

3. 代购毒品行为的性质认定。

根据 2012 年 5 月 16 日最高人民检察院、公安部《关于公安机关管辖的刑事案件立案追诉标准的规定（三）》的规定，有证据证明行为人以牟利为目的，为他人代购仅用于吸食、注射的毒品，对代购者以贩卖毒品罪立案追诉。不以牟利为目的，为他人代购仅用于吸食、注射的毒品，毒品数量达到本规定第 2 条规定的数量标准的，对托购者和代购者以非法持有毒品罪立案追诉。

社会热点：
为患儿治病代购毒品构成何罪？

4. 本罪的共同犯罪。

根据 2012 年 5 月 16 日最高人民检察院、公安部《关于公安机关管辖的刑事案件立案追诉标准的规定（三）》的规定，明知他人实施毒品犯罪而为其居间介绍、代购代卖的，无论是否牟利，都应以相关毒品犯罪的共犯立案追诉。明知他人制造毒品而为其生产、加工、提炼、提供醋酸酐、乙醚、三氯甲烷等制毒物品的，以制造毒品罪的共犯立案追诉。

5. 本罪与其他走私犯罪的界限。

本罪中走私毒品的行为，与破坏社会主义市场经济秩序罪中的走私武器弹药罪、走私核材料罪、走私文物罪、走私淫秽物品罪等走私犯罪的客观行为，都是运输、携带、邮寄物品非法进出国（边）境的行为，但是其区别在于犯罪对象不同。本罪的对象是毒品；而其他走私犯罪的对象是毒品以外的其他被国家禁止或者限制进出境的物品。

6. 本罪与非法生产、买卖、运输制毒物品、走私制毒物品罪的界限。

《刑法》第 350 条规定的非法生产、买卖、运输制毒物品、走私制毒物品罪，是指违反国家规定，非法生产、买卖、运输醋酸酐、乙醚、三氯甲烷或者其他用于制造毒品的原料、配剂，或者携带上述物品进出境的行为。根据《刑法》的规定，如果行为人明知他人制造毒品而为其生产、买卖、运输上述制毒物品，不以非法生产、买卖、运输制毒物品罪论处，而应当以制造毒品罪的共犯论处。

根据 2012 年 6 月 18 日最高人民法院、最高人民检察院、公安部《关于办理走私、非法买卖麻黄碱类复方制剂等刑事案件适用法律若干问题的意见》的规定，以加工、提炼制毒物品制造毒品为目的，购买麻黄碱类复方制剂，或者运输、携带、寄递麻黄碱类复方制剂进出境的，以制造毒品罪定罪处罚。以加工、提炼制毒物品为目的，购买麻黄碱类复方制剂，或者运输、携带、寄递麻黄碱类复方制剂进出境的，分别以非法买卖制毒物品罪、走私制毒物品罪定罪处罚。将麻黄碱类复方制剂拆除包装、改变形态后进行走私或者非法买卖，或者明知是已拆除包装、改变形态的麻黄碱类复方制剂而进行走私或者非法买卖的，分别以走私制毒物品罪、非法买卖制毒物品罪定罪处罚。以制造毒品为目的，利用麻黄碱类复方制剂加工、提炼制毒物品的，以制造毒品罪定罪处罚。以走私或者非法买卖为目的，利用麻黄碱类复方制剂加工、提炼制毒物品的，分别以走私制毒物品罪、非法买卖制毒物品罪定罪处罚。

7. 认定本罪及相关毒品犯罪的其他规范依据。

鉴于本罪以及相关毒品犯罪的认定，存在诸多疑难、复杂的问题需要明确判定标准，以具体、细致、明确的规则消除司法分歧，统一司法认定，除上述司法解释或规范文件之外，还有非常重要的司法解释性质文件，即 2023 年 6 月 26 日最高人民法院《全国法院毒品案件审判工作会议纪要》（以下简称《昆明会议纪要》），是认定本罪及相关毒品犯罪应当依据的重要司法规则。

《昆明会议纪要》对 2008 年 12 月 1 日最高人民法院《全国部分法院审理毒品犯罪案件工作座谈会纪要》（以下简称《大连会议纪要》）、2015 年 5 月 18 日最高人民法院《全国法院毒品犯罪审判工作座谈会纪要》（以下简称《武汉会议纪要》）的内容进行了系统整合和修改完善。对罪名认定问题，毒品数量、含量问题，共同犯罪问题，死刑适用问题，主观明知认定问题，隐匿身份人员实施侦查案件的处理问题，自首、立功问题，累犯、毒品再犯问题，涉案财物处理、财产刑适用问题，缓刑适用及减刑、假释问题，管辖问题等具体问题进行了规定。

针对走私、贩卖、运输、制造毒品罪，《昆明会议纪要》在上级法院改变选择性罪名规则，不同毒品尤其是新类型毒品的定罪量刑数量标准等方面对《大连会议纪要》《武汉会议纪要》的相关规定进行了调整。

（三）走私、贩卖、运输、制造毒品罪的处罚

根据《刑法》第 347 条和第 356 条的规定，走私、贩卖、运输、制造毒品罪的处罚如下：

1. 走私、贩卖、运输、制造毒品，有下列情形之一的，处 15 年有期徒刑、无期徒刑或者死刑，并处没收财产：（1）走私、贩卖、运输、制造鸦片 1 000 克以上、海洛因或者甲基苯丙胺 50 克以上或者其他毒品数量大的；（2）走私、贩卖、运输、制造毒品集团的首要分子；（3）武装掩护走私、贩卖、运输、制造毒品的；（4）以暴力抗拒检查、拘留、逮捕，情节严重的；（5）参与有组织的国际贩毒活动的。

2. 走私、贩卖、运输、制造鸦片 200 克以上不满 1 000 克、海洛因或者甲基苯丙胺 10 克以上不满 50 克或者其他毒品数量较大的，处 7 年以上有期徒刑，并处罚金。

3. 走私、贩卖、运输、制造鸦片不满 200 克、海洛因或者甲基苯丙胺不满 10 克或者其他少量毒品的，处 3 年以下有期徒刑、拘役或者管制，并处罚金；情节严重的，处 3 年以上 7 年以下有期徒刑，并处罚金。根据 2016 年 4 月 6 日最高人民法院《关于审理毒品犯罪案件适用法律若干问题的解释》，这里的"情节严重"，是指具有下列情形之一：（1）向多人贩卖毒品或者多次走私、贩卖、运输、制造毒品的；（2）在戒毒场所、监管场所贩卖毒品的；（3）向在校学生贩卖毒品的；（4）组织、利用残疾人、严重疾病患者、怀孕或者正在哺乳自己婴儿的妇女走私、贩卖、运输、制造毒品的；（5）国家工作人员走私、贩卖、运输、制造毒品的；（6）其他情节严重的情形。

4. 单位犯本罪的，对单位判处罚金，并对其直接负责的主管人员和其他直接责任人员，依照上述自然人犯本罪的规定处罚。

5. 利用、教唆未成年人走私、贩卖、运输、制造毒品，或者向未成年人出售毒品的，从重处罚；因走私、贩卖、运输、制造毒品罪和非法持有毒品罪被判过刑，又犯《刑法》第五章第七节规定之罪的，从重处罚。

6. 对多次走私、贩卖、运输、制造毒品，未经处理的，毒品数量累计计算。

三十七、非法持有毒品罪

（一）非法持有毒品罪的概念和特征

非法持有毒品罪，是指违反国家毒品管制法规，明知是毒品而非法持有，数量较大的行为。

本罪的构成特征如下：

（1）本罪的客体是国家对麻醉药品、精神药品的管制。

（2）本罪在客观方面表现为非法持有较大数量的毒品的行为。所谓非法持有，是指除依照法律法规规定生产、管理、运输、供应、使用麻醉药品、精神药物以外的持有毒品，亦即持有毒品时缺乏法律根据。根据 2012 年 5 月 16 日最高人民检察院、公安部《关于公安机关管辖的刑事案件立案追诉标准的规定（三）》的规定，"非法持有"，是指违反国家法律和国家主管部门的规定，占有、携带、藏有或者以其他方式持有毒品。其本质是对毒品的实际控制和支配。持有毒品并不以行为人时刻实际握有或携带为限，虽毒品为他人实际握有，但拥有支配权的人仍属持有毒品。根据《刑法》的规定，非法持有鸦片 200 克以上、海洛因或甲基苯丙胺 10 克以上或者其他毒品数量较大的，才构成本罪。

（3）本罪的主体为一般主体，凡已满 16 周岁具有刑事责任能力的自然人均能成为本罪的主体。

（4）本罪的主观方面为故意，即明知是毒品而有意识地非法持有。过失不构成本罪。

参考案例 23－28

曹某，20 岁，南京某厂的工人。某日，曹某的朋友邓某提出要驾车去广州买点毒品和服装，但苦于资金不够，遂向曹某借款 3 万元人民币。在带回毒品后，邓某由于特殊原因央求曹某帮自己保存几天，并保证不会牵连到曹某，曹某碍于朋友的情面予以允诺，后该毒品在曹某的家中被查获。经鉴定该毒品是海洛因，纯度为 19.9％，共计 60.85 克。法院以非法持有毒品罪判处曹某有期徒刑 7 年，并处罚金 1 万元。

（二）非法持有毒品罪的认定

1. 本罪与非罪的界限。

实践中应当注意，对于依照法律的规定控制、支配麻醉药品、精神药品，如医生、药剂师因职业需要而控制、掌握这类药品的，应视为合法行为而不应以犯罪论处。此外，非法持有毒品数量较小的，只属于一般违法行为而不构成犯罪。

2. 本罪与走私、贩卖、运输、制造毒品罪的界限。

实践中，行为人走私、贩卖、运输、制造毒品行为过程中的一个不可缺少的环节即为非法持有毒品。因此，只有对不能查实持有人持有毒品是用于走私、贩卖、运输或者来自制造毒品行为的，才能以本罪论处；如果有证据证明持有人持有毒品是为了走私、贩卖或运输以及该毒品系行为人制造的，则应对其按走私、贩卖、运输、制造毒品罪处罚。

根据《昆明会议纪要》的规定，双方以吸食为目的互换毒品的行为，不宜以贩卖毒品罪定罪处罚，构成非法持有毒品罪的，可以依法认定，毒品数量不累计计算。吸毒者在购买、运输、存储毒品过程中被查获，没有证据证明其是为了实施贩卖毒品等其他犯罪，毒品数量达到较大以上的，根据其具体的行为状态定罪，处于购买、存储状态的认定为非法持有毒品罪，处于运输状态的认定为运输毒品罪。为以吸食为目的的购毒者提供购毒信息或者介绍认识贩毒者的，与购毒者构成非法持有毒品罪的共犯，同时与贩毒者存在共谋并有实际联络、促成交易行为的，应认定为贩毒者的共犯。

（三）非法持有毒品罪的处罚

根据《刑法》第 348 条的规定，非法持有鸦片 1 000 克以上、海洛因或者甲基苯丙胺 50 克以上或者其他毒品数量大的，处 7 年以上有期徒刑或者无期徒刑，并处罚金；非法持有鸦片 200 克以上不满 1 000 克、海洛因或者甲基苯丙胺 10 克以上不满 50 克或者其他毒品数量较大的，处 3 年以下有期徒刑、拘役或者管制，并处罚金；情节严重的，处 3 年以上 7 年以下有期徒刑，并处罚金。根据《刑法》第 356 条的规定，因走私、贩卖、运输、制造、非法持有毒品罪被判过刑，又犯本节规定之罪的，从重处罚。

根据 2016 年 4 月 6 日最高人民法院《关于审理毒品犯罪案件适用法律若干问题的解释》的规定，非法持有毒品达到"数量较大"标准，且具有下列情形之一的，应当认定为《刑法》第 348 条规定的"情节严重"：（1）在戒毒场所、监管场所非法持有毒品的；（2）利用、教唆未成年人非法持有毒品的；（3）国家工作人员非法持有毒品的；（4）其他情节严重的情形。

三十八、组织卖淫罪

（一）组织卖淫罪的概念和特征

组织卖淫罪，是指以招募、雇用、强迫、引诱、容留等手段，控制多人从事卖淫的行为。

本罪的构成特征如下：

（1）本罪的客体主要是社会主义社会风尚。卖淫以及组织他人卖淫，为我国社会主义制度所不容，更为我国法律所明文禁止。组织他人卖淫的行为，不仅严重损害和威胁着人们的身心健康，而且使社会道德沦丧，性病蔓延，从而严重败坏社会风尚，因此，应当依法对其予以严惩。

（2）本罪在客观方面表现为组织他人（多人）卖淫的行为。根据 2017 年 7 月 21 日最高人民法院、最高人民检察院《关于办理组织、强迫、引诱、容留、介绍卖淫刑事案件适用法律若干问题的解释》第 1 条的规定，"组织他人卖淫"，是指以招募、雇佣、纠集等手段，管理或者控制他人卖淫。作为本罪对象的"他人"，主要是指女性，但也不排除男性，卖淫人员数量上必须是 3 人以上，否则不成其为组织行为。组织卖淫者是否设置固定的卖淫场所、组织卖淫者人数多少、规模大小，不影响组织卖淫行为的认定。

（3）本罪的主体为一般主体，凡已满 16 周岁具有刑事责任能力的自然人均能成为本罪的主体。

（4）本罪的主观方面表现为直接故意，即行为人明知自己的行为是组织他人卖淫的活动而仍为之。过失不能构成本罪。至于本罪的犯罪目的，刑法未作特殊要求。从查获的案件情况来看，绝大多数是以牟利为目的的，但有的则是通过组织卖淫嫖娼活动达到招揽生意、推销产品以及玩弄女性等目的。行为人是否具有牟利的目的，不影响本罪的成立。

参考案例 23-29

李某为营利，先后与刘某、冷某等人预谋后，采取张贴广告、登报等方式招聘男青年做"公关人员"，并制定了《公关人员管理制度》。李某指使刘某、冷某对"公关先生"进行管理，并在其经营的"金麒麟""廊桥""正麒"酒吧内将多名"公关先生"介绍给男性顾客，由男性顾客将"公关人员"带至"新富城"大酒店等处从事同性卖淫活动。法院以组织卖淫罪判处李某有期徒刑 8 年，罚金人民币 6 万元。

（二）组织卖淫罪的认定

1. 本罪与集团犯罪的界限。

在集团犯罪中存在组织犯即首要分子，但组织犯和组织卖淫的组织者是两个不同的概念。在司法实践中，应当将组织卖淫罪与集团犯罪区分开来。两者的主要区别是：

（1）本罪不以固定的组织形式或者犯罪活动的次数为构成要件；而犯罪集团是由相对固定的首要分子和其他成员组成并长期或多次进行犯罪活动的一种特殊形式的共同犯罪。

（2）在组织他人卖淫活动中，被组织者在一般情况下不构成犯罪，因而也就不能追究其刑事责任；而在集团犯罪中，集团成员根据各自在集团中所处的地位和在共同犯罪中所起的作用，承担不同的刑事责任。

（3）本罪中的组织他人卖淫行为是罪状的固有内容、犯罪的行为要件而非情节；而在集团犯罪中，组织行为是共同犯罪的分工行为，是否起组织领导作用，是处理案件时需要考虑的情节，其本身不影响对案件的定性（罪名）。

2. 本罪与强迫卖淫罪的界限。

组织卖淫罪与强迫卖淫罪虽然都表现为驱使他人卖淫，但两者在犯罪主观方面和犯罪手段等方面有所不同，因而两者不易混淆。需要指出的是，在组织他人卖淫案件中，行为人如果对被组织者有强迫卖淫行为的，这些行为属于组织他人卖淫罪的量刑情节，对行为人不能实行数罪并罚。但是，如果行为人强迫他人卖淫的行为与其组织买卖行为并无必然联系的，则应以强迫卖淫罪和组织卖淫罪分别定罪量刑，实行数罪并罚。例如，组织他人卖淫的行为人强迫被组织者以外的人卖淫的；行为人先行对某一卖淫者实施强迫卖淫，尔后又将其组织招揽进行卖淫活动的，均应对其分别定罪，予以数罪并罚。

3. 本罪与协助组织卖淫罪的界限。

《刑法》第358条第3款规定的协助组织卖淫罪，是指帮助、辅助他人实施组织卖淫犯罪的行为。本罪与该罪的客体完全相同，犯罪目的也相似，两罪的不同之处是：

（1）客观行为表现不同。本罪表现为直接将闲散卖淫人员组织起来进行卖淫活动；而协助组织卖淫罪实施的是协助组织他人卖淫的行为，其行为对组织他人卖淫的顺利实施创造了有利条件，起间接或者辅助作用。

（2）犯罪故意内容不同。本罪是具有组织他人卖淫的故意，故意的内容是行为人认识到自己组织他人卖淫行为的性质及会造成危害社会的结果，而希望这种结果发生；而协助组织卖淫罪的故意具有"协助"和"组织卖淫"的双重内容，即行为人既认识到他人所实施组织卖淫行为的性质及结果，又明知自己的行为是在帮助、辅助他人进行组织卖淫的犯罪活动，会给组织卖淫者提供有利条件而使一定的危害结果发生，行为人对这两种危害结果均持希望的心理态度。

根据2017年7月21日最高人民法院、最高人民检察院《关于办理组织、强迫、引诱、容留、介绍卖淫刑事案件适用法律若干问题的解释》第4条的规定，明知他人实施组织卖淫犯罪活动而为其招募、运送人员或者充当保镖、打手、管账人等的，依照《刑法》第358条第4款的规定，以协助组织卖淫罪定罪处罚，不以组织卖淫罪的从犯论处。

4. 本罪的罪数问题。

根据《刑法》第358条第3款的规定，组织他人卖淫，且有杀害、伤害、强奸、绑架等犯罪行为的，依照数罪并罚的规定处罚。

5. 组织未成年的女性卖淫的认定。

《刑法修正案（九）》取消了嫖宿幼女罪的规定，与不满14周岁的从事卖淫的幼女发生性关系的，应当认定为强奸罪。所以，组织不满14周岁的幼女卖淫的，应当以强奸罪的共犯论处。组织已满14周岁不满18周岁的未成年女性卖淫的，应当认定为组织卖淫罪，从重处罚。

（三）组织卖淫罪的处罚

根据《刑法》第358条第1款和第2款的规定，犯本罪的，处5年以上10年以下有期徒刑，并处罚金；情节严重的，处10年以上有期徒刑或者无期徒刑，并处罚金或者没收财产。组织未成年人卖淫的，从重处罚。根据《刑法》第361条的规定，旅馆业、饮食服务业、文化娱乐业、出租汽车业等单位的主要负责人，利用本单位的条件，犯组织卖淫罪的，从重处罚。

根据2013年10月23日最高人民法院、最高人民检察院、公安部、司法部《关于依法惩治性侵害未成年人犯罪的意见》的规定，组织未成年人卖淫构成犯罪的，应当从重处罚。对未成年人负有特殊职责的人员、与未成年人有共同家庭生活关系的人员、国家工作人员，实施组织卖淫构成犯罪的，更要依法从严惩处。

根据2017年7月21日最高人民法院、最高人民检察院《关于办理组织、强迫、引诱、容留、介绍卖淫刑事案件适用法律若干问题的解释》第2条、第10条的规定，"情节严重"是指下列情形之一：（1）卖淫人员累计达10人以上的；（2）卖淫人员中未成年人、孕妇、智障人员、患有严重性病的人累计达5人以上的；（3）组织境外人员在境内卖淫或者组织境内人员出境卖淫的；（4）非法获利人民币100万元以上的；（5）造成被组织卖淫的人自残、自杀或者其他严重后果的；（6）其他情节严重的情形。组织他人卖淫的次数，作为酌定情节在量刑时考虑。

三十九、引诱、容留、介绍卖淫罪

（一）引诱、容留、介绍卖淫罪的概念和特征

引诱、容留、介绍卖淫罪，是指以金钱、物质或其他利益诱使他人卖淫，或者为他人卖淫提供场所，或者在卖淫者与嫖娼者之间居间介绍的行为。

本罪的构成特征如下：

（1）本罪侵犯的客体是国家社会风尚。犯罪对象是行为人之外的任何人，包括女性和男性。

（2）本罪的客观方面表现为引诱、容留、介绍他人卖淫。所谓引诱，是指以金钱、物质或其他利益的诱惑为手段，劝诱、招引他人从事卖淫活动。所谓容留，是指为卖淫者提供卖淫场所。所谓介绍，是指在卖淫者与嫖娼者之间撮合沟通、居间介绍，使卖淫活动在本无联系的卖淫者与嫖娼者之间得以进行。

（3）本罪的主体是一般主体。

（4）本罪的主观方面是故意。行为人是否以营利为目的，不影响犯罪的成立。

参考案例 23 - 30

被告人夏某，26 岁。自某年 5 月起，夏某以到广东一带做工收入高为诱饵，鼓动本乡李某、郭某、陈某等 10 名妇女到广东做工。到达广东以后，夏某告知众人工作难找，又鼓动众人从事卖淫活动。上述妇女同意以后，夏某将其介绍到广东 T 县 K 旅社从事卖淫活动，从中收取介绍费 3 000 多元。其后，夏某再次将本乡的 6 名妇女引诱、介绍到广东的一歌舞厅从事卖淫活动，从中收取介绍费 2 000 多元。法院以引诱、介绍卖淫罪判处夏某有期徒刑 5 年，并处罚金 6 000 元。

（二）引诱、容留、介绍卖淫罪的认定

1. 本罪与组织卖淫罪的界限。

组织卖淫罪与引诱、容留、介绍卖淫罪的区别主要有：

（1）犯罪手段不同。在组织卖淫罪中，行为人采用的是纠集、安排布置、发令指挥他人卖淫的方式；而在引诱、容留、介绍卖淫罪中，行为人主要是采取以金钱、物质或者其他手段拉拢、诱惑他人卖淫，或为他人卖淫提供场所或其他方便条件，或为他人卖淫牵线搭桥。

（2）主观方面不同。组织卖淫罪的主观方面是行为人有组织多人卖淫的故意；而在引诱、容留、介绍卖淫罪中，行为人主观上表现为引诱、容留、介绍他人卖淫的故意。

根据 2017 年 7 月 21 日最高人民法院、最高人民检察院《关于办理组织、强迫、引诱、容留、介绍卖淫刑事案件适用法律若干问题的解释》第 3 条的规定，在组织卖淫犯罪活动中，对被组织卖淫的人有引诱、容留、介绍卖淫行为的，依照处罚较重的规定定罪处罚。但是，对被组织卖淫的人以外的其他人有引诱、容留、介绍卖淫行为的，应当分别定罪，实行数罪并罚。

2. 本罪的罪数问题。

根据 2017 年 7 月 21 日最高人民法院、最高人民检察院《关于办理组织、强迫、引诱、容留、介绍卖淫刑事案件适用法律若干问题的解释》第 8 条第 2 款、第 5 款的规定，利用信息网络发布招嫖违法信息，情节严重的，依照《刑法》第 287 条之一的规定，以非法利用信息网络罪定罪处罚。同时构成介绍卖淫罪的，依照处罚较重的规定定罪处罚。被引诱卖淫的人员中既有不满 14 周岁的幼女，又有其他人员的，分别以引诱幼女卖淫罪和引诱卖淫罪定罪，实行并罚。

3. 本罪与非罪的界限。

根据 2017 年 7 月 21 日最高人民法院、最高人民检察院《关于办理组织、强迫、引诱、容留、介绍卖淫刑事案件适用法律若干问题的解释》第 8 条第 1 款的规定，引诱、容留、介绍他人卖淫，具有下列情形之一的，应当依照《刑法》第 359 条第 1 款的规定定罪处罚：（1）引诱他人卖淫的；（2）容留、介绍 2 人以上卖淫的；（3）容留、介绍未成年人、孕妇、智障人员、患有严重性病的人卖淫的；（4）一年内曾因引诱、容留、介绍卖淫行为被行政处罚，又实施容留、介绍卖淫行为的；（5）非法获利人民币 1 万元以上的。在司法实务中，对于未达到前述标准的行为，不以本罪论处，符合《治安管理处罚法》规定的，以相应的行政违法行为论处。

（三）引诱、容留、介绍卖淫罪的处罚

根据《刑法》第 359 条第 1 款的规定，犯本罪的，处 5 年以下有期徒刑、拘役或者管制，并处罚金；情节严重的，处 5 年以上有期徒刑，并处罚金。

根据 2017 年 7 月 21 日最高人民法院、最高人民检察院《关于办理组织、强迫、引诱、容留、介绍卖淫刑事案件适用法律若干问题的解释》第 9 条、第 10 条的规定，引诱、容留、介绍他人卖淫，具有下列情形之一的，应当认定为《刑法》第 359 条第 1 款规定的"情节严重"：（1）引诱 5 人以上或者引诱、容留、介绍 10 人以上卖淫的；（2）引诱 3 人以上的未成年人、孕妇、智障人员、患有严重性病的人卖淫，或者引诱、容留、介绍 5 人以上该类人员卖淫的；（3）非法获利人民币 5 万元以上的；（4）其他情节严重的情形。引诱、容留、介绍他人卖淫的次数，作为酌定情节在量刑时考虑。

四十、制作、复制、出版、贩卖、传播淫秽物品牟利罪

（一）制作、复制、出版、贩卖、传播淫秽物品牟利罪的概念和特征

制作、复制、出版、贩卖、传播淫秽物品牟利罪，是指以牟利为目的，制作、复制、出版、贩卖、传播淫秽物品的行为。

本罪的构成特征如下：

（1）本罪的客体是国家对文化市场的管理活动和社会道德风尚。淫秽物品是腐蚀人们灵魂的精神鸦片，如果任其泛滥，将会对社会道德风尚和社会治安造成极大的危害，因此，国家制定一系列规定以加强对文化市场的管理，并以刑罚手段来惩罚侵犯这种管理活动和社会道德风尚的制作、贩卖、传播淫秽物品的犯罪行为。本罪的对象是淫秽物品，根据《刑法》第 367 条的规定，是指具体描绘性行为或者露骨宣扬色情的淫秽性的书刊、影片、录像带、录音带、图片及其他淫秽物品。但是，有关人体生理、医学知识的科学著作不是淫秽物品，包含有色情内容的有艺术价值的文学、艺术作品也不视为淫秽物品。

（2）本罪的客观方面表现为制作、复制、出版、贩卖、传播淫秽物品的行为。制作，是指生产、录制、摄制、编写、翻译、绘画、印刷、刻印、洗印等行为。复制，是指通过翻印、翻拍、复写、复印、复录等方式对已有的淫秽物品加以重复制作。出版，是指有出版发行权利的单位以合法名义编辑、印刷、发行淫秽书刊和淫秽音像制品。贩卖，是指以批发、零售、倒卖等方式销售淫秽物品。传播，是指通过播放、出租、出借、承运、邮寄、携带等方式致使淫秽物品流传的行为。上述制作、复制、出版、贩卖、传播淫秽物品的行为，系本罪客观方面的选择要件，只要实施了五种行为之一的，即可构成本罪；如果行为人实施了其中两种或两种以上行为的，也以一罪论处，而不应数罪并罚。

司法典型案例：
钱某制作、贩卖、传播淫秽物品牟利案

（3）本罪主体既可以是自然人，也可以是单位。

（4）本罪的主观方面为故意，并且行为人是以牟利为目的。牟利，既包括谋取钱财，也包括谋取其他非法的物质性利益。但是，行为人牟利的目的是否实现，不影响本罪的成立。

参考案例 23-31

某市的居民辛某（男，23 岁）一直待业在家，无所事事，一次听说贩卖光盘利润很大，遂心生以此牟利之念，四处打听行情。当他听说贩卖淫秽光盘利润更为可观，便联系好进货渠道，开始贩卖盗版、淫秽光盘。从某年 6 月至 11 月，辛某一直从事盗版、淫秽光盘的贩卖，至 11 月 24 日在贩卖淫秽光盘时被民警当场抓获。法院以制作、复制、出版、贩卖、传播淫秽物品牟利罪判处辛某有期徒刑 2 年，并处罚金 5 万元。

（二）制作、复制、出版、贩卖、传播淫秽物品牟利罪的认定

1. 本罪与非罪的界限。

（1）司法实践中认定制作、复制、出版、贩卖、传播淫秽物品牟利罪，关键是应划清淫秽物品和非淫秽物品的界限。如前所述，根据法律规定，有关人体生理、医学知识的科学著作不是淫秽物品，包含

有色情内容的有艺术价值的文学、艺术作品不视为淫秽物品，故涉及这样的物品的制作、销售、传播行为，不构成本罪。为慎重起见，对于有些作品是否属于淫秽物品应当进行司法鉴定。

（2）对于不以牟利为目的，制作、复制淫秽物品的行为，不能以犯罪论处。比如，行为人仅仅是出于变态、猎奇心理制作、复制少量淫秽物品的，复制少量淫秽物品以供个人观看的，均不应以犯罪论处。在实践中，认定行为人制作、复制淫秽物品是否具有牟利的目的，一般可以从其制作、复制的淫秽物品的数量上进行推定。例如，行为人制作同样版式内容的淫秽光盘几十张甚至上百、上千张，即可以推定其具有牟利目的。

（3）刑法虽然对于构成本罪没有情节上的限制，但是实践中，并非任何以牟利为目的制作、复制、出版、贩卖、传播淫秽物品的行为，都可以构成本罪。1998年12月17日最高人民法院《关于审理非法出版物刑事案件具体应用法律若干问题的解释》，2004年9月3日最高人民法院、最高人民检察院《关于办理利用互联网、移动通讯终端、声讯台制作、复制、出版、贩卖、传播淫秽电子信息刑事案件具体应用法律若干问题的解释》，2010年2月2日最高人民法院、最高人民检察院《关于办理利用互联网、移动通讯终端、声讯台制作、复制、出版、贩卖、传播淫秽电子信息刑事案件具体应用法律若干问题的解释（二）》，以及2017年4月27日最高人民检察院、公安部《关于公安机关管辖的刑事案件立案追诉标准的规定（一）》，对于本罪的定罪标准均有具体规定。司法实务中，应当注意依据前述规定，区分本罪与非罪行为的界限。

2. 本罪与传播淫秽物品罪的界限。

《刑法》第364条第1款规定的传播淫秽物品罪，是指不以牟利为目的，传播淫秽的书刊、影片、音像、图片或者其他淫秽物品，情节严重的行为。本罪与该罪的主要区别就在于主观方面有无牟利的目的：传播行为具有牟利性质的，以本罪（传播淫秽物品牟利罪）定罪处罚；不具有牟利性质的，以传播淫秽物品罪定罪处罚。当然，传播淫秽物品罪要求传播淫秽物品行为情节严重的才构成。

（三）制作、复制、出版、贩卖、传播淫秽物品牟利罪的处罚

根据《刑法》第363条第1款的规定，犯本罪的，处3年以下有期徒刑、拘役或者管制，并处罚金；情节严重的，处3年以上10年以下有期徒刑，并处罚金；情节特别严重的，处10年以上有期徒刑或者无期徒刑，并处罚金或者没收财产。1998年12月17日最高人民法院《关于审理非法出版物刑事案件具体应用法律若干问题的解释》，2004年9月3日最高人民法院、最高人民检察院《关于办理利用互联网、移动通讯终端、声讯台制作、复制、出版、贩卖、传播淫秽电子信息刑事案件具体应用法律若干问题的解释》，以及2010年2月2日最高人民法院、最高人民检察院《关于办理利用互联网、移动通讯终端、声讯台制作、复制、出版、贩卖、传播淫秽电子信息刑事案件具体应用法律若干问题的解释（二）》等司法解释，对于本罪的"情节严重""情节特别严重"的认定标准均有具体规定。

根据《刑法》第366条的规定，单位犯本罪的，对单位判处罚金，并对其直接负责的主管人员和其他直接责任人员，依照上述自然人犯本罪的规定处罚。

根据2017年11月22日最高人民法院、最高人民检察院《关于利用网络云盘制作、复制、贩卖、传播淫秽电子信息牟利行为定罪量刑问题的批复》的规定，对于以牟利为目的，利用网络云盘制作、复制、贩卖、传播淫秽电子信息的行为，在追究刑事责任时，鉴于网络云盘的特点，不应单纯考虑制作、复制、贩卖、传播淫秽电子信息的数量，还应充分考虑传播范围、违法所得、行为人一贯表现以及淫秽电子信息、传播对象是否涉及未成年人等情节，综合评估社会危害性，恰当裁量刑罚，确保罪责刑相适应。

【引例评析】

本章引例中，被告人黄某、姜某、郑某三人，明知林某、彭某、袁某是正在依法执行公务（解救被收买的少女）的国家机关工作人员，却故意采取暴力手段，对这些人员的公务活动进行阻挠。其中被告人黄某、姜某在明知林某、彭某、袁某的身份情况下仍用木棍等工具对三名工作人员进行殴打；被告人郑某在林某等三人向其表明身份和解救张某的意图后，不但用暴力进行威胁，还下令将林某、彭某、袁某三名工作人员捆绑起来。他们构成妨害公务罪的共同犯罪是无疑的。

应当注意，根据《刑法》第242条的规定，对于阻碍国家机关工作人员解救被收买的妇女的行为，如果是行为人聚众阻碍这些人员执行职务，则应将其分离出来，作为单独的犯罪即聚众阻碍解救被收买的妇女罪来处理（仅处罚首要分子）。当然，参加聚众阻碍解救职务的非首要分子使用暴力、威胁方法的，应以妨害公务罪定罪处罚。

【本章小结】

妨害社会管理秩序罪，是指妨害国家机关对社会的管理活动，破坏社会秩序，情节严重的行为。妨害社会管理秩序罪实际上包括扰乱社会秩序罪，妨害司法罪，妨害国（边）境管理罪，妨害文物管理罪，危害公共卫生罪，破坏环境资源保护罪，走私、贩卖、运输、制造毒品罪，组织、强迫、引诱、容留、介绍卖淫罪和制作、贩卖、传播淫秽物品罪共9类犯罪。本章重点对40种犯罪的概念、特征、认定和处罚作了阐述。

【练习题】

一、名词解释

妨害公务罪　伪证罪　聚众斗殴罪　妨害作证罪　高空抛物罪　组织卖淫罪

二、思考题

1. 招摇撞骗罪与诈骗罪的区别何在？
2. 寻衅滋事罪的构成特征是什么？
3. 窝藏、包庇罪与伪证罪的区别何在？
4. 拒不执行判决、裁定罪的构成特征是什么？
5. 医疗事故罪和非法行医罪的界限如何把握？

三、案例分析题

1. 1994年10月7日出生的甲，在2010年6月10日因强奸罪被逮捕。甲父想把甲的年龄改小，但不知改到多大合适，于是找到在当地公安局当侦察员的弟弟丙，丙在一张纸上写了1996年10月19日。甲父马上找到当地的户籍民警乙，请乙帮忙，乙于是就按纸条上写明的时间，重新填写了甲的户口卡片。后丙利用职务之便到收容审查所会见了甲，告诉甲其年龄改小了，要其统一口径。

问题：

甲父、乙、丙触犯了哪些罪名？

分析要点提示：

（1）甲父指使乙作伪证。

（2）乙明知他人是犯罪分子，仍作假证明帮助他人逃避法律责任。

（3）丙利用职务便利，与乙一同作假证明帮助他人逃避法律责任。

2. 农民甲于某日晚趁天黑无人，潜入邻村的山上偷伐了200棵大树。在往家运的途中，遇上打猎归来的邻居乙。甲怕乙告发，于是威胁乙不得声张出去，否则要其全家"好看"，并许诺，只要乙按照他的话去办，愿意将销赃所得与其"二八"开。数日后，公安机关派人调查此案时，乙如实作了陈述。

问题：

甲的行为是否构成盗窃罪和伪证罪？

分析要点提示：

（1）盗窃罪和盗伐林木罪侵犯的客体不同。

（2）要弄清伪证罪的实施时间、空间特征。

第二十四章　危害国防利益罪

 【本章引例】

　　被告人杨某，男，40岁，某建筑队包工头。杨某承包了某厂职工宿舍的建筑任务。在挖地基时，当地有关部门和人员多次指出，地底有军用电缆设施，应请示有关军事部门，并请求派员指导施工。但杨某认为不可能那么巧就铲到电缆，又考虑到若工程延误不能按期完工，自己将遭受损失，于是私自指挥工人继续操作，结果导致电缆被铲断，当地军事部门的通信被阻断达2天之久，造成了重大损失。

【本章学习目标】

　　通过本章的学习，你应该能够：

　　1. 掌握危害国防利益罪的主要特征；
　　2. 掌握阻碍军事行动罪的概念和特征；
　　3. 掌握破坏武器装备、军事设施、军事通信罪的认定。

第一节　危害国防利益罪概述

一、危害国防利益罪的概念

　　危害国防利益罪，是对侵害国家国防利益的一类犯罪的总称，它是指违反国防法律、法规，拒不履行国防义务，或以其他形式危害国防利益，依法应受刑罚处罚的行为。

二、危害国防利益罪的特征

　　危害国防利益罪的特征如下：

　　(1) 危害国防利益罪侵犯的客体是国防利益。国防，亦称国家的防务，是指国家为防备和抵抗侵略，制止武装颠覆，保卫国家的主权、统一、领土完整和安全所进行的军事活动，以及与军事有关的政治、经济、外交、科技、教育等方面的活动。国防利益，则是指为防备和抵抗侵略，制止武装颠覆，保卫国家的主权、统一、领土完整和安全所进行的军事活动，以及与军事有关的政治、经济、外交、科技、教育等方面的活动所体现的利益。它包括国防资产、国防建设方面的利益、国防管理秩序、武装力量建设、作战和军事行动方面的利益等。危害国防利益是危害国防利益罪区别于《刑法》分则中其他几类犯罪的本质特征。

　　危害国防利益罪的侵害对象包括武装部队、军人、军用武器装备、军事设施、军事通信、军事禁区和军事管理区、兵员、部队专用标志等。

　　(2) 危害国防利益罪在客观方面表现为违反国防法律、法规，拒不履行国防义务，或以其他形式危害国防利益，依法应受刑罚处罚的行为。国防法律、法规是指调整国防领域社会关系的法律、法规的总称。违反国防法律、法规是构成危害国防利益罪的前提条件。国防义务，是指国防法律、法规中规定的公民和组织必须履行的义务。比如支持国防建设、保护国防设施、保守国防秘密等。公民和组织不履行这些义务就是不履行国防义务的危害国防利益的形式。以其他形式危害国防利益，是指除拒不履行国防义务以外的其他危害国防利益的形式，比如冒充军人招摇撞骗，伪造、变造、买卖、盗窃、抢夺部队公文、证件、印章，非法生产、买卖部队专用标志等。依法应受刑罚处罚，是指依照《刑法》分则第七章危害国防利益罪的规定应该受到刑罚处罚。

（3）危害国防利益罪的主体既可以是自然人，也可以是单位。其中，有的犯罪只能由自然人构成，比如阻碍军人执行职务罪、阻碍军事行动罪等；有的犯罪则既可以由自然人构成，也可以由单位构成，如故意提供不合格武器装备、军事设施罪，非法生产、买卖军用标志罪等。这个类罪的主体多为一般主体，且一般都是非军人，但也有少数罪只能由特殊主体构成，如接送不合格兵员罪。

（4）除过失提供不合格武器装备、军事设施罪外，危害国防利益罪在主观方面都表现为故意，即行为人明知自己的行为会发生危害国防利益的结果，并且希望或者放任这种结果发生。

三、危害国防利益罪的种类

《刑法》分则第七章除本章第二节重点论述的2种犯罪外，还包括：阻碍军人执行职务罪（第368条第1款），过失损坏武器装备、军事设施、军事通信罪（第369条第2款），故意提供不合格武器装备、军事设施罪（第370条第1款），过失提供不合格武器装备、军事设施罪（第370条第2款），聚众冲击军事禁区罪（第371条第1款），聚众扰乱军事管理区秩序罪（第371条第2款），冒充军人招摇撞骗罪（第372条），煽动军人逃离部队罪（第373条），雇用逃离部队军人罪（第373条），接送不合格兵员罪（第374条），伪造、变造、买卖武装部队公文、证件、印章罪（第375条第1款），盗窃、抢夺武装部队公文、证件、印章罪（第375条第1款），非法生产、买卖武装部队制式服装罪（第375条第2款），伪造、盗窃、买卖、非法提供、非法使用武装部队专用标志罪（第375条第3款），战时拒绝、逃避征召、军事训练罪（第376条第1款），战时拒绝、逃避服役罪（第376条第2款），战时故意提供虚假敌情罪（第377条），战时造谣扰乱军心罪（第378条），战时窝藏逃离部队军人罪（第379条），战时拒绝、故意延误军事订货罪（第380条），战时拒绝军事征收、征用罪（第381条）。

第二节 本章重点论述的犯罪

一、阻碍军事行动罪

（一）阻碍军事行动罪的概念和特征

阻碍军事行动罪，是指故意阻碍武装部队的军事行动，造成严重后果的行为。其构成特征如下：

（1）本罪侵犯的客体是武装部队的军事行动。所谓军事行动，是指为防备和抵抗武装侵略，防备和粉碎颠覆政府、分裂国家的阴谋，保卫国家主权、统一、安全和领土完整等政治目的，而有组织地使用武装力量的活动。本罪侵害的对象是武装部队。我国武装部队包括中国人民解放军现役部队和预备役部队、中国人民武装警察部队和民兵组织。

（2）本罪在客观方面表现为阻碍武装部队军事行动，造成严重后果的行为。阻碍武装部队军事行动，是指采取设置交通障碍，煽动群众围堵，停止水、电、气供应，污染饮用水等方法，阻止和妨碍武装部队进行作战、戒严、演习、训练、修筑军事设施、部署兵力和兵器、抢险救灾等履行职能的活动。造成严重后果，是指因行为人阻碍武装部队军事行动而贻误战机；致使战役、战斗失利或者人员伤亡较多，武器装备毁损严重等其他较大损失；影响武装部队按时完成重要任务等。

参考案例 24—1

张某对当地驻军不满，某日，得知当地驻军将于3日后举行军事演习，于是纠集多人于演习前一晚在军事演习的必经之地设置路障，意图阻碍演习部队顺利经过。演习当天，演习部队的军车开到此路段时，无法顺利通过，部队为铲除路障花了近半小时，同时军事演习也被耽误了近半小时。此案中，张某明知当地驻军要进行军事演习，故意设置路障阻碍演习部队通行，属于阻碍武装部队军事行动的行为，并造成了演习部队不能按时完成演习任务的严重后果，因此构成阻碍军事行动罪。

（3）本罪的主体是一般主体。

（4）本罪的主观方面是故意，即明知自己阻碍武装部队军事行动的行为会造成危害国防利益的结果，却希望或者放任该结果发生。

（二）阻碍军事行动罪的认定

1. 本罪与非罪的界限。

阻碍军事行动罪是以主观上具有故意和客观上造成严重后果为主要构成要件，因此，过失阻碍武装部队军事行动的，不构成本罪；虽然故意阻碍了武装部队的军事行动，但并没有造成严重后果的，也不构成本罪。从司法实践看，阻碍武装部队军事行动，往往由少数人煽动、蒙骗一些不明真相的人参与，对于那些受蒙骗参与一般活动的人员，也不应按犯罪处理。

2. 本罪中的一罪与数罪问题。

（1）行为人实施放火、决水、爆炸、投毒等危险方法，或者实施破坏交通工具、通信工具和设施、破坏电力、煤气等设备，冲击军事机关以及采取武装叛乱、暴乱等方法阻碍军事行动的，均应按照处理牵连犯的原则，从一重处断，无须实行数罪并罚。

（2）如果行为人在阻碍军事行动时，策动、勾引、收买武装部队人员进行叛乱，其行为则分别构成阻碍军事行动罪和武装叛乱罪，应实行数罪并罚。

（三）阻碍军事行动罪的处罚

根据《刑法》第 368 条第 2 款的规定，犯阻碍军事行动罪的，处 5 年以下有期徒刑或者拘役。

二、破坏武器装备、军事设施、军事通信罪

（一）破坏武器装备、军事设施、军事通信罪的概念和特征

破坏武器装备、军事设施、军事通信罪，是指故意破坏武器装备、军事设施、军事通信的行为。本罪属于选择性罪名，可以拆开使用。其构成特征如下：

（1）本罪侵犯的客体是军队战斗力的物质保障。犯罪对象是武器装备、军事设施和军事通信。所谓武器装备，是指武装部队用于实施和保障作战行动的武器、武器系统和军事技术器材，如匕首、枪械、火炮、导弹、弹药、坦克、装甲车辆及其他军用车辆、作战飞机及其他军用飞机、战斗舰艇、登陆作战舰艇、勤务舰船、通信指挥装备、侦察情报装备、测绘气象装备、电子对抗装备、工程装备、三防装备、后勤装备等。武器装备的训练模拟器材，以武器装备论。所谓军事设施，是指国家直接用于军事目的的建筑、场地和设备，包括指挥机关、地面和地下的指挥工程、作战工程；军用机场、港口、码头；营区、训练场；军用洞库、仓库、医院；军用通信、侦察、导航、观测台站和测量、导航、助航标志；军用公路、铁路专用线，通信、输电线路，输油、输水管道；国务院和中央军委规定的其他军事设施等。所谓军事通信，是指武装部队为实施指挥或武器控制而运用各种通信手段进行的信息传递活动，包括无线电通信、有线电通信、光缆通信、运动通信、简易信号通信等。

（2）本罪在客观方面表现为用各种方法破坏武装力量的武器装备、军事设施、军事通信的行为。破坏，是使武器装备、军事设施、军事通信的功能全部或者部分丧失，使其全部或者部分不能正常使用。例如，破坏军事通信的行为，就是故意实施损毁军事通信线路、设备，破坏军事通信计算机信息系统，干扰、侵占军事通信电磁频谱等行为。破坏行为可以表现为作为，也可以表现为不作为。根据 2007 年 6 月 26 日最高人民法院《关于审理危害军事通信刑事案件具体应用法律若干问题的解释》的规定，故意损毁军事通信线路、设备，破坏军事通信计算机信息系统，干扰、侵占军事通信电磁频谱等行为，以及建设、施工单位直接负责的主管人员、施工管理人员，明知是军事通信线路、设备而指使、强令、纵容他

人予以损毁的行为，或者不听管护人员劝阻，指使、强令、纵容他人违章作业，造成军事通信线路、设备损毁的行为，均属于破坏军事通信罪的客观行为方式。

（3）本罪的犯罪主体是一般主体。

（4）本罪在主观方面表现为故意，即行为人明知自己的行为会发生破坏武器装备、军事设施或者军事通信的危害后果，而希望或者放任这种结果的发生。

（二）破坏武器装备、军事设施、军事通信罪的认定

1. 本罪与危害公共安全的一些犯罪的界限。

破坏武器装备、军事设施、军事通信罪与破坏交通工具、交通设施、公用电信设施等危害公共安全的一些犯罪在犯罪主体、犯罪主观方面和犯罪客观方面颇为相同或者近似，在司法实践中应注意加以区分。其主要区别在于：其一，犯罪所侵犯的客体不同。破坏武器装备、军事设施、军事通信罪侵犯的同类客体是国防利益，直接客体是军队战斗力的物质保障；而破坏交通工具、交通设施、公用电信设施等危害公共安全的犯罪所侵犯的同类客体是公共安全，直接客体分别是公共交通安全、公共通信安全等。其二，犯罪对象不同。破坏武器装备、军事设施、军事通信罪的犯罪对象是武器装备、军事设施、军事通信，这些对象用于军事目的；而破坏交通工具、交通设施、公共电信设施等危害公共安全犯罪的犯罪对象则是交通工具、交通设施、公共电信设施等，且用于非军事目的。由于刑法对本罪的破坏行为没有任何限定，只是限定了破坏的对象，且法定最高刑为死刑，故不管采用什么方法，只要是破坏武器装备、军事设施、军事通信的，就应以本罪论处。

2. 本罪与因盗窃行为引起的破坏武器装备、军事设施、军事通信的犯罪之界限。

在司法实践中，还应注意区别以盗窃武器装备、军事设施和军事通信设施、设备上的零部件为表现形式的破坏武器装备、军事设施、军事通信罪同盗窃罪的界限。这两种犯罪的犯罪主体、犯罪主观方面、犯罪手段等均相同，其区别主要在于行为人所盗窃的设备、器材是否固定在军事设施上作为军事设施的一个不可缺少的组成部分。如果所盗窃的是固定在军事设施上作为军事设施组成部分的设备、器材等，造成了军事设施等损坏的，即使行为人盗窃数额较小，不构成盗窃罪，也应当以破坏军事设施罪等论处；如果行为人的行为既构成盗窃罪又构成破坏军事设施罪等，则属于想象竞合犯，应当从一重处断。此外，盗窃军事设施内存放的器材、物资的，应定为盗窃罪，其中，盗窃枪支、弹药、爆炸物的，构成盗窃枪支、弹药、爆炸物罪。

3. 破坏军事通信罪与相关犯罪的界限。

根据 2007 年 6 月 26 日最高人民法院《关于审理危害军事通信刑事案件具体应用法律若干问题的解释》第 6 条的规定，以及《刑法修正案（九）》对相关罪名的修改（如对《刑法》第 288 条规定的扰乱无线电通讯管理秩序罪的修改），应当注意区分的界限包括：第一，破坏军事通信，并造成公用电信设施损毁，危害公共安全，同时构成《刑法》第 124 条第 1 款和第 369 条第 1 款规定的犯罪的，依照处罚较重的规定定罪处罚。第二，盗窃军事通信线路、设备，不构成盗窃罪，但破坏军事通信的，依照《刑法》第 369 条第 1 款的规定定罪处罚；同时构成《刑法》第 124 条、第 264 条和第 369 条第 1 款规定的犯罪的，依照处罚较重的规定定罪处罚。第三，违反国家规定，侵入国防建设、尖端科学技术领域的军事通信计算机信息系统，尚未对军事通信造成破坏的，依照《刑法》第 285 条的规定定罪处罚；对军事通信造成破坏，同时构成《刑法》第 285 条、第 286 条、第 369 条第 1 款规定的犯罪的，依照处罚较重的规定定罪处罚。第四，违反国家规定，擅自设置、使用无线电台（站），或者擅自使用无线电频率，干扰无线电通讯秩序，构成犯罪的，依照《刑法》第 288 条的规定定罪处罚；造成军事通信中断或者严重障碍，同时构成《刑法》第 288 条、第 369 条第 1 款规定的犯罪的，依照处罚较重的规定定罪处罚。

（三）破坏武器装备、军事设施、军事通信罪的处罚

根据《刑法》第 369 条第 1 款和第 3 款的规定，犯破坏武器装备、军事设施、军事通信罪的，处 3 年以下有期徒刑、拘役或者管制；破坏重要武器装备、军事设施、军事通信的，处 3 年以上 10 年以下有期徒刑；情节特别严重的，处 10 年以上有期徒刑、无期徒刑或者死刑。战时犯本罪的从重处罚。根据 2007

年 6 月 26 日最高人民法院《关于审理危害军事通信刑事案件具体应用法律若干问题的解释》，实施破坏军事通信行为，具有下列情形之一的，属于《刑法》第 369 条第 1 款规定的"情节特别严重"，以破坏军事通信罪定罪，处 10 年以上有期徒刑、无期徒刑或者死刑：（1）造成重要军事通信中断或者严重障碍，严重影响部队完成作战任务或者致使部队在作战中遭受损失的；（2）造成部队执行抢险救灾、军事演习或者处置突发性事件等任务的通信中断或者严重障碍，并因此贻误部队行动，致使死亡 3 人以上、重伤 10 人以上或者财产损失 100 万元以上的；（3）破坏重要军事通信 3 次以上的；（4）其他情节特别严重的情形。"重要军事通信"，是指军事首脑机关及重要指挥中心的通信，部队作战中的通信，等级战备通信，飞行航行训练、抢险救灾、军事演习或者处置突发性事件中的通信，以及执行试飞试航、武器装备科研试验或者远洋航行等重要军事任务中的通信。

 【引例评析】

本章引例中杨某的行为构成破坏军事设施罪。破坏军事设施罪是从选择性罪名破坏武器装备、军事设施、军事通信罪中分出来的。本罪是指故意破坏军事设施的行为，其犯罪对象是军事设施，行为人在主观上是出于故意，包括直接故意和间接故意。被告人杨某在施工时所铲断的是地底的军用电缆，属于军事设施。杨某明知自己指挥工人施工的行为可能会铲断地底的军用电缆，但仍然不听劝告，抱着侥幸心理，听之任之，结果导致军用电缆被铲断，造成了重大损失。其主观方面对危害结果的发生具有间接故意。因此，杨某的行为符合破坏军事设施罪的主客观要件，应以破坏军事设施罪论处。

 【本章小结】

危害国防利益罪，是指违反国防法律、法规，拒不履行国防义务，或以其他形式危害国防利益，依法应受刑罚处罚的行为。本章重点对阻碍军事行动罪和破坏武器装备、军事设施、军事通信罪的概念、构成特征、认定和处罚进行了阐述。

【练习题】

一、 名词解释

阻碍军事行动罪　破坏武器装备、军事设施、军事通信罪

二、 思考题

1. 阻碍军事行动罪的构成特征有哪些？

2. 如何区分阻碍军事行动罪的罪与非罪的界限？

3. 破坏武器装备、军事设施、军事通信罪与破坏交通工具、交通设施、公用电信设施的犯罪如何区分？

三、 案例分析题

某市某乡农民雷某，伙同他人两次盗窃国防通信铜线 6 400 米，价值 1.3 万元，致使我军某部机场被迫关闭 5 天，使该部 120 小时的飞行计划无法实施，直接影响战略巡航和 200 架次的飞行训练。

问题：

（1）雷某等人的行为构成什么罪？

（2）对此案应如何处理？

分析要点提示：

雷某等人的行为不仅构成盗窃罪，而且构成了破坏军事设施罪。但因雷某等人触犯的这两个罪名是由一行为引起的，属于刑法理论上的想象竞合犯，应从一重处断。本案雷某等人触犯的这两个罪名中，破坏军事设施罪是重罪，因而应以破坏军事设施罪论处。

第二十五章　贪污贿赂罪

【本章引例】

甲为某国家机关工作人员，他所在单位要购进一批电脑，由乙负责。甲的亲戚丙开了一家电脑公司，想做成这笔生意，求助于甲。经甲引见，丙多次请乙吃喝玩乐，乙与丙的公司签订了购买30台电脑的合同，丙给予乙回扣3万元。丙卖给乙的电脑多为次品，还有走私品。后案发。检察机关在侦查中发现，甲家中有现金13万元，存折金额210万元，其财产远远超过国家工作人员的收入，甲不能说明差额巨大的财产的来源是合法的。对甲、乙、丙三人的行为应如何定性呢？

【本章学习目标】

通过本章的学习，你应该能够：

1. 掌握贪污贿赂罪的本质特征；
2. 掌握贪污罪与职务侵占罪的界限；
3. 掌握挪用公款罪的客观方面的三种表现形式；
4. 掌握受贿罪的构成特征；
5. 掌握巨额财产来源不明罪的客观条件。

第一节　贪污贿赂罪概述

一、贪污贿赂罪的概念

贪污贿赂罪，是指国家工作人员利用职务上的便利贪污、挪用公款、受贿，或者拥有来源不明的巨额财产，隐瞒境外存款，私分国有资产或罚没财物，以及其他人员行贿、介绍贿赂的行为。

二、贪污贿赂罪的特征

贪污贿赂罪具有以下特征：

（1）本类犯罪的客体主要是国家工作人员职务的廉洁性。有的犯罪同时侵犯了公共财产的所有权。

（2）本类犯罪的客观方面表现为国家工作人员利用职务上的便利贪污、挪用公款、受贿，拥有来源不明的巨额财产，隐瞒境外存款，私分国有资产或罚没财物，以及其他人员行贿、介绍贿赂的行为。

（3）本类犯罪中，绝大多数犯罪的主体是特殊主体。如贪污罪、受贿罪、挪用公款罪、巨额财产来源不明罪、隐瞒境外存款罪、私分国有资产罪、私分罚没财物罪等，其主体都是特殊主体。少数犯罪的主体是一般主体，如行贿罪、向单位行贿罪和介绍贿赂罪即是。另外，有的犯罪只能由单位构成，如单位受贿罪。

（4）本类犯罪的主观方面均由故意构成，过失不能构成本类犯罪。

三、贪污贿赂罪的种类

《刑法》分则第八章除本章第二节重点论述的 11 种犯罪外，还包括介绍贿赂罪（第 392 条）、隐瞒境外存款罪（第 395 条第 2 款）和私分罚没财物罪（第 396 条第 2 款）。

第二节　本章重点论述的犯罪

一、贪污罪

（一）贪污罪的概念和特征

贪污罪，是指国家工作人员利用职务上的便利，侵吞、窃取、骗取或者以其他手段非法占有公共财物的行为。根据《刑法》第 382 条第 2 款的规定，受国家机关、国有公司、企业、事业单位、人民团体委托管理、经营国有财产的人员，利用职务上的便利，侵吞、窃取、骗取或者以其他手段非法占有国有财物的，以贪污论。

贪污罪的构成要件是：

（1）本罪的客体是复杂客体，即本罪既侵犯国家工作人员的职务廉洁性，也侵犯公共财产的所有权。本罪的犯罪对象是公共财物。根据《刑法》第 91 条的规定，公共财产是指下列财产：国有财产；劳动群众集体所有的财产；用于扶贫和其他公益事业的社会捐助或专项基金的财产。在国家机关、国有公司、企业、集体企业和人民团体管理、使用或者运输中的私人财产，以公共财产论。但是，根据《刑法》第 382 条第 2 款的规定，受国家机关、国有公司、企业、事业单位、人民团体委托管理、经营国有财产的人员成立贪污罪，必须是非法占有国有财物。至于在多种所有制形式混合的经济实体特别是股份制企业中的财产性质如何认定，刑法理论界和司法实务界均有不同意见，有待深入研究。

（2）本罪的客观方面表现为利用职务上的便利，侵吞、窃取、骗取或者以其他手段非法占有公共财物的行为。首先，必须利用职务上的便利。利用职务上的便利，是指利用职务权力和地位所形成的主管、管理、经营、经手公共财物的便利条件。主管，主要是指负责调拨、处置及其他支配公共财物的职务活动；管理，主要是指负责保管、处理及其他使公共财物不流失的职务活动；经营，主要是指将公共财物作为生产、流通手段等使公共财物增值的职务活动；经手，主要是指领取、支出等经办公共财物的职务活动。利用因工作关系熟悉作案环境、凭工作人员身份便于进出某些单位，较易接近作案目标或对象等与职权无关的方便条件非法占有公共财物的，不构成贪污罪。其次，必须侵吞、窃取、骗取或以其他手段非法占有公共财物。侵吞，是指行为人利用职务上的便利，将自己主管、经手、管理的公共财物，非法占为己有。例如，将自己合法管理或使用的公共财物加以扣留，应交而隐匿不交，应支付而不支付，应入账而不入账，从而占为己有。根据《刑法》第 394 条的规定，国家工作人员在国内公务活动或对外交往中接受礼物，依照国家规定应当交公而不交公，数额较大的，以贪污罪定罪处罚。窃取，是指行为人利用职务上的便利，采取秘密方式将自己合法管理的公共财物占为己有。例如，保管员将自己合法管理的公共财物秘密拿回家予以占有。骗取，是指行为人利用职务上的便利，采用虚构事实或者隐瞒真相的方法非法占有公共财物。例如，采购人员谎报出差费或者多报出差费骗取公款。根据《刑法》第 183 条的规定，国有保险公司工作人员和国有保险公司委派到非国有保险公司从事公务的人员，利用职务上的便利，故意编造未曾发生的保险事故进行虚假理赔，骗取保险金归自己所有的，以贪污罪定罪处罚。至于其他手段，是指行为人利用职务上的便利，采用侵吞、窃取、骗取以外的方法，非法占有公共财物。例如，利用职权，巧立名目，在几个领导人中私分大量公款、公物等。

司法典型案例：
杨延虎等贪污案

（3）本罪的主体是特殊主体，即国家工作人员。根据《刑法》第93条的规定，国家工作人员，是指国家机关中从事公务的人员。国有公司、企业、事业单位、人民团体中从事公务的人员和国家机关、国有公司、企业、事业单位委派到非国有公司、企业、事业单位、社会团体从事公务的人员，以及其他依照法律从事公务的人员，以国家工作人员论。据此，并结合有关贪污罪的立法规定、立法解释、司法解释和规范文件，贪污罪的主体具体包括以下人员：

第一，国家机关工作人员。根据2003年11月13日最高人民法院《全国法院审理经济犯罪案件工作座谈会纪要》（以下简称《纪要》），《刑法》中所称的国家机关工作人员，是指在国家机关中从事公务的人员，包括在各级国家权力机关、行政机关、司法机关和军事机关中从事公务的人员。根据有关立法解释的规定（即全国人民代表大会常务委员会《关于〈中华人民共和国刑法〉第九章渎职罪主体适用问题的解释》），在依照法律、法规规定行使国家行政管理职权的组织中从事公务的人员，或者在受国家机关委托代表国家行使职权的组织中从事公务的人员，或者虽未列入国家机关人员编制但在国家机关中从事公务的人员，视为国家机关工作人员。在乡（镇）以上中国共产党机关、人民政协机关中从事公务的人员，司法实践中也应当视为国家机关工作人员。

第二，国有公司、企业、事业单位、人民团体中从事公务的人员。

第三，国家机关、国有公司、企业、事业单位委派到非国有公司、企业、事业单位、社会团体从事公务的人员。根据《纪要》，所谓委派，即委任、派遣，其形式多种多样，如任命、指派、提名、批准等。不论被委派的人身份如何，只要是接受国家机关、国有公司、企业、事业单位委派，代表国家机关、国有公司、企业、事业单位在非国有公司、企业、事业单位、社会团体中从事组织、领导、监督、管理等工作，都可以认定为国家机关、国有公司、企业、事业单位委派到非国有公司、企业、事业单位、社会团体从事公务的人员。如国家机关、国有公司、企业、事业单位委派在国有控股或者参股的股份有限公司从事组织、领导、监督、管理等工作的人员，应当以国家工作人员论。国有公司、企业改制为股份有限公司后，原国有公司、企业的工作人员和股份有限公司新任命的人员中，除代表国有投资主体行使监督、管理职权的人外，不以国家工作人员论。

第四，其他依照法律从事公务的人员。根据《纪要》，《刑法》第93条第2款规定的"其他依照法律从事公务的人员"应当具有两个特征：一是在特定条件下行使国家管理职能；二是依照法律规定从事公务。具体包括：1）依法履行职责的各级人民代表大会代表；2）依法履行审判职责的人民陪审员；3）协助乡镇人民政府、街道办事处从事行政管理工作的村民委员会、居民委员会等农村和城市基层组织人员；4）其他由法律授权从事公务的人员。根据全国人民代表大会常务委员会《关于〈中华人民共和国刑法〉第九十三条第二款的解释》，村民委员会等村基层组织人员协助人民政府从事下列行政管理工作时，属于《刑法》第93条第2款规定的"其他依照法律从事公务的人员"：1）救灾、抢险、防汛、优抚、扶贫、移民、救济款物的管理；2）社会捐助公益事业款物的管理；3）国有土地的经营和管理；4）土地征用补偿费用的管理；5）代征、代缴税款；6）有关计划生育、户籍、征兵工作；7）协助人民政府从事的其他行政管理工作。

上述四类人员均属于《刑法》第93条规定的"国家工作人员"的范畴。

第五，受国家机关、国有公司、企业、事业单位、人民团体委托管理、经营国有财产的人员。根据《纪要》，《刑法》第382条第2款规定的"受委托管理、经营国有财产"，是指因承包、租赁、临时聘用等管理、经营国有财产。

上述五类人员，即国家工作人员和受委托管理、经营国有财产的人员，具有一个共同特征——从事公务。根据《纪要》，从事公务，是指代表国家机关、国有公司、企业、事业单位、人民团体等履行组织、领导、监督、管理等职责。公务主要表现为与职权相联系的公共事务以及监督、管理国有财产的职务活动。如国家机关工作人员依法履行职责，国有公司的董事、经理、监事、会计、出纳人员等管理、监督国有财产等活动，属于从事公务。那些不具备职权内容的劳务活动、技术服务工作，如售货员、售票员等所从事的工作，一般不认为是公务。

此外，其他人员与上述人员勾结，伙同贪污的，以共犯论处。

根据 2010 年 11 月 26 日最高人民法院、最高人民检察院《关于办理国家出资企业中职务犯罪案件具体应用法律若干问题的意见》的规定，经国家机关、国有公司、企业、事业单位提名、推荐、任命、批准等，在国有控股、参股公司及其分支机构中从事公务的人员，应当认定为国家工作人员。具体的任命机构和程序，不影响国家工作人员的认定。经国家出资企业中负有管理、监督国有资产职责的组织批准或者研究决定，代表其在国有控股、参股公司及其分支机构中从事组织、领导、监督、经营、管理工作的人员，应当认定为国家工作人员。国家出资企业中的国家工作人员，在国家出资企业中持有个人股份或者同时接受非国有股东委托的，不影响其国家工作人员身份的认定。

（4）本罪的主观方面是故意，并且具有非法占有公共财物的目的。根据 2016 年 3 月 28 日最高人民法院、最高人民检察院《关于办理贪污贿赂刑事案件适用法律若干问题的解释》的规定，国家工作人员出于贪污的故意，非法占有公共财物、收受他人财物之后，将赃款赃物用于单位公务支出或者社会捐赠的，不影响贪污罪的认定，但量刑时可以酌情考虑。

（二）贪污罪的认定

在认定贪污罪时，应注意以下问题。

1. 本罪与非罪的界限。

第一，本罪与错款、错账行为的界限。

因业务不精或工作疏忽而导致的错款、错账行为，行为人主观上不具有贪污故意，也不具备非法占有公共财物的目的，故不应认定为贪污罪。

第二，本罪与一般贪污行为的界限。

区分二者的界限，关键在于两个方面：（1）贪污的数额。根据 2016 年 3 月 28 日最高人民法院、最高人民检察院《关于办理贪污贿赂刑事案件适用法律若干问题的解释》的规定，贪污数额在 3 万元以上不满 20 万元的，应当认定为《刑法》第 383 条第 1 款规定的"数额较大"。（2）其他情节。根据《刑法》第 383 条的规定，个人贪污数额较大或者有其他较重情节的，构成犯罪；贪污未达数额较大且没有其他较重情节的，不构成犯罪。根据 2016 年 3 月 28 日最高人民法院、最高人民检察院《关于办理贪污贿赂刑事案件适用法律若干问题的解释》的规定，贪污数额在 1 万元以上不满 3 万元，具有下列情形之一的，应当认定为《刑法》第 383 条第 1 款规定的"其他较重情节"，依法判处 3 年以下有期徒刑或者拘役，并处罚金：1）贪污救灾、抢险、防汛、优抚、扶贫、移民、救济、防疫、社会捐助等特定款物的；2）曾因贪污、受贿、挪用公款受过党纪、行政处分的；3）曾因故意犯罪受过刑事追究的；4）赃款赃物用于非法活动的；5）拒不交待赃款赃物去向或者拒不配合追缴工作，致使无法追缴的；6）造成恶劣影响或者其他严重后果的。根据 2017 年 7 月 26 日最高人民检察院《关于贪污养老、医疗等社会保险基金能否适用〈最高人民法院最高人民检察院关于办理贪污贿赂刑事案件适用法律若干问题的解释〉第一条第二款第一项规定的批复》的规定，养老、医疗、工伤、失业、生育等社会保险基金可以认定为《最高人民法院、最高人民检察院关于办理贪污贿赂刑事案件适用法律若干问题的解释》第 1 条第 2 款第 1 项规定的"特定款物"。根据《刑法》和有关司法解释规定，贪污罪和挪用公款罪中的"特定款物"的范围有所不同，实践中应注意区分，依法适用。

2. 本罪与有关犯罪的界限。

第一，本罪与盗窃罪、诈骗罪、侵占罪的界限。

贪污罪与盗窃罪、诈骗罪、侵占罪的区别主要表现在：（1）犯罪客体和犯罪对象不同。本罪的客体是复杂客体，即国家工作人员的职务廉洁性和公共财产所有权，对象是公共财物。盗窃、诈骗罪、侵占罪的客体是简单客体，即公私财产所有权。盗窃罪、诈骗罪的对象是公私财物，侵占罪的对象是保管物、遗失物和埋藏物。（2）客观方面不尽相同。本罪的窃取、骗取、侵占，是利用职务上的便利进行的；而盗窃罪、诈骗罪及侵占罪的窃取、骗取、侵占则不存在利用职务上的便利问题。（3）犯罪主体不同。本罪的主体为特殊主体，即国家工作人员和受国家机关、国有公司、企业、事业单位、人民团体委托管理、经营国有财产的人员；而盗窃罪、诈骗罪、侵占罪的主体为一般主体。根据 2024 年 2 月 28 日最高人民法院、最高人民检察院、公安部《关于办理医保骗保刑事案件若干问题的指导意见》第 5 条第 3 款的规定，定点医药机构的国家工作人员，利用职务便利，实施第 1 款规定的行为，骗取医疗保障基金，依照《刑法》第 382 条、第 383 条的规定，以贪污罪定罪处罚。根据该指导意见第 7 条的规定，医疗保障行政部门及经办机构工作人员利用职务便利，骗取医疗保障基金支出的，依照《刑法》第 382 条、第 383 条的规定，以贪污罪定罪处罚。

第二，本罪与职务侵占罪的界限。

本罪与职务侵占罪的区别主要表现在：（1）犯罪主体不同。本罪的主体是国家工作人员和受国家机关、国有公司、企业、事业单位、人民团体委托管理、经营国有财产的人员；而职务侵占罪的主体则是公司、企业或者其他单位中不具有国家工作人员身份的工作人员。（2）犯罪对象有所不同。本罪的对象只能是公共财物，而职务侵占罪的对象是本单位财物。需要注意的是，根据 2001 年 5 月 23 日最高人民法院《关于在国有资本控股、参股的股份有限公司中从事管理工作的人员利用职务便利非法占有本公司财物如何定罪问题的批复》的规定，在国有资本控股、参股的股份有限公司中从事管理工作的人员，除受国家机关、国有公司、企业、事业单位委派从事公务的以外，不属于国家工作人员。对其利用职务上的便利，将本单位财物非法占为己有，数额较大的，应当依照《刑法》第 271 条第 1 款的规定，以职务侵占罪定罪处罚。

参考案例 25-1

绿岛庄园是某县农业集团公司申请成立的非独立核算的国有企业。该庄园于 1998 年 10 月 20 日由工商行政管理部门核发营业执照。在实际操作中，集团公司未向庄园实际投资，而是将绿岛庄园的执照与承包的 2 000 亩地皮交给被告人姜某等 3 人承包经营，并由集团公司法定代表人开出授权委托书，授权姜某全权处理庄园事宜。三个合伙人承包后，姜某向绿岛庄园注入 10 万元的启动资金，并通过广告、新闻媒体对外招商，在短短的 6 个月内，绿岛庄园先后与社会上 209 位投资者签订协议，并收到集资款人民币 500 万元。1998 年 12 月间，被告人姜某在兼任绿岛庄园出纳员期间，在将土地承包金 3 万元支付给某镇政府后，利用职务之便，用某镇政府出具的土地使用款转账证明及领导签名同意拨款的批条，再次在该庄园的费用中重复支付 3 万元，将 3 万元据为己有。1999 年春节，姜某又以春节送礼为由，从绿岛庄园财务处领取人民币 5 万元，占为己有。检察机关以职务侵占罪对姜某提起公诉。法院审理后认为，绿岛庄园是国有企业，被告人姜某在被授权管理该庄园期间，属于"受委托管理、经营国有财产的人员"，其利用职务之便侵吞由该庄园管理、使用的私人投资款，成立贪污罪。故法院以贪污罪判处姜某有期徒刑 8 年，并处没收财产。

3. 本罪共犯的认定问题。

正确认定贪污罪，应正确处理不具有国家工作人员身份的人员与国家工作人员或受委托管理、经营国有财产的人员相勾结侵占本单位财物的案件。根据 2000 年 6 月 30 日最高人民法院《关于审理贪污、职务侵占案件如何认定共同犯罪几个问题的解释》，行为人与国家工作人员勾结，利用国家工作人员的职务便利，共同侵吞、窃取、骗取或者以其他手段非法占有公共财物的，以贪污罪共犯论处。行为人与公司、企业或者其他单位的人员勾结，利用公司、企业或者其他单位人员的职务便利，共同将该单位财物非法占为己有，数额较大的，以职务侵占罪共犯论处。公司、企业或者其他单位中，不具有国家工作人员身份的人与国家工作人员勾结，分别利用各自的职务便利，共同将本单位财物非法占为己有的，按照主犯的犯罪性质定罪。2003 年 11 月 13 日最高人民法院《全国法院审理经济犯罪案件工作座谈会纪要》对该解释的规定予以重申，并适当有所调整。《纪要》规定，对于国家工作人员与他人勾结，共同非法占有单位财物的行为，应当按照《最高人民法院关于审理贪污、职务侵占案件如何认定共同犯罪几个问题的解释》的规定定罪处罚。对于在公司、企业或者其他单位中，非国家工作人员与国家工作人员勾结，分别利用各自的职务便利，共同将本单位财物非法占有的，应当尽量区分主从犯，按照主犯的犯罪性质定罪。司法实践中，如果根据案件的实际情况，各共同犯罪人在共同犯罪中的地位、作用相当，难以区分主、从犯的，可以贪污罪定罪处罚。

4. 在公务活动或对外交往中接受礼物的行为什么情况下构成贪污罪？

《刑法》第 394 条规定，国家工作人员在国内公务活动或者对外交往中接受礼物，依照国家规定应当交公而不交公，数额较大的，以贪污罪定罪处罚。根据这一规定，并结合国务院《关于在对外公务活动中赠送和接受礼品的规定》等法规之内容，认定公务活动和对外交往中接受礼物的行为是否构成贪污罪，应当注意以下几个方面：（1）行为人是否为国家工作人员，或者能否以国家工作人员论。（2）礼品、礼物是否属于按照国家规定应当上交的范围。（3）礼品、礼物没有上交，行为人是否明知。（4）没有上交的礼品、礼物是否达到"数额较大"的标准。如果同时具备上述条件，应当认定行为人构成贪污罪；缺少任何一个条件，则不应以贪污罪定罪处罚。

5. 用于单位业务开支的款项应否计入贪污罪数额？

近年来司法实践出现一种情况：有的行为人在贪污公款后，将这些款项的部分或全部用于本单位业务开支。实务中普遍认为，行为人贪污后，如将赃款全部用于单位业务开支的，不认定为贪污罪；如将部分赃款用于单位业务开支的，贪污数额应将用于开支部分予以扣除。笔者认为，这种做法是不符合犯罪构成及犯罪形态理论的。因为非法占有公款的行为一经成立贪污罪，其犯罪构成及其犯罪数额便作为一种结局不可恢复或逆转。行为人将非法占有的公款用于单位业务开支，仍旧改变不了这些款项作为贪污赃款的性质。当然，赃款在未最终归个人占有之前即案发的事实，可以作为量刑情节考虑。

（三）贪污罪的处罚

经《刑法修正案（九）》修改后，《刑法》第 383 条第 1 款规定：对犯贪污罪的，根据情节轻重，分别依照下列规定处罚：（1）贪污数额较大或者其他较重情节的，处 3 年以下有期徒刑或者拘役，并处罚金。（2）贪污数额巨大或者有其他严重情节的，处 3 年以上 10 年以下有期徒刑，并处罚金或者没收财产。（3）贪污数额特别巨大或者有其他特别严重情节的，处 10 年以上有期徒刑或者无期徒刑，并处罚金或者没收财产；数额特别巨大，并使国家和人民利益遭受特别重大损失的，处无期徒刑或者死刑，并处没收财产。第 2 款规定：对多次贪污未经处理的，按照累计贪污数额处罚。第 3 款规定：犯第 1 款罪，在提起公诉前如实供述自己罪行、真诚悔罪、积极退赃，避免、减少损害结果的发生，有第 1 项规定情形的，可以从轻、减轻或者免除处罚；有第 2 项、第 3 项规定情形的，可以从轻处罚。第 4 款规定：犯第 1 款罪，有第 3 项规定情形被判处死刑缓期执行的，人民法院根据犯罪情节等情况可以同时决定在其死刑缓期执行 2 年期满依法减为无期徒刑后，终身监禁，不得减刑、假释。根据 2016 年 3 月 28 日最高人民法院、最高人民检察院《关于办理贪污贿赂刑事案件适用法律若干问题的解释》第 2 条、第 3 条的规定，贪污数额在 20 万元以上不满 300 万元的，应当认定为《刑法》第 383 条第 1 款规定的"数额巨大"。贪污数额在 10 万元以上不满 20 万元，具有该解释第 1 条第 2 款规定的情形之一的，应当认定为《刑法》第 383 条第 1 款规定的"其他严重情节"。贪污数额在 300 万元以上的，应当认定为《刑法》第 383 条第 1 款规定的"数额特别巨大"。贪污数额在 150 万元以上不满 300 万元，具有该解释第 1 条第 2 款规定的情形之一的，应当认定为《刑法》第 383 条第 1 款规定的"其他特别严重情节"。

对于贪污犯罪判处死刑的问题，根据 2016 年 3 月 28 日最高人民法院、最高人民检察院《关于办理贪污贿赂刑事案件适用法律若干问题的解释》第 4 条的规定，贪污数额特别巨大、犯罪情节特别严重、社会影响特别恶劣、给国家和人民利益造成特别重大损失的，可以判处死刑。符合该情形，但具有自首、立功，如实供述自己罪行、真诚悔罪、积极退赃，或者避免、减少损害结果的发生等情节，不是必须立即执行的，可以判处死刑缓期 2 年执行。符合该情形的，根据犯罪情节等情况可以判处死刑缓期 2 年执行，同时裁判决定在其死刑缓期执行 2 年期满依法减为无期徒刑后，终身监禁，不得减刑、假释。根据 2015 年 10 月 29 日最高人民法院《关于〈中华人民共和国刑法修正案（九）〉时间效力问题的解释》的规定，对于 2015 年 10 月 31 日以前实施贪污、受贿行为，罪行极其严重，根据修正前《刑法》判处死刑缓期执行不能体现罪刑相适应原则，而根据修正后《刑法》判处死刑缓期执行同时决定在其死刑缓期执行两年期满依法减为无期徒刑后，终身监禁，不得减刑、假释可以罚当其罪的，适用修正后《刑法》第 383 条第

4 款的规定。根据修正前《刑法》判处死刑缓期执行足以罚当其罪的，不适用修正后《刑法》第 383 条第 4 款的规定。

根据《纪要》，《刑法》第 383 条第 1 款规定的"贪污数额"，在共同贪污犯罪案件中应理解为个人所参与或者组织、指挥共同贪污的数额，不能只按个人实际分得的赃款数额来认定。对共同贪污犯罪中的从犯，应当按照其所参与的共同贪污的数额确定量刑幅度，并依照《刑法》第 27 条第 2 款的规定，从轻、减轻处罚或者免除处罚。

二、挪用公款罪

（一）挪用公款罪的概念和特征

挪用公款罪，是指国家工作人员利用职务上的便利，挪用公款归个人使用，进行非法活动的，或者挪用公款数额较大进行营利活动的，或者挪用公款数额较大，超过 3 个月未还的行为。

本罪的构成特征如下：

（1）本罪的客体是复杂客体。本罪既侵犯了国家公职人员的职务廉洁性，也侵犯了公共财产的使用权。

本罪的对象主要是国家机关、国有公司、企业、事业单位、人民团体的公款，以及用于救灾、抢险、防汛、优抚、扶贫、移民、救济的款物（即还包含特定公物）。当然，和贪污罪的对象一样，本罪的对象也不排除非公有性质的资金。因为《刑法》第 272 条第 1 款规定：公司、企业或者其他单位的工作人员，利用职务上的便利，挪用本单位资金归个人使用或者借贷给他人的，构成挪用资金罪。该条第 2 款又规定：国有公司、企业或者其他国有单位中从事公务的人员和国有公司、企业或者其他国有单位委派到非国有公司、企业以及其他单位从事公务的人员有前款行为的，依照本法第 384 条的规定定罪处罚。据此，如果行为人是国有公司、企业或者其他国有单位委派到非国有公司、企业以及其他单位从事公务的人员，其利用职务上的便利，挪用该非国有单位的资金归个人使用或者借贷给他人，只要同时在数额、未归还期限以及资金用途方面符合挪用公款罪的要件，就应当以挪用公款罪定罪处罚，而不论这些资金是否国有或国有所占比例多大，其犯罪数额也应是实际挪用的全部数额。

除挪用用于救灾、抢险、防汛、优抚、扶贫、移民、救济的物品外，挪用其他公物可否构成本罪？答案是否定的。2000 年 3 月 15 日最高人民检察院《关于国家工作人员挪用非特定公物能否定罪的请示的批复》也明确指出："刑法第 384 条规定的挪用公款罪中未包括挪用非特定公物归个人使用的行为，对该行为不以挪用公款罪论处。如构成其他犯罪的，依照刑法的相关规定定罪处罚。"

（2）本罪的客观方面表现为行为人利用职务上的便利，挪用公款归个人使用，进行非法活动，或者挪用公款数额较大，进行营利活动，或者挪用公款数额较大超过 3 个月未还的行为。本罪的客观方面具体包括以下三方面的内容：

第一，行为人利用了职务上的便利。所谓利用职务上的便利，是指行为人利用主管、经手、管理公款的便利条件。

第二，挪用公款归个人使用。根据 2002 年 4 月 28 日全国人大常委会《关于〈中华人民共和国刑法〉第三百八十四条第一款的解释》的规定，具有下列情形之一的，属于挪用公款"归个人使用"：将公款供本人、亲友或者其他自然人使用的；以个人名义将公款供其他单位使用的；个人决定以单位名义将公款供其他单位使用，谋取个人利益的。

司法典型案例：
李某等挪用公款案

第三，挪用行为的具体表现形式有以下三种：

其一，挪用公款归个人使用进行非法活动。所谓非法活动就是违反国家法律规定的活动，包括犯罪活动和一般违法活动。如挪用公款进行赌博、走私、贩毒等活动，就是挪用公款进行非法活动。这种挪用公款的行为构成犯罪，不受"数额较大"和挪用时间的限制。当然，这并不是说，挪用公款归个人使用进行非法活动，不论数额多少都要以犯罪论处。根据 2016 年 3 月 28 日最高人民法院、最高人民检察院《关于办理贪污贿赂刑事案件适用法律若干问题的解释》第 5 条的规定，挪用公款归个人使用，进行非法活动，数额在 3 万元以上的，应当依照《刑法》第 384 条的规定以挪用公款罪追究刑事责任。

其二，挪用公款归个人使用进行营利活动，且数额较大。所谓营利活动，是指国家法律所允许的牟利活动，如从事证券交易、开办工厂等。根据 1998 年 4 月 29 日最高人民法院《关于审理挪用公款案件具体应用法律若干问题的解释》第 2 条的规定，2016 年 3 月 28 日最高人民法院、最高人民检察院《关于办理贪污贿赂刑事案件适用法律若干问题的解释》第 6 条的规定，挪用公款存入银行、用于集资、购买股票、国债等，都属于挪用公款进行营利活动，所获取的利息、收益等违法所得，应当追缴，但不计入挪用公款的数额。挪用公款进行营利活动构成犯罪，要求挪用数额较大，但不受挪用时间和是否归还的限制；挪用公款给他人使用，不知道使用人用于营利活动的，不能认为是挪用公款进行营利活动；挪用公款进行营利活动数额较大的标准，为 5 万元；挪用公款数额较大，进行营利活动，在案发前已部分或者全部归还本息的，可以从轻处罚，情节轻微的，可以免除处罚。

其三，挪用公款归个人使用，数额较大，超过 3 个月未还。这种挪用行为是指挪用公款用于非法活动、营利活动以外的其他活动，如建私人住宅、还债、支付医药费、购置家具等。这里所说的"未还"，是指案发前（被司法机关、主管部门或者有关单位发现前）未还。根据 1998 年 4 月 29 日最高人民法院《关于审理挪用公款案件具体应用法律若干问题的解释》第 3 条的规定，2016 年 3 月 28 日最高人民法院、最高人民检察院《关于办理贪污贿赂刑事案件适用法律若干问题的解释》第 5 条的规定，挪用公款归个人使用"数额较大，超过三个月未还的"，也以挪用公款 5 万元为"数额较大"的起点；挪用正在生息或者需要支付利息的公款归个人使用，数额较大，超过 3 个月但在案发前全部归还本金的，可以从轻处罚或者免除处罚，给国家、集体造成的利息损失应予追缴。

（3）本罪的主体是特殊主体，即只能由国家工作人员构成。

（4）本罪的主观方面是故意，其目的是使用公款。

参考案例 25-2

被告人徐某（男，40 岁），原是某市石油物资公司（国有企业）的副总经理。徐某自己开办了一家私营企业。某年，徐某的私营企业需要一批石油配件，但因资金困难没能购买，徐某遂利用职务之便，将石油物资公司发往并寄存在其他油田仓库的一批石油配件（价值 10 万元）擅自转入其开办的私营企业，准备用一段时间再归还石油物资公司。至案发，徐某挪用这批配件达 6 个月之久，后被依法追缴。检察机关以挪用公款罪对徐某提起公诉。法院经过审理认为，徐某挪用石油配件是一般公物，不属于"用于救灾、抢险、防汛、优抚、扶贫、移民、救济的物品"，被指控的挪用公款罪不能成立，故宣告被告人徐某无罪。

（二）挪用公款罪的认定

1. 本罪与贪污罪的界限。

本罪与贪污罪的客体都是复杂客体，即既侵犯国家公职人员职务的廉洁性，也侵犯公共财产所有权。而且，两罪在客观方面都包含了利用职务上的便利的内容，主观罪过形式也都是故意。两罪的区别在于：（1）主体的范围不同。本罪的主体只能是国家工作人员，贪污的主体除了国家工作人员外，还可以由受国家机关、国有公司、企业、事业单位、人民团体委托管理、经营国有财产的人员构成。（2）主观目的的不同。本罪以使用公款为目的，而贪污罪则以非法占有公共财物为目的。（3）客观方面的行为方式不同。本罪表现为利用职务上的便利挪用公款归个人使用，进行非法活动，或者挪用公款数额较大进行营利活动，或者挪用公款数额较大超过 3 个月未还；贪污罪的客观方面表现为利用职务上的便利，以侵吞、窃取、骗取或者以其他手段非法占有公共财物的行为。

值得注意的是，1997 年《刑法》取消了 1988 年 1 月 21 日全国人大常委会《关于惩治贪污罪贿赂罪的补充规定》中"挪用公款数额较大不退还以贪污论处"的规定。那么，根据我国刑法的规定，是否任何挪用公款后不退还的行为，都是不可能再以贪污罪定罪处罚呢？答案是否定的。如果行为人有能力归还却不退还，则在主观上发生了转化，对被挪用的未退还部分的公款产生了非法占有的目的，符合贪污罪的构成，对行为人应以贪污罪定罪处罚。而且，只要挪用公款后主观上不想退还，未退还的公款数额达到贪污罪起刑数额标准的，就该部分未退还的公款，就应当认定为贪污罪。1998 年 4 月 29 日最高人民法院《关于审理挪用公款案件具体应用法律若干问题的解释》第 6 条也规定：携带挪用的公款潜逃的，依照《刑法》第 382 条、第 383 条的规定定罪处罚。另外，根据 2003 年 11 月 13 日最高人民法院《全国法院审理经济犯罪案件工作座谈会纪要》的规定，在司法实践中，具有以下情形之一的，也可以认定行为人具有非法占有公款的目的：第一，行为人挪用公款后采取虚假发票平账、销毁有关账目等手段，使所挪用的公款已难以在单位财务账目上反映出来，且没有归还行为的，应当以贪污罪定罪处罚；第二，行为人截取单位收入不入账，非法占有，使所占有的公款难以在单位财务账目上反映出来，且没有归还行为的，应当以贪污罪定罪处罚；第三，有证据证明行为人有能力归还所挪用的公款而拒不归还，并隐瞒挪用的公款去向的，应当以贪污罪定罪处罚。

参考案例 25-3

被告人白某在担任北京某大学培训中心七楼管理员期间，负责收取学员住宿费、培训费。除其自己收取以外，白某还委托服务员孙某等人代为收取。服务员将收取的现金和开出的发票交回后，白某向服务员出具收款白条，然后将现金和发票交财务处报账。至案发，经对开出的发票和收取的现金进行核对，共短款 165 000 元。其中，白某私自截留住宿费、培训费共计人民币 14 万余元，拒不上交财务部门。检察院以贪污罪对白某进行指控。法院经审理认为，被告人白某作为事业单位中从事公务的人员，利用职务上的便利，私自截留应上交单位的公款人民币 14 万余元，归其个人使用，数额较大，其行为已构成了挪用公款罪；被告人白某在收取培训费、住宿费的过程中，采取涂改、隐匿、毁弃账目、单据或者携款逃匿等办法，使公款脱离本单位的控制而将其据为己有，其行为所侵犯的主要是公款的使用权，所以被指控的贪污罪不成立。法院以挪用公款罪判处白某有期徒刑 4 年。

2. 本罪与挪用资金罪的界限。

本罪与挪用资金罪在主客观方面都有相同之处。主观方面的罪过形式都是故意，并且都以使用单位资金为目的。客观方面都表现为行为人利用职务上的便利，挪用单位资金的行为，行为的表现形式也是一样的。本罪与挪用资金罪的区分，不在于被挪用资金的性质；挪用公款罪的对象并不仅限于纯粹国有性质的资金，私有性质的资金也可以成为挪用公款罪的对象。进一步展开，挪用单位资金行为是构成挪用公款罪还是挪用资金罪，应考察行为人的身份予以判定：（1）国家机关、国有公司、企业、事业单位、人民团体中的国家工作人员（含"准国家工作人员"）身份的人，利用职务上的便利挪用本单位资金归个人使用的，构成挪用公款罪；（2）国家机关等国有单位中非国家工作人员挪用本单位资金归个人使用的，构成挪用资金罪；（3）国家机关、国有公司、企业、事业单位委派到非国有公司、企业、事业单位、社会团体从事公务的人员以及其他依照法律从事公务的人员（包括党的机关、政协机关中从事公务的人员），利用职务上的便利挪用本单位资金归个人使用的，构成挪用公款罪；非从事公务的人员实施同种行为，构成挪用资金罪。

需要强调的是，本罪的主体仅限于国家工作人员，而不包括受委托管理、经营国有财产的非国家工作人员，其范围窄于贪污罪的主体范围。根据 2000 年 2 月 16 日最高人民法院《关于对受委托管理、经营国有财产人员挪用国有资金行为如何定罪问题的批复》，对于受国家机关、国有公司、企业、事业单位、人民团体委托，管理、经营国有财产的非国家工作人员，利用职务上的便利，挪用国有资金归个人使用构成犯罪的，应当依照《刑法》第 272 条第 1 款的规定定罪处罚。即以挪用资金罪定罪处罚，而不以挪用公款罪论处。

3. 本罪的共同犯罪问题。

根据 1998 年 4 月 29 日最高人民法院《关于审理挪用公款案件具体应用法律若干问题的解释》第 8 条

的规定，挪用公款给他人使用，使用人与挪用人共谋，指使或者参与策划取得挪用款的，以挪用公款罪的共犯定罪处罚。

4. 本罪中的一罪与数罪问题。

根据 1998 年 4 月 29 日最高人民法院《关于审理挪用公款案件具体应用法律若干问题的解释》第 7 条的规定，因挪用公款索取、收受贿赂构成犯罪的，依照数罪并罚的规定处罚。挪用公款进行非法活动构成其他犯罪的，依照数罪并罚的规定处罚。

（三）挪用公款罪的处罚

根据《刑法》第 384 条的规定，犯挪用公款罪的，处 5 年以下有期徒刑或者拘役；情节严重的，处 5 年以上有期徒刑。挪用公款数额巨大不退还的，处 10 年以上有期徒刑或者无期徒刑。挪用用于救灾、抢险、防汛、优抚、扶贫、移民、救济款物归个人使用的，从重处罚。

2016 年 3 月 28 日最高人民法院、最高人民检察院《关于办理贪污贿赂刑事案件适用法律若干问题的解释》第 5 条、第 6 条的规定，挪用公款归个人使用，进行非法活动，数额在 300 万元以上的，应当认定为《刑法》第 384 条第 1 款规定的"数额巨大"。具有下列情形之一的，应当认定为《刑法》第 384 条第 1 款规定的"情节严重"：（1）挪用公款数额在 100 万元以上的；（2）挪用救灾、抢险、防汛、优抚、扶贫、移民、救济特定款物，数额在 50 万元以上不满 100 万元的；（3）挪用公款不退还，数额在 50 万元以上不满 100 万元的；（4）其他严重的情节。挪用公款归个人使用，进行营利活动或者超过 3 个月未还，数额在 500 万元以上的，应当认定为《刑法》第 384 条第 1 款规定的"数额巨大"。具有下列情形之一的，应当认定为《刑法》第 384 条第 1 款规定的"情节严重"：（1）挪用公款数额在 200 万元以上的；（2）挪用救灾、抢险、防汛、优抚、扶贫、移民、救济特定款物，数额在 100 万元以上不满 200 万元的；（3）挪用公款不退还，数额在 100 万元以上不满 200 万元的；（4）其他严重的情节。

所谓"挪用公款数额巨大不退还的"，是指挪用公款数额巨大，因客观原因在一审宣判前不能退还。

三、受贿罪

（一）受贿罪的概念和特征

受贿罪，是指国家工作人员利用职务上的便利，索取他人财物，或者非法收受他人财物，为他人谋取利益的行为。

本罪的构成特征如下：

（1）本罪的客体是国家工作人员职务的廉洁性。受贿是国家工作人员职务上的一种腐败行为，是以权谋私的突出表现，同政府对国家工作人员应当为政清廉、全心全意为人民服务的基本要求背道而驰。

（2）本罪的客观方面表现为利用职务上的便利，索取他人财物，或者非法收受他人财物，为他人谋取利益的行为。另外，受贿罪还有两种特殊的客观表现形式：一是《刑法》第 388 条规定的利用本人职权或者地位形成的便利条件，通过其他国家工作人员职务上的行为，为请托人谋取不正当利益，索取请托人财物或者收受请托人财物的行为。这种受贿行为理论上称为间接受贿。二是《刑法》第 385 条第 2 款规定的在经济往来中，违反国家规定，收受各种名义的回扣、手续费归个人所有的行为。

下面对本罪客观方面的主要内容作详细阐述：

第一，利用职务上的便利以及利用本人职权或者地位形成的便利条件。根据 1999 年 9 月 9 日最高人民检察院《关于人民检察院直接受理立案侦查案件立案标准的规定（试行）》和 2003 年 11 月 13 日最高人民法院《全国法院审理经济犯罪案件工作座谈会纪要》的规定，《刑法》第 385 条第 1 款规定的"利用职务上的便利"，是指利用本人职务范围内的权力，即利用自己职务上主管、负责或者承办某项公共事务的职权及其形成的便利条件。同时也包括利用职务上有隶属、制约关系的其他国家工作人员的职权。担任单位领导职务的国家工作人员通过不属自己主管的下级部门的国家工作人员的职务为他人谋取利益的，应当认定为"利用职务上的便利"为他人谋取利益。

利用本人职权或者地位形成的便利条件，是国家工作人员间接受贿构成受贿罪的必备条件。根据

2003 年 11 月 13 日最高人民法院《全国法院审理经济犯罪案件工作座谈会纪要》的规定，《刑法》第 388 条规定的"利用本人职权或者地位形成的便利条件"，是指行为人与被其利用的国家工作人员之间在职务上虽然没有隶属、制约关系，但是行为人利用了本人职权或者地位产生的影响和一定的工作联系，如单位内不同部门的国家工作人员之间、上下级单位没有职务上隶属、制约关系的国家工作人员之间、有工作联系的不同单位的国家工作人员之间等。

参考案例 25-4

被告人甲（男，48 岁），原是某市教育局局长。甲的老乡乙想把其子转入该市某重点中学读书，请甲帮忙，甲面露难色。乙当场许诺，事成后必有重谢。甲让其妻打电话给该中学校长，校长说学校制度严格，转学不太可能。甲直接告诉该校长："给人方便也就是给自己方便。"该校长想到自己在甲手下工作，只得同意接收该学生。后甲收到乙送的 2 万元现金。检察机关以受贿罪对甲提起公诉，甲辩称自己没有利用本人职权，利用的是校长的权力，且为乙安排其儿子转学符合相关规定，为其谋取的利益是正当的，根据《刑法》第 388 条的规定不构成受贿罪。法院经审理认为，被告人甲在职务上对校长有隶属、制约关系，其利用校长的职权为他人谋利，仍属于《刑法》第 385 条第 1 款的利用本人职务上的便利为他人谋利的范畴，即便为他人谋取的利益正当，其收受贿赂的行为仍成立受贿罪。法院最终以受贿罪判处甲有期徒刑 3 年。

第二，索取他人财物或者非法收受他人财物，为他人谋取利益的行为。所谓索取他人财物，即索贿，是指行为人主动向他人索要财物。根据 1999 年 9 月 9 日最高人民检察院《关于人民检察院直接受理立案侦查案件立案标准的规定（试行）》的规定，在直接利用自己的职权而构成的受贿罪中，索贿者，无论其是否有"为他人谋取利益"的事实，都构成犯罪。但是，在间接受贿中，索取他人财物必须与为请托人谋取利益（且是不正当利益）同时具备才可构成受贿罪。所谓非法收受贿赂，是指行为人对他人主动给付的财物予以接受。收受贿赂者构成犯罪，无论是直接受贿还是间接受贿，都必须同时具备收受他人财物和为他人谋取利益两方面的内容。根据 2016 年 3 月 28 日最高人民法院、最高人民检察院《关于办理贪污贿赂刑事案件适用法律若干问题的解释》第 12 条的规定，"财物"，包括货币、物品和财产性利益。财产性利益包括可以折算为货币的物质利益如房屋装修、债务免除等，以及需要支付货币的其他利益如会员服务、旅游等。后者的犯罪数额，以实际支付或者应当支付的数额计算。

第三，为他人谋取利益。"为他人谋取利益"，是行为人利用职务上的便利非法收受他人财物而构成受贿罪的要件；利用职务上的便利索取他人财物构成受贿罪，则不以之为要件。就利用本人职权或者地位形成的便利条件构成的受贿罪（间接受贿）而言，则无论索贿还是收受贿赂，都必须以之为要件。但需要注意，间接受贿构成受贿罪，行为人通过其他国家工作人员为请托人谋取的利益，仅限于"不正当利益"。如果谋取的是正当利益，即使行为人向请托人索取或者收受了贿赂，也不能以受贿罪论处。所谓"不正当利益"，根据 1999 年 3 月 4 日最高人民法院、最高人民检察院《关于在办理受贿犯罪大要案的同时要严肃查处严重行贿犯罪分子的通知》的精神和 1999 年 9 月 9 日最高人民检察院《关于人民检察院直接受理立案侦查案件立案标准的规定（试行）》的规定，是指违反法律、法规、国家政策和国务院各部门规章规定的利益，以及要求国家工作人员或者有关单位提供违反法律、法规、国家政策和国务院各部门规章规定的帮助或者方便条件。

在认定以"为他人谋取利益"为要件的受贿罪时，应当注意，根据 2016 年 3 月 28 日最高人民法院、最高人民检察院《关于办理贪污贿赂刑事案件适用法律若干问题的解释》的规定，具有下列情形之一的，应当认定为"为他人谋取利益"：1）实际或者承诺为他人谋取利益的；2）明知他人有具体请托事项的；3）履职时未被请托，但事后基于该履职事由收受他人财物的。国家工作人员索取、收受具有上下级关系的下属或者具有行政管理关系的被管理人员的财物价值 3 万元以上，可能影响职权行使的，视为承诺为他人谋取利益。国家工作人员利用职务上的便利，收受他人财物，为他人谋取利益，同时构成受贿罪和《刑法》分则第 3 章第 3 节、第 9 章规定的渎职犯罪的，除《刑法》另有规定外，以受贿罪和渎职犯罪数罪并罚。

参考案例 25-5

被告人丁某（男，42岁），原是某法院民事审判庭庭长。任职期间，丁某在其承办房产纠纷案件的过程中，多次对被告称，若被告给他20万元，保证让被告胜诉，若不给，则让其败诉。被告权衡利弊，被迫给丁某送去现金20万元。但是待判决确定时，法院仍判决被告败诉。被告遂向有关部门告发。法院经审理认为，被告人丁某直接利用自己的职权进行索贿，尽管为他人谋取的利益没有实现，但是不影响受贿罪的成立，故以受贿罪判处丁某有期徒刑15年，并处没收财产。

第四，在经济往来中，违反国家规定，收受各种名义的回扣、手续费归个人所有。这是《刑法》第385条第2款规定的一种受贿罪的形式。所谓违反国家规定，是指违反全国人大及其常委会制定的法律、国务院制定的行政法规和行政措施、发布的决定和命令。例如《反不正当竞争法》、国务院办公厅1986年发布的《关于严禁在社会经济活动中牟取非法利益的通知》等，对在经济往来中禁止收受回扣以及各种名义的手续费都作了规定，凡违反《反不正当竞争法》和上述通知规定的，即属于违反国家规定。所谓回扣，是指在商品交易中，卖方在收取的价款中扣出一部分返还给买方或者买方经办人的现金。所谓手续费，是指多种费用的统称，如好处费、辛苦费、介绍费、酬劳费、活动费、信息费等。

（3）本罪的主体是特殊主体，即只能由国家工作人员构成。已经离退休的国家工作人员，利用本人原有职权或者地位所形成的便利条件，通过在职的国家工作人员职务上的行为，为请托人谋取利益，而本人从中向请托人收取财物的，不能构成本罪。但是，根据2000年7月20日最高人民法院《关于国家工作人员利用职务上的便利为他人谋取利益离退休后收受财物行为如何处理问题的批复》，国家工作人员利用职务上的便利为请托人谋取利益，并与请托人事先约定，在其离退休后收受请托人财物，构成犯罪的，以受贿罪定罪处罚。

（4）本罪的主观方面是故意。根据2016年3月28日最高人民法院、最高人民检察院《关于办理贪污贿赂刑事案件适用法律若干问题的解释》的规定，国家工作人员出于受贿的故意，非法占有公共财物、收受他人财物之后，将赃款赃物用于单位公务支出或者社会捐赠的，不影响受贿罪的认定，但量刑时可以酌情考虑。特定关系人索取、收受他人财物，国家工作人员知道后未退还或者上交的，应当认定国家工作人员具有受贿故意。

（二）受贿罪的认定

1. 本罪与非罪的界限。

区分本罪与非罪的界限，应以《刑法》第385条、第388条对受贿罪的要件规定为依据。具体在实践中，尤其应注意以下方面：

（1）受贿与接受亲友馈赠的界限。接受贿赂往往以"礼物""馈赠"的方式进行，但其实质是权钱交易；馈赠则是亲友间的私人交往，是亲情友谊的表达形式或发展结果。司法实践中，贿赂与馈赠有时难以区分，需要司法人员认真查实行为人是否利用职务上的便利或本人职权或者地位形成的便利条件。利用职务上的便利是《刑法》第385条规定的直接受贿罪的要件，利用本人职权或者地位形成的便利条件是《刑法》第388条规定的间接受贿罪的要件。有无利用上述便利条件，成为划清贿赂与馈赠的重要标志之一。以此为原则，应当考察以下几点：第一，考察授受财物双方的关系。馈赠通常是基于双方长期而深厚的友情关系；而贿赂多是一时一事的苟合。第二，考察授受财物的原因。馈赠往往是一方有困难需要帮助，或经济条件较差，或遇到人生大事的时候，关系密切的另一方予以无私的援助或贺礼；而贿赂则是双方利害关系的勾结。第三，考察授受财物的方式。馈赠除涉及隐私的以外多以公开方式进行；而贿赂往往是以秘密方式进行。第四，考察财物的价值。馈赠物的价值通常以当地礼节习俗和双方情谊深浅以及馈赠人的经济状况有直接关系，一般不会超常，价值不会相对过大；而贿赂的价值相对于当地生活水准而言一般超常。根据2008年11月20日最高人民法院、最高人民检察院《关于办理商业贿赂刑事案件适用法律若干问题的意见》的规定，区分贿赂与馈赠的界限，主要应当结合以下因素全面分析、综合判断：1）发生财物往来的背景，如双方是否存在亲友关系及历史上交往的情形和程度；2）往来财物的价值；3）财物往来的缘由、时机和方式，提供财物方对于接受方有无职务上的请托；4）接受方是否利用职务上的便利为提供方谋取利益。

（2）受贿与取得合法报酬的界限。合法报酬，是指行为人在法律、政策允许的范围内，利用自己的知识和劳动，在业余时间为他人提供服务，而获得的报酬。例如，科技人员利用业余时间，为他人提供技术服务，按协议获取的酬金，即属于获取合法报酬的行为。获取合法报酬的行为，不存在行为人利用职务上的便利为他人谋取利益的问题，因此，与受贿罪有着本质的区别。

（3）受贿罪与一般受贿违法行为的界限。区分二者应从数额和情节两个方面把握。根据刑法的规定，个人受贿，数额较大或者有其他较重情节的，构成受贿罪。个人受贿的数额没有数额较大，也没有其他较重情节的，应当判断为一般受贿违法行为。根据 2016 年 3 月 28 日最高人民法院、最高人民检察院《关于办理贪污贿赂刑事案件适用法律若干问题的解释》的规定，受贿数额在 3 万元以上不满 20 万元的，应当认定为《刑法》第 383 条第 1 款规定的"数额较大"。受贿数额在 1 万元以上不满 3 万元，具有下列情形之一的，应当认定为《刑法》第 383 条第 1 款规定的"其他较重情节"：1）多次索贿的；2）为他人谋取不正当利益，致使公共财产、国家和人民利益遭受损失的；3）为他人谋取职务提拔、调整的。对多次受贿未经处理的，累计计算受贿数额。国家工作人员利用职务上的便利为请托人谋取利益前后多次收受请托人财物，受请托之前收受的财物数额在 1 万元以上的，应当一并计入受贿数额。

（4）受贿与借款的界限。国家工作人员向他人借款的行为是客观存在的。但是应当注意，国家工作人员利用职务上的便利以借为名向他人索取财物，或者非法收受他人财物为他人谋取利益的，应当认定为受贿罪。根据 2003 年 11 月 13 日最高人民法院《全国法院审理经济犯罪案件工作座谈会纪要》的规定，具体认定时，不能仅仅看是否有书面借款手续，应当根据以下因素综合判定：有无正当、合理的借款事由；款项的去向；双方平时关系如何、有无经济往来；出借方是否要求国家工作人员利用职务上的便利为其谋取利益；借款后是否有归还的意思表示及行为；是否有归还能力；未还的原因；等等。

司法典型案例：
潘玉梅、陈宁受贿案

2. 本罪与非国家工作人员受贿罪的界限。

《刑法》第 163 条规定的非国家工作人员受贿罪，是指公司、企业或者其他单位的工作人员利用职务上的便利，索取他人财物或者非法收受他人财物，为他人谋取利益，数额较大的行为。这种犯罪与本罪在客观方面不同的是，构成该罪，无论索取贿赂还是收受贿赂，都以为他人谋取利益为要件。本罪与该罪的区别还在于犯罪主体的身份：本罪的主体是国家工作人员，而非国家工作人员受贿罪的主体是公司、企业或者其他国有单位中不具有国家工作人员身份的人员。根据《刑法》第 163 条第 3 款的规定，国有公司、企业或者其他国有单位中从事公务的人员和国有公司、企业或者其他国有单位委派到非国有公司、企业以及其他单位从事公务的人员，利用职务上的便利，索取他人财物或者非法收受他人财物，为他人谋取利益的，以本罪论处，而不构成非国家工作人员受贿罪。

3. 本罪与贪污罪的界限。

受贿罪与贪污罪两罪的犯罪主体都是特殊主体，其中国家工作人员是两罪主体的重叠部分；在客观方面，两罪都是利用职务上的便利；在主观方面，两罪都是直接故意。受贿罪与贪污罪最难以区分的情况是，在经济往来中非法收受回扣、手续费归个人所有的行为。其区分标准应是：如果国家工作人员利用职务上的便利侵吞应列入单位收入的回扣、手续费的，应以贪污罪论处；如果违反规定，私自索要、收受对方单位或个人的回扣、手续费的，应以受贿罪定罪处罚。总体而言，受贿罪与贪污罪的区别表现在：

（1）犯罪对象不同。受贿的财物是非本单位的或者他人的公私财物；而贪污罪的对象是行为人本单位或其直接管辖的单位或部门的财物，以公共财物为主。

（2）客观行为表现不同。本罪是利用职务上的便利，索取他人财物或者非法收受他人财物为他人谋利益；而贪污罪是行为人利用职务上的便利，使用侵吞、窃取、骗取或者其他方法非法占有财物。

（3）非法获得财物的时间不同。受贿罪的行为人索取或者非法收受他人财物可以是在利用职务之便为他人谋取利益过程之前、之中或之后；而贪污罪的行为人占有财物通常是在利用职务上的便利实施侵吞、窃取、骗取等手段之后。

4. 本罪与敲诈勒索罪的界限。

二者的界限一般不难区分，容易混淆的是表现为索贿形式的受贿罪与敲诈勒索罪的界限。二者除了客体、主体不同外，关键在于客观方面也不同。敲诈勒索罪中勒索行为，表现为使用暴力、胁迫，使被害人产生精神上的恐惧，被迫交出财物；受贿罪中索贿行为，是以职务上的便利，在他人有求于自己时，主动向对方索要财物，并不采取暴力、胁迫等进行勒索。

（三）受贿罪的处罚

《刑法》第 386 条规定："对犯受贿罪的，根据受贿所得数额及情节，依照本法第三百八十三条的规定处罚。索贿的从重处罚。"据此，并依照《刑法》第 383 条关于贪污罪处罚的各款规定，对受贿罪处罚的具体情形为：（第 1 款）对犯受贿罪的，根据情节轻重，分别依照下列规定处罚：（1）受贿数额较大或者其他较重情节的，处 3 年以下有期徒刑或者拘役，并处罚金。（2）受贿数额巨大或者有其他严重情节的，处 3 年以上 10 年以下有期徒刑，并处罚金或者没收财产。（3）受贿数额特别巨大或者有其他特别严重情节的，处 10 年以上有期徒刑或者无期徒刑，并处罚金或者没收财产；数额特别巨大，并使国家和人民利益遭受特别重大损失的，处无期徒刑或者死刑，并处没收财产。（第 2 款）对多次受贿未经处理的，按照累计受贿数额处罚。（第 3 款）犯第 1 款罪，在提起公诉前如实供述自己罪行、真诚悔罪、积极退赃，避免、减少损害结果发生，有第 1 项规定情形的，可以从轻、减轻或者免除处罚；有第 2 项、第 3 项规定情形的，可以从轻处罚。（第 4 款）犯第 1 款罪，有第 2 项规定情形被判处死刑缓期执行的，人民法院根据犯罪情节等情况可以同时决定在其死刑缓期执行 2 年期满依法减为无期徒刑后，终身监禁，不得减刑、假释。

根据 2016 年 3 月 28 日最高人民法院、最高人民检察院《关于办理贪污贿赂刑事案件适用法律若干问题的解释》第 2 条、第 3 条的规定，受贿数额在 20 万元以上不满 300 万元的，应当认定为《刑法》第 383 条第 1 款规定的"数额巨大"；受贿数额在 10 万元以上不满 20 万元，具有该解释第 1 条第 3 款规定的情形之一的，应当认定为《刑法》第 383 条第 1 款规定的"其他严重情节"。受贿数额在 300 万元以上的，应当认定为《刑法》第 383 条第 1 款规定的"数额特别巨大"；受贿数额在 150 万元以上不满 300 万元，具有该解释第 1 条第 3 款规定的情形之一的，应当认定为《刑法》第 383 条第 1 款规定的"其他特别严重情节"。

对于受贿犯罪判处死刑的问题，根据 2016 年 3 月 28 日最高人民法院、最高人民检察院《关于办理贪污贿赂刑事案件适用法律若干问题的解释》第 4 条的规定，受贿数额特别巨大，犯罪情节特别严重、社会影响特别恶劣、给国家和人民利益造成特别重大损失的，可以判处死刑；符合前述规定的情形，但具有自首，立功，如实供述自己罪行、真诚悔罪、积极退赃，或者避免、减少损害结果的发生等情节，不是必须立即执行的，可以判处死刑缓期 2 年执行；符合前述规定情形的，根据犯罪情节等情况可以判处死刑缓期 2 年执行，同时裁判决定在其死刑缓期执行 2 年期满依法减为无期徒刑后，终身监禁，不得减刑、假释。另根据 2015 年 10 月 29 日最高人民法院《关于〈中华人民共和国刑法修正案（九）〉时间效力问题的解释》的规定，对于 2015 年 10 月 31 日以前实施贪污、受贿行为，罪行极其严重，根据修正前《刑法》判处死刑缓期执行不能体现罪刑相适应原则，而根据修正后《刑法》判处死刑缓期执行同时决定在其死刑缓期执行两年期满依法减为无期徒刑后，终身监禁，不得减刑、假释可以罚当其罪的，适用修正后《刑法》第 383 条第 4 款的规定。根据修正前《刑法》判处死刑缓期执行足以罚当其罪的，不适用修正后《刑法》第 383 条第 4 款的规定。

四、单位受贿罪

（一）单位受贿罪的概念和特征

单位受贿罪，是指国家机关、国有公司、国有企业、事业单位、人民团体，索取、非法收受他人财物，为他人谋取利益，情节严重的行为。

本罪的构成特征如下：

（1）本罪的客体是国家机关、国有公司、国有企业、事业单位、人民团体的廉政制度。

（2）本罪的客观方面表现为索取、非法收受他人财物，为他人谋取利益，情节严重的行为。"为他人谋取利益"，既包括谋取非法利益，也包括谋取正当利益。利益是否实际为他人谋取到，不影响本罪的成立。此外，在经济往来中，在账外暗中收受各种名义的回扣、手续费的，也以本罪论处。

（3）本罪的主体是特殊主体，即国家机关、国有公司、国有企业、事业单位、人民团体。根据 2006 年 9 月 12 日最高人民检察院法律政策研究室《关于国有单位的内设机构能否构成单位受贿罪主体问题的答复》的规定，国有单位的内设机构利用其行使职权的便利，索取、非法收受他人财物并归该内设机构所有或者支配，为他人谋取利益，情节严重的，依照《刑法》第 387 条的规定以单位受贿罪追究刑事责任。上述内设机构在经济往来中，在账外暗中收受各种名义的回扣、手续费的，以受贿论。所以，国有单位的内设机构也可成为本罪的主体。

（4）本罪的主观方面是故意。

（二）单位受贿罪的认定

本罪是特殊主体的犯罪，只能由国家机关、国有公司、国有企业、事业单位、人民团体等国有单位构成。除此之外，其他单位包括集体经济组织、中外合资企业、中外合作企业、外商独资企业和私营企业，都不能成为本罪的主体。根据 2010 年 11 月 26 日最高人民法院、最高人民检察院《关于办理国家出资企业中职务犯罪案件具体应用法律若干问题的意见》第 7 条规定的精神，刑法中的国有公司、企业，包括作为本罪主体的国有公司、企业，仅限于国有独资公司、企业。

（三）单位受贿罪的处罚

根据《刑法》第 387 条的规定，犯单位受贿罪的，对单位判处罚金，并对其直接负责的主管人员和其他直接责任人员，处 3 年以下有期徒刑或者拘役；情节特别严重的，处 3 年以上 10 年以下有期徒刑。

五、利用影响力受贿罪

（一）利用影响力受贿罪的概念和特征

利用影响力受贿罪，是指国家工作人员的近亲属或者其他与该国家工作人员关系密切的人，通过该国家工作人员职务上的行为，或者利用该国家工作人员职权或者地位形成的便利条件，通过其他国家工作人员职务上的行为，为请托人谋取不正当利益，索取请托人财物或者收受请托人财物，以及离职的国家工作人员或者其近亲属以及其他与其关系密切的人，利用该离职的国家工作人员原职权或者地位形成的便利条件，通过其他国家工作人员职务上的行为，为请托人谋取不正当利益，索取请托人财物或者收受请托人财物，数额较大或者有其他较重情节的行为。

本罪的构成特征如下：

（1）本罪的客体是国家工作人员职务活动的廉洁性。

（2）本罪的客观方面表现为法定的利用影响力受贿行为。理解本罪的客观方面，需要注意的主要问题有：

第一，本罪客观方面的法定表现包括三种，即国家工作人员的近亲属或者其他与该国家工作人员关系密切的人，通过该国家工作人员职务上的行为，为请托人谋取不正当利益，索取请托人财物或者收受请托人财物；国家工作人员的近亲属或者其他与该国家工作人员关系密切的人，利用该国家工作人员职权或者地位形成的便利条件，通过其他国家工作人员职务上的行为，为请托人谋取不正当利益，索取请托人财物或者收受请托人财物；离职的国家工作人员或者其近亲属以及其他与其关系密切的人，利用该离职的国家工作人员原职权或者地位形成的便利条件，通过其他国家工作人员职务上的行为，为请托人谋取不正当利益，索取请托人财物或者收受请托人财物。根据 2003 年 11 月 13 日最高人民法院《全国法院审理经济犯罪案件工作座谈会纪要》，"利用职务上的便利"，既包括利用本人职务上主管、负责、承办某项公共事务的职权，也包括利用职务上有隶属、制约关系的其他国家工作人员的职权。担任单位领导职务的国家工作人员通过不属自己主管的下级部门的国家工作人员的职务为他人谋取利益的，应当认定为"利用职务上的便利"为他人谋取利益。"利用本人职权或者地位形成的便利条件"，是指行为人与被其利用的国家工作人员之间在职务上虽然没有隶属、制约关系，但是行为人利用了本人职权或者地位产生的影响和一定的工作联系，如单位内不同部门的国家工作人员之间、上下级单位没有职务上隶属、制约关系的国家工作人员之间、有工作联系的不同单位的国家工作人员之间等。

第二，必须是为请托人谋取不正当利益才构成犯罪，如果为请托人谋取的是正当利益则不构成犯罪。根据1999年3月4日最高人民法院、最高人民检察院《关于在办理受贿犯罪大要案的同时要严肃查处严重行贿犯罪分子的通知》，"谋取不正当利益"是指谋取违反法律、法规、国家政策和国务院各部门规章规定的利益，以及要求国家工作人员或者有关单位提供违反法律、法规、国家政策和国务院各部门规章规定的帮助或者方便条件。根据2008年11月20日最高人民法院、最高人民检察院《关于办理商业贿赂刑事案件适用法律若干问题的意见》，在行贿犯罪中，"谋取不正当利益"，是指行贿人谋取违反法律、法规、规章或者政策规定的利益，或者要求对方违反法律、法规、规章、政策、行业规范的规定提供帮助或者方便条件。在招标投标、政府采购等商业活动中，违背公平原则，给予相关人员财物以谋取竞争优势的，属于"谋取不正当利益"。

第三，必须是数额较大或者有其他较重情节的，才成立犯罪。

总之，尽管本罪的客观方面有三种法定的表现形式，但其共同特征是，行为人必须利用在职或现职国家工作人员职务上的行为，为请托人谋取不正当利益，索取请托人财物或者收受请托人财物，数额较大或者有其他较重情节。

（3）本罪的主体是特殊主体，即与国家工作人员（以及离职的国家工作人员）关系密切的非国家工作人员，包括国家工作人员的近亲属或者其他与该国家工作人员关系密切的人，以及离职的国家工作人员或者其近亲属以及其他与其关系密切的人。"近亲属"主要是指配偶、父母、子女、兄弟姐妹、祖父母、外祖父母、孙子女、外孙子女。"其他与其关系密切的人"，是指除近亲属之外的其他关系亲近、可以间接或无形的方式对国家工作人员的行为或决定施加影响的人。"离职的国家工作人员"，是指曾经是国家工作人员，但由于离休、退休、辞职、辞退等原因已离开了国家工作人员岗位的人。值得注意的是，在立法机关审议增设利用影响力受贿罪的过程中，法律委员会经研究认为：国家工作人员（以及离职的国家工作人员）的"近亲属"及"其他与其关系密切的人"，是与国家工作人员（以及离职的国家工作人员）关系密切的非国家工作人员，之所以将这两种人利用影响力交易的行为规定为犯罪，主要是考虑到他们与国家工作人员或有血缘、亲属关系，有的虽不存在亲属关系，但属情夫、情妇，或者彼此是同学、战友、部下、上级或者老朋友，交往甚密，有些关系甚至密切到相互称兄道弟的程度，这些人对国家工作人员（以及离职的国家工作人员）的影响力自然也非同一般。实际中以此影响力由在职的国家工作人员（或者离职的国家工作人员）为请托人办事，自己收受财物的案件屡见不鲜。所以，本罪主体中的"近亲属"和"其他与其关系密切的人"的范围，较之2007年7月8日最高人民法院、最高人民检察院《关于办理受贿刑事案件适用法律若干问题的意见》第11条中界定的"特定关系人"的范围，要更为广泛。

（4）本罪的主观方面为故意，过失不构成本罪。

（二）利用影响力受贿罪的认定

1. 本罪与受贿罪共犯的界限。

根据《刑法》第385条第1款的规定，受贿罪是国家工作人员利用职务上的便利，索取他人财物，或者非法收受他人财物，为他人谋取利益的行为。司法实践对非国家工作人员与国家工作人员勾结伙同受贿的，以受贿罪的共同犯罪追究刑事责任。非国家工作人员是否构成受贿罪共犯，取决于双方有无受贿的共同犯罪故意和共同犯罪行为。如果是国家工作人员的近亲属或者其他与其关系密切的人代为转达请托事项，收受请托人财物并告知国家工作人员，或者国家工作人员明知其近亲属或者其他与其关系密切的人收受了请托人财物，仍然依请托事项，利用职务便利为请托人谋取利益的，对该国家工作人员应该认定为受贿罪，其近亲属或者其他与其有密切关系的人以受贿罪共犯论处。如果是国家工作人员不知情，其近亲属或者其他与其有密切关系的人通过该国家工作人员职务上的行为，或者利用该国家工作人员职权或地位形成的便利条件，通过其他国家工作人员职务上的行为，为请托人谋取不正当利益，索取请托人财物或者收受请托人财物的，对该国家工作人员的近亲属或者其他与其有密切关系的人应该认定为利用影响力受贿罪。

2. 本罪与斡旋受贿行为的界限。

根据《刑法》第388条的规定，斡旋受贿（间接受贿）行为，即国家工作人员利用本人职权或者地位形成的便利条件，通过其他国家工作人员职务上的行为，为请托人谋取不正当利益，索取请托人财物或者收受请托人财物的，以受贿罪论处。本罪与斡旋受贿型受贿罪的主要区别是：利用影响力受贿罪的犯罪主体是国家工作人员的近亲属或者其他与该国家工作人员关系密切的人，以及离职的国家工作人员或者其近亲属以及其他与其关系密切的人，犯罪客观方面表现为对特殊影响力的利用；斡旋受贿型受贿罪的犯罪主体是国家工作人员，犯罪客观方面表现为对本人职权或者地位形成的便利条件的利用。

（三）利用影响力受贿罪的处罚

根据《刑法》第388条之一的规定，犯本罪的，处3年以下有期徒刑或者拘役，并处罚金；数额巨大或者有其他严重情节的，处3年以上7年以下有期徒刑，并处罚金；数额特别巨大或者有其他特别严重情节的，处7年以上有期徒刑，并处罚金或者没收财产。

根据2016年3月28日最高人民法院、最高人民检察院《关于办理贪污贿赂刑事案件适用法律若干问题的解释》第2条、第3条的规定，《刑法》第388条之一规定的利用影响力受贿罪的定罪量刑适用标准，参照该解释关于受贿罪的规定执行。

六、行贿罪

（一）行贿罪的概念和特征

行贿罪是指为谋取不正当利益，给予国家工作人员以财物的行为。

本罪的构成特征如下：

（1）本罪的客体是国家工作人员职务的廉洁性。行为对象只能是国家工作人员。

（2）本罪的客观方面表现为行为人给予国家工作人员以财物的行为，或者在经济往来中，违反国家规定，给予国家工作人员以财物，数额较大的，或者违反国家规定，给予国家工作人员以各种名义的回扣、手续费的行为。

（3）本罪的主体是一般主体，凡是年满16周岁、具有刑事责任能力的自然人均能成为本罪的主体。

（4）本罪的主观方面是故意，即故意向国家工作人员给予财物，其目的仅限于为谋取不正当利益。出于获取正当利益的目的，向国家工作人员给予财物的，不能构成本罪。根据2012年12月26日最高人民法院、最高人民检察院《关于办理行贿刑事案件具体应用法律若干问题的解释》的规定，行贿犯罪中的"谋取不正当利益"，是指行贿人谋取的利益违反法律、法规、规章、政策规定，或者要求国家工作人员违反法律、法规、规章、政策、行业规范的规定，为自己提供帮助或者方便条件。违背公平、公正原则，在经济、组织人事管理等活动中，谋取竞争优势的，应当认定为"谋取不正当利益"。

参考案例 25-6

被告人周某（男，35岁），原是一国有公司的职工。周某本来不具有该公司的福利分房条件，但眼见福利分房的政策马上就要取消了，便想赶上分房的"最后一班车"。周某几经周折认识了其所在市的副市长，并打听到他很喜欢名人的字画。于是周某花了2万元买到某名人的真迹，向该副市长"说明"了来意，结果顺利地分得了住房。法院以行贿罪判处被告人周某有期徒刑2年。

（二）行贿罪的认定

1. 行贿罪与非罪的界限。

（1）要划清行贿与馈赠的界限。行贿是行为人为谋取不正当的利益而给予国家工作人员财物，具有以钱换权的性质；而馈赠则是为了增加亲朋好友的情谊，不是以财物收买权力。

（2）要考察行为人是否为谋取不正当利益。如果是为了谋取正当利益而给予国家工作人员财物，不能以本罪论处。例如，为了解决久拖不决的合法利益而给予有关国家工作人员财物的，不是犯罪。另外，根据《刑法》第389条第3款的规定，因对方勒索而给予国家工作人员财物，但没有获得不正当利益的，行为人也不构成本罪。

（3）注意划清经济往来中给予回扣、手续费的罪与非罪的界限。二者的区别在于给予回扣、手续费是否违反国家规定，违反国家规定的，属于行贿，可构成行贿罪；反之，则不属于行贿，不能构成行贿罪。

（4）注意行贿罪与一般行贿行为的界限。根据2012年12月26日最高人民法院、最高人民检察院《关于办理行贿刑事案件具体应用法律若干问题的解释》以及2016年3月28日最高人民法院、最高人民检察院《关于办理贪污贿赂刑事案件适用法律若干问题的解释》的规定，为谋取不正当利益，向国家工作人员行贿，数额在3万元以上的，应当依照《刑法》第390条的规定追究刑事责任。行贿数额在1万元以上不满3万元，具有下列情形之一的，应当依照《刑法》第390条的规定以行贿罪追究刑事责任：1）向3人以上行贿的；2）将违法所得用于行贿的；3）通过行贿谋取职务提拔、调整的；4）向负有食品、药品、安全生产、环境保护等监督管理职责的国家工作人员行贿，实施非法活动的；5）向司法工作人员行贿，影响司法公正的；6）造成经济损失数额在50万元以上不满100万元的。多次行贿未经处理的，按照累计行贿数额处罚。

2. 本罪与对非国家工作人员行贿罪的界限。

《刑法》第164条规定的对非国家工作人员行贿罪是指为谋取不正当利益，给予公司、企业或者其他单位的工作人员以财物，数额较大的行为。本罪与该罪的主要区别在于行为对象的不同。凡是为谋取不正当利益，给予公司、企业或者其他单位中具有国家工作人员身份的人以财物的，构成本罪；为谋取不正当利益，给予公司、企业或者其他单位中非国家工作人员以财物，数额较大的，构成对非国家工作人员行贿罪。

3. 本罪的罪数。

根据上述司法解释的规定，多次行贿未处理的，按照累计行贿数额处罚；行贿人谋取不正当利益的行为构成犯罪的，应当与行贿犯罪实行数罪并罚。

（三）行贿罪的处罚

经《刑法修正案（十二）》修改后，《刑法》第390条规定："对犯行贿罪的，处三年以下有期徒刑或者拘役，并处罚金；因行贿谋取不正当利益，情节严重的，或者使国家利益遭受重大损失的，处三年以上十年以下有期徒刑，并处罚金；情节特别严重的，或者使国家利益遭受特别重大损失的，处10年以上有期徒刑或者无期徒刑，并处罚金或者没收财产。有下列情形之一的，从重处罚：（一）多次行贿或者向多人行贿的；（二）国家工作人员行贿的；（三）在国家重点工程、重大项目中行贿的；（四）为谋取职务、职级晋升、调整行贿的；（五）对监察、行政执法、司法工作人员行贿的；（六）在生态环境、财政金融、安全生产、食品药品、防灾救灾、社会保障、教育、医疗等领域行贿，实施违法犯罪活动的；（七）将违法所得用于行贿的。行贿人在被追诉前主动交待行贿行为的，可以从轻或者减轻处罚。其中，犯罪较轻的，对调查突破、侦破重大案件起关键作用的，或者有重大立功表现的，可以减轻或者免除处罚。"

根据2016年3月28日最高人民法院、最高人民检察院《关于办理贪污贿赂刑事案件适用法律若干问题的解释》的规定，犯行贿罪，具有下列情形之一的，应当认定为《刑法》第390条第1款规定的"情节严重"：（1）行贿数额在100万元以上不满500万元的；（2）行贿数额在50万元以上不满100万元，并具有该解释第7条第2款第1项至第5项规定的情形之一的；（3）其他严重的情节。为谋取不正当利益，向国家工作人员行贿，造成经济损失数额在100万元以上不满500万元的，应当认定为《刑法》第390条第1款规定的"使国家利益遭受重大损失"。具有下列情形之一的，应当认定为《刑法》第390条第1款规定的"情节特别严重"：（1）行贿数额在500万元以上的；（2）行贿数额在250万元以上不满500万元，并具有该解释第 7 条第 2 款第 1 项至第 5 项规定的情形之一的；（3）其他特别严重的情节。为谋取不正当利益，向国家工作人员行贿，造成经济损失数额在 500 万元以上的，应当认定为《刑法》第 390 条第 1 款规定的"使国家利益遭受特别重大损失"。根据行贿犯罪的事实、情节，可能被判处 3 年有期徒刑以下刑罚的，可以认定为《刑法》第 390 条第 2 款规定的"犯罪较轻"。根据犯罪的事实、情节，已经或者可能被判处 10 年有期徒刑以上刑罚的，或者案件在本省、自治区、直辖市或者全国范围内有较大影响的，可以认定为《刑法》第 390 条第 2 款规定的"重大案件"。具有下列情形之一的，可以认定为《刑法》第 390 条第 2 款规定的"对侦破重大案件起关键作用"：（1）主动交待办案机关未掌握的重大案件线索的；（2）主动交待的犯罪线索不属于重大案件的线索，但该线索对于重大案件侦破有重要作用的；（3）主动交待行贿事实，对于重大案件的证据收集有重要作用的；（4）主动交待行贿事实，对于重大案件的追逃、追赃有重要作用的。

根据 2012 年 12 月 26 日最高人民法院、最高人民检察院《关于办理行贿刑事案件具体应用法律若干问题的解释》的规定，因行贿人在被追诉前主动交代行贿行为而破获相关受贿案件的，对行贿人不适用《刑法》第 68 条关于立功的规定，依照《刑法》第 390 条第 2 款的规定，可以减轻或者免除处罚。单位行贿的，在被追诉前，单位集体决定或者单位负责人决定主动交代单位行贿行为的，依照《刑法》第 390 条第 2 款的规定，对单位及相关责任人员可以减轻处罚或者免除处罚；受委托直接办理单位行贿事项的直接责任人员在被追诉前主动交代自己知道的单位行贿行为的，对该直接责任人员可以依照《刑法》第 390 条第 2 款的规定减轻处罚或者免除处罚。行贿人被追诉后如实供述自己罪行的，依照《刑法》第 67 条第 3 款的规定，可以从轻处罚；因其如实供述自己罪行，避免特别严重后果发生的，可以减轻处罚。行贿人揭发受贿人与其行贿无关的其他犯罪行为，查证属实的，依照《刑法》第 68 条关于立功的规定，可以从轻、减轻或者免除处罚。实施行贿犯罪，具有下列情形之一的，一般不适用缓刑和免予刑事处罚：（1）向 3 人以上行贿的；（2）因行贿受过行政处罚或者刑事处罚的；（3）为实施违法犯罪活动而行贿的；（4）造成严重危害后果的；（5）其他不适用缓刑和免予刑事处罚的情形。具有《刑法》第 390 条第 2 款规定的情形的，不受"一般不适用缓刑和免予刑事处罚"规定的限制。《刑法》第 390 条第 2 款规定的"被追诉前"，是指检察机关对行贿人的行贿行为刑事立案前。需要特别注意的是，2012 年 12 月 26 日最高人民法院、最高人民检察院《关于办理行贿刑事案件具体应用法律若干问题的解释》，是依据修正前《刑法》第 390 条的规定制定的，在《刑法修正案（十二）》施行之后，对于行贿罪判处刑罚，应当依据修正后《刑法》第 390 条的规定，并参照适用上述司法解释的规定。

七、对有影响力的人行贿罪

（一）对有影响力的人行贿罪的概念和特征

对有影响力的人行贿罪，是指为谋取不正当利益，向国家工作人员的近亲属或者其他与该国家工作人员关系密切的人，或者向离职的国家工作人员或者其近亲属以及其他与其关系密切的人行贿的行为。

本罪为《刑法修正案（九）》新增罪名，本罪的构成特征如下：

（1）本罪的客体为国家工作人员职务活动的廉洁性。

（2）本罪的客观方面表现为给予有影响力的人以财物的行为。具体而言，本罪的客观方面表现为以下三种具体的行贿行为：1）向国家工作人员的近亲属或者其他与该国家工作人员关系密切的人行贿的行为；2）向离职的国家工作人员行贿的行为；3）向离职的国家工作人员的近亲属以及其他与其关系密切的人行贿的行为。

（3）本罪的主体为一般主体，包括年满 16 周岁、具有刑事责任能力的自然人和单位。

（4）本罪的主观方面为故意，且需有谋取不正当利益的目的。

（二）对有影响力的人行贿罪的认定

1. 本罪与非罪的界限。

首先，本罪的行贿对象具有特定性，向国家工作人员的近亲属或者其他与该国家工作人员关系密切的人，或者向离职的国家工作人员或者其近亲属以及其他与其关系密切的人以外的人行贿的，不能构成本罪。其次，本罪要求行为人主观上需具有谋取不正当利益的目的，如果行为人谋取的是正当利益，不能认定为本罪。

2. 本罪与行贿罪的界限。

两罪均为行贿性质的犯罪，客体均是国家工作人员职务活动的廉洁性，主体均为一般主体，主观方面均为故意，且具有谋取不正当利益的目的。两者的主要区别在于行贿的对象不同，本罪的行贿对象为国家工作人员的近亲属或者其他与该国家工作人员关系密切的人，或者离职的国家工作人员或者其近亲属以及其他与其关系密切的人，行贿罪的对象为国家工作人员。

对有影响力的人行贿罪作为利用影响力受贿罪的对向性罪行，行为人的目的应在于利用作为非国家工作人员的有影响力的人对国家工作人员所具有的影响力进而间接利用国家工作人员职务上的便利来谋取不正当利益，而非希望有影响力的人向国家工作人员转告收受财物的事实进而直接利用国家工作人员职务上的便利谋取财物，国家工作人员对于有影响力的人收受财物的行为通常并不知情。如果行贿人知晓该有影响力的人将转告国家工作人员收受财物的事实，或明知国家工作人员知晓该有影响力的人收受财物的事实，则对该行贿行为应当认定为行贿罪。

（三）对有影响力的人行贿罪的处罚

根据《刑法》第 390 条之一的规定，对有影响力的人行贿的，处 3 年以下有期徒刑或者拘役，并处罚金；情节严重的，或者使国家利益遭受重大损失的，处 3 年以上 7 年以下有期徒刑，并处罚金；情节特别严重的，或者使国家利益遭受特别重大损失的，处 7 年以上 10 年以下有期徒刑，并处罚金。单位犯本罪的，对单位判处罚金，并对直接负责的主管人员和其他直接责任人员，处 3 年以下有期徒刑或者拘役，并处罚金。

根据 2016 年 3 月 28 日最高人民法院、最高人民检察院《关于办理贪污贿赂刑事案件适用法律若干问题的解释》的规定，《刑法》第 390 条之一规定的对有影响力的人行贿罪的定罪量刑适用标准，参照该解释关于行贿罪的规定执行。

八、对单位行贿罪

（一）对单位行贿罪的概念和特征

对单位行贿罪，是指为谋取不正当利益，给予国家机关、国有公司、国有企业、事业单位、人民团体以财物的，或者在经济往来中，违反国家规定，给予各种名义的回扣、手续费的行为。

本罪的构成特征如下：

（1）本罪所侵犯的客体是国家机关、国有公司、国有企业、事业单位、人民团体的廉政制度。犯罪对象是国有单位，即国家机关、国有公司、国有企业、事业单位、人民团体。根据 2006 年 9 月 12 日最高人民检察院法律政策研究室《关于国有单位的内设机构能否构成单位受贿罪主体问题的答复》的规定，国有单位的内设机构利用其行使职权的便利，索取、非法收受他人财物并归该内设机构所有或者支配，为他人谋取利益，情节严重的，依照《刑法》第 387 条的规定以单位受贿罪追究刑事责任。上述内设机构在经济往来中，在账外暗中收受各种名义的回扣、手续费的，以受贿论。所以，逻辑上，国有单位的内设机构也可成为本罪的犯罪对象。另外，根据 2010 年 11 月 26 日最高人民法院、最高人民检察院《关于办理国家出资企业中职务犯罪案件具体应用法律若干问题的意见》第 7 条规定的精神，刑法中的国有公司、企业，包括作为本罪犯罪对象的国有公司、企业，仅限于国有独资公司、企业。

（2）本罪的客观方面表现为为谋取不正当利益，给予国家机关、国有公司、国有企业、事业单位、人民团体以财物的，或者在经济往来中，违反国家规定，给予各种名义的回扣、手续费的行为。

（3）本罪的主体是一般主体。

（4）本罪的主观方面是故意，且要具有谋取不正当利益的犯罪目的。

（二）对单位行贿罪的认定

本罪在认定中需注意如下问题：第一，本罪的犯罪对象仅限于国家机关、国有公司、国有企业、事业单位、人民团体等国有单位，但在行为主体为单位时，单位可以是任何单位，包括国有单位，也包括非国有单位；第二，行为人需具有谋取不正当利益的犯罪目的，如果行为人谋取的是正当利益，不能认定为本罪。

（三）对单位行贿罪的处罚

根据《刑法》第 391 条的规定，犯对单位行贿罪的，处 3 年以下有期徒刑或者拘役，并处罚金；情节严重的，处 3 年以上 7 年以下有期徒刑，并处罚金。单位犯本罪的，对单位判处罚金，并对其直接负责的主管人员和其他直接责任人员，依照前述规定处罚。

九、单位行贿罪

（一）单位行贿罪的概念和特征

单位行贿罪，是指单位为谋取不正当利益而行贿，或者违反国家规定，给予国家工作人员以回扣、手续费，情节严重的行为。

本罪的构成特征如下：

（1）本罪所侵犯客体是国家工作人员的职务廉洁性。犯罪对象是国家工作人员。

（2）本罪的客观方面表现为为谋取不正当利益而行贿，或者违反国家规定，给予国家工作人员以回扣、手续费，情节严重的行为。根据 2012 年 12 月 26 日最高人民法院、最高人民检察院《关于办理行贿刑事案件具体应用法律若干问题的解释》第 12 条的规定，行贿犯罪中的"谋取不正当利益"，是指行贿人谋取的利益违反法律、法规、规章、政策规定，或者要求国家工作人员违反法律、法规、规章、政策、行业规范的规定，为自己提供帮助或者方便条件。违背公平、公正原则，在经济、组织人事管理等活动中，谋取竞争优势的，应当认定为"谋取不正当利益"。根据 1999 年 9 月 9 日最高人民检察院《关于人民检察院直接受理立案侦查立案标准的规定（试行）》的规定，单位行贿数额在 20 万元以上的；单位为谋取不正当利益而行贿，数额在 10 万元以上不满 20 万元，但是具有下列情形之一的：为谋取非法利益而行贿的；向 3 人以上行贿的；向党政领导、司法工作人员、行政执法人员行贿的；致使国家或者社会利益遭受重大损失的，人民检察院应当立案侦查。

（3）本罪的主体是单位。

（4）本罪的主观方面是故意，且具有谋取不正当利益的犯罪目的。

（二）单位行贿罪的认定

本罪为单位犯罪，应当为了单位利益实施，即行贿取得的违法所得或者不正当利益应当归属于单位所有。因此，因行贿取得的违法所得或者不正当利益归个人所有的，应当认定为自然人犯罪，即按照《刑法》第 389 条、第 390 条的规定，以行贿罪定罪处罚。

（三）单位行贿罪的处罚

根据《刑法》第 393 条的规定，犯单位行贿罪的，对单位判处罚金，并对其直接负责的主管人员和其他直接责任人员，处 3 年以下有期徒刑或者拘役，并处罚金；情节特别严重的，处 3 年以上 10 年以下有期徒刑，并处罚金。根据 2012 年 12 月 26 日最高人民法院、最高人民检察院《关于办理行贿刑事案件具体应用法律若干问题的解释》第 7 条第 2 款的规定，单位行贿的，在被追诉前，单位集体决定或者单位负责人决定主动交待单位行贿行为的，依照《刑法》第 390 条第 2 款的规定，对单位及相关责任人员可以减轻处罚或者免除处罚；受委托直接办理单位行贿事项的直接责任人员在被追诉前主动交待自己知道的单位行贿行为的，对该直接责任人员可以依照《刑法》第 390 条第 2 款的规定减轻处罚或者免除处罚。

十、巨额财产来源不明罪

（一）巨额财产来源不明罪的概念和特征

巨额财产来源不明罪，是指国家工作人员的财产或者支出明显超过合法收入，且差额巨大，经司法机关责令其说明来源而本人不能说明来源是合法的行为。

本罪的构成特征如下：

（1）本罪侵犯的客体是复杂客体。即国家工作人员职务行为的廉洁制度和公私财物的所有权。

（2）本罪的客观方面表现为行为人的财产或者支出明显超出合法收入，差额巨大，而本人又不能说明其来源合法的行为。根据《刑法》第 395 条的规定，国家工作人员的财产、支出明显超过合法收入，差额巨大的，可以责令该国家工作人员说明来源，不能说明来源的，差额部分以非法所得论。理解本罪的客观方面，需要注意的主要问题有：一是差额巨大的标准。根据 1999 年 9 月 9 日最高人民检察院《关于人民检察院直接受理立案侦查案件立案标准的规定（试行）》的规定，涉嫌巨额财产来源不明，数额在 30 万元以上的，应予立案。二是不能说明巨额财产来源合法的认定规则。关于行为人不能说明巨额财产来源合法的认定，2003 年 11 月 13 日最高人民法院《全国法院审理经济犯罪案件工作座谈会纪要》规定，《刑法》第 395 条第 1 款规定的"不能说明"，包括以下情况：1）行为人拒不说明财产来源；2）行为人无法说明财产的具体来源；3）行为人所说的财产来源经司法机关查证并不属实；4）行为人所说的财产来源因线索不具体等原因，司法机关无法查实，但能排除存在来源合法的可能性和合理性的。三是"非法所得"的数额计算。对此，2003 年 11 月 13 日最高人民法院《全国法院审理经济犯罪案件工作座谈会纪要》规定，《刑法》第 395 条规定的"非法所得"，一般是指行为人的全部财产与能够认定的所有支出的总和减去能够证实的有真实来源的所得。在具体计算时，应注意以下问题：1）应把国家工作人员个人财产和与其共同生活的家庭成员的财产、支出等一并计算，而且一并减去他们所有的合法收入以及确属与其共同生活的家庭成员个人的非法收入；2）行为人所有的财产包括房产、家具、生活用品、学习用品及股票、债券、存款等动产和不动产；行为人的支出包括合法支出和不合法的支出，包括日常生活、工作、学习费用、罚款及向他人行贿的财物等；行为人的合法收入包括工资、奖金、稿酬、继承等法律和政策允许的各种收入；3）为了便于计算犯罪数额，对于行为人的财产和合法收入，一般可以从行为人有比较确定的收入和财产时开始计算。

（3）本罪的主体是特殊主体，即国家工作人员。

（4）本罪的主观方面是直接故意，并且具有非法持有巨额财产的目的。

参考案例 25 - 7

被告人黄某（男，50 岁），原是某国家机关的公务员。黄某的妻子无业，但是在黄某任职期间，2 年内共购置高档商品房 2 套，高级轿车 1 辆，总价值约 350 万元人民币，而黄某的月收入仅为 2 000 余元。群众反映，黄某有贪污和受贿的行为，但经查没有确实充分的证据，且黄某拒不说明财产的来源。法院以巨额财产来源不明罪判处被告人黄某有期徒刑 5 年。

（二）巨额财产来源不明罪的认定

1. 本罪与非罪的界限。

巨额财产与来源不明是构成本罪必须同时具备的客观要件。若尽管有巨额财产客观存在的事实，但行为人能够说明其来源的合法性，并经司法机关调查属实的，不构成本罪，也不构成其他犯罪。

2. 本罪与贪污罪、受贿罪的界限。

巨额财产来源不明罪与贪污罪和受贿罪有着密切的联系，很多巨额财产来源不明就是没有被查明证实的贪污罪和受贿罪，但巨额财产来源不明罪作为一个独立的罪名有着自己的犯罪构成。首先，贪污罪和受贿罪的犯罪主体的范围要比巨额财产来源不明罪大一些，除国家工作人员，还包括国有公司、企业、事业单位其他经手管理公共财物的人员和其他依法从事公务的人员。其次，在犯罪的客观方面巨额财产来源不明罪只要求行为人拥有超过合法收入的巨额财产，而且行为人不能说明、司法机关又不能查明其来源的即可。也就是说，行为人拥有的来源不明的巨额财产既可能是来自贪污、受贿，也可能是来自走私、贩毒、盗窃、诈骗等行为，这些都不影响构成巨额财产来源不明罪。

（三）巨额财产来源不明罪的处罚

根据《刑法》第 395 条第 1 款的规定，犯本罪的，处 5 年以下有期徒刑或者拘役；差额特别巨大的，处 5 年以上 10 年以下有期徒刑。财产的差额部分予以追缴。

十一、私分国有资产罪

(一)私分国有资产罪的概念和特征

私分国有资产罪,是指国家机关、国有公司、企业、事业单位、人民团体,违反国家规定,将应当上缴国家的税金或其他国有资产,以单位名义集体私分给个人,数额较大的行为。

本罪的构成特征如下:

(1)本罪所侵犯的客体是国家财产所有权,即国家对国有资产的所有权。私分的对象必须是国有资产,如应当上缴国家的税金或者是国家专项拨款、补贴,国家给予公司、企业的生产经营性贷款、生产性资金、固定资产等。根据1999年9月9日最高人民检察院《关于人民检察院直接受理立案侦查案件立案标准的规定(试行)》的规定,私分国有资产罪案中的"国有资产",是指国家依法取得和认定的,或者国家以各种形式对企业投资和投资收益、国家向行政事业单位拨款等形成的资产。所以,国有资产以外的公有财产和非公有财产均不能成为本罪的犯罪对象。

(2)本罪的客观方面表现为违反国家规定,以单位名义将国有资产集体私分给个人,数额较大的行为。具体包括三个方面:第一,违反国家规定。这是构成本罪的前提条件。第二,以单位名义将国有资产集体私分给个人。"以单位名义",是指私分国有资产是单位领导共同研究决定的,体现了单位的意识和意志。"集体私分给个人",是指将国有资产擅自分给单位的每一个成员或者绝大多数成员。如果在少数负责人或员工中间私分,应属贪污行为,不构成私分国有资产罪。集体私分的主管人员和其他直接责任人员是否分得财物,对于其行为是否构成犯罪没有影响。第三,私分数额较大。"数额较大",并非指单个人分得的财产数额,而是指私分国有资产的总额。根据上述立案标准的规定,涉嫌私分国有资产,累计数额在10万元以上的,应予立案。

(3)本罪的主体是特殊主体,即国家机关、国有公司、企业、事业单位、人民团体。

(4)本罪的主观方面是由直接故意构成,即明知是依法应上缴的税金或其他国有资产而予以集体私分。

参考案例 25-8

刘某、李某分别是原国家电力公司下属杭州华电有限公司的总经理、副总经理,在华电有限公司与某金属厂洽谈机械设备的加工过程中,两人经预谋,采用抬高合同总吨位套现的手段,通过该金属厂套得华电有限公司20万元。刘某向该金属厂出具收到20万元的收条后,将这笔钱存入华电有限公司的"小金库",然后召开有关项目人员座谈会,商讨资金发放办法。最后以"奖金"名义进行发放,刘某和李某各分得3万元,其余人员各分得1万元。法院经审理认为,被告人刘某和李某利用他们的职务之便,经预谋后,采用抬高合同总吨位套现的手段,多付款项给对方,对方再返还款项给他们,得款20万元。然后他们以发放"奖金"的名义,将该款项予以私分。法院最后以私分国有资产罪分别对被告人刘某和李某判处有期徒刑1年,缓刑1年,分别并处罚金3000元。

(二)私分国有资产罪的认定

1. 本罪与非罪的界限。

首先要划清国有公司、企业完成国家上缴税金之后,对其所获利润而予以集体分配的行为与本罪的界限。前者是正当的合法行为。其次划清国有公司、企事业单位的负责人擅自将单位通过不正当途径取得的收入私分给单位的全体职工的行为和本罪的界限。前者获得的收入,单位有支配权,除其获得收入的途径违法构成其他犯罪以外,一般不作犯罪行为处理。

2. 本罪与贪污罪的界限。

国家机关工作人员、国有公司、企业、事业单位的负责人利用职权,擅自将应上缴国家的税金、罚没财物或其他国有资产费给个人或有关人员,而不是按一定的分配方案分给单位所有职工的,其行为构成贪污罪,适用《刑法》第382条、第383条的规定。根据2010年11月26日最高人民法院、最高人民检察院《关于办理国家出资企业中职务犯罪案件具体应用法律若干问题的意见》的规定,国有公司、企业违反国家规定，在改制过程中隐匿公司、企业财产，转为职工集体持股的改制后公司、企业所有的，对其直接负责的主管人员和其他直接责任人员，依照《刑法》第396条第1款的规定，以私分国有资产罪定罪处罚。改制后的公司、企业中只有改制前公司、企业的管理人员或者少数职工持股，改制前公司、企业的多数职工未持股的，以贪污罪定罪处罚。

（三）私分国有资产罪的处罚

私分国有资产罪是单位犯罪，依照《刑法》第396条第1款的规定，对单位构成私分国有资产罪采取的是仅处罚自然人的单罚制，即仅处罚直接负责的主管人员或其他直接责任人员。对单位犯私分国有资产罪，数额较大的，对其直接负责的主管人员和其他直接责任人员，处3年以下有期徒刑或者拘役，并处或者单处罚金；数额巨大的，处3年以上7年以下有期徒刑，并处罚金。

【引例评析】

本章引例中，乙的行为构成受贿罪。根据《刑法》第385条的规定，国家工作人员在经济往来中，违反国家规定，在账外私自收受回扣，归个人所有，以受贿论。乙收受3万元回扣的行为构成受贿罪。丙的行为构成行贿罪。丙为了销售其次品、走私的电脑，给予国家工作人员乙3万元，数额较大，构成行贿罪。甲的行为构成介绍贿赂罪和巨额财产来源不明罪，甲为丙和乙进行引见介绍，使得丙的行贿行为和乙的受贿行为得以实现，且介绍行贿的情节严重（数额为3万元），构成介绍贿赂罪；甲的财产明显超过其合法收入，又不能说明其合法来源，构成巨额财产来源不明罪。

【本章小结】

贪污贿赂罪，是指国家工作人员利用职务上的便利贪污、挪用公款、受贿，或者拥有来源不明的巨额财产，隐瞒境外存款，私分国有资产或罚没财物，以及其他人员行贿、介绍贿赂的行为。贪污贿赂罪共计14个罪名，本章重点对贪污罪、挪用公款罪、受贿罪、单位受贿罪、利用影响力受贿罪、行贿罪、对有影响力的人行贿罪、对单位行贿罪、单位行贿罪、巨额财产来源不明罪和私分国有资产罪的概念、构成特征、认定和处罚进行了阐述。

【练习题】

一、名词解释

贪污罪　受贿罪　挪用公款罪　单位受贿罪　对单位行贿罪　单位行贿罪　巨额财产来源不明罪

二、思考题

1. 贪污罪的主体包括哪些人？
2. 贪污罪与职务侵占罪的区别是什么？
3. 挪用公款罪中的挪用行为具体表现有哪些？
4. 怎样理解受贿罪中的"为他人谋取利益"？
5. 如何区别受贿罪与贪污罪？
6. 行贿罪的主观方面特征是什么？

三、案例分析题

1. 某国有公司经理邵某找到该市财政局副局长马某，请其为某装潢公司经理李某提供一笔财政贷款。按市里的规定，该项贷款只能贷给国有单位，于是两人商议先贷给邵某所在公司，再由邵某转借给李某，其中的"利息差"全部归马某。此后马某凭借财政局所赋予的签订借款合同权与邵某签订50万元的借款合同，邵某收款后又将这50万元汇给李某。邵某将李某公司汇给的10万元利息转给了马某。后案发。

问题：

对马某的行为应如何定性？

分析要点提示：

对"利息差"10万元如何定性是该案的关键。

2. 王某是某国有企业销售部经理。某年 5 月，王某在代表本公司向李某发送价值 4 万元的货物后，私下与李某约定，用该批货物抵偿王某个人所欠李某的债务。同时，王某自己出具一张该 4 万元货款由第三者甲公司负责偿还的"证明条"，交给本公司财务科入账。后查实，王某开证明并未征得甲公司同意，事后也未经其追认，甲公司与李某均拒付货款。直至 12 月案发时，该款项尚未偿付。

问题：

对王某的行为如何定性？

分析要点提示：

挪用公款罪的客观方面的表现形式有三种，其中之一是挪用公款归个人使用，数额较大，超过 3 个月未还的行为。

第二十六章 渎职罪

【本章引例】

被告人白某，原陕西省某县公安局局长；被告人寇某，原陕西省某县常务副县长；被告人刘某，原陕西省某县公安局刑警队指导员。寇某之女寇某某与本县青年刘某某恋爱，遭到寇某的反对。某年2月10日，寇某某与刘某某在领取结婚证以后离家出走。寇某遂授意白某、刘某在未进行审查、未依法办理立案手续的情况下，于同年3月4日夜出动干警十余人，非法传唤了刘某某的父母及其他亲属5人。3月5日凌晨，刘某某之父刘甲服毒自杀。次年5月12日，陕西省某市中级人民法院对白某、寇某、刘某滥用职权案作出一审判决：白某犯滥用职权罪，判处有期徒刑1年；寇某犯滥用职权罪，判处拘役6个月；刘某犯滥用职权罪，免于刑事处分。

【本章学习目标】

通过本章的学习，你应该能够：

1. 熟悉渎职罪的概念与特征；
2. 熟悉滥用职权罪的构成特征；
3. 熟悉玩忽职守罪的构成特征；
4. 熟悉故意泄露国家秘密罪的构成特征；
5. 熟悉徇私枉法罪的构成特征。

第一节 渎职罪概述

一、渎职罪的概念

渎职罪，是指国家机关工作人员滥用职权、玩忽职守或者徇私舞弊，危害国家机关的正常管理秩序，给公共财产或者国家和人民利益造成重大损失的行为。由于渎职犯罪是国家机关工作人员褒渎职务的犯罪，因而对国家机关以及国家机关工作人员的威信和形象，都具有极大的破坏性。我们国家非常重视同此类犯罪作斗争，将惩治此类犯罪作为国家廉政建设的一项重要内容。因此，必须严厉打击渎职犯罪，切实惩治腐败，从而达到"律严"而"求廉"的效果。

二、渎职罪的特征

渎职罪是一类典型的职务犯罪，其构成特征如下：

（1）本类罪侵犯的是国家机关正常的管理秩序。国家机关的管理秩序，是指国家机关依法履行职责、行使职权、实现职能等工作活动的制度和纪律。这里所说的"国家机关"，是指国家各级各类机关，包括国家的行政机关、权力机关、审判机关、检察机关和军事机关等。

（2）本类罪的客观方面，表现为行为人实施了滥用职权、玩忽职守、徇私舞弊（包括徇私枉法、徇情枉法等）并使公共财产、国家和人民利益遭受重大损失的行为。所谓滥用职权，是指国家机关工作人员不依法行使职权而利用手中的权力胡作非为；玩忽职守，是指国家机关工作人员疏于职守、不按规程或规章行使管理职权；徇私舞弊，则是指国家机关工作人员为了一己之私而枉法。应当明确，一般的滥用职权、玩忽职守和徇私舞弊的行为并不构成渎职罪，只有那些因为渎职行为而致使公共财产或国家和人民利益遭受重大损失的行为才构成犯罪。

（3）本类罪的主体除《刑法》第398条规定的故意泄露国家秘密罪和过失泄露国家秘密罪外都是特殊主体，即必须是国家机关工作人员。国家机关工作人员，是指在各级各类国家机关中从事公务的人员，包括在各级国家权力机关、行政机关、司法机关和军事机关中从事公务的人员。为了明确司法实践中遇到的关于渎职罪的犯罪主体，2002年12月28日全国人民代表大会常务委员会《关于〈中华人民共和国刑法〉第九章渎职罪主体适用问题的解释》明确规定：在依照法律、法规规定行使国家行政管理职权的组织中从事公务的人员，或者在受国家机关委托代表国家机关行使职权的组织中从事公务的人员，或者虽未列入国家机关人员编制但在国家机关中从事公务的人员，在代表国家机关行使职权时，有渎职行为，构成犯罪的，依照刑法关于渎职罪的规定追究刑事责任。根据2006年7月26日最高人民检察院《关于渎职侵权犯罪案件立案标准的规定》的规定，在乡（镇）以上中国共产党机关、人民政协机关中从事公务的人员，视为国家机关工作人员。根据2012年12月7日最高人民法院、最高人民检察院《关于办理渎职刑事案件适用法律若干问题的解释（一）》第7条的规定，依法或者受委托行使国家行政管理职权的公司、企业、事业单位的工作人员，在行使行政管理职权时滥用职权或者玩忽职守，构成犯罪的，应当依照《全国人民代表大会常务委员会关于〈中华人民共和国刑法〉第九章渎职罪主体适用问题的解释》的规定，适用渎职罪的规定追究刑事责任。此外，根据2000年5月4日最高人民检察院《关于镇财政所所长是否适用国家机关工作人员的批复》，对于属行政执法事业单位的镇财政所中按国家机关在编干部管理的工作人员，在履行政府行政公务活动中，滥用职权或玩忽职守构成犯罪的，应以国家机关工作人员论。根据2003年1月13日最高人民检察院研究室《关于对海事局工作人员如何使用法律问题的答复》，根据国办发〔1999〕90号、中编办函〔2000〕184号等文件的规定，海事局负责行使国家水上安全监督和防止船舶污染及海上设施检验、航海保障的管理职权，是国家执法监督机构。海事局及其分支机构工作人员在从事上述公务活动中，滥用职权或者玩忽职守，致使公共财产、国家和人民利益遭受重大损失的，应当依照《刑法》第397条的规定，以滥用职权罪或者玩忽职守罪追究刑事责任。应当注意的是，现行《刑法》把一般意义上的国家工作人员排斥在渎职罪主体之外。国家工作人员包括了国家机关工作人员，国家机关工作人员只是国家工作人员中的一部分。

与本类罪的主体密切关联的问题之一，是关于承担渎职罪刑事责任的责任人员的认定问题。根据2012年12月7日最高人民法院、最高人民检察院《关于办理渎职刑事案件适用法律若干问题的解释（一）》第5条的规定，国家机关负责人员违法决定，或者指使、授意、强令其他国家机关工作人员违法履行职务或者不履行职务，构成《刑法》分则第九章规定的渎职犯罪的，应当依法追究刑事责任。以"集体研究"形式实施的渎职犯罪，应当依照《刑法》分则第九章的规定追究国家机关负有责任的人员的刑事责任。对于具体执行人员，应当在综合认定其行为性质、是否提出反对意见、危害结果大小等情节的基础上决定是否追究刑事责任和应当判处的刑罚。

（4）本类罪从主观方面来看，一部分犯罪由故意构成，一部分犯罪由过失构成。一般来讲，具有徇私枉法、以权谋私性质的犯罪由故意构成，具有失职行为的犯罪由过失构成。

三、渎职罪的种类

《刑法》分则第九章除本章第二节重点论述的罪名外，还包括：过失泄露国家秘密罪（第398条），民事、行政枉法裁判罪（第399条第2款）、执行判决、裁定失职罪（第399条第3款）、执行判决、裁定滥用职权罪（第 399 条第 3 款），私放在押人员罪（第 400 条第 1 款），失职致使在押人员脱逃罪（第 400 条第 2 款），滥用管理公司、证券职权罪（第 403 条），徇私舞弊不征、少征税款罪（第 404 条），徇私舞弊发售发票、抵扣税款、出口退税罪（第 405 条第 1 款），违法提供出口退税凭证罪（第 405 条第 2 款），国家机关工作人员签订、履行合同失职被骗罪（第 406 条），违法发放林木采伐许可证罪（第 407 条），环境监管失职罪（第 408 条），传染病防治失职罪（第 409 条），非法批准征收、征用、占用土地罪（第 410 条），非法低价出让国有土地使用权罪（第 410 条），放纵走私罪（第 411 条），商检徇私舞弊罪（第 412 条第 1 款），商检失职罪（第 412 条第 2 款），动植物检疫徇私舞弊罪（第 413 条第 1 款），动植物检疫失职罪（第 413 条第 2 款），放纵制售伪劣商品犯罪行为罪（第 414 条），办理偷越国（边）境人员出入境证件罪（第 415 条），放行偷越国（边）境人员罪（第 415 条），不解救被拐卖、绑架妇女、儿童罪（第 416 条第 1 款），阻碍解救被拐卖、绑架妇女、儿童罪（第 416 条第 2 款），帮助犯罪分子逃避处罚罪（第 417 条），招收公务员、学生徇私舞弊罪（第 418 条）和失职造成珍贵文物损毁、流失罪（第 419 条）。

第二节　本章重点论述的犯罪

一、滥用职权罪

（一）滥用职权罪的概念和特征

滥用职权罪，是指国家机关工作人员超越职权，违法决定、处理其无权决定、处理的事项，或者违反规定处理公务，致使公共财产、国家和人民利益遭受重大损失的行为。

本罪具有如下构成特征：

（1）本罪侵犯的是国家机关的正常的管理秩序。

（2）本罪在客观方面表现为超越职权，违法决定、处理其无权决定、处理的事项，或者违反规定处理公务，致使公共财产、国家和人民利益遭受重大损失的行为。具体而言，包括两个方面的内容：一是行为人有超越职权，违法决定、处理其无权决定、处理的事项，或者违反规定处理公务的行为。二是行为人滥用职权的行为造成了公共财产、国家和人民利益的重大损失。

（3）本罪的主体必须是国家机关工作人员。根据 2015 年 12 月 14 日最高人民法院、最高人民检察院《关于办理危害生产安全刑事案件适用法律若干问题的解释》的规定，国家机关工作人员在履行安全监督管理职责时滥用职权，致使公共财产、国家和人民利益遭受重大损失的，应以滥用职权罪定罪处罚。公司、企业、事业单位的工作人员在依法或者受委托行使安全监督管理职责时滥用职权，构成犯罪的，应以滥用职权罪定罪处罚。根据 2020 年 3 月 16 日最高人民法院、最高人民检察院、公安部《关于办理涉窨井盖相关刑事案件的指导意见》的规定，在窨井盖采购、施工、验收、使用、检查过程中负有决定、管理、监督等职责的国家机关工作人员滥用职权，致使公共财产、国家和人民利益遭受重大损失的，以滥用职权罪定罪处罚。在依照法律、法规规定行使窨井盖行政管理职权的公司、企业、事业单位中从事公务的人员以及在受国家机关委托代表国家机关行使窨井盖行政管理职权的组织中从事公务的人员滥用职权，致使公共财产、国家和人民利益遭受重大损失的，以滥用职权罪定罪处罚。

（4）本罪的主观方面只能由故意构成。

（二）滥用职权罪的认定

1. 本罪与非罪的界限。

这主要是指一般的滥用职权行为与滥用职权犯罪的区别。由于滥用职权罪是结果犯，因此，二者的区别就在于滥用职权行为是否给公共财产、国家和人民利益造成了重大损失。如果行为人虽然有滥用职权的行为，但其行为并没有导致公共财产、国家和人民利益重大损失的结果，则对行为人的行为就不应按犯罪论述。

根据 2012 年 12 月 7 日最高人民法院、最高人民检察院《关于办理渎职刑事案件适用法律若干问题的解释（一）》第 1 条第 1 款的规定，国家机关工作人员滥用职权，具有下列情形之一的，应当认定为《刑法》

第397条规定的"致使公共财产、国家和人民利益遭受重大损失":(1)造成死亡1人以上,或者重伤3人以上,或者轻伤9人以上,或者重伤2人、轻伤3人以上,或者重伤1人、轻伤6人以上的;(2)造成经济损失30万元以上的;(3)造成恶劣社会影响的;(4)其他致使公共财产、国家和人民利益遭受重大损失的情形。

应当注意,因滥用职权与致使公共财产、国家和人民利益遭受重大损失之间要求有因果关系,所以,如发生了公共财产、国家和人民利益遭受重大损失的结果,但不是由于行为人滥用职权的行为造成的,其行为也不能构成犯罪。

参考案例 26-1

位于某省白银市平川区的小南沟煤矿发生特大瓦斯爆炸事故,11名矿工死亡。事故发生后,作为主管部门的平川区煤炭安全监察局局长王某、副局长吕某、办公室主任李某、大水头煤管站副站长蔺某等四人不但不积极履行其法定职责,即向平川区政府和上级主管部门报告事故,反而集体隐瞒。直到次年1月,经遇难者家属举报后此次事故才浮出水面。法院审理认为,四名被告人作为国家机关工作人员,集体隐瞒煤矿事故,导致事故未能得到及时查处,其行为构成滥用职权罪。被告人王某在共同犯罪中起主要作用,系主犯,其他三名被告人系从犯。据此,依法以滥用职权罪判处被告人王某有期徒刑2年,缓刑2年;判处被告人李某、吕某有期徒刑1年,缓刑1年;判处被告人蔺某拘役6个月,缓刑6个月。

2. 本罪与报复陷害罪的界限。

这两种犯罪的主体都是国家机关工作人员,客观方面都有滥用职权的行为。二者主要区别有以下三个方面:

(1)客体不同。本罪侵犯的是国家对公务活动的管理制度;报复陷害罪侵犯的主要是公民的控告权、申诉权、批评监督权。

(2)客观方面不尽相同。本罪表现为滥用职权,并造成了公共财产、国家和人民利益的重大损失;报复陷害罪则表现为滥用职权,假公济私,对控告人、申诉人、批评人实施报复陷害的行为。

(3)主观目的不同。本罪对犯罪目的无特别要求;报复陷害罪只能由直接故意构成,并具有报复陷害他人的目的。

3. 本罪与其他滥用职权的犯罪的界限。

《刑法》分则第九章所规定的渎职罪中,在规定滥用职权罪的同时,还规定了其他一些滥用职权的犯罪行为。由于《刑法》第397条明文规定了"本法另有规定的,依照规定",因此,对第397条以外的滥用职权的犯罪行为不应定滥用职权罪,而应按具体条文规定定罪。事实上,滥用职权罪的规定属于普通法条,其他特定主体滥用职权犯罪的规定属于特别法条。根据特别法条优于普通法条的处理原则,当行为人的行为同时触犯第397条和其他法条时,应对行为人按其他法条即特别法条所规定的犯罪论处。这也使司法实践中适用法律时更加明确、具体。例如,《刑法》第410条规定的非法批准征收、征用、占用土地罪也是一种滥用职权的行为,行为人在触犯《刑法》第410条的同时也触犯了第397条,司法机关在追究行为人的刑事责任时,应按《刑法》第410条定罪量刑,而不能按第397条的规定定罪量刑。根据2012年12月7日最高人民法院、最高人民检察院《关于办理渎职刑事案件适用法律若干问题的解释(一)》第2条的规定,国家机关工作人员实施滥用职权行为,触犯《刑法》分则第九章第398条至第419条规定的,依照该规定定罪处罚。国家机关工作人员滥用职权,因不具备徇私舞弊等情形,不符合《刑法》分则第九章第398条至第419条的规定,但依法构成第397条规定的犯罪的,以滥用职权罪定罪处罚。

(三)滥用职权罪的处罚

根据《刑法》第397条第1款的规定,犯滥用职权罪的,处3年以下有期徒刑或者拘役;情节特别严重的,处3年以上7年以下有期徒刑。该条第2款规定,国家机关工作人员徇私舞弊,犯滥用职权罪的,处5年以下有期徒刑或者拘役;情节特别严重的,处5年以上10年以下有期徒刑。

根据2012年12月7日最高人民法院、最高人民检察院《关于办理渎职刑事案件适用法律若干问题的解释(一)》第1条第2款的规定,国家机关工作人员滥用职权,具有下列情形之一的,应当认定为《刑法》第397条规定的"情节特别严重"：（1）造成死亡3人以上，或者重伤9人以上，或者轻伤27人以上，或者重伤6人、轻伤9人以上，或者重伤3人、轻伤18人以上的；（2）造成经济损失150万元以上的；（3）造成前款规定的损失后果，不报、迟报、谎报或者授意、指使、强令他人不报、迟报、谎报事故情况，致使损失后果持续、扩大或者抢救工作延误的；（4）造成特别恶劣社会影响的；（5）其他特别严重的情节。

二、玩忽职守罪

（一）玩忽职守罪的概念和特征

玩忽职守罪，是指国家机关工作人员严重不负责任，不履行或者不认真履行职责，致使公共财产、国家和人民利益遭受重大损失的行为。

本罪具有如下特征：

（1）本罪侵犯的是国家机关的正常管理活动。

（2）在客观方面，本罪表现为行为人实施了玩忽职守的行为，并使公共财产、国家和人民利益遭受了重大损失。所谓玩忽职守，是指行为人严重不负责任，不履行或者不认真履行职责的行为。不履行职责，是指应当履行而没有履行职责，通常以不作为方式表现出来；不认真履行职责，是指没有严格按照实体性或程序性要求履行职责，其行为方式可表现为作为或者不作为。

（3）本罪主体必须是国家机关工作人员。2000年10月9日最高人民检察院《关于合同制民警能否成为玩忽职守罪主体问题的批复》明确规定：根据《刑法》第93条第2款的规定，合同制民警在依法执行公务期间，属其他依照法律从事公务的人员，应以国家机关工作人员论。对合同制民警在依法执行公务活动中的玩忽职守行为，符合《刑法》第397条规定的玩忽职守罪构成条件的，依法以玩忽职守罪追究刑事责任。根据2020年3月16日最高人民法院、最高人民检察院、公安部《关于办理涉窨井盖相关刑事案件的指导意见》的规定，在窨井盖采购、施工、验收、使用、检查过程中负有决定、管理、监督等职责的国家机关工作人员玩忽职守，致使公共财产、国家和人民利益遭受重大损失的，以玩忽职守罪定罪处罚。在依照法律、法规规定行使窨井盖行政管理职权的公司、企业、事业单位中从事公务的人员以及在受国家机关委托代表国家机关行使窨井盖行政管理职权的组织中从事公务的人员玩忽职守，致使公共财产、国家和人民利益遭受重大损失的，以玩忽职守罪定罪处罚。

（4）本罪的主观方面是过失，即行为人应当预见自己对工作严重不负责可能造成公共财产、国家和人民利益的重大损失，由于疏忽大意而没有预见或者虽然已经预见但轻信能够避免的一种心理态度。

（二）玩忽职守罪的认定

1. 本罪与非罪的界限。

（1）工作失误与玩忽职守犯罪的界限。

工作失误，是指行为人因业务水平和工作能力不足，从而决策不当，导致了公共财产、国家和人民利益的损失。就主观心态而言，行为人并无玩忽职守的心理意识，反而常常是力求把事情做好，只是因力不从心而出现工作失误。此种情况下，行为人的工作失误虽然造成了一定损失，但不宜以犯罪论处。

（2）一般的玩忽职守行为与玩忽职守罪的界限。

二者的区别在于是否给公共财产、国家和人民利益造成了"重大损失"。只有行为人的玩忽职守行为已造成"重大损失"，才能对行为人按玩忽职守罪定罪量刑。

根据2012年12月7日最高人民法院、最高人民检察院《关于办理渎职刑事案件适用法律若干问题的解释（一）》第1条第1款的规定，国家机关工作人员玩忽职守，具有下列情形之一的，应当认定为《刑法》第397条规定的"致使公共财产、国家和人民利益遭受重大损失"：1）造成死亡1人以上，或者重伤3人以上，或者轻伤9人以上，或者重伤2人、轻伤3人以上，或者重伤1人、轻伤6人以上的；2）造成经济损失30万元以上的；3）造成恶劣社会影响的；4）其他致使公共财产、国家和人民利益遭受重大损失的情形。

应当注意，玩忽职守罪是结果犯，其玩忽职守行为与造成的重大损失之间，必须具有刑法上的因果关系。虽造成重大损失，但如不是玩忽职守行为造成的，不构成犯罪。

参考案例 26－2

2004 年 11 月 26 日，北京市第二中级人民法院对密云县"2·5"特大伤亡事故中两名玩忽职守人员一审宣判。法院以玩忽职守罪分别判处北京市密云县公安局城关派出所原所长孙某、原政委陈某 3 年有期徒刑。法院经审理认为，孙某、陈某身为国家机关工作人员，在分别担任北京市密云县公安局城关派出所所长、政委期间，对具体负责的灯展安全保卫工作，严重不负责任，不认真履行职责，未严格执行、落实上级制定的安全保卫方案，在 2004 年 2 月 5 日晚没有按规定派警力到负责安全保卫的云虹桥执勤，以致云虹桥发生游客拥挤时现场没有民警进行疏导，致使发生挤压死伤事故，造成国家及人民利益遭受重大损失的严重后果，两人的行为均已构成玩忽职守罪，且情节特别严重，依法应予惩处。

2. 本罪与滥用职权罪的界限。

本罪与滥用职权罪规定在同一条文中，犯罪主体都是国家机关工作人员；侵犯的客体均是国家机关正常的管理秩序；客观方面都要求造成公共财产、国家和人民利益的重大损失。因此，二者容易混淆。二者的主要区别表现在：

（1）主观罪过形式不同。本罪的主观罪过是过失；而滥用职权的主观罪过是故意。

（2）客观行为的表现形式不同。本罪既可以表现为作为，也可以表现为不作为；而滥用职权罪只能表现为作为。

3. 本罪与重大责任事故罪的界限。

本罪与重大责任事故罪在主客观方面都有相同之处：主观方面的罪过形式都是过失；客观方面都要求造成严重的危害后果。二者的区别在于：

（1）犯罪的主体不同。本罪的主体是国家机关工作人员，重大责任事故罪的主体是一般主体。

（2）客观行为实施的环境不同。本罪是在国家机关人员履行管理职责、义务时实施，重大责任事故罪则是在生产、作业过程中实施。

（3）客体不同。本罪侵犯的是国家机关管理秩序，重大责任事故罪侵犯的是公共安全。

根据 2015 年 12 月 14 日最高人民法院、最高人民检察院《关于办理危害生产安全刑事案件适用法律若干问题的解释》的规定，国家机关工作人员在履行安全监督管理职责时玩忽职守，致使公共财产、国家和人民利益遭受重大损失的，应以玩忽职守罪定罪处罚。公司、企业、事业单位的工作人员在依法或者受委托行使安全监督管理职责时玩忽职守，构成犯罪的，应以玩忽职守罪定罪处罚。

4. 本罪与其他玩忽职守犯罪的界限。

《刑法》在第 397 条规定一般意义上的玩忽职守罪的同时，又在该章的其他条文中将一些由特定的国家工作人员在特定的领域所实施的玩忽职守的行为规定为独立的犯罪，如《刑法》第 406 条规定的国家机关工作人员签订、履行合同失职被骗罪，第 412 条第 2 款规定的商检失职罪等。但是，玩忽职守罪的规定属于普通法条，其他特定主体玩忽职守罪的规定属于特别法条，二者之间形成了法条竞合关系。因此，《刑法》第 397 条第 2 款规定："本法另有规定的，依照规定。"也就是说，当行为人的行为同时触犯第 397 条和其他法条时，就应对行为人按其他法条即特别法条所规定的犯罪论处。根据 2012 年 12 月 7 日最高人民法院、最高人民检察院《关于办理渎职刑事案件适用法律若干问题的解释（一）》第 2 条的规定，国家机关工作人员实施玩忽职守犯罪行为，触犯《刑法》分则第九章第 398 条至第 419 条规定的，依照该规定定罪处罚。国家机关工作人员玩忽职守，因不具备徇私舞弊等情形，不符合《刑法》分则第九章第 398 条至第 419 条的规定，但依法构成第 397 条规定的犯罪的，以玩忽职守罪定罪处罚。

（三）玩忽职守罪的处罚

根据《刑法》第 397 条第 1 款的规定，犯玩忽职守罪的，处 3 年以下有期徒刑或者拘役；情节特别严重的，处 3 年以上 7 年以下有期徒刑。该条第 2 款规定，国家机关工作人员徇私舞弊，犯玩忽职守罪的，处 5 年以下有期徒刑或者拘役；情节特别严重的，处 5 年以上 10 年以下有期徒刑。

　　根据 2012 年 12 月 7 日最高人民法院、最高人民检察院《关于办理渎职刑事案件适用法律若干问题的解释（一）》第 1 条第 2 款的规定，国家机关工作人员玩忽职守，具有下列情形之一的，应当认定为《刑法》第 397 条规定的"情节特别严重"：（1）造成死亡 3 人以上，或者重伤 9 人以上，或者轻伤 27 人以上，或者重伤 6 人、轻伤 9 人以上，或者重伤 3 人、轻伤 18 人以上的；（2）造成经济损失 150 万元以上的；（3）造成前款规定的损失后果，不报、迟报、谎报或者授意、指使、强令他人不报、迟报、谎报事故情况，致使损失后果持续、扩大或者抢救工作延误的；（4）造成特别恶劣社会影响的；（5）其他特别严重的情节。

三、故意泄露国家秘密罪

（一）故意泄露国家秘密罪的概念和特征

　　故意泄露国家秘密罪，是指国家机关工作人员或者非国家机关工作人员违反保守国家秘密法，故意使国家秘密被不应知悉者知悉，或者故意使国家秘密超出了限定的接触范围，情节严重的行为。

　　本罪具有如下特征：

　　（1）本罪侵犯的客体是国家的保密制度。根据我国宪法的规定，所有公民，特别是国家工作人员，必须严格遵守国家的保密制度。所谓国家保密制度，是指有关保守国家秘密的法律、法规、规章、办法、措施所规定的国家秘密事项、保密范围以及有关制度的总称。本罪的犯罪对象是国家秘密。根据《保守国家秘密法》的规定，"国家秘密"是指关系到国家的安全和利益，依照法律程序确定的，在一定时期内只限于一定范围的人知悉的事项。国家秘密包括国家事务和重大的决策中的秘密事项；国防建设和武装力量活动中的秘密事项；外交和外事活动中的秘密事项以及对外承担保密义务的事项；国民经济和社会发展中的秘密事项；科学技术中的秘密事项；维护国家安全活动和追查刑事犯罪的秘密事项；其他经国家保密工作部门确定应当保守的国家秘密事项。依照秘密的重要程度，国家秘密分为"绝密""机密""秘密"三级，它们均是本罪侵犯的对象。

　　（2）本罪在客观方面表现为违反保守国家秘密法的规定，泄露国家秘密，情节严重的行为。违反保守国家秘密法的规定，是指违反《保守国家秘密法》《保守国家秘密法实施条例》等有关规定。泄露国家秘密，是指使国家秘密让不应当知悉的人知悉。泄露国家秘密的行为方式，分为作为的泄露和不作为的泄露两种。作为的泄露，是指用积极的行为实施保守国家秘密法所禁止的泄露行为。不作为的泄露，是指有义务实施并且能够实施保守国家秘密法规定的保密行为而没有实施的泄露行为。

　　（3）本罪的主体主要是国家机关工作人员。但这并不意味着非国家机关工作人员就不可能实施泄露国家秘密的行为，因为非国家机关工作人员也有可能了解和掌握国家秘密，从而也可能进行泄露。因此，根据刑法的规定，非国家机关工作人员故意泄露国家秘密，情节严重的，也要按照故意泄露国家秘密罪酌情处罚。应当明确，对非国家机关工作人员应作广义理解，它是指一切知悉或了解国家秘密的非国家机关工作人员。

　　（4）本罪在主观方面由故意构成。即行为人明知是国家秘密而故意加以泄露。行为人的犯罪目的和动机一般不影响犯罪的成立。但行为人如果出于危害国家安全的目的而故意将国家秘密提供给境外的机构、组织或人员，则应按《刑法》第 111 条的规定定罪处罚。

（二）故意泄露国家秘密罪的认定

　　1. 本罪与非罪的界限。

　　（1）故意泄露国家秘密罪与一般泄密行为的界限。

　　根据《刑法》第 398 条的规定，并不是一切泄露国家秘密的行为都构成犯罪，而是只有"情节严重的"才构成犯罪。因此，对于一般并非"情节严重的"泄密行为，不能按犯罪来处理。

　　根据 2006 年 7 月 26 日最高人民检察院《关于渎职侵权犯罪案件立案标准的规定》，国家机关工作人员故意泄露国家秘密涉嫌下列情形之一的，应予立案：1）泄露绝密级国家秘密 1 项（件）以上的；2）泄露机密级国家秘密 2 项（件）以上的；3）泄露秘密级国家秘密 3 项（件）以上的；4）向非境外机构、组织、人员泄露国家秘密，造成或者可能造成危害社会稳定、经济发展、国防安全或者其他严重危害后果的；5）通过口头、书面或者网络等方式向公众散布、传播国家秘密的；6）利用职权指使或者强迫他人违反国家保守秘密法的规定泄露国家秘密的；7）以牟取私利为目的泄露国家秘密的；8）其他情节严重的情形。

参考案例 26-3

2002 年上半年至 2003 年 12 月，孔某参加国家英语四、六级考试的监考工作。在此期间孔某打起了"卖题发财"的主意，遂暗中组织原四川某学院的学生胡某、西南某大学的学生李某和陈某等人，利用小各自广告、互联网等方式，在全国部分高校找到了一些"下家"。其运作方式是：考前，负责监考的孔某提前领取试卷到僻静处启封，然后将部分试题用电话告知场外"枪手"，并复印试卷带出考场，让"枪手"做好答案后，通过 QQ 发送给买家。法院认为，孔某等 4 人构成了故意泄露国家秘密罪，分别判处孔某、胡某有期徒刑 4 年、2 年，判处李某有期徒刑 1 年、缓刑 1 年，同时，对被查获的电脑、手机、传呼机等作案工具予以没收。

（2）故意泄露国家秘密罪与意外事件的界限。

故意泄露国家秘密罪的主观过错形式必须是故意。意外事件是由于不能预见的原因泄露了国家秘密，例如，行为人依法运送国家秘密的途中，遭遇水灾，因文件被水冲散致使该国家秘密泄露。由于行为人主观方面既没有故意，也没有过失，因而其行为不能构成犯罪。

2. 本罪与为境外窃取、刺探、收买、非法提供国家秘密、情报罪的界限。

二者的主要区别表现在以下三个方面：

（1）犯罪的主观内容不同。本罪的主观方面是泄露国家秘密的故意，为境外窃取、刺探、收买、非法提供国家秘密、情报罪的主观方面则是为境外窃取、刺探、收买、非法提供国家秘密或者情报的故意。

（2）犯罪的客观表现不同。本罪表现为泄露国家秘密的行为，为境外窃取、刺探、收买、非法提供国家秘密、情报罪表现为窃取、刺探、收买、非法提供国家秘密或者情报的行为。本罪没有特定服务对象，为境外窃取、刺探、收买、非法提供国家秘密、情报罪则必须是为境外机构、组织、人员服务。本罪要求必须情节严重才构成犯罪，为境外窃取、刺探、收买、非法提供国家秘密、情报罪则不以情节严重作为犯罪构成要件。

（3）犯罪客体和犯罪对象范围不同。本罪侵犯的是国家保密制度，犯罪对象是国家秘密；为境外窃取、刺探、收买、非法提供国家秘密、情报罪侵犯的是国家安全和利益，犯罪对象除国家秘密外，还包括有关我国国家安全的情况、资料、报告和消息等情报。

根据 2001 年 1 月 17 日最高人民法院《关于审理为境外窃取、刺探、收买、非法提供国家秘密、情报案件具体应用法律若干问题的解释》的规定，通过互联网将国家秘密或者情报非法发送给境外的机构、组织、个人的，依照《刑法》第 111 条的规定定罪处罚；将国家秘密通过互联网予以发布，情节严重的，依照《刑法》第 398 条的规定定罪处罚。

3. 本罪与侵犯商业秘密罪的界限。

二者的主要区别为：

（1）犯罪客体不同。本罪侵犯的是国家的保密制度；侵犯商业秘密罪侵犯的是知识产权。

（2）主体不同。本罪的主体主要是国家机关工作人员；侵犯商业秘密罪的主体可以是任何具有责任能力的人。

（3）侵犯的对象不同。本罪侵犯的对象是国家保密法所规定的国家秘密，其内涵远远大于后者；侵犯商业秘密罪侵犯的对象仅限于商业秘密。如国家机关工作人员将自己知悉的属于国家秘密范畴的商业秘密泄露出去，则是一行为触犯数罪名，即属于想象竞合的情况，应按从一重罪处断的原则处理。

4. 本罪与非法获取国家秘密罪以及非法持有国家绝密、机密文件、资料、物品罪的界限。

二者的主要区别在于：

（1）主体不同。本罪的主体主要是国家机关工作人员；非法获取国家秘密罪以及非法持有国家绝密、机密文件、资料、物品罪的主体可以是任何具有责任能力的人。

（2）客观表现不同。本罪客观表现为"泄露"国家秘密，即将自己知道的（一般是通过合法途径知道的）国家秘密传递出去；非法获取国家秘密罪以及非法持有国家绝密、机密文件、资料、物品罪则表现为"窃取、刺探、收买"国家秘密或"非法持有属于国家绝密、机密的文件、资料或者其他物品，拒不说明来源与用途"。假如行为人将"窃取、刺探、收买"的国家秘密又泄露出去的，则属于吸收犯的情况，应从一重罪处断。

5. 本罪与过失泄露国家秘密罪的界限。

过失泄露国家秘密罪，是指国家机关工作人员或者非国家机关工作人员违反保守国家秘密法，过失泄露国家秘密，或者遗失国家秘密载体，致使国家秘密被不应知悉者知悉或者超出了限定的接触范围，情节严重的行为。两者的主要区别为：一是主观罪过不同；二是"情节严重"的具体定罪标准有所差异。

（三）故意泄露国家秘密罪的处罚

根据《刑法》第 398 条第 1 款的规定，国家机关工作人员犯故意泄露国家秘密罪的，处 3 年以下有期徒刑或者拘役；情节特别严重的，处 3 年以上 7 年以下有期徒刑。依据该条第 2 款的规定，非国家机关工作人员犯故意泄露国家秘密罪的，依照第 1 款的规定酌情处罚。我们认为，对非国家机关工作人员而言，这里所谓的酌情处罚，意指对非国家工作人员的处罚一般应当轻于对国家机关工作人员犯本罪的处罚。

四、徇私枉法罪

（一）徇私枉法罪的概念和特征

徇私枉法罪，是指司法工作人员徇私枉法、徇情枉法，对明知是无罪的人而使他受追诉，对明知是有罪的人而故意包庇不使他受追诉，或者在刑事审判活动中故意违背事实和法律作枉法裁判的行为。

本罪具有如下特征：

（1）本罪侵犯的客体是国家司法机关的工作秩序。国家司法机关，是指国家依据宪法设置的行使侦查职能、检察职能、审判职能和监管职能的机关。国家司法机关工作秩序，是指由法律规定的为保障司法活动正常进行的制度和纪律。

（2）本罪在客观方面表现为行为人在刑事活动中徇私枉法的行为。具体表现为以下几种行为：

第一，对明知是无罪的人而使他受追诉。追诉，是指追究刑事责任，包括采取立案侦查、强制措施、移送起诉、提起公诉、开庭审判等司法行为。

第二，对明知是有罪的人而故意包庇不使他受追诉。包括对明知有犯罪事实需要追究刑事责任的人采取伪造、隐匿、毁灭证据或者其他隐瞒事实、违背法律的手段，故意包庇使其不受立案、侦查（含采取强制措施）、起诉、审判或者在立案后，故意违背事实和法律，应该采取强制措施而不采取强制措施，或者虽采取强制措施，但无正当理由中断侦查或者超过法定期限不采取任何措施，实际放任不管，以及违法撤销、变更强制措施，致使犯罪嫌疑人、被告人实际脱离司法机关侦控等情形。

参考案例 26-4

2005 年 1 月 4 日，福建省某县人民法院以徇私枉法罪判处被告人陈某有期徒刑 1 年，缓刑 1 年，并没收其非法所得人民币 1 500 元。2003 年 7 月，身为某县公安局馆前森林派出所所长的陈某，在接到群众举报后，召集全所同志到某县某镇调查处理某村村民张某滥伐林木案。在现场勘查、调查处理过程中，陈某两次收受张某的妻舅林某送来的人民币共计 1 500 元，在明知张某滥伐林木材积 24.911 5 立方米，已达刑事立案标准的情况下，同意张某补办手续减到 14.244 8 立方米，致其未达到刑事立案的标准，将张某滥伐林木只作为林业行政处罚案件，罚款人民币 1 万余元，从而使张某未能及时受到刑事追诉。案发后，被告人陈某于 2004 年 12 月 26 日向某县人民检察院投案自首，并退清全部赃款。

第三，在刑事审判活动中故意违背事实和法律作枉法裁判。即是指有罪判无罪、无罪判有罪，或者重罪轻判、轻罪重判等情形。

只要实施了上述三种行为之一的，就可构成徇私枉法罪。

（3）本罪的主体是特殊主体，即只能由司法工作人员构成。根据《刑法》第 94 条的规定，司法工作人员是指有侦查、检察、审判、监管职责的工作人员。同时，根据 2003 年 4 月 16 日最高人民检察院《关于非司法工作人员是否可以构成徇私枉法罪共犯问题的答复》的规定，非司法工作人员与司法工作人员勾结，共同实施徇私枉法行为，构成犯罪的，应当以徇私枉法罪的共犯追究刑事责任。

（4）本罪的主观方面只能是故意。如果行为人因过失造成对有罪者作无罪判决，对无罪者作有罪判决，或者重罪轻判，轻罪重判以及将此罪判为彼罪，将彼罪判为此罪等的，不能以本罪论处。

（二）徇私枉法罪的认定

1. 本罪与非罪的界限。

（1）徇私枉法罪与一般徇私枉法行为的界限。并非一切徇私、徇情枉法的行为都构成犯罪。根据 2006 年 7 月 26 日最高人民检察院《关于渎职侵权犯罪案件立案标准的规定》，司法工作人员徇私枉法涉嫌下列情形之一的，应予立案：1）对明知是没有犯罪事实或者其他依法不应当追究刑事责任的人，采取伪造、隐匿、毁灭证据或者其他隐瞒事实、违反法律的手段，以追究刑事责任为目的立案、侦查、起诉、审判的；2）对明知是有犯罪事实需要追究刑事责任的人，采取伪造、隐匿、毁灭证据或者其他隐瞒事实、违反法律的手段，故意包庇使其不受立案、侦查、起诉、审判的；3）采取伪造、隐匿、毁灭证据或者其他隐瞒事实、违反法律的手段，故意使罪重的人受较轻的追诉，或者使罪轻的人受较重的追诉的；4）在立案后，采取伪造、隐匿、毁灭证据或者其他隐瞒事实、违反法律的手段，应当采取强制措施而不采取强制措施，或者虽然采取强制措施，但中断侦查或者超过法定期限不采取任何措施，实际放任不管，以及违法撤销、变更强制措施，致使犯罪嫌疑人、被告人实际脱离司法机关侦控的；5）在刑事审判活动中故意违背事实和法律，作出枉法判决、裁定，即有罪判无罪、无罪判有罪，或者重罪轻判、轻罪重判的；6）其他徇私枉法应予追究刑事责任的情形。

（2）司法工作人员在实际工作中发生错捕、错诉、错判等情况的，是否构成徇私枉法罪，要从两个方面综合判断。首先，应当看其主观上是否有明知且故意为之。只有明知是无罪人而予以追诉，明知是有罪人而故意包庇不追诉，或者故意违背事实和法律枉法裁判的，才构成徇私枉法罪。其次，应当看其客观上是否确有徇私枉法的行为。如仅是因责任心不强，工作不认真、不细致，业务水平低，未能正确适用法律，从而造成错捕、错诉、错判的，其行为就不能认定为徇私枉法罪。但如果是由于对工作严重不负责任，造成错案，给国家和公民的利益造成重大损害的，可以构成玩忽职守罪。

2. 本罪与报复陷害罪的界限。

两者的主要区别表现为：

（1）犯罪客体不同。本罪侵犯的是司法机关的正常活动；报复陷害罪侵犯的主要是公民的民主权利。

（2）客观方面的表现不同。本罪表现为利用司法职权徇私枉法；报复陷害罪则表现在日常工作中，滥用职权、假公济私，实施报复陷害。

（3）犯罪对象不同。本罪侵犯的对象可以是任何公民；报复陷害罪侵犯的是控告人、申诉人、批评人。

（4）主体不同。本罪的主体只能是司法工作人员；报复陷害罪的主体则是包括司法工作人员在内的所有国家机关工作人员。

3. 本罪与诬告陷害罪的界限。

两者的主要区别表现为：

（1）主体不同。本罪的主体是特殊主体；诬告陷害罪的主体是一般主体。

（2）客观方面的表现不同。本罪表现为利用职权进行枉法追诉、枉法不追诉或者枉法裁判；诬告陷害罪的客观行为表现为捏造他人犯罪事实并实施告发行为，意图使无罪人受到追究，不存在利用职权的问题。

4. 本罪与伪证罪的界限。

两者的主要区别表现为：

（1）主体不同。本罪的主体是国家司法机关工作人员；伪证罪的主体是证人、鉴定人、记录人、翻译人。

（2）客观方面的表现不同。本罪是利用司法职权实施徇私枉法、徇情枉法行为；伪证罪中的鉴定人、记录人、翻译人是利用其具体工作职务的便利条件，对与案件有重要关系的情节作虚假证明、鉴定、记录、翻译的行为。

5. 本罪与包庇罪的界限。

本罪与包庇罪都发生在刑事司法活动中；主观方面的罪过形式都是故意；二者的主体具有交叉关系，即包庇罪的主体也可以是司法工作人员；在客观方面徇私枉法罪也包括包庇的内容，因此，二者容易混淆。二者的区别主要表现在：

（1）犯罪主体的范围不同。本罪的主体只能是司法工作人员；而包庇罪的主体是一般主体，既可以是司法工作人员，也可以是其他任何达到刑事责任年龄具有刑事责任能力的人。

（2）主观故意的内容不尽相同。本罪的意图既可以是以使他人受到不应有的刑事追诉或受到冤判、错判，也可以是以放纵犯罪分子为目的；包庇罪的意图则仅限于放纵犯罪分子。

（3）客观表现不同。本罪表现为行使职权枉法追诉无罪的人或者枉法不使有罪人受到刑事追究；包庇罪则表现为犯罪人提供隐藏处所、财物，帮助其逃匿或者作虚假证明包庇。

6. 本罪与妨害作证罪及帮助毁灭、伪造证据罪的界限。

本罪中的包庇行为也可能表现为以威胁、贿买等方法阻止证人提供证明犯罪分子有罪的证据，帮助犯罪分子逃匿等行为，这是其与妨害作证罪及帮助毁灭、伪造证据罪的相似之处。二者的区别在于：

（1）犯罪客体不同。本罪的客体是司法机关的正常活动与司法公正；妨害作证罪及帮助毁灭、伪造证据罪的客体为社会管理秩序中的司法秩序。

（2）客观方面的表现不同。本罪整个活动都与行为人职务有关；而妨害作证罪及帮助毁灭、伪造证据罪行为与行为人职务并无关系。如果司法机关的工作人员在职务活动以外实施帮助毁灭、伪造证据行为的，则应按《刑法》第307条论处；如果在职务活动之中实施帮助毁灭、伪造证据行为的，则属于一行为触犯数罪名的情况，是想象竞合犯，应按从一重罪处断的原则处理。

（3）主体不同。本罪的主体限于司法机关的工作人员；妨害作证罪及帮助毁灭、伪造证据罪的主体没有此种限制。

7. 关于渎职罪相关共同犯罪的处理原则。

根据2012年12月7日最高人民法院、最高人民检察院《关于办理渎职刑事案件适用法律若干问题的解释（一）》第4条的规定，国家机关工作人员实施渎职行为，放纵他人犯罪或者帮助他人逃避刑事处罚，构成犯罪的，依照渎职罪的规定定罪处罚。国家机关工作人员与他人共谋，利用其职务行为帮助他人实施其他犯罪行为，同时构成渎职犯罪和共谋实施的其他犯罪共犯的，依照处罚较重的规定定罪处罚。国家机关工作人员与他人共谋，既利用其职务行为帮助他人实施其他犯罪，又以非职务行为与他人共同实施该其他犯罪行为，同时构成渎职犯罪和其他犯罪的共犯的，依照数罪并罚的规定定罪处罚。

（三）徇私枉法罪的处罚

根据《刑法》第399条第1款的规定，犯本罪的，处5年以下有期徒刑或者拘役；情节严重的，处5年以上10年以下有期徒刑；情节特别严重的，处10年以上有期徒刑。根据该条第4款的规定，司法工作人员收受贿赂，有徇私枉法行为，同时又构成受贿罪的，依照处罚较重的规定定罪处罚。

五、枉法仲裁罪

（一）枉法仲裁罪的概念和特征

枉法仲裁罪是指依法承担仲裁职责的人员，在仲裁活动中故意违背事实和法律作枉法裁决，情节严重的行为。

本罪具有如下构成特征：

（1）枉法仲裁罪侵犯的客体为仲裁机构的正常活动与仲裁公信力。

（2）枉法仲裁罪在客观方面表现为，仲裁人员在仲裁活动中故意违背事实和法律作枉法裁决，情节严重的行为。具体来说本罪在客观方面包含以下三个要件：

第一，枉法裁决的行为必须发生在仲裁活动中。根据我国《仲裁法》的规定，仲裁是指发生争议的双方当事人，根据其在争议发生前或争议发生后所达成的协议，自愿将该争议提交中立的第三者进行裁判的争议解决制度和方式。所以，发生于仲裁活动中的枉法裁决与发生于审判活动中的枉法裁判性质有别，构成的罪名也有不同：如果是在刑事审判活动中故意违背事实和法律作枉法裁判的，可能构成徇私枉法罪；如果是在民事、行政审判活动中故意违背事实和法律作枉法裁判的，则可能构成民事、行政枉法裁判罪。

第二，行为人必须是故意违背事实和法律作枉法裁决。所谓违背事实，既可以是对有确实、充分证据证明的事实不予以认定，也可以是对证据不确实、不充分的事实予以认定，甚至可以是伪造、毁灭证据以虚构、混淆事实。所谓违背法律，是指依法承担仲裁职责的人员在仲裁活动中故意曲解法律或违背法律。在国际或涉外仲裁中，当事人有权选择处理争议适用的实体法，如果当事人选择适用外国法，那么违背该外国法所做出裁决也构成本罪；如果仲裁庭适用交易习惯或国际惯例或者公平原则裁决案件，那么违背该交易习惯或国际惯例或者公平原则的行为亦构成本罪。所谓枉法裁决，是指依照事实和法律本应裁决当事人胜诉或败诉的，行为人却故意颠倒黑白地裁决该当事人败诉或胜诉，或者对本应承担较重责任的当事人违法判定减轻其责任，对本应承担较轻责任的当事人违法判定加重其责任，等等。

第三，枉法裁决的行为须达到"情节严重"的程度。

（3）本罪的犯罪主体是特殊主体，即依法承担仲裁职责的人员。根据《仲裁法》的规定，仲裁员的聘请和任职有严格的程序和条件，一经聘请就应按照《仲裁法》的规定行使权利、承担义务，对仲裁事务作出公平合理的裁决；违反其规定枉法裁决，情节严重的，构成本罪。

（4）枉法仲裁罪主观方面为故意，且为直接故意。

（二）枉法仲裁罪的认定

1. 本罪与非罪的界限。

（1）本罪是故意犯罪，即行为人明知违背事实和法律，仍故意作出枉法裁决。如果行为人不是出于故意，而是因为责任心不强，工作不认真、不细致，业务水平低等原因而做出错误裁决的，不构成本罪。

（2）根据《刑法》第399条之一的规定，实施枉法仲裁的行为，只有情节严重的才构成犯罪。因而，情节严重与否是区分一般枉法仲裁行为与枉法仲裁罪的界限。关于本罪"情节严重"的具体认定标准尚无司法解释明确，在此之前，可以酌情参考2006年6月27日最高人民检察院《关于渎职侵权犯罪案件立案标准的规定》中关于民事、行政枉法裁判罪的立案标准予以判断：1）枉法裁判，致使当事人或者其近亲属自杀、自残造成重伤、死亡，或者精神失常的；2）枉法裁判，造成个人财产直接经济损失10万元以上，或者直接经济损失不满10万元，但间接经济损失50万元以上的；3）枉法裁判，造成法人或者其他组织财产直接经济损失20万元以上，或者直接经济损失不满20万元，但间接经济损失100万元以上的；4）伪造、变造有关材料、证据，制造假案枉法裁判的；5）串通当事人制造伪证，毁灭证据或者篡改庭审笔录而枉法裁判的；6）徇私情、私利，明知是伪造、变造的证据而予以采信，或者故意对应当采信的证据不予采信，或者故意违反法定程序，或者故意错误适用法律而枉法裁判的；7）其他情节严重的情形。

2. 本罪与徇私枉法罪和民事、行政枉法裁判罪的界限。

徇私枉法罪，是指司法工作人员徇私枉法、徇情枉法，对明知是无罪的人而使他受追诉，对明知是有罪的人而故意包庇不使他受追诉，或者在刑事审判活动中故意违背事实和法律作枉法裁判的行为。民事、行政枉法裁判罪，是指审判人员在民事、行政审判活动中故意违背事实和法律作枉法裁判，情节严重的行为。三者的区别主要在于：

（1）侵犯的客体不同。徇私枉法罪和民事、行政枉法裁判罪侵犯的客体都可归结为司法机关的正常活动和司法公信力，具体来说，前者侵犯的客体是刑事诉讼活动的正常秩序和司法公信力，后者侵犯的是民事、行政审判活动的正常秩序和司法公信力；而枉法仲裁罪所侵犯的客体是仲裁活动的正常秩序和仲裁公信力。

（2）时空条件不同。枉法仲裁罪只能发生在仲裁活动中；徇私枉法罪只能发生在刑事诉讼活动中，包括立案、侦查、审查起诉以及审判四个阶段；民事、行政枉法裁判罪则只能发生在民事、行政审判过程中。

（3）行为所指对象不同。枉法仲裁罪针对的是涉及仲裁活动的自然人、法人或非法人组织；徇私枉法罪针对的是一般自然人或单位和刑事案件的犯罪嫌疑人或被告人；民事、行政枉法裁判罪则针对的是涉及民事、行政诉讼的当事人。

（4）犯罪主体不同。三者的主体虽都是特殊主体，但是枉法仲裁罪的主体是依法承担仲裁职责的人员；徇私枉法罪的主体是司法工作人员，根据《刑法》第 94 条的规定，司法工作人员是指有侦查、检察、审判、监管职责的工作人员；民事、行政枉法裁判罪的主体是审判人员，限于在民事、行政审判活动中参与审判活动、行使审判权的审判人员。

参考案例 26 - 5

陶某等三人从某拖拉机厂购买了其部分厂房进行拖拉机配件加工。后因经营不善停业，三人为厂房资产分配份额发生纠纷，遂于两年后向某仲裁委员会申请仲裁。经仲裁委员会裁决：三人诉争厂房资产归三人共同所有，按平均份额分摊。后拖拉机厂对仲裁委裁决提出异议。侦查机关经调查认为：承办该仲裁案件的仲裁员在明知陶某三人仅享有拖拉机厂部分房屋产权的情况下，仍错误地将拖拉机厂租给陶某等三人的 10 间厂房同陶某等三人购买的厂房一并裁决给陶某等三人所有，给拖拉机厂造成巨大经济损失。侦查机关遂以枉法仲裁罪对承办该仲裁案件的仲裁员立案侦查。

（三）枉法仲裁罪的处罚

根据《刑法》第 399 条之一的规定，犯枉法仲裁罪的，处 3 年以下有期徒刑或拘役；情节特别严重的，处 3 年以上 7 年以下有期徒刑。

六、徇私舞弊减刑、假释、暂予监外执行罪

（一）徇私舞弊减刑、假释、暂予监外执行罪的概念和特征

徇私舞弊减刑、假释、暂予监外执行罪，是指司法工作人员徇私舞弊，对不符合减刑、假释、暂予监外执行条件的罪犯，予以减刑、假释或者暂予监外执行的行为。

本罪的构成特征如下：

（1）本罪侵犯的客体是司法机关的正常活动。具体而言，是司法机关关于减刑、假释、暂予监外执行的正常管理活动。

（2）本罪的客观方面表现为对不符合减刑、假释、暂予监外执行条件的罪犯，予以减刑、假释或者暂予监外执行的行为。根据刑法、刑事诉讼法以及相关司法解释的规定，犯罪分子需满足一定的条件才可对其进行减刑、假释或者暂予监外执行。根据 2006 年 7 月 26 日最高人民检察院《关于渎职侵权犯罪案件立案标准的规定》，涉嫌下列情形之一的，应予立案：1）刑罚执行机关的工作人员对不符合减刑、假释、暂予监外执行条件的罪犯，捏造事实，伪造材料，违法报请减刑、假释、暂予监外执行的；2）审判人员对不符合减刑、假释、暂予监外执行条件的罪犯，徇私舞弊，违法裁定减刑、假释或者违法决定暂予监外执行的；3）监狱管理机关、公安机关的工作人员对不符合暂予监外执行条件的罪犯，徇私舞弊，违法批准暂予监外执行的；4）不具有报请、裁定、决定或者批准减刑、假释、暂予监外执行权的司法工作人员利用职务上的便利，伪造有关材料，导致不符合减刑、假释、暂予监外执行条件的罪犯被减刑、假释、暂予监外执行的；5）其他徇私舞弊减刑、假释、暂予监外执行应予追究刑事责任的情形。

（3）本罪的主体是特殊主体，只能是司法工作人员。

（4）本罪的主观方面为故意，且具有徇私舞弊的动机。

参考案例 26－6

被告人林某，原系吉林省吉林监狱第三监区监区长。2003年12月，高某因犯合同诈骗罪，被北京市东城区人民法院判处有期徒刑12年，2004年1月入吉林省吉林监狱服刑。服刑期间，高某认识了服刑犯人赵某，并请赵某为其办理保外就医。赵某找到时任吉林监狱第五监区副监区长的被告人林某，称高某愿意出钱办理保外就医，让林某帮忙把手续办下来。林某答应帮助沟通此事。之后赵某找到服刑犯人杜某，由杜某配制了能表现出患病症状的药物。在赵某的安排下，高某于同年3月24日服药后"发病"住院。林某明知高某伪造病情，仍找到吉林监狱刑罚执行科的王某（另案处理），让其为高某办理保外就医，并主持召开了对高某提请保外就医的监区干部讨论会。会上，林某隐瞒了高某伪造病情的情况，致使讨论会通过了高某的保外就医申请，然后其将高某的保外就医相关材料报到刑罚执行科。其间高某授意其弟高甲向林某行贿人民币5万元（林某将其中3万元交王某）。2004年4月28日，经吉林监狱呈报，吉林省监狱管理局以高某双肺肺炎、感染性休克、呼吸衰竭，批准高某暂予监外执行1年。同年4月30日，高某被保外就医。2006年5月18日，高某被收监。法院经审理认为，被告人林某犯徇私舞弊暂予监外执行罪，判处有期徒刑3年。

（二）徇私舞弊减刑、假释、暂予监外执行罪的认定

认定本罪，主要应注意本罪与徇私枉法罪的界限。两罪的主要区别在于所处的刑事诉讼阶段有所不同，徇私枉法罪的行为实施于刑事诉讼的立案、侦查、起诉和审判阶段，而本罪的行为实施于刑罚执行阶段。

（三）徇私舞弊减刑、假释、暂予监外执行罪的处罚

根据《刑法》第401条的规定，犯本罪的，处3年以下有期徒刑或者拘役；情节严重的，处3年以上7年以下有期徒刑。

七、徇私舞弊不移交刑事案件罪

（一）徇私舞弊不移交刑事案件罪的概念和特征

徇私舞弊不移交刑事案件罪，是指行政执法人员徇私舞弊，对依法应当移交司法机关追究刑事责任的不移交，情节严重的行为。

本罪的构成特征如下：

（1）本罪侵犯的客体是行政执法机关和司法机关的正常活动。

（2）本罪在客观方面上表现为徇私舞弊，对依法应当移交司法机关追究刑事责任的不移交，情节严重的行为。行政执法机关在依法查办违法行为过程中，如果发现所查办的行为可能涉嫌犯罪的，应当移送司法机关办理。2001年7月9日国务院《行政执法机关移送涉嫌犯罪案件的规定》和2001年12月3日最高人民检察院《办理行政执法机关移送涉嫌犯罪案件的规定》对于行政执法机关移送刑事案件作出了详细规定。

根据2006年7月26日最高人民检察院《关于渎职侵权犯罪案件立案标准的规定》，涉嫌下列情形之一的，应予立案：1）对依法可能判处3年以上有期徒刑、无期徒刑、死刑的犯罪案件不移交的；2）不移交刑事案件涉及3人次以上的；3）司法机关提出意见后，无正当理由仍然不予移交的；4）以罚代刑，放纵犯罪嫌疑人，致使犯罪嫌疑人继续进行违法犯罪活动的；5）行政执法部门主管领导阻止移交的；6）隐瞒、毁灭证据，伪造材料，改变刑事案件性质的；7）直接负责的主管人员和其他直接责任人员为牟取本单位私利而不移交刑事案件，情节严重的；8）其他情节严重的情形。根据2015年12月14日最高人民法院、最高人民检察院《关于办理危害生产安全刑事案件适用法律若干问题的解释》的规定，国家机关工作人员在履行安全监督管理职责时徇私舞弊，对发现的刑事案件依法应当移交司法机关追究刑事责任而不移交，情节严重的，以徇私舞弊不移交刑事案件罪定罪处罚。

（3）本罪的主体是特殊主体，只能是行政执法人员。

（4）本罪的主观方面是故意，且具有徇私舞弊的动机。

参考案例 26-7

被告人胡某在担任天津市工商行政管理局河西分局（以下简称工商河西分局）公平交易科科长期间，于 2006 年 1 月 11 日上午，带领被告人郑某等该科工作人员对群众举报的天津华夏神龙科贸发展有限公司（以下简称"神龙公司"）涉嫌非法传销问题进行现场检查，当场扣押财务报表及宣传资料若干，并于当日询问该公司法定代表人李某，李某承认其公司营业额为 114 万余元（与所扣押财务报表上数额一致），后由被告人郑某具体负责办理该案。2006 年 3 月 16 日，被告人胡某、郑某在案件调查终结报告及处罚决定书中，认定神龙公司的行为属于非法传销行为，却隐瞒该案涉及经营数额巨大的事实，为牟取小集体罚款提成的利益，提出行政罚款的处罚意见。被告人胡某在局长办公会上汇报该案时亦隐瞒涉及经营数额巨大的事实。2006 年 4 月 11 日，工商河西分局同意被告人胡某、郑某的处理意见，对当事人作出"责令停止违法行为，罚款 50 万元"的行政处罚，后李某分数次将 50 万元罚款交给工商河西分局。被告人胡某、郑某所在的公平交易科因此案得到 2.5 万元罚款提成。李某在分期缴纳罚款期间，又成立河西、和平、南开分公司，由王某担任河西分公司负责人，继续进行变相传销活动，并造成被害人华某等人经济损失共计 40 万余元人民币。公安机关接被害人举报后，查明李某进行传销活动非法经营数额共计 2 277 万余元人民币（工商部门查处时为 1 600 多万元）。法院经审理认为，胡某和郑某的行为构成徇私舞弊不移交刑事案件罪。

（二）徇私舞弊不移交刑事案件罪的认定

认定本罪，主要应注意本罪与徇私枉法罪的界限。两罪构成要件的主要区别在于主体不同，本罪的主体是行政执法人员，而徇私枉法罪的主体是司法工作人员。

（三）徇私舞弊不移交刑事案件罪的处罚

根据《刑法》第 402 条的规定，犯本罪的，处 3 年以下有期徒刑或者拘役；造成严重后果的，处 3 年以上 7 年以下有期徒刑。

八、食品、药品监管渎职罪

（一）食品、药品监管渎职罪的概念与特征

食品、药品监管渎职罪，是依据《刑法修正案（十一）》确定的罪名，在原有食品监管渎职罪的基础上增加药品监管渎职犯罪。食品、药品监管渎职罪，是指负有食品、药品安全监督管理职责的国家机关工作人员，滥用职权或者玩忽职守，造成严重后果或者有其他严重情节的行为。

本罪具有如下特征：

（1）本罪的客体是国家机关的食品、药品安全监管活动。

（2）本罪的客观方面表现为滥用职权或者玩忽职守，造成严重后果或者有其他严重情节的行为。具体而言，本罪中的滥用职权或者玩忽职守包括以下法定情形：瞒报、谎报食品安全事故、药品安全事件的；对发现的严重食品、药品安全违法行为未按照规定查处的；在药品和特殊食品审批审评过程中，对不符合条件的申请准予许可的；依法应当移交司法机关追究刑事责任不移交的；有其他滥用职权或者玩忽职守行为的。这里的"滥用职权"，是指国家机关工作人员超越职权，违法决定、处理其无权决定、处理的事项，或者违反规定处理公务的行为。"玩忽职守"，是指国家机关工作人员严重不负责任，不履行或者不认真履行其职责的行为。本罪是结果犯，要求滥用职权或者玩忽职守的行为必须造成严重后果或者有其他严重情节。

（3）本罪的主体是特殊主体，限于负有食品、药品安全监督管理职责的国家机关工作人员。

（4）本罪的主观方面包括故意或者过失。其中，滥用职权型的食品、药品监管渎职罪为故意，而玩忽职守型的食品、药品监管渎职罪为过失。

（二）食品、药品监管渎职罪的认定

在实践中，应该注意本罪与生产、销售不符合安全标准的食品罪和生产、销售有毒、有害食品罪的界限。这三种犯罪都危害了公共食品安全，在实践中也往往是彼此联系，同时发生，但在犯罪主体方面存在显著差异。食品、药品监管渎职罪是《刑法》第 397 条滥用职权罪和玩忽职守罪的特殊规定，其犯罪主体限于负有食品、药品安全监督管理职责的国家机关工作人员。根据《刑法》第 143 条、第 144 条、第 150 条的规定，生产、销售不符合安全标准的食品罪和生产、销售有毒、有害食品罪为一般主体，包括自然人和单位。单位犯罪的，实行双罚制，即对单位判处罚金，并对其直接负责的主管人员和其他直接责任人员，依照各该条的规定处罚。

根据 2021 年 12 月 30 日最高人民法院、最高人民检察院《关于办理危害食品安全刑事案件适用法律若干问题的解释》的规定，负有食品安全监督管理职责的国家机关工作人员，滥用职权或者玩忽职守，构成食品监管渎职罪，同时构成徇私舞弊不移交刑事案件罪、商检徇私舞弊罪、动植物检疫徇私舞弊罪、放纵制售伪劣商品犯罪行为罪等其他渎职犯罪的，依照处罚较重的规定定罪处罚。负有食品安全监督管理职责的国家机关工作人员滥用职权或者玩忽职守，不构成食品监管渎职罪，但构成前述规定的其他渎职犯罪的，依照该其他犯罪定罪处罚。负有食品安全监督管理职责的国家机关工作人员与他人共谋，利用其职务行为帮助他人实施危害食品安全犯罪行为，同时构成渎职犯罪和危害食品安全犯罪共犯的，依照处罚较重的规定定罪从重处罚。

根据 2022 年 3 月 3 日最高人民法院、最高人民检察院《关于办理危害药品安全刑事案件适用法律若干问题的解释》的规定，负有药品安全监督管理职责的国家机关工作人员，滥用职权或者玩忽职守，构成药品监管渎职罪，同时构成商检徇私舞弊罪、商检失职罪等其他渎职犯罪的，依照处罚较重的规定定罪处罚；滥用职权或者玩忽职守，不构成药品监管渎职罪，但构成前述规定的其他渎职犯罪的，依照该其他犯罪定罪处罚；与他人共谋，利用其职务便利帮助他人实施危害药品安全犯罪行为，同时构成渎职犯罪和危害药品安全犯罪共犯的，依照处罚较重的规定定罪从重处罚。

参考案例 26-8

被告人赛某、韩某某分别系云南省嵩明县质量技术监督局（以下简称嵩明县质监局）局长、副局长。接群众举报，某年 9 月，赛某、韩某某对云南杨林丰瑞公司进行检查，发现该公司无生产许可证，且现场用于生产食用油脂的 2 000 多吨毛猪油不符合食品安全标准，在没有计量、核实毛猪油数量、来源的情况下，仅对毛猪油 591.4 吨、活性白土 30 吨、菜油 100 吨进行封存。10 月，赛某、韩某某决定只将 59.143 吨毛猪油认定为不符合食品安全标准，并决定对该公司进行立案并作出行政处罚，后嵩明县质监局向杨林丰瑞公司作出销毁不符合食品安全标准的原材料和罚款 141 万余元的行政处罚告知。在该公司申请从轻、减轻处罚后，赛某、韩某某擅自决定对该公司减轻处罚，将罚款由 141 万余元减为 20 万元。随后嵩明法质监局对杨林丰瑞公司作出销毁不符合食品安全标准的原材料和罚款 20 万元的行政处罚，次日解除了封存，致使该公司一直使用已查获的毛猪油无证生产食用猪油并流入社会，对人民群众生命健康造成较大隐患。被告人赛某、韩某某在查处该案的过程中，先后两次在办公室收受该公司吴某某（另案处理）贿赂款 13 万元。法院经审理判决，赛某、韩某某犯受贿罪和食品监管渎职罪，数罪并罚，分别判处有期徒刑 6 年、有期徒刑 2 年 6 个月。

（三）食品、药品监管渎职罪的处罚

根据《刑法》第 408 条之一的规定，犯本罪，造成严重后果或者有其他严重情节的，处 5 年以下有期徒刑或者拘役；造成特别严重后果或者有其他特别严重情节的，处 5 年以上 10 年以下有期徒刑。徇私舞弊犯本罪的，从重处罚。

【引例评析】

本章引例中的白某、寇某、刘某滥用职权案，是一起较为典型的滥用职权罪的实例。根据《刑法》第 397 条的规定，滥用职权罪的主体为特殊主体，即必须是国家机关工作人员。被告人白某为陕西省某县公安局局长，寇某为该县常务副县长，刘某为该县公安局刑警队指导员，他们均属国家机关工作人员，符合滥用职权罪的主体特征。滥用职权罪在客观方面表现为不依法正当行使职权或者任意扩大自己的职务权限，致使公共财产、国家和人民利益遭受重大损失的行为。引例中，寇某之女与本案被害人刘甲之子恋爱、结婚本属人之常情，合理合法，但寇某在蛮横干涉未得逞的情况下，竟授意白某、刘某动用公安干警习难刘甲及其亲属，其所作所为已超越了其作为县人民政府副县长的职权，当属任意扩大自己的职务权限的行为。而白某、刘某二人身为公安干警，且均系某县公安局领导干部，在寇某的授意下，竟然置法律于不顾，不审查，不立案，动用干警十余人，对刘甲及其亲属实施非法传唤，当属不依法正当行使职权的行为。白某、寇某、刘某滥用职权的行为造成了刘甲服毒自杀的严重后果。白某、寇某、刘某滥用职权，并造成严重后果，某市中级人民法院对他们依法惩处是正确的。

【本章小结】

渎职罪，是指国家机关工作人员滥用职权、玩忽职守或者徇私舞弊，危害国家机关正常管理秩序，给公共财产或者国家和人民的利益造成重大损失的行为。本章重点对滥用职权罪，玩忽职守罪，故意泄露国家秘密罪，徇私枉法罪，枉法仲裁罪，徇私舞弊减刑、假释、暂予监外执行罪，徇私舞弊不移交刑事案件罪，食品、药品监管渎职罪的概念、构成特征、认定和处罚作了阐述。

【练习题】

一、名词解释

渎职罪　滥用职权罪　玩忽职守罪　徇私枉法罪

二、思考题

1. 如何理解滥用职权罪的构成特征？
2. 如何理解玩忽职守罪的构成特征？
3. 如何理解故意泄露国家秘密罪的构成特征？
4. 如何理解徇私枉法罪的构成特征？
5. 如何理解食品、药品监管渎职罪的构成特征？

三、案例分析题

被告人杨某，男，42岁，原系某企业保卫科工作人员，2014年起借调到某市公安分局工作。2016年8月，杨某在查办王某、李某寻衅滋事一案时，接受了王某亲属的宴请和2万元现金后，即放弃了对犯罪嫌疑人王某的进一步侦查、抓捕，也未向其负责人汇报王某和李某寻衅滋事一案情况。直至本案另一案犯李某归案并供认同案人王某后，才导致杨某涉嫌徇私枉法罪的事实败露。

问题：

（1）被借调进入公安机关工作的人员是否属于《刑法》第94条中规定的司法工作人员？

（2）对杨某的行为应如何定性？

分析要点提示：

（1）从现有的法律规范分析，完全可以得出借调到公安机关工作的杨某属于司法工作人员的结论。《刑法》第94条规定：“本法所称司法工作人员，是指有侦查、检察、审判、监管职责的工作人员。”从这一条文的表述来看，并没有从行为人的身份角度来说明主体资格的成立条件，也就是说，行为人具备了徇私枉法罪的主体条件，并不是因为他获得了司法机关工作人员的身份，而是要看行为人是否在司法机关中从事司法工作，具有相关职责。这一立法精神在审判实践中得到了充分体现，如2000年9月19日最高人民法院《关于未被公安机关正式录用的人员、狱医能否构成失职致使在押人员脱逃罪主体问题的正式批复》规定，对于未被公安机关正式录用，受委托履行监管职责的人员，由于严重不负责任，致使在押人员脱逃，造成严重后果的，应当依照《刑法》第400条第2款（失职致使在押人员脱逃罪）的规定定罪处罚。因此，本案中杨某完全可以被认为是公安机关中具有侦查刑事案件职责的工作人员，符合徇私枉法罪的主体条件。

（2）杨某的行为构成徇私枉法罪。徇私枉法罪客观方面的表现形式主要有三种，其中之一便是对明知是有罪的人而故意包庇不使他受追诉的行为。

第二十七章　军人违反职责罪

 【本章引例】

　　甲是某部基层连队战士。一日，甲参加连队组织的实弹射击后，误以为自己已将所发的子弹全部射击完，便没有按照指挥员的指令认真验枪。回到宿舍后，甲持枪与他人开玩笑，造成枪膛内遗留的最后一发子弹走火，打死一人。

【本章学习目标】

　　通过本章的学习，你应该能够：

　　1. 掌握军人违反职责罪的概念和特征；
　　2. 掌握逃离部队罪的概念和构成特征；
　　3. 理解武器装备肇事罪的构成特征和认定。

第一节　军人违反职责罪概述

一、军人违反职责罪的概念

　　军人违反职责罪，是指中国人民解放军、中国人民武装警察部队的现役军人、执行军事任务的预备役人员以及其他人员违反职责，危害国家军事利益，依照法律应当受刑罚处罚的行为。

二、军人违反职责罪的特征

　　军人违反职责罪的特征如下：

　　（1）本类犯罪侵犯的客体是国家的军事利益。所谓军事利益，是指国家的军事设施、军事装备、国防建设、武装斗争、军事后勤供给、军事技术研究等方面的利益。军事利益是直接关系着国家安危和人民幸福的利益，是国家的基本利益；如果国家的军事利益受到侵害，就是国家本身受到威胁，国家和人民的其他利益也就难以保障，所以，应当受到国家法律的保护。

　　（2）本类犯罪的客观方面表现为军人实施了违反军人职责、危害国家军事利益的行为。所谓违反军人职责，是指行为人违反国家法律、法规，军事法规、军事规章所规定的军人职责，包括军人的共同职责，士兵、军官和首长的一般职责，各类主管人员和其他从事专门工作的军人的专业职责等。这些职责有些是针对每个军人的、普遍性的职责，如《兵役法》第7条第1款规定："现役军人必须遵守军队的条令和条例，忠于职守，随时为保卫祖国而战斗。"有些是针对特定种类的军人作出的具体的规定，如《陆军航空兵战斗条令》《海军舰艇条令》《飞行条令》等。所谓危害国家军事利益，是指行为人违反军人职责的行为导致了对国家军事利益的侵害。军人违反职责的行为，既可以表现为作为，也可以表现为不作为，前者如逃离部队罪、阻碍执行军事职务罪，后者如遗弃伤病军人罪、隐瞒军事情报罪。也有的犯罪既可以由作为构成，也可以由不作为构成，如战时违抗命令罪。

（3）本类犯罪的主体为特殊主体，即中国人民解放军的现役军官、文职干部、士兵及具有军籍的学员和中国人民武装警察部队的现役警官、文职干部、士兵及具有军籍的学员以及文职人员、执行军事任务的预备役人员和其他人员。主要有下列四类：第一，中国人民解放军和中国人民武装警察部队现役军人，包括中国人民解放军的现役军官、文职干部、士兵及具有军籍的学员和中国人民武装警察部队的现役警官、文职干部、士兵及具有军籍的学员。现役军人从公民被兵役机关正式批准入伍之日起始，至其为部队批准退役、退休、离休或被除名、开除之日为止。军人在服役期间犯军人违反职责罪而在退役、离役之后才发现的，在没有超过追诉时效的情况下，仍应按本类犯罪处理。第二，文职人员。根据《中国人民解放军文职人员条例》第2条的规定，文职人员，是指在军民通用、非直接参与作战且社会化保障不宜承担的军队编制岗位从事管理工作和专业技术工作的非现役人员，是军队人员的组成部分。第三，执行军事任务的预备役人员。根据《兵役法》第5条的规定，预备役人员是指编入民兵组织或者经过登记服预备役的人员。执行军事任务是指担任与军事活动有直接关系的具体工作，如参战、参训、随同部队执行任务、保障部队正常工作等。第四，执行军事任务的其他人员。其他人员是指在军队（含武警部队）机关、部队、院校、医院、基地、仓库等队列单位和事业单位工作的正式职员、工人，临时征用或者受委托执行军事任务的地方人员等。

（4）本类犯罪的主观方面主要为故意犯罪，少数可以由过失构成，有些犯罪还要求特定的目的，如战时自伤罪，必须以逃避军事义务为目的。

三、军人违反职责罪的种类

《刑法》分则第十章除本章第二节重点论述的2种犯罪外，还包括战时违抗命令罪（第421条），隐瞒、谎报军情罪（第422条），拒传、假传军令罪（第422条），投降罪（第423条），战时临阵脱逃罪（第424条），擅离、玩忽军事职守罪（第425条），阻碍执行军事职务罪（第426条），指使部属违反职责罪（第427条），违令作战消极罪（第428条），拒不救援友邻部队罪（第429条），军人叛逃罪（第430条），非法获取军事秘密罪（第431条第1款），为境外窃取、刺探、收买、非法提供军事秘密罪（第431条第2款），故意泄露军事秘密罪（第432条），过失泄露军事秘密罪（第432条），战时造谣惑众罪（第433条），战时自伤罪（第434条），擅自改变武器装备编配用途罪（第437条），盗窃、抢夺武器装备、军用物资罪（第438条第1款），非法出卖、转让武器装备罪（第439条），遗弃武器装备罪（第440条），遗失武器装备罪（第441条），擅自出卖、转让军队房地产罪（第442条），虐待部属罪（第443条），遗弃伤病军人罪（第444条），战时拒不救治伤病军人罪（第445条），战时残害居民、掠夺居民财物罪（第446条），私放俘虏罪（第447条）和虐待俘虏罪（第448条）。

第二节　本章重点论述的犯罪

一、逃离部队罪

（一）逃离部队罪的概念和特征

逃离部队罪，是指违反兵役法规，逃离部队，情节严重的行为。

本罪的构成特征如下：

（1）本罪侵犯的客体是兵役秩序。我国宪法、国防法和兵役法有关条款都规定了保卫祖国、抵抗侵略是中华人民共和国每个公民的神圣职责，依照法律服兵役和参加民兵组织是中华人民共和国公民的光荣义务等内容。这些法律规定是国家兵役制度的基本要求。兵役秩序是国防秩序的重要内容，现役军人是兵役义务最重要的义务主体。只有现役军人在部队切实履行兵役义务，才能建立正常的兵役秩序，国防安全才有保障。现役军人逃离部队的行为，直接妨害了国家的兵役秩序，造成部队减员缺编，影响部队的战斗力，削弱国防实力，将对国防和军队建设造成严重危害。

（2）本罪的客观方面表现为违反兵役法规，逃离部队的行为。违反兵役法规，是指违反国防法、兵役法和军队条令条例以及其他有关兵役方面的法律规定。逃离部队，是指擅自离开部队或者经批准外出逾期拒不归队。逃离部队的行为有两种基本方式：一种是作为的方式，即行为人原在部队，未经批准就擅自离开部队；另一种是不作为，即行为人经批准已离开部队，但逾期拒不归队，如行为人请假探家期满后不归队。

（3）本罪的主体是特殊主体，即现役军人。预备役人员以及其他人员不能构成本罪。

（4）本罪的主观方面为故意，且是直接故意。

（二）逃离部队罪的认定

逃离部队罪的认定主要涉及罪与非罪的区分。根据《刑法》第435条的规定，构成本罪以情节严重为要件。根据2013年2月26日最高人民检察院、解放军总政治部《军人违反职责罪案件立案标准的规定》第18条第4款，涉嫌下列情形之一的，应予立案：（1）逃离部队持续时间达3个月以上或者3次以上或者累计时间达6个月以上的；（2）担负重要职责的人员逃离部队的；（3）策动3人以上或者胁迫他人逃离部队的；（4）在执行重大任务期间逃离部队的；（5）携带武器装备逃离部队的；（6）有其他情节严重行为的。

（三）逃离部队罪的处罚

根据《刑法》第435条的规定，犯逃离部队罪的，处3年以下有期徒刑或者拘役。战时犯逃离部队罪的，处3年以上7年以下有期徒刑。"战时"，是指国家宣布进入战争状态、部队受领作战任务或者遭敌突然袭击时。部队执行戒严任务或者处置突发性暴力事件时，以战时论。

二、武器装备肇事罪

（一）武器装备肇事罪的概念和特征

武器装备肇事罪，是指违反武器装备使用规定，情节严重，因而发生责任事故，致人重伤、死亡或者造成其他严重后果的行为。

本罪的构成特征如下：

（1）本罪侵犯的客体是武器装备的使用秩序。武器装备是部队战斗力的重要物质基础。要保证武器装备充分发挥使用效能，必须建立正常的使用秩序。武器装备肇事的行为，造成人员伤亡、武器装备毁损、公私财产重大损失等严重后果，妨碍武器装备正常地发挥效能，直接违反了武器装备的使用制度，破坏武器装备的使用秩序，削弱部队战斗力，对部队建设造成严重危害。

（2）本罪的客观方面表现为违反武器装备使用规定，情节严重，因而发生责任事故，致人重伤、死亡或者造成其他严重后果的行为。首先，必须违反武器装备使用规定。"武器装备"，是实施和保障军事行动的武器、武器系统和军事技术器材的统称。中央军委、各总部、各军区和各军兵种制定的关于武器装备的日常维护保养、检查和操作的一系列规定统称为武器装备的使用规定。其次，必须情节严重。根据2013年2月26日最高人民检察院、解放军总政治部《军人违反职责罪案件立案标准的规定》第19条第2款的规定，这里的"情节严重"，是指故意违反武器装备使用规定，或者在使用过程中严重不负责任。最后，必须发生责任事故，致人重伤、死亡或者造成其他严重后果。所谓责任事故是指因行为人违反规章制度的失职行为而造成的事故。

（3）本罪的主体是特殊主体，即军人。包括现役军人、执行军事任务的预备役人员以及其他人员。

（4）本罪的主观方面是过失。须强调的是，我国刑法中规定的过失是对危害结果的过失，在本罪中即体现为行为人对于因自己的行为造成的他人重伤、死亡或者其他严重后果是过失的。行为人对实施的违反武器装备使用规定的行为本身可能是故意的。

（二）武器装备肇事罪的认定

武器装备肇事罪的认定主要涉及罪与非罪界限的认定。武器装备的属性决定了其具有一定的危险性，但军人的职业又决定了军人不得不经常接触武器，因此，在部队中，武器装备的肇事行为具有一定普遍性。为切实保护广大官兵爱军习武的积极性，必须慎重处理好本罪罪与非罪的界限。主要应注意以下几点：

（1）是否情节严重。如果行为人虽然违反了武器装备使用规定，但未达到情节严重，不能构成本罪。本罪的"情节严重"，是指故意违反武器装备使用规定，或者在使用过程中严重不负责任。

（2）是否发生责任事故，致人重伤、死亡或者造成其他严重后果。行为人即使违反武器装备的使用规定，也达到情节严重，但若未造成前述严重后果的，仍不构成本罪。根据2013年2月26日最高人民检察院、解放军总政治部《军人违反职责罪案件立案标准的规定》第19条第3款的规定，涉嫌下列情形之一的，应予立案：1）影响重大任务完成的；2）造成死亡1人以上，或者重伤2人以上，或者轻伤3人以上的；3）造成武器装备、军事设施、军用物资或者其他财产损毁，直接经济损失30万元以上，或者直接经济损失、间接经济损失合计150万元以上的；4）严重损害国家和军队声誉，造成恶劣影响的；5）造成其他严重后果的。其中，"直接经济损失"，是指与行为有直接因果关系而造成的财产损毁、减少的实际价值；"间接经济损失"，是指由直接经济损失引起和牵连的其他损失，包括失去在正常情况下可能获得的利益和为恢复正常管理活动或者为挽回已经造成的损失所支付的各种费用等。

（3）主观上是否存在过失。如果是由于不能预见的原因或不能控制的自然条件发生变化而引起的事故，或者由于技术条件限制或武器装备质量问题造成的事故，行为人主观上不存在过失，不构成本罪。

（三）武器装备肇事罪的处罚

根据《刑法》第436条的规定，犯武器装备肇事罪的，处3年以下有期徒刑或者拘役；后果特别严重的，处3年以上7年以下有期徒刑。

【引例评析】

本章引例中，甲的行为构成武器装备肇事罪。甲作为现役军人，理当熟知关于武器装备的使用规定。但在连队组织的实弹射击后，甲误以为自己已将所发的子弹全部打光，没有按照指挥员的指令认真验枪。而且，回到宿舍后，甲竟然持枪与他人开玩笑，最终导致枪支走火将一人打死的严重后果。该案中，客观上，甲违反武器装备的使用规定，情节严重，并因而发生责任事故，导致一人死亡；主观上，甲应当预见自己未曾验枪并持枪与他人开玩笑的行为可能造成他人死亡的危害结果，但因为疏忽大意而没有预见，并因此导致危害结果的发生。根据主客观相一致的原则，甲的行为完全符合武器装备肇事罪的主客观要件，应以武器装备肇事罪定罪处罚。

【本章小结】

军人违反职责罪，是指中国人民解放军、中国人民武装警察部队的现役军人、执行军事任务的预备役人员以及其他人员违反职责，危害国家军事利益，依照法律应当受刑罚处罚的行为。军人违反职责罪共计31个罪名，本章重点对逃离部队罪和武器装备肇事罪的概念、构成特征、认定和处罚进行了阐述。

【练习题】

一、名词解释

逃离部队罪　武器装备肇事罪

二、思考题

1. 军人违反职责罪的概念和特征是什么？
2. 如何区分武器装备肇事罪的罪与非罪的界限？

三、案例分析题

被告人张某，男，19岁，某部战士。张某入伍前在家乡从事个体经营，经济收入丰厚，生活条件优越。到部队后张某认为环境艰苦、工作繁重，遂产生不想继续当兵的念头。某年6月，张某给连队留下一封信，就离队跑回了家乡。部队多方查找，但张某想方设法东躲西藏，直至次年5月才被有关机关找到。

问题：

（1）张某的行为是否构成犯罪？

（2）如果张某的行为构成犯罪，构成何罪？

分析要点提示：

（1）张某的行为构成犯罪，构成逃离部队罪。

（2）张某明知自己逃离部队的行为会发生破坏国家兵役秩序的危害结果，仍然违反兵役法规，逃离部队，且离队时间持续长达近1年，情节严重，应以逃离部队罪定罪处罚。

图书在版编目（CIP）数据

刑法/黄京平主编. -- 9 版. -- 北京：中国人民
大学出版社，2025.1. --（新编 21 世纪高等职业教育精
品教材）. -- ISBN 978-7-300-33097-6

Ⅰ. D924

中国国家版本馆 CIP 数据核字第 2024SB4783 号

"十四五"职业教育国家规划教材
"十二五"职业教育国家规划教材
经全国职业教育教材审定委员会审定
教育部高职高专规划教材
全国普通高等学校优秀教材
新编 21 世纪高等职业教育精品教材·法律类

刑法（第九版）

主　　编　黄京平
副 主 编　肖中华
主编助理　王　烁
撰 稿 人　（以姓氏笔画为序）
　　　　　王　烁　阴建峰　肖中华　吴　江
　　　　　吴情树　张胜全　黄京平　彭辅顺

Xingfa

出版发行	中国人民大学出版社			
社　　址	北京中关村大街 31 号	邮政编码	100080	
电　　话	010 - 62511242（总编室）	010 - 62511770（质管部）		
	010 - 82501766（邮购部）	010 - 62514148（门市部）		
	010 - 62515195（发行公司）	010 - 62515275（盗版举报）		
网　　址	http://www.crup.com.cn			
经　　销	新华书店			
印　　刷	北京昌联印刷有限公司	版　　次	2000 年 12 月第 1 版	
开　　本	889 mm×1194 mm　1/16		2025 年 1 月第 9 版	
印　　张	31.25	印　　次	2025 年 1 月第 2 次印刷	
字　　数	950 000	定　　价	78.00 元	